中国口岸年鉴

（2001年版）

中国口岸协会编

中国海关出版社

2002年12月

图书在版编目（CIP）数据

中国口岸年鉴 / 中国口岸协会编．—北京：中国海关出版社，2002.12

（中国现代大通关实务丛书）

ISBN 7-80165-094-8

Ⅰ.中…　Ⅱ.中…　Ⅲ.通商口岸—中国—年鉴　Ⅳ.F752-54

中国版本图书馆 CIP 数据核字（2002）第 090026 号

书　　名：中国口岸年鉴（2001 年版）

编　　者：中国口岸协会

责任编辑：侯真喜　高　烽　韦英平　胡　菡　冯雪松

出版发行：中国海关出版社

地　　址：北京市朝阳区东土城路甲 9 号（100013）

电　　话：中国口岸协会：010-65195917　编辑部：010-84258313

印　　刷：北京雅昌彩色印刷有限公司

经　　销：北京新华书店

版　　本：2002 年 12 月第 1 版　2002 年 12 月第 1 次印刷

开　　本：889 毫米 × 1194 毫米　大 16 开本　印张 58

字　　数：2000 千

印　　数：1～3000 册

京工商广临字 2002——31 号

标准书号：ISBN 7-80165-094-8/F · 63

定　　价：360.00 元（精装）

《中国口岸年鉴》编辑委员会

编辑说明

一、《中国口岸年鉴》是由中国口岸协会组织编纂的、新中国诞生以来第一部全面记录中国口岸状况的编年书，是一部具有权威性的大型资料性工具书。年鉴系统、真实地记录了中国29个省、自治区、直辖市（宁夏和青海尚无口岸）2001年口岸运行、发展、改革和取得成绩的整体情况。年鉴向广大读者展示了改革开放以来中国向世界敞开大门的成就。

二、本年鉴采用条目体结构，分省、自治区、直辖市编纂，点面结合、条块结合，逐个记载了全国243个一类口岸、部分二类口岸和口岸各主要查验部门的情况，并选载适当专稿，辅以必要的图片、图表。主要内容还包括：党和国家领导人视察口岸的图片和中央领导同志题词，有关口岸工作的法规、国务院有关文件，中央有关部委的工作综述，各地口岸资料、图片及照片，有关的口岸论文，口岸各类统计数据等。

三、本年鉴引用的各类数据和资料，截至2001年底。一类口岸的资料，经过海关总署口岸规划办公室审核。统计数据，分别来自海关、边检、检验检疫和各省级口岸办公室。由于各部门职能不同、统计口径、范围和方法亦有所不同，因此书中有些数据不尽一致。进出口贸易统计数据，以海关统计为准。

四、由于时间仓促，台湾省、香港特别行政区和澳门特别行政区口岸资料和统计数据暂缺，特向广大读者致以歉意。

五、本年鉴的稿件资料，主要由各有关部委、各省、自治区、直辖市口岸办公室提供。后期集中了部分在口岸工作多年的专家对稿件进行了必要的加工和修订。本年鉴在编辑过程中，得到海关总署、公安部，国家质检总局、交通部、各地口岸办公室、各直属海关、以及长期在口岸工作的老领导和专家的大力支持与合作，在此向他们表示诚挚的感谢！

六、本年鉴在全书体例、资料收集等方面都还有许多不尽如人意之处。加之编辑水平有限，疏漏或瑕疵在所难免，敬请广大读者予以批评指正。

《中国口岸年鉴》伴随着新世纪的到来问世了。今后，我们将努力使年鉴在年复一年的耕耘中茁壮成长。

中国口岸协会
二〇〇二年十二月

序

口岸是国家的门户。党中央、国务院历来十分重视口岸工作。改革开放以来，为满足日益增长的对外经贸、人员往来的需要，国家投入了大量人力物力进行口岸建设，已经形成沿海沿江水运、航空和内陆边境立体化的开放口岸体系。口岸开放与全方位、宽领域、多层次的对外开放格局基本相适应，为促进对外经济贸易和国际交往的发展起到了重要的保障作用。

当前，进一步提高口岸工作效率的要求更为紧迫。经济全球化对口岸工作必然会提出更多更高的新要求，为适应参与国际竞争的需要，我国口岸工作要全面贯彻“三个代表”重要思想，落实十六大提出的“发展要有新思路，改革要有新突破，开放要有新局面，各项工作要有新举措”的要求，结合我国口岸工作的实际，紧紧围绕提高口岸工作效率，加快通关速度，处理好把关与服务的关系，为促进对外经济贸易和国际交往发展作出新贡献。为提高口岸工作效率，国务院曾在深圳进行口岸管理体制改革试点。1998年政府机构改革，对口岸管理体制作了重大调整。2001年，国务院办公厅为推广口岸电子执法系统和提高口岸工作效率相继发出了两个文件。今年5月，国务院批准海关总署等8部门在上海召开了提高口岸工作效率现场会。我国口岸要通过建立“大通关”机制，提高工作效率，改变传统管理模式，整顿和规范进出口秩序，促进口岸管理各部门转变职能、改进服务、提高管理水平，形成适应我国社会主义市场经济发展需要的新的口岸管理和运行机制，提供与发达国家相类似的口岸通关服务。

中国口岸协会从新世纪开始组织编撰《中国口岸年鉴》，是一件很有意义的工作。它不仅直接记录口岸管理运行的资料和数据，而且是在我国加入“WTO”以后，书写中国口岸深化体制改革、努力提高工作效率、为“大通关”服务的历史。

吴仪

二〇〇二年十二月

亲切的关怀
巨大的鼓舞

1956年12月18日，中共中央主席毛泽东、副主席刘少奇、朱德等接见全国海关第一次先进工作者代表会议全体代表。

1960年5月26日，中共中央副主席周恩来、朱德，总书记邓小平等接见全国海关第二次先进工作者代表会议全体代表。

1992 年 1 月，中国改革开放的总设计师邓小平南巡时视察深圳皇岗口岸。

1961 年 2 月 16 日，叶剑英元帅参观九龙海关反走私斗争陈列室。

1997 年江泽民总书记参观“辉煌的五年成就展”口岸展区。

1995年4月19日，中共中央政治局常委、国务院总理李鹏视察上海外高桥保税区海关。

1998 年 10 月，朱镕基总理视察广西北海口岸。

1997 年李岚清副总理参观“辉煌的五年成就展”口岸展区。

1997年，时任中共中央政治局常委、中央书记处书记的胡锦涛同志在参观“辉煌的五年成就展”口岸展区后签名。

国务院副总理吴邦国在任中共上海市委书记期间，于1993年8月25日视察上海口岸。

2001年8月13日，时任中共中央政治局候补委员、国务委员的吴仪同志视察上海国际快件监管中心。

办好口岸协会
发展口岸事业

李鹏
一九九五年六月二十六日

办好中国口岸协会，为促进我国口岸事业健康发展作贡献。

李岚清

一九九五年元月十六日

发挥桥梁纽带作用
促进口岸事业发展

田纪云

二〇〇二年十一月

目录

第一篇　口岸工作重要法规、文件

第二篇　全国口岸运作情况

第三篇　各省、自治区、直辖市口岸运作情况

北京市

天津市

河北省

山西省

内蒙古自治区

辽宁省

吉林省

黑龙江省

上海市

江苏省

浙江省

安徽省

福建省

江西省

山东省

湖南省

广东省

海南省

广西壮族自治区

四川省

重庆市

贵州省

云南省

陕西省

甘肃省

新疆维吾尔自治区

西藏自治区

第四篇　口岸工作论文选编

第五篇　全国口岸运行主要数据统计表

第六篇　中国口岸协会第二次全国会员代表大会文件选编

第七篇　附录

第一篇

口岸工作重要法规、文件

一、口岸工作的法律、法规选编

中华人民共和国海关法

（1987年1月22日第六届全国人民代表大会常务委员会第十九次会议通过，2000年7月8日第九届全国人民代表大会常务委员会第十六次会议修正）

第一章　总　　则

第一条　为了维护国家的主权和利益，加强海关监督管理，促进对外经济贸易和科技文化交往，保障社会主义现代化建设，特制定本法。

第二条　中华人民共和国海关是国家的进出关境（以下简称进出境）监督管理机关。海关依照本法和其他有关法律、行政法规，监管进出境的运输工具、货物、行李物品、邮递物品和其他物品（以下简称进出境运输工具、货物、物品），征收关税和其他税、费，查缉走私，并编制海关统计和办理其他海关业务。

第三条　国务院设立海关总署，统一管理全国海关。

国家在对外开放的口岸和海关监管业务集中的地点设立海关。海关的隶属关系，不受行政区划的限制。

海关依法独立行使职权，向海关总署负责。

第四条　国家在海关总署设立专门侦查走私犯罪的公安机构，配备专职缉私警察，负责对其管辖的走私犯罪案件的侦查、拘留、执行逮捕、预审。

海关侦查走私犯罪公安机构履行侦查、拘留、执行逮捕、预审职责，应当按照《中华人民共和国刑事诉讼法》的规定办理。

海关侦查走私犯罪公安机构根据国家有关规定，可以设立分支机构。各分支机构办理其管辖的走私犯罪案件，应当依法向有管辖权的人民检察院移送起诉。

地方各级公安机关应当配合海关侦查走私犯罪公安机构依法履行职责。

第五条　国家实行联合缉私、统一处理、综合治理的缉私体制。海关负责组织、协调、管理查缉走私工作。有关规定由国务院另行制定。

各有关行政执法部门查获的走私案件，应当给予行政处罚的，移送海关依法处理；涉嫌犯罪的，应当移送海关侦查走私犯罪公安机构、地方公安机关依据案件管辖分工和法定程序办理。

第六条　海关可以行使下列权力：

（一）检查进出境运输工具，查验进出境货物、物品；对违反本法或者其他有关法律、行政法规的，可以扣留。

（二）查阅进出境人员的证件；查问违反本法或者其他有关法律、行政法规的嫌疑人，调查其违法行为。

（三）查阅、复制与进出境运输工具、货物、物品有关的合同、发票、帐册、单据、记录、文件、业务函电、录音录像制品和其他资料；对其中与违反本法或者其他有关法律、行政法规的进出境运输工具、货物、物品有牵连的，可以扣留。

（四）在海关监管区和海关附近沿海沿边规定地区，检查有走私嫌疑的运输工具和有藏匿走私货物、物品嫌疑的场所，检查走私嫌疑人的身体；对有走私嫌疑的运输工具、货物、物品和走私犯罪嫌疑人，经直属海关关长或者其授权的隶属海关关长批准，可以扣留；对走私犯罪嫌疑人，扣留时间不超过二十四小时，在特殊情况下可以延长至四十八小时。

在海关监管区和海关附近沿海沿边规定地区以外，海关在调查走私案件时，对有走私嫌疑的运输工具和除公民住处以外的有藏匿走私货物、物品嫌疑的场所，经直属海关关长或者其授权的隶属海关关长批准，可以进行检查，有关当事人应当到场；当事人未到场的，在有见证人在场的情况下，可以径行检查；对其中有证据证明有走私嫌疑的运输工具、货物、物品，可以扣留。

海关附近沿海沿边规定地区的范围，由海关总署和国务院公安部门会同有关省级人民政府确定。

（五）在调查走私案件时，经直属海关关长或者其授权的隶属海关关长批准，可以查询案件涉嫌单位和涉嫌人员在金融机构、邮政企业的存款、汇款。

（六）进出境运输工具或者个人违抗海关监管逃逸的，海关可以连续追至海关监管区和海关附近沿海沿边规定地区以外，将其带回处理。

（七）海关为履行职责，可以配备武器。海关工作人员佩带和使用武器的规则，由海关总署会同国务院公安部门制定，报国务院批准。

（八）法律、行政法规规定由海关行使的其他权力。

第七条　各地方、各部门应当支持海关依法行使职权，不得非法干预海关的执法活动。

第八条　进出境运输工具、货物、物品，必须通过设立海关的地点进境或者出境。在特殊情况下，需要经过未设立海关的地点临时进境或者出境的，必须经国务院或者国务院授权的机关批准，并依照本法规定办理海关手续。

第九条　进出口货物，除另有规定的外，可以由进出口货物收发货人自行办理报关纳税手续，也可以由进出口货物收发货人委托海关准予注册登记的报关企业办理报关纳税手续。

进出境物品的所有人可以自行办理报关纳税手续，也可以委托他人办理报关纳税手续。

第十条　报关企业接受进出口货物收发货人的委托，以委托人的名义办理报关手续的，应当向海关提交由委托人签署的授权委托书，遵守本法对委托人的各项规定。

报关企业接受进出口货物收发货人的委托，以自己的名义办理报关手续的，应当承担与收发货人相同的法律责任。

委托人委托报关企业办理报关手续的，应当向报关企业提供所委托报关事项的真实情况；报关企业接受委托人的委托办理报关手续的，应当对委托人所提供情况的真实性进行合理审查。

第十一条　进出口货物收发货人、报关企业办理报关手续，必须依法经海关注册登记。报关人员必须依法取得报关从业资格。未依法经海关注册登记的企业和未依法取得报关从业资格的人员，不得从事报关业务。

报关企业和报关人员不得非法代理他人报关，或者超出其业务范围进行报关活动。

第十二条　海关依法执行职务，有关单位和个人应当如实回答询问，并予以配合，任何单位和个人不得阻挠。

海关执行职务受到暴力抗拒时，执行有关任务的公安机关和人民武装警察部队应当予以协助。

第十三条　海关建立对违反本法规定逃避海关监管行为的举报制度。

任何单位和个人均有权对违反本法规定逃避海关监管的行为进行举报。

海关对举报或者协助查获违反本法案件的有功单位和个人，应当给予精神的或者物质的奖励。

海关应当为举报人保密。

第二章　进出境运输工具

第十四条　进出境运输工具到达或者驶离设立海关的地点时，运输工具负责人应当向海关如实申报，交验单证，并接受海关监管和检查。

停留在设立海关的地点的进出境运输工具，未经海关同意，不得擅自驶离。

进出境运输工具从一个设立海关的地点驶往另一个设立海关的地点的，应当符合海关监管要求，办理海关手续，未办结海关手续的，不得改驶境外。

第十五条　进境运输工具在进境以后向海关申报以前，出境运输工具在办结海关手续以后出境以前，应当按照交通主管机关规定的路线行进；交通主管机关没有规定的，由海关指定。

第十六条　进出境船舶、火车、航空器到达和驶离时间、停留地点、停留期间更换地点以及装卸货物、物品时间，运输工具负责人或者有关交通运输部门应当事先通知海关。

第十七条　运输工具装卸进出境货物、物品或者上下进出境旅客，应当接受海关监管。

货物、物品装卸完毕，运输工具负责人应当向海关递交反映实际装卸情况的交接单据和记录。

上下进出境运输工具的人员携带物品的，应当向海关如实申报，并接受海关检查。

第十八条　海关检查进出境运输工具时，运输工具负责人应当到场，并根据海关的要求开启舱室、房间、车门；有走私嫌疑的，并应当开拆可能藏匿走私货物、物品的部位，搬移货物、物料。

海关根据工作需要，可以派员随运输工具执行职务，运输工具负责人应当提供方便。

第十九条　进境的境外运输工具和出境的境内运输工具，未向海关办理手续并缴纳关税，不得转让或者移作他用。

第二十条　进出境船舶和航空器兼营境内客、货运输，需经海关同意，并应当符合海关监管要求。进出境运输工具改营境内运输，需向海关办理手续。

第二十一条　沿海运输船舶、渔船和从事海上作业的特种船舶，未经海关同意，不得载运或者换取、买卖、转让进出境货物、物品。

第二十二条　进出境船舶和航空器，由于不可抗力的原因，被迫在未设立海关的地点停泊、降落或者抛掷、起卸货物、物品，运输工具负责人应当立即报告附近海关。

第三章　进出境货物

第二十三条　进口货物自进境起到办结海关手续止，出口货物自向海关申报起到出境止，过境、转运和通运货物自进境起到出境止，应当接受海关监管。

第二十四条　进口货物的收货人、出口货物的发货人应当向海关如实申报，交验进出口许可证件和有关单证。国家限制进出口的货物，没有进出口许可证件的，不予放行，具体处理办法由国务院规定。

进口货物的收货人应当自运输工具申报进境之日起十四日内，出口货物的发货人除海关特准的外应当在货物运抵海关监管区后、装货的二十四小时以前，向海关申报。

进口货物的收货人超过前款规定期限向海关申报的，由海关征收滞报金。

第二十五条　办理进出口货物的海关申报手续，应当采用纸质报关单和电子数据报关单的形式。

第二十六条　海关接受申报后，报关单证及其内容不得修改或者撤销；确有正当理由的，经海关同意，方可修改或者撤销。

第二十七条　进口货物的收货人经海关同意，可以在申报前查看货物或者提取货样。需要依法检疫的货物，应当在检疫合格后提取货样。

第二十八条　进出口货物应当接受海关查验。海关查验货物时，进口货物的收货人、出口货物的发货人应当到场，并负责搬移货物，开拆和重封货物的包装。海关认为必要时，可以径行开验、复验或者提取货样。

经收发货人申请，海关总署批准，其进出口货物可以免验。

第二十九条　除海关特准的外，进出口货物在收发货人缴清税款或者提供担保后，由海关签印放行。

第三十条　进口货物的收货人自运输工具申报进境之日起超过三个月未向海关申报的，其进口货物由海关提取依法变卖处理，所得价款在扣除运输、装卸、储存等费用和税款后，尚有余款的，自货物依法变卖之日起一年内，经收货人申请，予以发还；其中属于国家对进口有限制性规定，应当提交许可证件而不能提供的，不予发还。逾期无人申请或者不予发还的，上缴国库。

确属误卸或者溢卸的进境货物，经海关审定，由原运输工具负责人或者货物的收发货人自该运输工具卸货之日起三个月内，办理退运或者进口手续；必要时，经海关批准，可以延期三个月。逾期未办手续的，由海关按前款规定处理。

前两款所列货物不宜长期保存的，海关可以根据实际情况提前处理。

收货人或者货物所有人声明放弃的进口货物，由海关提取依法变卖处理；所得价款在扣除运输、装卸、储存等费用后，上缴国库。

第三十一条　经海关批准暂时进口或者暂时出口的货物，应当在六个月内复运出境或者复运进境；在特殊情况下，经海关同意，可以延期。

第三十二条　经营保税货物的储存、加工、装配、展示、运输、寄售业务和经营免税商店，应当符合海关监管要求，经海关批准，并办理注册手续。

保税货物的转让、转移以及进出保税场所，应当向海关办理有关手续，接受海关监管和查验。

第三十三条　企业从事加工贸易，应当持有关批准文件和加工贸易合同向海关备案，加工贸易制成品单位耗料量由海关按照有关规定核定。

加工贸易制成品应当在规定的期限内复出口。其中使用的进口料件，属于国家规定准予保税的，应当向海关办理核销手续；属于先征收税款的，依法向海关办理退税手续。

加工贸易保税进口料件或者制成品因故转为内销的，海关凭准予内销的批准文件，对保税的进口料件依法征税；属于国家对进口有限制性规定的，还应当向海关提交进口许可证件。

第三十四条　经国务院批准在中华人民共和国境内设立的保税区等海关特殊监管区域，由海关按照国家有关规定实施监管。

第三十五条　进口货物应当由收货人在货物的进境地海关办理海关手续，出口货物应当由发货人在货物的出境地海关办理海关手续。

经收发货人申请，海关同意，进口货物的收货人可以在设有海关的指运地、出口货物的发货人可以在设有海关的启运地办理海关手续。上述货物的转关运输，应当符合海关监管要求；必要时，海关可以派员押运。

经电缆、管道或者其他特殊方式输送进出境的货物，经营单位应当定期向指定的海关申报和办理海关手续。

第三十六条　过境、转运和通运货物，运输工具负责人应当向进境地海关如实申报，并应当在规定期限内运输出境。

海关认为必要时，可以查验过境、转运和通运货物。

第三十七条　海关监管货物，未经海关许可，不得开拆、提取、交付、发运、调换、改装、抵押、质押、留置、转让、更换标记、移作他用或者进行其他处置。

海关加施的封志，任何人不得擅自开启或者损毁。

人民法院判决、裁定或者有关行政执法部门决定处理海关监管货物的，应当责令当事人办结海关手续。

第三十八条　经营海关监管货物仓储业务的企业，应当经海关注册，并按照海关规定，办理收存、交付手续。

在海关监管区外存放海关监管货物，应当经海关同意，并接受海关监管。

违反前两款规定或者在保管海关监管货物期间造成海关监管货物损毁或者灭失的，除不可抗力外，对海关监管货物负有保管义务的人应当承担相应的纳税义务和法律责任。

第三十九条　进出境集装箱的监管办法、打捞进出境货物和沉船的监管办法、边境小额贸易进出口货物的监管办法，以及本法未具体列明的其他进出境货物的监管办法，由海关总署或者由海关总署会同国务院有关部门另行制定。

第四十条　国家对进出境货物、物品有禁止性或者限制性规定的，海关依据法律、行政法规、国务院的规定或者国务院有关部门依据法律、行政法规的授权作出的规定实施监管。具体监管办法由海关总署制定。

第四十一条　进出口货物的原产地按照国家有关原产地规则的规定确定。

第四十二条　进出口货物的商品归类按照国家有关商品归类的规定确定。

海关可以要求进出口货物的收发货人提供确定商品归类所需的有关资料；必要时，海关可以组织化验、检验，并将海关认定的化验、检验结果作为商品归类的依据。

第四十三条　海关可以根据对外贸易经营者提出的书面申请，对拟作进口或者出口的货物预先作出商品归类等行政裁定。

进口或者出口相同货物，应当适用相同的商品归类行政裁定。

海关对所作出的商品归类等行政裁定，应当予以公布。

第四十四条　海关依照法律、行政法规的规定，对与进出境货物有关的知识产权实施保护。

需要向海关申报知识产权状况的，进出口货物收发货人及其代理人应当按照国家规定向海关如实申报有关知识产权状况，并提交合法使用有关知识产权的证明文件。

第四十五条　自进出口货物放行之日起三年内或者在保税货物、减免税进口货物的海关监管期限内及其后的三年内，海关可以对与进出口货物直接有关的企业、单位的会计帐簿、会计凭证、报关单证以及其他有关资料和有关进出口货物实施稽查。具体办法由国务院规定。

第四章　进出境物品

第四十六条　个人携带进出境的行李物品、邮寄进出境的物品，应当以自用、合理数量为限，并接受海关监管。

第四十七条　进出境物品的所有人应当向海关如实申报，并接受海关查验。海关加施的封志，任何人不得擅自开启或者损毁。

第四十八条　进出境邮袋的装卸、转运和过境，应当接受海关监管。邮政企业应当向海关递交邮件路单。

邮政企业应当将开拆及封发国际邮袋的时间事先通知海关，海关应当按时派员到场监管查验。

第四十九条　邮运进出境的物品，经海关查验放行后，有关经营单位方可投递或者交付。

第五十条　经海关登记准予暂时免税进境或者暂时免税出境的物品，应当由本人复带出境或者复带进境。过境人员未经海关批准，不得将其所带物品留在境内。

第五十一条　进出境物品所有人声明放弃的物品、在海关规定期限内未办理海关手续或者无人认领的物品，以及无法投递又无法退回的进境邮递物品，由海关依照本法第三十条的规定处理。

第五十二条　享有外交特权和豁免的外国机构或者人员的公务用品或者自用物品进出境，依照有关法律、行政法规的规定办理。

第五章　关　　税

第五十三条　准许进出口的货物、进出境物品，由海关依法征收关税。

第五十四条　进口货物的收货人、出口货物的发货人、进出境物品的所有人，是关税的纳税义务人。

第五十五条　进出口货物的完税价格，由海关以该货物的成交价格为基础审查确定。成交价格不能确定时，完税价格由海关依法估定。

进口货物的完税价格包括货物的货价、货物运抵中华人民共和国境内输入地点起卸前的运输及其相关费用、保险费；出口货物的完税价格包括货物的货价、货物运至中华人民共和国境内输出地点装载前的运输及其相关费用、保险费，但是其中包含的出口关税税额，应当予以扣除。

进出境物品的完税价格，由海关依法确定。

第五十六条　下列进出口货物、进出境物品，减征或者免征关税：

（一）无商业价值的广告品和货样；

（二）外国政府、国际组织无偿赠送的物资；

（三）在海关放行前遭受损坏或者损失的货物；

（四）规定数额以内的物品；

（五）法律规定减征、免征关税的其他货物、物品；

（六）中华人民共和国缔结或者参加的国际条约规定减征、免征关税的货物、物品。

第五十七条　特定地区、特定企业或者有特定用途的进出口货物，可以减征或者免征关税。特定减税或者免税的范围和办法由国务院规定。

依照前款规定减征或者免征关税进口的货物，只能用于特定地区、特定企业或者特定用途，未经海关核准并补缴关税，不得移作他用。

第五十八条　本法第五十六条、第五十七条第一款规定范围以外的临时减征或者免征关税，由国务院决定。

第五十九条　经海关批准暂时进口或者暂时出口的货物，以及特准进口的保税货物，在货物收发货人向海关缴纳相当于税款的保证金或者提供担保后，准予暂时免纳关税。

第六十条　进出口货物的纳税义务人，应当自海关填发税款缴款书之日起十五日内缴纳税款；逾期缴纳的，由海关征收滞纳金。纳税义务人、担保人超过三个月仍未缴纳的，经直属海关关长或者其授权的隶属海关关长批准，海关可以采取下列强制措施：

（一）书面通知其开户银行或者其他金融机构从其存款中扣缴税款；

（二）将应税货物依法变卖，以变卖所得抵缴税款；

（三）扣留并依法变卖其价值相当于应纳税款的货物或者其他财产，以变卖所得抵缴税款。

海关采取强制措施时，对前款所列纳税义务人、担保人未缴纳的滞纳金同时强制执行。

进出境物品的纳税义务人，应当在物品放行前缴纳税款。

第六十一条　进出口货物的纳税义务人在规定的纳税期限内有明显的转移、藏匿其应税货物以及其他财产迹象的，海关可以责令纳税义务人提供担保；纳税义务人不能提供纳税担保的，经直属海关关长或者其授权的隶属海关关长批准，海关可以采取下列税收保全措施：

（一）书面通知纳税义务人开户银行或者其他金融机构暂停支付纳税义务人相当于应纳税款的存款；

（二）扣留纳税义务人价值相当于应纳税款的货物或者其他财产。

纳税义务人在规定的纳税期限内缴纳税款的，海关必须立即解除税收保全措施；期限届满仍未缴纳税款的，经直属海关关长或者其授权的隶属海关关长批准，海关可以书面通知纳税义务人开户银行或者其他金融机构从其暂停支付的存款中扣缴税款，或者依法变卖所扣留的货物或者其他财产，以变卖所得抵缴税款。

采取税收保全措施不当，或者纳税义务人在规定期限内已缴纳税款，海关未立即解除税收保全措施，致使纳税义务人的合法权益受到损失的，海关应当依法承担赔偿责任。

第六十二条　进出口货物、进出境物品放行后，海关发现少征或者漏征税款，应当自缴纳税款或者货物、物品放行之日起一年内，向纳税义务人补征。因纳税义务人违反规定而造成的少征或者漏征，海关在三年以内可以追征。

第六十三条　海关多征的税款，海关发现后应当立即退还；纳税义务人自缴纳税款之日起一年内，可以要求海关退还。

第六十四条　纳税义务人同海关发生纳税争议时，应当缴纳税款，并可以依法申请行政复议；对复议决定仍不服的，可以依法向人民法院提起诉讼。

第六十五条　进口环节海关代征税的征收管理，适用关税征收管理的规定。

第六章　海关事务担保

第六十六条　在确定货物的商品归类、估价和提供有效报关单证或者办结其他海关手续前，收发货人要求放行货物的，海关应当在其提供与其依法应当履行的法律义务相适应的担保后放行。法律、行政法规规定可以免除担保的除外。

法律、行政法规对履行海关义务的担保另有规定的，从其规定。

国家对进出境货物、物品有限制性规定，应当提供许可证件而不能提供的，以及法律、行政法规规定不得担保的其他情形，海关不得办理担保放行。

第六十七条　具有履行海关事务担保能力的法人、其他组织或者公民，可以成为担保人。法律规定不得为担保人的除外。

第六十八条　担保人可以以下列财产、权利提供担保：

（一）人民币、可自由兑换货币；

（二）汇票、本票、支票、债券、存单；

（三）银行或者非银行金融机构的保函；

（四）海关依法认可的其他财产、权利。

第六十九条　担保人应当在担保期限内承担担保责任。担保人履行担保责任的，不免除被担保人应当办理有关海关手续的义务。

第七十条　海关事务担保管理办法，由国务院规定。

第七章　执法监督

第七十一条　海关履行职责，必须遵守法律，维护国家利益，依照法定职权和法定程序严格执法，接受监督。

第七十二条　海关工作人员必须秉公执法，廉洁自律，忠于职守，文明服务，不得有下列行为：

（一）包庇、纵容走私或者与他人串通进行走私；

（二）非法限制他人人身自由，非法检查他人身体、住所或者场所，非法检查、扣留进出境运输工具、货物、物品；

（三）利用职权为自己或者他人谋取私利；

（四）索取、收受贿赂；

（五）泄露国家秘密、商业秘密和海关工作秘密；

（六）滥用职权，故意刁难，拖延监管、查验；

（七）购买、私分、占用没收的走私货物、物品；

（八）参与或者变相参与营利性经营活动；

（九）违反法定程序或者超越权限执行职务；

（十）其他违法行为。

第七十三条　海关应当根据依法履行职责的需要，加强队伍建设，使海关工作人员具有良好的政治、业务素质。

海关专业人员应当具有法律和相关专业知识，符合海关规定的专业岗位任职要求。

海关招收工作人员应当按照国家规定，公开考试，严格考核，择优录用。

海关应当有计划地对其工作人员进行政治思想、法制、海关业务培训和考核。海关工作人员必须定期接受培训和考核，经考核不合格的，不得继续上岗执行职务。

第七十四条　海关总署应当实行海关关长定期交流制度。

海关关长定期向上一级海关述职，如实陈述其执行职务情况。海关总署应当定期对直属海关关长进行考核，直属海关应当定期对隶属海关关长进行考核。

第七十五条　海关及其工作人员的行政执法活动，依法接受监察机关的监督；缉私警察进行侦查活动，依法接受人民检察院的监督。

第七十六条　审计机关依法对海关的财政收支进行审计监督，对海关办理的与国家财政收支有关的事项，有权进行专项审计调查。

第七十七条　上级海关应当对下级海关的执法活动依法进行监督。上级海关认为下级海关作出的处理或者决定不适当的，可以依法予以变更或者撤销。

第七十八条　海关应当依照本法和其他有关法律、行政法规的规定，建立健全内部监督制度，对其工作人员执行法律、行政法规和遵守纪律的情况，进行监督检查。

第七十九条　海关内部负责审单、查验、放行、稽查和调查等主要岗位的职责权限应当明确，并相互分离、相互制约。

第八十条　任何单位和个人均有权对海关及其工作人员的违法、违纪行为进行控告、检举。收到控告、检举的机关有权处理的，应当依法按照职责分工及时查处。收到控告、检举的机关和负责查处的机关应当为控告人、检举人保密。

第八十一条　海关工作人员在调查处理违法案件时，遇有下列情形之一的，应当回避：

（一）是本案的当事人或者是当事人的近亲属；

（二）本人或者其近亲属与本案有利害关系；

（三）与本案当事人有其他关系，可能影响案件公正处理的。

第八章　法律责任

第八十二条　违反本法及有关法律、行政法规，逃避海关监管，偷逃应纳税款、逃避国家有关进出境的禁止性或者限制性管理，有下列情形之一的，是走私行为：

（一）运输、携带、邮寄国家禁止或者限制进出境货物、物品或者依法应当缴纳税款的货物、物品进出境的；

（二）未经海关许可并且未缴纳应纳税款、交验有关许可证件，擅自将保税货物、特定减免税货物以及其他海关监管货物、物品、进境的境外运输工具，在境内销售的；

（三）有逃避海关监管，构成走私的其他行为的。

有前款所列行为之一，尚不构成犯罪的，由海关没收走私货物、物品及违法所得，可以并处罚款；专门或者多次用于掩护走私的货物、物品，专门或者多次用于走私的运输工具，予以没收，藏匿走私货物、物品的特制设备，责令拆毁或者没收。

有第一款所列行为之一，构成犯罪的，依法追究刑事责任。

第八十三条　有下列行为之一的，按走私行为论处，依照本法第八十二条的规定处罚：

（一）直接向走私人非法收购走私进口的货物、物品的；

（二）在内海、领海、界河、界湖，船舶及所载人员运输、收购、贩卖国家禁止或者限制进出境的货物、物品，或者运输、收购、贩卖依法应当缴纳税款的货物，没有合法证明的。

第八十四条　伪造、变造、买卖海关单证，与走私人通谋为走私人提供贷款、资金、帐号、发票、证明、海关单证，与走私人通谋为走私人提供运输、保管、邮寄或者其他方便，构成犯罪的，依法追究刑事责任；尚不构成犯罪的，由海关没收违法所得，并处罚款。

第八十五条　个人携带、邮寄超过合理数量的自用物品进出境，未依法向海关申报的，责令补缴关税，可以处以罚款。

第八十六条　违反本法规定有下列行为之一的，可以处以罚款，有违法所得的，没收违法所得：

（一）运输工具不经设立海关的地点进出境的；

（二）不将进出境运输工具到达的时间、停留的地点或者更换的地点通知海关的；

（三）进出口货物、物品或者过境、转运、通运货物向海关申报不实的；

（四）不按照规定接受海关对进出境运输工具、货物、物品进行检查、查验的；

（五）进出境运输工具未经海关同意，擅自装卸进出境货物、物品或者上下进出境旅客的；

（六）在设立海关的地点停留的进出境运输工具未经海关同意，擅自驶离的；

（七）进出境运输工具从一个设立海关的地点驶往另一个设立海关的地点，尚未办结海关手续又未经海关批准，中途擅自改驶境外或者境内未设立海关的地点的；

（八）进出境运输工具，未经海关同意，擅自兼营或者改营境内运输的；

（九）由于不可抗力的原因，进出境船舶和航空器被迫在未设立海关的地点停泊、降落或者在境内抛掷、起卸货物、物品，无正当理由，不向附近海关报告的；

（十）未经海关许可，擅自将海关监管货物开拆、提取、交付、发运、调换、改装、抵押、质押、留置、转让、更换标记、移作他用或者进行其他处置的；

（十一）擅自开启或者损毁海关封志的；

（十二）经营海关监管货物的运输、储存、加工等业务，有关货物灭失或者有关记录不真实，不能提供正当理由的；

（十三）有违反海关监管规定的其他行为的。

第八十七条　海关准予从事有关业务的企业，违反本法有关规定的，由海关责令改正，可以给予警告，暂停其从事有关业务，直至撤销注册。

第八十八条　未经海关注册登记和未取得报关从业资格从事报关业务的，由海关予以取缔，没收违法所得，可以并处罚款。

第八十九条　报关企业、报关人员非法代理他人报关或者超出其业务范围进行报关活动的，由海关责令改正，处以罚款，暂停其执业；情节严重的，撤销其报关注册登记、取消其报关从业资格。

第九十条　进出口货物收发货人、报关企业、报关人员向海关工作人员行贿的，由海关撤销其报关注册登记，取消其报关从业资格，并处以罚款；构成犯罪的，依法追究刑事责任，并不得重新注册登记为报关企业和取得报关从业资格证书。

第九十一条　违反本法规定进出口侵犯中华人民共和国法律、行政法规保护的知识产权的货物的，由海关依法没收侵权货物，并处以罚款；构成犯罪的，依法追究刑事责任。

第九十二条　海关依法扣留的货物、物品、运输工具，在人民法院判决或者海关处罚决定作出之前，不得处理。但是，危险品或者鲜活、易腐、易失效等不宜长期保存的货物、物品以及所有人申请先行变卖的货物、物品、运输工具，经直属海关关长或者其授权的隶属海关关长批准，可以先行依法变卖，变卖所得价款由海关保存，并通知其所有人。

人民法院判决没收或者海关决定没收的走私货物、物品、违法所得、走私运输工具、特制设备，由海关依法统一处理，所得价款和海关决定处以的罚款，全部上缴中央国库。

第九十三条　当事人逾期不履行海关的处罚决定又不申请复议或者向人民法院提起诉讼的，作出处罚决定的海关可以将其保证金抵缴或者将其被扣留的货物、物品、运输工具依法变价抵缴，也可以申请人民法院强制执行。

第九十四条　海关在查验进出境货物、物品时，损坏被查验的货物、物品的，应当赔偿实际损失。

第九十五条　海关违法扣留货物、物品、运输工具，致使当事人的合法权益受到损失的，应当依法承担赔偿责任。

第九十六条　海关工作人员有本法第七十二条所列行为之一的，依法给予行政处分；有违法所得的，依法没收违法所得；构成犯罪的，依法追究刑事责任。

第九十七条　海关的财政收支违反法律、行政法规规定的，由审计机关以及有关部门依照法律、行政法规的规定作出处理；对直接负责的主管人员和其他直接责任人员，依法给予行政处分；构成犯罪的，依法追究刑事责任。

第九十八条　未按照本法规定为控告人、检举人、举报人保密的，对直接负责的主管人员和其他直接责任人员，由所在单位或者有关单位依法给予行政处分。

第九十九条　海关工作人员在调查处理违法案件时，未按照本法规定进行回避的，对直接负责的主管人员和其他直接责任人员，依法给予行政处分。

第九章　附　　则

第一百条　本法下列用语的含义：

直属海关，是指直接由海关总署领导，负责管理一定区域范围内的海关业务的海关；隶属海关，是指由直属海关领导，负责办理具体海关业务的海关。

进出境运输工具，是指用以载运人员、货物、物品进出境的各种船舶、车辆、航空器和驮畜。

过境、转运和通运货物，是指由境外启运、通过中国境内继续运往境外的货物。其中，通过境内陆路运输的，称过境货物；在境内设立海关的地点换装运输工具，而不通过境内陆路运输的，称转运货物；由船舶、航空器载运进境并由原装运输工具载运出境的，称通运货物。

海关监管货物，是指本法第二十三条所列的进出口货物，过境、转运、通运货物，特定减免税货物，以及暂时进出口货物、保税货物和其他尚未办结海关手续的进出境货物。

保税货物，是指经海关批准未办理纳税手续进境，在境内储存、加工、装配后复运出境的货物。

海关监管区，是指设立海关的港口、车站、机场、国界孔道、国际邮件互换局（交换站）和其他有海关监管业务的场所，以及虽未设立海关，但是经国务院批准的进出境地点。

第一百零一条　经济特区等特定地区同境内其他地区之间往来的运输工具、货物、物品的监管办法，由国务院另行规定。

第一百零二条　本法自1987年7月1日起施行。1951年4月18日中央人民政府公布的《中华人民共和国暂行海关法》同时废止。

中华人民共和国公民出境入境管理法

（1985年11月22日第六届全国人民代表大会常务委员会第十三次会议通过，1985年11月22日中华人民共和国主席令第32号公布）

第一章　总　则

第一条　为保障中国公民出入中国国境的正当权利和利益，促进国际交往，特制定本法。

第二条　中国公民凭国务院主管机关及其授权的机关签发的有效护照或者其他有效证件出境、入境，无需办理签证。

第三条　中国公民出境、入境，从对外开放的或者指定的口岸通行，接受边防检查机关的检查。

第四条　中国公民出境后，不得有危害祖国安全、荣誉和利益的行为。

第二章　出　境

第五条　中国公民因私事出境，向户口所在地的市、县公安机关提出申请，除本法第八条规定的情形外，都可以得到批准。

公安机关对中国公民因私事出境的申请，应当在规定的时间内作出批准或者不批准的决定，通知申请人。

第六条　中国公民因公务出境，由派遣部门向外交部或者外交部授权的地方外事部门申请办理出境证件。

第七条　海员因执行任务出境，由港务监督局或者港务监督局授权的港务监督办理出境证件。

第八条　有下列情形之一的，不批准出境：

（一）刑事案件的被告人和公安机关或者人民检察院或者人民法院认定的犯罪嫌疑人；

（二）人民法院通知有未了结民事案件不能离境的；

（三）被判处刑罚正在服刑的；

（四）正在被劳动教养的；

（五）国务院有关主管机关认为出境后将对国家安全造成危害或者对国家利益造成重大损失的。

第九条　有下列情形之一的，边防检查机关有权阻止出境，并依法处理：

（一）持用无效出境证件的；

（二）持用他人出境证件的；

（三）持用伪造或者涂改的出境证件的。

第三章　入　境

第十条　定居国外的中国公民要求回国定居的，应当向中国驻外国的外交代表机关、领事机关或者外交部授权的其他驻外机关办理手续，也可以向有关省、自治区、直辖市的公安机关办理手续。

第十一条　入境定居或者工作的中国公民，入境后应当按照户口管理规定，办理常住户口登记。入境暂住的，应当按照户口管理规定办理暂住登记。

第四章　管理机关

第十二条　因公务出境的中国公民所使用的护照由外交部或者外交部授权的地方外事部门颁发，海员证由港务监督局或者港务监督局授权的港务监督颁发，因私事出境的中国公民所使用的护照由公安部或者公安部授权的地方公安机关颁发。

中国公民在国外申请护照、证件，由中国驻外国的外交代表机关、领事机关或者外交部授权的其他驻外机关颁发。

第十三条　公安部、外交部、港务监督局和原发证机关，各自对其发出的或者其授权的机关发出的护照和证件，有权吊销或者宣布作废。

第五章　处　罚

第十四条　对违反本法规定，非法出境、入境，伪造、涂改、冒用、转让出境、入境证件的，公安机关可以处以警告或者十日以下的拘留处罚；情节严重，构成犯罪的，依法追究刑事责任。

第十五条　受公安机关拘留处罚的公民对处罚不服的，在接到通知之日起十五日内，可以向上一级公安机关提出申诉，由上一级公安机关作出最后的裁决，也可以直接向当地人民法院提起诉讼。

第十六条　执行本法的国家工作人员，利用职权索取、收受贿赂的，依照《中华人民共和国刑法》和全国人民代表大会常务委员会《关于严惩严重破坏经济的罪犯的决定》处罚；有其他违法失职行为，情节严重，构成犯罪的，依照《中华人民共和国刑法》有关规定追究刑事责任。

第六章　附　则

第十七条　中国公民往来香港地区或者澳门地区的管理办法，由国务院有关部门另行制订。

第十八条　在同中国毗邻国家接壤边境地区居住的中国公民临时出境、入境，有两国之间协议的，按照协议执行，没有协议的按照中国政府的规定执行。

国际列车和民航国际航班乘务人员、国境铁路工作人员的出境、入境，按照协议和有关规定执行。

第十九条　公安部、外交部、交通部根据本法制定实施细则，报国务院批准施行。

第二十条　本法自一九八六年二月一日起施行。

中华人民共和国公民出境入境管理法实施细则

（1986年12月3日国务院批准，1986年12月26日公安部、外交部、交通部发布；1994年7月13日国务院批准修订，1994年7月15日公安部、外交部、交通部发布）

第一章　总　则

第一条　根据《中华人民共和国公民出境入境管理法》第十九条的规定，制定本实施细则。

第二条　本实施细则适用于中国公民因私事出境、入境。所称"私事"，是指：定居、探亲、访友、继承财产、留学、就业，旅游和其他非公务活动。

第二章　出　境

第三条　居住国内的公民因私事出境，须向户口所在地的市、县公安局出入境管理部门提出申请，回答有关的询问并履行下列手续：

（一）交验户口簿或者其他户籍证明；

（二）填写出境申请表；

（三）提交所在工作单位对申请人出境的意见；

（四）提交与出境事由相应的证明。

第四条　本实施细则第三条第四项所称的证明是指：

（一）出境定居，须提交拟定居地亲友同意去定居的证明或者前往国家的定居许可证明；

（二）出境探亲访友，须提交亲友邀请证明；

（三）出境继承财产，须提交有合法继承权的证明；

（四）出境留学，须提交接受学校入学许可证件和必需的经济保证证明；

（五）出境就业，须提交聘请、雇用单位或者雇主的聘用、雇用证明；

（六）出境旅游，须提交旅行所需外汇费用证明。

第五条　市、县公安局对出境申请应当在30天内，地处偏僻、交通不便的应当在60天内，作出批准或者不批准的决定，通知申请人。

申请人在规定时间内没有接到审批结果通知的，有权查询，受理部门应当作出答复；申请人认为不批准出境不符合《中华人民共和国公民出境入境管理法》的，有权向上一级公安机关提出申诉，受理机关应当作出处理和答复。

第六条　居住国内的公民经批准出境的，由公安机关出入境管理部门发给中华人民共和国护照，并附发出境登记卡。

第七条　居住国内的公民办妥前往国家的签证或者入境许可证件后，应当在出境前办理户口手续。出境定居的，须到当地公安派出所或者户籍办公室注销户口。短期出境的，办理临时外出的户口登记，返回后凭护照在原居住地恢复常住户口。

第八条　中国公民回国后再出境，凭有效的中华人民共和国护照或者有效的中华人民共和国旅行证或者其他有效出境入境证件。

第三章　入　境

第九条　在境外的中国公民短期回国，凭有效的中华人民共和国护照或者有效的中华人民共和国旅行证或者其他有效入境出境证件入境。

第十条　定居国外的中国公民要求回国定居的，应当在入境前向中国驻外国的外交代表机关、领事机关或者外交部授权的其他驻外机关提出申请，也可由本人或者经由国内亲属向拟定居地的市、县公安局提出申请，由省、自治区、直辖市公安厅（局）核发回国定居证明。

第十一条　定居国外的中国公民要求回国工作的，应当向中国劳动、人事部门或者聘请、雇用单位提出申请。

第十二条　定居国外的中国公民回国定居或者回国工作抵达目的地后，应当在30天内凭回国定居证明或者经中国劳动、人事部门核准的聘请、雇用证明到当地公安局办理常住户口登记。

第十三条　定居国外的中国公民短期回国，要按照户口管理规定，办理暂住登记。在宾馆、饭店、旅店、招待所、学校等企业、事业单位或者机关、团体及其他机构内住宿的，应当填写临时住房登记表，住在亲友家的，由本人或者亲友在24小时内（农村可在72小时内）到住地公安派出所或者户籍办公室办理暂住登记。

第四章　出境入境检查

第十四条　中国公民应当从对外开放的或者指定的口岸出境、入境，向边防检查站出示中华人民共和国护照或者其他出境入境证件，填交出境、入境登记卡，接受查验。

第十五条　有下列情形之一的，边防检查站有权阻止出境、入境：

（一）未持有中华人民共和国护照或者其他出境入境证件的；

（二）持用无效护照或者其他无效出境入境证件的；

（三）持用伪造、涂改的护照、证件或者冒用他人护照、证件的；

（四）拒绝交验证件的。

具有前款第二、三项规定的情形的，并可依照本实施细则第二十三条的规定处理。

第五章　证件管理

第十六条　中国公民出境入境的主要证件－－中华人民共和国护照和中华人民共和国旅行证由持证人保存、使用。除公安机关和原发证机关有权依法吊销、收缴证件以及人民检察院、人民法院有权依法扣留证件外，其他任何机关、团体和企业、事业单位或者个人不得扣留证件。

第十七条　中华人民共和国护照有效期5年，可以延期二次，每次不超过5年。申请延期应在护照有效期满前提出。

在国外，护照延期，由中国驻外国的外交代表机关、领事机关或者外交部授权的其他驻外机关办理。在国内，定居国外的中国公民的护照延期，由省、自治区、直辖市公安厅（局）及其授权的公安机关出入境管理部门办理；居住国内的公民在出境前的护照延期，由原发证的或者户口所在地的公安机关出入境管理部门办理。

第十八条　中华人民共和国旅行证分1年一次有效和2年多次有效两种，由中国驻外国的外交代表机关、领事机关或者外交部授权的其他驻外机关颁发。

第十九条　中华人民共和国入出境通行证，是入出中国国（边）境的通行证件，由省、自治区、直辖市公安厅

（局）及其授权的公安机关签发。这种证件在有效期内一次或者多次入出境有效。一次有效的，在出境时由边防检查站收缴。

第二十条　中华人民共和国护照和其他出境入境证件的持有人，如因情况变化，护照、证件上的记载事项需要变更或者加注时，应当分别向市、县公安局出入境管理部门或者中国驻外国的外交代表机关、领事机关或者外交部授权的其他驻外机关提出申请，提交变更、加注事项的证明或者说明材料。

第二十一条　中国公民持有的中华人民共和国护照和其他出境入境证件因即将期满或者签证页用完不能再延长有效期限，或者被损坏不能继续使用的，可以申请换发，同时交回原持有的护照、证件；要求保留原护照的，可以与新护照合订使用。护照、出境入境证件遗失的，应当报告中国主管机关，在登报声明或者挂失声明后申请补发。换发和补发护照、出境入境证件，在国外，由中国驻外国的外交代表机关、领事机关或者外交部授权的其他驻外机关办理；在国内，由省、自治区、直辖市公安厅（局）及其授权的公安机关出入境管理部门办理。

第二十二条　中华人民共和国护照和其他出境入境证件的持有人有下列情形之一的，其护照、出境入境证件应予以吊销或者宣布作废：

（一）持证人因非法进入前往国或者非法居留被送回国内的；

（二）公民持护照、证件招摇撞骗的；

（三）从事危害国家安全、荣誉和利益的活动的。

护照和其他出境入境证件的吊销和宣布作废，由原发证机关或者其上级机关作出。

第六章　处　罚

第二十三条　持用伪造、涂改等无效证件或者冒用他人证件出境、入境的，除收缴证件外，处以警告或者5日以下拘留；情节严重，构成犯罪的，依照《全国人民代表大会常务委员会关于严惩组织、运送他人偷越国（边）境犯罪的补充规定》的有关条款的规定追究刑事责任。

第二十四条　伪造、涂改、转让、买卖出境入境证件的，处10日以下拘留；情节严重，构成犯罪的，依照《中华人民共和国刑法》和《全国人民代表大会常务委员会关于严惩组织、运送他人偷越国（边）境犯罪的补充规定》的有关条款的规定追究刑事责任。

第二十五条　编造情况，提供假证明，或者以行贿等手段，获取出境入境证件，情节较轻的，处以警告或者5日以下拘留；情节严重，构成犯罪的，依照《中华人民共和国刑法》和《全国人民代表大会常务委员会关于严惩组织、运送他人偷越国（边）境犯罪的补充规定》的有关条款的规定追究刑事责任。

第二十六条　公安机关的工作人员在执行《中华人民共和国公民出境入境管理法》和本实施细则时，如有利用职权索取、收受贿赂或者有其他违法失职行为，情节轻微的，由主管部门酌情予以行政处分；情节严重，构成犯罪的，依照《中华人民共和国刑法》和《全国人民代表大会常务委员会关于严惩组织、运送他人偷越国（边）境犯罪的补充规定》的有关条款的规定追究刑事责任。

第七章　附　则

第二十七条　中国公民因公务出境和中国海员因执行任务出境管理办法，另行制订。

第二十八条　本实施细则自发布之日起施行。

中华人民共和国进出口商品检验法

（1988年2月21日第七届全国人民代表大会常务委员会第六次会议通过）

第一章　总则

第一条　为了加强进出口商品检验工作，保证进出口商品的质量，维护对外贸易有关各方的合法权益，促进对外经济贸易关系的顺利发展，制定本法。

第二条　国务院设立进出口商品检验部门（以下简称国家商检部门），主管全国进出口商品检验工作。国家商检部门设在各地的进出口商品检验机构（以下简称商检机构）管理所辖地区的进出口商品检验工作。

第三条　商检机构和国家商检部门、商检机构指定的检验机构，依法对进出口商品实施检验。

第四条　国家商检部门根据对外贸易发展的需要，制定、调整并公布《商检机构实施检验的进出口商品类表》（以下简称《种类表》）。

第五条　列入《种类表》的进出口商品和其他法律、行政法规规定须经商检机构检验的进出口商品，必须经过商检机构或者国家商检部门、商检机构指定的检验机构检验。

前款规定的进口商品未经检验的，不准销售、使用；前款规定的出口商品未经检验合格的，不准出口。

本条第一款规定的进出口商品，经收货人、发货人申请，国家商检部门审查批准，可以免予检验。

第六条　商检机构实施进出口商品检验的内容，包括商品的质量、规格、数量、重量、包装以及是否符合安全、卫生要求。

法律、行政法规规定有强制性标准或者其他必须执行的检验标准的进出口商品，依照法律、行政法规规定的检验标准检验；法律、行政法规未规定有强制性标准或者其他必须执行的检验标准的，依照对外贸易合同约定的检验标准检验。

第七条　法律、行政法规规定由其他检验机构实施检验的进出口商品或者检验项目，依照有关法律、行政法规的规定办理。

第八条　国家商检部门和商检机构应当收集和向有关方面提供进出口商品检验方面的信息。

第二章　进口商品的检验

第九条　本法规定必须经商检机构检验的进口商品的收货人，必须向卸货口岸或者到达站的商检机构办理进口商品登记。对列入《种类表》的进口商品，海关凭商检机构在报关单上加盖的印章验放。

第十条　本法规定必须经商检机构检验的进口商品的收货人，应当在商检机构规定的地点和期限内，向商检机构报验。商检机构应当在对外贸易合同约定的索赔期限内检验完毕，并出具证明。

第十一条　本法规定必须经商检机构检验的进口商品以外的进口商品的收货人，发现进口商品质量不合格或者残损短缺，需要由商检机构出证索赔的，应当向商检机构申请检验出证。

第十二条　对重要的进口商品和大型的成套设备，收货人应当依据对外贸易合同约定在出口国装运前进行预检验、监造或者监装，主管部门应当加强监督；商检机构根据需要可以派出检验人员参加。

第三章　出口商品的检验

第十三条　本法规定必须经商检机构检验的出口商品的发货人，应当在商检机构规定的地点和期限内，向商检机构报验。商检机构应当在不延误装运的期限内检验完毕，并出具证明。

对列入《种类表》的出口商品，海关凭商检机构签发的检验证书、放行单或者在报关单上加盖的印章验放。

第十四条　经商检机构检验合格发给检验证书或者放行单的出口商品，应当在商检机构规定的期限内报运出口；超过期限的，应当重新报验。

第十五条　为出口危险货物生产包装容器的企业，必须申请商检机构进行包装容器的性能鉴定。生产出口危险货物的企业，必须申请商检机构进行包装容器的使用鉴定。使用未经鉴定合格的包装容器的危险货物，不准出口。

第十六条　对装运出口易腐烂变质食品的船舱和集装箱，承运人或者装箱单位必须在装货前申请检验。未经检验合格的，不准装运。

第四章　监督管理

第十七条　商检机构对本法规定必须经商检机构检验的进出口商品以外的进出口商品，可以抽查检验。出口商品经抽查检验不合格的，不准出口。

第十八条　商检机构根据检验工作的需要，可以向列入《种类表》的出口商品的生产企业派出检验人员，参与监督出口商品出厂前的质量检验工作。

第十九条　商检机构可以根据国家商检部门同外国有关机构签订的协议或者接受外国有关机构的委托进行进出口商品质量认证工作，准许在认证合格的进出口商品上使用质量认证标志。

第二十条　国家商检部门和商检机构根据工作的需要，通过考核，认可符合条件的国内外检验机构承担委托的进出口商品检验工作。

第十一条　本法规定必须经商检机构检验的进口商品以外的进口商品的收货人，发现进口商品质量不合格或者残损短缺，需要由商检机构出证索赔的，应当向商检机构申请检验出证。

第二十二条　国家根据需要，对重要的进出口商品及其生产企业实行质量许可制度，具体办法由国家商检部门会同国务院有关主管部门制定。

第二十三条　商检机构根据需要，对检验合格的进出口商品，可以加施商检标志或者封识。

第二十四条　进出口商品的报验人对商检机构作出的检验结果有异议的，可以向原商检机构或者其上级商检机构以至国家商检部门申请复验，由受理复验的商检机构或者国家商检部门作出复验结论。

第二十五条　商检机构和其指定的检验机构以及经国家商检部门批准的其他检验机构，可以接受对外贸易关系人或者外国检验机构的委托，办理进出口商品鉴定业务。

进出口商品鉴定业务的范围包括：进出口商品的质量、数量、重量、包装鉴定、海损鉴定、集装箱检验，进口商品的残损鉴定，出口商品的装运技术条件鉴定、货载衡量、产地证明、价值证明以及其他业务。

第五章　法律责任

第二十六条　违反本法规定，对列入《种类表》的其他法律、行政法规规定必须经商检机构检验的进口商品未报经检验而擅自销售或者使用的，对列入《种类表》的和其他法律、行政法规规定必须经商检机构检验的出口商品未报经检验合格而擅自出口的，由商检机构处以罚款；情节严重，造成重大经济损失的，对直接责任人员比照刑法第一百八十七条的规定追究刑事责任。

违反本法第十七条的规定，对经商检机构抽查检验不合格的出口商品擅自出口的，依照前款的规定处罚。

第二十七条　伪造、变造商检单证、印章、标志、封识、质量认证标志，构成犯罪的，对直接责任人员比照刑法第一百六十七条的规定追究刑事责任；情节轻微的，由商检机构处以罚款。

第二十八条　当事人对商检机构的处罚决定不服的，可以自收到处罚通知之日起三十天内，向作出处罚决定的商检机构或者其上级商检机构或者国家商检部门申请复议；对复议决定不服的，可以自收到复议决定书之日起三十天内，向法院起诉。当事人逾期不申请复议或者不起诉又拒不履行的，由作出处罚决定的商检机构申请法院强制执行。

第二十九条　国家商检部门、商检机构的工作人员和国家商检部门、商检机构指定的检验机构的检验人员，滥用职权，徇私舞弊，伪造检验结果的，或者玩忽职守，延误检验出证的，根据情节轻重，给予行政处分或者依法追究刑事责任。

第六章　附则

第三十条　商检机构和其他检验机构依照本法的规定实施检验和办理鉴定业务，依照规定收费。收费办法由国家商检部门会同国务院有关主管部门制定。

第三十一条　国家商检部门根据本法制定实施办法，报国务院批准后施行。

第三十二条　本法自 1989 年 8 月 1 日起施行。1984 年 1 月 28 日国务院发布的《中华人民共和国进出口商品检验条例》同时废止。

附：刑法有关条文：

第一百八十七条　国家工作人员由于玩忽职守，致使公共财产、国家和人民利益遭受重大损失的，处五年以下有期徒刑或者拘役。

第一百六十七条　伪造、变造或者盗窃、抢夺、毁灭国家机关、企业、事业单位、人民团体的公文、证件、印章的，处三年以下有期徒刑、拘役、管制或者剥夺政治权利；情节严重的，处三年以上十年以下有期徒刑。

中华人民共和国进出口商品检验法实施条例

（1992年10月7日国务院批准，1992年10月23日国家进出口商品检验局令第5号发布）

第一章　总则

第一条　根据《中华人民共和国进出口商品检验法》（以下简称《商检法》）的规定，制定本条例。

第二条　中华人民共和国国家进出口商品检验局（以下简称国家商检局）主管全国进出口商品检验工作。

第三条　国家商检局在省、自治区、直辖市以及进出口商品的口岸、集散地设立的进出口商品检验局及其分支机构（以下简称商检机构），管理所负责地区的进出口商品检验工作。商检机构的职责是：对进出口商品实施检验，办理进出口商品鉴定，对进出口商品的质量和检验工作实施监督管理。

第四条　国家商检局根据对外贸易发展的需要，对涉及社会公共利益的进出口商品，制定、调整并公布《商检机构实施检验的进出口商品种类表》（以下简称《种类表》）。

第五条　商检机构和国家商检局、商检机构指定的检验机构对进出口商品实施法定检验的范围包括：

（一）对列入《种类表》的进出口商品的检验；

（二）对出口食品的卫生检验；

（三）对出口危险货物包装容器的性能鉴定和使用鉴定；

（四）对装运出口易腐烂变质食品、冷冻品的船舱、集装箱等运载工具的适载检验；

（五）对有关国际条约规定须经商检机构检验的进出口商品的检验；

（六）对其他法律、行政法规规定须经商检机构检验的进出口商品的检验。

第六条　依照有关法律、行政法规的规定，进出口药品的卫生质量检验、计量器具的量值检定、锅炉压力容器的安全监督检验、船舶（包括海上平台、主要船用设备及材料）和集装箱的规范检验、飞机（包括飞机发动机、机载设备）的适航检验以及核承压设备的安全检验等项目，由其他检验机构实施检验。

第七条　商检机构对法定检验以外的进出口商品，可以抽查检验并实施监督管理。

法定检验以外的进出口商品，对外贸易合同约定或者进出口商品的收货人、发货人申请商检机构签发检验证书的，由商检机构实施检验。

第八条　进出口的样品、礼品、非销售展品和其他非贸易性物品，可以免予检验。但是，国家另有规定或者对外贸易合同另有约定的除外。

列入《种类表》的进出口商品，经商检机构检验，质量长期稳定的或者经国家商检局认可的外国有关组织实施质量认证的，由进出口商品的收货人、发货人或者生产企业申请，经国家商检局审查批准，商检机构免予检验。

免验的具体办法由国家商检局制定。

第九条　商检机构对进出口商品实施检验的内容，包括商品的质量、规格、数量、重量、包装以及是否符合安全、卫生要求。

第十条　商检机构按照下列标准对进出口商品实施检验：

（一）法律、行政法规规定有强制性标准或者其他必须执行的检验标准的，按照法律、行政法规规定的检验标准检验；

（二）法律、行政法规未规定有强制性标准或者其他必须执行的检验标准的，按照对外贸易合同约定的检验标准检验；凭样成交的，并应当按照样品检验；

（三）法律、行政法规规定的强制性标准或者其他必须执行的检验标准，低于对外贸易合同约定的检验标准的，按照对外贸易合同约定的检验标准检验；凭样成交的，并应当按照样品检验；

（四）法律、行政法规未规定有强制性标准或者其他必须执行的检验标准，对外贸易合同又未约定检验标准或者约定检验标准不明确的，按照生产国标准、有关国际标准或者国家商检局指定的标准检验。

第十一条　国家商检局根据对外贸易和检验工作的实际需要，可以制定进出口商品检验方法行业标准。

第十二条　商检机构的检验人员须经考核合格，并取得证件后，方可执行检验任务。

商检机构的检验人员依法执行职务，不受非法干预和阻挠。

第二章　进口商品的检验

第十三条　法定检验的进口商品到货后，收货人必须向卸货口岸或者到达站的商检机构办理登记。商检机构在报关单上加盖"已接受登记"的印章，海关凭报关单上加盖的印章验放。

第十四条　对外贸易合同或者运输合同约定进口商品检验地点的，在约定的地点进行检验；未约定检验地点的，在卸货口岸、到达站或者商检机构指定的地点进行检验。

大宗散装商品、易腐烂变质商品，以及卸货时发现残损或者数量、重量短缺的商品，必须在卸货口岸或者到达站进行检验。

需要结合安装调试进行检验的成套设备、机电仪产品，以及在口岸开件检验后难以恢复包装的商品，可以在收货人所在地进行检验。

第十五条　法定检验的进口商品办理登记后，收货人必须在规定的检验地点和期限内，持合同、发票、装箱单、提单等必要的证单，向商检机构报验，由商检机构实施或者组织实施检验；未报经检验的，不准销售，不准使用。

法定检验以外的进口商品，对外贸易合同约定由商检机构检验的，依照前款规定办理报验、检验事项。

第十六条　商检机构对已报验的进口商品，应当在索赔期限内检验完毕，检验合格的，出具检验情况通知单；检验不合格或者对外贸易合同约定由商检机构出具检验结果的，签发检验证书。

第十七条　进口商品经检验不符合法律、行政法规规定的强制性标准或者其他必须执行的检验标准的，必须在商检机构的监督下进行技术处理，经重新检验合格后，方可销售或者使用；不能进行技术处理或者经技术处理后，重新检验仍不合格的，由商检机构责令收货人退货或者销毁。

第十八条　商检机构对检验不合格的进口成套设备及其材料，签发"不准安装使用通知书"。经技术处理，并经商检机构重新检验合格的，可以安装使用。

第十九条　进口机动车辆到货后，收货人凭商检机构签发的进口机动车辆检验通知单向车辆管理机关领取号牌，并在距质量保证期满的三十日前将质量情况报商检机构备案。

第二十条　法定检验以外的进口商品，对外贸易合同没有约定由商检机构检验的，收货人应当按照合同的约定进行验收。商检机构可以督促收货人验收并进行抽查检验。验收不合格需要凭商检机构检验证书索赔的，收货人应当及时向所在地商检机构申请检验出证。

第二十一条　商检机构检验或者抽查检验不合格，并已对外索赔的进口商品，不需要换货或者退货的，收货人应当保留一定数量的实物或者样品；对外提出换货或者退货的进口商品，必须妥善保管，在索赔结案前不得动用。

第二十二条　进口商品在口岸卸货时发现残损或者数量、重量短缺需要索赔的，收货人应当及时向口岸商检机构申请检验出证。卸货单位对残损部分应当分别卸货和存放。

第二十三条　对关系国计民生、价值较高、技术复杂的重要进口商品和大型成套设备，收货人应当在对外贸易合同中约定在出口国装运前进行预检验、监造或者监装，以及保留到货后最终检验和索赔权的条款，并按照合同约定进行装运前预检验、监造或者监装。

对装运前的预检验、监造或者监装，收货人的主管部门应当加强监督。商检机构可以根据需要派出检验人员参加或者组织实施装运前预检验、监造或者监装。

第三章　出口商品的检验

第二十四条　法定检验的出口商品，发货人应当在商检机构规定的地点和期限内，持合同等必要的证单向商检机构报验，由商检机构实施或者组织实施检验。

法定检验以外的出口商品，对外贸易合同约定由商检机构检验的，依照前款规定办理报验、检验事项。

第二十五条　商检机构对已报验的出口商品，应当在不延误装运的期限内检验完毕，检验合格的，按照规定签发检验证书、放行单或者在报关单上加盖印章。

产地检验的出口商品，需要在口岸换证出口的，由产地商检机构按照规定签发检验换证凭证。发货人应当在规定的期限内持检验换证凭证和必要的证单向口岸商检机构报请查验。经查验合格的，由口岸商检机构换发检验证书、放行单或者在报关单上加盖印章。

第二十六条　商检机构对法定检验以外的出口商品，可以在生产、经营单位检验的基础上定期或者不定期地抽查检验。

第二十七条　商检机构检验合格的出口商品，发货人应当在检验证书或者放行单签发之日起六十天内报运出口，鲜活类出口商品应当在规定的期限内报运出口。逾期报运出口的，发货人必须重新向商检机构报验。

第二十八条　生产危险货物出口包装容器的企业，必须向商检机构申请包装容器的性能鉴定。包装容器经商检机构鉴定合格并取得性能鉴定证书的，方可用于包装危险货物。

生产出口危险货物的企业，必须向商检机构申请危险货物包装容器的使用鉴定。危险货物包装容器经商检机构鉴定合格并取得使用鉴定证书的，方可包装危险货物出口。

第二十九条　对装运出口易腐烂变质的食品、冷冻品的船舱、集装箱等运载工具，承运人、装箱单位或者其代理人必须在装运前向商检机构申请清洁、卫生、冷藏、密固等适载检验；经检验合格并取得证书的，方可装运。

第三十条　法定检验的出口商品，海关凭商检机构依照本条例第二十五条、第二十八条、第二十九条的规定签发的证单或者在报关单上加盖的印章验放。

第三十一条　出口商品经商检机构检验、口岸查验或者抽查检验不合格的，不准出口。

第四章　进出口商品鉴定

第三十二条　商检机构和国家商检局、商检机构指定的检验机构以及经国家商检局批准的其他检验机构，可以接受对外贸易关系人以及国内外有关单位或者外国检验机构的委托，办理规定范围内的进出口商品鉴定业务，签发鉴定证书。

第三十三条　进出口商品鉴定业务包括：

（一）进出口商品的质量、数量、重量、包装鉴定和货载衡量；

（二）进出口商品的监视装载和监视卸载；

（三）进出口商品的积载鉴定、残损鉴定、载损鉴定和海损鉴定；

（四）装载出口商品的船舶、车辆、飞机、集装箱等运载工具的适载鉴定；

（五）装载进出口商品的船舶封舱、舱口检视、空距测量；

（六）集装箱及集装箱货物鉴定；

（七）与进出口商品有关的外商投资财产的价值、品种、质量、数量和损失鉴定；

（八）抽取并签封各类样品；

（九）签发价值证书及其他鉴定证书；

（十）其他进出口商品鉴定业务。

第三十四条　商检机构可以接受对外贸易关系人的申请，依照有关法律、行政法规的规定签发普惠制原产地证、一般原产地证。

第三十五条　对外贸易关系人委托商检机构办理鉴定业务，应当提供合同、信用证以及有关的其他证单。

第五章　监督管理

第三十六条　国家商检局、商检机构对进出口商品的收货人、发货人及生产、经营、储运单位以及国家商检局、商检机构指定或者认可的检验机构和认可的检验人员的检验工作实施监督管理。

第三十七条　国家商检局根据需要同外国有关机构签订进出口商品质量认证协议。商检机构根据协议或者接受外国有关机构的委托进行进出口商品质量认证工作。对经认证合格的进出口商品及其生产企业颁发认证证书，准许使用进出口商品质量认证标志。具体办法由国家商检局制定。

第三十八条　国家根据需要，对涉及安全、卫生等重要的进出口商品及其生产企业实施进口安全质量许可制度和出口质量许可制度。具体办法由国家商检局会同国务院有关主管部门制定。

实施进口安全质量许可制度的进口商品，必须取得国家商检局的进口安全质量许可，方可进口。

实施出口质量许可制度的出口商品，必须取得国家商检局或者国家商检局会同国务院有关主管部门的出口质量许可，方可出口。

第三十九条　国家对出口食品及其生产企业（包括加工厂、屠宰场、冷库、仓库，下同）实施卫生注册登记制度。具体办法由国家商检局会同国务院有关主管部门制定。

实施卫生注册登记制度的出口食品生产企业，必须向商检机构申请卫生注册登记，经国家商检局核准后，方可生产、加工、储存出口食品。

出口食品生产企业需要在国外注册的，依照前款规定经注册登记后，报国家商检局统一对外办理。

第四十条　商检机构根据出口商品生产企业的申请或者国外的要求，对出口商品生产企业的质量体系进行评审。具体办法由国家商检局制定。

第四十一条　获准使用认证标志或者取得进口安全质量许可、出口质量许可或者经卫生注册登记的进出口商品的生产企业，经检查不符合规定要求的，由商检机构责令其限期改进；逾期仍不符合规定要求的，报经国家商检局取消其使用认证标志的资格或者撤销其进口安全质量许可、出口质量许可、卫生注册登记。

第四十二条　商检机构根据检验工作的需要，可以向法定检验的出口商品生产企业派出检验人员，参与监督出口商品出厂前的质量检验工作；对生产企业的生产、检测条件、质量保证工作实施监督检查；对出口商品使用的原材料、零部件和成品、包装、标志等进行抽查检验。

第四十三条　商检机构根据需要，对检验合格的进出口商品加施商检标志；对检验合格的以及其他需要加施封识的进出口商品加施封识。商检标志和封识的制度由国家商检局规定。

第四十四条　商检机构或者国家商检局、商检机构指定或者认可的检验机构，按照有关规定对检验的进出口商品抽取样品。验余的样品，有关单位应当在规定的期限内领回；逾期不领回的，由商检机构处理。

第四十五条　商检机构的检验人员到生产企业、建设现场、港口、机场、车站、仓库等地点或者运输工具上依法实施检验、鉴定和监督管理时，有关单位应当提供必要的工作条件及辅助人力、用具等。

第四十六条　国家商检局和商检机构根据检验工作需要，可以认可符合条件的国内外检验机构承担委托的进出口商品检验或者指定的质量许可和认证商品的检测以及企业的评审工作。被认可的检验机构，经检查不符合规定要求的，国家商检局或者商检机构可以取消对其认可的资格。

第四十七条　商检机构根据需要，可以认可有关单位的检验人员承担指定的检验、评审任务。

第四十八条　外国在中国境内设立进出口商品检验鉴定机构，须经国家商检局审核同意，依照有关法律、行政法规的规定履行批准和登记手续，方可在指定的范围内接受委托办理进出口商品检验、鉴定业务，并应当接受国家商检局和商检机构的监督管理。

第四十九条　进出口商品的报验人对商检机构作出的检验结果有异议的，可以在收到检验结果之日起十五日内向作出检验结果的商检机构或者其上级商检机构申请复验，受理复验的商检机构应当自收到复验申请之日起四十五日内作出复验结论。报验人对复验结论仍有异议的，可以自收到复验结论之日起十五日内向国家商检局申请复验；国家商检局应当在六十日内作出复验结论。国家商检局的复验结论为终局结论。

第六章　法律责任

第五十条　违反《商检法》或者本条例规定，有下列行为之一的，由商检机构根据情节轻重给予通报批评、警告或者暂时停止报验，并可以处以有关商品总值百分之一以上、百分之五以下的罚款：

（一）销售、使用未报经检验的属于法定检验进口商品的，或者擅自出口未报经检验的属于法定检验出口商品的；

（二）进口、销售、使用属于实施进口安全质量许可制度，而未取得进口安全质量许可的商品的，或者出口属于实施出口质量许可制度或者卫生注册登记制度，而未取得出口质量许可或者未经卫生注册登记商品的；

（三）使用未取得适载合格证书或者检验不合格的船舱、集装箱装运易腐烂变质食品、冷冻品出口的；

（四）提供或者使用未经商检机构鉴定的危险货物出品包装容器的；

（五）其他逃避商检机构法定检验行为的。

第五十一条　违反《商检法》或者本条例的规定，有下列行为之一的，由商检机构根据情节轻重给予通报批评、警告或者暂时停止报验，并可以处以有关商品总值百分之五以上、百分之二十以下的罚款：

（一）销售、使用经商检机构检验不符合强制性标准或者其他必须执行的检验标准的进口商品的；

（二）出口经商检机构检验或者抽查检验不合格的商品的；

（三）擅自调换商检机构抽取的样品或者改变商检机构检验合格的出口商品的质量、规格、数量、重量以及包装的；

（四）擅自调换、损毁商检机构加施于商品及其包装上的商检标志、封识以及认证标志的；

（五）提供或者使用经商检机构鉴定不合格的包装容器包装出口危险货物的。

（六）不如实向商检机构报验，骗取商检机构的有关证单的。

第五十二条　已报验的出口商品属于假冒伪劣商品的，由商检机构或者商检机构会同有关主管部门责令生产、经营单位停止生产和出口假冒伪劣商品，并可以监督销毁有关商品，单处或者并处有关商品等值以下罚款。

第五十三条　有本条例第五十条、第五十一条、第五十二条所列行为，情节严重，造成重大经济损失，构成犯罪的，对直接责任人员依法追究刑事责任。

第五十四条　伪造、变造、盗用商检机构的证单、印章、标志、封识和质量认证标志，或者买卖、涂改商检证单、标志，尚未用于商品进出口的，商检机构可以处以五千元以上、三万元以下罚款；已经用于商品进出口的，由商检机构处以有关商品总值等值以下罚款；情节严重，构成犯罪的，对直接责任人员依法追究刑事责任。

第五十五条　未经国家商检局及其授权的商检机构批准、指定或者认可，擅自进行有关进出口商品检验鉴定业务的，由商检机构责令其停止检验鉴定业务，并可以处以其非法所得三倍以下罚款。

第五十六条　受到罚款处罚的当事人应当自收到商检机构的罚款通知单之日起十日内向指定的银行缴纳罚款。

罚款全部上缴国库。

第五十七条　当事人对商检机构的处罚决定不服的，可以自收到处罚通知之日起三十日内，向作出处罚决定的商检机构或者其上级商检机构申请复议。当事人对复议决定不服的，可以自收到复议决定书之日起三十日内，向人民法院提起诉讼。

当事人逾期不申请复议也不提起诉讼又不履行处罚决定的，由作出处罚决定的商检机构申请人民法院强制执行。

第五十八条　国家商检局、商检机构的工作人员滥用职权、徇私舞弊、伪造检验结果或者玩忽职守，延误检验出证的，由其所在单位或者上级机构给予行政处分；情节严重，构成犯罪的，依法追究刑事责任。

国家商检局、商检机构指定或者认可的检验机构的检验人员以及认可的检验人员，有前款违法行为的，依照前款规定处罚。

第七章　附则

第五十九条　商检机构根据国务院的规定作为贸易性出口动物产品的检疫机关时，按照有关进出境动植物检疫的法律规定，对贸易性出口动物产品实施检疫。

第六十条　本条例由国家商检局负责解释。

第六十一条　本条例自发布之日起施行。

中华人民共和国国境卫生检疫法

（1986年12月2日第六届全国人民代表大会常务委员会第十八次会议通过，
1986年12月2日中华人民共和国主席令第46号公布）

第一章　总　则

第一条　为了防止传染病由国外传入或者由国内传出，实施国境卫生检疫，保护人体健康，制定本法。

第二条　在中华人民共和国国际通航的港口、机场以及陆地边境和国界江河的口岸（以下简称国境口岸），设立国境卫生检疫机关，依照本法规定实施传染病检疫、监测和卫生监督。

国务院卫生行政部门主管全国国境卫生检疫工作。

第三条　本法规定的传染病是指检疫传染病和监测传染病。

检疫传染病，是指鼠疫、霍乱、黄热病以及国务院确定和公布的其他传染病。

监测传染病，由国务院卫生行政部门确定和公布。

第四条　入境、出境的人员、交通工具、运输设备以及可能传播检疫传染病的行李、货物、邮包等物品，都应当接受检疫，经国境卫生检疫机关许可，方准入境或者出境。具体办法由本法实施细则规定。

第五条　国境卫生检疫机关发现检疫传染病或者疑似检疫传染病时，除采取必要措施外，必须立即通知当地卫生行政部门，同时用最快的方法报告国务院卫生行政部门，最迟不得超过二十四小时。邮电部门对疫情报告应当优先传送。

中华人民共和国与外国之间的传染病疫情通报，由国务院卫生行政部门会同有关部门办理。

第六条　在国外或者国内有检疫传染病大流行的时候，国务院可以下令封锁有关的国境或者采取其他紧急措施。

第二章　检　疫

第七条　入境的交通工具和人员，必须在最先到达的国境口岸的指定地点接受检疫。除引航员外，未经国境卫生检疫机关许可，任何人不准上下交通工具，不准装卸行李、货物、邮包等物品。具体办法由本法实施细则规定。

第八条 出境的交通工具和人员，必须在最后离开的国境口岸接受检疫。

第九条　来自国外的船舶、航空器因故停泊、降落在中国境内非口岸地点的时候，船舶、航空器的负责人应当立即向就近的国境卫生检疫机关或者当地卫生行政部门报告。除紧急情况外，未经国境卫生检疫机关或者当地卫生行政部门许可，任何人不准上下船舶、航空器，不准装卸行李、货物、邮包等物品。

第十条　在国境口岸发现检疫传染病、疑似检疫传染病，或者有人非因意外伤害而死亡并死因不明的，国境口岸有关单位和交通工具的负责人，应当立即向国境卫生检疫机关报告，并申请临时检疫。

第十一条　国境卫生检疫机关依据检疫医师提供的检疫结果，对未染有检疫传染病或者已实施卫生处理的交通工具，签发入境检疫证或者出境检疫证。

第十二条　国境卫生检疫机关对检疫传染病染疫人必须立即将其隔离，隔离期限根据医学检查结果确定；对检疫传染病染疫嫌疑人应当将其留验，留验期限根据该传染病的潜伏期确定。

因患检疫传染病而死亡的尸体，必须就近火化。

第十三条　接受入境检疫的交通工具有下列情形之一的，应当实施消毒、除鼠、除虫或者其他卫生处理：

（一）来自检疫传染病疫区的；

（二）被检疫传染病污染的；

（三）发现有与人类健康有关的啮齿动物或者病媒昆虫的。

如果外国交通工具的负责人拒绝接受卫生处理，除有特殊情况外，准许该交通工具在国境卫生检疫机关的监督下，立即离开中华人民共和国国境。

第十四条　国境卫生检疫机关对来自疫区的、被检疫传染病污染的或者可能成为检疫传染病传播媒介的行李、货物、邮包等物品，应当进行卫生检查，实施消毒、除鼠、除虫或者其他卫生处理。

入境、出境的尸体、骸骨的托运人或者其代理人，必须向国境卫生检疫机关申报，经卫生检查合格后发给入境、出境许可证，方准运进或者运出。

第三章　传染病监测

第十五条　国境卫生检疫机关对入境、出境的人员实施传染病监测，并且采取必要的预防、控制措施。

第十六条　国境卫生检疫机关有权要求入境、出境的人员填写健康申明卡，出示某种传染病的预防接种证书、健康证明或者其他有关证件。

第十七条　对患有监测传染病的人、来自国外监测传染病流行区的人或者与监测传染病人密切接触的人，国境卫生检疫机关应当区别情况，发给就诊方便卡，实施留验或者采取其他预防、控制措施，并及时通知当地卫生行政部门。各地医疗单位对持有就诊方便卡的人员，应当优先诊治。

第四章　卫生监督

第十八条　国境卫生检疫机关根据国家规定的卫生标准，对国境口岸的卫生状况和停留在国境口岸的入境、出境的交通工具的卫生状况实施卫生监督：

（一）监督和指导有关人员对啮齿动物、病媒昆虫的防除；

（二）检查和检验食品、饮用水及其储存、供应、运输设施；

（三）监督从事食品、饮用水供应的从业人员的健康状况，检查其健康证明书；

（四）监督和检查垃圾、废物、污水、粪便、压舱水的处理。

第十九条　国境卫生检疫机关设立国境口岸卫生监督员，执行国境卫生检疫机关交给的任务。

国境口岸卫生监督员在执行任务时，有权对国境口岸和入境、出境的交通工具进行卫生监督和技术指导，对卫生状况不良和可能引起传染病传播的因素提出改进意见，协同有关部门采取必要的措施，进行卫生处理。

第五章　法律责任

第二十条　对违反本法规定，有下列行为之一的单位或者个人，国境卫生检疫机关可以根据情节轻重，给予警告或者罚款：

（一）逃避检疫，向国境卫生检疫机关隐瞒真实情况的；

（二）入境的人员未经国境卫生检疫机关许可，擅自上下交通工具，或者装卸行李、货物、邮包等物品，不听劝阻的。

罚款全部上缴国库。

第二十一条　当事人对国境卫生检疫机关给予的罚款决定不服的，可以在接到通知之日起十五日内，向当地人民法院起诉。逾期不起诉又不履行的，国境卫生检疫机关可以申请人民法院强制执行。

第二十二条　违反本法规定，引起检疫传染病传播或者有引起检疫传染病传播严重危险的，依照《中华人民共和国刑法》第一百七十八条的规定追究刑事责任。

第二十三条　国境卫生检疫机关工作人员，应当秉公执法、忠于职守，对入境、出境的交通工具和人员，及时进行检疫；违法失职的，给予行政处分，情节严重构成犯罪的，依法追究刑事责任。

第六章　附　则

第二十四条　中华人民共和国缔结或者参加的有关卫生检疫的国际条约同本法有不同规定的，适用该国际条约的规定。但是，中华人民共和国声明保留的条款除外。

第二十五条　中华人民共和国边防机关与邻国边防机关之间在边境地区的往来，居住在两国边境接壤地区的居民在边境指定地区的临时往来，双方的交通工具和人员的入境、出境检疫，依照双方协议办理，没有协议的，依照中国政府的有关规定办理。

第二十六条　国境卫生检疫机关实施卫生检疫，按照国家规定收取费用。

第二十七条　国务院卫生行政部门根据本法制定实施细则，报国务院批准后施行。

第二十八条　本法自一九八七年五月一日起施行。一九五七年十二月二十三日公布的《中华人民共和国国境卫生检疫条例》同时废止。

中华人民共和国国境卫生检疫法实施细则

（1989年2月10日国务院批准，1989年3月6日卫生部发布施行）

第一章 一般规定

第一条 根据《中华人民共和国卫生检疫法》（以下称《国境卫生检疫法》）的规定，制定本细则。

第二条 《国境卫生检疫法》和本细则所称：

“查验”指国境卫生检疫机关（以下称卫生检疫机关）实施的医学检查和卫生检查。

“染疫人”指正在患检疫传染病的人，或者经卫生检疫机关初步诊断，认为已经感染检疫传染病或者已经处于检疫传染病潜伏期的人。

“染疫嫌疑人”指接触过检疫传染病的感染环境，并且可能传播检疫传染病的人。

“隔离”指将染疫人收留在指定的处所，限制其活动并进行治疗，直到消除传染病传播的危险。

“留验”指将染疫嫌疑人收留在指定的处所进行诊察和检验。

“就地诊验”指一个在卫生检疫机关指定的期间，到就近的卫生检疫机关或者其他医疗卫生单位去接受诊察和检验；或者卫生检疫机关、其他医疗卫生单位到该人员的居留地，对其进行诊察和检验。

“运输设备”指货物集装箱。

“卫生处理”指隔离、留验和就地诊验等医学措施，以及消毒、除鼠、除虫等卫生措施。

“传染病监测”指对特定环境、人群进行流行病学、血清学、病原学、临床症状以及其他有关影响因素的调查研究，预测有关传染病的发生、发展和流行。

“卫生监督”指执行卫生法规和卫生标准所进行的卫生检查、卫生鉴定、卫生评价和采样检验。

“交通工具”指船舶、航空器、列车和其他车辆。

“国境口岸”指国际通航的港口、机场、车站、陆地边境和国界江河的关口。

第三条 卫生检疫机关在国境口岸工作的范围，是指为国境口岸服务的涉外宾馆、饭店、俱乐部，为入境、出境交通工具提供饮食、服务的单位和对入境、出境人员、交通工具、集装箱和货物实施检疫、监测、卫生监督的场所。

第四条 入境、出境的人员、交通工具和集装箱，以及可能传播检疫传染病的行李、货物、邮包等，均应当按照本细则的规定接受检疫，经卫生检疫机关许可，方准入境或者出境。

第五条 卫生检疫机关发现染疫人时，应当立即将其隔离，防止任何人遭受感染，并按照本细则第八章的规定处理。

卫生检疫机关发现染疫嫌疑人时，应当按照本细则第八章的规定处理。但对第八章规定以外的其他病种染疫嫌疑人，可以从该人员离开感染环境的时候算起，实施不超过该传染病最长潜伏期的就地诊验或者留验以及其他的卫生处理。

第六条 卫生检疫机关应当阻止染疫人、染疫嫌疑人出境，但是对来自国外并且在到达时受就地诊验的人，本人要求出境的，可以准许出境；如果乘交通工具出境，检疫医师应当将这种情况在出境检疫证上签注，同时通知交通工具负责人采取必要的预防措施。

第七条 在国境口岸以及停留在该场所的入境、出境交通工具上，所有非因意外伤害而死亡并死因不明的尸体，必须经卫生检疫机关查验，并签发尸体移运许可证后，方准移运。

第八条　来自国内疫区的交通工具，或者在国内航行中发现检疫传染病、疑似检疫传染病，或者有人非因意外伤害而死亡并死因不明的，交通工具负责人应当向到达的国境口岸卫生检疫机关报告，接受临时检疫。

第九条　在国内或者国外检疫传染病大流行的时候，国务院卫生行政部门应当立即报请国务院决定采取下列检疫措施的一部或者全部：

（一）下令封锁陆地边境、国界江河的有关区域；

（二）指定某些物品必须经过消毒、除虫，方准由国外运进或者由国内运出；

（三）禁止某些物品由国外运进或者由国内运出；

（四）指定第一入境港口、降落机场。对来自国外疫区的船舶、航空器，除因遇险或者其他特殊原因外，没有经第一入境港口、机场检疫的，不准进入其他港口和机场。

第十条　入境、出境的集装箱、货物、废旧物等物品在到达口岸的时候，承运人、代理人或者货主，必须向卫生检疫机关申报并接受卫生检疫。对来自疫区的、被传染病污染的以及可能传播检疫传染病或者发现与人类健康有关的啮齿动物和病媒昆虫的集装箱、货物、废旧物等物品，应当实施消毒、除鼠、除虫或者其他必要的卫生处理。

集装箱、货物、废旧物等物品的货主要求在其他地方实施卫生检疫、卫生处理的，卫生检疫机关可以给予方便，并按规定办理。

海关凭卫生检疫机关签发的卫生处理证明放行。

第十一条　入境、出境的微生物、人体组织、生物制品、血液及其制品等特殊物品的携带人、托运人或者邮递人，必须向卫生检疫机关申报并接受卫生检疫，未经卫生检疫机关许可，不准入境、出境。

海关凭卫生检疫机关签发的特殊物品审批单放行。

第十二条　入境、出境的旅客、员工个人携带或者托运可能传播传染病的行李和物品，应当接受卫生检查。卫生检疫机关对来自疫区或者被传染病污染的各种食品、饮料、水产品等应当实施卫生处理或者销毁，并签发卫生处理证明。

海关凭卫生检疫机关签发的卫生处理证明放行。

第十三条　卫生检疫机关对应当实施卫生检疫的邮包进行卫生检查和必要的卫生处理时，邮政部门应予配合。未经卫生检疫机关许可，邮政部门不得运递。

第十四条　卫生检疫单、证的种类、式样和签发办法，由国务院卫生行政部门规定。

第二章　疫情通报

第十五条　在国境口岸以及停留在国境口岸的交通工具上，发现检疫传染病、疑似检疫传染病，或者有人非因意外伤害而死亡并死因不明时，国境口岸有关单位以及交通工具的负责人，应当立即向卫生检疫机关报告。

第十六条　卫生检疫机关发现检疫传染病、监测传染病、疑似检疫传染病时，应当向当地卫生行政部门和卫生防疫机构通报；发现检疫传染病时，还应当用最快的办法向国务院卫生行政部门报告。

当地卫生防疫机构发现检疫传染病、监测传染病时，应当向卫生检疫机关通报。

第十七条　在国内或者国外某一地区发生检疫传染病流行时，国务院卫生行政部门可以宣布该地区为疫区。

第三章　卫生检疫机关

第十八条　卫生检疫机关根据工作需要，可以设立派出机构。卫生检疫机关的设立、合并或者撤销，由国务院卫生行政部门决定。

第十九条　卫生检疫机关的职责：

（一）执行《国境卫生检疫法》及其实施细则和国家有关卫生法规；

（二）收集、整理、报告国际和国境口岸传染病的发生、流行和终息情况；

（三）对国境口岸的卫生状况实施卫生监督；对入境、出境的交通工具、人员、集装箱、尸体、骸骨以及可能传播检疫传染病的行李、货物、邮包等实施检疫查验、传染病监测、卫生监督和卫生处理；

（四）对入境、出境的微生物、生物制品、人体组织、血液及其制品等特殊物品以及能传播人类传染病的动物，实施卫生检疫；

（五）对入境、出境人员进行预防接种、健康检查、医疗服务、国际旅行健康咨询和卫生宣传；

（六）签发卫生检疫证件；

（七）进行流行病学调查研究，开展科学实验；

（八）执行国务院卫生行政部门指定的其他工作。

第二十条　国境口岸卫生监督员的职责

（一）对国境口岸和停留在国境口岸的入境、出境交通工具进行卫生监督和卫生宣传；

（二）在消毒、除鼠、除虫等卫生处理方面进行技术指导；

（三）对造成传染病传播、啮齿动物和病媒昆虫扩散、食物中毒、食物污染等事故进行调查，并提出控制措施。

第二十一条　卫生检疫机关工作人员、国境口岸卫生监督员在执行任务时，应当穿着检疫制服，佩戴检疫标志；卫生检疫机关的交通工具在执行任务期间，应当悬挂检疫旗帜。

检疫制服、标志、旗帜的式样和使用办法由国务院卫生行政部门会同有关部门制定，报国务院审批。

第四章　海港检疫

第二十二条　船舶的入境检疫，必须在港口的检疫锚地或者经卫生检疫机关同意的指定地点实施。

检疫锚地由港务监督机关和卫生检疫机关会商确定，报国务院交通和卫生行政部门备案。

第二十三条　船舶代理应当在受入境检疫的船舶到达以前，尽早向卫生检疫机关通知下列事项：

（一）船名、国籍、预定到达检疫锚地的日期和时间；

（二）发航港、最后寄港；

（三）船员和旅客人数；

（四）货物种类。

港务监督机关应当将船舶确定到达检疫锚地的日期和时间尽早通知卫生检疫机关。

第二十四条　受入境检疫的船舶，在航行中，发现检疫传染病、疑似检疫传染病，或者有人非因意外伤害而死亡并死因不明的，船长必须立即向实施检疫港口的卫生检疫机关报告下列事项：

（一）船名、国籍、预定到达检疫锚地的日期和时间；

（二）发航港、最后寄港；

（三）船员和旅客人数；

（四）货物种类；

（五）病名或者主要症状、患者人数、死亡人数；

（六）船上有无船医。

第二十五条　受入境检疫的船舶，必须按照下列规定悬挂检疫信号等候查验，在卫生检疫机关发给入境检疫证前，不得降下检疫信号。

昼间在明显处所悬挂国际通语信号旗：

（一）“Q”字旗表示：本船没有染疫，请发给入境检疫证；

（二）“QQ”字旗表示：本船有染疫或者染疫嫌疑，请即刻实施检疫。

夜间在明显处所垂直悬挂灯号：

（一）红灯三盏表示：本船没有染疫，请发给入境检疫证；

（二）红、红、白、红灯四盏表示：本船有染疫或者染疫嫌疑，请即刻实施检疫。

第二十六条　悬挂检疫信号的船舶，除引航员和经卫生检疫机关许可的人员外，其他人员不准上船，不准装卸行李、货物、邮包等物品，其他船舶不准靠近；船上的人员，除因船舶遇险外，未经卫生检疫机关许可，不准离船；引船员不得将船引离检疫锚地。

第二十七条　申请电讯检疫的船舶，首先向卫生检疫机关申请卫生检查，合格者发给卫生许可证书。该证书自签发之日起十二个月内可以申请电讯检疫。

第二十八条　持有效卫生证书的船舶在入境前二十四小时，应当向卫生检疫机关报告下列事项：

（一）船名、国籍、预定到达检疫锚地的日期和时间；

（二）发航港、最后寄港；

（三）船员和旅客人数及健康状况；

（四）货物种类；

（五）船舶卫生证书的签发日期和编号、除鼠证书或者免予除鼠证书的签发日期和签发港，以及其他卫生证件。

经卫生检疫机关对上述报告签复同意后，即可进港。

第二十九条　对船舶的入境检疫，在日出后到日落前的时间内实施，凡具备船舶夜航条件，夜间可靠离码头和装卸作业的港口口岸，应实行二十四小时检疫。对来自疫区的船舶，不实行夜间检疫。

第三十条　受入境检疫船舶的船长，在检疫医师到达船上时，必须提交由船长签字或者有船医附签的航海健康申报书、船员名单、旅客名单、载货申报单，并出示除鼠证书或者免予除鼠证书。

在查验中，检疫医师有权查阅航海日志和其他有关证件；需要进一步了解船舶航行中卫生情况时，检疫医师可以向船长、船医提出询问，船长、船医必须如实回答。用书面回答时，须经船长签字和船医附签。

第三十一条　船舶实施入境查验完毕以后，对没有染疫的船舶，检疫医师应当立即签发入境检疫证；如果该船有受卫生处理或者限制的事项，应当在入境检疫证上签注，并按照签注事项办理。对染疫船舶、染疫嫌疑船舶，除通知港务监督机关外，对该船舶还应当发给卫生处理通知书，该船舶上的引航员和经卫生检疫机关许可上船的人员应当视同员工接受有关卫生处理，在卫生处理完毕以后，再发给入境检疫证。

船舶领到卫生检疫机关签发的入境检疫证后，可以降下检疫信号。

第三十二条　船舶代理应当在受出境检疫的船舶启航以前，尽早向卫生检疫机关通知下列事项：

（一）船名、国籍、预定开航的日期和时间；

（二）目的港、最初寄港；

（三）船员名单和旅客名单；

（四）货物各类。

港务监督机关应当将船舶确定开航的日期和时间尽早通知卫生检疫机关。

船舶的入境、出境检疫在同一港口实施时，如果船员、旅客没有变动，可以免报船员名单和旅客名单；有变动的，报变动船员、旅客名单。

第三十三条　受出境检疫的船舶，船长应当向卫生检疫机关出示除鼠证书或者免予除鼠证书和其他有关检疫证件。检疫医师可以向船长、船医提出有关船员、旅客健康情况和船上卫生情况的询问，船长、船医对上述询问应当如实回答。

第三十四条　对船舶实施出境检疫完毕以后，检疫医师应当按照检疫结果立即签发出境检疫证，如果因卫生处理不能按原定时间启航，应当及时通知港务监督机关。

第三十五条　对船舶实施出境检疫完毕以后，除引航员和经卫生检疫机关许可的人员外，其他人员不准上船，不准装卸行李、货物、邮包等物品。如果违反上述规定，该船舶必须重新实施出境检疫。

第五章　航空检疫

第三十六条　航空器在飞行中，不得向下投掷或者任其坠下能传播传染病的任何物品。

第三十七条　实施卫生检疫机场的航空站，应当在受入境检疫的航空器到达以前，尽早向卫生检疫机关通知下列事项：

（一）航空器的国籍、机型、号码、识别标志、预定到达时间；

（二）出发站、经停站；

（三）机组和旅客人数。

第三十八条　受入境检疫的航空器，如果在飞行中发现检疫传染病、疑似检疫传染病，或者有人非因意外伤害而死亡并死因不明时，机长应当立即通知到达机场的航空站，向卫生检疫机关报告下列事项：

（一）航空器的国籍、机型、号码、识别标志，预定到达时间；

（二）出发站、经停站；

（三）机组和旅客人数；

（四）病名或者主要症状、患病人数、死亡人数。

第三十九条　受入境检疫的航空器到达机场以后，检疫医师首先登机。机长或者其授权的代理人，必须向卫生检疫机关提交总申报单、旅客名单、货物仓单和有效的灭蚊证书，以及其他有关检疫证件，对检疫医师提出的有关航空器上卫生状况的询问，机长或者其授权的代理人应当如实回答。在检疫没有结束之前，除经卫生检疫机关许可外，任何人不得上下航空器，不准装卸行李、货物、邮包等物品。

第四十条　入境旅客必须在指定的地点，接受入境查验，同时用书面或者口头回答检疫医师提出的有关询问。在此期间，入境旅客不得离开查验场所。

第四十一条　对入境航空器查验完毕以后，根据查验结果，对没有染疫的航空器，检疫医师应当签发入境检疫证；如果该航空器有受卫生处理或者限制的事项，应当在入境检疫证上签注，由机长或者其授权的代理人负责执行；对染疫或者有染疫嫌疑的航空器，除通知航空站外，对该航空器应当发给卫生处理通知单，在规定的卫生处理完毕以后，再发给入境检疫证。

第四十二条　实施卫生检疫机场的航空站，应当在受出境检疫的航空器起飞以前，尽早向卫生检疫机关提交总申报单、货物仓单和其他有关检疫证件，并通知下列事项：

（一）航空器的国籍、机型、号码、识别标志、预定起飞时间；

（二）经停站、目的站；

（三）机组和旅客人数。

第四十三条　对出境航空器查验完毕以后，如果没有染疫，检疫医师应当签发出境检疫证或者在必要的卫生处理完毕以后，再发给出境检疫证；如果该航空器因卫生处理不能按原定时间起飞，应当及时通知航空站。

第六章　陆地边境检疫

第四十四条　实施卫生检疫的车站，应当在受入境检疫的列车到达之前，尽早向卫生检疫机关通知下列事项：

（一）列车的车次，预定到达的时间；

（二）始发站；

（三）列车编组情况。

第四十五条　受入境检疫的列车和其他车辆到达站、关口后，检疫医师首先登车，列车长或者其他车辆负责人，应当口头或者书面向卫生检疫机关申报该列车或者其他车辆上人员的健康情况，对检疫医师提出有关卫生状况和人员健康的询问，应当如实回答。

第四十六条　受入境检疫的列车和其他车辆到达车站、关口，在实施入境检疫而未取得入境检疫证以前，未经卫生检疫机关许可，任何人不准上下列车或者其他车辆，不准装卸行李、货物、邮包等物品。

第四十七条　实施卫生检疫的车站，应当在受出境检疫列车发车以前，尽早向卫生检疫机关通知下列事项：

（一）列车的车次，预定发车的时间；

（二）终到站；

（三）列车编组情况。

第四十八条　应当受入境、出境检疫的列车和其他车辆，如果在行程中发现检疫传染病、疑似检疫传染病，或者有人非因意外伤害而死亡并死因不明的，列车或者其他车辆到达车站、关口时，列车或者其他车辆负责人应当向卫生检疫机关报告。

第四十九条　受入境、出境检疫的列车，在查验中发现检疫传染病或者疑似检疫传染病，或者因受卫生处理不能按原定时间发车，卫生检疫机关应当及时通知车站的站长。如果列车在原停车地点不宜实施卫生处理，站长可以选择站内其他地点实施卫生处理。在处理完毕之前，未经卫生检疫机关许可，任何人不准上下列车，不准装卸行李、货物、邮包等物品。

为了保证入境直通列车的正常运输，卫生检疫机关可以派员随车实施检疫，列车长应当提供方便。

第五十条　对列车或者其他车辆实施入境、出境检疫完毕后，检疫医师应当根据检疫结果分别签发入境、出境检疫证，或者在必要的卫生处理完毕后，再分别签发入境、出境检疫证。

第五十一条　徒步入境、出境的人员，必须首先在指定的场所接受入境、出境查验，未经卫生检疫机关许可，不准离开指定的场所。

第五十二条　受入境、出境检疫的列车以及其他车辆，载有来自疫区、有染疫或者染疫嫌疑或者夹带能传播传染病的病媒昆虫和啮齿动物的货物，应当接受卫生检查和必要的卫生处理。

第七章　卫生处理

第五十三条　卫生检疫机关的工作人员在实施卫生处理时，必须注意下列事项：

（一）防止对任何人的健康造成危害；

（二）防止对交通工具的结构和设备造成损害；

（三）防止发生火灾；

（四）防止对行李、货物造成损害。

第五十四条　入境、出境的集装箱、行李、货物、邮包等物品需要卫生处理的，由卫生检疫机关实施。

入境、出境的交通工具有下列情形之一的，应当由卫生检疫机关实施消毒、除鼠、除虫或者其他卫生处理：

（一）来自检疫传染病疫区的；

（二）被检疫传染病污染的；

（三）发现有与人类健康有关的啮齿动物或者病媒昆虫，超过国家卫生标准的。

第五十五条　由国外起运经过中华人民共和国境内的货物，如果不在境内换装，除发生在流行病学上有重要意义和事件，需要实施卫生处理外，在一般情况下不实施卫生处理。

第五十六条　卫生检疫机关对入境、出境的废旧物品和曾行驶于境外港口的废旧交通工具，根据污染程度，分别实施消毒、除鼠、除虫，对污染严重的实施销毁。

第五十七条　入境、出境的尸体、骸骨托运人或者代理人应当申请卫生检疫，并出示死亡证明或者其他有关证件，对不符合卫生要求的，必须接受卫生检疫机关实施的卫生处理。经卫生检疫机关签发尸体、骸骨入境、出境许可证后，方准运进或者运出。

对因患检疫传染病而死亡的病人尸体，必须就近火化，不准移运。

第五十八条　卫生检疫机关对已在到达本口岸前的其他口岸实施卫生处理的交通工具不再重复实施卫生处理。但有下列情形之一的，仍需实施卫生处理：

（一）在原实施卫生处理的口岸或者该交通工具上，发生流行病学上有重要意义的事件，需要进一步实施卫生处理的；

（二）在到达本口岸前的其他口岸实施的卫生处理没有实际效果的。

第五十九条　在国境口岸或者交通工具上发现啮齿动物有反常死亡或者死因不明的，国境口岸有关单位或者交通工具的负责人，必须立即向卫生检疫机构报告，迅速查明原因，实施卫生处理。

第六十条　国际航行船舶的船长，必须每隔六个月向卫生检疫机关申请一次鼠患检查，卫生检疫机关根据检查结果实施除鼠或者免予除鼠，并且分别发给除鼠证书或者免予除鼠证书。该证书自签发之日起六个月内有效。

第六十一条　卫生检疫机关只有在下列之一情况下，经检查确认船舶无鼠害的，方可签发免予除鼠证书：

（一）空舱；

（二）舱内虽然装有压舱物品或者其他物品，但是这些物品不引诱鼠类，放置情况又不妨碍实施鼠患检查。

对油轮在实舱时进行检查，可以签发免予除鼠证书。

第六十二条　对船舶的鼠患检查或者除鼠，应当尽量在船舶空舱的时候进行。如果船舶因故不宜按期进行鼠患检查或者蒸熏除鼠，并且该航又开往便于实施鼠患检查或者蒸熏除鼠的港口，可以准许该船原有的除鼠证书或者免予除鼠证书的有效期延长一个月，并签发延长证明。

第六十三条　对国际航行的船舶，按照国家规定的标准，应当用蒸熏的方法除鼠时，如果该船的除鼠证书或者免予除鼠证书尚未失效，除该船染有鼠疫或者鼠疫嫌疑外，卫生检疫机关应当将除鼠理由通知船长。船长应当按照要求执行。

第六十四条　船舶在港口停靠期间，船长应当负责采取下列的措施：

（一）缆绳上必须使用有效的防鼠板，或者其他防鼠装置；

（二）夜间放置扶梯、桥板时，应当用强光照射；

（三）在船上发现死鼠或者捕获到鼠类时，应当向卫生检疫机关报告。

第六十五条　在国境口岸停留的国内航行的船舶如果存在鼠患，船方应当进行除鼠。根据船方申请，也可由卫生检疫机关实施除鼠。

第六十六条　国务院卫生行政部门认为必要时，可以要求自国外或者国外某些地区的人员在入境时，向卫生检疫机关出示有效的某种预防接种证书或者健康证明。

第六十七条　预防接种的有效期如下：

（一）黄热病疫苗自接种后第十日起，十年内有效。如果前次接种不满十年经复种，自复种的当日起，十年内有效；

（二）其他预防接种的有效期，按照有关规定执行。

第八章　检疫传染管理

第一节　鼠疫

第六十八条　鼠疫的潜伏期为六日。

第六十九条　船舶、航空器在到达时，有下列情形之一的，为染有鼠疫：

（一）船舶、航空器上有鼠疫病例的；

（二）船舶、航空器上发现有感染鼠疫的啮齿动物的；

（三）船舶上曾经有人在上船六日以后患鼠疫的。

第七十条　船舶在到达时，有下列情形之一的，为染有鼠疫嫌疑：

（一）船舶上没有鼠疫病例，但曾经有人在上船后六日以内患鼠疫的；

（二）船上啮齿动物有反常死亡，并且死因不明的。

第七十一条　对染有鼠疫的船舶、航空器应当实施下列卫生处理：

（一）对染疫人实施隔离；

（二）对染疫嫌疑人实施除虫，并且从到达时算起，实施不超过六日的就地诊验或者留验。在此期间，船上的船员除因工作需要并且经卫生检疫机关许可外，不准上岸；

（三）对染疫人、染疫嫌疑人的行李、使用过的其他物品和卫生检疫机关认为有污染嫌疑的物品，实施除虫，必要时实施消毒；

（四）对染疫人占用过的部位和卫生检疫机关认为有污染嫌疑的部位，实施除虫，必要时实施消毒；

（五）船舶、航空器上有感染鼠疫的啮齿动物，卫生检疫机关必须实施除鼠。如果船舶上发现只有未感染鼠疫的啮齿动物，卫生检疫机关也可以实施除鼠。实施鼠可以在隔离的情况下进行。对船舶的除鼠应当在卸货以前进行；

（六）卸货应当在卫生检疫机关的监督下进行，并且防止卸货的工作人员遭受感染，必要时，对卸货的工作人员从卸货完毕时算起，实施不超过六日的就地诊验或者留验。

第七十二条　对染有鼠嫌疑的船舶，应当实施本细则第七十一条第（二）至第六项规定的卫生处理。

第七十三条　对没有染疫的船舶、航空器，如果来自鼠疫疫区，卫生检疫机关认为必要时，可以实施下列卫生处理。

（一）对离船、离航空器的染疫嫌疑人，从船舶、航空器离开疫区的时候起算起，实施不超过六日的就地诊验或者留验；

（二）在特殊情况下，对船舶、航空器实施除鼠。

第七十四条　对到达的时候载有鼠疫病例的列车和其他车辆，应当实施下列卫生处理：

（一）本细则第七十一条第（一）、第（三）、第（四）、第（六）项规定的卫生处理。

（二）对染疫嫌疑人实施除虫，并且从到达时算起，实施不超过六日的就地诊验或者留验；

（三）必要时，对列车和其他车辆实施除鼠。

第二节　霍乱

第七十五条　霍乱潜伏期为五日。

第七十六条　船舶在到达的时候载有霍乱病例，或者在到达前五日以内，船上曾经有霍乱病例发生，为染有霍乱。

船舶在航行中曾经有霍乱病例发生，但是在到达前五日以内，没有发生新病例，为染有霍乱嫌疑。

第七十七条　航空器在到达的时候载有霍乱病例，为染有霍乱。

航空器航行中曾经有霍乱病例发生，但在到达以前该病员已经离去，为染有霍乱嫌疑。

第七十八条　对染有霍乱的船舶、航空器，应当实施下列卫生处理：

（一）对染疫人实施隔离；

（二）对离船、离航空器的员工、旅客，从卫生处理完毕时算起，实施不超过五日的就地诊验或者留验；从船舶到达时算起五日内，船上的船员除因工作需要，并且经卫生检疫机关许可外，不准上岸；

（三）对染疫人、染疫嫌疑人的行李，使用过的其他物品和有污染嫌疑的物品、食品实施消毒；

（四）对染疫人占用的部位，实施消毒；

（五）对污染或者有污染嫌疑的饮用水，应当实施消毒后排放，并在储水容器消毒后再换清洁饮用水；

（六）人的排泄物、垃圾、废水、废物和装自霍乱疫区的压舱水，未经消毒，不准排放和移下；

（七）卸货必须在卫生检疫机关监督下进行，并且防止工作人员遭受感染，必要时，对卸货工作人员从卸货完毕时算起，实施不超过五日的就地诊验或者留验。

第七十九条　对染有霍乱嫌疑的船舶、航空器应当实施下列卫生处理：

（一）本细则第七十八条第（二）至第（七）项规定的卫生处理；

（二）对离船、离航空器的员工、旅客从到达时算起，实施不超过五日的就地验或者留验。在此期间，船上的船员除因工作需要，并经卫生检疫机关许可外，不准离开口岸区域；或者对离船、离航空器的员工、旅客，从离开疫区时算起，实施不超过五日的就地诊验或者留验。

第八十条　对没有染疫的船舶、航空器，如果来自霍乱疫区，卫生检疫机关认为必要时，可以实施下列卫生处理：

（一）本细则第七十八条第（五）、第（六）项规定的卫生处理；

（二）对离船、离航空器的员工、旅客，从离开疫区时算起，实施不超过五日的就地诊验或者留验。

第八十一条　对到达时载有霍乱病例的列车和其他车辆应当实施下列卫生处理：

（一）按本细则第七十八条第（一）、第（三）、第（四）、第（五）、第（七）项规定的卫生处理；

（二）对染疫嫌疑人从到达时算起，实施不超过五日的就地诊验或者留验。

第八十二条　对来自霍乱疫区的或者染有霍乱嫌疑的交通工具，卫生检疫机关认为必要时，可以实施除虫、消毒；如果交通工具载有水产品、水果、蔬菜、饮料及其他食品，除装在密封容器内没有被污染外，未经卫生检疫机关许可，不准卸下，必要时可以实施卫生处理。

第八十三条　对来自霍乱疫区的水产品、水果、蔬菜，饮料以及装有这些制品的邮包，卫生检疫机关在查验时，为了判明是否被污染，可以抽样检验，必要时可以实施卫生处理。

第三节　黄热病

第八十四条　黄热病的潜伏期为六日。

第八十五条　来自黄热病疫区的人员，在入境时，必须向卫生检疫机关出示有效的黄热病预防接种证书。

对无有效的黄热病预防接种证书的人员，卫生检疫机关可以从该人员离开感染环境的时候算起，实施六日的留验，或者实施预防接种并留验到黄热病预防接种证书生效时为止。

第八十六条　航空器到达时载有黄热病病例，为染有黄热病。

第八十七条　来自黄热病疫区的航空器，应当出示在疫区起飞前的灭蚊证书；如果在到达时不出示灭蚊证书，或者卫生检疫机关认为出示的灭蚊证书不符合要求，并且在航空器上发现活蚊，为染有黄热病嫌疑。

第八十八条　船舶在到达时载有黄热病病例，或者在航行中曾经有黄热病病例发生，为染有黄热病。

船舶在到达时，如果离开黄热病疫区没有满六日，或者没有满三十日并且在船上发现埃及伊蚊或者其他黄热病媒介，为染有黄热病嫌疑。

第八十九条　对染有黄热病的船舶、航空器，应当实施下列卫生处理：

（一）对染疫人实施隔离；

（二）对离船、离航空器又无有效的黄热病预防接种证书的员工、旅客，实施本细则第八十五条规定的卫生处理；

（三）彻底杀灭船舶、航空器上的埃及伊蚊及其虫卵、幼虫和其他黄热病媒介，并且在并没有完成灭蚊以前限制该船与陆地和其他船舶的距离不少于四百米；

（四）卸货应当在灭蚊以后进行，如果在灭蚊以前卸货，应当在卫生检疫机关监督下进行，并且采取预防措施，使卸货的工作人员免受感染，必要时，对卸货的工作人员，从卸货完毕时算起，实施六日的就地诊验或者留验。

第九十条　对染有黄热病嫌疑的船舶、航空器，应当实施本细则第八十九条（二）至第（四）项规定的卫生处理。

第九十一条　对没有染疫的船舶、航空器，如果来自黄热病疫区，卫生检疫机关认为必要时，可以实施本细则第八十九条第（三）项规定的卫生处理。

第九十二条　对到达的时候载有黄热病病例的列车和其他车辆，或者来自黄热病疫区的列车和其他车辆，应当实施本细则第八十九条第（一）、第（四）项规定的卫生处理，对列车、车辆彻底杀灭成蚊及其虫卵、幼虫；对无有效黄热病预防接种证书的员工、旅客，应当实施本细则第八十五条规定的卫生处理。

第四节　就地诊验、留验和隔离

第九十三条　卫生检疫机关对受就地诊验的人员，应当发给就地诊验记录簿，必要的时候，可以在该人员出具履行就地诊验的保证书以后，再发给其就地诊验记录簿。

受就地诊验的人员应当携带就地诊验记录簿，按照卫生检疫机关指定的期间、地点，接受医学检查；如果就地诊验的结果没有染疫，就地诊验期满的时候，受就地诊验的人员应当将就地诊验记录簿退还卫生检疫机关。

第九十四条　卫生检疫机关应当将受就地诊验人员的情况，用最快的方法通知受就地诊验人员的旅行停留地的卫生检疫机关或者其他医疗卫生单位。

卫生检疫机关、医疗卫生单位遇有受就地诊验的人员请求医学检查时，应当视同急诊给予医学检查，并将检查结果在就地诊验记录簿上签注；如果发现其患检疫传染病或者监测传染病、疑似检疫传染病或者疑似监测传染病时，应当立即采取必要的卫生措施，将其就地诊验记录簿收回存查，并且报告当地卫生防疫机构和签发就地诊验记录簿的卫生检疫机关。

第九十五条　受留验的人员必须在卫生检疫机关指定的场所接受留验；但是有下列情形之一的，经卫生检疫机关同意，可以在船上留验：

（一）船长请求船员在船上留验的；

（二）旅客请求在船上留验，经船长同意，并且船上有船医和医疗、消毒设备的。

第九十六条　受留验的人员在留验期间如果出现检疫传染病的症状，卫生检疫机关应当立即对该人员实施隔离，对与其接触的其他受留验的人员，应当实施必要的卫生处理，并且从卫生处理完毕时算起，重新计算留验时间。

第九章　传染病监测

第九十七条　入境、出境的交通工具、人员、食品、饮用水和其他物品以及病媒昆虫、动物，均为传染病监测的对象。

第九十八条　传染病监测内容是：

（一）首发病例的个案调查；

（二）暴发流行的流行病学调查；

（三）传染源调查；

（四）国境口岸内监测传染病的回顾性调查；

（五）病原体的分离、鉴定，人群、有关动物血清学调查以及流行病学调查；

（六）有关动物、病媒昆虫、食品、饮用水和环境因素的调查；

（七）消毒、除鼠、除虫的效果观察与评价；

（八）国境口岸以及国内外监测传染病疫情的收集、整理、分析和传递；

（九）对监测对象开展健康检查和对监测传染病病人、疑似病人、密切接触人员的管理。

第九十九条　卫生检疫机关应当阻止所发现的患有艾滋病、性病、麻风病、精神病、开放性肺结核病的外国人入境。

第一百条　受入境、出境检疫的人员，必须根据检疫医师的要求，如实填报健康申明卡，出示某种有效的传染病预防接种证书、健康证明或者其他有关证件。

第一百零一条　卫生检疫机关对国境口岸的涉外宾馆、饭店内居住的入境、出境人员及工作人员实施传染病监测，并区别情况采取必要的预防、控制措施。

对来自检疫传染病和监测传染病疫区的人员，检疫医师可以根据流行病学和医学检查结果，发给就诊方便卡。

卫生检疫机关、医疗卫生单位遇到持有就诊方便卡的人员请求医学检查时，应当视同急诊给予医学检查；如果发现其患检疫传染病或者监测传染病，疑似检疫传染病或者疑似监测传染病，应当立即实施必要的卫生措施，并且将情况报告当地卫生防疫机构和签发就诊方便卡的卫生检疫机关。

第一百零二条　凡申请出境居住一年以上的中国籍人员，必须持有卫生检疫机关签发的健康证明。中国公民出境、入境管理机关凭卫生检疫机关签发的健康证明办理出境手续。

凡在境外居住一年以上的中国籍人员，入境时必须向卫生检疫机关申报健康情况，并在入境后一个月内到就近的卫生检疫机关或者县级以上的医院进行健康检查。公安机关凭健康证明办理有关手续。健康证明的副本应当寄送到原入境口岸的卫生检疫机关备案。

国际通行交通工具上的中国籍员工，应当持有卫生检疫机关或者县级以上医院出具的健康证明。健康证明的项目、格式由国务院卫生行政部门统一规定，有效期为十二个月。

第一百零三条　卫生检疫机关在国境口岸内设立传染病监测点时，有关单位应当给予协助提供方便。

第十章　卫生监督

第一百零四条　卫生检疫机关依照《国境卫生检疫法》第十八条、第十九条规定的内容，对国境口岸和交通工具实施卫生监督。

第一百零五条　对国境口岸的卫生要求是：

（一）国境口岸和国境口岸内涉外的宾馆、生活服务单位以及候船、候车、候机厅（室）应当有健全的卫生制度和必要的卫生设施，并保持室内外环境整洁、通风良好；

（二）国境口岸有关部门应当采取切实可行的措施，控制啮齿动物、病媒昆虫，使其数量降低到不足为害的程度。仓库、货场必须具有防鼠设施；

（三）国境口岸的垃圾、废物、污水、粪便必须进行无害化处理，保持国境口岸环境整洁卫生。

第一百零六条　对交通工具的卫生要求是：

（一）交通工具上的宿舱、车厢必须保持清洁卫生，通风良好；

（二）交通工具上必须备有足够的消毒、除鼠、除虫药物及器械，并备有防鼠装置；

（三）交通工具上的货舱、行李舱、货车车厢在装货之前或者卸货后应当进行彻底清扫，有毒物品和食品不得混装，防止污染；

（四）对不符合卫生要求的入境，出境交通工具，必须接受卫生检疫机关的督导立即进行改进。

第一百零七条　对饮用水、食品及从业人员的卫生要求是：

（一）国境口岸和交通工具上的食品、饮用水必须符合有关的卫生标准；

（二）国境口岸内的涉外宾馆，以及向入境、出境的交通工具提供饮食服务部门，营业前必须向卫生检疫机关申请卫生许可证；

（三）国境口岸内涉外的宾馆和入境、出境交通工具上的食品、饮用水从业人员应当持有卫生检疫机关签发的健康证书。该证书自签发之日起十二个月内有效。

第一百零八条　国境口岸有关单位和交通工具负责人应当遵守下列事项：

（一）遵守《国境卫生检疫法》和本细则及有关卫生法规的规定；

（二）接受卫生监督员的监督和检查，并为其工作提供方便；

（三）按照卫生监督员的建议，对国境口岸和交通工具的卫生状况及时采取改进措施。

第十一章　罚则

第一百零九条　《国境卫生检疫法》和本细则所规定的应当受行政处罚的行为是指：

（一）应当受入境检疫的船舶，不悬挂检疫信号的；

（二）入境、出境的交通工具，在入境检疫之前或者在出境检疫之后，擅自上下人员，装卸行李、货物、邮包等物品的；

（三）拒绝接受检疫或者抵制卫生监督，拒不接受卫生处理的；

（四）伪造或者涂改检疫单、证，不如实申报疫情的；

（五）瞒报携带禁止进口的微生物、人体组织、生物制品、血液及其制品或者其他可能引起传染病传播的动物和物品的；

（六）未经检疫的入境、出境交通工具，擅自离开检疫地点，逃避查验的；

（七）隐瞒疫情或者伪造情节的；

（八）未经卫生检疫机关实施卫生处理，擅自排放压舱水，移下垃圾、污物等控制的物品的；

（九）未经卫生检疫机关实施卫生处理，擅自移运尸体、骸骨的；

（十）废旧物品、废旧交通工具，未向卫生检疫机关申报，未经卫生检疫机关实施卫生处理和签发卫生检疫证书而擅自入境、出境或者使用、拆卸的；

（十一）未经卫生检疫机关检查，从交通工具上移下传染病病人造成传染病传播危险的。

第一百一十条　具有本细则第一百零九条所列第（一）至第（五）项行为的，处以警告或者一百元以上五千元以下的罚款；

具有本细则第一百零九条所列第（六）至第（九）项行为的，处以一千元以上一万元以下的罚款；

具有本细则第一百零九条所列第（十）、第（十一）项行为的，处以五千元以上三万元以下的罚款。

第一百一十一条　卫生检疫机关在收取罚款时，应当出具正式的罚款收据。罚款全部上交国库。

第十二章　附则

第一百一十二条　国境卫生检疫机关实施卫生检疫的收费标准，由国务院卫生行政部门会同国务院财政、物价部门共同制定。

第一百一十三条　本细则由国务院卫生行政部门负责解释。

第一百一十四条　本细则自发布之日起施行。

中华人民共和国进出境动植物检疫法

（1991 年 10 月 30 日第七届全国人民代表大会常务委员会第二十二次会议通过，
中华人民共和国主席令第 53 号发布）

第一章　总则

第一条　为防止动物传染病、寄生虫病和植物危险性病、虫、杂草以及其他有害生物（以下简称病虫害）传入、传出国境，保护农、林、牧，渔业生产和人体健康，促进对外经济贸易的发展，制定本法。

第二条　进出境的动植物、动植物产品和其他检疫物，装载动植物、动植物产品和其他检疫物的装载容器、包装物，以及来自动植物疫区的运输工具，依照本法规定实施检疫。

第三条　国务院设立动植物检疫机关（以下简称国家动植物检疫机关），统一管理全国进出境动植物检疫工作。国家动植物检疫机关在对外开放的口岸和进出境动植物检疫业务集中的地点设立的口岸动植物检疫机关，依照本法规定实施进出境动植物检疫。

贸易性动物产品出境的检疫机关，由国务院根据实际情况规定。

国务院农业行政主管部门主管全国进出境动植物检疫工作。

第四条　口岸动植物检疫机关在实施检疫时可以行使下列职权：

（一）依照本法规定登船、登车、登机实施检疫；

（二）进入港口、机场、车站、邮局以及检疫物的存放、加工、养殖、种植场所实施检疫，并依照规定采样；

（三）根据检疫需要，进入有关生产、仓库等场所，进行疫情监测、调查和检疫监督管理；

（四）查阅、复制、摘录与检疫物有关的运行日志、货运单、合同、发票以及其他单证。

第五条　国家禁止下列各物进境：

（一）动植物病原体（包括菌种、毒种等）、害虫及其他有害生物；

（二）动植物疫情流行的国家和地区的有关动植物、动植物产品和其他检疫物；

（三）动物尸体；

（四）土壤。

口岸动植物检疫机关发现有前款规定的禁止进境物的，作退回或者销毁处理。

因科学研究等特殊需要引进本条第一款规定的禁止进境物的，必须事先提出申请，经国家动植物检疫机关批准。

本条第一款第二项规定的禁止进境物的名录，由国务院农业行政主管部门制定并公布。

第六条　国外发生重大动植物疫情并可能传入中国时，国务院应当采取紧急预防措施，必要时可以下令禁止来自动植物疫区的运输工具进境或者封锁有关口岸；受动植物疫情威胁地区的地方人民政府和有关口岸动植物检疫机关，应当立即采取紧急措施，同时向上级人民政府和国家动植物检疫机关报告。

邮电、运输部门对重大动植物疫情报告和送检材料应当优先传送。

第七条　国家动植物检疫机关和口岸动植物检疫机关对进出境动植物、动植物产品的生产、加工、存放过程，实行检疫监督制度。

第八条　口岸动植物检疫机关在港口、机场、车站、邮局执行检疫任务时，海关、交通、民航、铁路、邮电等有关部门应当配合。

第九条　动植物检疫机关检疫人员必须忠于职守，秉公执法。

动植物检疫机关检疫人员依法执行公务，任何单位和个人不得阻挠。

第二章　进境检疫

第十条　输入动物、动物产品、植物种子、种苗等其他繁殖材料的，必须事先提出申请，办理检疫审批手续。

第十一条　通过贸易、科技合作、交换、赠送、援助等方式输入动植物、动植物产品和其他检疫物的，应当在合同或者协议中订明中国法定的检疫要求，并订明必须附有输出国家或者地区政府动植物检疫机关出具的检疫证书。

第十二条　货主或者其代理人应当在动植物、动植物产品和其他检疫物进境前或者进境时持输出国家或者地区的检疫证书、贸易合同等单证，向进境口岸动植物检疫机关报检。

第十三条　装载动物的运输工具抵达口岸时，口岸动植物检疫机关应当采取现场预防措施，对上下运输工具或者接近动物的人员、装载动物的运输工具和被污染的场地作防疫消毒处理。

第十四条　输入动植物、动植物产品和其他检疫物，应当在进境口岸实施检疫。未经口岸动植物检疫机关同意，不得卸离运输工具。

输入动植物，需隔离检疫的，在口岸动植物检疫机关指定的隔离场所检疫。

因口岸条件限制等原因，可以由国家动植物检疫机关决定将动植物、动植物产品和其他检疫物运往指定地点检疫。在运输、装卸过程中，货主或者其代理人应当采取防疫措施。指定的存放、加工和隔离饲养或者隔离种植的场所，应当符合动植物检疫和防疫的规定。

第十五条　输入动植物、动植物产品和其他检疫物，经检疫合格的，准予进境；海关凭口岸动植物检疫机关签发的检疫单证或者在报单上加盖的印章验放。

输入动植物、动植物产品和其他检疫物，需调离海关监管区检疫的，海关凭口岸动植物检疫机关签发的《检疫调离通知单》验放。

第十六条　输入动物，经检疫不合格的，由口岸动植物检疫机关签发《检疫处理通知单》，通知货主或者其代理人作如下处理：

（一）检出一类传染病、寄生虫病的动物，连同其同群动物全群退回或者全群扑杀并销毁尸体；

（二）检出二类传染病、寄生虫病的动物，退回或者扑杀，同群其他动物在隔离场或者其他指定地点隔离观察。

输入动物产品和其他检疫物经检疫不合格的，由口岸动植物检疫机关签发《检疫处理通知单》，通知货主或者其代理人作除害、退回或者销毁处理。经除害处理合格的，准予进境。

第十七条　输入植物、植物产品和其他检疫物，经检疫发现有植物危险性病、虫、杂草的，由口岸动植物检疫机关签发《检疫处理通知单》，通知货主或者其代理人作除害、退回或者销毁处理。经除害处理合格的，准予进境。

第十八条　本法第十六条第一款第一项、第二项所称一类、二类动物传染病、寄生虫病的名录和本法第十七条所称植物危险性病、虫、杂草的名录，由国务院农业行政主管部门制定并公布。

第十九条　输入动植物、动植物产品和其他检疫物，经检疫发现有本法第十八条规定的名录之外，对农、林、牧、渔业有严重危险的其他病虫害的，由口岸动植物检疫机关依照国务院农业行政主管部门的规定，通知货主或者其代理人作除害、退回或者销毁处理。经除害处理合格的，准予进境。

第三章　出境检疫

第二十条　货主或者其代理人在动植物、动植物产品和其他检疫物出境前，向口岸动植物检疫机关报检。

出境前需经隔离检疫的动物，在口岸动植物检疫机关指定的隔离场所检疫。

第二十一条　输出动植物、动植物产品和其他检疫物，由口岸动植物检疫机关实施检疫，经检疫合格或者经除害处理合格的，准予出境；海关凭口岸动植物检疫机关签发的检疫证书或者在报关单上加盖的印章验放。检疫不合格又无有效方法作除害处理的，不准出境。

第二十二条　经检疫合格的动植物、动植物产品和其他检疫物，有下列情形之一的，货主或者其代理人应当重新报检：

（一）更改输入国家或者地区，更改好的输入国家或者地区又有不同检疫要求的；

（二）改换包装或者原未拼装后来拼装的；

（三）超过检疫规定有效期的。

第四章　过境检疫

第二十三条　要求运输动物过境的，必须事先商得中国国家动植物检疫机关同意，并按照指定的口岸和路线过境。

装载过境动物的运输工具、装载容器、饲料和铺垫材料，必须符合中国动植物检疫的规定。

第二十四条　运输动植物、动植物产品和其他检疫物过境的，由承运人或者押运人持货运单和输出国家或者地区政府动植物检疫机关出具的检疫证书，在进境时向口岸动植物检疫机关报检，出境口岸不再检疫。

第二十五条　过境的动物经检疫合格的，准予过境；发现有本法第十八条规定的名录所列的动物传染病、寄生虫病的，全群动物不准过境。

过境动物的饲料受病虫害污染的，作除害、不准过境或者销毁处理。

过境的动物的尸体、排泄物、铺垫材料及其他废弃物，必须按照动植物检疫机关的规定处理，不得擅自抛弃。

第二十六条　对过境植物、动植物产品和其他检疫物，口岸动植物检疫机关检查运输工具或者包装，经检疫合格的，准予过境；发现有本法第十八条规定的名录所列的病虫害的，作除害处理或者不准过境。

第二十七条　动植物、动植物产品和其他检疫物过境期间，未经动植物检疫机关批准，不得开拆包装或者卸离运输工具。

第五章　携带、邮寄物检疫

第二十八条　携带、邮寄植物种子、种苗以及其繁殖材料进境的，必须事先提出申请，办理检疫审批手续。

第二十九条　禁止携带、邮寄进境的动植物、动植物产品和其他检疫物的名录，由国务院农业行政主管部门制定并公布。

携带、邮寄前款规定的名录所列的动植物、动植物产品和其他检疫物进境的，作退回或者销毁处理。

第三十条　携带本法第二十九条规定的名录以外的动植物、动植物产品和其他检疫物进境的，在进境时向海关申报并接受口岸动物检疫机关检疫。

携带动物进境的，必须持有输出国家或者地区的检疫证书等证件。

第三十一条　邮寄本法第二十九条规定的名录以外的动植物、动植物产品和其他检疫物进境的，由口岸动植物检疫机关在国际邮件互换局实施检疫，必要时可以取回口岸动植物检疫机关检疫；未经检疫不得运递。

第三十二条　邮寄进境的动植物、动植物产品和其他检疫物，经检疫或者除害处理合格后放行；经检疫不合格又无有效方法作除害处理的，作退回或者销毁处理，并签发《检疫处理通知单》。

第三十三条　携带、邮寄出境的动植物、动植物产品和其他检疫物，物主有检疫要求的，由口岸动植物检疫机关实施检疫。

第六章　运输工具检疫

第三十四条　来自动植物疫区的船舶、飞机、火车抵达口岸时，由口岸动植物检疫机关实施检疫。发现有本法第十八条规定的名录所列的病虫害的，作不准带离运输工具、除害、封存或者销毁处理。

第三十五条　进境的车辆，由口岸动植物检疫机关作防疫消毒处理。

第三十六条　进出境运输工具上的泔水、动植物性废弃物，依照口岸动植物检疫机关的规定处理，不得擅自抛弃。

第三十七条　装载出境的动植物、动植物产品和其他检疫物的运输工具，应当符合动植物检疫和防疫的规定。

第三十八条　进境供拆船用的废旧船舶，由口岸动植物检疫机关实施检疫，发现有本法第十八条规定的名录所列的病虫害的，作除害处理。

第七章　法律责任

第三十九条　违反本法规定，有下列行为之一的，由口岸动植物检疫机关处以罚款：

（一）未报检或者未依法办理检疫审批手续的；

（二）未经口岸动植物检疫机关许可擅自将进境动植物、动植物产品或者其他检疫物卸离运输工具或者运递的；

（三）擅自调离或者处理在口岸动植物检疫机关指定的隔离场所中隔离检疫的动植物的。

第四十条　报检的动植物、动植物产品或者其他检疫物与实际不符合的，由口岸动植物检疫机关处以罚款；已取得检疫单证的，予以吊销。

第四十一条　违反本法规定，擅自开拆过境动植物、动植物产品或者其他检疫物的包装的，擅自将过境动植物、动植物产品或者其他检疫物卸离运输工具的，擅自抛弃过境动物的尸体、排泄物、铺垫材料或者其他废弃物的，由动植物检疫机关处以罚款。

第四十二条　违反本法规定，引起重大动植物疫情的，比照刑法第一百七十八条的规定追究刑事责任。

第四十三条　伪造、变造检疫单证、印章、标志、封识，依照刑法第一百六十七条的规定追究刑事责任。

第四十四条　当事人对动植物检疫机关的处罚决定不服的，可以在接到处罚通知之日起十五日内向作出处罚决定的机关的上一级机关申请复议；当事人也可以在接到处罚通知之日起十五日内直接向人民法院起诉。

复议机关应当在接到复议申请之日起六十日内作出复议决定。当事人对复议决定不服的，可以在接到复议决定之日起十五日内向人民法院起诉。复议机关逾期不作出复议决定的，当事人可以在复议期满之日起十五日内向人民法院起诉。

当事人逾期不申请复议也不向人民法院起诉，又不履行处罚决定的，作出处罚决定的机关可以申请人民法院强制执行。

第四十五条　动植物检疫机关检疫人员滥用职权，徇私舞弊，伪造检疫结果，或者玩忽职守，延误检疫出证，构成犯罪的，依法追究刑事责任；不构成犯罪的，给予行政处分。

第八章　附则

第四十六条　本法下列用语的含义是：

（一）“动物”是指饲养、野生的活动物、如畜、禽、兽、蛇、龟、鱼、虾、蟹、贝、蚕、蜂等；

（二）“动物产品”是指来源于动物未经加工或者虽经加工但仍有可能传播疫病的产品，如生皮张、毛类、肉类、脏器、油脂、动物水产品、奶制品、蛋类、血液、精液、胚胎、骨、蹄、角等；

（三）“植物”是指栽培植物、野生植物及其种子、种苗及其他繁殖材料等；

（四）“植物产品”是指来源于植物未经加工或者虽经加工但仍有可能传播病虫害的产品，如粮食、豆、棉花、油、麻、烟草、籽仁、干果、鲜果、蔬菜、生药材、木材、饲料等；

（五）“其他检疫物”是指动物疫苗、血清、诊断液、动植物性废弃物等。

第四十七条　中华人民共和国缔结或者参加的有关动植物检疫的国际条约与本法有不同规定的，适用该国际条约的规定。但是，中华人民共和国声明保留的条款除外。

第四十八条　口岸动植物检疫机关实施检疫依照规定收费。收费办法由国务院农业行政主管部门会同国务院物价等有关主管部门制定。

第四十九条　国务院根据本法制定实施条例。

第五十条　本法自1992年4月1日起施行。1982年6月4日国务院发布的《中华人民共和国进出口动植物检疫条例》同时废止。

附：刑法有关条款

第一百七十八条　违反国境卫生检疫规定，引起检疫传染病的传播、或者有引起检疫传染病传播严重危险的，处三年以下有期徒刑或者拘役，可以并处或者单处罚金。

第一百六十七条　伪造、变造或者盗窃、抢夺、毁灭国家机关、企业、事业单位、人民团体的公文、证件、印章的，处三年以下有期徒刑、拘役、管制或者剥夺政治权利；情节严重的，处三年以上十年以下有期徒刑。

中华人民共和国进出境动植物检疫法实施条例

（1996年12月2日中华人民共和国国务院令第206号公布）

第一章　总则

第一条　根据《中华人民共和国进出境动植物检疫法》（以下简称进出境动植物检疫法）的规定，制定本条例。

第二条　下列各物，依照进出境动植物检疫法和本条例的规定实施检疫：

（一）进境、出境、过境的动植物、动植物产品和其他检疫物；

（二）装载动植物、动植物产品和其他检疫物的装载容器、包装物、铺垫材料；

（三）来自动植物疫区的运输工具；

（四）进境拆解的废旧船舶；

（五）有关法律、行政法规、国际条约规定或者贸易合同约定应当实施进出境动植物检疫的其他货物、物品。

第三条　国务院农业行政主管部门主管全国进出境动植物检疫工作。

中华人民共和国动植物检疫局（以下简称国家动植物检疫局）统一管理全国进出境动植物检疫工作，收集国内外重大动植物疫情，负责国际间进出境动植物检疫的合作与交流。

国家动植物检疫局在对外开放的口岸和进出境动植物检疫业务集中的地点设立的口岸动植物检疫机关，依照进出境动植物检疫法和本条例的规定，实施进出境动植物检疫。

第四条　国（境）外发生重大动植物疫情并可能传入中国时，根据情况采取下列紧急预防措施：

（一）国务院可以对相关边境区域采取控制措施，必要时下令禁止来自动植物疫区的运输工具进境或者封锁有关口岸；

（二）国务院农业行政主管部门可以公布禁止从动植物疫情流行的国家和地区进境的动植物、动植物产品和其他检疫物的名录；

（三）有关口岸动植物检疫机关可以对可能受病虫害污染的本条例第二条所列进境各物采取紧急检疫处理措施；

（四）受动植物疫情威胁地区的地方人民政府可以立即组织有关部门制定并实施应急方案，同时向上级人民政府和国家动植物检疫局报告。

邮电、运输部门对重大动植物疫情报告和送检材料应当优先传送。

第五条　享有外交、领事特权与豁免的外国机构和人员公用或者自用的动植物、动植物产品和其他检疫物进境，应当依照进出境动植物检疫法和本条例的规定实施检疫；口岸动植物检疫机关查验时，应当遵守有关法律的规定。

第六条　海关依法配合口岸动植物检疫机关，对进出境动植物、动植物产品和其他检疫物实行监管。具体办法由国务院农业行政主管部门会同海关总署制定。

第七条　进出境动植物检疫法所称动植物疫区和动植物疫情流行的国家与地区的名录，由国务院农业行政主管部门确定并公布。

第八条　对贯彻执行进出境动植物检疫法和本条例做出显著成绩的单位和个人，给予奖励。

第二章　检疫审批

第九条　输入动物、动物产品和进出境动植物检疫法第五条第一款所列禁止进境物的检疫审批，由国家动植物检疫局或者其授权的口岸动植物检疫机关负责。

输入植物种子、种苗及其他繁殖材料的检疫审批，由植物检疫条例规定的机关负责。

第十条　符合下列条件的，方可办理进境检疫审批手续：

（一）输出国家或者地区无重大动植物疫情；

（二）符合中国有关动植物检疫法律、法规、规章的规定；

（三）符合中国与输出国家或者地区签订的有关双边检疫协定（含检疫协议、备忘录等，下同）。

第十一条　检疫审批手续应当在贸易合同或者协议签订前办妥。

第十二条　携带、邮寄植物种子、种苗及其他繁殖材料进境的，必须事先提出申请，办理检疫审批手续；因特殊情况无法事先办理的，携带人或者邮寄人应当在口岸补办检疫审批手续，经审批机关同意并经检疫合格后方准进境。

第十三条　要求运输动物过境的，货主或者其代理人必须事先向国家动植物检疫局提出书面申请，提交输出国家或者地区政府动植物检疫机关出具的疫情证明、输入国家或者地区政府动植物检疫机关出具的准许该动物进境的证件，并说明拟过境的路线，国家动植物检疫局审查同意后，签发《动物过境许可证》。

第十四条　因科学研究等特殊需要，引进进出境动植物检疫法第五条第一款所列禁止进境物的，办理禁止进境物特许检疫审批手续时，货主、物主或者其代理人必须提交书面申请，说明其数量、用途、引进方式、进境后的防疫措施，并附具有关口岸动植物检疫机关签署的意见。

第十五条　办理进境检疫审批手续后，有下列情况之一的，货主、物主或者其代理人应当重新申请办理检疫审批手续：

（一）变更进境物的品种或者数量的；

（二）变更输出国家或者地区的；

（三）变更进境口岸的；

（四）超过检疫审批有效期的。

第三章　进境检疫

第十六条　进出境动植物检疫法第十一条所称中国法定的检疫要求，是指中国的法律、行政法规和国务院农业行政主管部门规定的动植物检疫要求。

第十七条　国家对向中国输出动植物产品的国外生产、加工、存放单位，实行注册登记制度。具体办法由国务院农业行政主管部门制定。

第十八条　输入动植物、动植物产品和其他检疫物的，货主或者其代理人应当在进境前或者进境时向进境口岸动植物检疫机关报检。属于调离海关监管区检疫的，运达指定地点时，货主或者其代理人应当通知有关口岸动植物检疫机关。属于转关货物的，货主或者其代理人应当在进境时向进境口岸动植物检疫机关申报；到达指运地时，应当向指运地口岸动植物检疫机关报检。

输入种畜禽及其精液、胚胎的，应当在进境前30日报检；输入其他动物的，应当在进境前15日报检；输入植物种子、种苗及其他繁殖材料的，应当在进境前7日报检。

动植物性包装物、铺垫材料进境时，货主或者其代理人应当及时向口岸动植物检疫机关申报；动植物检疫机关可以根据具体情况对申报物实施检疫。

前款所称动植物性包装物、铺垫材料，是指直接用作包装物、铺垫材料的动物产品和植物、植物产品。

第十九条　向口岸动植物检疫机关报检时，应当填写报检单，并提交输出国家或者地区政府动植物检疫机关出具的检疫证书、产地证书和贸易合同、信用证、发票等单证；依法应当办理检疫审批手续的，还应当提交检疫审批单。无输出国家或者地区政府动植物检疫机关出具的有效检疫证书，或者未依法办理检疫审批手续的，口岸动植物检疫机关可以根据具体情况，作退回或者销毁处理。

第二十条　输入的动植物、动植物产品和其他检疫物运达口岸时，检疫人员可以到运输工具上和货物现场实施检疫，核对货、证是否相符，并可以按照规定采取样品。承运人、货主或者其代理人应当向检疫人员提供装载清单和有关资料。

第二十一条　装载动物的运输工具抵达口岸时，上下运输工具或者接近动物的人员，应当接受口岸动植物检疫机关实施的防疫消毒，并执行其采取的其他现场预防措施。

第二十二条　检疫人员应当按照下列规定实施现场检疫：

（一）动物：检查有无疫病的临床症状。发现疑似感染传染病或者已死亡的动物时，在货主或者押运人的配合下查明情况，立即处理。动物的铺垫材料、剩余饲料和排泄物等，由货主或者其代理人在检疫人员的监督下，作除害处理。

（二）动物产品：检查有无腐败变质现象，容器、包装是否完好。符合要求的，允许卸离运输工具。发现散包、容器破裂的，由货主或者其代理人负责整理完好，方可卸离运输工具。根据情况，对运输工具的有关部位及装载动物产品的容器、外表包装、铺垫材料、被污染场地等进行消毒处理。需要实施实验室检疫的，按照规定采取样品。对易滋生植物害虫或者混藏杂草种子的动物产品，同时实施植物检疫。

（三）植物、植物产品：检查货物和包装物有无病虫害，并按照规定采取样品。发现病虫害并有扩散可能时，及时对该批货物、运输工具和装卸现场采取必要的防疫措施。对来自动物传染病疫区或者易带动物传染病和寄生虫病病原体并用作动物饲料的植物产品，同时实施动物检疫。

（四）动植物性包装物、铺垫材料：检查是否携带病虫害、混藏杂草种子、沾带土壤，并按照规定采取样品。

（五）其他检疫物：检查包装是否完好及是否被病虫害污染。发现破损或者被病虫害污染时，作除害处理。

第二十三条　对船舶、火车装运的大宗动植物产品，应当就地分层检查；限于港口、车站的存放条件，不能就地检查的，经口岸动植物检疫机关同意，也可以边卸载边疏运，将动植物产品运往指定的地点存放。在卸货过程中经检疫发现疫情时，应当立即停止卸货，由货主或者其代理人按照口岸动植物检疫机关的要求，对已卸和未卸货物作除害处理，并采取防止疫情扩散的措施；对被病虫害污染的装卸工具和场地，也应当作除害处理。

第二十四条　输入种用大中家畜的，应当在国家动植物检疫局设立的动物隔离检疫场所隔离检疫45日；输入其他动物的，应当在口岸动植物检疫机关指定的动物隔离检疫场所隔离检疫30日。动物隔离检疫场所管理办法，由国务院农业行政主管部门制定。

第二十五条　进境的同一批动植物产品分港卸货时，口岸动植物检疫机关只对本港卸下的货物进行检疫，先期卸货港的口岸动植物检疫机关应当将检疫及处理情况及时通知其他分卸港的口岸动植物检疫机关；需要对外出证的，由卸毕港的口岸动植物检疫机关汇总后统一出具检疫证书。

在分卸港实施检疫中发现疫情并必须进行船上熏蒸、消毒时，由该分卸港的口岸动植物检疫机关统一出具检疫证书，并及时通知其他分卸港的口岸动植物检疫机关。

第二十六条　对输入的动植物、动植物产品和其他检疫物，按照中国的国家标准、行业标准以及国家动植物检疫局的有关规定实施检疫。

第二十七条　输入动植物、动植物产品和其他检疫物，经检疫合格的，由口岸动植物检疫机关在报关单上加盖印章或者签发《检疫放行通知单》；需要调离进境口岸海关监管区检疫的，由进境口岸动植物检疫机关签发《检疫调离通知单》。货主或者其代理人凭口岸动植物检疫机关在报关单上加盖的印章或者签发的《检疫放行通知单》、《检疫调离通知单》办理报关、运递手续。海关对输入的动植物、动植物产品和其他检疫物，凭口岸动植物检疫机关在报关单上加盖的印章或者签发的《检疫放行通知单》、《检疫调离通知单》验放。运输、邮电部门凭单运递，运递期间国内其他检疫机关不再检疫。

第二十八条　输入动植物、动植物产品和其他检疫物，经检疫不合格的，由口岸动植物检疫机关签发《检疫处理通知单》，通知货主或者其代理人在口岸动植物检疫机关的监督和技术指导下，作除害处理；需要对外索赔的，由口岸动植物检疫机关出具检疫证书。

第二十九条　国家动植物检疫局根据检疫需要，并商输出动植物、动植物产品国家或者地区政府有关机关同意，可以派检疫人员进行预检、监装或者产地疫情调查。

第三十条　海关、边防等部门截获的非法进境的动植物、动植物产品和其他检疫物，应当就近交由口岸动植物检疫机关检疫。

第四章　出境检疫

第三十一条　货主或者其代理人依法办理动植物、动植物产品和其他检疫物的出境报检手续时，应当提供贸易合同或者协议。

第三十二条　对输入国要求中国对向其输出的动植物、动植物产品和其他检疫物的生产、加工、存放单位注册登记的，口岸动植物检疫机关可以实行注册登记，并报国家动植物检疫局备案。

第三十三条　输出动物，出境前需经隔离检疫的，在口岸动植物检疫机关指定的隔离场所检疫。输出植物、动植物产品和其他检疫物的，在仓库或者货场实施检疫；根据需要，也可以在生产、加工过程中实施检疫。

待检出境植物、动植物产品和其他检疫物，应当数量齐全、包装完好、堆放整齐、唛头标记明显。

第三十四条　输出动植物、动植物产品和其他检疫物的检疫依据：

（一）输入国家或者地区和中国有关动植物检疫规定；

（二）双边检疫协定；

中华人民共和国进出境动植物检疫法实施条例

（三）贸易合同中订明的检疫要求。

第三十五条　经启运地口岸动植物检疫机关检疫合格的动植物、动植物产品和其他检疫物，运达出境口岸时，按照下列规定办理：

（一）动物应当经出境口岸动植物检疫机关临床检疫或者复检；

（二）植物、动植物产品和其他检疫物从启运地随原运输工具出境的，由出境口岸动植物检疫机关验证放行；改换运输工具出境的，换证放行；

（三）植物、动植物产品和其他检疫物到达出境口岸后拼装的，因变更输入国家或者地区而有不同检疫要求的，或者超过规定的检疫有效期的，应当重新报检。

第三十六条　输出动植物、动植物产品和其他检疫物，经启运地口岸动植物检疫机关检疫合格的，运达出境口岸时，运输、邮电部门凭启运地口岸动植物检疫机关签发的检疫单证运递，国内其他检疫机关不再检疫。

第五章　过境检疫

第三十七条　运输动植物、动植物产品和其他检疫物过境（含转运，下同）的，承运人或者押运人应当持货运单和输出国家或者地区政府动植物检疫机关出具的证书，向进境口岸动植物检疫机关报检；运输动物过境的，还应当同时提交国家动植物检疫局签发的《动物过境许可证》。

第三十八条　过境动物运达进境口岸时，由进境口岸动植物检疫机关对运输工具、容器的外表进行消毒并对动物进行临床检疫，经检疫合格的，准予过境。进境口岸动植物检疫机关可以派检疫人员监运至出境口岸，出境口岸动植物检疫机关不再检疫。

第三十九条　装载过境植物、动植物产品和其他检疫物的运输工具和包装物、装载容器必须完好。经口岸动植物检疫机关检查，发现运输工具或者包装物、装载容器有可能造成途中散漏的，承运人或者押运人应当按照口岸动植物检疫机关的要求，采取密封措施；无法采取密封措施的，不准过境。

第六章　携带、邮寄物检疫

第四十条　携带、邮寄植物种子、种苗及其他繁殖材料进境，未依法办理检疫审批手续的，由口岸动植物检疫机关作退回或者销毁处理。邮件作退回处理的，由口岸动植物检疫机关在邮件及发递单上批注退回原因；邮件作销毁处理的，由口岸动植物检疫机关签发通知单，通知寄件人。

第四十一条　携带动植物、动植物产品和其他检疫物进境的，进境时必须向海关申报并接受口岸动植物检疫机关检疫。海关应当将申报或者查获的动植物、动植物产品和其他检疫物及时交由口岸动植物检疫机关检疫。未经检疫的，不得携带进境。

第四十二条　口岸动植物检疫机关可以在港口、机场、车站的旅客通道、行李提取处等现场进行检查，对可能携带动植物、动植物产品和其他检疫物而未申报的，可以进行查询并抽检其物品，必要时可以开包（箱）检查。

旅客进出境检查现场应当设立动植物检疫台位和标志。

第四十三条　携带动物进境的，必须持有输出动物的国家或者地区政府动植物检疫机关出具的检疫证书，经检疫合格后放行；携带犬、猫等宠物进境的，还必须持有疫苗接种证书。没有检疫证书、疫苗接种证书的，由口岸动植物检疫机关作限期退回或者没收销毁处理。作限期退回处理的，携带人必须在规定的时间内持口岸动植物检疫机关签发的截留凭证，领取并携带出境；逾期不领取的，作自动放弃处理。

携带植物、动植物产品和其他检疫物进境，经现场检疫合格的，当场放行；需要作实验室检疫或者隔离检疫的，由口岸动植物检疫机关签发截留凭证。截留检疫合格的，携带人持截留凭证向口岸动植物检疫机关领回；逾期不领回的，作自动放弃处理。

禁止携带、邮寄进出境动植物检疫法第二十九条规定的名录所列动植物、动植物产品和其他检疫物进境。

第四十四条　邮寄进境的动植物、动植物产品和其他检疫物，由口岸动植物检疫机关在国际邮件互换局（含国际邮件快递公司及其他经营国际邮件的单位，以下简称邮局）实施检疫。邮局应当提供必要的工作条件。

经现场检疫合格的，由口岸动植物检疫机关加盖检疫放行章，交邮局运递。需要作实验室检疫或者隔离检疫的，口岸动植物检疫机关应当向邮局办理交接手续；检疫合格的，加盖检疫放行章，交邮局运递。

第四十五条　携带、邮寄进境的动植物、动植物产品和其他检疫物，经检疫不合格又无有效方法作除害处理的，作退回或者销毁处理，并签发《检疫处理通知单》交携带人、寄件人。

第七章　运输工具检疫

第四十六条　口岸动植物检疫机关对来自动植物疫区的船舶、飞机、火车，可以登船、登机、登车实施现场检疫。有关运输工具负责人应当接受检疫人员的询问并在询问记录上签字，提供运行日志和装载货物的情况，开启舱室接受检疫。

口岸动植物检疫机关应当对前款运输工具可能隐藏病虫害的餐车、配餐间、厨房、储藏室、食品舱等动植物产品存放、使用场所和泔水、动植物性废弃物的存放场所以及集装箱箱体等区域或者部位，实施检疫；必要时，作防疫消毒处理。

第四十七条　来自动植物疫区的船舶、飞机、火车，经检疫发现有进出境动植物检疫法第十八条规定的名录所列病虫害的，必须作熏蒸、消毒或者其他除害处理。发现有禁止进境的动植物、动植物产品和其他检疫物的，必须作封存或者销毁处理；作封存处理的，在中国境内停留或者运行期间，未经口岸动植物检疫机关许可，不得启封动用。对运输工具上的泔水、动植物性废弃物及其存放场所、容器，应当在口岸动植物检疫机关的监督下作除害处理。

第四十八条　来自动植物疫区的进境车辆，由口岸动植物检疫机关作防疫消毒处理。装载进境动植物、动植物产品和其他检疫物的车辆，经检疫发现病虫害的，连同货物一并作除害处理。装运供应香港、澳门地区的动物的回空车辆，实施整车防疫消毒。

第四十九条　进境拆解的废旧船舶，由口岸动植物检疫机关实施检疫。发现病虫害的，在口岸动植物检疫机关监督下作除害处理。发现有禁止进境的动植物、动植物产品和其他检疫物的，在口岸动植物检疫机关的监督下作销毁处理。

第五十条　来自动植物疫区的进境运输工具经检疫或者经消毒处理合格后，运输工具负责人或者其代理人要求出证的，由口岸动植物检疫机关签发《运输工具检疫证书》或者《运输工具消毒证书》。

第五十一条　进境、过境运输工具在中国境内停留期间，交通员工和其他人员不得将所装载的动植物、动植物产品和其他检疫物带离运输工具；需要带离时，应当向口岸动植物检疫机关报检。

第五十二条　装载动物出境的运输工具，装载前应当在口岸动植物检疫机关监督下进行消毒处理。

装载植物、动植物产品和其他检疫物出境的运输工具，应当符合国家有关动植物防疫和检疫的规定。发现危险性病虫害或者超过规定标准的一般性病虫害的，作除害处理后方可装运。

第八章　检疫监督

第五十三条　国家动植物检疫局和口岸动植物检疫机关对进出境动植物、动植物产品的生产、加工、存放过程，实行检疫监督制度。具体办法由国务院农业行政主管部门制定。

第五十四条　进出境动物和植物种子、种苗及其他繁殖材料，需要隔离饲养、隔离种植的，在隔离期间，应当接受口岸动植物检疫机关的检疫监督。

第五十五条　从事进出境动植物检疫熏蒸、消毒处理业务的单位和人员，必须经口岸动植物检疫机关考核合格。

口岸动植物检疫机关对熏蒸、消毒工作进行监督、指导，并负责出具熏蒸、消毒证书。

第五十六条　口岸动植物检疫机关可以根据需要，在机场、港口、车站、仓库、加工厂、农场等生产、加工、存放进出境动植物、动植物产品和其他检疫物的场所实施动植物疫情监测，有关单位应当配合。

未经口岸动植物检疫机关许可，不得移动或者损坏动植物疫情监测器具。

第五十七条　口岸动植物检疫机关根据需要，可以对运载进出境动植物、动植物产品和其他检疫物的运输工具、装载容器加施动植物检疫封识或者标志；未经口岸动植物检疫机关许可，不得开拆或者损毁检疫封识、标志。

动植物检疫封识和标志由国家动植物检疫局统一制发。

第五十八条　进境动植物、动植物产品和其他检疫物，装载动植物、动植物产品和其他检疫物的装载容器、包装物，运往保税区（含保税工厂、保税仓库等）的，在进境口岸依法实施检疫；口岸动植物检疫机关可以根据具体情况实施检疫监督；经加工复运出境的，依照进出境动植物检疫法和本条例有关出境检疫的规定办理。

第九章　法律责任

第五十九条　有下列违法行为之一的，由口岸动植物检疫机关处5000元以下的罚款：

（一）未报检或者未依法办理检疫审批手续或者未按检疫审批的规定执行的；

（二）报检的动植物、动植物产品和其他检疫物与实际不符的。

有前款第（二）项所列行为，已取得检疫单证的，予以吊销。

第六十条　有下列违法行为之一的，由口岸动植物检疫机关处3000元以上3万元以下的罚款：

（一）未经口岸动植物检疫机关许可擅自将进境、过境动植物、动植物产品和其他检疫物卸离运输工具或者运递的；

（二）擅自调离或者处理在口岸动植物检疫机关指定的隔离场所中隔离检疫的动植物的；

（三）擅自开拆过境动植物、动植物产品和其他检疫的包装，或者擅自开拆、损毁动植物检疫封识或者标志的；

（四）擅自抛弃过境动物的尸体、排泄物、铺垫材料或者其他废弃物，或者未按规定处理运输工具上的泔水、动植物性废弃物的。

第六十一条　依照本法第十七条、第三十二条的规定注册登记的生产、加工、存放动植物、动植物产品和其他检疫物的单位，进出境的上述物品经检疫不合格的，除依照本法有关规定作退回、销毁或者除害处理外，情节严重的，由口岸动植物检疫机关注销注册登记。

第六十二条　有下列违法行为之一的，依法追究刑事责任；尚不构成犯罪或者犯罪情节显著轻微依法不需要判处刑罚的，由口岸动植物检疫机关处2万元以上5万元以下的罚款：

（一）引起重大动植物疫情的；

（二）伪造、变造动植物检疫单证、印章、标志、封识的。

第六十三条　从事进出境动植物检疫熏蒸、消毒处理业务的单位和人员，不按照规定进行熏蒸和消毒处理的，口岸动植物检疫机关可以视情节取消其熏蒸、消毒资格。

第十章　附则

第六十四条　进出境动植物检疫法和本条例下列用语的含义：

（一）“植物种子、种苗及其他繁殖材料”，是指栽培、野生的可供繁殖的植物全株或者部分，如植株、苗木（含试管苗）、果实、种子、砧木、接穗、插条、叶片、芽体、块根、块茎、鳞茎、球茎、花粉、细胞培养材料等；

（二）“装载容器”，是指可以多次使用、易受病虫害污染并用于装载进出境货物的容器，如笼、箱、桶、筐等；

（三）“其他有害生物”，是指动物传染病、寄生虫病和植物危险性病、虫、杂草以外的各种危害动植物的生物有机体、病原微生物，以及软体类、啮齿类、螨类、多足虫类动物和危险性病虫的中间寄主、媒介生物等；

（四）“检疫证书”，是指动植物检疫机关出具的关于动植物、动植物产品和其他检疫物健康或者卫生状况的具有法律效力的文件，如《动物检疫证书》、《植物检疫证书》、《动物健康证书》、《兽医卫生证书》、《熏蒸／消毒证书》等。

第六十五条　对进出境动植物、动植物产品和其他检疫物因实施检疫或者按照规定作熏蒸、消毒、退回、销毁等处理所需费用或者招致的损失，由货主、物主或者其代理人承担。

第六十六条　口岸动植物检疫机关依法实施检疫，需要采取样品时，应当出具采样凭单；验余的样品，货主、物主或者其代理人应当在规定的期限内领回；逾期不领回的，由口岸动植物检疫机关按照规定处理。

第六十七条　贸易性动物产品出境的检疫机关，由国务院根据情况规定。

第六十八条　本条例自1997年1月1日起施行。

中华人民共和国国际海运条例

第一章　总　则

第一条　为了规范国际海上运输活动，保护公平竞争，维护国际海上运输市场秩序，保障国际海上运输各方当事人的合法权益，制定本条例。

第二条　本条例适用于进出中华人民共和国港口的国际海上运输经营活动以及与国际海上运输相关的辅助性经营活动。

前款所称与国际海上运输相关的辅助性经营活动，包括本条例分别规定的国际船舶代理、国际船舶管理、国际海运货物装卸、国际海运货物仓储、国际海运集装箱站和堆场等业务。

第三条　从事国际海上运输经营活动以及与国际海上运输相关的辅助性经营活动，应当遵循诚实信用的原则，依法经营，公平竞争。

第四条　国务院交通主管部门和有关的地方人民政府交通主管部门依照本条例规定，对国际海上运输经营活动实施监督管理，并对与国际海上运输相关的辅助性经营活动实施有关的监督管理。

第二章　国际海上运输及其辅助性业务的经营者

第五条　经营国际船舶运输业务，应当具备下列条件：

（一）有与经营国际海上运输业务相适应的船舶，其中必须有中国籍船舶；

（二）投入运营的船舶符合国家规定的海上交通安全技术标准；

（三）有提单、客票或者多式联运单证；

（四）有具备国务院交通主管部门规定的从业资格的高级业务管理人员。

第六条　经营国际船舶运输业务，应当向国务院交通主管部门提出申请，并附送符合本条例第五条规定条件的相关材料。国务院交通主管部门应当自受理申请之日起30日内审核完毕，作出许可或者不予许可的决定。予以许可的，向申请人颁发《国际船舶运输经营许可证》；不予许可的，应当书面通知申请人并告知理由。

国务院交通主管部门审核国际船舶运输业务申请时，应当考虑国家关于国际海上运输业发展的政策和国际海上运输市场竞争状况。

申请经营国际船舶运输业务，并同时申请经营国际班轮运输业务的，还应当附送本条例第十七条规定的相关材料，由国务院交通主管部门一并审核、登记。

第七条　经营无船承运业务，应当向国务院交通主管部门办理提单登记，并交纳保证金。

前款所称无船承运业务，是指无船承运业务经营者以承运人身份接受托运人的货载，签发自己的提单或者其他运输单证，向托运人收取运费，通过国际船舶运输经营者完成国际海上货物运输，承担承运人责任的国际海上运输经营活动。

在中国境内经营无船承运业务，应当在中国境内依法设立企业法人。

第八条　无船承运业务经营者应当在向国务院交通主管部门提出办理提单登记申请的同时，附送证明已经按照本条例的规定交纳保证金的相关材料。

前款保证金金额为80万元人民币；每设立一个分支机构，增加保证金20万元人民币。保证金应当向中国境内的银行开立专门账户交存。

保证金用于无船承运业务经营者清偿因其不履行承运人义务或者履行义务不当所产生的债务以及支付罚款。保证金及其利息，归无船承运业务经营者所有。专门账户由国务院交通主管部门实施监督。

国务院交通主管部门应当自收到无船承运业务经营者提单登记申请并交纳保证金的相关材料之日起15日内审核完毕。申请材料真实、齐备的，予以登记，并通知申请人；申请材料不真实或者不齐备的，不予登记，书面通知申请人并告知理由。已经办理提单登记的无船承运业务经营者，由国务院交通主管部门予以公布。

第九条　经营国际船舶代理业务，应当具备下列条件：

（一）高级业务管理人员中至少2人具有3年以上从事国际海上运输经营活动的经历；

（二）有固定的营业场所和必要的营业设施。

第十条　经营国际船舶代理业务，应当向国务院交通主管部门提出申请，并附送符合本条例第九条规定条件的相关材料。国务院交通主管部门应当自收到申请之日起15日内审核完毕。申请材料真实、齐备的，予以登记，并通知申请人；申请材料不真实或者不齐备的，不予登记，书面通知申请人并告知理由。

第十一条　经营国际船舶管理业务，应当具备下列条件：

（一）高级业务管理人员中至少2人具有3年以上从事国际海上运输经营活动的经历；

（二）有持有与所管理船舶种类和航区相适应的船长、轮机长适任证书的人员；

（三）有与国际船舶管理业务相适应的设备、设施。

第十二条　经营国际船舶管理业务，应当向拟经营业务所在地的省、自治区、直辖市人民政府交通主管部门提出申请，并附送符合本条例第十一条规定条件的相关材料。省、自治区、直辖市人民政府交通主管部门应当自收到申请之日起15日内审核完毕。申请材料真实、齐备的，予以登记，并通知申请人；申请材料不真实或者不齐备的，不予登记，书面通知申请人并告知理由。

第十三条　国际船舶运输经营者、无船承运业务经营者、国际船舶代理经营者和国际船舶管理经营者经依照本条例许可、登记后，应当持有关证明文件，依法向企业登记机关办理企业登记手续。

第十四条　国际船舶运输经营者、无船承运业务经营者、国际船舶代理经营者和国际船舶管理经营者，不得将依法取得的经营资格提供给他人使用。

第十五条　国际船舶运输经营者、无船承运业务经营者、国际船舶代理经营者和国际船舶管理经营者依照本条例的规定取得相应的经营资格后，不再具备本条例规定的条件的，国务院交通主管部门或者省、自治区、直辖市人民政府交通主管部门应当立即取消其经营资格。

第三章　国际海上运输及其辅助性业务经营活动

第十六条　国际船舶运输经营者经营进出中国港口的国际班轮运输业务，应当依照本条例的规定取得国际班轮运输经营资格。

未取得国际班轮运输经营资格的，不得从事国际班轮运输经营活动，不得对外公布班期、接受订舱。

以共同派船、舱位互换、联合经营等方式经营国际班轮运输的，适用本条第一款的规定。

第十七条　经营国际班轮运输业务，应当向国务院交通主管部门提出申请，并附送下列材料：

（一）国际船舶运输经营者的名称、注册地、营业执照副本、主要出资人；

（二）经营者的主要管理人员的姓名及其身份证明；

（三）运营船舶资料；

（四）拟开航的航线、班期及沿途停泊港口；

（五）运价本；

（六）提单、客票或者多式联运单证。

国务院交通主管部门应当自收到经营国际班轮运输业务申请之日起30日内审核完毕。申请材料真实、齐备的，予以登记，并通知申请人；申请材料不真实或者不齐备的，不予登记，书面通知申请人并告知理由。

第十八条　取得国际班轮运输经营资格的国际船舶运输经营者，应当自取得资格之日起180日内开航；因不可抗力并经国务院交通主管部门同意，可以延期90日。逾期未开航的，国际班轮运输经营资格自期满之日起丧失。

第十九条　新开、停开国际班轮运输航线，或者变更国际班轮运输船舶、班期的，应当提前15日予以公告，并应当自行为发生之日起15日内向国务院交通主管部门备案。

第二十条　经营国际班轮运输业务的国际船舶运输经营者的运价和无船承运业务经营者的运价，应当按照规定格式向国务院交通主管部门备案。国务院交通主管部门应当指定专门机构受理运价备案。

备案的运价包括公布运价和协议运价。公布运价，是指国际船舶运输经营者和无船承运业务经营者运价本上载明的运价；协议运价，是指国际船舶运输经营者与货主、无船承运业务经营者约定的运价。

公布运价自国务院交通主管部门受理备案之日起满30日生效；协议运价自国务院交通主管部门受理备案之时起满24小时生效。

国际船舶运输经营者和无船承运业务经营者应当执行生效的备案运价。

第二十一条　国际船舶运输经营者在与无船承运业务经营者订立协议运价时，应当确认无船承运业务经营者已依照本条例规定办理提单登记并交纳保证金。

第二十二条　从事国际班轮运输的国际船舶运输经营者之间订立涉及中国港口的班轮公会协议、运营协议、运价协议等，应当自协议订立之日起15日内将协议副本向国务院交通主管部门备案。

第二十三条　国际船舶运输经营者有下列情形之一的，应当在情形发生之日起15日内，向国务院交通主管部门备案：

（一）终止经营；

（二）减少运营船舶；

（三）变更提单、客票或者多式联运单证；

（四）在境外设立分支机构或者子公司经营国际船舶运输业务；

（五）拥有的船舶在境外注册，悬挂外国旗。

国际船舶运输经营者增加运营船舶的，增加的运营船舶必须符合国家规定的安全技术标准，并应当于投入运营前15日内向国务院交通主管部门备案。国务院交通主管部门应当自收到备案材料之日起3日内出具备案证明文件。

其他中国企业有本条第一款第（四）项、第（五）项所列情形之一的，应当依照本条第一款规定办理备案手续。

第二十四条　国际船舶运输经营者之间的兼并、收购，其兼并、收购协议应当报国务院交通主管部门审核同意。

国务院交通主管部门应当自收到国际船舶运输经营者报送的兼并、收购协议之日起60日内，根据国家关于国际海上运输业发展的政策和国际海上运输市场竞争状况进行审核，作出同意或者不同意的决定，并书面通知有关国际船舶运输经营者。

第二十五条　经营国际船舶运输业务、无船承运业务和国际船舶代理业务，在中国境内收取、代为收取运费以及其他相关费用，应当向付款人出具中国税务机关统一印制的发票。

第二十六条　未依照本条例的规定办理提单登记并交纳保证金的，不得经营无船承运业务。

第二十七条　经营国际船舶运输业务和无船承运业务，不得有下列行为：

（一）以低于正常、合理水平的运价提供服务，妨碍公平竞争；

（二）在会计账簿之外暗中给予托运人回扣，承揽货物；

（三）滥用优势地位，以歧视性价格或者其他限制性条件给交易对方造成损害；

（四）其他损害交易对方或者国际海上运输市场秩序的行为。

第二十八条　外国国际船舶运输经营者从事本章规定的有关国际船舶运输活动，应当遵守本条例有关规定。

外国国际船舶运输经营者不得经营中国港口之间的船舶运输业务，也不得利用租用的中国籍船舶或者舱位，或者以互换舱位等方式变相经营中国港口之间的船舶运输业务。

第二十九条　国际船舶代理经营者接受船舶所有人或者船舶承租人、船舶经营人的委托，可以经营下列业务：

（一）办理船舶进出港口手续，联系安排引航、靠泊和装卸；

（二）代签提单、运输合同，代办接受订舱业务；

（三）办理船舶、集装箱以及货物的报关手续；

（四）承揽货物、组织货载，办理货物、集装箱的托运和中转；

（五）代收运费，代办结算；

（六）组织客源，办理有关海上旅客运输业务；

（七）其他相关业务。

国际船舶代理经营者应当按照国家有关规定代扣代缴其所代理的外国国际船舶运输经营者的税款。

第三十条　国际船舶管理经营者接受船舶所有人或者船舶承租人、船舶经营人的委托，可以经营下列业务：

（一）船舶买卖、租赁以及其他船舶资产管理；

（二）机务、海务和安排维修；

（三）船员招聘、训练和配备；

（四）保证船舶技术状况和正常航行的其他服务。

第四章　外商投资经营国际海上运输及其辅助性业务的特别规定

第三十一条　外商在中国境内投资经营国际海上运输业务以及与国际海上运输相关的辅助性业务，适用本章规定；本章没有规定的，适用本条例其他有关规定。

第三十二条　经国务院交通主管部门批准，外商可以依照有关法律、行政法规以及国家其他有关规定，投资设立中外合资经营企业或者中外合作经营企业，经营国际船舶运输、国际船舶代理、国际船舶管理、国际海运货物装卸、国际海运货物仓储、国际海运集装箱站和堆场业务；并可以投资设立外资企业经营国际海运货物仓储业务。

经营国际船舶运输、国际船舶代理业务的中外合资经营企业，企业中外商的出资比例不得超过49%。

经营国际船舶运输、国际船舶代理业务的中外合作经营企业，企业中外商的投资比例比照适用前款规定。

中外合资国际船舶运输企业和中外合作国际船舶运输企业的董事会主席和总经理，由中外合资、合作双方协商后由中方指定。

第三十三条　经国务院交通主管部门批准，外商可以依照有关法律、行政法规以及国家其他有关规定投资设立中外合资经营企业、中外合作经营企业、外资企业，为其拥有或者经营的船舶提供承揽货物、代签提单、代结运费、代签服务合同等日常业务服务；未在中国境内投资设立中外合资经营企业、中外合作经营企业、外资企业的，上述业务必须委托中国的国际船舶代理经营者办理。

第三十四条　外国国际船舶运输经营者以及外国国际海运辅助企业，经国务院交通主管部门批准，可以依法在中国境内设立常驻代表机构。

外国国际船舶运输经营者以及外国国际海运辅助企业在中国境内设立的常驻代表机构，不得从事经营活动。

第五章　调查与处理

第三十五条　国务院交通主管部门应利害关系人的请求或者自行决定，可以对下列情形实施调查：

（一）经营国际班轮运输业务的国际船舶运输经营者之间订立的涉及中国港口的班轮公会协议、运营协议、运价协议等，可能对公平竞争造成损害的；

（二）经营国际班轮运输业务的国际船舶运输经营者通过协议产生的各类联营体，其服务涉及中国港口某一航线的承运份额，持续1年超过该航线总运量的30%，并可能对公平竞争造成损害的；

（三）有本条例第二十七条规定的行为之一的；

（四）可能损害国际海运市场公平竞争的其他行为。

第三十六条　国务院交通主管部门实施调查，应当会同国务院工商行政管理部门和价格部门（以下统称调查机关）共同进行。

第三十七条　调查机关实施调查，应当成立调查组。调查组成员不少于3人。调查组可以根据需要，聘请有关专家参加工作。

调查组进行调查前，应当将调查目的、调查原因、调查期限等事项通知被调查人。调查期限不得超过1年；必要时，经调查机关批准，可以延长半年。

第三十八条　调查人员进行调查，可以向被调查人以及与其有业务往来的单位和个人了解有关情况，并可查阅、复制有关单证、协议、合同文本、会计账簿、业务函电、电子数据等有关资料。

调查人员进行调查，应当保守被调查人以及与其有业务往来的单位和个人的商业秘密。

第三十九条　被调查人应当接受调查，如实提供有关情况和资料，不得拒绝调查或者隐匿真实情况、谎报情况。

第四十条　调查结束，调查机关应当作出调查结论，书面通知被调查人、利害关系人。

对公平竞争造成损害的，调查机关可以采取责令修改有关协议、限制班轮航班数量、中止运价本或者暂停受理运价备案、责令定期报送有关资料等禁止性、限制性措施。

第四十一条　调查机关在作出采取禁止性、限制性措施的决定前，应当告知当事人有要求举行听证的权利；当事人要求听证的，应当举行听证。

第六章　法律责任

第四十二条　未取得《国际船舶运输经营许可证》，擅自经营国际船舶运输业务的，由国务院交通主管部门或者其授权的地方人民政府交通主管部门责令停止经营；有违法所得的，没收违法所得；违法所得50万元以上的，处违法所得2倍以上5倍以下的罚款；没有违法所得或者违法所得不足50万元的，处20万元以上100万元以下的罚款。

第四十三条　未办理提单登记、交纳保证金，擅自经营无船承运业务的，由国务院交通主管部门或者其授权的地方人民政府交通主管部门责令停止经营；有违法所得的，没收违法所得；违法所得10万元以上的，处违法所得2倍以上5倍以下的罚款；没有违法所得或者违法所得不足10万元的，处5万元以上20万元以下的罚款。

第四十四条　未办理登记手续，擅自经营国际船舶代理业务或者国际船舶管理业务的，由国务院交通主管部门或者其授权的地方人民政府交通主管部门责令停止经营；有违法所得的，没收违法所得；违法所得5万元以上的，处违法所得2倍以上5倍以下的罚款；没有违法所得或者违法所得不足5万元的，处2万元以上10万元以下的罚款。

第四十五条　外国国际船舶运输经营者经营中国港口之间的船舶运输业务，或者利用租用的中国籍船舶和舱位以及用互换舱位等方式经营中国港口之间的船舶运输业务的，由国务院交通主管部门或者其授权的地方人民政府交通主管部门责令停止经营；有违法所得的，没收违法所得；违法所得50万元以上的，处违法所得2倍以上5倍以下的罚款；没有违法所得或者违法所得不足50万元的，处20万元以上100万元以下的罚款。拒不停止经营的，拒绝进港；情节严重的，撤销其国际班轮运输经营资格。

第四十六条　未取得国际班轮运输经营资格，擅自经营国际班轮运输的，由国务院交通主管部门或者其授权的地方人民政府交通主管部门责令停止经营；有违法所得的，没收违法所得；违法所得50万元以上的，处违法所得2倍以上5倍以下的罚款；没有违法所得或者违法所得不足50万元的，处20万元以上100万元以下的罚款。拒不停止经营的，拒绝进港。

第四十七条　国际船舶运输经营者、无船承运业务经营者、国际船舶代理经营者和国际船舶管理经营者将其依法取得的经营资格提供给他人使用的，由国务院交通主管部门或者其授权的地方人民政府交通主管部门责令限期改正；逾期不改正的，撤销其经营资格。

第四十八条　未履行本条例规定的备案手续的，由国务院交通主管部门或者其授权的地方人民政府交通主管部门责令限期补办备案手续；逾期不补办的，处1万元以上5万元以下的罚款，并可以撤销其相应资格。

第四十九条　未履行本条例规定的运价备案手续或者未执行备案运价的，由国务院交通主管部门或者其授权的地方人民政府交通主管部门责令限期改正，并处2万元以上10万元以下的罚款。

第五十条　依据调查结论应当给予行政处罚或者有本条例第二十七条所列违法情形的，由交通主管部门、价格主管部门或者工商行政管理部门依照有关法律、行政法规的规定给予处罚。

第五十一条　国际船舶运输经营者与未办理提单登记并交纳保证金的无船承运业务经营者订立协议运价的，由国务院交通主管部门或者其授权的地方人民政府交通主管部门给予警告，并处2万元以上10万元以下的罚款。

第五十二条　未经国务院交通主管部门批准，外国国际船舶运输经营者以及外国国际海运辅助企业擅自设立常驻代表机构的，由国务院交通主管部门或者其授权的地方人民政府交通主管部门责令限期改正，并处2万元以上10万元以下的罚款。

外国国际船舶运输经营者以及外国国际海运辅助企业常驻代表机构从事经营活动的，由工商行政管理部门责令停止经营活动，并依法给予处罚。

第五十三条　拒绝调查机关及其工作人员依法实施调查，或者隐匿、谎报有关情况和资料的，由国务院交通主管部门或者其授权的地方人民政府交通主管部门责令改正，并处2万元以上10万元以下的罚款。

第五十四条　非法从事进出中国港口的国际海上运输经营活动以及与国际海上运输相关的辅助性经营活动，扰乱国际海上运输市场秩序的，依照刑法关于非法经营罪的规定，依法追究刑事责任。

第五十五条　国务院交通主管部门和有关地方人民政府交通主管部门的工作人员有下列情形之一，造成严重后果，触犯刑律的，依照刑法关于滥用职权罪、玩忽职守罪或者其他罪的规定，依法追究刑事责任；尚不够刑事处罚的，依法给予行政处分：

（一）对符合本条例规定条件的申请者不予审批、许可、登记、备案，或者对不符合本条例规定条件的申请者予以审批、许可、登记、备案的；

（二）对经过审批、许可、登记、备案的国际船舶运输经营者、无船承运业务经营者、国际船舶代理经营者和国际船舶管理经营者不依照本条例的规定实施监督管理，或者发现其不再具备本条例规定的条件而不撤销其相应的经营资格，或者发现其违法行为后不予以查处的；

（三）对监督检查中发现的未依法履行审批、许可、登记、备案的单位和个人擅自从事国际海上运输经营活动以及与国际海上运输相关的辅助性经营活动，不立即予以取缔，或者接到举报后不依法予以处理的。

第七章　附　则

第五十六条　香港特别行政区、澳门特别行政区和台湾地区的投资者在内地投资经营国际海上运输业务以及与国际海上运输相关的辅助性业务，比照适用本条例。

第五十七条　外国国际船舶运输经营者未经国务院交通主管部门批准，不得经营中国内地与香港特别行政区、澳门特别行政区之间的船舶运输业务，不得经营中国内地与台湾地区之间的双向直航和经第三地的船舶运输业务。

第五十八条　内地与香港特别行政区、澳门特别行政区之间的海上运输，由国务院交通主管部门依照本条例制定管理办法。

内地与台湾地区之间的海上运输，依照国家有关规定执行。

第五十九条　任何国家或者地区对中华人民共和国国际海上运输经营者、船舶或者船员采取歧视性的禁止、限制或者其他类似措施的，中华人民共和国政府根据对等原则采取相应措施。

第六十条　本条例施行前已从事国际海上运输经营活动以及与国际海上运输相关的辅助性经营活动的，应当在本条例施行之日起60日内按照本条例的规定补办有关手续。

第六十一条　本条例自2002年1月1日起施行。1990年12月5日国务院发布、1998年4月18日国务院修订发布的《中华人民共和国海上国际集装箱运输管理规定》同时废止。

中华人民共和国知识产权海关保护条例

（1995年7月5日中华人民共和国国务院令第179号公布，自1995年10月1日起施行。）

第一章 总 则

第一条 为了实施知识产权海关保护，促进对外经济贸易和科技文化交往，维护社会公共利益，根据中华人民共和国有关法律，制定本条例。

第二条 本条例适用于与进出境货物有关并受中华人民共和国法律、行政法规保护的知识产权，包括商标专用权、著作权和专利权。

第三条 侵犯受中华人民共和国法律、行政法规保护的知识产权的货物(以下简称侵权货物)，禁止进出口。

第四条 中华人民共和国海关对与进出境货物有关的知识产权实施保护，行使《中华人民共和国海关法》规定的有关权力。

第五条 进口货物的收货人或者出口货物的发货人以及他们的代理人(以下统称收货人或者发货人)应当按照海关的要求，向海关如实申报与进出口货物有关的知识产权状况，交验有关单证。

第六条 知识产权权利人以及他们的代理人(以下统称知识产权权利人)要求海关对其与进出境货物有关的知识产权实施保护的，应当将其知识产权向海关备案，并在其认为必要时向海关提出采取保护措施的申请。

第七条 海关实施知识产权保护时，应当保守有关当事人的商业秘密。

第二章 备 案

第八条 知识产权权利人申请知识产权海关保护备案的，应当向海关总署提交书面申请。

申请书应当包括下列内容：

(一)知识产权权利人的名称或者姓名、注册地或者国籍、住所、法定代表人、主要营业场所等；

(二)注册商标的注册号码、内容及有效期限，专利授权的号码、内容及有效期限，或者有关著作权的内容；

(三)与知识产权有关的货物的名称及其产地；

(四)被授权或者许可使用知识产权的人；

(五)与知识产权有关的货物的主要进出境海关、进出口商、主要特征、正常价格等有关情况；

(六)已知的侵权货物的制造商、进出口商、主要进出境海关、主要特征、价格等情况；

(七)海关总署认为应当说明的其他情况。

提交书面申请时应当附送下列文件：

(一)知识产权权利人身份证件的复制件或者登记注册证书的副本或者经登记注册机关认证的复制件；

(二)注册商标的注册证书复制件，商标局核准转让注册商标的公告或者备案的商标使用许可合同复制件；或者专利证书的复制件，经专利局登记和公告的专利转让合同副本，专利实施许可合同副本；或者著作权权利的证明文件或者证据；

(三)海关总署认为需要附送的其他文件。

第九条 海关总署应当自收到全部申请文件之日起30日内通知申请人是否准予备案。海关总署准予备案的，发给知识产权海关保护备案证书；不予备案的，应当说明理由。

第十条 知识产权海关保护备案自海关总署准予备案之日起生效，有效期为7年。

在知识产权有效的前提下，知识产权权利人可以在知识产权海关保护备案有效期届满前6个月内，向海关总署申请续展备案。每次续展备案的有效期为7年。

知识产权海关保护备案有效期届满而不申请续展或者商标专用权、著作权、专利权法律保护期届满的，知识产权海关保护备案随即失效。

第十一条 备案知识产权的情况发生变更的，知识产权权利人应当自知识产权主管部门核准变更之日起10日内向海关总署办理备案变更或者注销手续。

第三章 申 请

第十二条 在海关总署备案的知识产权权利人发现侵权嫌疑货物即将进出境的，可以向货物进出境地海关提出采取知识产权保护措施的申请。

第十三条 请求海关采取知识产权保护措施的，应当提交书面申请。

申请书应当包括下列内容：

(一)申请保护的知识产权名称、海关备案号；

(二)侵权嫌疑人名称、住所、法定代表人、主要营业场所；

(三)侵权嫌疑货物名称、规格等有关情况；

(四)侵权嫌疑货物可能进出境的口岸、时间、运输工具、收货人或者发货人等有关情况；

(五)有关侵权的证据；

(六)请求海关采取的措施；

(七)海关认为需要提供的其他内容。

第十四条 申请人请求海关扣留侵权嫌疑货物的，应当向海关提交与进口货物到岸价格或者出口货物离岸价格等值的担保金。

第十五条 知识产权权利人请求海关对其未在海关总署备案的知识产权采取保护措施的，应当在向海关总署提出申请的同时依照本条例第八条的规定向海关总署办理知识产权海关保护备案。

第十六条 申请人提出的采取知识产权保护措施的申请不符合本章有关规定的，海关不予接受。

第四章 调查和处理

第十七条 海关应知识产权权利人申请，决定扣留侵权嫌疑货物的，应当制作海关扣留凭单，送达收货人或者发货人，并书面通知申请人。

收货人或者发货人认为其进出口货物未侵犯申请人知识产权的，应当自海关扣留凭单送达之日起7日内向海关提出书面说明。收货人或者发货人未提出异议的，海关经调查，有权将被扣留的侵权嫌疑货物按侵权货物处理；提出异议的，海关应当立即书面通知申请人。

申请人自本条第一款规定的书面通知送达之日起15日内，有权将侵权争议提请知识产权主管部门处理或者向人民法院提起诉讼。

第十八条 海关发现进出境货物有侵犯在海关备案的知识产权嫌疑的，海关有权予以扣留。海关扣留侵权嫌疑货物的，应当制作海关扣留凭单，送达收货人或者发货人，并立即书面通知知识产权权利人。知识产权权利人自通知送达之日起3日内提出知识产权保护书面申请的，依照本条例第十七条规定办理。

第十九条 收货人或者发货人认为其进出口货物未侵犯申请人知识产权的，在向海关提交相当于进口货物到岸价格或者出口货物离岸价格二倍的担保金后，可以请求海关放行有关货物。

第二十条 海关依照本条例第十七条和第十八条规定扣留侵权嫌疑货物的，应当自扣留之日起15日内开始对被扣留的侵权嫌疑货物及有关情况进行调查；但是，侵权争议的有关当事人已将侵权争议提请知识产权主管部门处理或者向人民法院提起诉讼的除外。

海关认为有犯罪嫌疑的，应当移交有关机关进行调查。

第二十一条 海关对被扣留的侵权嫌疑货物及有关情况进行调查时，知识产权权利人应当提供必要的协助。

第二十二条 被扣留的侵权嫌疑货物有下列情形之一的，海关可以放行：

(一)经海关或者知识产权主管部门调查后排除侵权嫌疑的；

(二)人民法院判决或者裁定排除侵权嫌疑的；

(三)有关当事人未在规定时间内向人民法院提起诉讼，人民法院裁定不予受理，或者人民法院未作出财产保全的裁定的；

(四)知识产权权利人在规定时间内不予回复或者放弃知识产权海关保护的。

第二十三条 被扣留的侵权嫌疑货物，经海关、知识产权主管部门或者人民法院确定为侵权货物的，由海关予以没收。

第二十四条 海关对被没收的侵权货物，应当区别不同情况按照下列规定处理：

(一)对侵犯著作权的货物，予以销毁。

(二)对侵犯商标专用权的货物，侵权商标无法消除的，予以销毁；侵权商标能够消除并可以利用有关货物的，消除侵权商标，有关货物只能用于社会公益事业或者依法拍卖给非侵权人自用。

(三)前二项以外的其他侵权货物，依照国务院有关规定处理。

第二十五条 海关决定、知识产权主管部门决定或者人民法院判决或者裁定生效后，海关应当将有关当事人提交的担保金扣除下列费用后，予以退还：

(一)货物的仓储、保管和处置等有关费用；

(二)因申请不当给有关当事人造成损失的赔偿费用。

第二十六条 知识产权权利人与收货人或者发货人之间的民事纠纷，由当事人依法选择司法、仲裁或者其他方式解决，海关不予受理。

第二十七条 海关接受知识产权保护备案和采取知识产权保护措施的申请后，因知识产权权利人未提供确切情况而未能发现侵权货物、未能及时采取保护措施或者采取保护措施不当的，海关不承担责任，由知识产权权利人自行承担责任。

第五章 法律责任

第二十八条 收货人或者发货人，明知或者应知其进口或者出口货物侵犯他人知识产权的，海关可以处以进口货物到岸价格或者出口货物离岸价格等值以下的罚款。

第二十九条 收货人或者发货人未如实申报与进出口货物有关的知识产权状况，交验有关单证的，海关可以处以进口货物到岸价格或者出口货物离岸价格等值以下的罚款。

第三十条 当事人对海关的处罚决定不服的，可以自收到处罚通知书之日起30日内，海关无法通知的，自海关的处罚决定公告之日起30日内，向作出处罚决定的海关或者上一级海关申请复议；有关海关应当自收到复议申请书之日起90日内作出复议决定。对复议决定不服的，可以自收到复议决定之日起30日内，向人民法院提起诉讼。

当事人也可以自收到处罚通知书之日或者自海关的处罚决定公告之日起30日内，直接向人民法院提起诉讼。

第三十一条 进口或者出口侵权货物，构成犯罪的，依法追究刑事责任。

第三十二条 海关工作人员在实施知识产权保护时，滥用职权、故意刁难、玩忽职守、徇私舞弊，构成犯罪的，依法追究刑事责任；尚不构成犯罪的，依法给予行政处分。

第六章 附 则

第三十三条 个人携带进出境的行李物品、邮寄进出境的物品，超出自用、合理数量，并侵犯受中华人民共和国法律、行政法规保护的知识产权的，视为侵权货物，依照本条例有关规定处理。

第三十四条 海关实施知识产权保护，可以收取备案费和与扣留、处置侵权货物有关的必要费用。具体办法由海关总署会同国务院财政部门、物价主管部门规定。

第三十五条 申请知识产权海关保护备案和采取知识产权海关保护措施的具体规定以及有关文书格式，由海关总署制定。

第三十六条 本条例自1995年10月1日起施行。

中华人民共和国反倾销条例

（2001年10月31日国务院第四十六次常务会议通过并予公布）

第一章　总　则

第一条　为了维护对外贸易秩序和公平竞争，根据《中华人民共和国对外贸易法》的有关规定，制定本条例。

第二条　进口产品以倾销方式进入中华人民共和国市场，并对已经建立的国内产业造成实质损害或者产生实质损害威胁，或者对建立国内产业造成实质阻碍的，依照本条例的规定进行调查，采取反倾销措施。

第二章　倾销与损害

第三条　倾销，是指在正常贸易过程中进口产品以低于其正常价值的出口价格进入中华人民共和国市场。对倾销的调查和确定，由对外贸易经济合作部（以下简称外经贸部）负责。

第四条　进口产品的正常价值，应当区别不同情况，按照下列方法确定：

（一）进口产品的同类产品，在出口国（地区）国内市场的正常贸易过程中有可比价格的，以该可比价格为正常价值；

（二）进口产品的同类产品，在出口国（地区）国内市场的正常贸易过程中没有销售的，或者该同类产品的价格、数量不能据以进行公平比较的，以该同类产品出口到一个适当第三国（地区）的可比价格或者以该同类产品在原产国（地区）的生产成本加合理费用、利润，为正常价值。

进口产品不直接来自原产国（地区）的，按照前款第（一）项规定确定正常价值；但是，在产品仅通过出口国（地区）转运、产品在出口国（地区）无生产或者在出口国（地区）中不存在可比价格等情形下，可以以该同类产品在原产国（地区）的价格为正常价值。

第五条　进口产品的出口价格，应当区别不同情况，按照下列方法确定：

（一）进口产品有实际支付或者应当支付的价格的，以该价格为出口价格；

（二）进口产品没有出口价格或者其价格不可靠的，以根据该进口产品首次转售给独立购买人的价格推定的价格为出口价格；但是，该进口产品未转售给独立购买人或者未按进口时的状态转售的，可以以外经贸部根据合理基础推定的价格为出口价格。

第六条　进口产品的出口价格低于其正常价值的幅度，为倾销幅度。

对进口产品的出口价格和正常价值，应当考虑影响价格的各种可比性因素，按照公平、合理的方式进行比较。

倾销幅度的确定，应当将加权平均正常价值与全部可比出口交易的加权平均价格进行比较，或者将正常价值与出口价格在逐笔交易的基础上进行比较。

出口价格在不同的购买人、地区、时期之间存在很大差异，按照前款规定的方法难以比较的，可以将加权平均正常价值与单一出口交易的价格进行比较。

第七条　损害，是指倾销对已经建立的国内产业造成实质损害或者产生实质损害威胁，或者对建立国内产业造成实质阻碍。

对损害的调查和确定，由国家经济贸易委员会（以下简称国家经贸委）负责；其中，涉及农产品的反倾销国内产业损害调查，由国家经贸委会同农业部进行。

第八条　在确定倾销对国内产业造成的损害时，应当审查下列事项：

(一)倾销进口产品的数量,包括倾销进口产品的绝对数量或者相对于国内同类产品生产或者消费的数量是否大量增加，或者倾销进口产品大量增加的可能性；

(二)倾销进口产品的价格,包括倾销进口产品的价格削减或者对国内同类产品的价格产生大幅度抑制、压低等影响；

（三）倾销进口产品对国内产业的相关经济因素和指标的影响；

（四）倾销进口产品的出口国（地区）、原产国（地区）的生产能力、出口能力，被调查产品的库存情况；

（五）造成国内产业损害的其他因素。

对实质损害威胁的确定，应当依据事实，不得仅依据指控、推测或者极小的可能性。

在确定倾销对国内产业造成的损害时，应当依据肯定性证据，不得将造成损害的非倾销因素归因于倾销。

第九条　倾销进口产品来自两个以上国家（地区），并且同时满足下列条件的，可以就倾销进口产品对国内产业造成的影响进行累积评估：

（一）来自每一国家（地区）的倾销进口产品的倾销幅度不小于2%，并且其进口量不属于可忽略不计的；

（二）根据倾销进口产品之间以及倾销进口产品与国内同类产品之间的竞争条件，进行累积评估是适当的。

可忽略不计，是指来自一个国家（地区）的倾销进口产品的数量占同类产品总进口量的比例低于3%；但是，低于3%的若干国家（地区）的总进口量超过同类产品总进口量7%的除外。

第十条　评估倾销进口产品的影响，应当针对国内同类产品的生产进行单独确定；不能针对国内同类产品的生产进行单独确定的，应当审查包括国内同类产品在内的最窄产品组或者范围的生产。

第十一条　国内产业，是指中华人民共和国国内同类产品的全部生产者，或者其总产量占国内同类产品全部总产量的主要部分的生产者；但是，国内生产者与出口经营者或者进口经营者有关联的，或者其本身为倾销进口产品的进口经营者的，可以排除在国内产业之外。

在特殊情形下，国内一个区域市场中的生产者，在该市场中销售其全部或者几乎全部的同类产品，并且该市场中同类产品的需求主要不是由国内其他地方的生产者供给的，可以视为一个单独产业。

第十二条　同类产品，是指与倾销进口产品相同的产品；没有相同产品的，以与倾销进口产品的特性最相似的产品为同类产品。

第三章　反倾销调查

第十三条　国内产业或者代表国内产业的自然人、法人或者有关组织（以下统称申请人），可以依照本条例的规定向外经贸部提出反倾销调查的书面申请。

第十四条　申请书应当包括下列内容：

（一）申请人的名称、地址及有关情况；

（二）对申请调查的进口产品的完整说明，包括产品名称、所涉及的出口国（地区）或者原产国（地区）、已知的出口经营者或者生产者、产品在出口国（地区）或者原产国（地区）国内市场消费时的价格信息、出口价格信息等；

（三）对国内同类产品生产的数量和价值的说明；

（四）申请调查进口产品的数量和价格对国内产业的影响；

（五）申请人认为需要说明的其他内容。

第十五条　申请书应当附具下列证据：

（一）申请调查的进口产品存在倾销；

（二）对国内产业的损害；

（三）倾销与损害之间存在因果关系。

第十六条　外经贸部应当自收到申请人提交的申请书及有关证据之日起60天内，对申请是否由国内产业或者代表国内产业提出、申请书内容及所附具的证据等进行审查，经商国家经贸委后，决定立案调查或者不立案调查。

在决定立案调查前，应当通知有关出口国（地区）政府。

第十七条　在表示支持申请或者反对申请的国内产业中，支持者的产量占支持者和反对者的总产量的50%以上的，应当认定申请是由国内产业或者代表国内产业提出，可以启动反倾销调查；但是，表示支持申请的国内生产者的产量不足国内同类产品总产量的25%的，不得启动反倾销调查。

第十八条　在特殊情形下，外经贸部没有收到反倾销调查的书面申请，但有充分证据认为存在倾销和损害以及二者之间有因果关系的，经商国家经贸委后，可以决定立案调查。

外经贸部和国家经贸委，以下统称调查机关。

第十九条　立案调查的决定，由外经贸部予以公告，并通知申请人、已知的出口经营者和进口经营者、出口国（地区）政府以及其他有利害关系的组织、个人（以下统称利害关系方）。

立案调查的决定一经公告，外经贸部应当将申请书文本提供给已知的出口经营者和出口国（地区）政府。

第二十条　调查机关可以采用问卷、抽样、听证会、现场核查等方式向利害关系方了解情况，进行调查。

调查机关应当为有关利害关系方提供陈述意见和论据的机会。

外经贸部认为必要时，可以派出工作人员赴有关国家（地区）进行调查；但是，有关国家（地区）提出异议的除外。

第二十一条　调查机关进行调查时，利害关系方应当如实反映情况，提供有关资料。利害关系方不如实反映情况、提供有关资料的，或者没有在合理时间内提供必要信息的，或者以其他方式严重妨碍调查的，调查机关可以根据已经获得的事实和可获得的最佳信息作出裁定。

第二十二条　利害关系方认为其提供的资料泄露后将产生严重不利影响的，可以向调查机关申请对该资料按保密资料处理。

调查机关认为保密申请有正当理由的，应当对利害关系方提供的资料按保密资料处理，同时要求利害关系方提供一份非保密的该资料概要。

按保密资料处理的资料，未经提供资料的利害关系方同意，不得泄露。

第二十三条　调查机关应当允许申请人和利害关系方查阅本案有关资料；但是，属于按保密资料处理的除外。

第二十四条　外经贸部、国家经贸委根据调查结果，分别就倾销、损害作出初裁决定，并就二者之间的因果关系是否成立作出初裁决定，由外经贸部予以公告。

第二十五条　初裁决定确定倾销、损害以及二者之间的因果关系成立的，外经贸部、国家经贸委应当对倾销及倾销幅度、损害及损害程度继续进行调查，并根据调查结果分别作出终裁决定，由外经贸部予以公告。

在作出终裁决定前，应当由外经贸部将终裁决定所依据的基本事实通知所有已知的利害关系方。

第二十六条　反倾销调查，应当自立案调查决定公告之日起12个月内结束；特殊情况下可以延长，但延长期不得超过6个月。

第二十七条　有下列情形之一的，反倾销调查应当终止，并由外经贸部予以公告：

（一）申请人撤销申请的；

（二）没有足够证据证明存在倾销、损害或者二者之间有因果关系的；

（三）倾销幅度低于2%的；

（四）倾销进口产品实际或者潜在的进口量或者损害属于可忽略不计的；

（五）外经贸部和国家经贸委共同认为不适宜继续进行反倾销调查的。

来自一个或者部分国家（地区）的被调查产品有前款第（二）、（三）、（四）项所列情形之一的，针对所涉产品的反倾销调查应当终止。

第四章　反倾销措施

第一节　临时反倾销措施

第二十八条　初裁决定确定倾销成立，并由此对国内产业造成损害的，可以采取下列临时反倾销措施：

（一）征收临时反倾销税；

（二）要求提供现金保证金、保函或者其他形式的担保。

临时反倾销税税额或者提供的现金保证金、保函或者其他形式担保的金额，应当不超过初裁决定确定的倾销幅度。

第二十九条　征收临时反倾销税，由外经贸部提出建议，国务院关税税则委员会根据外经贸部的建议作出决定，由外经贸部予以公告。要求提供现金保证金、保函或者其他形式的担保，由外经贸部作出决定并予以公告。海关自公告规定实施之日起执行。

第三十条　临时反倾销措施实施的期限，自临时反倾销措施决定公告规定实施之日起，不超过4个月；在特殊情形下，可以延长至9个月。

自反倾销立案调查决定公告之日起60天内，不得采取临时反倾销措施。

第二节　价格承诺

第三十一条　倾销进口产品的出口经营者在反倾销调查期间，可以向外经贸部作出改变价格或者停止以倾销价格出口的价格承诺。

外经贸部可以向出口经营者提出价格承诺的建议。

调查机关不得强迫出口经营者作出价格承诺。

第三十二条　出口经营者不作出价格承诺或者不接受价格承诺的建议的，不妨碍对反倾销案件的调查和确定。出口经营者继续倾销进口产品的，调查机关有权确定损害威胁更有可能出现。

第三十三条　外经贸部认为出口经营者作出的价格承诺能够接受的，经商国家经贸委后，可以决定中止或者终止反倾销调查，不采取临时反倾销措施或者征收反倾销税。中止或者终止反倾销调查的决定由外经贸部予以公告。

外经贸部不接受价格承诺的，应当向有关出口经营者说明理由。

调查机关对倾销以及由倾销造成的损害作出肯定的初裁决定前，不得寻求或者接受价格承诺。

第三十四条　依照本条例第三十三条第一款规定中止或者终止反倾销调查后，应出口经营者请求或者调查机关认为有必要，调查机关可以对倾销和损害继续进行调查。

根据前款调查结果，作出倾销或者损害的否定裁定的，价格承诺自动失效；作出倾销或者损害的肯定裁定的，价格承诺继续有效。

第三十五条　外经贸部可以要求出口经营者定期提供履行其价格承诺的有关情况、资料，并予以核实。

第三十六条　出口经营者违反其价格承诺的，外经贸部经商国家经贸委后，依照本条例的规定，可以立即决定恢复反倾销调查；根据可获得的最佳信息，可以决定采取临时反倾销措施，并可以对实施临时反倾销措施前90天内进口的产品追溯征收反倾销税，但违反价格承诺前进口的产品除外。

第三节　反倾销税

第三十七条　终裁决定确定倾销成立，并由此对国内产业造成损害的，可以征收反倾销税。

第三十八条　征收反倾销税，由外经贸部提出建议，国务院关税税则委员会根据外经贸部的建议作出决定，由外经贸部予以公告。海关自公告规定实施之日起执行。

第三十九条　反倾销税适用于终裁决定公告之日后进口的产品，但属于本条例第三十六条、第四十三条、第四十四条规定的情形除外。

第四十条　反倾销税的纳税人为倾销进口产品的进口经营者。

第四十一条　反倾销税应当根据不同出口经营者的倾销幅度，分别确定。对未包括在审查范围内的出口经营者的倾销进口产品，需要征收反倾销税的，应当按照合理的方式确定对其适用的反倾销税。

第四十二条　反倾销税税额不超过终裁决定确定的倾销幅度。

第四十三条　终裁决定确定存在实质损害，并在此前已经采取临时反倾销措施的，反倾销税可以对已经实施临时反倾销措施的期间追溯征收。

终裁决定确定存在实质损害威胁，在先前不采取临时反倾销措施将会导致后来作出实质损害裁定的情况下已经采取临时反倾销措施的，反倾销税可以对已经实施临时反倾销措施的期间追溯征收。

终裁决定确定的反倾销税，高于已付或者应付的临时反倾销税或者为担保目的而估计的金额的，差额部分不予收取；低于已付或者应付的临时反倾销税或者为担保目的而估计的金额的，差额部分应当根据具体情况予以退还或者重新计算税额。

第四十四条　下列两种情形并存的，可以对实施临时反倾销措施之日前90天内进口的产品追溯征收反倾销税，但立案调查前进口的产品除外：

（一）倾销进口产品有对国内产业造成损害的倾销历史，或者该产品的进口经营者知道或者应当知道出口经营者实施倾销并且倾销对国内产业将造成损害的；

（二）倾销进口产品在短期内大量进口，并且可能会严重破坏即将实施的反倾销税的补救效果的。

第四十五条　终裁决定确定不征收反倾销税的，或者终裁决定未确定追溯征收反倾销税的，已征收的临时反倾销税、已收取的现金保证金应当予以退还，保函或者其他形式的担保应当予以解除。

第四十六条　倾销进口产品的进口经营者有证据证明已经缴纳的反倾销税税额超过倾销幅度的，可以向外经贸部提出退税申请；外经贸部经审查、核实并提出建议，国务院关税税则委员会根据外经贸部的建议可以作出退税决定，由海关执行。

第四十七条　进口产品被征收反倾销税后，在调查期间未向中华人民共和国出口该产品的新出口经营者，能证明其与被征收反倾销税的出口经营者无关联的，可以向外经贸部申请单独确定其倾销幅度。外经贸部应当迅速进行审查并作出终裁决定。在审查期间，可以采取本条例第二十八条第一款第（二）项规定的措施，但不得对该产品征收反倾销税。

第五章　反倾销税和价格承诺的期限与复审

第四十八条　反倾销税的征收期限和价格承诺的履行期限不超过5年；但是，经复审确定终止征收反倾销税有可能导致倾销和损害的继续或者再度发生的，反倾销税的征收期限可以适当延长。

第四十九条　反倾销税生效后，外经贸部经商国家经贸委，可以在有正当理由的情况下，决定对继续征收反倾销税的必要性进行复审；也可以在经过一段合理时间，应利害关系方的请求并对利害关系方提供的相应证据进行审查后，决定对继续征收反倾销税的必要性进行复审。

价格承诺生效后，外经贸部可以在有正当理由的情况下，决定对继续履行价格承诺的必要性进行复审；也可以在经过一段合理时间，应利害关系方的请求并对利害关系方提供的相应证据进行审查后，决定对继续履行价格承诺的必要性进行复审。

第五十条　根据复审结果，由外经贸部依照本条例的规定提出保留、修改或者取消反倾销税的建议，国务院关税税则委员会根据外经贸部的建议作出决定，由外经贸部予以公告；或者由外经贸部依照本条例的规定，商国家经贸委后，作出保留、修改或者取消价格承诺的决定并予以公告。

第五十一条　复审程序参照本条例关于反倾销调查的有关规定执行。

复审期限自决定复审开始之日起，不超过12个月。

第五十二条　在复审期间，复审程序不妨碍反倾销措施的实施。

第六章　附　　则

第五十三条　对依照本条例第二十五条作出的终裁决定不服的，对依照本条例第四章作出的是否征收反倾销税的决定以及追溯征收、退税、对新出口经营者征税的决定不服的，或者对依照本条例第五章作出的复审决定不服的，可以依法申请行政复议，也可以依法向人民法院提起诉讼。

第五十四条　依照本条例作出的公告，应当载明重要的情况、事实、理由、依据、结果和结论等内容。

第五十五条　外经贸部、国家经贸委可以采取适当措施，防止规避反倾销措施的行为。

第五十六条　任何国家（地区）对中华人民共和国的出口产品采取歧视性反倾销措施的，中华人民共和国可以根据实际情况对该国家（地区）采取相应的措施。

第五十七条　外经贸部负责与反倾销有关的对外磋商、通知和争端解决事宜。

第五十八条　外经贸部、国家经贸委可以根据本条例制定有关具体实施办法。

第五十九条　本条例自2002年1月1日起施行。1997年3月25日国务院发布的《中华人民共和国反倾销和反补贴条例》中关于反倾销的规定同时废止。

中华人民共和国反补贴条例

（2001 年 10 月 31 日国务院第四十六次常务会议通过并予公布）

第一章　总　　则

第一条　为了维护对外贸易秩序和公平竞争，根据《中华人民共和国对外贸易法》的有关规定，制定本条例。

第二条　进口产品存在补贴，并对已经建立的国内产业造成实质损害或者产生实质损害威胁，或者对建立国内产业造成实质阻碍的，依照本条例的规定进行调查，采取反补贴措施。

第二章　补贴与损害

第三条　补贴，是指出口国（地区）政府或者其任何公共机构提供的并为接受者带来利益的财政资助以及任何形式的收入或者价格支持。

出口国（地区）政府或者其任何公共机构，以下统称出口国（地区）政府。

本条第一款所称财政资助，包括：

（一）出口国（地区）政府以拨款、贷款、资本注入等形式直接提供资金，或者以贷款担保等形式潜在地直接转让资金或者债务；

（二）出口国（地区）政府放弃或者不收缴应收收入；

（三）出口国（地区）政府提供除一般基础设施以外的货物、服务，或者由出口国（地区）政府购买货物；

（四）出口国（地区）政府通过向筹资机构付款，或者委托、指令私营机构履行上述职能。

第四条　依照本条例进行调查、采取反补贴措施的补贴，必须具有专向性。

具有下列情形之一的补贴，具有专向性：

（一）由出口国（地区）政府明确确定的某些企业、产业获得的补贴；

（二）由出口国（地区）法律、法规明确规定的某些企业、产业获得的补贴；

（三）指定特定区域内的企业、产业获得的补贴；

（四）以出口实绩为条件获得的补贴，包括本条例所附出口补贴清单列举的各项补贴；

（五）以使用本国（地区）产品替代进口产品为条件获得的补贴。

在确定补贴专向性时，还应当考虑受补贴企业的数量和企业受补贴的数额、比例、时间以及给与补贴的方式等因素。

第五条　对补贴的调查和确定，由对外贸易经济合作部（以下简称外经贸部）负责。

第六条　进口产品的补贴金额，应当区别不同情况，按照下列方式计算：

（一）以无偿拨款形式提供补贴的，补贴金额以企业实际接受的金额计算；

（二）以贷款形式提供补贴的，补贴金额以接受贷款的企业在正常商业贷款条件下应支付的利息与该项贷款的利息差额计算；

（三）以贷款担保形式提供补贴的，补贴金额以在没有担保情况下企业应支付的利息与有担保情况下企业实际支付的利息之差计算；

（四）以注入资本形式提供补贴的，补贴金额以企业实际接受的资本金额计算；

（五）以提供货物或者服务形式提供补贴的，补贴金额以该项货物或者服务的正常市场价格与企业实际支付的价格之差计算；

（六）以购买货物形式提供补贴的，补贴金额以政府实际支付价格与该项货物正常市场价格之差计算；

（七）以放弃或者不收缴应收收入形式提供补贴的，补贴金额以依法应缴金额与企业实际缴纳金额之差计算。

对前款所列形式以外的其他补贴，按照公平、合理的方式确定补贴金额。

第七条　损害，是指补贴对已经建立的国内产业造成实质损害或者产生实质损害威胁，或者对建立国内产业造成实质阻碍。

对损害的调查和确定，由国家经济贸易委员会（以下简称国家经贸委）负责；其中，涉及农产品的反补贴国内产业损害调查，由国家经贸委会同农业部进行。

第八条　在确定补贴对国内产业造成的损害时，应当审查下列事项：

（一）补贴可能对贸易造成的影响；

（二）补贴进口产品的数量，包括补贴进口产品的绝对数量或者相对于国内同类产品生产或者消费的数量是否大量增加，或者补贴进口产品大量增加的可能性；

（三）补贴进口产品的价格，包括补贴进口产品的价格削减或者对国内同类产品的价格产生大幅度抑制、压低等影响；

（四）补贴进口产品对国内产业的相关经济因素和指标的影响；

（五）补贴进口产品出口国（地区）、原产国（地区）的生产能力、出口能力，被调查产品的库存情况；

（六）造成国内产业损害的其他因素。

对实质损害威胁的确定，应当依据事实，不得仅依据指控、推测或者极小的可能性。

在确定补贴对国内产业造成的损害时，应当依据肯定性证据，不得将造成损害的非补贴因素归因于补贴。

第九条　补贴进口产品来自两个以上国家（地区），并且同时满足下列条件的，可以就补贴进口产品对国内产业造成的影响进行累积评估：

（一）来自每一国家（地区）的补贴进口产品的补贴金额不属于微量补贴，并且其进口量不属于可忽略不计的；

（二）根据补贴进口产品之间的竞争条件以及补贴进口产品与国内同类产品之间的竞争条件，进行累积评估是适当的。

微量补贴，是指补贴金额不足产品价值1%的补贴；但是，来自发展中国家（地区）的补贴进口产品的微量补贴，是指补贴金额不足产品价值2%的补贴。

第十条　评估补贴进口产品的影响，应当对国内同类产品的生产进行单独确定。不能对国内同类产品的生产进行单独确定的，应当审查包括国内同类产品在内的最窄产品组或者范围的生产。

第十一条　国内产业，是指中华人民共和国国内同类产品的全部生产者，或者其总产量占国内同类产品全部总产量的主要部分的生产者；但是，国内生产者与出口经营者或者进口经营者有关联的，或者其本身为补贴产品或者同类产品的进口经营者的，应当除外。

在特殊情形下，国内一个区域市场中的生产者，在该市场中销售其全部或者几乎全部的同类产品，并且该市场中同类产品的需求主要不是由国内其他地方的生产者供给的，可以视为一个单独产业。

第十二条　同类产品，是指与补贴进口产品相同的产品；没有相同产品的，以与补贴进口产品的特性最相似的产品为同类产品。

第三章　反补贴调查

第十三条　国内产业或者代表国内产业的自然人、法人或者有关组织（以下统称申请人），可以依照本条例的规定向外经贸部提出反补贴调查的书面申请。

第十四条　申请书应当包括下列内容：

（一）申请人的名称、地址及有关情况；

（二）对申请调查的进口产品的完整说明，包括产品名称、所涉及的出口国（地区）或者原产国（地区）、已知的出口经营者或者生产者等；

（三）对国内同类产品生产的数量和价值的说明；

（四）申请调查进口产品的数量和价格对国内产业的影响；

（五）申请人认为需要说明的其他内容。

第十五条　申请书应当附具下列证据：

（一）申请调查的进口产品存在补贴；

（二）对国内产业的损害；

（三）补贴与损害之间存在因果关系。

第十六条　外经贸部应当自收到申请人提交的申请书及有关证据之日起60天内，对申请是否由国内产业或者代表国内产业提出、申请书内容及所附具的证据等进行审查，经商国家经贸委后，决定立案调查或者不立案调查。在特殊情形下，可以适当延长审查期限。

在决定立案调查前，应当就有关补贴事项向产品可能被调查的国家（地区）政府发出进行磋商的邀请。

第十七条　在表示支持申请或者反对申请的国内产业中，支持者的产量占支持者和反对者的总产量的50%以上的，应当认定申请是由国内产业或者代表国内产业提出，可以启动反补贴调查；但是，表示支持申请的国内生产者的产量不足国内同类产品总产量的25%的，不得启动反补贴调查。

第十八条　在特殊情形下，外经贸部没有收到反补贴调查的书面申请，但有充分证据认为存在补贴和损害以及二者之间有因果关系的，经商国家经贸委后，可以决定立案调查。

外经贸部和国家经贸委，以下统称调查机关。

第十九条　立案调查的决定，由外经贸部予以公告，并通知申请人、已知的出口经营者、进口经营者以及其他有利害关系的组织、个人（以下统称利害关系方）和出口国（地区）政府。

立案调查的决定一经公告，外经贸部应当将申请书文本提供给已知的出口经营者和出口国（地区）政府。

第二十条　调查机关可以采用问卷、抽样、听证会、现场核查等方式向利害关系方了解情况，进行调查。

调查机关应当为有关利害关系方、利害关系国（地区）政府提供陈述意见和论据的机会。

外经贸部认为必要时，可以派出工作人员赴有关国家（地区）进行调查；但是，有关国家（地区）提出异议的除外。

第二十一条　调查机关进行调查时，利害关系方、利害关系国（地区）政府应当如实反映情况，提供有关资料。利害关系方、利害关系国（地区）政府不如实反映情况、提供有关资料的，或者没有在合理时间内提供必要信息的，或者以其他方式严重妨碍调查的，调查机关可以根据可获得的事实作出裁定。

第二十二条　利害关系方、利害关系国（地区）政府认为其提供的资料泄露后将产生严重不利影响的，可以向调查机关申请对该资料按保密资料处理。

调查机关认为保密申请有正当理由的，应当对利害关系方、利害关系国（地区）政府提供的资料按保密资料处理，同时要求利害关系方、利害关系国（地区）政府提供一份非保密的该资料概要。

按保密资料处理的资料，未经提供资料的利害关系方、利害关系国（地区）政府同意，不得泄露。

第二十三条　调查机关应当允许申请人、利害关系方和利害关系国（地区）政府查阅本案有关资料；但是，属于按保密资料处理的除外。

第二十四条　在反补贴调查期间，应当给予产品被调查的国家（地区）政府继续进行磋商的合理机会。磋商不妨碍调查机关根据本条例的规定进行调查，并采取反补贴措施。

第二十五条　外经贸部、国家经贸委根据调查结果，分别就补贴、损害作出初裁决定，并就二者之间的因果关系是否成立作出初裁决定，由外经贸部予以公告。

第二十六条　初裁决定确定补贴、损害以及二者之间的因果关系成立的，外经贸部、国家经贸委应当对补贴及补贴金额、损害及损害程度继续进行调查，并根据调查结果分别作出终裁决定，由外经贸部予以公告。

在作出终裁决定前，应当由外经贸部将终裁决定所依据的基本事实通知所有已知的利害关系方、利害关系国（地区）政府。

第二十七条　反补贴调查，应当自立案调查决定公告之日起12个月内结束；特殊情况下可以延长，但延长期不得超过6个月。

第二十八条　有下列情形之一的，反补贴调查应当终止，并由外经贸部予以公告：

（一）申请人撤销申请的；

（二）没有足够证据证明存在补贴、损害或者二者之间有因果关系的；

（三）补贴金额为微量补贴的；

（四）补贴进口产品实际或者潜在的进口量或者损害属于可忽略不计的；

（五）通过与有关国家（地区）政府磋商达成协议，不需要继续进行反补贴调查的；

（六）外经贸部和国家经贸委共同认为不适宜继续进行反补贴调查的。

来自一个或者部分国家（地区）的被调查产品有前款第（二）、（三）、（四）、（五）项所列情形之一的，针对所涉产品的反补贴调查应当终止。

第四章　反补贴措施

第一节　临时措施

第二十九条　初裁决定确定补贴成立，并由此对国内产业造成损害的，可以采取临时反补贴措施。

临时反补贴措施采取以现金保证金或者保函作为担保的征收临时反补贴税的形式。

第三十条　采取临时反补贴措施，由外经贸部提出建议，国务院关税税则委员会根据外经贸部的建议作出决定，由外经贸部予以公告。海关自公告规定实施之日起执行。

第三十一条　临时反补贴措施实施的期限，自临时反补贴措施决定公告规定实施之日起，不超过4个月。

自反补贴立案调查决定公告之日起60天内，不得采取临时反补贴措施。

第二节　承诺

第三十二条　在反补贴调查期间，出口国（地区）政府提出取消、限制补贴或者其他有关措施的承诺，或者出口经营者提出修改价格的承诺的，外经贸部应当予以充分考虑。

外经贸部可以向出口经营者或者出口国（地区）政府提出有关价格承诺的建议。

调查机关不得强迫出口经营者作出承诺。

第三十三条　出口经营者、出口国（地区）政府不作出承诺或者不接受有关价格承诺的建议的，不妨碍对反补贴案件的调查和确定。出口经营者继续补贴进口产品的，调查机关有权确定损害威胁更有可能出现。

第三十四条　外经贸部认为承诺能够接受的，经商国家经贸委后，可以决定中止或者终止反补贴调查，不采取临时反补贴措施或者征收反补贴税。中止或者终止反补贴调查的决定由外经贸部予以公告。

外经贸部不接受承诺的，应当向有关出口经营者说明理由。

调查机关对补贴以及由补贴造成的损害作出肯定的初裁决定前，不得寻求或者接受承诺。在出口经营者作出承诺的情况下，未经其本国（地区）政府同意的，调查机关不得寻求或者接受承诺。

第三十五条　依照本条例第三十四条第一款规定中止或者终止调查后，应出口国（地区）政府请求或者调查机关认为有必要，调查机关可以对补贴和损害继续进行调查。

根据调查结果，作出补贴或者损害的否定裁定的，承诺自动失效；作出补贴或者损害的肯定裁定的，承诺继续有效。

第三十六条　外经贸部可以要求承诺已被接受的出口经营者或者出口国（地区）政府定期提供履行其承诺的有关情况、资料，并予以核实。

第三十七条　对违反承诺的，外经贸部经商国家经贸委后，依照本条例的规定，可以立即决定恢复反补贴调查；根据可获得的最佳信息，可以决定采取临时反补贴措施，并可以对实施临时反补贴措施前90天内进口的产品追溯征收反补贴税，但违反承诺前进口的产品除外。

第三节　反补贴税

第三十八条　在为完成磋商的努力没有取得效果的情况下，终裁决定确定补贴成立，并由此对国内产业造成损害的，可以征收反补贴税。

第三十九条　征收反补贴税，由外经贸部提出建议，国务院关税税则委员会根据外经贸部的建议作出决定，由外经贸部予以公告。海关自公告规定实施之日起执行。

第四十条　反补贴税适用于终裁决定公告之日后进口的产品，但属于本条例第三十七条、第四十四条、第四十五条规定的情形除外。

第四十一条　反补贴税的纳税人为补贴进口产品的进口经营者。

第四十二条　反补贴税应当根据不同出口经营者的补贴金额，分别确定。对实际上未被调查的出口经营者的补贴进口产品，需要征收反补贴税的，应当迅速审查，按照合理的方式确定对其适用的反补贴税。

第四十三条　反补贴税税额不得超过终裁决定确定的补贴金额。

第四十四条　终裁决定确定存在实质损害，并在此前已经采取临时反补贴措施的，反补贴税可以对已经实施临时反补贴措施的期间追溯征收。

终裁决定确定存在实质损害威胁，在先前不采取临时反补贴措施将会导致后来作出实质损害裁定的情况下已经采取临时反补贴措施的，反补贴税可以对已经实施临时反补贴措施的期间追溯征收。

终裁决定确定的反补贴税，高于现金保证金或者保函所担保的金额的，差额部分不予收取；低于现金保证金或者保函所担保的金额的，差额部分应当予以退还。

第四十五条　下列三种情形并存的，必要时可以对实施临时反补贴措施之日前90天内进口的产品追溯征收反补贴税：

（一）补贴进口产品在较短的时间内大量增加；

（二）此种增加对国内产业造成难以补救的损害；

（三）此种产品得益于补贴。

第四十六条　终裁决定确定不征收反补贴税的，或者终裁决定未确定追溯征收反补贴税的，对实施临时反补贴措施期间已收取的现金保证金应当予以退还，保函应当予以解除。

第五章　反补贴税和承诺的期限与复审

第四十七条　反补贴税的征收期限和承诺的履行期限不超过5年；但是，经复审确定终止征收反补贴税有可能导致补贴和损害的继续或者再度发生的，反补贴税的征收期限可以适当延长。

第四十八条　反补贴税生效后，外经贸部经商国家经贸委，可以在有正当理由的情况下，决定对继续征收反补贴税的必要性进行复审；也可以在经过一段合理时间，应利害关系方的请求并对利害关系方提供的相应证据进行审查后，决定对继续征收反补贴税的必要性进行复审。

承诺生效后，外经贸部可以在有正当理由的情况下，决定对继续履行承诺的必要性进行复审；也可以在经过一段合理时间，应利害关系方的请求并对利害关系方提供的相应证据进行审查后，决定对继续履行承诺的必要性进行复审。

第四十九条　根据复审结果，由外经贸部依照本条例的规定提出保留、修改或者取消反补贴税的建议，国务院关税税则委员会根据外经贸部的建议作出决定，由外经贸部予以公告；或者由外经贸部依照本条例的规定，商国家经贸委后，作出保留、修改或者取消承诺的决定并予以公告。

第五十条　复审程序参照本条例关于反补贴调查的有关规定执行。

复审期限自决定复审开始之日起，不超过12个月。

第五十一条　在复审期间，复审程序不妨碍反补贴措施的实施。

第六章　附　　则

第五十二条　对依照本条例第二十六条作出的终裁决定不服的，对依照本条例第四章作出的是否征收反补贴税的决定以及追溯征收的决定不服的，或者对依照本条例第五章作出的复审决定不服的，可以依法申请行政复议，也可以依法向人民法院提起诉讼。

第五十三条　依照本条例作出的公告，应当载明重要的情况、事实、理由、依据、结果和结论等内容。

第五十四条　外经贸部、国家经贸委可以采取适当措施，防止规避反补贴措施的行为。

第五十五条　任何国家（地区）对中华人民共和国的出口产品采取歧视性反补贴措施的，中华人民共和国可以根据实际情况对该国家（地区）采取相应的措施。

第五十六条　外经贸部负责与反补贴有关的对外磋商、通知和争端解决事宜。

第五十七条　外经贸部、国家经贸委可以根据本条例制定有关具体实施办法。

第五十八条　本条例自2002年1月1日起施行。1997年3月25日国务院发布的《中华人民共和国反倾销和反补贴条例》中关于反补贴的规定同时废止。

附：出口补贴清单

1．出口国（地区）政府根据出口实绩对企业、产业提供的直接补贴。

2．与出口奖励有关的外汇留成或者类似做法。

3．出口国（地区）政府规定或者经出口国（地区）政府批准对出口货物提供的国内运输或者运费条件优于对国内货物提供的条件。

4．出口国（地区）政府直接或者间接地为生产出口产品提供产品或者服务的条件，优于其为生产国内产品提供的相关产品或者服务的条件，但特殊情形除外。

5．对企业已付或者应付的与出口产品特别有关的直接税或者社会福利费，实行全部或者部分的减免或者延迟缴纳。

6．在计算直接税征税基数时，直接与出口产品或者出口实绩相关的扣除优于国内产品的扣除。

7．对与出口产品的生产和流通有关的间接税的减免或者退还，超过对国内同类产品所征收的间接税。

8．对用于生产出口产品的货物或者服务所征收的先期累积间接税的减免、退还或者延迟缴纳，优于对用于生产国内同类产品的货物或者服务所征收的先期累积间接税的减免、退还或者延迟缴纳，但特殊情形除外。

9. 对与生产出口产品有关的进口投入物减免或者退还进口费用，超过对此类投入物在进口时所收取的费用，但特殊情形除外。

10. 出口国（地区）政府以不足以弥补长期营业成本和亏损的费率，提供的出口信贷担保或者保险，或者针对出口产品成本增加或者外汇风险提供保险或者担保。

11. 出口国（地区）政府给予出口信贷的利率低于使用该项资金实际支付的利率，或者为出口商或者其他金融机构支付为获得贷款所产生的全部或者部分费用，使其在出口信贷方面获得优势，但特殊情形除外。

12. 由公共账户支出的构成出口补贴的其他费用。

国际航行船舶进出中华人民共和国口岸检查办法

（1995年3月21日中华人民共和国国务院令第175号公布）

第一条　为了加强对国际航行船舶进出中华人民共和国口岸的管理，便利船舶进出口岸，提高口岸效能，制定本办法。

第二条　进出中华人民共和国口岸的国际航行船舶（以下简称船舶）及其所载船员、旅客、货物和其他物品，由本办法第三条规定的机关依照本办法实施检查；但是，法律另有特别规定的，或者国务院另有特别规定的，从其规定。

第三条　中华人民共和国港务监督机构（以下简称港务监督机构）、中华人民共和国海关（以下简称海关）、中华人民共和国边防检查机关（以下简称边防检查机关）、中华人民共和国国境卫生检疫机关（以下简称卫生检疫机关）和中华人民共和国动植物检疫机关（以下简称动植物检疫机关）是负责对船舶进出中华人民共和国口岸实施检查的机关（以下统称检查机关）。

第四条　检查机关依照有关法律、行政法规的规定实施检查并对违法行为进行处理。

港务监督机构负责召集有其他检查机关参加的船舶进出口岸检查联席会议，研究、解决船舶进出口岸检查的有关问题。

第五条　船舶进出中华人民共和国口岸，由船方或其代理人依照本办法有关规定办理进出口岸手续。除本办法第十条第二款、第十一条规定的情形或者其他特殊情形外，检查机关不登船检查。

船方或其代理人办理船舶进出口岸手续时，应当按照检查机关的有关规定准确填写报表，并如实提供有关证件、资料。

第六条　船方或其代理人应当在船舶预计抵达口岸7日前（航程不足7日的，在驶离上一口岸时），填写《国际航行船舶进口岸申请书》，报请抵达口岸的港务监督机构审批。

拟进入长江水域的船舶，船方或其代理人应当在船舶预计经上海港区7日前（航程不足7日的，在驶离上一口岸时），填写《国际航行船舶进口岸申请书》，报请抵达口岸的港务监督机构审批。

第七条　船方或其代理人应当在船舶预计抵达口岸24小时前（航程不足24小时的，在驶离上一口岸时），将抵达时间、停泊地点、靠泊移泊计划及船员、旅客的有关情况报告检查机关。

第八条　船方或其代理人在船舶抵达口岸前未办妥进口岸手续的，须在船舶抵达口岸24小时内到检查机关办理进口岸手续。

船舶在口岸停泊时间不足24小时的，经检查机关同意，船方或其代理人在办理进口岸手续时，可以同时办理出口岸手续。

第九条　船方或其代理人在船舶抵达口岸前已经办妥进口岸手续的，船舶抵达后即可上下人员、装卸货物和其他物品。

船方或其代理人在船舶抵达口岸前未办妥进口岸手续的，船舶抵达后，除检查机关办理进口岸检查手续的工作人员和引航员外，其他人员不得上下船舶、不得装卸货物和其他物品；船舶进出的上一口岸是中华人民共和国口岸的，船舶抵达后即可上下人员、装卸货物和其他物品，但是应当立即办理进口岸手续。

第十条　卫生检疫机关对船舶实施电讯检疫。持有卫生证书的船舶，其船方或其代理人可以向卫生检疫机关申请电讯检疫。

对来自疫区的船舶，载有检疫传染病染疫人、疑似检疫传染病染疫人、非意外伤害而死亡且死因不明尸体的船舶，未持有卫生证书或者证书过期或者卫生状况不符合要求的船舶，卫生检疫机关应当在锚地实施检疫。

第十一条　动植物检疫机关对来自动植物疫区的船舶和船舶装载的动植物、动植物产品及其他检疫物，可以在锚地实施检疫。

第十二条　船方或其代理人应当在船舶驶离口岸前4小时内（船舶在口岸停泊时间不足4小时的，在抵达口岸时），到检查机关办理必要的出口岸手续。有关检查机关应当在《船舶出口岸手续联系单》上签注；船方或其代理人持《船舶出口岸手续联系单》和港务监督机构要求的其他证件、资料，到港务监督机构申请领取出口岸许可证。

第十三条　船舶领取出口岸许可证后，情况发生变化或者24小时内未能驶离口岸的，船方或其代理人应当报告港务监督机构，由港务监督机构商其他检查机关决定是否重新办理出口岸手续。

第十四条　定航线、定船员并在24小时内往返一个或者一个以上航次的船舶，船方或其代理人可以向港务监督机构书面申请办理定期进出口岸手续。受理申请的港务监督机构商其他检查机关审查批准后，签发有效期不超过7天的定期出口岸许可证，在许可证有效期内对该船舶免办进口岸手续。

第十五条　检查机关及其工作人员必须秉公执法，恪尽职守，及时实施检查和办理船舶进出口岸的申请。

第十六条　本办法下列用语的含义：

（一）国际航行船舶，是指进出中华人民共和国口岸的外国籍船舶和航行国际航线的中华人民共和国国籍船舶。

（二）口岸，是指国家批准可以进出国际航行船舶的港口。

（三）船方，是指船舶所有人或者经营人。

第十七条　本办法自发布之日起施行。经国务院批准，1961年10月24日由交通部、对外贸易部、公安部、卫生部发布的《进出口船舶联合检查通则》同时废止。

中华人民共和国出口货物原产地规则

（1992年3月8日中华人民共和国国务院令第94号公布）

第一条　为了加强对出口货物原产地工作的管理，促进对外经济贸易的发展，制定本规则。

第二条　中华人民共和国出口货物原产地证明书（以下简称原产地证）是证明有关出口货物原产地为中华人民共和国的证明文件。

第三条　国家对外经济贸易主管部门对全国出口货物原产地工作实施统一监督管理。

省、自治区、直辖市人民政府对外经济贸易主管部门负责协调本行政区域的出口货物原产地工作。

第四条　国家进出口商品检验部门设在地方的进出口商品检验机构、中国国际贸易促进委员会及其分会以及国家对外经济贸易主管部门指定的其他机构，按照国家对外经济贸易主管部门的规定签发原产地证。

第五条　在中华人民共和国境内依法设立，享有对外贸易经营权的企业，从事“来料加工”、“来样加工”、“来件装配”和“补偿贸易”业务的企业，外商投资企业，可以根据需要向本规则第四条规定的签发机构申请领取原产地证。

第六条　符合下列标准之一的出口货物，其原产地为中华人民共和国：

（一）全部在中华人民共和国境内生产或者制造的产品，包括：

1. 从中华人民共和国领土和大陆架提取的矿产品；

2. 在中华人民共和国境内收获或者采集的植物及其产品；

3. 在中华人民共和国境内繁殖和饲养的动物及其产品；

4. 在中华人民共和国境内狩猎或者捕捞获得的产品；

5. 由中华人民共和国船只或者其他工具从海洋获得的海产品和其他产品及其加工制成的产品；

6. 在中华人民共和国境内制造、加工过程中回收的废物和废料及在中华人民共和国境内收集的其他废旧物品；

7. 在中华人民共和国境内完全用上述产品以及其他非进口原料加工制成的产品。

（二）部分或者全部使用进口原料、零部件，在中华人民共和国境内进行主要的及最后的制造、加工工序，使其外形、性质、形态或者用途产生实质性改变的产品。制造、加工工序清单，按照以制造、加工工序为主，辅以构成比例的原则，由国家对外经济贸易主管部门商国务院有关部门制定、调整。

第七条　申请领取原产地证的出口货物应当符合原产地标准；不符合原产地标准的，签发机构应当拒绝签发原产地证。

第八条　申请领取和签发原产地证的程序由国家对外经济贸易主管部门规定。

第九条　企业违反本规则，有下列行为之一的，国家对外经济贸易主管部门或者国家对外经济贸易主管部门根据省、自治区、直辖市人民政府对外经济贸易主管部门的建议，可以区别情况通报批评、暂停直至取消其申请领取原产地证的资格：

（一）提供虚假材料，骗取原产地证的；

（二）伪造、变造原产地证的；

（三）非法转让原产地证的。

对有前款所列行为的企业的主管人员和直接责任人员，给予行政处分；情节严重，构成犯罪的，依法追究刑事责任。

第十条　签发机构违反规定签发或者拒绝签发原产地证的，国家对外经济贸易主管部门或者国家对外经济贸易主管部门根据省、自治区、直辖市人民政府对外经济贸易主管部门的建议，可以区别情况通报批评或者暂停其原产地证签发权。

签发机构工作人员徇私舞弊、滥用职权或者玩忽职守的，给予行政处分；情节严重，构成犯罪的，依法追究刑事责任。

第十一条　普惠制原产地证依照普惠制给惠国原产地证规则办理。

中华人民共和国政府与外国政府签订的双边协议对原产地证的签发有特别规定的，依照协议的规定办理。

第十二条　国家对外经济贸易主管部门根据本规则制定实施办法。

第十三条　本规则由国家对外经济贸易主管部门负责解释。

第十四条　本规则自一九九二年五月一日起施行。

二、国务院关于口岸工作的文件选编

国务院关于进一步加强口岸工作领导的通知

国发［1984］16号

各省、市、自治区人民政府，国务院各部委、各直属机构：

国务院港口口岸工作领导小组自1978年11月成立以来，港口口岸工作有了很大加强。沿海有关省、市自治区相继建立了港口口岸领导机构；认真执行了对外开放政策；改进了外贸运输的计划管理，在上海试点的“两级平衡、集中管理”的制度正向各口岸推行；改善了口岸检查、检验、检疫工作；加强了口岸各部门之间在运输生产、行政管理、供应服务等方面的协调工作。对于发展国民经济、扩大对外贸易和国际友好往来，发挥了积极作用。

随着对外开放政策的贯彻执行，今后海陆空口岸业务日益增加，协调任务日益繁重。为了进一步加强对口岸工作的领导，以适应国民经济的发展，特别是外贸运输的需要，特作如下通知：

一、 将国务院港口口岸工作领导小组改名为国务院口岸领导小组。其主要职责是：

（一）研究制定口岸工作的具体方针、政策、任务和措施。

（二）检查督促港口规划、建设、技术改造工作及其相应的铁路、公路、水路、仓储和联检等配套设施的统筹安排工作。

（三）会同有关部门，主持平衡审定港口外贸运输计划，贯彻推行“两级平衡、集中管理”制度，检查督促计划的执行。

（四）督促检查外贸订货和均衡派船(包括外国派船)的工作。督促检查港口的装卸、疏运和仓储工作。

（五）督促检查海陆空口岸的联检、商品检验、检疫以及供应、服务等工作。

（六）办理审批开放口岸。

（七）研究改进口岸管理体制，加强口岸管理。

（八）协调、仲裁海陆空口岸工作中(包括运输生产、行政管理、供应服务等)中央有关部门之间以及部门与地方之间的矛盾。

（九）指导地方各级口岸领导机构的工作。

（十）办理国务院交办的其他事项。

二、(略)

三、 口岸领导小组下设办公室，负责办理日常工作，由国家经委代管。梁况白同志任办公室主任，唐筱光同志任副主任。

国务院

1984年1月21日

国务院关于口岸开放的若干规定

（1985年9月18日）

随着我国对外贸易、国际交往和旅游事业的发展，将进一步开放新的口岸。为加强口岸开放的审批工作，特制定本规定。

一、 本规定所指口岸是供人员、货物和交通工具出入国境的港口、机场、车站、通道等。

口岸分为一类口岸和二类口岸。一类口岸是指由国务院批准开放的口岸(包括中央管理的口岸和由省、自治区、直辖市管理的部分口岸)；二类口岸是指由省级人民政府批准开放并管理的口岸。

二、 口岸的开放和关闭，由国务院或省级人民政府审批后公布执行。

三、 凡开放口岸，应根据需要设立边防检查、海关、港务监督、卫生检疫、动植物检疫、商品检验等检查检验机构，以及国家规定的其他口岸机构。

四、两类口岸的具体划分：

（一）以下为一类口岸：

1．对外国籍船舶、飞机、车辆等交通工具开放的海、陆、空客货口岸；

2．只允许我国籍船舶、飞机、车辆出入国境的海、陆、空客货口岸；

3．允许外国籍船舶进出我国领海内的海面交货点。

（二）以下为二类口岸：

1．依靠其他口岸派人前往办理出入境检查检验手续的国轮外贸运输装卸点、起运点、交货点；

2．同毗邻国家地方政府之间进行边境小额贸易和人员往来的口岸；

3．只限边境居民通行的出入境口岸。

五、报批程序：

（一）一类口岸：由有关部(局)或港口、码头、车站、机场和通道所在地的省级人民政府会商大军区后，报请国务院批准，同时抄送国务院口岸领导小组、总参谋部和有关主管部门。

（二）二类口岸：由口岸所在地的人民政府征得当地大军区和海军的同意，并会商口岸检查检验等有关单位后，报请省级人民政府批准。批文同时送国务院口岸领导小组和有关主管部门备案。

六、报批开放口岸应附具下列资料：

（一）对口岸开放进行的可行性研究报告，以及口岸的基本条件、近3年客货运量、经济效益和发展前景的资料。

（二）根据客货运输任务提出的有关检查检验单位、口岸办公室、中国银行等机构设置和人员编制方案。

（三）检查检验场地和办公、生活设施等规划，以及投资预算和资金来源。

七、对外开放前的验收：

（一）新开放的口岸，在开放前必须对其交通安全设施、通信设施、联检场地、检查检验等单位的机构设置和人员配备，以及办公、生活设施等进行验收。验收合格后，才能宣布开放。

（二）一类口岸：由国务院口岸领导小组办公室负责组织验收；二类口岸，由所在省、自治区、直辖市口岸办公室或其他主管口岸工作的部门负责组织验收。

八、临时进出我国非开放区域的审批权限：

（一）临时从我国非开放的港口或沿海水域进出的中、外国籍船舶，由交通部审批，并报国务院口岸领导小组备案。报批前应征得军事主管部门和当地人民政府以及有关检查检验单位的同意，并安排好检查检验工作。

（二）临时从我国非开放机场起降的中、外国籍民用飞机，由中国民用航空局征得军事主管部门同意后审批，非民用飞机由军事主管部门审批，并报国务院口岸领导小组备案。报批前应征得当地人民政府和有关检查检验部门的同意，并安排好检查检验工作。

（三）临时从我国非开放的陆地边界区域进出境的中、外国籍车辆和人员，由省级人民政府审批。报批前应征得当地省军区和公安部门的同意，并安排好检查检验工作。

九、口岸开放应有计划地进行，按隶属关系分别列入国家或地方口岸开放计划。国务院有关部门和省、自治区、直辖市应将口岸开放计划(草案)，于计划年度前两个月报国务院口岸领导小组，并抄报国家计委、劳动人事部和检查检验单位的有关主管部门。

十、开放口岸检查检验设施建设资金来源：

（一）中央管理的口岸，由中央负责解决；地方管理的口岸，由地方负责解决。

（二）国家新建开放的港口、码头、车站和机场(含军用改为军民合用的机场)等口岸建设项目(包括利用外资和中外合资项目)，以及老口岸新建作业区和经济开发区的新港区等项目，

所需联检场地应与港口、码头、车站、机场等主体工程统一规划。所需投资包括在主体工程之内。检查检验单位办公、生活土建设施(包括宿舍)投资，由口岸建设项目的主管部门组织有关单位研究，统一汇总报国家计委审批。批准后，投资划拨给口岸所在地的省、自治区、直辖市，由地方统一规划，统一设计施工。军用改建为军民合用机场的口岸项目，应事先征得空军或海军同意，如在机场内建设，建设单位可提出要求，由空军或海军统一规划。

（三）各部(局)直属的原有港口、码头、车站和机场需要对外开放时，所需联检场地，原则上要利用原有建筑设施。如确需扩建、新建，应由港口、码头、车站和机场的主管部门投资建设。检查检验单位的办公、生活土建设施(包括宿舍)的投资，原则上由各自主管部门解决。对确有困难的，国家或地方给予适当补助，由地方统一建设，投资交地方包干使用。

（四）地方新开口岸，所需联检场地和检查检验单位的办公、生活土建设施(包括宿舍)，由地方统一投资，统一建设。

（五）国际海员俱乐部的建设规划和投资来源，比照(二)、(三)、(四)项规定解决。

（六）检查检验单位所需的交通工具、仪器设备等，由各自主管部门解决。

（七）联检场地内，划给检查检验单位的办公和业务用房(包括水、电、市内电话)，应由港口、码头、车站和机场(包括军民合同的机场)的经营单位免费提供。

十一、本规定由国务院口岸领导小组办公室负责解释。

十二、本规定自发布之日起施行。

国务院办公厅转发口岸领导小组关于地方口岸管理机构职责范围暂行规定的通知

（1987年4月15日）

各省、自治区、直辖市人民政府，国务院各部委、各直属机构：

国务院同意口岸领导小组《地方口岸管理机构职责范围暂行规定》，现转发给你们，请贯彻执行。

口岸作为对外开放的门户，涉外单位较多，而各单位隶属关系又不统一，各有自己的规章制度，因此相互间经常出现一些矛盾，如果各自为政，势必妨碍工作的开展，甚至对外造成不良影响。实践证明，从中央到地方建立各级口岸管理机构是必要的，也是提高口岸综合能力的一种好形式。

为了加强口岸管理工作，口岸所在地的省(区)、市人民政府应由一名主管副省长(副主席)、副市长直接领导口岸管理工作，使口岸管理工作逐步走上正规化、制度化、规范化、现代化，以适应国民经济发展和日益增长的对外贸易、科技交流及人员往来的需要。

国务院办公厅

附件：

国务院口岸领导小组关于地方口岸管理机构职责范围暂行规定

（1987年3月13日）

为了搞好口岸管理工作，根据国务院《关于进一步加强口岸工作领导的通知》精神，现对地方口岸管理委员会、口岸办公室的职责范围作如下规定：

一、 地方口岸管理委员会、口岸办公室是口岸所在地的省(区)、市人民政府直接领导的口岸管理机构，负责管理和协调处理本地区的海、陆、空口岸工作。

二、 负责贯彻执行党中央、国务院有关口岸工作的方针、政策和规定，并根据本地区口岸的具体情况制定实施细则。

三、 主持平衡所管辖口岸的外贸运输计划，检查和贯彻执行经中央平衡下达的运输计划，并加强预报、预测工作。

四、 组织口岸的集疏运工作。组织有关方面签订经济协议。组织路、港、贸的协作配合，加强车、船、货的衔接，加速车船周转和货物集散，保证口岸畅通。

五、 督促检查口岸检查检验单位，按各自的职责和规定，对出入境人员、交通工具、货物和行李物品进行监督管理以及检查、检验、检疫等工作。

六、 负责协调处理口岸各单位(包括外贸运输、船货代理、装卸理货、仓储转运、检查检验、公证鉴定、对外索赔、供应服务、接待宣传等有关单位)之间的矛盾，具有仲裁职能。协调处理口岸各单位矛盾时，应遵循以下几项原则：

(一) 凡属国务院几个部门联合下达的规定，应共同贯彻执行。对于未征得原联合下达部门同意，单方改变规定的，地方口岸管理机构有权不予执行。

(二) 因国务院各主管部门之间的规章制度不一致而造成的争议，地方口岸管理机构应及时提出处理意见，报国务院口岸领导小组办公室解决。

(三) 地方口岸管理机构对于在工作中发生的涉外问题，必须严格执行请示报告制度。属于口岸各单位不能自行决定的一般的涉外问题，应请示省(自治区、直辖市)有关单位研究处理。属于重大的涉外问题，应连同省(自治区、直辖市)有关单位的意见一起报请国务院主管部门研究处理。对时间非常紧急的重大涉外问题，可以直接请示国务院主管部门并报告省(自治区、直辖市)有关单位。

(四) 口岸各单位在工作中有认识不一致的问题，应遵循国家有关规定，首先协商解决对外问题。如不能协商一致，由地方口岸管理机构或由地方口岸管理机构请示当地人民政府作出决定。

(五) 属于协作配合方面的矛盾和纠纷，当地口岸管理机构应及时组织协调，遇有紧急情况有权作出仲裁。

口岸各有关单位对于地方口岸管理机构按上述原则作出的决定，必须执行。

七、 负责组织口岸各单位对职工进行涉外政策、纪律和加强治安的宣传教育，并会同有关部门对口岸重大涉外问题和严重违反纪律的情况进行检查，提出处理意见。

八、 检查督促本地区的口岸规划、建设和技术改造配套工作的组织实施，并促使其同步进行。

九、 按国家关于口岸开放的各项政策和规定，负责一、二类口岸开放或关闭的审查、报批工作，并负责组织落实有关具体事宜。

十、 开展调查研究，总结交流经验，向上级有关部门反映口岸工作出现的重大矛盾和问题，并提出解决意见。

十一、承办上级领导部门交办的其他事项。

十二、 本规定适用于一类口岸所在省、市的口岸管理委员会或口岸办公室。二类口岸管理机构的职责范围，可根据当地口岸的具体情况由省(自治区、直辖市)人民政府作出规定。

国务院办公厅转发国家体改委、国家经贸委关于深圳口岸管理体制改革试点方案的通知

国办发［1995］42号

广东省人民政府，国务院各有关部门：

国家体改委、国家经贸委制订的《深圳口岸管理体制改革试点方案》已经国务院同意，现转发给你们，请遵照执行。

国务院办公厅
1995年7月21日

附件：

深圳口岸管理体制改革试点方案

（1995年7月17日）

深圳市是毗邻香港实行计划单列的经济特区，也是我国较早开放的口岸城市和新兴的海港城市。搞好深圳口岸的建设与管理，是创造良好的投资环境、促进经济发展的重要条件和基础。近年来，深圳在改革口岸管理体制方面进行了一些探索，取得了一些成效，但还不能适应社会主义市场经济和1997年香港回归祖国后的需要。目前在口岸管理方面存在的主要问题是：一些查验部门业务交叉，重复检验，重复收费，查验环节多，方法落后，加重了客户负担，工作效率低，降低了港口的竞争能力；部、省“一水两监”并存，行业管理关系不顺，不利于统一管理；与港口和航运业务相关的服务单位缺乏竞争意识，影响服务质量的提高；少数工作人员素质不高，不正之风时有发生，有损对外开放形象。

根据国务院领导同志的有关指示精神，在调查研究的基础上，结合中国国情及深圳的实际情况，参照国际口岸管理先进经验，制订深圳口岸管理体制改革试点方案如下：

一、改革的目标

深圳口岸管理体制改革的总目标是：按照发展社会主义市场经济的要求，结合中国国情和国际惯例，建立起依法把关、监管有效、方便进出、服务优良、管理科学、收费合理、国际一流的口岸管理体制和政企分开、统一协调、平等竞争、高效运作的港口营运机制，以促进深圳的对外开放和经济发展，更好地发挥深圳经济特区的作用。整个改革试点工作在1997年香港回归祖国前完成。

二、改革的原则

深圳口岸管理体制改革应当遵循以下原则：

（一）按照建立社会主义市场经济体制的要求，坚持改革创新，对现行法规和管理体制允许有所突破。

（二）要在国家宏观指导下，充分考虑深圳的特点，从实际情况出发，有利于促进经济的发展。

（三）符合国际惯例，适应香港回归祖国后的需要。

（四）既要有效监管，又要提高效率，切实维护贸易秩序的统一。

（五）维护国家主权，保卫国家安全。

（六）正确处理中央和地方之间以及口岸有关部门之间的关系，顾全大局，密切配合，搞好协作。

（七）循序渐进，先易后难，分步实施，分步到位。

三、改革的内容

（一）理顺查验工作关系

对口岸现行有关查验内容进行全面清理，解决不合理的业务交叉，明确合理分工，突出检查重点，避免重复抽样、重复检查。由国家口岸办牵头，研究制定"深圳进出口货物查验工作分工暂行规定"。在规定出台之前，可按广东省人民政府《关于深圳陆路运输口岸集中查验统一收费的批复》（粤府函［1993］444号）的有关要求执行。

（二）改革边检人员现行的兵役制，进行边检人员职业化试点

目前，边检人员实行兵役制，不利于稳定队伍和提高检查人员的业务素质。为此，公安部已制订《出入境管理和公安边防管理体制改革方案》并上报国务院。在该方案正式批准前，可以先以深圳口岸进行边检人员职业化试点。

（三）改革卫检、动植检、商检管理体制

为实现深圳口岸管理与国际惯例接轨，由中编办、国家体改委会同有关部门，对卫检、动植检、商检等单位的机构设置及管理体制改革进行专题研究，今年下半年提出改革的方案，报国务院批准后实施。

（四）简化查验程序，提高工作效率

继续贯彻落实《国务院办公厅转发国家经贸委关于改进深圳陆运口岸管理工作意见的通知》（国办发［1994］34号）和《国际航行船舶进出中华人民共和国口岸检查办法》，加强前期监管和后续管理，简化中间环节。出口货物的监管，一般贸易货物可以采取提前报关报检；保税合同加工货物，采取集中报关查验。卫检、动植检、商检可根据企业信誉程度，采取集中报检和逐次报检相结合、产地检验和口岸检验相结合的方法。我国法律、行政法规未规定检疫、检验的，进口国不要求检疫、检验的，可不列入卫检、动植检和商检的检验目录。

进口货物的监管，除规定在口岸征税或征收保证金的货物外，对加工贸易和转关运输货物，原则上采取以后续管理为主的方法进行监管。在海关风险管理的基础上，实行分类管理，对非敏感性商品、守法企业，可以采取转关运输，由海关统一施封，到达目的地后再由有关查验单位查验放行。对危险性较大的少数货物，调离通道，由有关查验单位隔离处理。

陆路货运口岸分设空车和重车通道，以利于车辆的分流，提高工作效率。在实施计算机联网的基础上，将目前出入境车辆从指定口岸通关改为自然分流通关。

海港口岸，各查验及服务单位每天为港口提供24小时不间断服务，可昼夜随时报检，保证船舶及时进出港口。对国际航行船舶，除特殊情况外，港监、边检、海关、卫检、动植检等查验单位一般不登轮检查；卫生检疫部门对来自非疫区的国际航行船舶，实施电讯检疫。

在口岸通道上，按照国际惯例，只保留边检和海关，即边检管人海关管物。卫检、动植检不在查验通道上设点，保留现场工作间，加强后续监管，与边检、海关配合把关。在陆、海、空客运口岸通道上，由海关印制统一的旅客出入境申报单，在现有海关申报单上增加卫检、动植检等有关查验单位需要旅客申报的内容。海关受有关部门委托对卫检和动植检的检查项目负责检查，对在检查中有疑问的，交有关单位进行处理。口岸管理区的安全保卫工作由当地公安机关负责。

为方便货物、交通工具进出境，在一类货运口岸采取集中报关、报检，查验单位分别查验的办法，实行"一条龙"服务。

建立计算机查验网络，实现信息资源共享，提高监管水平。尽快组织实施《深圳陆路口岸计算机查验网络工程

总体方案》。以海关现有信息管理中心为基础，将口岸查验部门重新确定的业务范围和查验对象所需的监管资料，纳入统一的计算机管理中心，确属不宜公开的资料，不得对外公布。

（五）改革口岸收费制度

改革目前收费名目繁多、多家收费的状况，减少收费种类，统一对外公布收费项目和标准，并严格执行。

改变目前一些口岸查验单位“差额预算，自收自支”的财务管理方式，实行“收支两条线”财务管理体制。

货运口岸，对需要报检、报验的进出口货物和进行卫生检查的出入境人员，各查验单位要严格按国家规定的项目和标准收费，不检查、不检验、不处理的不得收取费用。

对进出口货物和出入境交通工具收取适当的口岸建设管理费，具体收费标准，由国家计委会同有关部门提出，报国务院批准后执行。所收费用专款专用，用于为口岸配套的设施建设及现场查验设备的购置和维护。报检、报验时，对转口集装箱抽检率不得超过10%。由国家计委、财政部商国家口岸办等有关部门制定“深圳口岸检疫、检验收费管理暂行规定”。口岸各种收费要接受深圳物价部门的监督。

（六） 加强廉政建设，建立约束机制

要加强对口岸查验人员教育，进一步树立为货主、为旅客服务的思想，增强服务意识，秉公执法，礼貌待人。要加强制度和纪律建设，严防以权谋私，对违法违纪人员要依法严处。

（七）改革口岸行政管理机构

将深圳市口岸办公室改为深圳市口岸管理委员会，进入政府序列，由市政府一位主要负责人兼任口岸管理委员会主任。口岸管委会的主要职责是：加强口岸综合管理，规划、管理口岸查验基础设施，搞好服务；协调各口岸查验单位工作关系，及时解决口岸出现的矛盾和问题；监督、检查口岸查验单位的执法情况；处理好中央驻深圳查验单位与当地的关系等。

深圳市港口实行政企分开的管理体制，深圳市港务管理部门是深圳市政府主管港口行政工作的职能部门，要与港埠装卸企业脱钩，进入政府序列，人员按照公务员进行管理，在业务上接受交通部、省交通主管部门的指导。其主要职责是：贯彻执行交通法规；负责深圳港口区域的规划、建设、改造、维护和岸线管理；负责港埠企业、货主码头的管理；负责搞好港口的治安、消防和环保工作；监督国家指令性任务的执行。

（八）改革港监管理体制

改变深圳港监与蛇口港监“一水两监”的局面。参照国际通行做法，按照我国港监管理要统一政令、沿海等重要水域由中央按水域划区设置机构管理的原则，地方在深圳水域设置的港监机构，要与交通部在深圳设置的海上安全监督机构合并，实行交通部与深圳市人民政府双重领导，以交通部为主的管理体制。

撤销大铲岛中途检查站，海关采取其他措施加强缉私工作。

（九）改革引航管理体制

可以组建独立的国有独资公司或社团法人承担引航服务。对外国籍船舶，要进行强制引航。交通部实行行业管理。

（十）港埠装卸企业要积极推行建立现代企业制度的改革

根据政企分开的原则，港埠装卸企业要按照建立社会主义市场经济体制的要求，深化企业改革，转换机制，依法经营，真正成为法人实体和市场运行主体。

（十一）逐步放开对外服务市场

要放开外轮代理、外轮供应、理货和货运代理等服务市场。按照国家规定，可以设立若干家服务机构开展上述服务。

外轮代理、外轮供应、理货和货运代理等服务机构的收费应由物价管理部门会同行业主管部门制定价格管理办法，收费标准逐步由市场调节。

四、改革的具体步骤

第一个阶段：1995年1月至6月，为制定《深圳口岸管理体制改革试点方案》（以下简称《试点方案》）及其实施办法阶段。制订《试点方案》，报国务院审批；深圳口岸管理体制改革小组各成员单位根据《试点方案》制定本部门的具体实施办法。

第二阶段：1995年7月至1996年5月，为具体实施阶段。召开试点工作会议，全面部署贯彻和落实《试点方案》。各有关部门具体组织贯彻实施《试点方案》，协调解决《试点方案》实施过程中的问题。根据《试点方案》提出的改革要求，1995年7月至12月，在广泛调研的基础上，研究制订口岸查验部门体制改革的具体方案，报国务院批准后，从1996年1月开始，全面推行深圳口岸管理体制改革。

第三阶段：1996年6月至1996年12月，为总结完善阶段。总结深圳改革试点情况，进一步完善有关改革措施，向国务院提交改革试点工作总结报告。

五、改革的组织领导

深圳口岸管理体制改革试点工作在国务院领导下进行，国家体改委负责牵头拟定改革方案，完善改革措施，检查、督促方案的实施，总结试点经验；口岸各查验单位按试点方案的要求制定具体实施办法，履行各自的职能，组织具体改革措施的实施；试点的指导和总协调由国家口岸办负责，具体工作由深圳市口岸委组织实施。广东省人民政府、深圳市人民政府组织当地有关部门搞好协作，密切配合，共同把这项改革工作抓紧抓好。

国务院关于清理整顿二类口岸的通知

国函［1998］74号

各省、自治区、直辖市人民政府：

截止1997年底，全国二类口岸总数已达350个。二类口岸作为一类口岸的补充，为改善地方投资环境，发展地方外向型经济起到了积极作用。但近年来，二类口岸审批过多、过滥，布局不合理，管理不规范等问题日益突出。为加强口岸规范管理，进一步提高口岸开放水平，国务院决定对全国的二类口岸进行清理整顿，自发文之日起暂停审批二类口岸。具体工作由

海关总署商有关省（自治区、直辖市）人民政府组织实施。

国务院

1998年8月28日

国务院办公厅关于进一步提高口岸工作效率的通知

国办明电［2001］38号

各省、自治区、直辖市人民政府，国务院有关部门：

近年来，各地区和国务院有关部门在加强口岸建设、提高口岸工作效率等方面，做了大量卓有成效的工作，有力地支持了外贸出口。当前，受国际政治经济环境变化的影响，我国外贸出口面临的形势十分严峻。为努力营造良好的投资环境，促进外贸出口持续增长，遵照国务院领导同志的批示现就进一步提高口岸工作效率有关问题通知如下：

一、提高认识，增强责任感和工作主动性。

提高口岸工作效率，对于改善投资环境，扩大外贸出口具有十分重要的意义。为努力保持外贸出口的稳定增长，今年以来，党中央、国务院审时度势，及时研究制定了鼓励扩大外贸出口特别是支持高新技术产品出口的一系列政策措施。各地区、各有关部门站在全局的高度，统一思想，提高认识，把进一步提高口岸工作效率作为认真贯彻执行党中央、国务院当前重大部署的一项具体任务抓紧抓实。各级地方人民政府要主动出面研究解决当前影响口岸工作效率的各种问题，推动提高口岸的整体工作水平和效率。国务院有关部门要认真履行职责，着力解决宏观及政策层面上影响口岸工作效率的问题，并要求所属单位在当地政府的领导下统一行动，密切配合。

二、切实采取各种有效措施。

口岸所在地的各级地方人民政府在加强协调工作的同时，要加大口岸基础设施建设投入加快口岸设备更新改造，提高口岸货物通过及作业能力。口岸各管理部门要结合本系统（行业）的实际情况，特别是针对高新技术产品通关的新特点，清理、修订不适应新形势的部门规章和行业规定，指导、督促本系统（行业）简化管理手续和业务流程，规范收费标准和办法，提高服务质量。外经贸部要牵头研究解决通关过程中进出口管理政策层面的问题；海关总署要进一步规范报关行为，提高签发出口退税证明的工作效率；交通运输部门要研究解决提高运输单证准确性和规范运输代理行为问题；质检总局要研究解决加快查验、出证速度问题。

三、大力协同，密切配合。

口岸工作涉及众多部门、多道环节，提高口岸整体工作效率需要口岸各管理部门的密切配合。为此，海关总署、铁道部、交通部、外经贸部、质检总局和民航总局等6部门已建立由海关总署牵头的口岸工作联络协调机制。各地也要参照6部门的做法，根据本地实际情况，成立由地方政府牵头、口岸管理有关部门参加的协调机构，及时研究解决问题，做好本地区口岸管理协调工作。

四、积极采用先进技术和管理办法。

要借鉴国际先进经验，改革口岸作业流程，建立诸如“一站式”、“一条龙”、“一个窗口”等形式的口岸管理部门联合办公模式，完善运输机制和办事程序，提高管理效率。要广泛应用信息和网络技术，加快“电子口岸”的组织建设和“口岸电子执法系统”在口岸各部门之间的推广工作，尽快使口岸各部门在一个电子平台上运作，实现口岸管理信息化、网络化。

2001年10月9日

第二篇

全国口岸运作情况

2001年海关工作回顾

2001年，全国海关以邓小平理论和江泽民“三个代表”的重要思想为指导，认真贯彻党中央、国务院关于海关工作的一系列重要指示，树立“依法行政，为国把关，服务经济，促进发展”业务指导思想，主动适应国内外经济形势的发展，加强队伍建设，深化各项改革，较好地完成了各项任务，推动了对外经济贸易健康发展，全年外贸进出口总值达5097.7亿美元，比上年增长7.5%，其中出口增长6.8%，累计实现贸易顺差225.5亿美元，为改革开放和社会主义现代化建设作出了显著成绩。

【坚决落实整顿和规范进出口秩序各项措施，较好地完成了税收、打私等各项任务】 2001年年初，国务院召开了整顿和规范市场经济秩序工作会议，把加强法制、依法治理整顿市场经济秩序作为全年乃至今后一个时期政府工作的重点，强调政府各部门都要坚持依法行政、转变职能，不要去管那些不该管、管不了也管不好的事情。这是我们党和政府对市场经济发展规律认识的升华，是执政能力和执法水平提高的具体体现。海关作为口岸执法部门，一年来，认真贯彻落实国务院的部署，忠实地履行职责，依法整顿和规范进出口秩序，较好地完成了各项任务。

海关税收继续保持较大幅度增长。全国海关依法征管，综合治税，科学验估，严肃追补，堵塞漏洞，应收尽收，征收关税和进口环节税净入库达2492.32亿元，比上年增收250.37亿元、增长11.2%，完成全年税收计划的113.3%，为增加中央财政收入作出了重大贡献。

大规模走私继续被有效遏制。全国海关打防结合，突出重点，综合运用行政执法和刑事执法手段，保持高压态势，开展了一系列打私联合行动和专项斗争，共查获走私案件12439起，案值60.28亿元，比上年分别上升8.9%和下降30%；立案侦办走私罪嫌疑案件1429起，案值69.81亿元，比上年分别下降22.5%和23.9%；全年上缴罚没收入26.75亿元，比上年增长8.8%；对4048名走私犯罪嫌疑人采取了强制措施，比上年下降了6.5%，海关缉私警察组建3年来采取强制措施的走私犯罪嫌疑人已达11583人，给走私犯罪以毁灭性打击。同时，全国海关坚决查缉毒品、文物、武器弹药、濒危动植物和反动、淫秽、盗版、散发性宗教宣传品等走私违法犯罪活动，积极配合有关部门开展打击骗汇、骗退税、制售假冒伪劣等经济犯罪的斗争，为维护国家经济安全和社会稳定作出了积极的贡献。

实际监管不断加强。积极推进监管业务制度改革，进一步严密和规范实际监管查验操作规程。加大对海关监管场所、报关市场和承运海关监管货物企业、车辆的清理整顿力度，巩固口岸清理整顿成果。增加查验科技投入，完成了国务院批准的50套集装箱检查系统的建设安装任务。一年来，全国海关共监管进出口货物72338万吨，进出境运输工具1349万艘(辆、架)，进出境集装箱2601万标箱，同比分别增长8.3%、1.3%和1.9%，监管进出境人员21354万人次、邮递物品693万件、印刷品及音像制品8649万件、快件3416万件，同比分别增长7.5%、7.4%、19.8%和20.6%，为促进对外经济贸易和科技文化交往作出了积极贡献。

海关统计的监测预警和决策咨询作用更加明显。执法评估系统初见成效，修订后的中国对外贸易指数更加科学完整，全年中央办公厅、国务院办公厅采用海关统计分析报告118篇次。

【推行以通关作业改革为中心环节的各项业务改革，有力地支持了扩大出口】 通关作业改革及机构改革全面推行。各海关、各部门认真落实《通关作业改革指导方案》和机构改革“三定”方案，积极采取配套措施，完善H883系统，H2000系统开始试点。经过近一年的实践，审单作业系统运行良好，物流监控系统初步形成，职能管理系统开始发挥作用，通关过程的监督制约机制进一步强化，海关管理的信息化、集约化、规范化和专业化水平明显提高。

“快速通关”、“便捷通关”、“联网监管”等改革措施有力地支持了扩大出口。“快速通关”改革在全国范围内实现了转关运输“一次申报、一次查验、一次放行”的新模式。“便捷通关”改革采取10项措施为大型高新技术企业出口开辟了“绿色通道”。“联网监管”将IT企业加工贸易监管由单一合同管理转为全过程动态管理。14个出口加工区通过验收进入了实际运行，企业分类管理办法进一步调整完善，为推动我国出口继续保持增长势头发挥了重要作用。口岸电子执法系统开始转入实体运行，已有了7.47万家出口企业入网办理通关手续，占2000年实际开展出口业务企业总数的91%，进口付汇报关单联网核查、出口收汇核销等应用项目已推广使用。

【认真落实中办发[2001]3号文件，海关领导班子和干部队伍建设得到加强】 切实加强领导班子建设。组建总署政治部，建立并形成政治部工作机制。天津、上海两个特派办的筹建工作已基本完成。按规定必须交流的直属海关单位“一把手”已全部交流到位。直属海关纪检组长配备调整已基本完成。对7位离任关长(院长)实施了任期经济责任审计。

全面推进干部人事制度改革。全年海关系统共交流科级以上干部4284人次，其中，署管干部交流39人次，处级干部交流919人次，科级干部交流3326人次。总署机关和32个直属海关推行了司、处、科级领导干部竞争上岗，涉及职位数1373个，通过竞争上岗任职的干部达士310人，其中司局领导干部11人，处级干部239人，科级干部1060人。从总署机关到各级海关普遍实行了任前公示。调整不称职、不胜任的现职干部42人，其中处级干部13人，科级干部29人。

积极推进海关思想政治建设。努力探索新的政治工作体制和机制，不断提高海关思想政治工作水平，积极开展创建“文明窗口”和海关文化建设活动，大力宣传先进典型，涌现出“全国先进基层党组织”1个和“全国人民满意的公务员”1人、“全国杰出青年卫士”1人、“全国优秀青年卫士”7人，首次表彰了海关系统100名“优秀共产党员”和50个“先进基层党组织”。

加大廉政建设和反腐败工作力度。党风廉政建设责任制进一步落实，总署建立了党风廉政建设联系会议制度，全年33项反腐败工作任务分解到有关单位，都已按期完成，党组统一领导、党政齐抓共管、部门各负其责、纪检监察组织协调、群众积极参与的反腐败领导体制和工作机制初步形成。加强反腐败3项工作，领导干部从政行为逐步规范，廉洁自律6项新规定得到落实。纠风整纪工作深入开展，内部人员违纪违法案件受到严肃查处。全年共受理举报内部人员违纪违法1104件次，立案查处140件，涉及336人，其中厅局级干部1人，处级干部67人。去年给予303人党政纪处理，其中开除党籍73人，开除公职117人。

此外，海关立法、海关行政复议工作在与WTO规则要求接轨方面取得初步成果，完成了2002版《协调制度》的翻译和税则—统计目录的转换以及H883参数库的维护。海关督察发挥了较好的作用。政务信息化工作取得明显成效，新闻宣传和信息报送工作进一步加强。成功举办APEC海关与商界的对话会和两次APEC海关手续分委会会议，国际交往与国际合作日益扩大。财务装备为海关现代化建设提供了可靠的保障。教育培训、机关后勤、技术服务、政府采购、出版发行等各项工作取得新的成果，海关学会、口岸协会、报关协会(筹备)等社会团体发挥了积极作用。

2001年出入境边防检查工作回顾

在新世纪的开局之年，全国出入境边防检查机关在公安部党委和各有关公安厅、局党委的领导下，以江总书记“三个代表”重要思想为指导，认真落实全国政法工作会议和全国公安厅（局）长会议精神，以维护国家政治稳定和社会安定为首要任务，以服务国家改革开放和经济建设、便利人员出入境为工作重点，坚持严格执法，热情服务，圆满完成了出入境边防检查工作任务，取得了新世纪的开门红。

一、 团结拼搏，扎实工作，圆满完成了全年出入境边防检查工作任务

2001年，全国出入境人员和交通运输工具数量继续呈增长趋势，重大国际会议、国际活动多，边防检查机关面临的对敌斗争形势复杂，任务繁重，工作难度不断加大。全国边防检查机关全年共检查出入境人员201897844人次，比去年同期增长7.83%，首次突破2亿大关，连续几年保持持续增长趋势；检查出入境交通运输工具15230575辆（艘、架、列）次，比去年同期增长0.36%，再创历史新高；查获偷渡人员5151人次，处理了大量其他违法违规人员，为维护国家政治稳定和社会安定，促进国家对外开放和经济建设做出了新的贡献，口岸出入境秩序持续保持安全、畅通、有序。

（一） 认真研究部署边防检查工作，努力走好新世纪的第一步。各级边防检查机关为在世纪之初开好局、起好步，普遍加大边防检查工作力度，树立“新世纪、新起点，工作再上新台阶”的目标。公安部出入境管理局根据新形势下边防检查工作的特点，下发了《2001年全国公安出入境管理和边防检查工作要点》，对全国出入境边防检查工作进行了认真部署，各地按照部署，认真分析探讨边防检查工作面临的形势和存在的问题，结合各自实际，抓住业务工作中的重点、难点，找准突破口，制定了详细的改进和加强边检业务工作的计划和措施。

（二） 加强组织领导，圆满完成了各类重大会议、活动和特殊时期的边防检查任务。2001年在我国举办的各类重要国际会议、重大国际活动多，各级边防检查机关加强组织领导，认真履行职责，圆满完成了各类重要国际会议、重大活动的边防检查任务。2001年在上海召开的APEC会议是建国以来在我国举办的级别最高、规模最大的国际会议，为做好APEC会议的出入境边防检查工作，公安部出入境管理局和上海边检总站投入了大量的人力、物力，进行了充分的准备，各级领导靠前指挥，严密部署，认真落实各项工作制度和措施，共检查入出境专、包和公务机96架次，检查APEC会议代表6284人次，为参加会议的经济体领导人、部长和其他高官提供礼遇613人次，圆满完成了APEC会议的边防检查工作。边防检查机关还圆满完成了“博鳌亚洲论坛”、上海“五国首脑会议”、“世界大学生运动会”、“世界华商大会”、“西部博洽会”、“哈尔滨商贸洽谈会”的边防检查任务。厦门边检总站、福建边防局严格执行国家对台政策，积极支持地方经济建设，克服警力不足、执勤条件差等困难，严密勤务组织，有力保障了“福建沿海与台湾金门、马祖、澎湖直接往来”的顺利进行。西藏边防局加强入出境检查，为完成“西藏解放50周年庆祝活动”安全保卫任务做出了贡献。此外，各地边防检查机关加强组织领导，合理调配警力，加强与有关部门的协调配合，圆满完成了各敏感期以及元旦、春节、清明节、“五.一”、“十.一”等旅客出入境高峰期的边防检查任务。罗湖站9月23日检查出入境人员32.43万人次，创2001年全国边检站日检查旅客最高记录。

二、 与时俱进，改革创新，努力增强服务意识，为国家改革开放和经济建设做出了新的贡献

为适应“入世”后国家经济建设新形势，全国边检机关坚持服从和服务于国家改革开放和经济建设大局，积极改革勤务措施，简化查验手续，进一步增强服务意识，服务质量进一步提高，口岸的通关环境更加方便、快捷。年内，经请示国务院同意，允许外国人乘坐国际航班24小时以内过境我国两个以上城市免办签证；在北京首都机场、浦东机场口岸实行中外旅客分区检查的措施，加快了入境中国人的通关速度；经商外交部同意，取消查验途径香港、澳门证明；进一步延长了罗湖、皇岗、横琴等口岸的开关时间，方便了旅客出入境；广东、海南等地的有关边防检查站积极采取措施，落实外国人进入珠江三角洲、汕头、海南等地区免签证旅游政策，为外国人到上述地区旅游提

供便利，并建立了“144社会便利网”，对旅游团入出境实行预报预检，缩短了旅游团入出境侯检时间；各港口边检站继续落实船舶预报预检制度，对船舶检查实行24小时服务，不断简化船舶检查手续，方便了船舶的入出境。各地边检站还通过加强科技强警，不断提高边防检查工作科技含量，进一步提高了工作效率。皇岗边检站继去年在货柜通道使用“快捷通”系统后，2001年在小客车道启用“快捷通”，提高了验证质量，验证速度比原来提高3–4倍；广州总站开发使用了小型船舶远程查控系统；厦门总站研发的“船舶网上检查管理系统”、珠海总站研制的“验讫章电子管理系统”以及外高桥站开发的“电子门禁”等均已初具规模。四川、重庆、云南、新疆、陕西等边检机关积极适应西部大开发的需要，坚持从内部挖潜，积极改革工作方法，努力提高服务水平和工作质量，为国家西部大开发提供了良好的服务。

三、 大力加强规范化建议，继续深入开展“树新风”和“争先创优”活动，边防检查工作质量进一步提高。

2001年，全国边防检查机关继续把加强规范化建设、提高工作质量作为重点来抓。公安部出入境管理局先后制定下发了《出入境边防检查监管制度规范》、《出入境边防检查陆地业务规范》、《出入境边防枪支弹药管理办法》等3个业务规范性文件，与前几年制定的各项业务工作规范一起，构成了比较完整的业务工作规范体系。年底，派出检查组，对所有职改站和部分现役站规范化建设情况进行了检查验收。从检查情况和社会各界反馈的情况看，各地以公安部出入境管理下发的各项业务工作规范为依据，大力开展规范化执勤，边防检查工作质量和规范化程度明显提高。各地都召开了专门会议，对规范化建设工作进行了认真部署，成立了规范化建设领导小组，加强对规范化建设的组织领导。各地普遍把软件建设作为工作重点，采取了一系列措施，制定了落实规范的实施细则和大量勤务工作制度，从勤务组织、验讫章管理到检查员备勤、上下勤、着装等都作了详细规定。同时，各地加大投入，按照公安部《国家对外开放口岸边防检查设施建设标准》，大力改造边防检查执勤设施，提高边防检查工作的科技含量，各边检站的执勤设施都不同程度的得到了改善。各地边检站继续深入开展“为人民服务，树公安新风”活动，以改进工作作风、提高工作效率、实现优质服务为目标，坚持“严格执法，热情服务”，努力创造方便、快捷的通关环境。通过开展以评选“执勤能手”、“执勤标兵”为主要内容的争先创优活动，掀起了“比、学、赶、帮、超”的热潮，促进了边防检查工作的全面提高，涌现了一大批被各级政府评为“先进”的单位和个人。

四、 继续加大反偷渡工作力度，查获了一批偷渡分子以及组织偷渡活动的“蛇头”

2001年，全国出入境边防检查机关切实加强组织领导，积极采取措施，通过有效防范和打击，有力遏制了口岸偷渡活动的抬头趋势，全年共查获偷渡人员5151名，查获偷渡活动的组织、运送者70人次，有力维护了口岸的出入秩序。2001年口岸的偷渡活动主要有以下特点：一是大案、要案多。二是伪造证件的手段更加多样化。三是以旅游、商务考察、研修、贸易洽谈等形式骗领护照进行偷渡的情况日趋增多。四是以参加旅游团的形式、持用伪造或与前往国不符的出境卡非法出境，“走活”护照的情况增多。五是利用集装箱进行偷渡的情况屡禁不止。六是外国人偷渡或协助他人偷渡的情况增多。为加强打击力度，边防检查机关进一步采取了措施：一是加强出入境证件研究工作，提高识别伪假证件能力。针对口岸偷渡活动以持用伪假证件为主的特点，公安部出入境管理局成立了证件研究室，对全国出入境证件研究工作进行了统一部署，在旅客流量较大、查获偷渡人员较多的30个边检站成立了相应的证件研究小组，促进了证件检查和证件研究工作的良性互动。在上海召开了以交流反偷渡工作经验和识别伪假证件情况为主的边防检查业务工作研讨会。二是加大技术投入，提高反偷渡工作的科技含量。继1999年引进20套荷兰制作的EDISON护照证件样本系统后，新引进EDISON系统18套，使配发该系统的边检站达到36个，配发相应护照证件资料惧设备的边检站达到40个。北京、深圳、珠海、上海总站年内相继从瑞士、英国引进或试用了世界先进的文件检查仪器，在后台鉴别伪假证件工作中发挥了重要作用，改变了以往只凭“眼看、手摸”进行检查的模式。深圳、珠海总站针对往来港澳地区车辆较多的特点，开发了“出入境车辆车底检查监控系统”，通过设置在通道上的监控系统对车辆底部实施监控，防止偷渡人员藏匿车底出境。三是加大反偷渡信息通报力度，加强与有关部门的协调配合，形成反偷渡工作合力。制定了《边防检查机关与出入境管理部门在打击非法出入境活动方面的信息通报与协作办法》，规范了有关信息通报和工作协作的内容、办法及要求，联手打击非法出入境活动。各地还加强了刑侦、边防等刑事办案部门的配合，对口岸查获的有“蛇头”线索的偷渡案件，均移交有关机关立案侦查，严厉打击组织、运送他人偷渡活动。四是结合口岸特点，有针对性地开展反偷渡工作。特别是针对集装箱偷渡案件有所抬头的情况，各边检站特别是港口站积极采取措施，有力地打击了集装箱偷渡活动。

五、继续加强执法工作，边检执法水平进一步提高。

2001年，全国边检机关继续落实国家“依法治国”的方略。公安部出入境管理局加强了边检立法工作研究，3月份与部法制局一起对部分边检站执法工作情况进行了调研，对边检立法的必要性和紧迫性有了新的认识，并着手推动边检立法工作。10月份在海南召开了全国边防检查系统立法研讨会，广泛征求了各地对边检立法工作的意见，明确了立法的指导思想、基本原则和基本框架，初步形成了法律文稿，完成了立法任务的基础工作。各地在执法工作中主要抓了以下几点：一是结合“三项教育”活动，大力开展“严格、公正、文明执法”的法制教育，举办各种形式的执法办案培训班，邀请地方院校的法律专家授课，加强法律、法规的学习。二是加强制度建设，严格依法行政。如浙江边防局为规范执法工作，建立了规范性文件审核备案制度、执法质量评判制度等；湖北边防局结合实际制定了《行政处罚程序规定实施细则》，促进了执法水平的提高；上海总站加强程序规范化建设，实行查处分离的程序制度，浦东站制定了《行政处罚复核程序》等，制度建设的加强为执法工作上台阶提供了保障。三是认真做好旅客投诉和行政复议工作。各地以规范执法为突破口，把受理行政复议和处理旅客投诉作为工作重点，设立专门法制机构，配备了专职法制干部，建立完善了案件专人处理和二级审核制度。深圳总站全年受理行政复议案件7起，其中撤消、变更原处罚决定3起。四是加强执法监督，继续推行警务公开制度，开展执法情况自查自纠，及时纠正执法工作中存在的问题。

六、继续加大培训力度，提高边防检查人员素质。

全国边防检查机关继续加大业务培训力度，把提高人员素质作为长期和基础性工作来抓，边防检查人员素质进一步提高。公安部出入境管理局制定了《出入境边防检查业务培训实施办法（试行）》，规定业务培训分级实施，培训内容统一规范，并举办了两期识别伪假证件培训班，邀请澳大利亚、意大利移民局的专家为培训班进行授课。各基层单位根据统一部署，针对本单位实际，制定了培训计划和培训方案，组织了各种培训，分批、分层次对各边检站领导和业务人员进行了在岗培训和脱产轮训。培训内容包括业务、法律、外语、微机以及识别伪假证件等各个方面。通过培训，受训人员拓宽了视野，增长了才干，提高了业务技术，改革了精神面貌，有力促进了边检队伍的建设。为边防检查工作质量的不断提高打下了基础。

七、加强对外交流与合作，圆满完成了会谈会晤等重大工作任务。

2001年，全国边检机关继续加强对外交流与合作，加强与毗邻国家及有关国家、地区边检、移民部门的联系交往，在共同打击口岸偷渡等违法犯罪活动方面取得了成效。派员参加了欧盟、国际刑警组织、亚欧执法机关、国际移民组织以及日本法务省出入国管理局等组织和举办的打击非法移民会议和识别伪假证件培训班。深圳、珠海、北京、上海等总站和新疆、内蒙、黑龙江、云南、西藏等边防局充分发挥自身优势，积极与有关国家（地区）边检、移民部门开展会谈会晤，及时沟通情况，增进了解，密切合作，为保障口岸畅通做出了贡献。

2001年全国边防检查主要统计数据表

项目		2001年	2000年	增减百分比
出入境人员总数		201897844	187243600	7.83%
出入境旅客		181454308	167202251	8.52%
出入境员工		20443536	20041349	2.01%
出入境中国公民	合计	179505862	166975589	7.50%
	大陆因公	11359465	10180423	11.58%
	大陆因私	12818912	10699261	19.81%
	港澳居民	148474285	139913130	6.12%
	台湾居民	6853200	6182775	10.84%
出入境外国籍人员		22391982	20268011	10.48%
海港出入境人数		12677125	11990640	5.73%
陆港出入境人数		165318193	154018750	7.34%
空港出入境人数		23902526	21234210	12.57%
出入境交通运输工具	合计	15230575	15175819	0.36%
	船舶	415437	387324	7.26%
	飞机	158304	141920	11.54%
	火车	31929	32006	-0.24%
	机动车辆	14624905	14614569	0.07%

2001年各检查站检查出入境船舶数据排序一览表

序号	代码	检查站名称	总数	百分比	入境	出境
1	237	中山	24865	5.99%	12523	12342
2	229	蛇口	19508	4.70%	10017	9491
3	233	九洲	18942	4.56%	9528	9414
4	225	东莞（原太平）	18665	4.49%	9360	9305
5	277	顺德	17265	4.16%	8511	8754
6	291	南海	17179	4.14%	9014	8165
7	224	黄埔	15050	3.62%	6368	8682
8	447	佛山	12300	2.96%	6480	5820
9	238	江门	12218	2.94%	6114	6104
10	332	新港	12202	2.94%	6241	5961
11	226	莲花山	12106	2.91%	6014	6092
12	223	洲头嘴	12106	2.91%	5875	6231
13	231	桂山	11734	2.82%	5866	5868
14	278	盐田	11597	2.79%	5617	5980
15	412	黑河	10808	2.60%	5404	5404
16	252	吴淞	9358	2.25%	5036	4322
17	232	湾仔	9171	2.21%	4582	4589
18	318	新会	8200	1.97%	3921	4279
19	265	赤湾	8147	1.96%	3927	4220
20	315	福永	6851	1.65%	3439	3412
21	320	万山	6327	1.52%	3163	3164
22	275	妈湾	6278	1.51%	3603	2675
23	283	番禺	6242	1.50%	3125	3117
24	215	东渡	6197	1.49%	3118	3079
25	245	惠州	5246	1.26%	2653	2593
26	324	新塘	4851	1.17%	2842	2009
27	218	青岛	4712	1.13%	2055	2657
28	303	景洪港	4466	1.08%	2119	2347
29	214	福州	4228	1.02%	1939	2289
30	292	高明	4039	0.97%	1977	2062
31	247	肇庆	3982	0.96%	1950	2032
32	336	广州开发区	3477	0.84%	2081	1396
33	256	鹤山	3384	0.81%	1725	1659
34	274	北仑	3068	0.74%	1777	1291
35	203	大连	2888	0.70%	1447	1441
36	240	三埠	2740	0.66%	1376	1364
37	286	大连大窑湾	2560	0.62%	1151	1409
38	272	龙湖	2527	0.61%	1391	1136
39	202	秦皇岛	2349	0.57%	1097	1252
40	262	石岛	2254	0.54%	1147	1107
41	208	连云港	2208	0.53%	1184	1024

续表

序号	代码	检查站名称	总数	百分比	入境	出境
42	311	东港	2173	0.52%	1380	793
43	430	饶河	2172	0.52%	1086	1086
44	306	外高桥	2154	0.52%	1120	1034
45	201	天津	2152	0.52%	1027	1125
46	209	张家港	2127	0.51%	1146	981
47	241	湛江	2090	0.50%	1021	1069
48	205	上海	2083	0.50%	1094	989
49	434	抚远	2000	0.48%	1002	998
50	270	斗门	1865	0.45%	892	973
51	287	塘沽	1724	0.41%	790	934
52	239	台山	1699	0.41%	833	866
53	212	海门	1686	0.41%	1125	561
54	242	海口	1557	0.37%	658	899
55	206	南京港	1506	0.36%	810	696
56	276	黄岛	1447	0.35%	708	739
57	219	烟台	1436	0.35%	809	627
58	213	舟山	1413	0.34%	747	666
59	207	南通	1331	0.32%	655	676
60	267	茂名	1215	0.29%	607	608
61	248	梧州	1211	0.29%	613	598
62	273	镇海	1175	0.28%	622	553
63	250	防城	1141	0.27%	558	583
64	222	日照	1129	0.27%	543	586
65	216	泉州	1052	0.25%	589	463
66	410	同江	1047	0.25%	519	528
67	259	大连湾	1033	0.25%	510	523
68	298	江阴	1031	0.25%	558	473
69	309	高栏	925	0.22%	450	475
70	249	北海	910	0.22%	441	469
71	264	镇江	908	0.22%	408	500
72	258	丹东港	899	0.22%	441	458
73	257	鲅鱼圈	846	0.20%	399	447
74	271	潮州	812	0.20%	398	414
75	217	漳州	811	0.20%	411	400
76	316	福清	799	0.19%	397	402
77	211	温州	796	0.19%	451	345
78	251	金山	764	0.18%	331	433
79	266	东角头	704	0.17%	411	293
80	294	阳江	692	0.17%	347	345
81	220	威海	658	0.16%	311	347
82	263	岚山	640	0.15%	331	309
83	296	南疆	598	0.14%	275	323
84	328	常熟	596	0.14%	350	246
85	450	萝北	556	0.13%	275	281

续表

序号	代码	检查站名称	总数	百分比	入境	出境
86	2210	宁波	546	0.13%	294	252
87	321	太仓	491	0.12%	257	234
88	288	贵港	454	0.11%	242	212
89	244	八所	426	0.10%	347	79
90	313	柳州	376	0.09%	186	190
91	261	锦州	371	0.09%	170	201
92	221	龙口	367	0.09%	162	205
93	285	唐山	326	0.08%	150	176
94	204	营口	324	0.08%	128	196
95	326	肖厝	323	0.08%	159	164
96	323	嘉兴	310	0.07%	183	127
97	335	潮阳	306	0.07%	149	157
98	327	莆田	251	0.06%	139	112
99	437	逊克	244	0.06%	122	122
100	295	扬州	232	0.06%	125	107
101	243	三亚	221	0.05%	107	114
102	299	宁德	214	0.05%	100	114
103	260	和尚岛	198	0.05%	98	100
104	308	调顺	159	0.04%	79	80
105	334	莱州	155	0.04%	67	88
106	297	南宁港	155	0.04%	54	101
107	235	汕尾	131	0.03%	64	67
108	269	霞海	130	0.03%	58	72
109	310	钦州	119	0.03%	56	63
110	279	洋浦	110	0.03%	62	48
111	435	漠河	90	0.02%	45	45
112	293	铜陵	86	0.02%	31	55
113	280	芜湖	83	0.02%	32	51
114	333	蓬莱	78	0.02%	37	41
115	352	龙眼港	71	0.02%	36	35
116	289	清澜	66	0.02%	32	34
117	330	安庆	53	0.01%	7	46
118	255	富锦	44	0.01%	32	12
119	302	思茅港	39	0.01%	36	3
120	312	南澳	15	0.00%	7	8
121	268	南油	6	0.00%	4	2
122	329	岳阳	4	0.00%	2	2
123	282	汉口	4	0.00%	4	0
124	315	葫芦岛	1	0.00%	0	1
合 计			415437	100.00%	209069	206368

2001年各检查站检查出入境人员数据排序一览表

序号	代码	检查站名称	出入境人员				出入境旅客	出入境员工
			总数	百分比	入境	出境		
1	414	罗湖	88229897	43.70%	43721291	44508606	88229897	0
2	417	拱北	43284742	21.44%	21951136	21333606	41230453	2054289
3	444	皇岗	20570895	10.19%	10543608	10027287	12766210	7804685
4	001	北京	6812680	3.37%	3439478	3373202	6277202	535478
5	007	虹桥	5463095	2.17%	2671173	2791922	5037305	425790
6	415	文锦渡	3673766	1.82%	1850709	1823057	1329842	2343924
7	055	浦东	2360774	1.17%	1090523	1270251	2176314	184460
8	416	沙头角	2177339	1.08%	1144329	1033010	1532543	644796
9	413	天河	1681379	0.83%	868392	812987	1595620	85759
10	012	白云	1570058	0.78%	755831	814227	1447250	122808
11	233	九洲	1374290	0.68%	689550	684740	1256089	118201
12	401	满洲里	1125428	0.56%	559010	566418	926897	198531
13	237	中山	1085715	0.54%	549208	536507	849005	236710
14	011	高崎	988775	0.49%	485065	503710	913977	74798
15	229	蛇口	948637	0.47%	458643	489994	780732	167905
16	283	番禺	933207	0.46%	466940	466267	881368	51839
17	411	绥芬河	805609	0.40%	408280	397329	717724	87885
18	277	顺德	738119	0.37%	347417	390702	583193	154926
19	402	二连	676664	0.34%	342294	334370	550129	126535
20	005	周水子	660043	0.33%	326645	333398	603374	56669
21	315	福永	626869	0.31%	330509	296360	547850	79019
22	021	青岛机场	582869	0.29%	291588	291281	538758	44111
23	017	昆明	574017	0.28%	284471	289546	523993	50024
24	466	常平	514551	0.25%	280993	233558	487277	27274
25	412	黑河	477533	0.24%	248181	229352	401760	75773
26	004	沈阳	442098	0.22%	215343	226755	400687	41411
27	010	福州机场	419659	0.21%	208083	211576	385933	33726
28	015	桂林	409289	0.20%	197240	212049	373619	35670
29	478	黄琴	403031	0.20%	201735	201296	391430	11601
30	291	南海	372851	0.18%	161410	211441	239240	133611
31	238	江门	370669	0.18%	187401	183268	274896	95773
32	226	莲花山	350534	0.17%	182386	168148	260063	90471
33	016	成都	337053	0.17%	166597	170456	302217	34836
34	002	张贵庄	330090	0.16%	167052	163038	292705	37385
35	009	杭州	325329	0.16%	164168	161161	299971	25358
36	225	东莞（原太平）	300105	0.15%	149540	150565	175789	124316
37	008	南京	298496	0.15%	152865	145631	273727	24769
38	232	湾仔	285797	0.14%	133323	152474	255858	29939
39	215	东渡	265805	0.13%	132844	132961	84290	181515
40	436	东宁	260394	0.13%	126204	134190	234327	26067

续表

序号	代码	检查站名称	出入境人员				出入境旅客	出入境员工
			总数	百分比	入境	出境		
41	018	西安	236859	0.12%	115334	121525	213923	22936
42	242	海口	216726	0.11%	107818	108908	82586	134140
43	438	珲春	216147	0.11%	108210	107937	200684	15463
44	013	海口机场	196335	0.10%	100984	95351	182261	14074
45	403	丹东	193458	0.10%	92658	100800	118590	74868
46	252	吴淞	193036	0.10%	101103	91933	64	192972
47	243	三亚	188027	0.09%	93994	94033	86057	101970
48	006	哈尔滨	184020	0.09%	90422	93598	164189	19831
49	048	凤凰机场	183606	0.09%	87934	95672	165299	18307
50	220	威海	173572	0.09%	85045	88527	149011	24561
51	433	密山	170285	0.08%	84602	85683	163786	6499
52	224	黄埔	168124	0.08%	76038	92086	3652	164472
53	487	圈河	162090	0.08%	81780	80310	121505	40585
54	030	外砂	162001	0.08%	78229	83772	143801	18200
55	318	新会	156593	0.08%	78911	77682	91645	64948
56	022	重庆	156293	0.08%	77118	79175	139173	7120
57	419	河口	152343	0.08%	78339	74004	132773	19570
58	447	佛山	152146	0.08%	77889	74257	56988	95158
59	049	烟台机场	147934	0.07%	73483	74451	134978	12956
60	201	天津	144079	0.07%	71568	72511	74189	69890
61	247	肇庆	138459	0.07%	70543	67916	101191	37268
62	218	青岛	135264	0.07%	63287	71977	34809	100455
63	019	乌鲁木齐	132761	0.07%	66551	66210	110452	22309
64	428	霍尔果斯	129931	0.06%	60870	69061	99435	30496
65	038	长春	129329	0.06%	62340	66989	117422	11907
66	036	宁波机场	128540	0.06%	66878	61662	117985	10555
67	203	大连	120487	0.06%	57767	62720	65650	54837
68	025	武汉	118777	0.06%	61106	57671	108557	10220
69	256	鹤山	116707	0.06%	59872	56835	84528	32179
70	336	广州开发区	115149	0.06%	59702	55447	86001	29148
71	205	上海	111758	0.06%	56614	55144	49187	62571
72	292	高明	107587	0.05%	53828	53759	75860	31727
73	278	盐田	103246	0.05%	46641	56605	2	103244
74	240	三埠	98787	0.05%	49879	48908	75505	23282
75	258	丹东港	95979	0.05%	47845	48134	77976	18003
76	249	北海	94565	0.05%	47182	47383	63296	31269
77	219	烟台	93769	0.05%	48362	45407	52180	41589
78	332	新港	89702	0.04%	46211	43491	0	89702
79	241	湛江	89015	0.04%	44850	44165	24873	64142
80	214	福州	85646	0.04%	39342	46304	3528	82118
81	434	抚远	81983	0.04%	41109	40874	71882	10101
82	223	洲头嘴	80924	0.04%	39075	41849	1	80923
83	270	斗门	78084	0.04%	40475	37609	64301	13783
84	406	图们	76899	0.04%	39304	37595	55638	21261

续表

序号	代码	检查站名称	出入境人员				出入境旅客	出入境员工
			总数	百分比	入境	出境		
85	446	阿拉山口	73300	0.04%	38588	34712	39234	34066
86	324	新塘	71819	0.04%	39006	32813	39476	32343
87	320	万山	69031	0.03%	34416	34615	0	69031
88	265	赤湾	68511	0.03%	34315	34196	0	68511
89	274	北仑	66538	0.03%	38992	27546	46	66492
90	026	长沙	65762	0.03%	33773	31989	59667	6095
91	014	南宁	62997	0.03%	30466	32531	57375	5622
92	423	聂拉木	62464	0.03%	27795	34669	31614	30850
93	275	妈湾	58176	0.03%	32579	25597	0	58176
94	418	友谊关	55903	0.03%	26732	29171	55519	384
95	231	桂山	52807	0.03%	26334	26473	0	52807
96	239	台山	52248	0.03%	25726	26522	39968	12280
97	421	瑞丽	51766	0.03%	29255	22511	51764	2
98	286	大连大窑湾	51497	0.03%	23300	28197	0	51497
99	202	秦皇岛	51367	0.03%	24107	27260	2487	48880
100	306	外高桥	51233	0.03%	26114	25119	3547	47686
101	311	东港	47118	0.02%	28972	18146	242	46876
102	430	饶河	45670	0.02%	22774	22896	29555	16115
103	208	连云港	45506	0.02%	25536	19970	1646	43860
104	245	惠州	44183	0.02%	22436	21747	0	44183
105	023	郑州	42771	0.02%	20894	21877	39117	3654
106	443	东兴	41896	0.02%	21451	20445	41820	76
107	272	龙湖	41283	0.02%	22671	18612	4233	37050
108	462	策克	40758	0.02%	20404	20354	32325	8433
109	052	石家庄机场	39212	0.02%	19137	20075	21022	18190
110	480	塔克什肯	38955	0.02%	19224	19731	27879	11076
111	032	贵阳	38361	0.02%	18230	20131	34367	3994
112	209	张家港	37682	0.02%	21019	16663	1	37681
113	456	甘其毛道	37634	0.02%	18892	18742	33324	4310
114	033	济南	34313	0.02%	17606	16707	29564	4749
115	044	太原	33870	0.02%	16760	17110	11178	22692
116	467	端州	30634	0.02%	15961	14673	11423	19211
117	276	黄岛	30059	0.01%	14961	15098	1	30058
118	262	石岛	28302	0.01%	14119	14183	0	28302
119	429	巴克图	27993	0.01%	13885	14108	15138	12855
120	206	南京港	27726	0.01%	15489	12237	4	27722
121	027	南昌	25369	0.01%	13456	11913	22851	2518
122	034	拉萨	23478	0.01%	12630	10848	19647	3831
123	213	舟山	23255	0.01%	12028	11227	358	22897
124	050	温州机场	23141	0.01%	11622	11519	20063	3078
125	287	塘沽	22645	0.01%	10666	11979	0	22645
126	250	防城	22454	0.01%	11072	11382	0	22454
127	222	日照	22142	0.01%	10638	11504	0	22142
128	207	南通	22036	0.01%	11527	10509	4	22032

续表

序号	代码	检查站名称	出入境人员				出入境旅客	出入境员工
			总数	百分比	入境	出境		
129	298	江阴	21850	0.01%	11849	10001	5	21845
130	267	茂名	21424	0.01%	10665	10759	0	21424
131	426	吐尔尕特	20615	0.01%	10281	10334	13228	7387
132	449	凭祥	20355	0.01%	11114	9241	8929	11426
133	037	黄山	20217	0.01%	10782	9435	17857	2360
134	427	红其拉甫	20002	0.01%	10072	9930	15058	4944
135	273	镇海	19822	0.01%	10776	9046	0	19822
136	024	合肥	18665	0.01%	9514	9151	16789	1876
137	047	武夷山	17884	0.01%	9229	8655	16256	1628
138	216	泉州	17028	0.01%	9527	7501	169	16859
139	251	金山	16432	0.01%	9232	7200	1222	15210
140	264	镇江	16348	0.01%	7245	9103	0	16348
141	408	三合	16155	0.01%	8039	8116	12368	3787
142	054	张家界	16042	0.01%	8145	7897	14412	1630
143	448	磨憨	15949	0.01%	6929	9020	15948	1
144	405	临江	15843	0.01%	7971	7872	10955	4888
145	257	鲅鱼圈	15291	0.01%	7991	7300	3	15288
146	259	大连湾	15088	0.01%	7583	7505	13	15075
147	028	梅州	14935	0.01%	7446	7489	13375	1560
148	212	海门	14904	0.01%	9900	5004	3	14901
149	410	同江	14554	0.01%	7326	7228	10454	4100
150	211	温州	13780	0.01%	7698	6082	0	13780
151	296	南疆	13545	0.01%	6220	7325	6	13539
152	217	漳州	12806	0.01%	6244	6562	2	12804
153	352	龙眼港	12698	0.01%	7227	5471	9485	3213
154	309	高栏	12631	0.01%	6223	6408	0	12631
155	271	潮州	12327	0.01%	6076	6251	0	12327
156	484	乌拉斯台	12169	0.01%	6127	6042	8719	3450
157	464	笋岗	12010	0.01%	6005	6005	0	12010
158	404	集安	11858	0.01%	5935	5923	4608	7250
159	316	福清	11709	0.01%	5805	5904	0	11709
160	248	梧州	10974	0.01%	5606	5368	0	10974
161	437	逊克	10713	0.01%	5340	5373	9399	1314
162	454	天保	10688	0.01%	3830	6858	10688	0
163	450	萝北	10553	0.01%	5228	5325	7804	2749
164	263	岚山	10415	0.01%	5434	4981	0	10415
165	303	景洪港	9819	0.00%	3798	6021	2044	7775
166	458	阿日哈沙特	9120	0.00%	4588	4532	7106	2014
167	328	常熟	9038	0.00%	5243	3795	2	9036
168	432	虎林	8925	0.00%	4380	4545	3290	5635
169	031	呼和浩特	8791	0.00%	4230	4561	6239	2552
170	321	太仓	8641	0.00%	4307	4334	0	8641
171	294	阳江	8329	0.00%	4180	4149	2	8327
172	051	西双版纳	8090	0.00%	4400	3690	6975	1115

续表

序号	代码	检查站名称	出入境人员				出入境旅客	出入境员工
			总数	百分比	入境	出境		
173	261	锦州	7677	0.00%	3650	4027	0	7677
174	326	肖厝	7014	0.00%	3435	3579	0	7014
175	439	黑山头	6984	0.00%	3475	3509	5381	1603
176	029	湛江机场	6581	0.00%	3633	2948	5317	1264
177	221	龙口	6386	0.00%	3110	3276	0	6386
178	035	深圳机场	6218	0.00%	2760	3458	2605	3613
179	285	唐山	6009	0.00%	2723	3286	16	5993
180	323	嘉兴	5828	0.00%	3461	2367	0	5828
181	244	八所	5615	0.00%	4375	1240	0	5615
182	486	伊尔克什坦	5234	0.00%	2591	2643	1347	3887
183	335	潮阳	5179	0.00%	2465	2714	0	5179
184	210	宁波	5125	0.00%	2878	2247	0	5125
185	266	东角头	5004	0.00%	2897	2107	0	5004
186	295	杨州	4743	0.00%	2646	2097	1	4742
187	485	老爷庙	4591	0.00%	2339	2252	2588	2003
188	482	红山嘴	4256	0.00%	2136	2120	3280	976
189	457	珠恩嘎搭布其	4254	0.00%	2175	2079	2264	1990
190	327	莆田	4086	0.00%	2341	1745	154	3932
191	288	贵港	3780	0.00%	2034	1746	0	3780
192	483	吉木乃	3778	0.00%	1795	1983	2716	1062
193	435	漠河	3728	0.00%	1870	1858	2313	1415
194	204	营口	3714	0.00%	1439	2275	0	3714
195	260	和尚岛	3527	0.00%	1797	1730	0	3527
196	308	调顺	3457	0.00%	1712	1745	0	3457
197	042	北海机场	3440	0.00%	1684	1756	3100	340
198	313	柳州	3303	0.00%	1634	1669	0	3303
199	299	宁德	3048	0.00%	1518	1530	0	3048
200	310	软州	2447	0.00%	1134	1313	0	2447
201	269	霞海	2344	0.00%	1050	1294	0	2344
202	334	莱州	2084	0.00%	935	1149	0	2084
203	420	畹町	2074	0.00%	908	1166	2074	0
204	407	开山屯	1938	0.00%	984	954	1766	172
205	280	芜湖	1888	0.00%	803	1085	63	1825
206	041	佳木斯机场	1711	0.00%	845	866	1249	462
207	333	蓬莱	1577	0.00%	755	822	0	1577
208	424	普兰	1470	0.00%	880	590	1470	0
209	279	洋浦	1415	0.00%	770	645	0	1415
210	442	水口	1384	0.00%	539	845	1384	0
211	297	南宁港	1347	0.00%	465	882	0	1347
212	235	汕尾	1151	0.00%	554	597	0	1151
213	q293	铜陵	1100	0.00%	453	647	1	1099
214	330	安庆	938	0.00%	117	821	0	938
215	289	清澜	737	0.00%	363	374	0	737
216	255	富锦	384	0.00%	278	106	0	384

续表

序号	代码	检查站名称	出入境人员				出入境旅客	出入境员工
			总数	百分比	入境	出境		
217	409	南坪	292	0.00%	149	143	244	48
218	302	思茅港	187	0.00%	142	45	28	159
219	312	南澳	164	0.00%	82	82	0	164
220	040	洛阳	152	0.00%	152	0	141	11
221	268	南油	151	0.00%	106	45	0	151
222	455	金水河	123	0.00%	61	62	7	116
223	329	岳阳	50	0.00%	25	25	0	50
224	003	海拉尔	40	0.00%	20	20	0	40
225	282	汉口	36	0.00%	36	0	0	36
226	351	葫芦岛	31	0.00%	0	31	0	31
合计			201897844	100.00%	101055024	100842820	181454308	20443536

2001 年各检查站检查出入境火车数据排序一览表

序号	代码	检查站名称	总数	百分比	入境	出境
1	401	满洲里	5048	15.81%	2548	2500
2	411	绥芬河	4959	15.53%	2501	2458
3	413	天河	4363	13.66%	2181	2182
4	446	阿拉山口	4324	13.54%	2151	2173
5	464	笋岗	2807	8.79%	1355	1452
6	402	二连	2522	7.90%	1252	1270
7	419	河口	2493	7.81%	1246	1247
8	403	丹东	1080	3.38%	526	554
9	449	凭祥	1076	3.37%	538	538
10	466	常平	918	2.88%	459	459
11	404	集安	754	2.36%	377	377
12	406	图们	733	2.30%	367	366
13	467	端州	723	2.26%	361	362
14	438	珲春	129	0.40%	64	65
合　　计			31929	100.00%	15926	16003

2001 年各检查站检查出入境汽车数据排序一览表

序号	代码	检查站名称	出入境汽车			
			总数	百分比	入境	出境
1	444	皇岗	7991651	54.64%	3989004	4002647
2	415	文锦渡	2579408	17.64%	1298017	1281391
3	417	拱北	2054994	14.05%	1029109	1025885
4	416	沙头角	794450	5.43%	400025	394425
5	421	瑞丽	361712	2.47%	191360	170352
6	401	满洲里	157047	1.07%	78286	78761
7	420	畹町	86950	0.59%	45828	41122
8	402	二连	83125	0.57%	41762	41363
9	403	丹东	68541	0.47%	34009	34532
10	411	绥芬河	46996	0.32%	23118	23878
11	448	磨憨	44166	0.30%	21681	22485
12	454	天保	41913	0.29%	21294	20619
13	487	圈河	40585	0.28%	20144	20441
14	428	霍尔果斯	30028	0.21%	14966	15062
15	412	黑河	27877	0.19%	13925	13952
16	436	东宁	26318	0.18%	13406	12912
17	423	聂拉木	26252	0.18%	13126	13126
18	478	横琴	20388	0.14%	12277	8111
19	419	河口	18316	0.13%	9158	9158
20	438	珲春	14855	0.10%	7431	7424
21	429	巴克图	12852	0.09%	6416	6436
22	480	塔克什肯	11107	0.08%	5510	5597
23	446	阿拉山口	8979	0.06%	4475	4504
24	462	策克	8433	0.06%	4186	4247
25	426	吐尔尕特	7362	0.05%	3659	3703
26	433	密山	6517	0.04%	3263	3254
27	406	图们	5862	0.04%	2930	2932
28	432	虎林	5398	0.04%	2728	2670
29	427	红其拉甫	4922	0.03%	2525	2397
30	405	临江	4888	0.03%	2444	2444
31	486	伊尔克什坦	3887	0.03%	1943	1944
32	430	饶河	3849	0.03%	1931	1918
33	408	三合	3788	0.03%	1872	1916
34	455	金水河	3493	0.02%	1746	1747
35	484	乌拉斯台	3450	0.02%	1724	1726
36	456	甘其毛道	2998	0.02%	1488	1510
37	458	阿日哈沙特	2014	0.01%	1007	1007
38	457	珠恩嘎搭布其	1990	0.01%	1000	990
39	439	黑山头	1837	0.01%	978	859

续表

序号	代码	检查站名称	出入境汽车			
			总数	百分比	入境	出境
40	483	吉木乃	1062	0.01%	499	563
41	482	红山嘴	976	0.01%	490	486
42	435	漠河	901	0.01%	444	457
43	450	萝北	660	0.00%	330	330
44	485	老爷庙	584	0.00%	371	213
45	437	逊克	540	0.00%	270	270
46	418	友谊关	372	0.00%	186	186
47	410	同江	286	0.00%	143	143
48	407	开山屯	204	0.00%	119	85
49	443	东兴	74	0.00%	38	36
50	409	南坪	48	0.00%	24	24
合计			14624905	100.00%	7332665	7292240

2001 年各检查站检查出入境飞机数据排序一览表

序号	代码	检查站名称	总数	百分比	入境	出境
1	007	虹桥	31367	19.81%	15464	15903
2	001	北京	31108	19.65%	15924	15184
3	055	浦东	11408	7.21%	5365	6043
4	012	白云	10737	6.78%	5370	5367
5	011	高崎	7504	4.74%	3673	3831
6	017	昆明	4609	2.91%	2300	2309
7	005	周水子	4515	2.85%	2268	2247
8	021	青岛机场	4465	2.82%	2225	2240
9	010	福州机场	4098	2.59%	2049	2049
10	015	桂林	3775	2.38%	1876	1899
11	002	张贵庄	3539	2.24%	1784	1755
12	019	乌鲁木齐	3411	2.15%	1628	1783
13	016	成都	2975	1.88%	1497	1478
14	004	沈阳	2947	1.86%	1499	1448
15	008	南京	2808	1.77%	1408	1400
16	044	太原	2195	1.39%	1116	1079
17	009	杭州	2167	1.37%	1083	1084
18	018	西安	2053	1.30%	1027	1026
19	052	石家庄机场	2026	1.28%	993	1033
20	030	外砂	2001	1.26%	1000	1001
21	006	哈尔滨	1875	1.18%	937	938
22	048	凤凰机场	1854	1.17%	924	930
23	013	海口机场	1675	1.06%	847	828
24	022	重庆	1588	1.00%	798	790
25	049	烟台机场	1359	0.86%	679	680
26	038	长春	1185	0.75%	598	587
27	036	宁波机场	1183	0.75%	593	590
28	025	武汉	1181	0.75%	581	600
29	035	深圳机场	992	0.63%	542	450
30	026	长沙	778	0.49%	388	390
31	014	南宁	648	0.41%	321	327
32	033	济南	554	0.35%	284	270
33	032	贵阳	422	0.27%	212	210
34	023	郑州	373	0.24%	185	188
35	031	呼和浩特	323	0.20%	162	161
36	027	南昌	320	0.20%	160	160
37	050	温州机场	312	0.20%	156	156
38	037	黄山	252	0.16%	127	125
39	406	图们	238	0.15%	119	119
40	034	拉萨	227	0.14%	111	116

续表

序号	代码	检查站名称	总数	百分比	入境	出境
41	024	合肥	221	0.14%	111	110
42	047	武夷山	206	0.13%	103	103
43	054	张家界	204	0.13%	102	102
44	028	梅州	196	0.12%	99	97
45	029	湛江机场	158	0.10%	79	79
46	051	西双版纳	154	0.10%	77	77
47	041	佳木斯机场	55	0.03%	28	27
48	042	北海机场	40	0.03%	20	20
49	280	芜湖	18	0.01%	9	9
50	003	海拉尔	2	0.00%	0	2
51	401	满州里	2	0.00%	2	0
52	040	洛阳	1	0.00%	1	0
合		计	158304	100.00%	78904	79400

2001年检验检疫工作回顾

2001年是跨入新世纪的第一年，也是质检部门的改革之年。全国检验检疫系统高举邓小平理论伟大旗帜，坚持以“三个代表”的重要思想为指导，认真贯彻党的十五届六中全会和中央经济工作会议精神，在国家质检总局党组的正确领导下，按照“忠于职守，勇于负责，严格把关，保国安民”的总要求，解放思想，开拓进取，进一步开创了检验检疫工作新局面。

一、2001年检验检疫系统业务概述

2001年全国检验检疫系统共完成出入境货物检验检疫691万批2576亿美元，检出不合格货物4.13万批27.24亿美元；完成出入境人员卫生检疫及监测体检132万人次，完成检疫出入境火车47万节，汽车1444万辆，轮船35万艘，飞机16.7万架，集装箱2294万标箱。残损鉴定703批1863万美元；外商投资财产鉴定1.68万批；其中降价6377万美元，升价1686批5406万美元。签发检验检疫单证1113万份，签发普惠制原产地证书227万份，签发一般原产证书60万份。在严把国门、维护国家经济安全，促进经济发展，特别是促进外贸扩大出口方面做出了重要贡献。

二、依法行政，严格把关，加强监管，维护国家利益，保障人民群众身体健康。

2001年，全国检验检疫系统充分发挥技术优势，依法加强监管职能，不断提高口岸查验力度，严把国门，拒疫病疫情于国门之外，确保进出口商品安全质量合格，有力地维护了国家利益，保障了人民群众身体健康，为国民经济健康持续发展做出了应有的贡献。一年来，全国检验检疫系统不断加强对来自疫区的人员、货物、交通工具、集装箱的检验检疫工作，注重对境外病媒生物、病虫害的动态监测，完善重大疫病疫情况应急预案，建立预警机制和风险管理机制，积极开展国际邮包、航空快件检验检疫，实施进出口食品对农药兽药残留监控计划，及时把一些重要检测内容纳入进出口机电产品、轻纺产品、危险品及馐的法定检验范围，开拓了涉及安全、卫生、环保检验检疫的新领域。

针对境外爆发的重大传染病、重大动植物疫病疫情，全国检验检疫系统通力合作，积极、及时采取得力措施，严防疫病疫情传入我国。美国“炭疽菌”事件发生后，全国检验检疫系统加强了对邮寄物、旅客携带物、疑似病症的检疫监管，妥善处理可疑邮件。香港和澳门禽流感爆发后，全国检验检疫系统通过加强疫情普查监测，加大抽样范围和实验室检测力度，很快控制并消灭了疫情，在较短的时间里恢复了内地活禽供港澳。鉴于转基因技术不断发展，转基因产品不断增多，检验检疫系统及时掌握有关技术，根据国际通行做法和认识，研究确定了转基因产品的检测方法和标识管理模式。结合对国外动植疫情的检测工作，检验检疫系统建立了疯牛病检测实验室，加强了进口动物性饲料的检验监管，掌握了检测方法。2001年检验检疫系统还解决了香港媒体炒作的“毒螃蟹”事件，妥善解决了个别地区发生的氰化钠污染事件和美输华土豆泥粉亚硫酸氢钠残留超标问题，系统内又有一批艾滋病实验室升为国家级确诊实验室。

三、与时俱进，改革创新，服务企业，发展外贸，创建检验检疫新模式，不断提高通关效率。

2001年，全国检验检疫系统从大局出发，进一步加快信息化建设步伐，加大“电子报检、电子转单、产地证电子签证”（简称“三电工程”）的推广力度，迅速扩大“三电工程”覆盖面，取消了检验检疫预录入要求，简化企业报检通关手续，通关效率明显提高，部分检验检疫机构还积极推广办公自动化系统，实现网上办公，进一步提高检验检疫办公效率。

为适应企业现代化生产快速通关的需要，检验检疫系统不断尝试创建新的监管模式，对出口小家电试行了"型式试验+跟踪检验"；出口服装试行了“过程监督检验”；对出口自行车、玩具实行了“全程监控、关键点控制、动态管理”；对水产品中的重金属、细菌、放射性及霍乱孤菌等采取了“定期监测，抽样检测与批批检测相结合的”监管方式；对供港澳畜禽实行了加大注册场环境、卫生、防疫消毒和生产环节监督管理，建立注册场监管巡查和生产防疫月报制度；对企业生产出口产品实行分类管理，落实相应的管理办法，制订相应的管理规程。

在为企业服务方面，全国检验检疫系统实行了急事急办、特事特办、预约报检、业务值班，建立联络员制度，开设绿色通道，出口冰鲜产品等便利企业的措施，并充分利用检验检疫信息和技术优势，为企业提供信息资源、技术支持，促进其产品顺利出口；加强了原产地和普惠制工作力度，帮助企业利用普惠制扩大出口；坚决执行国家质检总局降低收费有关规定，规范收费行为，减轻企业负担。这些措施的出台和实施，既严格把关，促进出口，又方便企业，提高通关效率。

四、 研究国际规则，借鉴国外经验，分析业务难点，落实工作重点，积极采取措施，应对入挑战。

按照国务院统一部署，国家质检总局参加了入世谈判，为我国最终加入世贸组织做出了贡献。积极与国际惯例相接轨，开展了检验检疫系统的WTO知识培训工作，认真研究WTO相关规则和程序，充分借鉴发达国家在利用WTO规则方面的成功经验，分析检验检疫工作面临的新课题、新任务，明确检验检疫工作重点，制（修）订与检验检疫有关的标准、方法。加大了科技投入，一批检测技术重点课题取得了进展，实验室和检测机构建设得到明显加强。

根据我国入世要求，国家质检总局组织了对《商检法》的修改工作，废止了一批不适应或不符合WTO规则的规章，按照入世承诺，组织了涉及检验检疫承诺事项的落实。进一步密切了与国外有关机构的合作，加强了WTO TBT、SPS咨询点的工作。

针对我国外经贸面临的新形势，积极与欧盟、日本、美国、加拿大、韩国、俄罗斯、蒙古、斯洛伐克等有关机构谈判和交涉，加大促使国外解禁力度；积极为企业提供技术服务进一步突破国外对我出口产品的限制，扩大了我国稻草、禽肉、水果等农副产品出口；促使欧盟取消对我输欧木质包装区别对待限定，使欧盟将我水产品列入允许对其出口的一类国家，取消了批批检验的做法，扩大了我国企业在欧盟的注册；在积极帮助企业改进工艺，完善质量管理的基础上，向美国推荐认证了我国陶瓷厂家，扩大了对美陶瓷出口；敦促部分国家解除对我出口轮胎、烟花爆竹等危险品、打火机、玩具、电器和医疗器械等工业品的限制，为扩大创造了条件。

2001年，国家质检总局顺利完成了国家认监委和国家标准委新机构的组建，按照“四个统一”的原则，公布了国家强制性产品认证制度、“CCC标志”及产品目录，制定并发布了一批涉及质量安全卫生急需的重要标准，推动企业采用国际标准和国外先进标准的工作。

五、 进一步完善工作制度，规范工作流程，整顿工作秩序，加强基层建设，转变工作职能，依法行政工作重量不断提高。

2001年，全国检验检疫系统不断健全各项工作制度，严格执行各项法律法规，完善、统一了检验检疫标志、封识的使用和管理，组织清理了检验检疫行政审批，普遍推行了持证上岗制度，加大了行政执法的监督检查，积极推行了执法责任制和评议考核制度，加大对中介机构的监管力度，取消了一批不符合条件、违规操作的代理报检机构的资格，大力整顿检验检疫工作秩序，有效维护了检验检疫执法的严肃性。

全系统普遍加强了基层建设，在政策、资金、人才上向分支机构倾斜，积极帮助基层改善工作条件和生活条件，加大了支持西部大开发工作力度，对口支援和有关措施取得实质进展。全系统还认真贯彻中央有关会议精神，积极转变工作职能，开展了“管理服务年”活动，排查工作中存在的质量问题，及时分析总结，主动接受社会监督。通过建立规章制度和实施相关措施，全系统依法行政工作意识不断加强，工作质量不断提高。

2001年，全国检验检疫系统还按照中央要求，一方面积极配合各有关部门的打假工作，为打假提供技术服务和技术支持。另一方面，在各省区市质量技术监督和其他有关部门的大力支持下，积极在检验检疫领域进行打假，有效地维护了国家利益。

六、 加大反腐倡廉力度，注重培训教育，全国检验检疫系统工作人员综合素质不断提高。

2001年全系统认真贯彻落实中央的各项方针政策和总局的工作部署，扎实工作，开拓进取，通过改革干部人事制度，推行干部竞争上岗、任前公示和建立中青专家队伍、选拔学科带头人、加大干部培训等措施，全系统干部队伍的整体素质有了明显提高，积极性得到调动，战斗力得到加强，张家港检验检疫局局长郭喜良同志被评为全国“人民满意的公务员”，一批检验检疫机构被当地党政评为精神文明建设先进集体或先进系统。

我国入世，给全国检验检疫系统带来了前所未有的考验和挑战，把检验检疫工作推到了改革开放的前沿，同时也给全国检验检疫系统提供了维护国家和人民利益，促进经济发展大显身手的良好机遇。全国检验检疫系统一定会响应党中央、国务院号召，按照“三个代表”的要求，解放思想，脚踏实地，振奋精神，开拓进取，负起对国家、对民族、对人民必须肩负的责任，促进出入境检验检疫事业更快发展，对建设有中国特色的社会主义做出更大的贡献。

2001年检验检疫系统业务统计表

<table>
<tr><td rowspan="2">出入境货物检验检疫</td><td>批量（万吨）</td><td>691</td><td rowspan="2">残损鉴定</td><td colspan="3">批量（批）</td><td>703</td></tr>
<tr><td>货值（亿美元）</td><td>2576</td><td colspan="3">货值（亿美元）</td><td>6377</td></tr>
<tr><td rowspan="2">检出不合格货物</td><td>批量（万吨）</td><td>4.13</td><td rowspan="5">外商投资财产鉴定</td><td colspan="3">批量（批）</td><td>1.68</td></tr>
<tr><td>货值（亿美元）</td><td>27.24</td><td rowspan="4">其中</td><td rowspan="2">降价</td><td>批量（批）</td><td>1357</td></tr>
<tr><td colspan="2">出入境人员卫检体检（万人次）</td><td>132</td><td>价值（万美元）</td><td>6377</td></tr>
<tr><td rowspan="5">出入境交通运输工具检疫</td><td>火车（万节）</td><td>47</td><td rowspan="2">升价</td><td>批量（批）</td><td>1686</td></tr>
<tr><td>汽车（万辆）</td><td>1444</td><td>价值（万美元）</td><td>5406</td></tr>
<tr><td>轮船（万艘）</td><td>35</td><td rowspan="3">签发单证</td><td colspan="3">检验检疫（万份）</td><td>1113</td></tr>
<tr><td>飞机（万架）</td><td>16.7</td><td colspan="3">普惠制原产地证（万份）</td><td>227</td></tr>
<tr><td>集装箱（万标箱）</td><td>2294</td><td colspan="3">一般原产地证（万份）</td><td>60</td></tr>
</table>

2001年交通部海事局工作回顾

交通部加强口岸管理工作，促进地方经济发展。

2001年，交通部宣布5个港口正式对外开放或扩大开放，具体为浙江省乍浦港、云南省思茅港和景洪港、广东省新会港和福建省漳州港。

交通部审批国际航行船舶临时进靠我国非开放区域47批件次，主要涉及大连、烟台、宁波、厦门、福建、广东、深圳等地，有力地促进了地方经济的发展。

海事系统加强安全监督管理，确保运输安全通畅。

随着世界经济的复苏和我国经济的不断发展，全国水路运输繁忙，大量货物通过港口进出，2001年度累计进港船舶906609艘次，出港船舶905196艘次。

海事系统加强安全监督管理，确保运输安全通畅，为我国经济建设的健康、稳定发展保驾护航。

2001年，海事系统共监管危险货物船舶287072艘次，其中，国内航行船舶197489艘次，国际航行船舶89583艘次。危险货物数量35233.3万吨，其中，进港21142.7万吨，出港12411万吨，过境1679.6万吨。海事系统加强了危险品船舶靠离泊和装卸作业的现场安全监督管理，全年纠正违章3244次。

2001年，全国各海事管理机构认真实施船舶安全检查工作。为促进和提高中国籍船舶的安全技术水平，共实施船旗国监督检查海船11912艘次、内河船舶236149艘次，实施港口国监督检查外轮1723艘次。

在实施船旗国监督方面，共有11912艘次中国籍海船接受了检查，滞留177艘次，滞留率为1.5%。检查中共发现各类缺陷69880个，单船平均缺陷为5.87个，其中，消防、救生方面存在的问题仍较突出，缺陷数分别为12618个、12881个，各占总缺陷的18.1%、18.4%，两项合计占总缺陷的36.5%。同前一年相比，检查艘数和总缺陷均有较大增长，单船平均缺陷增加0.86项。

检查内河船舶236149艘次，滞留384艘，滞留率为0.16%。检查中共发现各种缺陷123414个，单船平均缺陷数为0.52个。

在实施港口国监督方面，经授权的各海事局共对1723艘次外轮进行了检查，其中1284艘次船舶存在缺陷，共发现各类缺陷7743个，单船平均缺陷数为4.49个。缺陷项目中救生、消防方面的缺陷为2276个，占总缺陷的35.65%。2001年，共滞留外轮106艘次，滞留率为6.15%。其中船舶被滞留5艘次以上的船旗国为：巴拿马籍32艘，柬埔寨籍21艘，伯利兹籍13艘。

2001年度，有关海事局共对1502艘次中国籍船舶实施了开航前检查，查出缺陷7337项，滞留26艘次。其中检查后开往日本的705艘次，开往韩国的646艘次，“送鲜船”237艘次。

2001 年进港船舶统计表

项目		艘数（艘）	总吨（万吨位）	总载重量（万吨）	客位（个）	船员人数（人次）	货物到达量（万吨）	旅客到达量（人）
港口共计26个	合计	906609	177586.52	212775.16	83377684	1216867	90868.96	36813245
	中国籍船舶	828953	95118.98	104056.28	8192659	10769465	47846.80	36013501
	其中：外贸船	38431	12235.53	14386.56	2227333	473335	5939.32	446554
	外轮	77656	82467.54	108718.88	2285025	1447402	43022.16	799744

2001 年出港船舶统计表

项目		艘数（艘）	总吨（万吨位）	总载重量（万吨）	客位（个）	船员人数（人次）	货物到达量（万吨）	旅客到达量（人）
港口共计26个	合计	905196	177312.33	208167.43	81874078	12170737	82207.95	35718159
	中国籍船舶	827662	95124.96	100214.18	79586466	10667777	45733.73	34896764
	其中：外贸船	38305	11371.34	14057.05	888884	464872	4306.20	669942
	外轮	77534	82187.37	107953.25	2287612	1502960	36474.22	821395

2001年口岸规划办公室工作回顾

口岸是国家对外开放门户。口岸是指经国务院批准的具有基础设施和查验、监管机构，具有对人员、货物和交通工具合法出入国境、关境进行检查检验和提供服务的场所，通常设在供人员、货物、物品和交通工具直接出入国(关、边)境的港口、机场、车站、跨境通道等处。

口岸按国发〔1985〕113号文件规定分为一类口岸和二类口岸。一类口岸由国务院审批，二类口岸在1998年《国务院关于清理整顿二类口岸的通知》(国审批，函〔1998〕74号）下发前由省级政府审批。

一类口岸包括：对外国籍船舶、飞机、车辆等交通工具开放的水陆空客货运口岸；只允许中国籍船舶、飞机、车辆等交通工具出入境的水陆空客货运口岸；允许外国籍船舶进出中国领海的海面交货点；邻国间进行国贸、地贸、民间贸易过货及有关人员持双方协定的有效证件出入的边境口岸。

二类口岸包括：依靠其他口岸派员前往办理出入境检检验手续的国轮外贸运输装卸点、起运点、交货点；同毗邻国家地方政府之间达成协议进行小额边贸和人员往来的口岸；只限边境居民通行的出入境口岸。

口岸按运输方式分：有水运口岸、公路口岸、铁路口岸和航空口岸。

一、全国口岸开放现状

截止到2001年底，全国共开放一类口岸243个。按口岸性质分为：水运口岸131个，其中海运75个，河运56个（其中长江水域19个、珠江水域15个、黑龙江水域17个）；铁路口岸17个（其中内陆2个）；公路口岸43个（其中季节性口岸开放8个）；航空口岸52个（其中允许外籍飞机进出的35个，允许我国籍飞机进出的17个）。

位于边境（包括关境）的口岸共67个，其中中国与朝鲜边境8个、与俄罗斯边境19个、与蒙古边境9个、与哈萨克斯坦边境7个、与吉尔吉斯斯坦边境2个、与巴基斯坦边境1个、与尼泊尔边境3个、与越南边境7个、与缅甸边境1个、与老挝边境1个、毗邻港澳7个。

从地区分布情况看，口岸较多的省份有：广东53个，黑龙江24个，新疆、广西各16个，山东14个，浙江13，江苏12个，吉林、福建、云南各11个。目前，宁夏和青海尚无口岸。

截止1998年，根据各海关统计，全国有二类口岸331个（不含广东省的50个货柜车检查场、边境省区对外开放的边民通道和互市贸易点以及一些地市自行批准开放的点）。经过清理整顿，二类口岸数由原来的331个减至150个。

除以上口岸外，还有一些其它部门和地方审批的带有口岸性质允许人员、货物和交通工具进出的点或通道。大致有三种类型：

一是原由地方政府审批的台湾渔轮停泊点和对台小额贸易点，主要分布在福建、浙江和广东；二是边境省（区）有一部分供边民进出的通道及互市贸易点，这种情况在云南最多；三是地方政府商海关同意设立的的货柜车检查和进出口货物监管点。

二、《“十五”口岸发展规划要点》编报情况

2001年，根据各省、自治区、直辖市人民政府的意见，由海关总署会同中编办、国家计委、总参及有关部门和单位编制的《国家“十五”口岸发展规划要点》经国务院批准正式印发。要点中明确了“十五”期间口岸发展的指导思想和目标，提出“十五”期间口岸发展的原则为：效益优先；统筹规划、优化布局；规范管理。“十五”期间口岸工作的主要任务是：进一步做好口岸开放审理工作；推动口岸布局调整；加强口岸基础设施建设和改造；进一步深化口岸管理改革；加强口岸法制建设；继续做好清理整顿二类口岸后续工作。在“十五”期间，拟新开放口岸17个，扩大开放口岸26个。

截止到2001年，经国务院批准新开放口岸1个，即江苏常州港水运口岸，扩大开放口岸3个，即福建漳州港水

运口岸、广东新会港水运口岸和云南瑞丽公路口岸。2001年，全年进出口贸易总额为5097.68亿美元，比上年增长7.48%，其中进口2436.13亿美元，比上年增长8.23%；出口2661.55亿美元，比上年增长6.8%。2001年全年完成进出口货运量7.2324亿吨，比上年增长8.26%，其中进口4.0177亿吨，比上年增长9.26%；出口3.2146亿吨，比上年增长7.02%。全年全国口岸出入境旅客2.1354亿人次，比上年增长7.47%。

三、口岸联络协调机制的建立和工作的进展

口岸是通往世界的大门，我国已形成全方位、宽领域、多层次的对外开放格局。加入世贸组织后，贸易管制逐步取消，优惠政策越来越少，引资战略的重点已转变为建立公平的竞争秩序和营造良好的投资环境。口岸工作效率问题虽然只涉及到进出口通关环节，但却备受跨国公司和现代化生产企业的关注，成为外商十分看重的投资环境。口岸工作面临按国际规则改革我们一系列法规和工作方法，实现规范管理，提高工作效率等问题。2001年由于受国际政治经济环境变化的影响，特别是“9.11”事件之后，我国外贸出口面临的形势十分严峻，口岸工作效率成了中央领导、各地政府以及有关企业普遍关注的焦点。继续促进为我国对外贸易的健康快速发展，支持和扩大出口，2001年10月9日，国务院办公厅发了《关于进一步提高口岸工作效率的通知》的电报（国办发明电[2001]38号），要求中央有关部委和口岸所在地的各级地方人民政府提高对口岸工作的认识，增强责任感和工作主动性。主动出面研究解决当前影响口岸工作效率的各种问题，推动提高口岸的整体工作水平和效率。在加强协调工作的同时，要加大口岸基础设施投入，加快口岸设备更新改造，提高口岸货物通过及作业能力。为此，文中国务院明确建立了由海关总署牵头的口岸工作联络协调机制（包括公安部共7个部委，具体工作由海关总署口岸规划办承担）。同时要求地方政府根据本地实际情况，成立由地方政府牵头、口岸管理有关部门参加的协调机构，及时研究解决问题，做好本地区口岸管理协调工作。强调口岸各管理部门结合本系统(行业)的实际情况，清理、修订不适应新形势的部门规章和行业规定，简化手续和作业流程，规范收费标准和办法，提高服务质量。

根据各种资料和各地的做法，“大通关”实际上指的是与传统的海关内部通关相比较范围更大的一种通关作业制度。所谓“大通关制度”，是指建立在先进的信息化技术基础之上，将涉及口岸通关各环节的单位和部门相对集中，建立“一站式”、“一条龙”、“一个窗口”等形式的口岸联合办公模式，为企业提供24小时通关服务制度。其目的就是通过采用这一制度，最大限度地提高口岸工作效率，支持扩大出口，推动开放型经济快速发展。

口岸采用大通关的作业方法，实际上一些有条件的口岸早就在进行探索，但作为一种制度提出来，还是在2001年底的中央经济工作会议上，朱　基总理明确提出“实行大通关制度，提高通关效率”之后。“大通关”作为一种需要涉及口岸条条块块诸多单位和部门协作与配合的企业制度，实行起来很难，在口岸效率倍受跨国公司和现代化企业关注，成为外商十分看重的投资环境情况下，产生了口岸工作联络协调机制。

截止2001年底，口岸工作联络协调机制共召开了3次联络员会议，适时检查、总结贯彻落实国务院办公厅通知精神的情况，并对影响口岸通关效率的问题进行了研究、讨论。

从目前情况看，国务院领导和国务院各部门对开展大通关的有关工作比较重视，希望通过这种工作机制研究解决一些口岸实际存在的问题。各地人民政府也对大通关工作给予了高度重视，不少省、区、市已相继按国务院要求成立协调管理机构，加强了口岸工作的领导和协调管理力度。

尽管这一工作难度很大，但实践表明大通关制度将在口岸工作中发挥重要的作用。

第三篇

各省、自治区、直辖市
口岸运作情况

北京市

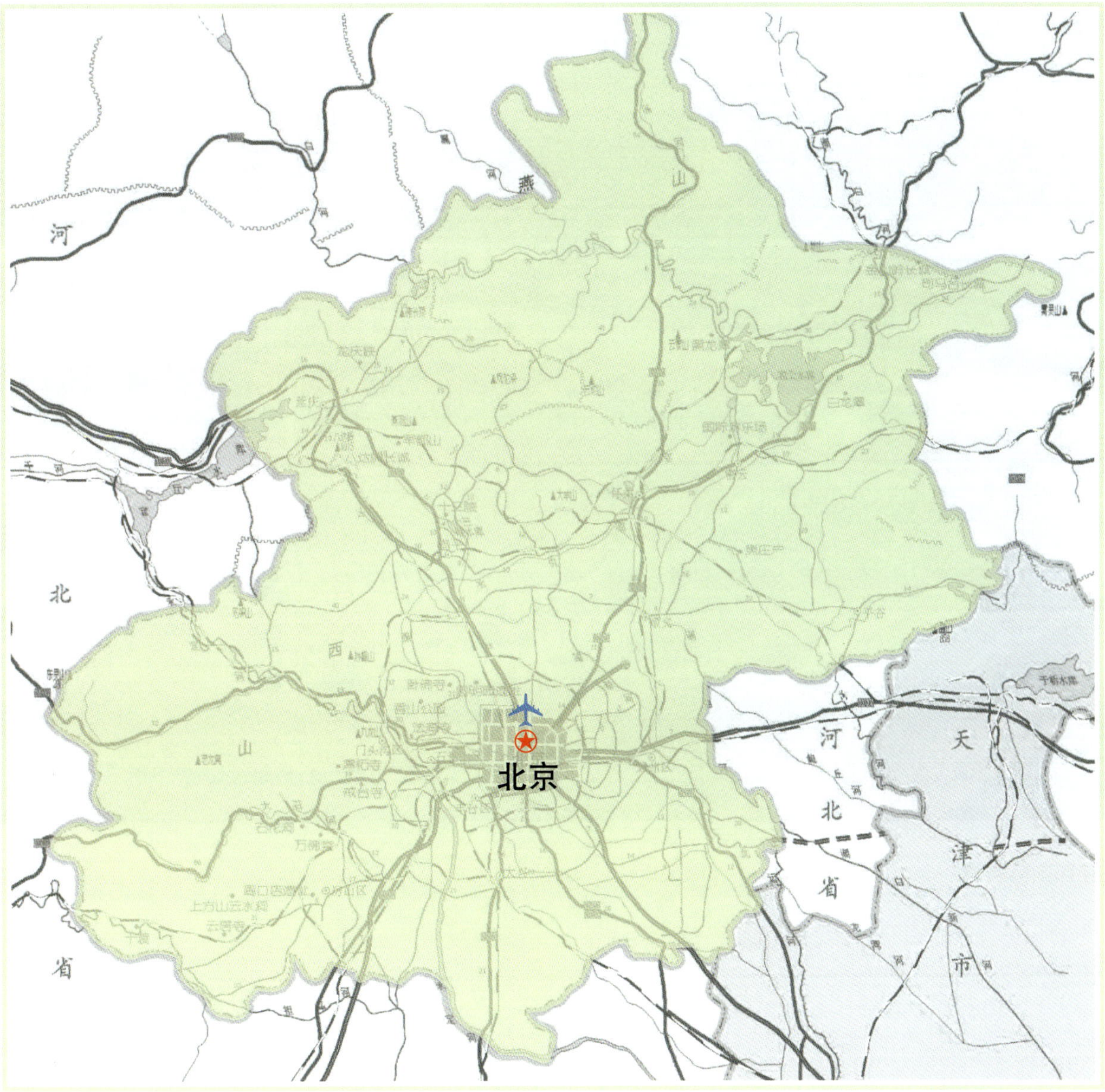

图　　例

省级行政中心	铁路口岸	公路口岸
口岸城市	航空口岸	海(河)运口岸

北京首都国际机场

北京口岸工作综述

【概况】 北京行政辖区内现有北京航空口岸。北京航空口岸位于顺义区境内，距北京市中心25.35公里，占地9.6平方公里。首都国际机场承担着国内外42家航空公司运营的250条航线，连接38个国家和地区的63个城市。

【口岸运行情况】 2001年，北京口岸共进出港飞机起降221850架次，与上年相比，增长18.52%，其中国际进出境航班48769架次，增长9.05%。旅客运量2417.67万人次，增长11.46%，其中进出境旅客及员工685.61万人次，增长9.5%。货邮吞吐量81.11万吨，增长了4.77%，其中海关监管空运货物18.93万吨，增长9.17%。

北京口岸2001年12月份运行情况表

项 目 名 称	本月合计	同比％	本年至本月累计	同比％
一、首都机场				
1.旅客运量（万人次）	178.56	12.13	2417.67	11.46
2.进出境旅客运量（万人次）	52.65	10.05	685.61	9.5
3.外籍人员进出境（万人次）	25.62	4.27	390.61	6.01
4.货邮运量（万吨）	6.51	−1.81	81.10	4.75
5.飞机起降（架次）	18727	12.32	221850	18.52
6.进出境飞机起降（架次）	3930	3.01	48769	9.04
7.海关监管空运货物（万吨）	0.89	−47.64	18.93	9.17
8.海关征收税费（亿元）	8.27	−7.59	108.82	31.57

以上可以看出年内口岸运行的几个特点：一是在口岸运行呈现出全面增长态势中，海关征收税费增长明显，特别是首都机场航空口岸和北京朝阳口岸的增长率与上年相比都在3成以上；二是北京航空口岸运营的各项经济指标继续保持稳步增长，其中进出境旅客人次、飞机起降架次、海关监管空运货物和征收税费等项指标均提前一个月超出上年全年水平；三是北京朝阳口岸的集装箱运量自上年创造了口岸开放以来的最高记录后，2001年又创造新的记录，达到3.8万标箱；四是尽管近几年北京铁路运输呈下滑趋势，但北京丰台货运口岸2001年在进出口运输方面，与上年相比增长了2成多。

（高俊岭　王可述　王洪存）

北京口岸查验单位工作综述

北京海关

【综述】 2001年，北京海关受理进出口货物报关单39.8万张，比上年增长12%。其中进口报关单266696张，增长16%；出口报关单131489张，增长5%。监管进出口货物178.7万吨，增长1%，其中进口105.5万吨，减少3%，出口73.2万吨，增加6%。进出口货物总值160.4亿美元，增长11%，其中进口110.9亿美元，增长13%，出口49.5亿美元，增长7%。监管进出境飞机45982架次，增加7.99%，其中来往国外38452架次，增长7.45%，来往港澳7530架次，增加10.8%。监管出入境人员73.2万人次，增长7%，其中进境365.9万人次，增加7%，出境366.2万人次，增加7%。进出境集装箱42289箱，增长7%，其中进口36820箱，增长5%，出口5469箱，增长22%。监管进出口印刷品3437万件，增长4%，快递物品414万件，增长1%。

【征收关税】 坚持综合治税，狠抓征管质量。2001年，实现税收入库143.38亿元，提前70天完成税收任务。探索建立新的税收征管体系，审价工作实行“前推后移”风险管理模式，初步建立关区“四位一体”验估体系。税收监控逐步实现征管重心从重“量”到重“质”的转移。减免税审批坚持文明高效，全年共减免税款73.41亿元。强化加工贸易规范管理，有力促进了北京地区出口增长。

【海关监管】 北京海关强调在“明确职责、改变作风、创新方式、提高效率”的基础上加快海关职能实现方式的创新和转变，努力树立服务意识，确保海关工作手续便捷，承诺落实，执法文明。加大科技开发和提高信息化管理能力，充分运用风险管理方法，加快完善监管模式和办事程序，努力推进制度创新、机制创新和科技创新，通关管理效能明显提高。

1. 加强协调配合，优化通关环境。制定了一整套关区通关管理制度和部门间联系配合办法，认真履行对外承诺，加大政务公开力度，成立了通关应急小组，实行首问负责制，及时解决企业通关过程中的疑难问题。与北京市外经贸委签署了《关贸协作备忘录》，建立了关贸联络协调机制，与北京出入境检验检疫局、中关村科技园区签署了加强协调配合备忘录。积极响应中央关于“千方百计支持外贸出口”的指示，关领导多次带队到企业进行走访调研，探讨研究加快通关的措施。与爱立信等4家大型高新技术生产企业签定了便捷通关责任担保书，制定了促进首都经济发展的十条措施，为企业扩大出口创造了有利的通关环境和条件。北京海关驻顺义办事处暨北京天竺出口加工区已通过国家八部委的正式验收并正式对外办公，促进了北京地区加工贸易出口的发展。

2. 搞好通关试点工作，创新通关管理模式。一是稳步推进“口岸电子执法系统”试点工作。目前，该系统的出口收汇核销子系统已正常运行，联网报关项目试点正式启动，为在全国海关的推广应用积累了经验。二是加快推广加工贸易计算机联网监管试点应用，进一步简化审批手续。三是提出将北京经济技术开发区星网工业园作为整体单元实施监管的园区式保税集团加工贸易联网监管方案，积极探索通过实时监控信息流达到有效控制货物流的监管新思路。

北京海关作为总署H2000工程选定的首批试点单位，积极参与系统前期业务测试，牵头草拟了《试点方案》，向总署报送了有关需求设计，成立了工程领导小组及各工作小组，目前已正式开展工作。前期网络环境的建立、技术设备的安装调试、人员培训等工作正在顺利进行中。

3. 完善物流监控模式，实际监管得到全面加强。通过采取三个集中、三个封闭、把好三关等措施，建立了空港物流“封闭网状”监管模式，对物流实行全过程、全方位的监管，并在空港集中库区开展了电子卡口放行系统的试运行工作。目前，该系统运行平稳，正处于多部门联合验收阶段。探索建立“空港物流监控指挥中心”，现已利用前端摄像系统和设备开展了物流监控，应用效益初步显现。完成与民航SITA联网管理总体实施方案，国外一些航空公司的舱单数据已成功通过SITA网数据传输试验。解决了海运转关监管中使领馆公私用物品、展览品、免税品等特殊形式进口转关货物的监管难题，加快了京津转关电子走廊的进一步畅通。

4．加大科技开发与投入，为业务改革提供技术支持。2001年，北京海关各类技术工程项目和设备更新快，关区网络覆盖面和网络传输速度有极大的增加和提高。顺利完成了跨关区快速通关系统和H883/EDI（V5.1）的切换工作，开发移植了适应海关需求的业务决策支持系统和通关事务处理系统，进行了天竺快件自动化检查系统工程后期安装调试，自主开发了以数理统计为基本思想的风险管理程序。为进一步推进业务科技一体化进程，根据全国海关科技工作会议精神，出台了《北京海关十五科技发展规划》，进一步确立了科技兴关的战略理念，对今后五年科技工作进行了总体部署和全面规划。

【海关统计】 进一步提高统计数据质量，积极发挥统计分析和统计监督作用，为领导决策提供科学依据和服务。每月为市政府等10个部门提供海关贸易统计月报；完成统计分析信息37篇，其中有8篇被中办国办采用；在总署贸易统计数据质量评比中连续5年排名第一，全年继续保持统计数据无差错记录。认真组织现场配合总署对执法评估反馈数据进行核查，并提出改进措施，受到海关总署的肯定和表扬。

【查缉走私】 确立“打防结合，以防为主”的调查工作思路，完善缉私新体制，成立了大要案指挥中心，建立了关区协作配合机制。开展了清理积案、集中力量查处大要案等多项专项斗争。加大反走私综合治理力度，规范整顿报关市场，对存在问题的企业实行“红黄牌”警告制度。2001年，共查获走私案件42起，查获违规案件603起，上缴罚没收入4290万元，抓获犯罪嫌疑人53人，移送起诉36人。侦破了4起特大象牙走私案，查获走私象牙5157根；破获两起携带冰毒走私案，查扣毒品1859克。

2001年业务统计分析表

统计指标	单位	进出口合计	同比％	进口	同比％	出口	同比％
商品总值	万美元	1604254	11	1109204	13	495050	7
货运量	吨	1787390	1	1054930	−3	732460	6
进出境集装箱	标箱	42289	7	36820	5	5469	22
来料备案金额	万美元	42352	20				
进料备案金额	万美元	417765	63				
统计报关单	张	398185	−2	266696	16	131489	5
记录条	条	906061	19	700987	22	205074	9
出入境人员	人次	7321480	7	3658999	7	3662481	7
印刷品	万件	3437	4	1597	0	1840	8
快递品	万件	414	1	223	−6	191	10

北京出入境边防检查总站

【概况】 北京边防检查站成立于1951年，是新中国最早的边防检查站之一。40多年来，北京边防经过多次体制变更，曾经隶属解放军、武警。1998年1月1日，经国务院批准，北京边防作为全国边防体制改革的首批试点单位之一，由现役制武警改为职业制人民警察，现全称为中华人民共和国北京出入境边防检查总站，直接隶属于公安部出入境管理局。主要担负北京首都国际机场及北京地区入、出境旅客和航班的边防检查任务。北京出入境边防检查总站位于北京市朝阳区首都机场航安路，工作区设在首都机场2号航站楼国际厅。主要职责是对出境、入境的人员及其行李物品，交通运输工具及其载运的货物实施边防检查；对口岸限定区域进行警戒，维护出境、入境秩序；执行其它法律、行政法规规定的任务。

2001年，北京出入境边防检查总站全体民警在公安部六局党委的领导下，认真贯彻全国政法工作会议、公安厅（局）长会议和出入境边防检查总站工作会议精神，狠抓公安队伍建设12项措施的落实，全面加强队伍建设和业务建设，加大教育培训力度，队伍整体素质全面提高，圆满完成了以出入境边防检查为中心的各项任务，为首都的政治稳定和经济发展做出了积极贡献。

【出入境边防检查工作】 2001年，北京出入境边防检查总站共检查入、出境人员6856073人次，检查出入境飞机31108架次，分别比上年增长9.25%和4.58%。先后顺利完成了中央领导和外国元首、全国人大政协“两会”代表、委员及其它重要贵宾的出入境边防检查任务，同时完成了APEC高级官员会议、香港财富论坛会议、第21届世界大学生运动会、及“9.11”恐怖事件等重点活动、查堵“法轮功”分子等重要时期、重大活动（事件）的边防检查任务。

【打击偷渡活动】 近年来，随着偷渡活动日益向国际化、集团化方向发展，越来越成为损害国家对外形象、干扰口岸秩序、腐蚀国家工作人员、影响社会稳定的严重问题。为了维护国家利益和口岸正常的出入境秩序，北京出入境边防检查总站充分发挥专门机关职能作用，采取有效措施，提高执勤队伍业务素质，完善勤务检查和监督机制，提高执勤工作科技含量。通过加强隔离区管理，举办伪假证件识别班，帮助航空公司和地面服务部门培训人员，完善内部反偷渡工作奖惩制度等措施，积极防范和打击偷渡活动。同时，充分发挥首都机场口岸反偷渡工作领导小组的作用，加强综合治理，动员社会各方面力量，齐抓共管，共同打击偷渡活动，取得了良好的社会效果。

【勤务制度改革】 为了对中国公民、港澳台同胞、华侨入境提供更加快捷、方便的服务，充分体现边防机关对公民权益的尊重，自10月1日起，北京出入境边防检查总站在全国边检系统率先推行中、外旅客“分区检查”制度。即在首都机场入境边防检查现场划分“中国人候检区”、“外国人候检区”两区域，对中外旅客分区检查。此项改革制度一经推出，当即受到新闻媒体和社会人士的广泛关注和好评。

【50周年站庆】 5月23日，北京出入境边防检查总站隆重举行庆祝建50周年纪念大会。大会回顾了北京边检50年来的创业历程，总结了队伍在完成重大边防保卫任务中的经验，展望了新时期北京出入境边防检查工作面临的新形势新任务。公安部、北京市有关部门，天津等兄弟总站、武警北京总队、驻首都机场有关单位领导同志以及曾在北京边防工作的老领导、老同志和全站民警职工参加了大会。

北京出入境检验检疫局

北京出入境检验检疫局2001年在国家质检总局和北京市委市政府的领导下，按照年初确定的工作思路和总体目标，千方百计为促进首都外经贸发展和扩大出口服务，为推动首都的对外开放和经济建设作出了应有的贡献。

【加强把关，严防疫病疫情传入，确保首都的经济安全和人民身体健康】 健全了疫情监测网络，完善了传染病监测体检、预防接种及签证工作规范，建立了北京地区输入性传染病病例的管理及报告制度。为加强旅检现场检验检疫，年初开展了利用犬进行检疫的研究和检疫犬的驯练，4只检疫犬将正式在首都机场旅检现场执行检疫任务。

【依法行政，依法施检，整顿和规范市场经济秩序，从源头上确保进出口商品质量】 配合北京市有关部门开展专项治理整顿，主要有：打击假冒进口食品，进行专项监督检查；对32家大中型商场、超市、水果批发市场的进口商品进行了检查；为防止口蹄疫传入北京，对16家涉外饭店进行了突击检查；联合检查北京地区肉品冷库，所有不合格产品已全部焚化；在对北京7大城区的进口化妆品进行的联合专项检查中，查出34个品牌863个销售包装的进口化妆品未加贴CIQ检验检疫标志和22件假冒化妆品；积极开展了UL打假工作。同时加强注册认证工作，从源头上把住产品质量，全年共受理进出口食品标签审核申请1748份。还加强了对大型进口成套设备的装船前检验、危险品运输包装及对出口打火机、点火枪类危险品的检验管理工作。

【积极推动“科技兴检”战略，加强实验室建设，增强发展后劲】 召开了北京检验检疫局第一届科技大会，举办了首届科技周，同时开展了中青年科技带头人的选拔工作，向检验检疫系统2001年优秀科技论文评选活动推荐10篇论文，有一半获奖。组建了全国第一家疯牛病实验室，具备了承担疯牛病检测任务的能力。转基因实验室检测、进境种苗病毒检测、艾滋病确认实验室和以IT产品安全检测为特色的、机电产品的安全与电磁兼容检测的综合实验室等都取得了建设或检测的新成果。

【扎实工作，积极为首都经济发展服务】 为缩短签证流程，提高签证速度，开发了一套检验检疫制单软件，编写了40多万字的《检验检疫报检工作手册》。在首都机场实行24小时作业，在其它口岸实行节假日预报检制度；建立特事特办窗口；推行首问责任制；推广文明用语服务；在各报检点设置了意见箱，对报检单位发放业务联系卡。完成了43家出口生产企业的注册工作，42家出口生产企业的出口质量许可证的考核；接待4批国外检查团，帮助9家企业顺利通过国外检查。为北京遇困企业提供技术服务，帮助他们解决饲养、生产、加工等环节中存在的问题和困难。中共北京市委书记贾庆林书面批示“北京检验检疫局深入基层，服务于经济建设，急企业所急，千方百计帮助企业扩大出口，摆脱困境，精神可嘉。” 为配合北京申奥，大幅度提高北京旅游饭店及体育场馆的服务质量，在市政府支持下，先后与北京首旅集团等20余家服务企业签订了认证合同。为支持北京传统农业向有机农业、创汇农业过渡，积极将北京产的梨作为主打产品推向美国、加拿大、澳大利亚市场。

【积极探索新的检验管理模式，逐步推行分类管理，进一步缩短检验周期，减轻企业负担】 将原来产品入库后再实施检验检疫的方式改变为质量体系保证下的生产过程中实施质量检验；将原来的批批检验检疫改为有条件的抽检，对条件成熟的企业实施分类管理制度和免检制度，从源头上确保产品质量，加快出口产品通关速度。如北京四通松下电子公司实行新的管理模式后，产品从下线到出口由原来的7天缩短为3天。北京大华天坛服装有限公司通过了出口衬衫免检资格审查，成为北京地区首家出口免检企业。

【积极参与和推动首都国际机场的国际卫生机场创建工作】会同机场各单位成立了创建协调领导小组和创建工作领导小组，在11个专业技术小组中有10个小组由北京检验检疫局人员担任组长职务，还邀请世界卫生组织的诺曼博士和我国一些资深专家到机场进行指导。经不懈努力，终于通过了世界卫生组织的验收，确认首都国际机场为国际卫生机场。

【为各项重大活动做好配合保障工作】 在北京申奥过程中，努力做好迎接国际奥委会评估团关于检验检疫方面的主题陈述和答辩工作；完成了有关参赛马匹的检疫卫生条件、携带动植物、动植物产品、伴侣动物、导盲犬等检验检疫法规的起草工作；积极做好申办奥运的相关工作，如设立奥运特办窗口，参加迎奥运的各项公益活动等。圆满完成了世界大学生运动会期间的卫生检验检疫工作，参与了组委会工作，编制了工作方案，设立了专用通道和专用窗口。对配餐公司的采购、运输、生产加工、贮存等各环节实施了“一条龙”管理，从源头上确保了大运会盒餐的安全卫生。从而受到了大运会组委会和各方面的好评与表彰。

【加强信息化建设，全力推进“三电工程”】 2001年，北京检验检疫局各部门所有到天津直接出口的货物全部实现了电子转单，对全国其他口岸也逐步实了出口货物的电子转单。制定下发了《北京检验检疫局实施电子报检推广计划》，组织了20多次推广和演示会，先后向400余家企业宣传电子报检，现已超过了120家，产地证电子签证量已达到65%。另外，对各办公地点进行了网络连接。机场、朝阳局和丰台局已经连通。东郊火车站、京信民航货场，采用ISDN方式与本部相联，保证了检验检疫业务的正常快速运行。初步设计并搭建了局内部主页平台，包括通知、通告发布、电子邮件系统、FTP服务、信息交流论坛等。

北京口岸概况

一类口岸

【北京航空口岸】 首都机场是全国最早开放的航空口岸，始建于50年代中期，位于北京市东北郊顺义区境内。距北京市中心25.35公里，占地面积9.6平方公里，至今已翻建扩建了4次。目前正在使用的2号航站楼于2000年7月验收起用，同时原来的1号航站楼开始装修。2号航站楼占地面积33.6万平方米，候机楼面积33万平方米，拥有靠桥停机位44个，远机位21个，及一座16.7万平方米、5000多个停车位的停车楼。东西两条跑道分别长3800米和3200米，可供起降世界上最先进的波音大型宽体客机。候机楼内共设值机岛8个，值机位168个，边防检查台64个(其中出境检查台24个，入境检查台40个)。首都国际机场允许外籍飞机进出，现已发展为承担国内外42家航空公司运营的250条航线（其中国际航线114条、国内航线136条）、连接38个国家和地区的63个城市的国际港，驻有11家国内航空公司的办事处和38家外国航空公司的办事机构。首都国际机场是目前国内最大的航空港，设计年吞吐能力：旅客3500万人次，货邮78万吨，飞机起降19万架次。预计2005年首都机场即将达到饱和，目前正在筹划进行新一期扩建。

2001年，飞机起降22.18万架次，其中国际航班4.87万架次；旅客运量2417.67万人次，其中进出境旅客685.61万人次；货邮吞吐量81.1万吨；海关监管空港货物18.93万吨，征收关税及进口环节税108亿元。

北京口岸专稿

2001年北京市外贸出口继续保持增长

2001年，面对严峻的国际经济形势，北京市外经贸部门及企业扎实工作，使全市对外经济贸易继续保持一定发展规模。2001年，全市地方企业（下同）累计完成进出口贸易总额134亿美元，与上年相比，增长15%，超额完成了市委市政府下达的125亿美元的计划。出口48.7亿美元，增长5.3%；进口85.3亿美元，增长21.4%。外贸逆差为36.6亿美元。

【出口增速呈现高开低走态势】 2001年，北京市对外经济贸易规模虽然继续扩大，但增速出现了高开低走的发展趋势。出口增速在2月份达到45.4%的年度峰值后一路走低，12月份跌至5.3%，为全年最低点。

北京市地方企业与全国及各主要省市各月累计出口增幅（±%）

	1月	2月	3月	4月	5月	6月	7月	8月	9月	10月	11月	12月
全国	0.8	14.5	14.7	13.2	11.0	8.8	10.6	7.3	7.0	6.1	6.3	6.8
北京	26.6	45.4	33.9	31.7	26.8	15.3	15.1	8.4	7.1	5.9	6.0	5.3
天津	16.7	28.8	30.2	23.0	24.9	20.3	19.1	17.0	17.3	6.8	9.3	10.0
上海	17.5	25.2	28.3	25.8	20.4	16.9	15.0	13.5	12.5	10.8	9.9	9.0
广东	−19.0	−1.2	0.9	2.1	0.7	0.6	0.4	0.7	1.2	2.2	2.9	3.8

【对主要出口市场的出口有增有降】北京市坚持了把握传统市场，积极开辟新兴市场的发展战略，在美国经济减速、日本经济低迷的不利形势下，仍保持了对两大传统市场出口的增长。2001年，日本作为北京市最大出口地区，对日出口10.1亿美元，增长1.3%，占出口总值的两成以上。由于出口产品结构和美国经济衰退滞后等因素影响，全年对美国出口依然保持了两位数增长，全年出口6.9亿美元，增长12.1%，出口排名跃居全市出口第二位。但对香港地区出口持续下降，且降幅不断加大。对欧洲市场中的欧共体出口增长，但由于对东南欧市场出口下降，使对欧洲整体出口下降11.2%。

2001年主要国别(地区)出口情况(万美元)

国别(地区)	2001年出口额	同比%	比重%
日本	101406	1.3	20.8
香港	56237	-30.3	11.5
美国	68531	12.1	14.1
欧盟	80640	1.0	16.5

【出口商品结构进一步优化，机电产品、高新技术产品出口均创历史最好水平】 2001年，北京市出口商品仍以工业制成品为主，出口45.3亿美元，占出口总额的93%，增长4.2%。其中：机电产品出口29.1亿美元，增长12.2%，占出口总额近六成，达到59.8%，成为拉动全市出口的主要力量。高新技术产品出口21.5亿美元，增长17.5%，占全市出口总额的44.1%。由于高新技术产品出口已成为外贸出口增长的中坚力量，相当一部分科技含量高的相关产品出口高速增长。其中：手持或车载无线电话机出口1138.5万台，总值为11.8亿美元，增长34%；二极管及其他半导体器件出口3440万个，总值为107万美元，增长2.1倍；集成电路出口3.9亿美元，增长85%；数字式自动数据处理设备出口5657台，总值为949万美元，增长4.5倍。

随着北京市出口商品结构的优化，传统大宗商品出口的增量优势正在逐步弱化。2001年，全市服装及衣着附件出口7.4亿美元，下降5.9%；纺纱、织物、制成品及有关产品出口1.3亿美元，下降19.9%；鞋靴出口4295万美元，下降66.5%。

此外，一些出口企业积极开展深加工，不断提高商品价值，取得了较好的经济效益。全年初级产品出口3.4亿美元，增长22.8%。

【外商投资企业出口仍是拉动全市出口的主要力量】外商投资企业出口是北京市外贸出口强劲增长的主要拉动力。全年出口额达32.5亿美元，增长13.3%，占外贸出口总额的比重由上年同期的62%上升到66.7%。其中，中外合资企业出口27.5亿美元，增长7.6%；中外合作企业出口0.5亿美元，增长37.5%；外商独资企业出口4.5亿美元，增长62.1%。出口增长超过2000万美元以上的诺基亚、诺基亚航星、JVC、航卫通用电器、通美晶体等五家企业，全部为外商投资企业。国有企业出口15.5亿美元，下降了9%，占地方企业的比重由上年同期的36.7%下降到31.8%。

【进口保持高速增长，为经济发展注入活力】 近年来，国家加大了对基础建设项目特别是交通、能源、通讯等行业的投资。同时，国际信息产业的迅猛发展，也极大的刺激了国内相关产业发展。加之打击走私专项斗争规范了国内贸易市场，一些热门商品通过正常渠道进口，使进口出现大幅度增长的局面。进口主要特点表现为：

1. 外商投资企业是进口的主体。2001年，全市进口85.3亿美元，增长21.4%。其中外商投资企业进口54.1亿美元，占进口总值的六成以上，达63.4%；国有企业进口30.8亿美元，占进口总额的36.1%。

2. 以一般贸易进口为主。一般贸易进口56.8亿美元，占进口总额的六成以上。加工贸易进口11.5亿美元，占进口总值的13.5%。

3. 机电产品拉动进口增长，进口以工业制成品为主。全年初级产品进口4.8亿美元，增长28.4%，占进口总值的5.6%。工业制成品进口80.5亿美元，增长21.1%，占进口总值的94.4%。其中机电技术产品进口68.9亿美元，增长21.6%，占全市外贸进口总值的80.8%。

【附表】 全年北京市地方企业出口达到48.73亿美元，增长5.32%。出口产品结构进一步优化。机电产品、高新技术产品出口保持较快增长。

地方企业进出口

	出口额	同比%	比重%	进口额	同比%	比重%
一般贸易	18.89	−1.4	38.77	56.77	31.2	66.55
外资企业	32.52	13.3	66.73	54.11	10.5	63.43
机电产品	29.14	12.2	59.80	68.94	21.6	80.82

实际利用外资大幅增长。引资力度继续加大，引资方式多样化。全年实际利用外资40.1亿美元，增长33.2%，增幅比上年提高30.7 个百分点。外商投资领域进一步扩大，外资投向明显优化。2001年，第三产业签订合同外资金额17.35亿美元，占合同外资总额的60.4%。电子及通信设备制造业等高新技术产业吸收外资大幅增加。

2001年吸收外资外商直接投资情况

	项目数（个）	同比%	合同外资额（万美元）	同比%
第一产业	35	25.0	8134.0	−33.2
第二产业	458	20.2	105631.6	14.0
# 电子及通讯设备制造业	96	26.3	29963.9	17.0
第三产业	654	−11.1	173528.5	−7.0
# 计算机应用服务业	371	−34.0	48607.2	−43.0

2001 年北京市出口贸易方式情况

单位：万美元

企业性质 贸易方式	合计	国有企业	外商投资企业				集体企业	其他
			小计	中外合作	中外合资	外商独资		
	金额／±％	金额／±％	金额／±％	金额／±％	金额／±％	金额／±％	金额／±％	金额／±％
总值	487262 (5.3)	154514 (−9.0)	325240 (13.3)	4979 (37.5)	27461 (7.6)	45649 (62.1)	6687 (18.8)	822 (379.2)
一般贸易	188930 (−1.4)	128829 (−11.9)	55824 (32.4)	3268 (40.2)	30129 (10.3)	22427 (79.4)	3552 (12.0)	725 (827.5)
国家间、国际组织无偿服务和赠送的物资	465 (39.7)	392 (56.4)						74 (−11.0)
来料加工装配贸易	44138 (22.2)	9296 (38.9)	32727 (19.3)	402 (55.9)	18067 (−3.1)	14258 (66.9)	2116 (7.2)	
进料加工贸易	244092 (4.4)	931 (−41.0)	233744 (7.5)	1309 (26.7)	223472 (6.8)	8964 (25.9)	1019 (110.3)	10
对外承包工程出口货物	4326 (533.8)	4320 (540.3)						6 (−22.2)
出料加工贸易	370 (595.9)	370						
易货贸易	1317 (1894.9)	1317 (1894.9)						
保税仓库进出境货物	3424	481	2942		1942			

2001 年北京市进口贸易方式情况

单位：万美元

企业性质 贸易方式	合计	国有企业	外商投资企业				集体企业	其他
			小计	中外合作	中外合资	外商独资		
	金额／±％	金额／±％	金额／±％	金额／±％	金额／±％	金额／±％	金额／±％	金额／±％
总值	853012 (21.4)	307516 (47.1)	541070 (10.5)	13791 (−5.5)	461161 (5.0)	66118 (83.1)	2054 (19.7)	2372 (27.8)
一般贸易	567670 (31.2)	281779 (44.6)	284846 (20.0)	3994 (81.4)	255308 (17.4)	25544 (44.1)	228 (44.4)	816 (473.4)
国家间、国际组织无偿服务和赠送的物资	972 (−16.4)	247 (16.8)						725 (−23.7)
华侨、港澳台同胞、外籍华人捐赠物资	192 (1131)	9 (108.4)						183 (1523.6)
来料加工装配贸易	31294 (29.0)	5007 (17.1)	24742 (32.3)	365 (147.5)	13901 (0.1)	10476 (124.3)	1537 (19.8)	8
进料加工贸易	83589 (29.8)	5503 (−15.4)	77760 (35.0)	583 (7.7)	62076 (15.6)	15101 (349.6)	288 (5.1)	39
加工贸易进口设备	274 (4.6)	32 (171.8)	242 (−3.2)	219 (8.7)	22 (−54.4)			
外贸投资企业作为投资进口的设备、物品	56995 (10.0)		56995 (10.0)	8761 (−24.5)	35357 (10.3)	12877 (58.2)		
易货贸易	28 (−0.1)	28 (−0.1)						
免税外汇商品	46 (−51.5)	46 (−51.5)						
仓库进出境货物	110655 (−12.4)	14573 (490.0)	96080 (−22.4)		94124 (−22.6)	1956 (−7.9)		2
其他	1298 (−16.6)	292 (−47.7)	407 (65.0)	88 (0.9)	177 (58.3)	143 (197.0)	1 (102.5)	598 (−20.4)

北京口岸大事记

1月12日

市政府口岸办公室在首都国际机场召开北京空港口岸各大单位主要领导干部座谈会。北京市副市长张茅、市政府副秘书长柳纪纲、市外经贸委主任李昭等领导同志到会并讲话。

1月31日

汪光焘副市长主持召开会议，研究首都机场高速路周边环境整治有关问题，进一步贯彻落实朱熔基总理的有关指示精神。

2月14日

北京市副市长、出口加工区领导小组组长张茅在市政府主持召开北京天竺出口加工区领导小组第三次工作会议。出口加工区领导小组副组长、市政府副秘书长柳纪纲和领导小组成员、市政府口岸办主任吴依孚及其他领导小组成员出席了会议。

2月17日

市委书记贾庆林，市长刘淇、副市长张茅、市政府秘书长黄承祥等市委市政府领导和奥申委领导亲自到首都机场检查迎送方案及相关准备工作情况。

3月上、中旬

全国人大、政协“两会”隆重召开。在全国“两会”召开前夕和闭幕后，首都机场口岸各单位精心组织、热情服务，高质量地完成了“两会”代表、委员抵离机场的迎送任务。

3月7日

在嘉里中心，举行了嘉里、京泰物流项目签约仪式，市政府常务副市长孟学农等领导同志出席签约仪式。

3月30日

首都机场口岸隆重召开反偷渡反走私总结表彰大会。大会由市口岸办主任、机场口岸“双反”工作领导小组组长吴依孚主持。北京市副市长张茅，中国民航总局副局长鲍培德，北京市政府副秘书长柳纪纲，国家海关总署领导、党组成员叶剑、公安部出入境管理局王升和以及首都机场口岸反偷渡反走私工作领导小组全体成员出席了大会。

3月30日

市政府张茅副市长在北京天竺出口加工区召开了现场办公会，市政府副秘书长柳纪纲和北京海关、市外经贸委、顺义区政府等有关领导同志出席。

4月中旬

国际大体联主席基里安和监督委员会及各代表团共计67人来北京检查第21届世界大学生运动会筹备情况。为此，北京市口岸办会同首都机场管委会组织召开协调会，制定迎送方案，确保完成迎送任务。

5月23日

北京出入境边防检查总站举行纪念大会和站史展览，隆重庆祝建站五十周年，国家公安部副部长赵永吉和市口岸办主任吴依孚、北京空港口岸各大单位的领导同志出席了庆祝活动。

为加强首都机场共建文明机场工作的力度，由首都机场地 区精神文明建设委员会与机场各单位会同首都机场创建文明机场办公室共同组成联合检查组。

首都国际机场管理委员会制定并印发了《北京首都国际机场控制区管理规划》。首都国际机场管理委员会制定并印发了《北京首都国际机场问讯投诉服务电话管理办法》。

5月底

《北京市“十五”时期口岸发展规划》正式出台

6月12日

北京空港出口加工区验收工作会议暨颁证仪式隆重举行。中央政治局委员、北京市委书记贾庆林出席仪式，北京市副市长张茅、国家海关总署领导、北京市口岸办主任吴依孚、副主任吴开镕及北京海关、市区有关部门领导出席会议和颁证仪式。

6月中旬

中共北京市委常委、北京市常务副市长孟学农在北京出入境检验检疫局《关于创建国际卫生机场工作情况的报告》上做了批示：“请口岸办、文明办、卫生局等部门积极支持创建工作，并持之以恒，努力成为国际一流的航空港。”首都国际机场各单位正在抓住重点、力克难点、规划要点，积极稳步地推进创建国际卫生机场工作。6月28日，创建工作领导小组召开了工作协调会。首都机场已按计划向国家质检总局递交了创建国际卫生机场申请。

6月28日至29日

《关于首都机场实行72小时过境免签证和扩大口岸落地签证范围的可行性和实施方案》调研小组召开了座谈会。

世界大学生运动会即将在北京举行，为了圆满做好国际大体联和各国代表团抵离首都机场的迎送工作，大运会组委会在首都国际机场成立了迎送中心。

7月5日

北京首都国际机场申报国际卫生机场仪式隆重举行。首都机场股份公司副总经理、创建工作领导小组副组长张庆巨向国家质检总局卫生监管司司长孙田田递交了申请书、工作报告和专项技术报告。同时航站楼内预防接种室、污水无害化处理点改建、飞机加水点设施改造等重点整改项目均已全部落实。目前，创建工作正在分阶段、按重点地顺利向前推进。

7月7日下午和7月10日上午

在首都国际机场南专机坪，中国国际航空公司、首都国际机场股份公司和边防、海关、检验检疫等单位都以专包机的高规格礼遇和安全、准点、周到的服务为申奥团送行。

7月14日、15日

当中央政治局常委、国务院副总理李岚清率领北京奥申代表团满载着申奥成功的胜利硕果分批回到北京时，空港口岸各单位领导也都到专机坪或机位口迎接。此前，在中央办公厅和市委办公厅主持下，口岸各单位领导共同研究落实迎接方案，确保欢迎仪式的隆重、热烈、安全。

为把首都国际机场建设成为现代化的、国际一流水平的航空口岸，为建设与主办2008年奥运会需求相适应的首都航空枢纽，经中国民航总局鲍培德副局长批准，首都机场管委会组团于7月上旬考察了韩国仁川机场和新加坡樟宜机场，取得了第一手建设与管理方面的资料。

9月上旬

首都机场口岸反偷渡反走私工作领导小组举办了“双反”业务知识培训班，以进一步普及“双反”知识，提高机场口岸相关单位人员的反偷渡反走私水平和能力，培养各单位“双反”工作的骨干。

“9．11”恐怖事件后，口岸各相关单位都进一步加强了口岸，尤其是首都国际机场航站楼的监控管理，采取多种安全防范措施，严格各种规章制度，强化了证件管理和边防检查、安全检查，全方位做好口岸安全工作。

9月13日

北京市政府张茅副市长主持召开了市假日旅游工作领导小组全体会议，部署2001年“十一”假日旅游接待工作。

10月9日

国务院办公厅以特急明电[2001]38号通知各省、自治区、直辖市人民政府、国务院有关部门，要求进一步提高口岸工作效率。通知对口岸工作从认识上、措施上、协调关系上、工作模式和管理方法上都提出了明确意见。

10月11日

中国口岸协会恢复活动筹备组在北京召开了部分地方口岸协会和口岸办代表座谈会。与会同志对《中国口岸协会恢复活动近期工作要点》和《中国口岸协会章程》(修改稿)提出了意见,对如何开好中国口岸协会第二次全国会员代表大会提出了建议。北京市人民政府口岸办公室主任、北京口岸协会会长吴依孚出席座谈会并发表了意见。

10月23日、24日

第五届京港经济合作研讨洽谈会在北京举行,取得了圆满成功。

10月25日

张茅副市长主持召开了市重点调研课题《关于在首都机场实行72小时过境落地免签证和扩大口岸落地签证范围的可行性研究及实施方案报告》的工作会议,市外经贸委主任李昭、市政府口岸办主任吴依孚和各有关部门领导出席会议。市口岸办综合处处长王洪存代表调研小组作了汇报。

10月下旬

北京出入境边防检查总站边防检查一队重拳出击,成功破获了一起采取调换登机牌方法企图偷渡到美国的案件,一起逃避边防检查持调换照片护照和持用他人登机牌的案件。

11月2日

首都机场创建国际卫生机场领导协调小组开会研究创建工作进展落实情况和迎接国家检查验收准备工作情况。11月6日,首都国际机场管理委员会召开会议听取有关部门对创建文明机场工作和迎检工作的情况汇报,研究确定了工作部署,提出了具体要求。

11月20日

首都机场通过了世界卫生组织的验收,成为亚洲第二家通过世界卫生组织确认的国际卫生机场。国家质检总局局长李长江,中国民航总局副局长鲍培德,北京市副市长张茅等领导出席了授牌仪式。11月26日,中国民航总局检查组对首都机场进行了“全国文明机场”的检查验收。

11月27日

首都国际机场管理委员会召开冬季首都机场飞机清除冰、雪、霜工作会议。会议议定成立协调指挥三人小组,飞机除冰车辆统一调配使用,除冰方式为机位除冰和定点除冰。

11月30日

北京口岸协会第二次会员代表大会筹备组召开理事座谈会,研究议定了北京口岸协会新一届理事会组成、修改协会章程、会议议程及筹备工作等初步方案。

在市政府领导的直接关注、支持下,在市口岸办的积极配合下,北京陆港国际物流有限公司实行了第二次重组,从而为朝阳口岸的进一步发展奠定了基础。

12月3日

首都机场口岸反偷渡反走私工作领导小组召开会议,研究了当前的一些实际问题和具体工作措施,讨论通过了依据《中华人民共和国对举报或协助查获违反海关法案件有关人员的奖励办法》制定的“反走私工作奖励实施办法。

12月4日

首都机场地区精神文明建设委员会办公室召开会议,传达了首都精神文明建设委员会关于“评选精神文明建设奖”的通知。

12月20日至22日

市委市政府召开了北京市经济工作会议,进一步贯彻中央经济工作会议精神,明确了总的工作要求,部署了2002年经济工作。市政府口岸办公室主任吴依孚出席了会议,并在会后及时组织了传达会议精神,进一步安排部署口岸工作。

天津市

北
京
河
北京市
河
北
省
廊坊
河
北
省
遵化市
河
北
省
天津
渤
海
湾
渤中
图例
省级行政中心
口岸城市
铁路口岸
航空口岸
公路口岸
海(河)运口岸

∧∧
第六代集装箱船“法米娅”轮首航天津港

∧
天津港集装箱码头夜景

∨
天津港口岸鸟瞰

∧∧
天津港大型深水集装箱码头

∧
天津港口岸的大型堆取料机

天津口岸工作综述

【口岸概况】 天津是我国北方著名的工商业都市和口岸城市，史称天津卫。鸦片战争后，天津被辟为对外通商口岸。天津口岸腹地广阔，不仅是北京的海上门户，也是华北、西北地区与世界贸易的重要通道。新中国成立后，特别是改革开放以来，天津口岸经过大规模的建设和发展，现已拥有天津港口岸、天津航空口岸、海面交货点等3个对外开放的一类口岸和可以停靠外轮的12个货主专用码头。目前，天津港与世界上160多个国家和地区的300多个港口有贸易往来。新建成的10万吨级深水航道和南疆石化、煤炭专用码头，15万吨级散货船可入航港口，能够接卸世界先进的第六代集装箱船。天津港2001年货物吞吐量超过亿吨，率先成为我国北方第一个亿吨大港；天津滨海国际机场与日本、韩国、俄罗斯等国家及香港地区直航；京津航空一体化进一步促进天津国际机场的快速发展，将成为我国北方重要的航空物流中心。

【口岸经济运行情况】

货物吞吐量：2001年天津海港完成货物吞吐量11369.1万吨，与上年相比增长18.8%。外贸吞吐量完成6172.0万吨，增长20.2%，其中外贸进口2236.9万吨，出口3935.1万吨。

集装箱吞吐量：2001年天津港完成集装箱吞吐量201.12万标箱，增长17.7%。

航空港客货吞吐量：2001年天津空港旅客运量94.1万人次，增长6.5%；完成货邮吞吐量4.5万吨，下降15.1%。

港口集疏运情况：2001年铁路、公路集疏运共完成8261.4万吨（不含铁路煤、炭到港量），增加3214.7万吨，其中集港6003.7万吨，增加2708.5万吨；疏运2257.7万吨，增加506.2万吨。

铁路集疏运（不含煤、炭集港，铁路集港煤1414.9万吨，日均628.3车；集港炭200.8万吨，日均94.3车）日均装车395车，与上年相比增加70车；日均卸车117车，减少80车。铁路集疏运1087.8万吨，减少22.7万吨，其中集港252.5万吨，减少173.8万吨；疏运835.3万吨，增加151.1万吨。

公路集疏运7173.6万吨，增加3237.4万吨，其中集港5751.2万吨，增加2882.3万吨；疏运1422.4万吨，增加355.1万吨。

全年接待国际游船8艘次，出入境旅客12014人次。

【口岸开放】 2001年初，天津港南疆散化码头、焦炭码头开放运营，8月份，南疆煤码头开放使用，为实现亿吨大港发挥了重要作用。12月14日经交通部批准，秦皇岛32−6油田临时对外开放，管理权归属天津市。12月2日，该油田第一次外输原油7.4万吨， 12月15日该油田又迎来第二艘国际油轮。

为实现口岸延伸，天津市口岸办经与甘肃省口岸办牵头组织协调，两地口岸对口单位洽谈协商，2001年1月份，双方签定了直通协议，开通了天津－兰州集装箱直通班列。同月，国家民航局正式批准北京首都国际机场与天津滨海国际机场联合，实现了京、津航空口岸一体化。其后，天津市口岸办又与河南、新疆口岸单位协商，开辟津豫、津新口岸直通。

【口岸建设与改造】 围绕建设“北方航运中心”的战略目标，天津港相继完成了航道疏浚一期工程，部分集装箱泊位和杂货泊位改造，北疆港区可停靠10万吨级船舶；南疆港区建设业已形成规模，散化码头、焦炭码头相继投入运营，煤码头一期工程于2001年11月8日交付使用。

为加快通关速度，营造国际化通关环境，天津海关“金关工程”发展迅速。“口岸电子执法系统”已得到广泛推广和应用，电子报关率达到100%，查验中心实现了机检自动化，在港区积极推进封闭式通道监管；检验检疫CIQ2000系统已经全面启动，电子报检率达到60%，并在12家大型企业实行直通式电子报检报验；天津港务局EDI中心建设初具规模，已有65家用户，160多个入网点；金融系统“金卡工程”网络建设日臻完善，在快速办理外贸结汇、结税等业务上发挥了较好的效能。以上四大网络平台建设，推动了现代科技在口岸监管、查验和生产中的应用，有效地提高了口岸通关速度。

铁路部门把港口集疏运作为工作的重点，采取积极有效措施，保障货物运输的安全畅通。为提高港口疏运能力，年初，天津铁路分局投资60万元，改善新编车场。

【口岸查验改革】 在改善通关环境、提高通关效率方面，口岸查验单位相继出台了一系列新的改革举措。天津海关年初提出了4项改进通关服务措施，6月份推出了加速通关10条措施，同时建立了报关督察通报制度，并对“三高一大”外贸企业在通关上给予“绿色通道”优惠措施。关区实现了“一站式”集中办公，所有业务处室前移到现场，形成了报关、审单、验放“一条龙”作业模式。出口通关实行两班制，作业效率显著提高，办理通关立等可取率达到60%。出入境检验检疫局在实行新的通关模式后，创新检验检疫工作，在积极推行“六个一”服务的基础上，在全国率先实行检验检疫“三电工程”。首批实行集装箱检验检疫、监管模式改革，并提出了“一口对外”、科学融合、分级管理、信息保障和预报预检、简化流程的原则和措施。同时，还印发了《关于落实质检总局进一步提高口岸工作效率几点意见的通知》，推出了提高效率支持外贸的8条措施，为企业尽可能地提供快捷、方便的通关条件。边检总站实行警务公开和边检承诺。海事局实行两级管理和执法公示制，编制《政务公开手册》切实履行向社会作出的服务承诺。

【口岸通关情况】

出口通关　2001年，天津海关结关出口报关单53.74万份，在实施加速通关10条措施和集中办公以后的下半年，终报至放行平均时效0.3天，比2000年平均时效快0.1天。当日审结率97%，当日放行率99%，比全国口岸平均时效快0.2天。出入境检验检疫局受理出境报检23.1万批，出境通关单当日办结率95%。对内地出境货物口岸出境验证10.3万批，半日办结率97%，当日办结率99.99%。出口通关企业递交纸面单证时效0.04天。

进口通关　2001年，天津海关结关进口报关单33.4万份，下半年终报至放行平均时效2.0天，比2000年平均时效快0.6天。当日审结率94%，当日放行率29%，比全国口岸平均时效慢0.4天。其中应税货物和一般贸易报关单分别占报关单总量的42%和32%，比全国口岸平均水平分别高9个和11个百分点。天津出入境检验检疫局受理进境报检14.5万批，进境通关单当日办结率99%。对于天津市重点企业急需的高新技术法检产品，办理换证凭单不超过4小时。进口报关企业递交纸面单证时效1.16天，交纳税款0.69天。

通关查验情况　2001年，天津检验检疫局对内地出境验证的货物口岸查验2771批，查验率2.7%(国家总局规定查验率3—5%)；对进口法检货物检验和检疫率均为100%。出入境船舶查验10135艘次。船舶联检情况是：海事局对集装箱船舶查验实行进出口手续一次办结，对其他船舶边办理手续边作业；检验检疫局对符合电讯检疫条件的实行电讯检疫，对不符合电讯检疫条件的实行登轮检疫，做到人等船；海关根据海关总署要求，结合实际情况，船舶查验采取边申报边作业的方式办理；边检站对于时间紧或代理提出要求的船舶登轮办理检查手续，其他船舶由代理到边检站办结检查手续后方可作业。一般情况下，船舶靠港30分钟内，各查验单位即可办结船舶查验手续。

【口岸管理与协调】 天津市口岸办为保障口岸安全畅通，不断强化管理职能，先后印发了《关于加强天津口岸安全防范工作的通知》、《关于加强天津口岸仓储库场安全防范工作的通知》、《关于认真做好企业码头安全生产工作的通知》和《关于做好夏季安全生产工作的紧急通知》，对口岸重点单位、重点生产环节进行全面检查，落实安全生产责任制，杜绝了重大事故的发生；协同天津边防总站拟定了《天津港出口国际集装箱边防检查办法》，落实目标责任制，加大了反偷渡工作的力度，使非法偷渡现象得到有效遏制。

天津市口岸办下发了《关于开展涉外和登轮纪律教育活动的通知》，集中在10月份开展了为期1个月的涉外和登轮纪律教育活动，并组成检查组进行专项检查，及时将检查结果反馈、通报给有关单位情况，防止了违纪问题的发生。

按照口岸仓储规划和坚持口岸可持续发展战略，天津市口岸办积极配合滨海新区做好治理煤尘污染、推行封闭式运输有关工作，参与制定了《天津市人民政府关于清理整顿滨海新区煤炭仓储库场的通告》和《滨海新区煤炭仓储库场清理整顿实施方案》，推动治理煤尘污染工作的落实，取得阶段性成果。

大力倡导现代物流，积极推动海、空口岸向新的物流集散中心发展。天津市口岸办在400多家库场中选取8家作为试点单位，引导培育其向现代物流转化，当年均通过了ISO9000和9002国际认证；完成了《天津市物流发展纲要》口岸部分的编纂工作；航空港口岸组织协调40批次要客团体出入境。

【口岸精神文明建设】 按照“促进工作，服务经济，实现跨越式发展”的共建工作思路，年初，天津市口岸办制定印发了《天津口岸文明共建活动五年规划》和《2001年口岸共建工作安排》，明确了工作任务和发展目标，进一步规范了口岸文明共建工作。以全面落实服务承诺和政务公开为主题，部署开展了第6次“百日优质服务竞赛”活动。期间，对口岸各单位的共建联络员和督察员进行了两次集中培训，组织开展了为期10天的口岸共建检查交流，并制定了《天津口岸百日优质服务竞赛考核标准》。以此标准在对各单位进行考核的基础上，评选表彰了天津口岸文明共建活动暨第6次“百日优质服务竞赛”各类先进，有效地推动了共建活动的深入开展。为强化对共建活动的理论指导，天津市口岸办组织开展了文明共建理论研讨。在征集的50余篇论文中，评选出18篇在天津口岸文明共建理论研讨会上交流。同时，在认真总结口岸文明共建经验的基础上，编写了70万字的《天津口岸文明共建成果集》。

【调查研究】 为全面贯彻落实国务院办公厅《关于进一步提高口岸工作效率的通知》精神，积极抓好通关环境的改善，天津口岸办召开办公会进行专题讨论，并召集口岸单位进行座谈，研究制定了贯彻落实国务院办公厅《通知》精神提高口岸工作效率的措施。为加速口岸通关，先后组织进行了海港口岸环境情况调研、空运外贸货源流向、对俄民营贸易情况调研、保税区物流企业反映有关问题的情况调研和天津、青岛口岸有关数据比较情况调研等7项专题调研，并相应写出调研报告上报市政府和上级有关部门。从8月份开始，口岸办成立6人调研组，着重对海运口岸开展了为期3个月的口岸“大通关”调研，通过努力，摸清了情况，找出了问题，提出了建议和措施，并较好地解决了企业反映比较集中的过境集装箱转关、进口集装箱空箱检疫和二连滞留回空箱等问题。
(孙方奎　米树彤　张乃刚)

天津口岸查验单位工作综述

天津海关

2001年，天津海关坚持“依法行政、为国把关、服务经济、促进发展”和“从严治关”的工作方针，以深化通关作业改革为主线，以现代科技手段为保障，合理调整监管格局，加大物流监管力度，实现了海运进出口货物的集中统一管理，优化了通关环境，提高了通关效率，使监管水平又上了一个新的台阶。2001年，天津海关共监管进出口货运量5681.14万吨，比上年（下同）增长20.7%；监管进出口货物总值达323.71亿美元，增长8.6%。进出口报关单89.07万份，增长10.5%。监管进出口集装箱127.8万个标箱，增长4%。全年完成税收191.34亿元，增长了3.13%。各项业务指标均达到历史最好水平。

作为全国最早的通关作业改革试点海关之一，2001年，天津海关按照海关总署的统一部署，根据天津口岸的实际情况，继续深化改革，进一步提高监管效能，加快通关速度。9月份，以天津海关开发区综合业务大楼的建成启用为契机，本着严密、高效、方便、快捷的原则，对天津口岸海运进出口监管格局进行了科学化的调整，进一步优化作业流程，提高监管效能。首先将原处天津市中心距港口100余公里的审单中心，迁入临近港口的开发区海关综合业务办公大楼，对关区所有进出口报关货物实行集中审单，避免了因异地作业，造成监管分散，给货主带来不便，影响通关效率；二是新港海关迁入新大楼，统一负责原分散在东港海关、新港海关和开发区海关的海运进出口货物的集中接单和核放任务，形成了统一规范的海运集中接单现场，改变了三地分别接单核放的分散局面，使海运通关管理更加合理、顺畅和便捷；三是将需要查验的进出口货物的验放和转关运输货物的监管集中到东港海关，形成了依托高科技查验手段的集中验放现场。实现了全部海运进出口货物审单、接单、查验“三个集中”，形成了集约化、专业化、统一高效的监管格局。目前，新大楼内的海关业务量达到了天津关区进出口总业务量的82%，进出口货物通关速度明显加快，凡不需要查验和纳税的货物通关手续，基本做到了货主立等可结。。

天津海关为支持外贸出口，支持高新技术产业发展，与天津市外经贸管理部门联合审批了摩托罗拉等8家适用便捷通关措施的高新技术企业，实行预归类、预审价、提前报关、加急通关、担保验放、预约通关、便捷通关窗口等快捷通关措施，同时进一步简化现场接单手续，实行“接放一体”、“验放一体”，极大地方便了企业通关。目前这8家企业的进出口值已占全市进出口总值的近一半。

为充分发挥天津口岸海关电子执法系统在全国海关试点带头作用，打造坚实的“金关工程”，天津海关作为此项工作在天津地区的牵头单位，在市政府的领导下，与外贸、外汇、工商、税务等部门密切协作。2001年，共为2046家企业办理了入网手续，与外汇管理部门实现了出口收汇网上核查，有效遏止了出口逃汇等走私行为，方便了外贸企业的进出口。

天津海关在税收征管工作中全面贯彻“依法行政、为国把关、服务经济、促进发展”海关工作方针。坚持依率计征，切实加强税收征管工作。建立了二级税收监控系统，强化审价、归类、化验职能管理，严格减免税审批；以高科技手段为依托，实现了对港区全封闭、全方位物流监控和查验手段的高科技化，保证了海关实际监管、提高了验估工作整体水平，夯实了税收征管的基础。加强对企业和加工贸易的后续监管，强化核销补税工作，防止税收跑、冒、滴、漏，切实做到了应征尽征。同时，加大对高资信纳税大户企业扶持力度，建立了关领导定期走访企业制度和大户企业跟踪服务制度，切实为企业提供优质高效的通关服务。2001年，天津海关共征收税款191.34亿元，其中关税76.88亿元，进口环节税114.46亿元，与上年相比分别增长3.13%、2.68%和3.42%。完成全年税收任务的106.89%，超计划12.34亿元，年税收创历史新高。

天津海关在提高通关效率，优化通关环境的同时，进一步严密监管，继续保持了天津口岸打击走私的高压态势。2001年，天津海关在口岸各有关单位的大力支持下，共查获走私案件126起，查获违规案件88起，总案值3.3亿元，罚没收入5758万元。侦查立案27起，案值1.73亿元，抓获犯罪嫌疑人181人。同时，天津海关加大知识产权边境保护执法力度，打击了侵权行为。全年共立案查处侵权案件65起，扣留侵权货物总值650万元人民币，审结案件56起，罚没入库56 万余元，为保护企业的合法权益，维护口岸进出口贸易秩序做出了贡献。

2001年天津海关进出口监管量统计表

	数量	单位
监管进出口运输工具	14817	艘次／架
其中：船舶	11486	艘次
飞机	3331	架
报关单	890752	份

2001年外贸出口前十名商品总值表

单位：美元

商品编号	商品名称	出口值
27040010	焦碳及半焦碳	773502285
84716010	显示器	451687360
85299090		258691719
85211019		243654091
27011290	其他烟煤	243300321
76011000	未锻轧的非合金铝	171587706
79011100	锌粉	141438316
72022100	硅铁	133624717
85165000	微波炉	133103390
51053021	山羊绒	129073653
合 计		2679663558

2001年天津口岸外贸进口前十名商品总值表

单位：美元

商品编号	商品名称	出口值
85421310	483949880	
39011000	聚乙烯	330870968
31053000	磷酸氨二酸	246387927
12010091	黄大豆	245312615
88033000	飞机及直升机的其他零件	227941199
84798990	未列名独立功能的机器	227017962
27090000	石油原油沥青矿物提取物	220047935
87032314	小轿车	208945548
85404000	彩色数据／图形显示管	201932058
85423000	其他单片集成电路	177314494
合 计		2569720586

2001年天津海关出入境人员统计表

	客运量（万人）	乘务人员（人）
新港海关	7.6	264374
机场办事处	28.15	35233
合计	35.75	299607

2001年天津海关查获走私违规案件统计表

	数量	单位
案件	27	起
涉嫌偷逃税	6339.21	万元人民币
抓获嫌疑人	181	人
检察院起诉案件	24	起
其中：涉及人员	59	人
法院判决案件	11	起
其中：涉及人员	27	人
知识产权侵权案件	31	起
知识产权分案值	299.66	万元人民币

天津海关隶属海关2001年进出口商品总值统计表

单位：万美元

	12月				1至12月累计及去年同期相比					
	进出总值	比重	进口值	出口值	进出总值	比重	进口值	比重	出口值	比重
现场业务处	156	0.05		156	18604	0.57	13530	0.93	5074	0.28
新港海关	231946	77.56	90076	141870	1941850	59.99	330916	22.73	1610934	90.44
开发区海关	31662	10.59	24850	6811	292330	9.03	265460	18.23	26870	1.51
东港海关	128	0.04	128		584344	18.05	582265	40	2079	0.12
塘沽办事处	77	0.03	55	22	89297	2.76	68877	4.73	20420	1.15
邮局办事处	251	0.08	161	89	1849	0.06	1000	0.07	849	0.05
机场办事处	23917	8	16772	7145	165501	5.11	91693	6.3	73808	4.14
保税区海关	10723	3.59	7434	3289	133730	4.13	92574	6.36	41156	2.31
蓟县海关	1			1	204	0.01	112	0.01	92	0.01
武清海关	207	0.07	207		9416	0.29	9411	0.65	5	
合计	299068	100	139684	159384	3237123	100	1455838	100	1781285	100

天津出入境边防检查总站

天津出入境边防检查总站担负着天津滨海国际机场16条空中航线和天津港106个泊位交通运输工具、旅客、员工的出入境边防检查任务。

2001年，天津出入境边防检查总站坚持“严格执法、热情服务”，把人民满意作为衡量公安边检工作的根本标准。确立了以“勤务制度严密，组织实施规范；硬件设施齐全，摆放悬挂规范；法制制度健全，执法程序规范；服务意识牢固，言行举止规范；业务技能突出，培训机制规范”为目标的整体工作思路，使公安边检工作更好地服务于社会，服务于出入境旅客，为维护社会稳定和天津市的经济建设创造良好的口岸通关环境。

2001年，共检查出入境人员557478人次(入境人员284478人次，出境人员273000人次)，比2000年增加9.03%；检查出入境船舶6647艘次（入境船舶3472艘次，出境船舶3175艘次），减少2.71%；检查出入境飞机3539架次（入境飞机1784架次，出境飞机1755架次），增加10.73%。

在执法工作中，全面推进“严格、公正、文明执法”。根据公安部《关于加强公安法制建设的决定》，研究建立执法责任制度、执法检查制度、执法质量考核评议制度，认真开展执法工作大检查，将执法依据、执法程序、执法内容的合法性和公正性作为检查的重点。同时，坚持警务公开，修订和完善各项工作方案和便民、利民措施，定期组织社会监督员座谈，定期走访口岸有关单位主动登门征求意见，强化了执法监督，保障了执法工作的严格、公正和文明。年内，共查获出入境手续不完备及扰乱口岸管理秩序342人次（中国籍268人次，外国籍74人次），行政处罚金额达到173791元人民币，无一起行政复议和行政诉讼。

为提高干警服务意识，树立良好形象，在广大民警中广泛开展“争先创优”活动。积极参加天津市政府口岸办组织的“百日优质服务竞赛”活动，积极向出入境人员和交通运输工具提供优质、高效的服务，使整体服务工作再上一个新台阶，被天津市口岸办评为“天津口岸文明共建先进单位”。

针对口岸偷渡的严峻形势，天津出入境边防检查总站努力提高反偷渡工作能力，切实加大反偷渡工作力度，依法严厉打击以偷渡为目的的各种非法出入境活动。把持用伪假证件、与交通运输工具内部人员勾结、逃避检查等偷渡活动作为打击重点。加强情报调研工作，增加现场调研力度，加强执勤现场公开和秘密巡视力量，加强伪假证件的研究和查验技能训练，加强与口岸各单位的沟通和配合，建立防范和打击口岸偷渡活动的综合治理体系和协作机制。5月，与天津市公安局、边防局、刑侦局、天津港公安局联合成立了“天津口岸公安机关预防和打击偷渡活动领导小组”，出台了《天津口岸公安机关预防和打击偷渡活动工作方案》，在加强相互配合、提供线索、核查情况、寻求警力支持、完善侦查机制等方面形成了一盘棋的工作机制。通过这一协作机制，天津出入境边防检查总站与天津市公安刑侦局进行了密切协作，一年来，共向其移交偷渡案件2起4人次，双方协同抓获组织偷渡人员1人，均被依法追究了刑事责任。针对利用集装箱偷渡日益猖獗的严峻形势，6月份组织召开了“天津出入境边防检查总站反偷渡工作会议”，制定了反偷渡工作预案，建立了反偷渡情况季度报告制度，并在滨海国际机场和海港部分辖区建立了出口空箱报验和重点检查制度，制定了《关于加强货运包机和集装箱管理工作措施》及《出口空箱边防检查管理暂行实施方案》，有效防范和打击偷渡分子利用空港交通运输工具和小型集装箱进行偷渡活动。与天津市公安局出入境管理处联合制定并签署下发了《天津出入境边防检查机关与天津市公安局出入境管理处打击非法出入境活动内部信息通报与协作办法》，建立起了有效的联系机制，提高了协作效率。为强化反偷渡工作力度，9月份，与中国远洋集装箱船舶运输公司总部签署了反偷渡协议，进一步明确了船公司在反偷渡工作中应承担的责任。与东方海陆集装箱公司和天津港集装箱公司就加强入港车辆的卡口管理进行了协商，进一步明确了入港车辆检查管理制度，建立了可疑车辆通报制度和入港车辆牌照、车主登记制度，基本实现了对入港车辆的有效控制。向船方印发了“反偷渡工作联系卡”，公开检查队值班室和巡查码头现场值班室举报电话，随时接受船方报案。一年来，天津出入境边防检查总站共查获各类偷渡人员69人次（中国籍偷渡人员55人次，外国籍偷渡人员14人次），抓获组织、协助者12人次(组织他人偷渡人员4人，协助他人偷渡人员8人)，接收由境外遣返人员72人。

为充分发挥科技在执勤工作中的效用，2001年，天津出入境边防检查总站继续落实公安部提出的“金盾工程”，坚持以科技为依托，不断加大先进设施投入，提高了对现有技术的应用水平。为提高港口巡查监护工作的质量，完成东港、塘沽、天津三个边防检查站闭路电视监控系统的建立和完善工作，初步形成闭路电视监控和现场巡查“两位一体”相结合的口岸管理新模式。同时，为提高快速反应能力，投资200万元为各边防检查站配备了巡查车、摩托车、高频基地台等执勤器材和设备。为提高办公效率，进一步完善了《出入境信息传输系统》、《出入境边防检查系统》、《天津出入境边防检查总站综合管理系统》等软件系统，其中总站自行开发的办公自动化管理系统获得了天津市科技进步二等奖。此外，为加强以技术设备的维护，天津出入境边防检查总站投资近40万元，为所属各单位增加必要的机要、技术和通讯设备，并对原设备进行改造。

为实现“内强素质”，加大了对广大干警的文化知识培训，干警中80%达到了大专以上文化程度，有100多人取得了外语等级证书，干警的专业水平和工作能力取得了进一步提高，为实现边检工作国际化要求奠定了人才基础。

2001年天津口岸出入境旅客统计表

单位：人次

项目		出入境旅客		合计
		入境	出境	
中国籍	因公	4821	6724	11545
	因私	15002	18333	33335
	香港	7138	4954	12092
	澳门	869	902	1771
	台湾	12069	10307	22376
外国籍		145551	140472	286023
华侨		7204	2546	9750
合计		185450	181692	367142

2001年天津口岸出入境员工统计表

单位：人次

项目		入境方式			出境方式			合计
		船舶	飞机	小计	船舶	飞机	小计	
中国籍	因公	41964	5295	47259	39041	5209	44250	91509
	因私	0	0	0	0	1	1	1
	香港	45	6	51	57	0	57	108
	澳门	96	0	96	95	0	95	191
	台湾	94	0	94	67	0	67	161
外国籍		38004	13524	51528	33487	13351	46838	98366
合计		80203	18825	99028	72747	18561	91308	190336

天津出入境检验检疫局

2001年，天津出入境检验检疫局接受进出口商品报检34万批；检验检疫交通工具近1万艘（架）次，集装箱76万标箱；完成出入境人员体检1.2万人次，预防接种2.5万人次。

【加快检验检疫重点转移，保证执法把关质量】 在坚持把检验检疫工作重点转向安全、卫生、环保、健康以及反欺诈等方面，针对境外爆发口蹄疫、疯牛病等疫情疫病以及突发的“炭疽杆菌”事件，及时制定了动物疫情控制应急预案和传染病疫情防治预案。开通了疫情信息计算机管理系统，完善了疫情通报制度；进一步强化了出入境旅客携带物、进出境邮件和快递的检验检疫及监督管理；加强了进口废旧物资及木质包装的检疫力度；积极与有关部门协调配合，对到天津口岸的欧盟饲料和天津地区封存多年的TCK疫麦进行了妥善处理。一年中，共检出不合格进出口货物423批，货值1.3亿美元；截获动物疫病5种8批次；截获植物有害生物178批次；在进境木质包装检疫中，查处162批不符合我国法规的贸易行为，均进行退运或销毁处理；在废旧物资检验中，发现各类问题出证76批次，大部分货物已办理退运索赔；在对出入境人员监测体检中，检出各种病例2456例。

【改进监管方式，加强监管认证工作】 规范了分类管理，对同类产品的管理原则进行了统一，突出了对产品生产过程的监控。改革集装箱检验检疫监管模式，调整了集装箱检验检疫监管工作程序，保证监管效果。在卫生注册（登记）、出口质量许可证和进口安全许可制度的管理上，采取积极措施，严格实施监管。质量评审工作，取得新的突破，全年新增认证企业45家。

【严格行政执法，维护检验检疫秩序】 组织行政执法人员和稽查人员参加并通过了系统和天津市的执法考试，提高了行政执法意识和水平。针对一些贸易当事人逃避检验检疫和管理的行为，进行了专项治理。全年共查办擅自进口须实施安全质量许可商品、进口未依法办理检疫审批手续动物产品以及通过伪造、变造单证手段逃避检验检疫监督管理等各类案件1600多起。

【加强科技工作，增强科技实力】 积极应对入世新形势，对涉及安全、卫生、环保等商品和项目的检验检疫依据及标准进行清理、规范。加强对学科带头人的培养，深入开展科研制标工作。全年组织科研立项39项（其中国家质检总局13项，天津市3项，天津局23项），完成科研成果登记13项，完成制定标准报批22项，完成申请卫生检疫制标计划项目38项（第一批）。

转基因实验室发展迅速，已成为华北大区注册实验室考核小组牵头单位。危险品实验室在打火机、点火枪类商品检测技术和实力继续保持全国领先水平。刚刚建立半年多的动植食检测分中心已步入快速发展轨道，开始为提高检验检疫水平提供强有力的技术保障。局所属实验室均已通过CCIBLAC认可并参加通过了国际间水平测试，树立起自己的品牌。

【拓宽服务领域，促进外贸发展】 针对外贸经济发展的新特点，坚持深入企业，加强沟通，访求问需，推出了服务外贸7项新举措。大力推行“三电工程”，改善报检环境，降低企业通关成本，简化进出手续。实行分类管理，便利企业通关，帮助企业改进管理，使天津多家企业通过日本专家的检查、验收。大力扶持天津创汇农业发展，为东丽区蝴蝶兰基地建设、西青区蔬菜出口提供强有力的政策服务和支持。利用自身技术优势，向企业提供信息和技术指导，帮助企业用好普惠制，开展原产地标记保护工作，有效促进外贸企业的发展。

2001 年天津出入境检验检疫主要业务统计表

金额单位：万美元

	进出口商品检验				进出境动植物及产品检疫				出入境卫生检疫					
	批次	金额	检出不合格		动物及动物产品		植物及植物产品		疫病监测				交通工具	
			批次	金额	批次	检出疫情（一、二类）	批次	检出疫情（一、二类）	出入境人员（人）	体检（人）	预防接种（人）	发现问题（人）	船舶（艘）	飞机（架）
出境	125642	574216	129	199	1361		27940					3261	1606	
入境	57285	539748	292	13018	3350	8	4210	59				3366	1635	
合计	182927	1113964	421	13217	4711	8	32150	59	529167	21791	27061	1955	6627	3241

天津海事局

2001 年，天津海事局紧紧围绕水上交通安全监督管理中心工作，深入开展“水上运输安全管理年”活动，积极平稳推进海事机构改革，在水上安全监督和航海安全保障方面发挥了应有的作用。

结合实际，加强辖区水上安全监督管理。全年共办理国际航行船舶进出口手续 9856 艘次、国内船舶签证 10277 艘次；危险货物进出口签证 5710 艘次，监装船舶 215 艘次；处理海上交通事故 23 起；组织海上搜寻救助 55 起，救助成功率 90% 以上。

为保持辖区水上安全形势稳定，认真总结“脱黑降滞”工作经验，进一步加强对船旗国管理，重点航线船舶的开航前检查率 100%。各类船舶安全检查的数量和质量均有明显提高。加强现场执法监督，对重点地区船舶、乡镇船舶及渡口的管理，与地方政府密切配合，认真落实安全生产责任制。为确保天津港航安全，制定专项整治方案，严厉打击“三无”船舶和渔船、舢板违章载客等行为，使天津港通航秩序得到明显改善。与上一年同比，辖区事故总数减少 7 起，大事故下降 33%，总经济损失下降 78%。

为适应天津港液货码头作业品种不断增加和散化管理技术性强的特点，实施了液货码头作业专家评估制度，对剧毒、高危货种作业进行评估审批。加强了液货船作业现场和液货码头管理，加大了危险货物码头和装箱现场监督检查力度。完成了天津海区溢油应急计划编制的基础性工作，为全面启动“渤海碧海行动计划”创造了条件。

认真履行 STCW78/95 公约，加强过渡期船员的培训、考试及发证工作。共完成船员适任证书考试 2120 人次，同比增长 40%；签发船员适任证书 11099 本，增长 175%；签发船员专业、特殊培训证书 33846 本，减少 25%；签发海员证 6029 本，增长 47%。支持航海教育，加大对船员培训单位的管理力度，保持了天津地区较高的船员培训质量。

进一步加强依法行政管理工作。2001 年，天津海事局实施的行政强制和行政处罚分别比上年上升 65% 和 125%，无一错案。并且在对印度籍“爱佳”轮的行政处罚案终审胜诉。

加快水监体制改革。2001 年，船舶检验管理处正式运行，在对辖区内船舶检验机构有关情况调研的基础上，初步理顺了各方面关系，建立了相关的工作程序和工作档案。完成了三个海事处的机构组建、人员配备及辖区、职能划定，初步建立了分层级管理模式。圆满完成了北方海区航标和山东地方划转航标的交接工作，共接收各类航标 692 座、人员 990 名、固定资产总值 2.75 亿元。

坚持“科教兴局”战略，促进海事业务发展。为实现天津港亿吨大港的目标，组织进行了天津港主航道富裕水深标准的确定、主航道的最大通航船型尺度限制及恶劣气象情况下主航道的管理及通航标准。根据交通部水监信息系统建设要求和局信息化工作规划，完成了局与海事系统广域网的联接，实现了局内信息的电子流转。局研发的“海洋潮汐推算订正及其在水深测量潮位改正中的应用”软件通过专家鉴定，在旅顺、黄骅港的应用中节约了大量的海上定点验潮费用，提高了测深精度。开发的电子海图引航软件，解决了黄骅港航道狭长、助航设施效果差的难题，成为引航员必不可少的引航设备。

深入开展文明行业创建活动。海事局及局属单位新港海事处、海测大队、交管中心再次被评为天津市文明单位，交管中心被评为全国海事系统先进单位，青岛航标处获得全国交通系统先进单位称号，6个窗口单位获得天津市最佳服务窗口称号。

2001年天津口岸航政管理

船舶监督管理（艘次）	船舶进出口艘次			交通管制	船舶安全检查	船舶登记
	船舶进出口联检	船舶进出口签证	本港籍船舶定期签证			
	10277	9856	133406	40991	478	219

船舶危防管理（艘次）	危货进出口签证		监装船舶	集装箱检查（箱数）	防污检查	船舶废弃物管理	
	进口	出口				油污水	垃圾
	2908	2802	215	303	1120	1369	4861

通航管理（次）	航行警通告	海事签证	海上搜救	水域巡查		处理海上交通事故				
				港区	海区	重大	大	一般	小	经济损失（万元）
	325	72	55	1070	14	0	2	9	12	294.85（不含待定部分）

船员证件管理	各类专业培训	签发海员证	船员考试	签发适任证书	服务簿签发
	25592	6052	1536	11248	3254

行政处罚（件）	行政强制		行政处罚
	滞留	其他	
	46	0	263

2001年天津口岸航海保障

（一）航标工作		计划指标	实际完成	（二）测绘工作	计划指标	实际完成
航标维护量(座)		643	778	外业测量（平方公里）	2151.29	2151.29
航标维护工作量（座天）		249880	249819			
航标维护正常率（%）		99.8	99.99	内业制图（幅）	15	15
航标正常率（%）		99.8	99.98			
RBN/DGPS站		99	99.99	（三）	计划	实际
信号可利用率（%）				通信工作	指标	完成
VTS设备工作情况	系统可利用率（%）	——	99.95	电报差错率（‱）	0.4（年）	0
	设备完好率(%)	—	100			
大中型航标船海上作业情况	抛设和撤除灯浮标:413座次 航标作业:178航 航程:18072海里 巡检:61次			（四）船舶适航率（%）	90	95

天津口岸概况

一类口岸

【天津港口岸】 天津港始建于公元7世纪（唐代），至今已有1千多年的历史。1861年1月20日正式对外通商，是我国最早对外通商的主要港口之一。塘沽新港建于1939年，建国后经过3年恢复性建设，于1952年10月17日重新开港通航。50年来，特别是党的十一届三中全会以后，天津港人在党的路线、方针、政策指引下，团结奋斗，开拓创新，锐意改革，成绩卓著。港口货物吞吐量于2001年11月15日突破亿吨，成为中国北方第一个亿吨国际大港。

天津港是我国沿海重要的主枢纽港，同世界上160多个国家和地区的300多个港口有业务往来，多年来外贸进出口量始终位居国内港口行业前列。目前天津港资产总值超过110亿元，港区面积200平方公里，其中陆域面积22.7平方公里，水域面积177.3平方公里。全港岸线总长17000米，堆场总面积253万平方米。全港各类泊位共140个，其中公用泊位75个，52个为万吨级以上深水泊位。

2001年，是新世纪的第一年，更是天津港发展历史上具有里程碑意义的一年。天津港大力发展港口生产建设，开通10万吨级航道、建设深水码头、实施"北煤南移"战略调整，港口得到了快速发展。2001年11月15日，全港货物吞吐量一举突破亿吨大关，成为中国北方第一个亿吨国际大港。12月26日，集装箱突破了200万标准箱，进一步提升了天津港在全国沿海港口中的位次，标志着天津港已经跻身于世界港口20强之列，实现了历史性跨越。

港口生产 改革开放以后，特别是自1993年以来，天津港发展的步伐不断加快，生产连年上台阶，保持平均每年以千万吨级的速度递增，连上七个台阶：

1993年完成货物吞吐量3719万吨，跨上3000万吨级台阶；

1994年完成货物吞吐量4652万吨，跨上4000万吨级台阶；

1995年完成货物吞吐量5787万吨，跨上5000万吨级台阶；

1996年完成货物吞吐量6188万吨，跨上6000万吨级台阶；

1999年完成货物吞吐量7298万吨，跨上7000万吨级台阶；

2000年完成货物吞吐量9566万吨，集装箱完成171万标准箱，跨上9000万吨级台阶；

2001年完成货物吞吐量11369万吨，比2000年增长18.8%。集装箱吞吐量完成了201万标准箱，增长17.7%，成为中国北方第一个亿吨国际大港，实现了历史性跨越。

2001年度天津港货物吞吐量完成情况

		2001年	2000年	增长%
全港货物吞吐量（万吨）		11369	9566	18.8
本港货物吞吐量（万吨）		10451	8777	19.1
外贸进出口量（万吨）	进　口	2215	1718	28.9
	出　口	3908	3380	15.6
	进出口合计	6123	5098	20.1
内贸进出口量（万吨）	进　口	1072	929	15.4
	出　口	4174	3539	17.9
	进出口合计	5246	4468	17.4

天津港近10年吞吐量递增情况表

年　份	吞吐量（万吨）	增长率%	集装箱量（万标箱）	增长率%
1992	2929	23.2	39	14.7
1993	3719	27.0	48	23.1
1994	4652	25.1	63	31.3
1995	5787	24.4	70	11.1
1996	6188	6.9	82	17.1
1997	6789	9.7	94	14.6
1998	6818	0.4	102	8.5
1999	7298	7.0	130	27.5
2000	9566	31.1	171	31.5
2001	11369	18.8	201	17.5

港口建设　2001年完成基建投资14.8亿元，创天津港建设历史最高水平。天津港基本建设本着“以深水航道为基础，新建与改造并举，南疆散货和北疆集装箱发展两翼齐飞”的总体思路，加快南疆、北疆港区建设，实施“北煤南移”的战略调整。具体重点工程情况如下：

深水航道建设　随着港口吞吐量的快速增长和船舶大型化的发展，建设深水航道的必要性和紧迫性日趋明显。天津港主航道是于1952年开通，当时的航道为单向航道，底宽60米，水深 －6.5米。1965年，在新港第二期扩建中，航道水深加深至－7.0米。从1977年～1984年，天津港航道浚深、拓宽至双向航道，航道底宽达150米，水深－11.0米。为满足第五代集装箱船运营的要求，天津港于1997年和1998年，对第五代集装箱船靠泊码头（现32号泊位）以东主航道，拓宽至180米，并浚深至 －12.0米，形成5万吨级航道。

2000年8月，天津港开始建设10万吨级航道。2001年9月13日，10万吨级航道一期工程竣工，航道浚深至－14米。同日，天津港10万吨级航道二期工程开工建设，航道底宽将拓宽到210米，水深将浚深至－14.8米，航道全长28.8公里，计划2002年6月完成。10万吨级船舶可全天候进出港，第五、六代集装箱船满载进出港，15万吨级船舶可乘潮进出天津港，天津港将真正步入世界深水亿吨大港行列。

南疆港区建设　南疆煤码头一期工程建成投产，形成了1000万吨的生产能力；15万吨级通用散货泊位建设开工建设，计划2002年建成投产；南疆1号靠船墩改造为10万吨级原油泊位开工建设，预计2002年也可以建成投产；南疆散货物流中心完成2平方公里的煤、焦炭仓储用地和主要道路等基础设施的建设开发；南疆铁路正式通车；南疆公路大桥完成加固维修工作，投入运营。

北疆港区老码头改造　2001年，天津港北疆港区28、29号集装箱深水泊位改造工程竣工，与改造后的27号泊位总共形成100万标准箱以上的通过能力；东突堤北侧6个杂货泊位改造为4个集装箱泊位工程获得国务院批准；临海路集装箱专用堆场工程接近完工。

集装箱运输　2001年，天津港集装箱吞吐量实现201.1万标准箱，较2000年增长17.8%。其中大陆桥运量突破1.9万标准箱，增长97%，居全国第一。从航线航班上看，天津港新增航线16条，其中远洋航线3条，近洋航线11条，内贸线2条。截至2001年底，集装箱班轮航线总数达60条，其中远洋航线10条，近洋航线39条，内贸线11条，集装箱航班每月达250多班。

2001年，天津港加大了对深水化集装箱泊位的建设力度，积极进行了集装箱生产布局的调整。27、28、29段集装箱码头改造先后完成，装备了外伸距62.5米，负荷61吨的超大型装卸桥，具备了接卸第六代集装箱船的能力。6段、增6段新改造的两个集装箱专用泊位也建成投产。目前，天津港已拥有3个集装箱作业公司，共11个集装箱专业泊位，是国内最大的集装箱码头群。

针对内地货主在办理出口货物通关、结汇等手续方面的困难，天津港在2001年里积极加大通道建设力度。经与海关磋商，促成签定两地货物直通操作协议。截至2001年底，天津港已与位于中西部地区的西安、成都、兰州、郑州4地实现了集装箱班列直通，极大的方便了内地外贸进出口单位。

2001年，天津港开始全面运行口岸集装箱运输EDI信息传输标准化工程，为各相关单位提供电子报文交换、转换服务，提高信息传输的安全性，缩短船舶辅助作业时间，促进了港口集装箱运输的发展。

2001 年度天津港国际集装箱量完成比较

航线	2001年		2000年		同比增减 %
	完成箱量（万标箱）	占总箱量%	完成箱量（万标箱）	占总箱量%	
远　洋	51.5	25.6	43.1	25.3	19.5
近　洋	111.0	55.2	96.7	56.8	14.7
内支线	5.9	2.9	3.9	2.3	50.3
内　贸	32.5	16.2	26.6	15.6	22.1
其　它	0.2	0.1	0.5	0.3	－53.0
合　计	201.1	100.0	170.8	100.0	17.9

2001 年度天津港国际集装箱干、支线航班统计表

序号	航　线		每月航班	
			2001年	2000年
1	远洋航线	北美	11	9
2		欧洲	17	13
3		地中海	4	9
4		波斯湾	13	9
远洋航线小计			45	40
5	近洋航线	东南亚	17	9
6		韩国	56	40
7		日本	43	58
8		香港	22	22
9		台湾	9	4
近洋航线小计			147	133
10	国内航线	内支线	22	13
11		内贸	60	50
国内航线小计			82	63
合　计			274	236

天津港引航站竭尽全力服务港口 天津港引航站担负着对外行使国家领海引航主权，对内提供船舶引航技术服务的重要任务。

1988年，随着港口体制的改革，天津港在原天津港务局监督引航科基础上建立了引航站。建站初期，引航站有引航员46名，现有正式引航员44名，担负着天津港60多个生产泊位及海河内的货主码头船舶进出港引航任务，以及渤海海域内油轮靠泊、单点系泊等引航任务。

天津港是我国最大的海港与河港合一的人工港。引航区域范围较广，引航距离较远，港口水文地貌较复杂。特

别是进出海河港区的船舶必经的船闸，船闸的宽度仅20.5米，闸口狭窄，给引航工作带来极大的难度风险。10多年来，引航员们以高超的技术引领巨轮进出船闸，从未发生过重大责任事故。

1997年，顺利地完成了第五代集装箱船“鲁河”轮和10万吨级散装货船“捷艾”轮首航天津港的引航任务。

1999年7月，引领9万吨级油轮“普鲁登”轮安全靠离南疆4号油码头，开创了天津港油轮引航史上先例。

2001年，第六代集装箱船“地中海法米亚”和吃水深度为16.2米“好望角”型船进出港，实现了天津引航技术的发展。年初，天津港遇到了20年来罕见的冰灾。港内到锚地航道几乎堵塞，主航道助航设施也因此受到严重损失，看不到灯浮，引航工作遇到了前所未有的困难。为了确保天津港亿吨大港任务的完成，全体引航员发扬拼搏精神，坚守岗位，有时完成一次靠泊任务，要付出常规3倍的时间。在艰苦的条件下，安全引领了1813艘次，有力地保证了全局生产动态。

14年来，引航员还多次完成了豪华客轮、“航母”、危险品船等特种船舶的引领任务，受到各界好评，为天津港增添了光彩。1988年建站初期，每年引领船舶约为6000多艘次，以后逐年增长，到2001年底，每年引领船舶达到12000艘次以上，比建站时翻了一番。

14年来，天津港引航站发扬了敢打硬仗，不怕吃苦的优良传统，同时，不断总结经验，努力进行技术创新，加大科技投入。目前，引航设施、设备及通讯工具等都得到了更新，引航技术有了进一步提高。

为了保证安全引航，提高工作效率，早在80年代初，引航站就使用了VHF无线电对讲机，告别了引航员吹哨子、拉汽笛的传统指挥方式。到了90年代，引航员全部配备了手携式对讲机，港口开设了专用的VHF话台总机，改善了船舶与有关部门、船舶与船舶、个人与个人之间的通信联络。引航员上下班的交通工具也得到了改善，减轻了引航员的劳动强度，有力地保证了港口的生产。

随着计算机和办公自动化的普及，引航站利用现代技术加强管理工作。财务、计费、人事等都与港务局联网，全站实现了办公自动化。2001年5月，引航调度科实行了引航船舶动态管理及派船计算机化，改变了几十年人工在黑板上派船和翻木牌派的传统派船方式。2001年，由海事局投资上百万元，引航站与海事局海测大队共同开发引进了DGPS引航系统。经过反复实践，现已正式使用，为超大型船舶安全引航提供了科学保障。

随着引航技术的提高，引航站不断拓宽引航领域。2001年，承担了“秦皇岛32-6”油田引航任务。引航站开创的海上油田单点系泊引航技术，既有效地配合了海上石油的开发，为国家创造了显著的经济效益，也使引航业增加了一项具有世界先进水平的引航操作技术。该项目通过了交通部科技成果专家鉴定，并获科技进步三等奖。

天津中海船务代理有限公司各项主业务完成情况

项目	2000年	2001年	增长率
代理艘次（艘次）	2410	2056	-14.7%
船舶净吨（万吨）	1797.7	1567.9	-12.8%
集装箱量（标箱）	359185	435000	21.1%

天津船务代理公司各项指标完成情况

项目	2001年	2000年	1999年
代理艘次（艘次）	2166	2045	1994
船舶净吨（万吨）	19007296	19805518	9314343
代理货运量（万吨）	2399.33	1933.41	1401.56
集装箱量（标箱）	442373	438746	335374

【天津航空口岸】 天津航空口岸原名天津张贵庄机场，位于天津市东丽区，是目前毗邻我国首都北京最近的国际机场。1995年10月，经国家口岸办批准升格为国际机场，同年12月更名为天津滨海国际机场。

2001年，天津空港步入发展的快行道。围绕建立现代化机场的目标，天津滨海国际机场强化管理，确保安全，规范服务，争创效益，实施了跑道加厚，候机楼扩建等一系列工程，联检单位的综合办公楼已经建设完成。目前，天津滨海国际机场开通固定航线49条，分别通往国内外36个城市。机场整体占地 680万平方米，有4E 级跑道1条、滑道1 条，主跑道3200 × 50米，停机坪面积40 万平方米，有43个机位，并设有4个专用机坪、2个货机坪。能够起降B747等大型民用客机。候机楼面积2.5万平方米，其中国际、国内候机楼分别为1.2 万平方米和1.3万平方米。共有候机大厅2个、贵宾室2个、登机廊桥6座，行李传输系统7条。有20家中外航空公司从事经营活动。

2001年，全年飞机起降20065 架次，比上一年增长 2.1%；完成旅客运量 94.12万人次，增长 6.5%，平均每周国际国内航班248个；完成货邮吞吐量 4.51万吨，下降 15.1%。

近5年天津空港出入境客货统计表

年份	出入境飞机(架次)	同比(%)	出入境人数(万人次)	同比(%)	出入境货运量			
					货邮运量(吨)	同比(%)	货物运量(吨)	同比(%)
1997	6635		23.04		111.4		99.3	
1998	5103	−23.09	21.19	−8.03	64.2	−42.37	52.5	−47.13
1999	3439	−32.61	22.35	5.47	38.2	−40.50	30.8	−41.33
2000	3331	−3.14	25.09	12.26	35.8	−6.28	29.6	−3.90
2001	3569	7.15	28.54	13.75	33.3	−6.98	27.3	−7.77

【渤中原油海面交货点】 位于渤海南部海区，由中国海洋石油总公司渤海石油公司经营的两个原油海面交货点：BZ28−1油田（北纬38° 18′、东经119° 38′）和BZ34−2／4油田（北纬38° 6′、东经119° 32′）。两个油田先后于1988年7月和1990年5月经国家批准对外开放并进行商业性投产。两个油田海洋面积约为48平方公里，分别距塘沽200公里和180公里。油田主要由浮式生产储油装置、单点系泊站、井口生产平台、海底管线等组成。浮式生产储油装置是不带自动航力的驳船，每艘船可存储原油5万吨，进行一定的工艺处理后外运。

天津渤中原油海面交货点的原油出口查验工作由天津港各查验部门负责。由于距离较远，一部分查验工作通过电讯完成。

天津口岸外贸概况

2001年全球经济普遍低迷，但天津口岸在关贸双方的共同努力下，实现了全年进出口贸易的稳定增长，进出口贸易总额突破300亿美元大关，再创历史新高。

据天津海关最新发布的统计数据显示，2001年，天津口岸进出口总额达323.71亿美元，比上年增长8.6%，其中：出口178.13亿美元，增长7.8%；进口145.58亿美元，增长9.7%。

——出口方面

全年一般贸易出口107.22亿美元，增长4.2%，占出口总额的60.19%；加工贸易66.9亿美元，增长12.5%，占出口总额的37.5%；保税区仓储转口货物1.3亿美元，下降15.7%。

国有企业出口受到的冲击较大，出口92.37亿美元，增长仅为0.5%，三资企业出口85.79亿美元，增长20.3%。亚洲仍是天津口岸最大的出口市场，对亚洲的出口额达90.37亿美元，增长7.4%；对北美出口额为36.12亿美元，增长7.1%；对欧洲出口额为35.94亿美元，增长7.0%。此外，对拉美市场出口增长迅速，出口额为7.54亿美元，增幅高达24.4%。在主要市场出口受阻的情况下，企业在市场多元化方面加大力度，一定程度上缓解了口岸出口压力。

主要出口商品中，机电产品42.69亿美元，增长14.5%，占出口总额的23.98%；服装及衣着附件33.6亿美元，下降10.4%。

——进口方面

一般贸易进口持续快速增长，进口额达76.36亿美元，增长23.5%，占进口总额的52.5%。加工贸易受国际市场需求萎缩影响较大，进口增速回落很快，进口额46.42亿美元，下降6.4%。

外商投资迅猛增长，外商投资企业投资进口的设备、物品达11.75亿美元，增长38.1%。

主要进口市场中，亚洲增速明显下降，进口75.74亿美元，增幅0.5%。欧洲增长最快，进口34.84亿美元，增长29.3%；北美25.28亿美元，增长12.8%。

机电产品稳居进口商品第一位，进口额达72.95亿美元，占进口总额的50.3%。

天津口岸大事记

1月1日

根据交通部海事局授权，从即日起天津船舶检验管理处正式组建并开展工作。该处业务受交通部海事局直接领导，以“中华人民共和国海事局天津船舶检验管理处”的名称开展工作，其行政工作由天津海事局负责。该处管辖区域为：天津、河北、河南、山东、山西、陕西、内蒙古、新疆、甘肃、青海、宁夏。

1月3日

“天津市中国电子口岸入网资格审查工作协调会议”在天津海关召开。会议确定了天津口岸电子执法系统企业入网资格集中审查整体工作方案。市外经贸委、外管局、工商局、国税局的相关部门领导参加了会议。

1月3日—6日

天津出入境边防检查总站应吉林省公安厅邀请，由副总站长宿鹏翔带队参加吉林省公安厅刑警总队组织召开的反偷渡工作联席会，就两地加强协作，严厉打击偷渡犯罪活动进行了研究，提出了协作意见。

1月8日

天津机场与北京首都机场联合举行新闻发布会，宣布天津机场与北京首都机场在民航领域多方面的合作与交流，提升了天津机场在我国北方空运市场的地位和作用。

1月12日

在天津市口岸委与甘肃省口岸办共同协调努力下，天津与甘肃有关部门签署天津—兰州铁路集装箱直通（试运行）协议。天津港至兰州集装箱班列开通。至此，天津港已与位于中西部地区的西安、成都、兰州三地实现了集装箱班列直通。该班列为每周一班，采用 集装箱运输、零拼整箱运输、零拼整车运输和整车运输方式。

1月16日

国家民航局正式批准北京首都国际机场与天津滨海国际机场联合，实现了京、津航空口岸一体化。

1月20日

天津市副市长王述祖听取天津检验检疫局领导的工作汇报，对天津检验检疫局工作给予充分肯定，并对今后一个时期的工作提出六点要求：一是要认真加强入世规则的研究和利用；二是要进一步加快“金关工程”步伐；三是要大力扶持创汇农业；四是要树立现代物流观念，提高工作效率，促进口岸“大通关”的实现；五是要树立换位思维意识，为企业多办实事好事；六是要积极适应入世要求，进一步加强自身建设。

1月20日

公安部副部长赵永吉在天津出入境边防检查总站领导的陪同下，到塘沽出入境边防检查站慰问干警。

1月23日

天津市李盛霖市长代表市委、市政府到天津海关慰问海关干部职工和公安干警。

1月25日

天津市政府口岸委副主任周德洪同志率天津新港海员俱乐部、天津外轮代理公司等单位的领导登轮慰问部分在天津港的中外海员，向他们介绍天津及天津口岸在改革开放以来，特别是“九五”期间取得的成就，并向他们征求对天津口岸的意见和建议。

2月1日

天津港27段集装箱码头改造完成。该码头在原码头的基础上向前延伸40.5米，水深−15.2米，码头配备了可接卸7万吨级以上集装箱船的专用设备，年通过能力可达30万标准箱。

2月2日

天津港焦炭公司成功接装了目前世界上运输焦炭载重吨位最大的船舶“阿吉奥斯”号。该轮长246米，宽39米，载重量可达11.3万吨。

2月9日

天津港28、29号集装箱泊位改造工程开工并顺利打下第一根钢管桩。

2月14日

“中国电子口岸”天津地区集中审批工作在天津海关正式开始，市外经贸委、工商、税务、外管等单位和电信等4家公司参加了集中审批。

2月15 日

天津市政府口岸委在天津东港报验中心举行天津口岸文明共建理论研讨会，共有18位同志的论文在会上进行了交流。市精神文明建设办公室负责同志及口岸各部门领导参加了会议。

天津检验检疫局召开“电子报检”工作会议，向150多家外贸企业介绍推广“三电工程”。

2月15日

天津新港海事处被天津市精神文明建设委员会评为市级文明单位，并授予市级文明单位标志牌。

2月20日

天津市政府口岸委印发《天津口岸2001年文明共建活动安排》。

2月21日

全国人大代表天津代表团视察天津海关。代表团视察了东港海关、保税区海关、侦查新港支局及开发区海关业务现场，参观了固定式H986集装箱检查设备。赵桂芬关长现场回答了代表们提出的问题，代表们对提高通关效率、加快通关速度提出了富有建设性的意见和建议。

2月24日

世界最大滚装集装箱船舶公司——华轮.威尔森船务有限公司“泰荣”轮首航天津港。该公司开通的天津港至巴拿马、美东航线，共投入9条船舶往返，每两周1个航班。

3月1日

天津海事局分支机构天津新港海事处、天津南疆海事处、天津海河海事处正式开展工作。海事业务管理范围扩大，现场监督管理力度进一步加强。其管辖水域划分为：新港海事处对在闸东航道及新港主航道以北港区、北塘港停泊作业的船舶及汉沽水域的船舶实施监督管理；南疆海事处对在闸东航道及新港主航道中心线以南水域，大港水域实施监督管理；海河海事处对在海河二道闸至新港船闸间的海河干流水域实施监督管理。

3月8日

澳大利亚植物检疫代表团来天津检验检疫局考察交流，听取了天津检验检疫局植物检验检疫情况介绍，参观了出境木质包装加温熏蒸现场，双方就有关熏蒸处理问题进行了磋商，取得共识，并就某些问题达成一致意见。

天津出入境边防检查总站在天津远洋宾馆召开边防检查工作会议，部署总站全年工作。中共天津市委副书记宋平顺、副市长孙海麟、市人大常委会副主任罗远鹏到会并做重要讲话。

3月12日

根据交通部《关于调整部分航标区行政管理关系的通知》（交海发[2001]108号）要求，将辽宁海事局所属的大连航标区、营口海事局所属的营口航标处、河北海事局所属的秦皇岛航标处、山东海事局所属的青岛航标区(将原日照航标站并入青岛航标区)、烟台海事局所属的烟台航标区成建制划归天津海事局,作为天津海事局的直属单位管理。

3月10日

中共天津市委书记张立昌为天津口岸文明共建活动题词“坚持共建文明口岸”。

3月14日

公安部“三项教育”检查组到天津出入境边防检查总站验收“三项教育”活动情况，对天津出入境边防检查总站的活动情况给予充分肯定，天津出入境边防检查总站顺利通过验收。

3月16日

天津出入境边防检查总站邀请国家有关检测技术部门专家,对天津东港出入境边防检查站二期码头电视监控系统进行了检查验收。该系统的投入使用将大大提高边防检查能力，为边防检查模式的改革提供了技术支持。

3月21日

天津市政府口岸委为落实中央关于加强安全防范工作的通知精神，结合天津口岸实际，印发了《关于进一步加强天津口岸安全防范工作的通知》，就加强口岸安全防范工作做了具体部署。

3月26日

天津海关举行隆重仪式，欢迎武警8610部队的官兵，表示海关将与武警共同努力，协同作战，圆满完成党和人民赋予的历史使命。天津市委常委、滨海新区管委会主任皮黔生，天津警备区，武警天津总队，天津市公安、边防等30多个部门的负责人出席了欢迎仪式。

3 月 27 日

针对全球爆发口蹄疫、疯牛病情况，天津检验检疫局召开动物疫情紧急工作会，通报全球口蹄疫、疯牛病爆发情况和上级下发的有关禁令及公告，研究部署严防口蹄疫、疯牛病通过天津口岸传入国境的紧急措施。

4 月 7 日

天津海事局研发的天津—香港全程电子海图数据及船用导航系统的随船实测工作取得圆满成功。此次实测航行由天津港出发，经大连至香港，后经我国台湾的高雄、基隆港，到上海后返回天津。经过17天的海上测试，测定了天津—香港17幅电子海图和船舶导航软件的性能和数据精度。测试工作的成功为今后与国际电子海图技术接轨打下了良好基础。

4 月 9 日

5 万吨级国际豪华游轮 ----“尊贵公主”号（英籍）挂靠天津港客运码头。该轮全长 245 米，宽 32.2 米，吃水 8.6 米，载客 1500 多人。

4 月 15 日

天津市政府口岸委接待中央党校省部级学员到天津港实地考察并登“燕京”轮。

4 月 25 日

天津市第二中级人民法院行政庭对印度 ICL 海运有限公司和“爱佳”轮二副诉天津海事局行政处罚不当两案，经过近半年的审理做出一审判决：维持天津海事局做出的两份行政处罚决定，驳回原告的诉讼请求。至此，天津海事局首例行政诉讼案一审获胜。

4 月 31 日

天津港 4 月份吞吐量实现 1016 万吨，月度吞吐量首次突破 1000 万吨，集装箱完成 16.85 万标箱，均创历史最好水平。

5 月 5 日—6 月 15 日

天津出入境边防检查总站为打击利用集装箱进行偷渡活动，拟订了《天津港出口国际集装箱边防检查管理办法》和《天津港出口国际集装箱申报审批及查验工作规定》，以建立统一报验、开箱检查的管理模式。

5 月 11 日

王述祖副市长主持召开天津市“中国电子口岸”推广工作会议。会议决定成立由市政府办公厅副主任王维基任组长、天津海关副关长赵志坚任副组长，有市有关部门领导参加的市“口岸电子执法系统”推广工作领导小组。市外经贸委、工商局、国税局、外管局、质量技术监督局、出入境检验检疫局等部门的主要负责同志参加了会议。

5 月 14 日— 26 日

“天津港西部服务代表团”赴西安、乌鲁木齐和兰州 3 地，为西部开发服务。期间，在西安举行客户座谈会和新闻发布会，宣布西安至天津直通专列开通。

5 月 13 — 15 日

由天津海事局主持开发的沿海首制120吨航标夹标船在青岛通过部局专家组的评估。该船的成功开发，使沿海航标传统作业方式取得重大突破，进一步提高了航标作业的安全环境，降低了航标工作劳动强度，是经济、适用、性能优良、达到国内先进水平的日常航标维护工程船舶。

5 月 15 日

由于天气原因，1 架由平壤飞往北京的班机迫降天津滨海国际机场。天津市口岸办协调机场有关单位采取紧急应对措施，保障飞机安全降落，并在险情排除后顺利离津。

5 月 16 日

天津市政府口岸委召开“天津口岸创建五好库场活动研讨会”。会议就进一步提高口岸仓储管理水平与服务质量，应对入世新要求，促进传统储运向现代物流业转变，进行了研讨。市政府有关部门及口岸查验单位、仓储企业负责同志参加了研讨。

5月18日

在天津海关关长赵桂芬陪同下，天津市委书记张立昌视察了摩托罗拉公司芯片厂并了解天津海关为外商服务的情况，摩托罗拉驻中国首席代表王武小珍对天津海关在该厂建厂期间给予的帮助和支持表示感谢。

天津东港出入境边防检查站在认真总结对集装箱检查管理的基础上，出台了《关于出口空箱边防检查管理暂行实施方案》，建立起出口空箱报验、重点抽查机制。

青岛航标区移交天津海事局签字仪式在山东海事局举行。标志着山东海事局成为北方海区第一个完成移交航标区的海事局。交接签字仪式后，天津、山东海事局领导为中华人民共和国天津海事局青岛航标处揭牌。

5月19日

日照航标站移交天津海事局接签字仪式在日照海事局举行。日照航标站并入天津海事局青岛航标处。

天津港务局购买的由上海振华港机公司制造的2台超巴拿马型集装箱装卸桥运抵天津港集装箱公司27段码头。这2台大型装卸桥外伸距达62.5米，超重负荷达61吨，超升高度可达36米，轨距为30米，为目前国际上最大型号的装卸桥，也是目前为止国内最大的装卸桥，可接卸第六、第七代以上集装箱船舶。这标志着天津港接卸能力又上了一个新台阶。

5月20日

中共天津市委副书记刘峰岩为天津口岸文明共建活动题词："建文明口岸"。

5月21日

由天津海事局承担的交通部"九五"重点科研项目"国际安全管理规则(ISM)国内化研究"(合同编号95-01-02-05)通过了交通部科技教育司组织的专家评审，为ISM规则国内化的实施打下了基础。

5月22日

烟台航标区移交天津海事局签字仪式在烟台海事局举行。签字仪式后，天津、烟台海事局领导为中华人民共和国天津海事局烟台航标处揭牌。

5月23日

大连航标区移交天津海事局签字仪式在辽宁海事局举行。

天津出入境检验检疫局承办"国家质量监督检验检疫总局支持西部大开发检验检疫业务用车交接仪式"。国家质检总局局长李长江同志、党组书记李传卿同志参加了仪式，并视察了天津检验检疫局，听取了天津检验检疫局的工作汇报。天津市市长李盛霖会见了李长江、李传卿同志。

5月24日

天津、辽宁海事局领导为中华人民共和国天津海事局大连航标处揭牌。

5月26日

营口航标处移交天津海事局签字仪式在营口海事局举行。交接签字仪式后，天津、营口海事局领导为中华人民共和国天津海事局营口航标处揭牌。

5月28日

秦皇岛航标处移交天津海事局签字仪式在河北海事局举行。交接签字仪式后，天津、秦皇岛海事局领导共同为中华人民共和国天津海事局秦皇岛航标处揭牌。至此，北方海区航标成建制划归天津海事局工作圆满结束。

6月

按照上级部署，天津市政府口岸委完成机构改革，机关、人员编制并入天津市对外经济贸易委员会，对外挂牌"天津市人民政府口岸管理办公室"，赋予口岸管理协调职能。

6月9日

天津市副市长王述祖为天津口岸文明共建活动题词："服务全国，服务世界"。

6月13日—14日

ISO Tc61委员会专家来天津检验检疫局参观危险品实验室，并就检验技术及对生产企业的监管等问题进行交流。天津检验检疫局和国家质检总局检验监管司等领导参加座谈交流。

6月15日—23日

受国家质检总局华北大区注册实验室考核领导小组委托，举办2期华北大区实验室主任、质量技术负责人及测量不确定度评定与表示培训班，来自华北、西北、华东和中南大区实验室一线的领导和技术人员177人参加了培训。

6月16日

天津海事局李奎成、杨克宁、毛弋3名同志被交通部授予降低中国籍船舶滞留工作先进个人。天津新港海事处梅传东被评为交通邮电系统优秀党务工作者。

6月22 日

天津市政府口岸办组织口岸各单位开展为期100天的“第六次百日优质服务竞赛”活动。

6月29日

国家海关总署赵光华副署长带领由8部委组成的天津出口加工区联合验收小组，在对天津出口加工区一期筹建、配套设施与机构设置等工作进行了全面考察和综合评议的基础上正式批准通过验收。天津市市长李盛霖、副市长王述祖等有关领导参加了验收。赵光华副署长、李盛霖市长颁发了《天津出口加工区验收合格证书》，并与副市长王述祖签署了《天津出口加工区验收纪要》。市长李盛霖市长与副署长赵光华为天津出口加工区揭牌，赵桂芬关长和天津经济技术开发区管委会主任李勇为开发区海关驻出口加工区办事处揭牌。市委常委皮黔生到会致辞。

7月25日—26日

根据全国海区航测工作会议部署和部海事局《关于海区航标机构调整有关管理事宜的通知》，天津海事局与山东海事局、烟台海事局就山东地方划转航标移交工作进行协商后，分别签署了《关于移交地方划转航标的交接协议》。山东省14个港口的135座航标由地方交通部门划转至天津海事局管理。

8月7日

天津港南疆公司南四泊位成功接卸实载8万吨原油的“阿格西”轮。这是天津港油运史上接卸的实载量最大的油轮。

8月9 日

天津海事局完成首次天津港危险货物集装箱场站信誉等级评定工作。根据天津港危险货物集装箱装箱场站的实际情况，天津海事局于2000年在国内首先建立了危险货物集装箱装箱场站信誉等级评定制度，并对各装箱场站进行了为期9个月的集中检查。根据检查的情况并参考各场站的日常管理情况，共评出“AAA”级场站3家，“AA”级场站10家，“A”级场站5家，同时公布了22名无固定装箱场站的集装箱装箱检查员的名单。天津海事局计划用5年时间通过实施集装箱装箱场站信誉等级评定制度，使绝大多数装箱场站达到“AAA”级标准，同时逐步淘汰无固定装箱场站的集装箱装箱检查员。

国际海道测量局(IHB)高级制图专家MICHEL HUET先生一行3人到天津海事局海测大队参观访问。外宾详细了解了海图制作和电子海图制作过程，观看了天津海事局自行研制的航标管理系统、电子海图导航系统、船舶引航系统和测绘生产管理软件系统的演示，对天津海事局在海图制作方面的技术和装备给予了高度评价。

8月10日

围绕进一步支持外贸进出口，天津市政府口岸办成立口岸大通关调研组，开展为期半年的调研工作。调研组深入口岸查验、中介服务、生产企业等单位进行走访座谈和现场跟踪通关以及采集有关数据资料进行定量、定性分析，全面、客观地了解影响口岸通关的主要问题，提出了应对措施。

8月15日—16日

交通部海事局在天津组织召开了“2001年全国救生筏检修工作研讨会”。这是1998年海事局成立以来的第一次全国筏站监督管理工作会议。这次会议的主要任务是总结近年来救生筏检修方面的工作经验，分析存在的主要问题，研究在新形势下有针对性的管理措施，为开创21世纪筏站管理工作的新局面奠定良好的基础，为海上人命安全提供可靠保证。部海事局刘德洪副局长与会并作了重要讲话，

8月22日

国际上最现代化、最先进的第六代集装箱船“地中海法米娅”轮靠泊天津港。市委常委、滨海新区管委会主任皮黔生、副市长王述祖等有关领导为首航成功剪彩。该轮全长300米，宽40米，有6750个标准箱位，载重85800吨。

8月25日

交通部洪善祥副部长及部海事局党委书记黄先耀、副局长王金付一行视察天津海事局航标工作。

8月27日

天津市首批适用便捷通关程序高新技术企业新闻发布会召开。天津海关副关长赵志坚、外经贸委副主任李松亭、赵尚武向摩托罗拉、中海石油等八家我市首批适用便捷通关程序的高新技术企业颁发了《备案审批表》和《责任担保书》，标志着对高新技术企业便捷通关程序的正式启动。天津市32家大型企业代表与新华社、天津日报等多家新闻媒体记者参加了新闻发布会。

8月28日

天津空港国际物流区举行奠基仪式。天津空港国际物流区位于天津机场西北端，面积近1平方公里，是我国第一个空港国际物流区，将从事国际、国内航空货物的分拣、分拨、整理、配送、运输、报关等业务。市委常委、滨海新区工委书记皮黔生，市委常委、外经贸委主任散襄军，副市长王述祖等有关领导出席了奠基仪式。

9月7日

天津海事局“液货码头专家评估制度”正式启动。随着天津港进出口散装液体危险化学品的数量和品种不断增加，为加强对液货码头的管理，保障船舶、码头的安全和保护海洋环境，天津海事局成立了“天津港液货码头专家评估小组”，将评估结果作为散装液体危险化学品新码头和新品种审批决策的参考。

9月9日

“好望角”级（15万吨）船舶首次停靠天津港。这是天津港自开港以来承接吨位最大的船舶。“深蓝”号船长296米，船宽43米，深23.8米，最大载重量15万吨。

9月10日

天津市政府口岸办副主任周德洪同志在口岸有关单位领导同志的陪同下，分别与新加坡商务参赞和美国GARTNER咨询公司代表就天津口岸物流发展前景和发展方向进行咨询探讨。

9月12日

河北省黄骅市市长郭建英、市委副书记赵文广、副市长董文昌率黄骅市水产局、电视台、南排河镇代表等一行10人到天津海事局，就渤海“4·12”海难民事赔偿案在津得到圆满解决一事向天津海事局表示感谢，并向天津海事局赠送了“执法如山的典范、想民为民的楷模”、“为民申冤终雪、伸张正义难忘”两面锦旗和“渔民卫士、执法如山”铜匾。

9月13日

天津港10万吨级航道一期工程竣工、二期工程开工庆典仪式隆重举行。天津市市委书记张立昌、交通部副部长翁孟勇为庆典剪彩。市领导皮黔生、王述祖等有关领导出席仪式。

国际航标协会秘书长克鲁斯(TORSTEN KRUUSE)在部海事局郑和平处长的陪同下到天津海事局参观访问。天津海事局局长王怀凤向克鲁斯秘书长介绍了天津海事局VTS的建设、发展和运行情况，克鲁斯认真观看了VTS运行情况的演示并进行了实地参观。他对天津海事局VTS的工作给予了高度评价。

9月24日

天津口岸建立长假期间进口货物通关值班制度。作为在天津口岸建立“大通关”管理模式的第一项举措，这项制度由市外经贸委与天津海关共同组织推动，于“十一”期间首次实施。市外经贸委、天津出入境检验检疫局、天津有关银行、报关行、船代公司等进出口执法机关和相关部门在10月3日、5日与天津海关共同加班办理进出口业

务，保证节日期间口岸正常通关。

9月27日

天津市口岸办为纪念中华人民共和国成立52周年举办国庆招待会。美国总统轮船有限公司、全日空公司等近10个外籍船公司的代表，以及俄罗斯、土耳其、印度等多个国家的海员应邀到会。

9月28日

南疆一号靠船墩改造工程正式开工。该项工程将建成6座总罐容5万立方米的油罐，总投资约 5370万元，施工期为一年。此项目的实施填补了天津港多年以来自身无石油储罐的空白，进一步提高了天津港成品油的接卸能力。

10月10日

天津港 28＃、29＃集装箱深水泊位改造工程提前42天竣工。该工程在原有集装箱四港池码头基础上向海侧平移40.5米。改造后，码头岸线长375米，港池水深—15.2米，可接卸第六代集装箱大型船舶，每年新增吞吐能力30万标箱，四港池集装箱综合吞吐能力达到120万标箱。

10月16日

天津海关开发区综合业务楼正式对外办公暨集中式通关作业启动仪式在开发区举行。海关总署刘文杰副署长、天津市委常委、滨海新区管委会主任皮黔生、市委常委、保税区管委会主任散襄军、市政府顾问叶迪生等领导参加了仪式。天津海关关长赵桂芬介绍了“集中审单、集中接单、集中验放”的新型海运通关管理模式，提出要在严密海关监管的同时，提高通关效率，强化服务意识，将新大楼建成一流的文明窗口。总署办公厅及有关司室负责人、天津口岸各有关单位、天津市人民政府及有关委办局、企业代表、中央及天津新闻媒体等共400余人出席了仪式。

10月24日

由天津海事局承担的国家重点工程黄骅港海上1：60000港口航道图测绘任务按计划圆满完成，为黄骅港12月1日试投产打下了良好基础。

10月25日

天津海事局海测大队“多波束测深系统应用与开发项目QC小组”获得交通行业优秀质量管理小组荣誉称号。

10月26日

欧盟代表团来天津检验检疫局，参观检验检疫实验室，与国家质检总局有关人员就认证认可等问题进行谈判。天津局有关领导参加了谈判。

10月28日

天津津神公司所属豪华客轮“燕京”号在渤海海域接到“通惠”轮遇难求救呼叫，“燕京”轮立即全力搜寻，经努力成功救助起1名遇险者，并指挥其他船舶救助起4名遇险者，受到中外乘客的赞誉。

10月31日

乌鲁木齐至天津的集装箱班列顺利开通。

国家“九五”重点工程项目、天津港“北煤南移”标志性工程——南疆煤码头建设项目全面竣工，并通过了由国家计委、交通部水运司、市计委、市交委等专家组的总体验收。煤码头岸线总长度615米，共设3.5万吨级和5万吨级泊位各一个，码头前沿设计水深 -13.8米，设计年煤炭装船能力1000万吨，工程总投资额约13.55亿元。

11月1日—2日

香港海事处冯国明(高级海事主任)和郑养明(高级验船主任)两名官员来天津海事局进行实习交流。

11月8日

天津港煤码头一期工程建设完工，交付使用。

11月15日

截至2001年11月15日18时，天津港吞吐量达到10006.6万吨，年内冲击亿吨的目标提前46天完成，成为中国北方第一个亿吨国际大港。16日，举行了新闻发布会、纪念雕塑揭幕仪式、庆祝大会暨文艺演出和招待酒会。天津市李盛霖市长、皮黔生常委、市政府陈洪江秘书长、交通部水运司苏新刚司长、中远集团魏家福总裁及货主、船公司代表200余人出席了庆祝大会。天津港职工代表2000人参加庆祝大会。李盛霖市长为纪念雕塑揭幕。

11月16日

中国国际航空货运分公司成立，中国国际航空公司天津分公司货运中心并入货运分公司。

11月23日

天津出入境检验检疫局领导同志与天津市西青区领导、美国加美集团总裁等有关企业负责人，就西青区对美出口蔬菜基地建设问题进行座谈，并提供了有关政策法规咨询，受到企业欢迎。

11月25日

由天津口岸文明共建活动领导小组主持编写的《天津口岸文明共建成果集》由天津人民出版社出版发行。该书共计70万字，汇集了天津口岸自1991年至2000年开展口岸文明共建活动所取得的主要成果，为今后开展文明共建活动提供了成功经验和理论基础。天津市市长李盛霖为该书亲自作序。

11月27日

天津出入境检验检疫局为落实《国务院办公厅关于进一步提高口岸工作效率的通知》，提出8项具体措施，进一步简化手续，提高效率，支持扩大外贸出口。

11月30日

公安部“业务规范化建设”检查组对天津出入境边防检查总站业务规范化建设情况进行了检查，对天津出入境边防检查总站业务规范化建设给予了高度评价。

12月1日

天津港区2、4、5号路海关卡口及组合移动式H986的工程按时竣工并投入使用，初步实现了海关对港区的全封闭管理。

12月2日

秦皇岛32-6油田第一次外输原油7.4万吨。

12月14日

经交通部批准，秦皇岛32-6油田临时对外开放，管理权归属天津市政府口岸办。

12月19日

天津机场海关举行开关典礼。海关总署副署长赵光华、天津市副市长王述祖出席典礼仪式并为机场海关揭牌。北京海关、首都机场海关负责人到会。天津市外经贸委、口岸办、交委、滨海新区管委会、开发区、保税区、天津市出入境检验检疫局、国航、民航驻天津机场有关单位负责人、施工单位、企业代表以及新闻媒体等100余人参加了仪式。

12月21日

天津市政府口岸办组织天津海关和天津港务局的负责同志赴河南，与郑州海关就两地口岸实行海铁联运货物快速转关进行了协商，签定了《天津海关、郑州海关关于对海铁联运货物监管的联系配合办法》。由境外签发的海运提单，以海运方式运至天津港，通过铁路运往内地的进口货物和在主管地海关已办理出口手续，在内地省市签发海运提单，由铁路运至天津港，以海运方式继续运往境外的出口货物，均依此《办法》办理。

12月24日

天津检验检疫局召开天津口岸出口机电产品分类检验监管工作会议，颁布了《天津检验检疫局出口机电产品分类管理实施细则》。这次会议为扶持和扩大机电产品出口打下基础。国家质检总局、国家外经贸部驻津特派办和天津市外经贸委有关领导以及200多家相关企业代表出席会议。

12月26日

截至下午6时，天津港集装箱吞吐量实现200万标箱，实现年初制定的奋斗目标，取得了历史性突破。

河北省

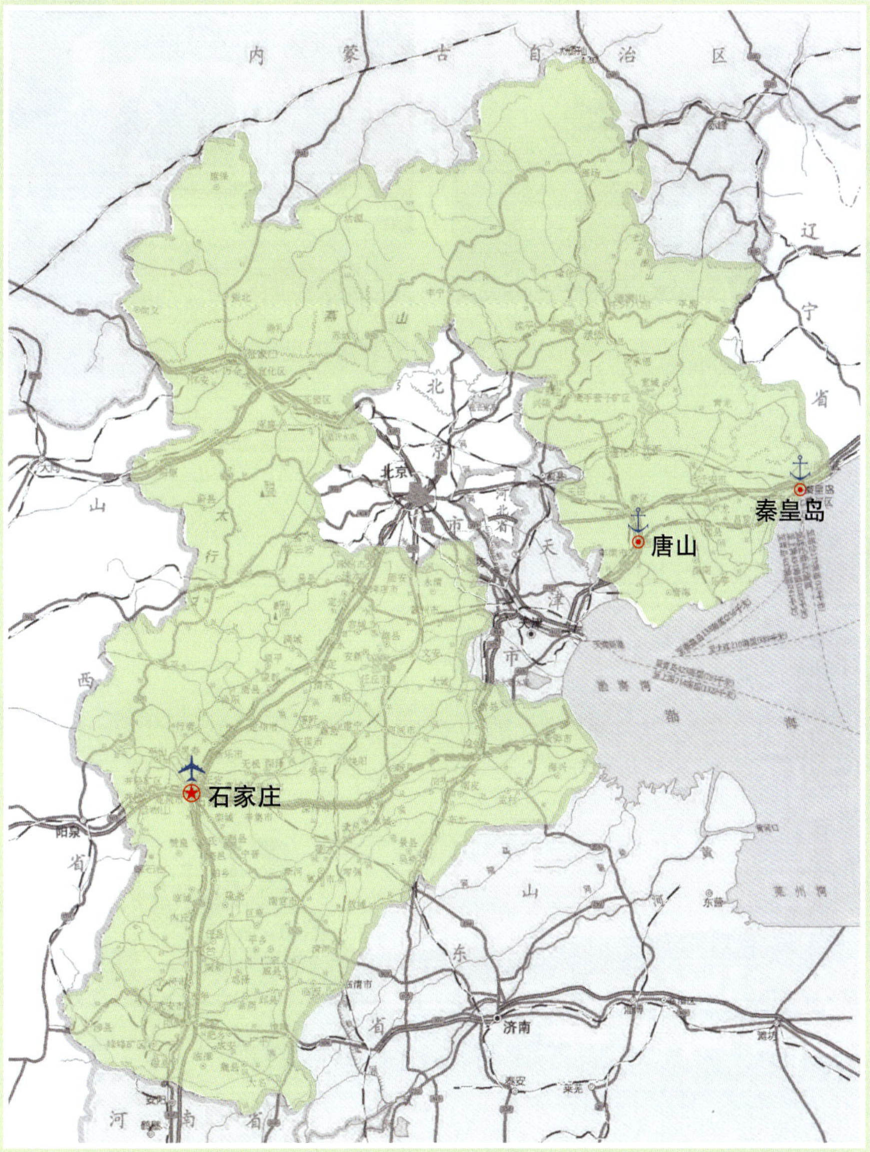

图　　例

⊛	省级行政中心	🚆	铁路口岸	🚚	公路口岸
⊙	口岸城市	✈	航空口岸	⚓	海(河)运口岸

河北海事局在巡查海区

黄骅港调度室

秦皇岛港口岸

河北口岸工作综述

【概况】 河北省，因位于我国黄河下游以北而得名。在古代，省内部分地区属冀州，又简称“冀”。全省地处华北地区的东部。东部濒临渤海，海岸线总长487.3公里，素有鱼盐之利和交通海外之便。东南部和南部与山东、河南两省接壤，平原辽阔，交通方便，宜于农作；西北部、北部和东北部同我国内蒙古自治区和辽宁省毗连；西部隔太行山，与山西省为邻。河北省属于渤海经济区，是中国北部内陆地区出海的陆路大通道，环绕京、津，又是首都与全国各地之间往来的必经之地，地理位置十分重要。

河北省北起围场，南到魏县，南北长765公里；北部西自阳原，东到山海关，宽400余公里；南部西自涉县，东到大名县，宽200余公里。河北省外形似上宽下窄的不规则的倒梯形，期间夹北京、天津全国两直辖市，总面积187693平方公里。

河北省自然环境优越，资源丰富，交通便利，海岸线长，港口优良，具有沟通海内外，发展经济的得天独厚的自然条件。

1993年4月，省委、省政府针对全省只有秦皇岛1个一类海运口岸、严重影响对外开放进程的状况，组建了口岸办，2000年机构改革中并入经贸委。几年来，在省委、省政府和经贸委党组的领导下，口岸系统干部职工艰苦创业、开拓进取，不断把全省口岸工作推向前进。全省口岸不断发展，现已形成了海、陆、空口岸齐全的开放格局，由初创阶段步入整体推进全面发展阶段。

几年来，省口岸办的主要工作：一是围绕全省开放带动战略，抓了中心城市和环渤海地区的口岸开放和建设，除已开放的秦皇岛港口岸外，又开放了唐山港口岸等其他口岸。保定、廊坊、邯郸三市新设立了海关；除衡水外全省各市设立了出入境检验检疫局，衡水设局正在中编办审批。二是抓了口岸的扩大开放。秦皇岛和唐山港口岸新开放了29个泊位（秦19个、唐10个）；石家庄航空口岸开辟长期国际和地区航线14条（独联体12国、香港、澳门），临时国际航线4条（韩国和泰国各2条）。石家庄、邯郸等5个国际集装箱多式联运中转站项目已经海关总署批准作为海关监管点即将投入运营。三是抓口岸规范管理和效能的提高。以省政府令颁布实施了《河北省口岸管理暂行规定》[1994（101）号]。持之以恒开展创建文明口岸活动。以建设文明、高效、便捷、安全口岸为纽带，组织制定服务承诺和方便通关的各项措施，口岸服务质量、服务水平进一步提高，全省口岸共评出57个“三星级窗口单位”。

【口岸运输生产再创新高】 在激烈的市场竞争中，各口岸积极采取有力措施，转变观念闯市场，口岸运输生产取得历史性突破。2001年，秦皇岛港口岸货物吞吐量首次突破亿吨大关，达11373.1万吨，同比增长16.1%，其中外贸运量4962.4万吨，同比增长28.9%。唐山港口岸货物吞吐量首次突破1000万吨，同比增长22.39%，其中外贸运量246.75万吨，同比增长32.21%。石家庄航空口岸共飞香港包机209航班，出入境旅客21712人次，平均客座率64.4%；独联体货运包机1718航班，同比增长49%，出入境货物36208.2万吨；青州、仁川临时旅游包机26航班。

【口岸开放和扩大开放取得新进展】 黄骅港口岸临时开放获国家交通部批准，国际航行船舶可靠泊作业。石家庄航空口岸继开通至香港、独联体、韩国青州国际航线后，当年又开辟了至韩国仁川、泰国曼谷、普济岛的国际航线，河北省有关部门申报的86班到韩国、泰国临时包机获海关总署批准，河北省与国外的空中交往更为便利。秦皇岛港口岸秦山化工码头、唐山港口岸11＃泊位经省政府批准实现对外开放，两口岸外贸运输生产能力进一步提高。河北省利用世行贷款和国内资金建设的5个国际集装箱中转站项目建设已基本完成，其中秦、唐、沧、邯4个中转站已通过省口岸办组织的预验收，可再增加4个具有口岸功能的海关监管点。

【口岸通关环境进一步改善和优化】 随着全省口岸的建设发展，海、陆、空口岸俱备的口岸开放格局已基本形成。口岸查验机构进一步健全，企业报关、报验更为便利，廊坊、邯郸、沧州海关机构的报批及建设工作进展较快，海关总署已批准设立廊坊海关和邯郸海关办事处。全省唯一没有检验检疫机构的衡水市的建局申请已经国家局同意并上报国务院。河北海事局系统体制改革已经完成，河北海事局及所属秦、唐、沧三个海事局均已挂牌办公。口岸管理、查验部门积极应对入世挑战，贯彻落实国办《通知》精神，提出并实施了扩大外贸出口，提高口岸工作效率的措施。石家庄机场联检楼和报验大厅建设工程已正式启动，航空口岸报检、报关将更为便利。各口岸深入开展多种形式的社会主义精神文明共建活动，严格执法，热情服务，保证了口岸安全畅通、高效文明。

河北口岸开放情况一览表

口岸名称	审批机关	开放时间
唐山港口岸	国务院	1993.7.18
石家庄二类陆运口岸	省政府	1994.5.31
石家庄航空口岸	国务院	1995.12.11
邯郸二类陆运口岸	省政府	1997.10.18
黄骅港口岸	交通部	2001.11.27（临时）

2000—2001年海运口岸情况一览表

单位：万吨

	2001年吞吐量	同比	2001年外贸运量	同比	2001年集装箱数（标箱）
秦皇岛港	11373.1	16.10%	4962.4	28.90%	20291
唐山港	1101.53	22.39%	246.75	32.21%	2677

石家庄机场2000—2001年包机情况一览表

	俄罗斯包机	香港包机	韩国青州包机	韩国仁川包机	埃及(军品)包机
2000年航班次数及客座率	1150	208（72.7%）	14（78.2%）		4
2001年航班次数及客座率	1718	209（64.3%）	24（86%）	2（95%）	10
2001年比2000年航班同比增长	49.39%				150%
2000年运量(吨)或人次	26002.1	21712	1565		
2001年运量(吨)或人次	36208.2	17324	2955	272	
2001年比2000年运量同比增长	39.25%				
2000年货值(亿元)	57				
2001年货值(亿元)	86				
2001年比2000年货值同比增长	50.88%				
2001年比2000年客座率增降幅度		−8.4%	7.8%		

河北口岸查验单位工作综述

石家庄海关

【概况】 石家庄海关成立于1989年9月1日，是国家设在河北省的进出境监督管理机关，直属海关总署领导。石家庄海关担负着进出境管理方面的4项基本任务：监管进出境的运输工具、货物、行李物品、邮递物品及其它物品；征收关税和其它税费；查缉走私；编制海关统计。监管区域为河北省行政区域。石家庄海关为正厅级单位，下辖3个海关：秦皇岛海关、唐山海关和保定海关，内设9个处室和石家庄海关走私犯罪侦查分局及调查局。

建关以来，石家庄海关认真贯彻党中央、国务院和海关总署的各项方针政策和指示精神，把支持河北省外向型经济发展做为主要工作目标之一。紧紧依靠省委、省政府，坚持同有关行政执法部门加强协作，注重在综合管理的大格局中发挥应有的职能作用。爱岗敬业、公正执法、高效服务、文明把关，为支持河北省经济发展和扩大外贸出口创造了公平有序的进出境环境，提供了高效优质的服务。建关到现在，石家庄海关共为国家征收税款60亿多元，监管进出境货运量1.7亿多吨，受理报关单10多万票，办理加工贸易合同3万多份，查获各类走私违法案件800余起，案值总计10亿多元，为国家上缴罚没收入3亿多元，按国家政策为河北省减免税款60多亿元。

【业务概况】 2001年，石家庄海关关区（包括石家庄海关、秦皇岛海关、唐山海关、保定海关）共征收税款12.29亿元，完成总署下达9亿元税收任务的136.6%，比上年增长15.29%，入库额创历年最高。加工贸易核销补税4033万元，增长37.65%，办理减免税3280份，减免金额共计15.45亿元，增长42%。共监管进出境货物5436万吨，比上年增长44.8%，创历史最高记录。监管进出境运输工具5497辆（艘、架），进出境人员9.5万人次，办理加工贸易合同备案3106份。年内，侦查部门共受理涉嫌走私犯罪案件16起21人，涉案案值1.5亿元，涉嫌偷逃税额4000多万元。其中立案7起16人，案值8547万元，偷逃税额2681万元。调查部门共查获走私案件6起，违规案件15起，总案值1.13亿元，罚没收入7760万元，罚没收入也创下历年最高的水平。

【通关作业改革】 2001年，是全国海关通关作业改革的第一年。面对全新的通关管理模式、作业流程、机构设置和职责分工，石家庄海关在上年试运行的基础上，全面推进通关作业改革，充分发挥职能管理作用，不断提高通关效率。结合总署《通关作业改革指导方案》及《石家庄海关通关作业改革实施方案》，以服务促进为宗旨，以提高通关效率为核心，集思广益、群策群力，通关作业改革取得了阶段性的成果。针对通关作业改革初期关区各现场业务环节没有统一作业时限规范而造成的通关效率不高、延误通关速度的实际问题。石家庄海关制定下发了《石家庄关区通关过程各业务环节操作时限规范》，对通关各业务环节的操作时限提出具体要求，并由通关管理和技术处会同纪检监察部门定期或不定期地对落实情况进行抽查，减少因不按规范操作而产生的内部压单现象。

8月份，根据总署跨关区快速通关改革工作的会议精神，成立了跨关区快速通关改革领导小组，全面推广“跨关区快速通关作业系统”。该系统的推广，实现了转关运输“一次申报、一次查验、一次放行”的通关模式，简化了海关手续，加快了通关速度，降低了企业的通关成本，为实现企业的快速进出提供了有力保障。充分发挥职能管理的监督作用，制定了《石家庄海关通关效率分析评估办法》。同时，开发了《通关效率通报》网页，利用计算机系统对每月关区各业务现场的通关效率情况进行分析并予以通报。从而，改善了通关环境，提高了通关效率，方便了企业的正常进出。

【“中国电子口岸”建设】 中国电子口岸是海关总署等12个部委，利用现代信息技术，借助国家电信公网，在互联网上建立的公共数据中心。该中心将向企业提供全天候、全方位网上服务，联网办理各种进出口业务，从而增强管理部门的管理综合效能。企业只要与电信公网“一点接入”就可以透过公共数据中心在网上直接向海关、国检、外贸、外汇、工商、税务、银行等政府管理机关申办各种进出口手续，真正实现了政府对企业的“一站式”服务，同时也降低了贸易成本，提高了贸易效率。使得管理部门在进出口环节的管理更加完整和严密，管理部门实行“电子＋联网核查”的新型管理模式，根本解决业务单证弄虚作假问题，严厉打击走私、骗汇、骗税违法犯罪活动，创造公平竞争的市场环境。总之，“中国电子口岸”是口岸、贸易现代化的重要标志，是提高行政执法透明度，实现政府部门行政执法公平、公正、公开的重要途径。按照海关总署等部委的联合通知部署，石家庄海关从5月起开展了“中国电子口岸”在河北省的推广应用工作。为了做好此项工作，积极与工商、税务、外经贸委等部门加强联系配合，制发了《河北省“中国电子口岸”推广实施意见》。年内，进行了10次省内企业入网资格的集中审查工作，先后为1803家省内企业办理了入网手续，占河北省2000年有出口业务企业的127.7%，收到了良好的社会及经济效益。

【支持外贸出口工作】 支持扩大外贸出口是2001年石家庄海关的一项重要工作，是贯彻落实“依法行政，为国把关，服务经济，促进发展”海关工作方针的具体体现。尤其在中国入世之际，国际市场萎缩，河北省两大贸易伙伴美国和日本经济贸易不景气的严峻形势下，我们更强调全力支持扩大外贸出口。一是加强与口岸部门的工作协调，提高口岸工作效率。深入落实国务院和海关总署关于提高口岸工作效率的通知精神，发挥海关在口岸管理中的重要作用，积极主动地加强与省有关口岸部门的联系，秦皇岛海关、唐山海关分别加强与港务、海事等部门的沟通，密切配合，积极推动建立口岸工作联络协调机制，探索推行“一条龙”、“一站式”等口岸管理联合办公形式。二是强化服务意识，继续落实便利通关的各项措施。各部门、各关大力改进工作作风，努力提高服务水平，主动为企业提供通关便利，加速出口货物的验放；积极落实海关支持外贸出口，便捷企业通关的10项举措，对列名的A类企业实施提前报关、上门查验等便捷措施。三是简化审单作业程序，完善通关作业流程，通过实施通关效率分析与通报制度等方法，加快通关速度，提高通关效率。四是加强加工贸易管理。加工贸易是我国主要的对外贸易形式，占全国进出口贸易总额的54%左右，随着经济全球化，加工贸易在扩大外贸出口中将发挥更大的作用。然而全省加工贸易在贸易总额中的比重不到20%，明显低于全国平均水平和沿海发达省份，因此，进一步发展加工贸易具有重要的现实意义。2001年，海关在加工贸易管理中，强调科学规范管理，完善深加工结转管理办法，加强对加工贸易单耗管理，做好单耗数据库试点工作，大力支持加工贸易的健康发展。五是加强统计基础工作，对全省进出口总体情况及单项情况进行动态的分析监测，发布外贸进出口数据，充分发挥海关统计的监测预警、咨询服务功能，通过每月编发的“统计快报”、“贸易统计专报”以及统计网站等形式，及时向省政府提供全省外贸进出口情况的第一手资料，为领导决策提供准确的依据。

【队伍建设】 2001年，石家庄海关始终坚持“以人为本，从严治关”的工作指导思想，内抓管理，外树形象，全面提高全关的整体管理水平。首先，是加强领导班子建设。制定了《石家庄海关党组自身建设的若干规定》和《石家庄关区隶属海关关长行为规范》及各处处长行为规范。由于贯彻落实得好，使全关各级领导班子的工作作风得到了明显改善，关区上下形成了人人奋发向上、关关团结进取的良好局面。其次，以学习江总书记“三个代表”重要思想和党的十五届六中全会精神为重点，不断加强思想政治工作。加强了全体党员干部特别是党员领导干部的理论学习，深入开展了理想信念教育、职业道德教育和党的宗旨教育活动。第三，加强以制度建设为核心的基础建设。将2001年定为全关的“制度建设年”。围绕这一主题，从建立和完善岗位责任制入手，按照各自的职责、任务，在政务运行、事务管理中的各个工作岗位和各个工作环节制定出完整严密、科学合理、便于操作、适于考核的规章制度。第四，加强反腐倡廉工作。针对自身特点制定了反腐败抓源头的实施细则，进一步落实了《海关外勤工作纪律》等规定，从制度和机制多方入手，纠正行业不正之风，预防腐败违法行为的发生。

各关货运量增长情况

单位：万吨

	2001 年	2000 年	增减 %
关区进出口货运量	5436	3755	44.76
其中：进口	518	352	47.16
出口	4917	3403	44.49
石家庄关	27	7	285.71
秦皇岛关	5143	3570	44.06
唐山关	265	176	50.57
保定关	1	1	0

各关税收任务完成情况

单位：万元

	2001 年	2000 年	完成 %	增减 %
石家庄关区	122903	106603	136.6	15.29
石家庄关	16103	11918	135.1	35.11
秦皇岛关	97699	86014	133.8	13.59
唐山关	7275	7440	121.3	-2.22
保定关	1826	1232	182.6	48.21

河北省公安边防总队

【概况】 全年各边防检查站共检查出入境交通运输工具4560艘(架)次，比上年增长17.6%。其中检查出入境船舶2710艘次，增长8%。检查出入境飞机1850架次，增长35%。其中外国籍飞机1630架次，增长41%。检查飞往香港的客包机220架次，与上年数量基本持平。检查入境外国人26779人次，其中以亚洲发展中国家和东欧国家居多，大多数从事海员工作。从国籍分布上看，入境外国人最多的是菲律宾，有6733人次，占入境外国人总数的25.1%；其次是俄罗斯，有6571人次，占入境外国人总数的24.5%；第三是韩国，有4139人次，占入境外国人总数的15.5%。检查内地公民出境人数13715人次，增长25%。其中员工为10023人次，占内地公民出境总数的73%，旅客3692人次，占总数的27%，增长74%。前往国家(地区)最多的是香港共计1302人次。其次是韩国，共计1285人次。

2001年是新世纪的第一年，开局十分重要。总队党委在年初即召开专门会议，明确了2001年全省边检工作任务和奋斗目标，即“以服从改革开放和经济建设大局，维护国家安全、稳定为首要任务，以出入境旅客满意为最高标准，从规范管理、深化改革、运用科技、提高素质入手，增强执勤能力，提高工作质量，使执勤工作达到依法、公开、规范、文明的要求”。各边检站按照总队党委的指示和工作部署，进一步统一了思想认识，对全年工作进行了再部署、再动员，使工作思路更加清晰，工作重点更加突出，工作目标更加明确。一年来，全省各边检站按照部局和总队的统一部署开展工作，业务工作协调一致，相互促进，共同发展。年内，总队业务部门以组织业务会议、业务培训、交流检查等形式，协调各边检站之间的进一步交流，使许多先进的检查、管理经验得以推广，促进了边检整体工作水平的提高。

【以深入开展规范化建设和“树新风”活动为契机，努力提高执勤规范化水平和队伍整体素质】 一年来，各边检站把执勤规范化建设和“树新风”活动作为全面提高边检工作水平的有效手段，进一步加大组织领导力度，软、硬件并举，有计划、有步骤、有目标地开展活动，取得显著效果。各边检站立足本职，深入持久地开展“树新风”活动，全力服务口岸经济建设，积极采取得力措施，不断推出新举措，使此项活动搞得有声有色，成效显著。秦皇岛边检站大力推行警务公开工作，在签证处设置了触摸式电脑屏幕和标志牌，公开了办理边检手续的标准和程序。设立了咨询台和投诉箱，重新完善了《签证处承诺制度》和《梯口哨兵承诺制度》。继续聘请执法监督员，向来边检站办理边检手续的人员发放《征求意见卡》，定期召开有关单位人员参加的座谈会，听取对边检工作的意见。同时加强群众工作，落实联防制度，请群众参与到边防工作中来，让群众了解边防、支持边防、监督边防。唐山边检站教育官兵摆正五个关系，即：公安边防部队性质与宗旨的关系，边防检查岗位职能与窗口效应的关系，职业道德与文明执勤的关系，日常行为养成与素质形象的关系，优化环境与艰苦奋斗、拒腐防变的关系。通过学习、教育，广大干警一致认识到，应该做到“六个带头”，即：带头树服务新风，带头文明执勤，带头公开承诺，带头开展岗位学雷锋，带头警民共建，带头讲文明用语。他们还针对京唐港是一新建港口，有些单位对边防法律法规了解较少的实际情况，加强了宣传力度。在签证前厅，公开了文明服务公约、边防检查条例有关处罚规定、办证规定、收费标准。每季度深入港区举办1至2期边防法律法规培训班，还将有关警务公开和承诺的内容打印成册发放到有关外事业务单位。站领导、部门领导和检查员逐级签定责任状，官兵实行挂牌上岗，自觉接受群众监督。在此基础上，每季度召开一次群众监督评议会，沟通信息，征求意见，听取反映，使“树新风”活动开展得扎实有效，受到港区群众的广泛好评。石家庄机场边检站“树新”风活动影响面进一步扩大，得到了当地党委政府、口岸部门和社会各界的高度赞誉，连续三年被省口岸办评为“三星级文明窗口单位”。

【边检执法工作不断规范，执法水平进一步提高】 一年来各级边防检查机关始终严格落实江总书记“严格执法，热情服务"的总要求，坚持不懈地教育广大官兵树立对法律负责与对党和人民负责的思想，坚决抵制各种消极因素对执法工作的干扰，把加强严格、公正、文明执法作为提高边检执法工作水平的突破口，从提高人员法律素质、规范执法行为、加强执法监督等多方面入手，努力提高边检整体执法水平。各边检站对依法实施边防检查的认识进一步增强，“依法行政，依法执勤”已摆在业务建设的突出位置，边防检查监督体制进一步得到完善，检查员队伍的执法办案水平得到很大提高。各站严格按照《边防检查行政处罚程序规定》执行行政处罚。为提高执法办案水平，2001年5月份总队组织举办了“边防执法办案培训班”，聘请省公安厅法制处人员进行专题授课，学习中采取以案说法、答疑解惑等多种方式，深入浅出地澄清了培训人员的模糊观念，纠正了以往执法中存在的错误行为，为全省边防法制建设打下了良好基础。一年来，各边检站实施的行政处罚案件都做到了事实清楚、定性准确、处罚得当、程序合法，没有出现过行政复议和行政诉讼。边防检查监督体制进一步得到完善。为贯彻部局关于边检业务工作与队伍建设“两手抓，两手都要硬”的指示精神，充分发挥业务工作在防范职务性违法违纪方面的作用。总队根据公安部制定的《出入境边防检查机关防范职务性违法犯罪措施》，在各边检站开展了集中整顿教育。通过学习全国边检典型案例，汲取教训，制定细化符合本单位实际的制度措施。同时，以闭路电视监控、明查暗访、调研等形式加强监督。石家庄机场边检站安装现场闭路电视监控系统，使各个业务环节相互制约、相互监督，有效防范了职务性违法违纪事故的发生。各边检站还普遍聘请社会监督员，定期收集对执法工作的评议，形成内部、社会一体的立体监督模式，使执法监督工作逐步走上规范化、经常化轨道。

【加强科技强警，改善勤务设施，努力提高边检工作质量和效率】 一年来，各边检站按照公安部《关于边检执勤现场标牌、公告等设施的规定》和《港口边检站检查室、办证室设施标准》的规定，下大力气改造了证件检查值班室和现场巡查值班室。执勤现场全部设有公告牌、咨询台、投拆箱，公开了对外承诺标准和三级投诉电话。检查一线全部配有“四机”(计算机、摄像机、照相机、传真机)，执勤现场环境整洁，业务档案资料齐全，管理规范。秦皇岛边检站为了适应形势发展，解决警力不足的矛盾，上年在该站东港区煤三期、煤四期两个码头实行了卡口监护、码头巡查和闭路电视监控相结合的监护方式。投入资金21万元，安装了闭路电视设备，采用计算机控制，微波传输，配有4台可旋转350度的摄像机，达到了全天候监控的目标。目前闭路监控系统运转良好，有效地保证了监护勤务的需要，大大缓解了执勤警力不足的问题。石家庄机场边检站加强旅客检查现场硬件建设。一是在检查现场重新更换了咨询台、填卡台、投诉箱、公告牌，向社会公开边检依据和处罚标准和边检站、边防总队、部局三级投诉电话，同时向社会进行服务承诺，在检查现场公开承诺内容。二是对检查现场统一布置，保证检查现场良好的封闭性，对现场各种标志重新修缮，保证各种标志明显、醒目。三是根据口岸的现实情况，在检查现场逐步配备各种检查检验设备，积极运用科技手段，努力实现识别伪假证件仪器化。四是建立专门的机组检查室，并增设转机通道，不断提高工作质量和效率，为出入境人员创造了方便、快捷的通关环境。

【进一步加大反偷渡工作力度，确保口岸正常的出入境秩序】 为切实加强对反偷渡工作的领导，发挥整体优势，更加有效地防范和打击偷渡活动，总队和各边检站都成立了反偷渡工作领导小组，落实反偷渡工作领导责任制，使反偷渡工作常抓不懈，责任到人。据统计，全年共查获偷渡案件4起9人，有力地打击了偷渡活动的猖獗势头。主要做法是：一是加强对偷渡活动的研究，有的放矢部署反偷渡工作。针对各地反偷渡情况通报，认真研究偷渡活动发展变化规律和特点，总结反偷渡工作经验，有针对性地部署反偷渡工作任务。二是充分发挥情报调研在反偷渡工作中的作用，争取斗争的主动权。2001年3月20日，秦皇岛边检站通过朋友了解到有福建籍人员准备从秦皇岛港偷渡的线索，该站经过缜密侦查和细致工作，将在香港籍"泰昌"轮上藏匿的偷渡人员抓获。三是严密反偷渡措施，加大打击力度。2001年11月15日，石家庄机场边检站在实施石家庄至香港CA113航班检查任务时，查获福建长乐籍孙兰芳冒充保定顺平庞树龙偷渡一案，经顺线追查，抓获组织协助人员2人，有力地震慑了不法分子的嚣张气焰，在一定程度上遏制了偷渡活动上升的势头。

河北出入境检验检疫局

【工作综述】 2001年，河北检验检疫系统共检验检疫出入境商品55162批，货值420933万美元，同比批次减少9.19%，金额增加15.22 %。其中，检验检疫出境商品51305批，货值301567万美元，检出不合格出境商品46批，货值1953万美元。检验检疫入境商品3857批，货值119366万美元，检出不合格入境商品86批，货值1360万美元。完成监测体检和预防接种23429人次，检出各类传染病614例，对2647艘船舶、1752架次飞机、155节火车进行了严格检疫。截获各类有害生物141批次，完成外商投资财产鉴定业务58批，挽回直接经济损失41.93万美元。

一年来，该局以"忠于职守、勇于负责、严格把关、保国安民"为目标，狠抓源头、严把国门、强化服务，努力实现"四个转变"。

【实现工作重心的转变】 按照国务院领导对质检工作的指示精神，把工作重点放到把"两关"、抓排查、抓源头、保质量上来。严把质量关。对国外技术要求严格，涉及安全、卫生、环保的产品，如肠衣、农产品、陶瓷、烟花爆竹、危险品包装等，加大检验检疫力度，防范了质量事故的发生。针对当年进口废物增多的特点，严格审核有关手续，采取逐级把关负责制，仅秦皇岛口岸就检验检疫进境废物原料15船次，1565吨，有效防止了有毒有害物质的传播。还规范了一些地区机械产品的生产经营行为。针对煤炭出口大幅增长的特点，加强了产地监督管理和进港煤炭监管，保证了输港煤炭质量，全年完成煤炭出口4000多万吨，出口质量总体趋好。严把疫情关。将容易诱发疫病疫情及转基因商品作为重点，如进境粮谷、皮张、食品、植物、幼苗等，加大了进境口岸、运输、储存、加工、使用等环节的监控，坚决做到拒疫病疫情于国门之外。对河北怀来中法园艺示范农场进口法国葡萄苗中的带土葡萄苗进行了销毁处理，防止了疫情发生。针对进口粮、进境香蕉中发现大量有害生物和禁止进境土壤的实际，及时采取有效处理措施，防止了病虫害的传入。针对国内外疫情的发生、流行和传播情况，对来自疫区的人员、物品、包装、运输工具等严格把关，从规范健康检查、预防接种、强化检疫检测手段入手，加强了对出入境人员的传染病监测。对特殊物品和尸体、棺柩、骸骨、骨灰等的检疫进行了规范管理，出台了检疫管理规程。制定了防范和处置生化恐怖活动预案，就防止炭疽传入采取了应急措施。加强了对来自疫区交通工具的检疫查验工作，在对入境船舶的检疫查验中，发现携带医学媒介生物的225艘次，截获动植物三类危险性害虫2艘次，一般性害虫56艘次。对来自疫区的187艘船上的肉类进行了封存和卫生处理，有效地防止了传染病和动植物危险性害虫的传入。加强了口岸卫生监督和医学媒介生物的监测与控制，对口岸配餐、供水、饮食服务和公共场所进行监督检查，对新建口岸－黄骅港港区进行了卫生监测和医学动物及媒介生物本底调查，将发现的问题向港区提出书面整改意见，有效地保障了口岸地区的卫生安全。积极探索集装箱卫生检疫管理模式，制定了进出境集装箱检验检疫管理细则和工作规程，规范生产加工和监管办法，努力实现对进出境集装箱的有效监管。加强风险分析研究，积极开展疫情调查，通过健全组织、办班培训和与大专院校、科研单位协作，先后组织了马铃薯、进境香蕉有害生物调查，地中海实蝇、入境葡萄苗监测，为保护我国农牧业生产安全提供可靠保障。保工作质量。始终把提高工作质量作为全局重要工作来抓，建立健全监督制约机制，开展经常性的自查、检查、督查，确保工作质量落到实处。相继开展了3次全省系统的工作质量检查工作，除了对检验检疫工作流程、单证、监管行为、收费、处罚等进行检查外，重点突出对新建单位、办事处及敏感商品的检查，维护了正常检验检疫秩序，确保了检验检疫工作质量。抓源头。积极配合开展整顿和规范市场经济秩序工作，严厉打击外经贸领域制售假冒伪劣行为。对列为全省整顿和规范市场经济秩序的重点对象、在进出口领域屡出问题的重点商品和国外技术要求严格，涉及安全、卫生、健康、环保的产品，如进出口食品、皮张、化肥、服装、机械及配件等进行了重点检查和清理。对假冒知名品牌出口、产品出口秩序混乱及非法进口、加工等环节进行了清理整顿。对4起违法行为进行了严厉查处。

【实现监管方式的转变】 把检验检疫把关的重点向前期监管和后续管理延伸，实现有效监管。加大日常监管力度。以抓供港澳活牛检疫为龙头，重点建立疫情监控体系。在国际疫情频发的情况下，河北省活牛出口数量和质量均位居全国前列，没有疫病疫情发生，香港《大公报》在显著位置对河北省供港澳活牛严格检疫监管的情况进行了多次报道。第八届吴桥国际杂技节得到了党中央、国务院的高度重视，江总书记亲自参加了杂技节闭幕式。为了保证杂技节的顺利举行，20多个日日夜夜里，检验检疫人员24小时坚守在隔离场及演出现场，及时进行临床诊断，对场地进行消毒处理，防止了动物疫病的传入传出，保证了观众的健康、演艺动物的安全和演出安全，受到组委会的好评。大力推进认证认可工作。把开展对外注册工作作为一项突破国外技术壁垒、服务地方经济的重要任务来抓，从信息搜集、技术指导交流、规范监督管理等环节入手，尽力帮助企业建立质量保证体系。全年完成质量许可、卫生注册登记企业91家，有8家对日出口熟食加工企业全部通过了日本官方的现场考核，获得进入日本市场的通行证，3家出口企业通过对欧注册。通过提供咨询和技术服务，促进企业建立健全质量保证体系，帮助近120家出口企业获得ISO9000质量体系认证，ISO14000认证工作有所突破。加大对省内出口名牌产品的保护力度，积极开展对中国长城葡萄酒有限公司等企业进行原产地标记保护工作。积极推行分类管理制度。对已实行分类管理的企业实行动态管理，促进企业产品质量稳定。出台了出境非食用动物产品生产企业和机电产品出口企业分类管理办法，重新修、制定了纺织品、服装出口企业分类管理办法。积极探索在出口食品企业中实施风险等级分类管理办法，针对各类企业产品质量状况和管理水平，实现科学管理。

【实现工作方式的转变】 适应入世新形势，改进工作作风。各级领导多次深入基层部门和出口企业，了解行政执法和业务管理工作中存在的问题及企业需求，及时帮助解决。同时通过走出去、请进来等形式，广泛征求进出口企业的意见和建议，在技术手段、查验机制和工作作风等方面制定了改进措施。重视发挥中介组织的作用，积极拓展业务，在安平、临西等出口商品集散地建立临时办事机构，服务了地方经济，方便了外贸出口。此外，通过办班、开会等形式，加强了对进出口企业人员的培训，帮助企业提高突破国外技术壁垒、适应世贸组织规则的能力，深受企业好评。

【实现工作手段的转变】 通过提高检测能力和技术水平，促进执法水平和工作效率的提高。加强科技管理和技术创新。积极推进科研制标工作，完成科研成果5项，行业标准3项，其中1项达到国际先进水平，2项达到国内同行业领先水平。成功进行了秦港煤二期采制样系统国产化技术更新改造，节约资金1000万元。与清华大学共同研制开发的羊绒细度检测仪，填补了国内羊绒检测自动化方面的空白。解决了人为误差，提高了测量精度，将原来1小时的检验工作缩短到只需1分钟即可完成，极大地提高了检验效率，技术水平达到国内领先。加强实验室建设。为适应入世需要，在综合考虑各方面因素的基础上，按照实验室集约化分类原则，对部分实验室进行整合，把全系统原来32个实验室合并调整为25个，提高了综合实力和整体效能。重视信息化建设。全面实现了检验检疫业务网络化管理。积极推广电子签证、电子转单、电子报检工作，电子签证量占总签证量的90%以上，加快了报检和通关速度。

2001年河北出入境检验检疫主要业务统计表

制表单位：河北出入境检验检疫局　　金额单位：万美元

	出入境商品检验检疫					
	批 次	金 额	同期比较		检验出不合格	
			批次	金额	批次	金额
出境	51305	301567	-11.24%	+14.22%	46	1953
入境	3857	119366	30.92%	+17.83%	86	1360
合计	55162	420933	-9.19%	+15.22%	132	3313

	出入境卫生检疫				
	监测体检及预防接种（人次）		交通工具		
	监测体检	预防接种	火车（节）	轮船（艘）	飞机（架）
出境	7112	13297	155	1577	953
入境	2239	781		1070	953
合计	9351	14078	155	2647	1906

河北海事局

按照国务院关于全国水上安全监督管理体制改革的统一部署，交通部与河北省人民政府于1999年7月16日签订了《交通部、河北省关于在河北实施水上安全监督管理体制改革的协议》。同年12月28日，河北海事局正式挂牌成立。其主要职责是依据《中华人民共和国海上交通安全法》、《中华人民共和国海洋环境保护法》等法律法规，负责辖区水上交通安全和船舶防污染管理。河北海事局自成立以来，始终坚持依法行政，认真履行管理职责，不断推进海事业务工作规范化，全面提高工作效率，积极支持港口建设和生产运输。2001年，辖区港口吞吐量超1.3亿吨，进出港船舶16709艘，有力地促进了地方航运和经济发展。

【重点突出，常抓不懈，有针对性地做好防污染管理工作】 河北海事局一直以秦皇岛、北戴河海域为重点，把船舶防污染管理列为全局工作的重中之重，采取多种措施，有针对性地遏制船舶污染事故的发生，确保了海洋环境的清洁。

通过详细调研辖区防止船舶污染工作的现状和本地区实际情况，总结往年防污染工作的经验，本着充分利用现有人力、物力的原则，制订了暑期船舶防污染工作计划。一方面，通过广泛宣传，增强广大船员防污意识，将主管机关对船舶防污染工作的严格管理和船员、船公司自觉的防污染行动有机地结合起来；另一方面，从严要求，全面管理船舶防污染各个环节。重点对在港的老旧船舶、油船、液货船和油码头进行检查。在暑期对所有船舶加强防污染检查，除集装箱定线船舶每月检查一次外，其余要求到港即查。共进行防污染检查5063艘次，审核危险货物申报475艘次，彻底消除了管理盲区和污染隐患。此外，还组建了专业的溢油应急反应中心，着手制定辖区溢油应急计划，大大提高了辖区溢油应急反应能力，为辖区防污染工作提供了坚实的保障。

【加强管理，清除隐患，维护安全畅通的水上通航秩序】 针对管理辖区扩大的实际情况，河北海事局坚持“预防为主，居安思危”的方针，积极查找、消除碍航隐患。当年共出动巡航船舶779航次，巡航里程达13846海里，基本实现了辖区通航环境在全国沿海较优、交通事故率最低的目标。

旅游景点的摩托快艇是河北辖区每年安全管理的重点和难点，河北海事局对此采取了积极的治理措施。从水域功能划分、船员适任、营运安全检查和现场监督管理各个方面加强了管理力度，并不断总结管理经验，制定了《中华人民共和国河北海事局小型旅游船艇安全航行管理暂行办法》，从制度上规范了对辖区小型旅游船艇的监督管理。

从营造和维护良好通航环境的目的出发，加大科技投入。先后在秦皇岛港和黄骅港VTS系统中引入AIS（全球船载自动识别系统）技术，建设成了DGPS、AIS技术与VTS相结合的现代引航监控系统，提高了船舶定位精度。全年共避免船舶发生险情46艘次，提供助航服务181艘次，纠正违章61艘次，在保障船舶安全进出港方面发挥了巨大作用。

针对过去几年特别是2000年冬季北方海区、港口水域严重的冰况、寒潮大风、浓雾等灾害性天气所造成的船舶走锚、搁浅、碰撞事故，河北海事局认真开展了调研工作，积极与北方各局协作，征集有关材料，走访本地港口和船东，总结北方港口冬季气象海况特点。在此基础上，制定出台了《北方海区冬季恶劣气象条件下船舶及港口安全保障措施》和多项应急、调度预案，组织制定了《辖区异常通航条件下的通航安全监督管理办法》，对港口冬季的安全生产起到了安全保障作用。

【夯实基础，锐意创新，船舶监督管理工作再上新台阶】 现场监督是海事管理的基础，河北海事局本着“既监督又服务”的宗旨，加强登轮签证和现场巡查，掌握第一手资料，实施动态管理。特别是对客轮、油轮以及老旧船舶等重点船舶加强现场监管，切实保证了船舶安全。

依据交通部海事局有关文件精神，河北海事局结合辖区实际下发《关于重点船舶实施跟踪管理办法》和《船舶监督管理督察办法》，加强了对重点跟踪船舶的监督检查力度。先后有两条船舶经检查被列入“黑名单”，遏制了船舶违章的势头。河北海事局还积极开展“开航前检查”工作，实施开航前检查责任追究制度和建立两级负责制，确保达到部海事局“降滞脱黑”的工作目标。从1998年至2001年，河北海事局已经连续四年保持到港船舶适用开航前检查检查率100%，并且经过开航前检查的船舶无一艘在国外被滞留。

【脚踏实地、以人为本，船员管理成效明显】 在水上安全监督管理中，紧紧抓住人的环节，对船员素质进行强化管理，减少人为因素带来的水上交通事故隐患。

随着1995年修正的《1978年海员培训、发证和值班标准国际公约》对在职船员宽限期的临近，加强了船员过渡期知识更新培训工作，加快了辖区船员培训考试、评估和换证工作的步伐。进行了50期船员履约过渡培训，制作专业培训合格证3689份，新版适任证书164本，海员证807本，船员服务薄275本，参加培训考试的船员达到了4252人次。

自水监体制改革以来，小型船舶船员管理一直是一个难点，其中缺乏执法依据是多年来管理上最薄弱的环节。河北海事局在大量调查研究的基础上，制定了《河北海事局游艇驾驶员考试、评估和发证办法》，为对游艇驾驶员的管理提供了依据，规范了游艇驾驶员的管理工作。

【健全搜救体系，辖区搜救能力明显增强】 河北海事局积极取得地方政府的重视和支持，继续加强对现有各类搜救力量的组织协调。在经费紧张，救助手段受局限的情况下，全力维护搜救工作设备的正常运行，保障值班工作的有效开展，下大力气组织协调好辖区每一次水上遇险搜救行动，有效地保障了辖区海上船舶人命、财产的安全。2001年，河北省海上搜救中心共接到并处理各类遇险报警34次，搜救行动中，协调出动各类救助船舶16艘次，救助遇险船舶17艘次，救助处于紧急危险情况下的遇险人员19人，搜救成功率为100%。

2001年河北船舶进出口岸统计表

	序号	进港船舶			出港船舶		
		艘数(艘)	总吨	总载重吨(吨)	艘数(艘)	总吨	总载重吨(吨)
总计	1	8410	95768042	157114655	8299	94097989	154165653
中国	2	6047	58449596	91884133	5983	58332403	91768476
外籍	3	2363	37318446	65230522	2316	35765586	62397177

河北口岸概况

一类口岸

河北省一类口岸共有3个：秦皇岛港口岸，唐山港口岸，石家庄航空口岸。

【秦皇岛港口岸】 秦皇岛港口岸位于渤海湾底部，居于华北、东北两大经济区之间，自然条件优良，港阔水深，风平浪小，不冻不淤，气候宜人。1898年，清朝光绪皇帝朱批秦皇岛“自开口岸”。100多年后的今天，已发展成为与世界100多个国家和地区往来通商的以能源和大宗散杂货输出为主的现代化综合性超亿吨大口岸。口岸包括秦皇岛港、秦皇岛新港、秦山化工码头、大腈纶厂码头、山海关船厂码头。口岸的范围在北纬39°58′向南延伸至北纬39°54′，东经119°49′向西延伸至119°36′之间。港航岸线17公里，水深−16.5米，平均宽100米。秦皇岛港口岸集疏运条件优越，拥有水路、铁路、公路和管道等多种运输方式，港口自营铁路与京山、京哈、京秦、大秦4条国铁相连，京沈高速公路和102、105两条国道通达口岸。山海关飞机场临近港口，口岸仓储、修船、通信及为船舶进出服务的机构和设施配套齐全。口岸现有生产泊位45个，综合吞吐能力1.27亿吨，其中最大泊位为10万吨级，万吨级以上泊位33个。允许外轮进出。

秦皇岛市人民政府口岸办公室对该口岸实施口岸管理，秦皇岛海关、秦皇岛出入境检验检疫局、秦皇岛边防检查站、秦皇岛海事局担负口岸的查验工作，口岸通关环境优良，深得客户满意。

【唐山港口岸】 唐山港口岸位于河北省唐山市东南80公里处的渤海湾北岸，是孙中山先生1919年《建国方略》中拟建“北方大港”的所在地，为北京、唐山两市联合建设经营的港口。按照总体规划，口岸的范围包括王滩和曹妃甸两个港区。王滩港区地理坐标东经119° 01′，北纬39° 13′，建港自然条件良好，具有建设100多个万吨级以上深水泊位的条件，1989年8月动工兴建，1992年7月18日国内通航，同年10月被国务院批准为一类口岸，1993年7月18日对国际通航。现已建成一号、二号两个港池，各类生产泊位16个，码头岸线3823米（含工作船泊位）。其中1#、9#、10#、11#、34#为4个3.5万吨泊位，其余为1.5–2万吨级泊位。目前， 14#、15#两个2万吨级散杂泊位正在进行5万吨升级改造，2002年底可投入使用，届时，最大可停靠5–7万吨级船舶。港口航道现为2万吨级，正在建设长6820米，水深–12.5米，底宽150米的3.5万吨级航道， 2002年底可投入使用，3.5万吨级船舶可全天候进出，乘潮可通过7万吨级船舶。港区潮汐为不规则半日潮，年最高潮位2.53米，年最低潮位–0.29米，年平均潮位1.27米。京唐港口岸建有煤炭、矿石、粮食等各类堆场100多万平方米，件杂仓库、集装箱拆装箱库等仓库5万多平方米，有门机、吊车、装载机、拖车等各种机械运输工具70多台（套）。

曹妃甸港区位于唐山市以南70公里，王滩港区以西30海里的滦南县海域曹妃甸岛，地理坐标东经118° 30′，北纬38° 55′，经有关专家考察确认，是渤海湾内唯一不需要开挖航道和港池，就具备建设25万吨级以上深水泊位的天然良址。

唐山港口岸允许外轮进出，通航以来，货物吞吐量以年增100–150万吨的速度迅速提高。2001年吞吐量突破1000万吨，跨入国家千万吨港口行列，在全国沿海主要港口中居第23位。货种包括煤炭、矿石、原盐、粮食、化肥、水泥、设备、集装箱等10多大类、数十个货种，航线通达亚、欧、美等20多个国家和地区及国内90多个港口。

【石家庄航空口岸】 石家庄机场于1995年2月建成，当年实现国内通航，1996年3月正式对外开放，允许外籍飞机进出。石家庄机场位于省会石家庄市东北33公里，是中国省会干线机场，北京首都国际机场的备降机场和分流机场。机场按照飞行区等级4D级标准设计建造，占地面积2.7平方公里，跑道长3400米，宽45米，厚0.34—0.38米，可全载起降目前世界上任何大型飞机。客机坪面积14万平方米，有24个停机位，货运库面积1万平方米。侯机楼建筑面积2.57万平方米，为“下进上出”双层式结构，国内厅和国际厅分设，高峰小时旅客处理能力为900人次，设有国际进出港联检厅、安检通道、隔离厅、行李提取厅等航班保障和服务设施。另外，还设有贵宾室、餐厅、免税商店、咖啡厅、酒吧、邮电、银行等配套服务设施。通信导航和地面保障设施完善，可保证各类飞机在复杂条件下安全起降。机场至石家庄炼油厂铺有输油管道专线。联检办公大楼和国际货运报验大厅即将交付使用。

石家庄机场开航以来，先后开通国内航线25条，通达26个城市。对外开放后，先后开通了石家庄至香港客运定班包机航线、至俄罗斯等独联体国家货运包机航线、至韩国青州和仁川临时客运包机航线，石家庄至泰国曼谷、普济岛、临时客运包机航线随着河北省对外开放力度进一步加大，还将陆续开通至东南亚及周边国家和地区更多的国际航线。

2001年，石家庄航空口岸实现俄罗斯货运包机1718航班，货物吞吐量36208.27吨，出口货物总价值约合85亿元人民币。至香港客包机209航班，出入境旅客17324人次，平均客座率64.3%；至韩国青州客包机24航班，出入境旅客2955人次，平均客座率86%；至韩国仁川客包机2航班，出入境旅客272人次，平均客座率95.1%。

河北省人民政府口岸办公室在石家庄航空口岸现场派驻了办事机构—石家庄航空口岸办事处，负责口岸现场的综合管理和协调工作。石家庄海关机场办事处、河北省边防局石家庄机场边防检查站、河北省检验检验局石家庄机场办事处担负该口岸查验工作，现场办理过往人员、货物、交通工具的出入境手续。

二类口岸

【黄骅港口岸】 黄骅港口岸位于河北省沧州市以东87公里的渤海湾西岸，漳卫新河与宣惠河交汇的大口河以北海域，是中国西煤东运第二大通道的出海口。目前仍在建设中，尚未通过国家验收。港口开放范围为：东经117°50′ 12.5″、北纬38° 16′ 18.2″，东经117° 52′ 00.2″、北纬38° 18′ 22.0″，东经117° 52′ 40.5″、北纬38° 18′ 49.0″，东经117° 52′ 59.5″、北纬38° 18′ 48.4″，东经117° 55′ 22.7″、北纬38° 20′ 24.5″，东经117° 55′ 08.5″、北纬38° 20′ 40.8″，东经117° 53′ 37.1″、北纬38° 20′ 01.8″，东经117° 51′ 55.1″、北纬38° 20′ 12.9″，东经117° 47′ 50.0″、北纬38° 17′ 28.1″共9点连线水域。

黄骅港一期工程有煤炭装船泊位3个，其中5万吨级泊位2个，3.5万吨泊位1个，岸线总长为880米。年吞吐能力3000万吨。同时，结合工作船码头建设，形成可兼作杂货的2个万吨泊位，并预留泊位4个，码头岸线总长380米。港口水域由港池、内航道和外航道组成，航道总长34.84公里，水深-11.5米。根据港口总体布局规划，煤二期工程年吞吐能力可达6000万吨，煤三期工程年吞吐能力可达1亿吨。

黄骅港一期工程煤码头，为突堤式高桩梁板结构，码头前沿高程+6.3米，泊位水深-13.7米。相应装卸系统配有4000T/H卸车能力的翻车机3台，4000T/H堆料机2台，6000T/H取料机2台，3000T/H取料机1台，1200T/H取料机1台，4000/6000T/H堆料机1台，6000T/H装船机3台。港口陆域配套建有煤堆场38万平方米，堆煤能力237万吨，港内设铁路调车场，堆场后方区、管理区，建有7万多平方米面积的生产、生活辅助设施，以及供水、供电、道路、环保等配套设施。

河北省外贸概况

2001年，全省累计实现进出口总值57.4亿美元，比上年增长9.6%，增幅高于全国2.1个百分点。其中，出口39.6亿美元，增长6.7%，低于全国0.1个百分点；进口17.8亿美元，增长16.6%，高于全国8.4个百分点。全年外贸进出口主要呈现如下特点：

一般贸易进出口总值实现增长，加工贸易呈现下降。全年一般贸易累计进出口46.2亿美元，增长13.7%，其中出口33.5亿美元，增长10.8%；加工贸易累计进出口8.8亿美元，下降11.5%，其中，出口5.9亿美元，降低13.1%。

初级产品及工业制品的进口增速快于出口增速。全年初级产品出口12.9亿美元，增长14%；进口6.5亿美元，增长17.9%。工业制品出口26.8亿美元，进口11.3亿美元，分别增长3.5%和15.9%。

机电产品出口保持增长，高技术产品出口乏力，全省对机电产品及高技术产品的进口需求加大。全年机电产品累计出口6.1亿美元，增长8.1%；进口6亿美元，增长36.3%。高技术产品累计出口只有0.5亿美元，下降了8.4%；进口1.7亿美元，增长28.8%。

对日、韩及东南亚联盟等出口均呈小幅下降，对美国、欧盟出口略有增长，对台湾、俄罗斯及非洲、拉美出口增势强劲。当年以来全省对俄罗斯的出口一直保持较快增长，全年累计出口2.2亿美元，增长1.1倍；对台湾出口3.3亿美元，增长55.1%。受美、日经济衰退及全球经济放缓影响，全省对美国出口增幅只有0.8%，累计出口值为4.6亿美元。对日出口6.6亿美元，减少3.6%。对欧盟累计出口6.6亿美元，增长3.5%。

私营企业出口保持快速增长，国有企业出口小幅下降，集体及三资企业出口增长平稳。全省国有企业累计实现出口23.2亿美元，下降0.6%；三资企业出口11.4亿美元，增长12.9%；集体企业出口3.2亿美元，增长9.4%；私营企业出口1.8亿美元，增长1.5倍。

主要商品累计出口情况：服装及衣着附件6.6亿美元，增长22.8%；煤6.6亿美元，增长58.5%；纺织品3.5亿美元，下降12.5%；医药品1.7亿美元，增长17.2%；钢材1.0亿美元，下降7.3%。

主要商品累计进口情况：铁矿砂2.3亿美元，增长1.1倍，大豆1.9亿美元，增长15.1%，香蕉0.6亿美元，降低34.2%，纺织机械0.7亿美元，增长3.6倍，初级形状的塑料0.7亿美元，增长50%，钢材0.6亿美元，增长26.3%。

河北省对外贸易进出口贸易方式统计表

单位：万美元

贸易方式	累计总值			同期±%		
	进出口	出口	进口	进出口	出口	进口
一般贸易461854	334619	127234	13.7	10.8	22.4	
加工贸易：	88137	59057	29080	−11.5	−13.1	−7.8
来料加工贸易	26059	15735	10323	−24.1	−27.7	−18
进料加工贸易	62078	43321	18756	−4.8	−6.3	−1.1
对外承包工程货物	698	698		133.4	133.4	
外商投资设备物品	21238		21238	46.4		46.4
免税外汇商品	189		189	−65.2		−65.2
保税仓库进出境货物	247	1	246	−82.9	−50	−83

河北省对外贸易进出口总值国家（地区）前十位排序表

单位：万美元

位次	国家（地区）	累计总值			同期±%		
		进出口	出口	进口	进出口	出口	进口
1	日本	88780	66481	22299	−1.4	−3.6	5.8
2	美国	74053	46073	27980	6.5	0.8	17.4
3	韩国	66953	48587	18365	0.1	−2	6
4	台湾	40533	33310	7223	45.8	55.1	14.3
5	德国	28911	13825	15086	0.6	−9.4	11.8
6	俄罗斯	23770	21875	1894	62.6	105.5	−52.3
7	香港	19772	18559	1214	−24.7	−25.7	−5.4
8	意大利	19239	13714	5525	10.2	8	16.1
9	澳大利亚	16592	4252	12340	29.8	−0.7	45.1
10	印度	13907	7460	6447	38.3	29.1	50.6

河北省对外贸易出口商品前十位排序表

单位：万美元

位次	出口主要商品	单位	数量	金额	数量±%	金额±%
1	服装及衣着附件			66135		22.8
2	煤	万吨	2403.2	65752	41.8	58.5
3	纺织纱线、织物及制品			35095		-12.5
4	医药品	万吨	2.1	17124	23.6	17.2
5	钢材	万吨	18.5	9646	-20.6	-7.3
6	原油	万吨	46.6	8480	-13.5	-26.1
7	家用陶瓷器	万吨	12.6	8435	-2.1	-5.8
8	山羊绒	吨	617.7	4627	-9.8	-12.3
9	鲜、干水果及坚果	万吨	7.6	4444	26.1	5.2
10	肠衣	吨	4638.6	4346	-15.2	-13.9
11	机电产品			61080		8.1
12	高技术产品			4964		-8.4

河北省对外贸易进口商品前十位排序表

单位：万美元

位次	出口主要商品	单位	数量	金额	数量±%	金额±%
1	铁矿砂	万吨	861.8	23086	122.6	114.9
2	大豆	万吨	96.3	19114	27.3	15.0
3	初级形状的塑料	万吨	7.3	6571	73.8	50.0
4	纺织机械			6567		357.9
5	香蕉	万吨	25.6	6441	-24.9	-34.2
6	钢材	万吨	12.2	5560	46.8	26.2
7	橡胶或塑料加工机械			3847		73.6
8	纸及纸板（未切成形的）	万吨	2.7	2876	-38.1	-38.2
9	纺织用合成纤维	万吨	3.0	2688	-2.7	-9.9
10	计量检测分析自控仪器及器具			2683		42.1

山西省

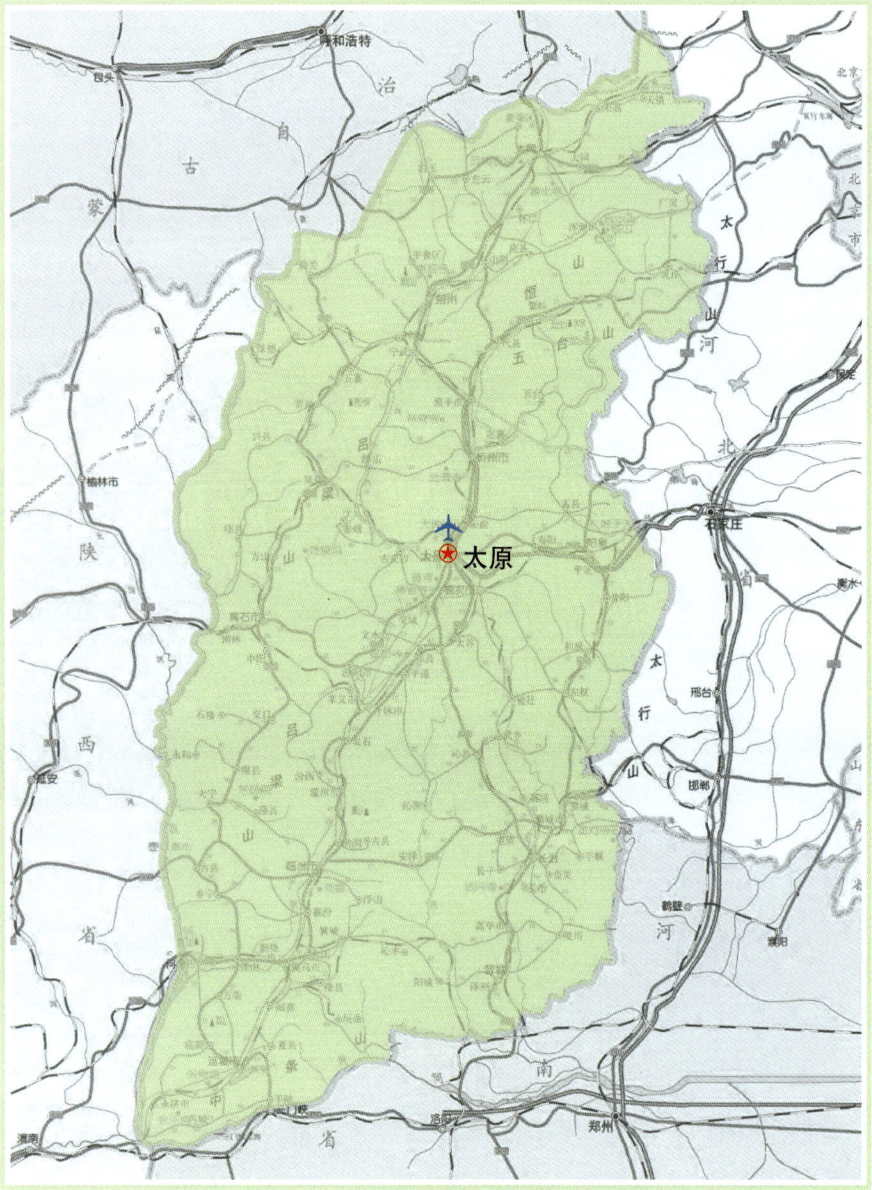

图　　例

⊛	省级行政中心	🚆	铁路口岸	🚚	公路口岸
⊙	口岸城市	✈	航空口岸	⚓	海(河)运口岸

太原航空口岸

山西口岸工作综述

2001年，山西口岸工作成效显著。在口岸运营、口岸建设、综合管理、口岸宣传和文明共建等方面取得较好成绩，为山西省外经贸、旅游事业的发展起到了积极的推动作用，得到省委、省政府的充分肯定。省政府分别授予太原海关、山西出入境检验检疫局、太原边防检查站、民航山西省管理局、东航山西分公司、山西省人民政府口岸办公室等单位“2001年度山西口岸工作先进单位”称号。

【太原航空口岸客货运营情况】 对独联体货运包机保持了较好的效益。 2001年以来，太原航空口岸对独联体货运包机业务面临的形势日趋严峻。由于独联体国家经济的复苏，其国内市场对我国轻纺产品的依赖性有减弱的趋势，中俄间货包机总量有所下降；在我国内由于周边兄弟航空口岸和铁路运输的低成本竞争也使太原航空口岸的货源存在一定程度分流。在这种情况下，各联检单位能否提高工作效率，为包机单位提供快捷便利的通关环境，民航保障部门能否想包机单位所想，提供一流的保障服务，便成为太原航空口岸对独联体国家货运包机业务能否稳定发展的关键。为此，口岸各检查检疫、飞行保障部门采取了一系列得力的措施，不断完善太原航空口岸执法和服务相结合的通关环境。太原海关机场办重新修订了有关规章制度，组织人员认真学习，提高了执法水平。本着从严治吏、反腐倡廉的精神，狠抓了队伍建设，制定了工作量化考核、监督检查等内部管理制度。进一步转变了工作作风，提高了队伍素质，在海关监管力度加大的同时，加快了货物的通关速度，给包机单位提供了方便。山西出入境检验检疫局机场处进一步完善各项规章制度，加强了业务学习，有针对性地编制了俄文法规宣传资料，发放给俄罗斯各航空公司机组人员，主动营造良好的执法环境。在检验一线配备有经验的检验检疫人员，实行24小时值班制度，做到货物随到随检、随检随放，准确高效地完成了执法服务工作。太原边防检查站狠抓了岗位培训，进一步提高了检查员的素质，建立了包机工作档案，规范了货包机执勤，提高了检查效率。民航山西省管理局建立了规范化的服务保障体系，狠抓安全生产，制定了一系列的管理办法，加强了监装监卸和现场的指挥调度，为扩大货运量打下了基础。正是由于各检查检验、飞行保障部门的共同努力，才使得对独联体货包机业务在竞争日趋激烈，而太原航空口岸和其它兄弟口岸相比无地理位置优势的情况下，对独联体国家货包机业务仍取得了较好的效益。2001年，太原航空口岸累计飞行货包机2098架次，运输出口货物近5万吨，给山西省相关行业带来上亿元的直接经济效益。

客运业务运营平稳，临时客包机增长较快。 近年来，随着省委、省政府结构调整战略的实施，旅游作为全省经济发展支柱产业的地位也逐渐显现。山西省旅游资源得到进一步的开发和利用，对国际游客的吸引力大大加强。同时，随着居民经济收入、生活水平的提高以及生活观念的改变，为组织大型双向跨国旅游团队提供了可能。省旅游部门正是抓住了这一机遇，积极开拓国际市场，充分利用“五一”、“国庆”、“春节”等黄金节假日，组织跨国双向旅游团队。太原航空口岸为其便利快捷的通关发挥了积极的作用。由于各团队进出境全部安排在节假日，各联检、民航单位放弃节假日休息，加班加点，保证了团队的顺利出行。太原航空口岸全年开通了太原－曼谷、太原－新加坡、太原－韩国(青州、仁川)等4条新的临时国际航线，共飞行客包机137架次，累计出入境旅客11190人次，与上年同期相比，有较大幅度增长。

【口岸开放与建设情况】 大同、侯马海关筹建工作有了新的突破。 加快大同、侯马海关建设步伐，是为迎接入世，完善省晋北、晋南地区投资环境，形成以太原为中心，以大同、侯马为两翼的立体交叉和辐射带动的口岸开放格局的主要内容之一。2001年以来，省口岸办和太原海关共同对两地建关情况进行了考察，对建关工程进度和工程质量提出了要求。以后又多次听取汇报，交换意见，进行检查和督办。2001年底，在两地政府和两地建关筹备处的努力下，侯马建关工程办公楼、宿舍楼及其它配套工程已全部完成，完成投资近2000万元，硬件设施已具备开关验收条件。大同建关工程办公楼外部装修基本完成，内部装修及室外工程和宿舍楼安装工程，将在2002年上半年完成，目前已完成投资1000多万元。大同、侯马海关的设立，对山西省经济的发展意义重大。省委、省政府非常重视，薛荣哲副省长多次询问工程进展情况。经过多方面的共同努力，尤其是太原海关领导多次赴京汇报，以及海关总署有关领导赴晋考察，对两地建关报批起到了积极的作用。目前大同、侯马海关机构设立的报批工作正在进行中。

太原航空口岸对外籍飞机开放列入国家“十五”口岸开放规划中。 太原航空口岸是1993年国务院批准的对地区性国际航线开放的一类口岸。由于不能直接对外航、外籍飞机开放，在一定程度上影响了山西省投资环境的改善，制约了山西与国际间的经济贸易、文化交流和国际旅游业的发展。为推动这一工作进展，省政府薛荣哲副省长、省口岸办、山西民航局多次赴京向国家有关部门进行汇报，积极争取。2001年10月，省政府再次向国务院呈报了太原机场正式对外开放的请示。在多方面的共同努力下，国家海关总署已将太原航空口岸对外籍飞机开放列入国家“十五”口岸开放规划报国务院审批。

“口岸电子执法系统”得到推广应用。 中国电子口岸是国家有关部门利用现代信息技术，借助国家电信公共网，在互联网建立的口岸业务公共数据中心。“中国电子口岸执法系统”的推广应用，将使口岸管理部门各项进出口管理作业更规范、统一、透明，从而使各部门、各操作环节形成相互制约、相互监督机制，有利于管理部门的廉政建设和工作效率的提高。并为进出口企业提供信息资源和全天候全方位的服务。为使这一工作顺利推广，省政府成立了由副秘书长赵命柱任组长，太原海关梁克义关长任常务副组长，有关部门负责同志为成员的“口岸电子执法系统”推广工作领导组。太原海关成立了“口岸电子执法系统”推广联络协调办公室，具体负责口岸电子执法推广工作。太原海关还集中时间对工商、税务、外管、外贸、技术监督等部门有关工作人员进行了专门培训。4月26日，中国电子口岸太原制卡分中心正式成立，并于5月8日正式对外办公。2001年6月1日，“中国电子口岸执法系统”在山西省正式投入使用。

太原航空口岸联检业务办公楼正式启用。 在2000年底，太原航空口岸综合、边防、海关办公楼竣工。2001年省口岸办会同海关、边防对办公楼室外及绿化工程进行了完善。太原边防检查站、太原海关机场办事处已先后搬进了设施齐备的办公楼，航空口岸联检单位办公环境焕然一新，大大改善了对外形象。

【口岸综合管理情况】 一年来，为进一步挖掘口岸潜力，对口岸实施科学规范的管理，省口岸办进一步强化了综合管理，确保了口岸“安全、正点、优质、高效”运营。

根据省政府有关文件精神，结合太原航空口岸近年来运营的实际情况，由省口岸办牵头，各联检服务单位参与，再次修订了省政府颁发的“太原航空口岸管理暂行办法”。除了根据各执法服务部门法规制度的变化对管理办法进行了修改、完善外，还主要强化了各单位之间互相配合的部分，进一步明确了职责，具有较强的可操作性。在省口岸办提出初步意见的基础上，多次征求口岸各单位的意见，反复修改，目前已初步定稿报省政府重新核发。管理办法的修订对口岸各单位的职能定位、规范行为、相互协作等做了明确规定，其颁布实施必将对提高口岸效率起到重要作用。

通过召开口岸联席会议，通报分析口岸运营情况，及时协调解决口岸运营中出现的问题。同时，针对各专项工作进行安排布置，加强口岸各单位的理解和沟通，为各项重要工作的顺利完成提供了保证。一年一度的经贸洽谈旅游周活动，是山西省经济生活中的大事。为保证香港来晋客商在太原航空口岸顺利出入境和省政府的迎送活动顺利进行，在外商面前树立太原航空口岸良好的口岸窗口形象，省口岸办召集各联检服务单位多次进行安排布置，认真做好岗前准备工作，加快通关速度，受到社会各界的好评。在年内太原航空口岸接待的包机旅游团中，由山西商务国旅与新加坡四家旅游公司联合组织的太原—新加坡大型双向旅游团是太原航空口岸有史以来接待的最大团队，由于口岸设计能力小，而此次通关人数多且又是进出境团队同时进行，超出了口岸接待能力。为确保接待工作顺利完成，省口岸办连续两次召集联席会议进行安排布置，各单位领导进行现场研究和部署，制定接待方案，增派上岗人员，保证了接待工作的顺利完成。9月26日晚，省口岸办接到民航山西省局指挥中心紧急报告，一日本籍病人因抢救需紧急包租救援飞机从太原航空口岸出境到日本。在无法按正常程序向国家申报的情况下，省口岸办一方面通知各联检单位做好上岗准备，一方面急报国家海关总署口岸规划办公室请求做特殊批复。海关总署电话告知同意飞行后，省口岸办迅速组织各单位上岗，确保病人及时出境。口岸综合管理就是这样琐碎繁杂，但事无巨细，都关系到对外形象，来不得半点马虎。正是由于同志们的默默奉献、辛勤工作、互相配合，才使太原航空口岸树立了“监管有效、进出方便、服务优良、管理科学”的良好口岸形象。

【口岸宣传和精神文明共建的情况】 口岸宣传得以加强。 加强口岸宣传，扩大口岸影响和知名度是口岸宣传的重要内容。在口岸各单位多渠道、多角度、全方位宣传省口岸工作的同时，省口岸办集中力量抓了口岸宣传队伍的建设和口岸重大事件的宣传报道。《山西口岸信息》是面向社会各界免费公开发行以宣传口岸、服务企业为宗旨的内部刊物。为了使其更具有可读性和实用性，省口岸办牵头成立了由省外经贸厅、省旅游局、省经贸委外经处以及口岸各单位人员组成的《山西口岸信息》通讯组，为办好《山西口岸信息》提供了组织保障。针对2001年太原航空口岸对外临时客包机出现的良好发展势头，省口岸办还加大了《航空口岸动态》信息的编印，并积极组稿，在省内大型报刊媒体进行宣传报道，为扩大口岸的影响起到了积极的作用。

积极开展口岸精神文明共建工作。 口岸是对外开放的门户，也是展示社会主义精神文明的窗口。一年来，口岸各单位十分注重口岸精神文明活动的开展。省口岸办积极组织口岸职工进行参观考察、文体活动和业务知识培训，开阔视野，提高了素质，增强了口岸的聚凝力。山西出入境检验检疫局为规范检验检疫工作的执法行为，制定了《检验检疫工作人员“10不准”》公示旅客，欢迎监督。机场处以创建“青年文明号”为载体，强化形象教育、理想教育，倡导敬业、奉献、探索、钻研的精神，增强做好检验检疫工作的责任感和使命感，增强了全处同志的创优意识和集体观念。太原边防检查站在依法履行职责的同时，不断增强服务意识，将“树新风”活动引申到出入境边防检查工作的各个环节，树立了边防警官的良好形象。民航山西省管理局以庆祝建党80周年为契机，举办系列活动，开展党的知识竞赛。坚持党委书记例会制度，扎实有效地开展思想政治工作。东航山西分公司保证了太原—香港直航飞机的安全、稳定飞行，为出入境国际旅客提供了优质服务，受到社会各界的一致好评。在口岸各单位的共同努力下，太原航空口岸向国内外人士展示了良好的精神文明风貌和国际口岸形象。 （王锐颖 杨永辉）

2001年太原航空口岸客货包机运营情况表

制表单位：山西省人民政府口岸办公室

<table>
<tr><th rowspan="2">项目</th><th colspan="3">出境</th><th colspan="3">入境</th><th colspan="3">小计</th></tr>
<tr><th>架次</th><th>人数</th><th>上座率</th><th>架次</th><th>人数</th><th>上座率</th><th>架次</th><th>人数</th><th>同比（%）</th></tr>
<tr><td>香港客机</td><td>52</td><td>3528</td><td>49.89%</td><td>52</td><td>2864</td><td>40.50%</td><td>104</td><td>6392</td><td>+57.57</td></tr>
<tr><td>临时客包机</td><td>16</td><td>2351</td><td>98%</td><td>17</td><td>2447</td><td>98%</td><td>33</td><td>4798</td><td>+4.50</td></tr>
<tr><td rowspan="2">货包机</td><td colspan="2">架次</td><td colspan="2">同比(%)</td><td colspan="2">货运量(吨)</td><td colspan="2">同比(%)</td><td></td></tr>
<tr><td colspan="2">2098</td><td colspan="2">−9.33</td><td colspan="2">48215.9</td><td colspan="2">−5.35</td><td></td></tr>
</table>

山西口岸查验单位工作综述

太原海关

【概况】 2001年，太原海关认真贯彻全国关长会议精神，努力实现“一年打基础，两年上水平，三年争排头”的奋斗目标，扎实工作，开拓进取，狠抓落实，圆满完成了各项工作任务。

【业务基础建设】 2001年，太原海关在业务基础建设中，继续把健全和完善各项规章制度作为工作的重点，努力把各项业务工作纳入科学和规范化管理之中。全年结合通关作业制度改革和机构改革，在新的通关作业模式下，开拓思路，集思广益，制定了26项规章制度、23个业务操作规程和7项业务作业规范，并将其汇编成册，为监管工作“打基础、上水平”打下了坚实的基础。业务基础建设的加强，有效地促进了各项业务工作的开展。一是通过严密监管手段、提高对查验货物的查获率、强化对企业的服务意识、充分发挥海关的监管职能作用等方式，进一步促进了监管水平的提高；二是以机构改革和通关作业制度改革为契机，积极推进电子口岸的建设工作，坚定不移的贯彻“科技强关”的工作方针，从整体上提高本关的通关管理水平和管理能力；三是继续保持打击走私高压态势，通过开展各种行之有效的打击走私专项行动和严打整治斗争，下大力气查办大案、要案，有力地维护了关区的正常进出口贸易秩序。

2001年，太原海关共征收关税及进口环节税12951万元，完成全年税收任务的129.5%；审批减免税56700万元；受理报关单8602份；办理加工贸易合同备案手续536份，备案金额6915万美元；监管进出境货运总量120333吨；监管客货包机2231架次，进出境人员携带行李物品32459人次，监管独联体货运包机连续3年位居全国第一；调查部门稽查企业50家，查处走私、违规案件22起，案值为9543万元，追缴罚没收入529.64万元；侦查分局立案侦查案件7起，案值为28000万元。

【廉政建设】 2001年，太原海关在海关工作倍受社会关注的情况下，始终把廉政建设摆在各项工作的重中之重来抓。坚持从教育、源头和制度等方面入手，常抓不懈，确保了全年无不廉政事情的发生。一是坚持了每月一次的廉政教育。廉政教育形式活泼多样，学文件、看电视片、组织讨论，做到了警钟长鸣，毛毛雨常下，提高了广大关员的反腐倡廉意识，增强了免疫力。二是领导干部做到廉洁自律，关、处、科级领导干部坚持做到了要求关员做到的自己首先做到，要求关员们不准做的事，自己带头不去做。各级领导干部廉政表率作用的发挥，对全关的廉政建设起到了良好的示范和引导作用。三是健全体制完善机制，从源头上预防和治理腐败。为适应新的通关作业模式，年初根据总署的的要求，结合本关区实际，制定了《太原海关反腐败抓源头工作方案》、《太原海关党组关于〈海关系统反腐败抓源头工作实施办法〉的实施细则》等廉政措施，关长和各处长签定了责任状，从而形成了“党组统一领导，党政齐抓共管，纪检监察组织协调，各部门分工负责，群众积极参与”的反腐败领导体制和工作机制。根据总署下发的《关于海关外勤工作纪律的规定》，制定了执行外勤工作实际经费完全自理的有关规定和实施办法。四是狠抓落实，加强监督检查。对各部门的重大业务事项实施全过程的监督。总署下发《关于外勤工作纪律的规定》后，太原海关在进行广泛宣传教育的基础上，对各部门执行“海关外勤工作9不准”实施了不定期的跟踪检查，确保了关员的文明廉洁执法。

【精神文明建设】 2001年，太原海关紧密结合海关工作的实际，积极开展创建精神文明窗口和争创文明标兵单位的活动，赢得了山西各界的好评，被山西省省直精神文明建设委员会授予“文明单位”称号，被山西省政府评为“九五口岸建设先进单位”。

【促进地方经济发展】 一是贯彻海关总署提出“依法行政，为国把关，服务经济，促进发展”新的海关工作方针，努力为扩大出口服务。召开专业报关员、代理报关企业和报关员会议，制定《太原海关预约通关试行办法》，在机场实行24小时通关，在业务现场设立出口商品归类服务窗口，为企业提供出口商品归类咨询。实行节假日预约值班制度，方便了企业的合法进出。实行严格的工作时限制度，密切口岸海关与企业的联系配合，积极协助企业解决通关作业中遇到的各种困难，确保企业货物在口岸的通关顺畅。还制定了《太原海关首问负责制实施办法》。与此同时，为方便企业，夏季在晋南芦笋出口旺季时，在永济设立临时监管点，就近为企业办理报关手续。二是积极推广口岸电子执法系统和加强关贸协作。按照总署的要求，积极取得山西省政府的支持和有关职能部门的配合，如期完成了中国电子口岸执法系统在关区的推广应用。2001年，为企业办理IC卡1200余张。配合外经贸主管部门制定和实施各项促进外经贸发展的战略和计划，与其签定了《联络协调机制合作备忘录》，共同促进和引导山西外贸健康发展。为通关环节快捷方便，先后同出入境检验检疫部门、铁路部门签定了合作备忘录。并注重发挥海关统计作用，加强进出口动态分析预警，及时向地方政府通报山西省进出口统计数据，为其研究和制定决策，提供了有力依据。关领导还带领人员走访山西进出口业务量大的太钢等十多家企业，帮助企业解决在进出口环节遇到的具体困难。三是积极参与整顿和规范市场经济秩序活动。认真贯彻山西省政府整顿和规范市场经济秩序的精神，制定了实施方案。落实和完善企业分类管理，进一步清理整顿了专业报关和代理报关企业，规范企业进出口行为。进一步建立健全了打击走私的综合治理机制。省政府根据海关的建议，对山西省打击走私综合治理办公室的领导成员进行了调整，对关区的打私工作做出了安排布署。5—9月，海关以走私犯罪侦查分局为主，调查稽查部门密切配合进行了为期4个月的严打整治斗争。为动员激励广大人民群众举报各种走私违法犯罪线索，向社会公布举报电话和举报奖励办法。

（王欢骋　梁建玉）

太原海关2001年主要业务统计表

类别	单位	数　量
监管货运量	吨	120333
其中：进口	吨	42309
出口	吨	78024
货物总值	万美元	46960
其中：进口	万美元	19413
出口	万美元	27547
报关单	份	8602
征税	万元	12951
其中：关税	万元	3109
进口环节税	万元	9842
审批减免税	万元	56700
其中：减免关税	万元	22100
减免进口环节税	万元	34600
办理加工贸易合同	份	536
加工贸易备案金额	万美元	6915
征收监管手续费	万元	167
监管出入境飞机	架次	2231
监管进出境人员	人次	32459
查处走私案件	起	0
其中：案值	万元	0
查处违规案件	起	22
其中：案值	万元	9543
审价补税	万元	0
罚没收	万元	529.6

山西边防总队

2001年，山西边防总队以边防检查工作为中心，充分发挥职能作用，加强口岸出入境管理，严格执法，热情服务，有力地维护了国家主权、安全和口岸正常的出入境秩序，为促进山西对外开放和经济建设作出了积极的贡献。全年，共检查出入境人员33870人次，检查出入境飞机2213架次。

2001年，山西边防总队坚持以边检执勤为中心，努力做好业务工作，提高一线水平，严格履行把关职能，树立公安边防部队的良好形象。总队全力加强对检查员的业务培训，提高检查员的业务能力，认真贯彻公安部两个《规范》，不断规范执勤。针对太原航空口岸货包机多的情况，制定了《太原边防检查站货包机执勤规范》，规范了货包机的执勤。投资数万元对候机楼验证台进行了改造，改善了执勤条件，规范了现场秩序。山西边防总队严格履行口岸把关职能，加大边检执法力度，严密口岸的查堵措施。全年共阻止6名手续不符人员出境，查处违法违规事件12起56人次，查获偷渡案件4起6人次。在依法履行职能的同时，不断加强“服务”意识，将“为人民服务、树边检新风”活动引申到出入境边防检查工作的各个环节。临时货包机出入时间没有规律，经常是夜间入、凌晨出。检查员克服困难，任劳任怨，全天24小时一线值班，无论是深夜还是节假日，随到随检，未出现任何误岗误勤现象，受到中外人员的一致好评，为地方经济发展创造了良好的软环境。（张晓春）

2001年太原口岸出入境人员表

入境		出境		合计	
人次	同比（%）	人次	同比（%）	人次	同比（%）
16760	+5.79	17110	−1.49	33870	+5.15

山西出入境检验检疫局

2001年，山西检验检疫局按照全国检验检疫系统局长会议精神，围绕年初局党组确定的“突出一个重点，深化两项改革，确保三个提高，抓好四项工作”的发展思路，积极开拓，努力工作，取得了可喜成绩。

【严格把关取得良好成效】 2001年，共检验检疫各类出入境货物13541批，货值103575万美元。其中，查出不合格出境货物13批，货值17万美元，未予放行；查出不合格入境货物33批，货值273万美元，出具了对外索赔证书，当年赔回69.5万美元。检疫监管出入境客机138架次，查验俄罗斯包机2098架次。截获22批20种禁止进境动植物产品。检疫出入境人员1250人次，发现病历数54人次，对其中两例检出HIV阳性的人员，已监护出境。查出进境有害生物30种，进行了无害化处理。加大遏制逃漏检现象，全年经太原转关的入境货物验讫率达91%以上。

【加强对疫病疫情的防范和监控】 组建了传染病疫情、动物疫情、植物疫情监控组织，建立了重大疫病疫情应急防范措施，完善了预警机制和风险管理机制。在太原航空口岸区域开展了媒介生物本底调查，在全省范围开展了实蝇监测，建立了网上信息查询信息机制。密切关注周边国家、地区传染病流行趋势和动植物动态，对国外发生的疫情及时果断防范布控，有效地防止了疫病疫情的传入传出。

【为地方经济的发展提供了支持和保障】 对山西省芦笋、法兰盘等出口商品实施驻点检验检疫，将把关服务功能延伸到产地，保障了重点、大宗商品的顺利出口。其中完成芦笋检验检疫20559余吨，货值2100万美元。对供港活畜和出境肉品实施驻厂（场）兽医管理，确保了供港活牛、活猪和出境肉品的卫生质量。从源头上抓出口煤炭质量，对56个出口煤炭实验室进行了水平测试，定期对出口煤矿和发运站进行质量普查，使出口煤炭的质量得到保证。实施出口焦炭分类管理，加强生产过程的检验监管，促进了产品质量的提高。在全局系统强化安全质量许可和卫生检疫注册管理，经复查考核，有117个企业获出口商品质量许可证，34个企业获检疫卫生注册（登记）证。有32家企业先后通过了ISO9000质量管理体系认证，有3家企业通过ISO14000环保管理体系认证，有1家企业实施了HACCP管理，有1家企业获得输美陶瓷认证。还通过运用普惠制，促进了山西省产品在国际市场竞争能力的提高和保名牌、创名牌活动的开展。全年共签发普惠制证书4504份，签证金额15251万美元。数家企业的产品已经或正在通过原产品地标记注册评审。

各单位努力转变作风，改进服务。机场处在全天候工作制的基础上推出承诺服务；窗口单位在原基础上又增加了“首问服务制”、“节假日预约服务制”、中午和下午各推迟1小时下班工作制。在重点工程万家寨引黄工程现场办公，提前监管消毒，现场开箱检疫，开箱后集中处理，保障了工程的顺利进行。

【整顿规范市场经济秩序，积极参与市场打假】 与工商、技监等部门先后8次组织执法人员检查了254家进口商品经营单位，查出13类、37个品种、892件有问题的商品，依法作了相应处理；查处了4个品牌536件不合要求的进口化妆品和5000余件旧服装；监督1198辆日产三菱帕杰罗汽车作了检修或更换处理；与技监部门在全省11个地市组织专项检查肉类冷库108家，生产加工肉类单位1095个，肉类销售摊点4096个，发现进口肉类产品6757箱90488公斤，对其中来自疫区（包括来源不明）的399箱6795公斤依法作了销毁处理。

【精神文明建设不断加强】 坚持党组、各支部和各单位每周2个半天学习制度，通过举办讲座、组织专题学习等方式，努力提高干部职工的政治素质。举办了处级干部“三个代表”专题讲座，增强了干部职工的政治敏锐性和大局意识、国门意识、责任意识。组织党员和“精神文明号”成员到革命老区接受传统教育。参加省直机关建党80周年庆祝活动，为贫困地区献爱心、为残疾人献爱心、为贫困户送温暖及义务献血。省局机关在连续6年获省直机关文明单位标兵的基础上，首次跨入省级文明单位行列，并被省政府授予口岸系统“先进单位”。机场处在获团省委“青年文明号”的基础上，又获团中央青年文明号示范集体，连续3年被省委、省政府、国家质检总局授予先进集体。机关党委、普法办公室、监察审计室都分别被上级部门评为先进单位。全局系统涌现出一大批先进集体和先进个人。

（陈正虎　张建龙）

2001 年山西出入境检验检疫主要业务统计表

金额单位：万美元

	进出口商品检验				进出口动植物及产品检疫				出入境卫生检疫								
	批次	金额	检出不合格		动物及动物产品		植物及植物产品		监测体检及预防接种（人次）				出入境人员(人次)	交通工具			
			批次	金额	批次	金额	批次	金额	监测体检	艾滋病监测	发现病历数	预防接种		火车（节）	汽车（辆）	轮船（艘）	飞机（架）
出境	10279	59226	33	273	53	119	1662	4248	3098	3104	413	3852	16956				1122
入境	868	3033	13	17	74	895	114	7177	70	70	9	6	16955				1118
合计	11147	89259	20	256	127	1014	1776	11425	3168	3174	422	3858	33911				2240

山西口岸概况

一类口岸

【太原航空口岸】 太原航空口岸位于太原市东南15公里的太原武宿机场，东接太旧高速公路，交通十分方便。1993年，经国务院批准对外开放，成为国家一类口岸。同年8月17日，开通太原至香港直航航班。

太原机场占地8200亩，是北京首都国际机场的备降机场。“九五”期间由民航总局和山西省共同投资进行改扩建后，飞行区等级为4D级，跑道长3200米，宽45米，滑行道长3200米。通讯导航、助航灯光按I类精密进近设计，配有一、二次雷达，可起降各类大中型飞机，为各种飞机起降提供空地保障。停机坪可同时停放8架大中型飞机，改造后的货运仓库面积达12500平方米，货运设施齐全，年设计旅客吞吐量为194万人次，高峰小时吞吐量为1290人次，年货邮吞吐量1.35万吨。候机楼面积25800平方米，其中国际厅面积达7000平方米，国际联检大厅出入境分道，工作场所布局合理，配套设施齐全，达到国际机场的要求。

太原航空口岸经国家批准为一类开放口岸以来，先后接待出入境旅客近20万人次，开通了美国、日本、新加坡、泰国、韩国等多条临时包机国际航线。1997年，太原航空口岸又开通了飞往独联体国家的货运包机，至今已飞行5000余架次，为促进中国与独联体国家之间的经贸往来发挥了积极的作用。

太原海关、山西出入境检验检疫局、太原边防检查站在太原武宿机场内均设有业务办公楼。

内蒙古自治区

图 例

省级行政中心 铁路口岸 公路口岸

口岸城市 航空口岸 海（河）运口岸

∧
满洲里口岸国门卫士

>
二连浩特新建口岸大楼

>∨
二连陆路（公路、铁路）
口岸远眺

∨
满洲里口岸工作人员
冒风沙查验货物

内蒙古口岸工作综述

【概况】 内蒙古自治区地处中国北部边疆，地域辽阔，横跨“三北”（东北、西北、华北）地区，毗邻8省区（黑龙江、吉林、辽宁、河北、山西、陕西、甘肃、宁夏），东靠京津沿海，北与俄罗斯、蒙古两国接壤。地理坐标：东径97°10′—126°09′、北纬37°24′—53°20′。东西长2400多公里，南北宽1700多公里，4200多公里边境线，与俄罗斯边境线长1010公里，与蒙古边境线长3193公里，陆地边境线约占全国陆地边境线五分之一。改革开放以来，内蒙古区口岸开放得到长足的发展，全区对外开放口岸，从2个发展到18个，绝大部分边境旗市都有自己对外开放的口岸。目前，全区已初步形成了一个具有铁路、公路、航空、水运等多种运输方式的全方位的口岸开放格局，跨入了全国多口岸省区的行列。在全区4200多公里的边境线上，形成了以口岸为依托的沿边开放带，成为我国向北开放的前沿阵地。

满洲里市、二连浩特市是内蒙古区两个准地级口岸城市，是我国连接俄罗斯、蒙古国和东欧各国的重要陆路通道，堪称欧亚大陆桥，也是我国向北开放的窗口，经济战略地位十分重要。在我国社会主义经济建设特别是对外开放和对外贸易往来中发挥着极为重要的辐射和带动作用。

【口岸数量】 内蒙古自治区现有对外开放的口岸18个，其中，国务院批准开放的一类口岸9个，自治区人民政府批准的二类口岸7个。按运输方式划分：航空口岸2个、铁路口岸2个、水运口岸2个、公路口岸10个。除航空口岸外的14个口岸中，位于中俄边境5个，位于中蒙边境9个。

一类口岸是：呼和浩特和海拉尔航空口岸；满洲里和二连浩特铁路口岸；黑山头和室韦口岸；满洲里、二连浩特、阿日哈沙特、珠恩嘎达布其和甘其毛道公路口岸。

二类口岸是额布都格和胡列也吐口岸；策克、阿尔山、二卡、满都拉及巴格毛都公路口岸。

【口岸客货运量】 全区口岸总过货能力1520万吨／年（不含航空港）。其中铁路口岸过货能力950万吨／年（对俄600万吨／年，对蒙350万吨／年）；水运口岸过货能力70万吨／年（对俄60万吨／年，对蒙10万吨／年）；公路口岸过货能力500万吨／年（对俄310万吨／年，对蒙190万吨／年）。

全区2001年全区口岸运量情况：

进出境货物运输　全区口岸进出境货运量为1032.15万吨，与上年相比增长26.76%。其中进境货物为914.11万吨，增长29.23%；出境货物为118.03万吨，增长10.4%。货运量中：对俄口岸进出境货物732.38万吨，增长23.65%；进境货物为640.95万吨，增长26.31%；出境货物为91.42万吨，增长7.75%。对蒙口岸进出境货物为299.76万吨，增长35.04%；进境货物为273.15万吨，增长36.64%；出境货物为26.60万吨，增长20.58%。

进出境客运量　全区口岸进出境客运量为184.58万人次，与上年相比增长19.08%。其中进境客运量为91.41万人次，增长15.53%；出境客运量为93.17万人次，增长22.78%。客运量中：对俄口岸进出境客运量为114.92万人次，增长32.27%；进境客运量为56万人次，增长27.75%；出境客运量为58.92万人次，增长36.88%。对蒙口岸进出境客运量为69.65万人次，增长2.25%；进境客运量为35.41万人次，增长0.35%；出境客运量为34.24万人次，增长4.29%。

进出境交通运输工具　全区口岸进出境交通工具为27.31万列、辆次，与上年相比减少3.71%；进境交通工具为13.70万列、辆次，减少4%；出境交通工具为13.61万列、辆次，减少3.41%。进出交通工具中：对俄口岸进出境交通工具为15.95万列、辆次，减少8.56%；进境交通工具7.99万列、辆次，减少8.34%；出境交通工具为7.95万列、辆次，减少8.77%。对蒙口岸进出境交通工具为11.36万列、辆次，增长4.04%；进境交通工具为5.7045列、辆次，增长2.84%；出境交通工具为5.65万列、辆次，增长5.27%。

开展对俄货运包机工作的基本情况　在1998年1月16日，首次开通呼和浩特机场对莫斯科的货运包机飞行。2001年，货运包机飞行63班。自治区政府对包机工作非常重视，专门成立了以分管副主席为组长的包机工作领导小组，办事机构设在自治区口岸办。货运包机对俄出口的主要货物是我国内地生产的纺织、皮革制品以及内蒙古区集宁生产的皮制手套等产品。

【口岸开放】 根据海关总署的统一部署，对边境二类口岸进行了调查研究和清理整顿工作。经商海关总署同意，保留额布都格水运口岸、策克公路口岸、阿尔山公路口岸；继续建设二卡公路口岸、满都拉公路口岸；暂时关闭巴格毛都公路口岸、胡列也吐水运口岸。积极争取阿日哈沙特、珠恩嘎达布其口岸全年开放。包头国际集装箱转运站也即将建成投入运营。

【口岸管理工作】 2001年全区口岸进出境货运量首次突破1000万吨大关。口岸管理工作以铁路口岸的疏运工作为重点，协调各有关部门，及时采取措施，确保口岸畅通。如4—5月，二连铁路口岸因大量进口原木，造成口岸1400多节车皮积压。口岸管理部门召开有关联检部门开会作了紧急通报，共同研究解决办法，并急赴铁道部汇报情况。在铁道部、呼铁局的大力支持下，每日增加排空车近180个车皮。于6月下旬全部疏运完毕。继续推行口岸联合办公制度，不断提高口岸管理水平和服务功能。按照自治区党委对口岸工作“服务全国、发展自己”的要求及自治区政府关于改善自治区口岸环境的10条意见，实行“六个一”做法，即，实行一次报验、一次卫生除害、一次抽样、一次检验检疫、一次收费、一次出证放行的全新出入境检验检疫管理模式。

【口岸规划建设】 在落实国家西部大开发战略中，自治区把加强口岸基础设施建设列入全区“十大工程”之一。中央和国家有关部门也给予了极大的关怀与支持。2001年，自治区及国家各有关部门共投入口岸建设资金5010万元。自治区计委为满洲里、二连口岸基础设施建设投资1000万元；交通部为改善口岸交通，下达了4条口岸疏港公路建设费3310万元（阿尔山、满洲里、东乌旗珠恩嘎达布其、乌中旗甘其毛道）；国家计委下达400万元，建设二连浩特口岸联检楼和锡盟珠恩嘎达布其口岸联检楼；交通部下达了300万元解决室韦口岸界河桥建设的资金。经过多方不懈努力，于2001年2月15日中俄两国政府达成共建室韦——奥洛契额尔古纳界河桥协定，并于2001年4月1日开始施工，于10月16日竣工剪彩投入运营。作为内蒙古区边界第一座界河桥建成后，室韦口岸将成为我国重要的林业原材料进口和加工基地，过货量可望实现30万吨／年。

满洲里铁路口岸进行铁路改轮及专用线改造，使满洲里铁路口岸受冬季低温制约中俄两国石油和液体化工产品贸易、运输的难题得以解决，将满洲里铁路口岸运输石油和液体化工产品的能力由日35吨提高到70余吨（达2列90车）。铁路口岸站场扩容扩能一期工程的主要项目已启动。现满洲里铁路口岸通货能力已由原来的500万吨提高到1000万吨。满洲里新公路口岸通过能力为货运100万吨、客运100万人（次）。

二连铁路口岸对油罐车的换装设备进行改造，增加2个转向架，在原有的换轮架车机12套基础上又增加12套，效率提高了一倍。

在海关和有关部门的共同努力下，世界首套高科技货运列车在线检查系统“钴－60系统”在满洲里和二连浩特正式运行。

【口岸精神文明建设】 根据厅机关党委的要求，口岸办认真组织实施“三个代表”重要思想学习教育活动，并按照各个阶段要求，完成了各方面学习任务。认真落实口岸办党风廉政建设责任制工作，使口岸党风廉政建设得到进一步加强。围绕内蒙古区改善口岸软环境的十条意见，以加快口岸疏运为中心，以增强口岸吸引力、增大口岸流量为目标，以创良好口岸环境、树文明口岸形象为保证，同心协力，强化管理，为口岸的繁荣和发展做出了积极的贡献。推行“政务公开制、执法公示制、服务承诺制、监督投诉制、税费公开制”，积极开展口岸共建活动，树立良好的口岸形象，促进精神文明建设。

2001 年全区口岸运量情况表

项目／类别	货运量（万吨）						客运量（万人次）					
	进出口累计	同比％	进口累计	同比％	出口累计	同比％	出入境累计	同比％	入境累计	同比％	出境累计	同比％
铁路口岸	996.39	27.93	896.37	30.8	100.02	1.89	20.66	−8.9	10.54	−10.56	10.12	−7.09
公路口岸	33.83	−3.6	15.86	−39.81	17.97	105.6	162.91	23.48	89.03	32.62	73.88	10.71
水路口岸	1.94	159	1.88	159	0.05	183	1.01	180	0.51	181	0.51	179
航空口岸	0.3	−70.71			0.3	−70.71	0.95		0.33		0.36	

2001 年全区各口岸进出口货物量、出入境旅客情况表

项目／名称	货物进出口（万吨）		进口（万吨）		出口（万吨）		出入境旅客（万人次）		入境（万人次）		出境（万人次）	
	本年累计	同比％	本年累计	同比％	本年累计	同比％	本年累计	同比％	本年累计	同比％	本年累计	同比％
满洲里	730.45	23.5	639.07	26.27	91.38	8.88	113.91	16.2	55.49	12.23	58.42	20.2
二连浩特	298	34.3	272.11	36.71	25.89	13.37	55.33	−2.92	28.05	−1.78	27.28	−4.06
黑山头	1.94	159	1.88	159	0.05	183	1.01	180	0.5	181	0.51	179
阿日哈沙特	1.24	16.15	0.76	18.43	0.48	12.72	2.27	30.71	1.14	−19.37	1.13	250.82
珠恩嘎达布其	0.08	142.79	0.03	139.27	0.05	145	0.44	−92.48	0.39	−86.64	0.05	−98.24
甘其毛道	0.34	64.05	0.17	77.11	0.17	52.85	6.7	14.08	3.37	15.47	3.33	12.7
策克	0.12	79.55	0.1	275.5	0.02	−45.5	4.91	47	2.46	47.1	2.45	46.9
呼市航空口岸	0.3	−70.71			0.3	−70.71	0.95		0.33		0.36	
全年合计	1032.37	26.76	914.12	29.23	118.35	10.4	185.28	19.08	91.74	15.53	93.54	22.78

内蒙古口岸查验单位工作综述

呼和浩特海关

呼和浩特海关主要负责管辖内蒙古中西部地区的海关业务。2001年共监管进出境货物299.53万吨，总值6.81亿美元，分别比上年增长33.72%和12.38。监管进出境运输工具16.04万辆次，进出境人员81.71万人次，分别增长18.90%和4.70%。2001年主要抓了几项工作：

【积极支持扩大外贸出口和实施西部开发战略】 呼和浩特海关为了支持扩大外贸出口，采取一切有力措施，确保出口稳定增长。具体做法：一是简化手续，明确时限，对各项业务工作严格规定必须在办理时限内完成，有效提高了通关速度；二是强化服务，深化文明窗口创建，积极提供通关便利，如口岸24小时通关，节假日不中断，随到随报等；三是强化内部管理，建立顺畅的联系配合机制，避免因业务衔接不紧密而影响通关效率；四是加强与有关部门的沟通协作，如与自治区外经贸厅签署合作备忘录等；五是认真做好政策咨询服务，扎扎实实地落实服务西部开发的各项措施，引导和帮助相关企业利用好、落实好各类优惠政策；六是积极准确地执行税收优惠政策，努力为地方产业结构升级做贡献，全年共审批各类减免税3822批次，货物总值达46.94亿元人民币，减免两税5.6亿元。

【税收征管提前超额完成任务】 2001年海关总署为呼和浩特海关下达了3亿元的税款征收指标。该关在做好税源分析的基础上，确保应收尽收。全年共征收关税、增值税5.49亿元，提前一个季度完成了全年征收任务。主要措施：一是在坚持开展税源分析，广辟税源的基础上，实行关区内部税收任务分解，制订了关区税收工作考核量化标准；二是加大审价归类工作力度，重点对机电产品，特别是旧机电产品加大价格审核力度，对关区首次进口、技术含量较高的商品及易混淆、难以归类的商品及时取样送检，通过归类、审价等环节的努力，共补征税款2500多万元；三是在加工贸易管理中实行了手册备案前的进口料件预归类，推行了对手册执行情况的动态监控办法，通过开展风险分析严格了手册备案的审核及担保措施，对羊毛条、原糖等重点敏感手册实现了全程跟踪监控，有效地堵塞了加工贸易监管漏洞；四是进一步规范保税仓库管理，切实在完善管理制度，加强日常帐物核查和料件核销工作上下功夫，取得了良好效果；五是加大清缴欠税力度，年内共催缴陈欠税款计550多万元；六是充分发挥统计分析监控预警作用，全年累计审核各类业务数据76955条，编发各类统计信息、报表60多篇次，有效增强了税收征管的科学性，同时为各级领导及时把握自治区进出口态势进而科学决策提供了有力依据。

【依靠科技手段进一步加强物流监控】 加强物流监控是确保通关作业改革取得成功的重要基础。一是继续深化通关作业改革，及时解决改革中出现的重点、难点问题，保证改革的顺利实施；二是在总署的统一部署和自治区政府的领导、协调下，与各有关厅局一起，积极落实推进口岸电子执法系统的运行；三是强化风险管理，通过定期分析关区进出口货物特点动态性地拟定查验重点，增强了查验的针对性；四是加强对转关货物、过境货物和运输工具的管理，积极加强与口岸海关的合作，完善了二连铁路、公路口岸进出境运输工具及货物舱单管理；五是重点加强了季节性口岸监管工作，统一了现场验放和处罚的标准尺度，强化了口岸监管责任人带班制度及请示汇报制度；六是加强了保金保函管理登记和审批制度；七是与铁路等部门加强联系，完成二连铁路现场H986铁路列车检查系统建设的前期准备及建设工作；八是对349家企业及223名报关员进行了审核，并及时维护了企业数据库。通过上述措施有力地促进了口岸物流的畅通，全年共监管进出口货物近300万吨，货值6.81亿美元，进出境人员近82万人次，进出境运输工具16万辆次，监管进出境邮递物品近14万件，均创历史最好水平。

【打击走私斗争取得突破性进展】 根据2001年关区打私形势，突出了对禁止和限制进口货物的查缉力度，增强打击走私的针对性，取得显著成效。全年调查部门共查获走私违规案件166起，案值3106万元。侦查部门立案6起，案值921万元，抓获犯罪嫌疑人12名。一是结合缉私体制改革，建立和完善了调查与侦查部门的联系配合办法，进一步优化了职能配置；二是首次召开关区情报工作会议，制定了关区情报信息员管理办法，为掌握反走私斗争的主动权奠定了良好的基础；三是突出重点渠道、重点环节、重点商品打击走私，针对二连口岸及季节性口岸伪报品名或夹藏进口偶蹄类动物及其产品的情况严厉开展打击行动，先后退运偶蹄类动物皮张12万余张，销毁偶蹄类动物皮张33000余张，有效遏制了偶蹄类动物及其产品走私入境；四是加强对枪支弹药及反动宣传品的查缉力度，侦查部门连续在中蒙边境查获4支左轮手枪及非军用子弹8864发，使关区反走私工作实现了历史性的突破；五是逐步确立了以稽查为先导查缉走私的新方针，通过科学确定稽查对象提高了稽查效率，查获了一批走私违规案件，其中某企业倒卖进口免税物资案一次性补税2005万元人民币；六是确立“稽查一家，规范一家”的原则，利用稽查深入企业的机会，宣传海关政策法规，指导企业整改财务帐册，增强了企业的守法意识。

呼和浩特海关2001年主要业务情况统计报表

项　目	单　位	数　量	同比±%
一、进出口货运量	万吨	299.53	33.72%
进口货物	万吨	273.17	55.67%
出口货物	万吨	26.36	24.65%
二、进出口总值	亿美元	6.81	12.38%
进口总值	亿美元	5.95	26.87%
出口总值	亿美元	0.86	−37.23%
三、两税入库额	万元	54880.60	34.84%
关　税	万元	6335.33	16.13%
进口环节税	万元	48545.27	37.74%
四、处理走私违规	案件(起)	16680%	
	案值(万元)	3106.4	−62%
走私案件	案件(起)	112	286%
	案值(万元)	1142.57	143
违规案件	案件(起)	54	−14%
	案值(万元)	1963.83	−74%
五、罚没收入	万元	297.75	−34%
六、稽查补税	万元	2314.22	744%
七、侦查分局受案	案件(起)	322	30%
	案值(万元)	1033.12	−51.4%
八、侦查分局立案	案件(起)	6	100%
	案值(万元)	921.22	−27.98%
九、抓获犯罪嫌疑人	人	12	100%
十、进出境人员	万人次	81.71	4.70%
进境人员	万人次	42.04	12.62%
出境人员	万人次	39.67	−2.55%
十一、进出境运输工具	万辆次	16.04	18.90%
十二、邮递物品、印刷品	万件	13.85	392.88%

满洲里海关

【概况】 满洲里海关主要负责管辖内蒙古东部地区的海关业务。2001年，共监管进出境货物733.07万吨，总值19.39亿美元，与上年同期相比，分别增长23.23%和下降8.4%。监管进出境运输工具45.78万辆次，进出境人员117.3万人次，分别增长16.52%和11.74%。税款入库17.27亿元，完成税收任务的104.6%；审批各类减免税26.13亿元，下降5.29%。保持打击走私的高压态势，查获走私、违规等各类案件220起，案值3277余万元，上缴罚没收入1023.76万元。全年受理走私犯罪案件40起，立案侦查8起，其中涉税案件4起，案值268万元，涉嫌偷逃税款136万元。

【通关改革】 强化物流监控，启用H986货运列车在线检查系统，设立物流监控科，确保实际监管的机构人员、监控职责、制度措施和技术装备"4到位"。实施风险管理，通过CTM审单管理系统，对进出口货物报关单进行实时监控并及时下达预定式或预警式风险布控指令。以合同管理为源头，实现了预审合同与人工专业化审单的有机结合。以商品归类为基础，设置了2个人工专业化审单岗位，将分散在各个业务现场进行的审单作业集中到统一的计算机网络平台上，保证了海关监管的规范性和执法的统一性。自行研制开发了《报关单自动生成系统》、《许可证件自动核销系统》、《进口合同管理系统》、《自动估价系统》、《统计分析系统》、《电子问答系统》、《税单自动签发系统》，并将此系统加载在通关系统之上，不仅提高了通关效率，而且强化了内部监督制约。构建宽带IP城域网，为各业务现场与总关数据快速传输提供技术支持。安装、运行了《两水两路快速通关系统》、《便捷通关系统》、《关税监控分析系统》、《执法评估系统》、《安全审计监控系统》，建立健全了通关作业信息平台。抓好"两水、两路"跨关区快速通关系统的改革。

在业务改革方面，一是深入调研，适时调整工作模式。通过对70余天进出口报关单数据的分析，提出解决制约铁路口岸通关效率的可行性意见和建议，为提高通关速度，改善通关环境奠定了理论基础。二是在通关作业改革运行一段时间之后，人教部门对岗位设置、人员配置情况进行摸底调查，并对人力资源进行科学、合理配置，以适应深化业务改革发展的需求。三是加强组织领导，推动"口岸电子执法系统"的应用步伐。成立了关区"口岸电子执法系统"工作领导小组和满洲里地区IC卡制卡分中心，集中开展用户资格审查和制卡、发卡工作，共为74家企业办理了有关手续，发放企业IC卡207张、读卡器76个、教学光盘74套，保证了满洲里关区口岸电子执法系统6月1日的试运行。

【加大执法力度】 一是发挥行政和刑事两种执法手段，保持打击走私的高压态势。调查部门按照"打防结合、以防为主"的调查工作新思路，围绕重点企业、重点商品开展稽查专项行动，制定《稽查整改通知书》，加强对企业进出口行为的风险分析，利用H883系统下达布控指令进行重点布控，在进出口环节加大查缉力度，规范企业进出口行为。侦查部门加大对走私犯罪的打击力度，集中优势兵力，攻坚克难，在"破大案、打团伙、抓逃犯"上下工夫，出成效。二是强化实际监管，树立"一盘棋"思想，在税收形势不利的情况下，要求现场海关、税收征管、调查、侦查、监察审计等有关部门，通力合作，采取一切有力措施，严防税款的"跑、冒、滴、漏"。三是整顿进出口秩序，规范进出口行为。严格按照《企业分类管理标准》对关区注册企业重新进行分类评定。对报关员、报关企业量化考核管理记扣分达到一定标准的，暂停其报关资格。规范转关运输，转关货物回执率达100%；清理整顿海关监管场所，对不符合规定的进行整顿，并通过签定MOU的形式，加强与海关监管场所管理部门的联系配合。

【服务经济、促进发展】 一是认真组织海关新方针研讨，提高大家对新方针重要性的认识，准确理解和把握海关工作新方针。二是采取有力措施，提高通关效率，促进贸易发展。自行研制开发《报关单自动生成系统》等计算机管理系统，加大科技投入，向科学管理要效益。召开企业座谈会，了解企业需求，加大对外宣传，让企业了解海关工作动向，形成管理与被管理的互动良性循环。实行领导现场值班制度，及时解决突发事件。对A类企业实行3项贸易便利措施。对出口石油焦数量较大的3家企业，实行台帐式管理，企业每次出口石油焦，海关凭帐簿核销，每半月按帐簿数量集中报关；对北京—莫斯科、温州—莫斯科出口集装箱专列简化报关手续，加速验放。

【创建精神文明活动】 在精神文明创建活动方面，一是延伸创建内容。在继续深入开展“文明窗口”和“青年文明号”活动的基础上，开展了“文明关员”评比及党员“一帮一”活动。注意从解决工作对象和关员反映的突出问题抓起，强化“文明服务”促进“廉政建设”的正面作用。二是拓展创建渠道。将政务公开、警务公开同文明创建活动结合起来。试行“首问负责制”服务，对各界联系工作或咨询业务，实行“先一口接收、后内部分工”的做法，不推诿扯皮，树立海关执法的整体形象。三是丰富创建内容。充分发挥党、政、团、妇齐抓共管的综合作用，经常开展文艺、体育等健康、向上的娱乐活动，陶冶广大关员的精神情操，引导他们树立正确的世界观、人生观和价值观。

满洲里海关2001年主要业务量值统计表

项目 \ 年份		单位	2000年	2001年	增减%
进出口货运量	总计	万吨	594.9	733.07	23.23
	进口	万吨	506.4	639.22	26.23
	出口	万吨	64.9	67.66	4.25
	转关	万吨	23.6	26.19	10.97
进出口贸易值	总计	亿美元	21.17	19.39	-8.4
	进口	亿美元	19.45	17.35	-10.8
	出口	亿美元	1.72	2.04	18.6
征收税款缴库额	总计	亿元	20.53	17.27	-18.88
	关税	亿元	6.24	4.61	-35.36
	进口环节税	亿元	14.29	12.66	-12.88
实际减免税	总计	亿元	18.95	16.91	-10.77
	关税	亿元	5.91	4.69	-20.64
	进口环节税	亿元	13.05	12.22	-6.37
进出境人员		万人次	100.67	117.3	16.52
进出境运输工具		万辆次	40.97	45.78	11.74
罚没收入		万元	789.05	1023.76	29.75
查获违规案件	起数	起	48	46	-4.2
	案值	万元	3284.6921	1910.8911	-41.8
查获走私案件	起数	起	117	96	-17.9
	案值	万元	41.181	141.73	244.2
查获无合法证明汽车	数量	台	62	78	25.81
	估值		894.3	1225	37
走私犯罪侦查	立案数	起	6	8	33.4
	案值	万元	3275	268	-91.8
	抓获犯罪嫌疑人	人	12	24	100
报关单		份	77953	137597	76.5

内蒙古自治区边防总队

2001年，内蒙古自治区各级边防检查机关认真贯彻全国陆地口岸边检业务工作现场研讨会精神，坚持以强化检查管理，维护口岸安全稳定为首要任务，深入开展边检业务规范化建设。全面提高检查员综合业务素质、服务水平和工作质量，严密口岸检查措施，有力地打击了各类违法犯罪活动，维护了口岸正常出入境秩序，圆满完成了边防检查工作任务。全年共检查来自102个国家和地区的出入境人员191.38万人次，与上年相比增长7.3%；检查出入境交通运输工具270904辆（列、架）次，减少3.15%。

在总结非法出入境活动特点的基础上，按照上级对出入境检查工作的有关要求，加大了对来自重点国家公民的查验力度，阶段性地对国内重点省份公民实施二次验证，严格验讫章管理，加强孔道控制和口岸两侧的巡查。对国内重点省份公民向境外偷渡和重点国家公民偷渡过境进行防严加防范。全年查获偷渡案件19起61人，同比起数下降82.73%，人数减少49.17%，有效地遏制了偷渡活动向内蒙古自治区口岸蔓延的趋势。有针对性地使用警犬进行排查与不定期地实施重点检查相结合，加强对出入境货运车辆的检查，在二连、满洲里口岸停运了经非法改装用于藏匿和走私的邻国货运车辆，确保了口岸安全与稳定。加强各边境口岸边防检查和口岸监管力度，有效地加强一线管控能力。一方面，会同海关和检验检疫部门前移检查位置，严格入境边防检查与管理，调整和集中警力实施巡逻与设伏。另一方面，积极与邻国协调，取得邻国的理解与支持配合，快速清理了双方出入境通道，确保了口岸的安全。全年查处违法违规人员3241人，同比减少67.83%。

在2000年满洲里成功召开全国陆地口岸边检业务工作现场研讨会的基础上，年内把推广经验和全面加强勤务规范化建设作为主线来抓。根据口岸实际和长远发展规划，本着软硬件共同发展、相互促进的原则，细化了规范化建设方案和实施细则。使规范化试点成果在全区各团级边检站得到全面推广，现场设施有了明显的变化，整体工作水平、服务意识、执法能力得到进一步提高。重点对季节性口岸边检站业务工作加强指导，针对季节性口岸边防检查工作存在的突出问题，着手研究形成适合季节性口岸特点和要求的规范化建设模式及操作程序。有条件的边检站，还在现场增设了审查室、监控室、计算机室以及电视监控系统和电子显示屏，对涉密部位安装安全防护设施，更新和修善了验证台、咨询台、填卡台、投诉箱、公告牌，配备或配齐了通讯设备，增设了引导牌、告示牌、标志牌、候检线和外交礼遇通道或需扶助人员通道，检查现场设施有了明显改观。

2001年还圆满完成了总队与蒙古国边防军管理局及俄联邦边防总局后贝加尔地区局的两次工作会谈，有力地推动了双方在各个层次上的工作交往，并有效地解决了双方共同关注的突出问题。就根据口岸客货流量变化适时调整满洲里—后贝加尔公路口岸开闭关时间、不分国籍按顺序验放人员车辆和维护高效、快捷的口岸通关环境等具体问题达成共识。同时，批复并指导黑山头、室韦边防检查站与俄后贝加尔下额尔古纳地段边防代表机构建立临时工作联系制度，划定了额尔古纳界河桥建设期间的施工限定区域，确定了中俄双方施工人员和施工设备出入境的检查管理方法，使中俄两国政府的有关协议真正得以贯彻落实，并促成大桥于今年10月16日正式建成。各站认真落实会谈会晤工作制度和工作方案，共与俄、蒙方举行会谈、会晤、友好活动250次，直通电话联系496次。通过会晤，核查接收境外遣返人员89人，妥善解决了大量口岸管理和出入境事宜，为繁荣和发展边疆地区经济建设作出了贡献。

内蒙古出入境检验检疫局

2001年，内蒙古检验检疫系统按照全国质检系统局长会议的工作部署，按照“忠于职守、勇于负责、严格把关、保国安民”的要求，加强干部队伍建设，强化服务意识，依法行政，严格检验检疫，为维护经济安全和人民健康严把国门，有力地支持了自治区经济建设和外经贸事业的发展。

【业务概况】 2001年，内蒙古出入境检验检疫系统检验检疫出入境货物6.8万批，货值13.7亿美元，与上年同期相比，批次、货值分别下降了30.9%和17.6%。检出不合格货物239批，货值58.4万美元，批次、货值合格率分别为99.6%和99.9%。其中，检疫进出境动植物及其产品4.2万批，货值2.1亿美元。

口岸旅贸查验23.8万人次，27.2万个货包，货值1489万美元。查出假冒伪劣商品7239包，价值102.7万美元，主要是假冒名牌和“三无”等伪劣商品。

对出入境人员2.3万人次进行了监测体检，对出境人员预防接种1.1万人次。发现病例1143例，其中艾滋病病毒感染者2例，性病32例，结核37例，肝炎150例。实施集装箱卫生检疫4006个，检疫飞机326架次，火车8.5万节，汽车24万辆次。

【依法施检，严守国门，把好“进口关”】 加强进境动物产品检疫，严防外来疫情传入。2001年，周边国家口蹄疫、鼠疫不断发生和流行，构成对我国境内扩散传播的严重威胁。走私分子、不法商人采取种种手段，千方百计企图偷运违禁畜产品入境，口岸口蹄疫疫情防范工作十分紧张繁重。该局采取了加强与边检、海关等部门的协调配合，并与邻国口岸检验检疫机构联系、沟通。同时，充实口岸一线检疫力量，加大消毒设备、器械的投入力度，加强对交通运输工具、旅客携带物的消毒管理和查验管理，完善检验检疫工作程序，改进检验检疫手段，以及检验检疫执法人员责任追究制度等8项措施，有效地堵截了来自邻国疫区的偶蹄类动物产品，防止了口蹄疫的传入。

全年共查获非法入境偶蹄类动物皮张36万张、绒毛类217.4吨，均及时做了退运处理。对无法退回的依法销毁处理，共销毁皮类2.1万张、羊毛17吨、驼蹄1000个、肉类161公斤。

加强卫生检疫监测和卫生监督管理工作。加强对疫情传入的应急组织和控制能力，制定了鼠疫控制应急预案，配置了鼠疫应急机动箱。对交通工具、集装箱、货物等进行严格的检疫查验和必要的卫生除害处理，防止鼠疫鼠源地动物及其产品入境。共熏蒸处理旱獭皮18万张，卫生除害处理入境货物41.87万吨。

加强对邮寄物检疫工作，成立了炭疽病预防控制领导小组。在时间紧、仪器设备落后和办公条件较差的情况下，迅速在邮政机构设点办公，开展检疫监测工作。

对涉外饭店、宾馆、食品加工厂、冷藏库等地环境卫生状况进行了卫生监督。对符合要求的国境口岸服务行业和储存场所分别签发了卫生许可证75份和18份。

对出入境尸体、棺柩、骨灰监管17具，签发了证书。

努力做好进口原木的检疫工作。经内蒙古满洲里、二连浩特两个口岸入境的木材占全国木材进口量的40%左右，且有逐年增长的态势。为落实好国家局关于加强进境木材检疫的有关精神，防止林木有害生物随进口带皮原木进入我国，同时又要将对进口木材贸易的影响降到最低。年初，该局先后派出调研组赴满洲里、二连、额尔古纳和俄罗斯木材输出地进行了调研和考察，摸清了俄方木材生产和输华木材的数量、检疫处理能力、现状等情况，掌握了截获的有害生物名录、各口岸检验检疫中存在的问题和困难。在此基础上，根据中俄有关谅解备忘录的授权，与俄相关地区就输华木材检疫、接运等一些具体问题进行了磋商，签署了协议。由于俄对输华木材检疫处理能力有限，不能将输华原木全部扒皮或进行有效除害处理，按照协议，并经国家质检总局批准，在满洲里、二连浩特两个口岸建立了“木材检验检疫区”和“木材加工区”，对俄输华原木中未进行过有效除害处理的带皮原木进行换装后熏蒸处理或就地加工后再通关。检验检疫人员对场区实施检疫监管和疫情监测，确保进境木材安全输入。鉴于冬季木材无法进行熏蒸除害处理及本季节原木病虫害较少的情况，该局于9月下旬派出预检小组赴俄有关地区的主要贮木场、装车点、采伐区、加工厂开展境外预检和疫情调查，行程7000余公里，共检出10种原木害虫，其中一种为中俄植检植保双边协定中的检疫性害虫。全年检验检疫进口原木32355批、247.63万立方米，1.34亿美元；进口板材1375批、9.3万立方米，740.4万美元。

加大对进口废旧金属和废旧物资的查验力度。针对从俄罗斯进口的废旧金属中多次发现放射性严重超标和混有废弃炸弹、炮弹等问题，采取了积极的应对措施。加强了与地方政府、海关、铁路、公安等部门的密切配合，进行综合处理；充实废旧金属检验力量，加大查验力度，更新检测仪器设备，改善检测方法，提高检出率；建立健全各仓储基地法人负责制度，未经检验的不允许换装运出，违者追究责任和经济处理；对检测出放射性超标的废旧金属坚决退运出境，对发现的炮弹、炸弹及时移交公安部门处理。2001年，共检验进境废旧金属6802批，50万余吨，货值5779万美元。检测出放射性超标的21批，1120吨。各种炸弹、炮弹4000枚。

【履行职责，依法行政，严把“出口关”】 加强出境动物及其产品的检验检疫　内蒙古是供港活牛基地之一，现有注册供港牛育肥场14家，每年供港活牛配额在7000头左右。为了保证香港人民的生活安全和创建内蒙古知名品牌，该局对14家注册场进行定期检查，严格按国际标准进行监督和管理。通过采取指导场家购牛、入场前隔离检疫、入场后指导饲养和检疫监测、启运前隔离检疫、严格运输工具消毒、现场监装等做法，使供港活牛的质量稳中有升。2001年，供港活牛达3577头。年内还对申请注册并考核通过的6家活牛育肥场颁发了注册证书。

赤峰地区禽肉类产品是目前自治区的主要出口产品之一。为了维护产品质量信誉和保证出口数量，该局抽调检验检疫技术人员长期驻厂，对整个生产过程，特别是种鸡（鸭）场、养殖区、饲料场的防疫体系进行严格的监督检查，对饲养方式、疫苗的使用、用药等提供技术咨询和指导。在大连局和有关部门的帮助下，对赤峰地区禽类的禽流感和新城疫进行了检测，确保出口禽肉安全可靠。积极推荐草原兴发和塞飞亚两大龙头企业向日本、韩国、俄罗斯、瑞士等国家注册。在各国对禽流感等疫病普遍关注并限制禽肉进口的情况下，全年共检验检疫出口禽肉298批，5614吨，货值892万美元。

做好出口植物及其产品的检验检疫工作　2001年自治区的中央专储小麦12万吨出口任务全部集中在呼盟境内的15个国家粮食储备库。按照合同要求，除常规检测外，增加了呕吐霉素和黄曲霉素的检测项目。在时间紧、任务重、要求高的情况下，抽调精兵强将，认真施检，严格把关，保证了出口小麦合同规定的指标要求。

经满洲里口岸出口至俄的水果、蔬菜，从1995年起恢复了中俄在俄后贝加尔共检的传统作法。近年来，由于产品质量、运输、贮存等诸多因素，出口数量一直不高。为了提高在俄、蒙市场的竞争力，该局主要针对果蔬质量问题，在加强检验检疫的同时，及时向有关部门和出口企业反馈情况，提出对种植、仓储、运输等环节的改进意见。建议产地检验机构及发货单位对春季窖存水果、蔬菜装运前的质量及包装严格把关，确保其能适应长途运输不变型，经长时间运输后腐烂率控制在规定的范围内。在发货前与国外铁路、运输部门协调，做好出口准备工作。与国外检验机构积极联系，督促加快检验交接换装速度，减少口岸滞留时间，为出口商提供快捷、便利的服务。

【加强质量管理，加大服务力度】 积极开展认证注册工作　内蒙古局采取多种形式，宣传建立质量管理和质量保证体系的紧迫性和必要性，多次请专家给有关企业讲解ISO9000和HACCP知识。对食品加工企业的90多名管理人员进行HACCP知识培训。召开认证企业颁证现场会、交流会，扩大认证工作的影响。建立目标责任制，咨询人员责任到厂，进行理论和技术指导，编制和完善认证体系文件。2001年监督审核ISO9000认证企业28家，完成认证审核22家，有两家食品加工企业通过HACCP认证审核。

进一步强化进出口商品质量许可制度和进出口食品及动植物产品卫生注册制度。全年共向18家出口企业颁发了质量许可证，向32家企业颁发了检疫卫生注册书。

积极推广运用普惠制签证和一般原产地签证　2001年，签发普惠制产地证书3644份，签证金额9243万美元。签发一般原产地证453份，签证金额5369万美元，农副产品占较大比例。

【进一步严肃检验检疫工作秩序】 坚决执行国家质检总局提出的坚持属地管理，不得在口岸跨地区设置检验检疫机构和商检公司不得从事目录内检验这一工作纪律。对全区所有出入境报检单位、代理报检单位、产地证及普惠制产地证申领单位进行注册登记，对属地报检、代理报检、产地证申领等业务一律实行持证报检制度。对报检、计收费、检验检疫、签证放行等工作环节全部纳入“CIQ2000综合业务系统”，坚决杜绝不检验检疫就出证、收费等问题。严格收费管理，对外公布收费标准，对内严格互审制度，坚决杜绝漏收、少收及多收费现象的发生。在全局系统开展了工作质量大检查，进一步规范了流程。

内蒙古出入境检验检疫业务情况表

	货物检验检疫																			
	总计				商品检验				动物及动物产品检疫				植物及植物产品检疫				食品			
	批次	金额	检验检疫不合格		批次	金额	检出不合格		批次	金额	检出不合格		批次	金额	检出疫情		批次	金额	检出问题	
			批次	金额			批次	金额			批次	金额			批次	金额			批次	金额
合计	66500	135957	230	25	43692	27957	168	25	1406	2521			41404	18231	59		1307	1914	3	
出境	16023	39671	12	6	15578	39357	12	6	438	1074			7537	3947			1277	1879	1	
入境	50477	96286	218	19	28114	88600	156	19	968	1446			33867	14284	59		30	35	2	

	集装箱检疫		签发检验检疫证书（份）	签发通关单		签发换证凭单		产地证			
								普惠制		一般产地证	
	合计	检出问题		份数	金额	份数	金额	份数	金额	份数	金额
合计	805	4	27430	111739	262335	6333	32759	3635	9215	452	5368
出境	1281		25286	11920	23424	6333	32759	3635	9215	452	5368
入境	2524	4	2144	99819	238911						

内蒙古口岸概况

一类口岸

【满洲里陆路（铁路和公路）口岸】 满洲里陆路（铁路和公路）口岸位于内蒙古呼伦贝尔大草原西部，东经117°12′—117°53′、北纬49°19′—49°41′。北邻俄罗斯，西连蒙古国。与俄罗斯后贝加尔斯克口岸相接壤，地处第一欧亚大陆桥交通要冲，是我国通往俄罗斯等独联体国家和欧洲各国重要的国际大通道。

满洲里铁路口岸始建于1900年，是目前我国最大的边境铁路口岸。位于中俄38、39、40、41号界标处。该口岸现有宽轨准轨到发编组线路41条横亘东西，两条准轨和宽轨直至国门，通往俄罗斯西伯利亚铁路，连接欧亚大陆，换装线、专用线等其它线路90余条。口岸站存能力日均达2020车，成为我国目前站存车容量最大的铁路口岸。铁路口岸仓储基地功能齐全。散杂货场、外贸运输仓库、军用物资仓库、国际联运仓库、铁路仓储基地、外运国际集装箱仓储基地、进出口物资转运站、油脂仓储灌站等8大仓储基地设施完善、布局合理。龙门吊、桥吊、汽车吊、磁石吊、叉车、皮带传输机、化肥装灌机、汽车自卸端头站台等大型机械，设备齐全，性能先进。口岸综合换装能力可达1000万吨，居全国铁路口岸第1位，货运量始终占居同类口岸之首。检验检疫局无伤害监测仪和海关钴—60集装箱自动检查系统相继投入使用，提高了口岸现代化查验水平。

满洲里公路口岸是1989年经原国务院口岸领导小组批准开通的，在原中苏两国铁路员工通勤通道的基础上改建而成。1992年，经中俄两国政府换文赋予中俄满洲里——后贝加尔斯克公路口岸国际口岸地位。1993年，为适应中俄两国贸易扩大和友好往来需要，开始移址新建了满洲里国际公路口岸，位于中俄42号界标附近，该口岸距市区9公里。口岸规划区面积1.5平方公里，长远规划设计14条通道，年过货能力可达350万吨，进出境人员可达300万人次。口岸出入道路机动车道宽8米，向南与301国道相接。目前，口岸封闭区占地19万平方米，一期工程已建成8条通道，并于1998年6月30日投入使用。年通过能力货运100万吨，客运100万人次。货检大楼、旅检大楼、部队兵营主体建筑11380平方米。口岸监管区集通关、查验、仓储运输、生活服务于一体，报关报检、税费征缴程序流水作业一次性完成。检验检疫局无伤害监测仪和海关钴—60集装箱自动检查系统相继投入使用。有效地提高了口岸通过能力和通关效率。

2001年，满洲里口岸系统各部门、各单位在市委、市政府“全党抓经济、重点抓项目、突出抓口岸”工作方针的指导下，紧紧把握口岸疏运大局，发挥口岸整体合力，确保了口岸畅通。坚持以科技进步为动力，增大口岸科技创新力度，提高了口岸通关工作效率。在口岸各部门的团结协作和共同努力下，进出口货运量达到730万吨，比上年增长了23.5%，其中进口货物完成639万吨，出口货物完成91万吨。出入境人员达到114万人次，增长了16.2%，其中入境人员55.5万人次，出境人员58.5万人次。进出境火车5176列次，其中进境2607列次，出境2569列次。进出境汽车156266辆次，其中进境78148辆次，出境78118辆次。

【二连浩特陆路（铁路、公路）口岸】 二连浩特口岸位于内蒙古自治区锡林郭勒盟西北部，东经110°58′、北纬43°49′，中蒙815/1、2号界标处。东西南三面与美丽富饶的苏尼特草原相邻，北与蒙古国扎门乌德隔界相望，是我国通往蒙古国的唯一铁路口岸，也是国务院首批批准的全国13个沿边开放城市之一。

1956年1月，北京—乌兰巴托—莫斯科国际铁路联运正式通车，二连浩特开辟为一类口岸。1992年，公路口岸也正式开通。口岸设计过货能力为450万吨，其中铁路口岸350万吨，公路口岸100万吨。

目前，它是我国陆路连接欧亚最捷近的通道，以二连为终点的集二线，连通京包、京山线，与蒙古、独联体及东西欧各国的铁路结成一座欧亚铁路大陆桥。以北京为起点，经二连浩特到莫斯科，比经满洲里口岸的滨洲线近1140公里。特别是通过京包、京山线与天津港相连，是日本、东南亚及其它邻国开展对蒙古、俄罗斯及东欧各国转口贸易的理想通道。更是蒙古国走向出海口的唯一通道。

改革开放以来，二连口岸的客货运量逐年增加。2001年，进出口运量达298万吨，创二连浩特口岸历史最高。出入境人员近70万人次。出入境车辆8.3万辆次。

2001年，二连浩特公路口岸新通道的一期工程四通道已完成，客运能力进一步扩大。

【阿日哈沙特公路口岸】 阿日哈沙特口岸位于呼伦贝尔市新巴尔虎右旗阿敦楚鲁苏木，在中蒙边境线1495号界桩处，东经115°51′04″、北纬48°35′08″，与蒙古国东方省乔巴山市哈比日嘎口岸相对应。阿日哈沙特距旗所在地阿拉坦额莫勒镇82公里，距满洲里市200公里，是中蒙民间贸易通道，通商历史悠久，往来的路辙至今犹存。

1989年9月，经内蒙古自治区人民政府批准，开辟阿日哈沙特为对蒙边境临时过货点。1990年9月16日，在阿日哈沙特口岸实现了首次过货。随着中蒙两国贸易的发展，于1992年3月11日国务院批准阿日哈沙特为一类季节性口岸。同年6月24日，正式对外开放。按照两国政府间的协定，阿日哈沙特口岸每年1、4、7、10月的1—20日，9：00—17：00（北京—乌兰巴托时间）开放。

阿日哈沙特口岸经过近10年的建设与培育，口岸环境得到优化，口岸功能日益完善。现已建成具有蒙古族建筑特色的口岸联检厅一座，面积为458平方米。查验单位办公及生活用房473平方米。运管站办公生活楼215平方米。完成了新右旗阿拉坦额莫勒镇至口岸82公里四级沙石路工程。

2001年，进出口货运量达1.24万吨，比上年增长16.15%；出入境人员2.27万人次，增长30.71%。

【珠恩嘎达布其公路口岸】 珠恩嘎达布其口岸地处锡林郭勒盟东乌珠穆沁旗格布钦高毕苏林境内，中蒙边境1046号界标处，东经116°16′、北纬45°44′。距乌里雅斯太镇62公里，距格布钦高毕苏木政府驻地32公里，与蒙古国苏和巴特省毕其格图口岸相对应。

珠恩嘎达布其口岸是1992年经国务院批准设立的一类季节性开放口岸。该口岸于1992年6月24日正式对外开放，每季度第一个月1-20日开关，全年共80天。1995年，经原国家口岸办批准为华北石油出境钻探工程服务的长期开通口岸，每年开关10个月。

该口岸与蒙古国资源丰富的苏赫巴托省相对应，辐射蒙古国东方省和肯特省。对内蒙古区东乌旗周边赤峰市、通辽市、兴安盟、锡林郭勒盟等盟、市、旗的内引外联起到推动作用。口岸的开通，为当地经济和社会发展注入了新的活力，促进了地方经济和社会各项事业的发展。

2001年，口岸出入境货物0.08万吨，比上年增长142.79%；出入境人员0.44万人次，减少92.48%。

【甘其毛道公路口岸】 甘其毛道口岸位于乌拉特中旗巴音杭盖苏木境内，在中蒙边境线703号界标处，地理坐标为北纬42°23′30″—42°24′26″，东经107°35′52″—107°35′04″之间。口岸建设区总占地面积55.82公顷。距边境线2公里，与蒙古国南戈壁省博格达县的嘎顺苏海图口岸相对应，两口岸相距约12.8公里。甘其毛道口岸附近地势开阔，交通运输条件良好，有等级公路直通口岸，与区内主要交通干线相联。

甘其毛道在历史上曾是中蒙边民贸易的主要交通通道之一，在蒙古国有一定的知名度。根据中蒙双方的意愿，1989年12月20日，自治区人民政府批准甘其毛道为对蒙边境贸易临时过货点，1990年2月23日，进行了首次过货。1992年6月24日，国务院批准甘其毛道口岸为一类季节性双边口岸，每年的1月、4月、7月、10月的1—15日开放。随着口岸易货的长足发展，从1995年7月起，开放时间由15天延长到20天。

2001年，出入境车辆5517辆次，出入境人员67034人次，出入境货物3350吨，完成贸易总额3525.5万元。

【呼和浩特航空口岸】 呼和浩特白塔机场位于呼和浩特市区东郊9公里处，东经111°49′24″、北纬40°51′06″，海拔高度1077米。于1958年10月1日建成通航。1991年12月1日，国务院批准白塔机场为航空口岸机场，于1992

年3月31日正式对外开放。

白塔机场经1986年、1996年两次大规模扩建，机场跑道级别达4D级，跑道总长3200米。候机楼可以满足高峰每小时900人次，年吞吐能力达到100万人次。拥有先进的导航设备，可昼夜起降波音767、图—154以下机型。

2001年，白塔机场经营航线26条，其中，国内航线24条，国际航线2条。通航城市25个。全年共保证各类飞行52093架次。全年完成旅客运量44.8万人次，与上年比增长18.9%，其中出入境旅客0.95万人次，货邮行吞吐量6633.2吨。

【海拉尔航空口岸】 海拉尔市靠近欧亚大陆桥满洲里，有畅通便利的公路、铁路、航空的立体交叉交通网络。海拉尔航空口岸位于海拉尔东山机场，距市区5公里。1953年3月正式开通并成立了中苏航空股份公司海拉尔航空站。航线为赤塔—海拉尔—平壤。1955年，苏方将股份移交中方，由中方单独经营。

1988年以来，先后对东山机场进行了4次扩建。兴建了2430平方米的国际候机楼，11400平方米的停机坪、防吹坪，新建跑道2600延长米。盲降、夜航、全向信标台、近、远台陆续投入使用，使海拉尔东山机场达到了飞行区等级4C标准。

1993年7月6日，国务院批复同意海拉尔航空口岸对外开放。1995年9月15日，口岸正式对外开放。1996年5月3日正式开通了海拉尔—赤塔航线，由国航内蒙古分公司使用BAE146机型执行飞行任务。

【黑山头口岸】 黑山头口岸位于中俄边界额尔古纳河东岸，中俄边境91/1界标处，东经119° 21′ 36″ 、北纬50° 27′ 07″ 。距额尔古纳市所在地拉布达林镇西南62公里处，距黑山头镇12公里。西隔中俄界河与俄罗斯的旧粗鲁海图口岸相望，两口岸垂直相距1.5公里。北接根河，东部和南部为草原。距室韦口岸水路250多公里，陆路230公里，南距呼伦贝尔市120公里，是中俄双方通商往来的便捷通道。

1989年，国务院正式批准黑山头为一类口岸，1990口岸正式对外开放。

黑山头口岸现有码头平台800平方米，引路800延长米，口岸货场12.5万平方米，联检办公生活设施1225平方米，边检监护中队营房135平方米，中俄界河木桥等基础设施。

黑山头口岸从其地理位置看，是参与东北亚经济圈的理想通道，不仅是呼伦贝尔市绿色产业、产品对外出口的重要窗口，同时又是满洲里口岸货物分流的理想通道。

2001年，口岸货运量1.94万吨，比上年增长159%；出入境人员1.01万人次，增长180%。口岸开放极大地促进了地方经济和社会发展，投资环境明显改善。

【室韦口岸】 室韦口岸位于中俄界河额尔古纳河中游东岸，中俄边境111号界标处， 东经119° 53′ 53″ 、北纬50° 20′ 12″ 。室韦口岸在室韦镇的西南0.5公里处，南距额尔古纳市所在地拉布达林镇168公里，西隔额尔古纳河与俄罗斯奥洛契口岸相对，两口岸相距1公里。

1988年内蒙古自治区批准室韦为临时过货点。1989年4月，国务院批准室韦为一类口岸， 1991年2月1日正式对外开放。

室韦口岸现有联检宿舍、边贸办公室、封闭式仓库、联检办公室等共计1170平方米。建坡式码头、购浮箱码头两组。2001年，新建联检厅、中队营房2310平方米。新建中、俄的室韦—奥洛契口岸界河桥，大桥长310.59米，宽5米，通航高度8米。室韦口岸大桥建成投入使用后，口岸通过能力明显提高，过货量将达到60万吨/年，客运量20万人次/年，交通工具进出境10万辆次/年。

与室韦口岸相对应的奥洛契口岸，辐射赤塔洲东北部九个区市，矿产资源丰富，以黄金开采最为发达，铅、铁、铜等矿产资源亦有相当储量。特别是森林资源极其丰富，木材蓄积量达4.5亿立方米。俄罗斯由于发展经济的需要，急切开发东北部资源，室韦口岸过货量将大幅度提高。

二类口岸

内蒙古的二类口岸主要设在与蒙古接壤的边境旗县。1992年以来，陆续开通了额布都格、策克、阿尔山、二卡、满都拉、巴格毛都、胡列也吐7个二类口岸。目前，额布都格、策克在开放中，满都拉、阿尔山、二卡口岸正在建设中，巴格毛都、胡列也吐暂时关闭。

【额布都格口岸】 额布都格口岸地处新巴尔虎左旗阿木古郎镇西南22公里处，在中蒙边境线1423/1（双立）号界标处，东经118° 10′ 25″ 、北纬48° 02′ 27″ 。距呼伦贝尔市175公里，隔哈拉哈河与蒙古国白音胡舒口岸相对应。两岸边民在历史上就有密切的民间友好往来和贸易交流。

1991年5月，自治区人民政府批准额布都格为临时过货点。1992年，自治区将额布都格升格为二类口岸。两国协定的开关时间为：每年2、5、8、11月的1—20日开放。

额布都格与蒙古国白音胡舒口岸隔河（哈拉哈河）相望，夏季开关用浮箱桥作载体，冬季开关走冰道。1993年开始建设，1994年正式对外开放。在阿木古郎镇兴建了1100平方米的联检办公生活用房，在口岸现场已建成266平方米的口岸检查站和国门及检车台等基础设施，购置了浮箱桥，修建口岸公路4公里，使口岸基础设施初具规模。

【策克公路口岸】 策克口岸位于阿拉善盟额济纳旗境内，中蒙边界572号界标处，东经101° 09′ 、北纬42° 28′ 。距额济纳旗府所在地达来呼布镇60公里，距国境线17公里，与蒙古国南戈壁省西伯库伦口岸对应。辐射蒙古国南戈壁、巴音洪格尔、戈壁阿尔泰、前杭盖、后杭盖五省区，吸引了国内蒙、陕、甘、冀、青等省区的客商，是阿拉善盟对外开放的前沿阵地和重要窗口。

1992年3月，经自治区人民政府批准为对外开放的二类口岸，每年的3、6、9、12月的1—20日开放。

口岸开通以后，加大口岸基础设施建设，启动实施了16个项目基础建设工程，现已初具规模。目前，已完成了封闭式货场部位水电线路改造、修建国门、建成国际客运站、工作区、检验区、服务区、扩建了熏蒸库、购置了地磅、熏蒸设施、货物装卸传送机。安装了直拨电话、开通了移动通讯、建成卫星“三小站”（电视发射、广播调频、接收系统）。修建了达镇至口岸60公里的等级公路。生活区也形成了一条龙服务，受到客商的普遍好评。

2001年，进出口货物0.12万吨，比上年增长79.55%。进出境人员4.91万人次，增长47%。

【阿尔山公路口岸】 阿尔山口岸位于兴安盟阿尔山市伊尔施镇，在中蒙边境1382/1界标处，东经119° 31′ 10″ 、北纬47° 19′ 10″ 。距蒙古国东方省松贝尔索木275公里，距阿尔山市政府所在地47公里，地处东北亚经济圈腹地和我国东北经济区的西出口。

阿尔山口岸是1992年6月经自治区人民政府批准设立的季节性对外开放的二类口岸。

阿尔山口岸地理位置十分优越，是联合国开发计划署规划设计的“两山”（阿尔山—乔巴山）铁路的起点。目前中蒙两国政府已达成很多共识，开工建设指日可待。“两山”铁路建通后，就可形成东起图门江，西通蒙古进而北联西伯利亚横贯东北地区的又一条国际铁路联运干线。它将有效改善东北地区铁路运输不合理状况，缓解满洲里、绥芬河铁路口岸重车积压口岸堵塞矛盾，从而提高在东北亚地区国际竞争中的实力地位。

内蒙古口岸边贸概况

内蒙古自治区的边境贸易和经济合作主要是同毗邻的俄罗斯和蒙古国进行。多年来，通过互补优势，加强合作，促进了双方的经济发展。

边境贸易持续发展。2001年，全区边境贸易总额15.88亿美元，与上年同比，增长67.3%。其中进口额12.39亿美元，增长64.1%；出口额3.48亿美元，增长69.1%。对俄贸易额为11.73亿美元，出口21450万美元、进口95854万美元。对蒙贸易额为4.15亿美元，出口13409万美元、进口28098万美元。出口商品主要有粮油食品、蔬菜水果、服装鞋帽、建筑材料、电子通信及计算机设备。进口商品主要有化肥、钢材、木材、废旧金属及化工原料。双方商品的互补性很强。

经济合作发展迅速。从森林采伐、蔬菜种植等普通劳务合作发展到建筑装璜、食品加工、塑料、木材加工和大中型土木工程承包等宽领域、多层次的合作格局。截止2001年底，全区在俄、蒙的工程承包、劳务合作项目累计1430个，合同总额8.1亿美元，营业额4.4亿美元。派出劳务人数5.6万人次。其中，内蒙古自治区与俄、蒙两国签订的承包劳务合同78个，合同额5062万美元，营业额2369万美元。派出劳务人数2718人次。

这些年来，自治区在俄罗斯地区投资兴办企业有35家，主要有塑料纺织、食品加工、餐饮、服装加工等，中方投资总额约1500万美元。在蒙古国投资兴办企业20家，中方投资额共计615.7万美元。

截止到2001年底，蒙古国在内蒙古自治区投资兴办企业24家，合同外资金额276万美元。俄罗斯在内蒙古自治区投资兴办企业58家，合同外资金额2391.2万美元，实际到位金额2255万美元。

内蒙古口岸大事记

1月11日

全区外经贸及口岸工作会议在呼和浩特召开。会议总结“九五”期间特别是2000年外经贸及口岸工作，传达贯彻全国外经贸工作会议精神，部署2001年全区外经贸工作及口岸工作任务。

1月12-13日

全区对外开放工作会议在呼和浩特召开，自治区外经贸厅、开放办、外办系统参加。会议认真贯彻落实全区经济工作会议精神，总结2000年及过去几年的对外开放工作，表彰奖励工作成绩突出的先进单位，交流工作经验，安排部署2001年及今后一个时期的对外开放工作。

1月16日

内蒙古外经贸厅制定了《内蒙古自治区对外贸易经济合作及口岸发展“十五”计划》。

1月30日

二连铁路口岸“TC-SCAN货运列车检查系统”批准立项。7月23日正式破土动工，工程占地面积2000平方米，建筑面积730平方米。12月24日检查系统开始试运行。

2月5日

中俄两国政府在北京正式签订共建“室韦－－奥洛契友谊桥”协定。并于4月22日破土动工，9月22日竣工，10月16日剪彩投入运营。

3月26日

“高科技货运列车在线检查钴－60系统”在满州里口岸正式运行。

4月4－5日

二连铁路口岸因大量进口原木，造成1400多车皮积压。口岸办召开有关联检部门会议共同研究解决办法。在铁道部、呼铁局的大力支持下，每日增加排空车近180个车皮，于6月下旬全部疏运完毕。

5月10－－17日

交通部调研组赴内蒙古区进行东北亚大通道及口岸公路、水运交通设施情况调研。认为二连在交通布局上处于幅射蒙、俄、东欧、朝鲜、日本、韩国及国内各省区的圆心。根据这一特殊地理位置，结合全国五纵七横公路网络及内蒙古区公路三横九纵十二出口布局，提出了尽早在二连建立国际货运多式联运转运中心的构想。

6月21日

为加强口岸协调工作力度，及时处理工作中存在的问题，确保安全畅通，决定恢复“内蒙古自治区口岸联席会议”，重新制定了《内蒙古自治区口岸联度会议制度》。

6月30日

满州里铁路口岸投资3000多万元的“铁路改轮及专用线改造工程”竣工，投入使用后，解决了冬季中俄两国石油和液体化工产品贸易运输的难题，营运能力由35吨／日提高到70吨／日。

9月14日

满洲里“铁路口岸站场扩建改造工程”开工剪彩，工程新建4条宽轨到发线，增加15线、16线两条宽轨线，新建准轨到发线及调车线。

10月1日

呼盟新右旗阿日哈沙特口岸联检人员宿舍竣工，工程投资30万元，占地面积为280平方米。为口岸监护、联检人员创造了一个良好的休息环境，确保口岸畅通。

12 月3日

满州里口岸“H980工程集装箱检查系统”投入试运行。

12月31日

铁道部投资4.2亿元的满州里铁路口岸站场扩容一期工程的主要项目已启动。

辽宁省

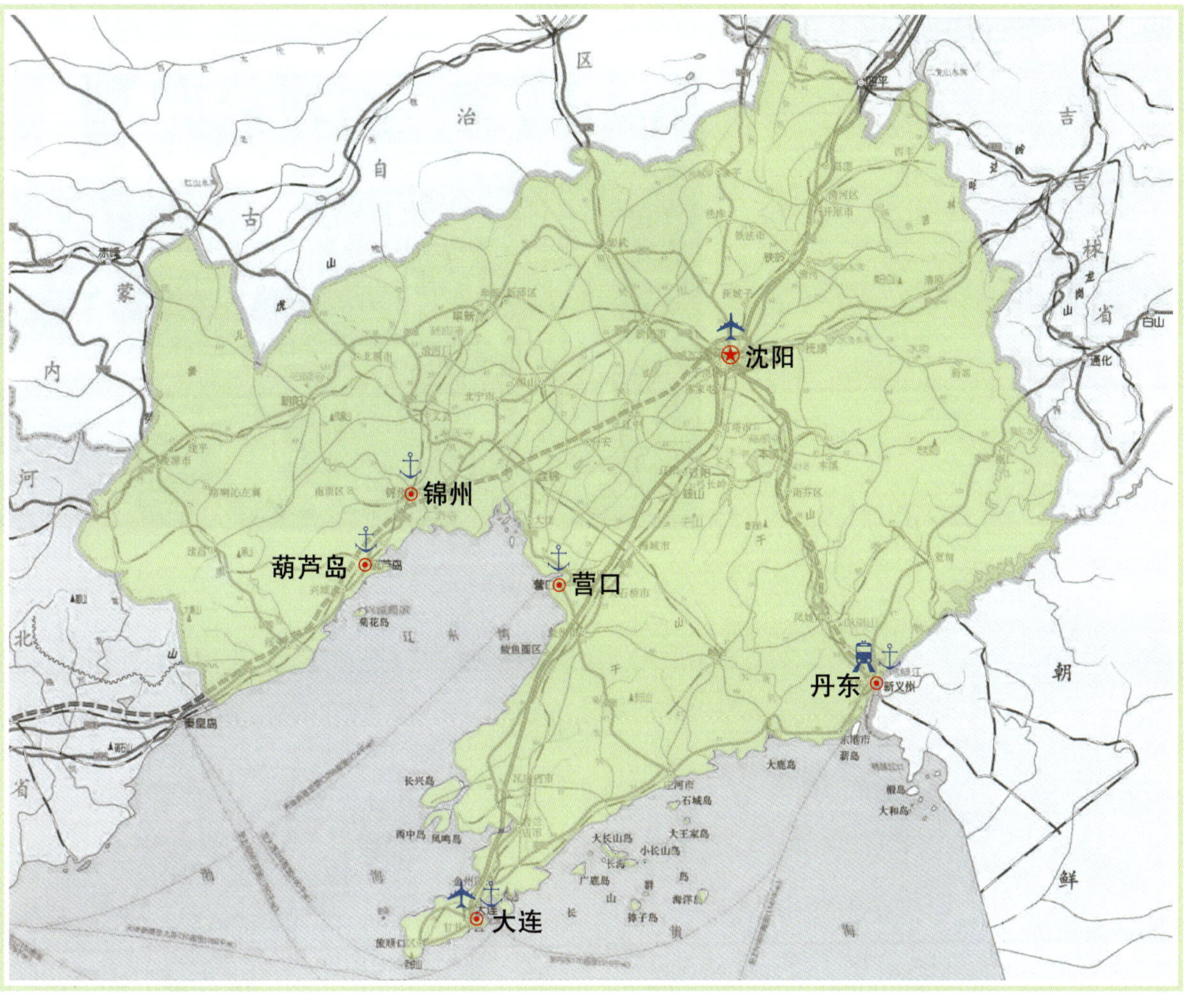

图　例

省级行政中心	铁路口岸	公路口岸
口岸城市	航空口岸	海(河)运口岸

大连周水子国际机场口岸全景

出口货物通过丹东鸭绿江大桥

锦州港全景

∧
大连港大港区全景

∨
海事工作人员正在进行海上防污染演习

检验检疫工作人员深入企业现场查验

锦州港集装箱作业车在繁忙地工作

大连大窑湾集装箱码头堆场

辽宁口岸工作综述

【概况】 辽宁省位于东北地区的南部，东北与吉林省接壤，西北与内蒙古自治区毗连，西南与河北省临界，东南与朝鲜隔江相望，南临黄海和渤海，陆地面积14.59万平方公里，海岸线长2292公里。主要矿产资源丰富，科技力量较强，陆海空交通便利。辽宁省沿海港口众多，不冻不淤，水深港阔，自然条件优越。辽宁口岸历史悠久。据史料记载，早在1864年营口港就已正式对外通航，是东北第一个对外开放的商埠，曾以“东方贸易良港”著称于世。1902年，大连港一期工程竣工。随着东清铁路全线通车，使大连港与东北腹地乃至俄国境内连接起来，初步显现出欧亚大陆桥的雏形，同时也确立了大连港成为远东贸易大港的地位。丹东港是个百年老港，早在1882年，清政府就与朝鲜通商，老港区现已辟为开发区，另在浪头和大东建起了新港。丹东铁路口岸已有82年的历史。

辽宁省是中国对外开放口岸种类最为齐全的省份之一，口岸大部分分布在辽东半岛沿海地区，腹地广阔，是东北和内蒙东部地区对外贸易的主要通道。以大连、营口、沈阳一线为主体，以丹东、锦州和葫芦岛为两翼，形成通向世界各地的海陆空立体开放口岸格局，基本适应国民经济发展和日益增长的对外贸易、人员往来和科技交流的需要，为充分利用和发挥辽宁重工业基地的优势，加快辽东半岛外向型经济建设开创了良好的环境。

辽宁沿海港口口岸是东北地区的主要出海口，是连接“欧亚大陆桥”的枢纽，是辽宁和东北地区与太平洋沿岸各国及世界各大洲开展经济技术合作的前沿阵地。

新中国成立后，特别是党的十一届三中全会以来，随着对外开放政策的贯彻实施，辽宁口岸进入起飞时期，辽宁的经济建设、对外贸易、科技交流和友好往来得到了前所未有的蓬勃发展，口岸建设也进入了全面发展的新阶段。

【口岸开放】 改革开放以来，是辽宁历史上口岸建设发展最快、口岸增设最多、效益最好的时期。对外开放口岸由1979年的4个，增加到现在的16个。目前，全省构成了海陆空口岸俱全、客货运设施配套的综合性立体口岸网络，已能适应辽宁全方位、多层次开放的需要。

辽宁省有国务院批准开放的一类口岸8个。其中：水运口岸5个，大连港、营口港、丹东港、锦州港、葫芦岛港；航空口岸2个，沈阳桃仙国际机场和大连周水子国际机场；陆路口岸1个，丹东陆路（铁路、公路）。此外，还有辽宁省人民政府批准、海关总署同意保留的二类口岸8个：四块石、太平湾、大台子、丹纸码头、大鹿岛、哑巴沟、长甸河口、盘锦港。

全省海港口岸港口泊位已达167个，其中万吨级以上泊位89个，与世界160多个国家和地区有贸易往来。先后开辟了通往日本、香港、欧洲和东南亚杂货班轮航线，欧洲、美国、地中海、香港、日本、台湾集装箱班轮航线和韩国仁川的客货班轮航线。空运口岸开通了日本、韩国、俄罗斯、泰国、香港、澳门等国际和地区间航线以及东南亚各国临时旅游包机航线。

【口岸客货运量】 2001年，全省口岸货物吞吐量14474.8万吨，比上年增长10.9%。外贸进出口货运量完成4820.1万吨，减少5.7%。其中：外贸进口2282万吨，增长14.6%；出口2538.1万吨，减少18.6%。出入境旅客127.3万人次，增长2%。其中：海港15万人次，增长0.7%；陆路11.9万人次，减少38.7%；空港100.4万人次，增长10.9%。国际集装箱运输完成148.5万标箱，增长21.7%。口岸进出口贸易额245.4亿美元，增长4.6%。其中：进口112.8亿美元，出口132.6亿美元，分别增长7.7%和2.2%。

【口岸外贸运输生产】 从全省外贸进出口额分析，全年实现了双增。总额达到199.09亿美元，比上年增长4.7%，占口岸实现贸易额的81.9%。其中：出口111.09亿美元，增长2.4%；进口88亿美元，增长7.7%。主要特点：(1)、一般贸易进口总额达到33.1亿美元，增长19.7%，出口小幅增长，达到48亿美元，增长4.7%；加工贸易进口总额为42.1亿美元，下降6.5%，出口与上年持平。(2)、国有企业进口增长迅速，达到22.7亿美元，增长30.8%；出口43.4亿美元，增长2.3%；三资企业进出口较为稳定，进口59.1亿美元，下降2.4%；出口63亿美元，增长0.9%。(3)、机电产品、服装出口略有增长，总额分别为40.3亿美元、13.8亿美元，增长分别为0.2%、4.4%，成品油出口大幅增长，达到8.1亿美元，增长44.6%，原油、钢材出口降幅显著，总额分别为6.3亿美元、1.4亿美元，下降分别为16.9%、37、6%。

从口岸运量分析，内贸运输量始终保持增长的势头，外贸运输量又跌落到5000万吨以内的水平。2001年，全省口岸货物吞吐量1.4亿吨，增长10.9%，全部是内贸运量的高速增长，增长势头已保持10余年。全省口岸外贸运量在4500万吨左右徘徊已10余年（仅2000年突破5100万吨）。2001年，外贸运量4820万吨，占口岸总吞吐量的比例，由88年的72%，下降到2001年的33%。国际集装箱运输始终保持二位数的增长，达148.5万标箱，增长22%。

从贸易对象分析，全省对各国贸易量基本保持相对稳定的格局。2001年，中日贸易摩擦不断，但对全省贸易规模影响不大，进出口额只有小幅波动，分别为出口45.3亿美元，增长1.9%；进口28.7亿美元，增长2.5%。对美贸易进口增长较快，出口呈现小幅下降，进口为7.3亿美元，增长37.5%；出口14.7亿美元，下降2.9%。对韩贸易呈现出口增长进口下降的特点，出口10.7亿美元，增长6.8%，进口13.4亿美元，下降8.9%。

从出口产品结构上分析，初级产品贸易出口比重增加。总值为32.6亿美元，比上年增长7.9%。初级产品出口比重进一步提高，意味着工业制品所占比重的缩小。2001年，工业制成品出口比重为70.6%，而全国同期工业制成品所占比重约为90%。

2001年，全省口岸进出口货运量完成4820.1万吨（系港口作业实际完成数），在全国排第8位，比上年第6位后移2位。国际集装箱吞吐量148.5万标箱，与上年相同，仍排在第6位。口岸进出口货物总值236.7亿美元，排第6位，比上年后移1位。出入境人员160.9万人次，其中旅客127.3万人次，都排在第7位，与上年排位相同。

【增加新航线】 开通了沙特国家航运公司加盟法国达飞航运公司大连至欧洲（地中海）航线；第五代集装箱船舶“沙特—吉达”轮定期挂靠大连港，提升了大连港在国际航运界的地位。2001年，大连至曼谷的国际航空线被国家民航总局批准为正式航线，大连至平壤、伊尔库茨克至大连国际航线相继复航，还获得了大连至俄罗斯海参崴的国际航线飞行权，开通了大连至名古屋临时旅客包机20多个航班，以及通往日本、韩国、新加坡等城市的包机120余架次，使空港航班密度大幅度增加。此外，沈阳还开通了至韩国青洲的正班国际航线。

【口岸管理与协调】 协调沈阳桃仙国际机场新候机楼国际航班查验流程，通过了国家验收，并于12月1日正式启用。由于沈阳桃仙国际机场新候机楼的最初设计是按照国内航班使用设计的，对国际旅客查验流程的要求未能相应考虑。按照省政府主管领导的批示，多次组织驻桃仙机场口岸查验单位与建港指挥部进行协商，就新候机楼查验流程、通道设置、中转功能、查验设施等提出修改意见。在整体框架已完成施工不能改动的条件下，省、市口岸办及时协调，使国际查验流程中突出的硬件问题得到调整解决，并按省政府要求时限，通过了国家民航总局和省政府对沈阳桃仙国际机场扩建工程进行的正式验收。新候机楼投入使用后，旅客通行顺畅，社会各界满意。

召开二类口岸工作会议。按照省政府领导批示要求，组织召集省直有关单位、查验部门召开二类口岸工作会议，落实中朝两国政府《中朝边境口岸及其管理制度的协定》涉及辽宁的事宜。会议就哑巴沟、长甸河口口岸未列入中朝协定后的运营管理方式、丹纸码头迁址事宜解决办法和太平湾口岸扩大功能等问题达成一致意见，并讨论通过了《鸭绿江沿线中朝边境临时口岸管理暂行办法》。

按照海关总署的要求，对保留的二类口岸进一步加强管理。划定口岸管理区域，完善和健全了口岸管理的规章制度，建立了口岸各单位之间的协调配合管理机制，严历打击走私违法行为，确保口岸安全畅通。

按照省政府[2000]30号文件要求，会同省直有关部门、驻辽宁口岸查验单位和东港市政府、丹东市口岸委，组成验收组对大台子口岸整顿工作进行了检查验收。验收组听取了东港市人民政府的整顿工作汇报，现场实地检查了大台子口岸进行整顿的各项具体工作。验收组一致认为：经过一年多的治理整顿，大台子口岸整顿工作效果明显，符合国家对二类口岸管理的相关要求，达到了整顿的目的，宣布从11月1日起，大台子口岸结束整顿，投入正常运营。

调研二类口岸生产经营、管理、整顿情况。该省二类口岸主要分布在中朝边境上，边境事务突发事件比较多、走私活动比较猖獗。针对这一特点，省口岸办积极派人对二类口岸工作进行检查、指导，及时协调解决二类口岸出现的问题，并与口岸查验单位共同加大宣传、管理力度，组织业主学习各种法律法规、增强业主遵纪守法意识。由于措施得力，边境口岸的走私活动明显减少，日趋好转。

【推广电子口岸】 积极协调省直各有关单位，按国家规定期限（6月1日），组织实施全省“电子口岸”推广工作。一是组织修改“电子口岸”实施方案，按省政府要求时限，以政府办公厅文件下发；二是协调省直单位与中直单位配合，使“电子口岸”的制发卡工作顺利实施；三是衔接大连、沈阳两关区的协作事项，并将工作进展情况及时向省政府领导作出书面报告。

【口岸建设与改造】 沈阳桃仙国际机场新候机楼通过了国家验收，于12月1日正式启用。针对沈阳桃仙国际机场新候机楼设计及施工过程中，存在的诸如查验流程、通道设置、中转功能、查验设施等问题，省、市口岸办及时协调，提出修改意见，使国际查验流程中突出的硬件问题得到调整解决。按省政府要求时限，沈阳桃仙国际机场新候机楼通过了国家民航总局和省政府对沈阳桃仙国际机场扩建工程的正式验收。

沈阳口岸投入16万元资金，对联检楼进行了简单装修。购置部分必要的设施，在楼内装修了会议室，进一步完善了联检楼的服务功能，给口岸查验单位创造了一个良好的办公环境，

大连大窑湾二期工程11—16号集装箱泊位通过交通部工程可行性研究审批，11号集装箱泊位开始施工；20万吨级进口矿石码头工程进入了征地、征海、动迁工程；30万吨级进口原油码头项目工程可行性研究已经完成；烟台至大连火车轮渡项目已经启动，目前进展顺利；大连周水子国际机场二期扩建工程、机场前广场改造和大连港国际旅客（大连至仁川）旅检通道二期改造工程相继建成；口岸查验设施建设和资金投入不断加大，大连新港边防检查站硬环境得到改善。

【口岸精神文明建设】 在年初全省口岸办主任工作会议上做了专门部署，全年着力作好监督检查工作。根据省文明办《关于做好2000-2001年度省级文明单位评比准备工作的通知》要求，对全省口岸的精神文明建设工作进行全面检查，特邀省文明办同志对大连、营口口岸精神文明建设工作进行检查，听取了十余个单位的工作汇报，并到口岸查验现场听取外贸货主的意见。省文明办对口岸系统精神文明建设工作给予了充分肯定，专题简报向全省介绍口岸系统的做法。此外，沈阳口岸办组织口岸单位积极参与创建客运航线文明号活动，北方航空公司地面服务公司头等舱服务组、北方航空公司客舱服务部“示范组”荣获“沈阳市巾帼文明示范岗”称号；丹东市口岸委通过“窗口赛”、“行业赛”调动口岸各单位积极性，开展“内争标兵”、“外树形象”活动，使丹东窗口环境得到进一步改善；锦州口岸开展“百家用户评口岸”活动，召开外贸货主座谈会，广泛听取意见和建议，对改变锦州口岸环境建设起到了积极作用。

（刘　丹　秦　虹　石祝康）

辽宁口岸查验单位工作综述

大连海关

2001年，大连海关认真贯彻全国海关关长会议精神，深化通关作业改革，强化正面监管，积极支持和服务进出口贸易，各项工作有了新的发展。据统计，全年共监管进出境货物4097.4万吨，下降4.8%，与上年相比（以下简称同比）货值228.9亿美元，同比下降9.6%；监管进出境运输工具12.4万架（艘、次），同比增长25.2%；监管进出境旅客119.5万人次，同比增长14.1%；征税95.73亿元，同比增长3.31%。查获案件359起，案值10442万元，罚没收入2469万元。

【深化和完善通关作业改革】 初步建立起与通关作业改革相匹配、相适应的职能管理系统，切实改变重操作、轻管理的传统职能管理模式。对通关中遇到的大量报关单修改、保金保函处理、滞报金审批、归类审价等影响通关速度问题进行规范，减少扯皮、推诿。完成以“信息收集——风险分析评估——风险处置——结果反馈”为主要内容的信息化作业平台一期工程，建立了企业类、商品类等类别的数据库18个，实现了风险信息的分类采集与网络传输以及有限级公开的授权式信息查询、辅助决策分析等功能，并制定了《大连海关风险管理信息平台操作手册》。加强了与东北地区各兄弟海关及铁路部门的联系与配合，制定了《东北地区海关转关联系配合办法》和《东北地区海铁联运中转监管办法》，实现了转关运输货物一次性申报、查验和放行的监管模式。还充分利用现代信息技术，积极探索“电子查验”等新的物流监控手段。与大连开发区佳能公司合作，开发了加工贸易联网监管系统。

【保持打击走私高压态势】 调查与侦查部门紧密配合，建立了集中、统一、高效的缉私情报系统。运用信息化技术，提高了打击走私工作的预见性和有效性。有针对性地组织开展了打击成品油走私、非法音像制品和出版物走私、鸭绿江水域汽车走私等专项斗争和多项专项稽查，侦破了一批有影响的走私犯罪案件。全年共受理涉嫌走私犯罪案件19起，案值5920.07万元。

【清理和整顿进出口秩序】 在清理整顿二类口岸的基础上，积极开展以“规范和整顿进出口秩序，加快通关速度，促进企业守法自律”为目标的治理行动。综合运用监管、监控、稽查等多项手段，对进出口经营单位、经营海关监管货物仓储业务的单位以及184家专业、代理报关及大型自理报关企业开展了清理整顿，对一批违规企业和报关员实施了相应的资格处罚。调查部门实行了由“规范个人行为向规范企业行为”转变，对228家企业开展了常规稽查。

【强化统计分析职能】 实施了海关业务统计管理系统，实现了无重大数据质量差错。全年共审核记录条124万条，修改11万余条，涉及金额1亿多美元。积极开展贸易调查，加强统计分析，为领导决策提供信息支持。全年共发表统计分析信息103篇，有多篇引起省政府领导的重视并予批示。积极开展统计对外咨询服务，办好《大连海关统计之窗》。开展了以“税收征管、加工贸易和监管质量”为主要内容的执法评估工作。

【科技业务一体化水平稳步提高】 大连海关紧密围绕深化通关作业改革和业务工作需要开展科技工作，顺利完成了H883/EDI5.1版本的推广及快速通关系统的切换工作。完善了关区办公自动化网络建设，进行了大连海关网站的改版。进一步加强了系统管理和安全监控工作。

【积极支持外贸扩大出口】 深入关区和企业现场办公、调查研究，及时解决通关疑难问题。征询地方党政领导对海关工作的意见和建议，共同研究支持老工业基地改造、改革的思路和措施，并深入到鞍钢和辽河油田等国有大型企业、大连高新技术产业园区和“三高一大”企业实地考察及现场办公，研究制定并适时推出切实可行的9条便捷通关措施。(1) 加大出口绿色通道、快速通道的比例；(2) 为“三高一大”企业进出口开辟“绿色通道”；(3) 大幅度提高转关货物的通关速度；(4) 积极为企业提供出口归类服务；(5) 积极做好预审价和集中审价工作；(6) 积极推动“电子口岸”建设；(7) 充分发挥海关统计决策辅助、预警和信息支付的作用；(8) 整顿规范进出口秩序，提供公平竞争环境；(9) 提高海关执法透明度。公开与管理相对人有关的行政法规和管理规章，并坚持关长接待日、领导值班等制度，接受企业的政策咨询。积极支持出口加工区的建设，实施港区一体化直通关。实现出口加工区货物在主管海关“一次申报，一次审单，一次查验”的通关要求。通过通关作业改革的深化和便捷通关措施的实施，通关效率有了明显提高。据对大连市进出口量较大的辽宁外运、大连外运、大通国际货运三家申报单位连续三天的152票进出口报关单进行调查统计：有税或查验报关单海关作业时间平均为 2.23小时；进口无税且不查验报关单海关作业时间平均仅为1.1小时，占大通关平均时间21% ；出口报关单海关作业时间（从申报到放行）平均只需0.8小时，约占口岸大通关时间10.7%。

（大连海关办公室）

大连海关2001年度业务数据汇总表

项目	单位	数量
监管进出境货物	万吨	4097.4
监管货值	亿美元	228.9
监管进出口集装箱数量	万标箱	76.94
监管进出境运输工具	万架（艘、次）	12.4
监管进出境旅客	万人次	119.5
征税	亿元	95.73
查获案件	起	359
案值	万元	10442
罚没收入	万元	2469
共受理涉嫌走私犯罪案件	起	19
共受理涉嫌走私犯罪案件案值	万元	5920.07
采取了强制措施犯罪嫌疑人	名	27
减免关税	万元	78467
减免进口环节税	万元	109993

沈阳海关

2001年，沈阳海关狠抓了“依法行政，为国把关，服务经济，促进发展”海关工作方针的学习和落实，以加强队伍建设和深化业务改革两项工作为重点，强化业务基础建设，全面完成打击走私和税收征管任务。据统计：全年监管进出口货物454.86万吨，进出口货物总值20.5亿美元。其中进口货物253.71万吨，价值14.12亿美元；出口201.15万吨，价值5.93亿美元。监管集装箱9782标箱、进出境飞机3222架次、船舶480艘次、进出境人员438094人次、邮递物品310402件、印刷品及音像制品2259562件（盘）。实际缴库税款16.86亿元人民币，其中：关税5.34亿元人民币，进口环节增值税11.52亿元人民币；审批减免税项目2500项，减免税货物总值7.59亿美元，减免税款总计16.92亿元人民币；查处走私、违规案件51起，走私违规货物总值5517万元人民币，缴库罚没收1390

万元人民币。主要工作是：

【初步建立了新的通关作业模式】 沈阳海关围绕作业改革指导方案，初步建立了新的通关作业模式，调整了内设机构，更新了操作系统，修订了与通关作业改革相配套的规章制度和操作规程，各业务岗位进行了H883业务应用系统授权，建立了风险管理机制和物流监控系统。

【推广了“口岸电子执法系统”】 为落实海关总署“口岸电子执法系统”要求，沈阳海关主动与省、市各行政执法系统协商，召开了“中国电子口岸（沈阳地区）推介会”，成立了制卡中心，对关区千余家企业进行了资格审查，制发IC卡，保证了8月1日“口岸电子执法系统”正式启用。

【积极做好便捷通关措施的实施工作】 为方便大型高新技术企业便捷通关，沈阳海关成立了专门领导小组，制定了便捷通关操作办法，完成了H883/EDI5.1版本的试运行工作。沈阳关区首批确定了东北制药总厂、乐金电子（沈阳）有限公司两家企业列入便捷通关企业名单。

【开展了跨关区快速转关业务】 沈阳海关积极与口岸海关协商，探索“两水两陆”快速通关模式，简化转关监管手续，先后与大连海关、哈尔滨海关及铁路部门签订了海铁联运协议，有效的加快了转关运输监管工作。

【超额完成全年税收任务】 为确保税收应收尽收，沈阳海关首先实行了税收工作综合考评和动态管理。以“关税分析监控系统”的应用为契机，探索了税收质量评估办法。在进一步提高归类水平的基础上，加强了对重点企业的税收监控和核查，确保超额完成年度税收任务。

【加大打击走私工作力度】 按照“依法分工，联合办案”原则，建立并完善了侦察、调查、稽查互相协调的工作机制。转变调查工作思路，变被动个案处理为主动规范企业行为。有重点地开展打击汽车、化工原料、机电设备等商品走私专项斗争，全面开展了网上“追逃”专项行动和打击中朝边境汽车走私专项行动。调整完善了情报工作机制，加强了对加工贸易、减免税和审价环节案件线索的查缉。同时，还加大了对文物、毒品、禁止和限制进出境物品的查缉，侦破一起象牙走私案，查获象牙26公斤。（高殿恒）

沈阳海关2001年主要业务统计表

项目		单位	数量
货运量	合计	万吨	454.86
	进口	万吨	253.71
	出口	万吨	201.15
进出口货物总值	合计	亿美元	20.05
	进口	万美元	14.12
	出口	万美元	5.93
进出境人员	合计	人次	438.094
	进境	人次	211.864
	出境	人次	240.460

续表

项目		单位	数量
运输工具	飞机	架次	3222
	船舶	艘次	480
集装箱		标箱	9782
进出境印刷品		件（盘、盒）	2,259,652
进出境邮递、快递物品		件	310,402
征收进口税		亿元	16.86
减免税		亿元	16.92
查处走私、违规案件		起	51
案值		万元	5517
缴库罚没收入		万元	1390

辽宁省边防局

2001年，辽宁省边防局认真贯彻落实省政府和上级主管部门的工作部署和要求，强化出入境边防检查工作的规范化建设，深入开展“为人民服务，树公安新风”活动，严格执法，热情服务，为促进经济和社会稳步发展做出了积极的贡献，

2001年，共检查出入境人员1607985人次，比上年增加2.1%；检查出入境交通运输工具85775辆（架、列、艘）次，增加1.7%。一年来，空港站检查出入境旅客1004061人次(出境511502人次，入境492559人次)；检查出入境飞机7462架次。海港站检查出入境船舶8692艘次%，检查外轮6118艘次；检查出入境船员162455人次；检查出入境旅客2385人次。

为了进一步提高检查、执勤、通关能力和服务水平，确定了2001年为边防检查“规范化执勤年”，大力加强规范化执勤活动。成立了由总队主要领导任组长的“规范化执勤年”领导小组，加强了对规范化执勤工作的领导。各边防检查站也相继成立了领导小组，由一把手亲自挂帅，实行领导分工，责任到人。规范化执勤年活动，有力地促进了边防检查工作规范化建设进程，提高了全省边防检查工作效率和服务质量，使边防检查工作迈上了一个新台阶。

认真落实地方政府和上级机关指示精神，圆满完成了“APEC大连会议”、“世界杯十强赛”、“俄罗斯科学院高新技术展”、“省政府代表团赴韩招商引资”等大型活动的边防检查工作任务。同时，加大执法力度，扩大交流协作，不断提高发现和打击口岸违法犯罪活动的能力。全年共查获、审理偷渡案件376起477人次，其中蛇头58名；接收处理遣返人员1245人次。

总之，总队在地方政府和上级主管部门的领导和支持下，开拓进取，努力工作，在执勤、执法等各个方面都取得了长足的进步。（肖广军）

2001年辽宁省边防总队边防检查有关数据统计表

交通工具	飞机	出境	3695	出入境人员	旅客	出境	652104
		入境	3767				
	船舶	出境	4557			入境	620476
		入境	4135				
	火车	出境	554		员工	出境	170536
		入境	526				
	汽车	出境	34532			入境	164869
		入境	34009				

辽宁出入境检验检疫局

2001年，辽宁出入境检验检疫局继续推进各项改革和科技进步，扎扎实实做好入世的各项准备工作，坚持依法行政，确保工作质量，强化执法把关，提高服务水平，为促进辽宁外向经济的发展做出了积极的贡献。全年共完成检验检疫进出口商品20.3万批次，货值123.7亿美元，分别比上年同期增长62.5%和54.8%。其中，出口商品检验15.2万批，货值69亿美元，检出不合格出口商品103批，货值522万美元；进口商品检验5.1万批，货值54.7亿美元，检出不合格进口商品233批，货值2780万美元。检验检疫出入境集装箱101万标箱。签发一般产地证书1.1万份，比上年增加了70%；签发普惠制产地证5.7万份，受惠商品货值17.5亿美元，分别比上年增长68.4%和72.6%。

查验出入境火车13902节，汽车62574辆，轮船8146艘，飞机7231架次；检疫监测体检出入境旅客91863人次，发现病例5268人次；进行艾滋病监测78378人次，发现HIV阳性感染者5例。

2001年，辽宁出入境检验检疫局加强对重点执法对象的监督管理，加强了对动植物疫情的防范和监管工作。先后截获、退回或销毁从马来西亚进口明胶、法国进口乳清粉、欧盟进口动物饲料等数十吨来自疫区或禁止进境的动物及其产品。同时，重点加强了对出入境交通工具的检验检疫监督和进境后续监管工作。对所有来自疫区的交通工具进行跟踪监督管理，严防疫情的传入。先后十多次封存来自疫区船舶的牛肉、鸡肉、猪肉、香肠等，完成7000多吨瑞士转口朝鲜的牛肉监管工作。按照国家局的要求，组织全系统对辽宁地区的家禽进行了紧急流行病的调查，共抽取了9896份品，检出阳性样品33份，并对样品进行新城疫间接血凝实验，为妥善解决日韩提出我国出口鸡肉中检出病原微生物而产生的贸易纠纷提供了第一手资料。落实国家质检总局提出的“从源头抓工作质量”的要求，狠抓动物产品出口企业认证、注册工作。出境水产品HACCP认证企业70家，动物临时隔离厂70家，进口加工注册企业8家，向韩国注册水产品加工企业143家。落实中韩协议，对输韩水产品实施严格检验检疫。省局动检处、丹东局、东港局多次在输韩河豚鱼等水产品中检出金属异物，有效地维护了协议的严肃性。全年共抽查和检疫进口木质包装41929批次，先后检出有害生物287批次，其中松材线虫3批次，双钩异翅长蠹5批次，暗褐断眼天牛4批次，其他有害生物275批次，检出率为1.87%，均已监督货主或代理人对查出的木质包装进行销毁、熏蒸等处理。编制了世界疫情动态报告和人类传染病、动植物病害疫区综合对照表，有效地发挥疫情报告的作用。

对出入境的大宗粮谷类商品进行集中、重点的监管，采取进口加工厂家主动申报使用加工情况和监管人员定期检查的方式，进行有效的监管，严格控制其流向。在全年进境35船次大豆中，检出一类植物危险性有害生物--大豆疫霉病2批次，假高粱19批次；其他进口粮食中检验出蛋白含量低、杂质超标等品质不合格7批次，销毁处理发霉大豆2700吨，保护了我国农业生产的安全，维护了我国外贸企业的经济利益。

按照国家质检总局的要求，将工作重点转移到涉及安全、卫生、环保、人民健康等重点查验对象的检验检疫和监管工作上来，重点加强了对涉及安全、卫生、环保、健康等内容的进口废物（包括废金属、废塑料、废纸张）、化妆品和食品等敏感商品的检验监管，共检出不符合环境控制标准的进口废塑料4批次，废金属2批次，都出具了不合格证书，并做了妥善的处理。加强了进口化妆品的检验监管，与海关、技术监督等部门协调工作，建立了进口化妆品实施先检验再通关的监管模式，把住了国门，并加大对流通领域中化妆品的抽查检验力度，保护了消费者的合法利益。

积极推进ISO质量体系认证工作，全年已通过ISO9000认证企业63家，通过ISO14000认证企业3家，监督审核110家。累计通过ISO9000认证企业200家。

全年共办理新注册登记食品企业20余家，已安排食品卫生复查换证企业100余家，年度审核企业200余家。目前辽宁地区实施卫生注册的企业453家，实施登记的企业43家，总计496家。

建立了重大检验检疫事项监控体系，制定了《重大检验检疫事项监控体系运行办法》，在辽宁地区形成了一张重大疫情和事项的监控网络，使得一些重大疫情和事项能及时发现并迅速上报解决。全年共收到上报的重大检验检疫事项92项，对其中的21项进行了专项研究处理，其中上报国家局5项，辽宁系统通报9项。部分事件已引起了国家有关部门的高度重视，如“美国进口草籽中发现鼠患”，上报后引起了外经贸部美大司的关注，在中美外事谈判中被采用。

坚持把关与服务并举，热情为外贸出口企业排忧解难，把规范服务承诺、提高服务意识、改善软环境作为一项重要的工作来抓。制定下发了《辽宁局支持国有大中型企业发展的9条措施》、《进一步加强投资软环境建设的意见》、《支持大连市外向型经济发展的8条举措》。继续推行社会承诺制度，坚持实施工作流程限时制，海港口岸国际航行船舶检疫24小时值班制，机场航班延误留守制，货物申报放行节假日预约制，做到常事快办、急事急办、特事特办，预约的事按时办。变窗口被动式服务为跟踪主动式服务，主动走访企事业单位。通过开展“一站式”等服务活动，进一步为地方招商引资和国有大型企业的发展优化了环境。

食品检测中心通过CCIBLAC认可现场评审和IPLAC国际间同行业评审。食品检测中心通过了CCIBLAC认可现场评审，有5个实验室通过了CCIBLAC监督评审，2个实验室通过CCIBLAC的现场评审。保健中心艾滋病实验室通过卫生部现场评审。（李立成）

2001年辽宁出入境检验检疫工作统计表

	总数	货值（万美元）	不合格	货值（万美元）	发现疫情/未发现
出口商品检验	128287批	636233	85批	328	
进口商品检验	48781批	530443	138批	1694	
签发普惠制产地证	56753份	签证金额 174008			
签发一般产地证	11299份	签证金额 152549			
进境食品卫生检验	2687批	12818	10批	5	
进境动物及其产品检疫	1369批	9039			4批
出境动物及其产品检疫	2648批	1865			5批
进境植物及其产品检疫	4774批	50170		408	33批
出境植物及其产品检疫	45732批	140915		743	7批
进境木质包装检疫	7857批	64016			未发现
出境木质包装检疫	18014批	34229			未发现
进出境运输工具卫生检疫	船舶 进境 3942艘次	船舶 进境 3781艘次	集装箱 进境 486675艘次	发现问题 45345艘次	
	船舶 出境 艘次	船舶 出境 3450艘次	集装箱 出境 523393艘次	未发现问题	
出入境监测体检	91863人次	发现传染病 2936人次	预防接种 129144人次	除害处理 850批	

辽宁省海事局

2001年是“十五”计划开局之年，也是辽宁海事局体制改革逐步深化、各项工作迈上新台阶的关键之年。一年来，辽宁海事局紧紧围绕水上安全监督管理这一中心工作，以“水上运输安全管理年”活动为契机，进一步健全和完善安全管理体系，不断加大安全监督管理的力度，努力营造良好的水上交通安全氛围，辖区的水上交通安全管理工作取得了新的进展，船舶安全监督管理工作得到进一步加强。该局认真执行《老旧运输船舶管理规定》，加强对老旧船舶的管理，强制报废了68艘超龄的老旧船舶。同时，还编制了老旧船舶名录，对辖区500余艘老旧船舶进行跟踪管理。严格把好船舶登记的三级审核关，强化船舶登记工作的内部监督。全年办理船舶各类登记477艘次，办理各类证书553本。继续加大PSC、FSC和开航前检查等现场监督检查力度。共实施各类检查985艘次，滞留12艘次，其中开航前检查290艘次，检查率100%，确保了经检查的船舶在国外的滞留率为零。全面推进ISM、NSM实施工作。完成了14家国际航运公司SMS审核，7家船公司NSM规则实施工作目前进展顺利。加强对小型船舶特别是旅游船的安全管理。2000年出台了一系列小型船舶安全管理规章制度，并加大了现场监督管理力度，逐步摸索出适合辖区实际的小型船舶安全管理新路子。

【通航秩序不断改进】 继续开展海上清障工作，组织开展10次大型强清行动，出动船舶42艘次，清理养殖台筏3667台，巩固、扩大了清障成果。坚决治理锚地和航道违章捕捞作业的渔船。协调和组织公安、渔政、渔监等部门进行12次夜间统一治理行动，抓获并处罚100余艘违章作业渔船。加强海区巡航工作。海区巡航1826艘次，约6534小时、36963海里，覆盖了辖区内重要水域。

【船员管理工作逐步规范，履约工作稳步推进】 如期完成履约期间各项考试和适任证书换发工作，全年完成履约培训1076班次、35819人次。按计划完成大连考区第26和27期统考评估、考试和8期区域性统考等考试工作，共有42366人次参加了考试。围绕水上运输安全管理年活动，加强了船舶船员的培训和跟踪管理。共检查各类船舶380艘次，抽查船员725名，对存在问题的船公司、船舶和船员进行了相应的处罚。抓源头管理，加强和规范船公司、培训机构、中介机构的管理，提高船员管理水平。

【船舶防污染和危险品管理工作得到加强】 加强现场监管，严格控制污染源，及时处理船舶污染事故。在继续做好危险品运输的现场监督管理和船舶垃圾污染港区水域环境的治理等工作的同时，及时组织清除和有效遏制“雅河”和“易山”轮碰撞及“圆通1号”、“星光”轮沉没等多起污染事故，大大减轻污染，把事故造成的损失降到最低程度。建立和完善危险货物申报员制度，规范对危险货物的管理。举办了4期危险货物申报员、检查员培训班，156名申报员和检查员通过培训考试持证上岗。

【季节性安全管理和专项整顿工作成效显著】 辽宁海事局在把“水上运输安全管理年”和“水上交通安全专项整顿”活动作为贯穿全年的安全管理工作常抓不懈的同时，也狠抓了季节性安全管理工作，促进了辖区水上交通安全形势进一步稳定和好转。在为期40天的“春运”期间，全局共检查船舶1,870多艘次，发现并纠正缺陷569项，滞留船舶3艘次，圆满完成了“春运”期间水上交通安全监督任务。针对“五一”和“十一”期间游客骤增可能会给安全监督工作带来巨大压力的情况，提前部署并认真开展了安全监督工作，确保了节日期间的海上交通安全。在“安全生产周”等活动中，紧紧围绕主题，开展了大规模的宣传教育和现场监督检查工作。

【海上搜救和海事调查工作取得新进展】 充分发挥职能作用，及时协调、组织、指挥有关部门，密切配合，通力合作，较好地完成了海上搜救任务。全年共组织指挥海上救助107次，出动救助船只260艘次，救助人员796人，救助船舶83艘。在对“星光”轮沉没事故的救助过程中，指挥得当，措施得力，公务船舶迅速出动，海上通信准确畅通，救助效果非常显著。全年辖区共发生水上交通事故77起，其中重大事故4起、大事故8起。

【船舶检验工作取得突破】 认真履行船舶检验行业管理职责，强化对船检工作的监督管理。有针对性地在辖区内开展了船舶检验质量检查工作，共检查各类船舶41艘，查出缺陷近100个。抓好《船舶检验管理暂行办法》的贯彻落实工作，加强对东北地区船舶检验机构实施资质认证和验船人员过渡考试、发证的管理。

【加强精神文明和职工队伍建设】 辽宁海事局按照交通部海事局提出的“抓班子作表率、抓队伍打基础、抓行风树形象”的要求，在做好水上交通安全监督管理工作的同时，始终坚持“两手抓，两手都要硬”的方针，通过组织开展“四项教育”、创建文明行业活动等活动，提高了干部职工的综合素质，增强了干部职工的服务意识，促进了行风的进一步好转，推动了全局各项工作的顺利进行。如今，一支文明执法、服务高效、廉洁奉公的海事执法队伍在辽宁的海上交通安全监督管理工作中发挥着越来越重要的作用。（赵　阳）

2001年有关业务工作统计

船舶管理	办理船舶登记	477艘次
	实施船舶安全检查	985艘次
	滞留船舶	12艘次
船员管理	组织船员考试	10期
	参加考试人员	42366人次
	组织履约培训	1076班次
海上救助	组织指挥海上救助	107次
	出动救助船舶	260艘次
	救助人员	796人
	救助船舶	83艘
通航管理	组织海上清除碍航物	10次
	出动船舶	42艘次
	清理养殖台筏	3667台

辽宁口岸概况

一类口岸

辽宁一类口岸主要分布在辽东半岛经济区，是东北地区的主要出海口，是连接“欧亚大陆桥”的枢纽，也是辽宁和东北地区与太平洋沿岸各国及世界各大洲开展经济技术合作的前沿阵地。辽宁省有国务院批准开放的一类口岸10个：其中水运口岸5个，大连港、营口港、丹东港、锦州港、葫芦岛港，除丹东港浪头港区为河港外，其它均为海港，葫芦岛港口岸仅限国轮外运；航空口岸2个，沈阳桃仙国际机场和大连周水子国际机场；陆路口岸2个，丹东铁路和丹东公路，丹东铁路口岸分为客运和货运两部分，丹东公路口岸是我国与朝鲜半岛接壤的口岸中唯一可通行第三国人员的口岸；管道口岸1个，丹东输油管道，是我国专设的向朝鲜输送原油的管道，主要任务是完成国家下达的向朝鲜输送原油的计划。

【沈阳航空口岸】 沈阳航空口岸位于沈阳南郊东陵区桃仙镇，距市区18公里，为国家民用一级机场，毗邻抚顺、本溪、辽阳、鞍山、铁岭等大中城市，地理位置优越，是多市共用机场。机场于1985年开始筹建，1989年4月16日正式启用。由于主营业务发展迅速，客货运量以20.3%速度增长。1995年开始二期工程扩建。2001年12月1日，新航站楼正式投入使用。设计年旅客运量606万人次，总建筑面积6.8万平方米。机场跑道长3200米，宽45米，飞行区等级为4E，停机坪面积为27.2万平方米，有30个机位，9部廊桥。机场净空条件良好、功能齐全、设备先进，可保障国内外大型客、货机使用。目前，经桃仙机场的航线共有74条，其中，国际地区航线14条，与日本的东京、大阪、札幌，韩国的汉城、清州、釜山、大邱，朝鲜的平壤，俄罗斯的伊尔库茨克等4个国家和香港、澳门地区通航。

2001年，沈阳航空口岸出入境旅客40万人次，其中出境20.6万人次，入境19.4万。出入境航班2947架次，出入境货物15488.9吨。

【大连航空口岸】 大连航空口岸位于大连市西北部，始建于1972年10月，是一个军民合用机场，1973年4月开航。1985年，经国务院批准为对外开放的国际机场。该机场距大连市中心10公里，沈大高速公路5公里，交通运输十分便利。

大连周水子国际机场占地面积363万平方米，飞行跑道长3300米，候机楼面积3.5万平方米，停机坪面积11.1万平方米，拥有一整套先进的航管、通信、导航设施，符合4EI类机场标准，可供目前世界上各种大型飞机安全起降。2001年，大连航空口岸实现旅客运量306万人次，货邮吞吐量8万吨，在全国142家民用机场中分别排名12和11位。

目前大连航空口岸已开通航线88条，其中国内航线75条，与55个城市通航；国际及地区正班航线14条，与日本的东京、大阪、名古屋、札幌，韩国的汉城，泰国的曼谷，朝鲜的平壤，俄罗斯的伊尔库茨克等5个国家和香港、澳门地区通航。每周航班662班，其中国际航班及地区航班114班，有23家中外航空公司从事经营活动。

【大连港口岸】 大连港口岸位于辽东半岛南端，处于东北亚经济圈的中心区位，是中国东北经济区连结中国其他地区及世界各国的水上客、货中转枢纽。港口地处黄海一侧属深水基岩海岸的大连湾和大窑湾内，三面环山，一面临海，年平均气温10.4℃，平均潮位2.14米，不冻不淤，水深港阔，自然条件优越，是驰名中外的天然良港。

大连港始建于1899年，历经沙俄、日本统治，苏联红军代管半个多世纪的风雨，于1951年由我国政府正式接收。此后，我国政府对老港区进行了修复、改造，相继扩建了寺儿沟油码头、香炉礁港区。1960年6月，经国务院批准，正式对外开放。70年代又建成了鲇鱼湾油港区。改革开放以来，大连港进入快速发展时期。1988年，交通部确定的我国沿海四大国际深水中转港之一的大窑湾港区开工建设，一期工程前4个泊位于1993年建成投产。“九五”期间，大连港加大港口建设和改造力度，先后建设并投产新港2个成品油栈桥码头、大窑湾一期工程后6个泊位，重点改造了大窑湾散粮泊位配套设施、大港内贸集装箱泊位。大窑湾二期、20万吨级矿石码头项目，于2001年开工建设前期配套工程。大窑湾港国际物流园区、新港总体改扩建等正在筹划中。港口适应力和综合竞争能力不断增强。

目前大连港共拥有水域面积346平方公里，大连港务局陆域面积10平方公里。拥有生产泊位74个，其中万吨级以上泊位40个。码头岸线总长24750米，仓库28.6万平方米，堆场196.0万平方米，储油罐155.6万立方米，铁路专用线161公里，输油管线93.1公里，装卸机械810余台，港作船舶46艘，铁路机车16台。年通过能力7400

万吨。可以从事原油、成品油、散矿物、煤炭、木材、钢材、粮食、集装箱、成套设备和其它杂货的中转换装。集装箱码头泊位可以接纳第四代第五代集装箱船，原油码头可接卸17.5万吨级的油轮。港口与世界160个国家和地区有贸易往来，集装箱开辟了美西、美东、地中海、欧洲等5条远洋班轮干线，还有34条近洋线、3条外贸内支线、8条内贸干线和1条内贸支线。月航班密度超过240班，客运有通往烟台、威海、上海、天津等沿海港口的7条国内航线和通往韩国仁川、平泽的国际航线。大连港是东北亚地区最大的粮食中转港，也是我国重要的石油、液体化工品港和海上客运港。“九五”期间大连港全港共完成货物吞吐量3.86亿吨，平均每两年增加1000万吨。2001年，港口吞吐量达到1.05亿吨，实现历史性跨越，成为世界上为数不多的亿吨大港之一。集装箱吞吐量达到121.7万标箱，增长速度超过20%。

大连港按功能划分共分为9个生产作业区。

大港区　大港区位于大连市中心区，靠近繁华的人民路地段，是大连港的发源地，也是大连港重要的散杂货港区、内贸集装箱港区和客运滚装港区。现有陆域面积2.31平方公里。生产泊位32个，其中万吨级泊位15个，客／货滚装泊位6个。拥有仓库27.3万平方米，堆场面积52万平方米，铁路总长度88公里，装卸机械225台。港区综合通过能力为1143.4万吨／年，经营货种有粮食、化肥、钢铁、矿石、杂货、内贸集装箱、滚装等。同时，还从事客运业务。2001年，完成货物吞吐量1832.8万吨（其中滚装1192.3万吨），内贸集装箱21.8万标箱，旅客376.5万人次。

寺儿沟港区　寺儿沟港区位于大连湾南岸东海头，是大连港油品、液体化工产品运输的专业港区。港区陆域面积0.67平方公里，现有栈桥码头2座，4个生产泊位均为万吨级，另有3000吨级的非生产泊位2个，泊位水深-6.5—-10米。罐容总量为39.6万立方米，拥有64座罐，并拥有保温库和专用铁路线。港区综合通过能力为446万吨／年，港区完成历史完成最高吞吐量达1032.9万吨。2001年，完成吞吐量683.2万吨。主要装卸货种有原油、成品油、动植物油、液体化工产品。

黑咀子港区　黑咀子港区位于大连湾西南岸，是大连港接卸地方小船为主的码头。港区现有陆域面积0.17平方公里，生产泊位6个，非生产泊位2个。库场总面积5.9万平方米，并有相应配套设施。港区综合通过能力为120万吨／年。2001年完成货物吞吐量138.2万吨。主要装卸货种为矿建材料、木材、钢铁、粮食和杂货。1996年，根据大连市“菜栏子工程”的需要，在港区内建设一处占地1.9万平方米的大连水产品交易市场。目前，黑咀子港区已建成大连市水产品交易市场，一期工程占地2万平方米，建有交易大厅、交易场地、停车场及相应的配套设施；二期工程将建设渔船浮桥码头、冷库、商贸楼。建成后，该市场将成为辐射东北地区乃至全国的水产品交易中心。

香炉礁港区　香炉礁港区位于大连湾西岸湾底，是大连港钢铁、木材运输的专业化码头。港区陆域面积0.47平方公里。拥有生产泊位9个，其中万吨级泊位2个，客货滚装泊位1个。仓库3座，堆场19处，库场总面积19.16万平方米。拥有铁路专用线9.66公里，配有各种装卸机械，港区综合通过能力261万吨／年。主要装卸钢铁、木材、大件、玉米及客／货滚装等货种。2001年，完成货物吞吐量800.6万吨（其中滚装519.8万吨）。

甘井子港区　甘井子港区位于大连湾北岸，是大连港散货运输专业化生产港区。港区陆域面积0.5平方公里。拥有生产泊位2个，均为万吨级泊位，水深为10米。库场总面积12万平方米。配有专业化集疏运系统，港区综合通过能力为220万吨／年。主要装卸货种有煤炭、水泥和玉米。2001年，完成货物吞吐量160.3万吨。

大连湾港区　大连湾港区位于和尚岛，是“七五”期间新建的煤炭和危险品专业化港区。后经扩建改造，发展成为大连港一个综合能力较强的港区。港区陆域面积1.05平方公里。拥有生产泊位5个，其中万吨级泊位3个，水深-10.9米。仓库2座、堆场12个，库场总面积50.27万平方米。拥有铁路专用线9.6公里，装卸机械52台，港区综合通过能力为615万吨／年。主要装卸货种为煤炭、玉米、特资、杂货和滚装货。2001年，完成货物吞吐量930.8万吨（其中滚装524.9万吨）。

新港港区　新港港区位于大孤山半岛东端，是1976年为出口大庆原油而建设的专业化深水码头。为适应西太平洋石油化工有限公司出口成品油等货种，近年又建设了二座成品油栈桥码头。港区现有陆域面积1.35平方公里，栈桥码头三座。生产泊位6个，其中万吨级泊位4个，泊位最深水深-17.5米。拥有原油储罐24座，容量115万立方米；成品油储罐12座，容量7000立方米。港区综合通过能力为3000万吨/年。主要装卸进出口原油、出口成品油。2001年完成吞吐量1872.8万吨。

大窑湾港区　大窑湾港区位于大窑湾南岸，是我国规划建设的四大国际深水中转港之一，是大连港运输国际集装箱的专业化港区。港区现有陆域面积5.3平方公里。生产泊位10个，水深12-15.5米，其中0# 为进口8万吨级小麦泊位。1#、2#、9#、10# 为多用途泊位，3#-7# 为集装箱泊位。港区综合通过能力1592万吨/年。2001年，完成集装箱100万标箱。

除国际集装箱外，大窑湾港区还从事粮食、钢铁、木材、玻璃、汽车、矿建材料等货物的装卸，其中散粮装卸设施设备现代化程度居国内领先水平。2001年，完成散杂货吞吐量201.6万吨。

1996年，大连港务局与新加坡港务集团公司合资组建大连集装箱码头有限公司，目前集装箱年处理能力可达150万标箱/年。区内堆存、运输、拆装箱、修洗箱、报关报验、保税仓储等功能齐全，目前已开通直达美西、欧洲、东南亚及香港、日本、韩国等航线。1998年，荣膺亚洲"最佳集装箱码头"殊荣。

北良港港区　北良港位于大连经济技术开发区的南部，与大连市区隔海相望，是一个以中转粮食为主的专业化港口。年设计中转能力1200万吨，1997年建成投入使用，在装卸、转运、仓储、计量、检验及粮情监测等各个环节实现了自动化控制，是迄今为止世界上技术最先进、规模最庞大、功能最齐全的现代化散粮进出口港之一。港区内有3个散粮装卸专用码头、2个多用途码头和14股道线港区铁路车场。铁道线路总长18公里，有1483辆L18型散粮铁路运输车辆。有40万吨筒仓中转粮库、60万吨筒仓国家储备粮库各一座，最大储存量达100万吨。生产泊位5个，岸线总长度1376.6米，最大泊位可停靠10万吨级船舶。配有2台移动式连续装船和2台移动式连续卸船机，散粮装船综合作业每小时可达2400吨，卸船每小时可达900吨。

【营口港口岸】 营口港始建于1861年，1864年正式对外通航，成为东北沿海第一个对外开放的海港口岸。营口海港口岸开埠后，英、法、美、俄、瑞典、日本、荷兰、挪威八国在营口设立了领事馆或办事机构。海河航线曾开辟到吉林、天津、龙口、香港、厦门、上海、福州等地。沿河码头可停靠各种船只万余艘，年最高吞吐量达246万吨，当时被誉为"东方贸易良港　"。解放后，由于各种原因，营口港只走内贸，停止了对外营运，关闭了口岸。

1984年，营口港经中央军委、国务院批准重新恢复对外籍船舶开放。开放后，港口吞吐量以年30%的速度增长，特别是1988年营口港鲅鱼圈港区正式对外籍船舶开放，给百年老港增添了活力，结束了营口港冬季封港的历史。鲅鱼圈港区浪小、水深、不淤、不冻，自然条件优越，能四季通航，是天然的深水良港，15万吨级货轮乘潮可以进出港口。

目前，营口港辖两个港区，即营口港区、鲅鱼圈港区。营口港区拥有千吨级以上泊位8个，年吞吐能力达140多万吨。鲅鱼圈港区已有16个万吨级泊位投入使用，吞吐能力达2000万吨。到2015年，港口规划吞吐量将达到5000万吨，集装箱达150万标箱。营口口岸将以东北地区第二大海港口岸的形象屹立在辽东湾的东岸。

【丹东港口岸】 丹东港分为大东港区和浪头港区。

大东港区　位于东港市南部，距丹东市区43公里，是我国大陆海岸线最北端的不冻良港，是东北地区的重要出海口，1988年8月正式对外开放。港内潮汐为正规半日潮，最大潮差7.2米，平均潮差5.74米。现有万吨级多用途泊位1个（兼作集装箱及客运码头）、万吨级散杂货泊位2个、3-5万吨级散杂货泊位2个，码头岸线长912米。有仓库10339平方米，堆场477484平方米。有门机、车吊、拖车、铲车等机械运输工具66台，铁路专用线1940延长米，年设计吞吐能力325万吨。现已开通6条内外贸集装箱班轮航线和1条丹东至韩国仁川的国际客运航线，与日本、韩国、朝鲜、俄罗斯、香港等30多个国家或地区的70多个港口有业务往来，是东北地区第二个集国际货运、客运、集装箱运输业务于一体的全功能港口。2001年，大东港完成外贸货物吞吐量163.2万吨，其中进口28.8万吨，出口134.4万吨。查验出入境人员8.5万人次，查验外籍船舶233艘次。

浪头港区　位于鸭绿江下游的浪头镇，距丹东市区12公里，出海航道22海里，是1985年经国务院批准的国轮外贸口岸。现有1千吨级件杂货泊位1个，3千吨级件杂货泊位4个，码头岸线长442米，年吞吐能力为95万吨。港内潮汐为混合半日潮，最大潮差6.9米，平均潮差5.2.米。有仓库3752平方米，堆场123831平方米。有门机、车吊、拖车、铲车等机械运输工具50台，作业船舶9艘，铁路专用线7319延长米。进口货物主要是水泥、瓷砖、废钢等，出口货物主要是方解石、理石米、煤炭等。2001年，浪头港口岸完成外贸货运量5.5万吨，同比下降12.2%，其中进口1.45万吨，出口4.05万吨。

【锦州港口岸】 锦州港位于渤海的西北部，坐标为东经121° 04'、北纬40° 48'，是距中国东北中部和西部、内蒙东部、华北北部乃至蒙古国、俄罗斯西伯利亚和远东地区陆域距离最近的进出海口。经过十几年的发展，锦州港正在成为西起欧洲德国汉堡港，经俄罗斯、中国满洲里到锦州港欧亚大陆桥的主要通道及东北亚地区国际综合物流的重要节点。锦州港于1986年开工建设，1990年正式通航并对外开放。1993年1月，在全国港口行业率先对政企合一的港口体制进行股份制改造，成为中国第一家民营资本介入，实现投资主体多元化的港口。公司成立以来，逐步完善法人治理结构，科学管理，规范运行，解决了锦州港在快速发展中遇到的各种问题，为实现港口规模效益并尽快同国际标准对接提供了强有力的保障。目前，锦州港已建成深水营运泊位10个，码头岸线长2200米，年吞吐量超过1000万吨。具备内外贸集装箱运输和油品、化工品、大宗散杂货、件杂货的仓储、装卸、运输、服务等多项功能，其中油品、散粮、煤炭、矿粉和集装箱是锦州港的优势。港口目前已同世界上80多个国家和地区有贸易往来。

1998年5月和1999年6月，锦州港A、B两只股票先后在上海证券交易所上市。锦州港是中国北方港口中唯一A、B两只股票都已上市的港口公司。同年12月，锦州港在同行业中整体通过了ISO9002国际质量体系认证。

锦州港目前共有营运泊位10个，其中一港池泊位7个，包括5万吨级油品泊位1个、万吨级油品和化工泊位1个、3万吨级多用途杂货泊位1个、万吨级通用杂货泊位3个、3000吨级杂货（工作船）泊位1个；二港池3.5万吨级集装箱专用泊位1个、5万吨级散杂货泊位1个、 5000吨级油品化工泊位1 个。港口目前最大可停靠12万吨级油轮和7万吨级散杂货轮，年吞吐量超过1000万吨。

【葫芦岛港口岸】 葫芦岛港口岸于1999年1月21日经国务院批准对外开放，于2000年4月通过国家验收，正式对外开放（限国轮进出）。葫芦岛港水域位于辽东湾北岸，素有北方不冻良港之美称。葫芦岛港地理座标为东经120° 59’31”、北纬40° 43’08”。背靠沈山铁路和京沈高速公路及102国道有铁路专用线，疏港公路直达码头前沿，交通十分便利。葫芦岛港建于1908年，经过几个时期的建设，目前已形成港区水域面积2平方公里，水深-10米，港池入口200米，主航道宽120米，防波堤3000米，码头为甲、乙、丙1、2、3浅水码头和新建码头。现已投入营运业务的泊位4个，码头长度570米，其中新建码头万吨级泊位1个，码头长度170米，为外贸泊位。利用老码头泊位3个，万吨级2个，五千吨级1个，码头长度400米，为内贸泊位，综合吞吐能力75万吨。

2001年，葫芦岛港口岸完成货物吞吐量62万吨，同比增长24%，其中外贸吞吐量为2.7万吨。

【丹东陆路（铁路、公路）口岸】 丹东铁路口岸是全国最大的铁路口岸之一。口岸已有90多年的历史，原来的安奉铁路（即今沈丹铁路）始建于1904年8月，当时为窄轨轻便军用铁路。1909年改建为永久性的标准轨铁路。1911年11月，第一座鸭绿江大桥建成，安奉铁路与朝鲜铁路接轨并正式通车营运（1950年被美国飞机炸断，现存断桥）。1943年4月，又修建了第二座鸭绿江大桥，第二年安奉线改建为复线。朝鲜战争之后，鸭绿江大桥改建为公路、铁路并用。丹东铁路口岸分为客运和货运两部分。1954年，中朝两国签订了铁路联运协定，开通北京至平壤、平壤至莫斯科往返直通国际联运旅客列车。每周二、四、五、日出境，一、三、四、六入境。国际联运货物列车每天往返1对，主要货种为煤炭、木材、矿石、水泥、粮食等。铁路丹东站有楼舍1万余平方米，站台、货场等2万平方米，日均办理列车近千辆，年吞吐货物量400万吨，旅客输送量达200多万人次。年均出入境人员9万人次左右，出入境列车1000余列次，外贸货物约25万吨左右。

2001年，丹东铁路口岸出入境列车1068列次，与上年同期相比（以下简称同比）减少32.7%，出入境人员38600人次，同比减少53.5%，其中出境18751人次，入境19849人次。出入境货物43.7万吨，同比增长21.7%,其中出口34万吨，进口9.7万吨。

丹东公路口岸位于市区内鸭绿江大桥旁边，是1955年经中朝双方商定批准开放的国家一类口岸，也是我国与朝鲜半岛接壤的口岸中唯一可通行第三国人员的口岸。1966年关闭，1981年恢复通关。公路客运由中朝双方按单月、双月轮流营运，每天往返两次，主要接送两国边民。往返中朝的公务人员、中外客商、出境游客大多通过这个口岸进出境。年均进出境人员20多万人次，货物40万吨（1997年曾达到115万吨），各种机动车辆达7万多辆次。目前，公路口岸硬件设施比较落后，联检场地狭小，省、市两级政府已下决心进行改造，近期有望实施。

2001年，丹东公路口岸进出境人员16.8万人次，其中进境9.1人次，出境7.7人次。进出境交通工具6.8万辆次，进出境货物14.2万吨，其中进境4.2万吨，出境10万吨。

丹东输油管道位于振安区蛤蟆塘镇，是我国专设的向朝鲜输送原油的管道，归东北输油管理局中朝友谊输油公司管理，主要任务是完成国家下达的向朝鲜输送原油的计划。现有储油罐12万立方米，直径377毫米和直径219毫米的管线两条，长29.4公里，中方管理10.81公里，朝方管理18.59公里。年设计输送成品油100万吨，原油300万吨。工程于1974年2月动工，同年底形成输油能力，1975年12月22日正式交工验收。1976年1月5日，中朝代表在丹东举行了剪彩仪式，管道正式向朝方输送原油。每年的输油量为105万吨左右，至今已输送原油2000多万吨。近几年输油量有所下降，每年在50万吨左右。

2001年输油量为57.1万吨。

二类口岸

辽宁省共有二类口岸8个：四块石、太平湾、大台子、丹纸码头、大鹿岛、哑巴沟、长甸河口、盘锦港。除四块石和盘锦港外，其它6个二类口岸均分布在中朝边境的丹东市，分别设在与朝鲜接壤的宽甸县、振安区和东港市。宽甸县境内有哑巴沟、长甸河口和太平湾（后划入振安区境内）口岸。哑巴沟口岸和长甸河口口岸因没有列入《中朝边境口岸及其管理制度协定》（2000年10月第三轮会谈），现列为太平湾口岸的附属过货监管点，按临时口岸进行管理，对外统称太平湾口岸。东港市境内有丹纸码头、大台子港和大鹿岛。丹纸码头（原址在丹东市区丹东造纸厂厂区内，2001年5月迁移至东港市一撮毛），主要用于接卸朝鲜芦苇，为丹东造纸厂提供生产原料。大台子港主要用于从事海上边境贸易。大鹿岛主要是依托贝类养殖基地对日本出口海鲜产品。

【四块石口岸】 大连长海县四块石口岸海域面积100万平方米，有混凝土码头和浮码头各1座，500—2000吨级泊位6个。截止2001年，四块石港从事国际近洋冷运业的企业有17家、39艘船，出口的水产品主要运往日本和韩国。

2001年，四块石口岸货物吐量达2万吨。

【哑巴沟口岸】 哑巴沟口岸位于宽甸县长甸镇碑碣子村（东经124° 56′ 21″ 、北纬40° 06′ 26″），距丹东市区90公里，与朝鲜朔州港相对，口岸区内水面和陆地面积约3万平方米。宽甸县航运公司是港航合一的国有水上运输企业，现有1000吨货船8艘，客船3艘，拖轮1艘，重型起重机2台，载货汽车16辆，仓库7亩，堆场1.2万平方米，联检办公楼514平方米。主要进出口货物有木材、矿石、化肥、盐、粮食等。该口岸1993年，经省政府批准开辟为二类口岸，专门用于接卸从朝鲜进口的木材。1996年，又经省政府批准同意扩大功能，增加进出口品种，年均过货量在3−4万吨，最高年份达10万吨。该口岸的查验工作由丹东驻太平湾查验部门承担。

2001年，哑巴沟口岸过货量为1913吨，同比减少87%，其中进口1433吨，出口480吨。

【长甸河口口岸】 长甸河口口岸位于宽甸县长甸镇上河口村于家沟（东经124° 49′ 15″ 、北纬40° 24′ 38″ ），历史上就是边境口岸，对岸是朝鲜平安北道朔州郡清城工业区。1993年，经省政府批准作为边境二类口岸开放。1998年5月12日，经省政府验收正式投入营运。口岸与朝方清水海关水上运输距离为3公里，江面平稳，水位常年变化不大，便于货物运输、装卸，年吞吐能力在50万吨以上。口岸距丹东市70公里，距宽甸县城55公里，港口日常经营管理由李世商贸公司负责。有办公楼、联检楼各1幢，总面积1200平方米，仓储库2座共5000平方米，汽车轮渡1艘，木制机动船2艘，快艇2艘，运输汽车2台。该口岸的查验工作由丹东驻太平湾查验部门承担。

2001年，长甸河口口岸过货82吨，降幅较大，主要是受朝方物资缺乏、交通落后、对货种和规格限制等因素的影响。

【太平湾口岸】 太平湾口岸位于丹东市振安区太平湾街（东经124° 56′ 21″ 、北纬40° 20′ 00″ ），1982年开设。此前，设在长甸河口，因修建太平湾水电站，施工人员、设备、材料等出入境频繁。根据中朝两国协议，撤消长甸河口口岸，移至太平湾。太平湾口岸距丹东市区50公里，对岸是朝鲜平安北道朔州，属双边客货水运口岸。口岸查验部门同时担负哑巴沟、长甸河口两个异地口岸的查验任务。太平湾口岸过去以渡口形式存在，中朝双方备有轮船，迎送两国边民，年均出入境边民1−2千人。1995年，一场特大洪灾将太平湾码头和朝方联检设施冲毁，目前口岸通行主要靠借用发电厂大坝进行。

2001年，太平湾口岸进出境人员1737人次，同比减少3%，其中进境902人次，出境835人次。进出境交通工具778辆艘次。

【丹纸码头口岸】 丹纸码头口岸原是市区内丹东造纸厂的专用码头，1986年经省政府批准为临时口岸，主要用于接卸从朝鲜进口的芦苇。1996年又经省政府批准作为长期开放的二类口岸，并扩大了功能，用于接卸进口芦苇和向朝鲜出口货物。丹纸口岸与朝鲜新义州港对应，属双边货物水运口岸，每年接卸朝鲜芦苇3万吨左右。2001年，根据市政府的决定，丹纸码头由市内迁移至东港市一撮毛，（东经124° 16′ 38″ 、北纬39° 55′ 51″ ）距市内20公里。现正在办理迁址有关手续。

2001年，丹纸码头进口朝鲜芦苇12184吨。

【大鹿岛口岸】 大鹿岛口岸位于东港市孤山镇东南海面上，它以东经123° 45′ 24″ 、北纬39° 45′ 24″ 坐标为中心，半径为300米的圆形水域内作为海上外贸装卸点，仅限于中国籍船舶从事外贸运输作业。1992年2月，经省政府批准对外开放，主要用于对日出口鲜活海产品，年均运输100多个航次，出口量在1万吨左右。口岸开放后，方便了外贸出口，每年创汇在1千万美元以上。大鹿岛的滩涂养殖业和海上过鲜业务由大鹿岛村委会和海兴集团开发与管理，拥有贝类养殖滩涂1万亩，自有运输船舶5艘、500吨海上供油驳船一艘。

2001年，大鹿岛口岸出口海鲜产品0.1万吨，同比减少85.7%，主要原因是受赤潮影响。

【大台子口岸】 大台子口岸是边境水运口岸，位于东港市前阳镇南部，东经124° 14′ 15″ 、北纬39° 18′ 05″ 。与朝鲜平安北道薪岛郡隔江相望，距丹东市区26公里，距鹤大公路2公里，距朝鲜平安北道水运岛10海里，交通十分方便。大台子港码头长275米，宽30米。拥有800平方米办公楼1座，小型吊车2台。平均潮差4米，可进出或停泊百吨左右船只。1996年8月15日，经省政府批准大台子口岸对外开放，1997年3月，正式投入营运。先后与朝鲜牛里岛港、水运岛、腊岛相对应，开设海上贸易通行口岸。年均200余只船舶登记注册从事海上边境小额贸易，每年进出境船舶约3000多个航次。对朝年均易货交易量达10万吨以上，年交易额达4亿多人民币。根据国家关于清理整顿二类口岸的部署，2000年4月至2001年10月，大台子口岸进行了“边生产边整顿”，取得了良好效果。

2001年，大台子口岸实现货运量4560吨，同比增长3.5倍。查验进出境船舶4320航次，同比增长2.2倍。海关征收关税140万元，同比增长5.4倍。

【盘锦口岸】 盘锦港位于东经122° 10'、北纬40° 42' 36"，地处辽宁省盘锦市大洼县辽滨乡原张作霖码头旧址，在辽河口永远角凹岸，营口老港区下游10公里，与营口老港同航道、同锚地。盘锦港占有岸线880米，陆域面积20万平方米，形成了以油品为主的小型综合型商港，年通过能力60万吨。

目前，盘锦港拥有3000吨级油品和杂货码头各一座，专供稠油装卸千吨级油码头1座，形成了石油作业区和杂货作业区。东港区为杂货作业区，陆域面积12万平方米，有3000吨级杂货泊位一个。混凝土货场19000平方米，简易货场8000平方米，跨度24米的1720平方米杂货仓库一座。该作业区配备轮式起重机、叉车、装载机、平板拖车等装卸机械11台套，年通过能力为20万吨杂货。

西港区为石油作业区，占地面积8万平方米。港区内有一个千吨级钢质趸船油泊位，另一个为3000吨级以油为主的油杂两用泊位。码头后方有近6万平方米的油库区，设有成品油和原油装卸平台、计量间、油泵房以及输油管线、污水处理厂等设施。该港区建有3000平方米原油、柴油、润滑油金属储油罐。车船直取输油能力100立方米／小时，库、船罐装200立方米／小时，一天可以装完3000吨级油船。该作业区年装卸储存原油15万吨，储存、装运成品油15万吨，润滑油10万吨。

2001年，盘锦港完成吞吐量40.5万吨，比年初计划增长1.3%。

辽宁外贸（边贸）概况

【外贸总体情况】 2001年，辽宁省对外贸易在全球经济增速放缓及“9.11”恐怖事件影响下仍有发展。全年进出口总额继续保持增长，共完成进出口总额199.1亿美元，比上年增长4.7%。其中，出口总额111.1亿美元，增长2.4%；进口总额88亿美元，增长7.7%。进出口相抵，顺差23.1亿美元。在出口总额中，从经济类型看，国有企业出口43.4亿美元，增长2.3%；外商投资企业出口63亿美元，增长0.9%；其它出口4.7亿美元，增长29.6%。从出口产品类别看，机电产品出口40.3亿美元，增长0.2%，高新技术产品出口17.5亿美元，增长6.2%。到年末，辽宁省的对外贸易合作对象国已达到190个国家和地区。

2001年，辽宁省进一步加大招商引资力度，利用外资增长较快。全年实际利用外资35.9亿美元 ，比上年增长18.9%，其中外商直接投资31.1亿美元，增长22%。到年末，全省已注册三资企业累计达13158家，其中当年新增1614家。

【边贸概况】 辽宁省的边境口岸集中在丹东。丹东是我国最大的边境城市，与朝鲜民主主义人民共和国隔江相望，有铁路、公路、水路连通朝鲜腹地，交通十分便利。在与朝鲜210公里的边境线和93公里的海岸线上，分布着各类口岸11个，其中一类口岸5个，二类口岸6个。科学合理的口岸布局，便利的交通为丹东及我国的对朝贸易、经贸合作、人员交往提供了有利条件。丹东的边境贸易主要在江桥公路口岸、大台子口岸、太平湾口岸、丹纸码头等一、二类口岸进行。

丹东市内朝鲜族人口密集，在朝鲜的华侨较多。据统计，丹东市内长期居住的朝鲜族人口1.5万人，现居住在朝鲜的华侨达5400余人。近年来，随着丹东对外开放的深入和投资环境的逐步改善，这些人通过探亲和民间商务活动等形式频繁往来，沟通联系，洽谈合作，成为丹东发展对朝边贸合作的重要人文资源。

对朝鲜的边境贸易，丹东市委市政府给予了高度重视，先后改善了对朝边贸口岸的大通关环境，制定了边境贸易发展规划，并积极落实国家赋予边境地区的优惠政策。发展对朝边贸队伍，加强协调服务，及时解决了边贸工作中的一些问题，有利地促进了丹东对朝边境贸易的持续快速发展。多年来，边贸成交额一直是稳步上升，1988年仅为829万美元，2001年已达到24932万美元，增长30倍。

随着对朝贸易的不断发展，丹东市对朝边境贸易进出口商品的种类也在不断扩大。出口的商品已由粮食、肥皂等生活必需品为主，转变为以机电产品、化工产品等生产资料为主。与上一年相比，2001年机电产品出口增长26.4%；纺织原料及制品出口增长8.8%；化工产品出口增长28.4%；塑料、橡胶及制品出口增长37.2%；金属材料及制品出口增长21.5%；纸及纸板出口增长43.7%；矿物材料及制品出口增长38.3%。进口的商品主要是水产品、油籽、药材、矿产品、金属材料（钢坯及废钢铁）、干菜、坚果、木材、芦苇、毛皮及制品、木浆等。对朝贸易方式更加灵活，由开放初期的易货贸易，拓展为现汇结算、加工贸易、补偿贸易、转口贸易等方式。

改革开放十几年来，丹东开展边境贸易的进出口经营机构迅速增加，由开放前几个外贸专业公司独家经营，发展到有外经、外贸、自营生产企业和边境小额贸易企业等各类具有进出口经营权的企业198家。此外，还有不少三资企业、生产企业、各类贸易公司和外省市驻丹机构，通过自营或委托代理等形式参与对朝贸易，形成了多层次、多形式、多渠道、全方位的边贸格局。丹东口岸边境贸易的前景十分广阔。

丹东口岸2001年边贸进出口数额统计表

单位：万美元

口岸名称	边贸进出口总额
江桥公路口岸	20100
大台子口岸	4800
太平湾口岸	11
丹纸码头	21
合计	24932

辽宁省政府有关口岸政策法规文件选编

沈阳桃仙空港口岸客货包机管理规定（暂行）

为落实辽口办发[1999]5号文件及高国珠、陈政高副省长的批示精神，加强沈阳空港口岸包机的管理，规范客货包机的验放程序和办法，创造良好的通关环境，经口岸各单位深入研究，制定了《沈阳桃仙空港口岸客货包机管理规定（暂行）》。

管理机构：

成立沈阳桃仙空港口岸客货包机管理小组，专门负责协调管理客货包机验放的相关工作。管理小组由市口岸办牵头负责，日常业务由市口岸办口岸一处负责，各查验单位及机场当局协作配合，共同做好职责范围内的各项工作。管理小组由沈阳市口岸办、沈阳边检、沈阳海关、沈阳商检局、沈阳卫检局、沈阳动检所、沈阳植检所、公安局外管处、北方航空公司、桃仙机场、东北空中交通管理局等单位各派一名代表组成，负责客货包机验放的衔接、协调工作。

管理程序：

1.客货包机由市口岸办负责组织相关口岸单位完成验放工作，由沈阳空港口岸客货管理小组统一归口管理。未经口岸办组织协调，私自与查验单位联系，组织验放工作的单位，需对由此导致的一切不良后果负责；

2.包机经营单位在包机航班批准后，即把包机计划报给市口岸办，一般要提前十五天以上，特殊情况需尽快上报。上报内容包括包机类别、机型、到港离港时间、旅客人数或货物品种及重量等基本情况，同时交纳口岸单位补助费。

3.空管局管制中心需将每月的包机计划，在前一个月的25日之前报到市口岸办备案。计划内客、货包机如发生变化或航班取消，管制中心需至少提前三天通知口岸办。

4.市口岸办接到客、货包机飞行计划后，要及时将包机抵、离港时间等有关情况通知各查验单位有关部门。

5.相关查验单位接到通知后，要及时做好包机出入境检查、检疫的计划安排和其它相关准备工作。查验人员的上岗时间要有充分的提前量，一般情况下，须在货包机抵、离港前30分钟到达岗位。客包机的上岗时间按照正常航班要求执行。

6.对于验放工作中的意见分歧，由客货包机管理小组及时协调解决。

补助费问题：

1.由于各查验单位没有配备相应的人员编制（现有人员编制已经处于超负荷工作状态），客、货包机又为非正式航班，所以，查验单位上岗工作人员的交通费、午餐费等，需由包机经营单位予以适当的补助。参照兄弟省市口岸的标准和做法，我市执行最低的取费标准。补助费由口岸办统一收取和发放。口岸各单位不得擅自与经营部门结算，如有发现管理小组将上报其单位主管部门查处。

2.民航部门工作人员的午餐补助问题由民航部门统一自行处理。

3.口岸各查验单位及民航有关部门不得以任何借口向包机经营单位索要正常收费以外的其它费用。

以上条款由市口岸办负责解释。

附件：《沈阳桃仙空港口岸客货包机管理小组职责》

沈阳市口岸办公室

附件：

沈阳桃仙空港口岸客货包机管理小组职责

1. 客货包机管理小组是管理客货包机出入境的协调管理机构，对出入沈阳桃仙空港口岸的客货包机具有管理、协调、监督、保证的职责。

2. 管理小组成员有权根据实际情况，就《沈阳桃仙空港口岸客货包机管理规定(暂行)》的条款和内容提出建议，并通过例会的开工进行修改和增删。

3. 管理小组成员可根据工作需要，提议召开例会，协商解决通关工作中遇到的问题和纠纷。

4. 通关工作中的意见分歧，由管理小组协商统一意见。

管理小组有权向违反《沈阳桃仙空港口岸客货包机管理规定(暂行)》的口岸单位上级反映问题。

辽宁口岸专稿

大连海关成功进行通关作业改革、现代化海关管理系统初步构筑

自大连海关被总署正式确定为通关作业改革试点海关以来，全关上下团结协作，勇于探索，经过艰苦奋斗，初步构筑了以审单作业系统、物流监控系统、职能管理系统相互融合与制约、以动态信息化作业平台为依托的现代化海关管理模式，得到了总署和海关系统及社会各界的一致肯定与好评。

16字指导思想下的改革进程 大连海关将通关作业改革作为一项系统工程，确定了“先行分解、分步实施、稳步推进、适时合成”的16字指导思想，切实加强组织领导，找准通关作业改革的切入点和突破口，注重实效，确保了通关作业改革不断向纵深方向发展。首先在保税区海关进行了集中审单试点，建立了专业化集中审单新模式。之后在海关系统率先完成了H883/EDI V5.0系统的切换，并在全关区海、陆、空、邮各业务现场，全部实现了集中审单，标志着审单作业系统初步形成。与此同时，先后进行了舱单管理、查验机制、监管场所物流监控、加工贸易管理等7项改革，初步形成了以信息化技术为依托，以计算机电子数据为底帐，以信息流和物流为两条平行主线，包括7个管理子系统在内的全程物流监控系统。为了使组织机构和人员配置与通关作业改革需要相适应，更好地解决通关作业改革中的深层次矛盾，经总署批准，在海关系统率先进行了通关作业机构改革，初步实现了职能管理方式的转变，基本形成了一个以审单作业、物流监控和职能管理相互支持配合与监督制约的海关管理新模式。之后又积极筹划构建以信息化技术为依托、以“风险管理岗位设置、收集通关风险信息、确定风险要素、进行风险评估和风险处置”为主要目标的动态信息化作业平台，也取得了可喜的进展。

修改、完善H883/EDI通关管理系统 大连海关在全国海关率先实现通关系统由4.0版本向5.0版本的切换，并于2000年7月，在全国第一个实现全关区海、陆、空、邮各业务现场全部集中审单，构建了科学的审单作业系统。为满足基层业务改革的迫切需求，大连海关还先后研制开发了大连海关加工贸易管理系统、企业管理系统、保税区备案制管理系统、保税区进出库管理系统、大连海关用户授权管理系统、大连海关舱单管理系统等40多个与通关作业改革相配套的系统，解决急需的业务应用系统。

建立物流监控系统 大连海关在大窑湾海关试点区域性物流监控系统，是以信息与先进技术手段为依托，以计算机电子数据为底账，以信息流与物流为两条主线，并引入风险管理机制，包括七个管理子系统的物流监控系统。该系统实现了对集装箱封闭式、卡口式自动化管理及全方位监控，并为全程全方位物流监控打下了有利的基础。物流监控系统与H883/EDI通关系统共同构筑了一个完整、严密的海关监管体系。该系统在总署通关作业改革会议上得到总署领导及兄弟海关领导一致好评。集装箱货物检查系统（H986系统）是大连海关近两年来承担的大型工程之一，已在总署同类工程中率先完工，并在大窑湾海关和鲅鱼圈海关正式投入使用，进一步丰富和完善了建设全程不间断的信息化监控与实体监控相结合的立体物流监控系统的手段。以此为契机，在大窑湾集装箱码头正式建成起用了自动化程度极高的海关查验中心，采用了包括集装箱透视检查设备、电子地磅与报关数据自动核碰系统、电子车牌车号自动扫描识别、自动电子卡门、电子锁、数码电视监控在内的最新的科技信息手段。同时开始对转关运输工具安装GPS系统。

设置平台建设工程 随着改革的逐步深入，大连海关意识到，完善审单系统和物流监控系统，实现职能方式的转变，必须有与之相适应的信息化作业平台作为载体和支撑。这样，职能管理部门就可以利用平台设置各种参数，在获取和使用信息的同时，随时为平台采集、补充信息，实现资源共享，促进职能作用的发挥向着科学化、规范化的层次迈进。审单作业系统和物流监控系统就能够得到更多的信息支持，达到信息流与货物流的完美结合，保证审单与监管到位。为此，大连海关加快了构筑风险信息管理平台的步伐，领导直接参与方案的制定，成立了风险管理专

题工作组集中攻关，从建章立制入手，深入研究风险管理方法，加强信息资源整合，综合运用处置措施，逐步建立了以“信息收集－风险分析评估－风险处置－结果反馈”为主要内容的信息管理系统以及与之相配套的包括机构、岗位设置在内的组织管理系统，核心目标就是要转变管理理念，与传统的落后的思维、管理、工作模式决裂，为真正实现海关信息化管理与作业走出一条新路。

职能转变顺利完成 专门制定了完善我关职能管理系统的实施办法，初步建立起与通关作业改革相匹配、相适应的职能管理系统。按照“职能管理与业务执行相分离”的原则，调整了部分职能部门的职责范围，进一步明确了各自的职责，切实改变重操作、轻管理的传统职能管理模式。对通关中遇到的大量报关单修改、保金保函处理、滞报金审批、归类审价等影响通关速度问题进行规范，减少扯皮、推诿。职能部门积极行动，集中精力，回归到设定参数、执法监督检查和相关业务培训等上面来。

通关风险管理日臻规范 经过不断的修正和完善，大连海关已完成了以“信息收集－－风险分析评估－－风险处置－－结果反馈”为主要内容的信息化作业平台一期工程，建立了企业类、商品类等类别的数据库18个，实现了风险信息的分类采集与网络传输以及有限级公开的授权式信息查询、辅助决策分析等功能，并制定了《大连海关风险管理信息平台操作手册》。在信息平台使用过程中，针对有些业务环节使用上的问题，我们及时提出抓好思想落实、责任落实和考核落实，并研究建立了通关风险管理的管理制度和运行机制，推进了风险管理技术在关区的广泛应用。

转关便捷通道形成 制定了《东北地区海关转关联系配合办法》和《东北地区海铁联运中转监管办法》，顺利完成了转关新系统的切换，实现了转关运输货物一次性申报、查验和放行的监管模式。充分利用现代信息技术，积极探索“电子查验”等新的物流监控手段。与大连开发区佳能公司合作，开发了加工贸易联网监管系统，预计2002年2月可试运行。还与大连港务部门、外理、船公司签定合作协议，实现了舱单数据通过口岸物流网的实时传输，大大提高了物流监控的时效。

口岸“大通关”初具雏形 大连海关积极参与省市政府推进的口岸大通关改革，深入调研，提出建议。在此基础上，推出了参与口岸大通关的一系列措施，如在大连关区继续推广“便捷通关”系统，对“三高一大”企业实行提前报关、加急通关和担保验放、F通道（快速通道）等措施，目前我关根据大通关工作的需要，扩大通道容量，使适用的企业已经由最初的10家发展到现在的80余家。做好进出口企业的分类管理，对A类企业予以更多的通关便利。进一步简化、理顺作业流程，简化出口退税审批手续，从7月1日起，关区各海关实行内部三级审批，从而为企业出口退税大大缩短了时间。对各港口运输工具通关实行24小时值班，随时办理海关业务。节、假日期间，急于验放的进出口货物，海关实行预约服务和加班工作制。开展“开门评议整顿作风、推进服务型机关建设”活动，专题召开外商投资企业政策说明会，针对政府反馈的17条意见提出整改措施积极改进。按照海关总署部署，进行了网上支付、无纸通关试点的准备，与有关企业合作进行了加工贸易联网监管、便捷通关模式的前期准备和测试工作。积极建议地方政府与口岸其他部门协调，共同实现大连口岸“提前申报、货到验放”的变革。目前，大连海关已初步建立了新的通关管理模式，形成了以信息化技术为依托、以风险管理技术为手段，包涵审单作业、物流监控和职能管理三大系统在内的新的通关管理模式，明显加快了通关速度。

沈阳海关改善通关环境、积极为经济发展服务

沈阳海关联系中国加入WTO后海关工作面临巨大挑战的实际，采取走出去学习经验，深入企业走访调研等办法，开阔了眼界，找准了差距，统一了认识，明确了方向，提出了“更新观念、创新思维、换位思考、服务企业”的工作指导思想，为改善通关环境、促进经济发展服务。

一、认真转变观念

为了扭转沈阳海关部分人员观念滞后的状况，关党组采取了三个步骤：

一是全国海关关长会议结束后，为了确保贯彻会议精神不走过场，使与会人员集中时间，集中精力理解好“依

法行政、为国把关、服务经济、促进发展”海关工作新方针的深刻含义，认清“入世”后海关工作面临的新形势，利用周末休息时间，向关区100多名科以上干部传达贯彻关长会议精神；二是于2月初由2名关领导带队，分别到天津、青岛、大连等口岸海关学习先进的管理经验；三是2月下旬，由关长带领对关区30家大型企业进行了为期10天的走访调研。以上2个步骤使全关上下形成了“只有转变观念，才能紧跟形势，确保我关工作迈上新台阶”的共识。重点解决了以下问题：

1．树立相信大多数的观念。即海关的监管思路和管理理念要跟上形势的发展。要敢于对企业实行分类管理，敢于由传统的以商品为单元的监管方式逐步向以企业为单元的监管方式转变，对于一贯守法的企业要敢于给予便利。比如，沈飞的11号工程，是我国重点军工项目，管理十分严格，对这类项目就要采取“放心式的管理”。同时，从集中精力重拳打击那些少数企业的走私违法行为。

2．敢于在诚信的基础上把海关与企业的关系变成朋友关系。进出口企业经常跟海关打交道，海关首先要讲原则，有骨气，该坚持的必须坚持。其次是相信大多数企业是好的，对于知法、守法、以诚相待的企业，可以跟他们交朋友。树立了这种观念，在处理解决问题时，企业就愿意与海关谈知心话，才能提出困难和问题，我们的监管环境才会越来越好。

3．要学会换位思考，热情为企业服务。调研中，企业给海关提出的问题，归纳起来就两点：一是态度能否好点；二是通关速度能否快点。对此，我们采取换位思考的办法，对企业通关中的困难，应“急企业所急，忧企业所忧，想企业所想”，满腔热情的为其排忧解难。加入WTO后，海关处在入世的最前沿，首先要观念上入世，否则就不可能为企业提供优质服务。入世后，海关的监管模式要有所转变，比如海关对转关货物有明确的规定，不具备转关条件的不能转关。但象抚顺特钢、葫芦岛锌厂这样特定企业、特定的商品，要为企业开辟一个新的监管场所，与口岸海关协调，使重点企业能够在属地报关。

4．要树立“有为才有位”的观念。首先要给自己准确定位，找准自身存在的差距和不足；其次，要克服小关、内陆关意识，敢于打破陈规陋俗，勇于开拓创新，在行政管理、队伍建设、执法水平上争创全国一流；第三，要充分利用地处东北政治、经济、文化中心、大型企业云集、商贸活动发达这个优势，把我们的职能作用发挥好，为省、市的经济发展做出贡献，用工作实绩博得社会各界的认可和地方党政的理解与支持。

二、深化业务改革

加入WTO后，进出口企业对海关最紧迫的要求就是通关速度。特别是现在IT企业突飞猛进，为了降低成本，企业要求零库存，电子商务已经在这些企业里推开，通关时间会慢制约企业的发展。在当前形势下，通关效率也是投资环境之一。因此深化业务改革、通关全面提速，是贯彻落实海关工作新方针的具体行动，是应对入世必须面对的实际问题，是充分发挥海关职能，重树沈阳海关形象的重要举措。为此，提出以下6项整改措施：一是对于繁琐的程序，要砍要减，适当下放部分行政审批权；二是改进通关作业流程，调整通关通道设置，降低人工干预比例，实行审批一体化，成立通关应急中心，开设F通道，对A类企业非税非证进出口货物，由验放岗位径行验放；三是扩大本关区享受便捷通关措施企业范围，对A类企业中排选业务量大、税收高、信誉良好、管理正规的企业，在本关区享受便捷通关措施等；四是开展“门到门”查验，对本关区属地纳税，享受便捷通关措施及其他符合条件的企业，由企业向现场海关申请，可上门服务；五是开设海铁联运监管点，完善海铁联运监管模式，将口岸功能延伸到内陆；六是加速加工贸易联网工作，支持加工贸易企业扩大出口。

三、严格依法行政

海关作为国家设在口岸的进出境监督管理机关，担负着为国把关，服务经济的重任。依法行政是充分发挥职能的前提，即海关的一切行政行为必须在法律规定的范围内，必须符合法定的程序。因此，在坚持依法行政的前提下，如何处理好法律规定涉及不到或界定不清的问题，是衡量一个领导或一个单位依法行政水平的尺子。在当前形势下，既要严格依法行政，又要看到关区企业的难处，即坚持原则，又要灵活，做到具体问题具体分析，特事就要特办。经过认真研究，改变了锦州、葫芦岛口岸出口货物申报、放行二次查验做法；加快了企业出口退税报关单黄联返还速度；实施凭保函放货，最大限度降低因资金不足暂时无力纳税等问题产生的滞港费、滞报费；为特殊企业、特殊产品谋求建立通关专线等。

积极推进检验检疫改革 促进辽宁外经贸事业发展

辽宁出入境检验检疫局坚持把关与服务并举，严格行政执法，规范服务承诺，提高服务质量，为企业排忧解难，促进了地方外贸经济的健康发展。

规范执法程序，完善监控体系 制订了《辽宁检验检疫行政处罚程序规定》，建立违法案件申报制度、行政处罚备案制度，形成了较为完善、规范合理的行政执法程序。并通过对系统行政执法骨干集中培训，提高办案能力和水平。年末，共处罚各类违法案件39起，规范了市场秩序。为进一步加强对涉及健康、安全、卫生、环保等重要对象的检验检疫工作，制定了《重大检验检疫事项监控体系运行办法》，建立了重大检验检疫事项监控体系，保证了一些重大疫情和事项能够及时发现、迅速上报解决。全年共截获来自疫区的禁止入境物58批次，禁止入境的动物产品171船次，在进口木质包装中检出有害生物287批次，不符合环境控制标准的进口废物6批次，禁止入境邮寄物336件，防止了疫病疫情的传入。

推进业务改革，完善通关机制 在完善与海关 “先报检、后报关”的通关协调机制的基础上，对检验检疫流程和签证规定进行简化和修改，积极推进信息化建设。制定并完善了《信息化工作管理办法》，完成了CIQ2000综合业务系统的升级，加速了办公自动化系统等信息化的建设与应用，提高了检验检疫工作效率。同时发挥以电子转单为主要方式的通关协调作用，强化了对进口货物的有效监管。为减少企业负担，提高通关效率，在严格前期监管和后续监督的同时，逐步推行企业分类管理试点，做到管理科学、监管有效、方便进出。

推行政务公开，主动接受社会监督 为进一步提高工作效率和服务意识，增强工作的透明度，加大社会对检验检疫系统勤政、廉政工作的监督力度，积极推进政务公开。将检验检疫法律法规、业务管理规定、国家局公告、检验检疫技术标准、收费标准以及工作流程、时限、对国有大中型企业的帮扶措施、服务承诺等11大类25项内容在窗口公布，主动接受社会监督，保证依法行政。全系统还从政府机关、企事业单位聘请了一批特邀义务监督员，通过定期召开监督员座谈会、问卷调查和当面指导等形式，广泛征求社会各界的意见和建议，提高了行政执法水平。

适应入世新形势，加强一般原产地证和普惠制产地证的签证管理 积极开展对进出口产品原产地标记的认证工作，建立和完善原产地标记的保护制度。加强对产地证签证的指导和管理，定期对签证工作进行督促检查，及时发现和解决签证工作中的问题。加强与给惠国在联合打击伪造原产地证书、退证查询方面的合作。定期开展对退证频繁企业的抽查，定期开展退证查询工作的分析、通报。积极向企业宣传普惠制政策，帮助企业充分利用普惠制改善出口产品结构，享受进口国关税优惠，扩大出口。签发一般产地证10166份，同比增长了70%；签发普惠制产地证51652份，受惠商品货值16亿美元，同比分别增长了68.4%和72.6%；通过ISO认证63家，监督审核110家；实施水产品HACCP认证企业70家；完成一批动物临时隔离厂、进口动物产品加工存放企业的考核注册和食品企业的卫生注册。

完善服务措施，优化口岸服务软环境 先后出台了《支持国有大中型企业发展的九条措施》、《进一步加强投资软环境建设的意见》、《支持大连市外向型经济发展的8条举措》等服务措施，继续推行社会承诺制度，坚持实施工作流程限时制，海港口岸国际航行船舶检疫24小时值班制，机场航班延误留守制，货物申报放行节假日预约制，急事急办、特事特办，提高通关速度，方便外贸企业。对低风险产品试行监管放行，对大型高新技术生产企业、资信可靠企业和出口额大的企业的进出口业务优先办理检验检疫。健全和落实检验检疫与重点企业的双向联系和协调机制，对企业反映检验检疫方面的问题采取措施积极解决，并对解决情况实行定期回访。为最大限度地为外贸企业提供方便，进一步完善为外贸服务措施，广泛收集进口国有关检验检疫法规、标准，建立信息数据库，及时在网上发布，使出口企业准确了解有关规定，努力打破国外壁垒推动辽宁产品出口，促进辽宁对外贸易的发展。“三检”合一以来，全系统共有34个单位、46名同志分别被国家局和省、市评为各类先进。辽宁局被辽宁省人民政府评为2000

—2001 年度文明单位。

实施“大通关”工程 提高口岸工作效率

为加速通关提高口岸工作效率，2002 年 1 月大连市成立了“加速通关协调领导小组”，统一组织全市改善口岸环境工作，全力推进通关改革，为口岸查验机关的有效监管创造条件。随着新的通关流程启动，进口货物平均大通关时间由原来的 3—4 天缩短为 2.2 天。出口货物平均大通关时间由原来的 4—5 天缩短为 2.5 天。口岸环境的变化，带来了进出口货量的增长。1-4 月，共完成进出口货物 1146 万吨，比上年同期增长 20.8%。

1 月，政府机构改革刚刚结束，大连市就成立了由主管交通口岸和外经贸工作的副市长为组长的“大连市口岸加速通关协调领导小组”。领导小组下设办公室，并从有关单位抽调了懂业务、责任心强的同志，分成海关、检验检疫、海事、边检、集疏运和综合分析 6 个专项小组，采取集中办公和分散办公相结合的方式开展工作。为找出影响通关速度“症结”，他们首先对通关流程现状进行调查，从掌握货物进出口的全过程入手，多次对大连口岸货物进出口的每一个环节进行跟踪调查，同时分别召开港口、货主、代理等部门座谈会听取意见。

在“大通关”工作协调中，主要是解决进口货物“提前申报，实货放行”，建设口岸公共信息平台和通关作业中各部门或单位之间“结合部”的配合问题。针对上述问题，大连海关推出“便捷通关”系统，对“三高一大”企业采取提前报关、加急通关、担保验放和开设 F 通道（快速通道）等措施。对出口加工区等先导区实施“港区一体化”直通关，做到了货物在主管海关“一次申报，一次审单，一次查验”。与哈尔滨、沈阳、长春、延吉海关达成海铁联运“直通关”协议，顺利完成了东北地区转关货物快速通关改革；在业务疑难处理上，推出专家即决制。进行了网上报关、网上付税的试点工作，做好无纸报关的准备。同时，与有关企业合作进行了加工贸易联网监管、便捷通关模式的前期准备和测试工作。开展了“预归类”、“ 预审价”工作。推出并不断完善支持外贸扩大出口 9 项措施和支持软件出口的办法。

辽宁省检验检疫局将报检、计费两个窗口和两次办理，改为一个窗口和一次办理。实施“365 天实效工作日”制、“24 小时预约验货”制、实施“8 个有效工作时验货”制。即上午报检，下午安排验货；下午报检，次日上午安排验货；条件具备，报检后立即验货；单据符合要求，不需实验室检验检疫的货物，验货后立即放行；需实验室检验检疫的货物，不超过检验检疫时限完成。

辽宁海事局积极解决船舶动态上网问题，与海事大学船舶动态监控系合作，提出方案和具体实施办法。

驻大连口岸各边检单位也采取多种措施，保证船期。

辽宁口岸大事记

3 月 31 日

锦州市重大招商引资项目——锦州大成生化科技有限公司在锦州港隆重举行成立签字仪式。锦州大成生化科技有限公司是由年丰投资（香港）有限公司、大成实业集团有限公司和锦州港股份有限公司共同出资组建的一家合资有限责任公司。公司主要从事玉米及同类粮食深加工产品的生产、销售、经营和进出口业务。公司注册资金 2531.88 万美元，总投资估算为 6329.7 万美元。

4月21日

沈阳－韩国清州航线首航。

4月24日

省口岸办会同省外办在丹东召开二类口岸工作会议。丹东市政府、大连海关、省边防局、辽宁出入境检验检疫局、辽宁海事局、省交通厅、开放办和丹东市有关部门负责同志参加了会议。会议议定哑巴沟、长甸河口列入太平湾口岸的附属过货监管点，按临时口岸管理等事项。

7月10日

俄航失事班机尸体返沈，沈阳市口岸办协调有关部门，妥善协调机场安排遇难者家属，有效地避免了因家属过分激动影响航班降落和棺材验放等情况的发生。11口棺材通关验放手续由口岸办工作人员代办，相关费用一律后补。

7月中旬

国家民航总局批准大连至泰国曼谷正式航空线经营权，由北航大连分公司经营。

8月3日

沈阳－东京包机首航

8月7日

沙特国家航运公司举行“沙特——吉达”轮首航仪式，该公司正式加盟法国达飞航运公司大连——欧洲、地中海航线，投入3艘载箱量为4400标箱的第五代集装箱船舶进行营运。这是迄今为止在大连港定期挂靠的最大的集装箱船舶，标志着大连港在国际航运界的地位有了新的提升。

8月12至28日

大连市口岸委会同口岸各单位按照市政府要求，全力以赴做好APEC高官会议人员进出空港口岸的接待服务工作，高效快捷地迎送高官70余人次，参与会议人员千余人次，受到外交部和市领导好评。

8月18日

中国海运（集团）总公司与锦州港股份有限公司合资组建的锦州新时代集装箱码头有限公司正式成立。

8月22日至9月13日

世界杯足球“十强赛”期间，沈阳市口岸办派专人具体承办主客队及国内国际相关官员及贵宾的礼遇，受到市委市政府的表彰。口岸办获“特殊贡献奖”，两名同志获一等功，三名同志获二等功，两名同志或三等功。

8月25日

经过3个多月紧张施工和试运行，丹东港大东港区客货滚装码头竣工并正式投入使用。

大连口岸委会同有关单位加大反集装箱偷渡工作力度，采取强有力的防范和打击措施，取得明显成效。得到公安部的通报表扬。

9月11日

大连市第一家以经营外贸集装箱公共内支线运输为主的航运企业——大连（集发）环渤海集装箱运输有限公司成立。

9月15至24日

第十三届大连国际服装节在大连市隆重举行。为做好口岸窗口接待服务工作，口岸委成立了由海港、铁路、民航、查验单位领导组成的口岸服务领导小组，全力做好接待工作，由于组织和服务工作到位，使中外客人高兴而来，满意而归。据统计，在短短一周时间里，共接待中外客人45万人次，其中贵宾2000多人次。

9月26日

大连市市长李永金、常务副市长刘长德分别会见新加坡港务集团主席杨林丰博士一行，并一同参加了大连口岸物流网有限公司成立一周年庆典暨PORTNET（航运网络系统）正式推出仪式。

10月12日

锦阳国家粮食储备库扩建工程通过国家验收。扩建后，仓储能力达20万吨，年中转能力达50万吨。扩建工程是于1998年10月经国家计委、原国储局批准的第四批250亿公斤仓容建设项目之一。这项工程不仅有利于粮食企业改善收储条件，还对锦州港粮源的吞吐起到了配套功能的作用。

10月30日

省口岸办会同省直有关部门、驻辽宁口岸查验单位和东港市人民政府、丹东市口岸委，组成验收组对大台子口岸整顿工作进行了检查验收，丹东市相关单位参加了会议。验收组同意从2001年11月1日起，大台子口岸投入正常营运。

10月31日

大连市成立了“大连市建设区域性国际航运中心暨口岸重点项目领导小组”。主要职责为：统一组织领导大连市建设区域性国际航运中心工作和20万吨级进口矿石码头、30万吨进口原油码头、大窑湾二期工程、老港区改造、大窑湾国际物流中心、机场二期扩建、口岸物流信息网等口岸重点项目。

11月11至14日

大连市政府副秘书长王永奎带领口岸委、海关、检验检疫、大连港务局、铁道责任有限公司，集装箱码头公司等单位领导和相关人员赴沈阳、长春、哈尔滨，与当地政府及有关部门共同召开海铁联运中转说明会，取得圆满成功，口岸委副主任张仙峻陪同前往。

11月12日

在沈阳时代广场酒店召开沈阳、大连海铁联运中转说明会。沈阳、大连两市政府领导及两地海关、出入境检验检疫局、铁路、海港等单位和部门的有关领导参加了会议。

12月1日

沈阳桃仙国际机场新候机楼通过国家验收，正式投入运营。

吉林省

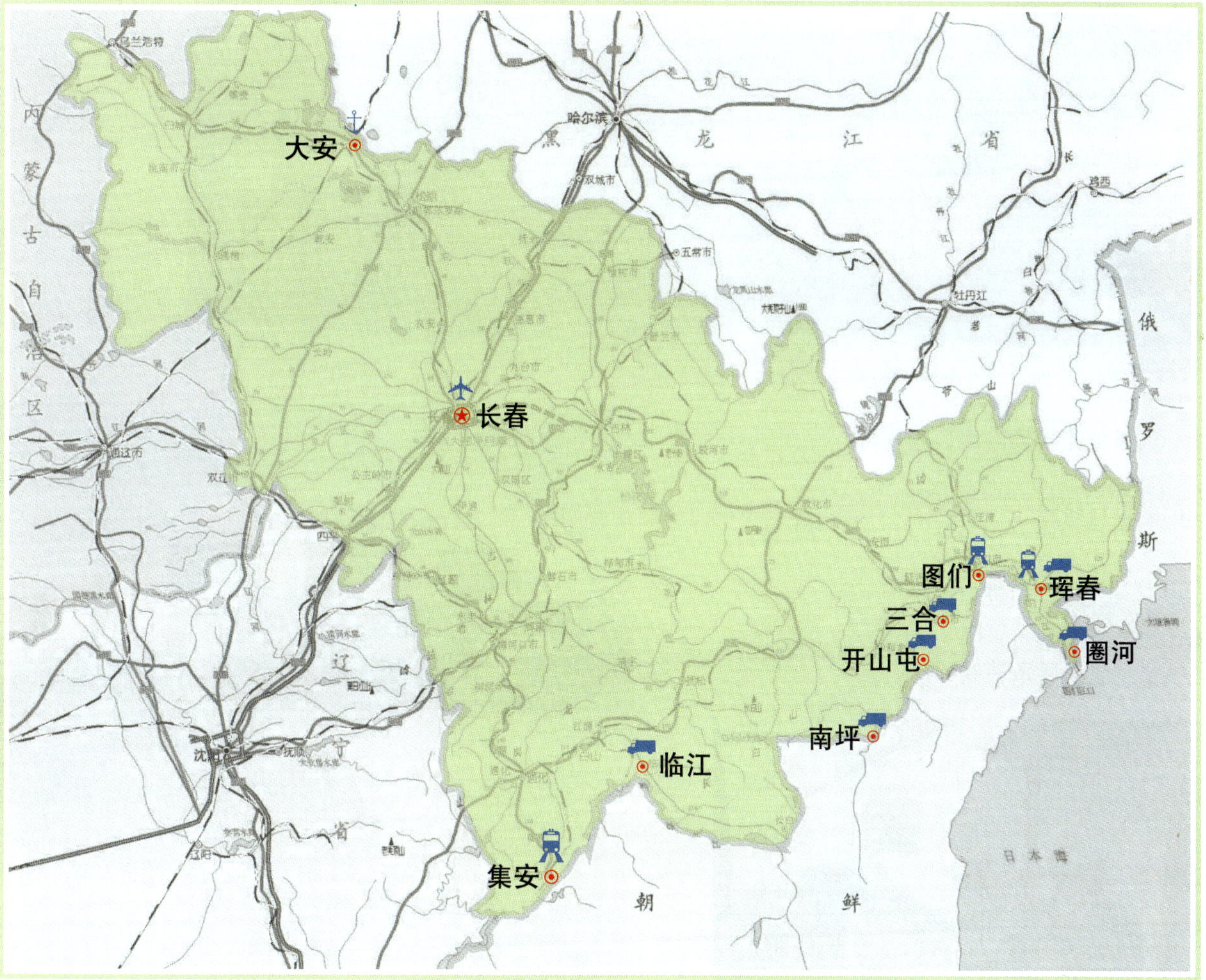

图 例		
省级行政中心	铁路口岸	公路口岸
口岸城市	航空口岸	海(河)运口岸

长春一汽海关监管场站集装箱现场

图们口岸出口货物

查验一汽—大众公司进口货物

海关关员到企业验放货物

吉林口岸工作综述

吉林省位于中国东北的中部，边界线总长1447.25公里。东与俄罗斯接壤，边界线长241.25公里；东南隔图们江与朝鲜民主主义人民共和国相望，边界线长1206公里。吉林省很早以前就有船只经由图们江出入日本海与海外经商。早在1200年前，就是“海上丝绸之路”通往日本航线上的重要枢纽。1909年，珲春、龙井两地就开始设立海关机构，监管进出国境货物。

改革开放后，吉林对外经贸友好往来飞速发展，口岸开放工作进入了一个新的历史时期。

【口岸数】 截止2001年底，吉林省共有国家一类口岸11个（历史遗留6个，改革开放后，经国务院批准设立5个），中俄3个，即珲春公路口岸、珲春铁路口岸、大安港口岸(自1992年开始关闭至今)；中朝7个，即图们铁公路口岸、集安铁路口岸和圈河、三合、开山屯、南坪、临江公路口岸；航空口岸1个，即长春航空口岸；地方二类口岸4个，即长白、古城里、沙坨子、老虎哨公路口岸；1个长春铁路监管查验场所；1个双目峰公务通道；11个临时过货点，分布在长春、通化、白山市、延边朝鲜族自治州。

【口岸客货运量】 2001年，全省口岸进出口货物115万吨，其中进口46万吨，出口69万吨；进出口货值142755万美元，其中进口116038万美元，出口26718万美元；出入境人员71万人次，其中出境36万人次，入境35万人次；进出境交通工具9万辆次，进境出境各4.5万辆次。

【口岸开放及开通国际航线】 根据国务院《关于同意开放珲春铁路口岸的批复》和《关于同意圈河通道作为口岸对外开放的批复》精神，经过两年多的努力，中俄珲春铁路口岸、中朝珲春圈河公路口岸于2001年10月17日通过国家验收， 10月25日海关总署下文正式对外开放。之后，又继续开通了珲春—波谢特港（俄）—束草港（韩），珲春—扎鲁比诺港（俄）—伊予三岛港（日），圈河—罗津港（朝）—秋田、新泻港（日）的定期客货班轮航线，图们—罗津（朝）边境旅游列车。

开通了长春—仙台（日）空中定期航班，延吉—汉城（韩）、延吉—海参崴（俄）临时客运包机，恢复开通了长春—海参崴（俄）定期航班，长春—香港定期航班新增1个班次。

【旅游资源的开发】 吉林旅游资源丰富。拥有1447.25公里的中俄、中朝边境线，富有神秘色彩的图们江、鸭绿江界河，鸡犬之声相闻的珲春防川中、俄、朝三国交界处，巍峨壮丽的长白山，浩翰的长白山林海，绿茵无垠的大草原，童话般的冰雪雾凇世界，众多的文物古迹，丰富的动物资源，星罗棋布的河流湖泊，以及朝鲜族、满族、蒙古族等少数民族风情，构成了北国吉林特有的神奇、粗犷、古朴的旅游资源特色。另外，省内现有长白山、向海国家级自然保护区二处；松花湖、净月潭国家级风景名胜区二处；集安高句丽洞沟古墓群、丸都山城、敦化六顶山、渤海古墓、长白灵光塔、扶余大金得胜陀颂碑六处国家重点文物保护单位。

为带动吉林与周边国家贸易发展，开展多边贸易，充分利用吉林东部丰富的旅游资源和边境线较长的特殊地理环境，现已开辟了珲春—罗津先锋市（朝）；集安—平壤市、满浦市、妙香山、板门店（朝）；长白—惠山市、普天郡、三池渊郡、长白山天池北坡（朝）的中朝旅游线路。

【口岸管理与协调】 围绕落实国务院办公厅“关于进一步提高口岸工作效率”文件精神，吉林省成立了口岸联络协调小组，建立了口岸联席会议制度。加强了对口岸各查验部门的综合协调，调动了各查验部门职工为吉林省对外开放和经济建设服务的积极性。部分口岸在高峰期增设临时出入境通道，延长通关时间，缓解出入境人流压力。加强了与外事、外经、外贸、旅游、交通、民航、铁路等部门的联系，针对口岸运行过程中存在的问题，及时协调解决，促进了全省对外经贸和旅游业的发展。

加强了同境外有关部门的沟通协调。一是主动与朝鲜罗津先锋市以及元汀口岸有关部门取得联系，简化查验手续，加快口岸验放速度；二是针对俄罗斯克拉斯基诺口岸基础设施差、通关能力低等问题，多次与俄方会谈交涉，推动俄方有关部门加快口岸的基础设施建设工作，并通过中俄双方交通部门会晤，妥善解决了俄罗斯倒包客商加收车票款和影响倒包业务不能正常开展等问题；三是会同外事、交通、计划部门及和龙市政府，组织落实中朝南坪国境桥建设，多次与朝方会谈，并签署了有关会谈纪要。

【口岸建设与改造】 完成了中俄珲春铁路口岸现场查验用房和查验部门办公业务生活用房建设项目，总建筑面积3975.25平方米，总投资1027.25万元。完成了珲春公路口岸新建现场查验综合楼工程，总建筑面积4894平方米，总投资1000万元。完成了圈河公路口岸现场查验用房和查验部门办公业务生活用房建设项目，总建筑面积3752平方米，总投资1178万元。投资106万元，建成了总面积1350平方米的沙坨子口岸边境检查站办公楼。投资302万元，加固、维修了圈河口岸中朝大桥中方部分。落实临江边防检查站、长春机场边防检查站的营区改造项目和珲春口岸联查大楼配套设施建设项目，向国家申请补助资金300万元。

【口岸法规建设和口岸宣传工作】 组织撰写了《吉林年鉴》口岸篇和《吉林省长白山志》对朝边境口岸情况介绍，全面系统地介绍了全省口岸的启始，所在城市概况、口岸功能、贸易往来以及人文、地理等情况。编辑印发了“吉林口岸情况”简报。在调查研究的基础上，完成了《吉林省边境口岸管理办法》送审稿起草工作。

【机构沿革】 1988年5月，经吉林省人民政府批准，设置了省政府口岸办公室，由吉林省人民政府外事办公室代管，负责协调处理全省口岸工作。口岸所在地的边境市（州）、县（市）人民政府也相继成立了口岸办公室，与当地外事办公室合署办公。1994年，根据省政府机构改革的需要，省口岸办整建制归口省经贸委。2000年，省政府机构改革后，仍归口省经贸委，对外称吉林省政府口岸办公室。在市（州）县（市）政府机构改革中，全都保留了口岸管理机构。其中，延边朝鲜族自治州、珲春市（县级）口岸办与开发办合署办公；图们、和龙、龙井市（县级）、临江市（县级）及安图县口岸办和外事办合署办公；长春、通化、白山市、集安市（县级）口岸办归口经贸委；长白朝鲜族自治县口岸办归口县计经局。

2001年全省口岸进出口货物量表

项目 口岸	进口		出口		进出口合计	
	货物（万吨）	同比	货物（万吨）	同比	货物（万吨）	同比
公路口岸	24.5	40.32%	36.5	60.07%	63.5	50.2%
铁路口岸	21.5	42.38%	32.5	64%	51.5	53.2%
合计	46	41.35%	69	62.07%	115	53%

吉林口岸查验单位工作综述

长春海关

【基本情况】 2001年，长春海关认真贯彻落实全国海关关长会议精神，围绕深化业务改革和队伍建设中心工作，全面履行海关职责，各项工作又有新的发展和提高。全年税收24.2亿元，超额12.2亿元完成税收目标，创关区税收历史新高。监管进出口货物115.49万吨，进出境人员68.87万人次，分别比上年增长53.1%和35.51%，监管效能明显提高。打私工作成效显著，全年共查获走私违规案件（立案）278起，案值1.45亿元，偷逃税3380.66万元，上缴罚没收入3948万元（比上年同期增长46.5%，创历史新高），边境绕越走私得到有效控制。队伍建设和思想政治工作得到不断完善和加强。

【贯彻海关新方针，支持地方经济发展】 2001年，总署党组提出了"依法行政，为国把关，服务经济，促进发展"的海关工作新方针，长春海关在认真学习，深刻理解，统一认识的同时，自觉地将新方针融入实际工作中去，积极主动参与和支持全省 "十五"期间经济发展战略，支持吉林省外向型经济的发展，为促进全省经济快速发展做出了努力。

改进工作作风，服务水平明显提升。主动走访当地党政领导和有关部门，并深入重点企业和外贸公司实地调研、现场办公，积极宣传海关政策，认真征询对海关工作的意见和建议，研究商讨促进地方经济发展，支持扩大出口的思路和措施。加大了关务公开力度，通过送政策上门，媒体宣传、政策咨询、办班培训、召开企业座谈会、实行关长接待日等方式，向企业及社会公开海关办事承诺，增强了海关工作透明度。召开了全省海关经贸协作会议，出台了《长春海关支持扩大出口8项具体措施》，在通关时限、货物的验放、网络管理、便捷服务等方面做出了承诺，强化了服务措施。

落实各项税收优惠政策，大力支持省内大中型企业发展。年内长春海关按照国家产业政策，正确执行国家税收优惠政策，为一汽、一汽大众、长春客车厂等重点企业以及用于高新技术、电子、邮电通信、城市基础建设而进口的技术设备，办理减免税审批和通关手续。一年来，共为吉林省减免关税10.78亿元，减免增值税9.8亿元，减免其他税9万元，总计减免税20.58亿元。加强了与省计委、省外经贸厅、省经贸厅等有关部门的联系与配合，实施企业分类管理制度，对一汽、一汽大众等A类企业提供通关上的便利，支持大中型企业发展。

支持口岸建设，促进了边疆经济繁荣。对珲春出口加工区的建成、验收并封关运行；珲春中俄互市贸易区的设立并建设完毕；圈河公路和珲春铁路口岸的验收并正式运行；中韩珲春快件业务的开展；延吉至汉城临时包机及束草航线的重新开通；延吉海关驻邮局办事处的设立等项工作，长春海关都是积极与当地党政和有关部门密切配合，主动协调各项工作，对边疆的开放和繁荣做出了应有的努力，受到各级党政领导及有关部门的赞扬和好评。

【打击走私】 2001年，长春关区打击走私工作继续以"破大案、打团伙、追逃犯"为重点，坚持联合缉私，综合治理。在地方党政和各执法部门的大力支持配合下，调查、侦查部门协同作战，情报共享，综合运用刑事、行政执法手段，发挥打私主力军的作用。组织了多次有针对性的打私专项斗争，重点开展了打击边境汽车走私、香烟走私专项斗争和联合行动。同时，也加大了打击货运、加工贸易渠道走私和毒品走私的力度，年内先后开展了3次打击走私犯罪专项斗争，使走私势头得到了有效的控制。特别是图们江流域的重点打击走私地段成效显著，对走私分子起到了极大的震慑作用，促进了地方的经济发展和社会稳定。全关区共立案278起，案值1.45亿元，偷逃税3380.66万元；查破走私团伙15个，抓获走私犯罪嫌疑人183名，依法逮捕95人，判刑68人。

【税收征管】 2001年，长春海关认真贯彻税收政策，强化税收征管，加强对属地企业进口调研，以优质高效服务吸引一批属地企业重新回到长春关区报关纳税，扩大了税源。此外审价、归类、查验、核销、稽查等各业务环节密切配合，综合治税，确保应收尽收。全年税收24.2亿元，实现税收历史新突破，较好地履行了海关的征税职责。

【加强监管】 2001年，长春海关强化物流监控，监管效能明显提高。建立了适合关区特点的物流监控体系，采取有力措施，狠抓实际监管人员、监管职责、监管制度措施和监管技术设备"四到位"。规范查验标准、查验方法和查验行为，在保证查验率的同时，着力提高查获率，全年对进出境货物查验率为57.12%，查获率为0.07%。对重点、敏感、集装箱物品的查验率达到了100%。共监管进出口货物115.49万吨，比上年同期增长53.1%。全年关区加工贸易备案合同1461份，备案金额1.7亿美元，到期合同1410份，核销到期合同1482份。加大对各类违禁品的查缉力度，特别加强了对"法轮功"类破坏社会稳定和危害国家安全的反动宣传品和印刷品的查缉工作，查获各类违禁印刷品、音像制品40322件。

【深化通关作业改革】 2001年，长春海关深化通关作业改革，巩固和完善了新的通关管理模式。一是按照《长春海关通关作业改革方案》，对各作业流程进行调整，建立与之相适应的内设机构，明确了各部门的职责权限；二是实现了职能管理与业务执行分离，加强了相互制约，提高了整体执法水平；三是积极探索符合长春海关实际的通关管理新途径，有效建立了长春海关通关管理的制度体系，年内共制定相关业务制度17项；四是充分发挥专业审单优势，定期对企业、商品、转关运输、加工贸易合同登记备案等数据分析，通过风险布控，合理设置红绿通道等手段，严密了海关监管，提高了审单效率。

"口岸电子执法系统"运转良好。按总署的部署和要求，长春海关及时成立了推广工作领导小组，制定了实施方案。多次协调召开省内各有关部门联席会议，明确了各部门职责分工和协调配合办法。通过各大新闻媒体，广泛宣传，使企业更多更好地了解和运用该系统。有效组织完成了集中办公办理企业入网手续工作，并从11月5日起全面启动了分散办公的工作模式，大大方便了企业，减轻了企业负担，目前共为吉林省的近800家企业办IC卡1780张。

快捷通关取得成效。召开了报关企业和重点进出口企业负责人座谈会，举办了关区业务培训，加强了与口岸海关的联系配合，并在新闻媒体上广为宣传。快速通关使长春关区的汽车及零配件行业首先受益，一方面减少了库存，另一方面通关速度也由4-5天缩短到1-2天，大大地降低了通关费用。

吉林公安边防总队

2001年，吉林公安边防总队以"为人民服务，树公安新风"活动为龙头，进一步加强规范化执勤，开展了严打整治专项工作，积极采取有效措施，为国家经济建设服务，顺利地完成了边防检查各项工作任务，为维护国家政治稳定和社会安定，为促进地方经济建设和发展做出了积极贡献。

全年，全省共检查出入境人员707919人，比上年同期553014人增长28%。其中旅客572963人（中籍306239人，外籍266724人），边民14760人（中籍13276人，朝籍1484人），员工120196人。检查出入境机动车辆84467辆次，列车1616列次，飞机1423架次，与上年同期相比，列车和飞机数略增，机动车辆数略减。共抓获非法出入境人员144人，处理各类违法违规人员213人。

2001年，以开展"树新风"活动为契机，吉林公安边防总队狠抓《出入境边防检查旅客检查工作规范》、《出入境边防检查查控工作规范》落实，进一步加强规范化、制度化建设。按照公安部边防局的要求，把贯彻落实《出入境边防检查查控工作规范》、《出入境边防检查旅客检查工作规范》、《出入境边防检查陆地业务工作规范》、《出入境边防检查行政处罚程序规定》等"规范"和深入扎实地开展"树新风"活动紧密地结合起来，坚持在注重"规范执勤”上下功夫，出入境边防执勤规范化水平和队伍整体素质得到了进一步提高。

【加强政治思想教育，提高检查人员为人民服务意识】 结合“三项教育”活动和深入学习贯彻江总书记“三个代表”活动的开展，各边检站着重对检查员进行为人民服务的宗旨教育和严格执法的法制教育，使检查人员充分理解严格管理与热情服务的关系。认识到热情服务和严格执法都是做好边防检查工作的需要，工作中注意热情服务和严格执法有机结合，以公平公正的执法体现边防检查机关的良好形象。同时，要求检查人员更新观念、转变工作作风，增强工作责任感和使命感，创造良好的通关环境，进一步做到让旅客满意。在搞好教育的同时，还强化工作制度建设，进一步完善各类人员职责，落实承诺，加强监督制约机制，有效约束各类人员的行为，从而更好地提高了把关服务的质量。

【规范各项边防检查行为，提高边防检查工作质量】 结合吉林省各边防（境）检查站的实际工作情况，仍然把深入贯彻落实《出入境边防检查旅客检查规范》、《出入境边防检查查控工作规范》、《出入境边防检查行政处罚程序规定》以及新出台的《出入境边防检查陆地业务工作规范》等各项规范措施作为全年工作的重点来抓。要求各站大力规范边防检查行为，从勤务的组织派遣、检查人员的验证、发现问题的处理等方面进行规范。8月份，总队针对全省客流量高峰期到来，各边检站检查业务工作情况，调整了检查人员，充实了重点口岸检查力量，并下发了《关于加强边防检查工作的通知》，从严格贯彻落实上级各项规范措施、请示报告制度和提高业务水平等方面提出了要求。保证了口岸出入境顺畅，创造了良好的通关环境。

【加强岗位练兵，提高检查人员综合素质】 总队把岗位练兵作为提高检查员素质的主要措施。以提高检查队伍的“四个能力”和“四个熟悉”为重点，分别举办了朝鲜语、计算机操作、识别伪假证件、行政处罚案卷制作等培训班。同时，针对某些检查站培训力量薄弱的实际情况，总队采取了代培的方式来对检查员进行培训，将部分检查员派到业务量较大的站进行代培，既锻炼了检查人员的实际发现和解决问题的能力，又缓解了出入境人员高峰期流量较大的检查站执勤力量紧张的状况。2001年12月份，按照总队制定的《边防检查人员等级考试办法》，对申报2001年度检查员等级考试的检查员进行了边检业务、外语、计算机考核。有效地保证了2001年边防检查工作质量。

2001年，吉林公安边防总队把口岸查控工作作为一项重要的政治任务来抓。按照要求，层层落实责任，并指定了查控工作第一责任人，定期分析查控工作形势，发现问题及时解决。切实做到布控及时准确、控制措施有效、查获处理得当。一是按照部局统一部署，对全省边检站的计算机信息管理系在“5.8论坛”、申奥、“APEC会议”等敏感时期以及“9.11”反恐怖活动期间，总队派工作组到重点口岸的边检站对检查工作进行督导，保证了边防检查工作的质量。

2001年，吉林公安边防总队针对地方政府经济的发展和地方不断申请新开设口岸或扩大口岸功能的实际，对临时执行延吉－汉城临时国际航线、图们－罗津旅游列车、珲春铁路口岸出入境列车检查任务等单位合理调整警力，在人员少、任务重的情况下圆满地完成了检查任务，得到了地方政府的赞同。2001年8月份，吉林公安边防总队与俄罗斯太平洋地区管理局进行了工作会晤，对保证珲春口岸的畅通，共同处理通行检查中的有关问题达成共识，有效地维护了珲春口岸正常通行秩序。

2001年8月23日，吉林公安边防总队与俄罗斯太平洋地区管理局进行了工作会晤。双方就口岸通行等有关问题进行会谈并签署了《会晤纪要》。

2001 全省口岸出入境旅客表

	入境		出境		合计	
	人次	同比	人次	同比	人次	同比
公路口岸	214968	41.3%	213596	40.4%	428564	40.8%
空运口岸	75485	28.6%	78512	32.3%	153997	30.4%
铁路口岸	2583	39.3%	2579	40.5%	5162	39.9%
合计	293036	40%	294687	40.4%	587723	40.2%

吉林出入境检验检疫局

2001年，吉林出入境检验检疫局以“忠于职守、勇于负责、严格把关、保国安民”的要求为准绳，以严把国门、确保安全、带好队伍为重点，认真开展出入境检验检疫工作，切实履行以把关服务为主要内容的各项职责，促进了外经贸和地方经济发展，有效维护了国家经济安全和人民身体健康。

全年共检验检疫监管出入境货物67088批，金额156032.34万美元，比上年批次减少1.20%，金额增加9.41%。其中检验检疫监管出境货物58230批，金额70979.14万美元，批次减少4.04%，金额增加1.20%。出境货物经检验不合格168批，金额561万美元。分别减少85.47%和50.79%。检验检疫监管入境货物8858批，金额85053.20万美元，分别增加22.60%和17.35%。对外索赔78批，金额520万美元，批次减少31.58%，金额减少63.53%。签发普惠制产地证书5194份，金额15143万美元，份数增加8.41%，金额减少5.96%。签发一般原产地证785份，金额3435万美元，分别减少11.40%和21.97%。完成出入境人员监测体检55258人次，减少17.36%；检出疾病 5193人次，增加0.19%；艾滋病监测53713人次，增加7.64%；预防接种56096人次，增加1.26%。检疫出入境集装箱22686标箱，增加20.99%。

为使出口企业尽快适应国际市场要求，取得进入国际市场的通行证，帮助吉林华正肉类加工厂等10多家出口企业建立并完善了质量管理体系。对12家拟出口水产品加工企业进行了GMP、SSOP、HACCP等内容的培训，实现ISO9000认证企业57家，ISO14000认证2家，OHSAS18000认证1家。

为了促进吉林省边境贸易发展，探索适应吉林省边境贸易发展特点的管理方法，成立了专门工作小组，进行调查研究。从坚持宽严适度、方便进出的原则出发，提出了加强检验检疫工作、促进边境贸易发展的的10条措施。

为了提高工作效率，方便企业报检，适应入世要求，吉林出入境检验检疫局全面实施了“三电工程”(即电子报检、电子转单、电子签发原产地证)。从2001年10月28日正式运行以来，共受理电子转单474票，电子报检495批次。

根据国家质检总局与国家邮政局联合制定的《进出境邮寄物检疫管理办法》，成立了驻长春邮局办事处，于10月15日进驻长春邮区国际速递航运局，开展进出境邮寄物检疫工作。到年底，共检疫查验进出境包裹19328件，查出禁止进境物品80批次，对其中3批次做了退回处理，77批次进行了封存销毁处理，涉及水果、种子、动物源性产品、乳制品等近20个品种。

2001年，吉林出入境检验检疫局特别重视动植物疫情的监测工作。从进口货物和木质包装中相继发现一类危险害虫菜豆象、断纹尼虎天牛、北美加天牛等，其中，断纹尼虎天牛、北美加天牛均为我国首次截获。加大了口岸查验力度，仅在长春机场就查获旅客携带进境的肉类罐头、猪精液、生物制品、各类水果55批461公斤。为了防止疯牛病疫区国家的牛肉等动物制品传入我国，加强了对进境动物产品的检疫监管工作。对全省马铃薯种植品种、种植面积、产量及病虫草害发生情况进行了有害生物的调查工作，查出马铃薯有害生物病害10 种，虫害 11 种。为了全面准确地掌握吉林省检疫性实蝇的发生种类和分布情况，在全省范围内开展了检疫性实蝇监测工作，制定了《吉林省检疫性实蝇监测方案》，举办了检疫性实蝇监测培训班，在全省设立了120个检疫性实蝇监测点。进一步加大了对供港活牛检验检疫监管力度，确立了吉林省供港活牛检验检疫监管的工作模式，全年检验检疫供港活牛2685头，货到香港后，无一例出现问题。

按照国务院以及国家质检总局关于严厉打击假冒伪劣进出口商品、整顿和规范市场经济秩序的精神，成立了打假办公室和整顿和规范市场经济秩序办公室，研究确定了重点整治目标，并制定了整治方案。成立了专门的工作队伍。在3.15国际消费者权益保护日，组织了大规模的打假集中行动，先后稽查了汽车贸易城、卓展、国商、韩国专卖店、宜春轮胎城等企业，检查的商品有进口食品、轮胎、小家电等。发现进口食品超过保质期、进口家电不符合国家强制性标准及国家进口安全质量许可制度；进口食品和化妆品既没有检验检疫手续又没有中文标签和CIQ标志；进口轮胎无检验检疫手续、无CCIB标志等。对这些违法违规行为，依法进行了查处。

按照国家质检总局《关于专项打击批发销售国外旧服装的通知》的要求， 8月17 日，在省政府整顿办的大力协助配合下，会同省公安厅、省技术监督局和省工商局等部门，对长春市东四条附近经营旧服装市场进行专项整治，对20多家经营旧服装的业户予以依法取缔，收缴并销毁旧服装3万余件。

全年共完成科研项目2项，其中1项获国家局成果登记，另一项正在登记中。获国家质检总局批准，发布国家标准样品2项和国家标准4项。送审国家标准样品5项，报批检验检疫行业标准6项，批准地方标准25项，报批地方标准11项，建立本局非检验检疫方法29项。获国家局优秀科技论文三等奖3篇。

吉林口岸概况

一类口岸

【长春航空口岸】 长春航空口岸于1992年4月27日经国务院批准设立。现已开通长春－汉城（韩国）、长春－香港、长春－仙台（日本）、长春－海参崴（俄罗斯）3条国际航线和1条地区航线。2001年出入境人数为12.9万人次。

长春机场位于省会长春市西郊，距市中心10.5公里。机场占地7600亩，主跑道长度为2600米，飞行等级为4D，停机坪面积为81098平方米，有11个机位。长春机场侯机楼面积13362.4平方米，其中国际侯机楼面积4172.4平方米，行李传输系统2条。

长春机场设计年旅客吞吐量89万人次，货邮吞吐量为1.4万吨。目前有国内航线30条，每周143个航班。据统计， 2001年旅客吞吐量为109.36万人次，货邮吞吐量为1.9万吨。

长春机场有较先进的指挥、通讯、导航、气象系统。还有大型油库、自动管线和加油设备等。

长春航空口岸查验机构设有：长春海关驻机场办事处、长春边防检查站、吉林出入境检验检疫局驻机场办事处。由长春市政府口岸办公室统一负责协调管理。

【图们铁路口岸】 图们铁路口岸位于延边朝鲜族自治州图们市，始建于1932年，1933年正式开设商埠，至今已有69年历史。对面是朝鲜咸镜北道南阳口岸。

图们铁路口岸是朝鲜与我国进行外贸运输的重要通道。双方间有铁路桥相连。

图们铁路口岸从1954年开通国际联运，货物可原车过轨，直达朝鲜的罗津港、清津港，并可通过罗津至俄的宽轨铁路与俄罗斯远东铁路运输网络联接。图们铁路车站系全国一等编组站，有35条编组线，月均编组能力达1200多辆，月均发客货列车90多列。图们铁路口岸年货物吞吐能力300万吨，是中朝第二大口岸。

图们铁路口岸属国际货运口岸，不具备客运功能，扩大口岸开放功能问题已列入国家“十五”口岸开放规划。经申报，增开通过图们至朝鲜罗津边境旅游列车。

口岸设有海关、边防检查站、出入境检验检疫局等机构。

2001年，图们铁路口岸进出口货物565474吨。

因中朝合建了连接图们与朝鲜南阳的公路大桥，因此又开通了图们公路口岸，该口岸属国家一类口岸，允许第三国客货通行。

2001年，口岸出入境人员21161人次，进出口货物481689吨，进出境车辆5063辆次。

【集安铁路口岸】 集安铁路口岸位于通化市所属集安市区，隔鸭绿江有铁路桥与朝方相连，对面是朝鲜满浦口岸，是中国对朝贸易、旅游的三大主要通道之一，口岸年货物吞吐量100万吨。

集安口岸肩负着中朝两国之间的国贸、地贸和旅客进出境业务。1946年1月开始设置外运机构。1954年4月，正式开始国际联运业务，当年过货量达23万吨，是历史最高水平。1964年以前，集安口岸旅客出入境由集安羊鱼头码头乘船渡江。1964年1月，改由铁路客车运送旅客。由集安每天发往朝鲜两列火车，当日返回，其中一列是客货混合。

为改善口岸通行硬环境，国家和省投资新建了口岸联检楼，总建筑面积1100平方米，于2000年10月建成。

集安口岸设有海关、边防检查站、出入境检验检疫局等查验单位。

2001年，口岸进出口货物44237吨，进出境旅客15086人次。

【珲春铁路口岸】 珲春铁路口岸位于延边朝鲜族自治州珲春市边境经济合作区南侧铁路换装站内，总建筑面积为2.15万平方米(其中口岸查验设施面积3976平方米)，占地面积为20万平方米。该铁路于1993年4月初动工兴建。1998年12月17日，国务院批准设立珲春铁路口岸。口岸距离俄罗斯卡梅绍娃亚铁路口岸26.7公里（境内8公里，境外18.7公里），设计初期年货物换装和查验能力为50万吨，旅客年查验能力为50万人次。中期货物年换装和查验能力为250万吨、旅客年查验能力为100万人次。经海关总署批准，1999年5月12日，中俄珲春－卡梅绍娃亚铁路进行了试运行。同年12月18日，俄罗斯金环铁路公司4节车皮入境，标志着该铁路初步投入运行。2001年10月17日，该口岸通过国家验收，25日，经海关总署批准，正式对外开放。口岸查验机构由中俄珲春公路口岸查验机关派驻。该口岸为国际铁路口岸，允许第三国客货通行。

2001年，进出口货物为31888吨。

【珲春公路口岸】 珲春公路口岸（原称长岭子口岸，1990年8月27日经国务院口岸领导小组批准，更名为珲春口岸）位于延边朝鲜族自治州珲春市区东南部，距市区14.1公里。对面是俄罗斯克拉斯基诺口岸，是吉林省唯一对俄开放的公路口岸。1988年5月，经国务院批准为货运口岸，1991年10月11日正式开通。1993年4月，国务院批准该口岸为国际客货运输口岸，允许第三国人通行。1996年，开通了由珲春口岸经俄罗斯扎鲁比诺港至日本伊予三岛港的陆海联运航线，主要运输我国向日本出口的木片。1999年8月18日，开通了珲春——波谢特（俄）——秋田（日）集装箱陆海联运航线。2000年4月30日，开通了珲春——扎鲁比诺（俄）——束草（韩）陆海联运客货班轮航线。同时，还开通了至海参崴等地旅游线路。

为满足大规模的经贸、旅游事业发展的需要，于2000年8月15日动工新建了口岸联检楼，设计年过货能力60万吨，年过客能力60万人次。总建筑面积为4894平方米，客货通道分设、出入境通道分设，并于2000年底正式交付试用。

口岸设有海关、边防检查站、出入境检验检疫等机构。

2001年，珲春口岸进出口货物50171吨，出入境人员215999人次，进出境运输工具14855辆次。

【圈河公路口岸】 圈河公路口岸位于延边朝鲜自治州珲春市区东南部，座落在圈河与图们江汇合处，距图们江入海口36公里，距市区40公里，距朝鲜罗津先锋市（简称罗先市）51公里，交通便利。对面是朝鲜元汀国际口岸，双方间有公路桥相连，是我国直接进出朝鲜罗先自由经济贸易区的唯一通道。圈河口岸历史上曾经是重要通商口岸，解放后一直作为国家二类口岸运行，是中朝边民探亲往来的重要通道。1981年9月，在中朝双方公安、安全总代表第13次例会上，根据中方意见，双方确定自1982年1月1日起暂时关闭。其主要原因是：当时珲春尚未开放，口岸客货流量少，以及口岸工作人员吃、住和交通不便等。

随着图们江下游地区国际合作开发步伐的不断加快，1995年9月4日，经吉林省政府批准，恢复开通了圈河公务通道。同年，开通了由圈河通道经朝鲜罗津港至韩国釜山的陆海联运航线，并开通了中朝珲春——罗津2日游。1997年1月，经国家同意，圈河公务通道允许通行第三国人。1998年12月17日，国务院正式批准设立圈河口岸。2001年10月17日通过国家验收，10月25日，经海关总署批准，作为一类口岸正式对外开放。

该口岸年设计过货能力60万吨，旅客验放能力为60万人次。口岸基础设施新建，出入境通道和客货通道均分设，功能比较齐全。口岸查验机构由珲春口岸查验部门派驻。

2001年，进出口货物162393吨，出入境人员162089人次，进出境运输工具40585辆次。

【三合公路口岸】 三合口岸位于延边朝鲜族自治州龙井市三合镇，对面是朝鲜咸镜北道会宁口岸，双方间隔图们江有公路桥相连。

三合口岸始建于1930年。新中国成立后，为了便于中朝两国人民之间的友好往来和边境贸易，自1950年起先后设立了三合口岸联检机构。

为了进一步适应对外开放的需要，改善陈旧口岸面貌，经上级有关部门支持，投资新建了面积为2000平方米的联检楼，为出入境旅客创造了良好的环境和条件。

三合口岸距朝鲜清津港83公里，是从中国进入朝鲜东海岸，出日本海和太平洋的理想通道。

三合口岸是客、货运输口岸，人员年通过能力为8万人次，货物年通过能力为40万吨，车辆年通过能力为1.5万辆。

三合口岸设有海关、边防检查站、出入境检验检疫局等机构。

2001年，三合口岸进口货物量13120吨，出入境人员16756人次，出入境车辆3184辆次。

【临江公路口岸】 临江口岸位于白山市所属临江市，属国家一类口岸，始建于1950年。对面是朝鲜慈江道中江口岸隔鸭绿江相望，双方间有国境公路桥相连。

临江口岸始建于1950年，改革开放前仅限于朝鲜借道运输和双方公务人员、边民探亲通行。改革开放后，口岸的功能得到了充分发挥，外贸、边贸空前活跃，进出境货物量大幅度增加。最多时，口岸出入境车辆每日达260车次。

临江口岸设有边防检查站、海关、检验检疫等机构。

2001年，临江口岸进出口货物10777吨，出入境人员10926人次，出入境车辆4804辆次。

【开山屯公路口岸】 开山屯口岸位于延边朝鲜族自治州龙井市东部36公里的开山屯镇，对面是朝鲜咸镜北道三峰口岸，是国家一类公路口岸。有一座公路桥与一座铁路桥（铁路桥始建于1933年，伪满时期使用，新中国成立以后因种种原因，停止使用）与朝方相连。开山屯口岸距朝鲜清津港120公里、罗津港96公里。

开山屯口岸是中朝双方边民探亲和进行边贸的口岸。始建于1930年，1950年相继建立起联检机构。

开山屯口岸设计人员年通过能力为2万人次，货物年通过能力为2万吨，车辆年通过能力为5000辆次。

开山屯口岸设有海关、边防检查站、出入境检验检疫局。

2001年，开山屯口岸进出口货物930吨，出入境人员2533人次，进出境车辆386辆次。

【南坪公路口岸】 南坪口岸位于延边朝鲜族自治州和龙市南坪镇，对面是朝鲜咸镜北道茂山口岸，双方间隔图们江有临时公路桥相通。口岸距朝鲜茂山郡12公里，距朝鲜清津市150公里，交通便利。口岸于1951年正式开放，2000年9月，因洪水冲毁国境桥而暂时关闭。目前，正与朝方协商修建永久性国境桥。

口岸设有海关、边防检查站、出入境检验检疫局等机构。

【大安港口岸】 大安港是吉林省唯一的内河口岸。1990年12月3日经国务院批准为对外开放一类口岸。

大安港位于大安市城区北4公里的嫩江右岸，对岸是黑龙江省的肇源县，作为水陆码头已有80多年历史，俗称“老坎子”码头。1958年正式建港，后几经扩建，形成了布局合理、配套齐全，具有一定规模的港口。主要外贸对象为俄罗斯。从大安港顺流而下经嫩江、松花江、黑龙江省的同江港进入黑龙江，上可到达俄罗斯布拉戈维申斯克，下经下列宁斯科耶、哈巴罗夫斯克（伯力）、共青城、尼古拉耶夫斯克（庙街）港进入日本海。航道从每年4月15日开航，至11月5日终航，航期为200天，航期内可往返16个航次；至黑河港（俄方为布拉戈维申斯克港），全程1800公里，一次往返加在港时间共18天，航期内可往返9个航次；至俄哈巴罗夫斯克港，全程1300公里，一次往返加在港时间共14天，可往返12个航次。从1992年起，该口岸关闭。

二类口岸

【长白口岸】 长白口岸位于白山市所属长白朝鲜族自治县，东南与朝鲜两江道首府惠山市及其它五郡56万人口隔鸭绿江相望。边境线长260.5公里，距离通航日本及东南亚各国的朝鲜罗津港301公里。是中朝界河鸭绿江上游的第一个公路口岸。

长白口岸设立于1950年，是我国通往朝鲜的重要口岸之一。为更好的发展地方经贸和周边地区的对朝贸易，加强中朝两国人民之间的友好往来，中国长白－朝鲜惠山于1985年10月，在鸭绿江共同修建了长白－惠山国际公路大桥。为增强长白口岸的综合验放能力，改善联检机关的办公条件，地方政府筹集资金510万元，于1993年－1994年新建了总建筑面积4000平方米的口岸联检大楼。

长白口岸联检机关设置齐全，口岸设有海关、边境检查站、出入境检验检疫局等机构。

长白县是我国唯一的朝鲜族自治县。五十多年来，特别是改革开放以来，在党的民族政策的光辉照耀下，长白发生了巨大的变化，呈现出政治稳定，经济发展稳步增长的喜人局面，为口岸各项事业的发展提供了宽松优越的环境。1988年，经吉林省政府批准，长白县享受县级市待遇。1991年，经公安部批准，被列为外国人开放县。1992年，被吉林省政府列为省级经济开发区。同年，经国家旅游局批准，又开通了赴朝“一日游”、“二日游”、“三日游”。

2001年，进出口货运总量为36075吨，贸易总额为741万美元，出入境人员31846人次，出入境车辆8320辆次。

【沙坨子口岸】 沙坨子口岸位于延边朝鲜族自治州珲春市三家子乡，始建于日伪时期，距珲春市区11公里，对面是朝鲜赛别尔口岸，双方间隔图们江有公路桥相通。改革开放前，主要为中朝双方边民探亲往来服务。自1985年起，开始过货。

沙坨子口岸设计年过货能力为5万吨，过客能力为5万人次。经过改造，目前高峰期过货能力可达10万吨，过客能力可达10万人次。

口岸设有海关、边境检查站、检验检疫局等机构。

2001年，沙坨子口岸进出口货物5863吨，出入境人员11242人次，出入境运输工具1595辆次。

【古城里口岸】 古城里口岸位于延边朝鲜族自治州和龙市崇善镇，对面是朝鲜两江道三长口岸，双方间隔图们江有公路桥相通。口岸距和龙市80公里，距延吉市155公里，距朝鲜大红丹郡24公里，距朝鲜惠山市175公里，交通便利。口岸于1953年正式开放，是延边朝鲜族自治州通往朝鲜两江道的唯一口岸。

口岸设有海关、边境检查站、出入境检验检疫机构，由南坪口岸派驻。

2001年，口岸出入境旅客4899人次，进出口货物6936吨，进出境车辆1856辆次。

【老虎哨口岸】 老虎哨口岸位于通化市所属集安市榆林镇，与朝鲜慈江道渭源口岸隔鸭绿江相望，中朝双方均通过摆度运送旅客和车辆。口岸只允许通行中朝两国边民、公务人员和临时过货。该口岸距离集安市63公理，有公路相通。

口岸设有海关、边境检查站、出入境检验检疫机构，由集安口岸派驻。

2001年，老虎哨口岸进出口货物11400吨，进出境旅客4071人次。

吉林省边贸进出口概况

吉林省是边疆近海省，东部与俄罗斯陆路接壤，南部同朝鲜隔江毗邻。全省边境线长1447.25公里，其中，中朝边境线长1206公里，中俄边境线长241.25公里。延边、通化、白山三个市、州的10个边境市县、与朝鲜的咸镜北道、两江道、慈江道的19个市、郡毗邻；珲春市同俄罗斯滨海边疆区的哈桑区相临。全省现有一类口岸11个、二类口岸4个、临时过货口岸14个。上述独特的地理位置和周边环境为边贸的开展提供了得天独厚的良好条件。

【边贸进出口基本情况】 2001年，吉林省边境小额进出口额为13992 万美元，比上年增长11 %。其中出口7334万美元，增长12%；进口6658万美元，增长6%。对朝鲜进出口额为9783万美元，增长23 %。其中出口为7060万美元，增长12%；进口为2723万美元，增长45 %。对俄罗斯进出口额为3914万美元，下降15 %。其中出口274万美元，增长30%；进口3640万美元，下降19 %。各地区边贸进出口额依次为：延边9902万美元，白山2238万美元，通化1519万美元。

【边贸主要出口品种和出口额】 2001年，完成出口轻纺产品1906万美元；煤炭21万吨，878万美元；机电产品789万美元；面粉3万吨，532万美元；大米2.5万吨，525万美元；钢材6757吨，263万美元；肉类产品6757吨，211万美元；海产品160万美元。主要进口品种和进口额为：木材24.4万立方米，1436万美元；废钢12万吨，877万美元；药品798万美元；钢材4.95万吨，788万美元；轻纺产品309万美元；矿产品128万美元；蔬果96万美元。

【边贸运行的主要特点】

1. 边境贸易商品结构主要呈资源优势互补型。全省边贸出口产品主要是粮食、轻纺产品、煤炭等，多属于劳动密集型产品和初级产品；进口则主要是木材、钢材、药材等多属资源性产品。全省边贸进出口商品有着很强的互补性。

2. 对朝鲜出口多，进口少；对俄罗斯进口多，出口少。2001年，全省对朝边贸出口7060万美元，占全省边贸出口总额的96%；从俄罗斯进口额为3640万美元，占全省边贸进口总额的57%。

3. 经营主体相对集中。对俄罗斯经贸经营主体以省直外贸公司和延边州边贸公司为主，贸易额的80%集中在这些公司内。对朝鲜经营主体以延边州、白山市、通化市边贸公司为主，对朝边贸额的95%以上集中在这些企业。

4. 现汇贸易比重逐渐增加。近两年对朝出口结算，用人民币和美元现钞支付比重增加，对俄进口80%以上是现汇进口。

【主要成绩】

1. 围绕年初边贸出口目标积极开展工作。2001年，在国际市场萧条、世界经济萎靡的情况下，全省边贸出口保持了稳步增长。

2. 抓重点，培养扶持骨干出口企业。在全省边贸134家企业中，选择了20家出口大户实行重点管理和调度，这些企业的出口额已占全省边贸出口总额的85%以上。

3. 清理整顿边贸企业。为了规范边贸秩序，强化管理，在充分调研的基础上，取消了17户无业绩和经营能力差的边贸企业经营权。

4. 组织了两个经贸企业代表团，分别在俄罗斯的海参崴和伊尔库茨克两地进行了经贸项目对接与洽谈，取得了实质性成果。

5. 组织召开“中俄边境和地方经贸协调委员会第四次会议”，会议取得了圆满成功，受到了中外方代表的一致好评。

6. 在长春组织举办了“中俄企业经贸对接洽谈会”，共有120余位中外方企业代表参加了洽谈会，签订合同、协议及意向80余项。

7. 在充分调研的基础上，起草了针对性和时效性较强的《吉林省进一步拓展俄罗斯市场的意见》呈报省政府。

2001年全省各市州对俄、朝进出口情况表

金额单位：美元

单位名称	对俄朝		其中：对俄罗				其中：对朝鲜			
	出口合计	同比%	出口	同比%	进口	同比%	出口	同比%	进口	同比%
全省合计	151680181	40.41	12521182	27.47	57335765	−2.14	139158999	41.7	30179700	52.03
其中：边境贸易	73338226	12.71	2740872	29.88	36397019	−19.3	70597354	12.14	27228280	45.96
延边合计	53843220	22.95	3618.461	25.2	42363603	−10.75	50224759	22.79	19957113	131.54
其中：边境贸易	45045995	18.13	2740872	30.19	36023287	−19.68	42305123	17.43	17948916	139.32
白山合计	21139892	126.74	302987	523.43	0	−100	20836905	124.66	5448350	31.22
其中：边境贸易	17235218	109.9	0	0	0	−100	17235218	109.9	5137378	24.15
通化合计	13986652	−39.11	512708	120	5632539	839.62	13473944	−40.74	4684145	−33.25
其中：边境贸易	11050893	−40.91	0	0	0	0	11050893	−40.91	4142186	−40.97
长春合计	61008248	117.83	7288877	54.24	9234331	−10.87	53719371	130.74	90092	45.08
吉林合计	1670584	−57.3	798149	−58.09	105292	−1.93	872435	−56.56	0	0
四平合计	0	−100	0	100	0	−100	0	0	0	0
辽源合计	31585	0	0	0	0	0	31585	0	0	0
白城合计	0	0	0	0	0	0	0	0	0	0
松原合计	0	0	0	0	0	0	0	0	0	0

2001年12月边境小额贸易出口主要商品情况表、

金额单位：万美元

商品名称	单位	出口		上年同期		同比增减（%）	
		数量	金额	数量	金额	数量	金额
经纺产品	万美元		1906		1537		24.01
煤炭	吨	214443	878	89355	364	139.99	141.27
机电产品	万美元		789		768		2.74
面粉	吨	29553	532	19624	356	50.60	49.52
大米	吨	24646	525	38599	1052	−36.15	−50.10
钢材	吨	6757	263	5967	234	13.23	12.14
肉类	吨	2326	211	130	14	1689.11	1402.25
海产品	万美元		160		45		257.53
蔬果	万美元		97		119		−17.87
润滑油	吨	1831	90	2669	130	−31.39	−30.76
矿厂品	万美元		68		101		−32.37
大豆	吨	2735	67	4150	85	−34.10	−20.98
汽油	吨	1719	66	5292	177	−67.51	−62.54
玉米	吨	3464	56	14052	211	−75.35	−73.64
药品	万美元		52		68		−23.96
柴油	吨	1232	49	1315	44	−6.35	11.22
化肥	吨	2678	43	8159	128	−67.18	−66.30
木材	立方米	97	9	5	1	1829.39	656.33
烟草	万美元		3		2		62.29

注：按当年出口金额大小排序

2001年12月边境小额贸易进口主要商品情况表

金额单位：万美元

商品名称	单位	进口		上年同期		同比增减（%）	
		数量	金额	数量	金额	数量	金额
木材	立方米	243879	1436	467982	2710	−47.89	−47.02
废钢	吨	121006	877	198516	1599	−39.04	−45.16
药品	万美元		798		103		677.06
钢材	吨	49529	788	36395	571	36.09	37.85
经纺产品	万美元		309		247		25.10
矿产品	万美元		128		96		34.43
蔬果	万美元		96		10		862.22
海产品	万美元		66		15		348.96
石棉	吨	1209	19	64	1	1803.82	1898.25
机电产品	万美元		13		1		1097.94

注：按当年进口金额大小排序

吉林口岸大事记

1月4日至10日

长春海关开展打击边境汽车走私联合行动，抓获24台走私汽车。

2月9日

总参谋部以（2001）参作字第40号文复函国家民航总局并空军，同意延吉机场对外开放。

2月18日

由海关总署、国家外汇管理局等12个部委联合建立的“口岸电子执法系统”正式启动。

3月30日

大连大窑湾港至长春南站首次开通集装箱“五定”班列，112标箱转关货物运抵一汽海关监管场站。

4月16日

吉林检验检疫局在吉林市亚森实业有限公司从美国进口的红橡木单板的木托盘中，截获到15头死的天牛成虫和5头活的幼虫，经鉴定为美国断纹尼虎天牛，在我国属首次截获。

4月28日

图们检验检疫局敦化办事处成立。

5月22日

海关总署办公厅以署办函[2001]84号文批复省口岸办，同意延吉机场于2001年6月1日至9月30日临时对外开放。

6月3日

延吉——汉城（韩）临时客运包机开通。

6月6日

海关总署办公厅以署办函[2001]121号文批复省口岸办，同意6月15日至10月12日期间，延吉至海参崴（俄）客运包机在延吉机场临时出入境。

6月12日至13日

中俄边境和地方经贸合作协调委员会第四次会议在长春召开，中方轮值主席副省长魏敏学与俄方轮值主席滨海边疆区副行政长官斯捷格尼共同主持了会议。

6月15日

吉林检验检疫局在检验30万吨合成氨进口设备中，发现来自意大利热那亚港的ICSU150500/5集装箱的木箱上有虫蛀木板5块，同时发现死亡成虫20头，经鉴定为西部大小蠹，在我国尚属首次发现。

6月20日

沙坨子口岸边境检查站办公楼开工建设，11月7日正式交付使用。

7月18日

恢复开通了长春——海参崴（俄）定期航班。

7月20日

延吉——海参崴（俄）临时客运包机开通。

8月23日

长春第一汽车厂海关监管站新场所落成。

8 月 23 日

吉林公安边防总队与俄罗斯太平洋地区管理局进行了工作会晤。双方就口岸通行等有关问题进行会谈并签署了《会谈纪要》。

9 月 5 日

吉林省委、省政府召开“2000—2001 年度全省精神文明建设先进单位、先进工作者表彰大会”，长春海关、吉林检验检疫局作为先进单位受到表彰。

9 月 6 日

海关总署侦查局、调查局、公安部边防局、交管局组成的打击中朝边境汽车走私联合调查组到长春海关调研，并与长春海关及侦查分局、吉林省公安厅边防局、交警总队有关负责同志进行了座谈。

9 月 28 日

海关总署以署办函[2001]276 号文批复，同意延吉机场于 2001 年 10 月 1 日至 12 月 31 日对外开放。

10 月 16 日至 17 日

由海关总署牵头，公安部、质检总局、吉林省口岸办、延边州政府共同组成验收组，对珲春对俄铁路口岸、圈河对朝公路口岸对外开放前的准备工作进行检查验收，通过了验收纪要。

10 月 18 日

长春 ---- 大连海铁联运快捷式通关开通。

10 月 25 日

海关总署以署岸函[2001]414 号、415 号文函告全省，同意珲春圈河公路口岸、珲春铁路口岸正式对外开放。

11 月 12 日

根据《国务院办公厅关于进一步提高口岸工作效率的通知精神》(国办发明电[2001]38 号)，省口岸办主持召开了国家驻省有关检查部门座谈会，并成立了口岸联络协调领导小组。

11 月 13 日

海关总署、公安部打击中朝边境走私汽车斗争会议在长春召开。公安部副部长赵永吉、海关总署副署长盛光祖参加了会议。讨论通过了《海关总署、公安部关于开展打击中朝边境走私汽车专项斗争的行动方案》。

11 月 17 日

在珲春口岸举行“中国公民乘坐珲春——束草”陆海联运班轮航线客运航班首航仪式。

12 月 7 日

经国家批准，省政府正式启动珲春市中俄互市贸易。

12 月 9 日

吉林省政府决定投资 1000 万元人民币与俄方合资建设克拉斯基诺口岸查验楼工程。

12 月 20 日

长春海关侦查分局所辖的集安海关侦查支局在集安市挂牌成立。

12 月 21 日

“长春——香港”定期航班新增一个班次。

12 月 26 日

全省检验检疫工作会议召开，魏敏学副省长到会讲话。

黑龙江省

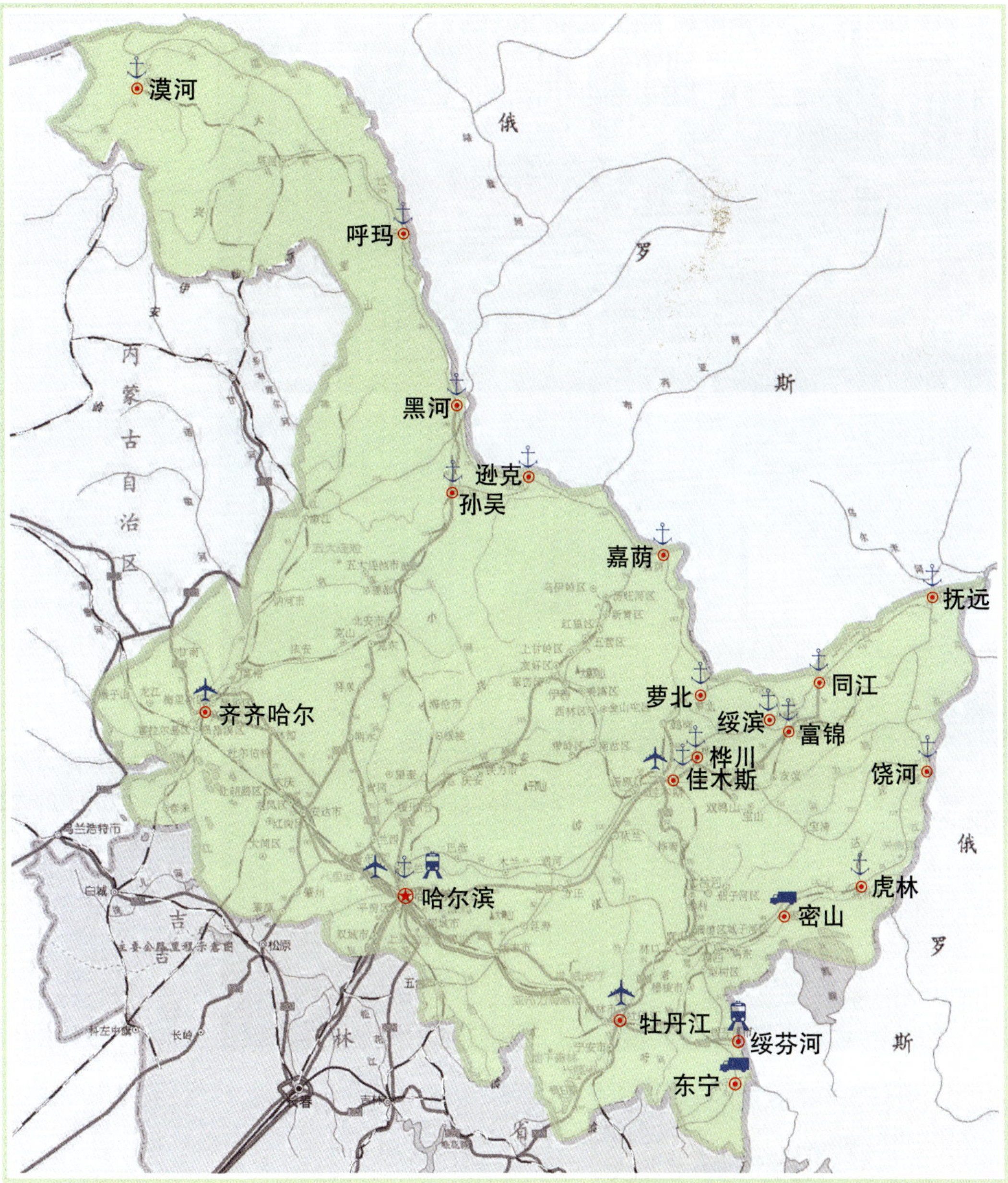

图　　例

省级行政中心　铁路口岸　公路口岸

口岸城市　航空口岸　海(河)运口岸

独具特色的冰封期冰上汽车运输

绥芬河公路口岸国门

哈尔滨铁路口岸是第一个试点开放的内陆铁路货运口岸

中俄边境最大的界河桥

黑龙江口岸工作综述

黑龙江省地处祖国东北边陲，位于东北亚区域腹地，现已成为对俄罗斯及其他独联体国家开放的前沿。北部和东部隔黑龙江、乌苏里江与俄罗斯相望，西部与内蒙古自治区为邻，南部与吉林省连接。沿着黑龙江省与俄罗斯远东地区接壤的3000多公里边境线两侧，双方座落着20对对应城镇。这些对应城镇有的隔江相望、水陆相连，有的铁路相接、公路相通，使黑龙江省沿江、沿边、沿线对外开放的地缘优势得天独厚。早在17世纪，黑龙江省与俄罗斯远东地区的边民就开展了边境贸易。新中国成立后，特别是50年代，黑龙江省对原苏联在铁路、公路、河运、航空等运输方式上都有过通车、通航的往来。60年代以后，黑龙江省较长一个时期对外只有一个绥芬河铁路货物交接口岸。改革开放以来，随着中俄经贸合作和边境旅游的发展，全省已获准对外开放一类口岸达24个。其中，水运口岸有哈尔滨、佳木斯、桦川、绥滨、富锦、同江、抚远、饶河、萝北、嘉荫、逊克、孙吴、黑河、呼玛、漠河；公路口岸有东宁、绥芬河、密山、虎林，航空口岸有哈尔滨、齐齐哈尔、牡丹江、佳木斯；铁路口岸有绥芬河火车站、哈尔滨内陆港。上述获准开放口岸现已开通使用20个，其余正在筹建中。这些口岸星罗棋布在全省沿边14个市县和松花江、嫩江流域6个市县，构成了水陆空俱全和客货运兼有的口岸群体，在全国口岸对外开放总体格局中独具优势。

在已开通使用的20个口岸中，不仅具有铁路、公路、河运、航空等常规运输功能，而且为了充分利用好口岸，还开辟了在全国边境口岸中独具特色的冰封期冰上汽车运输，明水期轮渡汽车运输、流冰期气垫船运输、季节性直升飞机运输及江海联运、陆海联运。同时，几乎每个口岸都开辟了旅客运输业务。现已获准开通了11条水上客运航线、10条公路(含冬季冰上)客运线路、2条铁路客运线路、7条国际正班飞行航线和18条不定期国际直航包机航线。这些客运航线与俄罗斯、日本、韩国、香港等20多个国家和地区的城市对接，不仅为出国经贸团组和对外劳务合作提供了方便，而且为发展对外旅游和边民互市贸易创造了条件。

2001年，全省口岸工作在各级党委和政府的领导下，在国家和省有关部门支持下，认真贯彻省委八届四次全会和全省经济工作会议精神，继续管好用好、发展完善现有口岸，努力提高口岸开放质量和水平，为发展黑龙江省对外经贸、旅游事业和实现省委、省政府提出的“富民强省”的战略目标贡献力量。全省口岸克服了国内外市场变化和政策调整及松花江全线枯水停航带来的困难，客货运输生产继上年双创历史新高之后，仍持续稳步增长。全省口岸年货运量完成527万吨，比上年增长28.9%；客运量完成218万人次，比上年增长7.4%，再次双创历史新高。

【继续抓好相关口岸开放的未尽事宜，争取尽早发挥口岸对外开放效益】 口岸工作是一项系统工程，每年相关口岸都有很多未尽事宜需要办理，它关系到口岸效率和效益的发挥，应不失时机地抓紧抓实。一是对绥芬河公路口岸正式开放准备工作进行了预验收。二是对佳木斯航空口岸建设及其开放准备工作进行督促检查，促使5720平方米候机联检厅竣工即将交付使用。三是就开通佳木斯市经同江口岸至俄罗斯比罗比詹市国际客货运输线路事宜，以省政府名义报请国家主管部门同意，使该运输线路于1月份开通运行。四是就哈尔滨经绥芬河和东宁公路口岸至俄罗斯乌苏里斯克、符拉迪沃斯托克的国际汽车客货运输事宜，以省政府名义正式报请国家主管部门审批。五是会同有关部门对东宁口岸现场新设施启用前的准备工作进行了检查验收，同意其正式搬迁启用。六是就继续开通漠河县洛古河临时过货通道事宜，以省政府名义报请国家主管部门同意批准该临时通道开通时限为3个开关期。七是就请求批准黑河机场对外开放事宜，征求省有关部门同意后，以省政府名义商请国家有关部门审批。八是积极参与协调和促成开通绥芬河至俄罗斯符拉迪沃斯托克国际列车事宜，并建议铁道部向国务院请示该事由时，为查验单位申请增加人员编制。

【总结推广口岸综合管理经验，推动口岸客货运输生产逐步增长】 口岸客货运输生产的好坏是检查口岸综合管理水平重要标志之一，它关系到该口岸的发展前途和命运。2001年继续采取以往行之有效的办法，如定期通报口岸运输生产情况，促进口岸综合管理力争上游；要求运量较大的口岸维护运输生产秩序，防止口岸出现人为压车压站和压港压船；协调有关部门优化口岸通关环境，加快客货进出境验放速度等。同时，重点采取了总结专题经验，依靠典型引路办法，先后深入有关口岸进行调查研究，通过《龙江口岸情况》简报和《黑龙江日报》、《黑龙江经济报》、黑龙江电视 台等新闻媒体，宣传推广密山管好用好口岸，双创历史新高的经验；虎林扩大大米出口，增加口岸运量的经验；同江加强口岸建设，适应经贸发展的经验；饶河优化口岸环境，促进口岸繁荣的经验；洛古河通道运输忙，查验人员做奉献的经验。从而使口岸所在市县政府更加重视口岸运输生产，关心口岸综合利用，口岸效益明显提高。全省口岸运输生产呈现以下3点可喜之处：一是原来货运量基数较大的口岸又有新增长，绥芬河公路、同江、绥芬河铁路、哈尔滨铁路等口岸比上年分别增长13%、24%、30%、38%。二是继上年逊克、饶河、漠河（含洛古河）口岸货运量超过5万吨，萝北、抚远、富锦口岸货运量也超过5万吨，其中萝北口岸近7万吨，比上年增长8倍多。三是绝大部分口岸客运量均有不同程度增长，增幅较大的口岸有密山、哈尔滨航空、东宁、绥芬河公路等口岸，比上年分别增长45%、23%、18%、10%。其中绥芬河公路口岸达44万人次，东宁口岸达28万人次。

【认真落实中俄口岸工作组会谈纪要，积极促进对应口岸同步正常运转】 根据中俄总理会晤委员会运输合作分委会口岸工作组第四次会议纪要，年初全省口岸工作会议对双方延长口岸工作时间问题做出详细安排。3月3日省口岸办又发出《关于落实中俄边境口岸统一实行不少于8小时工作制的通知》，要求各边境口岸本着实事求是和因地制宜的原则，结合本口岸客货运量、运输方式、季节变化、现场距离等具体情况协商双方口岸工作时间，强调已实行不少于8小时无午休工作制的，要根据需要做调整；因俄方口岸建设滞后而难以执行的，应借此机会敦促俄方。由于目标明确，措施落实，目前已取得了积极进展。

继绥芬河——波格拉尼奇内公路口岸实行12小时工作制后，东宁——波尔塔夫卡公路口岸于6月起也实行12小时工作制，黑河、同江等水运口岸与俄方对应口岸分别就明水期船舶运输、流冰期气垫船运输、冰封期汽车运输制定统一作息时间，其中船舶运输近10小时、气垫船运输8.5小时、汽车运输9小时，基本满足了目前对外经贸和旅游发展的要求。

【深入开展争创文明高效口岸活动，不断提高全省口岸综合管理水平】 口岸工作涉及众多部门、多道环节，为加强部门配合，发挥整体作用，口岸系统多年来一直坚持开展共建社会主义精神文明活动。2001年，省口岸在共建活动中突出了“文明高效”主题，以提高全省口岸综合管理水平。1月初召开的全省口岸工作会议上，对全省口岸共建社会主义精神文明先进单位进行了表彰奖励，对全省口岸共建活动起到巨大推动作用。2月中旬省口岸办又发出《关于开展争创文明高效口岸活动的通知》，对年度共建活动做出认真部署，要求各口岸抓紧做好共建活动方案，把口岸共建活动推向深入。年内通过口岸系统的相互学习、相互促进、相互监督，加强了单位和部门之间的紧密配合，为优化口岸通关环境做出了成绩。 （纪有营）

2001年全省口岸客货运量统计表

单位：吨、人次

项目 口岸	货运量合计	其中		客运量合计	其中	
		进口	出口		入境	出境
全省合计	5813044	4868273	944771	2212834	1114766	1098068
铁路运输	4181973	4005927	176046	380585	179148	201437
船舶运输	734771	512379	222392	522469	267332	255137
汽车运输	895417	349396	546021	1137313	582939	554374
航空运输	883	571	312	172467	85347	87120
绥芬河	4252690	3969957	282733	825609	418338	407271
铁路运输	4077396	3953378	124018	380585	179148	201437
汽车运输	175294	16579	158715	445024	239190	205834
黑河	310660	264388	46272	510980	264961	246019
船舶运输	213301	183567	29734	376607	194336	182271
汽车运输	97359	80821	16538	134373	70625	63748
航空运输						
同江	153167	141143	12024	14734	7317	7417
船舶运输	147792	136928	10864	10657	5348	5309
汽车运输	5375	4215	1160	4077	1969	2108
哈尔滨	105460	53120	52340	172467	85347	87120
铁路运输	104577	52549	52028			
船舶运输						
航空运输	883	571	312	172467	85347	87120
佳木斯						
船舶运输						
航空运输						
逊克	51054	41818	9236	43492	21725	21767
船舶运输	23161	18155	5006	29968	14963	15005
汽车运输	27893	23663	4230	13524	6762	6762
东宁	301278	123850	177428	283307	136427	146880
汽车运输	301278	123850	177428	283307	136427	146880
抚远	61720	56594	5126	81983	41012	40971
船舶运输	61720	56594	5126	81983	41012	40971
汽车运输						
密山	41688	5775	35913	212267	105795	106472
汽车运输	41688	5775	35913	212267	105795	106472
虎林	146368	19968	126400	10294	5061	5233
汽车运输	146368	19968	126400	10294	5061	5233
富锦	62000	59000	3000	366	227	139
船舶运输	62000	59000	3000	366	227	139
绥滨						
船舶运输						
嘉荫	198	166	32	42	21	21
船舶运输	198	166	32	42	21	21
汽车运输						
萝北	69743	54391	15352	11019	5459	5560
汽车运输	5819	362	5457	3144	1519	1625
船舶运输	63924	54029	9895	7875	3940	3935
饶河	182375	4640	177735	40097	19939	20158
船舶运输	162675	3940	158735	14772	7386	7386
汽车运输	19700	700	19000	25325	12553	12772
漠河	74663	73483	1180	6177	3137	3040
船舶运输				199	99	100

续表

项目 / 口岸	货运量合计	其中		客运量合计	其中	
		进口	出口		入境	出境
汽车运输	74663	73483	1180	5978	3038	2940

黑龙江口岸查验单位工作综述

哈尔滨海关

2001年，哈尔滨海关在总署党组的领导下，按照“三个代表”的要求，认真贯彻全国海关关长会议精神，统一思想、加强管理，较好地完成了全年各项工作任务。

2001年，全关区监管进出境货物527.4万吨，比上年增长28.9%；监管进出境运输工具30.9万辆（艘）次，增长18.1%；监管进出境人员218.3万人次，增长6.4%；监管快递和非贸易性行邮物品69.5万件，增长20.9%；关税收入出现可喜增长，征收两税合计58591万元，增长24.5%，提前3个月完成了全年税收任务。主要工作是：

【加强基础工作】 通关作业改革后，各部门建立制度、完善办法、规范作业程序，确保了各项工作的正常运转。分阶段地解决了通关作业改革后存在的职能交叉、职责不清的问题。

【提高关区业务管理的科技含量】 完成了口岸电子执法系统推广的前期工作。完成了跨关区快速通关系统的安装、调试和培训。顺利地实现了H883EDI/V5.0版的切换和新转关系统的应用。完成了安全认证系统SCA的设备安装、系统调试和试运行工作和部分海关网络改造工程，超短波通讯设备的安装调试工作。绥芬河、东宁H986工程顺利竣工，投入试运行。政务信息网的设备安装、系统安装测试正按总署统一要求加紧进行。

【严格执法，有效监管，较好地履行了海关各项管理职能】 加强《海关法》的学习教育，应用执法效绩分析评估机制、统计执法评估系统，对关区执法情况进行检查和监督。强化纪律观念，坚持责任追究制和重大问题请示报告制度，强化垂直领导意识。着力构筑关区物流监控框架体系，监管、通关、统计和各业务现场加强协作，确保实际监管到位。侦查、调查部门按照“依法分工、联合办案”的原则，发挥刑事、行政执法合力，严厉打击走私违法活动，特别是深入开展了打击中朝边境汽车走私专项斗争。坚持依法征收，依法减免，较好地完成了税收任务。

【树立服务意识，提高服务层次】 一是全力支持扩大外贸出口，出台了《哈尔滨海关支持扩大外贸出口的20项措施》。二是以积极主动的姿态加强与地方政府的联系，主动配合地方的工作。特别是扩大全省对外开放、支持扩大外贸出口、发展对俄经贸方面，都提出了积极的、建设性的意见。三是配合地方工作，加强与俄方海关的协调。

【以扎实有效的工作树立海关良好的外部形象】 继续深入开展文明窗口建设，积极参加省委、省政府组织的“四好一满意”活动和“双评”活动，获得“四好一满意”先进单位的荣誉称号。

黑龙江省公安边防总队

2001年，黑龙江省公安边防总队在开展出入境边防检查工作中，紧紧围绕全国出入境边防检查工作要点，大力开展业务规范化建设，严格执法，依法行政，严密查控，严厉打击了口岸偷渡、走私等违法犯罪活动。一年来，总队所属各边防检查站共检查来自俄罗斯、日本、韩国等66个国家和地区的出入境人员2184093人次（其中旅客1913480人次，员工270613人次）；检查出入境交通运输工具155242辆（列、架、艘）次，比上年分别增长7.4%和0.5%；共接收境外遣返我国公民123人；查处偷渡案件139起187人；与俄进行涉外联系328次。圆满完成了各项工作任务。

【克服困难，积极工作，完成检查任务量，再创历史新高】 2001年，是黑龙江省口岸有史以来出入境人员流量最大的一年。针对旅客流量逐年增长、边防检查任务繁重的严峻态势，总队采取了一系列有效措施，做到超前预测、超前准备、超前工作，确保全年口岸畅通和出入境秩序稳定。各边防检查站根据中俄总理定期会晤委员会运输合作分委会口岸工作组的情况通报和国家有关鼓励出境旅游政策的调整内容，针对人员少、技术设备短缺的困难，能够急政府工作之所急，积极调剂人员，充实到检查一线，并提前做好了设备、通道等准备工作，确保了7、8月份和“5.1”、“10.1”出入境客流高峰期边防检查工作顺利实施。绥芬河边防检查站针对公路现场目前尚无检查人员编制，同时又担负着互市贸易区管理工作的实际情况，在保证机关事务性工作能够正常运转的前提下，将全站63%的人员充实到一线检查现场。及时组织人员培训，提高检查员素质，加快口岸验放速度，确保占全省三分之一的边防检查任务量顺利完成。东宁边防检查站为确保口岸畅通，积极与俄方会晤协商，于6月份正式实施了12小时工作制。同时，该站针对旧址口岸建设已不能满足客流量日益增长客观需要的实际，根据公安部《国家对外开放口岸边防检查现场设施标准》，积极向当地政府建议，重新改建了一个符合规范化建设标准的新址口岸。进一步完善了勤务室、查控工作室等办公设施，规范了检查场地、标志牌、告示牌、填卡台、候检线、拦阻设施等，还购置了全天候执勤岗亭，在检查现场安装了电话程控系统，使检查现场各个检查台、哨位之间的联络清晰顺畅。漠河边防检查站在恶劣的工作环境下，克服交通不便、气候严寒、办公条件差等困难，积极工作，圆满完成了漠河洛古河临时过货通道的边防检查工作。

【强化组织领导，明确工作任务，逐步实现业务建设和勤务工作规范化】 为促进全省边防检查业务正规化建设步伐，总队从狠抓规范落实入手，加强基层建设督导力度，制定措施，逐步实现了业务建设和勤务工作规范化。在总队成立了以主管业务副总队长为组长、司令部边检处人员为成员的推进全省边防检查规范化领导小组，并责成各单位相应建立边检站推进工作小组，按照责任分工，各负其责，召开业务工作会议和调查研究，细化规范内容。在总队的带动下，各边检站积极工作，实行了一线检查三级领导值班制，做到站领导亲临现场，靠前指挥，准确了解和掌握执勤现场的边防检查工作情况，解决执勤中发生、发现的实际问题。为促进全省边防检查勤务工作规范化建设，总队根据全省边防检查工作实际，从行为规范、纪律惩处、领导责任、执法监督、奖励等5方面对规范进行细化分解，制定了《黑龙江省边防检查勤务管理暂行规定》，并于年初全省边防工作会议上下发各边检站。为进一步规范各级人员岗位职责，总队统一印制了16项人员职责，并就职责具体悬挂位置进行了规定，使全省各种职责达到规范统一。绥芬河站结合公路口岸自身实际特点，对规范进行了合理细化和必要充实，先后修订和完善了涉及检查、监护工作全过程近20项工作制度，实行了执勤现场的“六统一”，即：执勤官兵警容统一、上勤下勤要求统一、交接班内容统一、查验证照程序统一、查控工作责任统一、处理业务问题标准统一，使各级人员责任明确、任务具体。东宁站结合口岸实际，重新修订了《正规化执勤方案》中的各项执勤标准、执勤制度、人员职责和执勤程序，使各级执勤人员各司其职，各负其责，按章办事，有效地防止了执勤工作中可能出现的漏洞和隐患。

【结合全国开展严打专项斗争工作内容，严格执法，严厉打击口岸偷渡、走私等不法活动】 为确保打击口岸偷渡和走私等活动工作成果，各站在实施行政执法工作中，始终以提高执法人员素质为主，加强法律培训与学习，专门聘请法制局领导为执法人员办班授课，努力提高行政执法工作水平。实施过程中，实现了审理与处罚分开，严格依法办案，进一步完善了边防检查行政案件的审理制度，改变了以往重法律依据、轻执法程序的现象。哈尔滨边防检查站在工作中提出一线检查员要达到"六会"，即：会侦查、会调查取证、会缉捕犯罪嫌疑人、会审讯、会制做法律文书、会运用证据定性，使实际操作程序更趋于严密。2001年各站共查处违反出入境管理法律法规的460起643人，接收境外遣返123人。对发现的问题，各站均依据《出入境边防检查条例》和行政处罚有关法律法规条文，做到妥善处理。其中登记放行210人，阻止出入境163人，实施简单程序警告处罚180人，一般程序处罚290人（拘留40人，罚款250人），移交地方公安机关和其他司法部门110人。不法分子在口岸的违法违规活动得到法律制裁，口岸出入境秩序日趋稳定。

在打击口岸偷渡活动中，不断总结口岸偷渡活动的方法、规律、手段，严把出入境旅客验证关。工作中，为形成反偷渡工作网络，各站相继与属地公安机关办照部门建立了《互通情报信息联系制度》，成立证件研究小组，加强对各国出入境证件的式样及防伪技术信息的收集和研究，为准确识别伪假证件，提高工作质量，提供了技术指导。一年来，共查获偷渡案件139起187人，比上年增长5.7%，其中组织运送者10人，偷渡者177人。

【积极与俄方边防机关会谈会晤，努力促进彼此交往和地方经济建设】 涉外工作继续本着增进中俄两国人民友谊，促进口岸经济繁荣的主导思想有效实施，共与俄方边防机关进行涉外联系328次，其中会谈14次，会晤80次，友好活动6次，直通电话联系228次，取得积极成果。

2001年4月和7月，以朱万义总队长为首的总队代表团先后与俄罗斯联邦边防局太平洋地区管理局和远东地区管理局举行了工作会谈，并签署会谈纪要。通过会谈和业务交流，进一步加强了中俄双方边防机关彼此合作关系，保证了辖域边境和口岸正常秩序。9月3日，司令部边检处马殿龙处长率团同以俄联邦边防局远东地区管理局边检处处长皮亚特尼茨基中校为团长的代表团对中国佳木斯空港、同江河港及同江"东港"过境通道和俄罗斯下列宁斯阔耶、哈巴罗夫斯克客运河港和哈巴罗夫斯克空港进行了联合考察，并以完善技术装备和提高口岸通关能力为题，进行了研究探讨。通过考察，交流彼此工作经验，为今后合理安排工作计划打下了良好基础。在总队积极工作的带动下，各边防检查站为促进地方经济建设，多次与俄举行会谈会晤。通过会晤协商，使绥芬河和东宁口岸相继实行日12小时工作制，顺利开通了漠河县洛古河与俄赤塔州波科洛夫卡临时过货通道，确保了8月份大黑河岛经贸洽谈会暨黑河市旅游文化艺术节期间口岸秩序稳定，并首次成功解决了中俄双方人员横渡黑龙江活动有关边防检查问题，为双方之间友好往来做出了重要贡献。

黑龙江出入境检验检疫局

2001年，黑龙江出入境检验检疫局紧紧围绕党组年初确定的工作总体目标，从实际出发，推进各方面工作扎实稳步发展，保持良好发展势头，取得了较好的成绩。

【出入境检验检疫情况】 黑龙江省出入境健康体检401532人次，比上年增长127.1%，检出各种患病5392人次；检疫出入境动植物及产品46244批，货值43217万美元，比上年批次减少38.8%，货值增长33.6%；检验出入境商品66009批，货值116971万美元，比上年批次减少3.9%，货值增加8.6%；查出不合格进口商品9251批，货值6657万美元；对外出具索赔证书868份，索赔金额451万美元；共签发普惠制产地证书4683份，货值14334万美元；一般原产地证书674份，货值4132万美元；检验出入境交通工具143669批；检验出境旅客携带包裹6341批，107.6万件，查出不合格包裹148件，货值61万美元；受理外商投资财产鉴定59批，外商申报总值4422万美元，鉴定价值4400万美元；对52家企业进行ISO9000质量体系注册评审，全省认证企业总数已达到106家。认真履行了检验检疫监管、鉴定的职责。

【加强对WTO知识的学习研究与应用】 面对我国即将加入WTO的新形势，加强对WTO知识的学习与研究。一是举办了副处级以上领导干部集中学习研究，请有关领导讲课。通过培训，对加入WTO多边协议中涉及质检的对外承诺，如何做好WTO应对工作，加入WTO对外经贸发展的影响等有了新认识。二是突出涉及安全卫生商品检验方式的研究和实施。检疫局分三路赴绥芬河等13个口岸，对俄罗斯口岸木材进行了实地调研，写出了调研报告，为国家质检总局中俄会谈提供了第一手资料。在保证俄罗斯进口木材的顺利通关方面，做了大量的卓有成效的工作。

【不断提高管理水平和工作质量，积极为整顿和规范市场经济秩序做贡献】 为了认真履行国家赋予的职责，在依法行政和促进地方经济发展方面加大了工作力度。强化管理，狠抓质量。8月7日日本重新恢复对来自中国的禽类产品进口许可以来，黑龙江检验检疫局为了配合黑龙江正大企业的产品出口，在严格掌握国家政策的前提下，做了大量细致的工作，得到了黑龙江正大企业的好评。根据国家检验检疫局精神，黑龙江检验检疫局对省内三菱帕杰罗V31、V33越野车的进口情况、使用情况进行了调查了解，对其进口汽车的指定维修厂家进行了监督。美国“碳疽菌”事件发生后，加强对邮寄物、旅客携带物的检疫监管。制定了《黑龙江出入境检验检疫局碳疽监测和控制实施方案》，并认真抓好落实。

【严格把关，热诚服务，努力促进地方外经贸发展】 共出台167项（条）服务承诺（措施），发放2569份征求意见函（信），走访了271家进口单位和其他服务对象，聘请283名社会监督员，召开企业座谈会89次，1323人次参加座谈会。很多分支机构对出口大宗商品水果、蔬菜、试行“产地监督、贮存监督、实验室检验”的“三位一体”检验检疫模式，使出口水果、蔬菜质量有了明显提高。黑龙江检验检疫局为了加快口岸验放速度，从系统内调剂力量，支持东宁局、绥芬河局。该局经反复研究，还制定了20条扶持地方经济发展措施。

黑龙江海事局

2001年，是黑龙江海事事业发展关键的一年。一年来，黑龙江海事局全面贯彻国家“十五”期间水上交通安全工作的指导思想和主要目标，紧紧围绕水上交通安全监督管理这个中心，坚持深化改革，抓紧机遇，较好地履行了海事职责，使综合管理水平有所提高，监督工作有所加强，辖区安全形势相对稳定，廉正建设取得了一定发展。主要抓了以下工作：

【深入开展水上交通安全专项整顿】 辖区安全形势基本稳定，“水上运输安全管理年”活动取得阶段性成果。组织开展了全局辖区“水上运输安全管理年”活动，多次开展综合安全检查，黑龙江电视台、《哈尔滨日报社》等地市级电视台、报社对此项活动进行了相关报导，取得了良好的社会效应。2001年，辖区水上交通事故四项指标与2000年相比大幅度下降。

【基本建设稳步发展，基础工作逐渐规范】 基础设施建设稳步发展，办公环境和办公室设备有了较大的改善，为提高整体工作水平提供了硬件保障。同时强化基础工作管理，建立高效的运行机制，完善制度建设，内部管理工作得到提高。2001年，黑龙江海事局在基础工作、安全管理、社会治安、口岸窗口建设等方面各种受到了上级单位的多项表彰。

【认真贯彻中俄国境河流安全管理规定，维护界河安全稳定】 贯彻中俄第43次例会批准的《中俄界河船舶拖带木排安全管理规定》、《中俄界河气垫船安全管理规定》及中俄界规的有关补充内容条款。加强了界河航行船舶的防污染管理和检查工作，避免了污染事故和被俄方滞留通报事件发生。加强绕航管理，强化现场监督，确保绕航工作的顺利进行。加强中俄联合检查。对双方航行船舶界规执行情况进行了检查，并对违章船舶进行了处理和通报，维护了界河良好的通航环境。

【"四项教育"活动初见成效，人员整体素质有所提高】 在全局海事执法队伍中认真开展了"四项教育"活动，并积极派出人员参加培训学习和上级单位组织的行政执法培训。不断提高执法人员的 政治理论水平和业务能力，进而提高队伍整体素质，建设一支廉洁、务实、勤政、高效的海事队伍。

【维护宽松的口岸环境，为口岸地方经济发展服务】 为适应入世的大趋势，按照WTO规则要求对局规范性文件进行了清理，对涉及与国民待遇不相符和收费方面的内容进行了重点清理，共清理规范性文件百余件。同时，从转变工作机制入手，一面致力于制度建设，一面抓好口岸港务监督工作人员素质的提高。积极参加各政府及口岸部门组织的优质服务竞赛，通过一系列的措施，使口岸工作作风有了较大的改变、服务质量得到了提高，行业文明建设得到了加强。

黑龙江海事局对外开放口岸相关数据统计

项目	数量	其中	
		进口（入境）	出口（出境）
进出境船舶（艘次）	8700	（其中外籍船舶4300）	
进出口货物（吨）	597555	503395	94160
进出境旅客（人次）	360470	180397	180073

黑龙江口岸概况

一类口岸

【东宁公路口岸】 东宁公路口岸是1989年12月经国务院批准对外开放的一类口岸。1990年3月，经中苏两国政府换文确认为双边公路汽车运输口岸，同年5月正式开通使用。1992年11月，经中俄两国政府换文确认开展旅客运输，陆续开通客运和旅游业务。该口岸通道位于黑龙江省东南边陲东宁县三岔口朝鲜族镇，与对应的俄罗斯滨海边疆区波尔塔夫卡公路口岸隔瑚布图界河相望。瑚布图河架有永久性桥梁，连接双方口岸过境公路。这里距俄方十月区政府所在地波克罗夫卡34公里，距俄远东最大的海港城市符拉迪沃斯托克154公里，距滨绥铁路绥阳站75公里，距绥芬河站45公里。正在建设的地方铁路一期工程已竣工，与就近国家铁路接轨后将极大提高该口岸集疏运能力。为适应对外不断扩大开放的需要，通过政府投入和招商引资，对口岸通道现场设施进行了改造扩建。整个口岸封闭监管区占地62000平方米，建有旅检及办公楼4210平方米，内设出境检查通道6条，入境检查通道3条，车辆检查通道2条。货检区设出入境检查通道各5条，口岸新建设施货运检查通过能力达120万吨／年，客运检查通过能力达60万人次／年。

2001年，进出口货运量完成30万吨，为上年的79%；出入境人员28万人次，比上年增长10%。

【绥芬河陆路（铁路、公路）口岸】 绥芬河铁路口岸在黑龙江省东南边陲重镇绥芬河市，位于我国滨绥铁路与俄罗斯远东铁路的接轨处，是黑龙江省唯一的对俄铁路口岸，也是我国对俄贸易的重要口岸之一。绥芬河站距俄方国境站格罗捷阔沃26公里，距俄方枢纽站乌苏里斯克123公里，距俄方西伯利亚铁路终点符拉迪沃斯托克(海参崴)230公里，距离俄方远东最大的海运港口东方港(纳霍德卡)369公里。距黑龙江省东部中心城市牡丹江156公里，距我国北方重要水、陆、空交通枢纽哈尔滨540公里。该铁路口岸地处要道，陆海联运可到达日本新舄、横滨，韩国的釜山，美国的西雅图等地区，处于东北亚经济区中心位置，被黑龙江省政府确定为对外贸易的主通道，地缘优势十分突出。该站建成于1899年6月，1900年绥芬河至乌苏里斯克开始运营，1903年7月全线通车，已有百年历史。现有南、北两个站场，管辖绥阳、宽沟两个中间站。南站场有线路40条，其中宽轨24条，准轨16条；国内、国际旅客候车室各1座，旅客站台4451平方米。北站场有线路24条，其中宽轨11条，准轨13条，设有4组机械换装线、17台龙门吊，货物站台1170平方米，货物仓库697平方米。

2001年，进出口货运量完成408万吨，比上年增长33%；出入境人员38万人次，为上年的96%。

绥芬河公路口岸座落于黑龙江省东南边陲重镇绥芬河市东部，是301国道(绥满公路)的起止点，距黑龙江省东部中心城市牡丹江153公里，距省会城市哈尔滨460公里。距俄对应口岸城市波格拉尼奇内区16公里，距陆路交通枢纽乌苏里斯克120公里，距滨海边疆区首府符拉迪沃斯托克(海参崴)210公里，距纳霍德卡和东方港270公里。该口岸1988年12月经原国务院口岸领导小组批准开展临时汽车过货运输。1994年1月，经中俄两国政府确认为国际客货运输口岸。2000年9月，经国务院批准作为一类口岸正式对外开放，目前实行12小时无午休工作制。口岸通道现场占地15万平方米，建有国门870平方米，国际联检厅5450平方米。设旅检通道8条(出入境各4条)、货检通道4条(出入境各2条)。同时，建有1.3公里过境道路和3.4万平方米出入境停车场，还建有钴60集装箱自动检测设备和10000平方米海关监管仓库。口岸设计运能为年过货物100万吨，过客50万人次。

2001年，进出口货运量完成18万吨，比上年增长13%；出入境人员45万人次，比上年增长18%。

【密山公路口岸】 密山公路口岸是1989年4月经国务院批准对外开放的一类口岸。1992年10月，经中俄两国政府换文确认为双边客货运输口岸。1993年5月，正式开通使用。该口岸通道位于黑龙江省东南边陲密山市档壁镇，中俄界湖兴凯湖的西北岸，距密山市38公里，距俄对应口岸图里洛格2公里，距俄对应城市卡缅雷博洛夫64公里，距俄远东地区重要交通枢纽和贸易中心乌苏里斯克150公里，距俄滨海边疆区首府符拉迪沃斯托克320公里。该口岸通道占地面积为12000平方米，建有国际联检厅3712平方米，中俄界桥30.15米，锅炉房、餐厅、车库577平方米，封闭仓储库305平方米，简易库、门卫房263平方米，封闭铁栅栏588米。另外，在距离口岸200米处，辟建了20000平方米进出口货物监管库。现有4条进出口货物的检验通道，有2条出入境旅客的查验通道。年过货能力在50万吨以上，过客能力在30万人次以上。

2001年，进出口货运量完成4万吨，为上年的27%；出入境人员21万人次，比上年增长45%。

【虎林公路口岸】 虎林公路口岸是1989年4月经国务院批准对外开放的一类口岸。1992年10月，经中俄两国政府换文确认为双边客货运输口岸。1993年5月，正式开通使用。口岸通道位于黑龙江省虎林市区东南58公里处的吉祥，与俄方对应城市列索扎沃茨克市相距8公里。在黑龙江省东部沿边扇状开放口岸群中，该口岸位居中点位置，对面是俄罗斯滨海边疆区和哈巴罗夫斯克边疆区的结合部，分布着4市7区。俄罗斯著名的西伯利亚复线大铁路和与之平行的远东干线公路贯穿4市，由此向北可深入俄罗斯腹地，向南可到达滨海边疆区首府符拉迪沃斯托克和纳霍德卡港，并可通向韩国、日本及东南亚。该口岸基础设施完善，功能齐全，建有1600平方米现场办公楼、双向货检通道和万米停车场。特别是中俄双方共同投资在松阿察界河上修建了一座长207.08米、宽13.96米，桥下可通航的永久性公路桥梁，使口岸不受流冰期干扰，可全天候均衡过货，满负荷运转。年过货能力可达150万吨，年过客能力可达25万人次 。国内交通便利，方虎公路、哈东铁路贯穿该市全境。

2001年，进出口货运量完成15万吨，比上年增长1%；出入境人员1万人次，为上年的87%。

【饶河口岸】 饶河口岸是1989年4月经国务院批准对外开放的一类口岸。1993年9月，正式开通使用。1994年1月，经中俄两国政府确认为双边客货运输口岸。该口岸港口位于黑龙江省东北部边陲饶河县饶河镇，地处乌苏里江中段西岸，与俄罗斯哈巴罗夫斯克边区比金市波克罗夫卡口岸隔江对应，相距不足2公里。明水期开展水上船舶 运输，目前以汽车轮渡运输为主，冰封期开展冰上汽车运输。建有可以停靠2艘千吨级海轮的码头和适应明水期轮渡运输、冰封期汽车运输的两用码头，年吞吐能力在20万吨以上。同时，建有查验单位办公、生活及口岸现场联检配套设施近8000平方米。该口岸距离两个最近火车站东方红、换新天大约在137公里和150公里，口岸集疏运主要通过公路运输。

2001年，进出口货运量完成18万吨，比上年增长1倍多；出入境人员4万人次，比上年增长2倍多。

【抚远口岸】 抚远口岸是1992年5月经国务院批准对外开放的一类口岸。1993年2月，正式开通使用。1994年1月，经中俄两国政府确认为国际客货河运口岸。该口岸位于黑龙江省东北边陲抚远县县城，为我国最东部的口岸，地处黑龙江、乌苏里江交汇的三角地带，距俄罗斯远东第一大城市哈巴罗夫斯克市航道距离仅65公里。抚远港为天然深水良港，可停泊和运行500至2000吨货轮。由抚远港出境，沿俄罗斯阿穆尔河经哈巴罗夫斯克、共青城、马戈港可驶入鞑靼海峡和日本海，不仅可以使黑龙江省的船只直接出江入海，还可以把抚远同内地及东北亚各国连接起来。现在到达抚远的俄罗斯游客日平均达300多人，高峰期可达700—800人。抚远口岸在黑龙江省对外开放的总体格局中，占有十分重要的地位。抚远口岸基础及配套设施基本可以满足目前客货运量的需要。码头可同时停泊3艘3000吨级驳船，货场条件优越，装卸能力较强。建有3280平方米查验单位办公大楼，2560平方米现场联检大厅。

2001年，进出口货运量完成6万吨，比上年增长1倍多；出入境人员8万人次，比上年增长87%。

【同江港口岸】 同江港口岸是1986年3月经国务院批准对外开放的一类口岸。同年5月，正式开通使用。1994年1月，经中俄两国政府确认为国际客货运输口岸。该口岸位于黑龙江省东北边陲同江市境内松花江、黑龙江两江交汇处，与俄罗斯犹太自治州对应口岸下列宁斯阔耶隔江相距35公里。该港口江面宽阔，水深流缓，为江海联运的始发港之一。口岸现有泊位5个，可停靠3000吨级的船舶，库场面积3.7万平方米，机械设备17台套，年吞吐货物能力70万吨。现已对俄罗斯开通s明水期船舶运输、轮渡运输，流冰期汽垫船运输及冰封期冰上汽车运输。东部作业区距俄罗斯对应口岸下列宁斯阔耶仅3公里，有较强的地缘优势。同江水路运输十分便利，沿松花江上行可达佳木斯、哈尔滨等大中城市，沿黑龙江上行可达萝北、逊克、黑河及漠河等港口，下行可达俄罗斯、日本、朝鲜、韩国等国家及太平洋沿岸地区。这里是同江至三亚公路的北端起始点，公路运输也十分方便。同江铁路已完成立项设计和路线确定工作，正在积极筹建，预计2005年可建成通车。

2001年，进出口货运量完成15万吨，比上年增长24%；出入境人员1.5万人次，比上年增长22%。

【萝北口岸】 萝北口岸是1989年4月经国务院批准对外开放的一类口岸。1993年1月，经中俄两国政府换文确认为国际客货运输口岸。同年5月，正式对外开通使用。该口岸位于黑龙江省东北边陲萝北县名山镇，距县城凤翔镇20公里，东北隔黑龙江与俄罗斯犹太自治州阿穆尔捷特口岸对应。该口岸地理位置优越，呈现3大特点：一是与俄方对应的阿穆尔捷特口岸隔江相距仅有1.5公里，明水期水上船舶运输只需15分钟，冰封期冰上汽车运输仅用5分钟。二是省内各边境口岸中距省会哈尔滨最近，而且有高等级公路直通口岸现场，并开通了鹤岗市至俄犹太自治州首府比罗比詹的国际汽车直达客货运输。三是处于黑龙江中下游黄金水道有利位置，可以通过江海联运，沿黑龙江出海，开展对第三国的外贸运输。该口岸拥有煤炭散货两用码头，木材专用码头、轮渡码头等4个泊位，3000吨级船舶可全航期作业，年吞吐能力达50万吨，是黑龙江沿岸最大的煤炭输出港。口岸查验设施健全，建有口岸办公大楼3975平方米，联检大楼2396平方米。

2001年，进出口货运量完成7万吨，比上年增长8倍；出入境人员1.1万人次，与上年持平。

【嘉荫口岸】 嘉荫口岸1989年4月经国务院批准对外开放的一类口岸。1993年1月，经中俄两国政府换文确认为国际客货运输口岸。同年5月，正式对外开通使用。该口岸位于黑龙江省嘉荫县城朝阳镇，港口距县城中心9.5公里处的黑龙江南岸，与俄罗斯犹太自治州帕什科沃口岸隔江对应，航道距离13公里。港口占地9万平方米，建有立壁式码头一座，正常水位可停靠3000吨级驳船，枯水期也可停靠千吨级驳船，并配备了装卸设备，年货物吞吐能力为10万吨。口岸还建有查验单位办公、业务、生活用房8000多平方米，以及货场、仓储、车检、地中衡、停车场等配套设施。明水期开展水上船舶运输，冰封期开展冰上汽车运输。船舶上行可达黑河、漠河，下行可抵同江、抚远。码头距汤旺河火车站105公里，主要依靠公路集疏运，该县境内有通往伊春等地的公路贯穿。

2001年，进出口货运量完成198吨，为上年的85%；出入境人员42人次，比上年增长32%。

【逊克口岸】 逊克口岸是1989年12月经国务院批准对外开放的一类口岸。1990年3月，经中苏两国政府换文确认为国际客货运输口岸。同年5月，正式开通使用。该口岸港口位于黑龙江省北部边陲，黑龙江中游南岸逊克县城奇克镇，与俄罗斯阿穆尔州对应口岸波亚尔科沃隔江相距13公里。波亚尔科沃港口是俄罗斯黑龙江沿岸三大港口之一，口岸设施完善，交通发达，通过铁路、公路与西伯利亚铁路相接，可达俄罗斯内地各大中城市。建有客货运输立壁式码头3座和粮仓、石油、煤炭、木材等机械化、半机械化专用设备装卸码头，可同时停泊6艘千吨以上货轮。口岸货物仓储方便，建有海关监管仓库和大型货场8个，仓储面积达2万平方米。口岸查验配套设施日趋完善，建有查验单位办公楼2200平方米，货检场地1800平方米，旅检大楼1500平方米，生活用房、战士营房及车库3000平方米。该口岸明水期开展水上船舶运输，冰封期开展冰上汽车运输，年吞吐能力达30万吨以上。

2001年，进出口货运量完成5.1万吨，为上年的71%；出入境人员4.3万人次，比上年增长87%。

【孙吴口岸】 孙吴口岸是1993年6月经国务院批准对外开放的一类口岸。1994年1月，经中俄两国政府确认为国际客货运输口岸。该口岸位于黑龙江省北部边陲孙吴县，港口座落在黑龙江中游南岸的四季镇，距孙吴县城54公里，距俄方阿穆尔州对应口岸康斯坦丁诺夫卡27公里。上行可达黑河及俄方布拉戈维申斯克港，下行可抵奇克(逊克)及俄方波亚尔科沃港。四季镇港江面水丰宽阔，为天然深水港，枯水期也可停靠千吨驳船。建有综合性客货栈桥式码头及粮食、石油、煤炭、木材专用码头，可同时停靠5个千吨级驳船作业，装卸及相关设备齐全，年货物吞吐能力30万吨。除明水期开展水上船舶运输外，冰封期还可开展冰上汽车运输。现因俄方对应口岸建设滞后，该口岸尚未正式开通使用。

【黑河港口岸】 黑河港口岸是1982年1月经国务院批准对外恢复开放的一类口岸。1986年9月，正式对外开通使用。

1990年3月，经中苏两国政府换文确认为国际客货运输口岸。该口岸位于黑龙江省北部边陲，中俄界河黑龙江上游末端南岸黑河市内，隔江与俄罗斯阿穆尔州首府布拉戈维申斯克(海兰泡)的港口相对 ，是中俄边境线上距离最近、规格最高、交通便捷的对应口岸。由该口岸经布拉戈维申斯克可与俄罗斯西伯利亚大铁路和贝阿铁路连接，经其空中航线还可与俄罗斯国内各大城市相通；东出沿黑龙江水道下行，还可抵达俄罗斯远东各港口直至日本海沿岸各国港口。现已成为国家贸易、地方贸易、边境小额贸易、边民互市贸易及为各类旅游、各国旅客服务的多功能口岸。口岸运输方式随着季节变换，明水期开展水上船舶运输和轮渡运输，冰封期开展冰上汽车运输，流冰期开展气垫船运输和航空运输，可谓运输方式多元，确保四季运行。1987年以来，该口岸对基础及配套设施进行了不断改造和建设，现有综合运输码头、石油专用码头、粮食专用码头、客运专用码头各1处，千吨级泊位9个，还有明水期汽车轮渡与冰上汽车运输兼用码头1处，吞吐能力为年过货50万吨，年过客50万人次。

2001年，进出口货运量完成31万吨，为上年的91%；出入境人员51万人次，为上年的89%。

【呼玛口岸】 呼玛口岸是1993年5月经国务院批准对外开放的一类口岸。1994年1月，经中俄两国政府确认为国际客货运输口岸。该口岸位于黑龙江省西北边陲呼玛县呼玛镇，与俄罗斯阿穆尔州施马诺夫斯克区乌沙科沃口岸隔黑龙江相望，航道距离19公里。港口码头全长4060米，砌有青石护坡，可同时停泊千吨货轮10艘，已实现机械化或半机械化换装，年货物吞吐能力可达20万吨。该口岸除明水期开展水上船舶运输外，冰封期还可开展冰上汽车运输。虽曾实现临时过货，但因俄方建设滞后，目前尚未正式开通使用。

【漠河口岸】 漠河口岸是1989年4月经国务院批准对外开放的一类口岸。1990年3月，经中苏两国政府换文确认为国际客货运输口岸。1993年9月，正式开通使用。该口岸港口位于黑龙江省西北边陲漠河县，为我国最北端的口岸。同俄罗斯阿穆尔州斯科沃罗丁诺区对应口岸加林达隔江相望，相距只有1.5公里。加林达为连接西伯利亚大铁路和贝阿大铁路的小贝阿干线的终点站，距离阿穆尔州第二大城市腾达市300公里。该处江段水流充沛，可停靠千吨级货轮。口岸建有近万平方米查验单位办公、业务、生活用房及查验设施。明水期开展水上船舶运输，由此下行可达黑龙江沿岸港口，冰封期开展冰上汽车运输，有三级公路同黑漠公路相接。口岸距漠河县城西林吉火车站183公里，距最近的长缨火车站100公里。

2001年，进出口货运量完成7.5万吨，比上年增长34%；出入境人员0.6万人次，比上年增长66%。

【哈尔滨港口岸】 哈尔滨港口岸是1989年7月经国务院批准对外开放，并经中苏两国政府确认开通使用的一类口岸。1992年10月，经国家批准开通了国际客运业务。该港口地处松花江中游南岸，黑龙江省省会哈尔滨市区东北部，是我国东北内河最大的水陆换装枢纽港，年营运期210天左右，封冻期约为150天，是一个典型的季节性生产港口。现有人工直立码头1454延长米，生产场区陆域面积53万平方米，水域面积14万平方米。设有14个千吨级泊位，铁路专用线6股5870延长米，年通过能力324万吨。担负客运任务的哈尔滨航运大楼位于货运码头上游6公里，建筑面积4200平方米，有人工防汛梯式码头480延长米，场区陆域面积1.3万平方米，水域面积1.5万平方米。设有轮船泊位3个，年旅客通过能力为10万人次。由哈尔滨港经松花江、黑龙江水道与俄罗斯的哈巴罗夫斯克、共青城、尼古拉耶夫斯克和布拉戈维申斯克等7个大中城市港口相通。根据中俄两国协议，中方国际船舶可经俄罗斯阿穆尔河段由尼古拉耶夫斯克港出海，再经鞑靼海峡进入日本海，开展国际江海联运业务。

2001年，因松花江枯水停航，无口岸运量。

【哈尔滨航空口岸】 哈尔滨航空口岸即哈尔滨太平国际机场，1987年7月经国务院批准对外开放。1989年9月，正式开通使用。该机场位于黑龙江省省会哈尔滨市郊，距市中心40公里处。1994年开始投资13亿元进行了大规模扩建，并于1997年8月投入使用。机场总占地面积333万平方米，飞机跑道长3200延长米，宽45米，有主滑行道1条，滑行联络道7条。机场扩建后的新候机楼面积67192平方米，已设置7部登机桥，将陆续增至16部。停机坪面积33万平方米，可满足18架宽体客机的停放和维修。新候机楼年设计旅客吞吐量为666万人次，高峰每小时接待3000人次，并可满足每日180架次飞机起落需要，是东北最大、全国先进的国际机场。机场净空状况良好，飞行等级高，有较完备的航行管制、通信导航和气象保障设施，装备了微波通信系统和双向仪表着陆系统，能为大型飞机提供正常系统服务，保证飞行安全。目前已开辟国际（地区）航线22条，其中国际正班航线6条，不定期国际直航包机航线16条，每周国际航班40架次，日高峰时10多架次。初步形成覆盖部分国家（地区）的航空运输网络，为发展对外经贸、友好往来和旅游事业创造了方便快捷的条件。

2001年，出入境人员17万人次，比上年增长22%；出入境航班1875架次。

【哈尔滨铁路货运口岸】 哈尔滨铁路货运口岸即哈尔滨内陆港，是国务院1996年9月批准的全国第一个作为内陆铁路货运口岸的试点，办理国际集装箱运输业务。1997年8月，正式对外开通使用。该口岸位于哈尔滨市南岗区文明街，占地面积3.7万平方米，机械设备齐全，日场存储能力1000标箱。该口岸作为一类口岸，可作为外贸运输的目的港和起运港，进出口货物的报关、报检、报验、结汇等手续均在这里进行，沿海、沿边进出境口岸不作重复检验，并为用户提供报关、报检、报验、代理、结汇、保险、签发单证、租船、订舱、中转、仓储、公路、海上运输等“一站式”全方位服务。哈尔滨铁路货运口岸南接沿海、北连边陲的多式网络，成为黑龙江及周围腹地最大集装箱和铁路货运集散地。

2001年，进出口货运量完成10.5万吨，比上年增长38%；出入境集装箱8791标箱。

【佳木斯港口岸】 佳木斯港口岸是1989年7月经国务院批准对外开放，并经中苏两国政府确认开通使用的一类口岸。1991年10月，开通了国际客运航线。港口地处佳木斯市市区，位于松花江中下游南岸，是黑龙江、松花江、乌苏里江三江水陆换装枢纽港。年航行期在210天左右，为季节性生产港口。码头岸线总长2200米，均是直立式岸壁，有煤炭、木材、燃油、粮食、砂石、杂货等千吨级泊位22个，年吞吐能力为260万吨。从1992年5月开始，佳木斯港又开始动工兴建占地6万平方米的杏林河口外贸专用码头。一期工程于1994年年底竣工，建成直立式岸壁320米，5个千吨级泊位，年吞吐能力可达60万吨。口岸建有查验办公、生活及业务用房2万多平方米。该口岸的国际航行船舶，沿松花江上行可达哈尔滨，下行可达富锦、同江。进入黑龙江后可直达俄罗斯的下列宁斯阔耶、哈巴罗夫斯克、共青城等开放港口。根据中俄两国协议，中方船舶可经俄罗斯的尼古拉耶夫斯克港出海，再经鞑靼海峡进入日本海，开展国际江海联运业务。

2001年，因松花江枯水停航，无口岸运量。

【佳木斯航空口岸】 佳木斯航空口岸是1992年12月经国务院批准对外开放的一类口岸。该机场位于佳木斯市东郊9公里处，占地面积为4.8平方公里，东西长约3000米，南北宽约1600米。新建2500米长，45米宽的跑道，可以起降麦道82、波音737等中型客机。停机坪100 × 180平方米，可同时停放C类飞机两架，B类飞机一架。机场内有先进的通迅导航雷达、助航灯光、供电供水、消防救援、储油供油等设备，并且净空条件良好。机场还新建候机楼一座，总面积5728平方米，内设有出入境旅检场地、查验现场工作间等配套设施。目前，已开通佳木斯至北京等多条国内航线及佳木斯至俄罗斯哈巴罗夫斯克临时包机航班。对国际旅客的查验任务，暂由佳木斯港口岸查验部门承担。

【桦川港口岸】 桦川港口岸是1994年6月经国务院批准对外开放的一类口岸，开展对外客货运输业务。该口岸港口位于黑龙江省佳木斯市以东，松花江下游南岸的桦川县悦来镇。松花江桦川段水量丰实，河道 顺直，水流平稳，上行可到佳木斯、哈尔滨港，下行可至绥滨、富锦、同江、抚远港。港口深水区域1.5公里，明水期可泊千吨级江海联运船或内河船。天然船坞可泊千吨驳船10艘，港区内设有船站1处，另有粮食、杂货、煤炭及石油专用码头。县政府将一处1200平方米办公楼划为口岸查验部门办公用房。该口岸检查检验工作暂由佳木斯港口岸检查检验单位承担，年内无口岸运量。

【绥滨港口岸】 绥滨港口岸是1995年1月经国务院批准对外开放的一类口岸，开展国际客货运输，同年9月正式开通使用。该口岸位于黑龙江省东北边陲绥滨县城，地处松花江下游北岸。港口水深流缓，水面宽阔，上行可通佳木斯、哈尔滨等港口，下行可达富锦、同江等港口，与富锦港隔江相距15公里。沿黑龙江继续下行经俄罗斯阿穆尔河，可通过尼古拉耶夫斯克入海，进入鞑靼海峡及日本海，江海联运的货物可直达日本、韩国等太平洋沿岸的国家和地区。码头占地32万平方米，建有封闭仓库3000平方米，露天货场5000平方米，可停靠千吨以上客货轮，年货物吞吐能力20万吨。该口岸检查检验工作暂由富锦港口岸检查检验单位承担，年内无口岸运量。

【富锦港口岸】 富锦港口岸是1989年7月经国务院批准对外开放，并经中苏两国确认开通使用的一类口岸。1993年10月，又经国家批准开展国际客运业务。该口岸位于松花江下游南岸，黑龙江省富锦市城区北部，沿松花江上行可达佳木斯、哈尔滨等松花江沿岸各港口，下行距中俄界河黑龙江78公里，从三江口入黑龙江可直航俄罗斯的下列宁斯阔耶、哈巴罗夫斯克、共青城等口岸。经俄罗斯阿穆尔河继续下行，可通过尼古拉耶夫斯克入海，进入鞑靼海峡及日本海，江海联运的货物可直达日本、韩国等太平洋沿岸的国家和地区。港口码头岸线长1000余米，可同时停靠千吨级货船10艘。货场6万平方米，库房2000平方米，港区内装卸设备较齐全，日装卸能力3000吨，年货物吞吐能力30万吨。港区有铁路专用线7.62公里，已经形成水铁联运一条龙。该口岸建有查验单位办公、业务、生活及查验设施1万多平方米。

2001年，进出口货运量完成6.2万吨，比上年增长近3倍；出入境人员366人次，比上年增长66%。

【齐齐哈尔航空口岸】 齐齐哈尔航空口岸是1993年6月经国务院批准对外开放的一类口岸。该机场位于齐齐哈尔市区东南13公里处，是黑龙江省西部地区的航空枢纽。机场等级为4C级，建有停机坪12500平方米，候机楼8000平方米，分国际、国内区域，设计旅客年吞吐量150万人次。机场跑道长2600米，宽45米，可起降麦道82、波音737、空中客车A320等中型客机。机场设施先进，有I类仪表着陆系统，能保证飞机全天候起降；有全向信标台、远近距导航台、跑道助行灯光系统；有气象自动观测、填图系统。机场现已开通北京、广州、上海、黑河四条国内航线。目前尚未开通国际航线。

【牡丹江航空口岸】 牡丹江航空口岸是1996年6月经国务院批准对外开放的一类口岸。1998年12月，正式对外开通使用。该机场位于牡丹江市区西南方向，距市中心约9公里。机场为国家4C级机场，占地400公顷，跑道长2600米，能够满足波音737以下中型客机的起降要求。候机楼面积8200平方米，停机坪面积22100平方米，油库设计储量为3000立方米。配备了I类精密进近灯光系统，仪表着陆系统，航班显示系统，可满足年旅客吞吐量50万人次的需要。1998年9月成功试航牡丹江至俄罗斯符拉迪沃斯托克航线，2000年6月正式开通牡丹江至符拉迪沃斯托克包机航线。

上海市

图　例

省级行政中心　铁路口岸　公路口岸

口岸城市　航空口岸　海(河)运口岸

实施快速通关后，长江"龙头"的压力有所减轻。图为上海吴淞港集装箱堆场

上海口岸工作综述

【概　述】 2001年，上海口岸根据市委、市政府关于建设“大口岸”的要求，围绕市外经贸党委、市外经贸委提出的工作目标，以提高口岸工作效率为抓手，注重改善口岸环境，通过加强口岸的管理和建设，使口岸在上海进一步扩大对外开放、发展经济和对外贸易中发挥积极的促进作用。

2001年上海口岸运行情况

分类		单位	2001年	2000年	同比增加
进出口外贸货值		亿美元	1204.86	1093.1	10.2%
海港口岸	货物	亿吨	2.21	2.04	8.3%
	集装箱	万标箱	633.98	561.2	13%
	出入境船舶	艘次	19655	18598	5.7%
	出入境旅客	万人次	5.40	4.88	10.6%
航空口岸	进出口货物	万吨	61.71	56.91	8.3%
	出入境飞机	架次	52591	44780	17.44%
	出入境人员	万人次	753.772	650.41	15.99%
	其中：过境免签证人员	人次	8375	4017	108.4%

【特　点】 2001年，是实施“十五”发展计划的开局之年，是上海经济建设和对外开放走向新的发展阶段的开始，为使口岸朝着建设“大口岸”的方向发展，上海口岸通过开展专题调研、强化管理手段、提高口岸工作效率、改善口岸通关环境来推动口岸发展，并配合做好大型国际会议和国际活动的有关口岸的保障工作。主要是：

一、“大通关”工作取得了阶段性成果

根据2000年市政府第78次常委会议确定的上海实现“大通关”的战略目标，一年多来做了五个方面的主要工作：

1. 统一思想认识，建立工作机构，经市政府批准建立了“大通关”工作领导小组和办公室，口岸办作为“大通关”的日常工作机构。

2. 开展调查研究，设计工作方案。找出了口岸通关中的主要问题，提出了解决问题的对策措施。

3. 选择重点区域，开展试点工作。外高桥保税区空运进口货物“直通式”试点，从原来5家企业扩大到49家，通关提货时间从原来2-3天缩短到目前的6小时。松江出口加工区的“快速通关”试点，通关提货时间在4小时之内。

4. 整合信息资源，实现“三网合一”。成立了上海亿通国际股份有限公司，负责上海大口岸物流信息协调建设和运营。

5. 改革通关模式，提高通关效率。市外经贸委、上海出入境检验检疫局联合发布公告，自11月1日起在上海地区对进口货物实施“提前报检、提前报关、实货放行”的通关新模式；市外经贸委、上海外汇管理分局联合发布公告，自12月1日起实行4条外汇管理新措施：一是放宽中资企业开立外汇结算的标准；二是简化出口核销手续；

三是取消出口核消单的使用期限；四是实行差额核销。

二、完成了“APEC系列会议”和“五国首脑峰会”的有关口岸工作

APEC会议期间，上海空港口岸共保障会议各类飞机223架次，其中：专机14架次、公务机33架次、航班95架次、其他飞机54架次，涉及机型23种；迎送重要旅客152批，845人次；为6375名与会人员办理边检礼遇手续；验放摄影摄像器材141批，通讯器材15.88吨。口岸各单位发扬了顾全大局、通力协作，认真负责、恪尽职守的精神，保证顺利地完成了会议的有关口岸工作。

三、口岸建设朝着“大口岸”方向稳步推进

1.完成了上海空港口岸浦东国际机场配套设施建设资金中央补助部分的安排工作。根据国务院批准上海空港口岸浦东国际机场对外开放的文件精神，以国家和上海市有关规定为依据，以各查验单位的实际情况为基础，通过协调，将中央补助口岸设施建设的资金作了安排，并已划拨到各查验单位投入建设相关设施。

2. 完成了审核上海外高桥造船有限公司一期和上海振华港口机械有限公司码头对外开放的有关工作。

上海外高桥造船有限公司一期工程投资人民币32亿元，岸线长度1500米，设两座30万吨级超大型干船坞，已列入国家重点建设项目；上海振华港口机械长兴基地，投资人民币10亿元。岸线长度3500米，设有3个长度为400米的深水泊位。

根据国家有关规定，完成了上述两处的对外开放以及需配备的查验编制和相应设施的建设资金等有关方面的审核过程，并经市政府报请国家批准。（王　楷）

上海口岸查验单位工作综述

上海海关

2001年，上海海关以江泽民总书记“三个代表”重要思想为指导，坚持在依法行政、为国把关的同时，服务经济、促进发展，以改革为动力，以创新促发展，团结拼搏，积极进取，全面完成了各项任务。2001年上海海关共征收税款589.61亿元，同比增长21.1%，占全国海关税收总额的23.66%，创历史之最；监管进出口货物总值达1204.87亿美元，同比增长10.2%，占全国海关监管总值的23.64%，再攀新高；监管进出境运输工具6.56万架(艘)次；统计报关单377万份，同比增长15.8%；查获走私案件499起，案值2.91亿元，同比增长45%和187%，其中贸易性大案22起；同期上海海关走私犯罪侦查分局立案48起，涉嫌偷逃税款人民币6500万元，抓获犯罪嫌疑人66人。检察院提起公诉23起，涉及29人，法院判决23起，涉及29人。查获知识产权侵权案件49起，案值人民币573万元。坚持科技创新，加强集约化管理，积极探索适应上海口岸特点的物流监控体系。2001年，上海海关通过全面开展对空运和海运监管场所、承运海关监管货物的运输企业和车辆的清理整顿，实施海关与港口和监管所计算机联网、在监管场所设置闭路电视监控系统，实现了对海关监管货物的实时监控，初步建立了具有上海口岸特色的口岸物流监控体系。上海海关在上海外高桥港区和军工路码头安装了H986集装箱检查系统，对进出境货物进行监管，并在查验环节引入了风险分析机制，提高了查获率，确保了实际监管到位。2001年通过H986集装箱检查系统共查获涉嫌走私违规案件99起，案值3805万元，被誉为海关的“火眼金睛”。上海海关根据构筑APEC上海示范通关点的要求而建成的国际快件监管中心，依靠先进的远程电视监控系统和在线检查设施，实现了对进出境快件全方位、全过程监控，每小时可处理快件达7500件，标志着上海海关对进出境快件监管已处于国际先进水平。2001年APEC会议期间，吴仪国务委员和参加APEC会议的部分代表视察了快件监管中心，并给予了高度评价。

坚持以改革为动力，深化通关作业改革，大力提高口岸通关效率。上海海关在对上海口岸通关现状进行深入调

研的基础上，自2001年11月起全面实施了进口货物“提前报关，实货放行”的通关新模式，使海运和空运货物的提取时间分别提前1天和1至4小时，加快了通关速度；对松江出口加工区内空运进境货物采取了快速通关模式，使空运进境货物从飞机落地到货物进入企业仅用4小时，海关通关环节用时不超过10分钟。对外高桥保税区内英特尔、JVC等49家大型跨国公司实施了空运货物直通式通关，使口岸通关时间由原来的3天缩短为10小时，海关通关环节不到1小时，加快了口岸物流，降低了企业的贸易成本。在全球经济不景气，上海口岸外贸出口增幅趋缓的形势下，上海海关结合上海口岸特点，有针对性地制定并实施了包括加速通关、推行首问负责制、建立海关与企业的联席会议制度等支持外贸出口的措施，千方百计地支持扩大外贸出口；并采取政策咨询服务、现场办公等措施支持高新技术产业的发展和市重点工程项目建设。为落实吴仪国务委员的指示，进一步加快“大通关”建设步伐，上海海关制定了《上海海关EDI无纸报关实施方案》，并经海关总署审定通过，将于2002年2月1日起在松江出口加工区和外高桥保税区试行。

坚持严打走私违法活动，净化进出境环境。2001年，上海海关认真落实上海市委和市政府提出的打私“三不”方针，始终保持反走私高压态势，针对上海口岸反走私斗争的形势，加强与公安、工商等各有关部门的联系配合，发挥打私的整体效能，不断推进反走私综合治理，充分发挥刑事执法和行政执法的双重威力，有效维护了上海口岸的进出口秩序。2001年上海海关查获各类走私案件499起，案值2.91亿元，其中贸易性大案22起，查获了走私汽车及零配件等大案；在非贸易渠道查获淫秽出版物3589件，查处非法携带濒危动植物种进出境案件89起。在邮运渠道查获毒品走私案件4起，缴获海洛因、大麻41.39克。同期上海海关走私犯罪侦查分局立案48起，涉嫌偷逃税款人民币6500万元，抓获犯罪嫌疑人66人。检察院提起公诉23起，涉及29人，法院判决23起，涉及29人。同时，上海海关加大对假冒侵权行为的打击力度，2001年查获知识产权侵权案件49起，案值人民币573万元，有效维护了权利人的合法利益。并在已开通的“上海海关网(www.shcus.gov.cn)”设置了知识产权网页，提高了海关执法透明度。坚持以人为本，狠抓队伍建设，全面提升干部队伍素质。2001年上海海关深入开展党风廉政建设和反腐败斗争，强化从严治“官”，切实纠正行业不正之风，全面落实“九不准”规定，推行“首问负责制”；深化干部人事制度改革，试行了领导干部任前公示和任职试用、竞争上岗和“末位调整”、“即时即奖”制度，严格队伍管理；加大干部交流力度，2001年全关处、科级干部的交流面分别达到了50.7%和76.6%。上海海关积极推动精神文明建设，先后开展了以“全心全意为人民服务”为主题的宗旨教育、以树立正确的“人生观、世界观、价值观”为内容的思想道德教育以及爱岗敬业、依法行政的职业道德和职业纪律教育等专题教育活动，并深入持久的开展“创建文明窗口”、“规范达标”等“创先争优”活动，干部队伍的政治素质和思想素质有了新的提高。2001年APEC会议期间，上海海关全体干部职工团结一致、奋力拼搏，勤奋敬业，乐于奉献，圆满完成了APEC会议的会务接待、安全保卫等各项任务，对外展示了海关队伍的良好形象。2001年上海海关有19个集体、13名个人获得海关总署和上海市的表彰，其中1人荣获“全国优秀青年卫士”和“上海市新长征突击手”的称号，1人被评为“上海市劳动模范”。

2001年上海海关工作统计表

	年份	数额	单位	增长%	占全国海关总数的%
征收税款	2000	486.82	亿元	21.70	
	2001	589.61	亿元	21.1	23.66
监管进出口货物总值	2000	1093.11	亿元		23.00
	2001	1204.87	亿元	10.2	23.64
监管进出口运输工具					
	2001	6.56	万架次（艘）		

续表

		年份	数额	单位	增长%	占全国海关总数的%
统计报关单		2001	377	万份	15.8	
查获走私	案件	2001	499	起	45.0	其中贸易大案22起
	案值	2001	2.91	亿元	187	
侦查分局立案	案件	2001	48	起		
	涉嫌偷逃税款	2001	6500	万元		
	涉嫌犯罪嫌疑人	2001	66	人		
	检察院起诉		各23	起		
	法院判决		涉及29	人		
查获知识产权侵权	案件	2001	49	起		
	案值		573	万元		

上海出入境边防检查总站

2001年，上海边防检查总站的边检业务工作以江总书记“三个代表”重要思想为指针，以边防执勤工作为中心，坚持“向教育培训，向管理改革，向科技运用要效率、要水平”的工作思路，严格执法，热情服务，全力深化边防执勤规范化建设，狠抓查控和反偷渡工作，圆满地完成了“上海合作组织”峰会、APEC会议边防检查和安全保卫等各项执勤任务，为维护国家主权、安全和上海社会政治稳定，促进经济发展作出了积极贡献。

一年来，空港站检查出入境旅客7213619人次(出境3750853人次，入境3462766人次)，比上年增长18%，连续三年位居全国空港首位；检查出入境机员610250人次，比上年增长19%；检查出入境飞机42775架次，比上年增长17%；办理48小时过境免签证手续8375人次。

海港站检查出入境船舶14359艘次，比上年增长8%，检查进出港外轮5766艘次；检查出入境海员320005人次，比上年增长7%；检查出入境旅客54020人次，比上年增长4%。

为适应国家加入WTO后的新形势，满足上海对外开放的需要，2001年，总站自行研发了“远程船舶管理系统”和“电子门禁系统”，在浦东机场入境检查大厅开辟了“中国公民入境专用通道”，进一步提高检查、执勤、通关能力和服务水平。同时，加大执法力度，扩大交流协作，不断提高发现和打击口岸违法犯罪活动的能力，全年共查获、审理偷渡案件503起761人次，其中蛇头57名；接收处理遣返人员3191人次

2001年，总站以“快速、便捷、安全、畅通”为原则，精心准备，严密部署，认真落实各项工作措施，全体干警全力以赴，坚守岗位，在部局的直接领导和上海市公安局的指导下，胜利完成了以APEC会议为中心的各项重大会议出入境边检和安全保卫任务。6月份以来，上海边检总站共为参加“五国峰会”的五国元首及重要宾客的16架专机、476名官员办理了边检礼遇手续；为6284人次APEC与会人员办理了出入境手续，其中10月的APEC领导峰会期间，共为5552人次与会人员办理出入境手续(经济体领导人46人次，部长138人次，高官429人次，普通与会人员2936人次，记者1162人次，警卫人员412人次)，检查专、包、公务机96架次，检查枪支193支、子弹5450发。由于在APEC会议期间工作成绩突出，总站被公安部荣记集体二等功，受到了上海市公安局安全保卫领导小组的通令嘉奖，虹桥、浦东站被部局荣记集体三等功。

2001 年上海出入境边防检查总站业务工作统计表

检查出入境旅客		检查出入境船舶	
总数	7213619 人次	总数	14359 艘次
出境	3750853 人次	同比	8%
入境	3462766 人次	其中外轮	5766 艘次
同比	18%		
办理 48 小时过境免签手续 8375 人次			
检查出入境飞机		检查出入境海员	
总数	42775 架次	总数	320005
同比	17%	同比	7%
检查出入境旅客			
总数	54020 人次		
同比	4%		
查获、审理偷渡案件			
503 起	761 人次	其中蛇头 57 名、接收处理遣返人员 3191 人次	

上海出入境检验检疫局

2001 年，上海出入境检验检疫局进一步深化改革，依法行政，严格把关，为上海经济建设和对外交流作出了显著的成绩。全年共完成出口商品检验 272796 批、货值 925054 万美元，出口不合格 299 批、1104 万美元；进口商品检验 140602 批、货值 1095082 万美元，进口不合格 3344 批、货值 24193 万美元；签发普惠制产地证 175295 份、签证金额 444616 万美元；签发一般产地证 33729 份、签证金额 134717 万美元；进境食品卫生检验 10371 批，发现不合格 31 批；进境动物及其产品检疫 10777 批，发现疫情 133 批；出境动物及其产品检疫 4770 批，未发现疫情；进境植物及其产品检疫 22848 批，发现疫情 622 批；出境植物及其产品检疫 17899 批，发现疫情 10 批；进境木质包装检疫 106929 批；出境木质包装检疫 54938 批，未发现疫情；进境船舶检疫 7327 艘，出境船舶检疫 7273 艘；进境飞机卫生检疫 23474 架，出境飞机卫生检疫 23436 架；进境集装箱检疫 1485845 只，发现问题 8220 只；出境集装箱检疫 710326 只，未发现问题；出入境旅检 7408698 人次，发现问题 9336 人次；监测体检总数 98318 人次，发现传染病 3265 人次；预防接种 149947 人次；除害处理 191524 批；进境邮包检疫 30974 批，发现问题 29 批。为顺应入世新形势和上海口岸特点，上海检验检疫局改进工作模式，坚决贯彻国家质检总局关于把工作重点转移到安全、卫生、健康、环保和反欺诈上来的要求，全力推行对出口企业(包括外贸经营企业)实施质量认证和分类管理工作，把工作重心由后期检验检疫向前期监督管理转移。经考核，有 57 家企业被批准为一类管理企业，实践表明，分类管理不仅方便外贸，而且规范了检验检疫工作行为，提高效益，快速通关，取得了良好的社会效果。

为提高入境货物的整体通关效率，根据上海市“大通关”工作的部署，上海检验检疫局与市外经贸委、上海海关联合在上海地区实施“提前报检、提前报关、实货放行”的通关模式。自 2001 年 11 月 1 日起，上海地区各进口货物的收货人或代理人在备齐入境检验检疫所需单证的情况下，都可提前向该局指定的检验检疫机构办理检验检疫报检手续。各船公司和航空公司应根据航线的不同，在货物运抵上海港之前提前向海关传输正确、完整的电子舱单，即日本、韩国、中国香港等航线应提前24小时；其它近洋航线应提前48小时；远洋航线应提前96小时。航空公司应在飞机起飞后即向海关传输电子舱单数据。

APEC会议期间，上海检验检疫局专门成立应急处置突发事件工作小组，统筹协调检验检疫工作，对会议代表、重要来宾、专机等进行核实、分析的基础上，结合实际情况，对人员配备、岗位设置、操作方案进行了调整，为会议顺利、有序召开提供有力保障。由于成绩突出，上海浦东机场检验检疫办事处旅检科在上海市总结表彰大会上被授予“上海市巾帼文明岗”称号。上海检验检疫局积极配合上海浦东国际机场快件中心建设，这项工作是在时间短、任务急、业务新的情况下，短时间里突击完成的，保证了快件中心的检验检疫中心的检验检疫工作按时开展。国务委员吴仪、国家质检总局局长李长江和上海市市长徐匡迪等在视察后，都给予了充分肯定。另外在上海松江出口加工区设立检验检疫办事处，为区内高新技术企业提供优质服务，加快检验检疫速度。经过与有关部门的共同努力，目前松江出口加工区空运进口货物通关时间从过去的3天左右缩短到4小时以内，最快的一批货物只用了2.5小时，创造了国内通关速度一项新纪录，国务委员吴仪在视察松江出口加工区时对上海检验检疫局努力缩短通关时间，加快物流速度给予了特别的赞扬。

在进口原木检疫处理工作方面，设立了4个“进口木材检验检疫区”，全年截获大家白蚁，叉脊虎天牛、天牛亚科、材小蠹、长小囊等危险性有害生物59批次，其中有27批是在出口国家或地区已经熏蒸或检疫处理的原木上发现的。11月5日，吴淞检验检疫局在对一德籍货轮实施入境检疫时，发现储存在该轮食品舱中的购自美国的5公斤豆类中有大量钻蛀性害虫，检验检疫人员当即采取虫样送检测中心鉴定，并立即对该批豆类进行了煮沸销毁除虫处理。经实验室鉴定，该批害虫为我国禁止入境的一类危险性害虫菜豆象。

下半年，先后发生了西班牙橄榄渣滓油苯并芘超标、东南亚爆发登革热疫情、进口土豆泥添加剂超标事件。上海检验检疫局根据国家质检总局的有关要求，采取了紧急应对措施防止登革热疫情的传入，对进口橄榄油市场进行了检查，禁止不合格土豆泥进口，并严格按照国家质检总局的要求组织新闻宣传，在社会上引起了较大反响，进一步扩大了检验检疫机关的社会影响。

2001年7月，上海检验检疫局机电产品检测技术中心电测室通过了国际电工委员会电工产品合格测试与认证组织的国际同行评审，成为全国检验检疫系统首家加入IECEE-CB体系的检测实验室。9月，上述评审在瑞士国际认证会议上获得了正式通过，表明该局已经成为世界性的CB实验室的光荣成员。

2001年上海出入境检验检疫工作统计表

	总数	货值（万美元）		不合格	货值（万美元）	发现疫情	未发现
出口商品检验	272796批	925054		299批	1104		
进口商品检验	140602批	1095082		3344批	24193		
签发普惠制产地证	179259份	签发	444616				
签发一般产地证	33729份	金额	134717				
进境食品卫生检验	10371批			31批			
进境动物及其产品检疫	10777批					133批	未发现
出境动物及其产品检疫	4770批						
进境植物及其产品检疫	22848批					622批	
进境植物及其产品检疫	17899批					10批	
进境木质包装检疫	106929批						未发现
出境木质包装检疫	54938批						未发现

续表

			总数		货值（万美元）		不合格		货值（万美元）	发现疫情 / 未发现	
进出境运输工具卫生检疫	船舶	进境	7327 艘次	飞机	进境	23474 架次	集装箱	进境	1485845 只	发现问题	8220 只
		出境	7273 艘次		出境	23436 架次		出境	710326 只	未发现问题	
出入境旅检	7408698 人次	发现问题	9336 人次	监测体检	98318 人次	发现传染病	3265 人次				
预防接种	149947 人次	除害处理	191524 批	进境邮包检疫	30974 批	发现问题	29 批				

上海海事局

2001 年，上海海事局紧紧围绕水上交通安全监督管理中心工作，以“水上运输安全管理年”活动为主线，保证了上海水域安全形势的基本稳定，没有发生水上重、特大安全责任事故。为了适应形势发展的需要，上海海事局在口岸查验和进出港审批过程中严格把关，不断提高工作效率和服务质量，简化手续，强化管理，保障符合要求的船舶准点安全地进出上海口岸，树立了良好的窗口形象。贯彻“以法制管理口岸、以便利服务船方、以规范提高效能”的方针，全年共查验进出上海口岸国际航行船舶 19655 艘次，其中进口船舶 9771 艘次(国轮 1502 艘次，外轮 8269 艘次)，出口船舶 9884 艘次(国轮 1493 艘次，外轮 8391 艘次)。

根据全国船舶监督管理工作会议精神，在专项整治中严把船舶进出口签证关和安全检查关，特别是加大了对老龄船、低标准船的安全检查力度。全年共签证船舶 23 万多艘次进出上海港，其中进出上海港的第六代集装箱船达到了 100 多艘。进行港口国管理安全检查 303 艘次，滞留外轮 12 艘次；船旗国管理安全检查 2043 艘次，滞留 6 艘次，其中开航前检查 151 艘次，对适检船舶的开航前检查率达到 100%，继续保持了受检国轮在国外的滞留率为零。2001 年 7 月，上海海事局被交通部评为“降低中国籍船舶滞留率工作先进单位”。

2001 年、2000 年口岸监督管理工作对比表

	进出船舶（艘次）				安全检查（艘次）			
	进口		出口		港口国检查		船旗国检查	
	国轮	外轮	国轮	外轮	检查	滞留	检查	滞留
2000 年	1525	7695	1531	7747	211	6	395	5
2001 年	1502	8269	1493	8391	303	12	2043	6
增减%	−0.15	+0.75	−0.25	+0.83	+43.6	+100	+417	+20

大力加强宣传、协调、预控，对水上水下施工作业和浮吊作业进行重点监督管理，对长江口深水航道、吴淞外环线隧道施工作业区、东嫩线集装箱卡车轮渡、外滩观光区等重点水域进行集中整顿，确保了通航秩序良好，通航环境安全畅通。

加大危险品集装箱船舶的开箱检查力度，对重点码头的集装箱实施开箱检查，并查获数起危险品集装箱冒充普通货物的严重违章行为，使上海港危险货物运输安全得到了保障。全年组织对上海港 54 家从事危险货物装卸作业的码头单位、228 艘从事散装液态危险货物运输的船舶及其作业情况进行了检查。

加强履约培训、考试及发证工作，共完成船员适任证书考试7393人次，同比增长54%；签发船员适任证书28760本，同比增长256%，签发船员专业、特殊培训证书115756本，同比增长180%，签发海员证8067本，同比增长48%，为全面完成履约任务起到了决定性作用。船员考试中心的业务工作从9月17日开始进入试运转，初步实现了船员管理与考务分离，强化了监督和跟踪管理职能。

通过ISM审核，进一步加强了各航运公司的安全管理，提高了船公司的安全管理意识。年内按照部海事局的部署，完成了上海片区26家公司的安全管理体系审核，颁发了由中华人民共和国海事局签发的“符合证明”(DOC证书)。

加大航海保障的力度，注重提高管理效率和质量。在航标建设上推行了项目管理，科学合理地调整航标配布结构，大力推行新技术、新光源、新材料的应用，提高航标可靠性。年内在完善水位自动测报系统，全面推广应用水文自动化，电子海图研制和开发，制订内业制图质量考核办法等方面做了大量工作，取得了较好的成效。印刷港口航道图116幅，质量合格率100%，《吴淞口至浏河口》等三幅印刷海图被交通部海事局评为“优质印刷图”。

在APEC会议召开期间，共出动巡逻船艇120艘次，现场执法人员3000多人次，疏导大小船舶4000余艘次，确保了水上安全秩序，特别是在闭幕式大型活动期间，陆家嘴江面破例全天封航，实行交通管制，全力以赴，为营造上海市的美好形象作出了贡献，体现了海监精神。上海海事局以信息化为龙头，加快软硬件建设，形成了以局海事大厦为中心，覆盖所有基层单位局域网，外联交通部和上海市的广域网架构。中国船舶报告系统运行和管理得到了加强。自6月1日开通以来。共录入船舶静态资料1820条，其中841艘船舶已开始发送船舶报告信息。共接收船舶报告70000次，每天加入中国船舶报告系统的在航船舶约为240艘。经过科学论证、合理布标、加密测量、实船试航等一系列工作，开辟了宝山水道，满足了第四、第五代集装箱船和经减载后的10万吨级船舶全天候通航。海事系统新造的第一艘大型巡视船于12月22日正式交接并投入使用，为加强海区管理创造了良好的条件。

上海口岸概况

一类口岸

【上海港口岸】 截至12月12日，上海港年集装箱吞吐量首次突破600万标准箱，成为除香港外我国大陆第一个集箱吞吐量逾600万标准箱的港口。全年集装箱吞吐量完成634万标准箱，比上年增长13%；其中重箱完成478.8万标准箱，比上年增长14%，重箱比重占75.5%。全港货物吞吐量完成22099.2万吨，比上年增长8.1%，其中本港吞吐量完成12579万吨，比上年增长7.2%；全港外贸吞吐量完成8653万吨，比上年增长13.4%，其中外贸进口5216万吨，外贸出口3437万吨。分别比上年增长14.7%和11.4%。在世界经济不景气的情况下，上海港货物吞吐量、本港货物吞吐量、外贸进出口吞吐量和集装箱吞吐量等五项主要生产指标均创造了历史最高纪录，显示了强劲的发展后劲。

自1992年，上海港集装箱运输生产呈高速增长态势。到2001年底，上海港经营着14条上海至美国、欧洲、澳大利亚、东南亚、日本、香港等国家和地区的国际集装箱航线，航班密度每月达到1036班，比上年增加28班，其中国际航线每月470班，内支线每月460班，内贸每月106班。上海港集装箱吞吐量在世界十大集装箱港口的排位已从上年的第六位上升到第五位。

“九五”期间，上海港投资44.3亿元新建、改建集装箱码头，添置大型装卸机械，其中外高桥一期，二期工程新建、改建6个集装箱泊位，年吞吐能力增加150万标准箱，在建设中的外高桥三期、四期工程有6个集装箱泊位，可新增能力220万标准箱。在不断扩大吞吐能力的同时，上海港还努力提高装卸效率，单机平均每小时最高作业量达到50.9自然箱，单船平均每小时最高作业量达到213.9自然箱，最高日接卸量突破2.5万标准箱。

上海港近五年集装箱吞吐量递增情况表

2001年上海港集装箱吞吐量在数量继续增长的同时，内在质量也在不断提高。从航线航班看，2001年上海港国际集装箱干、支线航班同步发展。其中远洋线月航班增5班，近洋线月航班增9班，国内线月航班增18班。从航线箱运量看，2001年远洋线箱运量占总箱量的比例为49.36%，高于2000年48.95%的水平；近洋线箱运量占总箱量的比例为31.5%，与2000年31.63%的水准基本持平。从市场占有份额看，2001年上海港集装箱吞吐量市场占有份额保持了与2000年基本相同的水平。上海港集装箱吞吐量2001年占世界前十大集装箱港口吞吐量的份额为7.86%，而2000年只有7.06%；2001年占我国大陆前十大集装箱港口吞吐量的份额为28.33%，略低于2000年30.05%的份额。从在集装箱运输中占有重要地位的国际中转看，全年完成了4.50万标箱，同比增长27.47%。从具有市场发展潜力的海铁联运看，全年完成了43892标箱，稍逊于2000年44134标箱的成绩。

综上分析，2001年国际、国内集装箱大港集装箱吞吐量增速普降，上海港集装箱吞吐量增速虽然趋缓，但港口地位继续得到巩固和提高。2001年上海港保持了我国大陆龙头港口的地位，在世界集装箱港口中的排名由2000年的第6位升至第5位。上海港集装箱吞吐量增长率虽然纵向比，下降幅度较大；但横向比，在世界大港中仍然处于领先地位，这是因为：

1．世界经济滑坡，贸易量增速下降，导致全球性港口集装箱吞吐量增速趋缓

2001年世界GDP增长率从2000年的3.4%下降到2.4%，创下10年来新低；世界贸易量增长率从2000年的13%下降到2001年的0.3%；跨国直接投资从2000年18%的增长变为40%的收缩，为近30年来最差的数值。

2001年世界经济、贸易、投资从2000年的强劲增势转为急剧下滑，导致全球性港口集装箱吞吐量增长率普遍下降。与2000年相比，第一大港香港下降了9.24个百分点；第二大港新加坡下降了15.82个百分点；上海的下降幅度超过了20个百分点。新加坡下降幅度大于香港，明显是因为马士基转移其在该港枢纽的原因；上海的下降幅度更高于香港，是因为两港集装箱吞吐量的比较基数不在同一数量级上。世界经济滑坡，贸易量增速下降，并导致全球性港口集装箱吞吐量增速趋缓的情况下，上海港无法一枝独秀。

具体从上海方面看，2001年上海口岸外贸货物进出口额为1204.87亿美元，同比增长10.2%；本市外贸货物进出口额608.93亿美元，同比增长11.3%；而2000年分别高达43.5%和42.5%。上海口岸进出口贸易额增长的大幅下降，必然导致上海港集装箱吞吐量增长率较大幅度的下降。

2．中国和上海经济的高速增长，保证了上海港集装箱吞吐量的增长

2001年我国经济以7.3%的速度高速增长；上海全年完成国内生产总值4950.8亿元，比上年增长10.2%，连续10年保持了10%以上的增长率，中国和上海经济的高速增长，为上海港集装箱吞吐量的增长提供了可靠的保证。同时，长江口航道水深条件的改善、通关效率的提高、港口使费的优惠、政府及有关部门的支持，对上海港集装箱吞吐量的增长起到了十分积极的作用。所以，虽然2001年上海港集装箱吞吐量增长率在连续保持了十多年30%左右的增长后下降到不足13%，但集装箱吞吐量增长率在世界前十大集装箱港口中仍处于领先地位。

2001年上海口岸港航情况统计表

(1) 2001年度上海港货物吞吐量 完成比较

		数量（万吨）	同比增长%	金额（亿美元）	同比增长%
全港货物吞吐量		22099.2	8.1		
本港货物吞吐量		12579.0	7.2		
上海口岸外贸货物进出口量	出口	3437	11.4	680.07	10.5
	进口	5216	14.7	524.81	9.9
	进出口合计	8653	13.3	1204.87	10.2
本市外贸货物进出口量	出口			276.24	9.0
	进口			332.69	13.3
	进出口合计			608.93	11.3

(2) 2001年度在上海经营航运及有关服务企业统计

类别			数量 2001年	数量 2000年
境外独资船公司			24	22
境外货代企业在上海设办事处或代表处			450	438
国际货代企业			350	301
国际船代企业			18	16
国际船舶出入境艘次	入境		9771	9220
	其中	外轮	8269	7695
		国轮	1502	1525
	出境		9884	9278
	其中	外轮	8391	7747
		国轮	1493	1531
	出入境总数		19655	18498

(3) 2001年度上海组合港港埠企业集装箱吞吐量统计表

港 阜 企 业	吞吐量(万TEU) 2001年	吞吐量(万TEU) 2000年	与去年同期比增长%
上海外高桥保税区港务公司	144.2	120.9	19.3
宁波港	121.2	0.2	34.3
南通港	18.53	18.2	1.8
南京港	22.1	20.3	8.9
张家港港	16.04	13.8	16.2
镇江港	7.32	5.7	28.4
合 计	329.39	269.1	22.4

(4) 2001 年度上海港国际集装箱量完成比较

单位：标箱

航线		2001 年		2002 年		同比增长%
		完成箱量	占总箱量%	完成箱量%	占总箱量%	
远洋		312.95	49.36	274.69	48.95	43.93
近洋		199.70	31.50	177.55	31.64	12.48
沿海中转		10.24	1.62	12.68	2.25	−19.24
长江中转		39.01	6.15	32.53	5.80	19.92
国内其它		72.08	11.37	63.74	11.36	13.08
其中	国际中转箱	4.50	0.71	3.53	0.62	27.48
	内贸箱	40.48	6.39	32.18	5.73	25.79
总计		633.98	100.00	561.19	100.00	12.97

* 国内其它包括：内贸箱和国际、国内空箱

(5) 2001 年度上海港国际集装箱干、支线航班统计表

序号	航线			每月航班 2001 年	每月航班 2000 年
1	远洋航线	北美		69	61
2		欧洲		39	35
3		地中海		17	17
4		波斯湾－红海		26	30
5		澳洲		8	13
6		南美－南非		11	10
7		非洲		7	6
	远洋航线小计			177	172
8	近洋航线	东南亚		35	30
9		韩国		43	52
10		日本		160	150
11		俄罗斯		8	4
12		香港		17	22
13		台湾		30	26
	近洋航线小计			293	284
14	国内航线	支线	沿海支线	55	60
15			长江支线	405	361
		支线小计		460	421
16		内贸	沿海内贸	67	60
17			长江内贸	39	67
		内贸小计		106	127
	国内航线小计			566	548
	合计			1036	1004

(6) 2001 年上海港集装箱吞吐量名列全国第一

序号	港口	吞吐量（万 TEU）		与去年同期比增长 %
		2001 年	2000 年	
1	上海	633.98	561.20	12.96
2	深圳	507.86	395.94	28.26
3	青岛	263.85	211.63	24.67
4	天津	201.10	170.84	17.71
5	广州	162.83	142.67	14.13
6	厦门	129.84	108.46	19.98
7	宁波	121.13	90.21	34.47
8	大连	120.89	100.84	19.88
9	中山	54.64	45.76	19.40
10	福州	41.76	39.98	4.45
前十大港口吞吐量合计		2237.70	1867.53	19.82

(7) 2001 年上海港集装箱吞吐量名列世界第五

序号	港口	吞吐量（万 TEU）		与去年同期比增长%
		2001 年	2000 年	
1	香港	1790	1780	0.56
2	新加坡	1552	1704	−8.92
3	釜山	780	754	4.77
4	高雄	754	747	0.93
5	上海	634	561.20	12.97
6	鹿特丹	610	630	−3.17
7	洛杉矶	518	490	5.71
8	深圳	507	395.94	28.04
9	汉堡	470	420	11.90
10	长滩	446	460	−4.34
前十大港合计		8061	7942.2	1.49

【上海航空口岸】 2001 年，随着人类跨入新的世纪，上海空港也进入了一个新的发展时期。一年来，上海机场(集团)有限公司紧紧围绕建设亚太地区航空枢纽港和建立现代化企业的目标，强化管理，确保安全，规范服务，争创效益。经过全员努力，圆满完成了年初提出的各项任务，以浦东机场一期资产顺利移交为标志，集团公司平稳度过了组建运作的初始阶段，跨入了正常发展时期，为企业今后的持续、快速、健康发展奠定了基础。

2001 年，上海机场共完成飞机起降 194070 架次，同比增长 20.89%，其中虹桥机场 116495 架次，浦东机场 77575 架次；完成旅客吞吐量 2066.04 万人次，同比增长 16.83%，其中虹桥机场 1376.15 万人次，浦东机场 689.89 万人次；完成货邮吞吐量 100.02 万吨，同比增长 13.81 万吨，其中虹桥机场 58.42 万吨，浦东机场 41.6 万吨。全年实现主营业务收入 332600.7 万元，其它业务收入 45230.29 万元；实现利润总额 49618.9 万元。

近五年上海空港出入境客货运统计表

年份	出入境飞机（架次）	同比%	出入境人数（万人次）	同比%	出入境货运量（吨）	同比%
1997	26235	−23.73	403.45	25.25	268700	28.14
1998	35685	36.02	447.91	1102	329400	22.59
1999	40113	12.42	547.73	22.28	472100	43.32
2000	44780	+11.63	650.41	+18.74	549500	+16.39
2001	52591	17.44	753.772	+15.09	617100	12.30

上海市、上海口岸外贸概况

【上海口岸外贸首次超过1200亿美元】 2001年全球经济普遍低迷，但上海口岸作为我国最大出口贸易口岸，在关贸双方的共同努力下，实现了全年进出口贸易的稳定增长，进出口贸易总额突破1200亿美元大关，再创历史新高。

据上海海关最新发布的统计数据显示，2001年上海口岸进出口总额达1204.87亿美元，约占全国进出口货物总值的1/4，同比(下同)增长10.2%，其中：出口580.07亿美元，增长10.5%；进口524.81亿美元，增长9.9%。

出口方面

全年一般贸易出口380.43亿美元，增长11.6%，占出口总额的55.9%；加工贸易289.53亿美元，增长7.5%，占出口总额的42.6%；保税区仓储转口货物6.82亿美元，增长1.4倍。

国有企业出口受到的冲击较大，出口309亿美元，增长仅为3.5%；三资企业出口313.43亿美元，增长12.7%。亚洲仍是上海口岸最大的出口市场，对亚洲的出口额达322.88亿美元，增长9.3%，占出口总额47.5%；对欧洲出口额为141.63亿美元，增长11.2%；对北美出口额为150.4亿美元，增长9.4%。此外，对非洲和拉美市场出口增长迅速，出口额分别为21.49亿美元和28.61亿美元，增幅高达20.5%和24.7%。在主要市场出口受阻的情况下，企业在市场多元化方面加大力度，一定程度上缓解了口岸出口压力。

主要出口商品中，机电产品290.12亿美元，增长14.6%，占出口总额的42.7%；服装及衣着附件156.95亿美元，增长7.9%；纺织纱线、织物及制品62.16亿美元，增长10.7%；钢材6.2亿美元，下降23.2%。

进口方面

一般贸易进口的持续快速增长，进口额达245.94亿美元，增长15.7%，占进口总额的46.9%。加工贸易受国际市场需求萎缩影响较大，进口增速回落很快，进口额171.27亿美元，微增0.5%。上年上海外商投资迅猛增长，外商投资企业投资进口的设备、物品达47.46亿美元，增长17.9%。

主要进口市场中，亚洲增速明显下降，进口284.64亿美元，增幅4.6%。欧洲增长最快，进口130.7亿美元，增长24.7%；北美80.27亿美元，增长11.8%，其中美国67.93亿美元，增长16.1%。

机电产品稳居进口商品第一位，上年进口额达310.31亿美元，增长17.6%，占进口总额的59%。

【上海市外贸进出口总值超600亿美元】 据海关统计，2001年全年，上海外贸进出口累计608.93亿美元，同比增长11.3%，其中出口276.24亿美元，增长9%，进口332.69亿美元，增长13.33%。出口增幅高出全国2.2个百分点。

外贸出口呈现的主要特点：

（一）出口在困难中继续保持了一定的增长速度

2001年外贸出口受到世界经济增长减缓的影响，第一季度，各自出口增幅分别为17.37%、33.43%和33.29%。第二季度5、6月份出口增幅由4月份的20.18%直落至3%和2.93%。第三季度各自出口增幅分别为4.85%、4.65%和4.87%。第四季度由于9.11事件的突发，各月出口增幅分别为−2.46%、1.76%和−1.14%。尽管如此，外贸累计出口仍达到276.24亿美元，增长9%，实现增量22.7亿美元。

（二）外商投资与地方综合两路企业实现了全市出口的主要增量

1. 外商投资企业出口增幅高于全市平均水平，实现增量占到全市的74.8%。

2001年，全市外商投资企业累计出口159.59亿美元。增长11.9%，高于全市平均水平2.9个百分点。实现增量16.98亿美元，占到全市出口增量的74.8%。

2. 地方综合企业出口保持高幅增长，实现增量占到全市增量的26.7%。2001年，全市国有企业累计出口116.14亿美元，增长4.92%，其中，地方综合企业，累计出口32.12亿美元，增长23.28%，实现增量6.06亿美元，占到全国增量的26.7%。

3. 其余各路企业出口进展步伐不平衡。

2001年工业自营业累计出口34.41亿美元，增长3.74%，为全市实现了1.24亿美元的增量。中央部属企业累计出口4.75亿美元，增长2.86%。专业外贸公司全年出口39.64亿美元，下降2.79%，减少出口1.14亿美元。地方工贸累计出口5.22亿美元，下降14%。

（三）机电产品出口增幅高于全市平均水平，在全市出口中的比重进一步扩大

2001年，全市机电产品累计出口142.11亿美元，增长17.03%，实现增量20.68亿美元，占到全市增量比重的91%。高新技术产品累计出口52.49亿美元，增长12.81%，实现增量5.96亿美元。

（四）重点市场与新兴市场出口并驾齐驱，市场多元化步伐取得新的进展

1. 重点出口市场增量格局发生明显变化

2001年全市对欧洲市场累计出口53.76亿美元，增长17.83%，其中对欧盟累计出口48.51亿美元，增长16.91%，实现增量4.31亿美元。对亚洲市场累计出口138.78亿美元，增长7.5%，实现增量9.68亿美元。对北美洲累计出口63.21亿美元，增长4.63%，实现增量为2.8亿美元。

2. 对新兴市场出口取得明显成效

2001年对东盟累计出口22.13亿美元，增长15.69%，实现增量达3亿美元。对东欧市场累计出口2.88亿美元，增长74.36%，实现增量1.23亿美元。对拉美市场累计出口8.74亿美元，增长18.1%，实现增量1.34亿美元。对非洲和大洋洲市场累计分别出口6.19亿美元和5.54亿美元，分别增长10.1%和3.58%。

（五）一般贸易和加工贸易出口实现双增长

2001年一般贸易累计出口110.67亿美元，增长8.8%，实现增量8.95亿美元；加工贸易累计出口157.27亿美元，增长6.39%，实现增量9.44亿美元。

（六）区县外贸出口实现低速增长

2001年全市区县累计出口106.91亿美元，增长7.82%。

【上海口岸对台贸易呈现良好发展态势】 在世界经济低迷的2001年，上海口岸对台贸易频繁，发展态势良好。据上海海关统计，2001年上海口岸对台贸易进出口总额为57.6亿美元，同比增长11.6%。

在出口方面，虽然受全球经济衰退、台湾岛内需求萎缩的影响，在对台出口贸易增速显著放慢的情况下，上

海口岸对台出口贸易仍达到13.1亿美元，同比增长4.2%。其中：一般贸易增幅下降，加工贸易增幅上扬。对台一般贸易出口额为5.5亿美元，其增幅比2000年下降4.1%；对台加工贸易出口额为7.4亿美元，比2000年增长10.5%。国有企业出口贸易出现大幅下降，三资企业保持较快增长。国有企业对台出口贸易额为3.1亿美元，降幅达25.2%；三资企业对台出口贸易额为9.2亿美元，增长17%。机电产品的出口保持了强劲增势，出口额为7.5亿美元，增长28.1%。其中自动数据处理设备及其零部件增长迅猛，出口额1.7亿美元，增长2.2倍；集成电路及微电子组件0.6亿美元，增长52%，但纺织品、服装和钢材、钢坯、合成有机染料等工业生产原材料的出口均出现不同程度的下降。

在进口方面，由于祖国大陆经济稳步增长，市场需求旺盛，上海口岸对台进口贸易呈增长态势，2001年上海口岸从台湾进口贸易额为44.5亿美元，同比年增长14.1%。其中一般贸易进口额为13.3亿美元，增长37.6%；加工贸易进口额为22亿美元，增长4.6%；外商投资企业进口设备和物品6.9亿美元，增长10.1%。从台湾进口机电产品为主要进口商品之一，达26亿美元，增长29.5%。其中：集成电路及微电子组件4.8亿美元，增长1.2倍；金属加工机床1.8亿美元，增长42.3%；电视、收音机及无线电讯设备的零附件1.1亿美元，增长3倍。此外，从台湾进口钢材2.4亿美元，增长39.2%。

上海口岸专稿

上海海关超额完成全年税收任务

2001年，上海海关征收进出口税款589.61亿元，超额完成全年税收任务104.61亿元，同比增长21.1%，再创上海海关征税历史最高水平。其中，征收进出口税214.18亿元，征收进口环节增值税和消费税375.43亿元，分别同比增长21.3%和21%。

上海海关关长鲁培军指出，近年来上海海关征收税款连续呈现大幅增长的良好态势，这充分显示了我国海关严厉打击走私，规范进出口秩序，深化业务改革，提高通关效率，使进出口贸易得以快速、健康地发展。同时，国家扩大内需方针的有效落实，一般贸易进口货物快速增长，使海关关税大幅上升，为国家财税增长提供了稳定可靠的保证。

上海是我国重要的经济贸易中心，上海口岸是我国最大的对外贸易口岸，上海口岸进出口贸易总值和税收多年来一直占全国进出口贸易总值和全国海关税收总量的五分之一强，自1992年以来平均增长率达28%。据了解，近年来，上海海关始终把关税工作作为该关工作的重中之重，坚持依法治税，做到依率计征，正确减免，当好“铁税官”；坚持综合治税，审价、归类、化验等部门通力合作，运用科技手段，实施价格监控，加强归类监督，提高化验准确性；完善减免税监督制度，既落实好国家进口税收优惠政策，又堵住超越规定审批减免税，防止税收流失；监管、稽查、打私部门强化税收征管，加大监控和执法力度，防止后续管理环节税收“跑、滴、漏”，做到应收尽收；加强税收分析预测，注重把握各阶段的税收情况，大力支持重点税收企业发展。

入世以后，随着我国关税税率大幅下调和《WTO估价协议》的实施，海关关税工作将面临前所未有的挑战。对此，鲁培军关长表示，关税是国家财政的重要和稳定来源，做好海关税收征管工作对促进国家经济和社会发展，增加中央财力和治国安邦具有十分重要的作用。上海海关将主动应对入世挑战，以“依法行政、为国把关、服务经济、促进发展”海关工作新方针为指导，在促进贸易便利化的同时，全面推进海关税收征管制度的改革、管理方法的创新、执法能力的增强和工作效率的提高，始终坚持依法治税，确保关税应收尽收。

2001年上海港引航管理站年引领中外船舶逾越3万艘次大关

2001年上海港引航管理站年引领中外船舶逾越3万艘次大关，这一引航史上的历史性跨越和引航新高峰的到达将上海港引航再次推到了港航界的前沿，吸引了众多关注的目光。全年克服各种困难，共引领船舶30884艘次，比上年增加2802艘次，增幅为9.98%，其中集装箱船舶占40%，吃水10米以上船300艘次左右，宝山港池第四代集装箱船进出50余艘次，北槽进出口6000多艘次。2001年12月的引航量达2785艘次，日均90艘次左右，成为历史上生产最高的月份。

截止2001年底，全站共有职工481名，其中引航员166名，分别为：高级引航员19名、一级引航员39名、二级引航员30名、三级引航员38名及助理引航员40名。拥有各类大小船舶23艘，其中各主要船舶均配备雷达、GPS、GMDSS等。轮值于长江口的引航船有二艘，分别为“沪港引2号”和“沪港引3号”，总吨位为4400吨，引航船还配有高速快艇10艘，在吴淞口锚地执行长江引航员接送任务的工作船有2艘。上海港引航站为引航生产服务设有专用车队，用于陆上接送引航员。站计算机系统管理生产、共享信息资源初见成效，两艘引航船上安装了多台电脑并实现联网，引航员可在触摸屏上查询工作计划，驾驶员可在驾驶室电脑查询引航计划。站局域网站开通了站务公开、引航新闻、引航历史、引航青年、引航论坛等栏目，站引航简报、政工、文明创建等信息已逐步通过网页发布。

上海港引航管理站以上海港发展战略为指导，积极围绕“一个目标”，做好“两篇文章”，即：与时俱进，乘势而上，正确定位，强化管理，围绕上海建设国际集装箱枢纽港的目标，做到安全，优质、及时引航，满足港航需要，确保港口畅通。2001年中，完成了许多高难度作业船舶和特种船舶的引领任务。如，引领第六代集装箱船“日邮公主”轮、“海陆华盛顿”轮、“汉堡快航”轮、“马士基诺德”轮进出港。引领美国第七舰队两栖指挥舰“蓝岭号”及德国籍军舰“贞德号”、“乔治莱号”和意大利、智利、韩国等国家的军舰访问上海。多次引领15万吨级以上的超大型矿砂船靠泊3万5千吨级的罗泾码头。安全引领多艘长度在230米以上的豪华客轮靠泊国际客运码头。克服宝山港池口门宽仅120米、船舶回转余地小、可淌航距离短、操纵难度大等困难，继6月29日将长247米的德国籍第四代集装箱船“桑塔娜”轮引进宝山港池，引领了356艘次第四代集装箱船进出宝山港池。克服长江口深水航道开通后存在的航道窄、水深不稳定等困难，全年引领6286艘次船舶进出。针对2001年黄浦江水上工程施工较多，航道被占用，加之船舶密度高，小船和“一条龙”船队航行不规范，及时进行研究，采取各项保证措施，确保了安全。在APEC会议期间，克服禁航、清江、交通管制带来的困难，周密部署、精心安排，完成了引航任务，满足了上海港的生产需要。

2001年，引航船舶冒着风浪在长江口安全接送各类船舶26835艘次；宝山交接中心安全接送10828艘次，接送引航员31131人次；汽车队安全行车120万公里，无上报责任事故；出动直升机接送引航员189艘次船舶；使用“白玉兰”轮接送引航员223艘次船舶。还多次同意出口船舶将因大风浪无法接下的引航员带至下一港，保证了船舶班期。收到各类表扬信、感谢电60余件，锦旗5面，匾1块，服务满意率达100%。

上海港引航管理站认真研究上海港及引航事业发展带来的新特点，及时制订对策，做到措施到位。包括：加大引航员培训力度，加快培养进程，举办了三期业务培训班。GPS-GSM电子海图监控系统于4月份投入试运行，8月份正式使用，进一步为安全引航提供了保障。对于超规范的特殊船舶引领，通过科学论证，并落实安全措施，做到既满足港区生产需要，又保证引航安全等。在2001年，上海港引航站继续加强内部管理，提高工作质量，进一步提高了人事管理、财务管理、物资管理等的管理水平。

上海港引航管理站紧紧围绕“维护主权，保障安全、精心引领、服务港航”的宗旨，为上海国际航运中心、国际集装箱枢纽港的建设及上海港的发展作出了自己的贡献。

上海引航管理站近5年引领艘次对比表

年份	引领艘次	增长率%
1997	17148	
1998	20940	22.1
1999	24602	17.5
2000	28082	14
2001	30884	9.98

上海口岸大事记

1月8日

上海市副市长冯国勤在人民大厦贵宾厅会见台湾参访团一行时，表示上海已成为两岸交流的一个重要口岸，但由于台湾方面的原因，海峡两岸至今尚未实现直接通航，许多台胞，台商不得不辗转绕道来上海，为减轻台湾同胞的劳顿之苦，上海已做好与台湾直接通航的准备工作。

1月18日

上海市外经贸委、海关、边检总站、出入境检验检疫局4家单位在上海出入境检验检疫局召开上海口岸单位恳谈会。市政府副秘书长、市外经贸委主任朱晓明、市外经贸委常务副主任吴承鄰、上海海关关长鲁培军、上海边检总站总站长李文辉、出入境检验检疫局局长吴仕良等出席了会议并发言。朱晓明副秘书长主持了会议。与会领导围绕着“加强口岸查验单位沟通、协调、联系，推进服务外贸工作”的主题，回顾了2000年在执法把关、支持外贸出口的工作情况，并交流了2001年支持外贸发展的工作计划。

1月20日

中共中央政治局委员、国务院副总理吴邦国视察了大小洋山深水港港址。陪同吴副总理视察的有中共中央政治局委员、上海市委书记黄菊，国家计委主任曾培炎、副主任张国宝，国家经贸委主任盛华仁，交通部部长黄镇东、副部长翁孟勇，上海市市长徐匡迪、市委秘书长宋仪桥、副市长韩正，浙江省副省长卢文舸和国务院、国家计委、交通部有关司局，浙江省、舟山市等的有关负责人。

2月6日

市委副书记，常务副市长陈良宇在上海海关工作会议上发表讲话时指出，希望上海海关积极探索和借鉴国际通行做法，加快体制创新和技术创新步伐，外部执法环境的整治力度，争取早日在上海口岸形成真正意义上的“大通关”格局。

2月7日

上海市十一届人大四次会议2月7日开幕，徐匡迪市长在《关于上海市国民经济和社会发展第十个五年计划纲要（草案）的报告》中指出：上海要加快建设四个中心，即国际经济、金融、贸易中心和国际航运中心，初步确定国际经济中心城市地位，“十五”期间要全力推进国际集装箱深水枢纽港建设。

3月1日

第11届中国华东进出口商品交易会在沪隆重开幕。外经贸部部长石广生、上海市市长徐匡迪出席开幕式并致辞(3月7日闭幕)。

3月14日

国家计委发出通知：国务院已批准《国家计委关于审批上海国际航运中心洋山深水港区一期工程项目建议书的请示》，抓紧开展工程可行性研究工作。

3月28日

市政府召开外贸工作会议，确定了2001年上海外贸发展的目标：外贸出口280亿美元，保持两位数增长；直接利用合同外资55亿美元，实际到位外资力争达到45亿美元；对外投资总额达3000万美元(中方投资额2700万美元)，对外承包工程和劳务合作新签合同金额8亿美元（其中承包工程6亿美元）。中共中央政治局委员、上海市委书记黄菊和市委副书记、市长徐匡迪分别发来贺信，市委常委、副市长蒋以任总结部署了上海外经贸工作。

4月1日

根据国家外汇管理局、海关总署通知的规定“中国电子口岸”今日在上海地区正式开通。

5月16日

韩正副市长在市政府贵宾厅会见铁行渣华集团总经理罗伯特先生。

6月20日

上海市委书记黄菊、市长徐匡迪、副市长韩正会见丹麦马士基集团董事长穆端一行。

6月20日

新中国第一家中外合资企业——中波轮船公司成立50周年，以“跨越半个世纪启动新航程”为主题的庆典在沪隆重举行。中国朱鎔基总理、波兰耶日．布泽克总理分别发来贺信。

6月21日

上海市委副书记、市长徐匡迪，市委常委、副市长蒋以任，市府副秘书长朱晓明等到上海出入境检验检疫局视察工作并作调研。

6月24日

上海市政府紧急召开全市外贸出口工作会议，传达贯彻国务院部分省市出口工作座谈会精神，部署6月份最后一周和下半年的外贸出口工作。上海市副市长蒋以任、市政府副秘书长、市外经贸委主任、市外资委主任朱晓明作重要讲话。

7月6日

市政府下达关于上海市深水港工程建设指挥部领导成员组成的通知。下设港口、大桥、港城三个分指挥部。

7月14日

上海市深水港工程建设指挥部成立，副市长韩正出席暨揭牌仪式。

7月28日

上海市市长徐匡迪在外高桥码头宣布中远集运新造的目前国内最大的5400标准箱超巴拿马型集装箱船--“COSCOSHANGHAI（中远上海）”号欧洲航线首航开始。交通部副部长翁孟勇，上海市副市长韩正出席首航式并致辞。

8月13日

中共中央政治局候补委员、国务委员吴仪视察上海海关时强调要以“三个代表”重要思想为指导，把好关，服好务。陪同吴仪视察的有上海市市长徐匡迪，海关总署署长牟新生，国家质检总局局长李长江等。

8月13日-14日

中国海关在上海举行第七届APEC海关与商界对话会。这次会议的主题是“新经济伙伴关系和贸易便利”。

9月6日

市外经贸委召开外贸出口工作会议，对后四个月外贸出口进行具体部署，副市长蒋以任出席会议并作重要讲话并作重要讲话。

10月17日–21日

上海海事局在APEC会议期间，共出动巡逻船艇120艘次，现场执法人员3000余人次，疏导大小船舶4000余艘次，确保了水上活动的安全。

11月14日

总投资31亿元的长江口深水航道治理工程（一期工程），通过国家验收。该项工程于1998年1月开工，将原有维护水深为 7.0米的长江口通海航道拓宽、增深为8.5米深水航道。

11月22日

上海市市长徐匡迪等到长兴、横沙岛调研、视察长江口深水航道治理工程施工码头、预制件厂，并登上海事局横沙雷达站俯瞰了长江口导堤。

11月27日

大连市副市长李万才率外经贸和口岸查验等单位的领导一行24人来上海学习、考察口岸管理和“大通关”工作。

11月28日

上海航运交易所举行五周年成立大会，交通部副部长洪善祥、上海市副市长杨晓渡出席会议并讲话；洪副部长首次发布中国沿海散货运价指数，杨副市长点击开通“中华航运网”。

12月4日

2001年中国国际海事技术学术会议和展览会在上海举行。本次会展的主题是“新经济时代与世界海事合作”。共有30多个国家和地区的778家公司参展。韩正副市长出席会展开幕活动。严隽琪副市长在会上发表演讲，她指出：“未来5年上海国际航运中心建设将取得巨大突破”。

12月5日

上海市副市长蒋以任到外经贸委听取工作汇报，口岸处章式洪处长专题汇报了“大通关”工作进展情况和下一步工作安排。

12月17日

在上海市市长陈良宇主持召开的第117次市府常务会议上，外经贸委常务副主任、市“大通关”工作领导小组办公室主任吴承鄴汇报了市“大通关”工作进展情况和进一步工作安排及需市领导明确的有关问题。

12月22日

上海海事局新建造的大型巡视船交付使用，同时，2架由上海救捞局提供的搜救直升机也将投入使用，配合救助船舶实施海空立体大搜救。这是国内口岸第一艘有直升机起降的海上巡视船。

12月27日

中共中央政治局委员、上海市委书记黄菊在有关领导陪同下，到上海航运交易所视察工作。黄菊书记在听取了上海航运交易所的工作汇报后，对航运交易所过去的工作给以肯定，并对航运交易所进一步的发展表示关心。

江苏省

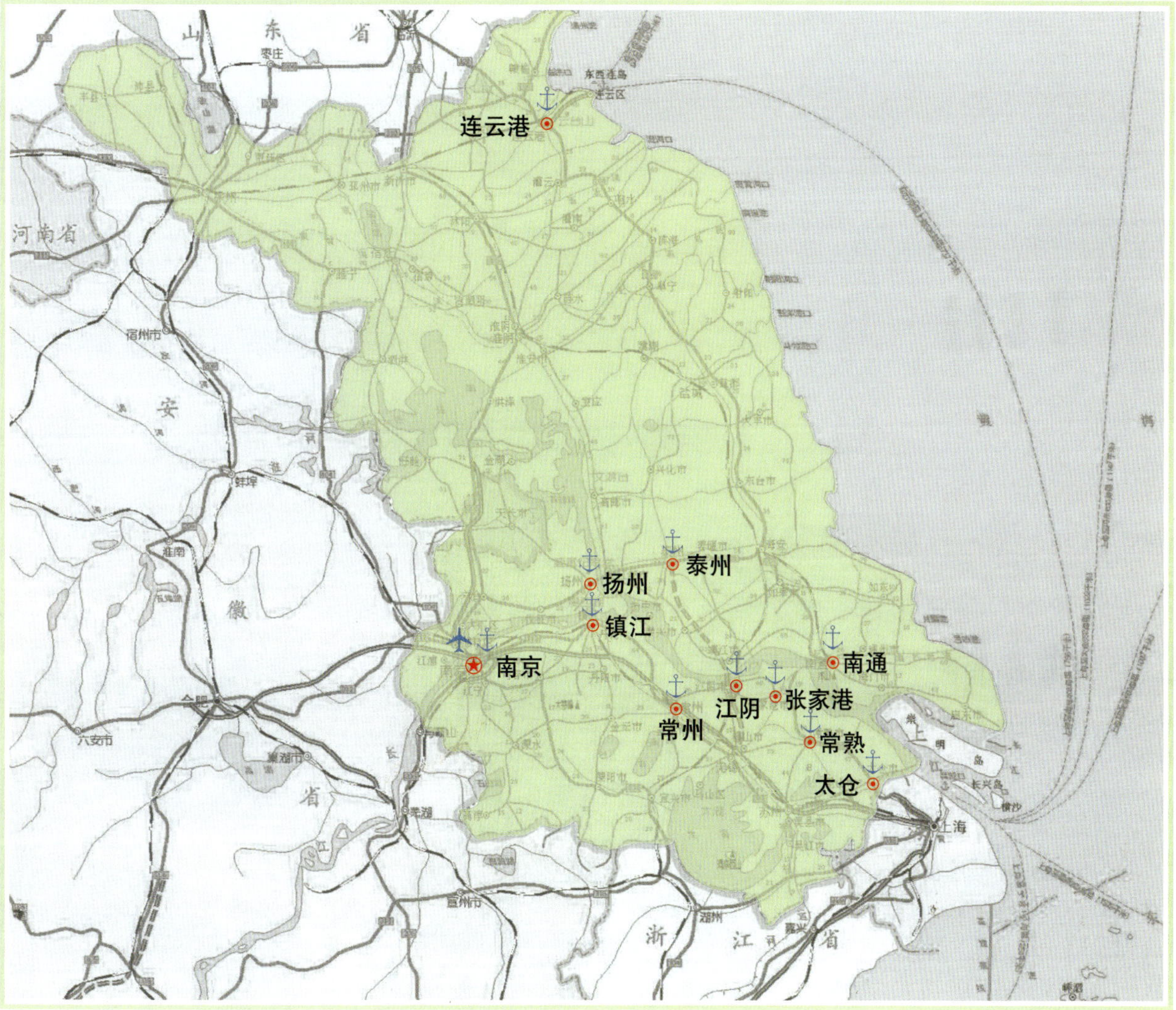

图例

省级行政中心	铁路口岸	公路口岸
口岸城市	航空口岸	海(河)运口岸

连云港老港区全景

江苏口岸工作综述

【地理位置】 江苏省，位于我国大陆东部沿海中心，地居长江、淮河下游，东濒黄海，西连安徽，北接山东，南与浙江和上海毗邻。境内地势平坦，平原辽阔，河港交叉，水网密布，海陆相邻，湖泊众多。长江穿越境内长约418公里，流域面积3.9万平方公里，素有长江“黄金水道”之称，拥有海岸线1000多公里。江苏境内适合于建港条件的地方众多，特别是长江两岸，水深、浪小、港池不淤或少淤，对建设大港十分有利。

【口岸历史沿革】 江苏连云港早在1956年，就对外国籍船舶开放，成为我国最早对外开放的港口之一。随着我国改革开放的深入，又有张家港港、南京港、镇江港、南通港等一批港口先后对外开放。进入20世纪90年代以来，江阴港、常熟港、太仓港等一批港口陆续投入使用。形成了多层次、多功能的水陆空立体交叉的对外开放新格局。口岸不仅成为了对外开放的通道和标志，而且已成为了改善投资环境的促进器，产业的集焦地，人才的聚集地，对江苏经济的发展，特别是外向开放型经济的发展起到极大的促进作用。

【口岸现状】 目前，江苏省有国务院批准开放的一类口岸12个，其中空运口岸1个，即南京禄口国际机场；水运口岸11个即连云港、南京港、张家港、镇江港、南通港、扬州港、泰州港、江阴港、常熟港、太仓港、常州港。还有江苏省人民政府批准的二类口岸9个，即昆山陆路、无锡新区陆路、苏州工业园区陆路、苏州新区陆路、滨海港水路、响水港水路、陈家港水路、启东港水路、射阳港水运等。

【外贸运输】 目前，全省口岸对外运输呈现出水运占据主导地位、陆运发展较快、空运刚刚起步的基本格局。2001年，全省口岸共完成外贸运量5843万吨，国际集装箱运量96.6万标箱，分别比上年增长25.8%和9.18%。其中水运口岸各主要港口完成外贸运量为：连云港港1877.1万吨，张家港港1104.7万吨，南京879.5万吨，南通港665.7万吨，镇江港450.8万吨，江阴港305.9万吨，常熟港209万吨，太仓港124.6万吨，扬州港94.4万吨，泰州港74.8万吨，常州港57.4万吨；国际集装箱运量为，南京港22.1标箱，南通港18.4标箱，张家港港16万标箱，连云港港15.6万标箱，镇江港7.3万标箱，扬州港5.4万标箱，太仓港4.1万标箱，常熟港1.3万标箱，泰州港0.5万标箱，常州港0.4万标箱。公路及铁路口岸：苏州工业园区、苏州新区、昆山开发区、南京铁路等陆路口岸共完成外贸运量36.06万吨，国际集装箱运量5.4万标箱，分别比上年增长32.73%和26.76%。航空口岸：南京航空口岸全年出入境旅客27.3万人次，比上年增长36%；出入境飞机2677架次，完成国际货运量6978吨，均比上年略有增长。

2001年江苏省口岸客货运量一览表

分类 口岸	水运				空运		陆运			
	外贸		集装箱		出入境旅客		国际	出入境	外贸	集装箱
	运量（万吨）	同比	运量（万标箱）	同比	数量（万人次）	同比增减	运量（万吨）	飞机（架次）	运量（万吨）	（万标箱）
合计	5843	25.80%	91.1	9.18%						
连云港港	1877.1		15.6							
张家港港	1104.7		16							
南京港	879.5		22.1							
南通港	665.7		18.4							
镇江港	450.8		7.3							
江阴港	305.9									
常熟港	209		1.3							
太仓港	124.6		4.1							
杨州港	94.4		5.4							
泰州港	74.8		0.5							
常州港	57.4		0.4							
南京空港					27.3	36%	0.6798	2677		
苏州工业园区苏州新区昆山开发区长南京铁路									36.06 同比增 32.7%	5.4 同比增长 26.76%

【口岸开放】 对于列入2001年开放计划的常州港一类口岸、无锡新区（下甸桥）二类口岸和滨海港二类口岸，省口岸办积极会同省、市各有关部门加速完善基础设施建设，现已先后获得国务院和省政府的开放批准。其中无锡新区（下甸桥）、滨海港二类口岸已报请国家主管单位，开放验收。对于扬州、泰州两市口岸分立及其开放水域界定中的有关问题，积极进行有关工作，提出了处理意见。

2001年，省口岸办通过工作，使五家货主码头（镇江两家，常熟、南通、张家港各一家），更好地发挥了在聚集产业中的作用，增强口岸的外贸运输能力。

【口岸管理】 根据《国务院办公厅关于进一步提高口岸工作效率的通知》的要求，结合江苏口岸实际情况，省政府下发了《省政府批转省经贸委等部门关于进一步提高口岸工作效率、促进外贸发展的意见的通知》，对全省口岸加大基础设施建设，提高口岸通关效率提出了明确的要求。对口岸管理部门，各查验机构改进工作方式做了明确的布置，要求迅速改善全省口岸的通关环境，提高口岸的通关速率，促进江苏外贸的健康发展。为积极响应省委、省政府关于沿江经济滚动开发的要求，更好地发展长江流域黄金段水域的优势，适应我国加入WTO的要求，省口岸办在大量调查研究的基础上，会同省计委、交通厅、海关、商检、边防、海事等部门共同起草了《江苏省货主码头开放管理办法》，待会签结束后报省政府印发实施。

（刘益明）

江苏口岸查验单位工作综述

南京海关

2001年，南京关区海关在总署党组的领导下，全面贯彻落实“依法行政，为国把关，服务经济，促进发展”海关工作新方针。着眼海关工作大局，结合关区建设实际，突出以队伍建设为基础，以改革创新为动力，求真务实，开拓进取，努力实现“把关与服务”的有机统一，较好地完成了年度各项工作任务，关区改革和建设水平有了新的提高。

【严格依法治税，提前完成年度税收任务】 年内，关区海关共征收入库税款174.65亿元，其中关税50.47亿元，进口环节税124.18亿元，提前完成总署下达的162亿元全年税收任务。年内，关区海关核销补税、稽查补税、审价补税、归类补税11.65亿元。

【依靠科技进步，实际监管进一步加强】 关区海关共监管进出境货物4797万吨，同比增长30%。为加强实际监管，关区在部分口岸均已实现封闭式管理、电脑联网和闭路电视监控。特别是新生圩、南通海关H986工程相继建成使用，镇江海关开发应用“进口液态货物信息化监控系统”，大大提高了监管质量和效率。

【保持高压态势，反走私斗争再创佳绩】 关区调查部门积极转变职能，侦查机关充分发挥刑事执法威力，取得突出战果。共查获走私案件117起，案值4.6亿元，同比分别上升64.8%和8.4倍；查获违规案件494起，案值8.1亿元；上缴罚没收入7542万元；立案侦查案件49起，案值4.22亿元；抓获走私犯罪嫌疑人109名，执行逮捕48人；移送起诉17起、70人，其中，法院已判决11起、39人。特别是成功查办和侦办了好易通公司、红太阳公司、深圳鑫达公司走私案等案值超亿元大案，取得了良好的社会反响。

【深化通关业务改革，通关效率大幅提高】 按照《通关作业改革指导方案》，进一步完善了新型通关管理模式。从1月1日起，全面推广实施“两水两路”跨关区快速通关改革，将长江水域转关手续由8个减至5个，沪宁陆路转关手续由11个减至4个，同时，积极牵头将该项改革推广至陇海铁路沿线海关。选择10家企业，8月7日在全国率先进行网上报关取得成功，平均每票用时25分钟，节约费用50元。及时调整企业分类标准，使25家得以升级、保级。对17家“三高一大”企业试行便捷通关，提高了通关效率。目前，关区海关10天之内完成出口回执核销已达98%以上，空运进口货物可在1-2天内办结所有通关手续，最快的可在货物进境后6小时办结通关手续。《人民日报》在显著位置专题报道了南京海关提高通关效率的做法。并配发了短评。

【扩大试点范围，推进加工贸易监管改革】 先后对20家IT企业试行联网监管，占关区备案总额的43%和实际加工出口的22%，同时对非IT企业的联网监管也进行了积极探索。11月初，吴仪国务委员在苏州视察时，对该关积极探索计算机联网监管，不断完善出口加工区监管给予了充分肯定。

【推动“口岸电子执法系统”建设，改革成效初步显现】 从4月份开始，积极协调省外经贸厅、外管局、国税局、技监局、工商局等部门，切实加快“口岸电子执法系统”推广步伐。共完成企业入网资格审核7451家，制作法人卡、操作员卡15807张，审核总数以及日审核数均位居全国之首。目前，出口收汇核销系统已开通运行。

【顺利完成关区机构改革工作】 其中，4月初完成总关机关的机构改革，5月份完成关区海关的机构改革，保证了各项改革、建设和业务工作的平衡运行。结合机构改革，总关机关46.1%的人员进行了岗位交流，对9个海关的领导班子进行了调整，配齐了纪检监察特派员，在2个海关增设监察室。同时，先后举办了1期处级干部培训班，3期科级干部培训班，有效提高了新提任干部的素质。

【改进工作作风，提高工作质量】 各海关均成立了出口通关应急处理小组，实行全天侯的预约值班、报关单预审核，以及提前报关、限时通关等制度，并对外公示承诺。节假日，空运口岸照常上班，其他口岸统一加班，预约通关。同时，广泛开展“文明服务百日竞赛”活动，积极推进关务公开，服务态度、服务质量明显提高。8月份，机场办旅检科被团中央评为“全国青年文明号”。

2001年业务综合统计表

项目		单位	2001年	2000年	增减%
进出口货运量	合计	吨	58614378	44311086	32.28
	进口	吨	38849459	27533268	41.1
	出口	吨	19764919	16777818	17.8
集装箱	集装箱总数	箱次	551643	519313	6.23
	箱载货物	吨	5006167	4604806	8.72
监管运输工具	监管总数	辆艘	24112	20146	19.69
	监管进出境总数	辆艘	13814	11269	22.58
	进出船舶	艘	11030	9060	21.74
	进出飞机	架次	2784	2209	26.03
行邮	出入境人员	人次	565717	456795	23.84
	邮、快递总数	件	1750681	1453197	20.47
加工贸易	加工贸易企业备案	个	6395		
	进口料件备案额	万美元	1931906	1807873	6.86
	备案合同数	份	51364	53611	-4.19
	核销合同数	份	48770	60612	-19.54
注册企业	注册企业总数	个	17444		
	其中：三资企业	个	14362		
调查	调查立案违规案数	起	644	614	4.9
	调查立案违规案值	万元	123844.9	77912.6	59
	调查立案走私案数	起	117	71	64.8
	调查立案走私案值	万元	46047.9	4894.5	840
	调查结案违规案数	起	528	407	29.7
	调查结案违规案值	万元	39832.7	25682.4	55.1
	调查结案走私案数	起	82	35	130
	调查结案走私案值	万元	1786.2	1647.5	8.4
侦查	侦查立案案数	起	49	33	48.48
	侦查立案案值	万元	422773	64871	-34.06
	走私犯罪嫌疑人	人	73	116	-37.07
	侦查结案案数	起	37	33	12.12
	侦查结案案值	万元	62428	27738	130

江苏省公安边防总队

2001年全江苏省公安边防总队以维护稳定为中心，以基层官兵和人员群众满意为根本标准，服从大局，服务地方经济建设，按照“重点抓、全面建、整体上”的工作思路，加大工作力度，狠抓基层全面建设，充分发挥职能作用，为沿海地区、开放口岸改革开放和现代化建设作出了应有的贡献。

【紧紧围绕业务工作有新的进步的基本目标，全力做好维护稳定工作，为沿海地区和开放口岸营造了比较安全稳定的社会治安环境】 一年来，针对重大活动较多和对敌斗争形势复杂的特点，特别是“9.11”事件对我国国家安全的负面影响，加大查控、堵截力度，强化对敏感国家的船舶、人员的管理控制措施，严密边控防范。共查获在控对象33人次，有效地粉碎了敌对分子企图闯关滋事的图谋，确保了万无一失。坚持早预报、早报告、早处置的原则，积极稳妥处置各类群体性事件，先后协助驻地政府和有关部门成功处置群体性事件79起，把矛盾和纠纷解决在基层。APEC会议期间，总队坚决执行部局命令，出动6艘船艇、175名官兵，协同上海边防总队做好APEC会议海上安全保卫工作，出色地完成了保卫任务。从而保证了在“两会”期间、“六四”敏感期、建党80周年庆典、“上海五国”会议、华商大会、APEC会议等政治敏感期和重大活动期间沿海和口岸的安全稳定。认真贯彻落实党中央关于开展“严打”整治斗争的重大部署，精心组织，充分发动，重拳出击，“严打”整治斗争特别是反偷渡工作已取得阶段性成果。共破获刑事案件259起，抓获违法犯罪嫌疑人790人；侦破了一批有影响的组织偷渡案件，摧毁了分别以“蛇头”金日星等4人为首的4个重大组织、运送偷渡团伙，共抓获偷渡组织者、运送者44人，其中已有40人被依法进入刑事诉讼程序。有43名组织、运送者被判刑，其中福建籍大“蛇头”李秀泉被南京市中级人民法院一审判处无期徒刑，有力地震慑了偷渡活动。2001年，江苏省沿海地区偷渡活动大幅下降，边防辖区未查获一起偷渡案件，仅南京机场等口岸查获9起、16人零散的偷渡活动。比上年分别减少47%和79%。出海船舶治安管理进一步加强，调整了沿江地区出海船舶发证工作区域和方法，摸清了沿江和非边防辖区出海船舶底数，严格和规范了出海边防证件管理，基本完成了新版出海边防证件换发任务。共换发《出海船舶户口簿》、《出海船舶边防登记簿》8886本，换发《出海船民证》28867份，分别占应换发数的98.8%和99%。边防检查工作取得明显成效，共检查出入境旅客、员工451674人次、出入境船舶9493艘次、进出港外轮3293艘次、出入境飞机2566架次，圆满完成了华商大会和APEC会议期间边防检查任务。口岸管理工作有了加强，进一步健全了登轮人员管理制度，加强了登轮人员管理，江面“小货郎”船得到了有效整治，维护了口岸出入境边防管理秩序。

【紧紧围绕边防工作科技含量有新的增加的基本目标，以与时俱进的精神，加强科技强警工作，边规划边实施，有力地推动了部队信息化建设】 一年来，总队把信息化工程建设作为全年重点工作之一，确立“思想先进，技术跟进”的工作思路，认真贯彻落实部局“福建会议”精神，在充分论证的基础上，研究制定了全省公安边防部队信息化建设三年规划，边规划、边实施、边出成果。总队共投入资金1055万元，其中基层自筹资金170万元，为部队装备各种技术器材260余件。总队指挥中心和团级单位综合业务数字网建设基本完成，开通总队机关至各团级单位的15条2M专线，实现了数据传输和语音通信。建成了总队机关至省厅光纤专线，开通了2条2M数据链路，将边防综合业务数字网与公安专网相连接，实现了有线通信网与公安电话网合并。完成了南京边检站执勤现场监控系统建设和张家港、南通港边检站码头监控系统试点工作。总队指挥中心及各团级单位局域网、总队指挥中心及部分单位作战指挥室已基本建成并投入使用，开通了海警GPS辅助指挥系统和作战值班系统。软件开发成果明显，开发并投入使用了网络主页系统、值班管理系统、办公自动化系统。完成了边检信息系统CFIC二期工程建设任务，并对二期工程软件操作人员进行了业务培训。计算机管理工作有了加强，制定和完善了计算机网络管理使用规定，明确了计算机管理人员职责。技术队伍建设得到加强，狠抓了计算机技术培训，加大了科技练兵的力度，提高了边防工作科技含量。

2001 年口岸检查数据统计表

	2001 年总数	同比增长
检查出入境旅客、员工	492067 人次	23.61%
检查出入境船舶	10430 艘次	19.25%
检查进出港外轮	3618 艘次	65.58%
检查出入境飞机	2808 架次	33.21%

江苏出入境检验检疫局

2001 年江苏出入境检验检疫局依法施检，严把国门，格尽职守，改革创新，热情服务，圆满完成了各项检验检疫任务，为促进江苏开放型经济发展作出了新贡献。全省检验检疫系统被省委、省政府授予“江苏省文明行业”。

2001 年全省系统共检验检疫出入境货物45.04万批次，货值210.51亿美元，比上年同期增长12.5%和23.8%，分别位居全国系统第 5 位和第 4 位；其中出境货物41.56万批、货值 126.51 亿美元；入境货物3.48 万批、货值 84 亿美元。发现不合格进口商品 1285 批、货值 27478 万美元；查出不合格出口商品 423 批，1557 万美元。查验出入境船舶 12566 艘次，航班 2838 架次，集装箱 59.41 万标箱。各类疫病疫情的截获继续名列全国系统前列。

【加强了检疫监督，疫病疫情检出率持续提高】 2001 年全省系统共完成出入境人员体检6.48万人次，发现病例6266 人，其中包括艾滋病 4 人，性病 110 人，肺结核、肝炎病人 161 人。疾病监测同比增长 19.8%。发现病例数同比增长 51.3%。对查出患有艾滋病、精神病等疾病的 18 名外国人，及时作出了监护出境处理。在对入境船舶、进境木质包装及货物的检疫中，先后截获被列入我国禁止入境的动植物危险性有害生物 34 种、730 批次。平均每天查获疫情2 批次以上，其中一类危险性有害生物6 种 28 批次，二类 18 种 367 批次，三类 10 种 335 批次。全省截获疫情种类名列全国第二，截获批次位居全国第 3。特别是首次在进口的日本种用大蒜中截获了鳞球茎茎线虫，从来自法国的木质包装上检出了国际关注的暗褐断眼天牛，从荷兰进口的火烈鸟中检出了新城疫和鹦鹉热，在系统内外均产生了较大影响。同时，加强了对日本、美国等国输华货物木质包装的检疫力度，从中截获松材线虫 42 批，并对检出携带活线虫的 23 批、400 多件进口日本货物依法作出了退运处理。

【强化了疫情监测工作，初步建立起风险分析预警机制】 2001 年，在全省重点地区全面开展了检疫性实蝇监测工作，初步掌握了江苏的实蝇疫情种类和分布情况。对出口家禽、螃蟹等携带疫情情况组织了两次监测。完成了省内各口岸媒介生物和鼠密度等监测工作，加强了对口岸服务行业、储存场所及开放码头的监督管理。还与省卫生厅、公安厅等部门合作，在全省建立了疫情报告和通报制度，对重点人群和重点疾病加强重点监测。对实施出口质量许可证和卫生注册、登记的企业，提前 3 个月实施了预警制度。对各类动植物产品加强了风险分析，并根据分析结果制定相应措施。加强了对突发性疫情的防范，有效防止了国外登革热、炭疽等疫病的传入。

2001年江苏出入境检验检疫主要业务统计表

	进出口商品检验				进出口动植物及产品检疫						出入境卫生检疫								
	批次（万批次）	金额（亿美元）	检出不合格		动物及动物产品		植物及植物产品				预测体检及预防接种（人次）				出入境人员（人次）	交通工具			
			批次	金额	批次	金额	批次	金额	检出疫情		监测体检	艾滋病监测	发现病例人数	予以接种		火车（节）	汽车（辆）	轮船（艘）	飞机（架）
									批次	金额									
出境	41.56	126.51	423	1557															
入境	3.48	84	1285	27478															
合计	45.04	210.51	1708	29035					730		4	6266		648000			12566	2838	

江苏省海事局

江苏海事局认真按照全国交通厅局长会议和交通部直属海事系统工作会议要求，动员全局职工转变作风，扎实工作，开拓创新，与时俱进，全面推进江苏海事局两个文明建设。

【强化船舶监督管理，协助把好“市场准入关”】 2001年，该局坚持一手抓源头，一手抓现场，以强化客汽渡和危险品船舶管理为重点，以“六查一整顿”和季节性安全检查活动为契机，促进了船舶监督管理工作的全面发展。开展了长江江苏水域“六查一整顿”活动，查出各类缺陷1920项，督促整改率达80%。强化了客汽渡管理，通过强化现场监督，抓好繁忙时段及恶劣天气条件下的监督管理，严防死守，保障了辖区客汽渡船的航行安全。加强了危险品运输船舶管理，通过推广与深化检查证明书制度，严把危险货物适运关和船舶适装关，适当提高了小型液货船水运市场的准入关。全年检查小型液货船舶2498艘次，对223艘船舶作了重新检验或降低载运等级处理，淘汰低标准船舶27艘。扩大了港口国监督和船旗国管理的范围，加大了开航前检查力度，全年开展PSC检查292艘次、中国籍国际航行船舶开航前检查163艘次，共滞留船舶17艘。推行了船舶报告制，强化了船舶签证管理，开展了船舶靠离码头和装卸作业秩序整治，有效地控制了船舶超载及“三无”船舶的流入，有力地促进了船舶港务费的征收工作。全年共办理船舶签证24.98万艘次。有力地保障了辖区港口吞吐量17977.3万吨任务的顺利完成。

【严把巡航检查关，明显改善了辖区通航环境】 2001年，江苏海事局以开展创建文明平安航段试点为载体，积极推进巡航制度改革，切实加大了通航环境整治力度。一是将现场巡航与VTS监控相结合，充分发挥了VTS监控和船艇现场监督的管理优势，初步形成了提前介入、主动服务、主体监控、快速反应的管理模式，辖区船艇巡航里程34.1万海里。二是加强对进江小海轮、小型内河船舶的管理。重点设防、重兵把守，形成执法威慑力，改善了辖区的通航秩序。三是开展了航路和锚地调整的调研和规划工作，开展了创建文明平安航段试点，解决了辖区存在的部分不良症结。四是实行了三超船舶进江管理方式改革，统一尺度、公开标准、分段全程维护，保证了“三超船”进江安全，促进了地方经济的发展。五是加强了水工作业审批管理，明确了各级海事机构在水工管理方面的安全责任。通过一年来的综合整治，有效地维护了辖区安全形势的稳定。2001年，辖区共发生一般以上事故118件，与上年持平。其中碰撞事故64件，下降12%。死亡失踪50人，下降23%。沉船88艘，上升9%。直接经济损失2867.3万元，下降39.4%。

【严把船舶防污关，强化了危险货物运输的监督】 2001年，该局针对危险品码头设施管理，推出了《危险品码头设施作业许可证制度》、《散装危险化学品装卸作业运输安全评估制度》和《船／岸安全检查制度》，提前介入安全与防污管理，有效杜绝了作业随意性。明确了船／岸双方安全防污责任，保障了辖区5052.4万吨危险货物的运输安全。同时通过加强对船厂的监督管理，规范围油栏的布设，落实对供油作业单位、船舶垃圾和油污水接收单位的作业许可证制度，把好了辖区船舶防污关。

【严把考试发证关，强化了船员秩序管理】 根据交通部海事局关于船员管理工作的分工要求，完成了与长江海事局、连云港海事局、上海海事局和江苏省地方海事局的工作交接。认真组织开展了2001年船员秩序整顿工作，对辖区内的船员证件进行了集中检查，其中对到港小型液货船检查率达100%，客汽渡和液货船检查率达60%，三等及三等以下小型船舶检查率达50%。对不符合条件的船员进行了强化培训。在做好船员管理日常工作的同时，针对小型液货船船员技能现状，建立了内河散装液化学品和液化气船船员特殊培训制度，组织人员编写了20余万字的培训教材。目前已对1078名船员进行了安全和操作的培训。

【法制建设初具规模】 法制工作是开展海事监督管理的基础。2001年，该局建立健全了法制工作机构，建立了专（兼）职法规员队伍。对原长江干线普遍适用的规范性文件，本着“改、立、废”相结合的原则进行了全面清理。清理规范性文件168个，其中停止执行85个、转发35个、修改或新立48个。组织编写了《海事法规汇编》，辑录了近年来与海事行政管理直接相关的法律、法规和规章，选录了交通部海事局和该局颁布的规范性文件，为建立和完善与水运生产力发展相适应的海事管理法规体系奠定了基础。建立了执法监督机制，规范了行政处罚程序，统一了政务公开与执法公示，加大了行政处罚力度。全年共办理行政处罚案件3028件，罚款人民币481.4万元，行政执法错案率为零。

【海事队伍建设进一步加强，人员素质明显提高】 推行海事执法人员适任考试，促进了人员素质的全面提高。2001年，该局在张家港局适任考试试点取得圆满成功的基础上，及时总结，精心部署，稳步推进，完成了全局范围内的海事执法人员适任考试的培训学习，促进了执法人员的理论水平和实践能力的提高。

内河船舶进出港统计表

		数量（艘）	功率（千瓦）	总吨	载重吨（吨）	客位（个）	货物到达量（吨）	货物发送量（吨）	旅客到达量（人）	旅客发送量（人）
总计		305119	116261602	159113072	183647513	5731789	37601145.4	47221743.9	5068744	7480004
进港船舶	小计	152099	57819250.7	79674388.1	91764087.9	2839168	37601145.4	0	5068744	0
	一等船舶	7601	11530759.1	19397126.2	28422362.2	1222952	12141462	0	223636	0
	二等船舶	30752	34475400.9	40065331.6	29668297.1	25962	10067131.4	0	4544605	0
	三等船舶	26964	5861630.27	10129927.2	17229613.2	77056	9998690.6	0	18920	0
	四等船舶	57997	4738046.66	7535393.11	11813433.6	560510	4385354.4	0	138452	0
	五等船舶	28785	1213413.82	2546610	4630381.8	952688	1008507	0	143131	0
出港船舶	小计	153020	58442351.2	79438684.1	91883424.9	2892621	0	47221743.9	0	7480004
	一等船舶	7568	11712687.1	19065033.2	27992792.2	1221983	0	17847889	0	7023648
	二等船舶	30788	34638707.9	40103061.6	30349373.1	25662	0	10145596	0	132465
	三等船舶	26941	6059894.27	10115139.2	17023411.2	77056	0	8302286.6	0	19750
	四等船舶	58018	4783608.66	7487924.11	11845244.6	560512	0	8555263.7	0	153596
	五等船舶	29705	1247453.32	2667526	4672603.8	1007408	0	2370708.6	0	150545

江苏口岸概况

目前，在江苏省境内，现有经国务院批准开放的一类口岸12个；经清理整顿后，省政府批准设立的地方二类口岸3个。

一类口岸

【南京港口岸】 南京港是1986年1月12日由全国人大常委会批准对外国籍船舶开放的口岸。南京港地处长江中下游，是我国内河第一大港，距吴淞口300公里。津浦、沪宁、宁吴3条铁路线、4条国道、10多条省道交汇南京。沪宁高速公路开通，南京禄口国际机场对外开放，使南京成为长江中下游“承纵”、“联横”、通海的枢纽港。国内运输辐射沪、浙、闽、鄂、湘、鲁、赣、川、卫、粤等21个省市，国际运输已扩展到五大洲近80个国家和地区的160多个港口。

南京港拥有各类码头泊位320多个，其中万吨级泊位近30个。2001年，完成吞吐量5789万吨，其中外贸吞吐量完成879.5万吨。装卸外贸船舶1343艘次，集装箱吞吐量完成22.1万标箱。

南京市口岸管理委员会代表南京市政府对南京港口岸行使口岸管理职能，南京新生圩海关、南京海事局、南京出入境检验检疫局、南京港边防检查站负责南京港口岸的检查、检验工作。

【连云港口岸】 连云港口岸是全国10大海港口岸之一，是江苏最早对外国开放的口岸。早在1956年，连云港就对外国籍船舶开放，其开放水域为：1、羊窝头（东经119° 29′ 37″ 、北纬34° 45′ 21″ ）；2、羊窝头真北海3里处（东经119° 29′ 37″ 、北纬34° 48′ 21″ ）；3、东牛山岛（东经119° 49′ 17″ 、北纬34° 59′ 45″ ）；4、达山岛（东经119° 53′ 26″ 、北纬35° 00′ 30″ ）；5、（东经128° 01′ 57″ 、北纬34° 50′ 28″ ）；6、（东经119° 45′ 00″ 、北纬34° 40′ 36″ ）；7、（东经119° 27′ 10″ 、北纬34° 40′ 36″ ）。连云港是跨欧亚大陆桥的东桥头堡，是我国中西部地区货物进出口的最佳入海口。

连云港现有生产性泊位近40个，其中万吨级以上泊位25个，煤炭、粮食、集装箱、化工品、矿石等专用泊位10多个。连云港有全长6700米的拦海西大堤，连接连岛和陆地，形成了30平公里的作业港池，可建泊位100多个。港口外航道水深-9米，单向通航能力为5万吨级，双向通航能力为3.5万吨级。连云港庙岭三期集装箱泊位的建成将使连云港口岸基础和功能得到进一步的改善。

连云港市口岸管理委员会对该口岸实施口岸管理职能，连云港海关、连云港出入境检验检疫局、连云港海事局、连云港边防检查站责负口岸的查验工作，现场办理过往人员、货物、交通工具的出入境手续。

【镇江港口岸】 镇江口岸于1986年12月8日经国务院批准为对外开放一类口岸。1987年3月15日正式对外国籍船舶开放，镇江港逆江而上到南京87公里，顺流而下到吴淞口279公里。京杭大运河在这里与长江交汇，具有得天独厚的地区优势。镇江港有长江岸线103.5公里，港区面积273.96平方公里，其中水域面积273平方公里，陆域面积0.96平方公里，自然条件十分优越。

镇江港有高资、龙门港、老港、谏壁、大港五个港区，有3000到5000吨级码头泊位7个、万吨级以上码头泊位19个，能够停靠货轮、油轮、集装箱船、旅游船等各类远洋船舶。有9家企业自建专用码头泊位14个，其中万吨级以上有8个，年吐能力达1300万吨，集装箱7万标箱，为非监管区。镇江口岸与世界120多个国家和周边地区及港口有业务往来，至上海内支线集装箱班轮每月30多个航班，铁路、公路、和空运经南京空港等国际多式联运的开展，为镇江及周边地区开放型经济发展起到重要促进作用。

镇江市口岸办公室对镇江口岸实施口岸管理职能，镇江海关、镇江出入境检验检疫局、镇江海事局、镇江边防检查站担负口岸的查验工作，现场办理过往人员、货物、交通工具的出入境手续。

【张家港口岸】 张家港口岸于1982年11月经全国五届人大第二十五次常委会议批准对外国籍船舶开放。开放水域范围为：上界为大河港（东经120°20′20″、北纬31°57′13″）与其正北1.34米处（东经120°20′00″、北纬31°57′56″）的连线；下界为西界港河口（东经120°44′00″、北纬31°58′42″）与其正北4000米处（东经120°44′01″、北纬31°00′52″）与张黄港连线。张家港口岸位于长江中下游黄金水道南岸，东邻上海173公里，西距南京220公里，北与南通隔江相望，南距苏州113公里，距无锡、常州均为57公里，腹地富庶，交通畅达。岸线全长66.8公里（其中深水岸线26公里），岸线顺通，−10米以下深水贴岸，不冻不淤，并有江心福姜沙作天然屏障，使港口成为得天独厚的避风良港。

张家港口岸现有对外开放泊位28个，江心浮筒15个，年吞吐能力超过2000万吨。可承接钢材、木材、矿石、粮油、煤炭、化工、集装箱、件杂货等不同种类的装卸、储运中转业务。口岸有航线直达韩国、日本、香港等，经上海、香港中转可与世界各地保持货物运输往来，是我国长江流域最大的外贸水运口岸之一。

张家港市口岸管理委员会对口岸行使管理职能，张家港海关、张家港出入境检验检疫局、张家港海事局、张家港边防检查站担负口岸查验工作，现场办理过往人员、货物、交通工具的出入境手续。

【南通港口岸】 1982年12月15日，第五届全国人大常委会第二十五次会议决定，南通港为国家对外开放一类口岸。其开放水域为西界港河口（东经120°30′52.50″、北纬32°04′25.80″）向其正北4公里处和张黄港河口（东经120°44′07.5″、北纬32°01′24.25″）联线以下到浏河口浏黑屋和施信杆联线间水域。南通港位于长江中下游黄金水道北岸，是长江流域的重要外贸水运口岸之一。

南通口岸现有万吨级码头泊位近30个，5万吨级的泊位2个，港口年吞吐量超过2000万吨。维修、造、拆国际航行船舶。接卸木材、散化肥、粮食、散粮、油品、石油液化气、液体化工产品、重件设备、件杂货等物资，是吞吐、储存汽油、柴油、航空煤油、液化汽和液体化工产品的重要中转基地。是上海国际航运中心重要的组合港之一。已成为具有综合功能的对外开放口岸，对促进南通市及周边地区的开放型经济发展起着重要作用。

南通市口岸办公室对口岸实施管理职能，南通海关、南通出入境检验检疫局、南通海事局、南通边防检查站担负口岸的查验工作，现场办理过往人员、货物、交通工具的出入境手续。

【江阴港口岸】 江阴港口岸1985年5月20日作为二类开放口岸正式开港，1992年5月20日经国家批准作为一类开放口岸。其开放水域坐标为：东经120°00′12″、北纬31°57′11″，东经120°05′18″、北纬31°57′54″，东经120°21′52″、北纬31°57′30″，东经120°20′23″、北纬31°59′54″。其中有一段水域为军事控制水域，其范围为：东经120°18′24″、北纬31°56′58″，东经120°18′16″、北纬31°58′46″，东经120°16′00″、北纬31°57′20″，东经120°15′20″、北纬31°56′25″的联线。江阴港座落于素有“锁航要塞”，“苏南、浙西门户”之称的江阴市。地处长江三角洲河口段太湖平原北侧，江苏省的东南部，北枕长江，南近太湖，西连常州市，东与张家港、常熟两市北毗邻。江阴港拥有长江岸线35公里，江面平均宽度2.5公里，河床平均水深15米以上，−10米等深线离岸50−100米，是长江下游优良的深水口岸。

江阴港建有各类码头泊位49个，其中万吨级以上泊位20个，年吞吐能力达2000万吨。由港口主体江阴港务管理局所属的公共型码头泊位和分属冶金、机械、电力、石油化工、拆修造船舶等单位的货主码头泊位及军事专用码头泊位三部分组成。沿江已建成同时储油可达50万立方米的长江中下游最大的石油储存基地，储气达3.3万立方米的国内最大的液化气储气基地。还有年出口超2亿美元的全国最大的港口机械生产基地，年拆解能力超过25万吨的拆解废钢船基地以及国家大型修造船基地。江阴港已建成为江海河联运、内外贸相兼、长江干线客运为辅的综合性多功能水运口岸。

江阴市口岸管理委员会对江阴港口岸行使口岸管理职能，江阴海关、江阴出入境检验检疫局、江阴海事局、江阴边防检查站、担负口岸的查验工作，现场办理过往人员、货物、交通工具的出入境手续。

【扬州港口岸】 扬州港口岸于1993年4月经国务院批准为对外开放一类口岸。其开放水域（港区岸线）为外岸至顺六圩。扬州口岸位于江苏腹地，长江的北岸，历史上曾是东方“水调之路”的重要港埠之一。

扬州港有码头泊位近20个，其中万吨级码头泊位6个（含浮码头一座、过驳平台一座），还有货主专业码头泊位6个，主要进出口品种有木材、钢材、沥青、液化气、化工原料、化肥、黄砂、磷矿石、粮食、饲料、水产品等。扬州已成为江苏苏北地区重要外贸港之一，为苏北的外向型经济，特别是扬州地方经济的发展起着重要促进作用。

扬州市口岸办公室对扬州口岸行使口岸管理职能，扬州海关、扬州出入境检验检疫局、扬州海事局、扬州边防检查站负责口岸的查验工作，现场办理过往人员、货物、交通工具的出入境手续。

【泰州港口岸】 泰州港口岸是1992年11月29日经国务院批准为对外开放一类口岸。其开放范围为：划口子（岸线点 东经119° 47′ 59″ 、北纬32° 19′ 18″ ，700米水面点 东经119° 55′ 47″ 、北纬32° 7′ 18″ ）至洋子岸（岸线点 东经119° 55′ 47″ 、北纬32° 7′ 18″ ，700米水面点，东经119° 55′ 22″ 、北纬32° 6′ 55″ ）。泰州口岸拥有长江岸线98公里，其中 −10米以上的深水岸线54公里。拥有泰州港、靖江港、过船港等3个长江港口。江苏苏北入江达海的5个重要航道在泰州交汇，泰州口岸是长江中下游地区重要的外贸水运口岸之一。

泰州口岸现有各类码头泊位70多个，最大靠泊能力5万吨，可承接多种货物的进出口业务，将成为长江中下游北岸日益兴旺的外贸水运口岸之一。

泰州市口岸管理办公室对泰州口岸行使口岸管理职能，泰州海关、泰州出入境检验检疫局、泰州海事局、泰州边防检查站负责口岸的查验工作，现场办理过往人员、货物、交通工具的出入境手续。

【常熟港口岸】 常熟港口岸于1995年10月5日由由国务院批准为对外开放一类口岸。其开放水域范围为海洋泾口（东经120° 52′ 05″ 、北纬31° 43′ 34″ ）到白茆河口（东经121° 03′ 47″ 、北纬31° 43′ 34″ ）岸线，至东经120° 52′ 02″ 、北纬31° 48′ 09″ 和东经121° 04′ 52″ 、北纬31° 45′ 50″ 联线内。常熟港位于长江入海口附近南岸，地处发展迅速的浦东开发辐射中心地带，离长江入海口仅100多海里，北倚长江，与南通隔江相望，南接苏州，东傍上海，西临无锡。距苏州60公里，距无锡63公里，距上海80公里。拥有长江岸线37.5公里，其中 −10米以上的深水岸线达23公里，是天然的深水良港。

常熟港现建有各类码头泊位8个，均为对外开放泊位，其中万吨级以上泊位3个，是长江下游，华东地区主要的钢材、纸浆集散中心。作为上海国际航运中心的组合港、苏州新国坡工业园区的配套港，长江下游新兴的集装箱水运深水港，加上常熟地方经济特别是外向型经济快速发展的支撑，常熟口岸有着广阔的发展前景。

常熟市口岸管理委员会对常熟港口岸行使口岸管理职能，常熟海关、常熟出入境检验检疫局、常熟海事处、常熟边防检查站负责口岸的查验工作，现场办理过往人员、货物和交通工具的出入境手续。

【太仓港口岸】 太仓港口岸是1996年11月由国务院批准为对外开放一类口岸，其开放岸线为南起东经121° 17′ 24″ 、北纬31° 32′ 22″ 北至东经121° 03′ 47″ 、北纬31° 43′ 34″ 。太仓港古称刘家港，是我国明代著名航海家郑和七下西洋的起锚地，号称“六国码头”。它位于长江入海口的南岸，东南紧邻上海市，西南为经济发达的苏、锡、常地区，东北与上海崇明岛隔江相望，距上海市中心60公里，距苏州市75公里，拥有长江岸线38.8公里，可形成生产性码头岸线19.19公里，地理位置十分优越，城市依托条件良好。

太仓港口岸现有大小泊位16个，其中万吨级以上泊位8个，千吨级泊位5个，300-500吨级泊位4个，28车位汽渡泊位2个。现已开通至日本和韩国的2条国际近洋航线，9条内贸航线，一些国内外著名企业如埃克森、美学、BP阿莫科、中国石油天然公司等已在港落户，随着上海港大小洋山深水港的建设，大杂货件的转移，太仓港又迎来了一轮发展良机，港口优势及其对经济发展的带动作用正在日益发挥。

太仓市口岸管理委员会对太仓港口岸行使口岸管理职能，太仓海关、太仓出入境检验检疫局、太仓海事处、太仓边防检查站负责口岸的查验工作，现场办理过往人员、货物、交通工具的入境手续。

【常州港口岸】 常州港口岸1998年3月经省人民政府批准为二类开放口岸。2001年4月经国务院批为对外开放一类口岸，其开放范围为：东经120° 00′ 12″ 、北纬31° 57′ 10″ ，东经120° 00′ 58″ 、北纬32° 00′ 12″ 的二点连线区域。常州港位于长江南岸常州市新北区境内，南距常州市中心18公里，离沪宁铁路和沪宁高速公路12公里，北隔长江与泰州相望，上距南京长江大桥167公里，下至上海吴淞口180公里，拥有长江岸线16.4公里，其中可利用深水岸线10公里左右，建港条件优良。

常州港现建有2个万吨级码头，主要承担煤炭及制品、石油、金属矿石、钢铁、化肥、粮食、机械设备及电器、化工原料及制品、集装箱等货种的进出口业务。

常州市口岸管理办公室对常州口岸行使口岸管理职能，常州海关、常州出入境检验检疫局、常州海事处、镇江边防检查站负责口岸的查验工作，现场办理过往人员、货物、交通工具的出入境手续。

【南京航空口岸】 南京禄口国际机场是1997年经国务院批准对外开放的一类口岸，机场位于南京市江宁区境内，有机场高速公路和南京市相连，是江苏省及南京市投资20多亿元建成的的大型、多功能国际机场。现有至香港、汉城的定期国际航线以及至国内相关地区的多条国内航线，年进出境旅客量近30多万人次，并有一定的货物吞吐量。

南京市口岸委员会对南京航空口岸行使口岸管理职能，南京海关、南京出入境检验检疫局、南京边防检查站负责口岸的查验任务，现场办理过往人员、货物和交通工具的出入境手续。

二类口岸

【射阳港口岸】 射阳港口岸是1994年经江苏省人民政府批准，对中国籍远洋轮开放。射阳港地处江苏苏北沿海中部，南距上海280海里，北距连云港80海里，东与日本长崎港、韩国济洲港分别只有460海里和300海里，是我国沿海港口距日本、韩国最近的港口之一。射阳港背靠里下河地区，有8条航道，4条公路和一条铁路与港口相通，集疏运条件好，发展海河、陆海、海空联运便利。

射阳港分南、北港区，占地3000亩，有千吨泊位2个，3000吨级集装箱码头、3000吨级油码头各1座，3000吨级煤码头2座，仓库8000平方米，货场47000平方米。先后开通了日本、韩国及东南亚等国的近洋国际航线，同时还开辟了上海港、青岛港、连云港等三条集装箱内支线。射阳港为苏北中部地区的对外开放起着重要作用。

浙江省

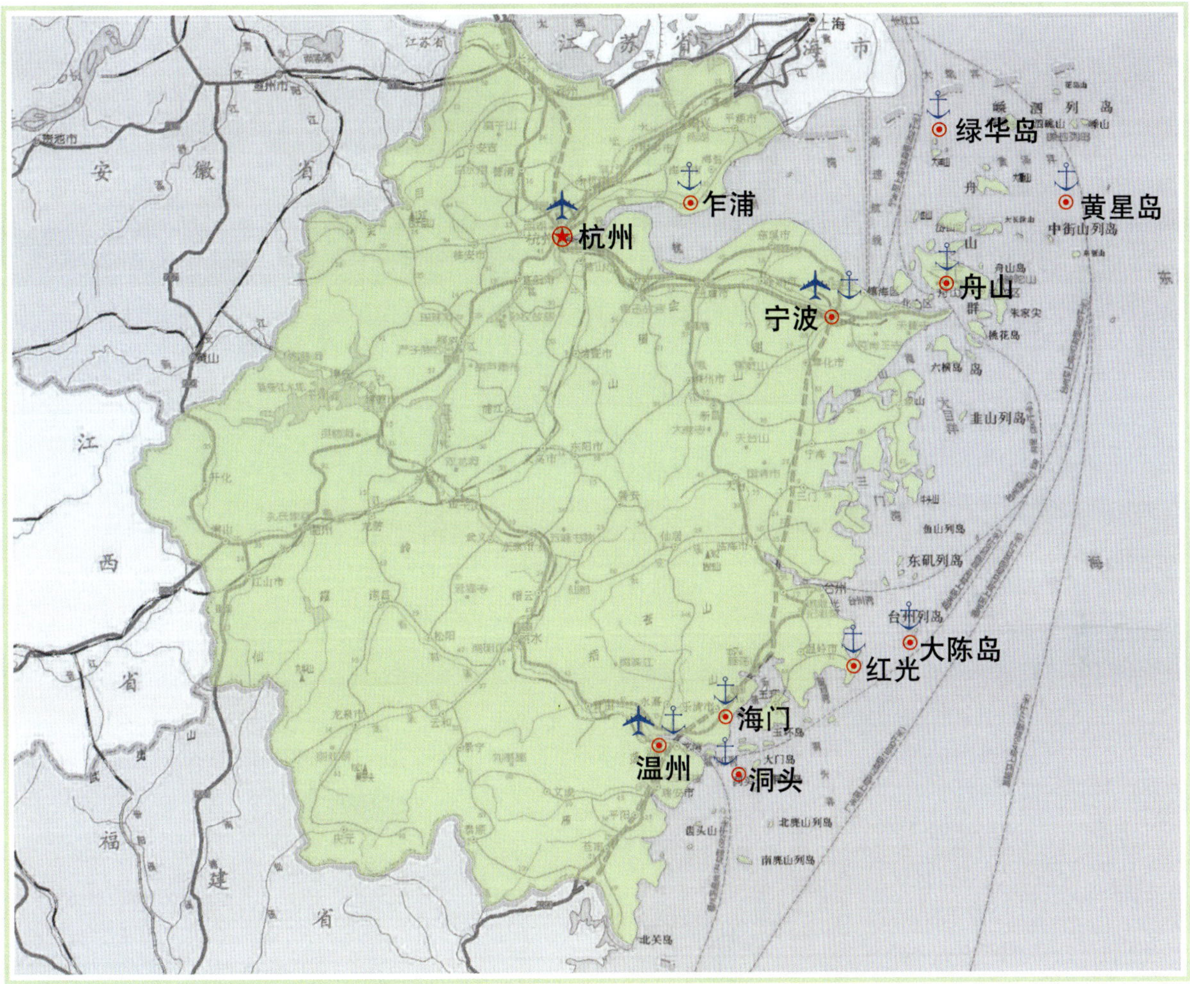

图例

省级行政中心　铁路口岸　公路口岸

口岸城市　航空口岸　海(河)运口岸

口岸工作人员在机场办公

宁波机场工作人员查验旅客证件

北仑港晨曦

浙江口岸工作综述

浙江省地处中国东南沿海，北接上海、江苏，西连安徽、江西，南毗福建，东临东海。陆城面积101800平方公里。西南多丘陵山地，北部及东部沿海为平原。境内有钱塘江等七大水系，河流成网，还有京杭大运河。海岸线总长6634公里，沿海港口34个。沿海岛屿星罗棋布，大小岛屿约有2100余个。属亚热带湿润季风气候，雨量充沛，四季分明。

浙江口岸历史久远，早在公元8世纪初，宁波、温州已成为重要贸易港口，宁波（亦称明州）与杨州、广州古时并称中国三大贸易港口，1842年宁波被列为五口通商口岸之一，1877年温州正式开埠，1895年杭州开埠。可谓历史悠久。

新中国成立后，特别是改革开放以后，浙江省经济建设走上了快速发展的轨道，随着对外贸易、对外技术交流与合作和友好交往的不断扩大，经国务院和中央军委的批准，浙江省相继开放13个一类口岸。经1999年整顿和合并至2001年底浙江省一类口岸为8个：其中有杭州、宁波、温州3个航空口岸；有宁波、温州、舟山、海门、乍浦5个水运口岸。另外还有并入水运口岸的5个外轮装卸点，分别是舟山水运口岸的绿华、黄兴；温州水运口岸的洞头；海门水运口岸的大陈，红光。

经省政府批准开放的二类口岸为11个，经整顿合并后为6个；分别是象山、鳌江、大麦屿、石塘、岱山和嵊泗。

另外经海关总署批准设立一批铁路外贸货物发运和到达的海关监管点和邮政国际邮件交换点。

总体构成了浙江省海、陆、空对外立体开放的新格局，为浙江省对外贸易，对外交往大开方便之门，为浙江省的社会主义市场经济的建设与发展提供了坚实的支撑和保障。

浙江特色经济，解放初期由于浙江省地处沿海战略前沿，因此国有投资较少，且人均可耕地少，资源有限，发展较缓慢。改革开放后，浙江从人均不到半亩地的资源小省，发展成为经济大省，以“三个代表”重要思想为指导，首先打破“等、靠、要”思想，树立不找市长、找市场的新概念，形成那里有商机，那里就有浙江人的火爆场面；其次打破经济性质“唯成分”论，树立全民、集体、个私一起上。政府工作坚持以经济建设为中心，以发展为硬道理，积极倡导“先放开后引导，先搞活后规范，先发展后提高”的新思路，形成“自强不息、坚韧不拔、勇于创新、讲求实效”的新精神。造就经营主体多元化和出口市场多元化的新格局。2001年实现国内生产总值6700亿元，全年进出口货值突破300亿美元达328亿美元，比上年增长17.85%。其中出口230亿美元，增长18.18%。进口98亿美元，增长17.07%。财政收入增幅，外贸出口增幅，城乡居民人均收入等连续多年位居全国前列，其中农民人均收入已连续16年位居各省、区首位。出现了小河有水大河满，小商品大市场的新气象。民间已向中西部地区投资900多亿元，创办企业7000多家的新势头。

【口岸客货运量】 2001年，全省水运口岸共完成外贸进出口货物运输量6398.43万吨，其中：宁波口岸完成5480.2万吨，同比增长5.5%。温州口岸完成147.04万吨，同比增长47.7%。舟山口岸完成560.87万吨，同比减少36%。台州口岸完成105.92%万吨，同比增长9.32%。嘉兴口岸完成104.42万吨，同比增长4.6%。完成国际集装箱吞吐量127.69万标箱（其中宁波口岸完成121.27万标箱）同比增长34.5%。出入境船舶8994艘次，同比增长5.58%。航空口岸出入境飞机3662架次，同比增长31.20%；出入境人员43.8万人次，同比增长21.5%；进出口货物9641.7吨，同比增长4.04%。

【口岸开放】 2001年是浙江省口岸开放和扩大开放申请量最多，工作难度最大、也是实际成效最显著的一年。3月底，省口岸办与嘉兴市政府配合海关总署等国家有关部门，对嘉兴乍浦港对外开放进行了国家验收并获一致通过，于4月20日正式对外轮开放。宁波大榭港区对外开放及查验机构设置，人员编制审报等问题审核通过，省政府已于8月份上报国务院审批。同时还完成大榭25万吨级原油中转码头临时对外轮开放的协调和申报工作。宁波市政府关于宁波空港对外籍飞机开放的多次要求，征得南京军区同意后，省政府已上报国务院审批。温州七里港区临时对外开放，已获国务院批准。舟山嵊泗马迹山宝钢矿石中转码头对外籍船舶开放一事已先后向海关总署和南京军区正式申报。舟山市政府关于“要求普陀山机场开通香港临时包机航线”请示，经联系协调，省政府已发函征求南京军区意见。经民航总局批复同意杭州萧山机场更名为“杭州萧山国际机场”。

增加新航线、航班，杭州萧山机场由厦门航空公司新开通杭州至泰国、澳门的定期航班。宁波机场，实现了由香港港龙航空公司宁波至香港的复航，完成了宁波至韩国包机航线的试航和宁波至澳门包机航线签约工作。温州港新辟温州——宁波——韩国釜山国际干线班轮，运输时间从8天缩短为2天。

【口岸管理与协调】 我国加入WTO后，省府办公厅发出“关于进一步加强口岸开放审批管理有关问题的通知”。根据《国务院办公厅关于进一步提高工作效率的通知》精神，省口岸办召开多次座谈会，广泛征求意见，集思广益，结合浙江的实际情况，省府办公厅发了“关于进一步提高口岸工作效率的实施意见。”对国务院通知作了认真贯彻。对宁波市的“口岸大通关”经验，在全省口岸工作会议上作了介绍和推广。为促进温州港国际集装箱事业发展，温州市政府出台了“温州港集装箱卡车公路通行费减免实施办法。”

【推广“口岸电子执法系统”】 省口岸管理系统与时俱进，顺应潮流，积极鼓励和支持杭州、宁波，推广应用了跨关区快速通关转关系统以及视频监控，电子车牌识别和电子地磅系统，开发研制了集装箱吊机称重系统，并保证了H986工程投入使用。探索大型企业和IT企业海关监管模式，积极推进“中国电子口岸”试点工作，实现对企业“站式”服务，加快“三电工程”（电子报价、电子签证、电子转单）工作进程。核发电子卡11633张。加强CIQ2000系统推广应用速度。北仑海关8月1日推出正常货物出口1小时通关的“绿色通道”。宁波机场平均15秒查验一名旅客，大大加快了通关速度。

【机构改革】 在省级机构改革中，保留了浙江省口岸办公室，设在省经贸委内，口岸办主任由经贸委副主任兼任。在市、县机构改革中，都保留了口岸办公室。他们是：宁波市、温州市、台州市、舟山市、嘉兴市五个隶属于市府的口岸办公室。象山、平阳、温岭、玉环、嵊泗5个县级隶属于县（市）府的口岸办公室。还有一个是宁波大榭开发区口岸办公室。

（孙世红）

2001年浙江省口岸出入境旅客、交通工具统计表

类别／项目	飞机（架次）		船舶（艘次）				旅客（人次）					
	出境	同比	入境	同比	合计	同比	出境	同比	入境	同比	合计	同比
空港	1830	31%	1832	31%	3662	31%	214851	20%	223168	23%	438019	21.5%
海港	3795	1.1%	5199	9.1%	8994	5.58%	185	–93%	222	–74%	407	–88.46%

2001 年浙江省口岸外贸货物、国际集装箱进出口量统计表

类别	外贸货物（万吨）						国际集装箱（标箱）					
口岸	进口	同比	出口	同比	合计	同比	进口	同比	出口	同比	合计	同比
海运口岸	5677.71	1.01%	720.72	-4.8%	6398.43	1%	642213	33.39%	634309	1.34%	1276522	33.72%
空运口岸	0.468	5.36%	0.497	2.82%	0.965	4.04						
合计	5678.18	1.01%	721.22	-4.8%	6399.4	1%						

浙江口岸查验单位工作综述

杭州海关

2001 年，杭州海关在海关总署的正确领导下，认真贯彻“从严治关”的方针，落实“依法行政、为国把关、服务经济、促进发展”的海关业务指导思想，加强队伍建设，深化各项改革，较好地完成了税收、打私、监管、统计等各项任务。全年共征收税收 56.08 亿元；查处走私违规案件 246 起，案值 4.5 亿元。

2001 年，杭州海关积极推进以通关作业为中心环节的海关各项业务改革，通关速度明显加快，通关效率进一步提高。

全年共为首批核准的 4 家企业办理便捷通关 137 次，货值 1774 万美元，每票进口报关单从货物申报到放行平均仅需 20 分钟。

口岸电子执法系统共制发企业安全认证卡11633张，关区共有5173家企业入网，并如期开通了出口收汇子系统，运用新版外汇核销单出口的 18933 票货物全部正常通关。

网上报关试点，完成了 15 家企业的相关授权及安装调试工作，全年共为 6 家企业 298 票报关单通过联网报关，目前每票耗时仅 12 分钟；

跨关区快速通关简化了手续、降低了成本，转关速度比改革前缩短 1-2 天，取得了良好的经济和社会效益。

2001 年，税收工作面临应税进口货物货值总量下降，原油进口数量减少，中日贸易战等一系列不利因素，由于严格依法治税、综合治税，确保了应收尽收。全年共征收两税合计 56.08 亿元，其中征收关税 15.03 亿元，代征进口环节税 41.05 亿元，完成了总署下达的 52.5 亿元的税收指标，为国家财政作出了贡献。

2001 年，杭州海关打击走私工作成绩显著。全年共查处走私违规案件 246 起，案值 4.5 亿元，罚没收入 1.23 亿元；稽查企业 286 家，查获违规案件 87 起，案值 3.43 亿元；2001 年共监管出入境货物 970.8 万吨，货值 47.6 亿美元，同比减少 23.9% 和 9.2 %；监管运输工具 38044 艘（辆）次，同比增长 36.37 %；进口国际集装箱平均查验率 38.67%，查获率 0.61%，出口国际集装箱平均查验率 8.28%，查获率 0.67%。

为加工贸易监管，独立设计开发了加工贸易管理系统单耗数据库，填补了现有系统单耗核定和自动预警的空白，并在全国海关推广应用。全年共备案各种加工贸易合同 15664 份，同比增长 7.9%，备案金额 27.3 亿美元，同比增加 12.5%，核销到期合同 15728 份，核销率达到 99.92%，核销补税 1.15 亿元。

杭州海关积极发挥海关统计的参谋预警作用，参与浙江省“十五”规划的制定和外经贸形势分析会，为各级地方党委、政府提供信息咨询、经济形势分析、辅助科学决策、预警预测等功能。2001 年为各级部门提供及时、准确

的统计数据30余万条。

杭州海关2001年主要业务量统计表

项目		单位	业务量	同比
货运量合计		万吨	970.8	-23.9%
其中	进口	万吨	910.3	-17.5%
	出口	万吨	60.5	-65.0%
货运值合计		亿美元	47.6	-9.2%
其中	进口	亿美元	36.6	-6.8%
	出口	亿美元	11.0	-16.6%
监管运输工具		辆艘架次	38044	36.37%
其中	汽车	辆次	28626	50.7%
	火车	辆次	1260	-32.4%
	飞机	架次	2448	18.3%
	船舶	艘次	5710	14.8%
标准集装箱总数		万箱次	10.8	33.4%
进出境人员		万人次	40.7	12.9%
邮件总数		万件	217.1	20.0%
印刷品、音像制品		万件	122.6	20.4%
备案加工贸易合同		份	15664	7.9%
核销加工贸易合同		份	15728	10.5%
累计注册企业总数		家	7613	26.6%
查处违规案件		起	246	96.8%
侦查终结走私犯罪案件		起	21	16.7%
扣没违禁物品		万件	2.5	19.9%
罚没收入		亿元	1.23	43.8%
征收关税		亿元	15.03	12.2%
代征增值税		亿元	41.06	-11.8%
减免关税		亿元	18.4	26.2%
减免增值税		亿元	26.8	46.6%

宁波海关

宁波海关于1978年正式成立。1995年1月1日起直属海关总署。宁波海关下辖4个海关（镇海、保税区、北仑、大榭）和4个办事处（开发区、机场、余姚、慈溪）。2001年宁波海关为进一步提高口岸工作效率，积极参加、支持口岸大通关建设，“依法行政，为国把关，服务经济，促进发展”出色完成了各项工作任务。全年共征收税款103.66亿元，同比增长22.6%，再创历史新高，跻身全国十大关区行列；监管进出口货物5413.9万吨，同比减少1.72%，货值161.4亿美元，同比增长17.59%。

为认真贯彻全国通关作业改革会议精神，先后9次对810人次各代理报关单位有关人员进行培训。北仑现场实行了假日正常工作制，其他业务现场实行了通关预约制。推广应用了跨关区快速通关转关系统以及视频监控、电子车牌识别和电子地磅系统，开发研制了集装箱吊机称重系统，并保证了H986工程投入使用。在继续做好内支线和杭甬直通式、沪甬空运直通车基础上，积极探索铁路直通车监管模式。实施分类管理，为守法企业提供便利。支持培育开放型经济增长点，探索大型企业和IT企业海关监管模式，积极推进“中国电子口岸”试点工作，实现对企业

“一站式”服务。为加快进出口货物的通关速度，在全国海关系统首家研究开发了网上报关、审批、查询等多种功能的公共服务口岸信息网，从而实现了外贸企业不出门就可以办理通关手续，为企业提供了报关的方便。加强与有关部门联系配合，在北仑海关8月1日推出正常货物出口1小时通关的“绿色通道”基础上，9月1日起与国检局对废旧物资由分别查验改为一次性共同查验。为加大对通关速度的监控力度，开发应用了海关通关效率分析系统。为增强服务意识，还在全关区对社会各界前来联系工作、办理手续、商洽事项、咨询业务等推行“首问责任制”。

2001年宁波海关主要业务量统计表

项 目		单 位	业务量	同比%
货运量统计		万吨	54138635	-1.72
其中	进口	万吨	48853364	.01
	出口	万吨	5285271	-15.28
货运值		万美元	1613971	17.59
其中	进口	万美元	744027	5.78
	出口	万美元	869944	30
监管运输工具		艘架次	5841	9.98
其中	船舶	艘架次	4656	14.82
	飞机	艘架次	1185	28.11
标准集装箱总数		箱次	986133	40.72
进出境人员		人次	252867	29.55
备案加工贸易合同		份	5591	115.97
核销加工贸易合同		份	5093	20.92
累计注册企业总数		家	5389	5.75
查处违规案件		起	26	-29.73
侦查终结走私犯罪案件		起	23	35.29
罚没收入		万元	3273	-74.75
征收关税		万元	211131.56	26.1
代征增值税		万元	825424.92	-3.5
减免关税		万元	55060	
减免增值税		万元	79603	

浙江出入境边防总队

2001年，浙江省出入境边防总队在公安部边防局和省公安厅的正确领导下，以江总书记“三个代表”重要思想为指导，紧紧围绕改革开放和经济建设中心，认真落实各项勤务规范化建设措施，强化边检执勤，加大出入境管理力度，严格执法，热情服务，充分发挥边检部门的职能作用，有效地维护了国家主权安全和口岸正常的出入境秩序，为促进地方经济建设作出了积极贡献。

一年来，空港边检站共检查出入境旅客438019人次，同比增长21.5%；检查出入境机组员工38991人次，同比增长29.8%；检查出入境飞机3662架次，同比增长31%。

海港边检站共检查出入境（港）船舶8994艘次，同比增长5.589%，检查出入境海员148845人次，同比减少1%，旅客407人次，同比减少-88.46%。

深入开展“为人民服务，树边检新风”活动，以此作为树立边检良好形象的一项重要工作来抓。不断增强边检管理服务意识，提高工作质量和效率。切实解决出入境旅客关心的热点、难点问题，为出入境旅客创造宽松舒适的通关环境。杭州边检站认真贯彻落实全国公安出入境管理工作会议精神，在萧山国际机场开设了“中国公民通道”，使所有持中国证件从境外回国的公民，在入境时享受专用通道的礼遇。温州机场边检站建立了旅游团预报检制度，方便了出入境旅客。春节、“五一”、“十一”等旅游黄金周期间，杭州、宁波机场边检站针对游客流量急剧增加的情况，及时调整勤务组织，增设验证通道，加强一线执勤警力，确保旅客安全快捷出入境。舟山、宁波、台州边检站简化办证手续，放宽办证时限，为登轮单位和人员实行办证一条龙服务，受到了地方政府和涉外单位的一致好评。北仑、嘉兴、温州边检站加大科技含量，在执勤现场安装了电视监控系统，大大提高了工作效率。在不断提高服务质量的同时，加大边检执法力度，严密口岸的查堵措施，全年共查处偷渡案件26人次，遣返人员18人次，查处各类违反出入境管理法规964人次，有力地维护了口岸的安全稳定，树立了国门卫士的良好形象。

2001年全省口岸出入境统计表

	飞机	船舶	旅客		员工	
	架次艘次	同比增减	人次	同比增减	人次	同比增减
空港	3662	31%	438019	21.5%	38991	29.8%
海港	8994	5.58%	407	−88.46%	148845	−1%

浙江出入境检验检疫局

2001年，浙江出入境检验检疫局坚持以邓小平理论和江泽民总书记“三个代表”重要思想为指导，认真贯彻落实朱镕基总理提出的“忠于职守，勇于负责，严格把关，保国安民”的指示精神，进一步推进和深化业务改革，依法行政，严格把关，认真落实入世应对、科技创新、基础管理等方面的工作，圆满完成了各项检验检疫任务，为促进浙江外向型经济发展作出了贡献。

浙江是市场经济比较发达的省份，2001年进出口总额达230亿美元，出口增幅18个百分点，高于全国平均11个百分点。2001年全局系统共检验检疫出入境货物33.68万批，货值112.1亿美元，其中出境32.62万批，货值85.5亿美元；入境1.06万批，货值26.6亿美元。检出不合格出境货物1181批，货值3108万美元；不合格入境货物646批，货值3472万美元。动植物及其产品检疫4.2万批，货值9.06亿美元；交通工具检疫工作成绩显著，其中飞机2408架次，轮船4226艘次，集装箱13.2万箱；签发各类证单37.9万份，普惠制及一般产地证20.16万份，涉及金额61.2亿美元。

加强检验检疫监测，控制了疫病疫情的传入传出。监测体检、艾滋病监测8.5万人次，预防接种10.2万人次，发现各类病例9176人次，其中艾滋病5例，性病119例，肺结核、肝炎192例；对查出患有艾滋病等疾病的外国人，及时做出遣送出境处理。截获被列入我国禁止入境的动植物危险性有害生物22批次，特别是温州口岸在来自意大利和巴西的咖啡豆中截获一类有害生物咖啡果小蠹，在系统内外产生了较大影响。在全省重点地区实施了媒介生物本底调查。加强了对突发性疫情的防范，制定了应急实施方案，有效防止了国外登革热、炭疽等疾病的传入。

抓好源头治理，重点强化对涉及安全、卫生、健康、环保商品的监控抽查，加强了对水产品、茶叶、蜂蜜、蔬菜、动物产品的农残检测和供港猪的药残检测。加大了对进口大型成套设备、原料废物等产品的把关工作，顺利实施了对出口打火机、点火枪类商品的法定检测和对进出口电池汞含量强制检测工作。针对浙江省出口水产品输欧“氯霉素”事件和输韩“铅块”事件，组织开展了对出口水产企业的清理整顿和出口水产品检验检疫工作质量专项检查，促进企业自觉提高产品质量，同时也进一步的规范和完善了检验检疫工作，充分发挥检验检疫部门在整顿和规范市场经济秩序中的技术优势，为各执法机关的打假工作提供有力的查处依据。积极开展UL打假工作，受到了国家质检总局的表彰。同时，加强与省、市质监、工商等部门的合作，对流通领域进口肉制品、保健品、化妆品、乳制品、手机等开展了多次联合执法检查，查获了一大批假冒或违规进口商品，并予以处理，依法规范了市场秩序，维护了消费者的利益。

为适应浙江省外经贸事业的快速发展和我国加入WTO的新形势需求，促进扩大出口，为此，加大了检验检疫业务改革的力度。主要包括：一是进一步扩大出口商品检验分类管理的范围，根据出口企业质量管理和控制状况，在出口机电产品、轻工产品、纺织品、服装等商品中全面推行出口商品检验实施分类管理的做法。目前全省（除宁波）已有76家出口企业经考核获得检验检疫一类管理（检验检疫自检比例为10%−30%）资格。297家出口企业获二类管理（自检比例为31%−70%）资格。二是进一步探索新的检验管理模式，扶强扶优，促进出口。对企业检验检疫设施完备并获得一类管理的名优企业，分别实施周期检验、过程检验、型式试验加跟踪检验、特性检测加抽查检验做法，把检验检疫工作做到生产过程中去。进一步方便企业出口，并在收费上给予优惠，有效地促进了浙江省外经贸发展。

积极推行口岸检验检疫业务建设。一是在杭州出口加工区、马迹山港、七里港、乍浦港、舟山普陀机场和杭州口岸国际物流集装箱中转站、湖州国际集装箱转运中心、富阳进口废纸直通点等地设立检验检疫机构和工作站、点，促进具体工作的落实和开展。二是加强与口岸各部门的工作联系配合，协同作战、在行政执法层面上，努力营造一个良好的现代物流发展环境，促进浙江省外经贸可持续发展。

首次实施了原产地标记注册工作。根据WTO规则积极开展了原产地标记注册的试点工作，保护出口名牌。并在湖州市湖笔国际文化节前夕，使湖州“双羊”牌和“天官”牌毛笔获得了国家质检总局领发的原产地标记注册证书。大力推行“三电”工程（电子报检、电子签证、电子转单），全面加强检验检疫系统计算机网络建设，方便外经贸企业办理有关手续；完善节假日值班制度，积极开展电话、传真报检，预约检验等做法，开展文明执法，微笑服务，满意在检验检疫的活动，完善首问责任制和承诺制；进一步缩短检验检疫周期，凡办理通关放行手续的，原则上随到随办。在2000年对外政务公开的基础上，进一步公开出入境检验检疫法律法规，部门的职责分工，举报电话等十个方面的内容，方便外贸企业了解出入境检验检疫的工作规定、要求和程序，增加透明度，接受社会监督。

宁波出入境检验检疫局

宁波出入境检验检疫局于1999年8月10日由原进出口商品检验、动植物检疫和卫生检疫合并组成，直属国家局垂直管理，下辖北仑、慈溪、余姚、奉化、鄞县和宁海6个检验局，并在镇海、宁波保税区和宁波机场建立3个办事处。2001年全年共完成出口商品检验145500批，比上年增长了15.10%,创历史新高；货值82.70 亿美元，同比减少2.56%。出口不合格455批，货值1540万美元，进口商品29100批，货值54.79亿美元，同比分别增长41.64%和4.52%，进口不合格427批，货值1.59亿美元，同比分别增长41.64%和4.52%。从出入境货物中截获各类病虫害12种类49批，在入境货物木质馇检疫中截获疫情10种类72批次，在入境船舶检疫中截获疫情13类22批，有效地防止了国外危险性有害生物的侵入。签发检验检疫证书17800份，签发普惠制产地证93500份，签证金额21.59亿美元；签发通关单167500份，通关货值94.65亿美元；检疫出入境集装箱80万多标箱，比上年同期增长37.35%检疫交通工具5760艘（架）次，检疫出入境人员221800人次；完成监测体检7937人次，发现病例878人次，预防接种12800人次；出口商口包装鉴定49400批，580000件，货物重量鉴定1112批，39710000吨，外商投资财产鉴定212批。

大力促进宁波口岸大通关建设，宁波检验检疫局为提高口岸通关效率部署9项工作。一是审核确定了全市14家IT企业为重点支持企业，制订了支持和促进重点IT企业的检验检疫便利措施。二是加快装载进口废物原料集装箱的疏港速度。研究制定了与宁波港务局就加快装载进口放心物品的卫生除害处理工作的协作配合办法，对废物箱的

2001 年浙江检验检疫业务情况统计表

金额单位：万美元

货物检验检疫	总计				商品检验				动物及其产品检疫		植物及其产品检疫		食品			
	批次	金额	检验检疫不合格		批次	金额	检出不合格		批次	金额	批次	金额	批次	金额	检出问题	
			批次	金额			批次	金额							批次	金额
合计	337016	1121106	1658	6659	295082	1047505	1623	6558	3647	22713	31471	51330	22963	66787	92	245
出境	326423	855342	1184	3117	285476	800664	1155	3078	2618	8608	30661	39728	22572	65321	89	170
入境	10593	265764	474	3542	9606	246841	468	3480	1029	141105	810	11601	391	1465	3	75
其它业务	监测体检及预防接种（人次）				交通工具检疫		集装箱检疫	签发检验检疫证书（份）	签发通关单		签发换证凭单		产地证			
													普惠证		一般	
	监测体检	艾滋病监测	发现病例	预防接种	轮船（艘）	飞机（架）			份数	金额	份数	金额	份数	金额	份数	金额
合计	42829	42654	9176	101567	4264	2460	131758	52241	21904	252352	305840	798279	166840	501621	a	B
出境	39726	39568	8758	101457	1806	1230	89675	50727	14315	40996	305840	798279	166840	501621	a	B
入境	3103	3086	418	110	2458	1230	42083	1514	7589	211356	——	——	——	——	——	——

卫生除害处理，由原来的在报检人申报之后进行改为在报检人申报之前即行处理，使卫生处理时间由原来的自报检后3至5天，缩短到自集装箱卸至港区堆场后24小时内完成；在北仑口岸设立口岸废物现场检验检疫办事处，将原先需4个部门完成的工作，集中在口岸现场实施报检、查验、签证、收费一站式服务；与港口EDI中心联网，实现进口集装箱的信息数据即时交换；与海关、港务部门共同协作，对进口废物箱实现一次移箱、一次开箱的查验措施。新模式实施后，进口废物集装箱查验和卫生除害处理速度得到了明显加快，进口通关时间从原先4.37天下降到2.15天。三是在北仑口岸实行双休日加班制，为广大外贸企业报检通关提供便利，适应了港口大吞大吐的要求。

针对风险较高的供港活猪检疫工作，制订实施了《宁波地方供港活猪饲料和添加剂检疫监督管理办法》，进一步规范了检疫注册登记、监管抽样、实验室检验、出口监装、临床检疫各项工作，加大了对各种违法行为的打击力度。全年共完成6次乙类促效剂ELISA检疫普查；做好发运前检疫和出口监装工作。全年宁波地区出运供港活猪共计22236头，全部顺利通关结汇，无一例疫病发生或被香港特区政府检出“瘦肉精”等药物残留，为保证供香港猪肉安全做了一份贡献。

宁波检验检疫全局加大“科技兴检”力度，科研经费投入比上年增加3倍，并重视人才引进和科研队伍建设，科研成果取得了历史最好成绩。2项被评为国际先进，2项被评为国内先进，并被上升为检验检疫系统行业标准，上述4项课题均立为国家质检总局科技成果登记。另有4篇论文获年度国家质检总局优秀论文三等奖，8个科技项目被列入国家质检总局课题，列入数比上年增加了1倍多。特别是《JT——II型蹬动态性能方式验机研制》课题，将儿童自行车蹬动态性能检验的测试方法由手工改为自动，效率提高了6倍，获得国家专利局颁发的专利证书。

浙江海事局

按照全国水上安全监督管理体制改革的要求，中华人民共和国浙江海事局于2000年8月30日挂牌成立。属交通部直属正厅级海事机构，在中华人民共和国海事局的领导下，负责辖区水上安全监督和防止船舶污染等行政执法工作，履行水上交通安全监督管理的国家监察职能。

浙江是海洋大省，海岸线总长6634公里，沿海港口34个。可谓海域辽阔、岛屿众多、港口密布，河网纵横。浙江海事局辖区包括浙江沿海所有水域。浙江海岸线总长6634公里，沿海港口34个。目前，浙江海事局下辖宁波、舟山、温州、台州、嘉兴五个分局，33个办事处。各类船艇39艘，VTS系统二套。至2001年9月基本完成了浙江沿海5市的海事管辖权的交接，并开始对辖区即整个浙江沿海及宁波、台州、温州三市内河水域全面履行职能。

2001年浙江海事局辖区内港口完成货物吞吐量1.916亿吨，旅客通过量7437.8万人次，船舶进出港签证233.5万艘次。辖区内登记船舶10617艘，2280156总吨，其中海船4106艘，2146910总吨，河船6511艘，133246总吨；客船754艘，91775总吨。登记船员11万人，其中海船船员8万人，内河船员3万人。

【维护通航秩序，改善通航环境】 从浙江沿海岛屿多、海域复杂、交通繁忙、渔业发达和国防地位突出的特点出发，根据史料、交通量和航道及海域情况，征得地方政府同意，浙江海事局依法公布了178条公共航路、83处锚地的具体范围。在此基础上，发挥现有海事船舶和VTS系统功能，加强和拓展海上巡航，提高对重点水域、重要航路、航道和锚地的立体监管效能。一年来组织巡航21444次，累计航程98745海里。同时，开展对突出问题，如黄沙船无序采砂运砂等的集中整治，规范相关行为；严格水工作业的审批把关，保证辖区水上重点工程项目的顺利进行；加大水上现场监督力度，加快清障和规范引航作业，水上通航秩序和通航环境逐步好转。

【加强船舶监督，加大现场监管】 全国“水监”体制改革后，改变了各地监管工作分块而治、宽严不一的状况，浙江海事局充分利用这个优势，严格执行部海事局《重点跟踪船舶监督检查规定》，并适时在整个辖区实施了浙江籍船

填表单位：宁波局本部（含下级机构）

	货物检验检疫																			
	总计				商品检验				动物检验检疫				植物及植物产品检疫				食品12			
	批次	金额	检验检疫不合格		批次	金额	检出不合格		批次	金额	检出疫病		批次	金额	检出病情		批次	金额	检出问题	
			批次	金额			批次	金额			批次	金额			批次	金额			批次	金额
本年累计	145496	82702	882	1745	12911	73895	840	1541	3242	1744	2		13940	4198	47	1457	7683	2016	68	23
出境	116350	27911	455	154	10061	24556	435	132	2131	995			12656	2325			7274	1812	12	2
入境	29146	54791	427	1591	24050	49339	404	1408	1111	749	2		1284	1873	47	1457	409	205	56	21

监测体检及预防接种（人次）				交通工具检疫				集装箱检疫（标箱）		签发检验检疫证书（份）	签发通关单		签发换证凭单		产地证			
															制产地证		一般产地证	
监测体检	艾滋病监测	发现病例数	预防接种	火车（节）	汽车（辆）	轮船（艘）	飞机（架）	合计	检出问题		份数	金额	份数	金额	份数	金额	份数	金额
7937	7128	878	12757			4575	1185	80033		17833	167561	94652	43777	6668	93545	21573	8709	2220
7049	5370	804	12049			1998	592	40342		15423	138355	39732	43777	6668	93545	21573	8709	2220
886	758	74	708			2577	593	39691		2410	29206	54920						

注释：1.金额单位：十万　2.标箱单位：十

舶“黑名单”制度和检查责任追究制度，坚持辖区内上“黑名单”的船舶到港必查，让不守法的企业、船舶和船员感到不守法寸步难行；并确立了“打黑、防黑、脱黑”并举的工作方针，制定了《浙江海事局船舶脱离重点跟踪船舶和“黑名单”评审办法》。努力响应浙江省委“打造信用浙江”的号召，创造良好的水上安全法制环境。同时加强对“四客一危”船舶监督管理，抓好专项整顿，加大对超载、超额船舶的打击和处罚力度，有效地遏制了客运船舶超载、超额和非客船违章载客行为。认真做好登记机关授权和船舶换证，从严、从紧、从慎处理历史遗留问题；积极拓展 PSC 和开航前检查等监督业务工作，为浙江口岸进一步对外开放打好基础。

【狠抓船员考培及后期管理，加快履约过渡期工作进展】 截止 2001 年底，浙江海事局共完成履约过渡期船员培训 114722 人次，办理各类船员证件 90470 本（份），换发适任证书 7136 本；对辖区船员证件申办单位和申办员进行了全面清理，组织申办员培训班 4 期共 249 人。同时，浙江海事局针对辖区实际，积极研究解决渔业船舶转产、摩托艇船员培训等问题，制定并颁发了《摩托艇船员培训、考试、发证办法》《浙江海事局小型海船船员考试和发证办法》、《关于浙江海事局近岸航区值班水手、值班机工培训考试和发证工作的意见》、《关于申请海船船员适任考试、评估和发证若干问题的通知》以及明确当前船员管理、和引航员考试和发证等有关事宜的规范性、操作性文件，较好地解决了浙江辖区船员管理的实际问题，得到了地方政府和群众的好评。

【重视应急反应能力，强化危管防污工作】 浙江海事局根据全国海上艘救工作的要求和浙江海上搜救工作的实际需要，积极建议省政府成立浙江省海上搜救中心，并开展了筹建工作。在省政府领导和各有关部门及驻军的支持下，目前已完成省海上搜救中心的筹建工作。浙江省海上搜救中心担负三项基本任务，即船舶和航空器人员海上遇险搜救、船舶大面积污染海域清除和船舶防抗台。宁波、舟山、温州、台州、嘉兴等五个沿海城市组建海上搜救分中心。考虑到浙江沿海已经成为全国油品和散化集散中心，已投产和形成生产能力的 25 万吨级的油码头就有 4 个，浙江海事局在基本完成沿海油污应急反应能力调研后，已在组织编制浙江沿海油污应急计划。

【贯彻《国内安全管理规则》，提升企业安全管理水平】 交通部在推行实施《国际安全管理规则》取得显著成效的基础上，决定实施更加适合国情、更加贴近国内航行船舶的《国内安全管理规则》。浙江海事局以贯彻实施《国内安全管理规则》为重大契机。制定了浙江片区《国内安全管理规则》实施方案，召开了浙江片区 63 家航运公司的领导和主管人员共 150 多人的宣传贯彻大会，连续举办了 5 期共 436 人参加的内审员培训班（396 人通过发证）。目前浙江地区已有 45 家公司、263 艘船舶开展了《国内安全管理规则》的实施工作，其中 1 家公司已通过部海事局审核，12 家公司开始运行，32 家公司正在编制体系文件。

【严肃海事调查处理，改进安全预防管理】 建立水上安全形势定期分析制度，为各级海事机构提供决策支持。根据统计分析，事故多发生于采沙船、运沙船和小机船，为此浙江海事局有针对性地开展了专项整治，并研究了长效管理措施，收到了明显成效。

坚持按“四不放过”原则规范事故调查处理和结案行为，加大对肇事逃逸船舶的协查力度，提高海事部门执法威慑力，及时移送交通肇事疑犯，使触犯水上交通刑律者得到刑事追究，教育船员遵纪守法。2001 年事故结案率达 90%，事故当事责任人行政处罚率达到 50% 以上，实现了事故当事责任人行政处罚案件无败诉。

【重视季节性安全，严防特重大事故】 对春运、春游、“五一”、国庆及台风、冬季安全等季节性安全工作，狠抓落实，加强现场监管，严厉查处各类违章行为，确保了辖区季节性水上交通安全。同时，认真组织开展“反三违月”和“安全生产周”活动，制定了《浙江海事系统防台工作暂行办法》，做到未雨绸缪，防范措施有效到位，成功抵御了

“飞燕”、“尤特”、“桃芝”、“百合”等台风和强热带风暴的袭击，没有因监督管理工作不到位而发生沉船死人事故。

【重视规划、法制工作，加快基础、信息建设】 浙江海事局成立始年，就着手从系统、科学、全局、长远发展的角度考虑，编制了《浙江海事系统发展规划》（2000—2015）年中长期发展规划，构建了浙江海事系统三级法制工作网络，为夯实基础，提升后劲，截止目前，浙江海事局培训各类人员590人次；在编工作程序75个；编制工作手册4个；创办《海事公告》并出刊4期；建立浙江海事、海事政工信息、事故与抢险通报等管理信息平台5个；新建、改建VTS监控站2个；新造监督艇6艘，确保了浙江海事局辖区水上安全监督工作的开展。

【抓好文明建设，规范执法服务】 浙江海事局党委十分重视精神文明建设和规范执法教育，促进两个文明协调发展。一是理论学习逐步形成制度化、规范化。二是全面推行了干部公示制、试用制、任期制。三是下发了《浙江海事系统党风廉政建设责任制实施办法》，聘请了82位行风监督员，建立了全系统三级行风义务监督员网络。四是“转变作风年”、“调查研究年”活动扎实开展。以群众满意为标准，抓热点和难点问题的解决；以规范办证、执法行为为重点，抓公正执法形象的树立；以水上安全管理为中心，抓长效管理机制的探索和建立。五是部署行业。加强职工思想政治工作，文明创建工作。浙江海事局制定了到2005年把浙江局建成为省、部级文明达标单位的创建工作规划。

浙江口岸概况

一类口岸

经国务院和中央军委批准浙江相继开放13个一类口岸。其中杭州、宁波、温州3个航空口岸，杭州萧山国际机场允许外籍飞机进出。宁波、温州、舟山、海门、乍浦5个水运口岸。另外由国务院、中央军委于1980年12月批准的4个海上水产品外轮交货点分别是舟山的绿华、黄兴、温州的洞头，台州的大陈。还有于1994年经国务院，中央军委批准对外籍船舶开放台州临海的红光石油液化气专用码头。经过1999年口岸整顿和合并，以上4个海上水产品外轮交货点和1个液化汽专用码头，这5个一类口岸，分别并入舟山港、温州港、台州的海门港三个水运一类口岸。

【杭州航空口岸】 杭州萧山国际机场是浙江省的枢纽机场、国内重要的干线机场和国际定期航班机场。机场位于杭州市萧山区新街镇东，地理参考点座标为东径120° 26′ 01″，北纬30° 13′ 46″，距杭州市中心27公里，占地面积7261亩。

杭州萧山国际机场是原军民合用杭州笕桥机场的迁址新建。杭州笕桥机场始建于1935年。1957年成立杭州民用航空站，成为军民合用机场。1979年开通了直达香港的包机。1980年，经国务院、中央军委委批准，笕桥机场空运口岸正式对外开放。1993年5月，经国际民航组织第三届亚太地区航行会议批准，确认杭州笕桥机场的使用性质为国际机场。1995根据中新二国航班协定，由新加坡航空公司开通新加坡至杭州的定期航班。后因发生东南亚金融危机于1998年停航。随着浙江省杭州地区航空运输需求量的不断增加，杭州笕桥机场的军民航飞行矛盾日渐突出，严重制约了航空运输生产的发展，影响了杭州乃至全省的对外交流和经济发展。1992年，浙江省委、省政府作出了新建杭州机场的战略决策。1997年7月，杭州萧山机场动工新建，2000年12月正式建成通航。同月，中国人民解放军总参谋部同意启用杭州萧山机场并对外籍飞机开放。2001年12月，国家民航总局批复同意杭州萧山机场更名为杭州萧山国际机场。

杭州萧山国际机场布局合理、环境优美、风格独特、设备设施先进齐全，其软硬件水平、综合保障能力在国内同类机场中处于先进水平。机场飞行区等级为4E级，跑道长3600米，宽45米，可满足波音747-400型飞机的全载起降要求。机坪面积21万平方米，机位19个，登机桥12座。候机楼面积约10万平方米，进出港分层分流，共设置有航班动态显示、离港系统等12个信息系统，实行智能化管理。机场空中交通管理体系完善，实行塔台进近管制，拥有先进的航管、通信、导航、气象等设备设施，能保证各类飞机在昼夜各种条件下的安全起降。

机场国际部分设施完善齐全，候机楼内国际联检厅面积9500平方米。机场内建有独立口岸园区。有海关、检验检疫、边防等各查检单位办公、生活用房9700平方米。中国银行在场内设有分理处。

截至2001年底，杭州萧山国际机场开辟有44条国内定期航线和香港、澳门2条地区定期航线、泰国曼谷1条国际定期航线以及马来西亚吉隆坡，韩国汉城、清州、美国安克雷奇、夏威夷、中途岛，日本东京、名古屋、新泻、出云、松山、鸟取，蒙古乌兰巴托等国际定期或不定期包机航班。2001年共完成航班起降36475架次，旅客出入境298.1万人次，货邮吞吐量8.7万吨，同比分别增长40.5%、21.2%和16.4%，在全国民航机场中分居第16位、第13位和第9位。其中2001年起降国际航班137架次、地区航班2001架次，国际旅客1.83万人次，地区旅客27.7万人次，完成国际、地区货邮吞吐量8250吨。

【宁波航空口岸】 宁波栎社机场系1992年7月经国务院批准对外开放的航空口岸。栎社机场为民用二级机场，位于浙东鄞西平原，距市区10公里，占地1800万平方米，可供8架飞机过夜停放。机场设有全向信标台、盲降设施和灯光助航等先进设备，可满足波音747和MD-82等大中型飞机起降的要求。1996年，为解决出入境旅客及其休息场地，对原候机楼进行改造，辟出2213平方米的面积作为出入境旅客候机室和联检厅，内有边防检查、海关、检验检疫、民航安全检查等检查机构。至2001年底止，宁波栎社机场已开辟38条国内航线，2条地区航线即宁波至香港、澳门航线。

2001年宁波航空口岸共检查监管飞机1183架次，同比增加30.6%；出入境旅客（含机组人员）13.27万人次，同比增加21.7%。

【温州航空口岸】 温州机场位于温州市东南瓯江出海口南岸，距市中心24公里。跑道中心坐标：东经120度51分03秒，北纬27度54分46秒，场区东临大海，西距沙北村仅0.95公里。机场于1987年5月兴建，1990年7月12日建成通航。机场占地1900余亩，跑道长2400米、宽45米，停机坪面积8.3万平方米，可同时停放9架中型机和3架小型机，候机楼总面积12041平方米。十二年来，共完成旅客出入境超过1500万人次，货邮吞吐量超过21万吨，安全起降航班超过20万架次，累计上交各项款项超5亿元。

已开通国内及地区航线62条，有20余家航空公司投入温州机场航行营运。温州至澳门航线于1995年12月29日开通，后因客流的原因于1996年停飞。温州至香港航线于1996年11月7日开通，现每周四班。

2001年底，出入境飞机316架次，出入境人员20064人次，其中，入境10083人次，出境9981人次。货邮吞吐量1822吨，其中：进2140吨，出1608吨。

【宁波港口岸】 宁波港有北仑、镇海和宁波三个港区组成。地理座标：东径121度43分，北纬29度57分。是我国大陆的主要枢纽港和4大国际深水中转港之一。地处我国东部沿海中部，紧邻长江出海口，顺海岸线可通全国各大小港口，经长江可抵武汉、重庆等沿江诸码头，具有江海双重水运资源优势。

宁波港历来是我国对外贸易的重要口岸。早在唐代就与朝鲜、日本和东南亚各地有商贸往来，北宋时期是全国三大对外贸易港口之一，鸦片战争后被辟为通商口岸。但1978年前，宁波港仅有500-3000吨级泊位12个，年通过能力仅97万吨。改革开放20多年，宁波港迅速崛起，2000年货物吞吐量超亿吨，跻身世界为数不多的亿吨大港行列，成为浙江省的第一大港，在中国大陆港口货物吞吐量位居第二，是唯一能靠泊30万吨船舶的深水大港。宁波港地处中国大陆东部海岸线中部和经济发达的长江流域，具有明显的经济腹地优势、内外幅射便捷优势和发展国际远洋运输中转枢纽港的优势。

宁波港是中国大陆少有的多功能、综合性的深水良港，有得天独厚的深水优势，进港航道水深在-18.2米以上，25万吨级以下船舶可自由进出港，25万吨级至30万吨级超大型巨轮可候潮进出。港区有舟山群岛为天然屏障，水深、流顺、风浪小，每年可生产作业天气达350天以上。主要经营进口铁矿砂、原油和成口油、液体化工产品、煤炭及其他散货装船、储存及中转业务。

宁波港港域水深大部分在50米以上，可供锚泊作业的水面达34平方公里，同时可锚泊万吨级以上船舶300艘。自1982年建成第一个10万吨级码头起，至2001年已建成22个大型泊位。有国内最大的25万吨级的原油码头、20万吨级铁矿砂中转码头、5万吨级的液体化工专用码头；已形成年6000万吨的铁矿石吞吐能力，300万吨液化吞吐能力、250万国际集装箱标准箱吞吐能力的大型多功能多货种、综合性的港口。2001年宁波港吞吐量达1.28亿吨，同比增长11.3%，国际集装箱运量达121.27万标箱，同比增长34.5%，国际集装箱发展速度已连续（1999-2001年）三年增幅居国内港第一位。

由于宁波港地处中国大陆海岸线中部，南北航线和长江黄金水道“T”字型结构交汇点，内外幅射便捷，江海联运方便，是南北、洲际理想的集散地，目前已与世界上90多个国家和地区的560多个港口有贸易运输往来，已开通欧州、地中海、美东、美西、中东、俄罗斯、日本、东南亚、韩国、香港、台湾等60余条国际集装箱班轮航线。每月国际集装箱航班总数300班以上。

全球排名前20名的航运公司，如马士基海陆、法国达飞，铁行渣华、意大利邮船等均已登陆宁波港。宁波港主要干线每航次进出口箱量已超过2000标箱，占集装箱总吞吐量的58%以上。其中，达飞欧州线每航次进出口最高箱量达到3550标箱。

宁波港业已形成高速公路、铁路、航空和江海联运，水水中转等全方位立体型集疏运网络。随着社会进步、经济发展，多种交通兴建、改善、宁波港的优势将与时俱进地延伸、拓展。

【舟山港口岸】 舟山港于1987年4月1日正式对外籍船舶开放，其中沈家门、老塘山为对外轮开放作业区。定海港区仅限于对国轮开放。同时还对外籍游轮开放了普陀山旅游区。1996年8月20日，国务院批准定海岙山兴中公司原油中转码头对外轮开放。现舟山港拥有大小泊位183座，其中万吨级以上9座，最大为25万吨级。舟山港已建成石油储运、煤碳、矿砂中转、水产品出口、远洋捕捞、船舶修理、国际旅游等重要基地。还开通了舟山——上海国际集装箱内支线班轮，港口年通过能力3354.8万吨，口岸年进出口货运量由1987年4月对外开放第一年的13.8万吨至2001年的560.87万吨，14年间增长了40倍，是浙江省第二大口岸。

2001年，舟山港货物吞吐量完成3281.02万吨，其中外贸560.87万吨，内贸2720.15万吨，出入境船舶1614艘次。

舟山市嵊泗县的绿华和岱山县的黄兴，早在1980年12月，经国务院，中央军委批准，分别为浙江省对外籍船舶开放的海上水产品交货点，是允许外藉船舶入境装运水产品的2个一类口岸。1999年国务院对口岸进行整顿时并入舟山港一类口岸，仍作为对外轮开放的作业区。

【温州港口岸】 温州地处浙南，位于瓯江口，地理座标东径120° 39′，北纬28° 02′。由龙湾、杨府山、七里等港区组成。1957年12月经国务院、中央军委批准对外籍船舶开放。1984年4月，国务院批准温州为全国14个对外开放的沿海城市之一。几年来随着金（华）温（州）铁路的建成通车，和温州机场建成通航，温州港正在兴旺发达起来。温州港共有泊位80个，万吨以上7个，5万吨液体散货泊位1个，2.5万吨多用途泊位1个，港区库场面积18.65平方米，货物通过能力为1301.4万吨。2001年完成1470438吨，同比增长47.75%。国际集装箱53612标箱。同比增长13.35%。出入境船舶1559艘次，同比增长5.84%。七里港区对外籍船开放已获交通部批复，国务院办公厅[2001]77号复函同意增加温州港口岸查验单位人员编制，全面开通投入营运已指日可待。

【乍浦港口岸】 嘉兴乍浦港位于浙江北部杭州湾北岸乍浦镇，是浙北杭州湾北岸的唯一出海口和对外开放口岸。座标北纬30° 24 ～30° 42、东径120° 54 ～121° 16，东自嘉兴市所辖平湖市与上海交界处金丝娘桥、西至嘉兴市所辖的海盐县长山闸，港口岸线全长70.5公里（其中可建港岸线40公里），港口通航条件良好，可通行5万吨级及以下各类船舶，全年作业天数在300天以上。

乍浦港自古就有“海口重镇”之称。唐会昌四年（公元844年）开港，清康熙二十三年（公元1684年）后，列为东南沿海十五个口岸之一，人口达四、五万之多，誉为“东南雄镇”。1917年孙中山先生在其“建国方略”中规划了嘉兴（乍浦）“东方大港”的蓝图。自1975年上海石化总厂在嘉兴（乍浦）陈山岸线段建2个2.5万吨级原油泊位以来，全港现有千吨级及以上各类装卸生产性码头泊位10个，其中万吨级及以上泊位6个（公用码头泊位1个、货主码头泊位5个），千吨级泊位4个（公用码头泊位1个、货主码头泊位3个），全港水运码头泊位核定通过能力1507万吨。陈山原油码头于1989年经国务院口岸领导小组批准对外国籍船舶开放。

嘉兴乍浦港1993年经浙江省政府批复同意开办国轮外贸装卸业务成为二类口岸，1996年初经国务院批复同意对外国籍船舶开放成为一类口岸，2001年4月20日正式对外籍船舶开放。

2001年，全港货物吞吐量首次突破1000万吨，达到了1019.05万吨，同比增长12.52%；其中外贸货物突破100万吨大关，达到104.42万吨。港口管理完成了全港码头的微机联网工作，为电子口岸准备了条件。

【海门港口岸】 台州海门港位于东径121° 21,北纬28° 41。自1983年11月国务院批准海门港办理国轮外贸运输业务，1989年5月经国务院、中央军委批准对外轮开放，成为水运一类口岸。继后，国务院根据台州对外开放的需要，又批准了临海红光液化气专用码头，对外籍船舶开放。大陈海上水产品外轮交货点，早在1980年12月已经国务院和中央军委批准对外开放，经1999年口岸整顿与临海红光液化气专用码头2个一类口岸，一起并入海门港口岸，仍作为对外轮开放的2个作业区。

海门港是台州湾一个河口港和海湾港兼备具有着千年历史的老港，建国初期仅有5座小型木结构浮码头，改革开放以来，港口生产与建设取得了快速的发展，港口现有码头泊位64个，其中1000吨级至10000吨级码头泊位21个，5000吨级国际集装箱专用码头2个，堆场230000平方米，35吨起吊门机，41吨正面吊等装卸设备齐全。海门港外贸港区划分为两个海关监管区，实行电视监管。海门港经十几年的艰苦努力，逐步形成了功能齐全、设备先进的一体化口岸报验服务网络，成为台州对外开放的前沿。

2001年海门港内外贸累计完成1024万吨，其中外贸105.918万吨；同比增长9.23 %。出入境船舶2323艘次，同比增长22.13%。出入境船舶量居全省第二位；完成集装箱33578标箱，其中外贸国际集装箱10210标箱，同比增长80.48%。

【绿华岛外轮海面交货点】 （见“舟山港口岸”）

【黄星岛外轮海面交货点】 （见“舟山港口岸”）

【大陈岛外轮海面交货点】 大陈岛外轮海面交货点分为两处：下大陈岛北锚地位于东经12154、北纬2828；上大陈岛西锚地位于东经1215118"、北纬282918"。该交货点于1984年经国务院批准对外开放，向香港出口鲜活水产品，主要品种是石斑鱼。

【洞头外轮海面交货点】（资料暂缺）

【台州临海红光港液化气专用码头】 1993年4月，红光港液化气专用码头经浙江省政府批准辟为国轮进口液化气交货点。1995年2月，国务院同意红光液化气专用码头对外国籍船舶开放。8月份，省政府口岸办公室组织有关单位对该港进行开放准备工作正式验收合格，当月省政府即下文批准红光港液化气专用码头对外轮正式开放。该码头由原来的1000吨级扩至3000吨级，液化气储贮量由原有的1650立方米扩至2650立方米，使年液化气吞吐量达10万吨以上。

二类口岸

经浙江省政府批准开放的二类口岸原为11个。他们是宁波市辖的象山；温州市辖瑞安的北麂、平阳的敖江、洞头水产冷库；台州市辖玉环的大麦屿、温岭的石塘，水产养殖场、粗沙头；舟山市辖嵊泗的嵊山、泗礁、大洋、岱山的高亭。经1999年的口岸整顿，合并为6个；分别是宁波的象山、温州的鳌江、台州的大麦屿、石塘舟山的岱山、嵊泗，取消瑞安的北麂和洞头水产冷库2个二类口岸。浙江二类口岸大多系海上鲜活水产品直接出口的发运点，量小价值较高，效益较好。

【象山石浦口岸】 象山口岸包括石浦港区和黄避岙港区，其地理位置分别在象山县南北两端。石浦港区其地理坐标为：东径29° 11′ 40″，北纬121° 55′ 45″，是象山县的南端；黄避岙港区其地理坐标为：东径121° 44′ 47″，北纬29 ° 32′ 29″，在象山县的北端。

象山石浦港是全国四大渔港之一，也是国家批准的对台小额贸易港口，1993年3月经省政府批准为二类口岸正式对外开放，有5000吨级泊位1个，3000吨级泊位2个，1万吨级货轮可候潮进出。石浦港出口货物主要是水产品，2001年出口冰鲜鱼2500多吨，同比增长40%；对台小额贸易成交额60多万美元，同比增长20%；口岸开放以来，已累计查验出入境船舶1500多艘次，查验出入境人员10000多人次，查验货物（水产品）12000多吨。

象山港是浙江省海水网箱养殖示范基地，黄避岙港区1997年经省政府批准为象山二类口岸中的另1个国轮外贸运输起运点。目前，有网箱1.5万多只，养殖活鱼6000多吨，年可起运出口活鱼2000多吨。开放以来，已累计出口活鱼5600多吨，查验出入境船员5000多人次，查验出入境船舶550多艘次。

【岱山高亭口岸】 原称高亭港，港址位于高亭镇浪激咀，东径122° 9′ 57″，北纬30° 14′ 51″，1998年12月省政府正式批准。为二类口岸，名为岱山口岸。

作业泊位一个，靠泊能力为3000吨级杂货码头，堆场面积40000平方米，港内设有海关联网监控装置。

岱山二类口岸为岱山的水产品、玩具等出口日本、韩国、美国等地提供了可靠的途径。

【泗礁口岸】 嵊泗县又称嵊泗列岛，地处长江口和杭州湾交汇处，是浙江最东部，舟山群岛最北部的一个海岛县，位于东径122° 30′，北纬30° 43′。

泗礁国轮外贸装运点位于泗礁本岛，开放于1989年12月，有1000吨级作业泊位二个。1999年口岸整顿与嵊山、大洋2个口岸合并为嵊泗口岸。

【鳌江港口岸】 鳌江港位于鳌江下游鳌江镇，北纬27° 36′ 40″ 东径120° 33′ 35，港区陆域面积3.85万平方米，岸线长4.8 公里，距江口3海里。南北两岸现有大小码头60多座，其中1号码头为1000吨级高桩梁板结构平台杂货码头，后方堆场为2000平方米，仓库3000多平方米；液化气专用码头为1500吨级，占地面积28000平方米，储备量245平方米，设计年供应能力为12万吨，是温州南部地区最大的液化气供应点。最大泊位1500吨，港口年吞吐量超120万吨。具有明显的地理位置和经济区域优势，历来是浙南、闽东北地区物资集散中心和水上交通枢纽。

鳌江港是浙江省五大联运港之一，早在抗日战争时期就曾有英国、荷兰、葡萄牙等外国船舶来往经商。1994年6月经省政府浙政发[1994年]80号文批准为二类口岸对外开放，口岸腹地范围包括平阳、苍南、文成和泰顺四县及闽东北地区。平阳、苍南两县经济比较发达，外向型经济发展较快，进出口贸易增长幅度连续几年均排在温州市前列，全国最大的猪皮革生产加工、出口供应基地，塑编生产基地就在平阳县境内。

鳌江港对外开放后，当地政府十分重视，相继于1996年5月成立鳌江商检局（现更名为温州出入境检验检疫局鳌江办事处），1997年3月成立温州海关驻鳌江办事处，2001年6月成立温州鳌江海事处（前身为鳌江港监），1997年9月成立浙江省鳌江港引航站，并且先后设置了温州外代和温州外运鳌江办事处、报关行和雨田集团鳌江国际集装箱货运服务有限公司等代理服务机构。目前，鳌江口岸查验、代理服务机构比较齐全，功能比较完善，是浙江省二类口岸中查验服务机构设置最齐全的口岸之一。

【大麦屿港口岸】 大麦屿港位于浙江省台州市玉环县境内，东经121° 08′ ，北纬28° 05′ ，1993年正式对外开放。

大麦屿港二类口岸自然条件优良，区位优势突出，是理想的深水良港，也是浙中南和闽北沿海之间唯一可以满足第三代国际集装箱船进出的港口。现已列入国家“十五”一类口岸开放规划。目前，港区内建成各种等级码头5座，其中的2万吨兼靠3万吨级多用途码头1座，拥有40吨门机1座，16吨门机2座，8吨门机1座，10万平方米堆场。随着这些基础设施的竣工及其它重点工程的不断建成，为加快大麦屿港的开发开放打下了基础。2001年完成港口吞吐量61万吨。

【礁山港口岸】 礁山港位于台州温岭市境内，座标121° 37′ 北纬28° 21′ ，于1993年经省政府批准为冰鲜鱼发运点。于1999年口岸整顿后与粗沙头港口岸合并为台州温岭“石塘二类口岸”。

浙江省对外贸易概况

2001年浙江省对外贸易在世界经济疲软、美国9.11事件冲击和出口退税指标严重不足的困难下，逆势而上，在2000年进出口增长52.02%的高基数上实现17.85%的增长幅度，持续保持良好、健康的发展态势。全年进出口突破300亿美元，出口突破200亿美元。2001年全省进出口累计328亿美元。比上年增加49.67亿美元，增长17.85%，其出口230亿美元，增加35.35亿美元，增长18.18%，出口收汇率达到97.6%。进口98亿美元，增加14.32亿美元，增长17.07%。2001年全省国民经济对外贸依存度40.49%，对出口依存度28.39%，分别比2000年提高2.31个和1.7个百分点。

【进出口增幅持续三年居沿海省市首位】 自1999年以来，进出口增幅连续三年居沿海省市之首。2001年，出口增长18.18%，比全国平均增幅高11.4个百分点。进口增长17.07%，比全国平均增幅高8.9个百分点。

【出口总额继续保持全国第四位，一般贸易出口跃居第一】 2001年一般贸易出口182.58亿美元，增长18.55%。一般贸易出口增量占全国一般贸易出口增量的42.47%。全年实现贸易顺差131.54亿美元，列全国第二位。

【经营主体多元化的步伐进一步加快】 至2001年底，全省拥有进出口经营权的内资企业达5037家（2001年新批的企业有1854家）。其中生产企业4274家。2001年全省国有企业出口103.6亿美元，下降3.11%。出口比重45.09%，继续保持出口主导力量地位：集体民营企业出口54.75亿美元，增长62.66%，出口比重23.83%，比上年提高6.53个百分点，集体民营企业出口总量居全国第一。集体民营企业出口总额占全国集体民营企业出口总额的27.81%，其增量占全国集体民营企业出口增量的33.13%；外商投资企业出口71亿美元，增长32.74%，出口比重30.9%。

【出口市场多元化格局进一步形成】 全省出口美国44.01亿美元，增长21.4%，日本37.7亿美元，增长13.6%，香港11.85亿美元，下降1.15%，东盟10.88亿美元，增长11.7%，欧盟46.25亿美元，增长15.1%。2001年浙江省在开拓非洲、拉美、东欧、独联体等市场上成绩显著，出口非洲12.06亿美元，增长30.3%，拉美13.13亿美元，增长30.3%、东欧9.6 亿美元，增长37.09 %，独联体国家5.43亿美元，增长34.69%，其中对俄罗斯出口4.25亿美元，增长16.51%。

【重点企业、重点县（市）带动作用明显】 2001年重点县（市、区）、重点企业的出口继续保持稳定增长。全年各县（市、区）出口109.82亿美元，比上年增长33.63%，快于全省平均增幅15.43个百分点，出口额占全省的47.8%。其中鄞县、萧山、绍兴、慈溪、平湖、余姚、宁波北仑、海宁、桐乡和台州椒江等县（市、区）名列全省县（市、区）出口前十位，鄞县跃居榜首。重点企业出口快速增长，省丝绸进出口公司等名列前50位外贸企业合计出口65.62亿美元，增长7.1%，快于全省外贸公司平均出口增幅7.93个百分点。浙江新世纪进出口有限公司等名列前50位生产企业合计出口16.56亿美元，增长19.44%。杭州摩托罗拉移动通讯设备有限公司等名列前50位外商投资企业合计出口，22.25亿美元，增长43.04%。以上三类前50位企业合计出口104.43亿美元，增长15.15%，占浙江出口比重45.45%。

【优化出口商品结构取得进展】 工业制成品出口增长快于全省平均水平，2001年浙江出口210.45亿美元，比上年增加35.58亿美元，增长20.35%，高于全省增幅2.17个百分点，出口比重91.59%，比上年提高1.65个百分点。初级产品出口19.32亿美元，下降1.19%。主要大类商品出口保持较快的发展速度，机电产品出口72.59亿美元，增长21.74%，出口比重达到31.59%，比上年提高0.92个百分点，高新技术产品出口9.55亿美元，增长46%，服装出口58.61亿美元，增长15%，纺织品出口28.64亿美元，增长29.1%，鞋类出口7.97亿美元，增长35.6%，塑料制品出口4.62亿美元，增长19.8 %。

【进出口发展速度基本保持同步】 2001年进口98.22亿美元，增长17.07%，与出口基本保持同步增长。一般贸易出口63.53亿美元，增长20.29%，加工贸易进口24.7亿美元，增长11.8%。非国有企业进口增长较快，全省外商投资企业进口47.72亿美元，增长18.08%。集体企业进口12.04亿美元，增长74.24%，民营企业进口2.25亿美元，增长114.15%。进口的商品以工业制成品为主，2001年进口79.97亿美元，增长25.76%，其中机电产品进口39.06亿美元，增长39.09%。

2001年浙江省对外贸易进出口货值统计表

类别 \ 项目		单 位	2001年	2000年	同比增减
进出口货值		亿美元	327.98	278.31	17.85%
其中：出口		亿美元	229.76	194.41	18.18%
国家和地区	美国	亿美元	44.01	36.25	21.4%
	日本	亿美元	37.7	33.19	13.6%
	香港	亿美元	11.85	11.99	−1.15%
	欧盟	亿美元	46.25	40.18	15.1%
	拉美	亿美元	13.13	10.08	30.3%
	非洲	亿美元	12.06	9.26	30.3%
	东盟	亿美元	10.88	9.74	11.7%
	东欧	亿美元	9.6	7	37.09%
	独联体	亿美元	5.43	4.03	34.69%
商品结构	初级产品	亿美元	19.32	19.55	−1.19%
	机电产品	亿美元	72.59	59.63	21.74%
	高新技术	亿美元	9.55	6.54	46%
	服装	亿美元	58.61	50.97	15%
	纺织	亿美元	28.64	22.18	29.1%
	鞋类	亿美元	7.97	5.88	35.6%
	塑料制品	亿美元	4.62	3.86	19.8%
企业类型	国有企业	亿美元	103.6	106.93	−3.11%
	集体民营	亿美元	54.75	33.66	62.66%
	外资	亿美元	71	53.49	32.74%
	其中：进口	亿美元	98.22	83.9	17.07%
商品结构	初级产品	亿美元	18.25	3.93	364%
	机电产品	亿美元	39.06	28.08	39.09%
	其他工业制品	亿美元	40.91	35.51	15.21%
企业类型	国有企业	亿美元	35.85	34.61	3.58%
	集体民营	亿美元	14.65	8.88	65%
	外资	亿美元	47.72	40.41	18.08%

浙江口岸大事记

1月1日

国际第五代集装箱船“华盛顿”轮顺利抵达宁波北仑港区。该轮为希腊籍总吨位74561吨，可装载6252只标箱，是迄今为止靠泊北仑港最大的国际集装箱船舶。

宁波海关从今日起实行新的大通关作业模式。

1月23日－24日

舟山市府召开大小洋山口岸建设论证会，讨论大小洋山口岸建设方案。

2月份

中国外运公司海门分公司海门——宁波国际集装箱内支线转入正常运行。

2月5日

舟山海事局正式挂牌

2月6日

宁波市市委、市政府召开全市对外开放工作会议，市委副书记、市长张蔚文要求实施“大通关工程”要动真格，努力使口岸服务优起来，通关速度快起来，综合运价降下来，增强宁波口岸竞争力。

2月8日

宁波海事局正式揭牌。

2月12日

交通部批复同意舟山西蟹峙临时对外轮开放。

3月1日

温州市政府成立温州空港申报国际航线筹备领导小组，由林培云副市长担任组长。

巴拿马籍“涌金门”轮顺利靠泊宁波北仑第2集装箱公司1号泊位，标志着宁波港口岸集装箱三期码头试营运成功。

3月5日

中海集团开通宁波至欧洲地中海新航线。

3月17日

中远集团新开通宁波至连云港内支线。

3月18日

国家海关总署批复同意将台州玉环县大麦屿港列入国家“十五”口岸发展规划。

3月21日

国务院以国函[2001]27号文正式批复同意设立象山海关。象山海关为正处级隶属宁波海关，核定人员编制30名，所需办公、生活用房和开办费、交通工具、通讯设备由地方政府解决，检查检验设备由海关总署负责配备。

3月22日

省口岸办陈林泉副主任会同省边防局在宁波口岸办叶志耀副主任、业务部门陪同下，就大榭岛口岸开放和宁波北仑港三期1号、2号集装箱泊位临时对外开放等事宜进行实地调研。

3月23日

嘉兴市人民政府与海军东海舰队司令部就乍浦港一类口岸对外开放与军事设施保护问题签订了协议书。嘉兴乍浦港通过验收，将正式对外开放。

3月24日

中远集团开通宁波至东南亚航线。

宁波空港口岸考察团赴澳门，就2001年的包机协议重新续签、做好该航线的稳定发展进行了会商。

3月28—29日

海关总署组织国家、省级有关单位及部队对乍浦港对外开放进行了验收。验收组一致同意乍浦港口岸正式对外开放，交通部以交海发[2001]201号文，同意乍浦港于2001年4月20日起正式对外国籍船舶开放。至此浙江沿海主要港口全线对外开放。

宁波张蔚文市长主持召开全市对外开放领导小组会议，专题听取和研究了宁波口岸大通关情况的调研报告，宁波市口岸办的调研报告，受到与会者一致重视和好评。

3月31日

温州七里港区举行国际集装箱班轮首航仪式，省委常委、温州市委书记蒋巨峰宣布七里港区国际集装箱干线班轮首航开航。并在七里港区召开现场办公会议。

4月2—5日

满洲里市口岸办一行七人来温考察，实地察看温州铁路西站，并就开通温州至莫斯科国际集装箱专列有关事宜进行协商和衔接，对开展对俄贸易和转关运输问题达成共识。4月6日温州首次开通至莫斯科国际集装箱专列，每周一、三、五专列从温州西站发车，途中运行18天，4月22日到达莫斯科。

4月8日

台州市政府召开加快海门港国际集装箱运输发展协调会，形成市府办[2001]56号专题会议纪要。

4月9日

宁波空港口岸召开宁波至曼谷临时旅游包机航线协调会，该航线由浙江海外承包，于11日开始，执行四个航班八个架次，至18日结束，共运送中外旅客1200人次。

4月12日

温州市政府下发《关于加快发展温州港集装箱运输若干意见的通知》。主要政策有：降低费收、财政补贴、优质服务、集卡快道、监督机制五部分。

4月16日

经交通部批准同意温州港七里港区临时对外籍船舶开放。

4月20日

厦门航空公司开辟杭州一泰国曼谷定期航线和杭州——澳门定期包机航线。两条航线均为每周二班。

4月22日

国家边防局办公室海防管理调研组吴凤玉局长等，在宁波军分区会议室听取宁波市副秘书长、口岸办主任林勇同志和口岸业务处作专题介绍，并陪同前往北仑港参观。市委政策研究室和广东省委政策研究人员召开座谈会，宁波市口岸办主任林勇同志和业务处同志出席并专题介绍了口岸工作情况。

4月28日

宁波大榭举行大榭公铁两用大桥通车典礼和大榭海关开关仪式。

5月1日—15日

宁波水运口岸又相继开通了宁波至美西、宁波至欧洲两条国际集装箱周班远洋航线。宁波至美西周班航线是由“伟大联盟”投放5艘3500箱位的集装箱船运行。每周一从宁波港始发，沿途挂靠上海、青岛、釜山、洛杉矶、西雅图等港口。由美国总统轮船公司、韩国现代商船株式会社和株式会商船三井等3家船运公司组成“新世界联盟”开通宁波至欧洲远洋航线。至此，宁波港国际集装箱远洋航线增至13条，远洋干线航班每月达到50班。

5月20日

是宁波口岸北仑联合办公大楼运营五周年，五年来宁波口岸查验单位坚持执行市委、市府提出的“365—24—1”

工作目标，为宁波外向型经济和加快集装箱运输发展作出了成绩。据统计累计完成国际集装箱吞吐量250多万标箱。

5月28日

宁波保税区西区和北仑第二集装箱码头实施互通，标志着港区联动二期工程正式启动。

6月1日

“中国电子口岸”（口岸电子执法系统）正式在宁波口岸启用，外贸企业可以在网上办理各种进出口业务。

6月8日-12日

第三届浙江省投资贸易洽谈会在宁波举行。宁波口岸办与空港口岸各查验部门圆满完成了省、市政府交给的接待礼遇、后勤保障工作。为保障浙洽会与会代表往来畅通，东方航空公司于7日、11日增开了宁波——香港航班。

6月18日

中国台州外轮代理公司开通海门——上海国际集装箱内支线航班。

7月2日

宁波口岸大通关协调领导小组召开第一次会议，通过了《宁波口岸大通关实施意见》；成立了由口岸办牵头，市各有关部门参加的“大通关”办公室，负责落实、解决和整改的八方面工作任务，并提出了阶段性要求达到“四个明显”的目标。

7月19日

省口岸办主任沈陇声、副主任陈林泉赴宁波与市领导及市政府有关部门一起商讨大榭25万吨级原油中转码头开放事宜。

8月3日

中编办行政体制和机构改革研究中心副主任邹锡明一行赴温专题考察七里港区。

8月6日-10日

中编委，海关总署在省口岸办陪同下，调研舟山马迹山宝钢矿石中转码头及舟山机场对外开放工作。

8月21日-23日

在省口岸办主任沈陇声、副主任陈林泉等陪同下，由海关总署口岸办牵头，会同交通部、公安部、中编办、质检总局等有关部委来甬调研宁波、舟山口岸“十五规划”情况；并考察了宁波北仑港一、二期码头和大榭岛。

8月30日

宁波机场至宁波大榭开发区直通车正式开通。

9月1日

南京军区函复省政府，同意台州海门港一类口岸水、陆域对外开放范围。

9月3日

温州出入境检验检疫局再次被命名市级文明机关单位。

9月4日

宁波举行香港港龙航空公司复航仪式；市长张蔚文、副市长吕国荣在南苑饭店亲切会见了香港港龙公司商务总经理杨杰材一行，对他们来宁波参加港龙空公司香港至宁波航线复航仪式表示热烈欢迎。同日，大榭、机场海关航空货运直通关开通仪式在大榭举行。

9月12日

温州外代国际货运公司正式成立。

9月14日

交通部《交函海[2001]251号》正式批复同意大榭25万吨原油码头临时接靠外籍船舶半年。

9月17日

海关总署口岸规划办谷展深助理巡视员、由省口岸办陪同下赴宁波、舟山调研二类口岸有关事宜。

国际豪华游轮“奥德赛”号停泊舟山普陀山口岸锚地。

9 月 27 日

温州——宁波——韩国釜山海港货运航线正式开通。大大缩短货运时间，由 8 天缩短为 2 天。

9 月 30 日

宁波——韩国仁川机场国际包机航线试航成功。此航线由宁波星辰包机服务有限公司承包经营，东方航空有限公司江西分公司承运。

温州市府办下发温州市集装箱运输发展协调小组办公室关于《温州港集装箱卡车公路通行费减免实施办法》促进温州港国际集装箱事业发展。

10 月 8 日

温州口岸所有的专业报关行对外公开收费标准，执行统一价格表。

10 月 15 日

海关总署口岸规划办公室助理巡视员谷展深一行在省口岸办陪同下，赴温州检查二类口岸整顿工作。

10 月 25 日

截止 10 月 25 日，温州港吞吐量首次突破 1000 万吨，比上年同期增长 54.85%，一举跨入中国千万吨级大港行列。

10 月 31 日

南京军区以司作字第 32 号文，复函省政府同意调整嘉兴乍浦港外轮进出航线。

11 月 2 日

温州鳌江至宁波陆路转关运输业务正式开通。

11 月 5 日

台州市委副书记、代市长史久武考察台州口岸，市政府秘书长郑玉芳、副秘书长陈伟义陪同考察。

11 月 6 日

省口岸办召开贯彻“国务院办公厅关于进一步提高口岸工作效率的通知”座谈会。宁波、温州、舟山、台州、嘉兴 5 市口岸办主任赴会共商良策。

11 月 8 日

省口岸办下发（2001−2005）年“浙江口岸开展共建精神文明口岸建设的意见”

宁波市政府副秘书长、口岸办主任林勇和副主任张华燕出席“宁波港集装箱突破百万标箱”庆祝大会。

11 月 16 日

温州市委、市政府关于印发《温州市机构改革方案》文件下发，口岸管理委员会办公室并入市政府办公室，对外保留牌子。

宁波市委办公厅、市政府办公厅联合发文《关于部分机构设置与调整问题的通知》（甬党办[2001]35 号）。通知指出，组建市口岸协调委员会，口岸协调委员会办公室设在市政府口岸办公室。

11 月 21 日

总参作战部海军局王津副局长、海司作战部裴志宽副部长和海司情报部徐兆麟副部长一行来甬考察口岸开放等有关项目，宁波市政府郧和民副市长、林勇主任等会见了军方一行。

12 月 3 日

越共中央总书记农德孟一行 55 人乘中方专机抵达宁波栎社机场，开始对宁波进行为期两天的正式友好访问，4 日下午乘专机离开宁波回国。在这期间，宁波空港口岸经过各单位的共同努力，圆满完成了外事礼遇、安全保障等工作，受到了中联部和省、市领导，以及越方的好评。

12 月 30 日

交通部同意温州港七里港区继续临时挂靠外国籍船舶，期限于 2002 年 6 月 30 日止。

12 月 31 日

国务院下达温州港口岸查验单位人员新增编制。

安徽省

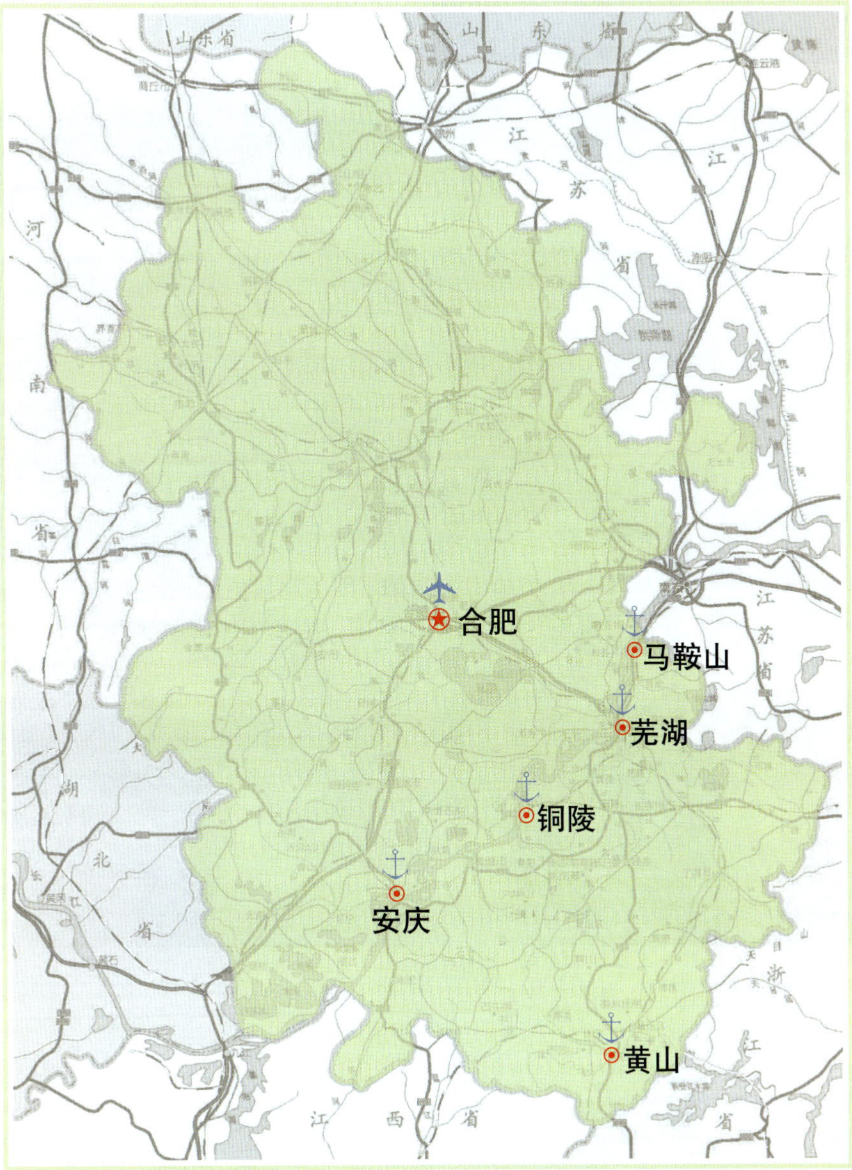

图例

省级行政中心　铁路口岸　公路口岸
口岸城市　航空口岸　海(河)运口岸

宽阔的马鞍山江面

芜湖——日本神户全集装箱轮
1990 年 4 月开通

欣欣向荣的芜湖水运口岸

安徽口岸工作综述

改革开放以来，安徽口岸工作发展较快，已基本形成水、陆、空运输方式齐全，各类口岸协调发展的良好格局，为安徽全方位、多层次、宽领域对外开放创造了必要的条件。

【口岸开放布局】 安徽沿江近海，区位优势明显，口岸开放前景广阔。1980年，国家批准芜湖港对外开放。以此为起点，至1998年底，全省已有9个对外开放口岸。其中国务院批准的一类口岸有6个，即芜湖、安庆、铜陵、马鞍山港口岸和合肥、黄山航空口岸。省政府批准的二类口岸3个，即池州港口岸和蚌埠、阜阳铁路陆运口岸。为适应安徽对外经济发展需要，沿江水运口岸现开辟到香港、日本、韩国及东南亚等地的国际（地区）直达航线和多条内支线国际集装箱班轮；合肥、黄山航空口岸除对香港、澳门开办定期包机航线外，还先后开通了至日本、韩国不定期航班；合肥、蚌埠、阜阳口岸已开展国际集装箱铁海联运业务。一个水陆空口岸齐备，各种运输方式齐全的立体化对外运输网络已基本形成。

口岸开放和海关、出入境检验检疫、边防检查、港监、船检等口岸查验机构的设立，改善了内陆省份安徽对外交通闭塞局面，极大地促进了对外贸易、友好交往和国际旅游的发展，优化了投资环境，为安徽省经济和社会发展作出了积极的贡献。

【口岸基础设施】 充分利用多种渠道，加大口岸建设投入。据不完全统计，安徽口岸开放以来，国家和省、市地方政府累计投入建设资金达6亿多元。近年来，基础设施重点建设项目有：新建池州外贸码头和马鞍山外贸码头，合肥、黄山机场国际联检厅扩建改造工程及蚌埠国际集装箱堆场建设等。与此同时，口岸装卸、仓储等配套设施建设步伐加快，扩大了口岸通过能力。目前主要开放口岸的查验机构办公、生活设施在建待建项目有：安徽省边防总队、芜湖海关、芜湖港监、芜湖出入境检验检疫局办公大楼，建筑总面积达2.9万平方米。有关查验机构办公、生活条件逐步得到改善。一批具有先进水平的口岸查验设施相继建成使用，为安徽口岸实现新的跨越奠定了坚实基础。

【口岸效益】 近年来，安徽口岸管理部门坚持把“加强协调管理、完善口岸配套设施、扩大客货运量、充分发挥口岸综合效能、促进开放型经济发展”，作为口岸工作的重点，口岸运行质量显著提高。全省口岸外贸运量连续保持较快增长，年均增长达20%以上。2001年完成进出口运量142.6万吨，国际集装箱进出口运量3.6万标准箱，出入境旅客3.68万人次，均为历史最好水平。

安徽口岸1997—2001年运量统计表

一、安徽水运口岸运量统计表（万吨）

	合 计	芜 湖	马鞍山	铜 陵	安 庆	池 州
1997	135.43	14.53	63.77	12.90	16.83	27.40
1998	111.11	18.03	51.73	21.96	2.84	16.54
1999	106.77	23.45	44.22	22.26	3.44	13.40

续表

	合计	芜湖	马鞍山	铜陵	安庆	池州
2000	125.8	30.79	57.93	27.34	4.42	15.32
2001	142.02	33.51	50.56	36.53	3.02	18.40

二、安徽航空口岸1997—2001年运量统计表（人次／航次）

	合计	合肥	黄山
1997	20384/360	15885/287	4499/73
1998	19585/287	11434/190	8151/97
1999	29248/346	16017/212	13231/134
2000	31511/407	17181/225	14330/182
2001	36828/471	16789/221	20039/250

安徽口岸查验单位工作综述

合肥海关

合肥海关于1989年5月建成开关，是直属海关总署领导的正厅级单位。下辖芜湖、安庆、马鞍山、黄山、蚌埠、铜陵、阜阳等7个隶属海关和芜湖海关走私犯罪侦查支局，统一管理安徽省内的海关业务。

2001年，合肥海关按照“团结、尽责、开拓、务实”的工作要求，狠抓从严治关，深化各项改革。2001年征收关税和进口环节税净入库5.8亿元，同比增长5.6 %，创历史最好成绩。共查获走私违规案件56起，案值1.36亿元，处理犯罪嫌疑人9人，协助办案50 起，维护了正常的进出口贸易秩序。为全省办理各类减免税8.6亿元，同比增长43%。

【营造良好的通关环境，积极促进外向型经济的健康快速发展】 年内，合肥海关启用跨关区快速通关系统和便捷通关程序，及时推出《合肥海关支持扩大全省外贸出口10条措施》，同时，积极推广应用“口岸电子执法系统”。关区货运量稳步增长，全年共监管进出口货物142.6万吨，进出口总值7.5亿美元，分别增长14%和13.2%。在实际工作中，一方面严格通关作业时限、加速出口货物验放，加快转关运输，开辟绿色通道，支持企业扩大出口。并为企业提供提前报关、快速转关、上门验放、加急通关、担保放行等，便捷服务。另一方面加强与企业的双向沟通，与安徽省重点大型进出口企业建立关企联系人制度，实行服务前移。2001年，在安徽“万人评行风”活动中合肥海关的社会满意率列省直机关前五名，并获得“安徽省文明行业创建工作先进奖”和第五届“安徽省文明单位”荣誉称号。

【加大打击走私力度】 认真贯彻“打防结合，以防为主”的打私工作思路，加强对重点地区、重点企业和重点商品的动态分析，重点打击加工贸易渠道走私和价格瞒骗行为。进一步发挥海关行政和刑事两种执法手段的合力，集中力量查处大要案。与省市两级检察院、法院、公安部门共同做好打私综合治理和案件协查工作。

【改进作风建设】 积极开展党风廉政建设工作，层层签订廉政责任书。在班子内部和部门之间，实行“一把手”负总责，班子成员分工负责，纪检监察部门组织协调，各职能部门实行“一岗双责”。定期对全关区落实廉政责任制情况进行检查，并成立执法执纪监督委员会，制定《合肥海关干部积分制管理办法》，把廉政责任制、依法行政纳入干部目标管理中。积极创建预防犯罪工作机制，在全省检察机关聘请了9名特邀监察员和预防职务犯罪工作联络员。从省人大、政府、政协、纪委等有关部门、新闻单位聘请了64名行风监督员、督查员，加强了外部监督的力度。与安徽省检察院签订预防职务犯罪协议书，进一步建立和完善预防职务犯罪工作机制。在2001年全国检察机关预防职务犯罪工作会议上，合肥海关预防职务犯罪工作取得的成绩和经验受到最高人民检察院领导的充分肯定。

安徽省边防总队

安徽省边防总队，担负着全省对外开放口岸出入境人员的护照、证件检查以及口岸出入境的交通运输工具的检查监护任务，是代表国家行使出入境边防检查、监督的管理机关。

安徽省边防总队（对内称安徽省公安厅边防局），对下属的芜湖、安庆、铜陵、合肥、黄山等五个边防检查站实行垂直领导。

安徽省边防总队牢固树立，“把好国门、服务经济”的指导思想，为全省开放型经济发展作出贡献。多年来共检查出入境旅客26.91万余人次，员工5.32万多人次；检查监护飞机、外轮3000架（艘）次。查获走私案1起，案值人民币20余万元；查处禁止出入境的违规物品价值10万元。依法执行对外籍轮扣押任务1次。查获和办理了1起跨5省、市的重大偷渡案件，抓获境内外“蛇头”多名。查处各类手续不符人员1208名，与公安、安全部门配合，出色地完成了多次专项任务。几年来，边防总队出台了多项工作措施，服务地方经济建设。例如，规定各边防检查站实行24小时值班制度，保证飞机、船舶、人员、货物随到随检；合肥、黄山空港边检站在口岸开设专门通道，优先办理经贸和商务考察团（队）的出入境手续。1992年以来，省边防总队先后接待了24个到安徽省进行友好访问、经贸洽谈和文化交流的境外代表团及国际组织。芜湖、铜陵、安庆等港口边检站采取派员主动登轮服务和船方或其他代理人预先到边防检查站办理手续等灵活方法，方便出入。与此同时，省边防总队还积极承担马鞍山、获港、池州港等尚未正式对外开放港口的外轮出入境检查监护任务。

省边防总队始终坚持一手抓好业务执勤建设，一手抓好精神文明建设。边防官兵在执勤中，广泛开展了“讲文明，树新风”、“满意在口岸，满意在边防”等一系列文明执勤活动，竭诚为中外旅客提供优质服务。推出了《边防检查文明用语30句》、《忌语30句》、《边防检查承诺制》等，公开服务项目，接受社会监督。精神文明建设取得了丰硕成果。所属各边防检查站10次被评为国家、省、部级“拥政爱民模范单位”、“警民共建先进单位”、“文明窗口单位”、“口岸共建精神文明先进单位”和“青年文明号”单位等。1998年，合肥边防检查站被公安部评为“为人民服务，树边检新风”先进单位；1人被授予“全国优秀人民警察”，1人荣立二等功，32人荣立三等功，23人分别被授予全国公安系统和口岸共建精神文明先进个人。

安徽出入境检验检疫局

安徽出入境检验检疫局下设11个管理部门、1个综合检测中心、1个评估认证中心、1个机关服务中心。建有综合化验室、纺织材料实验室，农副土特产品实验室、家用电器实验室和金属材料实验室等5个通过国家局考核认定的二级实验室；并下辖芜湖、蚌埠、安庆、铜陵和马鞍山出入境检验检疫局等5个处级分支机构。总体形成了与安徽对外开放水平相适应的、布局较为合理的、技术门类较为齐全的、在国内外享有一定声誉的综合性检验监督管理机构。

随着安徽对外贸易的发展，安徽进出口检验检疫业务不断扩大，服务领域不断拓展。目前，该局不但拥有物理、化学、生物学等多学科现代化检测仪器，而且还有一套比较完善的质量保证体系，承担安徽进出口矿产品、农产品、纺织原料、金属材料、机械、家电、仪表和轻工产品、食品、畜产品的检验检疫以及各项鉴定业务。

自改革开放之初的1978年到1998年底，安徽出入境检验检疫局累计检验进出口商品29.8亿美元。为了维护安徽产品在国际市场上的良好信誉，先后对654家重点出口商品生产企业和出口食品厂（库）考核发放了质量许可证或卫生注册证书，促进了企业管理水平的提高。1993年起，开展了ISO9000系列认证工作。现已评审认证了合肥叉车集团、合肥ABB公司等54家企业，为这些企业更好地走向国际市场开辟了广阔的发展前景。加强了外商投资有形财产鉴定工作，先后受理安徽电力公司等421家企业的资产评估任务，鉴定486批，总值2.59亿美元，实际鉴定值为2.35亿美元，为企业挽回经济损失2458万美元。为使安徽更多的外资企业享受减免关税的优惠待遇，提高出口商品在国际市场的竞争力，大力宣传普惠制，已签发普惠制产地证书8.21万份，金额26.65亿美元，按平均减免10%的关税计算，已减免关税2.665亿美元。

安徽出入境检验检疫局继续遵循“认真检验、严格把关、公正廉洁、热忱服务”的局风，为保障国家、企业和消费者权益，维护国家和企业在国际市场的良好信誉而努力工作。

安徽出入境检验检疫业务概况表

项目		数值单位	出入境合计				出境				入境			
			数	增减	值	增减	数	增减	值	增减	数	增减	值	增减
商品检验		批／万美元	40141	7.08	158152	26.04	37818	7.59	110896	24.1	2323	−0.6	47256	30.84
动植物检疫		批／万美元	6659	−0.61	19359	20.2	6509		18690		150		670	
木包装检疫监管		批／件	4141	101.12	309149		3466	72.1	266535		675	365.52	42614	
进口食品卫生监督检验		批／万美元									20		28	
交通工具检疫		次	759	17.86			412	19.42			347	16.05		
其中	船舶	艘	292	19.18			183	22			109	14.74		
	飞机	架	467	17.04			229	17.44			238	16.67		
集装箱检疫监管		标箱	12343	71.76			1327	−22.8			11016	101.5		
检测体检		人次	7198	18.23			7173				25			
预防接种		人次	8147	15.09			8147	15.1			0	−100		

芜湖长江港航监督局

芜湖港务监督对内称芜湖长江港航监督局。是中华人民共和国长江区港务监督局在安徽段的分设机构，代表国家对长江干线安徽段水上交通安全实施监督管理。

其主要职责是办理航行船舶登记、签证；审批国际航行船（包括外籍轮）进出安徽口岸；审核水上水下施工作业及其水上活动；签发船员适任证书；维护水上交通秩序；处理船舶违章；调查处理水上交通事故和船舶污染事故。

芜湖港务监督管辖范围：北岸马当嘴至驻马河口，全长326公里；南岸马当山至慈湖河口，全长323公里。下设安庆、池州、铜陵、马鞍山4个监督处和荻港、芜湖、朱家桥、裕溪口4个监督站。根据口岸开放需要，先后在马鞍山、铜陵、安庆设立港务监督机构。拥有监督艇13艘，趸船12艘。

多年来，芜湖港务监督在维护国家主权、实施外轮监督管理、安全引领外轮进出长江、保证外轮通航环境及共建文明口岸单位等方面都取得了一定成绩，为安徽改革开放及促进外向型经济的发展作出了积极贡献。

在维护国家主权、实施外轮监督管理中，重点把好进口审批关和出口检查关，加强对外轮的技术监督和装卸码头设备安全检查，做好审批前的现场检查和作业时的现场监督，现场签证，条条检查，切实把住外轮适航关。芜湖港务监督自成立以来，共检查国际航行船舶近400艘次，查处违章20多艘次，审批船舶进出港口手续1000余艘次，其中外籍轮280余艘次。外轮进江的防污管理也逐步得到加强。维护了国家利益，树立了港监及安徽口岸对外形象。

大力整顿航行秩序，为外轮进江创造良好的通航环境。贯彻交通部《长江下游分道航行规则》，扭转船舶无序航行局面，治理挖砂碍航，清除占据主航道的挖砂船只，保障了主航道畅通和中外船舶的航行安全，加强外轮通过险要航段的重点保护，使中外进出长江海轮2000余艘次安然无恙。

两个文明建设一起抓，积极开展共建文明口岸活动。在加强管理的同时，全力为企业和船舶排忧解难，为船舶提供优质服务。与有关远洋公司、船舶代理建立定期联系制度，主动上门征求意见，通报长江安徽段水上交通状况，在办理船舶出入境手续时，提供义务咨询，告知航道、气象情况。在办理船舶出入境时尽可能简化手续，方便快捷，缩短周期，做到船舶出入境手续随到随办，为安徽口岸开放赢得了良好的声誉，共建文明口岸活动亦取得了显著成绩。1995－1998年，连续四年被评为省口岸系统共建文明先进单位；1998年，被芜湖市授予市级文明单位称号；1999年，两艘监督艇被评为省级“青年文明号”。

安徽水运口岸到港船舶统计表

	合计		芜湖		马鞍山		铜陵		安庆		池州	
	合计	其中外轮	合计	其中外轮	合计	其中外轮	合计	其中外轮	合计	其中外轮	合计	其中外轮
1997	466	32	266	16	49	—	34	6	50	5	67	5
1998	483	76	236	41	71	—	68	24	69	8	39	3
1999	582	81	266	32	151	—	73	30	57	13	35	6
2000	763	99	358	33	167	—	77	38	119	23	42	15
2001	810	86	341	25	138	—	97	41	191	6	43	14

安徽口岸概况

一类口岸

【合肥航空口岸】 位于合肥市南郊骆岗，机场距市区10公里。合肥骆岗机场1971年动工兴建。机场跑道长3000米，现为4 D级，是全省规模最大、设备最先进的主要门户机场，也是华东地区国际备降机场。

骆岗机场总建筑面积30万平方米，其中国际厅5400平方米，通道顺畅，环境优美便捷。机场内有固定夜航设备和先进的盲降设备，机场通信导航雷达、助航灯光、供电供水、消防、供油等设备齐全，可停放波音747等大型飞机。

合肥至香港临时包机于1998年8月26日通航，1990年3月7日经国务院批准，同意开放合肥机场，限于我国籍飞机开办合肥至香港间的包机运输业务。同年7月15日，合肥航空口岸正式宣布对外开放，标志着安徽省第一条国际（地区）航线正式开通。1996年，经国家口岸办批准，在国家民航总局和省外事部门及涉外旅行社的支持下，合肥航空口岸成功办理了日本高知县直飞合肥的包机业务之后，还开通了合肥至韩国的不定期包机航班，这为将来开辟对日、韩国际航线奠定了基础。口岸开通以来，合肥航空口岸共办理境外包机2500架次、出入境人员20万人次。2001年，合肥航空口岸，完成出入境航班221架次，出入境旅客16789人次。

开展共建文明口岸活动，提高服务水平。按照国家口岸办“关于开展共建社会主义精神文明口岸活动”的安排，合肥航空口岸成立了由各有关部门负责同志组成的共建活动工作领导小组，开展丰富多彩的共建文明口岸活动，率先在全省口岸开展了“服务承诺”和“优质服务月”活动，提高了口岸工作人员的服务水平，树立了文明先进口岸的良好形象。

【芜湖港口岸】 芜湖港是安徽省最早对外开放的一类口岸，地理坐标北纬31度21分29秒、东经118度22分8秒，是长江与青戈江、水阳江、运漕河所构成的内河水运网中心，也是长江溯水而上的最后一个深水良港。上可达赣、鄂、湘、川等省，下经苏、沪达海通洋，距沪出海口的吴淞口462公里。芜湖港区铁路专用线与淮南、宁芜、芜铜、皖赣、宣杭5条铁路干线相联，并与芜湖至上海、南京、杭州、合肥、黄山、九华山等十余条公路相接，集港疏港条件极为优越。。

芜湖是一座有两千多年历史的古城，为皖南和沿江地区最大的商品集散地，素有“长江巨埠、皖之中坚”的美誉。1980年，国务院批准芜湖港对外贸国轮开放。1991年10月，全国七届人大第22次常委会议批准芜湖港对外籍船舶开放。芜湖港条件良好，港区南线长48.6公里，现有码头泊位90个，年通过能力2500万吨。现有芜湖港务局、海深湖公司、石油公司、芜湖太平洋液化气有限公司、安徽环宇公路沥青材料有限公司、芜湖百江能源实业有限公司等12个外贸码头，年通过能力300万吨。1982年6月，芜湖港成功接泊11700吨级“振兴”轮，装载9295吨水泥和杂货抵香港。芜湖是长江中下游重要的造船、修船基地，芜湖造船厂可造3万吨级海轮；荻港修船厂年修船能力30万吨。芜湖口岸仓储条件良好，拥有海关出口监管仓库、保税仓库15万平方米，一次可存储20万吨外贸物资。

芜湖口岸现已开通至俄、日、韩、朝、新、马、泰、柬、香港等10多个国家和地区的直航运输，开办了到世界各地的联运中转业务。芜湖口岸机构齐全，现有口岸办、港监、海关、边防、出入境检验检疫、船检、引航、代理、理货、外供等40多个口岸单位。2001年芜湖口岸出入境外贸船舶236艘次，其中外籍轮船舶41艘次。2001年外贸货物进出口运量33.51万吨，国际集装箱进出口运量21000标准箱。

芜湖口岸自开放以来，始终抓好两个文明建设，芜湖口岸曾被授予全国共建文明先进口岸称号。近年来，坚持开展口岸服务承诺活动，改善服务质量，提高办事效率，树立了良好的口岸形象。

芜湖是国家批准的沿江开放城市，拥有国家级经济开放区、出口加工区、联航机场、大型铁路编组站及与港区相连的芜湖公铁两用长江大桥。距南京国际机场只有60公里，交通便捷，投资环境优越，口岸发展前景广阔。

【马鞍山港口岸】 位于安徽省东南部，长江下游南岸，地理坐标为31度44分1秒、东经118度27分9秒。距上游汉口685公里，距下游南京48公里、上海440公里，境内高速公路直通沪宁。沪铜铁路纵贯市区、与京沪、皖赣线相连，交通十分便捷。

马鞍山港岸线顺直，水流平稳，水深条件良好，马鞍山至南京段枯水期航道水深可达8米以上，可以满足5000吨至1万吨级海轮常年通航要求。已建成的港区岸线长2300米，可常年停靠3000－5000吨级的船舶。

马鞍山港地处副热带季风气候区，年平均气温13.4摄氏度。港区处于长江感潮河段，但潮位差不大。

现有码头9座，泊位13个，港口一般码头泊位前沿枯水期水深5米以上。用于外贸货物装卸的外贸码头2座（3＃、9＃）。3＃码头结构为钢质船浮码头，后方堆场容量为3.2万吨，年综合通过能力为32万吨；9＃码头为钢筋混凝土高框架式码头，码头全长185米，后方堆场容量为14.7万吨，年综合通过能力为58万吨。港口现有库场13处，总面积25万平方米，容量达100万吨。港口现有各类装卸机械63台，作业船舶5艘，交通船1艘。铁路专用线直通港区前沿，铁路装卸作业线3.9公里，具有较好的集疏运条件。

马鞍山港现有锚地3处，同时可锚泊1000吨级船舶34艘，年最大锚泊能力为400万吨。

优越的水域通航条件和较强的集疏运能力，使马鞍山港成为安徽省重要的东西中转、南北集散的外贸口岸。1981年、1985年分别经国家批准为外贸运输发货点和装卸点，1990年10月，国务院批准马鞍山港为对国轮开放的一类口岸。

马鞍山市是我国重要的钢铁工业基地，口岸外贸货运以生铁、钢材为主。目前，马鞍山已有外贸自营企业7家，形成了黑色金属、化工、机电、服装、针纺等18类130多个品种的出口产品，远销至欧美、大洋洲的28个国家和地区。近年来，马鞍山口岸外贸运量稳步增长，开辟有至日本、香港及东南亚地区的运输航线。在进出口企业及口岸查验部门共同努力下，马鞍山口岸转关运输发展迅速。2001年，外贸进出口运量达50.56万吨。

口岸开放以来，地方政府共投资2000余万元，兴建了10000余平方米的查验办公、生活用房。

马鞍山港监、海关、出入境检验检疫等口岸查验单位已先后成立开展业务。外贸运输代理等涉外服务企业已发展到6家。总投资7000余万元、年吞吐能力35万吨的马鞍山港外贸码头已投入生产。马鞍山口岸对外国籍船舶开放已列入国家“十五”规划，

【黄山航空口岸】 黄山是世界著名风景区，被联合国教科文组织列入《世界自然与文化遗产名录》。黄山机场位于黄山市屯溪区，是整个皖南地区的空中门户，也是黄山风景区连接世界的桥梁。黄山机场为国家二级机场，机场跑道长度为2600米，停机坪12636平方米，候机楼15000平方米，可起降波音737、MD－90等飞机。黄山机场通讯、导航、定向信标等设备先进，各项技术性能达到国内先进水平。目前正在按4D标准扩建，扩建后可起降波音757、767等大型客机。

1992年9月14日，国务院批准设立黄山航空口岸。1993年3月18日，通过国家验收，正式对外开放。黄山航空口岸目前开通至香港、澳门定期航班和至日本临时航班。2001年，出入境旅客2.1万人次。

黄山口岸查验机构和运输服务部门齐全，功能完备。几年来，黄山市政府筹资2000万元，改造扩建机场查验通道1000平方米，新建办公、生活用房13000平方米，口岸各种查验设施齐全，通关环境优美便捷。

为充分发挥口岸整体效能，提高口岸运行质量，黄山口岸各部门弘扬黄山松精神，开展“满意在黄山口岸”、“文明窗口服务承诺制”等精神文明共建活动，提高了干部队伍的素质，增强了口岸凝聚力。1993年，黄山口岸被评为全国共建文明先进口岸。黄山口岸各查验单位认真履行职责，严格把关，主动服务，为地方经济建设服务。

几年来，黄山口岸先后高质量地完成香港知名人士访皖团、东盟高官会议代表团、香港新闻界黄山采访团、黄山旅游股票发行推介团等重要团组和黄山国际旅游节等重大涉外活动的出入境查验任务，受到中央和省市有关部门的表彰。

黄山口岸各单位正积极开展工作，努力把黄山口岸建设成为秩序优良、环境优美、服务优质的航空口岸。

【铜陵港口岸】 地理位置优越，水陆交通便利，是一座历史悠久的“江东良港”，也是安徽省委、省政府“一线两点”经济发展战略的交汇处。1986年，铜陵港被省政府批准为二类水运口岸。1993年1月，国务院批准铜陵港为对外籍轮开放的一类水运口岸，使皖江腹地有了一个走向世界的直接通道。

铜陵市委、市政府高度重视口岸工作，适时提出了把铜陵建设成为“现代工贸港口城市”的战略，筹措资金1亿多元，用于口岸基础设施建设。目前，口岸基础设施建设日臻完善，口岸查验机构和代理、运输服务单位功能齐全，口岸效益效能逐年得到提高。

铜陵口岸现拥有码头14座，其中有3座码头可供外轮停泊。投资近亿元的件杂货码头，可同时停泊两艘5000吨级船舶，年吞吐量达60万吨，并建有件杂货仓库2座，集装箱仓库2座，有效货场面积13500平方米，码头配有40吨级架式起重机1台，10吨架式起重机2台。铜陵口岸还拥有水、公、铁交通运输网络，多条铁路专用线直通码头前沿，并与沪铜铁路干线相连，铜陵长江公路大桥紧靠港区，芜铜、合铜、黄铜、安铜等公路干线在大桥交汇。

铜陵口岸于1994年11月对外籍轮开放以来，对外经济规模不断扩大，完成外贸运量100万多吨，集装箱6000余标准箱，口岸运量跃居全省第二，有力地促进了铜陵市开放型经济的发展。全市进出口总额由3000多万美元增加到3亿美元，年均增长58%，在全省位次由第9位上升到第3位，显示了发展中的铜陵口岸的勃勃生机。2001年，外贸进出口量达36.53万吨。

为促进口岸整体功能的发挥，铜陵口岸在抓好口岸查验单位的组建和口岸基础设施建设的同时，在管理协调方

面加大了力度。定期召开口岸联席会议，组织查验单位外贸企业、“三资”企业举办查验、涉外法规、业务知识讲座，会同港口、代理部门拓宽外贸货源渠道，并开展形式多样的文明口岸共建活动，有力地促进了口岸整体效能的发挥。

【安庆港口岸】 是长江下游北岸以安庆港为依托的一类水运口岸。继1982年、1985年，被国家分别批准为国轮外贸运输发货点和装卸点，1986年6月10日，经国务院批准为国轮外贸运输一类口岸。1996年1月4日，国务院下发了《国务院关于同意安徽安庆港对外国籍船舶开放的批复》，从而掀开了安庆口岸发展史上新的一页。

通过10多年的建设，安庆口岸机构健全，先后成立和组建了安庆海关、出入境检验检疫、边防、港监、船检、引航站等综合管理部门和查验机构，以及外代、外运、中货、外供、外理、港务公司、集装箱公司、国际海员俱乐部等代理服务单位，为外贸船舶和货物通关提供了便利条件和有力的保障。

安庆口岸基础设施完备。岸线长12.8公里，港区有各类码头泊位60余座，年吞吐能力达1000多万吨，其中外贸码头泊位10座：安庆港3座，安庆石化总厂油码头泊位7座。安庆港外贸码头中包括国际集装箱码头泊位1座，件杂货码头泊位2座，年吞吐能力为62万吨（含集装箱10万吨）。码头起运设备齐全，配有25米40吨高台架式起重机、10吨门式起重机、40吨起重能力的门轨道式起重机、15吨门式起重机、15吨浮吊、16吨轮胎吊和牵引车、叉车等，并集货场仓库于一体；码头前沿水深流缓，常年可停靠3000 － 5000吨级船舶。安庆石化总厂油码头泊位有万吨级的3座，5000吨级的3座，3000吨级的1座，年吞吐量达700万吨。码头附近设有储油罐40座，总容量26万立方米。此外，还配有罐区作业专用拖轮3艘。油品进出全部采用管道输送。

安庆口岸从1982年外贸运输发货点发展到对外籍轮开放的一类口岸，从单一的水运方式到水运（班轮）、陆运（集卡车）、空运快件立体运输网络，不仅极大地方便了外贸货物进出，而且改善了安庆投资环境，促进了地方外向型经济发展。目前，全市已批外商投资企业310家。2001年外贸供货值已突破20亿元人民币。

为促进地方外向型经济发展，提高口岸运量，市口岸办组织查验机构到全市八县三区宣讲政策，与海关领导一起到长江下游口岸做工作，协调转关运输。在市政府支持下，以对港口贴息的方式开辟了国际集装箱运输长江内支线停靠点，港口外贸运输装卸点也已开展业务。安庆文明口岸共建活动和服务承诺活动成效显著。截至2001年年底，安庆口岸共完成外贸运量200多万吨，国际集装箱运量7000个标箱，2001年，完成外贸进出口运量3.02万吨。

安庆口岸的工作成绩得到了各级领导的充分肯定。安庆外向型经济出现了良好发展趋势，涌现出年出口额超1000万美元的安庆石化总厂、纺织厂和桐城鸿润城，产品全部出口的安庆鸿庆精机有限公司，以及初具规模的经济技术开发区。目前，安庆开发区累计进区项目259个，投资总额达60亿元，其中外资项目65个，总投资45256万美元。已领照注册外资企业37家，总投资10046万美元，注册资本6649万美元，外资3687万美元，口岸对外向型经济发展的促进作用已经显现。

二类口岸

【池州港口岸】 位于安徽长江南岸，距全国著名的四大佛教胜地之一的九华山约70公里。1992年11月省政府批准池州港开放为二类口岸。1993年6月17日举行了外贸运输首航仪式，“晴川5号”轮靠泊池州港装载4500吨白云石出口日本，实现了池州口岸外贸运输零的突破。1994年，又开通了直达韩国的运输航线，拓展了方解石出口贸易。目前，池州口岸进出口运量达20万吨。池州口岸的对外开放为开拓池州红茶、家用机床、煤气仪表及冶炼产品等集装箱出口业务创造了条件。目前，池州地区的青阳县、贵池市共有白云石、方解石生产矿点48家，年生产能力200万吨。从1993年起，池州港务局通过多方努力，广揽客户，积极组织货源，扩大外贸运量。相继与北京中信公司、安徽五矿进出口公司建立了良好的合作关系，为供货单位和客户提供优质服务。池州口岸已逐步发展成为我国重要的非金属矿产品出口基地。

口岸开放促进了池州地区对外贸易和运输的发展，使丰富的资源转化为出口商品。几年来，池州口岸累计出口白云石、方解石、棉籽等共100余万吨。2001年，池州口岸外贸进出口量达18.4吨。

从1997年开始，池州口岸在省各查验主管部门的大力支持下，经国家交通部特批，先后有多艘次挂方便旗的外国籍船舶进港受载，有力地支持了地方经济的发展，为池州口岸进一步扩大对外开放打下了良好的基础。

池州口岸作为安徽省沿江地区唯一的经海关总署验收合格的二类开放口岸，已列入国家“十五”口岸开放规划。今后将努力发掘口岸内在潜能，积极探索口岸发展新路，主要工作是：一、利用口岸腹地丰富的矿产资源，发挥非金属矿储量大，品质好，生产运输能力强的优势，从价低、量大中求生存、求发展；二、巩固发展与省内外新老客户的友好合作关系，在口岸查验部门的支持下，进一步扩大口岸外贸运量；三、加快池州港外贸码头建设步伐，在扩大货场同时建设新的外贸码头，为货主提供良好的口岸服务。

福建省

图　　例

省级行政中心	铁路口岸	公路口岸
口岸城市	航空口岸	海(河)运口岸

国务委员吴仪到莆田海关看望关员，她打着手势语重心长地说：“我送大家两句话‘管住自己的人，把好国家的门！’”

福州港青州港区

漳州口岸　漳州港

莆田口岸　秀丽港集装箱作业现场

福建口岸工作综述

【概况】 福建省地处中国大陆东南沿海，北邻浙江，南接广东，西通江西，东临台湾海峡，与祖国美丽的宝岛台湾省隔海相望。在3324公里漫长曲折的海岸线上，星罗棋布着1400多个大小岛屿，拥有港湾125个，优良深水港湾自北而南有沙埕湾、三都澳、罗源湾、福清湾、湄洲湾、厦门湾、东山湾等7个天然良湾。福建口岸历史悠久，早在唐代，泉州（刺桐）港就是中国对外贸易4大港口之一，是著名的海上丝绸之路的起始港。宋元时期更是以“百货随潮船入市”而被形容为东方第一大港，世界第二大港。郑和下西洋就曾以福州长乐太平港为起航点，近代又成为洋务运动的基地之一。厦门港1680年开港对外贸易，迅速崛起，1842年与福州同时成为“五口通商”口岸。

新中国成立后，特别是改革开放以来，随着对外经贸的发展，福建省的口岸建设和口岸开放进入了新的历史阶段。经国务院批准，到2001年底，已开放福州港、松下港、厦门港、泉州港、肖厝港、漳州港、秀屿港、城沃港等8个一类水运口岸和福州、厦门、武夷山3个一类航空口岸，以及23个二类水运口岸，建设成促进福建外经贸发展的布局合理的海空交叉的口岸群体。

【客货运输保持快速增长势头】 2001年，福建省外贸进出口货运量达3306.67万吨，比上年增长17.04%，其中，进口1454.02万吨，增长20%，出口1852.64万吨，增长14.83%，其中砂石出口成为外贸出口运量新的增长点。国际集装箱运输保持强劲增长势头，全年共完成174.46万标箱，增长12.77%。海空口岸出入境138万人次，增长6.28%。

【口岸开放工作迈出新步伐】 国务院于2001年3月批准东山港口岸更名为漳州港口岸并扩大对外开放。经筹备已顺利通过省级和国家级验收，并由国家交通部正式公布自2002年1月1日起对外国籍船舶开放。福清松下港口岸江阴港区扩大开放的审理报批工作取得进展，完成了江阴港开放水域、开放岸线和进出港航道、锚地的论证并正式发函有关单位征求意见。平潭金井港已获准为临时靠泊外轮作业点。泉州石井港和深沪港临时进出外轮的申请，已得到国家交通部的批准。福州港、松下港、泉州港、城澳港开放水域新增作业点进出外轮靠泊作业的问题也取得进展。

【正确执行对台方针政策，做好试点直航口岸管理】 两岸直航试点自1997年4月19日启动以来，发展状态良好。全年共往返1842航次，完成国际集装箱48.19万标箱，比上年增长11.78%。2001年，新启动的“两门”、“两马”直航，对口岸管理工作又是新的考验。马尾港口岸和厦门港口岸及口岸查验单位都克服许多困难，主动承担并出色完成任务。2001年“两门”、“两马”直接往来88个直航个案，双方共承运190航次，运载旅客2.44万人次。其中入境1.23万人次，出境1.21万人次，做到安全、便捷。

【将改善通关环境的举措落到实处】 一是在2001年海关实施通关作业改革，检验检疫局的“三检合一”，边防、海事局的职能和机构重新设置后的运作，以及重新制订的《福建省口岸与海防管理委员会办公室及口岸查验部门改进服务工作、优化通关环境的具体措施》，4月初，经省政府办公厅批转后，迅速发送到各口岸查验生产和服务部门，使这些改革措施真正落实到窗口和一线工作中去。二是2001年10月，国务院办公厅发出进一步提高口岸工作效率的紧急通知后，全省立即组织落实，并制订了10条具体贯彻意见。各查验部门也提出了进一步加快口岸通关速度的新举措。省政府以闽政办[2001]196号文予以转发执行，并于12月中下旬召开全省口岸生产单位和中介服务单位领导座谈会，贯彻落实国办通知和省电视电话会精神，提出具体贯彻意见，取得了较好的效果。三是开展全省口岸提高通关效率调研工作。省口岸海防办负责，通过全方位、全过程的调研，摸清口岸通关环境的现状和存在的问题，提出了相应的对策和建议。省政府研究后正式转发，作为贯彻国务院办公厅关于《进一步提高口岸工作效率通知》的一项工作内容加以落实。四是做好口岸中介组织清理整顿工作。根据曹德淦副省长在全省口岸查验主管单位领导联席会议上的要求，由省口岸海防办牵头，会同有关单位，对全省各口岸的报关行、报检行、国际货运代理、船舶代理等口岸中介企业进行清理整顿，优化通关环境。

【加强口岸综合管理和协调工作】 厦门等口岸建立通关协调机制，并设立了“口岸110”，接受通关问题咨询和通关效率投诉。还针对存在的问题，积极牵头协调，实行“集中办公、一条龙服务”的口岸管理新模式。查验单位改革通关办事程序，大力推广使用先进技术和管理模式，并在全市各口岸开展清理检查港口经营性收费和通关环境检查等，有效地提高了口岸的整体效能，改善了口岸通关环境。

【加强口岸管理机构】 在2000年，省级机构改革中，将省人民政府口岸办公室、省海防管理委员会办公室、省打击走私领导小组办公室合并成省口岸与海防管理委员会办公室，同时挂省打击走私领导小组办公室牌子，为正厅级议事协调机构。在随后的各市政府机构改革中，除厦门市原体制不变，仍为厦门市人民政府口岸办公室；三明市人民政府口岸办公室、武夷山市人民政府口岸办公室体制不变外，其余沿海各市均与省办相对应设立口岸机构。机构改革进一步加强了口岸管理工作的力度。

（福建省口岸协会秘书处）

2001年福建省海港口岸客运累计统计表

单位：人次

口岸	项目	各地累计	同比增长％	香港	台湾	外国籍
福州口岸	入境	1807	841.14		1807	
	出境	1778	826.04		1778	
	合计	3585	833.59		3585	
厦门口岸	入境	37530	−12.88	18587	12695	6248
	出境	37662	−11.62	18260	12552	6850
	合计	75192	−12.25	36847	25247	13098
总计	入境	39337	−9.09	18587	14502	6248
	出境	39440	−7.86	18260	14330	6850
	合计	78777	−8.48	36847	28832	13098

2001年福建省两门两马直航统计表

口岸 \ 项目			全年累计完成量
福州口岸	出入境旅客（人次）	入境	1807
		出境	1778
		合计	3585
厦门口岸	出入境旅客（人次）	入境	10503
		出境	10360
		合计	20863
总　计	出入境旅客（人次）	入境	12310
		出境	12138
		合计	24448

2001年福建省口岸外贸海运统计表

单位：（吞吐量）吨／（集装箱）标箱

口岸 \ 项目	类别	全年完成量	比上年增长%	进口累计	比上年增长%	出口累计	比上年增长%
福州口岸	吞吐量	1029.3418	9.48	237.0727	10.63	792.2691	9.14
	集装箱	400625	4.14	195664	1.42	205610	7.22
其中（福州福清）	吞吐量	16.1992	−20.46	9.1604	−24.31	7.0388	−14.82
	集装箱	27823	−15.36	13885	−19.61	13938	−10.67
宁德口岸	吞吐量	67.2416	8.91	1.4996	719.00	65.7420	6.79
	集装箱		0.00		0.00		0.00
莆田口岸	吞吐量	100.2799	191.98	89.2692	209.81	11.0102	99.70
	集装箱	7418	−24.42	4300	−25.21	3118	−23.29
泉州口岸	吞吐量	597.3349	12.58	474.8465	5.43	122.4884	52.77
	集装箱	37530	−18.66	21518	−12.61	16112	−25.13
厦门口岸	吞吐量	1405.2428	20.25	603.3687	25.15	801.8731	16.81
	集装箱	1269570	19.01	612428	17.32	657142	20.62
漳州口岸	吞吐量	76.6948	38.02	37.1532	78.78	39.5416	13.68
	集装箱	848	−78.64	471	−76.49	377	−80.83
其中（漳州东山）	吞吐量	14.3350	4.09	1.6538	−45.43	12.6812	18.06
	集装箱	739	−72.84	350	−73.44	389	−72.27
总计	吞吐量	3306.6700	17.04	1454.0241	20.00	1852.6444	14.83
	集装箱	1744553	12.77	848616	10.80	896686	14.79

2001年福建省两岸试点直航统计表

口岸 \ 项目		全年累计双向航行(航次)	与上年比增（%）	全年累计进港航次	全年累计出港航次	全年累计进出口运载量（标箱）	与上年比增（%）	全年累计进口运载量（标箱）	全年累计出口运载量（标箱）
福州口岸		610	34.95	304	306	162765	25.08	76252	86513
其中	闽方	412	19.76	206	206	128540	16.90	62040	66501
	台方	198	83.33	98	100	34225	69.66	14212	20012
厦门口岸		1232	7.31	614	617	319160	6.04	150491	168669
其中	闽方	687	−9.36	343	343	188280	−1.75	93244	95036
	台方	545	39.74	271	274	130880	19.69	57247	73633
总计		1842	15.12	918	923	481925	11.78	226743	255182
其中	闽方	1099	−0.27	549	549	316820	5.04	155284	161537
	台方	743	49.19	359	374	166105	27.48	71459	93645

2001年福建航空口岸客货出入境情况表

项目 / 出入境	出入境旅客(人次)							
	累计	同比增长%	大陆	香港	澳门	台湾	华侨	外国籍
出入境人次	1304083	7.29	334329	144093	6966	466186	3169	349969
其中出境	661417	7.12	176851	72322	3522	231214	1413	176170
其中入境	642666	7.47	157478	71771	3444	234972	1756	173799
累计出入境货运量30807.90吨，与上年同比增长3.00%，其中出境17812.60吨，入境12995.30吨，转关314.00吨。								
累计出入境飞机13176架次，其中出境6669架次，入境6507架次。								

2001年福州航空口岸客货运情况表

项目 / 出入境	出入境旅客（人次）						
	全年合计	同比增长%	大陆	香港	澳门	台湾	外国籍
出入境人次	385301	6.63	107814	48087	2033	178253	49744
其中出境	194682	8.36	61751	20475	975	86876	24655
其中入境	190619	4.93	46063	27612	1058	91377	25089
全年出入境货运量6012.90吨，与上年同比增长2.49%，其中出境1885.60吨，入境4157.30吨。							
全年出入境飞机4097架次，其中出境2049架次，入境2048架次。							

2001年厦门航空口岸客货运情况表

项目 / 出入境	出入境旅客(人次)							
	全年合计	同比增长%	大陆	香港	澳门	台湾	华侨	外国籍
出入境人次	902528	8.10	226176	83674	4933	284891	3166	299687
其中出境	458895	7.09	114906	45699	2547	143106	1412	151250
其中入境	443633	9.17	111270	37975	2386	141785	1754	148437
累计出入境货运量24795.00吨，与上年比增3.13%，其中出境15957.00吨，入境8838.00吨，转关314.00吨。								
全年出入境飞机8873架次，其中出境4530架次，入境4343架次。								

2001年武夷山航空口岸客货运情况表

出入境＼项目	出入境旅客(人次)							
	累计	同比增长%	大陆	香港	澳门	台湾	华侨	外国籍
出入境人次	16254	−15.44	339	12332	6966	3042	3	538
其中出境	7840	−15.31	194	6148	3522	1232	1	265
其中入境	8414	−15.56	145	6184	3444	1810	2	273
全年出入境飞机206架次，其中出境90架次，入境116架次。								

2001年福建省口岸大宗物资统计表

单位：万吨

口岸＼项目		进口					出口		
		粮食	化肥	钢材	成品油	原油	砂石	其中毛角石	其中砂
福州口岸	全年累计数	0.6597		46.0362	6.7170	1.1678	637.7389		616.3897
	同比增长%	28.89	0.00	128.25	−54.36		42.43	−100.00	39.52
宁德口岸	全年累计数			0.0150			65.5837	48.8519	16.7298
	同比增长%	0.00	0.00		0.00	0.00	19.60	6.36	15.54
莆田口岸	全年累计数						6.8616	6.8616	
	同比增长%	0.00	0.00	0.00	0.00	0.00	246.54	246.54	0.00
泉州口岸	全年累计数	0.0945		43.0612	33.3313	384.2013	51.8973	51.8973	
	同比增长%	−86.14	0.00	196.27	69.37	1.36	2473.37	1720.19	0.00
厦门口岸	全年累计数	3.1722	28.6648	53.7623	49.3256				
	同比增长%	7830.50	9.15	66.95	12.64	0.00	−100.00	−100.00	0.00
漳州口岸	全年累计数	3.4100		17.0935	1.7000		43.7552	16.4570	26.9882
	同比增长%	169.24	0.00	12.16	507.14	0.00	47.50	224.59	9.71
其中漳州东山	全年累计数						13.0026		13.0026
	同比增长%	0.00	0.00	0.00	0.00	0.00	84.42	0.00	84.42
总　计	全年累计数	7.3364	28.6648	159.9682	91.0739	385.3691	818.8393	124.0678	673.1103
	同比增长%	193.39	9.15	94.74	16.06	1.67	48.39	93.74	37.95

福建口岸查验单位工作综述

福州海关

2001年，福州海关在海关总署党组的正确领导和地方各级党委政府的关心支持下，深刻领会并积极实践“依法行政，为国把关，服务经济，促进发展”的海关工作新方针，一手抓海关业务工作，加强监管，狠抓税收，打击走私，努力提高通关效率，一手抓干部队伍建设和党风廉政建设，各项工作取得了显著成绩。

【深化改革，通关效率得到明显提高】 2001年，是中国海关改革之年，新《海关法》实施、通关作业改革、“中国电子口岸”推广、转关运输“快速通关系统”运行等一系列重大业务改革举措相继出台，范围广，力度大。为确保改革的成功，福州海关从组织领导、方案论证、机构设置、干部配备、人员培训、技术保障、对外宣传等各方面精心准备，认真组织实施。1月1日，按时完成了H883/EDI5.0修改版通关管理系统的切换工作，新通关作业模式正式开始运转。6月1日，“中国电子口岸”在全关区顺利实施推广。8月24日，转关运输“快速通关系统”正式启动。实践表明，这些重大业务改革取得了明显的成效，达到了预期的目标，对于提高海关业务管理工作的整体水平，促进关区外贸发展意义重大。

针对关区企业外贸出口形势日益严峻的状况，千方百计支持企业扩大出口，采取“绿色通道”通关机制、大型高新技术企业便捷通关措施、保税区进出口（境）货物直通式监管模式、调整人力资源配置、延长工作时间、成立通关事务应急处理协调专门机构、研究制定对外服务承诺、加强关贸协作等一系列有针对性的措施，加快了通关速度提高通关质量，得到了广泛好评。

【整顿和规范进出口秩序，实际监管进一步加强】 2001年，全关上下采取有力措施，整顿和规范进出口秩序。具体做法：一是努力构建口岸物流监控体系，加强对进出口货物、物品、运输工具以及通关现场、货物堆场、监管仓库、保税仓库、保税区等海关监管场所的实际监管；二是进一步规范现场作业程序和查验制度，制订货物查验量化考评制度；三是发挥H986集装箱检查系统、电子地磅、计算机风险布控等科技手段的作用，研究制定一系列规范化操作规程；四是加强对加工贸易合同备案、异地报关、中期核查、跨关区结转、手册核销等各环节的监管，健全风险防范机制，探索加工贸易物流监控体系；五是加强对进出口动态的统计监测和预警，进一步完善了监控机制。通过以上措施，强化了实际监管的力度，保证了全年监管任务的圆满完成。2001年，共监管出入境货物1529.88万吨，比上年增长18.7%；办理加工贸易备案合同5693份，备案金额28.53亿美元，核销合同数6765份，分别增长2.8%、15.2%和9.8%。

【继续有效遏制大规模走私活动】 针对关区大规模走私已得到有效遏制、现行走私案件数量、案件大幅度下降，但局部小规模走私活动仍时有发生的特点，充分发挥行政、刑事执法两种手段的强大合力，继续保持打私的高压态势。按照海关总署、福建省政府关于打击成品油走私联席会议的统一部署和要求，及时组织了打击成品油走私专项斗争。针对关区假冒香烟走私出口猖獗的情况，组织开展专项斗争，连续查获5起案件，并与公安部门密切合作，成功端掉了一个假冒外国名牌香烟的产、供、运、销 “一条龙”的特大走私团伙；在邮运渠道先后查获2起毒品走私大案，取得了缉毒工作的重大突破；坚决查缉文物、濒危动植物和反动、淫秽、盗版、散发性宗教宣传品等走私违法犯罪活动，坚决查处出入境侵犯知识产权违法行为，积极配合有关部门开展打击骗汇、骗退税、制售假冒伪劣等经济犯罪活动；认真开展企业稽查，规范企业经营管理；清理整顿报关行、报关员等工作，也取得了明显成效。经过努力，全年调查部门共查获各类走私案件81起，案值18976万元，同比减少73.3%和76.5%，上缴罚没收入2047.4万元；侦查部门共立案35起，案值16797万元，涉嫌偷逃税款6148万元，抓获犯罪嫌疑人71人，逮捕50人，移送起诉22起53人。

【征收税款大幅增长】 通过正确归类、严格审价、价格稽查、税源监控、核销补税、查获违规案件补税等一系列综合治税的措施，努力做到应收尽收，税收继续呈大幅度增长势头，共征收“两税”22.10亿元，同比增长32.97%，超额完成年16亿元税收任务的37.99%，首次突破20亿元大关。

【加强领导班子和干部队伍建设】 2001年，关党组班子得到进一步调整和充实。根据需要，关内配齐、配强处科两级领导班子。通过考核选拔，一批中、青年干部相继走上领导岗位。既加强了干部队伍的建设，又极大地焕发了全体关员奋发向上的工作热情。

有针对性地开展学习和思想政治教育活动。年初，开展了“三讲”回头看活动。以学习贯彻《公民道德建设实施纲要》为契机，加强对全体人员职业意识、职业纪律、职业作风、职业技能的教育，培养爱岗敬业、服务奉献的精神。纠正了在执法工作中忽视效率、忽视服务和宁“左”勿“右”、宁严勿宽以及怕负责任、遇事推诿等错误认识，大局意识、服务意识、责任意识、效率意识有了明显增强。

【加大党风廉政建设和反腐败工作力度】 关、处、科三级层层签订了党风廉政建设责任书，切实履行“一岗双责”。充分发挥监察、督察审计和机关党委“三位一体”的监督工作格局，多角度、全方位地对党员干部的工作和生活状况进行监督。还在多个场所设置廉政警示牌，营造良好的执法氛围等。实行机关党委委员公开接待日制度。认真组织开展民主评议行风工作。通过这些活动，调动了大家的工作积极性，使关风关貌发生显著变化，民主评议工作得到了省纠风办的充分肯定和较高评价。

（福州海关办公室）

厦门海关

2001年，厦门海关努力实践“依法行政，为国把关，服务经济，促进发展”的海关工作新方针，坚持依法行政与高效服务同抓，队伍建设和业务规范并重，管理规范化水平逐步提高。以通关作业改革为龙头的各项业务改革稳步推进，通关效率逐月提高，有效地促进当地进出口贸易特别是外贸出口稳步增长。保持了打击走私的高压态势，大规模走私活动得到有效遏制，口岸贸易秩序明显改善。全年查获（立案）各类走私案件249起，案值16160万元，案件数比上年增长3.32%，案值减少76.52%；征收税款61.23亿元，比计划任务多收3.23亿元，比上年增收1.71%，再创历史新高；全年监管出入境货物2013.77万吨，比上年增长3.25%；监管集装箱127.6万标箱，增长13.07%；监管出入境运输工具31662辆／艘／架，增长42.8%。

【实施通关作业改革】 一是3月19日起在全关区顺利推行通关作业制度改革，厦门口岸整体通关效率逐月上升，进出口货物当天放行率已接近和达到全国平均水平。二是“电子口岸”系统从8月1日正式开通以来，整体运行情况正常，至12月底，厦门关区共有3373家企业通过入网资格审查，占年审企业总数的75%。三是按照海关总署的要求，于11月5日起正式实行便捷通关措施，运行情况良好。四是转关运输驶入快速通道，实现了“一次申报、一次查验、一次放行”的模式，对保税区进出口货物与口岸之间实行了直通式监管，简化了手续。五是从7月31日起，对关区内厦门市“A”类企业非涉税生产型出口货物试行“F通道”管理，出口一票货物从过去6个环节压缩为3个环节，通关手续从原来的2–3天减少到2个小时以内。六是扩大“先放后税”企业适用范围，对关区内44家A类企业实行“先放后税”制度，减轻企业担保资金，大幅度减少货物滞港费、仓储费。七是对以一般贸易方式进口，商品品种多、进口量大的A类企业实行预归类；在海运通关现场实行“预申报”制度，打开现场的通关“瓶颈”，加快了船舶周转速度。八是将二、三级参考价格下浮10%以下和其他参考价格库的参考价格下浮20%以下的审批权限下放至审单中心，对部分大宗货物实行预审价制度，加快了通关速度。九是加大对关区加工贸易台帐遗留手册和保税工厂、保税仓库等的清理力度，进一步规范加工贸易余料转册、设立分册、边角料内销等的管理，下放大额合同审批管理权限，提高审批效率；积极探索加工贸易监管新模式，在完成与DELL公司计算机联网监管基础上，做好与“三高一大”企业联网的前期准备工作，全年合同核销结案率已达到97.78%。十是自11月1日起，在业务量较大的东办、高崎办、海沧办和机场办等现场实行周六加班制度，取代原先的周六预约加班制度；对生产急需、鲜活产品等特殊情况采取急事急办、加班验放措施。此外，还通过与地方政府定期召开联席会议、举办政策宣讲会等形式，让有关部门和广大企业及时了解海关新的政策规定；建立通关应急处理机制，实行关领导昼夜值班制度，及时处理解决现场出现的突发问题；开展统计分析、统计咨询，为关领导、地方政府、企业提供决策参考依据。

【严厉打击走私，强化物流监控】 继续保持打击走私高压态势，有效遏制走私回潮。在打击走私违法活动过程中，厦门海关进一步密切与地方公检法、边防、海警、军队、烟草、工商等部门的协调配合，形成打击合力。在开展打击成品油、香烟、假烟走私的3次专项斗争中，厦门海关共查扣成品油323吨，香烟634箱，假烟5000多箱。厦门关区内大规模走私违法活动已得到有效遏制。加大对口岸进出口秩序的清理整顿力度，规范了关区转关运输的管理。充分利用H986工程、电子地磅等科技设备，以及合理设置作业流程和操作规范，加大物流监控力度，提高监管的有效性和准确性。

【促进两岸“三通”】 2001年，厦门海关努力改善通关条件，积极支持对台经贸的发展，促进海峡两岸繁荣带建设。及时开展两岸经贸往来的动向性政策研究，为政府提供宏观决策依据，以争取早日实现一个中国前提下的两岸“三通”。

【强化干部队伍素质】 首次实行了副处级、副科级领导职位竞争上岗。在关员较多的处级单位设立人教科，并配齐纪检监察专、兼职人员，进一步加强对现场关员及基层领导干部的监督管理。加强与厦门市检察院的联系配合，并就预防职务犯罪加强协作，从源头上预防违法犯罪行为的发生。　　　　（撰稿　吴建华）

2001年厦门海关工作统计表

		年　份	数　额	单　位	增长%
征收税款		2000	60.20	亿元	
		2001	61.23	亿元	1.71
监管进出口货物总值		2000	146.76	亿元	
		2001	158.85	亿元	8.23
监管进出口运输工具		2001	3.17	万辆艘架（次）	42.8
统计报关单		2001	75.04	万份	17.62
查获走私	案件	2001	249	起	3.32
	案值	2001	16160	万元	−76.52
侦查分局立案	案件	2001	67	起	0
	涉嫌偷逃税款	2001	20683	万元	89.25
	涉嫌犯罪嫌疑人	2001	117	人	−40.31
	检察院起诉 法院判决		共43 涉及100	起 人	
查获知识产权侵权	案件	2001	24	起	
	案值		471.75	万元	

福建省公安边防总队

2001年，按照“巩固成果，固本强基，开拓创新，再上台阶”的总体要求，以维护口岸稳定，服务对外开放为目标，突出抓好边防检查业务规范化建设，强化人员素质，推进警务公开，不断提高管理水平和服务质量，圆满地完成了各项边防检查任务，为维护国家主权和口岸安全稳定，促进福建经济发展作出了积极的贡献。

2001年，空港边检站共检查出入境飞机4310架次；旅客402185人次（出境199663人次，入境202522人次），比上年增长4.14%；员工35364人次，增长3.1%。海港边检站检查出入境船舶7688艘次，增长4.7%，检查出入境外轮212艘次；检查出入境船舶员工137632人次，增长6%；检查出入境旅客3853人次。

2001年，总队继续开展业务规范化建设和“为人民服务，树边检新风”活动，大力推进勤务制度改革，加强“窗口”文明建设，认真解决影响口岸通关速度的服务水平、勤务机制、查验设施、出入境秩序等突出问题，努力改善口岸通关环境，取得了良好的社会效果。推出的“一张表格，一次办妥”、“24小时全天候服务”、“7天工作日”等服务措施受到出入境人员的普遍欢迎和好评，涌现出一批先进群体和个人。福州机场边检站女子旅检科被授予“全国巾帼文明号”、“全国青年文明号”等荣誉称号。总队还高度重视加强边检站硬件设施建设，有重点、分步骤地对勤务设施进行更新改造。福州机场边检站旅客查验现场经过重点改造，查验设备设施达到国内先进水平，使现场能够随时开足检查通道，确保旅客快捷便利通关。为打击和防范口岸偷渡活动，进一步净化口岸通关环境，总队多次开展专项斗争，严厉打击口岸偷渡活动，有效遏制了偷渡势头，全年共查获偷渡案件65起81人，接收处理境外遣返人员170人，有力维护了口岸正常的出入境秩序。

福建沿海与台湾金门、马祖、澎湖直接往来工作开展以来，总队服从和服务于国家对台工作的大局，克服困难，加强服务，承担了直航船舶和人员的出入境查验任务。全年共检查船舶92艘次，人员3699人次。为加强海峡两岸经济文化交流，促进国家统一作出了贡献。

（福建省公安边防总队）

厦门出入境边防检查总站

2001年，厦门出入境边防总站围绕公安中心工作，以维护口岸安全稳定为首要任务，以出入境旅客满意为目标，积极改进工作方法，严密勤务组织，不断提高工作效率和服务水平，努力营造方便、快捷的通关环境。广大民警不断提高自身素质、强化服务意识，立足岗位，广泛开展“为人民服务、树公安新风”等争先创优活动，积极为广大出入境旅客提供优质、高效的服务。特别是在“9.8”投洽会、“台交会”以及上海APEC会议期间，认真组织勤务，加强一线警力，增设检查验证通道，热情服务，保证了口岸的安全、高效、文明、畅通。2001年，共检查出入境旅客、员工1254581人次，检查出入境飞机、船舶13701架/艘次，分别比上年增长9.38%和5.64%。为适应对台工作需要，及时研究制定了《厦门—金门航线客轮及旅客检查实施方案》，积极慎重地做好厦金直航客轮的边防检查工作。自1月2日首航以来，全年共检查厦金直航客轮217艘次，旅客员工2.26万人次，为促进两岸“三通”和祖国统一大业做出了积极贡献。在保证口岸安全畅通的同时，针对口岸偷渡活动出现的新情况、新特点，加强情报信息工作，掌握反偷渡工作主动权。建立与偷渡重点地区公安机关和口岸生产作业单位协作联系及情况通报制度，增强对口岸偷渡活动的打击合力。全年共查获偷渡人员160人，查处违法违规人员1710人次，审查处理境外遣返人员2239人次。

【加强队伍建设】 面对新的形势和任务的发展要求，认真抓好教育培训和管理工作，努力提高人员素质，积极探索激发队伍生机与活力的有效机制。在思想政治教育方面，突出抓好政治理论学习，深入开展时事政治、理想信念、法律法规和职业道德等专题教育，提高民警思想政治素质，树立正确世界观、人生观、价值观，爱岗敬业、遵纪守法、把好国门，确保了队伍的稳定。积极组织各类业务培训、知识讲座。不断更新知识，队伍综合素质和执勤技能得到了显著提高。积极推行警务公开，健全和落实内外部监督制约机制，有效防止了腐败和违法案件的发生，确保了各项工作任务的圆满完成。

【便利通关新举措】 围绕服从于改革开放和经济建设需要，不断采取措施优化通关环境。年内，制定并向社会公开发布了《改善口岸通关环境七项措施》，进一步规范勤务组织，改进工作方法，想方设法提高验放速度。如在出入境船舶的检查、管理、监护方面，实行不登轮检查，取消全程监护，缩减梯口监护，以巡查、卡口监护、闭路电视监控为主。实行船舶出入境手续预检制度，控制集装箱抽查比例，窗口办证实行一周7天24小时工作制。对大型旅游船，采取了出入境旅客只填写1张入境登记卡，港澳籍旅客免盖出入境验讫章等。这些措施的实施，使边检通关更加方便、高效和快捷。2001年底，总站组织开发并率先启用了“国际航行船舶网上检查管理系统”，所有从厦门口岸出入境（港）的国际航行船舶都可以通过计算机网络申请办理船舶出入境（港）边防检查手续。代理人员只需在网上提交所需材料，一经确认，船舶到港后即可装卸作业。实施“网上报检”，有效缩短了船舶办理边检手续的时间，减少了船舶代理公司的来回奔波，减轻了边检人员的劳动强度，进一步体现了公正、公平、公开的原则，大大地提高了边检通关速度，得到了船方及口岸生产单位的一致好评。

【不断完善保障设施建设】 总站先后投入350万元用于信息化建设，完成了出入境边防检查信息管理系统版本升级，对总站、站两级信息中心的网络设备及线路进行了优化改造，开发了遣返案件管理、固定资产管理、培训中心管理等系统软件，完善了两级机关办公自动化系统，形成了覆盖各基层警队、2兆以上宽带速度的二级广域网络，实现总站与各站之间各个系统的计算机联网和各类信息的共享。在地方政府及有关部门的支持下，总站着手光纤网络建设，为下一步完善执勤现场监控系统建设，实现数据、图像、语音三位一体的快速传输奠定了基础。同时，执勤装备和基础设施得到不断改善，特别是口岸计算机网络系统的广泛应用和技术装备的大力改善，彻底改变了电话（传真）通知、手工办理的传统工作方式，实现了船舶动态、人员动态、信息查询、证件办理、违法违规案件查处及案件审批的计算机管理和电子化流程，极大地提高了边检工作效率和现代化管理水平。

（厦门出入境边防检查总站）

福建出入境检验检疫局

2001年，福建出入境检验检疫局共检验检疫出入境货物281558批，货值850691万美元，比上年分别增长7.71%和2.19%。其中出境货物252344批，货值548639万美元，增长6.43%和4.48%；入境货物29214批，货值302052万美元，分别增长20.23%和减少1.72%。检出不合格进出口商品724批，货值4505万美元，为企业对外出证索赔3865万美元。在进境植物中，检出各类危险性有害生物84批、56种，增长460%和700%。监测体检出入境人员56378人次，增长20.60%，艾滋病监测56892人次，增长26.08%，发现各类疾病和病毒携带者8816例，增长48.49%，其中艾滋病携带者5例。

【深化改革】 为适应入世和福建经济发展需要，福建检验检疫局积极推进自身业务重组、实验室管理机制和干部人事制度三项综合改革，有效提高了执法把关的效率和质量。2001年，有5个实验室通过CCIBLAC认可评审，2个通过华东大区注册审核，1个成为全国系统8个艾滋病确认实验室之一，10个被批准为艾滋病初筛实验室。大大增强了有效处置、解决检验检疫工作中急、重、难等问题的能力。如妥善处理了“多佛港事件”遇难者尸骸入境检疫、“三菱帕杰罗”汽车、炭疽等重大、突发事件。其中“多佛港事件”的58具尸骸1月19日专机运抵福州，对如此大量的入境尸体检疫工作在我国卫生检疫史上尚属首次。

【切实提高执法把关的质量】 立足辖区实际，强化执法，着力将检验检疫的重点转向涉及安全、卫生、健康、环保、反欺诈和关系国计民生等方面，形成业务特色，有效提高了把关的质量和水平。积极参与治理“餐桌污染”、建设“食品放心工程”，开展冷冻库和进口冻品专项检查。查出不合格肉制品152.515吨、来自疫区的肉制品189件，均作销毁处理。2001年，与海关、边防等部门配合，共截获非法入境活动物和植物种苗14批，有宠物狗、鹦鹉、鸽子、甲鱼、牛蛙、山葵等，均依法予以处理。与工商、质监、公安等部门配合，收缴旧服装12万多件，并予集中烧毁。开展罐头企业冒用出口代号等专项治理。全年共计撤销17家不合要求企业的卫生注册号。依法加大行政处罚力度，全年共对140起违法行为实施行政处罚，涉案金额315万美元。积极探索和开展对台检验检疫工作，全年共对29批“两马”客轮直航、100艘次出入境船舶、414人次船员、3542人次旅客实施检验检疫，确保“两马”航线的正常运行。

【优化服务，千方百计支持外贸扩大出口】 在全局范围内与外贸中心集团等114家企业建立了重点出口企业联系制度，积极帮助和支持其建立质量控制体系、改进生产工艺、采用国际标准，增加产品附加值和国际市场竞争力。在出口陶瓷行业中推广去除铅镉专用技术的生产工艺，使德化输美陶瓷铅镉含量合格率达100%。积极帮助辖区烤鳗企业提高产品质量，使其烤鳗顺利通过新西兰官方检验，首次打入新西兰烤鳗市场。截至2001年底，辖区卫生注册企业达264家，卫生登记450家，获出口质量许可证244家，对日烤鳗加工企业备案26家、活鳗养殖场备案39家、肉类生产企业注册2家，获输美陶瓷铅镉认证企业27家，对加拿大蘑菇罐头生产企业注册22家，获得韩国水产品备案企业72家，对意大利宠物用品注册4家，对斯洛伐克动物产品注册企业1家，对欧盟水产品注册企业1家。全年ISO9000质量体系新审核认证122家，换证审核29家，累计认证320家。ISO14001认证和产品认证也实现了零的突破。开展HACCP认证，全年新审核验证24家，累计颁发48份证书。帮助企业用好用足普惠制，全年新增普惠制注册企业200家，签证8.7万份，签证金额17.1亿美元，使辖区出口企业获进口国关税减免上亿美元。保护全省名优特产品，确定了漳州片仔癀、水仙花、安溪乌龙茶、永春老醋等9个产品作为原产地标记注册保护工作试点。

【深化改革，营造良好投资环境】 针对福建外经贸形势较为严峻的实际，在总结“支持国企6项措施”、“改善口岸软环境9条措施”的基础上，进一步制订了《改善投资软环境服务福建对外开放和经济发展的8项措施》。认真贯彻国办和质检总局、省委省政府关于进一步提高口岸工作效率的要求，出台了《福建局提高口岸工作效率具体措施》，切实加快查验通关速度。完善集中报检签证并增设窗口，设立“绿色通道”，实行“急事急办、特事特办”、“全天候”、“无假日”服务。部分设立电子引导系统，实行电话语音单证查询，采用刷卡收取检验费，方便企业，加速通关。加快推广“三电工程”，福建局及各分支机构相互间、福建和厦门“两局”间，全部实现出入境电子转单，420家企业安装了原产地证电子签证企业端软件，422家企业安装了企业端软件，简化了程序和手续，提高了通关速度。加强与“数字福建”的协同配合，积极参与“口岸电子执法系统”的集成，提高了工作效率。针对个别中介组织坑骗企业、扰乱检验检疫秩序的行为，对辖区代理报检中介机构进行了为期5个月的清理整顿，加强了对检验检疫中介市场的监管。

【夯实基础，认真做好加入WTO的应对准备】 面对入世新形势，出台了“加快科技进步若干意见”、“科技奖励办法”、“学科带头人管理办法”和“科技十五规划”等。立项科研课题31项，推荐上报国家局立项的科研课题22项，制标课题14项，列入国家局立项的科研课题2项、标准制修订6项，其中，《转基因产品外源基因数据库的构建研究》还被福建省科技厅立项。积极探索实践新的检验监管模式，进一步完善了对出口陶瓷、服装、鞋类及包装等产品的分类管理，调研形成了《出口商品检验监管新模式研究及实施方案》。

【党风廉政建设和精神文明建设取得新成效】 在抓好各项业务的同时，注重抓班子、带队伍，抓理论学习与培训，提高领导干部的思想政治素养，加强党风廉政建设和行业精神文明创建工作。全系统100%窗口单位分别成为省市以上级青年文明号，其中4个窗口单位为国家级青年文明号。有10个单位被评为全省口岸共建文明活动先进单位，10个窗口被评为全省口岸系统“创文明行业，建满意窗口”先进窗口。福建出入境检验检疫局还被评为“全国‘三五’普法先进单位”。

（福建检验检疫局办公室）

厦门出入境检验检疫局

2001年，厦门出入境检验检疫局进一步深化改革，依法施检，严格把关，为厦门经济建设和进出口贸易作出了显著成绩。2001年，共受理报检／申报出入境货物29.26万批，货值86.62亿美元。实施货物检验检疫13.17万批，货值50.77亿美元。其中入境货物5.01万批，货值26亿美元；出境货物8.16万批，货值24.78亿美元。船舶检疫6945艘次，其中，两岸直航客轮215艘次，飞机7308架次，集装箱47.13万标箱，出入境人员128.09万人次，健康体检6954人次。入境快件检疫15.5万件，入境邮件检疫1.62万件。完成外商投资财产价值鉴定4367批，总报价1.4亿美元；出口商品包装检验4567批。在鉴定业务中衡器计重、水尺计重、容量计重269.75万吨，验舱122艘，国际集装箱适载检验4.7万标箱，残损鉴定25批。

通过检验检疫，检出不合格商品666批，货值1530万美元。在进境动植物及其产品中检出一、二类疫情21批次。从入境旅客携带物检出二类疫情25批次。在对出入境人员实施传染病监测中，查出2例艾滋病病毒感染者、6例性病患者。

【依法施检，口岸检验检疫工作有效开展】 一是加强对涉及安全、卫生、健康、环保等检验检疫对象的把关工作。针对境外疫情的严重性，积极开展口岸卫生监督，加强疫情疫病监测控制，有效防止了有毒物质和有害因素的传入传出，保证了工农业生产安全和人体健康，保护了生态环境。二是从源头上狠抓进出口商品质量。积极开展ISO9000质量管理体系等认证工作。加快产品质量认证步伐。强化出口生产加工企业的监督管理。做好出口质量许可证管理和出口食品加工企业注册登记工作。在出口水产品企业中继续推行HACCP计划，推荐17家向国外注册。三是加大对违法案件查处力度。对逃避法定检验检疫，擅自运递、拆卸、处理检疫物，不悬挂检疫信号等各类违法案件进行立案查处142起。配合海关等部门打击走私犯罪活动，进行品名鉴定94批。继续开展打击假冒UL认证标志工作。

【与时俱进，积极推进各项改革】 调整机构和业务分工。将非大宗散装的重量鉴定业务由货物施检部门一并负责，进口废旧物与集装箱检验检疫一并进行，理顺了各部门之间的关系，提高了口岸通关速度。进一步改进检验检疫方式。重新修订了《出口商品分类管理办法》，制定了出口商品分类管理工作程序和各专业审核标准。以出口机电产品为重点，加大推行分类管理工作力度。

【加强内部管理，提高工作质量】 一是加强机关效能建设。建立健全了各项规章制度，包括《首问负责制》、《同岗替代制》等。加强检验检疫工作时限管理，公开公布出入境商品检验检疫时限。积极开展“千家企业评机关效能”活动，加强督促检查工作，确保各项制度和任务的落实。二是加强执法监督。全面实行了执法人员持证上岗制度。年内组织了2次工作质量检查，将发现的问题反馈给各部门进行整改，防止工作质量问题的发生，严肃检验检疫工作秩序。 三是加强检务管理。召开检务工作研讨会，规范了出境货物通关单签发、填制，受理报检审单等工作。四是加强财务管理。由于内部管理的加强，提高了工作效能，保证了检验检疫的工作质量。

【积极落实服务外贸】 发挥优势，帮助企业扩大出口。做好申领普惠制原产地证和一般原产地证的宣传培训工作。共签发普惠制产地证65589份，货值12.44 亿美元，分别比上年增长11.46%和2.29% 。签发一般原产地证12293份，货值2.89亿美元，增长15.22%和30.25%。对辖区内出入境货物允许异地报检。根据厦门实际情况，从10月开始，改变出入境货物均在本市目的地检验检疫机构报检的做法，对厦门辖区内的出入境货物，可凭报检人意愿在局本部或所属各分支机构报检，方便企业，加快了口岸通关速度。减少办事环节，特事特办。简化出入境货物检验检疫退费审批手续。对某些出入境货物单证不齐全的，在不影响检验检疫的前提下，企业出具保函后，允许先报检，后及时补齐单证。对“9.8”投洽会、果蔬产业博览会等国际性大型会展，设立优先通道和参展货物专用报检窗口，特殊情况参展货物可直接运往现场实施检验检疫。实行预约、延时服务。窗口部门坚持6天工作，7天服务，对国际航行船舶办理进出口岸检疫手续实行24小时服务。

【加强科技工作和信息化建设】 一是完善科技管理机制，促进科技创新。召开局首届科技工作大会，对近年来取得科研成果的单位和个人给予表彰，对进一步搞好科技工作进行部署。高度重视实验室建设。3个CCIBLAC实验室先后接受CCIBLAC委员会的监督和扩项评审，全部通过认可。建立了转基因检测实验室，继续开展转基因产品的检测科研工作，建立可行的检测方法，应用于薯条、酱油等产品的转基因成分检测。全面推广应用和完善“三电”工程。加快电子报检、产地证电子签证、电子转单的推广步伐。已有186家外贸企业申请使用“三电”企业端软件。于11月正式启动，全面开展入境电子转单业务和出境货物直通式电子报检试点。

【加强干部队伍建设】 加强廉政建设，深入开展反腐败斗争。组织全局干部职工认真学习“检验检疫工作人员十不准”规定，以典型案例为反面教材，开展全员警示教育，做到警钟长鸣。加强制度建设，制定《关于进一步加强廉政建设的若干规定》。深化干部人事制度改革，加大教育培训力度，全面提高干部队伍的整体素质。积极开展民主评议行风工作和群众性精神文明创建活动。一年来，3个科室获市级“青年文明号”称号，2个科室获“巾帼文明岗”称号，局妇委会被市直机关授予“先进妇委会”称号，局团委获厦门市“五四红旗团委”称号。

（撰稿 樊力平）

2001 年厦门出入境检验检疫工作统计表

名 称	总 数	货值（万美元）	不合格（批）	货值（万美元）	发现疫情／未发现疫情
报检／申报 出入境货物	29.26 万批	8662	666	1530	21 批次
实施货物检验检疫	13.17 万批	50.77			
其中：入境货物	5.01 万批	26			
出境货物	8.16 万批	24.78			
签发普惠制产地证	65589 份	12.44			
签发一般原产地证	12293 份	2.89			
外商投资财产价值鉴定	4367 批	1.4			
出口商品包装检验	4567 批				
鉴定业务	（水尺、容量）计量 269.75 万吨				
	验舱 122 船次集装箱适载 4.7 万标箱				
	残损鉴定 25 批				
	集装箱检疫 47.13 万标箱				

出入境人员检疫	128 万人次	发现传染病	8 例	健康体检	6954 人次		
入境旅客携带物二类疫情	25 批次	进境动植物及其产品一、二类疫情	21 批次	入境快件检疫	15.5 万件	入境邮件检疫	1.62 万件
两岸直航客轮	215 船次	飞机检疫	7308 架次				

福建海事局

2001 年福建海事局在部海事局和福建省委、省政府的领导下，坚持以围绕中心、突出重点、深化改革、强化管理、理顺关系、促进发展为指导思想，以改善口岸通关环境，确保船舶航行安全为己任，积极履行海事执法管理职能，有力保证了水上交通安全形势的持续稳定，促进了外向型经济的发展，为福建的改革开放做出了积极的贡献。2001 年，福建海事局辖区共进出中外籍船舶 54909 艘次，货物吞吐量 5645 万吨，其中，内贸 1814 万吨，外贸 3831 万吨；国际集装箱 66.22 万标箱；发放海员证 4461 本，船员适任证书 1920 本，开展全国船员适任统考 2 期；发生海上交通事故 85 起，经济损失 6099.9 万元，接到“12395”报警 114 起，获救人数 457 人，挽回经济损失 9012 万元；发布航行通（警）告 249 次，海区巡航里程达 28953.5 海里，共出动人员 257 人次。通过一年的扎实工作，有效遏制了重大特大群死群伤恶性事故的发生，辖区水上交通安全形势相对平稳，被福建省政府授予“2001 年安全生产目标责任制考核先进单位”称号。

【通过开展四项整顿，严把四道关口】 年内，福建海事局动员全系统工作人员扎实稳妥地做到：整顿水上运输秩序，严把市场准入关；整顿船舶管理秩序、严把船舶检验关；整顿船员管理秩序，严把考试发证关；整顿通航秩序、严把监督检查关。“水上运输安全管理年”活动向纵深推进，进一步改善了辖区内的安全环境。

【开展“两马”交流，促进两岸“三通”】 认真贯彻中央对台工作部署，认真完成福厦与金马地区之间海上通航有关问题的协调、处理工作，制定海事管理方面的工作预案，保障了海上通航安全。

【改善口岸通关环境，服务地方经济发展】 口岸环境的优劣直接影响地方对外经济的发展。在改善口岸软环境方面：一是制定了《福建海事局关于改善口岸软环境、提高口岸通关效率的 18 项措施》，努力促进和支持沿海各市口岸开放工作。二是在科学论证的基础上努力提高各港口的开放层次和力度。三是采取外贸进出口船舶优先、鲜活、低值物品就近就地办理出口和班轮顶替等办法，积极支持地方政府将资源优势转化为新的经济增长点。四是为省重点工程和外企工程提供海事服务，在对省重点工程青州大桥水上水下施工的监护过程中，坚持24小时值守，保证过往船舶安全。

【推行政务公开，加强机关效能建设】 在推行政务公开时采取与机关效能建设相结合的方式进行，把政务公开作为机关效能建设中一项重要实质性的措施抓好、抓实。健全了与之相配套的首问负责制、一次性告知制、否定报备制、限时办结制、绩效考评制等制度，并做到制度上墙，工作人员挂牌上班、设立岗位牌，使行之有效的制度落到实处。

（福建海事局）

厦门海事局

2001年，在交通部海事局的正确领导和地方政府的关心支持下，厦门海事局大力加强水上安全监督管理，改善口岸通关环境，有效维护了水上安全形势稳定，促进了辖区经济的发展。全年进出辖区港口的船舶76384艘次、11900万总吨，分别比上年增长45%和50%；其中国际航行船舶8246艘次、10158万总吨。辖区港口吞吐量2633.2万吨、集装箱吞吐量130.5万标箱，分别增长10.5%和19.7%。全局各项规费收入达3022万元，超计划26%，创历史新高。组织救助遇险船舶10艘，获救船员151名，成功率达94%。辖区福建省籍船舶发生一般等级以上水上交通事故9起、沉船7艘、死亡3人、直接经济损失1979.389万元，分别为省政府下达控制数的30%、50%、30%和191.06%。局党风廉政建设、“四项教育”、行政执法监督，以及推行统一政务公开工作卓有成效，得到了部局联合检查组的充分肯定。海事综合大楼已竣工验收。特别是成功地组织了“运鸿”号油轮沉没事故的抢险救助，广大干部职工在抢险救助中表现出来的高度责任意识、高尚职业道德和科学态度，充分展示了厦门海事局精神文明建设的良好形象。

【深入开展“水上运输安全管理年”活动】 在“水上运输安全管理年”活动中，围绕“四客一危”等重点环节，全面展开“四项整顿”，取得了较好成效。

船舶监督管理得到加强。认真贯彻《重点跟踪船舶监督检查管理规定》，实施国轮安检415艘次，辖区船舶无一进入黑名单。实施开航前检查55艘次，受检船舶均顺利通过当地PSC检查，有效消除了低标准船舶在辖区营运。

全年检验船舶369艘次，为辖区323艘船舶换发了新版检验证书。

及时完成STCW78/95公约过渡期最后一年的各项任务，适任统考和评估146人次，为1452名船员办理了服务簿定期签证。完成船员专业、特殊培训考试、评估和发证8795人次。签发海员证2646本、出境证明1017份、船员适任证书273本和船员服务簿426本。使船员管理基础更加扎实。

组织专业机构和有关专家对一些存在历史遗留问题的码头进行了评估和整改。全年共办理船舶载运危险品申报1668艘次、2202689吨，危险品现场监督检查509艘次，签发各类防污文书201份，沉坞审批85艘次，调查处理污染事故4起。危管防污工作取得明显成效。

规范和加强了水上巡航管理，通航环境保持良好状态。年内，出动监督人员5800人次，巡逻艇1571航次，巡航25451.63海里，纠查违章船舶2107艘次，有效遏制了船舶违章“回潮”。

建立了搜救应急通讯网络，防台救助工作成效显著。全年共接到遇险求助报告56次，组织搜救行动24次，防台8次。9月20日凌晨“运鸿”号油轮与希腊籍“爱丁堡”轮碰撞，在厦门青屿水道翻沉。当时“利奇马”台风即将到来，又处在“国庆、中秋”节前夕。这艘载有8688吨柴油的沉船就象一颗定时炸弹，随时可能发生柴油泄漏污染水域，甚至引起火灾爆炸。厦门海事局在部海事局和厦门市政府的领导下，处警不惊，勇挑重担，不畏艰险，连续奋战，及时组织施救23名遇险船员，积极配合救捞单位抽油作业、打捞沉船，维护了海上正常通航秩序，防止了可能发生的溢油污染，消除了厦门港一大隐患，得到了社会各界的充分肯定，被厦门市委、市政府授予“9.20沉船事故抢险施救先进单位”称号。

【认真抓好队伍建设】 坚持以“外树形象、内增素质”为目标，努力提高队伍整体素质，创建文明行业活动更加扎实。

一是开展“四项教育”活动。全局集中3个多月的时间，开展“四项教育”活动，全局执法人员思想政治素养、法律意识和执法水平有了较大提高，促进了各项工作的开展。二是完善党组织建设。认真落实《党建工作责任书》，组建基层海事处党支部。加强党员教育，党员队伍已成为完成急难险重任务的中坚力量。三是加强业务技术学习。先后举办近300人次的公文处理、海事调查处理、行政法和航政管理等培训班。四是抓好精神文明建设。制定了《“十五”期间开展创建文明行业活动实施意见》等4个文件，

【加强执法监督，加大廉政力度】 制定了《局属执法机构管理职责分工》和《海事行政处罚规定》及其配套文件，明确了局属各级海事执法机构的监督管理职责、权限和相关程序。建立了执法案件立卷归档制度，保证各类执法案件和业务工作台帐的完备。实行执法人员资格认证制度，对149位执法人员进行了资格考试并颁发了《海事行政执法证》，并首次举行了执法人员宣誓仪式。

政务公开工作取得进展。编制了《政务公开指南》，设置了政务公开栏，调整公布了行政事业性收费项目和标准，对局属各执法单位和部门的执法程序、办理时限和办理结果等进行公示。

廉政建设力度加大。组建了纪检监察机构，开展廉政宣传和警示教育活动，局党政领导与各单位（部门）签订了党风廉政建设责任书。

【加强机关效能建设，内部管理逐步规范】 出台了《加强机关效能建设规定》和《首问责任制》、《办事时限制》、《否定报备制》等规章制度，公布了投诉、举报受理电话，制作了服务告示牌，聘请了34名社会监督员。在报纸上对社会作出了12项承诺，各业务点在申报、查检、办证和收费等环节实行“一个窗口办理、一次性办妥、一条龙服务”，受到了管理对象的好评。

【抓好水监信息化建设，监管手段得到改善】 水监信息化建设步伐加快。对水监信息系统一期工程配套设备进行了安装和调试，建立了内部电子邮件系统，实现与部局和兄弟海事局的通讯联网，完成了海沧海事处局域网建设。开展厦门港东渡三期无线电通信工程配套工作，对东渡双狮山－海沧微波传输频率的电磁环境进行了测试，进一步增大了水上安全管理和监控的科技含量，监管手段得到提高。

【严格履行服务承诺，通关环境不断优化】 按照国务院和省市有关要求，对外公布了改善口岸通关环境的10项服务承诺。坚持全天24小时受理船舶申报和办理进出港手续，实行每周6天工作、节假日和8小时以外预约加班制度，为确保国际邮轮和金厦直航客船准时靠泊，把进出口手续的办理工作服务到船上。继续为靠泊海沧和东渡港区的各类船舶提供“就地办证”服务，组织对194艘次的大型船舶进行护航，保证了航行美国、欧洲、地中海等远洋航线大型集装箱班轮按计划进出港。

（厦门海事局）

福建口岸概况

一类口岸

【福州港口岸】 福州港是我国沿海主枢纽港之一，是福建省和福州市对外开放的重要门户，以省会城市福州市为依托，扼台湾海峡，是我国南北海运主通道的交通要冲，已与世界上40多个国家和地区的港口开展贸易往来，开辟了日本、韩国、新加坡等国家和香港、高雄等地区性集装箱班轮航线及国内沿海其它港口海上货运航线，每年到港船舶达4千多艘次。福州港还是交通部确定的对台试点直航口岸之一，对促进海峡两岸经贸往来发挥着重要作用。

福州港是海港和河口港并存、客货兼营的多功能，综合性的现代化港口。辖区北起罗源湾，南至兴化湾北岸，东到平潭岛，海岸线总长1137公里，目前主要港区分布在闽江口河口段，有台江港区、马尾港区、青州港区、松门港区、筹东港区、长安港区、王官头港区等，闽江口外的海港，主要有松下港区、江阴港区、罗源湾港区。福州港现有1000吨级以上生产性泊位71个，其中万吨级以上泊位19个，最大靠泊能力为3万吨级。2001年全港完成货物吞吐量2961万吨，比上年增长22.10%，居中国大陆沿海港口第11位；国际集装箱进出量达41.78万标箱，比上年增长4.4%，居中国大陆沿海集装箱港口第10位。对台试点直航610艘次，完成集装箱进出量16.28万标箱。马尾——马祖客轮往来63航次，3529人次。

福州港按照总体建设布局规划，将形成“一港四片”，即：福州港分为闽江口、福清湾、兴化湾（北岸）、罗源湾四大片港区，成为一个河口港、海港并存、布局合理、设施完善、功能齐全、集疏运畅通，以能源、原材料、矿建和国际集装箱运输为主，客货兼营的多功能、综合性的现代化枢纽港。建设中的江阴港区1号泊位可停靠5万吨国际集装箱船、码头主体工程已竣工，预计2002年底可投产。

【松下港口岸】 松下港现为福州市港务局辖内港区，1995年10月20日对外开放，位于东经119° 58'、北纬25° 51'与东经119° 18'12″、北纬25° 46'36″之间。

松下港地理位置十分优越，水路位于经济发达的香港和上海之间，北距上海447海里、福州马尾港54海里；南距厦门港130海里、香港395海里、台湾新竹港80海里、基隆港125海里。现有3万吨级元洪码头一个，位于元洪投资区前沿。码头依山傍水，有良好的避风条件，港面宽阔，属正规半日潮，潮差大，水深在（13.6—36）米之间，终年不冻不淤，航道长13公里，宽150米，锚地面积3平方公里，水深不超过－12米。码头结构为椿基梁板结构，排架间距10米，平面布置为“L”型，其中平台长300米，宽30米，栈桥长111米，宽12米，引堤长170米，宽13.5米，可靠泊3万吨级散装货轮，码头配有一台250吨／小时的卸粮机，两台16吨带斗门机。松下港口岸为货运口岸，口岸内有外轮代理、船务代理、外运、外理、报关等服务机构。码头设计年吞吐量50万吨，近年实际吞吐量已达72万吨。

2001年，完成货物吞吐量16.2万吨，比上年减少20.46%；国际集装箱27823标箱，减少15.88%。

【福州航空口岸】 福州长乐国际机场位于福州长乐漳港镇，距市中心50公里。1995年开工建设，于1997年6月24日正式通航。机场分三期规划，一次规划，分期建设。近期按2005年航空旅客年吞吐量650万人次、货邮年吞吐量20万吨为标准进行设计和建设，能起降目前世界上最大民用客机。现有一条长3600米、宽45米的跑道和一条长3600米、宽23米的平行滑行道及相应的航管、导航、通讯、气象、助航灯光、供油、货运、消防、供水、供电、污水处理等设施。

福州长乐国际机场航站楼总建筑面积13.7万平方米，呈“T”型布置，南北总长度1032米，进深141米。航站楼按年吞吐量650万人次，高峰小时3000人次旅客进行设计。2001年，福州长乐国际机场共完成飞机起降3.16万架次，同比增长9.16%，完成旅客运量227.82万人次，增长5.52%，完成邮运量5.63万吨，增长5.35%。其中完成出入境飞机4097架次，出入境旅客38.53万人次，增长6.63%，出入境货运量6012.9吨，增长2.49%。

【厦门港口岸】 厦门港是我国东南沿海天然深水良港，位于东经118° 04′、北纬24° 29′，地处上海、广州之间，是我国对外贸易的重要口岸之一。北距上海561海里，福州320海里，东距台湾省基隆222海里，高雄165海里，台中130海里，南至广州389海里，香港287海里。

厦门港阔、水深、浪小、不冻、基本不淤，港湾掩护条件好，周围岛屿星罗棋布，形成天然防风屏障，万吨巨轮不受潮位限制可随时出入，5万吨级船舶可候潮进出。厦门港共有码头泊位86个，其中万吨级泊位24个，万吨级客运泊位2个，最大靠泊能力10万吨级，作业锚地11个。还配有散装化肥、散粮灌包设备及较为先进的闭路电视监控系统，并有铁路、公路与干线连接成网。厦门港划分为10港区：东渡港区、海沧港区、客运港区、高崎港区、杏林港区、排头港区、大屿港区、嵩屿港区、五通港区和刘五店港区。是集装卸、中转、保税仓库、代理、驳运、工程、港机制造维修、港口服务为一体的客货兼营的散杂件、集装箱并重的多功能综合性口岸。

厦门港口岸以“提高口岸工作效率”为目标，进一步完善口岸环境，推动了口岸生产的发展。已开辟远洋国际班轮航线40多条，有往返美洲、欧洲、地中海、东南亚和香港、日本、韩国的定期国际集装箱和杂货班轮。在重点发展外贸集装箱和干线运输的同时，积极拓展内支线和内贸集装箱运输，新开辟往返福州、汕头、上海的内支线，推动了国际集装箱中转业务的发展。全球共有32家船公司参与厦门港营运，其中排名前20位的船公司，已有19家挂靠厦门。厦门港的综合服务、疏运能力、作业效率、管理水平居全国港口第五位，已被国家确定为全国沿海7大枢纽港之一。国际大型旅游船“狮子星”号往返定期运行。1997年4月19日开始海峡两岸试点直航，截止2001年12月共完成国际集装箱112.05万标箱；金厦直航自2001年1月1日开通以来，截止2001年12月31日，进出厦门20808人次，217航次，拉动了出入境旅客和海港货物吞吐量的增长。

2001年，共完成外贸货物进出口量1405.24万吨，同比增长20.25%，完成国际集装箱进出口量126.96万标箱，增长19.01%。

【厦门航空口岸】 厦门高崎国际机场位于厦门岛东北角海滨，距市区12公里。1983年建成并对外开放，1992—1996年进行二期工程建设。1997年3月经国家民航总局批准，升级为4E级机场，可起降目前世界上各类大型飞机。截止2001年底，厦门国际机场拥有候机楼12.7万平方米，停机坪25万平方米，3400米主跑道1条，3300米滑行道1条，联络道5条。机场内主要建筑物还有航管楼、货运仓库、油库、供电站、厦门空港货运联检报关中心，还有投资1亿多元刚建成投入使用的厦门航管站新塔台。投资1亿多元的厦门航空港新货站预计2003年建成投入使用。厦门航空港年吞吐能力可达1000万人次以上，高峰期国内每小时旅客吞吐能力达4000人次，国际每小时旅客吞吐能力1000人次。

厦门航空港已开通国内外航线111条，其中国内航线99条，国际航线10条，地区航线2条。中外通航城市67个，其中国内城市57个；国际、地区城市10个，分别是：大阪、名古屋（货机）、新加坡、吉隆坡、马尼拉、槟城、雅加达、曼谷、香港、澳门。

在厦门国际机场运营的国内外航空公司共有30家，其中国内航空公司22家；国外、地区航空公司8家，分别是：全日空航空公司、马来西亚航空公司、新加坡航空公司、澳门航空公司、日本航空公司、菲律宾航空公司、胜安航空公司、港龙航空公司。

2001年，厦门高崎机场共完成飞机起降4.16万架次，同比增长3.64%，完成旅客运量373.74万人次，增长5.23%，完成货邮运量10.67万吨，增长7.22%。其中出入境飞机8873架次，出入境旅客90.25万人次，增长8.1%，进出口货物2.48万吨，增长3.13%。

【泉州港口岸】 泉州港位于泉州湾西北角洛阳江下游右岸码头山下，地理位置为东径118°41′10″，北纬24°53′12″，距市区10.8公里，水路北距福州港150海里，西南距厦门港57海里，东距台湾基隆港150海里。水域范围为晋江下游和洛阳江下游出海汇合处延伸至大坠、小坠门。港区水域面积16567.5万平方米，陆域面积152.5万平方米，自然岸线长68公里，进出航道自泉州湾大坠、小坠两岛出海口至石湖、后渚、内港三个作业区，航道15公里，宽300至400米，所有航道均设导航灯标。

泉州港为我国古代“海上丝绸之路”起点，早在宋元时期，泉州刺桐港就成为“梯航万国”的东方大港，与国外往来有近百个国家和地区有贸易往来，被誉为“世界最大贸易港”。新中国成立后，特别是十一届三中全会以来，改革开放给泉州口岸注入了生机和活力。1983年1月，泉州港恢复对外国籍船舶开放。1998年1月，石湖港区作为泉州港组成部份对外开放。目前，泉州港辖有后渚、内港、石湖三个作业区；港区内设有口岸综合管理、海关、检验检疫、边检、海事、外运、银行等口岸机构和单位于一体的泉州港联检报关大楼。为船东、货主提供一条龙和便捷、优质的服务。

2001年外贸进出口货运量597.33万吨，同比增长12.58%，国际集装箱进出口运量3.75万标箱，减少18.66%。

【肖厝港口岸】 肖厝港位于国家规划建设的全国4大国际中转口岸之一的湄洲湾内澳西南岸泉州港区内。地理位置为东径118°58′36″、北纬75°12′08″。港区水域面积3430万平方米，港内水域开阔，水深浪小，有良好的避风条件，长年不淤不冻，可供使用的岸线4500米，其中可建5至15万吨级码头岸线2500米，其余岸线可建万吨级码头。港区主航道水深10至20米，5万级船舶可自由进出，10万吨级船舶可乘潮出入。1992年5月，经国务院批准，总投资1.2亿元、年设计吞吐能力1000万吨的福建炼油厂专用码头，首先对外国籍船舶开放。1995年12月26日，国务院批准肖厝港对外开放，同时批准组建一套完整的查验机构。1999年12月，肖厝港通过国家验收，并于同年12月16日正式对外开放。目前，肖厝港一类口岸拥有码头泊位7个，其中10万吨级石油专用码头、5000吨（兼靠万吨级）、3000吨级、1000吨级成品油专用泊位各1座，5万吨级多用途码头1座，万吨级杂货码头1座，年设计吞吐能力为1340万吨。

【漳州港口岸】 漳州市共辖龙海、漳浦、云霄、东山和诏安5个沿海县（市），海岸线长达682公里，天然良港众多。根据2001年3月23日《国务院关于同意福建东山港口岸更名为漳州港口岸并扩大开放的批复》（国函[2001]31号）的精神，漳州港口共有3个作业区对外开放，即招银港区、后石电厂港区和东山港区。招银港区和东山港区属客货运口岸，目前尚未开通国外客运航线。漳州口岸现有大中小泊位23个，年总设计吞吐能力1600多万吨，其中10万吨级煤炭专用泊位、3.5万吨级多用途泊位、2万吨级货主专用泊位和1万吨级矿建专用泊位各1个，5万吨级集装箱专用泊位2个，5千吨级杂货泊位3个。

东山港区　位于漳州市南部东山湾口的东山县铜陵镇西部，距东山县城西埔镇13公里、漳州市区145公里，水路距厦门77海里、香港230海里，其5000吨级外贸码头地理坐标为东经117°31′09.5″、北纬23°44′42.5″。全港自然岸线总长8.17公里，水域面积1580万平方米，陆域面积1.01万平方米。东山湾系福建省6大深水港湾之一，港内水域宽阔、口小腹大、不冻不瘀、岛屿众多，避风条件好。港内5米等深线宽度为80—90米，最深14米，是天然良港。港内有5个作业锚地，其中1、2、3号锚地均可同时停泊4—7艘万吨轮，1号锚地被列为第19号国际避风锚地。

东山港区1979年12月经批准为国轮外贸运输起运点。1982年批准为外轮海面交货点。1991年12月1日，国务院批准对外开放，于1992年12月28日正式对外开放。辟有至菲律宾、马来西亚、俄罗斯、朝鲜、韩国、日本及台湾、香港等18个国家和地区的航线，为漳州口岸内对台小额贸易点和对台渔工劳务输出接运点，口岸查验、生产和服务单位配套齐全。现有1座5000吨级码头，其中硅砂专用和多用途泊位各1个，总长273米、宽17.5米，前沿水深-6.7米，年设计吞吐能力50万吨，配套仓库2026平方米、堆场11800平方米，配有桥式抓斗起重机、带式输送机、装船机，各类散杂货、集装箱装卸仓储机械设施齐全；3000吨级石油专用泊位1个，总长30米，前沿水深-4.8米，年设计吞吐能力18万吨。

招银港区　位于龙海市招商局漳州开发区内，九龙江出海口南岸，与厦门港处于同一个开放水域，使用共同锚地和航道。距漳州市区50公里、地埋坐标为东经118° 03′ 14″ 、北纬24° 24′ 42″ 。自然岸线长26.1公里，其中8米以上深水岸线长7.4公里。

招银港区于2001年3月23日经国务院同意作为漳州港的作业区对外开放，该港区也是交通部批准的对台直航试点口岸之一。目前已开通至日本、韩国、俄罗斯以及香港、台湾等国家和地区的航线。拥有3.5万吨级多用途泊位1个，总长320米，前沿水深-12.5米，年设计吞吐能力80万吨、3万标箱，仓库1.2万平方米，堆场10万平方米，拥有集装箱桥吊、门机、正面吊等大型现代装卸设备；5万吨级集装箱专用泊位二个，总长404.4米，前沿水深-13.2米，年设计吞吐能力36万标箱，配套堆场10平方米；1万吨级矿建专用泊位1个，年设计吞吐能力45万吨，2万吨级货主专用泊位1个。招银港区口岸查验、生产和服务单位配套齐全，并建有2200平方米的报关报检中心，实行集中办公，一个窗口对外、一条龙服务的口岸管理新模式。

后石电厂港区　位于龙海市港尾镇后石村，与招银港区水域相连，陆路相距39公里，距漳州市区75公里、厦门港开放水域东南界3.1海里、香港280海里、台湾高雄130海里，其10万吨级煤码头地理坐标东经118° 07′ 53.748″ 、北纬24° 18′ 29.788″ 。交通部批复使用岸线680米。

2001年3月23日，国务院同意后石电厂港区作为漳州港的作业区对外开放。后石电厂港区属电厂专用货运口岸，现有10万吨级煤炭泊位1个，总长590米、宽26米，前沿水深-16米，年设计吞吐能力960万吨，配有卸煤机2套，18万吨煤炭专用仓库5个；5000吨级自用泊位1个，总长180米、宽80米，前沿水深-7.5米。

漳州口岸，2001年完成进出口货运量76.69万吨，同比增长38.02%，完成国际集装箱吞吐量848标箱。

【秀屿港口岸】 秀屿港地处福建黄金海岸的中部，湄洲湾内澳北岸，具有十分优越的地理位置，对外交往十分便捷，已与世界上28个国家和地区近50个港口通航，距湾口15海里，地理坐标为东经118° 59′ 、北纬25° 13′ 30″ ，陆路离市区37公里。水域面积637.5万平方米，主航道宽800—1200米，深15—40米，平均纳潮量242.3亿立方米，年平均气温19.9℃，海水含砂量仅为0.012—0.02Kg/m3，全年不冻不淤，是不可多得的天然良港，是建设大型深水中转港的理想港址。码头泊位现有：秀屿港3.5万吨级多用途码头、万吨级杂货码头、3000吨级危险品码头、3000吨级集装箱及杂货两用码头、千吨级煤炭过驳码头、湄州岛3000吨级客运码头各1座。秀屿港内设有作业锚地5万吨、2万吨、1万吨级浮筒各1个，六耳水域设有3个引水检疫锚地。口岸查验与服务机构、港区交通道路、邮电通讯、供水供电、公安、银行、工商、税务、生活园区等基础设施已配套到位，适应港口生产需要。港区建有口岸联检大楼1幢，供口岸各查验单位现场办公，并设专门机构（莆田市口岸与海防办秀屿办事处）负责管理，实现现场一条龙服务。

2001年，完成外贸货物吞吐量100.28万吨，同比增长191.98%，国际集装箱吞吐量7418标箱，减少24.42%。

【城澳港口岸】 城澳港位于福建省沿海东北部三都澳内，台湾海峡北口西岸，地理坐标东经119° 44′ 16″ 、北纬26° 35′ 24″ 。水路至福州66海里，上海418海里，香港534海里，陆路距福州宁德高速公路21公里。城澳港水域面积32平方公里，水深（17—50）米，开放岸线长7.5公里，港阔水深，不淤不冻，是不可多得的天然避风深水良港，50万吨巨轮可全天候进港作业，是建设大型深水泊位和国际中转港的理想港址。

国务院于1993年9月批准城澳港对外国籍船舶开放，在新码头建成前先行海面交货， 1997年11月，国务院又批准白马港区作为城澳港口岸对外国籍船舶开放。

白马港位于福安市下白石镇，地理坐标为东经119° 42′ ，北纬26° 48′ ，是历史上形成的闽东水陆交通枢纽和内外贸物资集散地之一。疏港公路至104国道12公里，福宁高速公路和规划中的福州温州铁路直接通过港区，水路至城澳20海里。白马港港域条件优越，近岸自然水深（5—10）米，离岸30米水深在7米以上，水域宽阔，港外有白马门为屏障，是天然避风良港，风小浪弱雾少，不冻不淤，潮差大，流速慢，适合船只常年进出港口作业。

城澳港还建有4个毛角石出口专用码头，可靠泊8600吨驳船作业。白马港下白石3000吨级杂货码头于1994年建成投产，长129米、宽20米，前沿水深7.5米，高桩梁板结构，可靠泊5000吨货船，年设计吞吐能力为20万吨（其中杂货12万吨、黄砂8万吨）。港区建有仓库1730平方米，堆场6900平方米，主要机械设备有MQ2522门座式起重机1台、16吨吊和8吨吊各2台，3吨叉车3台，0.5立方米装卸机1台，20米长皮带机4台、15米长皮带机8台、固定式皮带机长140米。白马港内还有1300吨级煤码头1座，系货主码头。港区建有口岸查验单位办公、生活配套设施，为口岸现场查验、监管提供了便利条件。目前，已与日本、韩国、新加坡、印度、中东、香港等国家和地区通航。进出口货物主要为水泥、沥青、铬矿、钢材、废旧电机和毛角石、河海沙、石板材、电机电器、竹木工艺制品、水产品、农产品等。

2001年，完成外贸货物进出口运量67.24万吨，同比增长8.91%。

【武夷山航空口岸】 武夷山机场建于1958年，武夷山航空口岸1993年经国务院批准对外开放，是福建省内地第一个对外开放的口岸。机场位于武夷山市南部，距国家级旅游度假区和市区各7公里；空中距北京1420公里，上海600公里，福州300公里，香港870公里，台北450公里。

武夷山系典型的丹霞地貌，年平均气温18.5℃，雨量2100毫米，属于亚热带湿润型季风气候，一年四季适宜观光旅游。

随着对外开放的扩大和外向型经济的发展，已先后在武夷山市境内设有：国家级武夷山风景名胜区、武夷山旅游度假区、武夷山自然保护区和省级武夷山旅游经济开发区。1999年12月1日，武夷山又被联合国教科文组织世界遗产委员会第23届会议正式列入《世界自然与文化遗产名录》，为此，武夷山已成为中国、福建对外交往的重要门户和窗口。

武夷山机场为国家地区性民航机场，4C级，主跑道长2400米，配置了通讯、导航、气象等设施，可满足B737、MD—82等中型客机全载起降的要求，它以旅游服务为主，服务设施可容纳旅客42万人次／年的吞吐量。新建国际候机楼2505平方米，基本上能适应旅客候机和检查检验部门开展业务工作的需要。自口岸开放以来，已飞行600个航班，出入境旅客达10万人次，促进了武夷山市乃至整个闽北的对外开放和旅游经济的发展。

2001年完成出入境飞机206架次，出入境旅客16254人次，同比减少15.44%。

二类口岸

【福州罗源淡头口岸】 淡头二类口岸在福州市罗源县（罗源湾）境内。1984年批准为二类口岸。1997年批准为台轮停泊点和对台贸易点，已开通直抵日本、新加坡、香港等国家和地区航线。2000年被省政府确立为福州外港。淡头码头位于罗源湾顶部、罗源县松山镇迹头乘风村前沿，紧靠福汾公路干线104国道旁，陆路至罗源城关10公里，水路至福州马尾79海里，至基隆144海里。

目前，淡头码头拥有3000吨级、1000吨级泊位各1个，500吨级泊位2个。计划续建3000吨级泊位1个，5000吨级滚装码头1个，届时年吞吐能力可达200万吨。2000年货物吞吐量60万吨，2001年，货物吞吐量70万吨，比上年增长16.67%。

淡头港基础设施完善，水、电供应充足，邮电通讯超前发展，装卸机械配套齐全，海陆空交通便捷，同三高速公路明年底将全线贯通，距港区仅10公里，拟建中的福温铁路所设火车站距港区仅5公里。

口岸查验工作由福州港口岸查验单位就近派员办理。

【连江前屿口岸】 前屿港位于罗源湾畔的连江县坑园镇前屿村，1991年批准为二类口岸。该港地理条件优越，水陆交通便捷，陆路可由连江大官坂隔堤公路和接线公路与连（江）黄（岐）公路相连。

前屿港周边地区水产资源丰富，已初步形成了池塘虾蟹贝立体化综合养殖基地、网箱产业化养殖基地、水产种苗繁育基地及名特优水产养殖基地，年水产品总量达7万多吨，为前屿港提供了充足的货物来源。2001年，经前屿口岸外运的虾类、贝类、蟹类、藻类等水产品达5600吨，养殖鱼类约8000吨，各类海捕水产品6800吨，货值达1亿多元，占该地区水产品总量的30%。

2001年，各类水产品运量达2.04万吨。

【福清下垄口岸】 下垄港位于福清市江阴半岛东北部，地理坐标东经119°20′05″，北纬25°33′18″。港区水路出兴化湾就是台湾海峡。1990年1月，作为国家级融侨经济技术开发区的配套港口正式动工，同年7月竣工投产。1991年批准为国轮外贸运输装卸点。水路北距上海553海里，福州马尾120海里，南距厦门80海里、香港372海里，东至基隆125海里、高雄160海里，陆路至福州70公里，距324国道9公里。

下垄港融侨码头为千吨级集装箱码头（经改造可泊3000吨级船舶），配有35吨多用途吊机1台以及叉车、拖车等设施，建有40000平方米的货柜堆场、2700平方米的散杂货堆场、900平方米仓库。另有500吨级杂货码头1座；5000吨级码头1座已建成，待验收后即可投产。下垄港现由中外合资福清融侨码头有限公司经营管理。

该码头目前每周有两班往香港的航班。港口吞吐量逐年大幅增长，1998、1999、2000年分别完成吞吐量2万标箱、2.5万标箱和3.2万标箱，2001年吞吐量为2.8万标箱，连续多年雄居全省二类口岸之首。

福清市人民政府口岸与海防办对下垄口岸实行口岸管理。口岸查验工作由驻福清市口岸查验单位就近派员办理。

【平潭金井口岸】 金井港位于平潭（海岛）县，座落于平潭岛的西南端，地理坐标为东经119°40′30″、北纬25°28′05″，面朝海坛海峡，区位优势明显，距台湾新竹72海里，南距厦门157海里，北距上海508海里，拥有5000吨散杂货码头泊位1个和500吨级港什船码头1个，设计年货物吞吐量为20万吨。配备的主要设备有：DLQ—16吨台式起重机、DLQ—8吨轮胎起重机、Q—20型牵引车、10吨、6吨平板车、3吨、5吨叉车、固定式、移动式皮带输送机，砂石专用装船机，以及消防、供水、供电等配套设施。另外，并入金井港统一管理的东澳港距金井港不到25海里，地理坐标为东经119°50′30″，北纬25°27′60″，拥有1000吨级和500吨级码头各1座。

2001年12月30日经国家交通部、海关部署批准同意，金井港作为临时外轮停泊点，接靠外国籍船舶装运毛角石出口。

金井口岸查验工作由福清口岸查验单位就近派员办理。

【厦门刘五店口岸】 刘五店港位于厦门市同安区南部的新店镇刘五店村，地处厦门岛北边东北侧水道的东北岸，东经118°12′、北纬24°34′，陆路距国道324线的马巷镇15公里，距同安城关29公里，距厦门市64公里；水路至厦门东渡19海里，泉州后诸67海里，距金门县、台湾省较近，历史上有着悠久的密切联系，也是对台贸易点。

港内现有500吨级码头两个（也可靠泊1艘1000吨级船），设计年吞吐量15万吨，其设施包括：高桩梁板码头，平台114×15米，栈桥122.46×8米；驳岸式浆砌条石挡土墙长度310.6米，回填砂形成陆域10908平方米；钢筋混凝土梁柱，V形板盖仓库1座，建筑面积1404平方米，堆场2860平方；装卸机械16吨吊机2台，8吨吊机1台，5吨吊机1台。

【泉州崇武口岸】 崇武港位于惠安县崇武镇，东经118°55′、北纬24°53′。1979年12月批准为国轮外贸运输起运点。岸线长1.5公里，陆域面积2.06万平方米。距泉州市区50公里。港区现有1000吨级突堤式砼码头1座，长

85米，前沿水深5.5米，仓库1100平方米。主要承担当地煤、粮的进口和砂石料、石雕的出口。该港又是对台小额贸易点和台轮停泊点，也是本省赴远洋渔业捕捞船队的基地之一。2001年货运量3.9万吨。

【祥芝口岸】 祥芝港位于泉州湾口南岸，石狮市祥芝镇境内，东经118°45′12″、北纬24°47′00″。1992年11月批准为国轮外贸运输装卸点。现有千吨级重力式钢筋混凝土结构码头1座，外侧1000吨级泊位、内侧500吨级泊位各1个，年设计吞吐量为8万吨，仓库800平方米，堆场6000平方米。港口有16吨轮胎吊、8吨汽车吊、3吨、5吨叉车、6吨平板车、T—24牵引车等设施。

【梅林口岸】 位于石狮市境内，1997年6月批准为二类口岸，港区有5000吨级多用途码头1座。2001年货运量7.9万吨。

【石井口岸】 石井港位于民族英雄郑成功的故乡南安县石井镇、围头湾石井江口，东经118°26′00″、北纬24°38′00″，1992年11月批准为国轮外贸运输装卸点。北距福州182海里，南距金门6海里，香港322海里。现有5000吨级多用途码头、1000吨级码头各1座，5000吨泊位3个。仓库1200平方米，堆场4800平方米，并有16吨轮胎吊、5吨、8吨叉车、牵引车、3吨、8吨平板车等装卸设备。2001年货运量22万吨。

【深沪口岸】 位于晋江市境内，1996年5月批准为二类口岸，港区有万吨级和5000吨级码头各1座。2001年货运量为9.1万吨。

【围头口岸】 位于晋江市境内，1998年1月批准为二类口岸，港区有万吨级码头和3000吨级工作船泊位各1个。2001年货运量20.4万吨。

【东石口岸】 东石港位于晋江市东石镇，1979年12月批准为国轮外贸运输起运点，位于东经118°27′、北纬24°41′。距泉州市区34公里，水路至后渚50海里，厦门38海里、香港324海里。港区岸线长5.1公里，水域面积339.3万平方米，陆域面积2.7万平方米。现有500吨级码头2座，年吞吐能力25万吨。2001年货物吞吐量10万吨。

【漳州石码口岸】 石码港位于龙海市境内，西起九龙江下游西溪和北溪汇合口处，东至九龙江出海口的海门岛东端。1979年12月批准为国轮外贸运输起运点，1985年2月批准为国轮外贸运输装卸点。石码口岸原来范围仅为九龙江石码镇一段，1999年将下游的普贤口岸和海门口岸并入，范围扩大到海门岛东端，与招银港区相连。现有杂货码头5座，其中200吨级泊位2个，500吨级泊位3个，另有1000吨级石油专用泊位1个；仓库1400平方米，堆场5000平方米，年设计总吞吐能力45万吨，配有固定吊、轮胎吊等装卸机械。石码口岸设有海关、海事局、船代、货代等口岸办事机构，边检、检验检疫工作由漳州市区相关查验单位承担。2001年外贸货运量为2.11万吨，比上年增8.73%，其中进口1.77万吨，下降0.42%，出口0.34万吨，增长100%。

【旧镇口岸】 旧镇港位于漳浦县旧镇镇，1989年12月批准为国轮外贸运输起运点。该口岸又是对台小额贸易点和对台短期渔工劳务接运点。现有杂货码头2座，200吨级和500吨级泊位各1个，仓库1773平方米，堆场3600平方米，年设计吞吐能力13万吨，配有固定吊等装卸机械。口岸查验工作由东山口岸派员办理。

【冬古口岸】 冬古港位于东山县西埔镇，1987年5月批准为国轮外贸运输起运点。该口岸又是对台小额贸易点。现有1000吨级和3000吨级多用途泊位各1个，年设计吞吐能力40万吨，配有硅砂输送带等装卸设备。该口岸查验工作以东山一类口岸为依托，较为便捷。

【宫口口岸】 宫口口岸位于诏安县梅岭镇，1979年12月批准为国轮外贸运输起运点，该口岸又是对台小额贸易点。现有200吨级杂货泊位1个，年设计吞吐能力6万吨，堆场6040平方米，配有固定吊等装卸设备。现场设有港监、港务、边防等机构，其他口岸查验工作需从东山口岸派员办理。

【漳州下寨口岸】 下寨港位于漳浦县沙西镇。1979年12月批准为国轮外贸运输起运点，1985年批准为国轮外贸运输装卸点。现有杂货码头1座（2个500吨级泊位），仓库1206平方米，堆场11020平方米，年设计吞吐能力16万吨，配有固定吊、轮胎吊等装卸设备。口岸查验工作由东山口岸派员办理。1993年以前，该口岸外贸货运量较大，约占漳州市三分之一，以出口香港鲜活水产产品和建材居多。经过近2年的清理整顿，内部管理和内贸运输等方面均呈现良好的发展势头，正等待验收。

【莆田三江口口岸】 三江口港位于涵江区，兴化湾西部湾顶，木兰溪与涵江会合口的西岸，东经119°04′、北纬25°28′。北距上海549海里，福州109海里，南至湄洲湾秀屿54海里，厦门191海里，香港428海里，港区距涵江区3公里。水域面积43.6万平方米，陆域面积3.8万平方米。该口岸1895年辟为对外通商口岸，抗战前夕，已与福、厦、泉、三都澳同列为福建五大商埠。1981年批准为国轮外贸运输起运点，1987年批准为国轮外贸运输装卸点。港区现有高桩梁板码头1座，系2个500吨级泊位，总长111米，乘潮可靠1艘1000吨级船舶；另有500吨浮码头1座，1000吨级水上过驳锚地1个，500吨级水上过驳锚地2个，仓库1万平方米，堆场1.49万平方米，各类搬运装卸机械适应目前装卸的需要。

【东岱湾口岸】 东岱湾二类口岸位于福建省第三大岛南日岛内，东经119°28′、北纬25°13′40″，地处兴化湾与平海交汇处，距台湾新竹73海里，离乌丘11海里，是福建省科技示范镇和五大海洋经济综合开发试验区之一。东岱湾二类口岸也是台湾渔轮停泊点和对台小额贸易点。

南日岛陆岛交通便捷，岛上有着丰富的石材资源，储量高达3亿多立方米，质量上乘，具有巨大的开发潜力。目前建有300吨级、500吨级杂货码头各1座，岛上交通、通信、电力、邮电、银行、公安、消防、供水、宾馆及对台贸易综合楼等配套设施齐全。

近年来，不少外商来口岸签订了合作开采矿石外运协议，已投资建设疏运公路、堆场等，拟在东岱湾建设4×5000吨级简易过驳码头，年设计吞吐量200万吨。目前，当地政府正加快建设口岸各项基础设施，促进该岛矿石大规模开采外运，发展特色的海岛经济，推进莆田港口城市建设。

【宁德沙埕口岸】 沙埕港位于福鼎市沙埕镇，东经120°25′、北纬27°10′。1979年和1986年先后批准为国轮外贸运输起运点和国轮进口大宗物资卸货点。沙埕港离福鼎县城47公里，距宁德222公里；水路至温州81海里，马尾125海里。

沙埕港是福建省6个能进5—10万吨级船舶的天然深水良港之一。港内水域范围大，港池较宽阔，大部份水深在15米以上，最深达50米。进港航道水深都在20—30米之间。港内四周高山环抱，避风条件好，锚泊点多，具有建设大型深水泊位的自然条件。

该口岸开辟以来，先后有多艘5000至万吨级外贸货轮驶入港内锚泊，过驳作业。港内有100吨级客运码头1个，

100吨级货运码头2个，500吨级陆岛交通码头1个。大型船舶在港装卸主要依靠锚地过驳作业。

【赛岐口岸】 赛岐港位于福安市赛岐镇，东经119° 40′、北纬26° 58′。1984年批准为国轮外贸运输装卸点，1985与香港通航，1991年开辟直航货运航班。

赛岐港地理位置适中，经济腹地大，交通方便。港区所在地赛岐镇，是历史形成的闽东水陆交通枢纽和物资集散地。104国道和省道小（古镇）浦（城）线两条公路在这里交叉通过，距宁德55公里，福州179公里。水路距上海438海里，马尾94海里，香港554海里。该港历史悠久，早在唐朝末年就已开港，被列为福建所管辖的四大海港名镇之一，鼎盛一时。民国时期逐渐成为闽东繁华的商埠。建国后随着港航事业的发展，现有大小码头19个，其中货运泊位10个，客运泊位9个，仓库4100平方米，堆场4800平方米。目前港口年吞吐量50万吨左右。

【三沙口岸】 三沙港位于福宁湾北部霞浦县三沙镇，东经120° 12′ 50″、北纬26° 55′ 30″。公路距霞浦城关32公里；水路距沙埕19海里，马尾111海里。三沙港在解放前就是闽东对外通商口岸，曾被孙中山先生列入《建国方略》。建国后，在五澳建造了码头和防波堤，现拥有码头泊位11个，其中200吨级2个，50吨级9个，是福建重要渔港之一。三沙港于1979年以来先后批准为国轮外贸运输起运点、进口废钢船直航交接冲滩点、对台小额贸易点、对台短期渔工劳务接送点、国轮外贸运输装卸点。

【漳湾口岸】 漳湾港位于宁德市漳湾镇下塘村，地处三都澳内西北霍童溪与卢门港汇合口处，距三都澳口25海里，东经119° 37′、北纬26° 45′。港区距104国道13公里，距宁德城关16公里，距福州140公里（水路84海里）。水域范围西起横屿的熨头村与云淡门的帮门村连线，东至樟屿与濑屿东端的连线上，长约7公里，水域面积260万平方米，陆域面积6.5万平方米。1993年8月由起运点升格为国轮外贸运输装卸点。

港区现有3000吨级浮码头1个，长95米。110米砌条石重力式驳岸200吨级泊位2个。仓库3055平方米，堆场5500平方米，各种装卸机械28台。另在田螺建有68米长的3000吨级油轮码头1个，油库容量1万立方米。1993年10月起开通国际集装箱运输。

福建口岸外贸概况

2001年是新世纪的第一年，由于世界经济增长明显放缓，尤其是美国“9.11恐怖袭击事件"的发生，福建外经贸发展所面临的比亚洲金融危机期间还要严峻的形势。在省委、省政府的正确领导和各部门的密切配合下，各级外经贸部门千方百计克服面临的重重困难，推动各主要业务继续取得新进展。

（一）对外贸易保持平稳发展

2001年全省进出口贸易额为226.3亿美元，比上年增长6.6%。其中，出口139.3亿美元，增长7.9%；进口87亿美元，增长4.7%。出口额占全国出口总额的4.85%，居全国第6位。

【非公有制企业出口保持较快增长势头】 外商投资企业出口82.88亿美元，增长9.1%，占出口总额的59.5%，继续保持了出口的主力地位。集体及私营企业出口9.64亿美元，增长65.9%，成为出口的亮点。国有外贸企业出口36.57亿美元，下降1.2%。

【巩固传统市场和开拓新兴市场】 对美国、日本、欧盟三大市场出口合计83.13亿美元，约占全省出口总额的60%，出口增量合计6.8亿美元，占全部增量的67%，仍是福建出口的主体市场和主要增量所在。对非洲及拉丁美洲出口分别增长12.9%和14.3%。但对香港出口下降2.7%，对东盟出口下降1.1%。

【一般贸易出口增长势头强劲】 一般贸易出口67.61亿美元，比上年增长10.9%，占出口总额的48.5%。加工贸易出口66.58亿美元，增长5%，占出口总额的47.8%。

【出口商品结构得到进一步优化】 全年机电产品出口48.1亿美元，占全省出口总量比重的34.5%。出口超亿美元商品共有14种，分别是鞋类、服装及衣着附件、自动数据处理设备及其附件、塑料制品、花岗岩石材及制品、家具、纺织品、烤鳗、旅行用品及箱包、蔬菜、陶瓷制品、伞、水海产品和首饰。

（二）利用外资实现恢复性增长

2001年新批外商投资企业1670家，合同外资50.07亿美元，实到资金39.18亿美元，同比分别增长14.1%、16.1%和3%。

【外商投资企业增资项目合同外资仍占较大比例】 2001年新批增资项目666项，新增合同外资14.7亿美元，增长10.1%，占新批合同外资总额的29.4%。

【外商投资大项目明显增加】 全省新批千万美元以上项目104项，合同外资18.2亿美元，分别增长28.4%和25.1%。

【外商投资产业结构继续改善】 外商投资仍以制造业为主，第三产业中大部份行业利用外资有较大增长。外资投向制造业合同外资36.18亿美元，占合同外资总额的72.3%。除投向第三产业外资除房地产业有所下降（降幅26.8%）外，其他行业都有长足进展。其中交通运输仓储业增长2.88倍，批发零售餐饮业增长1.59倍，社会服务业增长30%，卫生体育和科研技术业分别吸收合同外资2510万美元和6189万美元。

（三）国际经济技术合作取得新进展

2001年全省对外承包工程与劳务合作新签合同金额5.75亿美元，比上年增长36.7%；完成营业额4.98亿美元，增长11%；累计派出3.42万人次，增长2.4%；期末在外人数5.97万人，增长10.9%，继续居全国第一位。福建省加大实施“走出去”开放战略力度，取得初步成效。全年新批境外企业中生产性项目13项，占总项目数的65%；以设备、技术、零配件、原材料投资为主的境外加工贸易企业有10家，占投资项目数的一半。同时，境外投资区域多元化，从港澳、东南亚转向拉美、非洲、欧洲等国家和地区。福建在古巴圣地亚哥市建立“古巴（福建）加工贸易小区”也取得实质性进展。

（四）闽台经贸合作进一步扩大

2001年对台贸易总额28.54亿美元，比上年增长1.03%。其中，出口3.65亿美元（对台小额贸易出口0.18亿美元，下降43.53%）下降9.67%；进口24.89亿美元，增长2.81%。新批台资项目499家，增长24.1%，合同台资10.79亿美元，增长52.5%，实际到资5.05亿美元，增长3.4%。新签对台渔工劳务合作项目2420个，合同金额0.19亿美元，增长16.87%；完成营业额外0.13亿美元，增长83.48%；外派人数18887人次，增长7.66%；年末在外5404人，增长22.04%。

（福建省对外贸易经济合作厅）

福建口岸专稿

福州海关、厦门海关税收再创新高

1．福州海关税收入工作

2001年福州海关征收进出口税款22.1亿元，比上年增长32.97%，再创历史最高水平。其中，征收进出口关税8.17亿元，征收进口环节增值税和消费税13.93亿元，分别比上年增长27.86%和36.17%。

近年来征收税款连续呈现大幅增长的良好态势，充分显示了海关严厉打击走私，规范进出口秩序，深化业务改革，提高通关效率，使进出口贸易得以快速、健康地发展。同时，国家扩大内需方针的有效落实，一般贸易进口货物快速增长，使海关关税大幅上升，为国家财税增长提供了稳定可靠的保证。

近年来，福州海关始终把关税工作作为海关工作的重中之重，坚持依法治税，做到依率计征，正确减免，当好“铁税官”；坚持综合治税，审价、归类、化验等部门通力合作，运用科技手段，实施价格监控，加强归类监督，提高准确性；完善减免税监督制度，既落实好国家进口税收优惠政策，又堵住超越规定审批减免税，防止税收流失；监管、稽查、打私部门强化税收征管，加大监控和执法力度，防止后续环节税收“跑、冒、滴、漏”，做到应收尽收；加强税收分析预测，注重把握各阶段的税收进展情况，大力扶持重点企业发展。

中国加入世贸组织后，随着我国关税税率大幅下调和海关履行《WTO估价协定》，海关关税工作面临前所未有的挑战。但是，关税作为国家财政的重要和稳定来源，做好海关税收征管工作对促进国家经济和社会发展，增加中央财力和治国安邦上具有十分重要的意义。对此，福州海关积极、主动地应对加入世贸的挑战。以“依法行政、为国把关，服务经济、促进发展”的海关工作新方针为指导，在促进贸易便利化的同时，全面推进海关税收征管制度的改革、管理方法的创新、执法能力的增强和工作效率的提高，始终坚持依法治税，千方百计全面完成2002年税收征管任务。

（福州海关办公室）

2．厦门海关税收工作

2001年厦门海关共征收税款61.23亿元，比总署下达的59亿税收任务多收3.23亿元，比上年增长1.71%，再创厦门海关征税历史新高。其中征收关税18.08亿元，征收进口环节增值税和消费税43.15亿元。

（1） 采取措施，确保完成税收任务

综合治税，齐抓共管，形成“大关税”意识。厦门海关分别于4月和8月召开关区关税工作会议，关领导亲自抓税收工作，力度之大为历年来少有。同时，关党组还多次召开专题工作会议，协调解决审价、减免税问题，使全关区各部门在税收工作上形成合力。

切块下达关税任务指标。2001年海关总署下达厦门关的税收任务59亿元，基本接近上年该关的实际征收数，比2000年总署下达的40亿元税收任务激增约50%，增幅之大，任务之艰巨显而易见。为此，厦门关根据税源调查的情况，考虑到通关改革后税款征收状况等诸多因素，及早布置落实，于年初完成税收落实任务切块下达工作。

加强税源调研，开拓税源。厦门关根据关区各阶段税收具体情况，分期对全关区税源进行走访，通过实地了解和对各种影响税收因素的综合分析、不同年份的综合比较等，及时分析税收形势，采取相应对策，确保税收于源头。

（2） 与时俱进，找准职能实现形式

进一步推进和扩大“先放后税”的管理范围。根据年初关区工作会议决定，进一步扩大“先放后税”范围，同时重新制定了《厦门海关对进口货物先放后税管理办法》，放宽了资格条件，生产型企业放宽到年纳税额1千万元，贸易类企业也允许实行，但年纳税额定为5千万元以上，使更多的企业只要符合条件的都可受惠。全年厦门关共审批44家企业实行先放后税管理，这些企业纳税总额占关税款总额的70%强，先放后税企业成为厦门关纳税主体。实施“先放后税”使企业获得了实实在在的效益，受到企业的欢迎，既改善了口岸通关环境，又踏踏实实抓住了税源。

转变审价职能，缓解通关“瓶颈”。针对通关制度改革后，因审价原因收取差额保证金的报关单数急剧增多，通关时间长，企业反映比较强烈的情况，厦门关采取了一系列应对措施：理顺关系，明确事权，规范审价操作程序。通过制定《厦门海关关于明确审价职责、调整参考价格管理权限的规定》、《厦门海关关于审价工作有关问题的通知》以及《厦门海关对进口货物实行预审价的暂行规定》，下放审价权限，加快通关速度。建立关区主要应税商品价格资料库，充实价格资料。建立关区价格资料咨询系统。在关税处网页上，通过关区计算机网络，实行价格资料咨询的快速反应。建立预审价工作制度。对于进口的大宗商品当一段时期内商品价格变化快、变幅大的商品，由企业及时提供合同、发票（可以是传真件）以及有关价格信息，如网址等，由审价职能部门在报关前期提前介入，关税部门可以以联系单形式在企业正式报关时向审单中心传递价格资料，确保大宗货物及时放行，也可将其确定为重点核查商品，进行税后跟踪核查，从而实现把反价格瞒骗的防线前推后移。五是成立厦门海关估价技术小组，加强海关估价研究，充分发挥海关估价专业人才在海关估价工作中的作用，提高行政决策的科学性。

（厦门海关办公室）

福建口岸大事记

1月3日

传达贯彻全省经济工作会议精神。

1月4日

印发《福建省沿海地区开采毛角石出口运作规程（试行）》。

1月8日

全省口岸查验单位及外经贸部门座谈会在福州召开。

1月12日

上报《2000年打击走私工作总结和2001年工作意见》。

1月17日

批复同意长乐象屿液化气码头临时靠泊国际航线船舶接卸氯乙烯。

1月22日

批复同意福港汽车运输公司使用直通车指标延期。

2月1日

传达贯彻落实省政府廉政工作电视电话会议精神。

2月12日

批复同意龙海市国安船业有限公司维修“满和”拖轮。

2月23日

印发《福建省直通港澳车辆运行管理的若干规定（试行）》。

2月23日

批复同意启用泉州进出口货物报验中心。

3月6日

全省口岸、海防、打私工作会议召开。

3月9日

马尾办事处牵头召开专题协调会，同意3000吨级以下国际航行液化气船舶临时靠泊长乐象屿码头接卸福州开发区巨星实业有限公司进口液化气作业20航次。

3月23日

国务院批复同意东山港口岸更名为漳州港口岸并扩大开放。

4月4日

省政府曹德淦副省长主持召开省打私领导小组全体成员会议。

4月9日

省政府办公厅印发《福建省口岸与海防办及查验部门改进工作优化通关环境具体措施》。

4月25日—26日

召开全省口岸生产运行统计会议。

4月27日—5月8日

国家边防办工作组一行到闽调研海防管理工作。

5月1日

本办由福州市东大路大营街1号迁至华林路259号办公。

5月14日

省政府发布《福建省海域使用管理办法》。

5月28日

本办印发《福建省口岸生产运行数据报送规程》。

5月30日

习近平省长一行到我办检查指导工作。

6月1 日

印发《福州海港客运口岸管理暂行办法》。

6月19日—20日

全省航空口岸管理工作座谈会在厦门召开。

6月21日—22日

《增强共建文明口岸活动实效研讨会》召开。

8月15日

发出通知开展为期2个月的全省提高口岸通关效率专题调研。

9月27日

马尾办事处召开专题协调会，原则同意国际航行液化气船舶（含外轮）临时靠泊营前BP公司专用码头接卸进口液化气作业。

10月9日

交通部发函同意泉州港深沪港区临时靠泊外国籍船舶，期限至2001年12月31日止。

10月9日

批复同意泉州圣莎拉制衣发展有限公司延长使用香港入境货运车辆指标。

10月17日

召开专题会议同意重新启用罗源淡头港二类口岸。

11月1日
全省口岸查验主管单位领导联席会议召开。
11月5日
省政府办公厅转发《关于全省口岸通关效率调研报告》。
11月5日
省政府召开全省提高口岸工作效率暨加强出口退税账户托管贷款业务电视电话会议。
11月6日
省口岸、海防办成立清理地方性法规、规章和其他政策措施工作办公室。
11月12日
全省打击走私工作例会在海关总署厦门培训基地召开。
12月11日
全省口岸运输生产单位领导座谈会在泉州召开。
12月14日
漳州港口岸扩大开放通过国家验收。
12月20日
省口岸、海防办召开处以上干部会议认真贯彻落实全省经济工作会议精神。
12月30日
交通部复函同意泉州港深沪港区继续临时靠泊外国籍船舶至2002年6月30日止。
12月30日
口岸中介主管单位及部分中介企业领导座谈会召开。

（福建省口岸海防办秘书处）

江西省

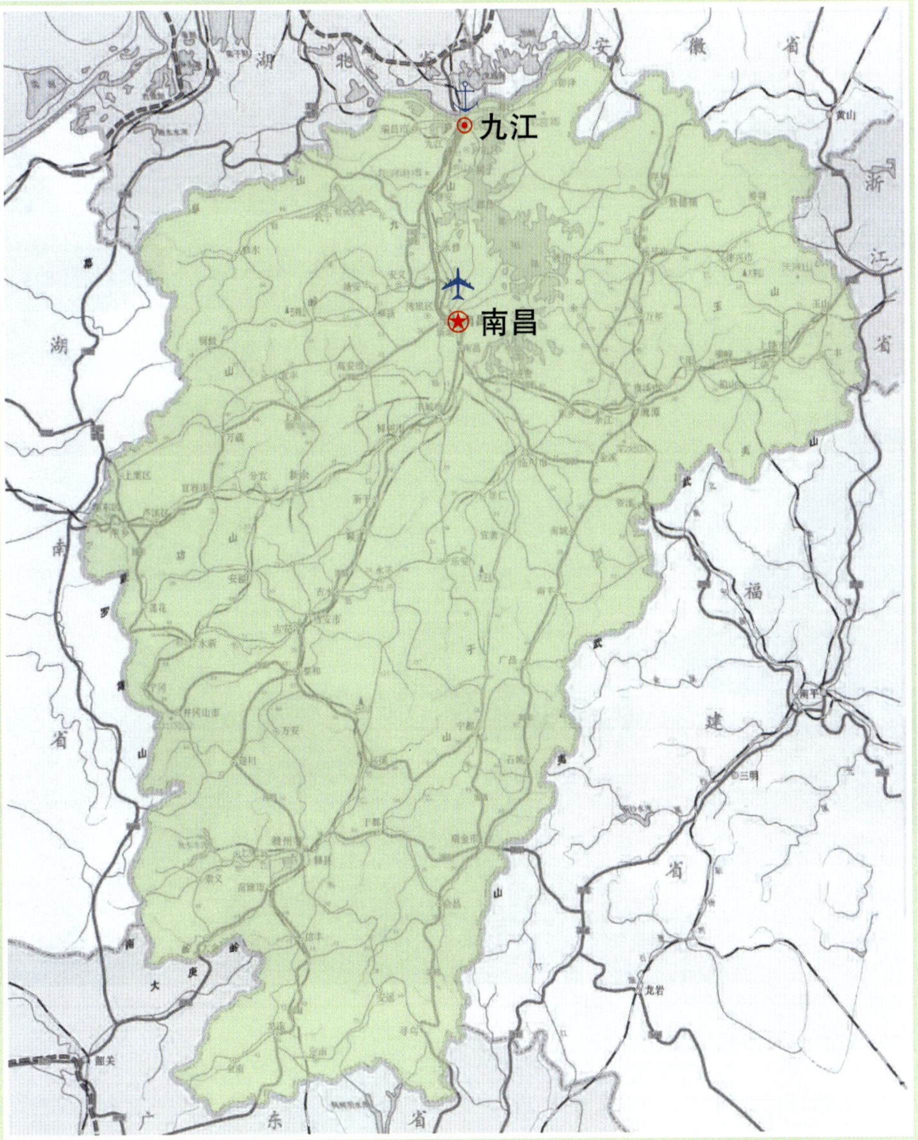

图　　例

省级行政中心　　铁路口岸　　公路口岸

口岸城市　　航空口岸　　海(河)运口岸

南昌空港边防检查员一丝不苟、热情服务

江西口岸工作综述

江西位于中国长江中下游交汇处的南岸，东邻浙江、福建，南连广东、西接湖南，北毗湖北、安徽，面积16.69万平方公里，人口3864万人。全省呈南北走向的长方形，属亚热带季风气候，光照充沛，无霜期长，江西物产丰富，土地肥沃，自然条件十分优越。

江西口岸历史悠久，是中国开放开发较早的省份之一。据史料记载，秦始皇统一中国后，为向东南沿海扩展，由鄱阳湖两岸向南沿赣江、梅岭 ，打通百粤，北导长江的格局，出现了万商往来开发开放的兴旺景象。1860年开始，九江港已成为中国长江对外三大通商口岸之一。仅1879年一年驶入九江港的外籍商船就达403艘，常驻江西的外籍商人就达1200人，1914年，外贸运输量居全国第4位。

新中国成立后，江西的对外经济稳步发展，尤其是贯彻改革开放方针以来，江西致力于“放开南北两头，搞活中间地带，由外向内，有步骤、分层次全面开放”，使江西的经济建设、对外贸易以及国际间的技术交流和友好往来得到了迅速发展。与此相适应，作为对外交往的门户和窗口，江西的口岸发展也进入了新阶段。1980年，经国务院批准，九江港口岸重新对外开放，开办中国籍外贸船舶对外贸货物的运输。1992年，经全国人大常委会批准，扩大对外国籍船舶开放。1988年在南昌向塘机场设立了南昌航空口岸，经批准开辟了南昌——香港的直航（临时包机）客运航线，1997年10月转为正式航班。1999年9月18日南昌航空口岸由向塘迁往昌北新机场。

为了加强全省口岸工作，1980年江西省委、江西省政府成立了江西省口岸办公室，负责全省水、陆、空口岸管理和协调工作。并对南昌航空口岸进行具体的管理和协调。还在九江市、吉安市、赣州市分别设立了口岸办公室。各开放的口岸根据规定和需要分别设有边防检查、港务监督、海关、出入境检验检疫等国家监管查验机构，负责对出入境人员、货物、交通工具进行检查检验和监督管理。

到2001年江西省有九江、南昌两个一类口岸。

2001年江西省完成外贸货物进出口总量145.26万吨，同比增长1.38%，其中出口运量130.22万吨，下降3.37%，进口运量15.04万吨，增长160%。

（黄四方）

2001年江西省口岸出入境旅客、交通交通工具和进出口货运量统计表

口岸 / 项目	九江港口岸					
	出　境	同比增减	进　境	同比增减	合计	同比增减
飞机（架次） 船舶（艘次）					380	22.18%
旅客（人次）						
货物（吨）	35498.25	-0.40%	12777.24	-25%		
集装箱（标箱）	3217	2057	6274			18%

口岸 / 项目	南昌空运口岸					
	出　境	同比增减	进　境	同比增减	合计	同比增减
飞机（架次） 船舶（艘次）					320	-1.84%
旅客（人次）					23267	-2.49%
货物（吨）					338	77.50%
集装箱（标箱）						

江西口岸查验单位工作综述

南昌海关

【概况】 南昌海关于1988年12月1日开关,并正式对外开办业务。

南昌海关下辖九江海关、赣州海关、吉安海关、景德镇海关(筹)和驻南昌高新技术开发区海关办事处(筹),代管总署九江教育培训基地。总关内设11个处级机构,1个派驻机构,1个直属事业单位。

南昌海关自成立以来,坚持"依法行政,为国把关,服务经济,促进发展"的海关工作方针。为了适应经济全球化和我国加入WTO的新形势,努力改革创新,积极推进通关作业改革,坚持把关与服务的统一,在严密监管的同时大力提高通关效率,支持江西省外向型经济发展。

【推进通关作业改革】 2001年,南昌海关根据海关总署的统一部署,大力推进通关作业改革、口岸电子执法系统的推广应用和快速通关作业改革。现已实现了风险布控、审单作业、实际监管、职能管理和执法监督"五权"分离,实际监管职能得到加强。大力推行跨关区快速通关改革,实现了"一次转关、一次申报、一次查验放行",进一步简化了转关手续,通关效率和质量得到进一步提高。成功启用了出口收汇系统与外汇管理部门共同对出口数据进行电子数据核查,加强了转关货物全过程监管。

【保持打击走私高压态势】 南昌海关始终保持打击走私的高压态势,运用行政执法和刑事执法两种手段,严厉打击伪报、瞒报、"三假"等货运渠道走私和"飞料"、擅自内销保税货物等加工贸易渠道走私,2001年共立案侦查走私犯罪案件21起,案值881万元,涉嫌偷逃税额229万元。积极配合税务、外汇、质检等部门,开展打击骗税、骗汇、假冒伪劣和非法侵权等违法犯罪活动,有力地维护了规范统一、公平竞争的进出口贸易秩序和环境。

【加强出入境实际监管】 在提高监管效率和通关速度的同时,南昌海关把实际监管的重点放在提高查获率和对进出口货物的有效监控上。开展了对报关市场的清理整顿和综合治理,加强对报关企业、海关监管货物运输、仓储企业和监管点的管理,督促有关单位完善监管条件。进一步规范加工贸易监管,严把合同备案、核查和核销关。强化企业分类管理,及时调整了企业分类评定标准。加强出入境旅检监管,在便捷绝大多数旅客出入境的同时,严厉打击携带反动、淫秽、盗版、宗教宣传品、毒品、文物及货币非法活动。

【支持地方经济发展】 为策应江西省委省政府提出的"江西在中部地区崛起"的发展战略,南昌海关认真研究制订了支持江西外向型经济发展的20条措施,包括实行24小时预约报关和节假日值班制度,制订通关事务应急处理协调制度,规定通关作业时限,对出口货物及时通关验放。制订高新技术生产企业和A类企业便捷通关试行办法,为高新技术产品开辟"绿色通道"从快验放。同时,加快出口货物舱单电子数据传输和转关货物结关出境回执反馈速度,及时签发出口结汇、退税报关单证明联,以进一步降低通关成本,提高贸易效率。积极引导和扶持江西的服装、纺织、航空制造、有色金属和农副产品加工等产业,发展加工贸易。认真落实税收优惠政策,2001年依法办理减免税5.02亿元。

【加强队伍建设】 坚持"从严治关"的队伍建设方针,对关区干部队伍严格要求、严格教育、严格管理、严格监督,切实"管住自己的人,把好国家的门"。大力加强各级领导班子和领导干部队伍建设,严抓党风廉政建设责任制的落实。深入开展海关"文明窗口"创建活动,积极推进海关"便捷、透明、优质、高效"工作作风和造就"廉洁勤政、文明执法”优秀队伍。使海关队伍始终保持着健康向上的良好态势。

【加强税收征管】 认真贯彻"依法治税、强化征管、综合堵漏、清缴欠税"的税收工作思路，坚持依法治税，从严治税，综合治税，"抓大不放小"，即抓住大宗进口商品和纳税大户两个基本税源的同时，对进口量少、零星进口货物的税收征管也丝毫不放松。深入税源大户开展税源调研分析，抓好税则归类、审价等基础工作，加强关税监控分析。2001 年征收税款 3.12 亿元，超额 25%完成了总署下达的 2.5 亿元年度税收任务。

2001 年南昌海关主要业务统计表

项　目	单 位	2001 年	
		数据	同比（%）
进出口货物总值	万美元	31824.56	6.80
进出口货物总量	吨	134202.65	−14.09
报关单	份	6337	−12.80
船舶	艘次	217	0.93
火车车皮	个	308	−23.00
汽车	辆次	571	−9.08
集装箱	标箱	11232	−1.05
飞机	架次	321	−1.53
出入境人员	人次	25602	−3.83
关税	万元	14200.56	−5.08
进口环节税	万元	17032.82	−2.32
税收入库总计	万元	31233.38	−3.60
退税	万元	24.8	24.00
核销补税	万元	2240.14	130.43
审价补税	万元	11.92	−75.09
稽查补税	万元	46.13	−95.09
审批减免税	万元	50219.47	24.41

江西省出入境边防总队

【概况】 2001 年，江西公安边防总队坚持“维护主权、方便往来、坚持制度、保证安全”的边防检查工作原则，认真做好南昌、九江口岸的出入境边防检查工作，得到了上级机关和当地政府的一致好评。2001 年，南昌边检站被公安部评为“全国公安机关人民满意基层单位”，执勤业务一科被团省委授予“青年文明号”称号。

2001 年共检查出入境旅客、员工 25834 人次，比上年减少 4.9%。飞机 320 架次，比上年减少 1.8%。查获偷（引）渡分子 7 起、11 人次，比上年增长 3.5 倍。查处违法违规 60 人次。为来江西省投资考察的境外宾客提供礼遇服务 23 起 243 人次。

【边防检查】 为适应国家加入 WTO 后的新形势，满足江西对外开放的需要，2001 年，总队认真落实《旅客检查工作规范》，对边防检查信息管理系统进行了升级改造，南昌边检站普遍使用 OCR 阅读机和多功能鉴别仪，大大提高了工作效率和准确性。在春节、“十一”期间，针对江西旅游市场火爆的情况，积极配合旅游部门开通南昌－曼谷航班，虽航班均在半夜起降，但南昌边检站及时调整勤务组织，增设验证通道，加强一线执勤警力，确保游客安全快捷出入境。同时，总队注重对检查员队伍的培养、教育，组织了伪假护照识别、英、日、俄外语日常会话、边检法律法规知识培训共计30余次，提高了检查员队伍的整体素质。

【口岸安全】 针对复杂的国际国内形势，特别是“9.11”恐怖事件发生后，总队反复修订《处置突发事件方案》，并先后组织4次演练，提高了处置突发事件能力。严格履行口岸边防管理职能，加大边检执法力度，严格口岸的查堵措施，全年共查处偷渡案件7起11人次。按照“严格手续，严密布控，及时发现，有效控制，依法处理”的口岸查控工作原则，定期检查监督查控设施运行状况，逐级逐人落实岗位责任制，严格查控工作一把手责任制。全年未发生一起失控、漏控、错控现象，维护了口岸正常的出入境秩序。

江西出入境检验检疫局

【概况】 江西出入境检验检疫局，下辖九江、景德镇、赣州、上饶、宜春、吉安等6个分支局和南昌昌北机场办事处。2001年共检验检疫出入境货物20430批，货值8.11亿美元，同比增长30%和9.2%，创历史最高纪录。检疫处理出入境集装箱9422标箱，增长47.3%；检疫出入境飞机326架次，查验出入境人员23773人次，预防接种6640人次，艾滋病监测5476人次；完成包装鉴定5660批次1947万件，批次增长52.5%；。2001年，查出有问题的进口商品96批，对外出证索赔431万美元；完成外商投资财产鉴定8批344万美元，降价14万美元；发现一次检验不合格出口商品191批435万美元；为企业挽回了经济损失，维护了国家信誉。2001年在国际疫情频出的情况下，把疫情截获率和检出率作为工作的重中之重，全年截获旅客违规携带物品54人次73批；旅检截获疫情43批次，其中二类检疫对象桔小实蝇2批次；木质包装共截获植物疫情 21 批次，货物截获植物疫情2批次。其中截获二类检疫对象松材线虫2批次，截获其它有害生物21批次；还确保了14.64万头供港活猪无疫病，使港澳同胞吃上了放心肉；查出从日本进口的不符合检疫要求的猪皮1批，查出患有肝炎、梅毒等传染病的出入境人员317人次。2001年该局还在全省范围内进行了122个重点实蝇监测点的监测工作，开展了对九江口岸、南昌机场、南昌陆运水运口岸媒介物本底调查，取得了重大成果，引起了国家质检总局和江西省人民政府领导的重视；针对美国“9·11”事件以来炭疽热蔓延的严峻形势，该局加强了对出入境邮寄物品的检疫管理，处理了1起可疑白色粉状邮寄物。从而确保了人民身体健康和农牧业生产安全。动植物疫情截获率列全系统8个被表彰的单位之中。2001年除新成立的吉安局外，省局、赣州局、九江局、景德镇局、上饶局均获得省级文明单位称号，宜春局也获市级文明单位称号。该局还先后获得 “省直单位三五普法先进集体”、“江西省法制宣传先进集体”、“全国法制宣传先进集体”等称号。局机关党委被江西省直机关工委和国家质检总局党组授予“先进基层党委”和“先进基层党组织”称号，赣州局获“全国检验检疫系统先进单位”称号。

【大胆实践，探索监督管理新模式】 2001年积极探索工作重心和监管方式的转变，力求从源头上抓好质量。一是把工作重心逐渐转移到涉及安全、卫生、健康、环保、反欺诈和关系国计民生等重要项目上来；二是逐步实现检验检疫的工作重点由事后检验向产前、产中和产后全过程转移，将质量问题的隐患消灭在生产过程之中；三是对进口商品实行全过程管理，发现问题及时出证对外索赔；四是重点扶持江西一些大企业、大集团优质产品和高技术附加值产品的出口，增强在国际市场的竞争力；五是大力推进认证认可工作，强化进口商品安全许可、出口商品质量许可、进出口企业及动植物产品卫生注册登记制度，加强社会实验室认证，积极推广ISO9000、ISO14000、QS9000体系认证，使企业的管理和产品质量上水平、上档次，从根本上保证了进出口商品的质量。

【优化环境，为企业服务推出新举措】 2001年，采取了一系列服务江西外向型经济、促进外贸发展的举措。一是实施了检验检疫政务公开。投资20多万元在省局和各分支局设置了触摸屏查询电脑、大屏幕电子显示屏，使企业能及时了解有关信息、法规政策、工作流程、收费标准等，使检验检疫工作科学规范，公正透明；二是提高服务效率，方便外贸快进快出。实行检务“1小时出证”、“24小时报检”和节假日值班制，推行电话、计算机、远程报检等方式，简化手续，缩短流程，做到特事特办，急事急办，特别情况随到随办，进一步加快了通关速度；三是延伸服务轨迹，为企业出口铺路搭桥。2001年我国开始对出口打火机实施法检，江西局努力指导企业按国际标准组织生产，并派员驻产地检验，使省内4家产值逾5亿元的企业生产的197批打火机顺利出口；四是充分发挥自身人才、技术、信息方面的优势，帮助企业提高产品质量和技术含量，开拓国际市场。大力扶持和促进农产品、食品出口，帮助58家企业获得了出口食品卫生注册登记证，并推荐申请发达国家的认证，有1家水产品厂、2家肠衣厂获欧盟注册，1家冷冻禽肉厂获韩国注册，4家烤鳗厂获日本厚生省登记，1家水产品厂获美国食品及药物管理局（FDA）的HACCP认证，6家低酸罐头厂获美国FDA注册，有力促进了这些企业产品出口的增长；五是大力推广普惠制，帮助企业扩大出口。帮助企业用好用足普惠制，使越来越多的企业享有普惠制带来的经济效益，增强了产品的出口竞争力。全年完成产地证签证4733份，货值为1.7亿美元，其中普惠制产地证签证3987份，货值1.4亿美元，为全省出口企业减免关税约1700万美元。

【依法行政，整顿和规范市场经济秩序】 一是依法对南昌市商场、宾馆饭店、美容美发厅等进行了检查，查获存在严重质量问题和无检验检疫证书，无CIQ标志的进口商品货值达23.9万元，并采取了封存、撤离货架、监督销毁等行政措施；二是对一起从美国进口、滋生了大量昆虫的共240吨废纸进行了除害处理，并与环保部门合作，监督销毁；三是对全省肉品冷库进行了清查，共查获从美国、巴西、德国等十几个国家进口的无检疫手续的肉品270多吨，对来自疫区的2吨多肉品就地销毁，保护了消费者的健康；四是对全省2000多辆日本三菱帕杰罗越野车进行了妥善处理，维护了消费者的合法权益。

【强化基础，增强检验检疫整体实力】 2001年按照国家质检总局“抓基层、强基础”的要求，建立了规范高效的实验室体系。陶瓷、烟花爆竹、农畜食、艾滋病初筛4个重点建设的实验室取得新成绩，其中陶瓷实验室已成为国家质检总局CQC首批指定的实验室，农畜食实验室和艾滋病初筛实验室先后通过了国家质检总局CCIBLAC评审认可和考核验收。全国第一个烟花爆竹安全检测网站开始运行。并首开烟花爆竹药剂配方的安全性能检测，发现不合格率达38.8%，及时消除了重大安全隐患。

【机制、制度创新，管理上了新台阶】 结合加入WTO的新形势，从机制、制度创新入手，提高了工作质量和工作效率。一是首次实施了目标管理责任制；二是推行末位调整制，对连续两年工作业绩居末位的调整下岗；三是加强财务管理，严格财经纪律；四是根据机构改革以来的工作实践，调整和完善了机构职能，使分工更加科学、规范；五是重视制度建设。

2001年江西出入境检验检疫主要业务统计表

制表单位：江西出入境检验检疫局　　　　　　　　　　　　金额单位：万美元

	进出口商品检验				进出境动植物及产品检疫						出入境卫生检疫						
			检出不合格		动物及其产品		植物及其产品				监测体检及预防接种				交通运输工具		
	批次	金额	批次	金额	批次	金额	批次	金额	检出疫情 批次	检出疫情 金额	监测体检	艾滋病监测	发现病例数	预防接种	出入境人员（人次）	飞机（架次）	集装箱（TEU）
出境	16343	52700	191	435	796	1325	2154	10600			5889	5294		6640	11184	163	3824
入境	1180	20700	96	431	16	79	27	247	2	98		182			12589	163	5598
合计	17523	73400	287	866	812	1404	2181	10847	2	98	5889	5476	320	6640	23773	326	9422

九江长江海事局

九江长江海事局是交通部长江海事局派驻九江的水上安全监督主管机关，负责长江干线瑞昌至彭泽126公里区段的水上安全管理工作。2001年，九江海事局以水上安全管理为中心，加强现场管理，提高服务质量，各项工作稳步推进，为实现“十五”期间跨越式发展打下了坚实基础。

【以水运安全管理年活动为主线，抓好季节性安全工作】 九江海事局按照交通部统一布署，结合辖段特点，制订并实施水运安全管理年活动方案，突击活动重点，明确工作责任，始终把“水上运输安全管理年”活动同季节性工作和日常安全管理紧密结合。开展了水上交通秩序专项整治活动和重大事故隐患排查工作，重点整治鄱阳湖出湖运砂船舶超载超吃水和冒险航行现象，初步遏止了出湖船舶事故多发的局面。

【以提高巡航水平为手段，加强现场监督管理】 2001年监督艇出航4670次，航时5452小时，比2000年提高近1倍，与此同时巡航工作的质量也有明显提高，全年现场检查各类船舶1.1万艘，纠正各类违法行为2500多艘次，查处非法采砂船舶400余艘次，三无船舶36艘，坚持开展每月一次的长江下游分道航行规则统一行动，净化了通航环境，改善了通航秩序。

【以创建安全检查“精品工程”为目标，提高安全检查工作质量】 全年完成内河船舶安检349艘次，海船15艘次，滞留低标准船舶22艘次。完成了长江海事局下达的年度安检任务，单船缺陷率由2000年的4.6项提高到6.9项，本港整改率达100%，没有发生安检后的船舶在外港被滞留的情况。为加强客渡船舶管理，九江海事局对辖区内的37艘在运渡船建立了技术档案，实行了季度全面安检制度。

【以推行警示管理为核心，提高服务质量，加强事故预防预控】 九江海事局充分发挥事故的警示教育作用，通过影像宣传、橱窗宣传和发放宣传资料等多种形式，剖析事故案例，分析血泪教训，增强了广大船员的安全意识。九江海事局还积极探索新的安全管理途径，在大桥监督站的基础上组建了海事信息中心，24小时监控通航状况，提供安全服务。2001年共向过往船舶提供水文、气象、航道咨询服务700多次，发布大风大雾航行警告70多次，监听事故信息42次，救助遇险船舶44艘，遇险人员106人次，减少经济损失2600多万元，初步实现了管理模式由“事后处理”向“事前管理”转变。

【成立船舶整顿基地，整改事故隐患】 针对安全管理出现的新情况，九江海事局年初在湖口成立船舶整顿基地，抽调专艇专人24小时现场检查，整改事故隐患，全年检查运砂船舶1869艘次，强制超载船舶卸载403次，为不适航船舶配备驾引人员82人次，消防救生设备4000多件，航行资料800多份。通过严格管理和优质服务，扭转了出湖船舶事故多发的局面。

【加强内部管理，促进两个文明建设】 2001年，九江海事局实施了干部职位上岗公示制度、中层干部定期戒免谈话制度和尾数警示制度，加强了干部队伍建设。在两个文明建设活动中取得了丰硕成果：连续三届保持省级文明单位称号，局属三站进入市级文明单位，港区站被评为九江市十大文明窗口，全局设备管理二级达标，档案管理继续保持国家二级达标成果。

（王良勇）

江西口岸概况

【九江港口岸】 九江，是长江流域的重要港口城市与交通要道，地理位置十分优越。九江港扼鄱阳湖与长江的交汇处，踞长江中下游结合部南岸，地处北纬29°2—29°9′，东径115°5′—116°7′，地接赣、鄂、皖三省。是长江干线上水水和水陆联运换装的重要港口，是大京九铁路通过长江的唯一港口，也是江西省唯一的沿江通海港口。

九江港于1980年2月14日经国务院批准对外开放，允许中国籍国际航行船舶开展外贸装卸运输业务。于1991年10月30日经全国人大常委会22次会议审议批准扩大对外国籍船舶开放，是江西省唯一对外开放的一类水运口岸。

九江港辖区现有3座码头（九江港务局外贸码头、中国闽赣物资公司214码头、九江石化总厂油品专用码头）6个5000吨级、1个3000吨级泊位对外开放，常年具备接卸5000吨以下的中外散货船、国际集装箱船、油船、特种散装液体化工原料船舶。2001年仅有外贸码头、214码头开展外贸装卸作业。当年，应九江市化工企业申请要求，解决从国外直接进口化工原料丙烯，弥补国内市场原料短缺，恢复发展生产。9月5日，经江西省政府、省军区批准，并经口岸监管部门同意，将九江港口岸辖区内企业新建自备的中建万佳进口丙烯专用储运码头（3000吨泊位一个）纳入对外开放范围。该码头的正式开放运行正在筹备之中。

2001年，九江口岸以优化口岸环境，服务九江经济建设为中心，以共建社会主义精神文明口岸为纽带，确保口岸外贸运输的安全、高效、文明、畅通为目的，统揽全年口岸工作。2001年，九江口岸完成外贸运量9.5984万吨，其中进口3.398万吨，出口6.5586万吨。在总的外贸运量中，水路运量为8.8541万吨，公路外贸运量为0.5825万吨，铁路外贸运量为0.1618万吨。

2001年，九江港由于受到长江航道枯水期长等因素的影响，开放以来首次出现全年无国际航行船舶进港。口岸水运外贸货物主要由九江至上海中转世界各港的国际集装箱内支线班轮承运。中远公司、中海公司、中外运公司、长集公司、东方海外航运公司开通的九江—上海内支线班轮全年进出港达380航次，较上年311航次增加了69航次。完成承运进出口国际集装箱6274标箱，较上年增长18%，其中进口2057标箱，出口3217标箱。国际集装箱运输已成为九江港口岸外贸运输的主要运输方式。

（刁晓灵）

【南昌航空口岸】 南昌航空口岸经批准于1988年12月26日开办了南昌—香港的包机航线，1992年经国家验收后正式对外开放。1999年9月15日由向塘军民合用机场搬迁至新建的昌北民用机场。南昌昌北机场位于南昌市正北方26公里的乐化镇谈家村附近，有105国道和昌九高速公路与机场相连。从南昌出发，行车时间仅25分钟左右。机场占地面积303.9359公顷，飞行区等级4D，机场跑道长2800米、宽 23 米，两侧道肩各宽7.5米，道面厚度按“波音747”飞机全重设计。站坪面积12万平方米，可同时停靠18架大型飞机。候机楼面积27141万平方米，其中国际厅9800余平方米，内设有中西餐厅、免税商店、外币兑换、宾馆等服务设施。机场配备有消防、供油、供水系统和设备，导航通讯等设备、设施达到国际和国内先进水平，可保障现有各种机型的起降。机场设登机廊桥，可同时容纳18架飞机上（下）客。机场设计年旅客吞吐量200万人次、高峰每小时1100人次。其中口岸出入境旅客年吞吐量50万人次。昌北机场具有很强的集疏能力，现已开通北京、上海、深圳、西安等国内25条航线和南昌—香港、南昌—泰国曼谷（包机）2条地区和国际航线，周航班数已达200个，周提供座位数达20000个，日进出港航班50架次。

2001年，出入境旅客总数2.3267万人次，其中以台湾旅客居多，出入境总数达1.3491万人次，占总出入境人数的57.98%。外国籍旅客1528人次，占总出入境人数的6.57%。出入境航班320架次，口岸进出口货物338吨。

为了更好地适应改革开放的发展，江西省委、省政府除不断加大现有航线的航班密度外，正在筹划与协调各有关部门，扩大南昌航空口岸对外籍飞机开放，以促进江西的对外交流与合作的进一步发展，适应经济发展的需要。

南昌航空口岸开放近十年出入境客货运统计表

年份	出入境飞机（架次）	同比 %	出入境人数（万人次）	同比 %	出入境货运量（吨）	同比 %
1992	260	+8.79	1.7868	+13.98		
1993	280	+7.69	2.2799	+27.60		
1994	306	+9.29	2.1347	−6.37		
1995	234	−23.53	1.8500	−13.34		
1996	210	−10.26	1.7032	−7.94		202
1997	248	+18.10	1.7288	+1.50	305	+50.99
1998	221	−10.89	1.2923	−25.25	120	−60.66
1999	314	+42.08	1.9139	+48.10	185	+54.17
2000	326	+3.82	2.3861	+24.67	122	−34.05
2001	320	−1.84	2.3267	−2.49	338	+77.05

江西口岸外贸概况

2001年全省外经贸工作紧紧围绕加快外经贸发展步伐这个主题，调动各方面的积极性，努力完成各项外经贸任务，为全面完成“十五”计划打下了坚实的基础。

【外经贸发展思路有新突破】 通过学习重新审视了外经贸工作中存在的问题，结合我国加入WTO的新形势，按照国际惯例和贸易准则，提出了加快发展的具体措施。树立抢抓机遇观念、资本运作观念、经济国际化观念，以大开放促大发展，以大经贸促大发展的新思维。一是从就外贸抓外贸转到把外资工作作为重中之重，以外资带外贸，以开放促发展。二是从重点抓专业外贸公司转到实施大经贸战略，推动外贸企业、外资企业、生产企业、民营企业全面发展。三是从长期局限于港澳为主的“家门口”市场，转到重点开拓远洋市场，主攻欧美，拓展中东、非洲，挺进俄罗斯市场的思路。

【外贸运行质量有新的进展】 2001年全省外贸进出口累计完成15.31亿美元，比上年同期下降5.73%。其中出口额10.39亿美元，下降13.20%，占全省国内生产总值2176亿元（相当于262.91亿美元）的3.95%，占全国出口总额的0.39%。进口额4.92亿美元，增长15.30%，占全国进口总额的0.20%。当年实现贸易顺差5.47亿美元。外贸出口下降，但运行质量提高。具体表现在：厅属外贸企业盈亏相抵后同比减亏328万元；综合出口换汇成本为8.41元，比上年下降2分钱；减少占用在库商品资金和占用应收国内帐款资金20836万元；高新技术产品和机电产品出口分别比上年增长30.3%和4.8%。

【利用外资有新的提高】 2001年全省新批外商直接投资企业309家，合同外资额5.27亿美元，比上年增长98.25%。实际利用外资5.4亿美元，比上年增长64.87%，占全国利用外资总额的1.15%。全年实际利用外资额占全省全社会固定资产投资总额660亿元的6.74%，比上年提高1.98个百分点。截止2001年底，全省累计批准外资项目6594个，其中外商直接投资5525项，对外借款86项，其他投资983项。累计合同外资额71.97亿美元，其中外商直接投资52.12亿美元，对外借款15.83亿美元，其他投资4.02亿美元。累计实际使用外资额50.14亿美元，其中外商直接投资30.91亿美元，对外借款15.96亿美元，其他投资3.2亿美元。

江西省对外贸易进出口货值统计表

类别	项目	单位	2001年	2000年	同比增减
	进出口货总值	亿美元	15.31	16.24	–5.73%
	其中出口	亿美元	10.39	11.97	–13.20%
主要国家和地区	美国	万美元	13088		
	香港	万美元	12708		
	日本	万美元	11222		
	科特迪瓦	万美元	5840		
	韩国	万美元	4530		
	荷兰	万美元	3173		
	阿联酋	万美元	3087		
	德国	万美元	2981		
	新加坡	万美元	2577		
	巴拿马	万美元	2498		
商品结构	初级商品	万美元	16655		
	工业制品	万美元	87245		
	其中进口	万美元	49190	42664	15.30%
	日本	万美元	10672		
	美国	万美元	5039		

续表

类别	项目	单位	2001 年	2000 年	同比增减
主要国家和地区	智利	万美元	4524		
	德国	万美元	4072		
	香港	万美元	3652		
	台湾	万美元	3174		
	加拿大	万美元	1959		
	澳大利亚	万美元	1776		
	秘鲁	万美元	1764		
	英国	万美元	1586		
商品结构	初级商品	万美元	16828		
	工业制品	万美元	32362		

江西省进出口额在500万美元以上商品情况表

类别 \ 项目	商品名称	出口		进口	
		金额（万美元）	占总额百分比	金额（万美元）	占总额百分比
5000万美元以上（3种）	服装、大米、棉布	42086	40.51		
5000万美元至1000万美元（16种）	金属制品、电子产品、机械设备、仪器、茶叶、亚麻布、活猪、烟花爆竹、瓷器、手工艺品、运输工具、纸及纸板、塑料制品、棉花、家具、抗菌素	31754	30.56		
1000万美元至500万美元（14种）	木制品、氟石、灯具、松香、钢坯、丝绸、合成织物、汽车零件、医用敷料、人造花、皮革手套、皮鞋、玩具	13125	12.63		
合计	33种	86965	83.7		
1000万美元以上（9种）	铜矿沙、纺织机械、铁矿沙、电器及电子产品、塑料原料及制品、金属制品、银矿沙、仪器仪表、汽车零件			23493	47.76
500万美元至1000万美元（16种）	合成纤维、电子技术、纸及纸浆、集成电路硬件、医疗器械、成品油、钢材、金属加工机床、计算机及通讯技术、生命科学产品、聚丙烯、棉织品、聚乙烯、电线电缆			12709	25.84
合计	23种			36202	73.6

2001年利用外资情况表

利用外资方式	批准签订的合同			实际利用外资	
	项目（个）	外资金额（万美元）	同比（%）	金额（万美元）	同比（%）
对外借款				14460	45.08
外商直接投资	308	52660	98.88	39757	74.16
合资企业	117	15433	59.27	20104	04.77
合作企业	12	349	-7.20	1426	-35.18
外资企业	179	33748	158.82	18045	68.55
外商其它投资	1	11	-87.78	11	-87.78
加工贸易	1	11	-87.78	11	-87.78
合计	309	52671	98.25	54046	64.87

外商直接投资分行业情况表

行业	项目数(个)	合同外资(万美元)	占合同外资总额(%)
农、林、牧、渔业	15	2370	4.50
采掘业	4	386	0.73
制造业	179	21924	4.63
电力、煤气及供水业	4	1669	3.17
建筑业	9	1602	3.05
交通运输、仓储及通信业	2	166	0.32
批发和零售、饮食业	8	1091	2.07
房地产业	42	13156	24.98
社会服务业	39	8627	16.38
卫生、体育和社会福利业	1	40	0.08
教育、文化艺术及广电业	2	612	1.16
其他行业	3	1017	1.93
合计	308	52660	100.00

江西口岸大事记

7月30日

省政府副秘书长胡咏、省外经贸厅副厅长陈绵水在省口岸办主任魏耕夫的陪同下，前往南昌昌北机场慰问了南昌边防检查站全体武警官兵，认真听取了站领导的汇报，了解了武警官兵的工作、学习、生活、训练等情况，并针对口岸工作特点提出了要求。陈副厅长指示口岸处要按照省政府领导的要求和省政府赋予的职能认真做好口岸工作，关心好武警官兵的生活和工作。随同慰问的还有省边防局局长杨伯佬同志。

8月18日

根据省政府机构改革方案，江西省口岸办公室正式并入省对外贸易经济合作厅，设口岸管理处，开始在厅党组和厅领导的领导下履行职责，对外仍称江西省口岸办公室进行工作。

9月5日

根据九江港口岸对外开放与发展的需要，省政府、省军区以赣府字［2001］242号《关于调整九江港水运口岸对外籍船舶开放坐标的批复》，调整了九江港水域外籍轮停靠点和锚地。在原有锚地的基础上新增加了位于湖口的万佳码头作为外籍轮停靠锚地。

9月6 日

国家计委下达2001年补助一类口岸中央预算内基建投资计划（《国家计委关于下达到2001年补助一类口岸中央预算内基建投资计划的通知》计投资[2001]530号），补助江西省一类口岸100万元。

9月10日

孟建柱书记、黄智全省长和彭宏松秘书长、朱英培副省长前往北京有关部门就南昌航空口岸对外籍飞机开放等问题进行走访联系。海关总署署长牟新生、副署长李克农以及人教司、计财司等职能司司长参加了会见，并对江西省提出的南昌航空口岸对外籍飞机开放明确表示了支持意见。随同前往的还有邵业鹏、胡宪、胡咏副秘书长及南昌海关陈华山关长、省民航局邵登祥副局长等同志。同日下午和次日上午，省政府有关部门随朱英培副省长、胡咏副秘书长前往总参谋部、军委空军走访。总参张副部长、军委空军作战部马健部长对南昌航空口岸对外籍飞机开放都表示支持，并提出了具体操作方案。

9月12日

根据总参、军委空军提出的要求，省口岸处主任魏耕夫、南昌市童敏副市长、省民航局李运昌处长、省府驻南京办事处彭主任随同胡咏副秘书长前往南京空军司令部联系南昌航空口岸对外籍飞机开放事宜。南空司令部作战处答应在9、10月适当的时间来南昌测试，并具体协商机场对外开放事项。

9月13日

省口岸办主任魏耕夫等随同胡咏副秘书长前往南京军区作战部与作战部徐金才副部长会见。徐副部长表示同意南昌航空口岸对外籍飞机开放，并答应即日下午或次日征求南空和江西省军区的意见，然后上报总参、中央军委，同时抄送军委空军。

9月18日

省外贸厅副厅长王中阳同志前往南昌港视察了南昌水运口岸作业区。王副厅长认真听取了水运口岸作业区有关经营单位的工作汇报及情况反映，察看了腾王阁码头、昌北码头、江边码头，仔细询问了口岸作业的过程。同日，王副厅长还走访了南昌航空口岸，并征求了各查验部门驻南昌航空口岸现场负责人对口岸工作的意见和建议。

9月19日

南昌港水运口岸作业区在滕王阁码头召开口岸安全生产工作会议。会议由省口岸处主任魏耕夫主持。与会同志通过学习，认真分析了口岸生产中当前存在的不安全因素和隐患，并研究了解决措施。会议最后决定组成南昌水运口岸作业区安全生产领导小组，围绕口岸安全畅通、文明高效进行工作，把口岸管理具体化。制定水运口岸作业区工作程序，减少工作中的碰撞，提高工作效率。加强对职工的教育，努力提高职工的素质。

9月24日

海关总署同意我办赣口办字[2001]019号《关于恳请批准东方航空公司临时包机在南昌航空口岸出入境的请示》，批准2001年9月30日、10月6 日东方航空公司飞行南昌至曼谷临时包机航班（2进2出）。有关查验等协调工作由江西省口岸办公室负责。

9月30日

南昌航空口岸国庆临时包机第一个航班于23时20分起飞，由南昌直飞泰国曼谷。海外旅行社组织的154名旅客安全启程，口岸系统有5人随团考察，乘座率99.98%。

10月16日

在海关等查验部门的大力支持下，经过较长时间的试运行，南昌至上海的国际集装箱海铁联运业务在南昌货运口岸李家庄作业区正式开通。实现了海铁联运的门到门、仓到仓服务，为江西省外贸货物的进出口节约大量的时间和费用。

10月31日

根据《国务院办公厅关于进一步提高口岸工作效率的通知》（国办发明电[2001]38号）精神，省口岸办公室以赣外经贸口岸字[2001]567号文，向省政府提出了贯彻意见。主要是要求建立省口岸工作协调领导小组，并就领导小组的主要职责、工作内容、运转方式等提出了意见。

11月2日

九江市万佳码头经过开放准备之后，市政府组织预验收。预验收工作由市长助理冯静主持，各单位对前一阶段的准备工作表示满意。冯静要求各单位积极支持万佳专用码头的对外开放，要进一步完善必要的基础设施，经营单位要加紧联系特种船舶，尽快发挥效益。

11月27日

为贯彻落实《国务院办公厅关于进一步提高口岸工作效率的通知》（国办发明电[2001]38号），江西人民政府以赣府字[2001]169号《关于成立江西省口岸工作协调领导小组的通知》宣布成立由省政府办公厅胡咏副秘书长为组长、省外经贸厅副厅长王中阳为常务副组长，由交通厅副厅长王延汉、南昌铁路局副局长安路生、民航局纪委书记刘振升、江西出入境检验检疫局局长助理刘九胜、南昌海关副关长胡泽、省武警边防总队总队长杨伯佬为组成人员的江西口岸工作协调领导小组。

山东省

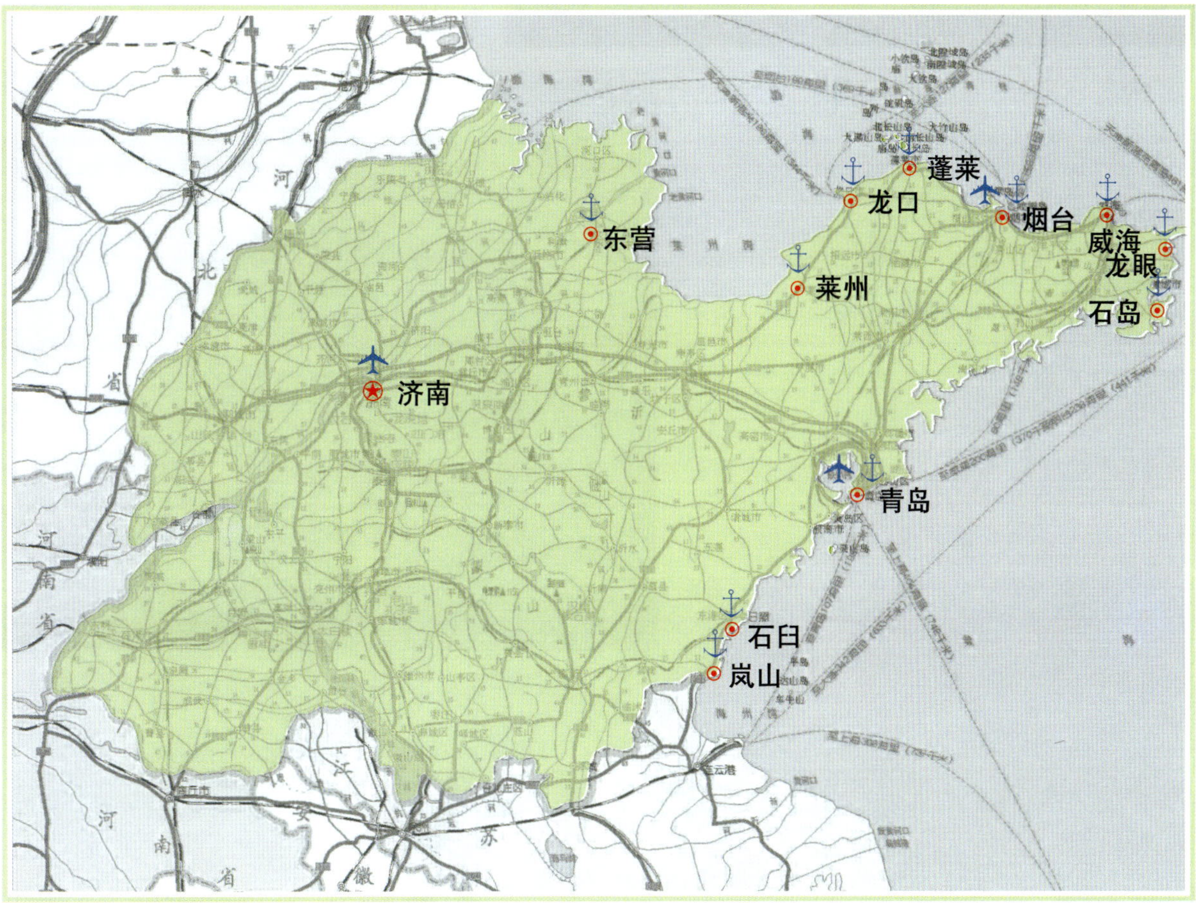

图　　例

省级行政中心　铁路口岸　公路口岸

口岸城市　航空口岸　海(河)运口岸

晨曦中的日照港

山东青岛港鸟瞰

威海港码头生产现场

山东口岸工作综述

2001年是进入新世纪、实施第十个五年计划的第一年。为了更好地贯彻“优化口岸结构、提高口岸效率、强化综合管理、发挥整体效益”的“十五”期间全省口岸工作思路，山东省确定把工作重点放在加强口岸综合管理和提高口岸运行质量上。一年来，经过全省口岸上下的团结奋斗，不懈努力，各项工作都取得了好成绩。主要表现在：全省口岸外贸运输量、国际集装箱吞吐量和经山东口岸出入境人数均突破历史最高水平；陆路口岸与海港口岸的直通通道进一步开通；空中国际航线开通力度不断加强；口岸共建硕果累累；口岸调研及信息化管理等基础性工作通过落实成效显著；各级口岸办机构改革后工作职能更加明确，领导体制更加完善。

【口岸开放与航线开通】 截止2001年底，全省已有开放口岸29个，其中一类口岸14个，包括11个海港口岸和3个空港口岸；二类口岸15个，包括7个海港口岸，8个陆港口岸。开放口岸数位居全国第二。在航空口岸方面，2001年5月22日，开通了烟台至韩国仁川货运包机航线；6月16日，青岛至韩国大邱空中客运航线正式运营。在海港口岸方面，省口岸办于7月8日组织国家驻山东的查验单位和省有关部门，检查验收了石岛港口岸能直接停靠2万吨外轮的新作业区，并报省政府批准正式对外开放；10月，对龙眼港旅检查验设施进行了验收，增加了龙眼港至韩国平泽港的客货班轮航线。目前，海上与世界140多个国家和地区的450多个港口有贸易往来。同时还规范了内陆口岸管理，在山东省现有的8个陆路口岸中已有济南、济宁、潍坊、淄博开通了与沿海口岸的直通通道。济宁口岸新建的海关监管场站已初具规模。临沂、菏泽、聊城等地正在办理口岸直通手续。

【外贸进出口运输】 2001年，全省海港口岸的外贸运输量呈现出高速增长态势。全年外贸进出口货运量首次突破一亿吨大关，共完成10568万吨，比上年增长25.73%。其中进口6205万吨，增长34%，出口4364万吨，增长15.6%。外贸进出港船舶12947艘次，增长6.9%；国际航线进出空港飞机6378架次，增长19.7%。由于全省各口岸特别是青岛口岸认真贯彻国务院和省政府关于提高口岸工作效率的紧急电报要求，实施大通关工程，为口岸外贸运输积极创造更加宽松的环境，使得全省口岸外贸运输量在全球经济低迷的形势下持续上升。其中青岛港外贸运量增长21.6%，日照港增长22.3%，烟台港增长37.1%，威海港增长35.3%，龙口港增长120%，蓬莱港增长125%。

随着高附加值进出口货物的增加，以及集装箱运输的广泛采用，国际集装箱运输量逐年递增。2001年，集装箱吞吐量完成288.16万标箱，增长24.4%。

据省口岸办统计，经山东口岸出入境总人数达98.14万人次，增长13.3%。其中入境49.23万人次，出境48.91万人次，分别增长14.84%和11.77%。

2001 年山东口岸运行情况

名称 \ 项目		单位	2001 年	2000 年	同比增长
进出口外贸货值		亿美元	289.6	249.9	15.9%
海港口岸	货物	亿吨	1.0568	0.8405	25.73%
	国际集装箱	万标箱	288.16	231.65	24.4%
	出入境船舶	艘次	12947	12112	6.89%
	出入境旅客	万人次	23.5630	23.5238	0.128%
航空口岸	进出口货物	万吨	3.5746	3.3644	6.25%
	出入境飞机	架次	6378	5327	19.73%
	出入境旅客	万人次	74.5796	63.0933	18.21%

【积极应对入世】 面对入世后的新形势，省口岸办于入世后的第四天就按省政府要求组织召开了全省口岸工作会议。会议分析了当前存在的主要问题，以及如何在新形势下把全省口岸工作提高到一个新水平，同时提出了五项主要应对措施。第一，进一步优化和充分利用好口岸资源，树立“大口岸”的思想，适当调整口岸布局。对效益好、有前途的给以重点支持，做大做强，发挥规模效益；对布局不合理或不能发挥作用的，考虑适当调整。“十五”期间，除列入国家开放规划的外，原则上不新开口岸。第二，对口岸建设进行统一规划，合理布局。注重发挥区位优势，将口岸建设与发展外向型经济、开发区建设、经济强省战略同时规划，同步进行。第三，加大对口岸基础设施建设的投入，促进传统监管方式向电子信息化监管的转变。第四，加强学习培训，严格执法检查。要求口岸各部门加强对WTO 规则的学习和培训，并结合本系统的实际情况，清理修订不适应新形势的部门规章和行业规定，提高服务质量。第五，一手抓精神文明建设，一手抓依法行政、有效监管，简化客货通关手续，提高口岸工作效率，为经济发展创造规范宽松、高效畅通、人民满意的口岸环境。

【口岸综合管理】 年初，省口岸办下发了《2001 年综合管理工作要点》，并按照“转变思路，理顺关系，加强基础，分类指导，协调发展”的20字工作方针开展工作。根据工作要求，重新调整了省口岸领导小组。为了加强联系，又建立了联络员会议制度。目前主要口岸都建立了由政府分管市长任组长的口岸工作领导小组，组织协调各口岸部门，加强口岸综合管理，认真开展以提高口岸工作效率为重点的自查活动。为适应新形势发展的需要，省口岸办与省委文明办、省纠风办于年初联合下发《关于做好新形势下共建精神文明口岸的通知》，不断丰富口岸共建内容，大力开展争创文明口岸，树立口岸良好形象的各种活动。年底，评选出2000—2001 年度的6 个文明口岸，71 个共建先进单位，17 个结对（片）共建先进集体，34 个先进个人以及6 个口岸文明示范窗口。

山东口岸查验单位工作综述

青岛海关

2001 年，青岛海关认真贯彻中共中央、国务院和海关总署的一系列指示精神，严格执行“依法行政，为国把关，服务经济，促进发展”的海关工作新方针，切实履行“把关”与“服务”的职能，有力地促进了山东对外贸易和经济的发展。山东各口岸共监管进出口货物总值347.9亿美元，比上年增长12.1%，其中出口货物总值192.9亿美元，增长14.9%，进口货物总值155亿美元，增长8.8%；进料加工48.59亿美元，增长5.6 %；来料加工备案合同29876个，金额27.1亿美元。监管山东各口岸进出口货物9724万吨，增长12.8 %，其中监管进口货物5593万吨，增长18.1 %；监管出口货物4131万吨，增长6.3%，列全国各海关监管货物量首位。监管进出境船舶20649艘次，增长10.1 %；监管进出境飞机6332架次，增长20.9%；监管进出境集装箱202.3万标箱，增长12.7 %；监管进出境旅客92.9万人次，增长6.1%；监管运输工具服务人员37.7万人次，增长8.2%；监管进出境邮包143.6万件，增长67.7%；监管进出境印刷品107.4万多件，增长9.9%；征收关税33.3亿元，增长17.8%；征收进口环节税108.3亿元，增长8.0%；入库罚没收入1.12亿元，减少1%；查处走私违规案件861起，走私案值7.28亿元，分别减少16.16 %和20.79 %；全年共审批减免关税55.72亿元。

【加大通关改革力度，大力提高查验效率】 年内，青岛海关加大通关改革力度，加强实际监管，推行职能管理与现场操作的分离，建立和完善二次审单、类比审单、通道调整机制，提高了通关的整体效能和依法行政水平，降低了管理风险和廉政风险。完成了风险管理计算机平台设计、开发工作，构建了包括风险知识共享、信息交换、评估支持、决策支持在内的青岛海关风险管理信息平台。完成了青岛大港闸口建设工程，安装了集装箱自动识别、视频监控和电子闸门系统，与集装箱场站、海关监管仓库以及船代、外轮理货、港务局等单位实行了计算机联网，开发运行了海关封制管理系统、运输工具备案系统。加强对进出口货物、运输工具和行邮物品的管理。圆满完成“口岸电子执法系统”的推广应用。继续强化加工贸易管理，加大核销力度。年内，办理备案加工贸易合同52494份，比上年增长15%；合同金额75.7亿美元，比上年增长10%；核销合同48011份，比上年增长13%；合同核销率99%。

2001年，海关在山东各口岸查验进出口货物83883票，比上年增长37.6%，其中查验进口货物52182票、查验出口货物31701票，分别增长38.1%和36.4%；全年查验率为7.9%，增长1.5%。

【充分发挥综合治税效能，坚持依法治税】 通过完善作业制度，规范征管行为，不断拓展价格信息收集范围和渠道，实行科学验估，做到应收尽收。及时进行总结分析，定期通报税收形势。进一步加强审价和归类工作，广泛开拓价格信息源，扩大商品价格资料收集范围。5月，成立青岛海关关税处，突出职能管理和指导、监督作用。一年来，海关在山东各口岸共征收关税33.3亿元，征收进口环节税108.3亿元，共计141.66亿元，是山东口岸有史以来入库税款最多的一年，为增加中央财政和促进地方经济的发展做出了重要贡献。严格减免税的审批工作。年内，依法办理各项减免税证明13943份，减免税总额55.72亿元，分别增长10.42%和53.97%。其中减免关税22.41亿元，减免值税款33.31亿元，分别增长36.07%和68.93%。加强补税力度。年内，内销补税2.66亿元，增长6,1%；审价2114宗，审价补税5838.85万元，分别增长18.3%和46.7%。

【继续保持打击走私的高压态势，严厉打击走私犯罪活动】 2001年，青岛海关积极发挥稽查和情报的先导作用，行政执法和刑事执法“双拳出击”、“机动查私”与“破案会战”双管齐下，破获了一批影响大、危害重的走私案件。调查部门将工作的重心移至稽查环节，加大稽查力度，扩大稽查范围，有重点、有针对性地开展常规稽查和专项稽查。调查和侦查部门紧密配合，有效利用科技检查设备，对敏感商品、重点企业进行科学的分析预测，排查走私违法疑点，及时出动缉私机动队查缉走私。5月，通过H986集装箱检查设备查获了全国罕见象牙走私案，案值7350万元。年内，在山东各口岸共查获走私违规案件861起，案值7.28亿元，分别比上年下降16.16%和20.79%。其中查获大要案件59起，案值3.5亿元，分别增长31.11%和45.18%。上缴入库罚没收入1.12亿元，其中海关入库罚没收入4528万元，缉私入库罚没收入4958万元，缉私补税入库罚没收入1723万元。稽查企业342家，稽查补税128起，补税额1.2亿。入库罚没收入连续9年超亿元。在山东各口岸共查处反动宣传品4548件、淫秽物品955件、宗教印刷品14043件。

青岛海关侦查部门继续保持打击走私的高压态势。年内，受理案件130起，立案侦查75起，案值4.8亿元，涉税1.2亿元；抓获犯罪嫌疑人171名；侦查终结53起，移送检察机关审查起诉42起85人，有力地打击了走私犯罪活动。

【有效发挥数据统计辅助决策和监测预警的作用，执法检查和执法评估试点工作初见成效】 青岛海关不断完善统计数据查询制度、数据差错反馈制度和考核评比制度，每季度发布统计数据质量通报。全年贸易统计实现零差错，修订、完善贸易统计检控条件，增加检控参数80个，审核上报进出口报关单纪录195.5万条，较上年增长26.2%，纠正差错记录6.8万条，增长29.5%。统计质量位居全国海关前列。完善业务统计2000系统，定期编制《青岛关区业务简表》，为海关管理提供决策依据。同时，重视信息工作，为政府、企业及时提供信息咨询服务。

【支持扩大外贸出口，为发展经济服务】 7月，制定了《青岛海关支持扩大外贸出口的若干措施》和《青岛海关关于大型高新技术企业适用便捷通关措施的审批实施细则》。建立了通关应急工作机制，实施大型高新技术企业便捷通关模式，举行了"青岛海关适用便捷通关措施高新技术企业签字仪式"；加强通关效率监测评估，推行商品预归类措施，改进审价作业方式。加大了政策法规宣传力度，实行关务公开，承诺进出口货物通关作业时限，自觉接受社会监督。及时为地方政府和外经贸部门提供进出口统计数据和分析报告，海关的监测预警和决策咨询作用得到较好发挥。以实行"大通关"为契机，与外经贸主管部门签订合作备忘录，加强与其他口岸部门的协调配合，发挥口岸带头作用。对出口的国内名牌产品、出口创汇能力强和科技含量高的商品，实施重点保护措施，坚决打击盗版、假冒名牌等侵权行为，维护出口企业的合法权益。对扩大外贸出口、建设"海上山东"和实施"科技兴鲁"战略起到了积极的促进作用。

【加强队伍建设，积极创建"文明窗口"和"青年文明号"】 2001年4月，青岛海关驻滨州办事处协议签字仪式在滨州市举行。年末，青岛海关被中共山东省委省直机关工委评为"山东省直机关2001年度文明机关"；4月，被山东省办公厅、人事厅评为"山东省史志工作先进集体"；同月，被青岛市政府评为"青岛市史志（年鉴）工作先进单位"；10月，青岛海关大港审核放行处被山东省直机关团工委授予"省级青年文明号"。年内，青岛关区被山东省口岸领导小组、山东省精神文明建设委员会、山东省纠正部门和行业不正之风办公室评为"共建文明口岸先进单位"16个；评为"共建文明口岸结对先进集体"1个；评为"共建文明口岸先进个人"4名；评为"口岸文明示范窗口"2个。全年共有16名个人分别受到海关总署和山东省表彰，青岛海关连续10年被评为省级文明机关。

青岛口岸海关业务统计表

项　目	单　位	金　额	数　量
进出口货物总值	亿美元	279.7	
进出口货物万吨		6121	
进出境船舶艘次		6729	
进出境飞机架次		3727	
进出境集装箱	万箱次		180.4
进出境旅客万人次		56.27	
运输工具服务人员	万人次		19.89
进出境邮包万件		58.76	
进出境印刷品	万件		73.53
关税	亿元	22.36	
征收进口环节税	亿元	81.64	

续表

项　目	单　位	金　额	数　量
入库罚没收入	万元	7629	
审批减免关税	亿元	28.73	
备案加工贸易合同	份		30227
合同金额	亿美元	47.35	
核销合同	份		26827
内销补税	万元	9253	
查验进出口货物	票		60654
其中：查验进口货物	票		36949
查验出口货物	票		23705
稽查企业	家		72
稽查补税	起		36
补税额	万元	6454	
查处：反动宣传品	件		3545
淫秽物品	件		659
宗教印刷品	件		7039

山东口岸海关业务统计

项　目	单　位	金　额	数　量	同比%
进出口货物总值	亿美元	347.9		12.10%
其中：出口货物总值	亿美元	192.9		14.90%
进口货物总值	亿美元	155		8.80%
进料加工	亿美元	48.59		5.60%
来料加工备案合同	亿美元	27.1		
	个		29876	
进出口货物	万吨		9724	12.80%
其中：进口货物	万吨		5593	18.10%
出口货物	万吨		4131	6.30%
进出境船舶	艘次		20649	10.10%
进出境飞机	架次		6332	20.90%
进出境集装箱	万箱次		202.3	12.70%
进出境旅客	万人次		92.9	6.10%
运输工具服务人员	万人次		37.7	8.20%
进出境邮包	万件		143.6	67.70%
进出境印刷品	万件		107.4	9.90%
关税	亿元	33.3		17.80%
征收进口环节税	亿元	108.3		8.00%
入库罚没收入	亿元	1.12		1.00%
走私违规案件	亿元	7.28		−20.79%
	起		861	−16.16%
审批减免关税	亿元	55.72		
备案加工贸易合同	份		52494	15.00%
合同金额	亿美元	75.7		10.00%
核销合同	份		48011	13.00%
合同核销率				99.00%
查验进出口货物	票		83883	37.60%
其中：查验进口货物	票		52182	38.10%
查验出口货物	票		31701	36.40%
查验率			7.90%	1.50%
稽查企业	家		342	
稽查补税	起		128	

续表

补税额	亿元	1.2		
查处：反动宣传品	件		4548	
淫秽物品	件		955	
宗教印刷品	件		14043	
受理案件	起		130	
立案侦查	亿元	4.8		
	起		75	
涉税	亿元	1.2		
抓获犯罪嫌疑人	名		171	
侦查终结	起		53	
移送检察机关审查起诉	起		42	
	人		85	
办理各项减免税证明	份		13943	10.42%
减免税总额	亿元	55.72		53.97%
减免关税	亿元	22.41		36.07%
减免增值税	亿元	33.31		68.93%
内销补税	亿元	2.66		6.10%
审价	宗		2114	18.30%
审价补税	万元	5838.9		46.70%
进出口报关单纪录	万条		195.5	26.20%
纠正差错记录	万条		6.8	29.50%
制发统计监督信息	篇		253	
涉及货值金额	亿元	1.19		
统计处罚罚款	起		144	28.50%
	万元	16.8		12.00%
整理、归档报关单	万票		78	
查单	万票		2.04	

山东边防总队

2001年，山东边防总队紧紧围绕边防执勤工作，全面落实业务工作规范，扎实推进监护勤务改革，严厉打击偷渡活动，深入开展“树新风”活动，充分发挥了边检部门的职能作用，有效地维护了国家主权安全和口岸正常的出入境秩序，为服务改革开放和经济建设做出了积极贡献。

全年共检查出入境船舶12947艘次，其中外国籍船舶8974艘次，中国籍船舶3973艘次；飞机6378架次，其中外国籍飞机2200架次，中国籍飞机4178架次；出入境员工332598人次，其中外国籍员工144289人次，中国籍员工188309人次；旅客948786人次，其中外国籍旅客663158人次，中国籍旅客285628人次；查处违法违规人员830人次。

2001年，山东边防总队把部局召开的“全国公安边防部队正规化管理现场会”作为全面提高边检规范化建设的契机，进一步细化各项业务工作制度，狠抓部队正规化建设，以管理促执勤，有效地促进了各项业务“规范”的落实，使全省规范化执勤上了一个新台阶。青岛边检站在落实“规范”中，对各项工作程序进行细化统一，明确各级各类人员职责，进一步规范了现场设施、设置，在边防部队正规化管理现场会上受到部局领导的肯定、好评。龙口边检站依据《出入境港口业务工作规范》，结合本口岸实际，编写了《外轮梯口监护勤务实施规范》，在全国规范化执勤达标检查中受到部四局、六局联合检查组的充分肯定。

2001年，山东边防总队继续把“树新风”活动作为提高工作质量和服务改革开放的有效手段。坚持一手抓硬件投入，改善现场设施；一手抓提高服务质量，扩大警务公开范围。重点解决了群众和旅客员工关心的热点、难点问题，叫响“文明执勤、热情服务、礼貌待客”口号，进一步开展“树新风”活动。青岛机场边检站开展的“我为旅客做好事”活动，使检查员彻底改变自身角色定位，把旅客作为服务对象，热情为旅客服务，并受到出入境旅客的赞许和好评，为青岛申奥成功贡献一份力量；烟台机场站在APEC会议期间，开展了“迎博览盛会，为边防添风采”活动，完善现场硬件设施，加强软件建设，为旅客提供优质、高效服务。他们以严整的警容风纪、文明言谈、举止和规范执勤工作，受到国外来宾的广泛赞誉。

山东边防总队始终坚持严格履行口岸边防管理职能，加大边防执法力度。具体做法上，一是严厉打击偷渡外逃活动，维护口岸治安稳定和正常的出入境秩序。3月份，山东边防部队根据部局的统一部署，开展了打击偷渡外逃专项行动，制定了《打击偷渡活动专项行动方案》，根据本省沿海口岸偷渡特点、规律，对反偷渡工作进行了全面部署，一年来，共查获偷渡分子252人，有效地打击了偷渡活动，遏制住偷渡案件上升势头。二是严格落实查控规范，严密口岸的查堵措施。各边检站进一步完善了查控工作责任制，成立了查控工作领导小组，把查控工作摆在了边检工作的突出位置，抓紧抓好。同时各边检站还完善了查控设备，在检查现场配备了应急服务器和手提电脑，明确查控名单必须增加手提电脑备份，同时制定了处置突发事件预案，提高了处置突出事件的能力。2001年，全省共查获在控人员28人次，不准入境人员12 人次，有效地维护了国家主权安全和口岸正常的出入境秩序。三是严格执行了罚缴分离制度。各边检站对罚缴分离实施后所使用的法律文书进行了补充修订，及时与当地银行签定了《罚款代收缴协议书》，认真执行罚缴分离制度，规范了行政执法行为，从根本上杜绝了乱罚款、乱收费等违规行为，有效地预防了行政复议、诉讼、职务犯罪等问题的发生。

为营造快捷、安全和便利的通关环境，山东边防总队积极探索和改革边防检查勤务管理模式。第一，参照国际通常做法，改革现行的出入境国际航行船舶检查监护办法，把传统的以梯口监护为主的管理模式，向以电视监护、码头巡查和卡口监护为主的方向发展。努力学习和借鉴职改边检站的监护手段，结合实际，建立行之有效的船舶监护管理模式。黄岛边检站本着“走科技强警之路，加大资金投入，安装了集电视监控、网络传输、电子地图、大屏幕投影、LED显示和通信联络等多功能于一体的网络监控系统。通过对港区进行控制，并采取科技与人力相结合的方法，在码头易于控制人员出入境的位置设置执勤岗亭，使整个港区船舶上下人员情况较好地得到控制，形成了规范的勤务机制和科学动态监管模式，综合执勤能力有了明显提高。第二，简化程序，方便旅客出入境。在国家法律法规允许的范围内，因地制宜，积极改进和简化出入境检查程序，加快通关速度，提高查验效率，为旅客提供方便、快捷的通关环境。有旅检的边检站认真贯彻落实公安部六局关于取消“查异地办证、孕妇赴港、机票”等不合时宜的做法的通知精神，改革外航机组人员的管理和查验方式，受到了中外籍旅客和机组人员的好评。青岛机场边检站严格落实《出入境边防检查旅客检查规范》，建立了内部监督和责任追究制度，要求每位检查员必须做到正常情况下为旅客办理出入境手续不超过45秒，否则取消其台内检查员资格，确保92%的旅客侯检时间不超过30分钟。同时，该站还健全了现场执勤设施，因地制宜地设立明显引导标志，为老、弱、病、残等特殊旅客开设专门通道，以方便通行。

【旅客情况】 在检查出入境旅客人员中，内地居民因公人员27807人次，内地居民因私人员96575人次，香港人员64494人次，澳门人员430人次，台湾人员96322人次，外国籍人员663158人次，华侨11601人次。

出入境旅客主要集中在青岛机场538758人次，威海港149011人次，烟台机场134978人次，烟台港52180人次，青岛港34809人次，济南机场29564人次，龙眼港9485人次。

【员工情况】 在检查的出入境员工中，中国籍员工188309人次，比上年增加18.8%；外籍员工144289人次，比上年增加14.5%。列出入境员工前七位的口岸是：青岛港100455人次，青岛机场44111人次，烟台港41589人次，黄岛港30058人次，石岛港28302人次，威海港24561人次，日照港22142人次。外籍员工列前五位的国家是：韩国、日本、菲律宾、俄罗斯、缅甸。

【交通运输工具情况】 全年共检查出入境船舶12947艘次，比上年增加6.89%。其中，中国籍船舶3973艘次，比上年增加3.46%；外国籍船舶8974艘次，比上年增加8.49%。居出入境船舶数量前七位的口岸是：青岛4712艘次，石岛2254艘次，黄岛1447艘次，烟台1436艘次，日照1129艘次，威海658艘次，岚山640。来港外籍船舶分属50个国家和地区，列前五位的国家是：巴拿马、韩国、圣文森特、塞埔路斯、伯利兹。

青岛、烟台、济南机场全年出入境飞机6378架次，比上年增加19.7%。其中，中国籍4178架次，比上年增加20.4%；外国籍2200架次，比上年增加18.4%。出入境飞机数据排序依次是：青岛4465架次，比上年增加19.3%；烟台1359架次，比上年增加21.2%；济南554架次，比上年增加19.9%。

山东出入境检验检疫局

2001年，山东检验检疫局坚持以执法把关、依法行政为主线，不断深化检验检疫各项改革，依法施检，从严治检，科技兴检，转变作风，强化服务，各项工作均取得了显著的成效。全年共检验检疫出入境货物46.59万批，货值210.54亿美元，检出不合格出入境货物2154批，货值5.92亿美元。其中检验进出口商品40.76万批，货值188.22亿美元，检验发现不合格进出口商品1057批，1.29亿美元；检疫出入境动植物及其产品13.17万批，货值40.02亿美元。经检疫，检出一类检疫危险性病菌、害虫3批次，二类检疫危险性害虫大家白蚁1批，二类检疫危险性杂草65批次，三类检疫危险性杂草及一般性疫情100批次。检出疫情的批次和种类居全国第4位。出入境人员传染病监测体检56940人次，发现艾滋病、性病、肺结核、肝炎等各类病例3368例。检疫出入境船舶13985艘次，飞机6471架次。检疫集装箱155.59万标箱，其中卫生除害处理12.63万标箱。签发普惠制原产地证书15.60万份、48.85亿美元；签发一般原产地证书39797份、12.02亿美元。完成衡器计重214.6万吨；水尺计重1885船次，6092.05万吨；容量计重347船次，1187.17万吨。完成外商投资财产价值鉴定1838批，对价值进行调整的103批，其中属高价低报的17批，鉴定后升值20万美元；属低价高报的86批，鉴定后降值423万美元。

为严格履行检验检疫部门依法把关的职能，山东检验检疫局认真贯彻年初全国检验检疫工作会议和8月份全国局长会议精神，在执法把关工作中，强化了疫病疫情监测控制和认证认可职能，特别是针对出口日本鸡肉发生的问题，认真查找原因，举一反三，强化措施。检验检疫工作重点向涉及安全、卫生、环保、健康和反欺诈方面转移。针对近年来各种传染病在全球范围内不断爆发流行的严峻形势，及时制定了疫情管理办法，建立了覆盖全省的疫病疫情监测报告网络，定期查询国际疫病疫情发展态势，密切关注国际检疫监测传染病流行趋势和动植物疫情动态。采取有效措施，提高疫病疫情检出率，严防疫病疫情的传入。组建了全省疫情预警及快速反应专家小组，负责疫情的风险评估、内部风险预警和快速反应措施的制定及监督执行。通过以上工作，对疫情疫病的应急处理取得了更多的主动权。如针对泰国（登革热）、韩国（霍乱）等周边国家发生传染病疫情的情况，立即制定措施，加大查验力度，对来自疫区的350余艘次船舶、140余航次飞机进行了严格检疫和卫生处理，有效防止了各种传染病传入。特别是在防止炭疽传入工作中，各项具体措施迅速落实，有效提高了对疫情的防控能力。在进一步完善已建6个艾滋病初筛实验室的基础上，全省又新建11个艾滋病初筛实验室。同时，加强对检疫人员的业务培训，提高艾滋病病毒检出率，全年共检出艾滋病4例。山东检验检疫局还积极开展国境口岸啮齿动物和病媒生物本底调查工作，为各分支检验检疫局统一购置病媒生物实验室设备及相关诱捕器械，有重点地增添了一些先进仪器设备，聘请专家直接到有关口岸现场指导工作。9月份，在全省口岸统一时间、统一方法（夹日法）组织了一次鼠类监测活动，巩固和促进了口岸卫生工作的开展。加大了机场、港口查验力度，除对货物、运输工具强化检疫外，严格检查进出境旅客携带物，查获近4000公斤来自口蹄疫疫区的偶蹄类动物及其制品，并立即组织退回或销毁。对外轮食品舱中来自疫区的偶蹄动物肉进行封存，对泔水和生活废弃物进行无害化处理。严格检疫审批措施，禁止来自欧盟的牛肉及其制品和动物性饲料入境。加强对进口货物木质包装的检疫监管，共检疫监管662.29万件进口货物木质包装。对来自日本、美国的木质包装实行严格的检验检疫和检疫处理，检出活体害虫11种，其中二类检疫危险性害虫松材线虫、双钩异翅长蠹

4批，三类检疫危险性害虫、一般性活体害虫87批。

山东是农业大省，畜肉、禽肉出口在全国占较大份额，省检验检疫局高度重视出口肉类的检验检疫把关，特别是国家质检总局在青岛召开全国出口肉类检验检疫工作会议后，多次召开专业会议和举办培训班，贯彻落实国家质检总局文件要求。同时，结合山东实际，制定下发了一系列文件，采取内部调整、干部交流、公开招聘、增加合同制指标等措施，充实肉类检验检疫人员34名，投入805万元在全省筹建了青岛、潍坊、济南、烟台4个禽病实验室和14个禽病抗体检测实验室。针对10月份以来，山东省部分运往日本的冰鲜和冷冻鸡肉被日方检出磺胺类药残超标等情况，省检验检疫局高度重视，立即研究部署并指派党组成员集中精力、集中力量组织调查处理。通过深入细致的调查，初步查清了发生问题的原因，并采取措施加强了整改。一是对出现问题的企业立即停止出口3个月，进行整改。其他企业暂停出口，暂停期间，采取措施，加强药残和禽病的检验检疫，做到合格一个企业，放行一个企业，合格一批产品，放行一批产品。二是要求各分支检验检疫局立即将磺胺喹恶啉同克球酚一样，实施批批检测；对库存产品批批检测磺胺类药残，严格工作流程，加强批次管理，确保工作质量。三是完善检测手段，加设两道“安全网”；活鸡进厂前批批检测兽药残留，在检查畜牧部门“三证”的基础上，批批检测新城疫病毒。四是加强对出口企业和家禽养殖场的管理，从源头上把好兽药和疫苗关。

根据“入世”后检验检疫工作重点转移的要求，山东检验检疫局加强了对涉及安全、卫生、健康、环保和反欺诈等敏感商品的检验检疫和监管。加强进出口食品、化妆品检验检疫管理，认真执行进口食品、化妆品卫生注册制度，对未经我国注册的进口食品、化妆品，不准进口。加强对进口食品、化妆品的标签管理，对不符合我国规定的，标签与食品、化妆品内在品质不符的，一律不许进口。共检验检疫进口食品3998批，8038万美元，发现有问题商品21批，122万美元。对出口食品要求各单位对涉及到的卫生指标，严格按有关标准或合同检测，确保卫生质量。严格对进口废物原料及旧物品的检验检疫监管，特别是对进口废金属含爆炸物和放射性超标问题，采取有效措施，坚决防止其流入国内，危及人民群众生命财产安全。加强对进口转基因产品和长线产品的检验检疫，积极进行进口转基因产品的检测研究，采取技术措施，控制转基因大豆等转基因产品的进口。共检验检疫进口豆类378批、367万吨，检出不合格的117批、212.37万吨。

为落实国务院关于减少行政审批的要求，根据近年来出口水泥的质量状况，经省政府批准取消了山东出口水泥质量许可证管理。对不涉及安全卫生的出口商品，根据企业质量保证体系、检测能力和产品质量情况，逐步扩大分类管理商品的范围。2001年，已对全省机电产品、纺织品、轻工产品等16类商品及948家生产企业实施了分类管理。其中，一类企业204家、二类企业288家、三类企业456家。并对一、二类企业简化检验检疫、考核手续，减少抽检批次，加快了验放速度，减轻了企业负担。

山东检验检疫局还不断强化认证认可职能，规范检疫卫生注册登记工作。对出口食品和动植物产品实行注册、登记、备案三种管理方式，制定登记管理办法，规范检疫卫生注册登记的申请、评审、复查换证、吊销证书等工作。严格执行进出口商品安全质量许可制度、进出口食品及动植物产品卫生注册制度。对涉及安全、卫生的出口产品生产企业，提高注册、许可的门槛。对质量管理、质量控制水平高、人员素质好、出口有业绩的企业，经过严格考核评估，符合条件的进行检疫卫生注册或出口商品安全质量许可。对获得注册或许可的企业实行年度考核登记管理制度，凡不符合注册、许可要求，违背“三专”管理规定的，取消出口资格，并加大对违规企业的处罚力度。新办理出口卫生注册、登记企业389家，结合到期复查，清理整顿注销94家，累计已有1402家企业（仓库）获得出口食品卫生注册、登记证书。新颁发国境口岸卫生许可证42家，新颁发出口商品质量许可证169家，注销17家，全省累计共有持有效质量许可证的企业973家。积极推行质量体系认证，提高企业质量管理水平和产品质量。ISO9000咨询、评审、认证工作稳步推进，完成评审176家，咨询171家，评审认证领域已扩大到党政机关、服务行业等，累计已指导、帮助729家企业通过评审认证。ISO14000咨询评审工作进一步向广度发展，与60多家企业签定了咨询协议，10家企业通过评审认证，全省累计已有25家企业通过评审认证。

在做好检验检疫工作的同时，山东检验检疫局还配合有关部门规范和整顿市场经济秩序。积极参加整顿全省汽车拼装市场、食品卫生、农资等多次联合行动。查获并销毁来自巴西和阿根廷疫区的牛、猪副产品3.4吨。端掉一个制造、销售假冒进口食品、使用假冒检验检疫证书和CIQ标识、涂改进口食品保质期、制售假冒伪劣食品的窝点。查获假冒检验检疫证书17份、来源不明的CIQ标识2200枚、假冒食品包装袋28种、22450个及部分造假工具。查获假冒伪劣进口农药、化肥47.5吨，旧进口拼装汽车1辆。认真做好三菱“帕杰罗”汽车检测工作，维护国内消费者合法权益。

为应对“入世”的挑战，山东检验检疫局分析研究加入WTO对山东经济特别是外经贸工作带来的影响和变化，为地方党委、政府和企业当好参谋，指导企业采取对策。投资成立了山东检验检疫局科技资料信息中心，收集、整理国际上，特别是加入WTO 后一些新的、前瞻性的信息资料，分析加工，为我所用。帮助企业熟悉WTO有关协议和规则，引导企业抓住机遇，改善产品结构，提高产品质量，适应国际贸易通行规则，突破国外技术性贸易措施，促进产品出口，并运用WTO有关规则，保护自身权益。充分利用与国外有关机构接触较多，掌握国际市场最新情况的有利条件，积极为企业提供国际市场需求动态、商品检验检疫标准等方面的信息。如美国FDA颁布蔬菜汁及其产品实行HACCP管理的法规后，及时将信息通知企业，并指导企业尽快建立HACCP体系，使省内蔬菜汁及其产品顺利出口美国。抓好普惠制签证和原产地标记保护工作。加大工作力度，指导出口企业用足用好普惠制政策，先后举办18期产地证申领员培训班、专题讲座，有针对性地讲解普惠制利用技巧，使更多企业了解普惠制，主动利用普惠制；指导加工贸易企业以国产原料代替进口原料，延长加工贸易的加工链条，拓展普惠制利用的广度和深度，提高经济效益。签发普惠制证书份数和金额都比上年同期大幅度增长，全省出口商品中有48.85亿美元的商品享受进口国减免关税的待遇，提高了在国际市场的竞争力。积极开展对企业名优产品的原产地标记保护工作。组织有关专家完成了龙口粉丝、张裕葡萄酒、荣成花生、东阿阿胶的地理标记注册申请材料的审核工作，并对龙口粉丝、张裕葡萄酒和荣成花生进行了现场评审。采取有效措施，稳步推进电子报检、电子转单和电子签证工作。已有529家企业实行了电子报检，229家企业实行了电子签证。全省各分支检验检疫局之间以及与部分直属检验检疫局的电子转单业务已开通，实现了数据共享，提高了工作效率，加快了口岸通关速度。

实施“科技兴检”战略，加强实验室建设，制定实验室建设与发展“十五”规划，加大实验室建设资金投入。按照国家质检总局“抓基层、强基础”的要求，投资3280万元用于实验室建设，努力建设一批在全国系统具有一定影响的实验室，提升全省系统实验室的综合实力。转基因产品检测实验室获得定性检测资格，完成了多项检测任务，并出具实验室检测报告。做好实验室注册考核工作，3个实验室通过CCIBLAC评审，7个实验室通过国家质检总局注册考核。开展国际交流与合作，组织实验室参加APLAC、荷兰Mars公司及CCIBLAC等10次水平测试活动，取得了较好成绩。积极争取国际权威认可组织的实验室认可。青岛检验检疫局化矿实验室已接受NATA（澳大利亚国家测试机构协会）认可专家的初访，为通过NATA认可创造了条件。加强科研、制标工作，提高科研水平。一是成立科技委、专业委，加强对科技工作的领导和协调。二是加大重点科研项目专项经费投入，用好各类专项资金，保证专款专用，搞好科技基础工作建设。三是抓好重大课题立项和科研工作。“港口和入境压舱水浮游生物入侵种调查的研究”已向国家质检总局提出立项申请，并准备申请国家基础研究课题。“进出口食品预警机制的研究”（K011）已取得突破性进展和诸多阶段性成果，并通过专家组初审，在推广应用和增加社会效益方面已取得显著成效。四是完成标准制订项目13项，参加全国系统优秀科技论文评审，山东检验检疫局共获二等奖6篇，三等奖9篇，获奖数量和名次均居全国系统第一位，并连续3次获得全国系统第一名。

为不断提高检验检疫水平，山东检验检疫局深化“检学合作”，实现优势互补。聘请青岛海洋大学教授为山东检验检疫局高级技术顾问、科技委特邀委员；申报国家质检总局和国家计委的重大课题“入境船舶压舱水有害生物调查与研究”得到海洋大学教授的指导；海洋大学为山东检验检疫局科研课题提供查新报告，为部分科研项目（如贝类病原研究等）进行鉴定等。利用实验室检测仪器设备，为海洋大学部分专家研究课题进行10余个项目近40份样品的分析测试；山东检验检疫局受聘海洋大学的兼职教授与海洋大学教授共同带硕士、博士研究生，参加研究生的论文答辩。联合海洋大学水产学院向国家质检总局申报“进口大菱鲆的隔离检疫及养殖过程中的疫病研究”，并开展了大量前期准备工作；联合举办了2期微生物检测培训班、第二期业务骨干英语强化班，有149人参加了学习。为解决国外卫生注册企业驻厂兽医人员不足的问题，与山东农业大学合作举办兽医培训班，共有33人参加转岗培训，通过3个月的兽医专业知识培训，基本达到兽医专业专科水平，具备从事兽医工作资格。

（山东检验检疫局供稿）

检验检疫业务总概况表

项目	数／值单位	出入境合计				出境				入境			
		数	增减	值	增减	数	增减	值	增减	数	增减	值	增减
A.进出口商品检验	批／万美元	407602	18.38	1882183	15.96	348310	15.32	968768	18.30	59292	40.22	913415	13.57
B.出入境动植物检疫	批／万美元	131667	−7.18	400214	−15.79	122240	−5.55	235242	−22.55	9427	−24.10	164972	−3.81
C.出入境木质包装检疫监管	批／件	59858	47.30	8707991	43.88	23043	141.29	2085067	234.34	36815	18.43	6622924	22.00
D.进口食品卫生监督检验	批／万美元	3998	−3.22	8038	——	——	——	——	——	3998	−3.22	8038	——
E.交通工具检疫	次	20298	7.55	——	——	10406	11.13	——	——	9892	4.03	——	——
其中：船舶	艘	13985	3.27	——	——	7181	7.53	——	——	6804	−0.87	——	——
飞机	架	6471	22.46	——	——	3305	25.24	——	——	3166	19.70	——	——
汽车	辆	0	−100.00	——	——	0	−100.00	——	——	0		——	——
火车	节	0	−100.00	——	——	0	−100.00	——	——	0		——	——
F.集装箱检疫监管	标箱	1555945	52.14	——	——	802021	47.25	——	——	753924	57.72	——	——
其中：卫生除害处理	标箱	126273	226.39	——	——	7		——	——	126266	226.37	——	——
G.监测体检及预防接种	人次	163797	7.93	——	——	151554	——	——	——	12243	——	——	——
其中：体检发现病例	人次	3368	2.78	——	——	2603	——	——	——	765	——	——	——
H.入境携带／邮寄物检验检疫	件			——	——	——	——	——	——			——	——
I.民用品验证	批次			——	——			——	——			——	——

山东海事局

山东海事局于1999年12月28日在青岛挂牌成立。2001年，是山东海事局在组建后新体制下正式运行的第一年。年内建立了《山东海事局领导工作责任制》，确立了领导体制。5月份，局与四个分支局职责和事权划分、调整到位。推行山东局以宏观管理、业务指导和研究制定政策规章为主，分支局以现场工作和微观管理为主的管理方式。借鉴ISO9000管理思想，山东海事局全面实施了目标管理，把全局业务、行政、党群主要工作任务进行统一指标量化，统一部署、统一落实、统一考核，两个文明一起抓，促进党政工作协调发展。基本形成了具有山东海事特色的管理思想和管理模式，保障了各项工作的健康持续发展。 2001年，山东海事局共办理国际航线船舶进出口手续12325艘次；办理船舶签证81378艘次；进行港口国监督检查（PSC）184艘次；签发各类船员证书57215本；船舶溢油防治率达100%，审批签发水工许可证256份。海上交通管理系统（VTS）共监视船舶21475艘次，增长了6.52 %；提供咨询服务34920艘次，增长10%；其中助航服务2680艘次、纠正违章780艘次 、避免险情9艘次、指挥巡逻船护航和清理航道46次。海上交通事故26起；船舶海上污染事故调查15起；海事调查处理21起，海难救助49起，救生197人。海区巡航60航次，港区巡逻883航次。收发无线电报13909份，总字数839626字；转接无线电话12937次，通话时间38966分钟。

山东省海上搜救中心办公室即总值班室于4月9日对外履行职责，中心建立并完善了内部搜救网络体系，确立三级反应程序，实行24小时值班制度。海上搜救中心坚持“人命救助快速高效”的准则，做到“有警必接，有险必除”。2001年，共接报警274次，协调海上搜救60起，派出飞机13架次，派出船舶210艘次，获救人数309人，搜救效率和成功率不断上升。

加强海上巡逻力度，完善水上巡逻机制，维护通航水域安全畅通。为改善辖区通航环境，保证船舶航行、停泊、作业安全，规范通航秩序，根据辖区各港水域底质、气象等自然因素，以及航运和港口生产发展需要，适时对日照、威海、济南等辖区的锚地、航道及有关通航水域进行了设置和调整。按照年度巡航工作计划，认真组织海区巡航工作。各分支局努力克服困难，坚持完成巡航任务。针对巡航中发现的违章养殖、捕捞、挖沙及其他碍航设施等严重影响通航水域安全等问题，积极与当地政府及其主管部门协调、配合，纠正违章、清除碍航因素，辖区通航水域秩序明显好转。此外，还成功协调解决了青岛港超大型船舶航道 24 小时全天候开放问题。

2001 年是交通部继续开展“水上安全管理年”活动的第二年。现场安全监管确保了“两个 60%”（现场执法人数要达到现场管理部门总人数的 60% 以上，现场监管时间要达到工作时间的 60% 以上），实现了“两个 100%”（开航前检查率 100%“和“在国外港口国监督检查通过率 100%），被交通部授予“降低中国籍船舶滞留率工作先进单位”称号。年内，共实施中国籍船舶安全检查 1040 艘次，PSC 检查 180 艘次，中国籍国际航行船舶开航前检查 516 艘次，滞留 21 艘次。

在船舶防污染事故调查处理水平和侦破率方面，先后成功地指导青岛海事局侦破“巨星”轮污染案、威海海事局侦破“航海 8 号”轮污染案等，已发现的船舶污染事故没有查无结果的情况，实现了船舶污染案件侦破工作的较大突破。另外，充分发挥溢油应急反应体系作用，多次避免了海上重大污染发生。年内山东辖区连续发生几起海上重大溢油事故，由于及时启动溢油应急反应体系，采取措施得力，避免了海上重大溢油污染的发生。

加强船员管理，完成船员履行 STCW78/95 公约的一系列履约培训、换证工作。至年底，累计制作完成新规则适任证书 10865 本，各类专业培训合格证书 38842 本，船员特殊培训合格书 2241 本。完成了 2 期海船船员适任证书全国统考和 4 期区域性统考，2139 人次参加了考试；完成 2 期海船船员适任证书全国统考和区域性统考的适任评估工作，共评估船员 937 人。

完善海事法规，建立行政执法监督体系。年内，编写了《山东海事局行政执法监督体系》，包括《海事行政执法监督制度》、《海事依法行政手册》、《海事行政执法监督实施细则》、《海事管理手册》（现场部分）、《海事处执法工作程序》、《海事处执法工作台帐》以及各分支局对其辖区的《水上安全监督管理规定》。设立行政处罚案例点评专栏。

2001 年，山东海事局参与并完成了一系列重大活动。一是参与实施“海救一号”军地海上联合搜救演习。在黄海海域举行的“海救一号”军地海上联合搜救演习，是我国首次大规模军地海上联合搜救演习，山东海事局在演习组织、协调、指挥、实施过程中，发挥海上搜救的组织协调指挥作用。在海事系统首次运用直升机喷洒消油剂并取得成功，充分展示了海事局搜救协调能力以及参演队伍精湛的专业技能和良好的精神风貌。二是“沙米敦”号漏油抢险成功。9 月 6 日，科威特籍油轮“沙米敦”载原油 26 万吨来青岛，因船体左舷的裂缝导致原油泄漏，由于反应迅速，措施果断，泄漏得到了有效控制，一场灾难性的海上污染事故得以避免。青岛市政府以“决策正确、组织严密、措施得当、效果很好”十六个字给予高度赞扬，并专门召开表彰会，为在本次抢险救助中做出突出贡献的单位人员记功。三是成功承办了“西北太平洋行动计划海洋防污染防备反应第四次专家论坛会”和中国政府与韩国政府关于黄海油污防备反应和合作协定双边会谈两次重大外事会议。　　（韩　丽）

山东海事局 2001 年业务统计表

项目名称	单位	2001 年	2000 年	同比 +%
搜救时间	小时	472		
搜救次数	次	60		
获救人员	人	309		
获救船舶	艘数	30		
水上水下施工作业审批	件	89	65	36.92
实际巡航时间	小时	627	220	185
巡航航程	海里	16609	3123	431.83
进出港船舶艘次	万艘次	16.44	16.64	–1.2
其中：国轮	艘次	15.22	15.75	–3.37
进出港船舶总吨位	万吨	34994	30893	13.27
安检	艘次	1141	754	51.33
滞留船舶数	艘次	14	7	100
危险品船舶：进港	艘次	4383	3547	23.57
	吨	15601180	19204703	–18.76
出港	艘次	3087	2897	6.56
	吨	5889096	8124978	–27.52
过境	吨	763987	670454	13.95
监装	艘次	45	98	–54.08
非监装船舶监督检查	艘次	5781	5308	8.91
处理污染事故	起	17	10	70

山东口岸概况

山东省是中国东部沿海的一个重要省份，地处黄河下游，东临渤海、黄海，与朝鲜半岛、日本列岛隔海相望，西接大陆，自北而南依此与河北、河南、安徽、江苏4省接壤。山东半岛有3100多公里黄金海岸，占全国海岸线的1/6，居全国第2位。地理位置在东经114° 36′—112° 43′、北纬34° 25′—38° 23′之间，东西最长约700公里，南北最宽约420公里，陆地总面积15.67万平方公里。

改革开放以来，在党中央、国务院和山东省委、省政府的领导下，口岸建设有了长足进展，特别是经过“八五”、“九五”期间的口岸大开放，山东进入了口岸大省行列。全省共有各类口岸29个，其中一类海港口岸11个、空港口岸3个，以及15个海、陆二类口岸，在各开放口岸都设有完整的口岸查验机构。近年来，为实现省委、省政府提出的“经济国际化”战略目标，山东省投入大量财力，加强对口岸基础设施的建设与改造，使山东口岸建设蓬勃发展。

全省沿海港口现拥有大中小泊位285余个，其中万吨以上深水泊位86个，通过能力17026万吨。青岛前湾港区一、二期工程，建有12个泊位，总通过能力为2616万吨，拥有亚洲第一的20万吨级矿石码头、国内一流的煤炭码头和我国最大的集装箱专用深水码头，是我国北方港口中唯一可接卸第六代满载6700标箱的大型集装箱船舶的港口。日照港中港区2万吨级油码头、西港区1.5万吨级杂货码头、4万吨级木片码头，以及威海港新港区等一批条件好基础设施配套的深水泊位相继投入使用，明显提高了海港口岸货物吞吐能力。

为创建良好的投资环境，山东省斥巨资改扩建了青岛、济南、烟台三个对外国籍飞机开放的机场。青岛机场投资6.5亿元，征地650亩，跑道由原来的2200米延长至2600米，扩建了1万平方米的停车场、7万平方米的停机坪和1.5万平方米的候机楼，完成了军用机场和地方的交接及搬迁等工程。济南遥墙机场投资11亿元，新建3600米跑道和市区直通机场高速公路，现可起降世界现有任何型号的客机。烟台航空口岸投资1.2亿元新建了9200平方米国际候机楼和2个登机桥，扩建了4万平方米停机坪。全省航空口岸开通国际和地区航线共有15条，2001年完成旅客出入境74.6万人次。其中青岛空港开通了至东京、大阪、汉城、澳门、福岗、香港、新加坡、釜山、大邱等9条国际和地区正式航线，直接通达世界3个国家的首都及航空枢纽，机场年客运量达到281万人次，出入境旅客达57.6万人次。烟台空港出入境旅客达到13.9万人次。济南空港开通的济南至俄罗斯货运包机，飞行6年来，共计飞行679个架次，运送货物16608吨。

海空口岸设施的完善促进了山东省外贸进出口和开放型经济的迅猛发展。据统计，2001年，山东省海港口岸外贸进出口总货运量达到10568.36万吨，比1990年增长了4.8倍。国际集装箱运输达288万标箱，比1990年增长了30.5倍，其中青岛港国际集装箱完成263.87万标箱，列全国沿海港口第3位。海空口岸出入境旅客达到98万人次，比1990年增长了17.5倍。现已与世界140多个国家和地区的450多个港口保持着航贸往来，有140多条国内外空中航线。今天的山东，内陆沿海口岸齐全，海陆空口岸并举，一二类口岸济济，大中小口岸共存。现在，山东省口岸已发展成功能完备、多层次、全方位向世界开放的大口岸格局，已基本适应山东经济发展。与此同时，作为在全国率先开展共建精神文明口岸活动的山东口岸，两个文明建设比翼齐飞，花繁果硕。多年来的口岸共建活动紧紧围绕改善口岸环境这个影响大、涉及面广、社会普遍关注的问题做文章。加入WTO后，通关环境不断改善，一个安全、便捷、高效、文明的口岸大环境正在形成。

口岸是国家的门户和窗口，是一个国家主权的象征，同时也是经济发展水平的标志。大口岸，大通关、大开放，大发展，任重而道远。在全省口岸系统广大干部职工的共同努力下，山东口岸将会有更加灿烂辉煌的明天！

一类口岸

【青岛港口岸】 青岛港口岸是国家批准对外开放的一类口岸，位于东经120° 19'05"、北纬36° 04'00"。青岛港坐落在山东半岛胶州湾畔，濒临黄海，与日本列岛和朝鲜半岛隔海相望，终年不冻、不淤，扼胶州湾咽喉，地理位置和自然条件十分优越，是我国少有的天然良港，也是我国沿黄河流域和环太平洋西岸重要的中转港、国际贸易口岸和南北海上运输枢纽。

青岛港口岸地处济青高速公路和胶济铁路的起点，交通条件便利。其经济腹地宽广，辐射山东全省，贯通河南、河北、山西和陕西等省份，远达甘肃、内蒙古、新疆、四川等广大地区，与世界上130多个国家和地区的450多个港口有贸易往来。

青岛港年货物通过能力已经超过亿吨。2001年，港口货物吞吐量完成1.04亿吨。外贸运输货运量完成7011.93万吨，外贸运输货运量占整个港口货物吞吐量的67.43%。青岛口岸外贸进出口总值完成279.93亿美元。青岛口岸是我国第一个国际集装箱中转港，2001年，完成国际集装箱263.87万标箱，列全国沿海港口第3位。青岛港现已开通了美东、美西、欧洲、地中海、波斯湾、澳新、东南亚以及日本、韩国、香港的国际集装箱定期航线，每月有280多个航班。

青岛港现有码头14座，泊位70多个，岸线总长13249米，其中营运码头12座，营运泊位47个，万吨级以上泊位24个。拥有全国最大的20万吨级原油码头、全部自动化装卸的前湾港10万吨级煤码头、我国北方沿海最大的20万吨级矿石专用泊位和我国最大的现代化散杂货码头。

青岛港口岸现有各类大型装卸机械3000多台，港作船舶60余艘，海上最大起重能力为320吨，陆上最大起重能力为150吨。港口采用了雷达导航、移动通讯等现代化通讯手段和计算机信息管理系统，进行船舶进出港作业和港口装卸生产作业、生产管理。

青岛港口岸包括三大港区：

老港区　青岛港口岸老港区位于青岛市中心，已有百余年历史，是青岛市山东省及广大腹地省份发展经济建设、商业贸易和旅游业的重要口岸。老港区的发展方向是以城市为依托，进行科学总体规划，加强内外合作，进一步搞好改造。实施一批与国际客运、外贸进出口加工和集装箱运输密切相关的重要技改工程，以进一步提高港口优势，增强竞争实力，适应国际贸易、海运业对港口的发展需要。

黄岛油港区　黄岛油港区主要承担原油输出和进口接卸任务。在未来的发展中，将进一步配套和完善港区储油设施，建设成品油专用码头，使黄岛油区逐步转为进出兼备、中转储存的综合性原油进出口基地和液体化工进出口基地，推动腹地原油输出、沿海石油加工和化工企业的全面发展。

前湾港区　前湾港区是青岛口岸八十年代兴建的现代化港区，发展前景广阔。1999年7月，经国家批准为对外开放的一类口岸。前湾港区水陆域开阔，不冻不淤，基岩埋深适宜，具有建设大型深水良港的条件。前湾港区一期工程六个深水泊位已投产使用，设计总通过能力为2300万吨。二期工程七个深水泊位（包括三个集装箱专用泊位）也已经建成投产，年吞吐能力为316万吨。其中，三号泊位最大水深为-14.5米，可停靠第五代、第六代集装箱船。三期工程拟建七个（水深-16米以上的）深水泊位，目前已建成两个泊位试生产。拟建码头岸线总长2230米，沿海陆域纵深600米。根据青岛港口岸总体规划，前湾港区共可建设60多个泊位，总通过能力可达1.18亿吨。

青岛港口岸接卸的主要货种概括为4大6小。4大货种为煤炭、矿石、原油、集装箱;6小货种为钢铁、水泥、化肥、粮食、木材、非金属矿。

【烟台港口岸】　烟台港口岸是山东省最早的对外开放口岸，它涵括了烟台地方港作业区、水产集团芝罘岛作业区和牟平港作业区。该口岸位于胶东半岛东部北端。东经121° 23′ 06 ″、北纬37° 33′ 00″。设计吞吐能力为货运1476万吨／年，客运95万人次／年。现有泊位31个，其中，万吨级泊位19个，集装箱专用泊位2个。港口拥有起重设备144台（辆），最大起重能力36吨，堆存场地140万平方米，堆存能力150万吨。

烟台港是我国散化肥接卸、包装、中转的主要基地，进口散化肥运转全国的数十个省、市、自治区，连续十多年进口散化肥居全国第一。烟台港也是我国水泥出口主要基地，出口水泥在全国占重要地位。烟台口岸还是全国主要水产品出口基地，出口量列全国各口岸前列。2001年，烟台海港口岸货物吞吐量达到2225万吨，外贸进出口达到1106万吨，旅客流量达到173.2万人次。目前，口岸对内辐射已达21个省、市、自治区，对外已与70多个国家的100多个港口直接通航，已开通至韩国釜山、群山和仁川的客、货班轮航线，其中2001年进出境旅客运量达到5.2万人次。拥有国际集装箱运输班轮航线15条，月均航班达到60个，2001年运量完成集装箱13万标箱。

烟台地方港作业区位于东经121° 22′15″、北纬37° 33′10″，年吞吐能力60万吨。港口基础设施及配套设施完备，现有五千吨以上级泊位2个，一千吨以上级泊位2个。码头长度337.5米，港口装卸设备齐全。自1990年5月作为一类口岸开放以来，港口发展由小到大，经营规模由单一港口装卸业务扩大为集客货运、商贸于一体的多功能性港口，港口货物吞吐量逐年递增。2001年，作业区的货物吞吐量达到107.6万吨，外贸进出口完成16.9万吨。目前，港口已与世界上50多个国家和地区的港口实现了通航。

水产集团芝罘岛作业区位于东经121° 24′、北纬37° 36′。年吞吐能力10万吨。港口基础设施及配套设施完备，现有5000吨以上级泊位2个，5000吨以下级泊位5个，输油管线一条，配套5000吨冷库及2000吨油库各一座。联检办公设施齐全。该作业区于1994年4月对外开放。1999年9月，经验收允许国际航行船舶在码头停靠和进行装卸作业。码头自开放以来，获得了较好的经济效益。

牟平港作业区位于东经124° 34′47″、北纬37° 26′30″。年吞吐能力30万吨。港口基础设施完备，现拥有5000吨级泊位2个。1998年4月，经山东省人民政府批准对外开放。1999年5月，交通部正式行文确认牟平港作业区可以接靠国际航行船舶。

【威海港口岸】　威海港口岸地处黄海之滨，地理坐标为东经122° 12′、北纬37° 27′。1985年4月1日，国务院批准威海港口岸正式对外开放。港区水深域阔，终年不冻。港口由新老两个港区组成，老港区坐落在市中心，主要承担客运和滚装运输业务；新港区位于威海湾南岸，于1996年4月建成并对外开放，主要承担散杂货、石化、煤炭和集装箱业务。经过多年的发展，威海港口岸建成了较为完善的基础设施和配套设施。基础设施方面，建成了通用码头、客运码头、旅游码头、集装箱码头、石化煤炭码头相配套，各种设施齐全、多功能的港口体系。口岸内现有泊位13个，其中万吨级以上5个，最大泊位为5万吨级，万吨级以下泊位8个，总吞吐能力860万吨。配套设施方面，建成了布局合理、功能先进的出入境旅客通关大厅，口岸运输、装卸、仓储、查验、监管、金融、服务功能齐全。2001年，港口总吞吐量600万吨，其中外贸货物吞吐量达到300万吨。出入境旅客达到15万人次，集装箱运量达6万标箱。进口的主要货种为服装、电器、机械、化工等，出口的主要货种为服装、电子、机械、水产、化工等。

威海港口岸与世界上70多个国家和地区的港口有了贸易往来，拥有5条国际班轮航线。1990年，威海港口岸在全国首家开通了至韩国仁川港的客货班轮航线。之后，又相继开通了威海至韩国釜山、日本神户、大阪、横滨、名古屋等港口的集装箱航线。

【日照港口岸】 日照港口岸位于东经119° 33′、北纬35° 23′，地处山东半岛与江苏大地夹角的底部，我国海上南北运输主通道的中间地带。 水上北距青岛65海里，南距连云港40海里，东与朝鲜半岛、日本隔海相望。

日照港拥有生产泊位18个，其中万吨级泊位10个，最大泊位为10万吨级，年设计吞吐能力1910万吨，通过一系列技术改造，港口核定吞吐能力达到2493万吨。中港区2万吨级油码头、4万吨级木片码头已竣工待验收，西港区1.5万吨级杂货码头将于年内竣工，届时将新增吞吐能力224万吨。港口配套设施完善，配有专用铁路、引航、轮驳、储运、理货、动力、通讯、机修及科研等为港口生产服务的各类配套保障系统。

港口交通便利，现已形成了较完备的铁路、公路、海路交通网络。连接港口的兖石铁路与全国铁路网相联，西延经西安、新疆阿拉山口出境，直至荷兰鹿特丹和比利时的安特卫普港，使该港成为新亚欧大陆桥东方重要的桥头堡。3条公路干线通往全国各地，连接京沪、京福高速公路的日（照）— 东（明）高速公路，2000年底正式通车，同（江）—三（亚）高速公路日照段已开工建设，预计2003年10月完工。建成后，集疏港货物的公路运输将更加方便快捷。水路可通达国内、国际各个港口，目前已与世界上80多个国家和地区通航。日照港口岸现有3条国际集装箱定期班轮航线，分别是日照—日本（关东）、日照—日本（关西）和日照—韩国（釜山），3条航线每周各1班。

2001年，港口完成货物吞吐量2933.5万吨，完成外贸运量1705.4万吨。其中进口270.07万吨，出口1435.3万吨。进口主要货种有铁矿石、化肥、粮食等，出口主要货种有煤炭、水泥等。完成国际集装箱14470标箱。

【岚山港口岸】 岚山港口岸位于山东省日照市东南部，黄海之滨海洲湾北角， 鲁东南、苏北交界处，地处我国南北海岸线的中间部位。地理座标为东经119° 22′、北纬35° 05′，是沟通南北海运的重要港口。该港口现有5万吨级液体化工品专用泊位1个，5万吨级散杂货泊位1个，2万吨级、1万吨级泊位各1个，5000吨级泊位3个，年设计吞吐能力460万吨。港口配套设施完善，配有铁路、引航、轮驳、储运、理货、动力、通讯、机修及科研等为港口生产服务的各类配套保障系统。

港口货场面积60万平方米，液体化工品罐群总容量40万立方米。岚山港已成为苏北重要的液体化工品集散地和重要的木材进口港。

港口交通便利，岚兖公路直通港口，与204国道交叉。坪岚铁路直达码头和罐区，与京沪线、京九线、陇海线等铁路干线连通，西延直达荷兰鹿特丹。港口拥有9条液化品专用装卸线。海上运输可直达我国沿海各主要港口，目前已与美国、俄罗斯、日本、韩国、加拿大等80多个国家和地区的重要港口通航。

2001年，该港口完成外贸运量191.8万吨，其中进口完成83.83万吨，出口完成107.97万吨。

【龙口港口岸】 龙口市位于胶东半岛西北部，西、北濒临渤海，是一个美丽富饶的海滨城市。龙口港口岸位于龙口市西部，渤海之滨龙口湾内，地理坐标为东经120°19′14″、北纬37°39′11″。于1985年4月1日由国务院批准对外开放，属国家一类开放口岸。

龙口港作为地方大港，坚持走“自我积累，自我完善，自我发展”的图强之路，目前已发展到港口码头岸线长2660米，现有生产泊位21个，其中5万吨级深水泊位2个，万吨级5个，万吨级以下14个。港口装卸能力已达到国内先进水平，其中大型门吊座机等起吊设备共31台，最大起吊能力80吨，其它各种装卸运输设备100多台（辆），各种船舶可昼夜进出港口。自1992年以来，港口吞吐量每年以百万吨速度递增，1995、1996年港口吞吐量就已突破800万吨。成为大、中、小泊位并举，内外贸货轮兼营，装卸功能齐全，机械化水平较高，各项服务优质高效的综合型港口。2001年，港口完成货物吞吐量716万吨，完成外贸货物170.9万吨，其中进口90万吨，出口80.9万吨。国际集装箱完成51357标箱。

港口下设14个公司，主要担负港口装卸、生产、货源组织、储运、物资供应、港务工程、生产服务、内外轮理货、外轮代理、船舶租赁和货物订舱等业务。对外开放以来，已与20多个国家和地区的港口通航，其中，杂货线主要有：龙口至日本、韩国、印尼、加拿大、马来西亚、新加坡、厄瓜多尔、美国、刚果等。集装箱班轮主要有：龙口至香港、菲律宾、马尼拉、泰国等。港口货运经营范围主要有：水泥、煤炭、黄沙、原盐、木材、钢材、石材、粮食、水果等杂货以及国际集装箱、装卸、仓储中转、运输等业务。

【石岛港口岸】 石岛港口岸位于山东半岛最东端，荣成市石岛镇辖区内，地理坐标为东经122°25′20″、北纬36°25′33″，是山东半岛通往韩国、日本的主要海运口岸。石岛港码头长250米，水深-6米。该口岸于1989年8月正式对外开放，是胶东半岛首批对外开放的口岸之一。现有4个泊位，其中5000吨级泊位1个，1000吨级泊位2个，500吨级泊位1个，货场总面积16622平方米，总吞吐量为50万吨，拥有各种装卸设备和完善的配套设施。2001年，石岛港口岸货物吞吐量151.84万吨，外贸进出口1.81万吨，其中进口0.35万吨，出口1.46万吨。主要进出口货物有煤炭、石油、钢材、矿建材料、化工产品、海产品等。

石岛港口岸主要分为三个作业区：

石岛港蜊江作业区　蜊江作业区位于市区内，其坐标为东经122°25′50″、北纬37°07′20″。1992年9月，批准为石岛港蜊江作业区。该作业区码头总长130米，水深-5米，现有3000吨泊位1个，1000吨级泊位1个，500吨级泊位1个，正在建造5000吨级泊位1个。有货场25000平方米，仓库520平方米，总吞吐量为45万吨。各种装卸设备20台。

石岛港朱口作业区　朱口作业区位于荣成市人和镇辖区内，其坐标为东经122°12′、北纬36°52′。于1995年5月，批准为石岛港朱口作业区。朱口作业区码头长140米，水深-9米，港口拥有万吨级泊位1个，4个免税油罐，总吨位2万吨。

石岛港新作业区　石岛港新作业区始建于1999年。2001年8月，被批准为石岛港新作业区。该作业区与一类开放港石岛港同处在一个水域。码头总长1550米，水深-9米，设有万吨级泊位2个，2-3万吨级泊位1个，并有4万平方米货场，2万平方米集装箱堆场，2300平方米监管仓库。设计年吞吐量为200万吨。各种现代化装卸设备配套齐全，拥有M10-25门吊6台、M32-22门吊1台，10-20吨汽车吊2台，5吨装载机3台，1500马力拖轮2艘，5吨垃圾回收车2台，单斗装卸机3台，滚动皮带机5台，起重机1台，装船机1台。该作业区于2002年4月已获交通部关于新作业区至韩国仁川港客货混装班轮航线的批件。目前，正在进行正式通航前的后期验收准备工作。

【蓬莱港口岸】 蓬莱市位于山东半岛最北端，与日本列岛和朝鲜半岛隔海相望。蓬莱新港位于蓬莱城东8公里开发区以北，地理坐标为东经120°35′50″、北纬37°46′49″。港口腹地陆路交通已成网络，十分便利。1996年被国务院批准为一类对外开放港口。共有6个泊位，其中万吨级泊位1个，5000吨级以下泊位3个，5000吨级滚装泊位2个，现正在建设中的3.5万吨级货运码头1个，该码头将于2002年10月投入使用。港口设计吞吐能力200万吨，占池680亩，港口航道400米，宽100米，水深－10米，码头有15万平方米堆存场地，建有2600平方米的仓库。该港设备先进，技术力量雄厚，各类服务齐备，具有全天候作业能力。1999年投入的蓬莱—大连线“大华”、“宝华”、“英华”三艘船舶大大缓解了山东半岛和辽东半岛之间运输紧张状况，显示出渤海湾滚装运输业广阔的发展前景。

蓬莱港现已开通至香港、日本、韩国等国家和地区的国际货运航线。2001年，港口货物吞吐量138.2万吨，外贸进出口12.06万吨。主要进出口货种有水泥、木材、矿石、煤炭等。

蓬莱栾家口港始建于1995年4月。总资产1.7亿元。港口设计吞吐量200万吨／年，占地518亩。地理坐标为东经120° 37′ 50″ 、北纬37° 47′。腹地为蓬莱市西城临港工业区，依山傍海，风景秀丽，东邻驰名中外的旅游圣地“蓬莱阁”10公里，西距龙口约39公里，对面与长山列岛隔海相望。腹地陆路交通已成网络，烟潍公路纵穿全区，德龙烟铁路横贯东西，交通十分便利。港口自然条件优越，航道宽畅。港口万吨级泊位2个，5000吨级以下泊位3个，5000吨级客货滚装泊位2个，3000吨级登陆泊位1个。在建的3万吨油码头1个。万吨级码头长400米，低潮时港池水深－9.7米。航道沿港口向西北方向出港，与登州水道西出口相交，直通长山水道，可通全国各大港口。港口设备先进、技术力量雄厚，配备10吨门机5台，电吊2台，千吨船受载时间10小时。港口加油加水等设施齐全，高频电话常开，24小时有人值班，频道定为8频道，可随时呼叫。

【莱州港口岸】 莱州港口岸于1996年11月被国务院批准为一类开放口岸，1997年12月，正式对外开放。莱州港地处渤海的莱州湾东岸，山东省莱州市三山岛特别工业区，地理坐标为东经119o56′ 8″ 、北纬37o24′ 7″ ，位于环渤海经济圈的黄金地带。该港口现有万吨级散杂货泊位1个，3000吨级散（件）杂货泊位2个和3000吨级滚装泊位1个。港口基础设施配套齐全。设计年吞吐能力240万吨。

莱州口岸对外开放以来，货物吞吐量猛增，内贸货物主要以原盐、黄沙、建材为主，外贸货物主要以大块石、滑石、袋装盐、沙、木材、粮食为主。近洋货运直达日本、韩国、马来西亚及新加坡等各港，远洋货运可直达俄罗斯、美国及西欧等各国港口。2001年，货运吞吐量96.53万吨，外贸进出口18.67万吨。

为促进外经外贸和口岸发展，莱州市政府还制定了一系列的土地使用及税收方面的优惠政策。同时，口岸检查检验部门也将为投资者提供全方位的优质高效服务。

【东营港口岸】 东营港口岸地处东营市北部的渤海湾沿岸，地理坐标为东经118° 57′ 28″ 、北纬38° 5′ 4″ 。该口岸于1995年12月22日由国务院批准为一类口岸。东营港占据重要的区位优势，是晋冀鲁豫周边十几个地区的主要出海口，外贸腹地广阔，货源充足，又有国家大型企业胜利油田坐落在东营境内。港口基础设施完备，设有5000吨级以下泊位14个，装卸设备齐全。主要装卸货种有沥青、化纤、饲料、淀粉、粮食等。

近几年，东营市实施大开放、大招商、大发展的经济战略，并大力推行优惠政策。作出了投资港口、机场等基础建设项目，自获利年度起，5年内所得税先征后返，第6年到第10年返还50%。

【龙眼港口岸】 龙眼港口岸位于荣成市区50公里的西霞口村。龙眼港始建于1989年，启用于1994年。1995年12月被批准为二类开放港口。1999年8月，被批准为一类开放港口。现已开通了与韩国平泽港客货混装班轮航线，是全国唯一村办一类开放口岸。

龙眼港口岸位于东经122° 38′ 24″ 、北纬37° 25′ 02″ ，距国际航道仅5海里，港湾三面环山，水深避风，长年不结冰、不淤积。是一个深水天然良港，也是我国距韩国最近的海运口岸。

龙眼港口岸为客货运集一体的综合性口岸，码头总长1500米，水深－12米。口岸现有泊位10个，其中万吨级以上深水泊位3个，5000吨级泊位5个，集装箱专用泊位2个，货场面积10万平方米，仓库3万平方米和4万吨油库。拥有先进的装卸设备交通工具和完善的配套设施。港口年货物吞吐量200万吨。

【青岛航空口岸】 青岛流亭机场是青岛市民用航空运输使用的唯一机场，位于青岛市北部城阳区，地理坐标为东经120° 22'30"、北纬36° 15'53"，距市中心（中山路）直线距离23公里。1994年9月4日，经国家批准为对外开放的一类航空港口岸。机场飞行区技术等级为民航4D。

青岛航空港口岸始建于1944年，建国后几经改造扩建，直到1982年才正式开辟国内民用航线。青岛流亭机场现有2600米×60×米×0.34米的水泥道面跑道一条，2600米×18米×0.34米混凝土滑行道一条。跑道和滑行道之间设五条联络道。可以起降B-737、757、767、MD-82、MD-90、A-300、A-320、C-130等型号的客货飞机。停机坪面积为7万平方米，可同时停放8架大中型飞机。机场通讯、导航设施较为先进，供电、供水、供油、气象、消防等设施配套齐全。

青岛航空口岸候机楼面积1.5万平方米，分为国际、国内候机厅。其中国际厅面积3000平方米，机坪面积8.7万平方米。有两座供旅客上下飞机的活动廊桥。设有餐厅、酒吧、行李自动转盘、自动滑梯等设施。设计能力为客运500人次／小时，货运3万吨／年。

青岛航空港口岸目前有直飞日本大阪、福冈、东京，韩国汉城、釜山、大丘，新加坡，香港，澳门的国际及地区间航线以及泰国曼谷旅游包机航线共计10条，国内与40多个大中城市通航。国际国内平均每周772个架次，有15家中外航空公司从事经营活动。2001年，青岛航空港口岸中外客流量达到281万人次，货邮量5.13万吨。出入境人员58.27万人次，进出口货物2.70万吨。

【济南航空口岸】 济南机场航空口岸于1992年10月经国务院批准正式对外开放。地理坐标为东经117° 12'55.06"、北纬36° 51'25.45"。

济南遥墙机场位于济南市东郊遥墙镇，距市中心30公里。机场占地4408亩，有4E级跑道1条和滑道1条。主跑道3600米×60米，停机坪面积11万平方米。机场装备先进的通讯、导航、灯光设备，配备一、二次雷达仪表着陆系统和各种监视系统，能够起降目前最大的民用客机和大型货机。机场设计能力为客运50-80万人次／年，货运2.3万吨／年。场区侯机楼、航管大楼1.2万平方米，国际厅2500平方米，供飞行的机务、机库、油料、飞行乘务等保障设施齐备。经国家批准，自2002年1月起，济南航空口岸为公安部授权的口岸签证机关，可对外国旅行团实行口岸签证，提升了济南机场航港口岸的功能。

济南机场航空口岸已开通国内航线35条，每周189班。2001年，客运量达到134万人次。开通国际（地区）航线8条。即：济南至香港、新加坡、莫斯科（货包）、曼谷、韩国济州岛、青州、釜山、汉城等航线。

2001年，完成进出口货物6199吨，其中进口1740吨，出口4459吨；转关120吨。进出口货物主要有裘皮制品、服装、玩具等。

2001年经济南航空口岸出入境旅客30254人次，其中入境16177人次，出境14077人次。

【烟台航空口岸】 烟台机场航空口岸位于烟台市莱山区境内，距烟青一级公路1.5公里，地理坐标为东经121° 22′ 12″ 、北纬37° 24′ 01″ 。1997年，经国务院批准对外籍飞机开放。设计货运吞吐能力2万吨／年，旅客流量300万人次／年。烟台机场现有停机坪面积4.07万平方米，候机厅总面积1.97万平方米，其中国际厅面积9700平米。跑道长度2600米，通信、导航设施齐全，设置双向盲降系统，南北远近台导航台、供水、供电、供油设施配套，可起降波音767以下机型。

烟台机场现有38条国际、国内航线，航班最大密度为每周128班。1997年经国务院批准对外籍飞机开放，先后开通了烟台至日本、韩国、香港、澳门等7条国际（地区）客货航线。2001年，共完成旅客66.8万人次，其中出入境旅客13.9万人次。

二类口岸

【威海张家埠口岸】 张家埠港口岸位于黄海靖海湾内，地理坐标为东经122° 10'04"、北纬37° 00'33"。1993年3月1日，经山东省人民政府批准设立。港口现有千吨级泊位3个，其中3000吨级泊位1个，年吞吐能力50万吨。港口有装卸机械40多台套，货场1.5万平方米，办公生活设施5300平方米。港口货物集疏运主要由公路、铁路运输完成。张家埠港腹地具有较为丰富的渔业资源和矿产资源，主要贸易对象是韩国、日本等东南亚国家。

2001年，张家埠港货物运输量达60万吨，其中外贸运量为12万吨。主要进口货物有塑料、化工原料等，出口货物有鲜冻鱼、石材、河砂、水泥等。

【威海乳山口岸】 乳山口港口岸位于乳山市的西南部，地理坐标为东经121° 29'12"、北纬36° 47'40"。1993年3月1日，山东省人民政府批准设立。港内现有泊位3个，其中1000吨级泊位1个，年吞吐能力50万吨。港内有装卸、运输设施20多台套，货场4.6万平方米，办公生活设施2000平方米。港口货物集疏运主要由公路运输完成。乳山口港腹地具有较为丰富的河砂资源和渔业资源，主要贸易对象是韩国、日本等东南亚国家。

2001年，乳山口港货物运输量达50万吨，其中外贸运量为10万吨。主要进口货物有塑料、化工原料等，出口货物有鲜活水产品、海河砂、服装等。

【潍坊口岸】 潍坊港口岸南靠潍坊市寒亭区，北依渤海湾，位于白浪河入海口西侧，距市区50公里，地理坐标为东经119° 11′ 27″ 、北纬37° 14′ 44″ 。1996年10月15日，作为二类口岸对外开放。潍坊港先后经过两次大规模的建设和升级改造，一期工程始建于1985年，两个千吨级码头已于1989年投产使用；二期工程于1996年5月13日开工建设，1998年10月21日实现通航试运营。目前，潍坊港拥有5个千吨级以上码头，5000吨级以下船舶可自由进港作业，年设计吞吐能力137.5万吨。一期工程建有生产用库场18577平方米，非生产用库场600平方米，集装箱货场3037平方米，300立方米油库一座。二期工程建有硬化货场26000平方米，综合办公楼两座，港区供油、供水及通讯设施配套齐全。拥有自装自卸2000吨级、吊装力50吨、吃水3米左右的驳船一艘，集装箱专用叉车5部，10吨门机2台，皮带传送机3台，吊车4部及运输车辆20余台。

潍坊港进出口货物以原盐、纯碱、化肥等物资为主。目前，已同120多家客户建立了稳固的业务关系。2001年，共接纳进出港船舶608艘次，完成货物吞吐量142万吨。2002年前6个月，港口吞吐量已突破100万吨，预计全年可完成吞吐量200万吨。潍坊港运力条件充足，现有船舶7艘，其中5艘已投入韩国、日本等不定期国际贸易航线的运行。

【羊口口岸】 羊口港口岸位于渤海莱州湾南岸的寿光市羊口镇东首，地理坐标为东经119° 10′ 20″ 、北纬37° 30′ 15″ 。1995年1月14日，作为二类口岸对外开放。羊口港现拥有铁路专用线5000多米，7座码头15个泊位，年设计吞吐能力120万吨。港内拥有硬化货场5万平方米，库房近1000平方米，铲车7部，大型电吊3台，输送机19台，日装卸能力2万吨。新建的2280平方米的综合调度楼，配有现代化的调度手段和通讯设备。港内供油、供水、供电设备齐全。

羊口港的货物运输主要以散货为主，有原盐、纯碱、氯化钙、木材、砂石、化肥、建材、粮食等种类。港口总运力达2.5万个吨位，已有四艘船舶加入了南韩、日本、越南等不定期国际贸易航线。

【积米崖口岸】 胶南积米崖港二类口岸位于东经120° 09'06"、北纬35° 55'00"的唐岛湾内。东邻青岛市经济技术开发区，南对灵山岛，北依小珠山，与灵山卫镇毗邻，西靠胶南市区。三面环山，避风条件良好，是天然良港。港区规划面积7平方公里。码头总长1183多米，自然航道宽60米、水深-7米。港口停泊能力达到1万吨，可停靠3000吨级以下的货船，泊位总数6个，港口吞吐能力100万吨。辟有到日本下关、八户、爱媛和韩国釜山的海上航线。主要货种为石料、活鱼苗等。该港经山东省人民政府批准于1997年1月1日起正式对外开放。

【女岛口岸】 即墨女岛港二类口岸地处黄海之滨，位于即墨市东部，东经120° 52'04"、北纬36° 22'27"。傍青岛、崂山，携莱阳、海阳，腹地广阔，腹地广阔，资源丰富，交通便捷。该港口始建于1978年6月，1982年7月竣工。防波堤长340米，护岸3100米，码头长181米，码头前沿水深-5.5米，水域面积30万平方米。泊位总数2个，水深-6.3米，可同时靠泊3000-5000吨级货轮两艘，年吞吐量120万吨。经山东省人民政府批准于，1997年2月1日起正式对外开放。

【凤城口岸】 海阳凤城港口岸位于胶东半岛南部，1979年建成投产。1999年8月，经山东省政府批准为二类口岸对外开放。该港口是烟台市南部海域唯一的开放口岸，地理坐标为东经120° 14'15"、北纬36° 40'40"。港口现拥有3000吨级以下泊位3个，各种装卸机械10余台，年设计吞吐量10万吨。凤城港具有良好的集疏运条件，有烟凤一级公路和青威汽车专用线贯通，兰烟铁路从北面穿过，为港口疏运提供了有力保障，是近洋运输最为经济的口岸之一。

目前，海阳凤城港口岸扩建2万吨级码头的建设规划已经山东省人民政府批准，投产后，年吞吐量可达到110万吨。

山东口岸外贸概况

2001年，在国际经济环境发生重大变化、世界经济贸易增长放缓的严峻形势下，山东对外经济贸易保持了良好的增长势头。据海关统计，全省进出口商品货值完成289.6亿美元，比上年增长15.9%。其中出口181.3亿美元，增长16.7%；进口108.3亿美元，增长14.5%。全年新批外商投资项目合同外资67.2亿美元，实际使用外资36.2亿美元，分别增长32.4%和21.9%。

【进出口贸易实现较快增长，成为拉动国民经济增长的重要力量】 全省进出口增幅不仅高于全省GDP增速5.8个百分点，而且高出全国进出口增幅8.4个百分点。全省国民经济对外贸易的依存度达到25.5%，比上年提高1.5个百分点。

【对日本、美国、韩国、欧盟四大主要贸易伙伴出口占3/4，对新兴市场出口增长30%以上】 全省与主要贸易伙伴之间的贸易往来均保持了稳定的增长。对日、美、韩、欧四大贸易伙伴合计出口135亿美元，增长16.5%，占全省出口总额的74.5%。对新兴市场出口实现快速增长，所占比重达到10%，比上年提高2个百分点，拉动全省出口增长4个百分点，成为全省对外经济贸易发展的一支生力军。

【外商投资企业出口占半壁江山，民营企业出口迅猛发展】 全年外商投资企业出口92.4亿美元，占出口总额的51%，比上年增长16.5%，拉动全省出口8.4个百分点。民营企业出口继续保持高速增长，全年出口21.8亿美元，占出口总额的12%，同比增长48.5%，成为全省外贸出口新的增长点。

【机电产品和农副产品出口快速增长，骨干商品支撑作用明显增强】 全省工业制成品出口138.2亿美元，增长13.7%，占全省出口总额的76.3%。20类大宗商品出口145.1亿美元，增长16.8%，占出口总额的74.3%。大宗商品中，居前三位的分别是：纺织服装出口51.7亿美元，增长9.8%，占出口总额的29%；农副产品出口44.7亿美元，增长27.3%，占25%；机电产品出口38亿美元，增长20%，占21%。三大骨干商品合计拉动全省出口增长13个百分点。

【青岛、烟台、威海三市继续发挥出口主力军作用，西部城市出口快速发展】 青岛、烟台、威海三市出口108.9亿美元，增长16.2%，占出口总额的60%以上。其中青岛出口71.2亿美元，增长16.6%，占出口总额的39.3%；烟台出口21.6亿美元，增长9.7%，占11.9%；威海出口16.1亿美元，增长22.5%，占8.9%。出口增幅占前五位的城市分别是：东营增长142.8%，菏泽增长58.3%，临沂增长43.6%，聊城增长38.1%，德州增长32.3%。

【进口首次突破百亿美元大关，机电产品进口大幅增长】 2001年，全省进口工作力度明显加大，进出口贸易实现同步增长。从贸易方式看，加工贸易进口55.9亿美元，增长8.9%,占进口总额的52%；一般贸易进口35.6%亿美元，增长17%，占33%。从大宗商品看，12种主要进口商品合计56.9亿美元，增长21.3%，占进口总额的52.5%；当年新批机电产品进口40.5亿美元，增长32.2%，占37.4；另外羊毛、天然橡胶、塑料分别增长64.8%、24.8%和22.4%。从进口企业看，国有企业进口29.9亿美元，增长4.5%；外商投资企业进口70.3亿美元，增长17.2%。

【利用外资实现新的突破】 全年吸收外商直接投资合同金额首次突破60亿美元，实际应用外资达到36.2亿美元。截至2001年底，全省累计批准外商投资企业29048家，合同外资447亿美元，实际使用249亿美元，全省利用外资的质量和水平进一步提高。外商投资高新技术产业方兴未艾，其中电子信息产业项目合同外资增长60%，生物技术项目合同外资增长67%，批准外商投资研发中心7家。吸收跨国公司投资保持较好的发展势头。2001年，又有韩国LG电子、SK公司，日本旭化成工业、三洋电子、美国爱默生、柯达，加拿大庞巴迪，卢森堡ARBED公司，法国埃尔夫，德国汉高等世界500强跨国公司来山东落户，进入山东的世界500强跨国公司已达到91家。外商独资项目比重不断增加，已超过一半以上，成为吸收外商投资的主要方式。

【实施“走出去”战略成效明显】 2001年，全省继续大力实施“走出去”战略，取得良好成绩。对外承包工程突出“以大揽大”，全省共有9个千万美元以上的对外承包工程大项目签约，合同额4.85亿美元。对外承包工程千万美元以上大项目的合同额占全省的46.4%，成为带动全省承包劳务增长的主要力量。以加工贸易项目为主的境外投资项目取得新进展。全省经批准的境外加工贸易项目投资总额达1.06亿美元，投资行业主要集中在家电、农机、纺织、轻工、农渔开发等行业，带动了相关产品的出口。

山东省政府有关口岸政策选编

[文件一]

山东省口岸综合管理条例

1996年4月17日省八届人大常委会第21次会议通过

第一章 总 则

第一条 为加强口岸综合管理，协调各口岸单位的工作，确保口岸安全畅通，维护国家主权和利益，促进对外开放和经济发展，根据国家有关法律、法规的规定，结合本省实际，制定本条例。

第二条 本条例所称口岸是指经国务院或者省人民政府批准，供人员、货物和交通运输工具出入境的港口、机场、车站等。

第三条 凡在本省行政区域口岸从事交通运输、检查检验、对外贸易、船舶代理、货运代理、仓储转运、涉外服务、公证鉴定、对外索赔、装卸理货、宣传接待及出入境等活动的所有单位（简称口岸单位）和个人，均必须遵守本条例。

第四条 省及口岸所在市人民政府（地区行署）、县（市）人民政府授权的口岸综合管理机构负责辖区口岸综合管理工作。其职责是：

（一）贯彻执行国家及省有关口岸管理的法律、法规和规章；

（二）编制并组织实施辖区口岸开放规划和计划，组织验收和审查上报口岸开放与关闭，办理报批外国籍交通运输工具临时进出非开放口岸事宜，组织协调有关部门开辟国际客运、货运航线；

（三）会同有关部门审查上报口岸检查检验机关人员编制及其配套设施建设资金事宜，检查督促辖区口岸配套设施建设和改造；

（四）督促检查口岸检查检验机关按照各自的职责和规定对出入境人员、交通运输工具、货物和行李物品进行监督管理以及检查、检验、检疫等；

（五）主持平衡辖区口岸外贸运输计划，组织协调口岸单位共同做好口岸集疏运和出入境旅客接送工作；

（六）协调处理或者裁决口岸单位之间发生的影响口岸正常运转的争议；

（七）组织口岸单位对工作人员进行涉外政策、纪律和国家安全教育；

（八）查处违反口岸管理法律、法规的行为，会同有关部门查处口岸重大涉外事件；

（九）组织口岸单位开展共建社会主义精神文明口岸活动；

（十）人民政府授予的其他职责。

第五条 口岸单位应当遵纪守法，密切配合，自觉接受口岸综合管理机构的组织协调和督促检查。

第二章 口岸的开放与关闭

第六条 口岸开放应当按照国家和省制定的口岸开放规划与计划有步骤地进行。

第七条 新建口岸港口、码头、机场、集装箱中转站以及老口岸扩建工程正式立项前，项目主管部门应当征求口岸综合管理机构的意见。

口岸现场检查检验设施及其他配套设施应当与港口、机场、车站等主体工程统一规划、统一设计、同步建设。口岸现场检查检验设施投资列入主体工程投资之内；其他配套设施投资按照国家有关规定办理。

新开放口岸检查检验机关的机构设置、人员编制及办公生活设施建设资金等，由口岸综合管理机构会同有关部门提出方案，经省人民政府同意后，报国务院审批。

第八条　开放口岸按照下列程序报批：

（一）一类口岸，由拟开放口岸所在市（地）人民政府（行署）报经省人民政府商有关驻军同意后，由省人民政府报国务院审批。

（二）二类口岸，由拟开放口岸所在市（地）人民政府（行署）商有关驻军和检查检验机关同意后，由市（地）人民政府（行署）报省人民政府审批。

第九条　开放口岸的上报文件应当附下列资料：

（一）口岸开放的可行性研究报告；

（二）检查检验机关等机构设置和人员编制方案；

（三）口岸检查检验配套设施建设情况。

第十条　口岸正式对外开放前，口岸综合管理机构应当组织有关部门对其交通基础设施、安全设施、通讯设施、检查检验配套设施、检查检验机关的机构设置和人员配备情况进行检查验收。

新开放的一类口岸，由省口岸综合管理机构组织初验后，报国家口岸综合管理机构组织验收。

新开放的二类口岸，一类口岸扩建工程，以及位于开放水域内的货主专用码头、渔业码头、修船厂等，由省口岸综合管理机构组织验收。

未经验收或者验收不合格的，不得对外开放。

第十一条　外国籍交通运输工具临时进出非开放口岸的报批程序，按国家有关规定办理。遇有特殊情况，由所在市（地）人民政府（行署）商有关驻军和检查检验机关同意后，报省人民政府审批，并安排检查检验工作。

第十二条　对外开放口岸的关闭由原申请机关报原批准机关审批。特殊情况可以由批准机关直接下令关闭。

第三章　口岸的检查检验第十三条　凡经本省行政区域口岸出入境的人员、货物和交通运输工具等，由口岸检查检验机关依法实施出入境检查、检验和检疫。

第十四条　入境交通运输工具抵达口岸未办妥进口岸手续前和出境交通运输工具已办妥出口岸手续后，未经边防检查机关批准，不得上下人员、装卸货物。国家另有规定的从其规定。

第十五条　需要进行检验、检疫的进出口货物，检查检验机关应当一次开舱（箱），分别取样化验并出具证书。同一货物的同一检验、检疫项目，不得重复检验、检疫和收费。

口岸综合管理机构可以组织检查检验机关，对出入境交通运输工具及进出口货物集中办理检查、检验手续。

第四章　口岸的集疏运

第十六条　口岸综合管理机构应当根据国家外贸进出口任务和口岸通过能力，主持平衡辖区口岸外贸运输计划，报经国家批准后，督促有关单位执行。

第十七条　经营进出口业务的企业和外贸运输单位，应当按照规定向口岸综合管理机构报送年、月度运输计划及完成情况统计报表。运输计划如有变动，应当及时向口岸综合管理机构及交通部门报告。

第十八条　口岸综合管理机构应当组织协调交通、铁路、民航等部门，共同做好口岸外贸运输工作。

第十九条　港口管理部门应当本着有序高效、安全畅通的原则组织船舶装卸作业，旅游船和定期客货班轮应当优先安排。

对口岸集疏运影响较大的大宗货物，有关部门和单位应当按照计划均衡交货、派船，重点物资应当及时集疏运。

第二十条　铁路部门应当优先安排进出口货物运输计划，并优先配车、装运。

第二十一条　交通运输企业应当按照口岸外贸运输计划的要求，配足运力，保证口岸外贸货物及时集疏运。

第二十二条　经营国际客运业务的企业或者其代理人，应当将出入境航班的始发和到达时间、旅客人数、货物载量等情况，提前向口岸综合管理机构及检查检验机关报告。如有变更，应当及时通知有关单位。

第二十三条　进口货物到达口岸后，承运人或者其代理人应当及时通知收货人或者其货运代理人办理报关提货手续。对超期未报关货物按国家有关规定处理。

货物发生残损、短缺或者全票灭失的，货运部门应当出具商务记录。

口岸综合管理机构应当组织有关单位及时查验在运输过程中残损、短缺、灭失的货物和口岸溢卸、无人认领的物品，并按照国家有关规定进行处理。

第二十四条　口岸发生堵塞，由当地人民政府下达疏港命令，交通部门及有关单位必须执行，口岸综合管理机构督促检查命令的执行情况。

第二十五条　口岸综合管理机构应当会同有关部门加强口岸服务行业的综合管理。

经批准从事船舶代理和货运代理业务的企业，应当按照规定及时、准确地向有关部门提供单证，加速船舶周转和货物集疏运。

经批准从事外轮理货的企业，应当保证理货工作质量，切实代表委托方办理货物交接，做好理货签证和记录，如实出具单证。

凡从事口岸仓储、熏蒸和外轮供应等项业务的，必须报经口岸综合管理机构会同有关部门审查批准，未经批准不得经营相关业务。

第二十六条　在口岸实施行政性事业性收费的，应当严格执行国家及省有关规定，不得擅自增加收费项目或者提高收费标准。

第五章　争议的处理及罚则

第二十七条　对口岸单位之间发生影响口岸正常运转的争议，口岸综合管理机构应当按照国家和省的有关规定进行协调、处理；遇有紧急情况有权作出处理决定。对口岸综合管理机构作出的处理决定，口岸单位及有关人员必须执行。

第二十八条　拒不执行口岸综合管理机构的处理决定，影响口岸正常运转，造成恶劣影响或者经济损失的，口岸综合管理机构可以视情节轻重，对直接责任人员或者主要负责人予以通报批评，并建议其所在单位或者上级主管机关给予行政处分。

对危害国家主权和安全的，移送有关机关依法处理。

第二十九条　违反本条例规定，有下列行为之一的，由口岸综合管理机构责令限期改正，赔偿直接经济损失，并可以视情节轻重处十万元以下罚款；构成犯罪的，由司法机关依法追究刑事责任。

（一）未经验收或者验收不合格擅自对外开放口岸的；

（二）拒不执行当地人民政府下达的疏港命令及拒不接受口岸综合管理机构的督促检查的；

（三）未经批准擅自经营口岸仓储、熏蒸、外轮供应等项业务的。

第三十条　依照本条例实施罚款处罚的，应当使用省财政部门统一制发的罚款收据，罚款缴同级财政。

第三十一条　当事人对行政处罚决定不服的，可以自接到处罚决定书之日起十五日内，向同级人民政府或者作出处罚决定机关的上一级主管机关申请复议；对复议决定不服的，可以自接到复议决定书之日起十五日内向人民法院起诉。当事人也可以自接到处罚决定书之日起十五日内直接向人民法院起诉。复议和诉讼期间，不停止处罚决定的执行。

当事人逾期不申请复议也不向人民法院起诉，又不履行处罚决定的，由作出处罚决定的机关申请人民法院强制执行。

第三十二条　阻挠、干扰口岸管理人员依法执行公务构成违反治安管理行为的，由公安机关依法处理；构成犯罪的，由司法机关依法追究刑事责任。

第三十三条　口岸管理人员滥用职权，徇私舞弊，玩忽职守的，由所在单位或者上级主管机关、同级行政监察机关给予相应的行政处分；构成犯罪的，依法追究刑事责任。

第六章　附　　则

第三十四条　本条例自１９９６年7月１日起施行。

[文件二]

山东省人民政府印发《关于口岸开放的若干规定》的通知

鲁政发〔1996〕75号

各市人民政府、行署，各县（市）人民政府，省政府各部门、各直属机构：

现将《关于口岸开放的若干规定》印发给你们，望认真贯彻执行。

一九九六年七月二十五日

关于口岸开放的若干规定

第一条　为加强山东省口岸开放管理工作，理顺口岸检查检验配套设施建设投资渠道，确保口岸开放工作的正常进行，根据国家有关规定，结合山东省实际，特制定本规定。

第二条　本规定所称口岸是指供人员、货物和交通运输工具出入国境的港口、码头、机场、车站、通道等。

口岸分为一类口岸和二类口岸。一类口岸是指经国务院批准开放的口岸；二类口岸是指经省人民政府批准开放的口岸。

第三条　口岸开放规划及年度计划的制定

（一）为便于安排口岸检查检验配套设施建设资金，口岸开放规划的时间应与国家及省制定的国民经济和社会发展五年计划相一致。口岸开放规划的内容包括口岸名称、建设规模、客货运量、检查检验机构的设置及其人员编制、投资预算及资金来源、拟开放范围及开放时间等。

（二）各市地口岸开放规划，由市人民政府、行署报省口岸主管部门和省计委。省口岸主管部门会同省计委等有关部门制定全省口岸开放规划，经省人民政府批准后，纳入全省国民经济和社会发展十年规划和五年计划，并上报国家有关部门。

（三）各市人民政府、行署应根据全省口岸开放规划编制口岸开放年度计划，于计划年度前3个月报省口岸主管部门，由省口岸主管部门会同有关部门编制全省口岸开放年度计划。

第四条　口岸开放应按国家及省制定的口岸开放规划和年度计划有步骤地进行。凡未列入口岸开放规划的，不得列入口岸开放年度计划；凡未列入口岸开放年度计划的，原则上不予办理。

第五条　口岸开放申报程序：

（一）一类口岸：由拟开放口岸所在地市人民政府、行署报经省人民政府商济南军区同意后，报国务院审批。

（二）二类口岸：由拟开放口岸所在地市人民政府、行署征得济南军区或北海舰队同意，并会商口岸检查检验机构后，报省人民政府审批。

（三）在一类口岸新建作业区及位于开放水域内的渔业码头、货主码头、装卸点、修船厂等地点停靠外国籍船舶进行装卸作业、拆船修船等活动，经营单位应向当地政府口岸管理机构提出申请，经所在地市人民政府、行署商济南军区或北海舰队、口岸检查检验机构同意后，报省人民政府审批。

第六条　口岸开放的上报文件应附下列材料：

（一）口岸开放可行性研究报告，以及口岸的基本条件、近3年客货运量、经济效益和发展前景的资料；

（二）根据客货运量提出的口岸管理、检查检验机构的设置和人员编制方案；

（三）口岸管理机构和检查检验机构的办公、业务、生活用房等建设规划、投资结算及资金来源。

第七条　口岸正式对外开放前，口岸管理机构应组织有关部门对其交通基础设施、安全设施、通讯设施、现场查验设施、检查检验机构的设置和人员配备及办公、生活设施等进行检查验收。验收合格后，分别报国务院或省人民政府审批并对外公布。

新开放的一类口岸，由省口岸主管部门组织初验后，报国家口岸管理机构组织验收；新开放的二类口岸、一类口岸新建作业区及位于开放水域内的渔业码头、货主码头、装卸点、修船厂等停靠外国籍船舶的，由省口岸主管部门负责组织验收。

第八条　外国籍交通运输工具临时进出非开放口岸的报批程序，按国家有关规定办理。遇有特殊情况，可由当地政府口岸管理机构会商当地驻军和有关口岸检查检验机构同意后，报省人民政府审批，并安排好检查检验工作。

第九条　对外开放口岸的关闭，由原申请机关报原批准机关审批、公布。特殊情况，可由原批准机关直接下令关闭。

第十条　口岸现场检查检验设施应与港口、机场、车站、通道等主体工程统一规划、统一设计、统一投资（即口岸现场检查检验设施投资列入主体工程投资之内）、统一建设。

第十一条　口岸检查检验机构的办公、业务（非现场部分）和生活配套设施建设资金来源按以下原则解决：

（一）主要为全国各地服务的国家重点口岸，承担其他省（市、自治区）国际客货运量占本口岸６０％以上的，其检查检验机构的办公、业务和生活用房的建设投资，省负担２０％，口岸所在市地负担２０％，其余按国家有关规定解决。

（二）主要为本省服务，同时也承担部分其他省（市、自治区）国际客货运量的国家一类口岸，其他省（市、自治区）国际客货运量占本口岸２０％以上、６０％以下的，其所需检查检验机构的办公、业务和生活用房的建设投资由省负担２５％，口岸所在市地负担３５％，其余部分按国家有关规定解决。

（三）基本上为本省服务的一类口岸，根据其不同情况，其检查检验机构的办公、业务和生活用房的建设资金来源按以下原则解决：

１．主要为本市地服务，同时也承担部分其他市地国际客货运量的，省负担３０％，市地负担７０％。

２．基本上为本市地服务的，全部由口岸所在市地负担。

（四）二类口岸检查检验配套设施建设资金，全部由口岸所在市地负担。

（五）口岸检查检验机构所需的交通工具、仪器设备等，由其主管部门负责解决。

（六）港监、船检办公、业务和生活用房所需投资及征地费，按隶属关系，由其主管部门承担。

（七）新开口岸国际海员俱乐部的建设资金，由所在地政府自行筹措，特别困难的，可申请国家予以扶持。

（八）独资、合资企业码头口岸检查检验机构的用房经费，由所在地政府或企业承担。

（九）海关卡口、边检卡口、客运联检厅、货运查验综合楼等现场用房的建设资金，应列入口岸主体工程（包括拨款及贷款建设的项目）预算，由主体工程产权单位负责解决。

（十）联检场地内口岸检查检验机构的办公和业务用房（包括水、电、市内电话），应由港口、码头、车站和机场（包括军民合用机场）的经营单位免费提供。

第十二条　口岸检查检验机构办公、业务和生活用房的建设按下列标准执行：

（一）卫生检疫、动植物检疫、商品检验的办公、业务用房（含化验室、试验室、食堂、车库、仓库等），按人均建筑面积23平方米计算；海关、边防的办公、业务用房（含食堂、车库、仓库等），按人均建筑面积20平方米计算。

（二）宿舍的建设，海关、卫生检疫、动植物检疫、商品检验按编制数的60%带家属、40%单身职工计算，家属宿舍平均每户建筑面积50平方米，单身每人10平方米。边防检查部门按干部占60%、战士占40%计算，带家属的干部平均每户建筑面积50平方米，单身干部宿舍和战士营房每人10平方米。

（三）建筑标准：生活用房每平方米600元，办公、业务用房每平方米800元。

第十三条　口岸所在地人民政府应按有关规定提供口岸检查检验机构的办公、业务和生活用房等设施所需的建设用地，免交地方出台征收的各种费用。

第十四条　口岸的开办费，全部由口岸所在市地负责解决。

第十五条　一类口岸扩建工程，或因口岸业务量增加，需要增加口岸检查检验机构人员编制及办公、业务和生活用房的，也按上述规定执行。

第十六条　口岸建设根据口岸开放规划和资金落实情况，实行总体规划，分期建设，逐步配套完善。

第十七条　每年由省口岸主管部门提出全省口岸检查检验配套设施建设需要省里补助的资金数额报省计委和财政厅，由财政厅根据财力情况，在每年财政预算内基本建设投资中统一划拨给省计委，由省计委纳入基本建设投资计划安排，并分别下达给口岸所在地市人民政府、行署，由当地政府统一组织实施。市地安排的建设补助资金应抄报省口岸主管部门、省计委、财政厅。

第十八条　本规定自１９９６年8月1日起施行。

[文件三]

山东省口岸领导小组关于转发省口岸办公室《关于进一步加强我省陆路口岸工作的意见》的通知

鲁口字[2001]1号

有关市人民政府，口岸有关单位：

加强陆路口岸建设，是内陆地区改善投资环境，实施经济国际化战略的基础性工作，省口岸领导小组同意省口岸办《关于进一步加强陆路口岸工作的意见》。现转发你们，请结合本地区、本单位实际，认真贯彻落实。

二〇〇一年四月二十三日

关于进一步加强我省陆路口岸工作的意见

改革开放以来，我省为改善投资环境，促进内陆地区经济加快发展，先后在济南、济宁、菏泽、潍坊、聊城、临沂等六个内陆城市设立了8个陆路（公路或铁路）口岸，形成了布局较为合理的陆路口岸群，为内陆地区对外开放创造了良好条件。这项工作得到了青岛海关和山东出入境检验检疫局的积极支持。但我省多数陆路口岸建设还处在初期发展阶段，陆路口岸发展方向不明确，功能不完备的问题比较突出。外贸货物在查验通关和运输环节上存在手续繁杂、周期长、费用高的问题，也影响了陆路口岸效益的发挥。为在“十五”期间抓住西部开发和东西部经济协调发展的有利时机，加快陆路口岸建设步伐，更好的为我省经济发展和改革开放服务，现提出如下意见：

一、统一认识，加强对陆路口岸工作的领导。陆路口岸是内陆地区对外开放的基础设施，是连接海港或空港口岸参与国际市场合作与竞争的重要通道。加快陆路口岸建设有利于中西部地区改善投资环境，加快开放步伐；有利于中西部地区产业结构和区域经济结构优化，加快经济国际化进程；有利于东西部结合、内陆与沿海结合，促进东西部地区协调发展。陆路口岸所在地政府和有关部门，要切实加强对口岸工作的领导，组成强有力的工作班子，组织协调口岸检查检验、运输、外经外贸和相关口岸服务部门，抓好陆路口岸的功能配套和生产运行。各陆路口岸都要根据国家和省里的有关规定，结合当地实际，制定出口岸建设整体规划和运行方案，有计划、分步骤地组织实施，限期配套完善并投入正常运行。要发挥好口岸职能部门的作用，调动各方面积极性，采取有效措施，发挥好陆路口岸对促进经济国际化的基础性作用。

二、以入世和中西部开发为契机，抓住机遇，加快发展。内陆地区的开发开放，口岸起着不可替代的作用 。要紧紧围绕省委省政府确定的经济国际化战略，抓住加入WTO和我省"十五"计划纲要提出的着力改善西部经济发展环境，强化基础设施建设的机遇，把建设现代化陆路口岸列入当地经济发展规划，在政策、资金、工作上给予支持。要充分发挥口岸对改善投资环境、促进开放型经济发展的推动作用，研究探索内陆口岸发展的有效形式和具体措施。要发挥陆路口岸的区位优势，扬长避短，把陆路口岸建设成为沿海口岸的内陆港，加工贸易的便捷通道，外贸货物的集散地，促进区域开放型经济发展。

三、加快建立经济便捷的陆路口岸"直通"运行模式。陆路口岸建设要紧紧围绕外贸货物查验监管环节直通和运输环节直通的模式进行，与海关有关口岸直通监管办法有机结合起来，减少环节，简化手续，降低费用，方便用户。各有关市政府和口岸综合管理部门要加大对陆路口岸的协调管理力度，加快口岸设施及功能配套，尽快实现口岸直通。海关、检验检疫等单位要继续支持地方经济建设，积极出主意想办法，采用联合办公、"一条龙服务"和现代科技手段等措施，推动陆路口岸与水运口岸、空运口岸的便捷"直通"，促进内陆地区开放型经济发展。港务、铁路、公路、民航、船公司及各船代、货代公司等，要着眼于长远，顾全大局，提倡与陆路口岸运营企业进行多种形式的合作，相互促进，共同发展。有条件的可以与口岸有关单位联合探讨外贸货物进出口属地管理的运行监管模式，既提高陆路口岸的效益，又减轻沿海口岸货物监管压力。

四、积极培养和建立与国际经济接轨的口岸运营主体。口岸运营企业是口岸的载体，是口岸功能的具体承担者和体现者。要引导和帮助口岸运营企业解放思想，更新观念，提高素质，按照现代企业制度和《公司法》的要求，建立投资主体多元化的规范化的口岸运营主体，加快企业体制创新和管理创新的步伐。要引导口岸运营企业积极探索与国际国内运输、国际经贸等企业进行多领域、多层次的联合，充分发挥优势，吸取各方面优长，积极促进更大范围的合作和发展。要引导口岸运营企业拓宽服务领域，强化服务功能。将口岸功能与物流管理结合起来，变单一的进出口货物通关作业和集装箱运输为集运输、货代、报关、配送、包装、存储、装卸等一体化的复合性服务，增强口岸功能和经营业务的综合程度，拓展发展空间。

五、从实际出发，加快和完善陆路口岸场站建设。场站是陆路口岸运行的基础，场站建设要充分利用我省交通优势，坚持宜公（路）则公（路），宜铁（路）则铁（路）的原则。有条件的地方要相互兼顾，发挥两个优势，但重点必须突出。场站基础设施建设要立足当前、着眼发展，统筹规划，分步实施，逐步完善。首期建设要保证海关、国检对货物实施有效监管和便于企业的简易运行。信息网络和EDI系统的建设与应用，要纳入场站基础设施建设规划之中。

六、进一步加强对陆路口岸的综合管理。各级政府口岸综合管理部门要认真履行职责，积极协调解决陆路口岸建设中的问题，组织口岸有关单位加强对陆路口岸建设与发展问题的学习、研究和探讨，以促进经济发展为中心，组织好口岸现场的联合办公和"一条龙服务"。要积极探讨在陆路口岸经营运行中引入竞争机制的路子，积极支持信誉高、服务好的企业参与口岸运营，为货主提供经济、快捷、方便、周到的服务。

"十五"期间，省政府原则上不再审批新的陆路口岸。一地设有公路、铁路两个口岸的，要统一规划归并。对领导不力，场站建设缓慢，2002年底以前难以实现口岸"直通"，或口岸运营主体不能适应经济国际化需要，口岸功能发挥不好的，省口岸办将建议省政府责令其限期整顿或暂时关闭。各市人民政府要根据省委省政府提出的经济国际化战略的要求，把陆路口岸建设好、管理好、功能发挥好，推动内陆地区开放型经济向更高层次迈进。

山东省口岸办公室

二〇〇一年四月九日

山东口岸大事记

2000年12月27日

全省口岸办主任工作座谈会在青岛召开。会议总结了全年工作，部署了2001年任务，强调口岸工作实行重点转移，由开放为主转为管理为主。省口岸领导小组副组长李书绅出席会议并讲话。青岛海关、山东省边防总队、山东出入境检验检疫局、山东海事局领导参加会议并作了发言。

1月5日

省长李春亭在齐鲁宾馆会见了巴布亚新几内亚东塞皮克省省长阿瑟·索马雷一行。副省长林书香参加了会见。省口岸办负责安排机场贵宾礼遇。

1月13日

全省外经贸工作会议在济南召开。会议提出要进一步解放思想，开拓创新，加快推进全省经济国际化。省委书记吴官正，省委副书记、省长李春亭出席会议并讲话，副省长林书香主持了会议。

2月21日

全省陆路口岸工作座谈会在济宁召开。8个陆路口岸所在市口岸办主任以及口岸生产经营单位领导参加会议。会议结合青岛海关将实行的口岸直通办法，重点研究陆路口岸发展思路。

2月22日

全省外事工作会议在济南召开。会议回顾总结“九五”期间全省外事工作，分析形势，对今后一个时期的外事工作进行全面部署。省长李春亭，副省长韩寓群、林书香出席会议并讲话。前任驻美大使、外交部党委书记、副部长李肇星在会上作国际形势报告。

3月23日

全省旅游发展工作会议在济南召开，会议主要传达贯彻全国旅游发展工作会议精神，回顾总结“九五”时期的旅游工作，分析当前面临的形势，研究部署“十五”时期全省旅游业发展的目标任务和对策措施。省委副书记、省长李春亭，副省长林书香出席会议并讲话。

3月13日

省口岸办与韩国韩亚航空公司、锦湖集团就济南开通至韩国航线等问题进行商谈。

3月14—16日

省口岸办分别与国航、东航、省旅游局、省民航局等部门座谈，研究增加国际航线和联合培养航线问题。

3月22日

全省口岸共建工作座谈会在日照召开。一类口岸所在市口岸办、驻省各查验部门的分管领导参加了会议。会议主要研究下一步共建工作重点及第六次口岸共建评比工作方案。

3月26日

山东航空公司 与贵州安顺市政府、双阳飞机制造厂就共同出资经营管理安顺机场在济南签订协议。副省长林书香参加了签字仪式。

3月31日

国内规模最大、自动化程度最高的现代物流中心——海尔国际物流中心正式启用。

4月4日

韩寓群副省长在听取省口岸办工作汇报时就优化现有口岸资源、搞好结构调整、口岸建设、信息化管理等7个方面提出具体要求。

4月18日

山东航空公司与上海、四川、武汉、深圳、中国邮政航空公司等6家非直属民航企业共同发起成立中国中天民用航空企业集团。

4月19日

由省台办、省外经贸厅、省农业厅、潍坊市政府共同主办的第七届潍坊鲁台经贸洽谈会开幕。省人大常委会副主任李文全、副省长林书香等出席开幕式。

4月19—21日

全省外经贸形势分析会在青岛召开，会议主要是分析2001年一季度全省外经贸运行情况和当前外经贸所面临的新形势，研究对策措施，确保完成当年确定的外经贸各项目标任务。副省长林书香出席会议并讲话。

4月20日

烟台港首船煤炭出口举行启航仪式，实现了烟台港出口煤炭零的突破。

4月23日

省口岸领导小组转发《省口岸办公室关于进一步加强陆路口岸工作的意见》。

5月21日

省口岸办、文明办、纠风办联合下发《关于进一步做好共建文明口岸工作的通知》，部署第六次口岸共建评比工作。

5月22日

烟台—仁川货运包机航线开通。

6月9日

为期7天的第二届APEC投资博览会在烟台开幕。国务委员吴仪，新西兰前总理詹尼·希普利，对外经贸部部长石广生，省委副书记、省长李春亭等出席开幕式。

6月16日

青岛至韩国大邱国际航线开通。

7月8日

省口岸办组织国家驻省各查验部门，以及省港航局、济南军区作战部的代表，对石岛口岸新作业区进行验收，获得通过。8月7日，省政府批准新作业区对外开放。

7月13日—14日

全省口岸办主任工作座谈会在蓬莱召开。会议总结了上半年工作，部署下半年任务。会上听取了对《山东省口岸综合管理条例》实施以来的意见。

7月26日

全省外资工作会议在济南召开。省委书记吴官正在会上作了重要讲话，省委副书记、省长李春亭主持了会议，副省长林书香出席会议。

7月30日

省口岸办公室向省人大汇报口岸工作和《山东省口岸综合管理条例》执行情况。省人大领导对口岸工作给予了充分肯定。

8月27日

韩寓群副省长在南郊宾馆会见了东方航空公司刘绍勇总经理，就共同合作开发济南国际航线问题进行协商。会见后，省政府、济南市政府、东方航空公司共同签署了会谈备忘录。

9月10日

省口岸领导小组调整部分成员，省政府副秘书长杜昌祚和省经贸委副主任鲍言富分别任省口岸领导小组副组长。

10月1日

济南机场新航站区工程举行奠基仪式，设计年客运吞吐量达350万人次。省委书记吴官正，省长李春亭等出席了奠基仪式。

10月12日

省口岸办代省政府办公厅办理国务院141号特急明传电报，转发《国务院办公厅关于进一步提高口岸工作效率的通知》，并提出在全省开展以查找问题、提高效率为重点的自查活动，省口岸领导小组建立联系会议制度，各市建立口岸工作联络协调机制，以推动口岸工作上一个新台阶。

10月17日

省口岸办组织驻省查验单位和省港航局，对龙眼港口岸客运联检设施进行验收。10月18日，开通龙眼港至韩国平泽港的客货航线。暂定每周3班。

11月14日

省政府在济南召开全省口岸工作会议。常务副省长韩寓群到会作了重要讲话。省经贸委主任王仁元、省政府副秘书长杜昌祚分别主持了上午和下午的会议。省口岸领导小组副组长、省经贸委副主任鲍言富代表省口岸领导小组作了工作报告。会议总结了山东省“八五”和“九五”口岸开放经验，提出“十五”时期口岸工作的目标和任务。济南市政府、青岛海关、山东出入境检验检疫局等12个单位在会上作了典型发言。

11月15日

山东省口岸协会第二届会员代表大会在济南召开。143名代表出席会议。会议选举鲍言富为第二届协会会长。

11月27日

省经贸委主任王仁元在省人大听取青岛海关、省口岸办工作汇报的报告文件处理单上批示：“口岸办近几年做了大量工作，为促进经济发展特别是外向型经济发展起了很重要作用，望认真总结提高，落实好这次会议精神。”

11月30日

省口岸办协调山东出入境检验检疫局和省邮政局，对信件和邮寄包裹中夹带炭疽病菌的检查问题进行专题研究。确定省邮政局和省国检局组成联合检查组，在济南、青岛和威海3个邮件出口局设立炭疽病检查机构。

12月4日

省口岸领导小组办公室下发《2002年综合管理工作要点》，对贯彻全省口岸工作会议和明年口岸工作提出具体要求。

12月6日

省口岸领导小组调整部分成员，增加省邮政局为成员单位，同时公布各成员单位的联络员名单。省口岸领导小组由19个厅局单位组成。

12月11日

青岛港全年累计完成吞吐量1.0008亿吨，胜利实现亿吨跨越，成为多功能综合性国际亿吨大港。

12月21日—27日

省口岸办、文明办、纠风办共同组织第六次全省口岸共建文明活动检查评比，青岛、日照等6口岸被评为2000—2001年度文明口岸。同时评出71个先进单位、17个结对（结片）先进集体、34个先进个人，以及6个口岸文明示范窗口。

12月26日

青岛港集装箱全年吞吐量突破260万标箱，一举跨入世界集装箱20强之列。

河南省

图　　例

省级行政中心	铁路口岸	公路口岸
口岸城市	航空口岸	海(河)运口岸

郑州航空口岸

中国郑州公路口岸开通

河南口岸工作综述

河南位于我国中东部，黄河中下游，古时为豫州、故简称“豫”。因豫州位于九州之中，又有“中州”、“中原”之称。河南交通便利，是中国内陆交通运输的重要枢纽，京广、京九线与陇海、汤濮、新荷、漯阜线在境内交汇，形成了“三纵四横”的铁路网。高速公路以郑州为中心，形成了“米”字型交通网，现已通车近1000公里。

【口岸数量与年客货运量】 截止2001年底，河南共有一类口岸3个，其中空港口岸2个，陆运口岸1个。分别是郑州航空口岸、洛阳航空口岸、郑州东站铁路货运口岸。2001年，郑州航空口岸共出入境旅客4.24万人次，与上年相比增长2.8%。洛阳航空口岸由于客源较少，基本处于停航状态，国际航班仅飞行1个架次，152人次。郑州东站铁路货运口岸进出口货运量15.3万吨，同比增长117.5%；进出口集装箱8264标箱，其中进口3962标箱，出口4302标箱，分别增长200.8%和69.2%。

【口岸开放与航线、集装箱专列】

1. 郑州航空口岸。1988年12月17日，国务院以国函〔1988〕145号文批准开放郑州机场。当时仅限于开展我国籍飞机包机业务。2000年，国务院以国函〔2000〕111号文批准郑州机场对外国籍飞机开放，同时要求筹建合格后，由海关总署公布对外开放。截止2001年底，筹建工作仍在进行中。郑州航空口岸有3条相对固定的包机航线，即：郑州—香港、郑州—曼谷、郑州—澳门－台北。同时也多次开通郑州至日本、韩国、俄罗斯、马来西亚、新加坡等不定期的包机航线。

2. 洛阳航空口岸。1992年8月1日国务院以国函〔1992〕95号文批准开放洛阳机场，限于开展我国籍飞机包机业务。1993年2月4日洛阳至香港航线开通首航。之后，先后开通了洛阳至日本冈山、日本名古屋、日本冲绳等临时航线。

3. 郑州东站铁路货运口岸。1991年3月16日河南省政府以豫政〔1991〕42号文批准在郑州铁路东站设立二类铁路口岸。1994年，开通第一条郑州至香港九龙的国际集装箱专列。之后，又开通了郑州至天津、连云港、青岛等的国际集装箱专列。1997年11月28日，国务院以国函〔1997〕106号文批准郑州东站铁路口岸为一类陆运口岸，同时要求筹建合格后，由海关总署组织验收，并宣布对外开放 。截止2001年底，口岸的筹建仍在进行中。

【口岸建设与改造】 郑州老机场口岸原有国际联检厅面积3000多平方米，不能适应联检业务的需要。1998年9月28日，郑州新机场建成并投入使用，国际联检厅面积扩大到1.5万平方米，大大改善了通关条件和环境。为了筹建对外国籍飞机开放，省政府投资350万元，修建了一栋3479平方米的联检综合办公楼，解决了联检部门现场工作人员的办公和生活用房。2001年，省政府又投资169万元，对综合办公楼进行了整修，配备了各种办公、生活用品。同时，对国际联检厅联检部门使用的查验台进行了全部更新，满足了联检部门开展业务的需要。

洛阳航空口岸于1992年8月1日对外开放后，洛阳市政府投资2600多万元修建了12000平方米的国际联检大厅。中国民航洛阳飞行学院投资5000多万元扩建了7.2万平方米的停机坪，并对航空口岸的配套设施进行了改建，使洛阳航空口岸的高峰小时通过量可达500人次。年最高通过量可达50万人次。

郑州东站铁路口岸1997年经国务院批准为一类陆运口岸之后，省政府投资了300万元，购置了1770平方米的联检办公用房。郑州铁路局投资5000多万元，改造和扩建了集装箱场地，购置了集装箱配套用的大型吊车设备。筹建了海关监管区、监管库，修建了海关查验防雨大棚，对联检办公用房进行了改造和装修，并安装了20多部程控电话、中央空调和双回路供电设施，确保口岸工作正常运行。

【口岸综合管理与协调】 省政府口岸办除了负责全省的口岸工作之外，还直接负责郑州航空口岸和郑州东站铁路口岸的管理和协调工作。洛阳市政府口岸办负责洛阳航空口岸的管理和协调工作。2000年省级机构改革，省政府口岸办撤消，业务并入办公厅六处。为了保持工作的连续性，省政府办公厅于2001年4月25日下发了〔2001〕37号文，明确郑州航空口岸业务的协调工作由郑州边防检查站负责，后勤保障由省民航局负责；郑州东站铁路货运口岸业务的协调工作由郑州海关负责，后勤保障由郑州铁路局负责。郑州边防检查站和郑州海关，认真做好了两个口岸的协调工作，经常召开协调会及时解决工作中出现的问题，保证了两个口岸的正常运行。省民航局和郑州铁路局也积极做好后勤服务工作，明确专人负责，及时解决联检部门在口岸办公和生活中遇到的困难。特别是郑州铁路东站，成立了有25人组成的口岸服务公司，具体负责口岸大楼的管理工作，并为联检部门工作、生活提供服务，为口岸工作人员创造了良好的工作和生活环境。

省政府口岸办在宏观上加强了协调，并具体协调了郑州航空口岸对外国籍飞机开放和郑州东站铁路货运口岸的筹备工作。向省政府申报资金，监督筹备项目的落实，督促筹建工作进度等对推动了两个口岸筹备工作的进展，为争取两个口岸早日通过国家验收作出了努力。

由于客源少，亏损严重，洛阳航空口岸国际包机已停飞。为了尽快恢复包机飞行，洛阳市政府口岸办设法积极向市政府汇报，申请补助资金，开辟新的客源渠道，寻找新的包机企业，同时积极与外省联系联合飞行。但由于申请资金困难，工作难度大，洛阳离郑州较近等原因，包机恢复工作进展缓慢。

2001年河南口岸进出口货物量统计资料

序号	指标名称	单位	2001年	2000年	同比%
1	货运量	吨	1188988	4900864	142.2
2	其中：进口	吨	1037341	406939	154.9
3	出口	吨	151647	83925	80.7
4	货值	亿美元	6.61	5.58	18.5
5	其中：进口	亿美元	4.59	3.49	31.5
6	出口	亿美元	2.02	2.08	-2.9

2001年河南出入境人员情况统计资料

项目 年度	出入境人员总数（人次）	旅客总数（人次）	交通工具员工总数（人次）	飞　机（架次）	查处手续不符总数（人次）	查获偷渡人员总数（人次）
2000年	41226	37859	3367	386	22	0
2001年	42923	39258	3665	374	16	2
同比（%）	4	3.7	8.9	-3.2	-27.3	

2001年河南口岸检验检疫情况统计资料

项　目	2000年	2001年	同比增幅
检验检疫出入境货物批次	21180批	25446批	20．14%
货值	13.89亿美元	13.89亿美元	19．84%

河南口岸查验单位工作综述

郑州海关

郑州海关成立于1986年，关区范围是河南省全境。主要职能是负责整个郑州关区进出境货物、旅客携带行李物品的监督管理。现有10个内设处室和走私犯罪侦查分局、调查局2个副局级机构，下辖洛阳、南阳2个隶属海关及安阳、郑州机场、郑州铁路东站3个办事处。目前已开展货管、征税、调查、统计、保税、稽查、旅检、行邮等海关业务。2001年，共监管进出境货运量118.9万吨，征收关税和进口环节税4.6亿元，罚没收入481万元。

2001年，郑州海关坚持“依法行政，为国把关，服务经济，促进发展”的海关工作指导思想，认真履行海关职能，各项业务工作取得了新的成绩。按照总署通关作业改革的统一部署，结合内陆关区实际，初步建立了以审单作业、物流监控的职能管理相互支持、相互制约的新的海关管理模式。在此基础上，深化业务改革，加强职能管理与实际监管，不断提高通关效率，加快通关速度，把好关，服好务，千方百计支持企业扩大进出口，关区主要进出口业务指标都有了大幅增长，通关作业改革初见成效。

【严厉打击走私违法犯罪活动】 充分发挥稽查的先导作用，增强了调查工作的主动性，开展企业自查967家，对16家企业和单位进行了稽查。充分利用“口岸电子执法系统”、“海关执法评估系统”，加强通关数据分析，把打私工作融入到通关管理的各个环节。深入开展打私综合治理，加强与公检法司等执法部门的联系与配合。严格依法办案，严把案件质量关。同时，加强情报工作，充分发挥情报的先导作用和预警作用。一年来，侦查部门共受理案件6起，立案4起，案值2923.7万元人民币，偷逃税额1269.5万元人民币，抓获犯罪嫌疑人14名。收到举报线索40余条，协查案件66起，出动警力388人次，协助抓获犯罪嫌疑人6名，协助查扣货物价值200万元。调查部门共办理案件34起，其中走私嫌疑案件3起，案值1711万元，违规案件31起，案值1146万元，罚没收入481万多元。

【依法治税，强化征管，超额完成税收任务】 加强调研，分析税源，特别是对重点进出口大户和税源大户进行监控分析，做到心中有数。.坚持综合治税，加强征税与审单、现场、稽查、调查等部门的联系与配合，严防税款流失。认真执行属地纳税制度，对郑州日产、漯河双汇重点服务，管好税源。建立新的估价体系，积极开展价格监控。认真执行减免税优惠政策，依法减免。全年共征收入库关税和进口环节税4.6亿元，超额完成总署下达的税收任务。同时，审批减免税10.3亿元，支持和促进了地方经济发展。

【提高通关效率，加快通关速度，进出口货运量首次突破百万吨】 认真贯彻国务院和总署关于扩大出口的指示，把支持外贸扩大出口作为各项工作的落脚点，一方面依法行政，严格把关，另一方面采取各种措施，为外贸进出口企业提供通关便利，服务和促进地方经济发展。积极发挥铁路东站一类口岸的优势，积极疏通转关渠道。推出了一系列支持企业通关特别是高新技术产品通关的措施，并整顿和规范经济秩序，对关区各类报关企业、监管仓库、监管场所、车辆进行了全面清理。全关区货运量达到118.9万吨，监管进出境航班374架次，验放进出境人员携带行李物品4.3万人次，监管邮递物品24.5万件，查扣各类违禁物品2.1万件。

【对加工贸易加强管理】 突出抓好4个环节：一是坚持初期验厂制度，二是坚持分级审批制度；三是规范关区重点企业重点敏感商品加工贸易合同的审批管理制度；四是加强加工贸易分析监控，以《加工贸易周报》的形式，对重点商品重点企业和超期未核销合同提出预警。全关区共备案合同883份。备案金额3亿美元，核销合同895份，与上年同比分别增长10.6%和19%。

【加强业务基础建设】 积极稳妥地推进了“电子口岸执法系统”建设，加强与有关部门的联系与配合，圆满完成了电子口岸推广应用工作。截止目前，通过审核的企业数量893家，已发放企业IC卡数量2000多张。加强法制培训，提高了全关上下的法制观念和依法行政水平。大力推进“科技兴关”，加强科技管理，科技对业务的促进和支撑作用增强。制定了郑州海关科技工作“十五”规划，在科技项目建设、维护、安全管理方面做了大量工作。根据通关作业制度改革的需要，全面清理了规章制度，对不适应工作需要的该废除的废除，该修订的修订，同时，根据需要建章立制。共修订规章制度53项，新建14项，使各项工作有章可循。统计、信息、文秘、宣传、档案等各项工作也有新的进展，共撰写统计分析和统计信息282篇，被中办、国办采用6篇，总署和省委、省政府采用182篇，省长批示5篇。编发各类信息简报2700条，上报总署和省委、省政府700条，被总署采用220条。

【正确处理把关与服务的关系，支持地方经济发展】 转变工作作风，深入企业开展调研，积极为企业排忧解难，帮助企业用足、用好各项政策。公开了办事程序，认真履行各项服务承诺，接受工作对象监督。推出了一系列便利企业快速通关的措施，如对安彩、神马、双汇、日产等重点企业实行报关总担保制度，保证货物及时放行。实行了预约查验制度，提高通关时效等。按照省委、省政府要求，积极做好空港口岸和东站铁路一类口岸的筹备和验收工作，口岸在促进地方经济发展方面的优势日益显现。

【抓好员工的教育培训】 年内，组织了法制教育系列培训，举办了8期法制系列讲座930人次参加了培训，同时，组织好总署和地方举办的各类培训活动。拓宽培训渠道，分批选派人员赴深圳海关以跟班作业的方式，对关区干部进行业务培训，拟用2年时间完成全员培训。开展了缉私警察相关业务培训，增进了关员与缉私警察的相互理解和支持。

【开展精神文明建设，实施以德治关】 认真学习贯彻中共中央《公民道德建设实施纲要》，开辟了“道德建设论坛”，大力倡导“爱国守法，明礼诚信，团结友善，勤俭自强，敬业奉献”的基本道德规范，培养良好的道德情操。实施了“以德治关”，以德示人，以德润人，以德感人，以德服人，以德化人，以德育人，倡导以德修身，营造良好的精神氛围。开展了各种形式的精神文明创建活动，如“全民健身月”活动，“颂歌献给党”歌咏比赛，党史知识竞赛等，激发了广大关员奋发向上的热情，推动了工作。

2001年郑州海关主要业务统计资料

序号	指标名称	单位	2001年	2000年	同比%
1	货运量	吨	1188988	4900864	142.2
2	其中：进口	吨	1037341	406939	154.9
3	出口	吨	151647	83925	80.7
4	货值	亿美元	6.61	5.58	18.5
5	其中：进口	亿美元	4.59	3.49	31.5
6	出口	亿美元	2.02	2.08	−2.9
7	受理进出口报关单	份	10400	9398	10.7
8	监管火车	辆	4737	2355	101.1
9	加工贸易备案合同	份	883	899	−1.8
10	进口料件备案金额	亿美元	2.97	2.65	12.1
11	监管飞机	架次	374	400	−6.5
12	监管人员	人次	42565	41105	3.6
13	监管邮递物品	件	245561	242689	1.2
14	没收退运物品	件	21115	4140	410.0
15	查获走私案件	件	3	10	−70.0
16	走私案件案值	万元	1711	5388	−68.2
17	查获违规案件	起	22	21	4.8
18	违规案件案件	万元	290	356	−18.5
19	海关税收（应征数）	亿元	5.16	3.56	44.9
20	其中：关税	亿元	1.99	1.21	64.5
21	进口环节税	亿元	3.17	2.35	34.9
22	海关税收（实际入库数）	亿元	4.61	3.26	41.4
23	其中：关税	亿元	1.93	1.21	59.5
24	进口环节税	亿元	2.68	2.05	30.7
25	罚没收入	万元	391	429	−8.9
26	其中：海关罚没	万元	306	332	−7.8
27	缉私罚没	万元	85	97	−12.4
28	内销补税	万元	4415	4395	0.5
29	其中：关税	万元	1100	1636	−32.8
30	进口环节税	万元	3315	2759	20.2
31	审价补税	万元	0	185	−100.0
32	审批减免税	万元	102770	119636	−14.1
33	其中：关税	万元	43984	53556	−17.9
34	进口环节税	万元	58786	66080	−11.0

河南省公安边防总队

河南省公安边防总队成立于1992年10月，副师级，总队机关设司令部、政治部、后勤部，下辖郑州、洛阳边防检查站（正团级），担负郑州、洛阳对外开放口岸的边防检查任务。2001年共检查出入境飞机374架次，与上年同比减少3.1%，检查出入境人员4.29万人次，增加2.8%。查获一起2人偷渡案件，查出手续不符16人次。

【大力开展“三项教育”活动】 全体官兵认真学习了有关文件，撰写了大量的心得体会，对自身存在的问题进行深入的查摆剖析，并结合实际制定了整改措施。通过学习教育和查摆问题，使全体官兵深刻认识到，当前队伍中开展“三项教育”的重大现实意义和深远的历史意义。通过开展广泛的谈心活动，着重解决了官兵思想上的模糊认识和各种消极思想，保证了部队的高度稳定。

【认真开展各项专题教育】 开展了以边防部队领导管理体制调整为主题的专题教育、以“尊干爱兵、艰苦奋斗”为主要内容的艰苦奋斗教育、以“崇尚科学，反对迷信”为主题的揭批“法轮功”教育，着重开展了江总书记“七一”讲话精神的学习教育和党的十五届六中全会精神的学习贯彻活动。通过“领导专题辅导、集中观看光盘、互相交流体会、政治理论考试”等多种教育形式，较好地巩固了教育效果。同时，结合国际国内形势变化，及时有效地开展了时事政策教育，增强了官兵的大局意识和政治敏感性。

【大力加强思想政治建设】 深入进行以“四个教育”为主体的思想政治教育，开展形式多样的法制教育活动，增强了官兵的法纪观念。加强警营文化建设，“争创先进集体，争当先进个人”活动取得了明显成效。本年，1个中队被公安部评为基层建设标兵中队，1个基层党支部公安部评为全国先进党支部，1人被公安部评为优秀共产党员，1人被评为省优秀共产党员，5人荣立三等功，30人被评为优秀警官和优秀士兵。

【强化了干部队伍管理教育】 为进一步提高干部综合素质，落实了干部晋职前培训工作，全年共有4人分别参加了部、局和浙江边防总队组织的团职和大队级主官培训。其中1人在部、局培训工作中被评为“优秀学员”。制定了《干部量化管理考核方案》，并根据方案建立了干部年终考核试题库。通过方案的初步试行，极大地调动了全体干部爱岗敬业、争先创优的积极性，获得了良好的效果。

【全力以赴做好查控工作】 2001年，查控工作任务繁重，特别是美国“9·11”事件后，恐怖分子、民族分裂分子、法轮功骨干蠢蠢欲动。总队面对严峻复杂的国际国内斗争形势，不断加强各级人员对查控工作重要意义的认识，使各级领导和一级检查员始终保持了高度的政治责任感和政治敏锐性。认真落实了《出入境边防检查查控工作规范》和《出入境边防检查查控工作责任制度》，还分别于6月、10月对查控工作情况进行了检查。加强重要时期的查控工作，做到事前有部署，期间有检查，事后有小结，确保了查控工作万无一失。

【坚持依法文明执勤】 继续深入开展“为人民服务、树公安新风”活动，强化了官兵全心全意为人民服务、公正文明执法的思想认识。坚持了依法执勤，认真落实了《边防检查行政处罚程序规定》。在执勤中狠抓了《业务请示报告制度》，严格执行了《发现问题处理移交表》，较好地制约了执法的随意性。重视了文明执勤，把为人民服务的宗旨贯穿于边防检查的全过程，把旅客满意不满意作为检验工作的最高标准。坚持落实了《文明执勤语言行为规范》和《边防检查忌语忌行》。在执勤中开足通道，减少旅客通关时间。同时，不断完善规章制度，对以前的规章制度进行了修订、完善和补充，制定下发了包括《验讫章管理规定》、《业务奖励规定》、《业务文件资料管理办法》等制度规定，使规范化建设更加全面。总队还加大了检查指导的力度。总队除不定期检查外，坚持每半年对边检站落实规章情况进行一次大检查，指导规范化建设工作开展，进一步推动了规范化建设的落实。此外，总队还举行了全体检查员参加的边防检查业务、英语、计算机专项技能竞赛，对取得优异成绩的检查员进行了重奖，调动了检查员学习、钻研业务的积极性，在检查员队伍中形成了干业务、学业务、比业务的良好风气。

2001年度河南省公安边防总队业务工作统计资料

项目 年度	出入境人员总数（人次）	旅客总数（人次）	交通工具员工总数（人次）	飞机（架次）	查处手续不符总数（人次）	查获偷渡人员总数（人次）
2000年	41226	37859	3367	386	22	0
2001年	42923	39258	3665	374	16	2
同比（%）	4	3.7	8.9	–3.2	–27.3	

河南出入境检验检疫局

河南出入境检验检疫局是国家质检总局直属机构，实行由国家质检总局直接领导的垂直管理体制，是负责河南行政区域内出入境卫生检疫、动植物检疫和进出口商品检验工作的行政执法机构。下辖南阳、洛阳、焦作、漯河、安阳、商丘、信阳7个分支局和郑州铁路东站、郑州机场2个办事处，4个直属事业单位（技术中心、保健中心、评审中心、机关服务中心），2个企业（商检公司、咨询中心）。2001年，共检验检疫出入境货物25446批、货值13.89亿美元。检出不合格进出口商品165批、不合格商品货值1695万美元，截获疫情15批。共监测体检出入境人员10194人次，检出各类疾病311例，实施艾滋病监测9673人，其中检出艾滋病患者3例。

【做好动植物及其产品的检疫和监管工作】 河南省是农业大省，2001年，共检验检疫出口肉类21163吨、蜂蜜及蜂产品12000余吨、各类罐头7000余吨、肠衣996吨、分割鸭和鸡肉6426吨、活猪204931头、活牛6055头、鸡鹅7700只、活羊500只，田螺肉394吨，还出口了河蟹、银鱼、河虾等。出口浓缩苹果汁21000余吨、大蒜16556吨，花生14870吨、芝麻5666吨、烟草947万美元。主要做法：一是主动出击，率先构筑河南动物防疫体系。上年自下而上、自左至右强化企业及各级主管部门防疫观念，主动牵头就建立河南动物防疫体系与河南省畜牧局、农业厅等部门多次沟通交流并达成共识，联合下发文件加强动物疫情、疫苗、兽药、饲料等方面的管理。二是实施全过程监控监管，确保供港澳活畜质量。为了让港澳同胞吃得放心，从源头狠抓供港澳活畜的质量。对供港澳活畜企业推行了预报检、驻厂兽医、防疫和用药等制度。为避免活畜在运输途中感染疫病，还派员随车押运供港活猪，找出了押运途中的薄弱环节，提出了相应整改措施。在全国配额逐年减少的大环境下，2000年外经贸部连续6次调增河南省供港澳活猪配额，净增5344头。三是精细检疫，不放过一条害虫。加强了美日输华货物木质包装检疫监管工作。2001年共截获疫情7次，特别是从日本输华货物木质包装中截获二类检疫性害虫松材线虫和松墨天牛，从美国进口货物木质包装中截获长小蠹。四是加强与口岸联系，全面履行执法职能。加强了对进口原木的检验监管，使进口原木流向单落实率由原来的4.3%提高至63.4%。加强了进境疫粮的监管，在直属局中率先实行了疫粮使用单位考核联系制度，消除了企业疫情淡漠问题，圆满完成检疫监管进境疫粮16万余吨的任务。

【强化了疫病监测和口岸卫生监督管理】 首先，加强了出入境人员和重要人群的监测体检。2001年在出国劳务人员健康体检中查出HIV呈阳性3 人。对此及时按规定上报总局和省政府，并对传染人给予妥善处理，防止了传染病进一步蔓延。同时制定了对重点传染病及郑州市重要涉外宾馆的监测体检预案。其次，完成了对裕达国贸中心酒店重要人群的HIV和梅毒的监测体检。并组织力量开展了对河南省高校外籍教师和留学生的健康证明书的验证工作。

其次，完成了口岸媒介生物本底调查。基本掌握了郑州空港口岸病媒生物情况，为建立口岸疫情疫病控制和风险分析机制奠定了基础。

【工作重点向涉及安全、卫生、环保、反欺诈和关系国计民生等重要方面转移】 一是对省及周边省份1441台日本三菱V31、V33越野车实施了检查和检修，受到总局肯定。二是开展了对携带爆炸物、放射性物质的进口废金属的调查。发现自1997年以来全省共进口废钢105万吨，其中携带爆炸物175起，密封容器5873起，并发生多起炸伤人员、炸毁设备的重大事故。该局及时写出河南省进口废钢存在安全隐患的调查报告，为总局采取措施提供了依据，并引起省政府重视，《政府快报》、《政务要闻》都予以转发，在此基础上强化了对进口废钢的检验监管。三是积极进行了出口电池生产企业备案工作。使该局局成为我国实施出口电池备案的10个单位之一，向本省及周边省份共签发72份备案书，为扩大电池出口创造了条件。

【深入开展打假联合行动】 一是按照总局的统一部署，成立了“打假”联合行动领导小组。二是积极主动，抓好主管打假产品的组织工作。三是密切配合技术监督等部门开展打假工作。自2001年6月1日以来，抽调近百名执法人员，先后开展了进口食品、化妆品、机电产品、汽车配件、冻肉、进口旧服装、出口包装等专项打假行动，开展了对皮毛加工行业、包装印刷行业的检查整顿和出口动物食用饲料行业使用盐酸克伦特罗情况专项检查。查获了一批假冒“洋酒”和标签不规范的进口化妆品。查封有问题冷库15所，截获37吨不合格进口肉类产品。打假联合行动取得阶段性成果，明显遏制了制假售假的猖獗势头。

【注册认证工作取得新突破】 2000年该局以政协提案的形式呼吁加强河南省对外注册工作，促请省政府成立了以张以祥副省长为组长、以该局负责人为副组长，省财政、农业等8个厅局负责同志为成员的“河南省国外注册认证工作领导小组”，使对外注册认证工作进入了由主管省长亲自抓、政府职能部门参与的全新时期。同时高标准落实强制性认证注册工作。截至目前，完成了对26家出口质量许可证企业、出口食品卫生注册企业的复查换证；对新申请的30家生产企业进行了认证注册评审；向19家出口企业颁发了临时许可证编号；对20多家申请认证企业进行了前期指导；淘汰不符合注册条件的企业24家。高起点狠抓对外注册，争取更多的出口企业打入国际市场。指导帮助3家肠衣厂通过了欧盟的卫生注册，使全省通过欧盟注册的肠衣厂达到10 家，在中西部省区名列前茅。截至目前，全省获得国外注册企业的总数已达到39家。全国最大的食品生产企业--“双汇集团”目前顺利通过了日本的卫生注册，实现了河南省对日偶蹄类肉食注册企业零的突破。

【帮助企业获得进入国际市场的“通行证”，拓宽认证覆盖面，扩大服务新领域】 该局认证工作实现了“量的扩张，质的飞跃”，无论是签约还是咨询认证数量都呈快速增长趋势。截至2001年，已有260多家企业通过了质量体系审核。签订ISO9000质量管理体系咨询认证合同151家，ISO14000环境管理体系咨询认证合同6家，HACCP咨询认证合同5家。认证范围覆盖了司法、行政、医疗、旅游、贸易、建筑、科研、房地产、生产制造等多个行业。

【提高企业国际竞争力，积极推进普惠制签证和原产地标记保护工作】 2000年该局在采用多种形式帮助出口企业用足、用活、用好普惠制的同时，努力开拓原产地标记保护工作。先后帮助莲花味精、白鸽磨料磨具、新飞电器、双汇肉制品获得了《原产地标记注册证书》，帮助洛阳唐三彩和汝阳杜康酒获得地理标志注册，实现了原产地标记注册工作零的突破。

河南省出入境检验检疫局2001年主要业务数字统计资料

项　目	2000年	2001年	同比增幅
检验检疫出入境货物批次	21180批	25446批	20．14%
货值	13.89亿美元	13.89亿美元	19．84%
检出不合格进出口商品批次		165批	
不合格商品货值		货值1695 万美元	
截获疫情批次		15批	
监测体检出入境人员人次及检出疾病病例次	共监测体检出入境人员10739人次，检出各类疾病 285例	共监测体检出入境人员11018人次，检出各类疾病 335例	
实施艾滋病监测人次及检出艾滋病患者病例次	检出艾滋病患者6例	实施艾滋病监测9673人，其中检出艾滋病患者3例	

河南口岸概况

【郑州航空口岸】 郑州航空口岸于1988年12月7日被国务院批准开放，2000年，被国务院批准为对外国籍飞机开放。郑州航空口岸位于郑州市东南方向30公里处，占地7000余亩，1997年8月建成通航。建设有高速公路直达机场，交通条件优越。机场飞行区技术等级为4E级。跑道长3400米，宽60米。站坪面积11万平方米 ，可同时停放12架飞机。另设停机坪面积12万平方米，可停放24架飞机。近机位8个，远机位6个。依靠飞行区和航站区设施完备、功能齐全的现代化保障系统，可全载起降波音747—400等多种大型飞机。高峰小时可达20架次及2500人次。设计年旅客运量可达380万人次，其中国际旅客80万人次。年货邮吞吐量达3万吨。机场候机楼建筑面积为4.6万平方米，其中国内厅面积计3.1万平方米，国际厅面积计1.5万平方米。郑州新郑机场现有正常航线51条，其中国际航线有3条，即：郑州—香港、郑州—曼谷、郑州—澳门－台北。

【洛阳航空口岸】 洛阳航空口岸1992年8月1日经国务院批准开放，位于洛阳市北郊邙山。海拔高度264.5米，距市中心10公里。跑道长2500米，可以起降B737、B757、B767、MD—82及以下各型飞机。机场可起降天气每年在320天以上，是国内最好的备降机场之一。国际联检大厅建筑面积12307平方米，实行出入境双通道，设计规模为高峰小时客流量500人次，年客流量达50万人次。1993年2月4日，洛阳－香港航线开通首航。至今，洛阳航空口岸曾先后开通过洛阳－香港、洛阳－日本冈山、洛阳－日本名古屋、洛阳－日本冲绳等包机航线。

【郑州东站铁路货运口岸】 郑州铁路东站地处京广、陇海两大干线交汇处，是以零担中转作业为主，综合办理整车、零担、集装箱到发业务的特等货运站，也是新亚欧大陆桥国内特大型集装箱货场之一。日均吞吐货物2万余吨，其中零担货物中转量占全路十分之一左右，素有“中原货都”之称。郑州东站现有职工2376人，占地面积124万平方米，其中货场占地面积24万平方米。站内拥有货物线9条，管辖企业专用线19家38条。货物仓库8座，风雨棚6座，面积3.1万平方米 。集装箱货场面积5.1万平方米，其中海关监管区1.3万平方米，监管仓库1000平方米，年吞吐量可达780万吨。郑州东站已实现生产管理现代化，配有主机8台，终端机61台，打印机59台，微机35台，并建起了与现代化工程相配套的"货运技能演练基地"和先进的"工业电视监控系统"。配置了31个摄像机镜头和33台监视器，覆盖了货场作业的各个场所，可随时掌握各作业场所的工作情况。郑州铁路东站1991年被河南省政府批准为二类陆运口岸。1994年，开通了郑州至香港九龙的国际集装箱专列。之后，相继开通了郑州至青岛、连云港、天津等地国际集装专列。1997年11月，被国务院批准为一类陆运（铁路）口岸。

河南口岸大事记

2月28日

根据省委副书记、常务副省长李成玉的批示，省政府秘书长刘其文召开联检单位、省口岸办、省民航局、财政厅参加的会议，协调机场航空口岸联检综合楼的分配问题。

4月3日

省政府副秘书长孔令晨在郑州东站铁路货运口岸召开有省口岸办、联检和铁路部门参加的协调会，安排东站铁路口岸筹建工作。

4月25日

省政府办公厅下发豫政办〔2001〕37号文，《关于做好郑州航空口岸和郑州东站铁路口岸国家验收及日常业务协调工作的通知》，对口岸的协调业务进行了明确的分工。

8月7日

省政府副秘书长孔令晨在郑州机场航空口岸召开有省口岸办、联检部门和省民航局、财政厅参加的会议，安排郑州航空口岸对外国籍飞机开放筹备工作。

9月13日

俄罗斯公务包机飞降郑州航空口岸。

9月30日−10月5日

郑州航空口岸分别开通郑州至汉城、济州（韩国）、曼谷、松山（日本）临时包机航线。

10月11日

省政府口岸办副主任宋林召开由联检部门、省民航局、外经贸厅、外汇局、郑州铁路局等单位参加的会议，研究贯彻落实国务院有关提高口岸通关效率的指示。

11月19日

根据常务副省长李成玉的批示精神，副秘书长孔令晨召开协调会，研究协调加快郑州航空口岸综合联检楼装修和郑州航空口岸对外国籍飞机开放、郑州东站铁路货运口岸迎接国家验收等有关问题。省口岸办、联检部门和民航、铁路等有关单位参加了会议。

12月20日

全省口岸工作会议在郑州召开，总结2001年口岸工作，安排2002年口岸工作，副省长张以祥出席了会议并作了重要讲话。

12月30日

省政府口岸办副主任宋林在郑州航空口岸召开协调会，研究郑州航空口岸对外国籍飞机开放预验收问题，联检部门和省民航局的有关负责同志参加了会议。

湖北省

图例

省级行政中心　铁路口岸　公路口岸

口岸城市　航空口岸　海(河)运口岸

黄石港口岸码头

湖北口岸工作综述

2001年，湖北口岸按照省委、省政府提出的加强口岸环境建设、扩大外贸出口的要求，围绕全省经贸工作目标，以提高口岸客货运量为中心，进一步规范口岸管理，大力拓展口岸功能，提高服务质量与水平，提高口岸运行效率与效益，为全省对外经贸和旅游事业的发展作出了积极的努力，实现了“两个文明”建设双丰收。

【口岸环境】 2001年，湖北口岸按照国家要求，认真抓好提高口岸效率，改善口岸环境工作。省政府成立了湖北省口岸工作领导 小组，加强对口岸工作的领导和重大问题的协调，定期研究解决口岸工作中的重大问题。全省各口岸所在地政府、各口岸管理部门和各口岸相关单位，认真贯彻落实国务院、省政府对口岸工作的指示精神和要求，不断改进工作，提高通关效率。各口岸通关速度加快，外贸出口结汇时间缩短，企业出口结汇、退税情况好转，有力支持了企业扩大外贸出口。

【口岸效益】 2001年，湖北口岸在世界经济增速减缓，全省外贸出口下降的情况下，口岸效益仍保持了一定水平。据海关统计，全省口岸货运量84.95万吨，同比下降20.62%，其中出口53.75万吨，下降41.9%，进口31.2万吨，增加115.2%。进口散杂货运量增长7.8倍。

武汉航空口岸新辟武汉—曼谷、武汉—汉城两条国际航线，全年出入境旅客人数首次突破10万人次，创历史最好水平。水运口岸国际集装箱运输平稳增长，全年完成国际集装箱运输35997标箱，同比增长6%。武汉港口岸白浒山外贸码头和青山外贸码头停靠外轮2艘，改变了近几年来武汉无外轮直航的状况。铁路口岸货运量大幅度回升，武汉江岸车站至香港鲜活专列保持正常运行。

【口岸综合管理】 2001年，湖北口岸继续按照国家有关口岸建设的要求，下大力气抓口岸设施建设，抓口岸规范管理。江岸铁路口岸投资300多万元，新建了外贸监管库、口岸联检楼。武汉港杨泗港码头在2000年进行监管设施改造的基础上，又投资400多万元新建口岸联检大楼。宜昌、荆州水运口岸、襄樊铁路口岸等都投入了人力、物力、财力加强口岸设施建设，改扩建监管区和外贸监管仓库，新建隔离护拦，安装电子监控设备等，口岸硬件设施有了较大改善，在“有效监管、规范管理”上有了根本性突破。

【口岸精神文明建设】 2001年，湖北口岸精神文明建设，围绕加强协作配合，树立文明新风，积极开展创建文明口岸、口岸文明单位、争当口岸标兵和先进工作者活动。各口岸把精神文明建设贯穿到各项工作之中，突出优质服务，开展政务公开、服务公示，口岸全局观念和整体意识进一步增强，促进了口岸工作全面发展。经过检查评比，湖北省口岸系统共建社会主义精神文明领导小组决定对2001年度为口岸文明共建作出突出贡献的先进集体与个人进行了表彰。

2001 年湖北口岸运行情况

		单　位	2001 年	2000 年	同比增减 %
总运量	运　　量	万　吨	84.95	107.02	-20.62
	国际集装箱	标箱	38598	36089	6.95
	散杂货	万吨	43.88	93.50	-53.07
水运口岸	运量	万吨	76.44	102.04	-25.09
	国际集装箱	标箱	35997	33972	5.96
	散杂货	万吨	39.18	53.05	-26.14
航空口岸	运量	万吨	8.05	4.52	78.31
	国际集装箱	标箱	2601	2119	22.75
	散杂货	万吨	4.70	1.92	145.46
铁路口岸	出入境旅客	人次	106838	90550	17.99
	出入境飞机	架次	1155	1079	7.04
公路	运量	吨	233		
空运	运量	吨	4307		
邮运	运量	吨	45		

湖北口岸查验单位工作综述

武汉海关

2001 年，武汉海关完成税收 16.4 亿元，与上年同比增收 5.3 亿元，增长 47.58%，创历史最好水平；补征税款 7023 万元；办理减免税 5169 笔，审批减免税合计 19.41 亿元，增长 80.39%。

【深化通关作业改革，认真实施跨关区快速通关作业系统】 武汉海关切实转变工作职能，简化审批环节，不断提高通关水平。新的通关作业系统实施后，通关效率有了进一步提高。出口货物通关环节由原来的 9 个减至 6 个，进口转关运输手续的办理由原来的 3 天缩短至半天，出口货物转关回执时间缩短一半。关区全年实现转关进口货运量同比增长 115%，货值同比增长 108%，促进了外向型经济的发展。

【推广口岸电子执法系统，提高服务质量】 组成专门班子，做好“口岸电子执法系统” 入网用户身份认证及资格审查工作，并及时为 976 家企业办理了入网手续。汇同国家外汇管理局湖北分局联合试运行口岸电子执法系统出口收汇子系统，研究制定《关于加强对出口收汇核销单电子数据联网核查管理的通知》，对注册用户实行网上发放出口收汇核销单，使口岸电子执法系统在湖北省进入实质性应用阶段。对外公布《武汉海关依法行政为国把关服务经济促进发展的十条措施》和《武汉海关对外服务时限 8 项承诺》。推出了“首问负责制”；对 A 类企业和高新科技企业开设“专门通道”；积极解决出口退税中的遗留问题；成立通关事务应急小组；建立“关长接待日制度”等措施，支持了湖北外贸经济的发展。

【完善管理，加强监管】 加强监管场所清理整顿力度，关区监管场所由 22 家减至 19 家。各监管场所硬件设施（封闭及卡口管理）基本到位，管理制度健全。对关区 39 家企业的管理类别进行了调整。加强对加工贸易的管理，备案加工贸易合同3902份，同比增长16.93%；核销加工贸易合同4027份，增长14.76%。湖北武汉出口加工区于2001年6月通过国家8部委联合验收，正式封区运行。关区受理进出口报关单3.57万份，增长16.41%；监管进出口货运量84.95万吨，下降20.62%；监管进出口货运值20.99亿美元，增长45.37%；验放进出境人员11.84万人次，增长19.08%；监管进出境邮、快递物品61.86万件，增长15.49%。

【打击走私继续保持高压态势】 侦察部门受理案件20起，案值约2.09亿元，涉税金额0.86亿元；立案5起，案值约1.08亿元，涉税金额0.31亿元；移送检察院案件4起，案值1.21亿元；调查部门的工作基本实现了由办案为主向查缉为主转变，由查处个案为主向规范企业进出口行为为主转变。全年立案10起，案值1.32亿元，上缴罚没收入2036.31万元，追缴税款2188万元；稽查企业75家，查获涉嫌违规走私案件22起，案值2.16亿元，稽查补税入库74.5万元，罚款886.9万元；严格私货管理，公开拍卖罚没货物200多万元，定向拍卖罚没货物300多万元。

【队伍建设取得明显成效】 结合实际有针对性地开展了法纪、宗旨、理想信念和海关工作方针等四项教育，引导关员树立正确的世界观、人生观和价值观。加强干部管理，不断完善干部交流制度。进一步推进干部队伍廉政建设，认真落实党风廉政建设责任制，加大关务公开、警务公开的力度，不断加大海关执法的透明度。坚决执行海关外勤工作纪律，制定了《武汉海关高风险岗位风险防范措施》。积极开展精神文明创建活动，武汉海关侦查分局办公室秘书科被公安部评为“人民满意公安基层单位”，办公室党支部被总署评为“全国海关系统先进基层党组织”，荆州海关被湖北省委、省政府评为“省级文明单位”。

武汉海关2001年海关业务统计资料

		2001年	2000年	增减%
进出口报关单数（张）		35670	30643	16.41%
进出口记录条数（条）		74279	57354	29.51%
进出口货运值	合计（万美元）	209946	144423	45.37%
	进口（万美元）	143364	68989	107.81%
	出口（万美元）	66,582	75432	-11.73%
进出口货运量	合计（吨）	849471	1,070,124	-20.62%
	进口（吨）	311998	144982	115.20%
	出口（吨）	537473	925142	-41.90%
进出境人员（人次）		118437	99460	19.08%
其中：港澳旅客（人次）		20843	18821	10.74%
邮、快递总数（件）		618596	535623	15.49%
其中：印刷品（件）		496424	431553	15.03%
保税	备案企业数（个）	1157	937	23.48%
	备案合同数（份）	3902	3,337	16.93%
	核销合同数（份）	4027	3509	14.76%
	核销补税额（万元）	2742	4728	-42.00%
企业注册	注册总数（个）	5846	5554	5.26%
	其中：三资企业（个）	4772	4681	1.94%
税收	代理报关（个）	31	24	29.17%
	关税入库（万元）	56264	41448	35.75%
	代征税入库（万元）	108141	69841	54.84%
	两税合计（万元）	164405	111288	47.73%

湖北省边防总队

湖北省公安边防总队于1994年正式成立。总队下辖的三个正团级边防检查站,分别担负武汉航空口岸、武汉港口岸（青山港、白浒山外贸码头）、黄石港口岸的出入境边防检查任务。

2001年，总队坚持以执勤为中心，大力加强队伍建设，充分发挥职能作用，圆满完成了各项公安边防保卫任务，部队建设全面发展。全年检查出入境人数创历史最高，共检查出入境人员118821人次，飞机1181架次，船舶3艘次；加大反偷渡力度，查获偷渡案10起24人；发现处理有违法违规行为的28人，维护了口岸稳定，受到了各级领导的充分肯定。总队被部局评为全国公安边防“信息化工作先进单位”。被省委、省政府命名为省级文明单位；武汉站证检科被部局评为全国公安边防部队基层建设“标兵单位”；汉口站青山中队党支部被部局评为“先进基层党支部”。

【加大考核培训力度，提高业务素质】 建立了3级业务培训考核制度，对站长、业务副站长、办公室主任、业务处长，一线检查员，各级值班领导、值班员分3个层次，进行分类培训、考核。整理出边检业务、计算机操作、汉字录入、边防检查和外语等4块业务培训平台。对原有的业务等级考试方案进行了更科学的界定、整合、调整和充实，制订了“全面达标、单项冒尖、个人申报、季度考评”等措施，提升了检查员业务素质水平。

【加强法制建设，提高执法水平】 严格依据上级规范性文件制定出台了《行政处罚程序实施细则》，对边防检查行政执法中的当场处罚程序、一般程序的简易办法以及一般程序等进一步明确和细化，对执行过程中的细节都进行了严格规范，使执法工作逐步走上规范化、制度化的轨道。把有关法律法规纳入年底业务考试范围，调动了执勤人员学法、用法的主观能动性。加强执法监督、确保办案质量。两级边检机构充分发挥职能作用，对各类案件进行审核把关，确保办案质量。严格错案追究制度、继续深化警务公开活动。

【加大反偷渡工作力度，确保了口岸稳定】 针对口岸偷渡活动频繁的特点，加强情报调研，掌握口岸偷渡动态。着力提高检查员识别伪假护照证件的能力，严把检查验证关，积极稳妥地开展办案工作，有力地打击了偷渡猖獗势头。

【开展“魅力服务”，塑造“国门大使”形象】 总队坚持执法与服务的统一，在口岸推出了“魅力服务”特色品牌。在执行勤务中始终做到“四个一”、保持“六心”，达到“四个清楚”。“四个一”是一声亲切问候、一张和蔼的笑脸、一副饱满的精神、一腔便民的热情；“六心”是检查员交还旅客证件要细心、回答旅客提问要耐心、承受委屈不伤心、清正廉洁领导放心、快捷高效旅客称心、方便老弱病残献爱心；“四个清楚”是处理问题事实清楚、法律依据清楚、道理讲清楚、手续办清楚。总队还提出了为旅客提供“全天候”服务的要求，制定了《备勤考勤制度》，真正做到航班就是命令，服务就是宗旨。2001年共处理加班、调机、备降等各类临时性航班50多架次，均是第一时间赶到现场，较好的完成了任务。广大官兵时刻想旅客之所想，急旅客之所急，文明执法、热情服务，在口岸树立了边防警官“国门大使”的新形象。

2001年湖北口岸边防检查主要数字统计资料

<table>
<tr><th colspan="4">项目</th><th>合计</th><th>入境</th><th>出境</th></tr>
<tr><td colspan="4">出入境人员（人次）</td><td>118821</td><td>61150</td><td>57671</td></tr>
<tr><td colspan="4">出入境人员（人次）</td><td>10256</td><td>5029</td><td>5227</td></tr>
<tr><td rowspan="9">出入境旅客（人次）</td><td colspan="3">总　　计</td><td>108565</td><td>56121</td><td>52444</td></tr>
<tr><td rowspan="7">出入境中国公民人次</td><td colspan="2">合　　计</td><td>69732</td><td>38920</td><td>30812</td></tr>
<tr><td rowspan="3">大陆籍（人次）</td><td>小　　计</td><td>13574</td><td>5971</td><td>7603</td></tr>
<tr><td>大陆因公</td><td>2835</td><td>1578</td><td>1257</td></tr>
<tr><td>大陆因私</td><td>10739</td><td>4393</td><td>6346</td></tr>
<tr><td colspan="2">港澳居民（人次）</td><td>20668</td><td>13941</td><td>6727</td></tr>
<tr><td colspan="2">台湾同胞（人次）</td><td>35490</td><td>19008</td><td>16482</td></tr>
<tr><td colspan="2">华　　侨（人次）</td><td>1554</td><td>1307</td><td>247</td></tr>
<tr><td colspan="3">出入境外籍人员（人次）</td><td>38833</td><td>17201</td><td>21632</td></tr>
<tr><td colspan="4">出入境飞机（架次）</td><td>1181</td><td>581</td><td>600</td></tr>
<tr><td colspan="4">出入境船舶（艘次）</td><td>3</td><td>3</td><td>0</td></tr>
<tr><td colspan="4">查获违法违规</td><td>26起28人</td><td></td><td></td></tr>
<tr><td colspan="4">查获偷渡</td><td>10起24人</td><td></td><td></td></tr>
</table>

注：大陆因私旅客人数中含华侨人数。

湖北出入境检验检疫局

2001年，查验出入境货物31872批次，货值达19亿美元。其中，检验出口商品20434批次，货值8.21亿美元，发现不合格32批，货值70.3万美元；检验进口商品11438批次，货值10.74亿美元，发现不合格153批，对外提赔1133万美元；检疫出入境动植物及产品总货值7572万美元，检出危险性病虫害7批次；开展出入境人员传染病监测体检16654人次，发现性病66例，艾滋病3例，其他疾病1718 例；预防接种霍乱13369人，接种黄热病1603人，其它接种660人；查验出入境飞机1168架次，进行卫生处理472架次；检疫集装箱45223标箱，卫生处理21639标箱。签发普惠制产地证书8667份，签发一般产地证968份，签证金额分别为2.47亿美元和3685万美元。

【加强疫病疫情的监控】 针对年内国外疫情严峻的形势，加强卫生检疫和动植物检疫工作，严防疫病疫情和植物病虫害的传入传出。一是加强口岸出入境人员、特殊物品、运输工具的卫生检疫查验和除害处理。二是加强出入境人员的传染病监测，出入境人员HIV抗体监测阳性较上年同期增长1例。三是正式开展了出入境邮包的检疫工作。四是加强对来自美国、日本、巴西等国家进境木质包装病虫害的检疫，销毁木质包装12个批次，截获植物病虫害疫情较上年增长5例。五是加强医学媒介生物和检疫性病虫害的监测，在全省范围内开展了对地中海实蝇、桔小实蝇、瓜实蝇的监测活动。六是加强传染病、动植物病虫害的风险评估和风险分析，落实了防治措施。

【加强认证认可和注册登记工作】 帮助企业实现出口食品、水产品对国外的卫生注册。在出口水产品、食品生产企业积极推行GMP和HACCP，年内已实现对美国注册5家、欧盟注册6家、韩国注册10家。进一步加强出口食品和食用性出口产品检疫卫生注册登记管理，一律凭注册登记号接受报验。全年共审核发放新厂注册证25套，复查换证2套。对进口质量许可的商品，在通关前对有关证明文件和标志进行严格查验。对出口质量许可的商品，引导和督促出口企业按国际通行作法，提高企业质量管理水平，全年出口商品质量许可证颁证换证企业179家。

【抓好企业分类管理工作，确保出口商品质量】 年内对出口机电、轻纺产品实行分类管理。对出口生产加工企业的检验人员进行法律、法规、检验技术标准、检验规程的培训，共培训机电、轻纺、化矿等各类认可检验员300余名。按《分类实施细则》的要求，对全省出口企业提出的分类申请逐一审核，并进行现场考核，确定分类等级。通过对企业的分类管理，保证了出口商品的检验质量，提高了检验放行速度。

【从源头抓出口食品、农产品等"敏感商品"的质量】 建立安全监控体系，进一步加强对蜂产品、水产品、供港活猪、大米、柑桔等大宗出口商品的检验监管。加强预测和应对对策研究，采取措施，从出口商品的源头开始，保证质量和安全。如对注册猪场采用优胜劣汰实行动态管理，对全省27家登记的饲料厂进行违禁药物的抽查检测，加强押运员的培训、回空车皮的消毒以及发运前的猪尿样检测，保证了供港猪的质量。据检查，良好率平均为63%以上，受到外经贸部的表扬，并增加供港活猪配额2万多头。

【加大了为企业服务的力度】 先后为武钢检验进口设备总值达9亿元人民币，对外出证索赔11批，提赔金额309万元人民币。认真贯彻落实《三峡工程左岸电站进口设备检验工作实施办法》，加强了对开箱后设备安装调试的监管措施，确保了三峡工程设备检验工作的万无一失。

【科技兴检、加快实验室建设】 结合业务特点，先后投资500余万元，建立了转基因产品检测室和动物检疫实验室。在荆州局建立危险品包装检测实验室、改造纺织实验室和保健中心实验室。对重点实验室如食品检测实验室加大投入，先后投资近百万元，加强了对涉及健康、安全、卫生、环保等项目检测仪器设备的配置。

【加快信息化建设】 投资500多万元，建成计算机网络，实现了省局、各分支局和总局及各省市直属局的微机联网，已实现湖北出口商品在湖北检验检疫、口岸发单放行的出口电子转单。目前电子报检和产地证电子签证工作正在实施之中。

2001年湖北出入境检验检疫主要业务资料

序号	项目	完成情况
1	总批次	31872
2	总货值（万美元）	189520
3	出境批次	20434
4	出境货值（万美元）	82130
5	出境不合格批次	32
6	出境不合格货值（万美元）	70
7	入境批次	11438
8	入境货值（万美元）	107390
9	入境不合格批次	150
10	入境不合格货值（万美元）	113
11	出入境动植物及产品（万美元）	6990
12	危险性病虫害（批）	7
13	疾病监测体检（人次）	16654
14	性病（人次）	66
15	艾滋病（人次）	3

续表

序号	项目	完成情况
16	其他疾病（人次）	1718
17	预防接种霍乱（人次）	13369
18	其他接种（人次）	2263
19	查验出入境飞机（架次）	1168
20	卫生处理（架次）	472
21	检疫集装箱（标箱）	45223
22	签发普惠制产地证书（份）	8667
23	签证金额（万美元）	24691
24	一般产地证（份）	968
25	签证金额（万美元）	3685

武汉长江港务监督局

武汉长江港务监督局1980年成立，下辖黄石、城陵矶港务监督，行使长江干线城陵矶至武穴496公里范围内的航政管理。

2001年，武汉港务监督局紧紧围绕水上交通安全监督管理中心工作，以“水上运输安全管理年”活动为指导，保证了武汉港安全形势基本稳定，没有发生一起重、特大安全责任事故。

为了适应新时期发展需要，武汉港务监督局在口岸查验和进出港审批过程中严格把关，不断提高工作效率和服务质量，简化手续，强化管理，保障船舶安全地进出武汉口岸。深入贯彻“热忱服务船舶、提高办事效率、规范内部管理”的服务宗旨，为船舶单位提供优质服务，树立了良好的窗口形象。

【对老龄船、低标准船舶的安全加大检查力度，严把签证关】 2001年，办理船舶进出港签证38496艘次，其中办理外轮进出口岸4艘次。集装箱船内支线进出达到1140艘次35200标箱，其中载运危险货物船舶204艘次。船旗国安全检查1541艘次，共查处缺陷8375项，其中海船40艘，查处缺陷301项。

同时，加强了危险品申报制度，办理危险品码头作业许可证年审46个。新办危险品码头作业许可证9个，使武汉港危险货物运输安全得到了保障。

【加强船员考证和证件管理】 2001年，共组织船员考证75期，参加考核人员5214人，办理内河船员证书498本，海员证687本，开具出境证明220份310人次。

【CSM的实施取得阶段性成果】 对辖区内5家船公司实施ISM规则国内化推进情况进行了跟踪，并协助指导湖北琴川公司、琴台公司ISM管理体系通过了初次审核的年审。

【严格管理专业工程施工】 2001年，共进行水上水下工程可行性研究37件，审批各类施工21件。通过严格管理，辖区水上水下工程施工未发生任何事故。

【加强执法力度，做到依法行政】 2001年，共查处违法案件995件，海船处罚4件。

【保障通航秩序，营造良好港区环境】 加强了现场监管力度。2001年，监督艇巡航13593航次，纠正违章4100艘次，现场维护26455艘次。

武汉长江港务监督局正在加快软硬件的建设，规范内部管理，注重提高工作效率和质量。2001年，武汉长江港务监督局被交通部和人事部授予“全国交通系统先进集体”，被湖北省企工委评为“先进单位”的称号。

湖北口岸概况

一类口岸

湖北地处我国中部，具有“临江通海、承东启西、联南纳北”的地理优势。1980年，开放了武汉港、黄石港口岸，并于1992年和1993年先后对外国籍船舶开放，进出口货物可直航日本、韩国、香港及东南亚等国家和地区。1987年，开放了武汉航空港口岸，并于1997年对外国籍飞机开放，目前已开通武汉—日本福冈、武汉—韩国汉城、武汉—泰国曼谷、武汉—香港、武汉—澳门等5条国际、地区航线。

【武汉港口岸】 武汉港口岸位于长江中上游武汉市内，地理坐标北岸东经114° 11'、北纬30° 27'，南岸东经114° 12'、北纬30° 2626'。1980年，对国轮开放。1992年，对外国籍船舶开放。

武汉港江面最宽处3800米，最窄处1060米，航道水深（枯水期）3.5米左右，洪水期10米左右，常年可通3000吨级船舶。港域面积122.45平方公里，岸线长87.4公里，拥有大小码头423座，3000吨级以上的有59座。现投入营运和设置海关监管点的码头5座，分布在武汉三镇及白浒山。港区仓库、堆场163.64万平方米，有各类内河船舶浮式锚地17处。拥有各类大型机械设备7000余台（套），其中水、陆最大起重能力分别达60吨和50吨。

武汉港交通方便，与京广、武大、汉丹三条铁路干线联接，与焦技、襄渝、技柳等铁路相通，公路与京珠、沪蓉等高速公路相连接。武汉港已发展成为承担大宗散货、钢铁、石化、集装箱等江海直达，水陆联运、水水中转、水公路联运的大型港口。2001年，武汉港全年完成货物吞吐量1653.3万吨，同上年相比下降4.87%。其中外贸吞吐量42.9万吨，同比增长34%；国际集装箱4.7万标箱，同比增长36%。武汉港白浒山外贸码头和青山外贸码头停靠外轮2艘。

2001年，汉阳港集装箱公司与上海轮船公司、武汉长伟公司签定了联合经营集装箱码头合作协议书，实现了集装箱发展战略上的重大重组。先后与民生轮船公司、重庆轮船公司集装箱航班、东方海外、长江船代、九江江海公司达成协议，开通重庆—武汉—九江—上海班轮，使每月班轮多达140航次。筹资400万元，建成了口岸联检大楼，为海关、检验检疫、各代理单位提供了集中办公的条件。总投资5047万元的改扩建货场工程已经交通部审查通过，前期工程正在紧罗密鼓地进行。阳逻国际集装箱转运中心第一阶段已建成5000吨级（兼顾靠泊万吨级）集装箱泊位一个，占用岸线270米，陆域用地20公顷。建成后年吞吐能力可达10万标箱。

【武汉航空口岸】 武汉航空口岸位于武汉市黄陂区天河镇境内，地理坐标东经114° 12'、北纬30° 47'。1987年对中国籍飞机开放。1995年机场由武昌南湖整体搬迁天河机场，1995年4月15日投入使用。1997年5月，对外国籍飞机开放。

武汉天河机场建筑面积24万平方米，其中航站楼面积2.8万，停机坪面积19.8万平方米，有停机位27个，安装有6座活动廊桥。主跑道长3400米，滑行道长3000米，能够全载起降波音747—400型等大型飞机。现开通至全国60多个大中城市的航线以及国际、地区航线5条。国际厅建筑面积6489平方米，内设有免税商店、餐厅、联检厅、安检厅、候机楼、贵宾室。其中联检厅3300平方米，设有旅客出入境通道10条。目前每周有国际（地区）固定航班15个，有武汉—福冈、武汉—韩国、武汉—泰国、武汉—香港、武汉—澳门航线。2001年，航空口岸新开辟武汉—曼谷、武汉—汉城两条国际航线，香港港龙、韩国大韩航空、澳门航空公司均设有办事处。

2001年，共接待出入境旅客118821人次，与上年相比增长18%；出入境航班1181架次，增长9.5%。监管空运货物4707吨，监管进出境邮件、快递物品61.86万件。

【黄石港口岸】 黄石港港口岸于1980年对国轮开放。1993年6月，对外国籍船舶开放。黄石港现有泊位131个，其中5000吨级外贸专用码头2座，仓库面积7.03万平方米，堆场面积22.26万平方米。港口铁路专用线可与京广、京九线相通，宜黄（宜昌—黄石）、黄黄（黄石—黄梅）高速公路可直达码头、仓库。黄石港已成为矿石、铜金砂、水泥、机械、服装等外贸物资进出口基地。

2001年，黄石港口岸运行状况良好，港口吞吐量达430万吨，同比增长96.5%。其中，外贸货物吞吐量32.7万吨，增长112%；集装箱吞吐量2560标箱，增长34%；黄石港口岸开通了国际集装箱支线班轮航线14条，航班密度每月达26班，比上年增加12班；口岸运量呈现出强劲的增长势头。“十五”期间，黄石计划新建2万标箱国际集装箱码头和武钢黄石铁矿冶炼厂三个5000吨位级泊位，有关前期工作正在紧锣密鼓地进行。黄石港口岸将成为鄂东南地区现代化的物流中心。

二类口岸

自1992年始，湖北省先后批准开放了荆州盐卡港、宜昌港、黄州港、鄂州港、武穴港等5个二类水运口岸和武汉江岸站、武汉汉西站、十堰车站、襄樊车站、麻城车站等5个二类铁路口岸。按照国家关于对二类口岸进行清理整顿的文件精神，湖北省人民政府于2001年1月2日公布了二类口岸治理整顿结果：保留宜昌港、荆州盐卡港二类水运口岸，鄂州港、黄州港、武穴港二类水运口岸暂缓建设。二类口岸的开放，促进了湖北经济建设的发展。

【荆州盐卡口岸】 荆州港盐卡口岸位于长江中游荆江北岸荆州市境内。地处东经112°15′、北纬30°20′。1996年12月，经省政府批准为二类口岸。1997年1月，正式对外开放。2001年，通过清理整顿予以保留。

盐卡新港年吞吐能力为110万吨，国际集装箱储运能力为1.7万标箱／年。港区占地20公顷，岸线长500米，可停靠3000吨级江海货轮，可装卸40英尺集装箱。港区配有各类装卸机械设备30台（套）。港区集装箱堆场3.2万平方米，散货堆场3万平方米，5000平方米半封闭晴雨棚一座。轻钢等结构仓库八座，总面积2.5万平方米，其中8号仓库为荆州市保税仓库。

盐卡港交通方便。港内建有件杂、集装箱铁路专用线3条，通过沙市地方铁路与焦枝、柳线相连，具有公、铁、水路联运功能，货物可直接实现铁水中转。318、207国道在荆州市交汇，并与沪蓉高速公路相连，沙市一洪湖省级公路穿行其间，是江汉平原、湘鄂边地区通江达海的门户，水陆联运的重要交通枢纽。口岸设有货物查验、报关等服务单位。

2001年，完成进出口货物3万吨，集装箱3050标箱。

【宜昌口岸】 宜昌港水运口岸位于东经111°18′、北纬30°41′。地处湖北省西南部，长江中上游宜昌市内。举世瞩目的长江葛洲坝、三峡工程均位于宜昌港辖区范围内。

宜昌港始于东汉时期。1876年宜昌曾被辟为商埠并设立海关。1996年12月，宜昌国际集装箱内支线班轮在宜昌港开通，海关设立监管点。1998年5月，经湖北省人民政府批准为二类水运口岸。1998年7月，正式对外开放。

宜昌海关、出入境检验检疫、港监等查验部门以及外运、理货公司到口岸现场办公。2001年2月，通过清理整顿予以保留。口岸现有集装箱码头2座，靠泊能力1500吨级，年吞吐能力1.5万标箱。港口现配有50吨浮吊等各类机械设备20台（套）。集装箱堆场1.2万平方米。

2001年，投入20万元改扩建监管区货场1500平方米。宜昌水运口岸新码头开工建设，总投资8186万元，计划扩建1500吨级多用途件杂货泊位1个，通过能力62万吨，设计集装箱年吞吐量2万标箱。新建货场面积2万平方米，新建一座1000多平方米的集装箱库和一座2400平方米的口岸综合办公楼，更新集装箱专用起重设备等，整个工程正在建设中。此外，为配合三峡水电工程蓄水发电后的上游及翻坝运输，宜昌港投资新建了太平溪码头、茅坪码头及兴山峡口码头，逐步将口岸向坝区、库区延伸，宜昌水运口岸将发挥重要作用。

2001年，完成运量35714吨，进出口集装箱3173标箱，比上年增长63%。

湖北口岸专稿

转变工作作风　服务经济发展

武汉海关关长　张道恒

近年来，在省委、省政府和海关总署的正确领导下，武汉海关坚持以江泽民总书记“三个代表”重要思想为指导，认真学习贯彻海关工作新方针，以支持全省外向型经济发展为已任，努力改进工作作风，切实提高通关效率，为湖北省对外经济贸易的发展做了一定的工作。

一、以观念更新为先导，牢固树立正确的把关意识和服务意识

1998年以来，不少海关执法腐败、受贿放私等问题逐渐暴露出来，部分沿海海关队伍出现了大面积塌方。此后，海关系统出台了一系列教育整顿活动，取得了很好的效果。但是在实际工作中，也有不少关员消极地吸取以往案件的教训，“一朝被蛇咬，十年怕草绳”，明哲保身，怕负责任，讲执法和把关理直气壮，谈服务和促进则噤若寒蝉，戴着有色眼睛看问题，对企业采取怀疑的态度，征税宁高勿低，查验宁严勿松，办案宁重勿轻。走私猖獗的势头是打下去了，但服务水平和通关效率也下降了，企业对此意见很大。在工作实践中，我们深切地感到海关工作长期以来面临两个挑战：一个是严格执法，一个是高效运作。如果执法不严，打私不力，走私出现回潮，不仅造成国家税收流失，而且容易引起执法腐败，我们的工作就会出现被动局面；同样，如果一味强调机械执法，不注重执法水平与工作效率的提高，导致通关效率低，速度慢，影响企业外贸进出口，影响国家经济发展，社会各界也会谴责我们，我们同样会处于极为被动的局面。因此，在海关工作中必须牢固树立正确的把关和服务意识，既坚持严格把关又要强调高效运作，找准两者的平衡点。思想观念上的问题解决了，其他许多问题迎刃而解。现在，在具体工作中，大家基本能够做到，在依法行政的同时，时刻不忘服务支持企业。政策规定能够办理的，加快办理；政策没有明确规定的，研究请示后尽快办理；政策规定不能办理的，做好解释工作，取得谅解。目前，想企业之所想，急企业之所急，加班加点为企业办理通关手续，排忧解难，已成为全体关员的自觉行动。

二、以纠正行业不正之风为重点，大力改进工作作风

作为担负国家进出境监管职责的海关，工作作风的好坏，直接影响着外经外贸工作的发展。为了切实改进工作作风，我们主要抓了三个方面的工作：一是深入企业和基层宣传政策，了解情况，听取意见。党组规定，关领导每月至少要有5天时间深入基层、业务现场或企业调查研究。仅上年一年，就开展了3次大的专题调研活动，党组成员下企业和基层共200多天，调研企业100多家。二是降低门槛，改变“门难进、脸难看、事难办”的状况。完善“关长接待日”制度，规定无论多忙，每月10日和20日下午，都要安排一位关长接待企业来海关办事的同志，听取

他们的意见和要求，解决通关过程中的困难和问题。全面实行全天候无节假日24小时预约通关制度，成立通关事务应急小组，设立通关110，实行首问负责制，及时答复对外咨询，解决通关过程中的各种疑难问题。深入持久地开展了以"爱岗敬业、公正执法、高效服务、文明廉洁"为基本要求的创建文明窗口活动。三是狠抓纠风整纪。我们认识到，"吃、拿、卡、要、借、报"等行业不正之风与执法腐败仅一步之遥。近几年来，我们在关员中广泛开展"三个珍惜"的教育活动，即教育关员珍惜时代、珍惜事业、珍惜人生，帮助关员树立正确的世界观、人生观、价值观，摒弃拜金主义、享乐主义等腐朽思想。同时，抓住关员与工作对象的关系这个"牛鼻子"，长期不懈地开展了纠风整纪治理工作，以"两严两高"，即"严要求、严把关、高标准、高质量"为原则，重点治理接受工作对象宴请等6个方面的不正之风。

三、以提高通关效率为核心，大力推进各项业务改革

外贸的生命是时间和效率，国际市场变幻莫测，耽误了时间，到手的订单就可能取消，赚钱的买卖也可能赔本。如何减少地理位置为我省外贸带来的局限，为企业提供最大限度的快速便捷通关，是我们经常思考和努力解决的问题。近年来，我们大力推进了以通关作业制度为主要内容的业务改革。一是实施"提前报关"、"担保放行"、"优先作业"三项便捷通关措施。在调查研究的基础上，结合企业进出口业务量和信誉情况，确定武汉邮电科学研究院等33家企业适用便捷通关措施的企业。便捷通关后，大大缩短了货物通关时间，便利了企业资金周转。二是积极推广口岸电子执法系统。"口岸电子执法系统"是电子政府的重要应用项目，是口岸加强执法监督，提高"大通关"效率的有效途径。在省政府的统一领导下，我关积极加强与外经委等6家相关兄弟单位的联系协调，顺利完成了企业的入网用户身份认证及资格审查工作。2001年7月，我关与省外汇管理局实现报关单数据电子联网，口岸电子执法系统在我省进入实体运行。三是大力推行跨关区快速通关作业系统。我关分别于2001年1月21日和3月1日正式启用了长江流域进口和出口快速通关程序，8月又顺利切换为全国跨关区快速通关作业系统，实现了转关运输货物一次报关、一次查验、一次放行，有效地简化了通关手续，缩短了通关时间，提高了转关回执正常率。四是积极做好湖北武汉出口加工区试点工作。设立出口加工区是促进加工贸易发展，扩大外贸出口的重要举措。经过我关和省市政府的精心筹备，2001年6月20日，湖北武汉出口加工区正式通过了国务院8部委的联合验收。6月28日，海关总署正式批复同意湖北武汉出口加工区封区运作。目前已有2家企业进区投入生产，首批产品已报关出口。五是创新加工贸易监管模式。我们选择加工贸易业务量较大的高新技术企业进行联网监管试点，实行加工贸易周转量循环管理，免办手册，全额保税，定期报核，集中核销，实现手册备案、修改、核销和进出口申报网上作业。同时，我们还根据不同企业的不同需求，选择5家左右加工贸易业务量较大的A类企业，试行"大手册"管理，通过管理模式的创新，为加工贸易货物进出口提速。

湖北口岸大事记

1月1日

海关通关作业改革正式施行，建立了新的通关管理模式。

1月2日

省政府公布二类口岸清理整顿结果，保留宜昌港、荆州港二类水运口岸。

1月20日

湖北出入境检验检疫局轻纺恒温恒湿实验室建成并通过国家气象局验收。

1月21日

长江流域快速通关进口程序在武汉关区顺利运行。

2月8日

海关总署盛光祖副署长一行到武汉海关检查指导工作。

3月1日

长江流域快速通关出口程序在武汉关区正式运行。

3月9日

全省口岸工作会议在武昌惠苑大厦召开，省政府王国耀副秘书长到会并讲话

3月25日

省委书记蒋祝平对武汉航空口岸几个突出问题的意见和建议作出批示。

3月26日

武汉海关机场办事处旅检科被湖北省委、省政府命名为“1999—2000省级文明行业示范点”荣誉称号。

3月29日

湖北出入境检验检疫局为湖北仙桃毛纺集团有限公司成功索赔43000美元。

3月30日

湖北边防总队被省政府命名为“省级文明单位”。

4月6日

武汉出入境边防检查站证件科被公安部评为“人民满意公安基层单位”。

4月4—6日

全国打击假冒UL认证标志工作总结暨表彰会在武汉召开，国家质检总局副局长葛志荣出席会议。

4月10日

武汉港杨泗港码头口岸联检楼开工建设。

4月24日

省政府成立由武汉海关牵头的“中国电子口岸”推广应用领导小组。

4月25日

武汉海关召开新闻发布会，推出支持、促进外经贸发展“十条措施”和对外服务“八项承诺”，介绍口岸电子执法系统和长江水域快速通关系统。

4月27日

湖北出入境检验检疫局连续3届被评为“省级文明单位”。

5月16日

省口岸办、旅游局联合召开利用武汉航空口岸发展国际旅游座谈会。

5月22日

湖北省人民政府王国耀副秘书长检查“口岸电子执法系统”推广工作。

5月23日—25日

公安部边防局党委委员、副军职调研员张崇德率队检查湖北边防总队的工作。

6月20日

湖北武汉出口加工区顺利通过海关总署等国家8部委办联合验收组验收，海关总署副署长赵光华、湖北省副省长韩忠学出席。

6月20日

湖北口岸系统共建领导小组主办“大通杯”口岸系统纪念建党80周年文艺汇演，省人大副主任鲍隆清、省政协副主席陶醒世等领导出席并为优胜单位颁奖。

7月3日

湖北出入境检验检疫局联合工商、公安等执法部门集中收缴进境旧服装26000余件。

7月4日

武汉海关与国家外汇管理局湖北分局联合推广并试运行中国电子口岸出口收汇子系统。

7月13日

南航湖北公司正式开通武汉—曼谷定期航班。

7月22日

张国光省长在全省外经贸工作会上强调，要加强口岸环境建设。

8月1日

湖北省“口岸电子执法系统”出口收汇子系统正式启用；

武汉海关正式开办香港至武汉直航进口快件监管业务。

8月7日

武汉海关与湖北省外经贸厅举行联络协调机制合作备忘录签字仪式，韩忠学副省长出席签字仪式。

8月13日

湖北出入境邮寄物检验检疫工作正式开验。

8月22日

省口岸办、外经贸厅联合召开外贸代理和部分出口企业座谈会，了解对口岸工作的意见和建议。

8月27日

省长办公会听取全国质检系统局长会议精神和贯彻落实意见汇报。

8月29日

韩忠学副省长到湖北出入境检验检疫局进行调研，参观了报验大厅、技术中心实验室和计算机系统。

8月30日

武汉关区全面推行跨关区快速通关程序。

8月30日

武汉机场被评为中南地区“文明机场”。

9月6日

省委副书记、省政协主席杨永良到武汉海关检查指导工作。

9月26日

全国部分内陆、边远海关教育培训工作座谈会在武汉召开，海关总署党组成员叶剑莅会。

9月27日

宜昌市投资20万元对宜昌港水运口岸监管设施进行改造。

9月28日

江岸站监管设施改造、新口岸联检楼开工建设。

10月16日

荷兰皇家认证机械RV/CNAB湖北出入境检验检疫局评审中心进行了监督评审。

10月17日

韩忠学副省长专题听取省口岸办公室工作汇报。

10月23日

韩忠学副省长在襄樊调研，对海关为支持地方外向型经济发展所做贡献给予充分肯定。

10月23日

武汉出口加工区正式封区运行。

11月28日

省口岸办召开应对入世口岸运输研讨会

11月30日

为贯彻落实国务院办公厅关于进一步提高口岸工作效率的通知精神，省人民政府决定成立湖北省口岸工作领导小组，韩忠学副省长任组长。

12月2日

宜昌水运口岸新码头开始建设，总投资8186万元，设计集装箱年吞吐量2万标箱。

12月25日

张国光省长在全省经济工作会议上指出，要实行“大通关”制度，提高通关效率，促进外贸出口。

12月26日

省政府召开“电子口岸”推广工作总结会议，讨论并通过了分散式企业入网资格审查办法。

12月21日

武汉——汉城航线开通，韩国大韩航空公司KE6682/1航班首航武汉。

12月31日

韩忠学副省长到武汉阳逻开发区调研，提出要尽快启动阳逻港口“大通关”工作，省、市口岸办要纳入明年的工作重点。

湖南省

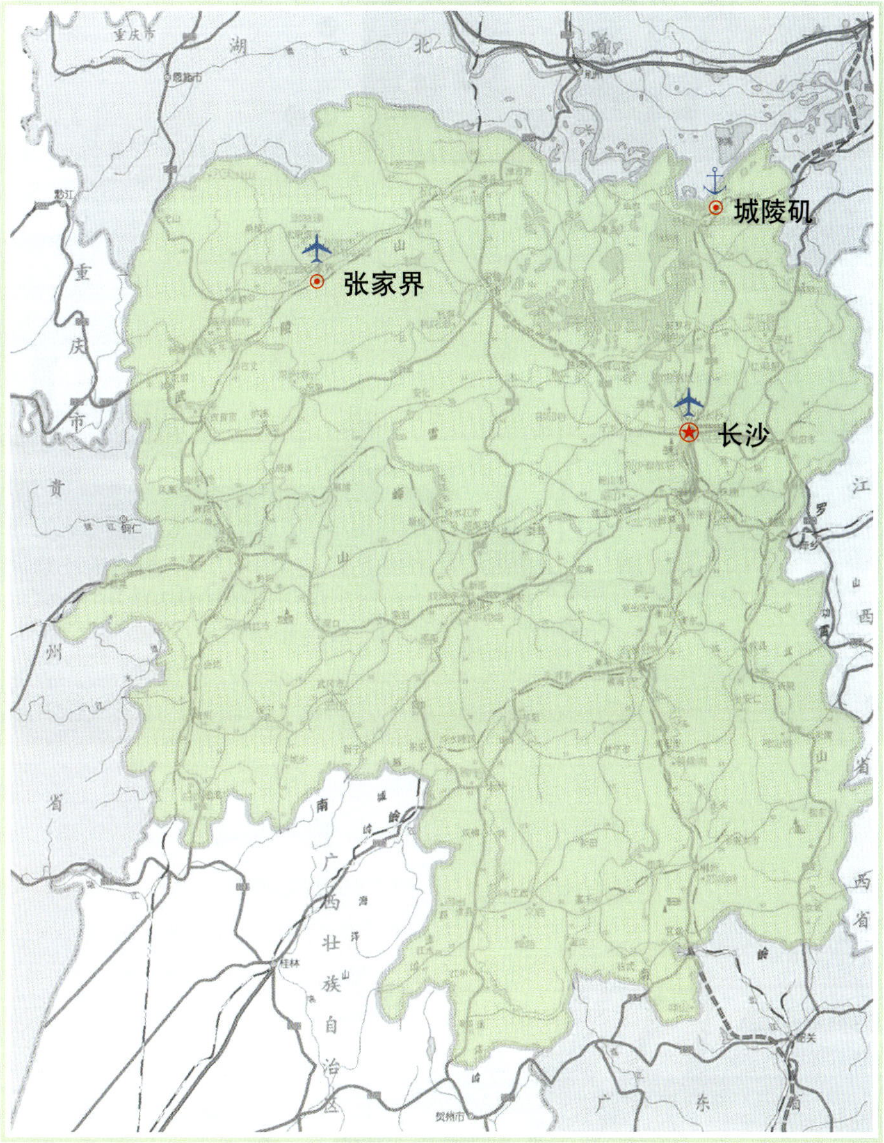

图例

省级行政中心	铁路口岸	公路口岸
口岸城市	航空口岸	海(河)运口岸

1992 年全国口岸“两会”在湖南长沙召开

湖南长沙黄花机场

长沙航空口岸旅客登机

湖南口岸工作综述

【口岸历史沿革】 湖南省位于长江中游，洞庭湖之南，故称“湖南”，又因湘江流贯全省，亦简称“湘”。湖南属内陆省份，资源极其丰富，素称“三乡一地”（鱼米之乡、有色金属之乡、非金属之乡和旅游胜地）。是长江开放带和南部沿海开放带的结合部，具有南联北接，东进西拓的区位优势。

早在1899年，由于清朝政府腐败无能，西方列强逼迫清朝政府将岳阳城陵矶辟为通商口岸。同年清政府批准《内港行轮章程》之后，英国驻汉口领事要求将岳州（今岳阳）开为商埠。翌年11月13日，建于洞庭湖长江入口处城陵矶的岳州关正式开关。接着，迫于《中英续议通商行船条约》及《中日通商行船续约》的规定，清政府将长沙开辟为通商口岸，1904年7月1日正式开设长沙关。

从1899年11月—1939年6月，岳州关历时40年；从1904年7月—1947年1月，长沙关历时43年。新中国成立后，结束了帝国主义、封建主义、官僚资本主义在中国的统治，收回了海关行政管理权与关税自主权，建立了独立自主的人民海关。

但是，从1949年直至1989年，由于种种原因，在长达40年的时间里，湖南没有一条与世界交往的直接通道。改革开放以来，从1990年起，相继开放了长沙航空口岸、岳阳城陵矶内河口岸和张家界航空口岸三个国家一类口岸。对外开通了5条国际（地区）航线和2条国际航道。目前，全省口岸的布局和口岸功能逐步完善，已基本适应对外开放和经济发展的需要，口岸已成为湖南省对外开放的一个重要组成部分和必不可少的条件。

【口岸开放与建设】 以1990年6月18日长沙航空口岸开通至香港航线为标志，11年来，湖南口岸走过了一条不平凡的发展道路。全省口岸系统广大干部职工，围绕开放带动战略，解放思想，扎实工作，在口岸开放和建设、管理、服务等方面，年年上台阶，有力地促进了全省对外开放事业的发展。为抓好口岸开放，有关领导多次专题研究口岸工作中的问题，经常深入到口岸现场办公，协调解决具体困难，努力争取国家有关主管部门的支持，保证口岸开放和建设有足够的人力、物力和财力投入。继长沙航空口岸开通至香港航班后，1991年10月，香港港龙航空公司开通了香港至长沙航班；1995年7月20日和1996年1月，又相继开通了长沙—曼谷包机航班和西安—长沙—澳门航班。自1990年6月长沙航空口岸开通以来，共运载出入境旅客60万余人次。1996年10月，国务院批准岳阳城陵矶水运口岸对外国籍船舶开放，现已开通了至日本名古屋、韩国釜山的航线。1998年，又开通了城陵矶至南京外贸运输内支线班轮，共运送进出口货物4万余吨。张家界航空口岸经过5年筹备，于1999年4月正式开通了至香港的航班，7月份又开通了至澳门的航班。到目前止，已运载出入境旅客近6万人次。年内，根据民航总局与香港特区政府的有关备忘录，张家界—香港的包机航班改为正式航班。省口岸办根据省政府领导的指示精神，多次前往张家界和南航湖南公司进行协调，听取两家的意见，在考虑双方利益基础上，制定了平衡过渡，确保航班正常飞行的方案，使包机航班在7月1日顺利转变为正式航班。南航湖南公司从对外开放、支持湖南口岸建设与发展的大局出发，在公司已成为股份制上市公司、资金调度极其困难的情况下，千方百计做工作，从总公司争取了200万元支持张家界口岸建设。

【口岸通关环境日趋完善】 全省口岸各部门以“提高口岸服务质量，优化口岸通关环境”为宗旨，不断加强口岸软、硬件建设。长沙航空口岸国际联检厅将原来的单通道改为双通道，添置了先进的检查检验设备，工作流程趋向合理。各查验单位为提高服务质量、加快通关速度制定了一系列具体措施。如长沙海关业务二处订立了“办公公开，公布有关行邮条文、政策，公开办事程序及工作纪律，开展咨询服务，建立监督信箱，公布举报电话”等6项措施。长沙边防检查站制定了“每检查一名旅客不超45秒、对有问题旅客处理时间不超过30分钟、完善‘需扶助人员通道’、旅客服务”等6项规定。长沙卫检提出了“对在境外3个月以上的旅客不在现场进行传染病监测，在入境口岸登记之后到各卫生检疫局接受检查；开展国际旅行卫生保健咨询，对出入境旅客发放传染病预防知识卡”等5项措施。通过1998年8月和1999年4月的两次旅客问卷调查活动，从300多名中外旅客中收到了20多条旅客意见和建议，问卷调查满意率达95.5%。

2001年，经过全省口岸单位共同努力，口岸通关环境有了一定程度的改观。长沙航空口岸增设了行车引导标牌，修建了接送人员休息区，实现了国际厅的封闭管理和区域隔离，对国际厅顶棚、引导标牌、各类工作台、通道等设施进行了修理。湖南省边防总队自筹资金174万，完成了口岸检查系统的软件升级工作。南航湖南公司投资近1000万的黄花国际机场货运综合大楼主体工程已经完工。城陵矶内河口岸加大基础设施投入，绝大部分联检单位实现计算机联网，岳化、粮库、长炼停靠点都建设了相对齐全的办公、生活设施，安装了电话、传真、计算机等设备。外贸码头按照省政府大通关协调会议要求，加强现场管理，在场地卫生、文明装卸、内外贸货物分堆、集疏快捷等方面做了大量工作。

【公布服务承诺，提供优质服务】 长沙海关承诺无需查验的旅客10秒钟内通关，需向海关申报征税的旅客5分钟内通关，需要开箱查验且没有问题的旅客5分钟通关。规定海关人员文明服务“十必须”、“十不准”。湖南省边防总队承诺24小时备勤，设立站领导值班牌、咨询台、投诉箱，公布了三级投诉电话。承诺验放卡式证件和机读护照时间，由原来的40秒分别缩短到15秒和30秒。湖南出入境检验检疫局采取团体申报，开包率控制在5%以内以及开检前15分钟上岗等措施。民航湖南省局承诺，将黄花机场国际厅开门时间提早至航班起飞前2小时，并派保安值守，派出所安排警力在开关期间不间断巡视，保持现场秩序。南航湖南公司承诺，每次执行国际（地区）航班，挑选最好的机组，派出业务熟练、形象好和综合素质全面的人员值机和进行空中服务。

各单位不断改进工作作风，变微笑服务为精品服务，变被动服务为主动服务，变定点服务为全程服务，努力提升服务层次。三个一类口岸深入开展“细心检查、热心执勤、诚心帮助、耐心解释”等四心服务，尤其是抓好老年旅客、晚到旅客、特殊旅客、头等舱旅客四项精品服务，并对进出境货物开展了收、递、送一条龙服务，受到货主的普遍欢迎。全省口岸系统还开展了“满意在口岸”活动，对200多人次给予礼遇，为1000多名需扶助人员开设了特别通道，为出入境旅客做好人好事200多件，涌现了一批“文明岗位”和“文明工作者。”

【举办口岸系统培训】 2001年12月，来自来全省口岸系统的业务骨干和省口岸办全体同志共30多人在浏阳市进行了培训。培训班聘请了国家口岸专家和省外事侨务办、省外经贸厅、民航湖南省局、省委党校和中南大学的领导、专家、学者授课，系统讲解了口岸、WTO、外事礼遇、外经外贸、航空安全等方面的知识。还到浏阳市外贸企业和生物医药工业园进行考察，调查了解外贸企业对口岸通关的意见和建议，参观学习生物医药工业园实行政务公开、“一条龙”、“一个窗口”办公的先进经验。

【坚持联席会议制度】 省口岸办全年共召开13次联系会议，与口岸各单位共同研究商讨涉及口岸发展的重点、难点问题。联系会议主要涉及3个方面内容：1.口岸设施建设。与长沙航空口岸各查验单位负责人共同研究黄花机场国际厅改造有关问题；与省外经委、省交通厅、岳阳市政府以及各有关单位共同商讨解决城陵矶口岸货运及航道问题。2.口岸航空运输。与长沙航空口岸各查验单位和承运单位共同研究认真组织长沙—曼谷、长沙—福冈等加班航班和备降航班的协调。3.口岸通关效率。传达储波省长、贺同新副省长提出的要求，贯彻国务院办公厅《关于进一步提高口岸工作效率的通知》精神，重点听取各联检单位改善口岸环境，提高口岸通关效率的意见和建议，协调湖南省大通关问题。

【共建文明深入发展】 认真贯彻“两手抓，两手都要硬”的精神，积极开展口岸共建精神文明活动。一是每年有选择性地开展一些形式生动、内容丰富的文体活动和灵活多样、寓教于乐的知识竞赛；二是每年定期举行口岸单位年终总结表彰大会，推动创先争优活动的健康发展；三是坚持办好口岸工作简报，使之起到发布信息、交流经验、沟通情况、指导工作的重要作用；四是组织口岸各单位赴外省市考察学习，开拓视野，取长补短。通过开展共建文明口岸活动，口岸管理水平、工作效率、服务质量、治安秩序以及口岸职工的政治和业务素质有了明显提高，一大批口岸先进单位和个人不仅在口岸系统内部起到标兵带头作用，而且在口岸所在地区也起到窗口示范作用。长沙航空口岸于1991年、1993年、1995年先后三次被评为全国口岸文明共建活动的先进单位；1996年，长沙海关与长沙卫检局被评为全国口岸系统结对共建文明先进单位；1999年，长沙边防检查站被公安部命名为全国“为人民服务，树立公安新风先进单位”，黄花机场荣获全国文明机场光荣称号。

【口岸查验成绩显著】 11年来，边检共查处引渡、偷渡案件39起、124人；海关查处走私物品94起，非法刊物5800多份，追缴偷逃税款116.8万元；动植物检疫共查出带病菌动植物产品6000多件；卫生检疫共查处各类病毒案例4136人次；民航安检共查处违规违禁行李物品180多件，多次排除安全隐患。

2001年，全省口岸进出境航班984架次，进出境旅客74725人次，比上年分别增长4.35%，下降7.98%。其中长沙航空口岸飞行航班782次架次，运载进出境旅客60195人次，加班航班8架次，运载进出境旅客748人次，备降航班2架次；张家界航空口岸飞行航班202架次，运载进出境旅客14530人次。长沙航空口岸运载进出境货物341.71吨。岳阳口岸完成进出口货运25.5万吨，其中，外轮直达运输2艘，运载货物2003吨。

2001年，全省口岸各单位相互支持，依法查验，维护了国家安全。长沙海关验放旅客行李物品86379件，征收行邮税30540元，查获淫秽、反动宣传、宗教性散发、印刷品及音像制品3303件，查获非法携带人民币出境案两起，案值共计15万元。湖南省边防总队共查处偷引渡人员18人次，接收境外遣返27人次，查处违法违规人员224人次。湖南出入境检验检疫局共对2097批次进境货物进行了卫生检疫，对604批次的货物进行卫生除害处理，检疫货物木质包装554批次计2159件，发现并处理货证不符和问题包装47批次，发现天牛幼虫等有害物质2类3种。

（程建平）

2001年度湖南航空口岸国际（地区）直达货运统计资料

单位 项目	年累计（吨）	南航湖南分公司	港龙航空公司
出口	199.067	100.5	98.567
进口	142.643	80.8	61.843
合计	341.71	181.3	160.43

2001年度湖南航空口岸出入境旅客、航班统计资料

项目		年累计	长沙航空口岸（人次）	张家界航空口岸（人次）
合计		74725	60195	14530
中国籍	小计	68357	54280	14081
	因公	2258	2031	227
	因私	7295	7263	32
	华侨	175	169	6
	港澳同胞	15030	7873	7157
	台湾同胞	43599	36944	6655
外国籍		6368	5915	453
航班数（架次）		984	782	202

湖南口岸查验单位工作综述

长沙海关

2001年，长沙海关根据全国海关关长会议精神，紧密结合关区实际，围绕建立现代海关制度的目标，坚决贯彻“依法行政，为国把关，服务经济，促进发展”和“从严治关”的方针，突出深化改革、加强队伍建设和强化管理，做到了“五个确保”。即：确保通关作业改革的顺利进行；确保货运量、税收等业务工作指标超过2000年的水平；确保打击走私的高压态势；确保队伍建设上的一方平安；确保大院搬迁的顺利完成。全年共受理报关单17296份，监管进出口货物74.7万吨，报关进出口总值10.1亿美元，征收关税和进口环节税11.87亿元，以上指标均创历史最高水平。与上年同比，分别增长了14.6%、47.7%、22.1%和17.8%。审批减免税1517批，减免税额7.8亿人民币。备案加工贸易合同349份，备案合同总金额1.59亿美元，核销到期合同327份。监管进出境飞机982架次，验放进出境旅客行李物品7.47万人次，验收邮递物品45.72万件。旅检、邮检现场查获反动宣传、淫秽印刷品及音像制品、散发性宗教印刷品及音像制品以及非法出版物3303件。查处违规案21件，案值784万元。调查查获走私案件5起，案值6891万元。侦查立案13起，案值 1.07亿元。罚没入库1694万元。圆满完成了各项任务。

【顺利完成通关作业改革】 长沙海关是海关系统通关作业改革三个试点海关之一，顺利实现了H888/ED15.0修改版于2001年1月8日正式投入运行。通过调整和完善作业流程、简化审批手续、开设绿色通道，推行商品预归类，进出口货物通关速度逐步加快。进口货物平均放行时间为5.1天，15日内放行率为82.14%；出口货物平均放行时间为2.2天，15日内放行率为98.01%。与此同时，针对通关作业改革后机构和职能重新调整的变化，制定和修改各类规章制度、作业操作规程171个，制度建设得到了加强。在加速通关、不断提高通关效率的同时，加强风险布控，确保了通关质量。

【努力推动“口岸电子执法系统”的应用】 海关作为“口岸电子执法系统”推广应用工作的牵头单位，积极做好协调工作。此项工作得到了湖南省政府的高度重视和大力支持，召开了有12个厅局单位的领导参加的协调会，成立了由长沙海关和省外经贸厅、国税局、工商局、外汇局、质监局等单位领导组成的“湖南省口岸电子执法系统入网资格审查工作领导小组”。制定了入网资格审查工作方案，明确区域划分和具体要求。制作企业法人卡、操作员卡及政

务卡共计1417张，完成了556家企业的资格审查和制卡工作。目前，全省74.4%的进出口企业取得了系统入网资格，保证了“出口收汇核销单联网核查系统”的全面运行。

【积极推行跨关区快速通关体系】 2001年，跨关区快速通关体系运行后，首次实现了进出口货物“一次报关、一次查验、一次放行”，既便利了广大进出口企业，又促使长沙关区主要业务量大幅度上升。据统计，全关区共监管进出口集装箱24000标箱，比上年增长30.62%。江海联运进出口货物总值为7.26亿美元，增长43.5%。同比回执速度和回执率大大提高，加快了企业的外汇核销和出口退税速度。

【支持扩大出口】 长沙海关于上半年先后推出了服务湖南经济的8项举措和支持湘西外向型经济发展的6项承诺。为支持湖南扩大出口，长沙海关适时开展了湖南口岸“大通关”情况调研，向省政府提出了“统一协调、综合治理、加大投入、改变作风、优质服务”的建议。为支持大型高新技术企业LG曙光电子有限公司发展，长沙海关与之签署了《适用便捷通关责任担保书》，提供快捷通关便利。

【认真抓好“文明窗口”创建活动】 2001年4月，总署提出新的海关工作方针后，在全关区内组织开展了准确把握“把关”与“服务”的平衡点的讨论。通过讨论，更新了观念，解放了思想，端正了认识，提高了办事效率。各业务现场、隶属关办普遍开展了“文明窗口”创建活动，受到了社会各界的好评。

【海关基础建设得到了加强】 为做好“入世”应对工作，认真清理了关区各类规范性文件和行政审批项目，废止规范性文件42份。科技应用和技术服务得到了加强。技术保障在业务改革中发挥了积极作用。财务工作基础建设得到了加强，张家界教育培训基地圆满完成了总署和总关下达的教育培训和会议等任务。信息工作不断加强，全年被总署各种信息载体采用信息172条。档案管理被评为总署特级单位。

2001年长沙海关关区统计资料

年份 项目	2000年	2001年	同比
进出口货运量（万吨）	50.52	74.72	47.90%
进出口总值（万美元）	82985	101324	22.10%
关税及进口环节税（万元）	100075.6	118691	18.60%

湖南省边防总队

2001年，湖南省边防总队认真贯彻落实全国公安边防工作会议精神，积极履行边防管理职能。全省边防部队紧紧围绕边防检查执勤工作中心，狠抓执勤规范化建设，坚持严格执法，热情文明服务，圆满地完成边防检查任务，维护了良好的出入境管理秩序。全年共检查出入境旅客74725人次，出入境员工6096人次，检查出入境飞机984架次。

全年共查处偷引渡人员18人次，接收境外遣返27人次，查处违法违规人员224人次。维护了国家主权和安全，保证了口岸的正常出入境秩序，为湖南改革开放和经济建设作出了贡献。

【强化规范意识，提高执勤规范化水平】 总队坚持把开展“为人民服务，树公安新风”活动同勤务规范化建设结合起来，将2001年作为边防检查“规范化执勤年”，对照部局两个《规范》，逐项进行落实。制定了落实规范的实施细则，制定和完善了领导值班和24小时备勤等一系列规章制度。总队做到周有检查，月有汇总、季有评比，使边防检查工作进一步正规化、规范化、科学化。同时，按照《出入境边防检查行政处罚程序》，规范了口岸勤务问题处理，规范了偷引渡案件的审理过程，进一步提高了依法行政水平。在全年办理的15起18人次的各类偷引渡案件中，由于处罚依据准确，程序合法，未发生任何处罚人员投诉或申请复议和诉讼的情况。总队还进一步规范、完善现场警务公开制度，自觉接受旅客和社会监督，保证执法的公正透明。全年未发生旅客投诉现象。此外，继续开好外交礼遇通道和需扶助人员通道。在通道紧张的情况下，坚持开通对外交礼遇和需扶助人员通道，赢得出入境旅客的称赞。

【加强业务培训，提高业务技能和素质】 总队业务部门具体部署，各站坚持系统培训和重点专题培训、岗位练兵和岗前练兵相结合，把加强培训工作作为业务建设的重要内容，切实“抓紧、抓实、抓深”。组织业务骨干对自编业务培训教材进行第2次修改，并制定了教学光盘。1至4月份，组织检查员进行系统培训。7至8月份，又组织19名同志进行为期40天的全封闭式普及培训。全年共进行业务培训约400个课时，参训干部80人次。8名新同志取得了检查员上岗资格。在职检查员的检查水平和能力都有不同程度的提高，其他参训的非检查员干部亦有不同程度的收获，为实现全员执勤的目标迈出了坚实一步。同时广泛开展以“加入WTO和边防检查改革”为内容的研讨活动，认真研究我国加入WTO后的新形势，边防检查遇到的新情况和新问题，加大湖南省边防检查的改革力度，以适应新时期边防工作的要求。

【加大查控力度，确保口岸安全】 总队严格坚持各项查控工作制度，实行查控工作分级负责制，确保了查控工作的万无一失。特别在“9.11恐怖事件”发生后，国际暴力恐怖分子活动频繁，总队及时部署了“处置暴力突发事件”工作。在执勤中注意加强与联检单位协调配合，齐抓共管，较好地保证了口岸的安全畅通。

【加强硬件建设，创造高效通关环境】 2001年，完成口岸检查系统的软件升级工作。在经费十分紧张的情况下，压缩机关建设工程，投入50多万元对长沙、张家界口岸的计算机设备进行了更新换代。投入33万元购买新式OCR证件阅读机11台，为长沙、张家界口岸的11条通道全部配备了证件阅读机。验放卡证件和机读护照的时间，由原来的40秒分别缩到15秒和30秒，大大提高了验放速度，改善了通关环境。

湖南出入境检验检疫局

2001年，全局共检验检疫出入境货物35078批，货值13.82亿美元。比上年批次增加6.63%、货值增加17.36%。其中出境货物32228批，货值10.44美元，批次增加5.06%、货值增加16.47%；入境货物2850批，货值3.37亿美元，批次、货值分别增加28.26%、20.21%。全年检出不合格出境货物203批。初检批次不合格率为0.63%，与上年同比上升0.17个百分点；检出不合格入境货物37批，批次不合格率为1.30%。完成外商投资鉴定18批，货值1358万美元。签发普惠制产地证书10454份，签证金额为3.84亿美元，份数增加19%、金额减少5.96%。检验检疫出入境航班982架次，出入境旅客74725人次，预防接种7998人次，查出各类检疫疾病1868例。检疫检疫查验集装箱17769标箱。检验检疫出入境动植物产品4252批，货值9843万美元，供港澳活猪28.57万头。实施输美、加等地货物木质包装熏蒸处理2310批，经检疫，未发现1、2类疫情。

【出入境货物检验与监管】 与海关协作，进一步落实了“先报检后报关”制度。突出重点，抓好对大宗商品如活大猪、烟花爆竹、陶瓷、茶叶等的检验检疫与日常监管。加强了机场货检工作，及时发现和处理了如凌津滩水电站引进的发电机支臂断裂等多起质量问题。积极推行分类管理方法。加强卫生注册和登记备案工作，严格执行考核和复查标准、对达不到要求的企业坚决取消注册和登记资格。在全省出口食品、水产品、肉制品企业，大力推行国际食品法典（CAC）和HACCP管理。成功地帮助湖南大伟公司等多家企业通过了对外注册。先后组织了对进口手机、食品、化妆品、旧服装、非法入境冻品等专项打假行动，查获假冒进口手机104台。对35批不合格进口食品、化妆品进行了封存处理；销毁了来自疫区的进口冷冻制品3264公斤。开展了进口医疗器械、出口陶瓷、烟花爆竹生产企业的专项检查，对逃漏检问题进行了综合治理。积极参与国家质检总局与湖南省政府联合主办的浏阳国际烟花质量技术论坛，取得了圆满成功。继续实施了“科技兴检”战略，全力抓好“三电工程”建设。11月19日，27家企业首批开通了电子转单和电子签证业务。国家标准物质“氧化锑标样”、“机电产品综合信息系统”、“罐头测漏仪”等科研项目通过鉴定。积极开展烟花爆竹分类定级研究，初步提出了一套科学的分类定级方案。加强重点实验室建设，增强了炭疽病、转基因产品等检测能力，省局技术中心，陶瓷实验室、衡阳检验检疫局实验室相继通过CCIBLAC评审。

【动植物检疫】 依法行政，严格把关，尽一切努力防止动植物疫病传入传出。8月1日，新开展国际邮检业务，防止疫病通过邮寄渠道传入传出。全年对4600个进出境邮寄物进行了查验，查出夹带的皮服装、果蝇等违规邮寄物。对来自口蹄疫区荷兰的44吨盐渍猪肠衣作退回处理。加强供港澳活大猪的检疫工作，完善注册猪场硬软件建设，切实解决消毒、隔离、免疫、用药、排污、发运等方面存在的问题。做好前期监管和后续管理，从源头上把好安全、质量关。撤消不符合条件的注册猪场18个，保留注册猪场83个，确保了供港澳活大猪的质量，供港澳活大猪合格率达100%。帮助3个出口乳猪企业达到新加坡注册要求。5月，省内唯一获欧盟注册的水产企业益阳亚华公司首次直接对欧出口小龙虾。18次分别从美、日等国进境的货物或货物包装中截获小杆线虫等有害生物。在全省22个县市布置实蝇监测点184个，监测2376余次，对收集捕获的实蝇进行整理归类。加大了对进境货物木质包装的抽查力度。采取有效措施，确保“熏蒸消毒证书”质量。植物及植物产品有害生物检出率较上年提高14个百分点。

【卫生检疫】 实施了疫情管理和监控，建立了出入境人员传染病报告制度和疫情情报档案，健全了疫情应急处理方案。对储存货物和集装箱的仓库、码头提出严格的卫生要求，并进行了日常卫生监督检查。还加强了对出入境快件、邮寄物品、进境旅客携带物品传染病防治知识的宣传工作，制定了防治炭疽传入的实施方案，发放防炭疽病宣传资料2000余份。加强了对出入境旅客及携带物的检疫水平，加快了通关速度。对338架次入境飞机进行了消毒处理。从原来只对直通货物进行检疫发展到对直通和转关货物进行检疫。对国境口岸储存场地进行了考核和注册，考核申请卫生许可证厂（场）16家。加大了对出入境人员疾病监核管理工作。宣传出国人员疾病监测规定，加大了机场出境人员的健康证、预防接种证书的查验力度和回国人员的疫病监测。开展了出入境集装箱检疫监管工作。完成了蚊蠓和鼠类调查，加强口岸卫生监督。开展了出入境的航空器的卫生监督检查考评，对已卫生注册的机场配餐公司、餐厅、国际货运仓库等9家单位进行现场监督检查。

【ISO9000质量体系认证】 2001年，年共通过注册评审企业165家，为2000年的3倍。复审换证10家，监督审核122家。全年共举办3期主任审核员班，并承办CQC总部举办的内审教师培训班1期，加快了审核员的晋级和培养步伐。

培养见习审核员38名，举办各类培训班26期，培训学员逾千人。撤销2家不合格企业认证证书。广泛宣传，全年共发放宣传资料1000多份，先后与省科委、外经贸厅等单位联系和合作，并配合有关部门举办了如《乡镇企业如何推行ISO9000》、《金融业如何面对入世》等专题讲座。成功拓展了银行、监理服务、工程设计、建筑设计、房地产开发等行业的ISO9000认证，特别是对省农行全系统14个地市540个网点进行了认证。还成功地对斯伦贝谢通信设备、振升铝材两家企业进行ISO14000认证审核。启动了HACCP认证、产品认证和OHSAS18000认证。CQC湖南评审中心顺利通过CQC内审和CNAB监督审核，得到了专家组的好评。

【开展“满意在检验检疫”活动】 在此活动中，普遍实行了“特事特办、急事急办”和预约报检、业务值班制度。特别是国庆长假期间，省局及各分支机构均安排业务人员24小时值班。通过内部挖潜，进一步简化了检验检疫流程，充实了报检、制证岗位的人员，改善了办公设备，提高了报检通关速度。了产品质量和竞争力。大力开展精神文明创建活动。

2001年湖南出入境检验检疫局检验检疫资料

金额：亿美元

项目		2001年			比2000年增减（%）		
		合计	出境	入境	合计	出境	入境
货物检验检疫	总批数	35078	32228	2850	6.63	5.06	28.26
	总货值	13.81	10.44	3.37	17.36	16.47	20.21
	不合格批数	240	203	37	−3.23	43.97	−65.42
	不合格货值	0.05	0.03	0.02	116.67	37.5	
交通工具检疫	飞机（架）	970	485	485	3.19	2.54	3.85
	火车（节）		1157			−94.34	
	汽车（辆）		1300			118.49	
	轮船（艘）	4	2	2	100	100	100
出入境人员检疫	总人次	75961	39255	36706	−12.4	−10.6	−14.24
集装箱监督检疫	标箱数	17769	10426	7343			
监测体检及预防接种	疾病监测体检人次	5627			−6.37		
	艾滋病监测人数	5627			−6.37		
	发现病例数	1868			9.88		
	预防接种人次	7998			−6.95		
入境邮件检疫	邮件件数			8100			
		查出果蝇一批					
签发一般原产地证书	份数		736			14.82	
	货值		0.04			12.62	
签发普惠制产地证书	份数		10454			19	
	货值		3.84			5.96	
鉴定业务	包装批数		30619			7.25	
	包装件数（万件）		3630			12.7	
	外商投资财产鉴定批数			18			−87.92
	外商投资财产鉴定金额			0.14			9.96

岳阳海事局

岳阳海事局筹备组于2000年6月26日正式成立。2001年岳阳海事局筹备组根据长江海事局工作会议精神和长江海事局对筹备组工作的总体任务要求，按照规范对外管理办法，细化内部管理制度，整合、优化分支机构系统，确保运行畅通的总体思路，积极稳妥、突出重点、锐意进取、开拓创新，完成了年初制定的各项工作任务，稳步推进了岳阳海事局筹备组的工作。

【适时进行工作重点的转移】 随着筹备工作的进展加快，筹备组及时调整工作思想，注重工作方法，坚持求真务实。在已经完成调查摸底形成报告的基础上，把工作重点及时转移到规范对外管理办法，细化内部管理制度上来。一是考虑工作具有前瞻性，制定了岳阳海事局“十五”发展规划，勾画出发展的架构和平台，规划好岳阳海事局的未来发展蓝图。二是着手进一步规范辖段内水上交通安全监督管理制度、办法以及工作程序的工作，为岳阳海事局正式对外实施水上交通安全监督管理创造了条件。三是进一步完善工作预案，把方案做细做全。

【拓展了筹备工作的内容】 完成了岳阳海事局成立及过渡期工作预案。根据上级文件精神，在对岳阳市港航局、武汉长江港监局城陵矶处进行广泛调查的基础上，拟定了岳阳海事局（分支机构）及派出机构设置方案。拟定出干部人事制度方案。创新了海事管理方式的内容，在拟写海事管理方式方案中，提出了岳阳海事局政务公开和执法公示制。在业务管理中，拟写建立岳阳海事公告制度，辖段安全状况综合评估办法等内容。

【完善辖段内水上交通安全监督】 开展了监督管理办法的制定工作，处理好筹备工作与日常监督管理工作的关系。按照“筹备工作期间维持现行体系，以保持对外执法工作不断不乱的原则”要求，协助武汉局属城陵矶处开展了专项整治和船舶安全检查活动、通航环境和秩序的治理工作，以及船员管理及危管防污等项工作。重点加强了对跨年度有关业务工作的管理。在涉及跨年度的有关业务工作方面，筹备组主动了解情况并与城陵矶港监处商议，拿出切实可行的方案，确保了湖南省长江干线水上安全监督管理工作的正常运转。

湖南口岸概况

一类口岸

【长沙航空口岸】 2001年，长沙航空口岸认真贯彻落实国务院办公厅《关于进一步提高口岸工作效率的通知》和湖南省创建文明口岸工作会议精神，加强软件硬件建设，努力改善服务质量，确保了口岸的安全畅通，树立了良好的窗口形象，为湖南的经济建设和社会发展作出了贡献。

长沙黄花机场是湖南省内规模最大的民用机场，位于湘东北黄花填附近的蛟塘与谷塘间的丘陵地带。距长沙市中心24.2公里,地形较为平坦，净空良好。机场占地面积202.3公顷，机场跑道长2600米，宽45米，停机坪面积14.8万平方米，为4D级民用机场，于1989年8月29日建成投入使用。1990年6月18日经国务院批准，长沙黄花机场正式对外开放，并同时开通长沙——香港的包机航线。1993年，被批准为国际机场，包机航班改为国际定期航班。1999年7月又开通了国际航空货运。

机场地处湖南省政治、经济、文化中心，是全省航空交通运输的枢纽和主要航空客货运输集中地。机场地面保障设施齐全，包括1条跑道、平行滑道、6条联络滑行道、停机坪、航站楼、货运库、航管楼、无线通讯导航、地面机务维护设施、有线通讯工程、气象设施、消防急救站、供油设施、灯光助航设备和进场公路等。自1990年黄花国际机场对外开放后，旅客运量、货邮行吞吐量增长迅速。

为满足航空运输生产发展的需要，1998年9月28日，黄花国际机场新航站楼正式动工兴建，2000年11月作为国内厅投入正式运行。新航站楼工程总投资40440万元，面积34463平方米，可满足年旅客吞吐量416万人次、高峰小时旅客1890人次的使用要求。黄花机场国际侯机厅服务设施完备，配有行李传送带、行李手推车等各种方便旅客设施设备，启用中央空调系统，并新辟了咖啡厅，设置了彩电和柜式空调，增设了电开水炉，卫生间也修缮一新，乘机环境优美、舒适。目前，黄花国际机场可起降波音777等各类大中型客机，是全天候机场。

截至2001年底，黄花机场已开通至北京、上海、西安、成都、广州、香港、深圳等53座城市，航线70条，成为湖南省对外开放的主要门户和全国民用航空干线的重要枢纽之一。

2001年，航空客货运输增势良好。长沙航空口岸共飞行航班782架次，运送旅客60195人次，旅客人数较与上年同比，增长1.69%。其中南航湖南公司飞行522架次，运送旅客36432人次，港龙航空公司飞行航班258架次，运送旅客23763人次；长沙—香港—长沙航线飞行772架次，运送旅客59447人次；长沙—曼谷—长沙航线飞行4架次，运输旅客507人次；长沙—福冈—长沙航线飞行4架次，运输旅客241人次；备降航班2架次。货运形势喜人，出现显著增长的局面。运输长沙始发国际（地区）货物199.067吨，运送抵达长沙国际（地区）货物142.643吨，累计运输354.71吨。港龙航空公司货运成倍增长。

港龙航空公司货运情况统计资料

单位：吨

年 份	进 港	出 港	合 计
2000年20	17	37	
2001年	61.843	98.567	160.41
同比	209%	480%	334%

【城陵矶港口岸】 2001年，岳阳城陵矶内河口岸工作围绕“全力抓好外轮直航，努力增强口岸功能，着力完善口岸设施，切实加强口岸管理”的总体目标，加大工作力度，较好地完成了各项工作任务，成功地组织了2艘外轮直航，口岸完成外贸进出口货物25.5万吨。

岳阳城陵矶内河口岸位于湖南省岳阳市，地处长江中游南岸，洞庭湖与长江交汇处，东经113°08′、北纬29°26′。是长江中游水上一类口岸，也是湖南省唯一的水上一类口岸。1996年10月8日，经国务院批准对外籍船舶开放。1997年5月31日，外轮首航。

岳阳城陵矶内河口岸已开通日本、韩国等国际航线。开辟了城陵矶粮库专用码头、岳化液体化工码头、长炼陆城油码头为一类口岸停靠点。还开通了至上海、南京的集装箱内支线运输班轮。实行报关报检手续在岳阳办理，异地监管，为湖南及邻近地区的外贸货主提供了极大的方便。

港区建设已逐步完善。港区有客货泊位33个，其中3000吨级泊位5个，适合外贸作业泊位11个，5000吨级外贸专用泊位2个，可供两艘5000吨级的海轮同时泊港作业。港区有装卸机械设备104台（套），是湖南省机械化程度最高的港口。其中起重机19台。码头前沿配备40吨、10吨、5吨台架式起重机各一台，货场配备40英尺集装箱装卸桥吊1台，10吨装卸桥吊3台。港区有9000平米轻钢结构的仓库，库内有3台5吨级的行车和叉车。有1200平米危险品专用仓库，堆场面积10.6万平米，其中有集装箱堆场1座，面积为1万平米，有4辆集装箱卡车可进行门对门式的运输服务。有雨棚面积2500平米，覆盖铁路专用线，可全天候提供装卸服务。港区内建有2000吨级沥青中转油罐和2000吨级食用油罐。港区还有一支素质良好的干部职工队伍，有一套规范严谨的管理制度。

集疏运条件良好。城陵矶口岸已形成完整的铁、公、水联运体系。港口设有铁路编组站，有铁路专用线7.5公里，直接与京广铁路大动脉相接，并自备火车机头2台。3条连港公路已竣工通车。1条是宽60米的通海路，将港区与107国道相接；1条是宽38米的沿江大道，将港区与市区相连；1条宽20米的长江路，将港区与华能、岳化、长炼等大型厂矿相通。水路入洞庭内河运输沟通湘、资、沅、澧四水，连接全省74个县市，入长江上溯重庆，下达南京、上海，出吴淞口可直达日本、韩国、台湾等。

通航条件良好。城陵矶港是长江8大良港之一，外贸码头常年水深10米，不受枯水期影响。根据专家论证，3000吨海轮满载时，航道水深5.0米，通航天数为154天，4000—5000吨级江海轮满载时，航海水深5.5米，通航天数为133天。根据城陵矶口岸开放的可行性论证的结论：城陵矶港通航3000至5000吨级海轮，使湖南省的外贸物资实行江海直达，尤其是该省进出口日本、韩国的大量物资实行江海直达，既经济又实惠。

2001年，岳阳海关共接受报关单551票，其中进口90票，出口461票。货运量35505吨，其中进口23787吨，出口11718吨。征税2867.6万元，其中关税881.6万元，进口环节税1986万元，完成全年税收任务的716%。办理减免税92批次，减免税额2689.7万元，其中关税1027.5万元，进口环节税1662.2万元。补税111.9万元，其中关税38.4万元，增值税62.7万元。办理加工贸易合同36份，合同备案金额456万美元。核销合同21份，核效率100%。稽查企业2家，调查立案7起，办结6起，完成罚没收入入库201.5万元。接受企业注册备案62家，年审58家，办理报关员注册21人次。

岳阳出入境检验检疫局在2001年度共检验检疫出入境货物1711批，货值5274万美元，比上年增长11.4%。其中出口1199批，2683万美元，主要有荞头、大米、苎麻布、苎麻纱、服装、化工产品、供港活大猪等。进口97批，2591万美元，主要有机械设备、亚麻、木桨板、铝扁管材、化工原料等。检疫外籍船舶4艘次。检验检疫集装箱346个、卫生处理集装箱66个。包装性能鉴定73万件。签发原产地证91份，货值445万美元。本年度共检验检疫出不合格出口产品42批，货值29.85万美元。剔除不合格供港活大猪111头。发现不合格进口产品2批。货值29.7万美元，按规定进行了处置，并成功为企业索赔454000元人民币。

2001年，岳阳边防检查站共检查和查控外轮2艘，外籍船员25名，查控人员25员，监护时间64小时，办理登轮证27张，登陆证25张，限定区通行104张，特通证3张，圆满地完成了边防检查任务。

【张家界航空口岸】 2001年，张家界航空口岸坚持以经济建设为中心，紧紧围绕省、市政府扩大对外开放、实施旅游强市目标，认真学习，团结拼搏，务实创新，进一步提高口岸执法和服务水平，优化通关环境，较好地完成了全年的工作目标。

张家界市原名大庸市，是1988年经国务院批准建立的省辖地级市，辖永定、武陵源区和慈利、桑植县。面积9563平方公里，居住着154万土家、苗、白、汉等民族人民，少数民族占70%。张家界市位于湖南西北部，市府所在地距长沙380公里，距长江三峡300公里。北接湖北省，西邻四川、贵州省，地处湘鄂川黔4省交界处，是4省边区的中心，也是湘西北、黔东北、川东、鄂西的门户和物资流通集散地。既是4省边区结合部，又是东部经济向西部经济梯度推进的多重过渡地带，区位优势十分明显。境内群山连绵，沟壑纵横交错，最高海拔1893.4米，最低海拔75米。地势由西北向东南倾斜，境内岩溶地貌发育堪称湖南省之冠，石英砂岩峰林峡谷地貌发育为世界罕见。1992年12月被联合国教科文组织列入《世界自然遗产名录》。

张家界荷花机场于1985年批准立项，1991年10月开工建设，1994年8月通过国家验收并正式通航。机场占地154.56公顷，投资29808万元，为4D民用机场，跑道长2600米（跑道两头预留600米），宽45米，两侧道肩各7.5米。停机坪3万平方米，两条联络道。候机楼5000平方米。航管区总建筑面积为14708平方米，航管楼2939平方米。设CTL—88气象雷达站，场内电话站设有400门程控交换机一台，张家界至长沙专用电报、电话线各1条。机场供电引自珍珠塔10KV变电站，总容量4050千伏安。自来水水源取自仙人溪水库，设600吨高位水池1个，日供水量为2000吨，并设有2300立方米污水净化池1个。机场全封闭，设计能力为年客运量80万人次，货运量8000吨，设施完备，设备先进，可全天候起降波音757、MD82等大型客机。其规模与长沙黄花机场基本相同，导航、盲降、通信等设备比黄花机场先进。目前已开通长沙、广州、深圳、北京、重庆、上海、成都、武汉、汕头、西安、厦门、桂林、宜昌等27条国内航线。1997年经国务院批准设立张家界航空口岸，1999年4月正式对外开放，并开通了张家界至香港航班。7月份，又开通了张家界至澳门航班。张家界航空口岸年监管出入境航班200余架次，接待出入境旅客两万人次。从2001年7月1日起，张家界航空口岸由每周2个包机航班增至8个定期航班。截止2001年12月，张家界航空口岸旅客吞吐量达67万人次，其中出入境旅客53060人次，出入境航班636架次。为了改善通关条件，提高接待能力，2001年底开始新建一个2000平方米国际候机楼，届时口岸实现双通道通关，预计2002年9月底可交付使用。

湖南省张家界市人民政府口岸办公室对张家界航空口岸实施口岸综合管理，长沙海关驻张家界机场办事处，湖南省边防总队张家界边防检查站，湖南出入境检验检疫局驻张家界机场办事处，现场为过往人员、进出货物、交通工具办理一切出入境手续。

张家界航空口岸出入境旅客、航班统计资料

年　度	出入境旅客（人次）	出入境航班（架次）
1999年	16609	193
2000年	21921	241
2001年	14530	202
合　计	53060	636

湖南进出口贸易概况

2001年，湖南省外贸进出口仍保持平衡增长，全年进出口总达到27.58亿美元，再攀历史新高，比上年增长9.8%。其中，出口17.54亿美元，增长6.1%；进口10.04亿美元，增长16.9%。2001年湖南省外贸进出口有以下特点：

【从贸易方式看，一般贸易保持较快增长势头，居主导地位，加工贸易则大幅回落】湖南省一般贸易进出口23.84亿美元，占全省进出口的86.44%，与上年同比增长15.2% 。其中，出口15.77%亿美元，增长9.6%；进口8.07亿美元，增长27.9%。加工贸易进出口仅2.7亿美元，占全省进出口的9.8%，下降12.6%。其中，出口1.75%亿美元，下降18.2%；进口0.94亿美元，与上年持平。

【从经营主体看，多种经济类型的外贸企业均保持增长势头，国有企业仍是出口创汇的主力军，集体、私营企业和外商投资企业增幅明显高于国有企业，进出口企业结构口岸年鉴有所优化】2001年，湖南省国有外贸企业进出口19.83亿美元，比上年增长4.7%。其中，出口13.44亿美元，增长0.1%；进口6.39亿美元，增长15.8%。外

资企业进出口5.6亿美元，增长17.2%。其中，出口2.13亿美元，增长16.3%；进口3.47亿美元，增长17.8%。集体和私营企业进出口分别为1.29亿美元和8586万美元，增长43.9%和71.4%。国有外贸企业进出口占全部进出口的71.9%，比上年下降了3.5个百分点。而外商投资企业进出口占全部进出口的20.0%，提高了1个百分点。集体和私营企业合计进出口2.15亿美元，占全部进出口的7.8%，提高了2.2个百分点。外贸进出口的企业结构有所优化，外贸国有企业独力擎天的局面正在改变，多种所有制经济共同发展的良好态势逐步显现。

【从市场分布看，湖南省传统进出口市场依然保持强势，新兴市场开拓有所成效，进出口市场结构进一步优化】 2001年统计数据表明，日本、美国仍是湖南第一和第二大贸易伙伴，2001年对两国进出口贸易额分别增长9.2%和9.1%。两者合计占全省进出口贸易的比重为25.7%，比上年下降0.3个百分点。从出口和进口分别来看：1.对主要传统出口市场的出口保持增长，但对韩国、德国、台湾的出口有较大下降。美国是湖南最大的出口国，湖南省对美国出口2.61亿美元，增长9.1%；对香港出口2.51亿美元，增长11.4%；对日本出口1.81亿美元，增长13.4%；对韩国出口1.09亿美元，下降18.1%，对德国出口7692万美元，下降16%，对台湾出口5766万美元，下降16.2%。对新兴出口市场出口大幅增长，对加拿大、南非、俄罗斯、尼日利尼的贸易额均有较大增长。其中对加拿大贸易额6926万美元，增长30.4%；对南非贸易额4851万美元，增长92.4%；对俄罗斯贸易额3642万美元，增长93.5%；对尼日利亚贸易额3127万美元，增长145.2%。2、韩国、日本仍是湖南最大的进口来源国。2001年，从韩国进口2.08亿美元，增长14.3%；从日本的进口1.83亿美元，增长5.2%；从香港、德国、南非的进口有较大增长，增幅分别为55.5%、79.2%和1.49倍。

【从商品结构看，外贸出口以低附加值的劳动密集型产品为主，外贸进口以原材料、配件、高新技术设备为主】 2001年，湖南传统出口产品纺织品、服装、未锻造的锰等出口有较大增长，活猪出口继续下滑，未锻造的锌出口有较大回落。2001年，机电产品出口3.38亿美元，比上年增长8.4%；有色金属出口3.3亿美元，增长8.6%。其中未锻造的锰出口8444万美元，增长52.9%，未锻造的锌出口1.29亿美元，下降14.9%；服装及附件出口1.52亿美元，增长16.4%；纺织品出口1.59亿美元，增长18.8%。从外贸进口来看，汽车零件进口6809万美元，增长6.8%；铁矿砂进口8904万美元，增长75.3%；制电灯泡及类似品用玻璃外壳4299万美元，增长154.6%。

【从地区结构看，长、株、潭三地外贸进出口发展迅速，在全省所占比例较高，衡阳、湘西自治州外贸出口增长较快】 长、株、潭三地2001年外贸进出口总值合计达22.55亿美元，占湖南外贸进出口的81.7%；衡阳市、湘西、怀化、邵阳出口分别增长55.3%、50.8%、1.1倍和45.7%。

2001年湖南各地州市进出口情况

地州市	绝对值		增长速度%	
	出口	进口	出口	进口
长沙市	104811	60280	-0.3	1.6
株洲市	33396	8702	11.1	30.1
湘潭市	7081	11193	-9.0	78.6
衡阳市	6519	2838	55.3	7.5
邵阳市	1203	105	45.7	200.5

续表

单位：万美元

地州市	绝对值		增长速度％	
	出口	进口	出口	进口
岳阳市	1656	4702	5.5	−14.8
常德市	2512	2357	35.9	169.0
张家界	15	11	−80.0	183.9
益阳市	1713	1165	26.2	599.2
娄　底	4099	3008	−11	162.3
郴州市	3887	186	59.5	415.1
永州市	217	4696	−12.3	52.9
怀化市	1499	599	110.6	1471.9
湘　西	6794	598	50.8	367.5

湖南省政府有关口岸政策法规文件选编

长沙黄花机场空港口岸管理暂行办法

湘政发[1990]33号

第一条　为加强长沙黄花机场空港口岸管理，搞好口岸有关单位协调和配合，提高口岸工作效率和服务质量，确保航班正点和航空安全，充分发挥口岸在维护国家主权，促进对外开放和经济建设中的积极作用，现根据国家有关规定，特制定本办法。

第二条　本办法称口岸有关单位，包括湖南省民航局、中华人民共和国长沙海关、中华人民共和国长沙边防检查站、中华人民共和国长沙卫生检疫所、中华人民共和国长沙植物检疫所、中华人民共和国长沙动物检疫、中华人民共和国湖南进出口商品检验局，中国银行长沙分行。

第三条　湖南省口岸领导小组办公室是省人民政府直接领导的口岸管理机构，负责口岸的管理和协调工作，并依照国家有关规定，负责行使有关口岸争议的仲裁职能。

第四条　根据国务院函[1990]20号文件，开通长沙至香港的包机运输。海关、边检、卫检、动检、植检、商检等部门，按照各自的职责和国家有关规定，负责对出入境人员、交通工具、货物、行李进行检查、检验、检疫和监督管理。

第五条　黄花机场口岸联检厅是各检查检验单位行使检查检验的工作场地，由省口岸办公室会同省民航局统筹安排，并根据工作需要进行调整。湖南省民航局负责免费提供联检场地内的水、电、市内电话，并负责场地的管理工作。

第六条　在长沙至香港的客运包机飞行日，检查检验及中国银行等口岸有关单位人员应在包机起飞或降落前两小时到达各自的工作现场，并做好准备工作。民航应将进出港包机的航班号、机型、机号、始发站、目的站、起飞和抵达时间，以及旅客人数、商务载重等情况，提前一个半小时通告驻机场检查检验单位，如遇计划变更，应及时向各单位通报。

第七条　机场联检工作程序：

（一）入境飞机降落前30分钟，口岸有关单位的工作人员应到联检现场上岗，调试好检查检验仪器设备，准备好各类印章、表证单据，做好检查检验的准备。

（二）飞机降落后，由边检、海关、卫检和民航值机人员各派1人，在客舱门口收取机组人员递交的有关单证，待旅客全部下机后，以上检查检验人员进入飞机的客、货舱进行查验清舱，清舱时间一般不超过5分钟。

（三）飞机降落后和联检、候机期间直至飞机再次起飞前，飞机机体及停机坪由边防负责监护。除了上述准予登机的清舱人员外，其他人员一律不准登机。

（四）飞机上清除的垃圾，由卫检、动植物检现场工作人员负责监督处理。

（五）旅客下机后，由民航工作人员导入国际候机室候检，依次按卫检、边检、海关的程序进行检查检验。海关在检查入境旅客行李物品时，发现有动、植物及其产品，应及时通知动植物检疫部门进行检疫。

（六）出境飞机的检查检验工作要在飞机起飞前的一个半小时开始，旅客进入联检厅，依次进行卫检、边险、海关检查、办妥登机手续和交运行李后，再经过安检，进入候机室候机，出境的行李、物品、货物，海关放行之前，民航不得受理托运。

（七）出境飞机在上客、装货前，由联检单位进行清舱查验工作，查验时间在起飞前30—25分钟内进行。清舱查验后，即可上客和装货，具体时间由民航运输部门通知和组织。清舱查验后，除本机组人员和本机旅客凭证可以登机外，其它人员一律不准登机，如遇特殊情况必须登机时，需经边防部门同意。旅客登机时，由民航工作人员导引到飞机舷梯口，验证登机。飞机上客、装货完毕，经联检单位认可后，方可起飞。

第八条　为加快入境旅客验放手续的速度，各联验单位应将旅客填报的有关单卡交民航运输部门，由运输部门配载室送上飞机备用，民航部门还应会同检查检验单位制作录音带提供包机机组服务人员，以便在每次入境前在飞机上向旅客直接宣传我国卫生检疫、边防检查、海关检查，动植物检疫等有关规定。

第九条　进出境旅客托运的行李物品和货物，由民航负责装卸运输，并按规定予以保管。货物中如属进出口商品，由商检部门在民航仓库内进行查验和鉴定，对列入《商检机构实施检验的商品种类表》的进口商品，商检部门接受报验后，在进口货物报关单上加盖印章，海关据此放行。民航运输部门认真做好装、卸机的现场记录，装卸完毕，如实向海关递交交接反映实际装卸情况的单据和记录。民航应加快入境旅客托运行李物品的卸运速度，做到飞机开始下客至旅客拿到第一件行李的时间最多不超过25分钟。

第十条　海关在检查检验入境旅客的行李物品中如发现武器、爆炸物等危险品、生物制品和血液制品、动、植物等须检疫的物品、对象，应分别移交边检、卫检和动植物检部门处理。

第十一条　口岸有关人员在联检厅，国际航班隔离区内和飞机上拾得的行李、物品、由民航进行登记、保管、查询和发还。其中应税物品的发还应在海关监管下办理手续。逾半年无人认领的，应税物品交由海关按规定处理，其他物品由民航按规定处理。对拾得的动、植物及微生物制品，应交由动植检和卫检处理；武器弹药及其他危险品交由边检部门处理；非法印刷品、声像宣传品和其他禁止进出境的物品，交由海关处理。

第十二条　凡符合规定享受免验的旅客，需凭省外事办公室出具的书面证明，由迎送人员持有关证件到检查检验单位办理免验手续后，方可出入隔离区。

第十三条　口岸各有关单位工作人员进入联检现场和隔离区内执行任务，必须身着检查制服，佩带由省口岸领导小组办公室统一印制统一编号由民航公安部门统一颁发的《长沙黄花机场联检区通行证》，通行证只限在规定的区域内使用。无证人员一律不准进入联检厅和隔离区。除民航运输部门运送包机行李车外，其他任何车辆不得进入停机坪内。民航公安部门负责联检场地及海关退运仓库的安全保卫工作，执行和检查监督通行证佩带使用情况，对于无证人员、有证未佩带的工作人员，民航公安人员有权查询直至请出联检现场。边检部门负责联检区、隔离区进出通道口和包机机体及周围50平方米范围的停机坪的监护、守卫。各单位必须服从民航公安和边检的统一管理。

第十四条　口岸各单位工作人员，应树立国门卫士观念和热情服务的观点，讲究文明礼貌，严格遵守外事纪律，奉公守法，忠于职守，不断改进工作，提高工作效率。各单位要分别制定工作岗位责任制和现场工作纪律，负责维护和打扫各自工作场地的清洁卫生。各部门和各单位之间要加强联系，密切协作、互相配合，统一对外。每一架次飞行完毕，各单位要分别做好值勤日记，分单位进行一次讲评，每个月由口岸办公室组织一次全体检查检验工作人员的小结，每半年进行一次总结评比，表彰先进，完善制度，改进工作，对成绩突出者给予一定的奖励。

第十五条　本办法由省口岸领导小组办公室负责解释并组织实施。

第十六条　办法自公布之日起实行。

广　　东

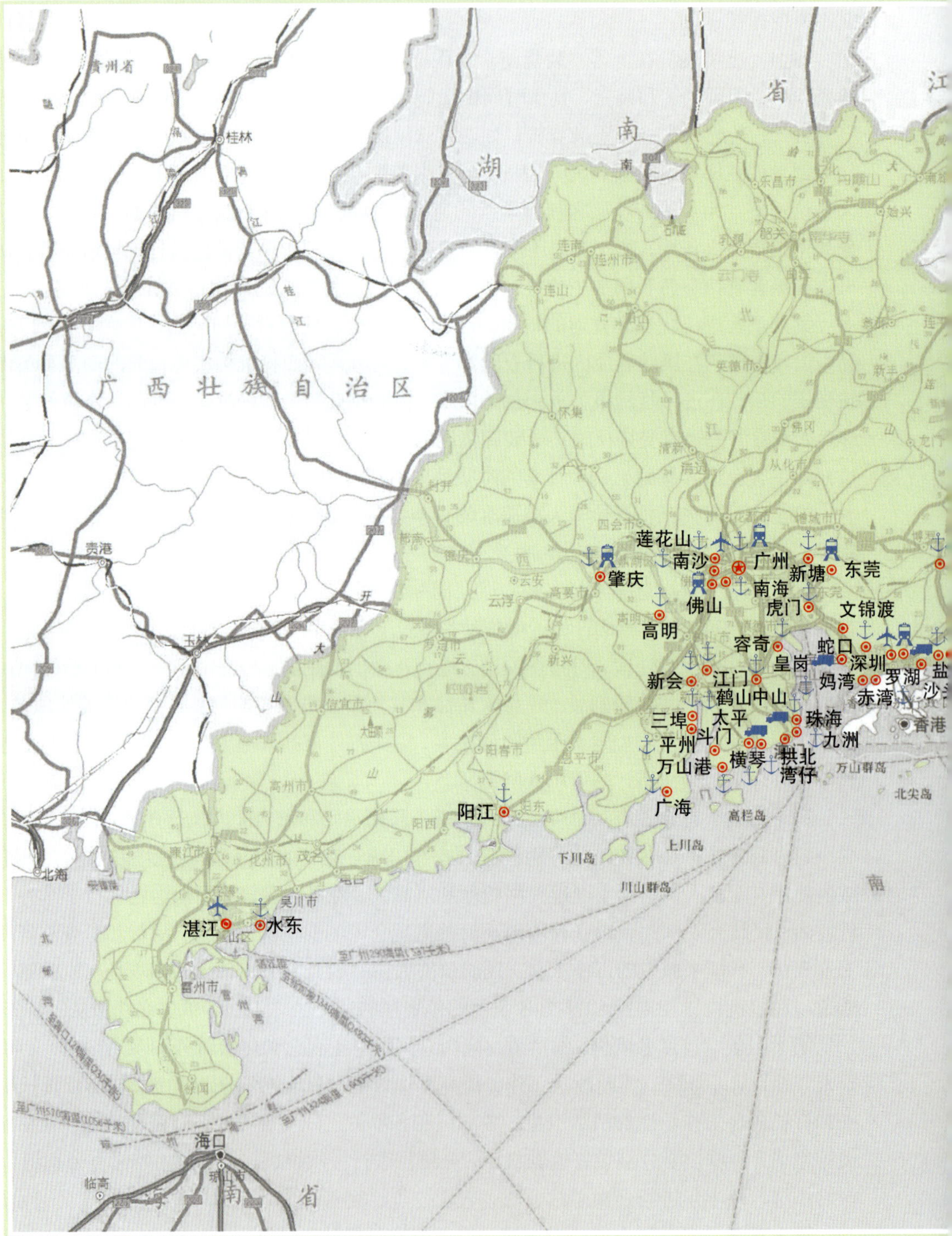

贵州省
桂林
湖
南
省
江
广西壮族自治区
贵港
玉林
北海
莲花山
广州
南沙
肇庆
佛山
南海
新塘
东莞
虎门
文锦渡
高明
容奇
蛇口
皇岗
深圳
新会
江门
鹤山
中山
妈湾
罗湖
赤湾
三埠
太平
珠海
平州
斗门
九洲
万山港
横琴
拱北
湾仔
香港
广海
阳江
湛江
水东
海口
南
省

省

图　例

省级行政中心	铁路口岸	公路口岸
口岸城市	航空口岸	海(河)运口岸

以人民满意为标准，热情为人民服务

拱北边检站民警与澳门警方交接遣返人员

东莞凤岗车检场

繁忙的广东蛇口口岸

深圳罗湖口岸

海关关员在集装箱堆场巡视

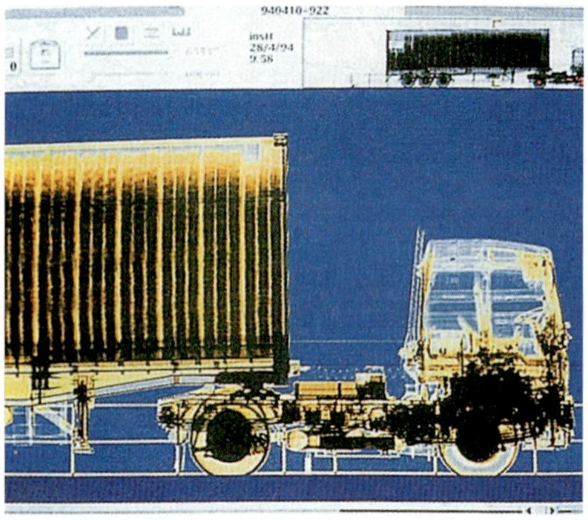

深圳皇岗、文锦渡口岸应用大型集装箱检查设备检查集装箱及所载货物，有效地缩短了车辆在口岸查验停留时间

广东口岸工作综述

【概况】 至2001年底，全省经国家批准对外开放的海、陆、空一类口岸53个（其中水运口岸37个、铁路口岸5个、公路口岸6个、航空口岸5个），现有二类口岸93个，纳入口岸管理的港澳货运车辆检查场59个；全省通往香港、澳门的水路客运航线27条；飞往美国、荷兰、澳大利亚、日本和香港等国家和地区的航空航线28条。

2001年，经全省口岸出入境的旅客达17344万人次、进出口货物18806万吨、出入境交通运输工具1175万辆（艘、列、架）次，分别比去年增长7.95%、3.85%和0.6%。征收关税和进口环节税690.6亿元，增长4.9%，其中征收关税240.8亿元、进口环节税449.8亿元，分别增长3.3%和5.8%。

【口岸改革】 2001年，广东口岸继续加大科技投入，推进查验监管和通关制度改革。在查验监管方式上，口岸查验单位采用高科技查验手段，提高了通关速度和工作效率。深圳边检将“出入境车辆快速自动检查系统”进行完善，并推广到皇岗口岸客运通道和文锦渡口岸加以应用，实现了通道“无人值守”查验模式；在口岸通关制度改革上，海关逐渐推广和完善陆路快速通关系统，加快转关运输货物在一线口岸放行，加大后续管理力度，对转关运输的货物实行一次申报、一次查验、一次放行的通关模式。

【粤港澳口岸合作】 2001年，粤港口岸合作取得了新的发展，在原有粤港边境联络渠道继续运作的情况下，经两地政府磋商同意，粤港联席会议属下粤港跨界大型基建项目协调小组建立了口岸合作和“一地两检”专责小组，开展口岸合作，组织推进深港口岸实行“一地两检”事宜。

在中央的积极推进和有关部门的支持下，从2001年12月1日起，深圳罗湖和皇岗口岸实施了延关，客运每天分别从6：30—23：30时和7：00—22：00时同时改为6：30—24：00时；皇岗口岸货运通道晚上22：00—24：00时，共增加4条出入境通道。为改善口岸通关环境，口岸专责小组还就改造罗湖口岸人行桥等问题进行了磋商，并分步组织实施了罗湖口岸人行桥的改造工程。双方在合理利用人力资源，加强相互间的配合上也进行了积极的沟通，达成了共识。对疏导口岸的人流和车流起到了促进作用。

粤澳口岸合作方面，在粤澳联络小组下成立了粤澳基建交通专责小组，下设粤澳通关专项小组，就实施横琴口岸延关问题进行了磋商并达成了共识。双方同意，从2002年1月1日起，将横琴口岸客货运通关时间分别从9：00—17：00时和7：00—17：00时统一改为9：00—20：00时。

【口岸建设与改造】 口岸建设与改造方面，坚持以“发展为主题、结构调整为主线、改革开放和科技进步为动力”的指导思想，围绕“改善口岸通关环境、提高口岸通关水平”这一目标，通过口岸建设、改造挖潜、布局调整等手段，进一步提高了口岸资源的配置效率，为实施“外向带动”战略提供了良好的通关环境。

广州港口岸（新沙港区）和新会港口岸（天马港区）查验配套设施建设完工，分别通过了国家有关部门组织的验收并投入使用；高明港装卸点和中山坦洲港澳货运车辆检查场的搬迁也已竣工，并分别通过省有关部门组织的验收投入使用。为了改善口岸通关环境，省、深圳市投入了近1亿元资金对深圳罗湖口岸进行了通道改造和现场布局调整；对皇岗口岸客运通道进行了拓宽，由出入境各4条通道拓宽至各6条通道。珠海市政府投入了600万元，对横琴口岸现场查验监管设施进行了维护，确保了口岸的安全畅通。

【口岸综合管理】 为了更好地促进外经贸、旅游事业的发展，各级口岸管理部门加大了协调和综合管理的力度，千方百计克服困难，确保口岸安全畅通。省建立了由口岸主管部门牵头、有关口岸查验单位和相关部门参加的口岸协调机制，协调处理全省口岸运作中的有关问题。各市也成立了相应的机构。同时，各级口岸管理部门努力转变机关工作作风，公开办事程序和办事承诺，开展政务公开和政务监督，提高口岸管理水平。全省口岸广域网的运作在各地口岸管理部门机构改革完成后逐渐得到恢复和完善，为实现口岸管理的现代化、信息化奠定了基础。

2001 年广东口岸有关数据

序号	项　目	2001 年	同比	备注
1	进出口货运总量（万吨）	18806	-0.7%	
	其中：进口	10999	-4.1%	
	出口	7807	4.4%	
2	按运输方式分，从水路口岸进出的货运量（万吨）	14421		
	其中：进口	9073	-1.2%	
	出口	5348	27.6%	
3	征收关税（亿元）	240.8	3.3%	
4	进口环节税（亿元）	449.8	5.8%	
5	出入境运输工具	11750156	0.6%	
	车（辆次）	11397941	1.7%	
	其中：粤港澳货运车（辆次）	9370927	-1.0%	
	船（艘次）	254761	4.2%	
	火车（列次）	64960	-16.0%	
	飞机（架次）	4424	-6.0%	
6	出入境人员	173443672		
	其中：省边防局		4490896	
	广州边检总站	5061827		
	深圳边检总站	118174551		
	珠海边检总站	45550000		
	汕头边检总站	166398		

注：由海关广东分署及边检提供

广东口岸查验单位工作综述

广东海关概况

广东设关，最早可以追溯到清代初期的1685年，时为沿海4大海关之一的粤海关，见证了300多年来广东乃至中国社会政治经济的巨变沧桑。

与广东省外经贸发展相适应，广东目前是全国海关机构和人员最多的省份，包括海关总署广东分署，广州、深圳、拱北、汕头、黄埔、江门、湛江等7个厅局级直属海关，以及90多个隶属海关、办事处，分布在广东省内21个地级以上市的120多个县、市、区，监管的一类口岸53个、二类口岸93个，分别占全国的22%和62%。全省海关队伍现有18000多人，约占全国海关的42%。

广东分署位于广东省广州市。作为海关总署的派出机构，其任务是监督检查广东各关的工作，组织交流经验，协调海关与地方及省内海关之间的关系，协助总署管理干部，以及海关总署交办的其他事项。

广州海关位于广州市，其前身是清代前期沿海4大关之一的粤海关。关区范围包括广州市以及珠江三角洲、粤西、粤北地区的39个市县，面积约占全省面积的三分之一。

深圳海关位于深圳市，其前身为九龙关，1887年建于香港九龙，建国后改称为九龙海关，1997年7月更名为深圳海关。关区范围包括深圳市及惠州市。

拱北海关位于珠海市，其前身为拱北关，始建于1887年。关区范围包括珠海市和中山市。

汕头海关位于汕头市，其前身为潮海关，始建于1860年。关区范围包括汕头、潮州、揭阳、汕尾、梅州5个地级市。

黄埔海关位于广州经济技术开发区，始建于1685年，原为黄埔挂号口，录属粤海关。现关区范围包括广州市的黄埔区、广州经济技术开发区、增城市和东莞市。

江门海关位于江门市，始建于1685年，原为粤海关属下的一个征税口。关区范围包括江门市和阳江市。

湛江海关位于湛江市，始建于1685年，原为粤海关海安总口。关区范围包括湛江市和茂名市。

改革开放以来，广东海关的业务量伴随广东经济的腾飞而不断向前发展，在全国均占有相当的比重：2001年中，监管进出口货运量18806万吨，占全国进出口货运量的26%；监管进出境运输工具1175万辆（艘、架）次，占全国的87%；监管进出口商品总值1881.5亿美元，占全国的37%；验放旅客行李物品17021万人次，占全国的87%；查获走私案件和案值分别约占7成和4成。在中国入世后贸易便利化程度越来越高的新形势下，广东海关在海关总署的领导下，坚持“依法行政、为国把关、服务经济、促进发展”工作方针，紧贴广东经济发展脉搏，与时俱进，开拓创新，不断加强海关业务建设和队伍建设，积极支持广东省实施外向型经济战略。

【坚持科技创新，不断深化通关作业改革】 以改善通关环境、提高通关效率为重点，致力推进“大通关”进程，先后实施了包括H2000通关系统、电子口岸、陆路通关改革、跨关区快速通关系统、无纸通关在内的多项业务改革和试点工作，有力提高了海关通关管理的整体效能，实现了海关有效监管与高效运作的有机统一。目前广东海关的通关效率总体上排在全国的前列。

【支持外经贸发展】 自1991年以来，先后8次出台扶持广东外经贸发展的措施，积极提供通关便利，方便企业合法进出。针对广东地区加工贸易特点，不断探索完善管理，实行加工贸易深加工结转监管新模式，使结转环节从原来8个减少到4个，企业办结手续时间也由原来的5—7天减为平均1天，结转效率大大提高，海关监管有效性也得到明显增强。2001年，广东加工贸易总值占全国的52.6%，占全省出口总值的71.9%，成为广东外经贸的重要支柱。

【认真开展反走私工作】 发挥行政执法和刑事执法的威力，常备不懈，严防猛打，始终保持高压态势。2001年，查获走私案件8458起，占全国67.8%；案值23.8亿元，占全国39.5%；受理走私案件2348起，立案侦查犯罪嫌疑人1605人，实施逮捕1147人次。积极参与整顿和规范市场经济秩序的整治行动，适时开展联合行动和专项斗争，不断加大扫黄打非工作力度，切实加强知识产权海关保护，认真落实反走私责任制，努力推进反走私综合治理，有效遏制了广东地区的大规模走私活动，维护了国家经济安全。

【加强粤港澳海关合作】 粤港海关双方自1982年建立业务联系制度以来，在打击走私、禁毒、知识产权保护、业务研讨、人员培训等方面合作良好，在打击粤港两地走私违法犯罪斗争中发挥了积极作用。粤澳合作过去主要在边境会晤机制下由广东海关与澳门水警进行业务合作，随着澳门回归，特别是澳门海关成立后，粤澳海关合作进入了一个新的发展时期。

【坚持“从严治关”】 切实加强各级领导班子和干部队伍建设，积极开展创建文明窗口活动，认真组织“三讲”教育、警示教育、纠风整纪等一系列教育整顿活动，狠抓党风廉政建设，加强和改进作风建设。同时加大教育培训力度，积极探索选拔任用干部和监督干部的科学机制，进一步加强海关队伍建设，不断提高队伍凝聚力和战斗力。

海关总署广东分署

【加强协调指导，积极推进各项通关改革】 一是完善广东陆路通关改革的配套工作和制度建设。组织开展陆路通关改革的工作，牵头起草配套办法及操作规程，协调解决皇岗、东莞多个口岸"瓶颈"堵塞难题。广东陆路通关改革自全面实施以来，口岸车辆通关由过去平均每45分钟放行1辆到现在的1分钟放行1辆，通关效率提高了40多倍。通关收费由过去3种减少至1种，通关成本大大降低。同时由于采用了各种技术手段，监管的有效性也得到了加强。

二是参与和组织推动“两水两陆”快速跨关区转关系统的工作。在广东陆路通关改革的基础上，协助总署工程组参与跨关区快速通关系统的开发、人员培训、测试和起草操作规程，并组织开展拱北、江门海关的试点工作。转关系统在全省范围内实施后，拟定联系配合办法、应急处理机制及操作办法等。

三是大力推进“中国电子口岸”建设。作为广东“中国电子口岸推动工作领导小组”的牵头单位之一，分署注意在省的层面上加强与各有关成员单位的联系配合和宣传沟通工作，促成省有关领导和有关部门对此项工作的高度重视，共同推动口岸电子执法系统在全省的实施。

四是协调和推动省内海关行邮监管业务改革。分署专门就省内海关快件业务、“水客”走私等进行专题调研，召开省内海关行邮会议，推广“罗湖海关旅客通关系统”，并积极组织省内海关行邮部门开展“迎九运、树海关新风”文明礼貌月活动，协调省内海关认真做好行邮监管工作。

【深入调研，探索加工贸易业务发展方向】 针对广东关区加工贸易监管业务现存的问题，分署牵头组织加工贸易深加工结转问题的调研。在省内海关的大力支持和配合下，起草了《广东海关加工贸易深加工结转监管模式改革方案》的专题报告。分署还积极总结、推广深圳海关与鸿富锦企业的“联网监管”、广州海关与顺德“北电”的“商品预归类、预审价管理”等有效做法，省内各关相互取长补短，在加工贸易业务监管方面均形成了一些新思路、新措施，为下一步加工贸易监管制度全面改革奠定了良好基础。

【加强对全省海关反走私工作的组织指导】 积极开展反走私联合行动和专项斗争。根据不同阶段的走私态势，积极协调省内各关适时开展打击“两油”、不锈钢、光盘以及转关运输渠道走私等联合行动和专项斗争，同时配合有关部门开展打击非法拼（组）装汽车、摩托车专项行动，积极参与整顿和规范市场经济秩序行动，成效显著。

充分发挥缉私警察刑事执法的职能作用。广东走私犯罪侦查分局积极做好情报归口管理的协调指导工作，并与省安全厅、省工商局等单位建立情报互助关系。与省检察院、省政法委等部门共同研究解决省内海关侦查分局侦办案件中存在的突出问题。对走私热点、难点问题积极开展专题调研。针对2000年以来一些台商反映的海关侦查部门拘捕走私犯罪嫌疑人的问题，派出专人进行调查，作好宣传、解释工作。

严厉打击骗税、骗逃汇违法活动。派员参加省打击出口骗退税领导小组、工作组和协调督查组，协调各关行动。

加大扫黄打非力度，保护知识产权。2001年7月，分署和拱北海关协助全国扫黄打非领导小组等部门举行公开销毁盗版光盘现场会。此外，还与广东省国家安全厅加强合作，协调省内海关做好口岸环节的反渗透工作。

开展粤港海关互助合作。组织省内海关缉私艇队首访香港海关；举行数次海关缉私联合行动和陆路口岸同步行动。广东分局与来访的香港警务处代表团座谈，为今后双方的合作奠定了基础。

落实反走私责任制，加强综合治理。密切加强与公、检、法、边防、工商、税务部门的协作配合，加强信息交流、案件通报等工作。年内，分署将省内700余宗走私案件向省有关部门通报。其中，33宗向省纪委通报；479宗向省交通厅通报；3宗向省外经贸厅通报；3宗向省扫黄办通报。

【加强对税收征管工作的综合分析】 分署对广东海关税收情况进行跟踪监测，每月及时汇总上报总署。针对2001年省内海关税收征管现状，及时转发有关海关的分析文章，提请省内各关注意加强税收征管。

【改进工作作风，提高服务水平】 年内，分署把“改善通关服务、方便合法进出、提高工作效率”作为一项重点工作抓紧抓好。在年初出台广东海关支持外贸出口8项措施的基础上，省内各关结合关区实际，提出了一系列扶持措施，成立出口通关应急处理小组，实行24小时通关或预约报关，并设立专门窗口和专门通道，方便企业通关。

年初，分署在珠海主持召开广东海关支持高新技术发展现场交流会，总结、推广拱北海关为高科技企业设立“专门通道”的成功经验。为落实牟署长在全国出口工作电视电话会议上的讲话精神，以及配合总署对“三高一大”企业实施“便捷通关措施”，分署对省内海关的通关情况和所管辖企业进行摸底调研，同时积极宣传和推动“便捷通关措施”的实施。10月1日起，广东省第一批适应海关便捷通关的企业共48家（占全国同类企业的49%）已实施便捷通关措施。

年内，分署领导多次随同省领导或接受省领导委托，赴广州、深圳、珠海、佛山、江门、湛江、汕头、揭阳、顺德、惠州等地进行调研，宣传海关法规，听取地方政府和企业意见，积极协调有关海关进行整改。在分署的推动和各关的重视下，省内大部分海关的通关效率有明显提高。对此，省委、省政府领导给予了充分肯定。

为做好向省委、省政府报送每月外贸情况工作，分署积极做好协调工作，确保广东省委、省政府领导第一时间了解广东的外贸出口情况，针对存在问题及时制订对策。

按照第二次全国关贸合作会议精神，分署和省内海关与外经贸部门密切配合，定期会晤，在通关、进出口审批、企业管理、统计分析等方面加强合作，开展专题调研，及时听取意见建议，为企业排忧解难，促进外贸出口。

【加强海关行政复议案件的审理工作】 2001年7月1日起，总署正式将涉及广东海关部分行政复议案件交由分署承办。法规处成立以来，已派出专人前往总署跟班学习审理业务，并全力着手建章立制工作。同时，大力加强与省有关部门及专业机构的沟通，为案件审理工作创造良好的内外部环境。截止12月6日，分署已承办案件73宗。

广州海关

2001年，广州海关认真贯彻中央和海关总署一系列重要指示精神，以“依法行政，为国把关，服务经济，促进发展”为业务指导思想，从实际出发，加强队伍建设，深化业务改革，较好地完成了各项任务。

【继续保持打私高压态势，严防走私回潮】 2001年，始终保持高度的政治敏感性，采取有效措施，在加强正面监管的同时，建立调查、侦查部门联系配合制度，调动各方面积极性，突出重点，开展了严厉打击“两油”、毒品、转关、非法出版物、鱼翅等高级食品走私和“追逃”等一系列专项行动；开展了甲苯二异氰酸酯（TDI）、二苯甲烷二异氰酸酯（MDI）、大理石专项稽查，在进口环节加强对钢材、冻品、废塑料的监管，打击濒危动植物走私；发挥综合治理效能，打击逃套汇、骗退税、制售假冒伪劣商品等违法犯罪活动和非法侵权行为，整顿和规范进出口秩序。查处走私违规案件834宗，案值人民币5.93亿元，分别增加20%、30%，缉私警察在破大案、打团伙、追逃犯方面取得突出成绩。2001年，侦查部门共受理案件543宗，其中，立案103宗，涉案价值4.55亿元，涉嫌偷逃税款1.13亿元，移送检察院起诉案件73宗，留置传唤犯罪嫌疑人257人，实施刑事拘留187人，执行逮捕135人，继续保持打私的高压态势，有效遏止走私违法活动。

【加强税收征管，综合治税，确保海关税收应收尽收】 2001年，运用关税监控系统，加强对征税现场的监控指导和绩效评估；建立关税核查机构，开展减免税核查和价格核查；通过验估、审价、归类、化验、核销等措施，加强对重点敏感商品的监控力度，并开展减免税物资专项稽查，有效地防止了税收流失；在加强正面监管、打私和提高通关效率、稳定及拓宽税源的综合作用下，综合治税取得成效，共为国家征收税款达127.98亿元，按照海关总署下达的税收任务，增收了10亿元，继续保持了较高的税收水平。

【实际监管不断加强】 2001年，通过抓紧改造和建设，关区所有的监管现场已基本达到总署的封闭式卡口管理要求。积极推进和深化物流监控系统改革，重点抓好关区内业务量较大的南海三山港、顺德勒流港、番禺沙湾车场三个示范点的建设，完成了电子地磅、电子闸门、闭路电视监控系统和关港信息平台建设，为关区建设智能化的物流监控系统进行了积极的探索。同时，加强物流与信息流的相互印证，全年共下达风险布控指令221659条，查获率有所提高。在充分调研和科学论证的基础上，制定了小型船舶中途监管模式改革实施方案，借助信息网络和GPS卫星定位技术，积极推进小型船舶中途监管制度的改革。加强单耗标准管理，科学运用加工贸易的数据资源，做好监控分析，强化加工贸易业务运行管理和有效监控。2台H986设备已安装到位，在打击集装箱夹藏走私中初见成效。加强非贸易物品监管工作，严查“法轮功”、淫秽物品和货币等国家禁限物品。加强打击货币走私，旅检渠道全年查获走私违规货币进出境案件167宗，案值人民币2224万元。2001年，全关区验放进出境人员携带行李物品626万人次，比2000年增加8%，监管进出境货物2071多万吨，增加9%，总值274.58亿美元

【全面推进各项业务改革，积极支持扩大外贸出口和对外经贸合作，通关效率继续提高】 年内，坚持锐意创新，在大力推进跨关区快速通关业务改革和小型船舶中途监管快速通关改革，积极推动“口岸电子执法系统”建设，试行“联网报关”的同时，重点开发实施“3E”通关模式，对信誉良好、管理规范的大型高新技术生产企业“量身定做”全程电子通关模式，在电子审单的基础上，实现对进出口货物的电子预归类、电子预审价和电子查验，通关环节需要的所有手续，同步、实时、动态地融入物流的自然过程中，将海关监管对国际物流的障碍趋近于零。《人民日报》、《科技日报》、《羊城晚报》、《广州日报》等多家新闻媒体分别以大篇幅报道了广东海关业务改革、提高通关效率、支持外贸出口的举措，取得较好的社会效益。2001年，狠抓通关效率，提高通关速度，进口报关单当天审结率无税进口部分达99.21%,有税进口部分达73.32%；出口报关单的当天审结率达到99.99%。

【切实加强各级领导班子和干部队伍建设】 年内，认真贯彻落实党的十五届六中全会精神，切实抓好对领导干部的教育，组织了“三讲”教育回头看活动，坚持和落实中心组学习制度。认真抓好干部群众的思想教育，大力组织推动海关工作新方针研讨活动，以此为契机将全体关员的思想认识统一到海关总署的跨世纪战略指导方针上来。结合通关改革大力加强业务培训，2001年举办全关性的培训班23期，培训各类海关人员达1583人次。向业务量大或偏远的隶属海关和重点业务职能部门派出14名专职纪检监察特派员，向党政机关、新闻媒体、大型企业聘请24名特邀行风监督员。健全激励机制，大力表彰先进基层党组织、优秀共产党员、先进科技工作者，涌现出一批先进模范典型，受到海关总署和上级部门的充分肯定。2001年，林志春同志被评为全国第五届“人民满意的公务员”；财务

处被评为全国海关财务装备先进集体，2人被评为全国海关财务装备先进个人；教育处被评为全国海关教育培训先进集体；白云机场海关连续第二次被评为广东省文明窗口单位；韶关海关被评为广东省文明单位，实现了“三连冠”；侦查分局被评为广东省反走私斗争先进集体；此外还获得多项省市先进集体、先进个人的荣誉。

广州关区业务统计表

项　　目	单位	本　　月		当月累计	
		本年	同比％	本年	同比％
进出口报关单总数	份	133973	-9.81	1475526	2.31
进口	份	52276	−14.67	581754	−0.76
出口	份	81697	−6.39	893772	4.41
进出口商品总值	万美元	257125	−13.19	2745813	0.02
进口	万美元	113831	−22.85	1261866	−1.38
出口	万美元	143294	−3.6	1483947	1.24
进出口货运量	吨	2007247	4.23	20714817	8.98
进口	吨	1285497	3.21	13082065	11.11
出口	吨	721750	6.24	7632752	5.51
集装箱总数	标箱	144840	3.05	1646947	−2.98
进口	标箱	56485	−1.52	654637	−2.17
出口	标箱	88355	6.2	92310	−3.51
查验集装箱总数	标箱	49488	−14.1	566610	−24.51
进口	标箱	29356	−7.76	337034	−14.79
出口	标箱	20132	−21.93	229576	−35.33
监管运输工具总数	辆艘卡	58841	−0.69	695325	−2.74
监管汽车数	辆	42590	−1.63	511724	−2.48
进口	辆	9440	6.26	110423	−2.4
出口	辆	33150	−3.67	401301	−2.5
监管火车数	卡	6635	−0.02	76963	−3.11
进口	卡	3317	−9.67	39201	−4.83
出口	卡	3318	11.94	37762	−1.25
监管飞机数	架	1164	38.24	11657	9.04
进口	架	592	39.62	5859	9.41
出口	架	572	36.84	5798	8.66
监管船舶数	艘	8452	−0.26	94981	−5.06
进口	艘	4,479	4.31	48866	−5.23
出口	艘	3973	−4.95	46115	−4.87
查获违规案数	起	80	122.22	898	69.75
查获违规案值	万元	748	−92.07	21355	−57.7
调查查获走私案数	起	153	109.58	1306	46.74
调查查获走私案值	万元	1917	72.55	21,458	−32.39
调查查处走私案数	起	210	900	835	30.06
调查查处走私案值	万元	1703	1170.9	5980	20.56
走私犯罪立案案数	起	7	−36.36	103	−32.24
走私犯罪立案案值	万元	11200	95.77	45530	−69.72
走私犯罪结案案数	起	20	233.33	137	35.64
走私犯罪结案案值	万元	6124	1082.24	79404	79.43
结案案件犯罪嫌疑人	人	35	218.18	231	16.67
税收入库	万元	129199	13.22	1279853	−0.02
关税	万元	45829	7.45	472329	−3.02
进口环节税	万元	83370	16.67	807524	1.82
罚没入库	万元	4673	127.18	18790	−8.07
出入境人员	人次	561470	7.99	6259980	8.05

续表

项　　目	单位	本　月		当月累计	
		本年	同比％	本年	同比％
进境	人次	281950	6.91	3096726	7.87
出境	人次	279520	9.11	3163254	8.23
邮递物品	件	3141690	41.47	25442253	56.2
快递物品	件	560890	11.49	5455927	−13.49
邮政快递	件	209110	21.32	1746527	−29.71
进口	件	74864	−11.33	754178	−52.78
出口	件	34246	52.65	992349	11.79
非邮政快递	件	351780	6.37	3709400	−2.94
进口	件	92622	1.9	1012030	−15.88
出口	件	259158	8.06	2697370	3.01
加工贸易备案合同	份	2045	−3.9	22206	−11.31
加工贸易核销合同	份	2153	−7.83	23512	−9.67
经批准内销补税	万元	7594	−20.79	34349	−50.75
补 关 税	万元	2688	−11.54	10970	−55.82
补进口环节税	万元	4906	−25.08	23378	−47.95

深圳海关

深圳海关是国家设在深圳市的进出关境及进出特区的监督管理机关，是直属中华人民共和国海关总署，并受海关总署的派出机构广东海关分署监督指导的厅级单位，其辖区包括深圳市及惠州市的惠东、惠阳地区。深圳海关前身是1887年设在九龙与香港边界的，由英国人掌握的“九龙关”。1949年10月，人民政权接管了九龙关并将其总部机构由香港撤回深圳，1950年1月，九龙关更名为“中华人民共和国九龙海关”。1997年7月1日，香港回归祖国，与香港历史紧密相连的“九龙海关”也随之更名为“深圳海关”。

2001年，深圳海关认真贯彻中央经济工作会议精神，全面落实全国海关关长会议的部署，坚持“依法行政，为国把关，服务经济，促进发展”的新方针，以创新管理观念、管理制度、管理手段为主导，狠抓业务建设；以提高素质、提高效率、提高待遇为突破口，狠抓队伍建设，取得丰硕成果。全年共监管进出口货物总值800.8亿美元，比上年增长2.1%，进出境运输工具941.5万辆（艘、卡）次；监管进出境旅客行李物品1.2亿人次，增加4.2 %，仍然居全国海关第1 位；全年查获走私案件3554宗，扣获私货价值3.98亿元，上缴罚没收入4.4亿元；全年征收税款258.9亿元，增加15.7%，超额37.9亿元完成全年的税收任务，取得历史性的好成绩；统计报关单276.4万份，与上年同比增长14.5%，报关单记录条数741.3万条，增长14.2%。

【从依法征管入手，向综合管理要税】 2001年总署下达给深圳海关的税收任务是221亿，比上年净增81亿。为了保证完成任务，深圳海关从依法征管入手，向综合管理要税。一是认真制定全关税收计划，合理分配税收任务，在实施税收计划的同时进行实时监督，及时了解各隶属海关的税收情况及税收计划的完成进度情况。并根据各关实际，及时调整工作重点，调整税收计划的分配，着眼大局，以确保全关税收计划的顺利完成。二是积极开展税收入库、税率、价格监控工作，探索税收风险管理模式。三是严格依法行政，做好减免税审批工作，全年共审批办理减免关税额195949万元人民币，减免增值税额286252万元。四是加强归类、审价工作。2001年深圳海关送广州化验中心的化验单平均命中率为34.3%，列全国海关首位；审价补税3003 宗，补税额2.2 亿元。五是依法办理退税，审批5万元以上退税申请403票，退税额为1.03亿元。六是积极开展价格稽查。到年底为止，全关共稽查补税入库4033万元。

【加大反走私工作力度】 2001年，深圳海关继续加大反走私工作力度，充分发挥调查、侦查部门的职能作用，重拳打击走私。侦查部门继续以“破大案、打团伙、追逃犯”为工作中心，全年共受理案件592宗，立案263宗，案值人民币（下同）11.8亿元，涉嫌偷逃税3.46亿元，刑拘694人，取保候审140人，监视居住122人，执行逮捕527人，移送起诉582人226宗。其中，“1.22”专案已查实涉嫌偷逃税额14亿元，“4·4武器弹药案”先后缴获各类枪支175支，逮捕嫌疑人7名，受到公安部、海关总署、省公安厅等多个部门关注。调查部门及时转变观念，实现“由办案为主向查缉为主转变，由查处个案为主向规范企业行为为主转变”，加强风险分析，建立调查信息评估机制，探索出一条反走私新途径。通过风险分析共查获走私案件10宗，案值1200多万元，在扣私货价值500多万元。此项工作受到了海关总署领导的高度赞扬，并要求向全国海关推广。广东分署还在深圳海关召开了推广调查信息评估工作的现场会。

【加强对进出口货物的正面监管】 深圳海关采取积极有效措施，切实加强对进出口货物的正面监管，确保物流监控到位。审单环节充分运用风险管理手段分析进出口商品动态，提高布控命中率。据统计，全年审单布控报关单8985票，布控查获率为 5.3%。在货物查验环节实施“分段作业、分区负责、权责明晰、人工查验和技术检验结合、责任到人”的新型查验管理模式，结合风险分析和现场动态突出查验重点，提高查获率。另外，还加强现场巡查，密切关警合作，大大增强了现场监管力度。在转关货物监管方面，加大了对承运转关业务的运输企业和车辆的规范化管理力度，组织口岸海关对进出境车辆开展车体进行验核，共验核车辆21780 辆，发现车体不符合海关监管要求的车辆165辆，有效地整治了转关运输市场。行邮监管方面，深圳海关在国际机场建立非邮政国际快件监管中心，快件物品即到即办即放；研究开发了《罗湖海关旅客通关管理系统》，监管效能明显提高，广东分署决定在省内海关推广该系统。在企业分类管理中，深圳海关按照评定企业违规行为应严格区分“疏忽过失还是主观故意，初犯还是屡犯和个人行为还是企业行为”的三大原则，审慎甄别技术性、实质性两类不同性质的违规行为。年内共对24838家企业进行了管理类别调整，A类企业增幅为114.2%，促进了企业自律守法。

【推进通关作业制度改革】 2001年1月1日，海关总署正式启动了“两水两陆”（广东陆路、沪苏陆路、珠江水域、长江水域）快速通关工程，作为公路通关作业改革的一部分。其中，广东地区以改革货物在7个设关地之间的陆路转关运输方式为重点，出口口岸以深圳关区居多。深圳海关在快速通关工程基础上，不断简化转关手续，实行货物分流，缓解了车辆在皇岗、文锦渡、沙头角3个陆路口岸海关现场的车流压力，有效地提高了深圳关区所属企业车辆和货物的通关效率。同时，积极推进通关作业制度改革，分步实施了总署批准的陆路通关改革方案，全面推行EDI报关和联网监管手续，简化国际海运中转手续，用科技手段代替人工操作，加快H2000通关系统的推广应用和“电子口岸”、“口岸电子执法系统”建设，完善电子地磅、“电子车牌”、车辆自动识别系统、各种音像制品检查设备、防伪检测和单证检查设备以及海关监管现场闭路电视监控系统，促进口岸畅通。另外，从12月1日起，深圳海关克服人力资源、交通工具、加班补助不足等困难，延长了罗湖、皇岗口岸通关时间，解决了高峰期人流、车流的疏导问题。年内，口岸塞车现象显著减少。

【提高工作效率、支持外贸出口】 2001年2月28日，深圳海关龚正关长在深圳市“提高行政效率、优化投资发展环境”大会上代表深圳海关提出了提高工作效率、支持外贸出口的“9项措施，8项承诺”，正式启动了该关的“提速”工程。一年来，该关围绕“提高行政效率、优化投资发展环境”这一主题，结合各项业务改革，从组织推动、业务改革、队伍建设、监督落实等方面着手，在抓好“9项措施，8项承诺”贯彻落实的基础上，又推出了一系列改革措施，为支持外贸出口，促进地方经济的发展，优化投资环境做出了贡献。

2001年，深圳海关根据吴仪同志关于“加工贸易IT企业监管模式要创新”的指示和总署领导的要求，在富士康保税工厂进行“EDI联网监管模式”试点。该模式抓住海关对加工贸易监管的“实质”，即“保税货物必须100%返销出口，否则必须补办进口手续才能内销”，充分利用现代科技手段，用一个电子底帐代替多本纸质手册，对加工贸易企业实行以核定实际生产能力为基础的“周转量电子底帐”管理，实现了海关对加工贸易进口保税货物的全程有效监管。联网监管取得明显实效，得到总署、省市有关领导高度赞扬。牟新生署长在视察富士康保税工厂EDI联网监管模式时指出：这一改革“代表了中国海关加工贸易监管改革的发展方向”。8月深圳海关开始大力推广。在总署、市政府及有关部门的大力支持下，全年43家企业实现联网，出口额达72.8亿美元，占全市加工贸易企业总出口额的23.53%，与上年同期所占比重相比增加了5.41个百分点。“联网监管”已成为企业参与市场竞争，扩大规模生产的重要硬件措施。

2001年6月28日，深圳海关出口加工区办事处正式对外挂牌成立。

深圳海关2001年主要业务量统计表

项　　目	单 位	数 量	同 比	备 注
进出口货物总值	亿美元	800.8	2.1%	
进出口货运量	万吨	5810.8	0.8%	
进出境运输工具	万辆（艘卡）次	941.5	-1.6%	
其中汽车	万辆次	931.5	-1.6%	占98.93%
进出境人员	万人次	11695.8		4.2%
其中港澳旅客	万人次	9363.7	3.1%	占80.06%
进出口印刷品	万件	223.6	115%	
进出口邮包	万件	4.0	8.2%	
查获走私案数	宗	3554	-13.9%	
查获走私案值	亿元	3.98	-32.9%	
查私上缴罚没	亿元	4.4	14.9%	
查扣违禁进口宣传品	百万件	1.9	-29.2%	
侦查受理案件	宗	592	1.5%	
侦查立案	宗	263	-32.4%	
侦查执行逮捕人数	人	527	-2.2%	
征收税款亿元	258.9	15.65%		
统计报关单(份)	万份	276.4	14.5%	
统计报关单(条)	万份	741.3	14.2%	

拱北海关

【概况】 中华人民共和国拱北海关是直接隶属海关总署的正厅级直属海关，关区管辖范围包括珠海、中山两市，总关设在珠海市。拱北海关关区东隔珠江口与香港相望，南与澳门陆路相连，担负着较为繁重的监管进出境运输工具、货物、物品，征收关税和其它税、费以及查缉走私、编制海关统计、办理其它海关业务等工作任务。辖区主要口岸有拱北口岸、九洲口岸、中山港口岸、横琴口岸、湾仔口岸、珠海港口岸等。

2001年，拱北海关认真贯彻“三个代表”的重要思想，坚持“依法行政、为国把关、服务经济、促进发展”的海关工作新方针，并按照全国海关关长会议的工作部署，抓住深化业务改革和加强队伍建设两大主题，突出重点，狠抓落实，整体工作继续保持了健康发展的良好势头。2001年拱北海关共监管进出口货物2838万吨，货值144.32亿美元，监管进出境运输工具211万辆（艘、架）次，验放进出境旅客行李物品4641万人次，征收税款44.18亿元人民币，查获走私案件1751宗，案值4.049亿元；全面完成了各项工作任务。

【监管业务】 在海关监管业务工作方面，拱北海关坚持做到把关与服务、有效监管与高效通关的统一。年内，成立了风险管理委员会，强化风险分析工作，发挥统计数据的监测作用，大大提高了物流监控的针对性、导向性和有效性；进一步加大了使用电子地磅、闭路电视等查验设施开展检查工作的力度，顺利启用了H986集装箱检查系统，有效发挥了监管效能；加强和完善了加工贸易管理，组织开展了加工贸易合同专项清理工作；进一步深化了行邮改革，提高了旅检工作整体效能。为支持地方高新技术产业发展，拱北海关大胆创新，在全国海关首创对高新技术企业进出口货物适用F通道的做法，进一步完善携带证管理办法，打破了传统的货管和旅检业务的界限，对高新技术企业体积小、价值高、对包装和运输有特殊要求的出口货物采取主管海关查验施封、旅检渠道携带出境的监管办法，大大加快了高新技术企业货物通关速度。

2001年，拱北海关监管进出口的货物、货值比2000年（下同）增长了82.8%与8.11%；监管进出境运输工具211万辆／艘次（其中船舶62209艘次、车辆205万辆次），增长11%；监管进出境集装箱89万标箱，增长3%。全年各口岸验放进出境旅客4641万人次（其中进境2382万人次，出境2259万人次），增长16.4%。

【通关改革】 在业务改革方面，拱北海关坚持解放思想、实事求是、改革创新的精神，努力推动执法效能和通关效率的提高，积极推进各项业务改革。年内，在通关改革方面，一是建立了新型通关作业模式，理顺了通关业务关系，形成了新的职能划分，确定了以商品分类为基础的专业化审单作业体制。二是根据海关总署的统一部署，牵头组织了珠海、中山两地的“口岸电子执法系统”推广工作，成立了推广工作领导小组，建立了各相关部门联络员制度，并通过开展有效的组织、宣传、培训和集中制发卡等工作，保证了关区“电子口岸系统”出口收汇子系统的顺利实施和正常运作。从5月14日“电子口岸”启动至年底，拱北海关共为关区2406家企业制发了中国电子口岸企业法人卡2407张，操作员卡4448张，已办入网手续企业数占关区应办理入网企业数约90%，居全国各关区前列。三是推广实施跨关区快速通关作业系统，认真落实总署转关运输监管办法，简化手续，提高了通关速度，切实体现了系统“快速通关，有效监管”的原则。

【口岸通关】 2001年，拱北海关在依法行政的同时，坚持树立服务观念，把支持扩大外贸出口，提高通关效率，作为贯彻“三个代表”的具体体现：一是在各口岸现场成立了“出口通关事务应急处理小组”，坚持落实值班制度，确保出口货物快捷畅顺。二是把促进高新技术产业的发展作为推动先进生产力发展的首要任务来抓。年内，按照中共中央政治局委员、广东省委书记李长春同志的提议，在省内海关率先对20家高科技企业开辟了通关专门通道，取得了一定的社会效应，并在省内海关加以推广。三是相继推出了支持大型出口企业、台资企业发展的具体措施，对重点扶持企业实行对口扶持、特事特办的灵活监管办法，在依法行政的前提下为企业出口提供最大便利。四是认真贯彻落实牟新生署长在全国出口工作会议上的讲话精神，将支持出口措施做好、做细、做实，在主要业务现场均延长了工作时间，建立24小时通关值班、预约监管制度，进一步缩短了通关时限。五是通过改进工作作风，实施关务公开，落实首问责任制，加强关贸协作，抓好创建文明窗口活动，进一步强化了服务意识。

2001年，拱北海关进口货物平均通关时间为1.5天，出口通关平均时间1.1天，近90%的出口货物在半个工作日内完成通关。珠海、中山两市的外贸进出口总值达169.51亿美元，较2000年增长11.12%。其中出口81.47亿美元，进口88.04亿美元，同比分别增长11.27%和11.01%，增长率均高于全省平均水平。

【税收征管】 2001年，拱北海关继续强化税收工作领导责任制，加大综合治税力度，结合海关总署执法评估反馈的情况，采取积极措施进一步加强税收分析与监控工作，同时强化审价、归类、取样、监控、货征联合查验等工作，在现场试行直接派驻验估员的制度，提高了全关总体税收征管水平。2001年全年，共征收两税44.18亿元人民币，其中关税15.98亿元，增值税28.19亿元；完成海关总署定下的年度税收计划任务的109%。

【缉私工作】 2001年，认真贯彻全国整顿和规范市场经济秩序工作会议精神，针对关区反走私斗争的形势，充分发挥刑事执法和行政执法作用，充分调动职能部门和基层一线反走私的积极性，不断推进反走私综合治理，适时有针对性地开展打击走私专项斗争和联合行动，突出打击货运渠道、海上及沿海沿边非设关地走私活动，查获了一批走私大要案，维护了拱北关区的进出口秩序。

2001年，共查获走私案件1751宗，案值4.049亿元；上缴罚没收入2.29亿元人民币；查获违禁印刷品、音像制品545万件，其中查获盗版光盘542.5万件。海关侦查部门立案118宗，侦破案件112宗，破案率达94.9%；抓获走私犯罪嫌疑人275名，执行逮捕178人。2001年8月拱北海关还协助海关总署、新闻出版总署、全国扫黄办在珠海成功举办了公开销毁近年来查获的1600万张走私盗版光盘活动。该项活动是我国迄今销毁走私盗版光盘数量最多、规模最大的公开销毁盗版光盘行动之一，产生了良好的社会反响。

【队伍建设】 坚持从严治关方针，把队伍建设作为一项永恒的主题，坚持“两手抓、两手都要硬”，保持了队伍稳定、思想稳定、精神振奋。年内，拱北海关各级领导班子以江总书记“七一”重要讲话和十五届六中全会精神为指导，在关党组的带动下，努力加强机关作风建设，增强拒腐防变能力，研究制定了《反腐败抓源头实施方案》，组织开展了一系列“依法行政，廉洁从政”的教育活动，对通关改革后的高风险岗位开展了廉政风险专题调研，健全了监督制约机制，狠抓党风廉政责任制的落实。年内，还把抓基层、打基础作为重要工作来抓，进一步加强党的组织建设，加强教育培训工作，提高干部整体素质，扎实地开展“三讲”教育“回头看”活动，并对照十五届六中全会提出的“八个坚持，八个反对”要求，认真查找党员领导干部作风方面存在的问题，采取相应的措施加以解决，从整体上提高了队伍素质。

珠海地区主要口岸2001年度海关业务统计数据

海关机构		驻闸口办事处	驻香洲办事处	湾仔海关	九洲海关	斗门海关
所在口岸		拱北口岸	香洲口岸	湾仔口岸	九洲口岸	斗门港口岸
监管进出口货物	总量（万吨）	94.4	48	189.6	186.7	30.3
	总值（万美元）	110441	9739	35423	332069	90863
验放进出境旅客人次（万人次）				42.2	132	6.8
征收税款（万元）		15411	30231	42573	164002	36208
监管进出境运输工具（辆艘次）		384874	1769	15655	15733	1309
查获走私案件	宗数	21	23	19	11	11
	案值（万元）	256	198	3	220	1065

续表

海关机构		高栏海关	万山海关（筹）	横琴海关	行李物品监管处
所在口岸		珠海港口岸	万山港口岸	横琴口岸	拱北口岸
监管进出口货物	总量（万吨）	148.4	1520	1.9	
	总值（万美元）	38591	2639	960	
验放进出境旅客人次（万人次）				1.4	4274.6
征收税款（万元）		52553	391	1079	2235
监管进出境运输工具（辆艘次）		1041	913	21843	1640547
查获走私案件	宗数		2	36	827
	案值（万元）	205		36	1231

汕头海关

【概况】 汕头海关关区范围包括粤东的汕头（含汕头经济特区）、汕尾、梅州、潮州和揭阳五个地级市及所属30个县（市、区），关区面积约3.1万平方公里，关区内现有一类海运口岸5个（汕头港、汕尾港、南澳港、潮阳港、潮州港），航空口岸2个（汕头外砂机场、梅州机场），二类海运口岸12个，陆运验货场16个。

2001年，汕头海关以“依法行政，为国把关，服务经济，促进发展”海关工作方针为指导，紧紧抓住“严厉打击走私、加强队伍建设、深化业务改革”三个工作重点，采取措施，真抓实干，开拓创新，力求实效，各项工作扎实开展，业务改革和队伍建设取得一定成效。全年共监管进出境运输工具13.51万辆（艘、架）次，比上年减少21.37%；监管进出口货物455万吨，减少5.92%；验放进出境旅客23.89万人次，减少18.84%；征收关税和进口环节税27.76亿元，减少14.04%，超额4.77%完成海关总署的税收任务；查获走私案件325宗，在扣私货价值1.55亿元，分别增加0.31%和减少21.65%；查获违规案件697宗，案值1.66亿元，分别增加192.86%和30.75%；上缴罚没收入1.35亿元，增加7.45%，列全国海关第7位。

【实施通关作业改革】 汕头海关以加强通关风险管理和业务职能管理为重点，积极探索，稳步推进通关作业改革，建立新的通关管理模式。根据海关总署部署，从2001年1月1日起正式实施通关作业改革。按照“先试点、后推广、分步实施”原则，在全关实行电子审单作业模式和专业审单作业模式，实现平稳过渡。按照海关总署《通关作业改革指导方案》精神，主动探索，积极研究，逐步建立一个职责明确、制度齐全、决策及时、布控准确的风险管理机制。

【强化转关运输管理】 汕头海关按照海关总署要求，于2001年1月1日和8月25日，分别实施了广东陆路通关作业改革和跨关区快速通关系统。为保证顺利实施，汕头海关及早部署，制定周密实施方案，搞好对外宣传和业务培训，做好应急保障工作。同时严密监管，打击和防止中途偷卸“飞料”走私，规定转关运输车辆的合理行驶时间、行驶路线，对超过规定时限抵达或不按行驶路线行驶的车辆实施布控并跟踪核查。严格验核在关区内承载转关货物的港澳直通车驾驶人员身份。加强对车辆厢体密封性能和紧固件的检查。加强对车辆承运资格的核查。加强对载运量的风险管理。加强通关数据分析和风险布控，对重点车辆实施布控跟踪核查。对转关运输企业和车辆进行清理，停止“挂靠”运营行为，规范运营秩序。

【加强货运实际监管】 开展专题调研，制订码头监控管理规程，在15个码头设置海关卡口16个，严格卡口值守管理。与19个码头管理部门签订MOU，推进共管机制。在汕头国际集装箱码头试行“双信息放行”管理模式。开展关区一类、二类口岸码头及临时监管点、油（气）库和对台小额贸易口岸专题调研。采取科学监管、风险分析、现场调研相结合的查验方法，充分发挥X光集装箱移动检查设备和电子地磅等高科技设备的作用，增强查验科学性和针对性，加大实际查验力度，全年平均查获率超过1%。

【加强税收征管】 及时制定税收指导性计划，完善税收工作例会制度，发挥《关税分析监控系统》及本关业务数据库的统计、分析、监控、预测等功能，实时监控关区税收征管动态，定期分析税收入库进度和税源分布状况。加强价格管理，打击进口货物低瞒报价格活动，全年审价补税2911宗，补税额3309.5万元。加强归类管理，开通关区归类问答书电子传输系统，规范商品归类和取样送检操作。严格执行减免税政策，规范审批管理，加强后续监管，确保管住管好，全年共备案审批减免税项目203个、审批减免两税（关税、进口环节税）3.95亿元。

【加强加工贸易管理】 修订完善《加工贸易业务审批管理办法》等管理制度，开发保税系统统计查询功能，制定9项加工贸易商品单耗标准，做好加工贸易管理的基础工作；严格落实验厂、下厂核查、核销等制度，合同核销率达99.43%，核销补税5261.57万元。组建加工贸易机动小分队，开展实地核查。继续对1999年底前备案的遗留合同进行清理。深入调研，妥善处理汕头保税区遗留问题。

【加强企业分类管理，清理整顿报关市场】 修订《对企业分类管理实施方案》，将分类管理作为规范企业经营行为、促进企业依法经营的重要手段，按照企业经营状况和走私、违规记录，及时调整62家企业管理类别。组织开展对报关企业的清理整顿工作，对违规经营的报关企业责令限期整改。做好企业和报关员年审工作，开展报关员业务技能培训达1000多人次。

【增强科技服务意识，提高科技管理水平】 召开全关科技工作会议，认真贯彻落实全国海关科技工作会议精神，研究制定《科技发展第十个五年计划纲要》；建立科技管理员队伍，形成全关科技管理网络；完善科技奖励机制，首次对成绩突出的科技人员记功和嘉奖，调动应用科技的积极性。围绕实施通关作业改革、“中国电子口岸”、H883/EDI 5·1版，从硬件配置、软件维护、技术力量等方面，加大支持和保障力度。

【加大打私力度】 汕头海关将打私工作作为重中之重，坚持打击走私与整治、规范进出口通关秩序有机结合，加大打击力度，保持高压态势。坚持突出重点，先后组织了“去冬今春”打击走私、打击海上光盘走私、“4·26”打击转关运输走私、扫黄打非、打击海上冻品走私、打击成品油走私、打击汕尾红海湾走私等专项行动共7次。查获香烟、不锈钢、成品油、食用油及VCD光盘等物资一大批。全年办结走私案件235宗，移送起诉26宗，判决44宗；办结违规案件589宗，罚款861.33万元。加大追逃力度，抓获在逃嫌疑人11名。

【促进外贸出口】 汕头海关针对地方外贸发展中遇到的困难，积极采取措施，支持扩大外贸出口。落实与汕头市政府外经贸联席会议制度，及时通报情况，协商解决具体问题和困难。对关区内273家出口规模大、信誉良好企业和30家信誉良好的高新技术加工贸易企业实施出口货物“F通道（快速通道）”管理，在出口通关手续上给予最大的便利。实施便捷通关程序，落实海关总署批准的两家享受便捷通关待遇的大型高新技术企业的6项便捷通关措施。落实业务现场24小时值班制度、预约监管制度和处、科长带班制度；对出口鲜活商品等货物，坚持特事特办、急事急办，实行预约、随到随办、下厂验放等加急通关措施

【加大从严治关力度】 汕头海关按照“把关必先治关，治关务必从严”的思路，围绕“四个重点”加强队伍建设。积

极推进干部人事制度改革，加大干部交流力度。落实反腐败措施，开展廉政教育，对9名有严重违纪行为的关员给予行政处分。抓好业务培训，举办各类培训班。组织《海关法》和通关知识竞赛，掀起学法规、学业务、学理论热潮。深入开展纪念建党80周年系列活动，组织全关党员、团员认真学习、深刻理解并积极实践“三个代表”重要思想，加强党团组织建设。

汕头海关2001年主要业务情况一览表（一）

项目			单位	2001年	2000年	同比%
进出口报关单总数			张	227571	277008	-17.85
进出口记录条总数			条	450824	518243	-13.01
进出口总值	合计		亿美元	42.88	56.97	-24.73
	进口		亿美元	20.11	22.87	-12.05
	出口		亿美元	22.77	34.10	-33.24
进出口货运量	合计		万吨	455	484	-5.92
	进口		万吨	304	309	-1.54
	出口		万吨	151	175	-13.66
集装箱	集装箱总数		标箱	287505	350170	-17.90
	其中：查验数		标箱	75845	178363	-57.48
	箱载货物		万吨	183	218	-15.71
监管运输工具	监管总数		辆艘架次	135107	171823	-21.37
	其中：查验数		辆艘架次	27454	45708	-39.94
	监管进出境总数		辆艘架次	6782	8212	-17.41
	其中	进出船舶	艘次	4764	6098	-21.88
		进出飞机	架次	2018	2114	-4.54
行邮	出入境人员		人次	238850	294289	-18.84
	其中港澳旅客		人次	39814	50749	-21.55
	邮、快递总数		件	123233	123896	-0.54
	其中：印刷品		件	62574	69404	-9.84
保税	进口料件备案额		万美元	115795	112750	2.70
	备案合同数		份	3508	3446	1.80
	核销合同数		份	3485	4663	-25.26

汕头海关2001年主要业务情况一览表（二）

		项目	单 位	2001年	2000年	同比%
走私案件		查获宗数	起	325	324	0.31
		在扣私货价值	万元	15535.02	19826.52	−21.65
违规案件		查获宗数	起	697	238	192.86
		案件货值	万元	16556.17	12662.63	30.75
罚没收入		海关罚没收入	万元	1108.15	1503.58	−26.30
		缉私罚没收入	万元	9166.68	7892.09	16.15
		缉私补税收入	万元	3203.69	3147.92	1.77
		合　计	万元	13478.52	12543.59	7.45
走私犯罪侦查	立案	案　数	起	71	109	−34.86
		案　值	万元	26377	45032	−41.43
		偷逃税额	万元	11572	22728	−49.08
		立案抓获犯罪嫌疑人	人	206	376	−45.21
	结案	案　数	起	35	71	−50.70
		案　值	万元	8824	16623	−46.92
		偷逃税额	万元	4910	14614	−66.40
		犯罪嫌疑人	人	110	203	−45.81
	受案抓获犯罪嫌疑人		人	507	651	−22.12
	其中	采取强制性措施	人	196	324	−39.51
		批准逮捕	人	93	207	−55.07
税收		关税入库	万元	106953.98	125707.59	−14.92
		环节税入库	万元	170680.92	197256.92	−13.47
		两税合计	万元	277634.90	322964.52	−14.04
	其中	审价补税宗数	宗	2911	1371	112.3
		审价补税税额	万元	3309.5	2734.5	21.05
减免税（审批）		减免关税	万元	17079	15530	10.0
		减免环节税	万元	22454	18378	22.2
		合　计	万元	39533	33908	16.6
减免税（实际进口）		减免关税	万元	17258	13403	28.8
		减免环节税	万元	22330	14637	52.6
		合　计	万元	−39588	28039	41.2

黄埔海关

【概况】 2001年，黄埔海关认真贯彻落实“依法行政，为国把关，服务经济，促进发展”的海关业务指导思想，以加强队伍建设和推行通关作业改革为重点，继续保持打私高压态势，认真开展各项工作，取得较好成绩。

2001年，全关区共监管进出口货值529亿美元，进出口货运量5202万吨，进出境运输工具226万辆（艘），进出境集装箱306万标箱；统计进出口报关单402万份，记录条数876万条；征收关税和进口环节税净入库169.59亿元；审批加工贸易备案合同40404份，金额378.38亿美元。调查部门共查获走私案件1133宗，案值3.88亿元；查获违规案件3508宗，案值8.7亿元；罚没入库2.67亿元。侦查部门受案504宗，案值8.43亿元，涉税额2.2亿元；立案150宗，案值7.42亿元；抓获犯罪嫌疑人480人；向检察机关移送起诉案件91宗，移送犯罪嫌疑单位46个、犯罪嫌疑人203人。

【通关管理】 积极稳妥地推进通关作业改革，实现通关“提速”。年初，在关区范围内全面推广通关作业改革的同时，进行了陆路通关作业改革，实现了第一次通关“提速”。7月，在凤岗办事处进行了陆路快速通关作业改革试点，对转关运输货物实行“提前接单审核，通道式验放”的通关模式，实现了转关运输货物“一次申报、一次查验、一次放行”的目标，使车辆验放再次“提速”。据统计，每辆车的平均通关时间陆改前为150分钟，陆改后为30分钟，快速通关作业改革后为8分钟，效果显著，得到了社会的广泛好评。积极做好“口岸电子执法系统”推广应用工作。与外经、外汇、国税等部门密切联系沟通，为社会各界举办了24期“中国电子口岸”培训班，培训企业管理员和报关员4850人，为4677家企业办理了中国电子口岸企业IC卡共13399张。采取预约报关和派关员上门监管的办法，实行一个窗口对外接单，加速验放进出口货物。制定支持关区内重点企业（项目）通关便利措施，先后确定3批共103家企业（项目）享受关区的通关便利。公布业务投诉电话和业务咨询热线电话，积极做好咨询投诉工作，全年仅总关咨询投诉办公室即处理咨询投诉2052宗。公开对外承诺办事时限，实行“首问负责制”服务，加强与企业的联系。

【海关监管】 切实加强实际监管，完善了16项监管规定。适时调整重点监控商品，做好对进出口物流的实时监控。充分利用地磅、H986检查设备加强查验，坚持二类码头24小时卡口值班制度。对二类码头、保税仓库及其它海关监管场所进行重点清理整顿，对废五金的进口异常情况进行清理整顿。健全快件监管办法，加强行李物品监管。加强企业的分类管理工作，对全关区专业、代理报关企业进行清理整顿。从后勤保障、关警关系和业务指导等方面着手，加强一线监管。

建立和完善风险管理机制，成立三级风险管理机构，全方位、多层面采集风险信息，提出并实施新的计算机操作授权程序。建立健全规章制度，加强风险管理基础工作，确保风险布控的有效性。建立三级风险布控绩效评估体系，了解和掌握全关风险管理的质量。全年下达布控指令共305363条，涉及报关单304594份，查获有问题报关单4448份。

加强对加工贸易的监管，积极探索加工贸易监管模式的改革，试行海关与加工贸易企业、仓储企业计算机联网管理监管模式，推广加工贸易合同计算机自动核算，试行加工贸易企业“快捷备案”的监管模式。同时，通过严把合同的审批审核关和清理超期合同，提高下厂核查、核销率，加强了各业务环节的联系配合，打击了瞒报、伪报、假结转等不法行为。全关加工贸易部门共查获走私违规案件1631宗，案值8.63亿元。

【打私工作】 在情报和案件的查处工作中，充分发挥“两查”情报合并后整体力量壮大的优势，利用情报信息、技侦手段和各种数据库，加强风险分析和预测，以动态分析为指导确定打击重点，有效地发挥了情报的先导作用。按照全国海关关长会议提出的“两个转变”的新思路，提高办案的主动性，充分发挥机动查缉队的作用，积极参与整顿和规范市场经济秩序工作，集中力量狠抓大要案的侦破与查处。全年调查部门共查获走私大要案106宗，案值3.37亿元。对团伙走私大要案，侦查部门集中优势兵力，充分运用技侦、刑事强制措施等手段全力侦破。全年侦查部门侦办100万元以上案件133宗，占89%；1000万元以上案件16宗，占11%；亿元案件1宗。继续按照“破大案、打团伙、抓逃犯”的要求，提高自侦比例，强化法制工作，确保提高办案的质量和效率，并配合全国统一部署，抓捕逃犯。全年共自查走私案件98起，增长38.9%，自侦力度显著加大。

开展打击走私专项斗争。2001年，黄埔海关相继在元旦、春节期间开展打私专项联合行动；在4、5月和8、9月，开展了两次打击“两油”（成品油、食用油）专项行动；开展了打击转关运输走私专项斗争；开展为期3个月的“破案战役”；开展打击“冻品”走私专项行动；开展打击非法出版物和光盘走私专项行动；开展了打击食用油、大理石、计算机显示器、胶卷、海绵原料TDI、MDI等专项稽查行动。

反走私综合治理。建立联席会议制度，互通关区走私动态、特点，加强侦查、调查、稽查“三查”的协调配合。加强“三查”与其他业务职能部门的联系配合，特别是在打击转关运输专项斗争中，调查部门加强与侦查、监管、通关及深圳等兄弟海关的配合，共检查各类货柜车1277辆，取消了46家企业135台不符合标准的转关用车。加强与地方公安、检察院、法院等有关部门的联系配合，委托公安技侦部门实施侦控17起38人，抓获走私逃犯5名；与检察院、法院协调案件40多次，及时受理地方公安边防等有关单位案件的移送，积极主动地做好案件协查工作。

【税收征管】 在新的通关作业改革模式下，关税部门适时转换职能，与通关、法规、监管等业务部门积极采取税收征管新措施。强化税收监控，全年监控补税845万元，移交调查稽查案件8宗，2宗查实为走私、伪报案件，货值2907万元，偷逃税258万元。加大对陈年欠税的追缴力度，加强审价工作，拓宽价格信息来源，对关区内的钢材、汽车、汽车零件、成品油等几大税源商品进行了价格调研，与五矿、丰田通商、丰田等大企业建立了定期的价格信息联系制度。全年关区税收入库169.59亿元，审价补税3.32亿元，归类补税2229万元。

黄埔海关2001年主要工作量表

项目		单位	数量	同比%
进出口货值	合计	万美元	5294873	6.1
	进口	万美元	2514080	2.9
	出口	万美元	2780793	9.1
进出口货运量	合计	万吨	5202	4.9
	进口	万吨	3416	4.5
	出口	万吨	1786	5.7
集装箱	合计	万标箱	306	−5.8
监管运输工具	合计	万辆艘	226	1.7
	汽车	万辆	219	1.6
	船舶	艘	66176	−0.7
出入境人员	合计	人次	1328876	6.2
加工贸易	企业备案当前数	个	20846	
	备案合同数	份	40404	−12.2
	备案合同金额	亿美元	378.38	
税收	合计	万元	1695896	−0.7
	关税	万元	657577	−2.9
	进口环节税	万元	1038319	0.7
统计	报关单数	万条	402	1.6
	记录条数	万条	876	1.4
调查查私	查获案件	起	1133	1.2
	案值	万元	38753	−46.5
	违规案件	起	3508	
	案值	万元	87000	
	罚没入库	万元	26696	
侦查查私	受案案数	起	504	40.8
	受案案值	万元	84260	−11.9
	立案案数	起	150	4.2
	立案案值	万元	74240	−26.3
	抓获犯罪嫌疑人	人	480	

江门海关

【概况】 江门海关是海关总署直接领导的直属海关，下辖三埠、台山、鹤山、新会、恩平、阳江等6个海关。2001年，江门海关认真贯彻“依法行政，为国把关，服务经济，促进发展”的海关工作新方针，深化业务改革，提高管理效能，进一步加大税收征管和打击走私力度，切实加强队伍建设，严格履行海关职责，较好地完成全年各项工作任务。

【海关监管】 为加强海关监管，提高通关管理效能和通关效率，积极深化改革，创新机制，强化职能，从多方面抓好各项监管工作。

一是加强物流监控，提高货运监管水平。通过充实调整一线查验人员，优化监管人力资源配置。与此同时，加大查验设施和检查设备改造配置力度，以舱单预申报为源头，以卡口实物放行为基点，将查验工作“前推后移”，建立物流监控的复查与督查相结合制度，使查验工作从以货物为单元转向以企业为单元，实现进出境货物的全程监管，确保监管到位。年内，在货运监管贸易渠道查获走私案件24宗，案值2854.5万元；违规案件128宗，案值2504.6万元。

二是转变监管模式，规范加工贸易管理。在健全合同登记备案、单耗审核、新厂验厂和档案管理制度的基础上，将加工贸易管理从以合同管理为单元转变为以企业为单元，并实行分类管理。根据企业的资信程度和海关监管业务量设定不同的监控等级，拓宽对企业的调控空间。同时，以数据分析为重点，加强对关区加工贸易量大、国内外差价大、高税商品进行综合分析，增强监管针对性，从注重量的核查核销转变到注重质的风险管理，确保实际监管到位。2001年，通过开展各项稽查和专项打击活动，查获加工贸易渠道走私违规案件31宗，涉税1031.5万元（比上年增加219 %）。

三是加强风险管理，深化通关作业改革。通过技术创新，将信息技术与海关监管工作深度融合，形成在共同风险数据信息平台上资源共享、协调管理的有效运作机制和风险管理格局。成立风险管理专门机构，完善相关风险管理制度，建立多层面的风险管理平台和风险处置手段，从职能部门、综合部门、业务现场各层次上加强风险管理，进一步完善和深化通关作业改革。年内，通过下达即决式风险布控指令查获走私违规案件108宗，案值1780万元；下达预定式风险布控指令发现走私违规案件2宗，案值283.1万元。

四是加强行邮监管，提高把关服务水平。在行邮监管工作中，坚持内紧外松的原则，在方便合法进出的同时，积极参与各项“扫黄打非”专项行动。为了给旅客提供一个优质高效的通关环境，对各口岸现场提出“改进态度作风，提高工作效率和服务水平，树立海关新形象”的工作口号，积极开展创建“巾帼文明示范岗”活动和以“迎九运，树海关新风”为主题的文明礼貌月活动，年内，驻外海办事处非贸科被评为广东海关行邮监管系统“迎九运，树海关新风”先进集体。全年该关共监管进出境旅客55.3万人次，邮递物品24.5万件，行邮渠道查获走私案件33宗，案值人民币46万元，查扣违禁印刷品及音像制品3517件。

【支持外贸出口】 为支持外贸出口，江门海关采取多项措施，进一步深化业务改革，提高管理效能，改善通关环境，方便合法进出，有力促进了关区外贸发展。这些措施包括：

从政策上加大对进出口企业的扶持力度。针对江门关区外贸出口下滑严重的情况，该关分别制定了《江门海关支持外经贸发展促进投资环境改善九项措施》和《江门海关支持外贸出口提高通关效率八项措施》。同时，对高新技术企业、IT行业、信誉良好企业和出口超千万美元企业执行优先备核，优先报关、查验、放行，优先办理税收征管及其他有关手续的“三优先”措施，并适度扩大担保范围。此外，对关区内16家信誉好的进出口大企业，试行EDI联网报关，以方便其合法进出，降低通关成本。

积极做好“口岸电子执法系统”推广工作。成立“口岸电子执法系统”推广领导小组和工作机构，负责系统的推广领导和方案实施。通过在地方媒体开辟“中国电子口岸”知识专栏及召开新闻发布暨推介会等形式，对该项通关改革进行广泛宣传。同时，认真做好“中国电子口岸”制发卡工作，年内，为关区内1266家进出口企业办理了入网手续，制作企业IC卡3500张。

实施“两水两路”跨关区快速通关系统，提高通关效能。该关一方面加强组织领导，加大培训力度；另一方面，在各监管现场设立“转关专用窗口”，由职能部门派骨干到现场蹲点指导，及时采取措施，确保通关高效顺畅。据海关总署统计，2001年，该关当天出口货物放行率为95%左右，位居全国海关首位。

建立和完善与地方党政及各经贸主管部门的联系配合机制。通过领导走访调研、召开座谈会等形式，及时了解地方对海关工作的意见和建议，努力做好海关把关服务工作。同时，利用海关统计数据准确、信息灵通的优势，积极向地方报送进出口动态和外贸形势分析文章，为地方领导决策服务。年内，共向地方党政报送相关分析文章37篇，受到了市领导的多次表扬。

【打击走私】 2001年，江门海关按照关党组提出的“创新机制，深化改革，明确任务，狠抓落实”的工作思路，启动调查、侦查的互动机制，坚持常备不懈，严防猛打，保持打击走私的高压态势，反走私斗争取得显著成绩。年内，查获走私案件216 宗，案值人民币7927万元；查获违规案件192宗，案值7140万元；上缴罚没收入7349万元，比上年增加74.5%。是年，走私犯罪侦查分局受理案件88宗，案值8030万元，涉嫌偷逃税额3958万元。其中立案11宗，案值1995万元；涉嫌偷逃税额793万元，对犯罪嫌疑人采取强制措施119人次，逮捕33人；移送检察院审理起诉18宗53人，有20宗53名犯罪嫌疑人被判刑。

【税收征管】 2001年，江门海关充分发挥关税、通关等职能部门作用，积极探索税收征管工作新模式，着力提高税收征管水平，依法治税，加大综合治税力度，力求应收尽收。年内，征收关税入库19.99亿元，比上年增长2.1%，其中关税8.20亿元，进口环节税11.79亿元，超额完成全年税收任务。是年，该关审批国家鼓励发展项目175宗，审批减免税额度2.97亿美元，减免税款6.37亿元人民币。 （邓 烨 邵 智 赵坚明）

江门海关2001年主要业务量统计表

项目		2000年	2001年	同比
进出口货值（万美元）	合计	531448	487939	-8.2%
	进口	217171	205474	-5.4%
	出口	314277	282466	-10.1%
进出口货运量（吨）	合计	4453182	4352000	-2.3%
	进口	2787415	2637000	-5.4%
	出口	1665767	1714000	2.9%
集装箱	集装箱总数(标箱)	322924	389262	20.5%
	箱载货物（吨）	1957318	2284000	16.7%
监管运输工具	合计（辆艘）	86284	89475	3.7%
	汽车（辆次）	57755	58807	1.8%
	船舶（艘次）	28529	30668	7.5%
税收（万元）	合计	195843	199948	2.1%
	关税	78155	82036	5.0%
	进口环节税	117688	117912	0.2%
行邮	出入境人员（人次）	815503	795529	-2.4%
	其中：旅客（人次）	593422	553070	-6.8%
	进出邮、快递（件）	336042	245146	-27%
报关单数（份）		307085	305683	-0.45%

续表

项目		2000年	2001年	同比
查私	查处案件（起）	254	178	−30%
	私货总值（万元）	4212	5602	33%
查处违规	违规案件（起）	316	190	−40%
	案件货值（万元）	4329	6494	50%
上缴罚没（万元）		4211	7349	74.5%
保税	备案合同（份）	4351	3718	−14.5%
	核销合同（份）	4112	4301	4.6%
减免税（万元）	合计	54172	63692	17.6%
	减免关税	29495	29131	−1.2%
	减免进口环节税	24611	34561	40.1%

湛江海关

2001年，湛江海关根据全国海关关长会议精神，以“三个代表”重要思想为指导，在抓好班子建设和队伍建设的基础上，全面完成监管、征税、缉私、统计等各项业务工作任务，取得了可喜的成绩。

【业务基础建设明显加固】 湛江海关以规章制度建设为切入点，结合通关作业改革中机构、职能、岗位调整的实际，在全关区范围内大张旗鼓地开展“建章立制”工作。全面清理、修订和重新制订各项工作规范、规章制度、岗位责任制。力求建立高效的内部工作机制和监督制约机制，使各工作环节、流程、岗位的运作进一步科学化、规范化。目前，这项工作已取得阶段性成果。全关共制定岗位职责597个，修订和制订规章制度589个，重新确定关内各机构职能、处科职责21类，汇编成《湛江海关工作规范》，共490多页近30万字；整理、编辑《湛江海关关务公开手册》，共100多页约6万字，业务基础建设工作明显加固。

【履行职能水平明显提高】 海关税收再创历史新高。全关各部门严格执法，继续加强税收征管，审单、审价、归类、查验、核销、稽查等各业务环节密切协作，综合治税，做到应收尽收，全年共征税42.75亿元，超额完成年度税收任务，再创历史新高。

大规模走私继续得到有效遏制。运用行政和刑事两种执法手段，严防猛打，常备不懈，始终保持打击走私高压态势。共查获走私违规案件 119起，案值 2.9 亿元，上缴罚没收入4653万元；侦查终结移送检察院审查起诉案件 24 起64 人，抓获走私犯罪嫌疑人72 人，并对50 名走私犯罪嫌疑人执行逮捕，法院已判决案件11 起 36 人。有力地打击了走私犯罪活动，为维护国家经济安全和社会稳定作出了应有贡献。

货运渠道实际监管得到加强。按照通关作业改革的目标要求，进一步加大人力、物力投入，不断完善通关模式，确保实际监管到位。

海关进出口动态监测和预警作用进一步增强。对进出口商品特别是关系国计民生重点敏感商品，及时跟踪、监测、分析、反馈，“海关执法评估系统”的应用基本开展，统计工作进一步加强。

【通关作业改革取得明显成效】 按照《通关作业改革指导方案》的要求，全面部署推广通关作业改革，完成了“H883/EDI5.0”版本修改和切换工作，新的通关作业流程调整基本到位。与通关作业改革相适应，内部机构改革基本完成，各部门内设机构的职责分工更加科学合理。与通关作业改革相配套的广东陆路转关运输监管改革也已基本完成。“口岸电子执法系统”的推广工作顺利，完成了加入“中国电子口岸”的出口企业资格审核和IC卡制发工作。

【服务经济职能作用明显发挥】 在执法活动中正确把握“把关”与“服务”的关系，想方设法为对外贸易提供优质服务。一是出台支持湛江、茂名两市外贸出口措施，为企业实施全天候通关服务，提供快捷便利的通关服务，时刻把握海关监督管理工作的主动性。二是加大了关务公开力度，通过各种方式为企业提供海关法规信息，公开办事程序，公布行政执法投诉电话和业务咨询热线电话，及时受理企业投诉，积极提供咨询服务。使海关的执法活动得到社会各界的理解和支持。三是在职能部门、业务现场试行“首问负责制”服务，对各界联系工作或咨询业务，实行“先一口接收、后内部分工”的做法，不推诿扯皮。四是进一步完善了“关长接待日”制度，经常性深入企业调研，召开企业座谈会，听取意见，解决问题，不断改进海关工作。五是进一步发挥统计信息的作用，加强进出口统计的动态分析和预警，积极为湛江、茂名两市政府以及外贸企业提供及时、准确的统计数据。

这些举措，有力地促进了地方外向型经济发展，赢得了社会各界的赞誉。2001年7月，广东省副省长汤炳权同志在视察湛江海关业务现场时，对湛江海关的工作给予了高度评价。他说：“由于‘9898’大案的影响，湛江海关两年多来经受的考验更严峻，走过的道路更艰难，取得的成绩更突出。由于国际市场的变化，全省外贸发展势头下降，可湛江市的外贸出口却一枝独秀，这离不开湛江海关全体同志的努力，湛江外贸的每一点进步，都凝聚了海关同志的心血，海关功不可没。”

湛江海关2001年主要业务统计表

项目		单位	数量	同比
监管进出口货物		千美元	4077590	－4.09%
其中	进口	千美元	3135570	－5.08%
	出口	千美元	942020	－0.62%
监管进出口货运量		吨	23629367	3.25%
其中	进口	吨	18362674	4.96%
	出口	吨	5266693	－2.32%
征收税款		元	4275080000	8.5%
其中	关税	元	488120000	11.17%
	进口环节税	元	3786960000	8.16%
进出口货物减免税		元	282570000	88.41%
监管飞机	进境	架次	78	－26.4%
	出境	架次	78	
监管船舶	进境	艘次	2133	9.7%
	出境	艘次	2082	
监管汽车	来自境内	辆次	1356	26%
	去往境外	辆次	2368	

项目		单位	数量	同比
进出境运输工具服务人员	进境	人次	48490	0.4%
	出境	人次	48072	－1.47%
进出境旅客	进境	人次	22290	－16.7%
	出境	人次	21608	－15.5%
查获走私案件		宗	90	
查获走私案值		元	243112600	
查获违规案件		宗	29	
查获违规案值		元	42872500	
走私违规罚没收入		元	46530000	
登记备案合同		个	261	－22.55%
核销合同		个	259	－31.7%
报关单		张	24308	5.37%
其中	进口	张	9829	3.75%
	出口	张	14479	6.49%

广东边防总队

广东省边防总队下辖佛山、南海、高明、肇庆、湛江、中山、顺德、江门、新会、三埠、台山、阳江、茂名、惠州、梅州、潮州、东莞、汕尾等18个现役制边防检查站，主要担负着26个国家对外开放口岸和57个地方二类口岸出入境旅客、员工及其行李物品、交通运输工具及其运载货物的边防检查、管理任务。2001年，广东边防总队边防检查工作按照“安全、畅通、规范、文明”的要求，认真贯彻《2001年全国出入境边防检查工作要点》，严格执法，规范执勤，大力加强业务和队伍建设，较好地完成了边防检查工作任务。全年共检查出入境人员4440278人次，其中旅客318887人次，员工1251391人次；检查交通运输工具139012艘（列、架）次；查获偷渡案件36宗65人。

【顺应形势，与时俱进，进一步简化手续，拓宽服务领域，提高口岸通关能力和服务水平】 2001年，广东省边防总队增强服务意识和紧迫感，与时俱进、端正态度、解放思想、服务大局，最大限度地挖掘内部潜力，积极改革勤务，简化查验手续，努力提高口岸通行能力和服务水平。2001年，对旅游团实行预报预检，缩短旅客候检时间，加快了旅游团验放速度；落实到香港的外国人赴珠江三角洲旅游144小时免签证便利措施；各边检站每天开足检查通道，实现45秒验放一名旅客、30分钟内处置手续不符和一般违法问题；在港口边检站中实行24小时办理船舶出入境手续；在一些封闭条件好的港口实行出入境船舶预报预检制度，经预检的船舶靠码头后即可上下人员装卸货物；一些边检站在人员紧张的情况下，克服困难，经上级批准后到口岸以外的地点为船舶办理出入境手续，方便外贸运输。与此同时，广东省边防总队把文明执勤、热情服务作为经常性的工作要求，继续深入开展“为人民服务，树公安新风”活动，改进工作作风，提高工作效率，创造文明、快捷的通关环境，让广大出入境人员来得舒心，走得满意。执勤中坚持开满台、干满点，提倡文明用语，禁绝忌语忌行，纠正和解决“冷、横、硬”、旅客排长队等旅客关心的热点难点问题，制定服务标准，公开对外承诺，增设“礼遇、需扶助人员通道”；投入物力、财力，解决执勤现场通道不足、通行不畅、引导标志不醒目等问题，制作更新了一批现场执勤设施，规范和美化了执勤现场。

【抓好边防检查规范化建设，提高工作质量】 根据公安部有关边防检查规范化建设的工作要求，广东省边防总队制定了每年重点抓3个站规范化建设的计划。2001年，重点抓好湛江、东莞、中山边检站的规范化建设，加大了重点单位的经费投入，改善口岸执勤设施。对湛江港的检查室、查控室、港区闸口值班室重新装修；为湛江边检站建造边防检查资料管理中心；配发8台二轮摩托车用于码头监护巡查；在港区的各个出口处设立了船员出入指示牌；为湛江边检站的4个分站配发了数据传真机；在湛江港报检中心安装了《边防检查信息管理系统》（船舶查验系统）；对湛江市所有港口船舶及员工实施电脑查验，从而提高了工作效率。按照规范的标准，在中山站设立了旅客验证通道电子显示屏，改建了旅检口岸计算机房以及闭路电视监控机房。在东莞边检站太平、常平二个口岸安装闭路电视监控系统。全省各边检站的执勤现场都基本上配备了摄像机、照相机、传真机、复印机、对讲机等设备，使口岸执勤硬件设施逐步完善。同时，根据公安部下发的《出入境边防检查陆地业务规范》，我们认真组织了佛山、东莞、肇庆等站检查人员进行了学习、熟悉掌握规定，并按规定要求抓好落实，严格列车检查、监护工作。

【按照法规的要求规范行政执法】 按照《边防检查行政处罚程序规定》，认真规范边防检查行政执法各环节，对案件的审理严格履行立案、调查、审批、告知、裁决的程序；实施处罚做到事实清楚、证据充分、依据准确、过罚相当、法律文书齐全。做到案件移交、审查、处罚三个规范。2001年，共处理违反出入境法规人员1568人次，查处偷渡案件36起65人。同时，做好案件宗卷建档保管工作，进一步推进警务公开工作，完善警务公开监督机制，公开边防检查的有关内容。多次配合省公安厅和总队机关组织对边防检查执法情况进行检查。各边检站加大了对执法的监督力度，坚持实行执勤岗位轮换和上岗前电脑随机派勤，坚持案件查处分离制度，严格口岸接送客制度。部分边检站还通过闭路电视监控系统来加强对执勤和执法工作的监督，从地方政府机关、服务单位、联检单位、新闻媒体、境内外旅客中聘请监督员，主动接受监督，提高执勤人员执法水平。

【严厉打击口岸偷渡活动，维护了口岸出入境秩序】 2001年，查获了口岸偷渡案件36起65人。一是注重基础工作，认真总结反偷渡工作经验，利用公安部配发的“EDISON”证件样本系统，认真做好各类真假证照样本采集和研究工作，在反偷渡工作中发挥了作用。二是对国内重点地区人员，中国血统的外国人，巴基斯坦、斯里兰卡等国人员作为检查重点，严查细验。9月，查获了3名持伪假法国《旅行证》企图偷渡入境的斯里兰卡人和印度人。三是加强对出境船体、火车车体的检查。四是注意掌握带倾向性的偷渡情况，采取相应对策。四是加强与公安机关等单位配合。肇庆边检站将掌握的偷渡线索通报给肇庆市公安局，并协助市公安局破获了一起境内外不法分子相互勾结，组织内地女子偷渡香港卖淫的重大案件，查获涉案人员12人，其中有2 名香港人。中山站与中山边防分局联手，在中山港查获一起由香港"蛇头"组织的偷渡案，抓获偷渡人员2人，引带人员3人（其中1人是香港人）。

【加强业务培训，提高各级人员素质】 按照公安部制定的《出入境边防检查业务培训实施办法》，制定了《广东省边防局边防检查业务培训方案》，并抓好落实。2001年，举办了1期边检站办公室主任、业务科长培训班，1期全省检查员晋职业务培训班。各站根据全省边防办公自动化建设的需要，结合本单位实际，组织干部参加地方的电脑等级考试。2001年全省边检站共举办各类学习培训班48期，培训人员886人次。通过培训，提高检查员的综合业务素质。

广州出入境边防检查总站

广州出入境边防检查总站是根据国务院有关边防检查职业化改革精神，于1998年6月30日成立，直属公安部出入境管理局领导，下辖6个正处级边检站：天河、白云、黄埔、番禺、洲头嘴、新塘站；4个副处级分站：开发区、新港、新沙、莲花山分站。担负着广州地区7个一类口岸(广州港口岸、南沙港、天河铁路客运口岸、白云国际机场口岸、广州经济技术开发区客运码头、新塘客运码头和莲花山港客运码头)和12个二类口岸（省外运公司黄埔外贸仓库、庙头、东江口、石井　心、广州造船厂集装箱厂码头、芳村合利围、石榴岗、花都区花都港、番禺市桥、莲花山、南沙港和增城新塘装卸点）出入境边防检查任务。

2001年出入境边防检查统计数据

项目 口岸	旅客	员工	交通工具
天　河	1595620	164472	4363
白　云	1447244	122830	10737
番　禺	881369	90565	6242
莲 花 山	260043	90491	12106
广州开发区	85989	85759	3477
新　塘	39476	80965	4849
黄　埔	3653	51839	15050
洲 头 嘴	0	32342	12118
新　港	0	29170	12202
新　沙	0	0	0
合　计	4313394	748433	81144

注：新沙口岸出入境边防检查统计数据并入黄埔口岸。

2001年，广州出入境边防检查总站按照党中央、国务院的要求，在公安部和公安部出入境管理局党委的领导下，在各级政府的支持关心下，紧紧围绕服从服务于改革开放和经济建设的大局，与时俱进，强化管理，认真履行职责，有力打击了各种违法犯罪，促进了地方经济的发展，圆满出色地完成了执勤任务。为维护社会政治稳定和口岸的出入境正常秩序，服务改革开放和经济建设作出了积极贡献。

【充分发挥职能作用，维护口岸安全】 维护国家主权和安全，维持口岸畅通有序，是边防检查机关的首要任务。

1.坚决打击境外敌对分子、暴力恐怖分子的渗透和破坏活动。“9.11”事件后，在防止恐怖分子、“法轮功”分子闯关滋事工作中，总站及各站党委、领导高度重视，加强了组织领导，做到了一旦有事，能拉得出，控制得住，妥善处置。

2.严防各类违法犯罪分子出境出逃逃避打击处理。在全国公安机关开展的严打整治等专项斗争中，总站及各站积极配合，强化口岸管理，发挥了积极作用。

3.认真做好重要时期的专项检查工作。元旦、春节、“两会”、五一、国庆、春秋两季的广交会以及去年的APEC会议、在广州召开的九运会、亚太地区检察长会议、省长经济顾问咨询会等一系列国际、国内的重要会议、活动期间，都周密部署，严密控制，确保了安全。

4.严厉打击口岸偷渡活动，维护了口岸正常出入境秩序。针对偷渡人员中持用伪假证件、签证偷渡的占了绝大多数的情况，把提高识别伪假证件能力作为重点，一是强化培训，千方百计提高一线检查人员识假辨伪能力；二是针对不同时期、不同阶段偷渡活动的情况，有针对性、有重点地开展调查研究，分析情况，提出对策，努力指导一线工作；三是加强证件研究工作，收集新版真假证件的样本资料，供民警在业务执勤中学习参考；四是加强对偷渡人员的审查和对偷渡规律特点的分析研究以及与地方公安机关的横向联系，形成打击偷渡活动的合力，使反偷渡工作更富有成效。

【改革勤务，完善措施，为改革开放和经济建设提供良好的服务】 随着国家改革开放的不断深入，特别是为了适应加入世贸组织后对边检工作提出的新要求，根据全国出入境管理工作会议提出的改革措施，结合实际，改进勤务，充分发挥了边检机关服从和服务于改革开放和经济建设的作用，为中外出入境人员和交通运输工具提供便利。

1.落实到港澳的外国人组团前往珠三角地区旅游提供便利的措施，在省政府的关心支持下，投入巨资，设立了144便利网站，实现了旅游团入出境的预报预检，大大方便了入出境。

2.做好非开放口岸出入境船舶的检查工作，支持地方经济建设。新沙口岸在国务院未正式验收开放之前，我们允许运载支农、建港物资、粮食和危险品的外轮和远洋船舶从该口岸入出境；允许外轮运载有关民生的燃料、城市建设物资从在开放水域内的海心沙、汾水头、南村油库等非开放码头入境。节省了运输费用，得到了经营单位的一致好评。

3.落实对外承诺，实行24小时报检，船检民警通宵执勤，做到了随报随检，方便了货船出入境，深受运输、港务部门的欢迎。

4.改革了航行港澳小型船舶证书的项目内容，方便了船员的出入境及企业人力的调配。

5.增加了警务工作透明度，印制了警务公开手册，广泛接受出入境人员和社会舆论的监督。强化民警的服务意识和奉献精神，坚持把执勤规范化建设与开展“为人民服务、树公安新风”和队伍管理教育等活动有机结合起来，制定了出入境边防检查勤务用语规范，检查员执勤语言规范，举止端庄，警容严整，精神饱满，树立了边检队伍良好的外在形象。4年来，总站被公安部评为先进集体一次，有3个单位被评为先进党支部，有2人被评为全国优秀站长、1人被评为全国优秀人民警察、13人被评为全国优秀检查员。

【狠抓规范化建设，执勤工作做到了规范有序】 以落实规范化建设为突破口，全面推进业务建设。先后进行了旅客检查、港口业务、行政执法等规范建设，使业务工作水平得到了整体提高，勤务管理规范有序，队伍的形象有了明显改观。

1.突出重点，循序渐进。在规范化建设中，首先把旅检的规范化建设作为重点，先行试点，逐步推广，以促进各项业务规范的落实。1998年底到1999年初，总站在天河站进行了旅客检查勤务规范试点，通过试点，制定了出入境边防检查旅客检查勤务规范，实现了旅客检查的规范化，公安部在总站召开的现场会上，对规范化建设给予了充分肯定，并为全国各边检站落实规范提供了借鉴和示范。

2.结合实际，因地制宜。在港口规范的贯彻落实方面，注重结合实际，先后在黄埔站新港分站和洲头嘴站花都办事处进行了国际航行船舶和二类口岸出入境边防检查管理勤务规范试点。制定了国际航行船舶检查管理勤务规范、出入境边防检查二类口岸管理勤务规范，进行了国际航行船舶出入境边防检查报检代理资格试点，制定了船舶代理资料审定制度，并对各船舶代理公司的报检人员进行了培训，使他们更好地配合边检的工作。同时，结合广州地区对外承接建造、维修境外船舶的船厂多的实际，研究制定了境外船舶在船厂维修出入境边防检查管理办法，实现了对船舶出入境的有效监管，从而进一步完善了港口规范化建设的内容。

3.规范执法，依法行政。根据依法治国的方略和边防检查工作的整个过程都是依法行政的过程，着重加强了执法规范，严格依照“两法”及其实施细则、“边防检查条例”等法律法规及规范性文件开展行政执法工作。在执法过程中，既注重实体，也注重程序，严格依照法定程序办理案件。在执勤规范化建设中，通过制定和完善各项规章制度，保证了业务规范化建设的落实。在业务建设中，一直把制度建设摆在头等重要的位置，强调以制度管人，依规定办事，坚决贯彻落实上级的有关政策、规定。在落实公安部制定的规范中，从实际出发，从细节着手，制定了具体可行、操作性强的具体实施办法，并不断完善、深化。

【充分运用科技手段，提高检查管理水平】 职改以来，在各站专设了技术部门，注重发挥科技人才在研究、开发、应用等方面的作用。培养了一批既懂业务又懂技术的力量，充实到执勤一线。在人力资源配置，经费保障，装备使用，技术开发应用等方面处处予以倾斜，重点保障。几年来，旅检口岸全部实现了闭路电视监控，完成了口岸验证系统的升级，配备了一批识别伪假证件器材，开通了数字传输系统和144便利网，完善了技术设备的维修保养更新制度。总站的信息化建设已经启动，目前正在建设之中，执勤装备有了新的改善，有效地提高了工作效率和管理水平。

【加强教育培训，民警的综合素质有了很大提高】 职改后，仍然按纪律部队的要求，加强了队伍的建设和教育管理，为执勤规范化建设打下坚实的基础。1999年下半年，总站在白云站进行了队伍建设规范化试点，以依法治警、制度建警、用制度管人、依规定办事为目标，开展试点工作，研究制定了队伍建设规范，统一了思想认识，完善了各项制度，队伍建设保持了良好的态势。在队伍建设中，始终坚持政治建警，着力提高队伍的思想政治素质，首先，在队伍中开展了讲学习、讲政治、讲正气的“三讲”教育。紧接着，又按照公安部的部署，深入开展了“三项教育”等活动，进一步打牢了民警的思想基础，并以队伍的政治建设带动业务建设。总站成立后，为了尽快提高民警的综合素质，总站根据公安部出入境边防检查机关人民警察3年教育培训大纲和出入境边防检查业务培训实施办法，制定了教育培训实施意见，把业务知识、法律法规、外语、计算机等作为业务教育培训的主要内容，设立了培训中心，扎扎实实地开展培训工作。教育培训中，采取了自训与代培、集中培训与岗位训练、走出去与请进来相结合等多种多样的方式进行训练。总站还根据业务执勤的需要，每年专门进行了专项业务以及政策法规等集中强化培训。民警的整体素质明显提高，业务建设在人员素质方面的底蕴明显增强，后劲更足。

【完善监督制约机制，建立执勤奖惩制度】 从建立内外监督机制和加强警示廉政教育两个方面着手，完善了各项廉政监督制约制度，使廉政、勤政建设与业务建设同步进行。在内部监督中，总站专门制定了关于防止在出入境船舶边防检查工作中出现不廉洁行为的暂行规定。督察部门认真履行职责，采取多种形式、深入一线，加强了对业务工作的监督。在外部监督上，总站先后聘请了两批特邀监督员，并定期召开监督员座谈会，请他们对业务执勤工作提出批评意见和建议，并进行监督。在加强廉政教育工作中，注重自我约束，通过各项教育活动，增强民警全心全意为人民服务的宗旨意识，通过学习江总书记“三个代表”的重要理论，提高全体民警的政治思想觉悟，加强世界观、人生观和价值观的塑造。目前，基本形成了执勤制度严密、监督措施到位、思想教育在先的一种良好局面。

深圳出入境边防检查总站

2001年，在部局党委的正确领导下，深圳边检总站坚持以邓小平理论和江泽民同志“三个代表”的重要思想为指导，始终以业务执勤为中心，扎实推进各项规范化建设，坚持走科技强警之路，加快边防检查信息化建设进程，严格执法，热情服务，全体民警以高度的政治敏锐感和工作责任心，团结奋斗，开拓创新，较好地完成了出入境边防检查任务。一年来，共检查出入境人员116529867人次，同比增长4.02%，占全国57.72%；车辆11373661辆次，同比增长1.3%，占全国77.77%；查处各类违法违规人员21808人次。

【加强重点时期的安全保卫工作，严厉打击偷引渡活动，维护国家安全稳定与正常出入境秩序】 2001年的安全保卫工作任务非常繁重，在部局直接指导下，总站确立了 “严防‘法轮功’顽固分子闯关滋事、严重刑事经济犯罪分子外逃、恐怖分子潜入”的工作重点。在香港“《财富》论坛”、“APEC” 上海会议、“9·11”事件等政治敏感时期，采取强有力措施，相继圆满完成了安全保卫工作任务，实现了把影响国家安全和社会政治稳定因素降为“零指标”的工作要求。香港《财富》论坛期间，针对境内外“法轮功”顽固分子企图到香港集结滋事的图谋，及时制定了周密的“508安全保卫工作方案”，并进行了处理突发事件的防暴演练，派出便衣力量对罗湖、皇岗口岸成群结队出境人员重点跟踪观察，防止“法轮功”顽固分子集结闯关；还加强对交通运输工具的检查，确保了会议安全召开。美国“9·11”恐怖袭击事件以后，加强了对可疑人员的检查，妥善处理了一起伪假 “炭疽菌”粉末事件；“APEC”会议期间，加强了对中东国家和地区的船舶或船员的检查，有力地支持了会议的安全保卫工作。

为严厉打击非法出入境活动，采取了有力措施。先后举办了3次“打击非法出入境培训班”和4次“识别伪假证件”培训班，由总站识别伪假证件的业务能手讲授，并邀请制证专家讲解证件防伪知识。为避免了业务交叉，将调研队和“二线队”合并，理顺了关系，促进了打击偷引渡工作的完成；多次在政治敏感期开展打击“持伪假证件出境”、“偷爬汽车列车出境”等专项斗争；定期与港方召开情报交流会，共同研讨打击非法出入境活动对策。3月份，为吉林省公安机关提供线索，协助破获一个偷引渡团伙；5月份，配合粤港澳警方联合开展的“蓝鸟”行动，协助遣返在港从事不正当职业女子100余人。

【扎实推进规范化建设，努力创造安全、文明、便捷的口岸出入境环境】 2001年，按照公安部出入境管理局的部署，深圳边检总站大力开展规范化建设活动。葛万新总站长亲自参与研究贯彻措施，结合深圳出入境边防检查工作的特点，在旅客检查、执勤用语、人员职责、量化管理、警务公开等方面制订了规范性文件和实施细则，使各项执勤执法活动有规可依。在具体贯彻实施过程中，组织民警学习有关《规范》加强掌握和理解，运用量化管理和奖惩制度提高民警执行规范的自觉性，通过考核评比等措施促进规范的贯彻落实。为改善执勤条件，优化通关环境，加强了硬件建设，对各站现场值班室、队办公室、扣押房、关押房、现场引导标识、口岸示意图、旅客卡片资料档案室等进行了更新和改造，添置了办公和执勤设备，按照《规范》所要求的标准摆放和设置。还配备了一批消防器材，建立了消防管理制度，以确保现场消防安全。通过一系列措施，民警的执勤形象面目一新，执勤条件大为改善，通关秩序更加顺畅，各项执勤工作上了一个新台阶，受到广大出入境人员的赞扬，也受到公安部出入境管理规范化建设检查组的一致好评。

【密切与港方配合，适时调整勤务，确保口岸畅通】 近年深圳各口岸出入境人员和交通运输工具流量呈不断上升趋势，口岸通关情况受到香港人士和内地各界的广泛关注，中央电视台、深圳、香港等地的新闻媒体经常对节假日期间口岸通关情况进行现场报道。为保证口岸的安全畅通，深圳总站克服现场执勤场地狭小、警力不足等困难，采取了有力措施。节假日期间，双方边境联络小组保持热线联系，在旅客出入境高峰时，双方每小时通报一次客流情况，并根据客流量及时调整勤务，确保口岸畅通。为适应形势需要，促进进出口贸易，积极进行勤务改革，自3月1日起，对靠泊盐田港的国际航行船舶实行“预检”，使进港船舶即靠即作业，缩短了靠泊时间，提高了工作效率和通关速度，受到深圳市政府的肯定和盐田港码头公司的赞扬；7月1日起，罗湖站将港澳游团队由二楼“四种人”通道分流到从三楼和一楼的港澳检查通道出入境，加快了通关速度；12月1日起，罗湖、皇岗口岸通关时间延长至24:00，

罗湖站、皇岗站在警力缺乏的情况下，积极调整勤务，科学安排警力，挖掘潜力，保证了延关后口岸畅通。为改善口岸旅客候检环境，葛万新总站长多次向深圳市政府反映罗湖口岸检查场地狭小、设施陈旧、划分不合理等问题，并邀请全国政协委员、香港人大代表和政协委员及知名人士到口岸实地考察，经多方努力，引起了深圳市政府和社会各方面的重视，罗湖口岸的改造工程已提上深圳市政府议事日程。此外，在 “西部通道”、“皇岗地铁口岸”建设方案中，也及时提出合理建议，促使调整了原口岸执勤现场划分方案。

【坚持依法行政，文明执勤】 为规范执法行为，提高执法水平，深圳边检总站加强了法制建设。按上级有关要求，成立了法制办公室，妥善处理了4起行政复议案件；对各站进行了执法检查，对个别单位民警在执法过程中凭老经验、老办法办案，定性不准、重实体、轻程序、随意性大的行为进行了纠正和整改，促使各站民警增强法制观念；经过积极与深圳市公安局协调，研究制定了边防检查行政拘留处罚执行办法；还进行了边防检查立法调研，就《边防检查法》的立法体例、调整范围、现行条例的修改等方面向公安部出入境管理局提交立法建议23条。

为让出入境旅客满意，创造文明的口岸出入境环境，结合“三项教育”，加强民警的服务意识。在“两会”、香港“《财富》论坛”、上海“APEC”会议期间，各站设立专用通道，选派外语水平高、综合素质好的检查员为与会人员办理出入境手续。还成立了“便民小组”、“医疗小组”等，为旅客排忧解难，文锦渡站长期为危急病人和有困难的旅客特事特办，被深港两地人士誉为“生命通道”；罗湖站六队为老弱病残旅客服务的轮椅被旅客喜称为“连心椅”。

【坚持走科技强警之路，大力加强出入境边防检查信息化建设】 近年来深圳各口岸出入境人员和交通运输工具逐年大幅递增，出入境边防检查任务日益繁重，随着我国经济的发展和改革开放的深入，特别是加入WTO以后，对边检工作提出了更高的要求。为适应新形势，深圳边检总站加大了科技投入，积极应用新技术，向科技要警力，向科技要效率，努力建设高效的现代边防检查信息体系。

研制开通了“畅通网”和144小时便利签证申报系统。为适应形势发展，逐步建立边防检查“电子口岸”，总站在互联网上建立了深圳边检总站网站“畅通网”，使之成为总站的信息平台和宣传载体。通过“畅通网”，可以方便快捷地处理144小时便利签证业务；为旅行社提供资料录入或上载、资料传输成功与否的信息反馈、旅行团流量及旅行社业绩情况统计；为普通旅行社提供资料预录申报业务；为持“单程证”旅客提供信息查询；提供口岸有关动态，发布公告、通告，提供出入境知识查询；进行出入境法规以及深圳边检总站有关方面的宣传。“畅通网”开通运行以来，各旅行社反映良好，受到社会各界的高度赞誉，取得了良好的社会效应。据统计，自3月20日开通以后，共有30693个旅游团348443人次通过“畅通网”办理了资料预录入，占广东省同类业务量的90%。

研制和推广出入境自动查验系统。为便利车辆出入境，总站加强了“快捷通”车辆自动查验系统的推广使用。5月28日，在皇岗口岸开通启用小车通道“快捷通”系统，至此，皇岗口岸已全面实行出入境车辆自动检查方式，边

防检查“电子口岸”初具规模；文锦渡、沙头角站货检通道“快捷通”工程也正在积极筹建；还完善了“快捷通”的反偷渡功能，全年共查获利用藏匿于车底的手段偷渡案件46宗55人。

成功开发深圳边检综合信息系统。由于历史原因，深圳总站下属八个站共有三套查验系统，操作系统、数据库、网络模式、程序代码甚至业务功能模块都不相同，造成了系统间难以整合，信息不能共享，已经不能满足不断增长的旅客流量以及边检业务改革创新的需要。为建立现代信息指挥系统，经过技术人员4多月连续奋战，涵盖全总站各类业务的边检业务综合信息系统如期开发以成功。新系统提高了自动化程度，在执勤管理方式上有多项创新，正式运行后，将实现现场业务问题处理、边防检查数据统计电子化。按预定计划， 2002年新系统将在全总站范围内推广使用。

加大科技投入，利用现代科技手段改造更新检查系统，提高执勤能力。成功地将中小口岸《边防检查信息管理系统》由2.0版升级为3.01版；建设总站信息高速公路，铺设光纤传输网；改造口岸检查通道显示屏和信息告示屏，已在机场福永站、皇岗站和蛇口站安装完毕；配合广东省公安厅换发新式港澳车辆内地牌照工作，开发新的出入境车辆数据管理软件；投资100多万元，为旅检任务重的罗湖、皇岗站引进装备了VSC文检仪，提高了伪假证件识别能力，据统计，使用文检仪后，伪假证件发现率提高了20%；在盐田站西港区、蛇口站客运现场、SCT码头和凯丰码头安装了闭路电视监控系统，盐田站还研制安装了移动式前端摄像头，并安装了监控报警系统，至此，盐田站闭路电视监控系统覆盖了整个盐田港区，监控能力全面加强；购置了二氧化碳探测仪，用于盐田站对集装箱进行抽查检测，提高了反偷渡能力。

2001年深圳出入境边防检查总站业务工作统计表

		入境	出境	合计	同比
人员	旅客	52501090	52713875	105214965	4.8%
	员工	5673308	5617610	11290918	-2.8%
	边民	11992	11992	23984	-19.4%
	总数	58186390	58343477	116529867	4.02%
交通运输工具	车辆	5691160	5682501	11373661	1.3%
	船舶	27014	26071	53085	16.26%
	飞机	542	450	992	-12.06%
	列车	1355	1452	2807	-9.01%
查获偷渡人员				1308名	-16.2%
处理违规人员				20500名	23.73%
接收港方遣送人员				12025名	17%

珠海出入境边防检查总站

2001年，珠海出入境边防检查总站以江总书记“三个代表”重要思想为指导，牢牢把握全党全国工作大局，在公安部、出入境管理局党委的正确领导下，以边防检查执勤为中心，按照“向改革、管理、科技、素质要警力、要效率”的工作思路，全面推进严格公正文明执法，全力维护正常出入境秩序，热情为广大出入境旅客服务，确保了以出入境边防检查执勤为中心的各项工作任务的圆满完成，为维护国家政治稳定和社会安定，为珠海特区的改革开放和经济建设做出了应有的贡献。

一年来，珠海出入境边防检查总站所辖拱北、九洲、湾仔、横琴、高栏、万山、桂山、斗门8个出入境边防检查站共检查出入境旅客、员工45551932人次，比2000年增加17.67%；其中拱北、横琴两个陆港站检查出入境车辆2075382辆次，比2000年增加10.4%；九洲等六个海港站检查船舶48806艘次，比2000年增加30.6%；并圆满完成了元旦、春节、五一、香港财富论坛、"9·11"事件后、国庆节、上海APEC会议、九运会等重要时期的出入境边防检查工作。

【改革创新，提高执法和服务水平】 一年来，总站通过改革和完善工作制度，大力加强现场执勤技术装备建设，为业务建设提供了可靠的软硬件保障。软件方面有：一、为了便利在港澳的外国旅客到珠三角和汕头地区旅游观光，总站按公安部要求，对在港澳的外国人旅游团实行144小时免签证验放措施，极大地方便了外国游客，也刺激了广东省乃至珠海特区旅游业的发展；二、海港站对定期航班、管理信誉较好的货运经营单位实行预检申报制度，出入境船舶可提前24小时申报出入境船舶和船员资料，接受边检部门的查验，使船舶抵港后即可上下人员，装卸货物，大大提高了出入境货运船舶的运转效率；三、在现场执勤工作中推行量化考核，有效地调动了民警的工作积极性，进一步提高了执勤工作效率；四、拓宽社会共管渠道，与海关、船代、船舶经营公司等单位签订反偷渡工作协议，增强打击口岸偷渡活动的能力，形成了群治群防的良好局面。五、进一步健全了一批依法行政的规章制度，规范执法行为，将总站业务工作推上了一个新台阶。硬件方面，年内总站共投入930多万元人民币对口岸执勤设施进行完善，口岸现场检查设施、闭路电视监控系统、技术通信网络建设等方面都得到了进一步地完善，边检执勤及反偷渡工作中的科技含量得到不断提高。目前，总站已为拱北等旅检站配备了文检仪、身份证鉴别仪、电子放大镜等先进鉴别仪器，并对EDISON证件鉴别系统及时升级，更新资料。此外，还在拱北口岸开发启用口岸限定区域计算机管理系统，研制使用验讫章电子管理系统。通过各种科技手段的应用，极大地便利了现场执勤和违法违规案件的查处，出入境边防检查工作的质量和效果明显提高。一年来共查获偷渡分子216人次，发现处理各类违法违规（非偷渡）人员6092人次，接收港澳警方遣返人员10000多人次，共处罚款人民币1100多万元。

【严格把关，加强口岸查堵能力】 查堵各类不法出入境分子是出入境边防机关的重要职能。一年来，总站将维护社会稳定作为首要任务，依据部局指示精神和各阶段的查控形势，有针对性地制定查控工作任务，出色地完成了各个重要时期的专项查堵工作。一年来，总站共查堵不法出入境人员和国内外恐怖分子4000多人次，维护了国家的安全和社会的稳定。

【苦练内功，提升执法人员的综合素质】 为适应入世后我国对外政治经济文化交流的需要，总站加强了对各级执勤人员综合素质的培训。通过培训、考核、讲座、参加社会上的专业学习班等形式，促使全总站干警知法懂法，打好依法行政的基础，同时增强民警在计算机、外语等方面的操作运用能力，提高出入境边防检查工作质量和工作效率。一年来，全总站共800多名干警参加了各种类型的培训，使接受培训人员的比例达到全总站人数的80%，民警的执法水平和服务意识都得到迅速提高。

在2001年珠海市政府组织的万人评政府活动中，总站的工作成绩得到了社会公众的普遍认可，群众满意程度在80%以上。全总站共有8个单位荣立集体三等功，66名民警荣立个人三等功，156名民警受到各级党委的嘉奖。

汕头出入境边防检查总站

2001年，汕头边防检查总站的边防检查业务工作以江总书记"三个代表"重要思想和"严格执法、热情服务"的题词为指导，以深化改革和科技创新为动力，坚持依法行政，不断推进规范化建设，边防检查工作质量和水平明显提高，在配合各级公安机关各项打击行动，维护社会治安，以及汕头特区成立20周年庆典、"食品节"等大型活动做了许多工作，圆满完成了口岸出入境边防检查工作任务。一年来，空港站检查出入境旅客20.9万人次，出入境服务员工6.1万人次；空港站检查出入境飞机2001架次，海港站检查出入境船舶2848艘次。

【旅客检查方面】 首先抓现场规范，方便旅客出入境。根据公安部出入境管理局的统一部署，空港站按要求对检查现场的边防检查设施进行改装，启用了与国际接轨的指示牌、电子引导牌，使旅客检查现场标识规范、统一；增设了礼遇通道，优先验放高级代表团、外交人员、知名人士以及老、弱、病、残、急旅客。同时，注意提高查验水平和服务质量，减少查验环节，营造宽松的通关环境，实现了按照办理一名旅客出入境检查手续时间不超过45秒钟，一般情况下95%的旅客侯检查时间不超过30分钟的标准。为了提高全体人员的素质，汕头总站对检查人员进行了全员额的外语培训、计算机培训、法律法规培训和边检业务培训，大大增强了处理问题的能力。为方便旅游团队出入境，树立汕头旅游城市的良好形象，空港站积极与市旅游局及有关旅游公司紧密协作，为旅游团队开设专门的验放通道，采取旅游团名单提前录入电脑查验系统的作法，减少旅客滞留口岸时间。

【船舶检查方面】 依据《国际航行船舶监护管理办法》、公安部出台的有关执勤规范，参照国际通常做法，改革航行国际航线船舶的检查监护管理办法。对出入境船舶实行24小时检查制度，预申报出入境制度，各港口站在码头设立报检室，24小时接受船舶报检，保证船舶随到随查。对航行国际航线的中外船舶依照规定，在入境船舶抵港前我们可为其办理预报预检手续，办理了预检手续的船舶抵港后即可上下作业人员、装卸货物，抵港的同时按规定在办理正式检查手续时，还可根据船舶靠泊码头时间预先办理离港手续。从而大大缩短船舶靠泊码头的时间，提高了工作效率。我们还根据形势需要，加大预防和打击利用出入境集装箱偷渡的活动，总站所属龙湖站与海关、码头经营单位等部门加强联系和沟通，共同采取有效措施，加强集装箱监管，龙湖站还与有关部门签订了安全责任书，明确各自职责，发动船方、代理、经营单位参与管理，从点、线、面多层次开展监控，同时还引进科技创新，改革单纯靠人工巡查的模式，在重点码头安装闭路监控系统、无线通讯网络等先进装备，提高工作效率，加大船舶和口岸限定区域的监管力度。国际集装箱码头监控系统11月份启用后就发现2起10人次无证登外轮现象。

【严格执法 依法行政】 一年来，共查获偷渡案15宗20人次，查获和发现各类控制对象67名，查处违反出入境管理法律法规人员101起132人次。同时，大力开展精神文明建设，先后开展了“为人民服务，树公安新风”活动、以“全心全意为人民服务的宗旨教育，实事求是的思想路线教育和严格、公正、文明执法的法制教育”为主要内容的“三项教育”活动，开展了以“无误机、无漏控、无私放、无纠纷、无违纪”为主要内容的“五无”活动，激励全体民警“争先创优”，树立边检队伍良好形象。总站还大力开展党风廉政建设，完善现场监督机制，在执勤现场统一设立了举报箱，印制《警务公开手册》，向出入境旅客和船舶及有关单位发放，公开三级投诉电话，公开值班领导、检查员姓名，要求执勤人员佩戴《执勤证》上岗，在内部设立督察队（组），深入执勤现场进行勤务督察，在外部，聘请特邀社会监督员，通过定期召开座谈会和开通热线电话的形式，随时对勤务工作进行监督。从而形成上下监督、社会监督的立体监督机制，促进使文明执勤工作上水平，为地方经济建设的发展做出贡献。

广东出入境检验检疫局

【概况】 2001年，广东出入境检验检疫广东共检验检疫出入境货物359.81万批，货值950.56亿美元。其中出境货物223.41万批，货值482.70亿美元，发现不合格的3124批，货值6873万美元；入境货物136.39万批，货值467.86亿美元，发现不合格的2275批，货值43964万美元。检疫出入境交通工具共计1496.7万架（辆、艘）次。

检疫集装箱1471万标箱。监测体检出入境人员189219人次，检出各类传染病29308例。预防接种184858人次（含口岸从业人员和交通员工）。从出入境人员中检出HIV阳性32例；从动植物及其产品中检出危险性病虫害和其它有害生物363批次。从入境交通工具中截获登革热媒介昆虫——白纹伊蚊；从美国、澳大利亚入境的1400多头种畜中检出了牛传染性鼻气管炎、粘膜病、副结核病、结核病、羊衣原体病、边界病、禽型结核等10多种危险性疫病，从美国进境的奶牛中检出了18头患有人畜共患的结核病、副结核病并作了扑杀销毁处理，打破了美国25年来没有结核病的说法。从进境植物中检出了一类危险性病虫小麦矮腥黑穗病、小麦印度腥黑穗病、香蕉穿孔线虫、菜豆象、咖啡果小蠹、苹果蠹蛾等，其中从美国进口的苹果中检出苹果蠹蛾在国内属首次。

【加强检验检疫，依法严把国门】 加强出入境人员的卫生检疫。先后对南非发生的霍乱流行、非洲发生的流脑、泰国发生的登革热等疫情及时采取了防治措施。针对广东省范围内相继出现霍乱和登革热疫情，在做好疫情防制措施的同时，制定了《霍乱检疫疫源检索工作方案》和《登革热检验检疫监测工作方案》，为检疫监测工作提供了技术指导。与省有关部门联合制定《广东省预防与控制艾滋病中长期规划（2000—2010年）》。严格执行“入境检疫申明卡”和“健康证”查验制度。对旅客中的重点人群实施了传染病监测。对旅客携带或邮寄进境的特殊物品、废旧物品、可能携带媒介生物或致病微生物的物品实施了检疫查验和卫生处理措施。为了做好出入境邮寄物检疫管理工作，与省邮政局联合转发了《进出境邮寄物检疫管理办法》，提出了具体要求。落实了邮寄物检疫管理机构和人员，加强了与邮政、海关等部门的协调，规范了检疫操作程序。为了防止炭疽疫情传入境内，认真落实了国家质检总局有关规定和措施，下发了关于进一步做好炭疽检验检疫工作的通知。制订了《广东局炭疽病检验检疫防制工作方案》和《广东局炭疽检疫工作规程》。开展了炭疽病的预防与治疗方法；炭疽杆菌的检测技术以及疫苗、抗生素的使用等知识讲座，举办了炭疽可疑物品处理、检测技术培训班。发现可疑邮包，及时采取果断措施妥善处理，及时向国家总局、省委、省政府报告并提出加强炭疽防制工作建议，得到上级的充分肯定。

做好供港澳鲜活商品检验检疫工作。5月16日香港发生禽流感事件后，为防止香港禽流感疫情传入境内，协助香港政府做好禽流感事件的处理和恢复家禽供港工作，及时研究制定和落实了严防禽流感传入境内的9项措施，尽管供港澳鲜活商品的任务相当繁重而且极为敏感，但由于上下共同努力，保证了供港澳鲜活商品的质量。

强化进境肉类检验检疫管理。制订了加强进境肉类检验检疫工作的11条意见，成立了进境肉类检验检疫工作稽查小组，加强了对进境肉类产品检验检疫工作的稽查；进一步完善了进境肉类检验检疫及监管工作的具体措施，统一和规范了进境肉类检验检疫工作。加大了进境冻肉储藏监管工作的力度，对存放进境肉类的冷库实行了备案制度，规定取得备案的冷库才能存放进境冻肉，要求各冷库做到凭有效的检验检疫证明入库，入库必须填写监管手册。并对有关口岸局、口岸现场及存放进口冻肉的冷库进行了突击检查。由于采取了一系列严格的管理措施，进境冻肉质量有了明显提高。

加强供港澳蔬菜的农残监控。为规范出口菜场、收购站的检疫卫生登记工作，保证出口蔬菜的安全卫生质量，要求供港澳菜场采取规模化经营，完善管理制度，专人负责农药的使用和管理；组织培训菜场植保员，采用《监管卡》及《农药使用报告单》对每批供港澳蔬菜进行跟踪管理；严厉查处蔬菜农残超标行为，其中，查处供港蔬菜甲胺磷超标6宗、非甲胺磷类超标16宗，供澳蔬菜甲胺磷超标12宗，确保了供港蔬菜的卫生质量。

规范进出口食品、化妆品监督检验管理。加强了蜂蜜的出口检验及其企业的日常监管；加大了流通领域进口食品、化妆品监督管理工作力度；为严防与疯牛病相关的食品、化妆品流入境内，对进口食品、化妆品市场进行了全面调查，查清了从欧洲疯牛病疫区进口的与牛相关的食品、化妆品情况，并对其禁止进口和销售；为严防口蹄疫传入境内，对来自疫区的奶粉进行了检疫处理；有针对性地抓好食品安全卫生项目的检验把关工作；加强了出口粮食制品类食品的检验工作及生产加工企业的监管，从源头上制止了添加“吊白块”的违法行为。

加大对重要商品的检验监管力度。加强了进出口电池产品汞含量检验监管工作；停止了存在严重质量问题的日本三菱越野车的进口报验，并实施了严格的监督管理和跟踪检验；做好出口小家电产品的检验和型式试验工作，落实了出口小家电产品凭证报检工作；加强了进口废物的检验检疫监管工作，有效地防止了境外有毒有害物质进入国门；做好出口烟花爆竹生产企业的登记和复查工作，开展了出口烟花爆竹烟火药剂安全性能的检测工作。落实出口打火机检验监管，较好地解决了异地生产、本地出口所带来的一系列检验监管问题。

【积极参与整顿和规范市场经济秩序的行动】 充分发挥检验检疫职能优势，积极参与整顿和规范市场经济秩序行动，筹建了广东局打假办，拟定了相关职责，积极做好现职范围内的打假工作。一是开展进口食品专项打假。会同广东省质量技术监督局开展了进口食品监督检查专项活动，重点对进口婴幼儿食品、奶制品和酒类进行了检查，共出动检查人员1136人次，对9家进口商、570家零售商店、39间食品仓库进行了拉网式的监督检查，共查获涉嫌假冒伪劣进口食品货值84万余元，作出暂停销售处理。二是查处了制售假冒进口安全质量许可商品和制售假冒CIQ标志、封识等违法犯罪活动。立案查处了43宗违法案件，涉案标的近1000万元，监督销毁涉案货物4批，货值100多万元。三是与省有关部门联合开展了农作物种子进口秩序的整顿工作。四是积极配合打击走私。受理了175宗司法鉴定案件，为海关等部门查处走私提供了技术支持。

【努力提高服务水平，积极支持外贸出口】 一是制定和落实促进外经贸发展的措施。针对广东外贸出口形势严峻的情况，先后制定了改善投资软环境的12项措施、支持外贸扩大出口的10项措施和进一步支持外贸出口的8项措施，并在工作中狠抓落实，受到主管副省长的赞许。

二是支持广东农产品出口。帮助企业解决出口荔枝、龙眼保鲜等技术问题。主动帮助茂名企业解决保鲜技术、市场渠道等问题，改进产品加工工艺和包装，加强病虫防治、出口检验检疫和内部管理。及时向企业通报新的检疫技术信息和进口国有关检验检疫新规定、新措施，共同研究对策，扩大了荔枝、龙眼的出口。加强技术监督和指导，促进盆景打进欧美市场。珠江三角洲地区的盆景场基本上是个体经营，普遍缺乏防病、治虫的技术知识。对此，加强了技术监督和指导，使全年出口盆景由上年260多万盆增加到300多万盆（占全国出口的95%）。帮助企业改进出口富贵竹的工艺。为支持湛江富贵竹出口，制定了严格的检疫管理办法和检疫操作规程，简化报检手续，不分节假日随报随检，配合运装需要及时出证，缩短了离境前停留时间，减少重新感染病虫的机会。举办培训班，对企业技术人员进行检疫防病知识培训，提高企业自检能力。帮助企业改进工艺，提高产品质量，促进了富贵竹的出口。帮助企业提高出口罗非鱼的养殖技术。为扶持茂名、湛江地区罗非鱼出口，选派了经验丰富的技术人员到养殖场进行技术指导，加强药物残留的检验检疫。为养殖场提供国际市场供求情况、进口国质量要求及国际疫情等信息。对具备一定规模和改造能力的企业，推荐国外注册，推行ISO认证，为产品打入国际市场提供技术和信息方面的支持。

三是支持广东名牌商品出口。“珠江桥”牌酱油是广东的名牌产品，在欧盟等发达国家频频设置技术壁垒的情况下，出口经受着前所未有的挑战。得悉这一情况后，局领导带队到企业，了解出口遇到的问题，共同磋商解决办法。组成专门工作组深入调查研究和协调，抓好出口酱油氯丙醇检测技术的应用。加大品牌知识产权保护力度，强化对出口食品厂的日常监管，掌握各地酱油品牌，严格出口查核制度和品牌认定，使制约酱油出口的问题得以解决，出口量大幅增长。广东食品进出口出集团公司总经理专门送来“严把国门，树国际贸易崭新形象；悉心指导，助企业突破技术壁垒”的锦旗。

虎头牌电池也是广东的名牌。广东局帮助企业建立和完善质量保证体系，获得ISO9000质量认证，将其列入一类企业管理，减少了产品抽查检验批次，减轻了企业负担。建立绿色通道，简化检验检疫手续，优先接受报检，优先检验检疫，优先出证放行，堵住假冒产品出口。在汞含量检测上提供技术及检测服务，帮助企业严格控制污水废气的排放，定期与企业质检部门比对产品的电性能指标，特别是一些发外加工的产品放电性能，使其产品质量达到最好指标。定期与企业质检部门交换最新的产品信息，及时掌握国内外最新技术及信息，有效地扶持了企业出口。

四是支持重点项目建设。对重点工程进口设备，坚持急事急办，特事特办，检验到位，服务到位。积极支持广东建立全球最大的空调压缩机厂；为全国第九届运动会提供优质服务，把好场馆用材质量关；做好九运会卫生监督工作，确保运动员吃到“放心肉”、“安全肉”；努力为第五届中国花卉博览会和第四届中国国际园林花卉博览会提供优质高效的把关服务；为广交会境外客商提供了“特别通道”。

五是努力提高通关效率。开设了“绿色通道”，统一办理质量稳定的大型企业的报检业务，提高了办事效率。探索科学高效的检验监管模式，针对广东地区加工贸易发达的特点，对不涉及安全、卫生、环保，批次多批量小的进口商品采用集中监管、监督抽查的方式。对出口轻纺产品强化了过程检验和监管抽查，加强前期监管，缩短了检验周期，提高了通关放行速度。加快出口商品分类检验管理进度，对134家出口生产企业实施了一类管理，对1744家企业实施二类管理，一、二类企业总数比上年增加了24%。对产品质量长期稳定的企业积极推广免验制度，积极协助高丰纺织有限公司创造免验条件。

六是营造良好的执法环境。全面开展创建文明窗口活动。对报检大厅普遍进行了改造，用醒目的宣传形式公开报检程序、服务承诺、文明用语、工作纪律、监督电话、检举信箱等。提供了IC卡电话、饮水机、服务手册等，营造了加强服务、文明执法的氛围。进一步推行政务公开。根据国家总局政务公开的规定和要求，通过上网、编印政务公开手册摆放在对外窗口或发送到企业等形式，将检验检疫法律法规依据、工作职责、收费标准、工作程序和审批程序等内容系统地对外进行了公开。取消了预录入，推行了电子报检，减轻了企业负担，方便了企业。

深圳出入境检验检疫局

【概况】 深圳出入境检验检疫局的主要职能为：负责深圳各口岸出入境人员、动植物及其产品、货物、交通工具、运输设备及深圳辖区内各进出口外经贸、生产加工和运输仓储等企业的检验检疫和监督管理工作。目前，深圳检验检疫局下辖分支局10个，事业单位6个。

2001年，深圳检验检疫局共检验检疫出入境货物77.18万批，货值302.58亿美元。其中检验检疫出境货物39.58万批，货值136.16亿美元；检出不合格商品2654批，涉及货值1.53亿美元。检疫监管出入境人员10816万人次，与上年相比增长5.1%，体检5.70万人次，同比增长12.5%，发现病例5775人次，预防接种10750人次，同比增长4.2%。检疫进出境动植物、动植物产品19.90万批，货值21.72亿美元。邮政快件检验检疫增长14.8%；检疫出入境交通工具1147万次，集装箱1007万标箱，增长4.7%。签发一般原产地证书14.34万份，签证货值31.99亿美元，签发普惠制产地证书51.42万份，签证货值76.41亿美元，增长1.5%和2.2%，为出口企业获得进口国关税优惠约4.6亿美元，财产鉴定258批，鉴定金额1.97亿美元。评审ISO9000、ISO14000、QS9000企业282家，其中国外企业（越南）1家。圆满顺利完成了各项检验检疫工作任务。

【认真做好敏感商品的检验检疫工作】 年内，认真做好供港蔬菜、供港鲜活冷冻食品、进口食品、进口废料以及进口安全质量许可证商品、出口质量许可证商品等敏感商品的检验检疫工作。重点加强了对供港活禽的管理，在健全供港活禽下场监装、接驳监装、感官检查等管理制度、加大抽样范围和实验室检测力度、对出口活禽实行严格检疫把关的同时，对辖区内184个注册鸡场实施了分类管理。加大了对注册鸡场的环境卫生、防疫消毒和生产环节的监督管理，建立了注册场监管巡查和生产防疫月报制度，确保了供港家禽的安全卫生，有效地控制了香港禽流感疫情对深圳的影响，受到了国家质检总局和深圳市政府的好评。与此同时，共检验检疫进口大宗原粮104批，102.9万吨，其中小麦15.11万吨，大豆86.69万吨，大麦1.1万吨，烟草2395吨，检出小麦矮腥黑穗病6批，小麦印度腥黑穗病1批，菜豆象6批，完成了小麦、大麦、大豆等进口大宗物品的检验检疫工作；截获一、二、三类危险性病、虫、杂草47种1019批，一般性有害生物5006批；检疫监管进口美日木质包装47013批，截获松材线虫89批，签发出境木质包装“熏蒸／消毒证书”近21991批。进境疫害检出批次在全国检验检疫系统排名第一。全年没有发生质量事故，真正为外贸进出口起到了保驾护航作用。针对霍乱、登革热等国际传染病疫情的发生，加强了对出入境旅客、交通工具、集装箱、货物、行李和邮包的检疫查验，对口岸辖区范围内的食品、饮用水及服务行业开展地毯式卫生检查，并进行大面积药物灭蚊，严防霍乱传入传出，有效预防和控制登革热的传入。同时，在美国发生炭疽感染病例后，制定了紧急防治方案，进行了防治炭疽知识紧急培训，并对10宗炭疽可疑物品进行了实验室检验。截止年底，深圳口岸未发现登革热及炭疽疫情。

【密切合作　促进发展】 2001年，中国加入世贸组织，检验检疫部门面临前所未有的机遇与挑战。10月19日，深圳出入境检验检疫局与深圳海关正式建立合作伙伴关系，巩固与发展双方在各个领域的合作，强化双方的行政执法职能，提高服务水平，促进深圳地区外贸的发展。同时，积极开拓国际邮包、航空快件、供港东江水等检验检疫新业务。2001年，共检验监管邮政快件3205批，货值1532万美元；检验检疫供港东江水4.66亿立方米，较好地保障了供港东江水的卫生和安全。2001年，深圳出入境检验检疫局正式成为国家质检总局食品中文标签初审单位，开展了中文标签的初审检验工作。全年共受理进出口食品中文标签申请2159份，初审检验405份，受理及初审检验总量在全系统名列前茅。

【加强业务基础建设】 重点加强了动植物、转基因标准的制定工作。全年共完成了科研制标项目22项，其中在“小麦印度黑穗病菌定性与定量PCR检测方法”研究上取得了突破性进展。首次将PCR技术应用于植物病原真菌的检测领域，填补了我国此类检测领域的空白。同时，全面开展办公自动化工作，提高公文运转效率，改进机关作风。重点加强计算机信息系统的保密管理，全面实行处室立卷制度，档案管理工作再上台阶。顺利通过广东省特级档案室考核，被广东省档案局评定为“省特级综合档案管理单位”。此外，“电子签证、电子报检、电子转单”工作初具规模，电子收费工作进展顺利。至年底，电子签证企业已达472家，签证数量70762份；电子报检企业132家；电子收费系统已与深圳发展银行共同研究开发完毕，开通电子收费企业10多家。

【提高行政效率　优化投资环境】 积极响应深圳市政府的号召，采取种种措施，进一步提高行政效率，优化投资环境。年初，推出调整业务管理模式、减轻企业负担；进一步简化口岸查验环节，提高通关效率；积极做好ISO9000及ISO14000质量体系的评审工作等8项承诺。2001年8月，由局领导带队，分6个小组深入全市50多家外贸出口大户进行现场调研，全面听取企业意见，现场为企业排忧解难。在此基础上，再次推出开通深圳检验检疫网站；建立联络员制度；开设绿色通道；提供熏蒸消毒处理全天候服务；取消深圳外贸企业沿途收购的部分出口冰鲜水产品报检的限制；对来自非疫区木质包装货物，可在企业条件许可的情况下，应企业要求到企业实施检疫；对内贸转外贸且最后一道加工工序在深圳完成的，可视同深圳地区产品实施检验检疫等6项措施，受到了深圳市市政府及深圳市外贸企业的一致好评。

【加强干部队伍的建设】 全面提高全体干部职工的素质，聘请有关专家对干部职工进行WTO知识培训，以适应入世后更趋复杂的检验检疫工作。进一步深化干部人事制度改革，建立能上能下、能进能出、有效激励、严格监督、竞争择优、充满活力的用人机制。实行机关干部竞争上岗和轮岗、交流以及干部任前公示制度，提高干部任免的透明度。创造一个尊重知识、尊重人才，在利于优秀人才脱颖而出、健康成长的环境，实现人才资源的整体开发与合理配制。积极开展创建活动，通过以点带面、以科带局的连锁效能作用，科科比文明，局局争先进，积极推动党风廉政建设的不断深入。截止2001年，已连续第3次获得深圳市文明单位称号，全局已拥有团中央授予的青年文明号1个、省级青年文明号2个、市级青年文明号1个、口岸级青年文明号2个，形成了省、市、系统、单位各级“青年文明号”同步创建的良好局面。

珠海出入境检验检疫局

【概况】 2001年，在国家质检总局的正确领导下，珠海出入境检验检疫局认真执行质检总局的各项部署和要求，努力加强基层建设、推进业务改革、从源头狠抓产品质量、严把进出口关，大力发展科技，提高管理水平，积极促进外贸扩大出口，在维护国家经济安全和人民身体健康、促进地方经济发展等方面都做出了可喜的成绩。

2001年，共检验检疫进出境货物15.46万批，货值52.97亿美元，其中出境货物6.62万批，货值23.30亿美元，检出不合格出口商品30批，货值59万美元；出境货物8.84万批，货值29.68亿美元，检出不合格进口商品10批，货值7万美元。检疫出入境交通工具220.3万艘（辆次），检疫集装箱23万个；检出植物危险性有害生物和重要林木害虫82宗；出入境人员疾病监测体检18283人次，预防接种3501人次，检出各种传染病2684人次。

【实行有效监管，抓好进出口产品质量】 针对珠海地区前100家出口大企业中约70%是机电轻纺企业的情况，珠海局以机电轻纺产品为试点，摸索全面转变管理模式的途径，在机电轻工产品生产企业试行“全过程质量监督控制”的检验管理模式。同时，加强进出口质量许可制度和注册登记制度，将检验检疫工作向前延伸，确保出口商品质量。目前珠海地区已有48家企业获出口检疫卫生注册登记，20家企业获出口机电类质量许可证，45家企业获出口玩具质量许可证，47家企业获出口包装质量许可证，2家企业获输美日用陶瓷许可证。

通过合理调配人员，充实加强口岸一线和专业岗位，重点加强对涉及安全、卫生、环保、健康的进出口货物的检验检疫，确保进出口商品质量。对供澳蔬菜生产、出口各个环节实行严格监管，指导菜农合理使用农药，关键时期加大下场监管密度，严肃查处违规菜场，杜绝收购非注册菜场蔬菜出口。全年经拱北口岸出境的供澳新鲜蔬菜均没有发生因卫生质量问题被退回的情况，也未收到澳门方面关于蔬菜农残超标的反映。对供澳活畜禽加强注册场的管理，严格执行辖区管理制度和责任到人的管理方法，严密监测禽流感和盐酸克伦特罗残留。2001年澳门曾发生杀鸡事件，珠海局立即组织力量对辖区内28个供港澳活禽注册场进行禽流感疫情排查，得出珠海辖区内无禽流感的结论。积极与澳门特区政府有关职能部门做好协调工作，解决好有关问题，使供澳活禽顺利恢复出口。加强对出口食品加工企业的管理，送技术、送管理到车间，使企业卫生状况和管理水平有较大改观。目前，珠海地区出口食品加工企业已有42家获得卫生注册登记证书，与此同时，还积极协助企业取得对外注册。

【严把国门，防止疫病传入传出】 首先，加强了疫情信息工作，承办质检总局主办的《国际动物疫情快讯》，编发《卫生检疫信息》，为质检总局进行入境动物检疫审批，调整我国出入境动物检验检疫政策，对外签订动物检验检疫议定书和有关的双边或多边谈判提供信息支持。

其次，做好基础性工作，开展检疫性实蝇监测、口岸传病媒介生物本底调查和口岸鼠间鼠疫、鼠间流行性出血热抗体监测，积极采取对策，防止病情的发生和传播。

再次，加强检验检疫把关工作，采取激励措施，提高疫情检出率，有效防止疫情传入传出。加大传染病监测和卫生除害处理工作力度，检出艾滋病毒携带者3例及其它各种传染病2000多例。做好对美日输华货物木质包装的检验检疫，加强植物性有害生物检出率通报制度。2001年，共截获危险性有害生物和重要林木害虫82批次，检出率高于去年同期。

根据珠海实际和国际疫情流行态势，切实抓好了如下几件工作：一是为严防口蹄疫、疯牛病等疫情从旅检通道传入。特别加强了春节和清明节期间的旅检工作，并加大宣传力度，对澳门同胞携带返乡祭祖的烤乳猪一律作退运处理，得到了旅客的理解和支持。二是针对国际恐怖主义活动，加强旅、邮检工作。大力加强炭疽防制，及时成立了炭疽防制领导小组和专家小组，制定炭疽防制工作方案。面对突发事件忙而不乱，及时妥善地协助地方政府有关部门处理了珠海地区发现的7宗有白色粉末的可疑邮件，尽可能消除群众的恐慌情绪。三是针对全球登革热和登革出血热流行态势，及时向珠海市政府提交防止登革热传入的意见，强化市民防疫意识。在各口岸组织大面积药物灭蚊和彻底清除积水容器的行动，及时处理好检出的登革热病例，取得显著效果。在毗邻的澳门发现1100多例登革热病的情况下，珠海仅从澳门籍旅客中检出1例输入型登革热病例，尚未发现本地居民被感染。

【认真抓好各项建设，提高执法把关水平】 加强科技工作和信息工程建设，制定了《科技发展“十五”计划和2015年远景规划》，健全了科技委、专业委等组织机构，建立了科技活动制度，落实激励机制，加大科技投入，加强科技项目攻关，完成了国家局下达的5项科研与制标项目。加强与国内外同行的技术交流与合作，认真抓好科技兴检。筹措资金加快CIQ2000网络工程建设，完成了局域网网络建设，制定城域网联接方案。

加强实验室建设，重点加强了实验室软件建设。4月份，保健中心HIV实验室顺利通过卫生部专家组艾滋病抗体检测确认实验室考核。技术中心的微生物实验室等7个实验室，严格按照ISO/IEC17025标准建立实验室管理体系，力争尽快完成CCIBLAC的现场评审。同时加强技术交流与合作，虚心学习国内外同行的先进经验和做法，不断提高检测人员的专业素质和技术水平。

积极开展新商品、新项目检验，不断拓展检验检疫领域，如牛奶中抗生素残留量的检测和罐头食品的紧密度、叠接率，试漏等项目的检验；电池中汞含量检测；调味品中三氯丙醇的检验；食品和植物产品中转基因成分检验等等。年内，还积极配合地方有关部门开展打假、打私工作，取得了显著成绩。

【加强服务，努力促进外贸扩大出口】 积极发挥检验检疫职能作用，服务外贸，支持地方经济。抓好政务公开，及时向地方有关部门和企业通报新的政策法规，公开检验检疫有关标准和资料，增大检验检疫工作的整体透明度。制定促进珠海外贸出口15项措施，对出口大户、重点企业、珠海市高新技术开发区和保税区实施政策倾斜，改善通关环境，营建口岸绿色通道。加强信息化建设，提高服务效率。一边抓CIQ2000网络工程建设，一边加快“三电工程”推广步伐，为实行电子报检、电子签证、电子转单提供硬件和技术保障，方便企业报检和签证。积极拓展认证评审领域，促进企业质量管理体系与国际接轨。充分利用信息、人才、技术优势，认真帮助企业改进生产加工技术和管理，不断提高出口产品质量。

【以“三个代表”重要思想为指导，全面提高干部队伍素质】 局领导带头认真学习“三个代表”重要思想和江总书记“七一”重要讲话，使广大干部树立起讲政治、顾大局、依法行政、廉洁勤政、高效率办事、高质量服务的观念。

规范执法行为，严肃检验检疫工作秩序。以基层和一线为重点，坚持每季度一次的检验检疫执法检查，及时总结经验，及时整改问题，使基层执法人员依法把关、依法行政水平不断提高，执法意识、质量意识和责任感不断加强。重视抓好廉政建设，建立《党风廉政建设责任制年度考核办法》、《国家公务职位轮换（轮岗）试行办法》、《工作人员执法守则、廉政纪律和职业道德规范》等规章制度，加强对容易滋生腐败的关节点的监管；同时，把纪检监察工作贯穿于局机关内部管理和检验检疫工作的各个环节，有效避免了违法违纪行为。

改革干部人事制度，建立竞争择优的用人机制。成功举办第一次处级干部竞争上岗，32名符合条件的年轻正科级干部参加6个副处级职位的公开竞争，最后择优录用了最优者走上处级干部领导岗位，为珠海检验检疫事业的持续发展注入了新的活力；2001年还首次在全国范围内公开招考国家公务员。上述举措为逐步建立起富有生机和活力的选人用人机制开了个好头，把干部人事制度改革向前推进了一大步。

广东海事局

【简介】 中华人民共和国广东海事局是中华人民共和国海事局的直属局，代表中华人民共和国政府履行国际海事公约缔约国义务，审批外国籍船舶进入我国内水和港口，对船舶悬挂中华人民共和国国旗航行权进行监督管理；拟订和组织实施国家水上安全监督管理和防止船舶污染，船舶和船上设施检验，航海保障以及交通行业安全生产的方针、政策、法规和技术规范、标准；负责外国籍船舶出入境及在我国港口、水域的监督管理，审批外国籍船舶临时进入我国非开放水域，港口对外开放有关审批工作以及中国便利运输工作，组织实施国际海事条约，履行“船旗国”及“港口国”监督管理，依法维护国家主权，负责有关海事业务国际组织事务和有关国际合作交流。

【业务范围】 统一管理水上安全和防止船舶污染，监督管理船舶所有人安全生产条件和水运企业安全管理体系，调查处理水上交通事故、船舶污染事故及水上交通违法案件。

负责船舶、海上设施检验行业管理以及船舶适航和船舶技术管理，管理船舶及海上设施法定检验、发证工作；审定船舶检验机构和验船师资质，审批外国验船组织在华设立代表机构并进行监督管理；负责中国籍船舶登记、发证，检查和进出港签证，船舶载运危险货物及其他货物的安全监督。

负责船员、引航员适任资格培训、考试、发证管理，审核和监督管理船员、引航员培训机构资质及其质量体系，海员证件管理工作。

负责禁航区、航道（路）、交通管制区、港外锚地和安全作业区等水域的划定；负责禁航区、航道（路）、交通管制区、锚地和安全作业区等水域的监督管理，维护水上交通秩序，核定船舶靠泊安全条件，核准通航安全有关的岸线使用和水上水下施工、作业；管理沉船沉物打捞和碍航物清障管理，发布全国航行（海）警（通）告，办理国际航行警告系统协调工作。

管理沿海航标、无线电导航和水上安全通信，管理海区港口航道测绘并组织编印相关航海图书资料，组织、协调和指导水上搜寻救助。

【组织机构】 广东海事局在广东省内设有20个直属局，分别是：广州、湛江、汕头、茂名、阳江、江门、珠海、云浮、肇庆、中山、佛山、清远、韶关、东莞、惠州、河源、汕尾、揭阳、梅州、潮州海事局，另设有89个海事处，遍布全省的沿海和内河。

【业务数据】 至2001年底，在广东海事局办理船舶登记的船舶25270艘，共7814138总吨。

2001年，办理进出港口查验和签证手续船舶175.84万艘次(其中外国籍船舶20502艘次)，进出港船舶总吨7.60亿吨，进出港口船舶货物吞吐量2.73亿吨，旅客运量1008万人次。

实施“港口国”监督检查外国籍船舶205艘次，滞留外国籍船舶35艘次，对国轮实施开航前检查26艘次，滞留1艘次。

经批准外国籍船舶、我国国际航行船舶临时进出非开放水域300艘次，进出口货物吞吐量196.92万吨，沿海运至港澳沙、石小船10880艘次，运出砂、石562.03万吨。

全局辖区发生船舶交通事故114宗，死亡和失踪70人、沉船63艘、经济损失1458.82万元，与2000年同期对比，分别下降36%、23%、24%、68%。

【装备】 至2001年底广东海事局拥有巡逻船、航标船、特种船、测量船共279艘，对辖区内水域实施监督巡逻。建立湛江、珠江口两个交管系统，有效地对进出湛江、珠江口船舶进行监管。6月份，建立了空中海巡分队，租用直升机对珠江口水域实施空中海巡，逐步实现交通部提出的沿岸50海里有效监管目标，有效地提高海事的威慑力和应急反应能力。各直属局开通了12395水上报警电话。

深圳海事局

【概况】 深圳海事局是对深圳沿海水域和内河通航水域安全实施统一监督管理的主管机关，实行交通部和深圳市政府双重领导、以交通部为主的管理体制，部属一级行政单位，国家正局（厅）级。

深圳海事局管辖海岸线长达260公里，肩负水上交通安全管理和海域环境保护两大重任，同时，承担交通战备和中国海事研究会航行安全分委会的日常工作，以及深圳海救分中心的日常事务。目前设有机关部门12个，基层单位6个，在编人员217人。

2001年，深圳海事局围绕“水上运输安全管理年”活动主线，以“抓好四项整顿，严把四道关口”为重点，以提高水上安全监督管理的预控、监控能力为核心，大力加强水上安全监督管理，保持了水上安全形势的总体稳定，为深圳经济社会发展作出了新的贡献。全年深圳港完成港口吞吐量6642.5万吨，与上年相比增长16.64%，集装箱处理量507.64万标箱，增长27.1%，进出港船舶12.58万艘次、3.89亿总吨，其中外轮29753艘次，危险品船舶6432艘次，装卸危险货物1501万吨、6055标箱。发生水上交通事故38起，沉船12艘，死亡、失踪9人，直接经济损失912万元，分别上升22.58%、20%、166%和14.2%，但事故发生率仍维持在0.4‰左右，特别是重大事故大幅下降43.75%，同“九五”期间相比，水上交通事故大幅上升的趋势已得到基本遏止。发生船舶污染事故2起，同上年持平。深圳海事局被深圳市委、市政府授予2000—2001年度“文明单位”称号。

【大力加强安全专项整治】 积极开展“安全生产周”、“反三违月”以及元旦、春节、“五一”、“十一”等安全专项整治活动，采取水上堵、陆上查的方式，加大执法力度，共检查船舶3109艘次，发现缺陷4672项，纠正缺陷1083项，查处违法船舶529艘次，查处涉嫌“三无”船舶2艘，滞留船舶13艘，有力打击了船舶违法行为，维护了良好的通航环境。同时，以形式多样的专项活动，丰富“水上运输安全管理年”活动内涵。组织举行全国海事系统首次海事论坛，针对我国经济转型情况下水上安全监督管理的热点、难点问题，特别是水上安全责任界定问题，进行了广泛深入的理论探讨，建立了传播安全理念的新渠道。开展“海上安全环保绿色通道”共建活动，倡议相关政府部门、边防部队、港航企业等10多家单位，在客运航线上开展以“船舶更安全、环境更清洁、客运更繁荣”为主题的共建活动，取得阶段性成果。组织“蓝色之旅”海洋环保世纪行活动，抓住《深圳经济特区海域污染防治条例》颁布实施1周年的契机，邀请市人大、市政协和相关政府部门领导随船实地考察海域环境整治情况，初步营造了人人重视海洋环保、人人关心海洋环保的良好氛围。

【加强海上搜寻救助工作】 结合日常搜救工作演练，参与组织机场应急救援综合演习，提高了海救工作的组织协调、快速反应、现场指挥能力。全年共组织救助51次，救助遇险船舶16艘、138人，打捞船舶6艘、落海集装箱40个，挽回直接经济损失约8000万元。特别是“4·18”重大海难事故发生后，协调组织各类船艇16艘次，直升机1架次，连续4天开展大范围、全方位的海上搜救行动，充分显示了良好的组织、协调、指挥能力，被广东省搜救中心评为省“两防一救工作先进单位”。

【加大海域污染防治力度】 组织中石化分公司等单位举办了油码头溢油应急演习，提高了对抗溢油污染的能力和水平。组织召开了海上防污染技术研讨会，围绕溢油污染的防范、应急反应和损害赔偿等主题进行了广泛研讨。全年共组织指挥清污行动4次，清除油污水和受污染垃圾约170吨，纠正存在缺陷船舶49艘次，处罚违章船舶32艘次，有效保护了海域生态环境。

【加强船舶管理】 联合深圳市运输局，对全市水上运输市场进行了整顿检查。采取文书审查和现场复查相结合，加强了对老龄船和改建船的登记审核工作。积极开展公务船舶登记，为推进公务船舶管理规范化打下了基础。

【稳步推进船舶安全检查工作】 针对船舶安检模式高度集中，导致海事执法与安全检查分离，不能适应日益繁重的安检任务要求的问题，在深入调研、科学论证的基础上，提出了“机关指导协调、基层组织实施”的船舶安全检查新模式。为保障这项改革顺利进行，积极争取部海事局的支持，打破全系统固有的培训方式，首次举办了安检人员培训班，使持证船舶安检员从原有的19人跃增至68人。全年共进行船旗国检查（FSC）314艘次、港口国检查（PSC）64艘次、开航前检查11艘次，开航前检查率、经检查船舶在国外通过率均达到100%，被交通部评为“降低中国籍船舶滞留率工作先进单位”。

推进国际安全管理规则工作取得新的成绩。积极做好国内航线油轮、化学品船、液化气船和散货船强制实施安全管理体系的准备工作。完成首家国内航线航运公司审核。

【加大船员管理力度】 积极推进STCW78/95公约履约工作。以船员证书、船员培训机构、船员实际操作和安全知识3项检查为重点，加强了对船员培训机构的监督管理。首次进行了港作船、异地内河船、轮补电等船员适任培训和油轮、客船、大型船舶操纵、高级消防、雷达观测与标绘、雷达模拟器、船上医护等专业与特殊培训。全年各类船员证书发证量突破1万，同比增长572%。

【继续推进依法行政】 在认真总结《深圳经济特区海域污染防治条例》立法经验的基础上，积极争取市人大、市政府的支持，提出了《深圳经济特区海上交通安全管理条例》立法工作计划，并积极开展调研。出台了《深圳公务船舶管理办法》。制定了《深圳海事局政务公开和行政执法监督工作实施方案》。全年共查处违法案件610宗，罚款195万元，吊销适任证书4本。

【加快基础设施现代化步伐】 深圳船舶交通管理系统（VTS）12月28日正式开通使用。依托部水运科研所完成研制海上溢油应急智能信息系统。办公自动化信息系统开通试运行。船舶动态管理信息系统一期开发完成，并与船舶进出口岸EDI审批系统实现信息交换。新造20米巡逻船“海巡1606”完工并投入使用。《深圳市海上搜寻救助和海上污染防治“十五”规划》通过专家评审，列入市“十五”规划。

2001年海事业务数据统计表

项　目	数据名称	数据量
一、搜救管理	搜救次数（次）	52
	搜救时间（小时）	581
	获救船舶（艘）	27
	获救人员	133
二、船舶监督管理	船舶办理进出港签证（艘次）	70417
	办理船舶登记证书及船舶最低安全配员工作（艘次）	257/162
	船舶安全检查（艘次）	4698
	安全管理体系审核（次）	47

续表

项　目	数据名称	数据量
	进、出港口船舶总吨（万吨）	38853.92
	进、出港口船舶艘次	125834
	船舶登记（艘）	540
	客滚船现场监督管理时间（人次／小时）	1200/2530
三、通航管理	发布航行通（警）告次数（次）	98
	水上水下施工作业审批（项）	50
	主要航道船舶量（艘次）	153300
	水上水下施工作业现场监督管理（小时）	3052
	清除治理碍航物（小时）	600
	乡镇渡口渡船安全检查次数（次）	261
	乡镇渡口渡船安全检查行程（公里）	31320
四、船员证件	船员考试（人次）	6446
	船员发证量（本）	12348
五、船舶检验（引航）	船舶检验艘次	
	验船总吨位（万吨）	
	船舶引航艘次（万艘）	1.244
	船舶引航总吨（万吨）	3.839
六、事故调查	事故调查（宗数）	38
七、海岸电台	无线电报总数（份）	
	无线电报总数（字）	
	无线电话话台通话时间（次）	
	无线电话话台通话时间（分钟）	
	DSC 报警开机时间（小时）	
	报警站点（个）	2
	DSC 份数	
	接收遇险报警（份）	81
	播发航行警告（次）	144
	国际电传	
八、日常巡航	巡航时间（小时）	3248
	巡航次数	1342
	巡航里程（海里）	16495
九、危管防污	危险货物通过量（万吨）	1501
	监装危险品（艘次）	6432
	办理船舶装载危险品货物的审核手续（艘次）	8343
	处理船舶污染事故（起）	4
	危险品监管次数	3028
	非监装船舶艘次	0
	危管防污处理污染事件（件）	5
	运输危险货物船舶进出港（艘次）	6432
	检查运输危险货物船舶（艘次）	2120
	检查危险货物集装箱（标箱）	164
	辖区防污检查（艘次）	2745
	油污水接收处理、垃圾接收处理等相关作业审批（次）	1048、4841
	油污水接收处理、垃圾接收处理等相关作业审批现场监督（次）	514

广州口岸工作综述

【基本情况】 广州市现有国家一类口岸6个，分别是：广州港口岸（包括穗港客运口岸、洲头咀客运口岸、黄埔客运口岸、老港港区、新港港区、新沙港区、新风港区、河南港区、集装箱港区）、广州航空口岸、天河铁路客运口岸、莲花山港客运口岸、南沙港客运口岸、新塘港客运口岸；二类口岸12个，分别是：东江口、黄埔外贸仓库、庙头、石井窖心、广州造船厂、合利围、石榴岗、花都港、新塘、番禺市桥、莲花山、南沙。

2001年经广州口岸进出的外贸货物3550.4 万吨，与上年相比增加0.7%；海关征收税款206.3亿元，增加5.8%；进出境旅客431.3万人，增加10.2%。

【机构改革】 根据广州市级党政机关机构改革的部署，广州市不再保留口岸办，其职能并入市府办公厅，内设口岸管理处，对外挂“广州白云口岸办公室”、“广州天河口岸办公室”、“广州港口口岸办公室”三块牌子，负责口岸日常管理工作。为加强口岸各单位之间的沟通和配合，适应口岸工作的新形势，广州市于上半年成立广州口岸工作联席会议制度，由市政府主管口岸工作的张广宁常务副市长担任主持人，凌伟宪秘书长为副主持人，市计委、外经贸局及各中央驻穗查验单位领导为领导小组成员。年内先后召开两次会议，研究解决影响通关环境的主要问题，有效地促进口岸工作的顺利开展。

【提高口岸工作效率】 为进一步加强口岸工作，促进外经贸发展，国务院办公厅10月下发《关于进一步提高口岸工作效率的通知》（国办发明电[2001]38号），《通知》对口岸工作从认识上、措施上、协调关系上、工作模式和管理办法上都提出了明确意见，这是近年来所没有的。结合广州口岸实际，口岸综合管理部门不断加大工作力度：一是扩大口岸宣传，提高政府各有关部门、口岸各单位乃至全社会对口岸工作、口岸管理重要性的认识；二是适应WTO这一新形势，加强法规教育，清理过时的法规、条例及审批事项；三是组织开展调研，认真研究解决当前影响口岸工作效率的各种问题，推动提高口岸的整体工作水平和效率；四是抓紧抓好口岸建设，调整优化口岸布局；五是加大协调力度，强化口岸整体功能。

【口岸建设】 口岸建设取得新的进展。在各有关单位的努力下，12月29日，新沙港区口岸查验配套设施顺利通过由海关总署、公安部、交通部、国家质检总局、省外经贸厅等部门组成的“国家验收组”的验收，并于2002年1月正式对外开放。根据广州新白云国际机场迁建领导小组第四次会议及省领导有关要求，明确新机场口岸配套设施由广州市负责筹建，市口岸管理部门会同有关单位，采取切实措施，抓紧推进口岸配套设施的筹建工作，确保新机场2003年底正式投入使用。根据市政建设需要，石牌出入境货运车辆检查场必须于2002年底前迁出市中心，在郊区另选址建设。经多方协调，最后选址白云区萝岗镇，占地面积181023平方米，一期工程约9100平方米，筹建工作正抓紧推进，计划于2002年底建成投入使用。

【共建文明口岸】 各口岸单位结合口岸中心工作及口岸工作面临的新形势、新任务，紧紧围绕“重在建设、服务中心、虚功实做、讲求实效”的工作思路，不断加强和改进共建文明口岸工作。一是把共建工作与学习江总书记“三个代表”重要思想学习教育活动相结合，以“三个代表”重要思想统领共建工作全局，努力开创口岸精神文明建设新局面。不断完善共建组织，创新共建内容，通过形式多样的共建活动，建设高素质的口岸工作队伍，树立良好的口岸形象。二是把共建工作与创建“文明服务示范单位”活动相结合，不断提高口岸服务水平。先后对天河铁路客运口岸、黄埔出入境检验检疫局、广州海事局内港办事处、广州海关新风办事处、天河边检站等5个示范单位的创建工作进行全面的考核检查，促进创建工作的深入开展。三是把共建工作与全市实施“三年一中变”城市建设文明形象工程和迎接“九运会”系列活动相结合，不断改善口岸软硬环境，提高服务质量。各口岸，特别是客运口岸都投入一定资金，对口岸服务设施进行改造、更新，以优美、舒畅的口岸环境迎接中外宾客，树立了良好的国门第一形象。

一类口岸

【广州港口岸】 广州港口岸历史悠久，是我国华南地区最大的国际贸易港。它辐射范围广阔，货物分流到广东、广西、湖南、云南、贵州、四川以及河南、江西、福建的部分地区。广州港位於北纬23°6′、东经113°4′；处於珠江河口的主干道上，正当东、西、北三江汇合点；濒临南海，毗邻香港、澳门；经虎门出海可达沿海各港及世界100多个国家（地区）的600多个港口。

广州港在北回归线之南，属亚热带海洋性气候。潮汐属不规则半日混合潮，最高潮位3.87米，最低潮位−0.24米，平均潮差1.64米。潮流为沿河道往复流，涨潮流速为0.77−1.03米／秒，落潮流速为1.29米／秒。

广州港水域范围从珠江桂山引航，装卸锚地至广州市以西沙溪、以北槎头，水道全长93海里，出海航道长63海里，航道水深8.6米以上。

广州港交通便利，港区铁路总长49公里，并通过京广、广九、广湛线与全国主干铁路相连，形成铁路运输网；公路与汕头、湛江、深圳、珠海等省内重要市县均有高速或高等级公路连通，公路网络沟通闽、赣、湘、桂等省区；水路则通过东、西、北三江将沿江各港互相连接，成为珠江三角洲水网运输中心。

广州港现有码头岸线长11364.8米，共124个泊位，其中万吨级的深水泊位27个，最大靠泊能力3.5万吨，库场面积103万平方米。港口的生产作业已逐步实现现代化、机械化、专业化，共备有装卸搬运机械1189台套，其中5台浮式起重机，最大起重能力为250吨，陆上起重设备的最大起重能力为40.5吨；工作船舶212艘，供拖带、供油、供水、交通、驳运等船舶196艘，拖轮39艘。港口不仅拥有先进的设备，还不断改进、革新装卸搬运技术，提高了装卸水平，缩短了装卸时间。目前，广州港的货物年吞吐量已达1.28亿吨。

广州港口岸包括七个货运港区：黄埔老港区口岸位於黄埔区、黄埔新港区口岸、黄埔集装箱港区口岸、芳村港区口岸、河南港区口岸、新风港区口岸、新沙港区口岸。

广州港还有洲头嘴、黄埔、开发区三个国家一类客运码头，已开通多班香港航线，并常有国家旅游船来港。三个客运口岸设施完善，交通便利，通关快捷，服务优良，吸引了众多旅客。

广州港的口岸查验单位业务素质高，技术装备优，服务态度好。近年来，他们结合中国国情和国际惯例，简化查验程序，改革收费制度，建立廉政约束机制，从而进一步加快了通关速度，降底了收费标准，提高了服务质量。广州港外轮服务机构设置齐全，业务熟练，服务优良。目前设有三家外轮代理专业公司，三家海员俱乐部以及外轮理货公司、外轮供应公司和引航公司，他们将为往来世界各地的船舶提供最优质的服务。

广州港洲头咀客运口岸 洲头咀口岸位于珠江白鹅潭畔，地属广州市海珠区，是广州港客运服务总公司管辖的以经营水路客运业务为主的客运站。于1981年4月由广州港务局投资220万元建成。

该口岸面积共4万多平方米，码头岸线长340米。其中用于港澳线客运岸线142米，占地面积1.3万平方米，进出口候检厅和海关联检厅4640多平方米，可容纳1000名旅客同时候检及办理进出口手续；用于沿海线码头岸线为198米，可同时靠泊3000吨级客货轮船3艘，过去主要的航线有香港、澳门、汕头、海口和三亚定期航班。1994年旅客运输进出口量60多万人次。1981年，阿曼苏丹的一艘仿古木帆船苏哈尔号首航广州时曾靠泊该码头。

近年客运市场竞争激烈，来自公路、航空和周边口岸客运的迅猛发展，洲头咀口岸受极大冲击。1997年3月，海口线停航。1997年5月开始，航行于广州至香港的“星湖、天湖、荔湾湖”轮相继停航，现在洲头咀口岸经营困难。

广州市人民政府办公厅口岸管理处一直实施对洲头咀口岸的管理，广州洲头咀海关、边防检查站、出入境检验局担负口岸的查验任务，办理出入境手续，至今上述单位仍然在该口岸办公。

广州经济技术开发区穗港客运口岸 广州经济技术开发区穗港客运口岸由开发区管委会投资建设，1996年12月正式对外开放。口岸占地面积超过7万平方米，岸线总长585米，可停靠1000吨级客船、5000吨级货船，共有出入境通道6条，设计客流量每年60万。该口岸主要航线为广州开发区—香港中港城，每天到发各两班。

广州港口岸新港集装箱港区 新港集装箱港区是广州港口岸的第一个专业集装箱码头，位于广州经济技术开发区内，占地面积28万平方米，岸线长647米，港池水深－12.5米，航道水深－11.5米，有三个3.5万吨级泊位，第四、第五代集装箱船可乘潮进港，设计吞吐能力50万标箱。

该港区地理位置优越，港区铁路港站与全国铁路网贯通，公路、水路快捷便利，现有日本、澳大利亚、新加坡、东南亚、香港等多条国际航线。2001年，实现43万标箱吞吐量。

目前该港区由广州港务局和新加坡港务集团合资成立的广州集装箱码头有限公司经营。

广州港口岸黄埔新港港区 黄埔新港港区是广州港装卸能力最大的港区，位于广州市东南方的珠江口内狮子洋畔，在珠江与东江汇合处，与广州经济技术开发区连成一体。该港区1975年12月正式投产，主要装卸石油、粮食、散肥、钢材等件杂货物。拥有2.5万吨级专业散粮、散肥、石油和杂货泊位7个，港作码头6个，岸线总长1630.7米，港池水深负10－12.5米，另有锚地浮筒20个，珠江口大屿山、三门岛深水锚位可同时停泊4艘10－30万吨级原油、成品油和散货船过载作业。港区有各种装卸机械280多台（套），大型仓库11座，库场面积22万平方米，货物堆存能力40多万吨，货物集疏以水路、铁路、公路为主，装卸工人劳动生产率年人均达10000多吨。2001年，吞吐量达2500多万吨。

广州港口岸黄埔老港港区黄埔老港港区位于珠江口内，广州市东南侧，距市中心15公里，距香港88海里，港池水深负9米，现有万吨级泊位10个，5千吨级泊位1个，港内万吨级作业锚地4个，岸线总长3545米，仓库19座，库场面积34.2平方米，堆存容量60万吨，各种装卸机械477台。货物集疏运公路、水路、铁路均非常便利。港区以装卸集装箱、钢材、粮食、木材及其制品、其他件杂货为主，年设计吞吐能力1200万吨，2001年完成1321.7万吨。国际集装箱吞吐能力达20万标箱。

广州港口岸新沙港区 广州港口岸新沙港区是国家建设的重点工程，按照总体规划，拟建设3.5万吨深水泊位30个，分二期工程进行。

新沙港区位于珠江口干流狮子洋东岸，东经113°36'、北纬23°06'。北距广州市中心40公里，东距东莞市30公里，与广州经济技术开发区、广州保税区联成一体，水路、铁路、公路运输畅顺。港区隶属广州港务局，具体管理经营单位为新沙港务公司。

新沙一期工程1-10#泊位，于1985年9月经国家批准建设，投资约30亿人民币，2001年建成，有待于国家验收并正式对外开放。

广州地区首座综合性口岸大楼——新沙口岸查验综合大楼，由市政府投资2800万元，总面积13500平方米。海关、边检、海事、检验检疫等查验单位以及相关经营服务单位同在一栋楼内办公。实行“一条龙”服务，大大方便外经贸企业的报关报验。据统计，新沙港区实行“大通关”后，该港区的年吞吐量达2000万吨，其中外贸货物达500万吨，将有效巩固广州港亿吨大港的国际地位，大大提高广州港港口口岸的竞争能力，促进广州市的经济发展。

广州港河南货运口岸 广州港河南口岸位于广州市海珠区和芳村区、珠江南河道两岸，东经113°14'45″、北纬23°05'29″附近。1963年8月11日，经国务院批准为国家一类口岸。该口岸早在清末已成为对外通商口岸。解放后，在没收官僚买办资产及征用外资码头的基础上，逐步改造和扩建成为新码头，至今口岸辖内有内一、内二、内三、内四等码头共20多个500至5000吨级码头泊位，新造、店艚洲两个1—3万吨级作业锚区，仓库面积达4.8万平方米，堆场面积10.9万平方米，年吞吐量达1151万吨，集装箱年吞吐量达11.6万个标箱。经营航线有新加坡、泰国、马来西亚、日本、朝鲜、韩国、香港、澳门等国际航线和国内南北航线。

广州市政府办公厅口岸管理处对该口岸实施口岸管理，广州海关内港办事处、洲头咀出入境边防检查站、广州出入境检验检疫局河南办事处、广州海事局内港海事处担负口岸的查验任务，现场为货物、船舶办理出入境手续。

广州港新风货运口岸 新风货运口岸座落于广州市多宝路七号，北纬23° 05 '49″、东经113° 26 '16″。新风货运口岸是广州港七大货运港之一，内设有铁路专用线，主要承办国内外经香港中转世界各地外贸货物，集装箱和散件货物进出口装卸业务及仓储，国内铁路、公路、水运的中转，联运代办等业务。1963年8月11日经国务院批准广州港全港为一类开放口岸。新风口岸在1958年开始，经中南局批准，同意与香港互通货运。

新风货运口岸全港码头泊位总长1141米，前沿水深5米。拥有各类装卸运输机械200多台，最大超重能力50吨，仓库面积63162平方米，货物吞吐量为100万吨，集装箱量达5.5万标箱。

新风货运口岸内设海关、海事处、边检和检验检疫等查验机构。在口岸中，设有多家报关公司，为港航货主代办报检报验手续并输货运业务，口岸提供一条龙服务。

【广州航空口岸】 广州白云国际机场座落在广州市风景秀丽的白云山下，距市中心6公里，是我国最繁忙、客流量最大的机场之一，是中国南方联接国内及世界各地，特别是东南亚各国的航空交通枢纽，与首都国际机场、上海浦东国际机场并列为国家三大机场。

广州白云国际机场现为4E级国家门户机场，占地面积32047万平方米，建有一条3380 × 60米跑道和一条3380 × 23米的滑行道，可供B747−400以下所有机型起降。停机坪面积近44万平方米，拥有48个固定式远机位，地面保障、服务设施完善。

白云国际机场拥有国际、国内两大候机楼。国内候机楼面积5.38万平方米，分为国内出发厅和国内到达厅两部分。候机厅设有头等舱旅客候机室、特种服务候机室等。快餐供应、磁卡电话、商场等设施完善，可为国内航班旅客提供完备而周到的服务。国内候机楼还拥有三座固定式机桥，可停靠B757−200型以下飞机。

国际候机楼于1991年8月投入使用，建筑面积为2.7万平方米，分三层。首层是出发厅、到达厅，为旅客办理登机及出境手续，设有问询服务台、货币兑换处、电报电话间等设施。二层为边防检查、安全检查、旅客候机厅及商场。三层为境外航空公司驻穗办事处。乘座国际航班由国际候楼出发或到达的旅客全部使用国际候机楼的四座登机桥。

目前，白云国际机场已有通往全国除澳门、西藏、台湾以外各省（区）市67个城市的67条国内航线和通往19个国外城市的24条国际航线。

【广州天河铁路客运口岸】 广州天河铁路客运口岸是广九直通车的始发和终点站，是1979年4月经国务院批准临时在流花开通的。22年来，运行列车由1对增至7对，已发运近62万列次，接送国内外客人近4000万人次，平均每年接送逾108万人次，成为广州市一个重要的对外开放口岸。随着改革开放的发展，流花口岸已不适应广州大都市的发展，国家铁道部（铁计函[1991]297号文）批准广九直通车迁往天河，既反映铁路运输业的要求，也符合广州的长远发展规划。它的建成投产，对改善广州市的投资环境，加强穗港两地经济技术交流与合作，促进广州市经济的更大发展无疑将发挥重要的作用。

广州车站，是我国第一条准高速铁路——广深准高速铁路的起点站。新建的广州东站为京九线上重要的交通枢纽，是一座集客运、商贸、金融、旅店、饮食、娱乐、办公为一体的现代化大型综合客运站，建设规模仅次于全国最大的北京西客站。

广州天河铁路客运口岸位于广州东站内，是东站的重要组成部分。口岸场内设有候车大厅、售票大厅、银行、免税店、行包房等设施及广九直通车站台（第四站台）。口岸的联检候车大厅面积近万平方米，其间没有一根立柱，其面积和跨度为全国之最。站内还设有自动扶梯、客梯（含残疾人专用电梯）、货梯，全部由电脑控制，以保证旅客轻松、快捷上下。同时，站内设有独立的中央系统，楼内全部实现空调化，为旅客提供一个舒适的环境。

广州天河铁路客运口岸是规模大、设备先进、建筑新颖的我国最大的现代化铁路客运口岸。位于4楼的查验大厅实行“高进高出”，即：经过自动扶梯上下通过联检大厅。联检大厅分设入境大厅和出境大厅，分别设有海关、边防检查、检验检疫机关和签证处、银行、免税店等服务设施。

入境大厅有边防检查及专用通道24个，海关设有物品申报通道和无物品申报通道各两条，检验检疫设有检查台，还有签证处、免税店。

出境大厅有检验检疫、边防检查专用通道等17个，海关设有物品申报通道和无物品申报通道各两条，还有候车大厅和免税商场。

为把广州天河铁路客运口岸建成一流水平、一流管理的现代化新口岸，各查验部门和经营服务单位都配置了先进的设备，进行科学的管理。使用最先进电脑验证系统、检验设备，为旅客提供文明、优质、安全、高效的服务。

【南沙港客运口岸】 南沙客运口岸为国家一类口岸。于1992年1月8日经国务院批准为对外开放口岸，3月3日投入使用。10年来，出入该口岸旅客有600多万人次。随着对外的交往，南沙的开发，目前南沙客运口岸已不适应南沙建设规划的要求。2001年，经广东省口岸主管部门的批准，南沙港客运口岸迁址至南沙虎门大桥以南1.6公里新城联合码头侧。

南沙客运口岸新港占地67264平方米，总建筑面积10718平方米，设计年运量90万人次，拟投资6000万人民币，预计2003年10月竣工。

南沙客运口岸新港建筑主体为两层，高度20.85米，是“叠浪”造型的钢结构建筑，既有鲜明的标志性和时代气息，又能体现现代化城市特色。

【莲花山港客运口岸】 莲花山港客运口岸为一类口岸。于1985年6月27日经国务院批准为对外开放客运口岸，1986年1月18日正式通航香港。港口占地面积为5多平方米，口岸办公、出入境大楼建筑面积为6000多平方米。开通16年来，出入境旅客超过500万次。

【新塘港客运口岸】 地处广州市东南部，珠江三角洲东江下游北岸。1995年8月8日，国务院批准设立国家一类客运口岸，于1996年7月13日正式开通新塘至香港的航线。口岸设有如下查验单位：新塘海关、新塘出入境边防检查站、增城出入境检验检疫局、新塘海事处。

新塘客运码头面积6000平方米，年旅客吞吐能力为20万人次。

二类口岸

【东江口口岸】 于1986年1月开通，位于广州经济技术开发区内，东经113°32′、北纬23°4′，港池水深—7米，水路距香港约64海里。由市航运公司东江口码头、黄埔外运东江仓码头、省物资公司码头、广保通码头和穗港公司码头组成。检查检验工作由新港海关、夏港边检站、黄埔检验检疫局、新港海事处负责。

【黄埔外贸仓库口岸】 于1988年1月开通，位于广州市黄埔区内，东经113°28′、北纬23°6′，港池水深—4.5米。检查检验工作由黄埔海关、黄埔边检站、黄埔检验检疫局、黄埔海事处负责。

黄埔外贸仓库码头装卸点含外贸仓码头、联围码头、省糖烟酒鱼珠转运站码头、东圃永业码头。位于原黄埔港周边，于1963年建成投入使用。仓库总面积104300平方米，堆场总面积191000平方米，设计年货物吞吐量为352万吨。码头总长度922米，港池水深 -4至 -8米，可靠泊400至10000吨级的散货船和集装箱趸船，并拥有与仓库码头配套的铁路专线，拥有先进的装卸、运输设备及优良的服务。2001年进出口货物为249万吨。

【广州船厂口岸】于1992年3月开通，位于广州市海珠区内，东经113° 15'、北纬23° 7'，港池水深—5米。由广船集装箱码头东西部泊位、市水产永兴街码头和广纸码头组成。检查检验工作由广州海关内港办事处、洲头嘴边检站、广州检验检疫局河南办事处、内港海事处负责。

【石榴岗口岸】于1982年4月开通，位于广州市海珠区内，东经113° 21'，北纬23° 5'、港池水深—3.5米，水路距香港75里。由市轻工石榴岗码头和省化工大干围码头组成。检查检验工作由广州海关内港办事处、洲头嘴边检站、广州检验检疫局河南办事处、内港海事处负责。

【石井窖心口岸】 位于广州市西北面流溪河下游，为广州市白云区二类口岸。码头水深平均在3.5米以上，码头岸线长108米，可同时停泊500吨货船2艘；集装箱堆场15000平方米，进出口仓库4座，共3360平方米，提供海关等查验单位办公用房580平方米。码头年设计进出口货物吞吐量60万吨，集装箱标箱5万个。已于1995年4月开始通航。主要经营范围：经营窖心港至香港水上集装箱运输业务及码头货物装卸业务，承接海运进出口货物的国际运输代理业务，包括揽货、订舱、中转、仓储、集装箱拼箱拆箱、结算运杂费、报关、报验、相关的短途运输服务及咨询业务。

【花都港口岸】 花都港位于花都新华镇马溪村，坐落在巴江河牛角湾左岸，距花都城区8公里、广州22公里、香港105海里，占地面积40万平方米。花都港是花都二类货运口岸，花都港经巴江河与珠江三角洲河网连通，并以此连接东江、西江、北江等干流，船舶经花都港码头可直航港、澳，通达世界。花都港分3期建设。第一期于1993年12月动工，1994年7月投入使用；第二期工程于1995年12月动工兴建，1996年7月竣工投产；第三期工程于1997年11月动工兴建，1998年6月投入使用。经1、2、3期工程的建设，现港区拥有3层查验办公大楼，8个集装箱泊位，4个通用泊位，3个散货泊位。码头岸线长490米，年吞吐能力为7万个集装箱标箱及85万吨散货。

港口设有集装箱作业区、仓储区及保税仓库，有专用堆场、拆装箱库、停车场等设施。码头装配有35吨固定起重机2台，45吨固定吊机2台，10吨固定吊机2台，60吨固定吊机1台，45吨大型吸车3台，1.5—7吨铲车12台，大马力集装箱拖车38台等。自1994年9月16日开始，海关、检验检疫、边检、海事等部门先后在花都港设立办事处，为企业提供方便、快捷的通关服务。

【庙头口岸】 庙头口岸含庙头码头、集通码头、广远庙沙围码头。位于广州新港与原黄埔港之间，于1988年建成投入使用，仓库总面积33000平方米，堆场总面积152000平方米，设计年货物吞吐量为289万吨。码头总长度454米，港池水深 -4至 -7.8米，可靠泊2000至7000吨级的散货船和集装箱趸船，并拥有先进的装卸、运输设备及优良的服务。2001年进出口货物为79万吨。

广州市黄埔区人民政府办公室对上述装卸点实施口岸管理，黄埔老港海关、黄埔出入境边防检查站、黄埔出入境检验检疫局、广州海事局黄埔海事处担负口岸的查验工作，为过往货物、交通工具办理出入境手续。

【南沙口岸】 位于番禺市的东南部，地处珠江出海口虎门水域。地理坐标为东经113° 35′、北纬22° 48′。它有得天独厚的地理位置，水路距香港38海里，距澳门41海里；陆路距广州54公里，是珠江三角洲的交通枢纽，广深高速公路的交汇点。南沙港拥有优越的自然条件，位于珠江国际主航道的西侧，水域开阔，水深流稳，水深在9米至15米。潮汐是不规则的半日潮，潮流为往复流，潮差在15米左右，不受海浪的影响。优越的自然环境使南沙港形成天然深水良港。

南沙港货运口岸是一类口岸，尚未通过国家验收。于1995年7月23日经国务院批准为对外国籍船舶开放货运口岸。目前货运口岸有南伟货运码头、东发货运码头、小虎粤海石油化工专用码头，共有泊位5个，分别可靠泊3万吨级油轮、2.5万吨级货轮和万吨级货轮，年设计吞吐量为600万吨（其中石油化工产品为100万吨）。2001年进出口货物300万吨。

南伟货运码头，是广州南沙经济技术开发区出资建设的，占地面积为11万平方米，建有泊位2个，泊位设计靠泊能力为2.5万吨级，仓库面积3000平方米，办公楼面积为2350平方米，供查验、经营、服务等现场办公使用。装卸设备有龙门吊5台，最大可吊装40吨／台，其他机械吊机3台。运输车辆有货柜车12辆、30吨拖车3台以及叉车等生产用运输配套设施。目前该码头生产业务已进入轨道。

东发码头，是中外合资兴建的。目前占地面积为4.5万平方米，泊位1个，可靠泊1万吨级货轮。有面积1万平方米的综合性大型堆放仓库，可堆存集装箱1200个标箱。建有面积为5800平方米的货运中心办公大楼，供查验、报关、经营、服务等部门使用。目前各类生产设施有400千伏安变电站一座，供生产、生活照明用电；各类装卸起重设备8台，最大起重能力为45吨／台，运输车辆18辆。该码头生产配套设施齐全，装卸能力强，发展潜力大。

小虎粤海石油化工专用码头，是省政府属下粤海企业集团公司和番禺市合资兴建的一个大型石油化工产品储运基地，位于小虎岛珠江主航道西侧。该码头占地面积20万平方米，有泊位2个，可靠泊3万吨级油轮，港池水深12米，可满足4.5万吨级油轮靠泊。目前建有储罐34座，容量达21万立方米，前期年设计吞吐量为100万吨。它将为广东省经济发展提供能源保障。

南沙港货运口岸已初具规模，生产设施建设已基本完成，现进入口岸建设的后期阶段，主要是查验办公生活配套设施的建设。南沙港货运口岸查验办公生活设施建设，于1998年立项，1999年11月动工兴建。该设施建设占地89亩，设有海关大楼、边检大楼、检验检疫大楼，总建筑面积为19602平方米，总投入资金约5500万元人民币。三栋大楼主体工程于2001年1月完成，目前进入大楼内部装修以及道路、绿化工程建设，计划在2002年12月完成全部工程建设，申请国家验收。

【莲花山货运口岸】 莲花山货运口岸是二类口岸，于1988年12月28日建成启用。占地4万多平方米，有两个1000吨级泊位，三间仓库共3500平方米，堆场面积6500平方米。港口装卸设施齐全，备有船舶、汽车装卸货柜、货运拖车和卡车。

【新塘港口岸】 地处广州市东南部，珠江三角洲东江下游北岸。1982年7月，增城县政府在新塘设立口岸办公室，属行政单位，业务由广州市政府口岸办公室领导。1988年5月，国务院批准设立国家二类货运口岸，于1989年12月28日正式开通。1995年8月8日，国务院批准设立国家一类客运口岸，于1996年7月13日正式开通新塘至香港的航线。2001年11月，增城市口岸办更名为增城市口岸局，并于12月28日正式挂牌，继续列入政府序列。其主要职能是对口岸“规划建设、综合管理、协调服务”。新塘口岸设有如下查验单位：新塘海关、新塘出入境边防检查站、增城出入境检验检疫局、新塘海事处。

新塘口岸包括客运口岸、货运口岸、港澳货运车辆检查场。整个港区面积10.8万平方米，岸线总长650米，码头最低水位4米。两个货运码头共有8个泊位，其中1000吨货轮泊位3个、500吨级泊位3个、200吨级泊位2个，年吞吐能力：装卸集装箱8万标箱，散货100万吨；平均日吞吐量可达3000吨。客运码头1个，面积6000平方米，年旅客吞吐能力为20万人次。车检场1个，总面积6221平方米，每天约检150辆车次。

深圳口岸工作综述

【口岸概述】 建立经济特区前，深圳只有罗湖客运和文锦渡货运2个陆路小口岸。从罗湖口岸出入境的主要是深港两地边民，文锦渡口岸则是通过一座简易的木桥与香港相连，作为运输牲畜输港的通道。改革开放以来，随着经济特区的建立和对外开放的不断扩大，在中央、省、市政府的高度重视下，深圳口岸的建设得到了高度的发展。在深圳260公里的海岸线和与香港接壤的27.5公里的陆地上，改扩建了原有的2个小口岸，兴建了一大批新口岸。

到目前为止，深圳市经国务院批准对外开放的一类口岸有12个，二类口岸有3个。一类口岸分别是：罗湖、文锦渡、皇岗、沙头角等4个陆路口岸；蛇口、赤湾、东角头、妈湾、梅沙、大亚湾、盐田等7个海港口岸（共建成大小泊位131个，其中万吨级以上深水泊位39个）和深圳航空口岸。其中罗湖口岸为全国规模最大、出入境客流量最大的陆路客运口岸；皇岗口岸为全国最大、出入境车流量最大的陆路货运口岸；盐田港口岸已步入全国10大海港之列；深圳机场已进入全国4大航空港之列。3个二类口岸包括：蛇口装卸点、沙鱼涌装卸点（包括鹅公起运点、下沙起运点）和莲塘起运点。

2001年，在深圳市委、市政府的正确领导和口岸各管理查验部门的大力支持配合下，深圳口岸部门进一步解放思想，开拓创新，积极推进口岸的规划建设、管理改革、深港合作和精神文明建设，较好地完成口岸全年工作任务。口岸通关环境得到进一步改善，通关效率不断提高，深港口岸合作日益加强，口岸运作安全、顺畅。

2001年深圳口岸运作情况

项　目	单　位	2001年	同　比
出入境人员	亿人次	1.17	4.02%
出入境车辆	万辆次	1137.37	1.3%
进出口货物	万　吨	5810.8	0.8%
集装箱吞吐量	万标箱	507.45	27.1%

【口岸规划建设】 2001年，主要以加大对老口岸的改造为着力点，以点带面推进口岸规划建设工作，进一步改善口岸通关环境，提高口岸通关效率。

陆路口岸方面，重点做好罗湖口岸改造工程。经过大量的协调、准备工作，该工程于11月25日正式动工改造。目前，罗湖联检楼B层（地库）已改造完毕并投入正常使用，其他一、二、三楼改造预计在2002年下半年全部竣工。继续抓好皇岗口岸畅通工程，其中小车通道改造工程和国检报检楼改建相继竣工并投入使用，国检熏蒸库和海关986集装箱检查设备按计划向前推进。同时，还按计划做好沙头角、文锦渡口岸的改造有关前期准备工作。

海港口岸方面，按照先易后难、分步实施的工作思路，继续推进明确深圳港口开放范围工作，做好盐田港区西港区2# 泊位启用和下洞危险品作业区以及盐田港三期、蛇口港二期对外开放有关工作。

空港口岸方面，解决长期困扰深圳机场国际货物运作的集中报关和核销统一问题，切实推进空港口岸的规范化管理工作。还积极做好海关国际快件监管中心运作、敦豪国际亚太集散中心建设和深港澳直升机航线开通等有关工作。

【口岸管理协调】 通过加强口岸管理信息化建设，整顿口岸商业网点，狠抓安全生产，使口岸管理工作更加科学化、规范化。

口岸信息化建设方面，5月份建成了皇岗口岸客车“快捷通”系统（出入境车辆自动检查系统），实现了通道“无人值守”的查验模式。在罗湖口岸改造筹备工作中，对边检提出的“旅检自助通道系统”进行了专家评审和试验运行。从12月1日起，经皇岗口岸出入境车辆的口岸建设管理费、边检附页费全部通过收费网络统一管理。

商业网点整治方面，在深入调研的基础上，重点组织对罗湖口岸商业网点进行了综合整治。共拆迁商业门店110多间，面积共1500多平方米，达到该口岸商业网点总面积的56%；拆除广告（招牌）25块，面积230平方米。下半年还组织对皇岗口岸商业网点进行了整治。通过整治，改善了口岸的规划布局，规范了商业网点的经营秩序，减少了口岸商业氛围。

安全生产工作方面，认真落实安全责任制，做到一级抓一级，口岸安全生产检查小组多次深入各口岸现场进行安全检查，发现隐患及时督促责任单位进行整改，确保了深圳口岸安全畅通。

【口岸法制化建设】 继续做好《深圳经济特区陆路口岸和特区管理线检查站物业管理规定》的执法落实工作，年初组建了口岸物业执法办公室。在去年试点的基础上，继续抓好试点口岸通道的整改工作。同时，还组织对全市一线陆路口岸、二线检查站物业使用情况进行了全面普查，做好各口岸、检查站《物业使用证》发放有关准备工作。此外，还完成了口岸物业管理法规实施办法的草拟上报，并进行了实施细则的有关调研、审核和修改工作。

【深港口岸合作】 通过加强深港两地口岸的沟通配合，加大两地在规划建设、查验模式上的合作力度，促进两地口岸运作和经济发展。为进一步方便过境旅客，保证口岸安全、畅通，经粤港合作联席会议第四次会议确定，自10月1日起，罗湖口岸在香港公众假期当天及前一天延关半小时，关闸时间由原来的23：30时延长至24：00时；12月1日起，口岸再次延关，罗湖口岸和皇岗旅检通道全年365天关闸时间延长至24：00时。同时，皇岗货检通道每天从22：00时至24：00时期间出境和入境分别增开3条和1条通道。由于深港双方配合默契协调，口岸延关顺利，出入境旅客反映良好。按照粤港合作联席会议第四次会议要求，深港采用统一设计、统一施工、分段管理、经费分担的模式，分两期对罗湖口岸人行桥进行改造，具体由深方组织施工。一期工程于12月1日正式开工，目前已全部完成，二期工程将在2002年正式启动。2001年，还就西部通道口岸和皇岗口岸实行“一地两检”查验模式开展调研，有关设想和建议，得到了香港“粤港合作统筹小组”和香港有关部门的积极响应。

【特管线建设管理】 在时间紧、任务重、要求高的情况下，通过狠抓工程质量和工程进度，较好地完成了东部沿海快速干道盐坝高速公路的重要配套设施溪冲检查站的建设任务，确保该站6月1日简易开通。目前，该站主楼土建部分已完工，出入境共12条通道、海关房、查验台等设施设备也已完成，并已顺利通过验收，预计2002年上半年正式开通。

此外，2001年重点对南头、布吉检查站的交通环境进行了整治。通过增加车检通道、拓宽进出站场的通道，扩大候车场地，安装闭路电视监控系统，组成联合执法小组集中办公等方式，加强日常管理，规范营运秩序，有力提升了二线检查站的形象。（伍云胜）

一类陆路口岸

【罗湖口岸】 罗湖口岸是目前我国乃至亚洲出入境客流量最大的陆路口岸，人员出入境约占全国总数的50%左右，是我国与国际往来的重要通道。该口岸位于深圳市罗湖区南侧，与香港新界一河之隔，由一座双层人行桥和一座铁路桥连接深港两地，由联检大楼及东侧交通楼两个部份组成。其中，联检大楼楼高12层，主要为出入境查验场地和口岸部门办公、业务用房；交通楼楼高7层，主要作为的士上下客区及停车场。

改革开放以来，特别是香港回归以来，随着内地与香港社会经济交往的日益密切，从罗湖口岸出入境的人员逐年大幅增加。据统计，全年经罗湖口岸出入境人员达8823万人次，日均达24.2万人次，分别是1997年5584.6万人次、1979年565万人次的1.58倍和15.6倍。其中高峰日达33.7万人次，单日单向客流量已突破24万人次。

为适应出入境客流量逐年大幅增长的要求，近年来，粤港、深港两地政府不断加大口岸合作的力度。2001年下半年，召开粤港合作第四次联席会议又出台了两项措施：一是延长口岸开放时间：2001年10月1日起，在香港公众假期当天及前一天关闸时间由原来的23：30时延长至24：00时； 12月1日起，全年关闸时间延长至24：00时。目前该口岸通关时间为6：30时—24：00时，全天共开放17小时30分钟。二是由粤港双方采用统一设计、统一施工、分段管理、分担经费的模式，对罗湖口岸人行桥组织进行改造。先将上、下桥面护栏拓宽，安装空气传送扇；第二步对该桥实行全封闭，安装空调系统。目前，改造正在实施中。

此外，为从根本上改善罗湖口岸通关环境，提高口岸通关速度，深圳市政府确定在2001年对罗湖口岸实行大规模改造：一是将罗湖口岸出入境通道将从目前的137条扩充到170条；二是调整查验场地布局，形成“两进两出”的通关新格局，即一楼和地库为旅客入境场地，二楼和三楼为出境场地；三是对边检计算机查验系统进行升级换代改造，进一步提高查验速度。该工程于2001年11月25日正式动工，预计2002年7月完工。改造后罗湖口岸的通关能力达到双向40万人次、单向25万人次。

罗湖口岸历年流量表

年 份	入 境	出 境	合 计	日平均	同 比
1991年	15071256	16324672	31395928	86016	11.7%
1992年	17041028	19911123	36952151	100962	17.8%
1993年	18043809	19560945	37604754	103027	1.8%
1994年	18932070	21585572	40517642	111007	7.7%
1995年	20101425	22692646	42794071	117244	5.6%
1996年	23460550	24242579	47703129	130336	11.5%
1997年	27608305	28237220	55845525	153001	17.1%
1998年	32676731	33171604	65848335	180406	17.9%
1999年	37844067	38632088	76476155	209524	16.1%
2000年	42426480	43498235	85924715	234767	12.4%
2001年	43721291	44508606	88229897	241726	2.7%

【皇岗公路口岸】 皇岗口岸坐落在深圳市福田区南端，与香港新界落马洲隔河相望，口岸南面的皇岗——落马洲大桥横跨深圳河，全长950米，使深圳与香港的公路网相连。

皇岗口岸作为广深高速公路的配套设施，于1985年5月动工，1989年12月29日货运部分启用通车，1991年8月8日客运部分开通使用。

皇岗口岸是目前全国规模最大的公路口岸。口岸区域占地面积101.6万平方米，其中监管区65.3万平方米，生活区6.8万平方米，商业服务区29.5万平方米。口岸区内海关有货车检查通道46条（其中入境26条，出境20条），边检有货检通道20条（进出各10条），小汽车、客车检查通道12条（出入境各6条），出入境旅客检查通道50条（出入各25条）。建有出入境旅客检查大楼，入、出境货物报关大楼及消毒库、免税店等36个单体建筑物。1991年5月，海关兴建了集装箱检查系统。1998年6月，在货检入境查验场又增建了另一台集装箱检查系统。2000年6月，边检实行了货检通道的“边检出入境车辆快捷通自动检查系统”。2001年1月，又在小车通道推行。2001年7月，海关在小车通道正式实行了电子车牌智能通道。

口岸的原总体设计每日出入境旅客5万人次、汽车5万辆次（实际为3万辆次）。皇岗口岸的开放时间为，货运每日7:00时至24:00时，客运每日6:30时至24:00时。从1994年11月3日起，开辟两条货检通道，试行24小时通关，并设置了空车验放专用通道。1997年3月20日，开通了皇岗——落马洲（港方口岸）穿梭巴士服务，为方便旅客过境开辟了一条新的途径。1999年10月，实行车辆自然分流通关，即除部分货物、车辆按照有关规定维持现行做法从指定口岸进出境外，其他行走文锦渡、沙头角口岸的货车在原行走口岸晚上关闸以后，可行走皇岗口岸24小时通关的货车通道。

近年来，市政府投资1亿多元资金，改造更新口岸设施设备。先后改建了检查岗亭，调整了出入境小车通道，兴建了公交停车场、人行天桥、货车出境专用道路以及占地5.2万平方米、18条车道的缓冲停车场，提供车位380个，减轻货车在城市道路上排队的压力。同时，增加了供电双回路等设施设备。

2001年，经皇岗口岸出入境车辆800万辆次，日均2.2万辆次，比上年同期增长4.1%。

皇岗口岸历年流量情况表

类别	年份	入境	出境	合计	日均	同比
旅客	1991年	78310	57430	135740	930	
	1992年	394020	304460	698480	1908	105.2%
	1993年	610035	526517	1136552	3114	62.7%
	1994年	802739	698325	1501064	4113	32.1%
	1995年	1231926	1267004	2498930	6846	66.5%
	1996年	1656970	1590253	3247223	8872	29.9%
	1997年	2506946	2432478	4939424	13533	52.1%
	1998年	3863095	3530113	7393208	20255	49.7%
	1999年	4790514	4318380	9108894	24956	23.2%
	2000年	5828294	5202379	11030673	30138	21.1%
	2001年	6842989	6142357	12785346	35028	15.9%
车辆	1991年	762623	747134	1509757	4136	176.9%
	1992年	1112056	1149121	2261177	6178	49.8%
	1993年	1519491	1493949	3013440	8256	33.3%
	1994年	1830302	1748589	357，891	9805	18.8%
	1995年	2200855	2155129	4355984	11934	21.7%
	1996年	2214707	2276748	4491455	12272	3.1%
	1997年	2585095	2432093	5017188	13746	11.7%
	1998年	3246607	3306723	6553330	17954	30.6%
	1999年	3295418	3316484	6611902	18115	0.9%
	2000年	3843342	3839840	683182	20992	16.2%
	2001年	3993118	4006685	7999803	21917	4.1%

【文锦渡公路口岸】 文锦渡口岸是我国最早对外开放的公路客、货运陆路口岸，是内地供港鲜活商品出口的主要口岸，香港市场上80%的鲜活商品经该口岸输送。该口岸位于深圳市罗湖区南面，东距沙头角口岸12公里，西距罗湖口岸3公里，与香港新界一河相隔，口岸有东、西两座跨境公路桥与深港相连。

改革开放前，文锦渡只是供港鲜活商品的贸易口岸。1978年10月建成公路桥。1979年1月20日，经国务院批准，文锦渡口岸为国家对外开放口岸，正式与香港直通货运汽车，建有进出境货运汽车通道4条。1981年6月25日经国务院批准，文锦渡口岸由货运口岸增辟为客货运口岸，正式与香港直通客车。为适应我国改革开放发展需要，1985年2月新建一座公路桥投入使用，扩大验放场地3万多平方米，实行出入境车辆分桥行驶。

经过近几年不断改造，文锦渡口岸区域占地面积13万多平方米，口岸区内共有20条汽车检查通道，其中：2条小汽车、客车检查通道，18条货车检查通道；另有12条出入境旅客检查通道。口岸的总体设计是：日汽车流量10000辆次，日旅客流量3000人次。口岸开放时间为货运每日7：00时至22：00时；客运每日7：00时至20：00时。

2001年，经文锦渡口岸出入境车辆257.9万辆次，与上年相比减少3.9%；出入境旅客127.5万人次，减少15.5%。

文锦渡口岸历年流量情况表

类别	年份	入境	出境	合计	日均	同比
旅客	1991年	570303	397008	967311	2650	0.3%
	1992年	457024	366543	823567	2250	−14.9%
	1993年	597744	408376	1006120	2756	22.2%
	1994年	560337	402839	963176	2639	−4.3%
	1995年	538261	479766	1018027	2789	5.7%
	1996年	552339	582261	1134600	3100	11.5%
	1997年	556805	549191	1105996	3030	−2.5%
	1998年	556224	496711	1052935	2885	−4.8%
	1999年	727083	668818	1395901	3824	32.6%
	2000年	780485	727773	1508258	4121	8.0%
	2001年	646826	627998	1274824	3493	−15.5%
车辆	1991年	1681076	1669928	3351004	9181	−8.0%
	1992年	1635076	1620224	3255300	8894	−2.9%
	1993年	1574642	1572334	3146976	8622	−3.3%
	1994年	1551313	1599915	3151228	8634	0.1%
	1995年	1647083	1745225	3392308	9294	7.7%
	1996年	1658627	1595707	3254334	8892	−4.1%
	1997年	1608255	1456974	3065229	8398	−5.8%
	1998年	1289525	1224764	2514289	6888	−18.0%
	1999年	1317395	1309717	2627112	7198	4.5%
	2000年	1347806	1335738	2683544	7332	2.1%
	2001年	1298017	1281391	2579408	7067	−3.9%

【沙头角公路口岸】 沙头角口岸位于深圳市盐田区沙头角镇西面，东接沙头角保税区和盐田港，北邻梧桐山公路隧道。距深圳市区12公里，距香港40公里，口岸区的南面有一座20多米长的钢筋混凝土桥连结新界沙头角，是一个客、货运综合性陆路口岸。

1984年，沙头角口岸经国务院批准对外开放，口岸管理区占地面积4.32万平方米。沙头角口岸原设计车辆日通过能力1500辆次、人员1500人次。1985年，口岸开放每天平均出入境车辆200多辆次。目前，该口岸车辆日均流量为2200辆次，高峰期达3000辆次，出入境旅客日均流量为4100人次。

随着盐田港以及东部地区的进一步发展，沙头角陆运口岸日益繁忙。为了保证口岸的安全畅通，深圳市政府决定对口岸进行改扩建，进一步完善各项服务设施，提高口岸的通过能力，目前该改造工程已经启动。

沙头角口岸历年流量情况表

类别	年份	入境	出境	合计	日均	同比
旅客	1991 年	449049	332528	781577	2141	13.1%
	1992 年	451937	336480	788417	2154	0.9%
	1993 年	401505	330046	731551	2004	-7.2%
	1994 年	441187	384411	825598	2262	12.9%
	1995 年	410368	441300	851668	2333	3.2%
	1996 年	447322	468961	916283	2504	7.6%
	1997 年	491417	501561	992978	2720	8.4%
	1998 年	745230	720794	1466024	4017	47.6%
	1999 年	601046	585382	1186428	3250	-19.1%
	2000 年	630959	587457	1218416	3329	2.7%
	2001 年	793966	713999	1507965	4131	23.8%
车辆	1991 年	352095	353373	705468	1933	4.5%
	1992 年	336753	342006	678759	1855	-3.8%
	1993 年	317376	316163	633539	1736	-6.7%
	1994 年	320661	334007	654668	1794	3.3%
	1995 年	332566	419897	752463	2062	14.9%
	1996 年	364385	416508	780893	2134	3.8%
	1997 年	356456	427397	783853	2148	0.4%
	1998 年	362816	377991	730807	2002	-6.8%
	1999 年	468394	386554	854948	2342	17.0%
	2000 年	461298	399222	860520	2351	0.7%
	2001 年	399557	393959	793516	2174	-7.8%

一类海空港口岸

【概况】 深圳全长260公里的海岸线被香港九龙半岛分割为东、西两大部分，分别建有盐田、梅沙、大亚湾、蛇口、妈湾、赤湾、东角头7个海港口岸及宝安国际机场口岸1个空港口岸。

目前，深圳海港口岸共建成大小泊位131个，其中1万吨级以上泊位有39个。全港年综合设计吞吐量能力为5800万吨，集装箱吞吐能力为320万标箱。目前已开通国际班轮航线76条，其中美欧航线约占航线总量的71%。2001年，深圳港集装箱吞吐量为507.5万标箱，在国内港口排名仅次于上海，已进入世界集装箱十大港口行列，货物吞吐量为6630多万吨，比上年增长16.65%。预计2002年集装箱吞吐量可达650万标箱，货物吞吐量达到7800万吨。

深圳港历年集装箱、货物及旅客吞吐量统计表

年 度	集装箱吞吐量（万标箱）	货物吞吐量（万吨）	旅 客（万人次）
1980		29.6	
1981		51.7	
1982		84.3	8
1983		123.7	16
1984		213.6	43
1985		343.8	83
1986		306.2	104

续表

年 度	集装箱吞吐量（万标箱）	货物吞吐量（万吨）	旅 客（万人次）
1987		501.1	140
1988	10.1	738.60	197
1989	1.84	955.80	188
1990	1.79	1258.40	230
1991	5.06	1663.90	304
1992	10.88	1955.70	428
1993	12.88	2631.70	393
1994	17.81	3162.50	362
1995	28.37	3080.20	350
1996	58.9	3020.50	357
1997	114.73	3335.70	318
1998	195.17	3395.23	298.28
1999	298.43	4651.13	266.35
2000	399.26	5685.30	246.82
2001	507.45	6631.57	250.51

【盐田港口岸】 盐田港口岸位于中国南海大鹏湾海域西北部，距大鹏湾口12海里，水域面积达250平方公里，湾内水深为−15至−20米。由于湾内水深浪小，无淤积，大型船舶可以自由进出及锚泊，是少有的天然良港。盐田港已被列为中国沿海重点发展的四大国际中转深水港之一。

盐田港一期工程于1994年正式开始运作，有两个5万吨级的集装箱泊位，一个多用途泊位和3个散杂货泊位；二期工程于1999年完成，总投资为47亿港元，增加了3个5万吨级的集装箱泊位；三期工程于2001年11月正式启动，该工程由深港双方共同投资60亿港元兴建，预计2006年全部完工后，盐田港区集装箱年处理能力将达到500万标箱。

盐田港区6.7公里岸线被划分为西、中、东三个港区，西港区为通用泊位区，由深圳盐田港集团有限公司属下的深圳市盐田港股份有限公司投资兴建。在1.4公里岸线规划建设8个1—2.5万吨级通用泊位及工作船泊位，用地面积9.95万平方米。其中2.5万吨级的2# 泊位于2001年12月正式投产使用，2002年上半年，设计靠泊能力为1万吨级的1# 泊位已动工兴建，2003年上半年竣工并投产使用。中港区为集装箱专用港区，由香港和记黄埔有限公司属下的盐田国际集装箱码头有限公司负责建设和经营。岸线长2.8公里，一、二期工程占地面积达128公顷，拥有9个泊位。其中有5个为5万吨级集装箱专用泊位。2001年下半年，中港区三期工程建设项目正式动工兴建，工程总投资港币65亿元，建成4个5万吨级集装箱专用泊位，建设总面积为89.5公顷，年设计集装箱吞吐量能力为200万标箱。第一个泊位将于2003年10月投产使用，2005年前全部工程竣工并投入运作。东港区2.5公里的岸线作为长远规划的开发建设项目，主要是以远洋集装箱运输为主的集装箱专用港区。

凭着自身的优越条件以及政府、航运公司的大力支持，盐田港投入使用以后，集装箱吞吐量逐年大幅增长。2001年，盐田港集装箱吞吐量达275.1万标箱，比上年同期增长28.19%，是1995年10万标箱的27.5倍。

【大亚湾港口岸】 大亚湾核电站专用码头位于深圳市大亚湾畔，距深圳市中心约45公里，离香港岛约50公里。

1985年11月，大亚湾口岸经国务院批准在核电站建设期间对外国籍船舶开放。该码头是由广东核电合营公司投资兴建，主要是为大亚湾核电站建设所需材料和设施设备服务。为适应继续建设岭澳核电站和保证大亚湾核电站正常运作的需要，1997年1月14日，国务院批准该码头继续对外国籍船舶开放。

【梅沙港口岸】 梅沙口岸是1984年7月经国务院批准为深圳经济特区旅游专用的对外开放口岸。位于深圳东部梅沙旅游区内，西距市区30公里。

该口岸码头水深−4米，建有4个泊位，可靠泊高速气垫船和飞翔船。旅游区内建有旅客出入境检验大厅和客运售票站、免税商店等服务设施。

梅沙水运口岸因客源不足等原因，于1985年暂停使用。

【蛇口港口岸】 蛇口口岸位于深圳市西部南头半鸟南端，东临深圳湾，南与香港隔海相望，西邻珠海、澳门及深圳机场，北靠南山内陆腹地，是我国实行改革开放的初期第一个由企业自筹资金建设管理和经营的国家一类水运口岸。

1981年12月，经国务院批准正式对外国籍船舶开放。港区内主要由招商港务（深圳）有限公司、蛇口集装箱码头有限公司等公司负责投资兴建和经营。目前，蛇口港区已由原来南海石油服务的后勤基地，发展成为集港澳客运、国内客货联运服务的客运码头区，以散装水泥为主的散杂货作业区，以散粮和散装化肥及矿石为主的中转加工作业区，以及专业化集装箱作业区等具有一定规模的综合性港区。

蛇口货运码头进港航道及港池水深－10.7米，10万吨级货轮可自由进港。港区占地面积为83.6公顷。现已建成客、货运及集装箱生产性泊位33个。其中客运泊位15个，油码头泊位2个，修船泊位3个，散杂货泊位11个，集装箱专用泊位2个，万吨级以上的深水泊位有8个。年设计货物吞吐量为1000万吨、集装箱为60万标箱、旅客为500万人次。

蛇口港区客运码头港澳航线每天有14班高速豪华客船往返穿梭蛇口至港澳之间。其中往返香港有13个对开26个航次，往返澳门有1个对开2个航次。2001年，出入境旅客达80.6万人次，比上年同期增长19.76%。1999年8月15日正式开通蛇口客运码头至香港的夜航，延长口岸开放时间，为两地旅客和外商提供更加便捷的服务。

“十五”期间，蛇口港区将新增4个5万吨级集装箱专用泊位。蛇口集装箱专用码头二期工程已于2001年上半年动工兴建，第一个泊位于2003年下半年投产，2005年前全部工程竣工并投入运作。

2001年，完成货物吞吐量1161.17万吨，比上年增长15.68%；集装箱吞吐量119.25万标箱，增长22.49%；运送旅客196.11万人次。

【妈湾港口岸】 妈湾水运口岸位于珠江口东岸，深圳市西部的南头半鸟西侧，是深圳西港口群中地理条件最为优越的深水码头之一。其主要功能为深圳西部临海工业和城市建设物资以及珠江三角洲地区部分水运物资中转服务的港区。

妈湾港区进港航道和港池水深常年保持在－12米以下，可停靠近10万吨级以上的货轮，并拥有岸线为3000多米，后方有填海形成的纵深285m—450m的陆域，规划建设生产性泊位18个，其中深水泊位12个。通过能力1450万吨，其中煤炭、水泥及油气品分别为540万吨、100万吨和320万吨。1＃至4＃泊位于1987年11月由深圳海星港口发展有限公司动工兴建和经营，并于1990年2月经国务院批准对外国籍船舶开放。0−1＃至0−6＃泊位分别由乐意仓储有限公司、月亮湾电厂油码头、深圳中石油美视油库公司、深圳南油港口仓储发展有限公司和南油石化公司等负责建设和经营。主要为成品油、燃油、轻油和液化气等危险品提供装卸和中转服务。9＃、10＃2个5万吨级泊位是由深圳妈湾电力有限公司投资建设，主要为妈湾电厂生产所需燃煤提供卸煤的专用泊位。

此外，招商局国际有限公司等企业将组建一家股份公司，对妈湾港区5＃至8＃泊位进行规划投资建设。

【东角头港口岸】 东角头水运口岸位于深圳市西部南头半岛东南端，东距深圳市28公里，是深圳西部港口群中的一个中型客、货运码头。

该口岸1985年3月由深圳市航运总公司与香港中华造船厂合资兴建，并由深圳圳华港湾企业有限公司负责和经营。1986年，建成3个1000吨级泊位投入使用。区内建有中、小型泊位6个（其中石油品泊位2个），堆场占地面积2万平方米。1987年1月，经国家批准为对外开放口岸。码头设计能力为50万吨。

2001年，完成集装箱吞吐量2.21万标箱，货物吞吐量109.71万吨。

【赤湾港口岸】 赤湾水运口岸是集铁路、公路、水路等运输方式为一体的大型综合性口岸，在深圳西部港口群中规模仅次于蛇口港。该口岸位于珠江口东岸、深圳市西部南头半岛西南端，，航道水深为-10.6米，是一个不可多得的深水码头。港区周围锚地可同时停泊10艘万吨级以上的货轮。

该口岸于1982年8月动工兴建，由我国第一家中外合资联合企业中国南山开发股份有限公司建设和经营。1983年10月，建成第一个1万吨级泊位并开港。 1984年5月，经国务院批准对外国籍船舶开放。码头岸线总长为2.89公里，已建成大、小型泊位25个，其中5万吨级集装箱专用泊位3个，最大靠泊能力为6.5万吨。年设计吞吐能力为1000万吨。

“十五”期间新建2个5万吨级集装箱专用泊位。

2001年，完成集装箱吞吐量89.70万标箱，比上年增长38.04%；货物吞吐量558.86万吨，增长2.88%。

【深圳航空口岸】 深圳宝安国际机场是集海、陆、空立体交通于一体的航空口岸，位于深圳市西北部，距市中心32公里。

该机场于1989年5月动工兴建，1991年10月，正式开通国内航线。1993年5月，实现对外开放。1996年，成为全国第4大航空港。

2001年，深圳宝安国际机场出入境旅客（含福永码头）63.31万多人次，比上年增长14%；进出口货物38.53万吨；快件进出口为427.72万件；出入境交通工具7084艘／架。目前已开通马来西亚、菲律宾、韩国、美国等国际货运航线定期航班，每周共15个航班，以及不定期的旅游包机国际航班。

深圳宝安国际机场投资7000万元人民币兴建的国际快件监管中心，于2001年3月投入试运行，同年6月正式投入运作。国际快件监管中心主要处理国际空运出入境国际快件、国际空运转关快件、国际过境运输快件等。该中心按照“高起点、高标准、高技术”的要求，从设置和运作等全面实行电子化、自动化的流水作业，实现海关监管与快件验放的高效率。为国内外航空承运人、包机人、无航权外国快递公司、其他快件公司承运、分拣、派送、处理航空货物，对快件提供高效、完善、规范服务。目前，日处理量达400多吨。

深圳机场航空物流园区于2002年1月16日正式动工建设，该园区总占地面积116公顷，计划总投资15.24亿元人民币。航空物流园区内设有四大功能区域：空运中心、保税贸易仓区、临港工贸园区、海运中心。项目包括国际、国内货运村、货站、国际快件监管中心、机场保税贸易仓区、物流信息平台、配送中心、多功能仓库、综合服务中心等。

深圳宝安国际机场以“安全第一、正常飞行、优质报务”为宗旨，于1997年被国家民航总局评为“全国文明机场”。2002年5月25日，通过了世界卫生组织的检查验收，并于6月3日正式授予深圳宝安国际机场为“国际卫生机场”称号，成为亚洲第一个获此殊荣的机场。

福永港区是深圳宝安国际机场配套项目。于1993年1月正式对外通航，福永港区占地面积1.5万平方米。1992年底，已建成千吨级货运泊位1个，500吨级飞翔船客运泊位2个及5千吨级航空油进口接卸专用泊位1个。年设计货运通过能力92万吨，客运80万人次。2001年，实际完成集装箱吞吐量3.19万标箱，出入境旅客54.41万人次。

目前，福永港区客运码头每天有11班高速豪华客船往返穿梭福永至港澳之间。其中往返香港有9个对开18个航次，往返澳门有2个对开4个航次。1999年9月20日，正式开通福永客运码头至香港的夜航，延长口岸开放时间，为外商提供更加便捷的服务。

【西冲港客运口岸】 位于大鹏半岛南端，距深圳100公里。1983年，国务院批准将西冲辟为旅游专用口岸对外开放，只允许港澳地区的旅游者进出。目前，口岸尚未正式启用。

二类口岸

目前，深圳市经广东省人民政府批准设立的二类口岸共有3个。分别为蛇口装卸点、沙鱼涌装卸点（包括鹅公起运点、下沙起运点）两个水运口岸及莲塘陆路起运点。

【蛇口装卸点】 蛇口装卸点是由深圳市天俊粮油食品进出口经营进出口水产食品小额贸易基地。1955年，建立了蛇口水产食品进出口码头。1981年11月，经广东省人民政府批准，成为水产品进出口码头装卸点。1987、1988年，被评为国家外经贸部出口创汇的先进基层单位，并在港澳和国内、外客户中赢得了良好的信誉。该码头300米岸线内建有海关监管区，形成中、小型渔船进出口水产品的批发市场，是深圳市“菜蓝子”工程之一。

【沙鱼涌装卸点】 沙鱼涌装卸点位于深圳市龙岗区葵涌镇，距深圳市区40公里。

沙鱼涌装卸点是由深圳大鹏湾集装箱货运码头有限公司于1985年开始投资兴建，1987年3月，经广东省人民政府批准为二类口岸。至目前为止，沙鱼涌装卸点已拥有泊位6个，其中5000吨级泊位1个，2000吨级泊位5个。有总面积6000平方米的封闭式仓库2座，堆场40000平方米，及相应的运输和吊装机械设施等。

1993年，经广东省人民政府批准设立对台贸易口岸。开展代理台商的“三来一补”、三资企业货物进口和产品出口及正常的对台贸易业务。

1998年，下沙石料起运点、鹅公石料起运点并入沙鱼涌装卸点管理。

深圳口岸大事记

1月1日

深圳皇岗、文锦渡、沙头角、机场口岸正式启动新的进出境转关货物和车辆监管模式，监管效率和通关速度大大提高。

1月22日

广东省省委常委、深圳市市委副书记、市长于幼军到皇岗口岸进行春节慰问。

2月14日

广东省省委常委、深圳市市委副书记、市长于幼军到口岸部门进行工作调研，就如何进一步提高工作效率，改进态度作风，为深圳市进一步扩大、吸引外资、创造良好条件和环境进行了探讨。

2月23日

海关总署党组任命龚正同志任深圳海关党组书记、关长，同时免去王克光同志深圳海关党组副书记、副关长职务，任命王克光同志为广州海关党组副书记、副关长。

3月3日

世界上最大的集装箱船凯斯延．马士基首航抵达盐田港，完成了其“欧洲——盐田港”国际班轮航线的首次航行。据统计，从2001年元月起，已有22艘国际集装箱船舶首航盐田港。

3 月 12 日

深圳海关正式启用“出口收汇验核系统”。该系统是为配合“口岸电子执法系统”、打击出口骗汇等，在H883通关系统中构筑的一个新系统。

3 月 13 日

深圳市口岸委研究决定，取消《外轮供应许可证》审批制度，简化深圳地区外轮供应市场管理环节。

3 月 13 日

美国知识产权执法代表团到深圳海关进行知识产权工作访问。

3 月 20 日

总站开通了“深圳边检总站畅通网”。该网站开通后，旅行社可直接在网上输入团队资料，从而减少了人工操作的中间环节。同时社会各界可在网上查询出入境相关信息。

3 月 25 日

吉布提总统一行访华后经皇岗口岸出境。

3 月 26 日

深圳机场国际快件海关监管中心第一期投入试运行，总体上实现了海关简化航空货运监管手续、提高航空货运通关效率的设计构思，对促进深圳机场区域性国际快件集散、分拨中心和华南地区国际航空货运枢纽港的建设，有重要意义。

3 月 27 日

盐田港区西港区 2# 泊位（25000 吨级）试运行。该泊位的建成投产，将使盐田港区每年增加 20 万个集装箱、10 万吨货物的吞吐能力。

3 月 31 日

由海关总署等国务院八部委组成的联合验收小组，对深圳出口加工区进行验收，并对深圳出口加工区的建设以及整体规划给予一致的好评。钱冠林署长、赵光华副署长参加了验收仪式。

4 月 1—4 日

越南海关代表团一行 10 人到深圳海关访问。

4 月 17 日

中国海关与香港海关数据交换工作组第一次会议在深圳举行。双方介绍了各自的通关程序及风险管理模式，并就通关数据交换的范围、实现方法及实施步骤达成了一致的意见。

4 月 18 日

深圳海事局与深圳经济特区蛇口检查站、蛇口招港客运实业有限公司、香港信德中旅投资有限公司等10家单位举行签字仪式，正式启动共建“海上安全环保绿色通道”活动。

4 月 20 日

深圳检验检疫局深圳评审中心顺利通过国际认证机构互认联盟（IQNET）同行评审。

4 月 29 日

全国政协副主席万国权率领政协委员代表到罗湖、皇岗口岸进行考察。

5 月 1 日

共计 262 个旅游团，约 2 万多名旅客从罗湖口岸出境，再创罗湖口岸单日旅游团出境团队和人数的新记录。

5 月 5 日

智利籍轮船“安登努”号完成了首次停靠盐田港口岸的旅程，从而结束了盐田港无南美航线的历史，盐田港首条南美航线正式开通，

5 月 6 日

文锦渡边检站启用自行设计的反偷渡车辆检查系统。

5月9日

文锦渡站在利用此系统成功查获首例偷渡个案。

5月9日

深圳海事局与河南省交通厅在郑州举行“深圳海事局 河南省交通厅监督船艇交接仪式”，将所属监督船艇“深监巡11、12、13”无偿支援河南省地方海事局使用。

5月9日

皇岗海关客运车辆自动验放系统投入使用。该系统功能主要包括：司机IC卡的备案、司机资料的备案、车辆通道的自动验放等功能。运转稳定、方便、快捷，验放一部车辆仅需10秒钟左右，大大加快的客运车辆的验放速度，解放了通道的人力。

5月13日至19日

全国第11次“安全生产周”活动期间，深圳海事局共出动人员229人次，船舶34艘次，车辆50多台次，发放宣传资料1500多份；检查船舶290艘，查出缺陷136项，当场纠正缺陷33项，处理违法船舶132艘，查扣涉嫌“三无”船舶2艘。

5月27日

23名APEC高官会代表来到深圳口岸参观考察。

5月28日

皇岗口岸客车通道“快捷通”系统（出入境车辆自动检查系统）正式启用，过境司机只须在车上触按指纹接受查验后即可通过，通关速度缩短了30%--40%，实现了通道“无人值守”的查验模式。

5月28日

澳大利亚海关考察团到深圳海关参观考察。

6月13日

深圳海事局举办首次深圳“海事论坛”，围绕市场经济条件下安全管理的手段和方法的主题进行探讨。43家单位共68名专家、学者参加论坛。

6月19日

香港工业总会考察团到深圳口岸对电子口岸实施的最新情况进行考察。

6月25日

广东省副省长汤炳权一行到深圳考察皇岗陆路通关改革和梅林保税工厂监控中心等有关情况，对口岸部门简化通关手续、提高工作效率给予了高度评价。

6月30日

罗湖口岸验放出入境旅客达30.8多万人次，创上半年全国各口岸单日验放量的最高纪录。

7月2日

深圳地区“中国电子口岸”日常工作正式开展.

7月4日

全国首条出入境游艇航线—香港至蛇口游艇航线试航成功，试航的“中国娃娃”号游艇顺利抵达蛇口港。该航线的运行既有利于推动深港两地人员往来和经济发展，也有助于提高深圳国际性城市形象。

7月6日

受台风影响，一架从伦敦飞往香港的班机在深圳机场紧急迫降。经口岸部门妥善处理，该机次日办完离境手续安全飞抵香港。

7月11日

广东省委常委、市委副书记、市长于幼军，深圳市常务副市长李德成率深圳市10个主要部门的一把手到深圳口岸举行现场办公会。

7月20日

《深圳海事局建设工程廉政合同实施办法》公布施行。

7月（25）日

粤港合作联席会议第四次会议举行，确定在香港公众假期当天及前一天，罗湖口岸关闸时间从23：30时延至24：00时，西部通道实行“一地两检”查验模式。

8月22日

广东省汤炳权副省长到深圳口岸视察，对“中国电子口岸”建设情况进行了检查。

8月30日

深圳海关封闭式保税工厂联网监管模式推广的首家企业——深圳开发科技股份有限公司的第一本电子帐册备案成功。

8月30日至9月1日

全国海事系统创建文明行业现场经验交流会在深圳召开。国家、省、市有关部门领导及全国直属、地方海事系统40个单位近百名代表出席会议。

9月6日

广东省委常委、深圳市委副书记、市长于幼军到口岸部门进行调研，对口岸部门改进机关作风，提高工作效率，积极为外贸企业搞好服务的各项工作给予了充分的肯定。

9月14－17日

越共中央委员、越南海关总局局长阮德坚一行到深圳海关进行参观访问。

9月16日

开通了深圳宝安国际机场往返香港国际机场及九龙市区的直通豪华巴士。

9月18日

15：50时，因冷冻车急剧增加，过关较慢，香港部分过境司机在香港沙头角管制站出境通道（北行）罢驶，在深港双方的沟通配合下，19：40时口岸恢复正常运作。

9月19日

深圳举行海陆空立体应急救援综合演习。

10月1日

汤炳权副省长在深圳市副市长宋海的陪同下到皇岗口岸，慰问节日期间坚守岗位的口岸工作人员，要求确保节日期间口岸工作正常运行，努力完成全年外贸出口任务。

国庆“黄金周”期间，经深圳口岸出入境旅客共225.37万人次。其中9月29日罗湖口岸入境23.04万人次，10月2日罗湖口岸出境24.08万人次、皇岗口岸出境3.89万人次，均破该口岸单日入境和出境单向过境历史记录。

10月19日

深圳海关与深圳出入境检验检疫局举行“共建合作伙伴关系”签字仪式，双方正式建立了合作伙伴关系。牟新生署长出席签字仪式。

10月24日

国务院港澳办副主任陈佐洱带领海关总署等部门，视察深圳罗湖、皇岗口岸人流、车流通关情况，强调中央政府和粤港两地政府都十分重视粤港两地的联系和合作。

10月26日

香港政务司司长曾荫权和国务院港澳办副主任陈佐洱在深圳迎宾馆会谈，希望加强两地合作。

11月3日

以欧盟农业及渔业食品部PAUL　VEROEVEREN先生为团长的欧盟“禽流感”考察团对深圳口岸供港活禽的出口检验检疫、禽流感检测与监控、活禽饲养与防疫状况进行了实地考察。

11月9日

国家计委主任曾培炎在常务副市长李德成、市府副秘书长汤耀治等领导的陪同下，视察了皇岗口岸，对深圳市政府、驻深各口岸单位多年来不断提高口岸通关科技含量、改善通关环境方面的努力，特别是深圳口岸信息化建设取得的成绩给予了高度的评价。

11月12日

交通部副部长张春贤到深圳海事局视察工作，

11月15–16日

香港海关代表团到深圳海关进行工作访问。

11月21日

市委领导宣布口岸办领导班子调整决定：曹绍业同志任市口岸办党组书记、主任，黄新华同志因年龄原因转任口岸办巡视员。

11月25日

罗湖口岸改造工程正式动工。改造内容主要包含口岸查验场地改造、电子查验系统改造、消防系统改造和通风系统改造等四个方面的内容，预计工程在2002年9月份全部竣工。

11月28日

深圳海关加工贸易联网监控中心正式挂牌成立。

12月1日

罗湖、皇岗口岸开始延关。延关后罗湖口岸每天开放时间从6：30—23：30时延至6：30—24：00时；皇岗口岸旅检（包括小汽车、大客车通道）从7：00—22：00时延至6：30—24：00时，货运保持现有2条通道24小时通关，每天22：00—24：00时我方南行方向增加3条通道，北行方向增加1条通道。

12月11日

中国籍集装箱船“东运419”在蛇口水域1#、2#浮西南方向约1000米（22° 26.2N，113° 52.9E）附近沉没，落水6人全部获救，40个集装箱被捞起。

12月28日

深圳海事局VTS系统正式开通使用。

12月28日

蛇口至海口第一艘箱客船“紫玉兰”号在蛇口举行首航仪式。

12月28日

以巴基斯坦农业部副秘书长Maher Sher Muhammad为团长的巴基斯坦植物检验检疫法规代表团来深圳口岸考察。

12月31日

广东省委副书记、深圳市委书记黄丽满到深圳口岸视察工作。

珠海口岸工作综述

【概况】 珠海市现有拱北、横琴、珠海港、九洲港、湾仔轮渡、斗门港等七个国家一类口岸和香洲、湾仔、新环、桂山、井岸、保税区、平沙等七个装卸点。其中，万山口岸（一类）经国务院批准对外开放，尚在建设中。保税区装卸点经省政府批准设立，正在筹建。2001年，珠海口岸管理部门认真贯彻“三个代表”的重要思想，积极协调各查验单位和口岸服务经营单位，做好日常口岸管理、业务改革。不断提高通关效率，着重抓好口岸基础设施建设，加强口岸综合治理，确保口岸安全畅通。全年经珠海各口岸出入境旅客达4555万人次，比上年增加17.7%；出入境交通工具212万辆（艘）次，增加10.8%；进出口货物599万吨，减少6.5%；集装箱33万个标箱，减少0.07%；沙石泥1515万吨，增加11%；征收关税及进口增值税35.7亿元，增加6.8%，促进了珠海市对外开放和经济发展。

【基础设施建设】 完善了万山口岸的基础设施建设。边检大楼、检验检疫局大楼、旅检大楼已完工并通过验收，有关供水、供电、消防、通信等设施均已配套。海关大楼主体工程已完工，小区道路等配套工程也逐步完善。

澳门兴建新联检楼及租用我方土地涉及口岸范围内的市政设施的迁建和补偿等问题，经积极协调相关部门，解决了各种矛盾和问题，有力地支持和配合澳门做好关闸新边检大楼建设的前期准备工作。

珠海港恒基达鑫5万吨、5000吨和一德万吨石化码头相继建成并投入使用。

【提高口岸通关效率】 实现了横琴口岸的顺利延关。为了适应粤澳两地经济发展和人员往来的需要，遵照粤澳双方政府关于横琴口岸实施延关的决定，积极做好筹备工作，翻新了联检大楼及车辆通道，完善有关配套设施，从而保证横琴口岸于2002年1月1日起实施延关。

【加强综合治理】 由口岸综合管理部门牵头组织，协调公安、交通等部门对口岸管理区域进行综合治理，确保口岸区域有良好的治安秩序，为旅客通关提供安全保障。同时，加强对二类口岸的管理和对县区口岸的工作指导。一年来，在对外籍船舶的管理方面，坚持实行月报制度和定期联检制度，坚持半年一次组织各经营单位学习有关二类口岸管理规定和查验单位的有关法规。全年未发现有走私、偷渡现象。

一类口岸

【拱北公路口岸】 拱北陆运（公路）口岸是内地通往澳门特别行政区的重要口岸。南与澳门街道相连，楼宇相映，形如一城，北距广州130余公里，东隔珠江口与香港遥望。

拱北口岸是个年逾百载的老口岸。改革开放以前，口岸设施简陋，出入境旅客、车辆也较少。1980年创办珠海经济特区以来，珠海市政府和口岸查验部门认真贯彻国家对外开放政策，加强口岸的物质文明和精神文明建设，口岸面貌发生了深刻变化。拱北口岸经迁建后，更成为珠海市的景点之一。

迁建后的拱北口岸位于珠海市拱北迎宾南路1001号，口岸区域占地面积162258.63平方米，总建筑面积为8.5万平方米。设有旅检大楼3.5万平方米，免税商场及走廊1.3平方米，进、出口报关楼及货物查验场为2万平方米，其他配套设施建筑为1.7万平方米。总投资人民币4.5亿多元。工程按照“高起点、高质量、高效能"的要求进行设计，于1992年6月19日奠基，1992年10月16日开工。旅检大楼和进口货运通道于1999年10月2日开通启用；出口货运通道将于2002年开通启用。口岸实现了出入境旅客和大小客、货车辆各行其道，更加合理、安全、畅通。

迁建后的拱北口岸设有旅客出入境通道66条，其中出境28条，入境38条；出入境客车通道14条，其中出境6条，入境8条；出入境货车通道16条，其中出境8条，入境8条。

拱北口岸开放时间为旅检（含客车通道）从早上7时30分至深夜0时；出入境货运通道从早上7时至下午5时30分。随着中国加入WTO，在“大口岸、大通关"的趋势下，从拱北口岸出入境的旅客、车辆和货物不断增加，口岸也日益繁忙，拱北口岸已成为全国客流量位居第二的口岸。2001年出入境旅客 4800多万人次，车辆220万辆次。

【横琴公路口岸】 珠海横琴口岸是跨境公路桥口岸，位于珠海市横琴经济开发区，它横跨十字门水道，与澳门路凼填海区（新城区）相连。

横琴口岸于1999年6月12日经国务院批准设立。横琴口岸是客、货运综合性的一类口岸，于2000年3月28日正式开通，每天开放时间为货运7:00—17:00、客运9:00—17:00。随着国家对外开放的进一步扩大，从横琴口岸出入境的旅客、车辆和货物呈现逐年增加的态势，为了更好地发挥横琴口岸的整体效能，从2001年1月1日起横琴口岸实施延关，客、货运每天开放时间均调整为9:00—20:00。2001年，从横琴口岸出入境旅客40.3万人次，车辆2.08万辆次。

横琴口岸基础设施日趋完善，目前投入使用的联检楼占地面积约1.96万平方米，现有出入境旅检通道各6条，货车出入境通道各3条，客车出入境通道各2条，并设有停车场、候检场、货检场、报关报检中心、查货平台、监管仓库等配套设施。同时，公共汽车和出租的士每天均从横琴口岸经过。开关以来，横琴口岸各查验单位树立“口岸一盘棋”的思想，既分工又合作，既把关又服务，受到了广大旅客和货主的好评。

【珠海港口岸】 珠海港口岸是国务院1994年6月批准设立的货运口岸，1995年4月实施生产性试航，1996年7月正式对外开放。目前，已启用并对外营运的码头有7个，泊位15个，分别是：高栏国际货柜码头（2万吨级泊位2个，总投资7000万美元）、电厂码头(5万吨级泊位2个，3千吨、1千吨级泊位各1个）、华南联合石油有限公司油码头(8万吨、5千吨级泊位各1个，总投资1亿人民币）、九丰阿科能源有限公司石油液化气码头（5万吨级泊位2个，总投资2500万美元）、岩谷石油液化气码头（5万吨、5千吨级泊位各1个，总投资2169万美元）、一德公司液体石化码头（1万吨泊位1个，总投资5000万人民币）、恒基达鑫国际化工有限公司石化码头（5万吨、5千吨级泊位各1个，总投资1.2亿人民币）。

珠海港口岸对外开放6年来，坚持两个文明一起抓，口岸查验单位和生产经营服务部门紧密配合，依法把关，守法经营，有力地促进了港口发展，塑造了良好的口岸形象。珠海港口岸被广东省政府授予1997至1999年度“文明口岸”光荣称号。

2001年，口岸的出入境船舶983艘次，货物吞吐量875万吨，进出口货物148.7万吨，征收关税、进口增值税5.3725亿元。随着新建码头的逐步增加，港口设施的不断完善，珠海港口岸的发展前景逐年看好。

【九洲港口岸】 九洲港口岸属客、货运综合性一类口岸，位于珠江口西岸，距香港36海里，距澳门4海里。1982年9月，经国务院批准对外开放，客、货运口岸分别于1982年和1984年建成通航；九洲港口岸大坞湾危险品作业区于1991年11月经国务院批准对外开放。

九洲港口岸客、货运码头全长1442.58米，其中客运码头长436.70米，港池直径275米，航道长10.5海里，水深5.5—6.5米。港区航道设有灯光等标志，日夜均可通航，可供8艘大型双体快速客船同时靠泊。货运码头长1005.88米，港池水深5.5—6.5米，可供2艘5千吨级货轮同时靠泊。港口设计年客运量为200万人次，货物年吞吐能力为206万吨，是珠海市对外开放的重要水运口岸。

九洲港口岸配套设施完善，客运口岸设有一座面积7800平方米现代化联检楼和12000多平方米的广场。目前，九洲港客运口岸香港航线日夜进出航班28班次，逢节假日视情况加开航班。2001年，经该口岸出入境旅客达124多万人次。货运口岸设有一座2300平方米的货检大楼及400平方米的货运中心，海关、边检、检验检疫、海事等查验部门及码头公司、外轮代理公司、外轮理货公司均在现场办公。码头内设有3000平方米集装箱查验场及X光集装箱查验机。如需开箱查验，实行一次开箱，联合查验，手续简化，高效运作。口岸查验部门与经营服务单位实现电脑联网，信息资源共享，货主申报查验方便快捷。大坞湾危险品作业区有5000吨级危险品专用码头，专供运载液化石油气及工业用油的船舶靠泊作业。九洲港口岸进出口货物目前主要是经香港转运世界各地，每天进出港14至20航次，船舶到港，当天装卸；当天货物，当天出港。2001年，进出该港外贸船舶1.7万艘次，集装箱25万个标箱，货运量（含危险品作业区）210万吨。

九洲港口岸综合管理法制化、规范化。珠海市政府及有关部门先后颁布了一系列管理规定，使口岸工作有章可循，保证了口岸文明安全，高效畅通。九洲港口岸被国家口岸办授予1994—1996年度全国文明口岸，被评为广东1994—1996年度和1997—1999年度文明口岸，货运共建片被评为1994—1996年度全国、全省共建文明口岸活动先进集体。

【湾仔港轮渡客运口岸】 湾仔港轮渡客运口岸，位于珠海市湾仔镇，与澳门一水相隔，水面距离只有几百米。

湾仔港轮渡客运口岸于1984年经国家批准开设，于同年12月23日正式通航。目前使用定员为280座位的渡轮，每日往返湾仔至澳门20个航次，节假日视客流情况增开航班。2001年，该口岸出入境旅客47万多人次。

湾仔轮渡口岸设有检查检验机构，旅客出入境方便快捷。轮渡口岸所在地湾仔镇由于处在独特的地理位置，历史上与澳门有着千丝万缕的关系，湾仔镇生产的优质蔬菜、鲜花、畜禽、水产品，供应澳门市场，活跃了两地的边境贸易。澳门居民直接到镇区游览及采购果菜，历来两地居民可凭证件自由往来探亲、购物，湾仔至澳门轮渡通航后，两地居民交往更加密切，更方便外商到湾仔投资设厂。

【斗门港客运口岸】 斗门港为客、货运综合性口岸。码头岸线长970米，分客运口岸和货运口岸。基建工程分两期进行，首期建客运口岸，第二期建货运口岸。港区有占地面积38万平方米的口岸经济开发区，有直达港区的60米宽马路，市内公交班车直达。区内还规划了商住、娱乐、工业、仓储用地安排，现已有显利（珠海）造船有限公司、珠海斗门联英行化工科技有限公司等独资企业在区内投资设厂。

斗门客运口岸是1987年10月经国务院批准的对外开放的一类口岸，于1991年1月28日正式开通运行。客运口岸配备了5000平方米的客运联检大楼及相应的配套设施，有500吨级客运泊位1个，有252座的豪华双体喷射船一艘，并配备有旅客汽车联运专线服务。客运口岸自开通以来运作良好，2001年，出入境旅客61230人次，其中入境旅客32323人次，出境旅客28907人次。

【万山港口岸】 万山港位于珠江口外的万山群岛上，处于香港与澳门和珠海之间。万山港下设桂山岛、外令仃岛和万山岛3个作业区。其中桂山岛作业区东距香港本岛12海里，距香港新机场3海里，西距澳门16海里，距珠海市行政中心17海里。

万山港3个作业区周围有6条国际航道纵横贯穿其中。桂山岛作业区连接国际引航锚地，是外轮进出广州黄埔港的必经之地。

万山港水深宽阔，背靠以广州为中心的珠江三角洲，毗邻港澳，处于内河航运与海洋航运的交汇点，并具有美丽的海岛风光。万山港除服务于海岛货物进出口外，其主要功能是进出口货物仓储、保税、中转，以及旅游等。1995年4月6日，国家批准万山港为对外开放客货运一类口岸。

目前，万山港水运口岸正在筹建中。

二类口岸

【香洲口岸】 香洲口岸原是香洲一个渔用码头，早在1958年由珠海县流动渔民投资建造。1972年，经省革委会粤革委[1972]134号文批准为货物出口起运点。1979年，省革委会以粤革函[1979]870号文同意改为货物进出口装卸点。1988年，批准为直出装卸点（二类口岸）。随着对外经济贸易的进一步发展，香洲口岸在1997年由原来的T字型码头搬到香洲北堤码头，码头可靠泊1000—3000吨船舶。码头的搬迁，扩大了仓储面积，更加方便查验，加快了进出口货物的流通。

香洲口岸是珠海对外经济贸易重要海运渠道之一，交通便利，距香港仅36海里、澳门6海里、广州86海里、深圳28海里，陆路有京珠高速公路和通往各地的一级公路。

香洲口岸内设机构有珠海市口岸局香洲口岸办事处、九洲边检站、拱北海关驻香洲办事处、万山检验检疫局驻香洲口岸办事处、海上派出所。经营服务单位主要有香洲港务集团公司、香洲报关公司等单位。

【湾仔装卸点】 湾仔对港澳进出口货物装卸点，1987年8月开放，位于珠海市湾仔镇，距澳门0.3海里，香港34海里。水陆交通方便，是珠海市科技园、保税区和湾仔、南屏镇货物进出口的主要港口。

湾仔装卸点码头长160米，泊位3个，港池水深3.5米，可靠泊2000吨级船舶，设有仓库，装卸设施完备，年吞吐能力40万吨。

湾仔附近海域是广东省航行澳门航线的小型外贸运输船舶必经之路，也是广东省航行澳门航线的小型船舶出入境中途检查站。

【斗门港货运口岸】 是1993年经广东省口岸办公室以粤府口函（1993）16号文批准设立的二类口岸，于1993年3月动工兴建，1994年6月18日正式通航。港区占地面积20000平方米，建有1830平方米的联检大楼一座；1571平方米的货运大楼一座；800平方米储货仓库两座；货物堆场面积达15000平方米；还有3000吨泊位码头一座，泊位长98米，并配备了10吨、40吨岸吊各一台；码头还配备了50吨汽车吊、40吨吸车各一台，货柜运输车14辆，以及其他设备一批，港口年吞吐能力达30万吨。2001年，斗门港进出口货物302647吨，其中进口货物81897吨，出口货物220750吨。进出口集装箱24148个标箱，其中进口8889个标箱，出口15259个标箱。

汕头口岸工作综述

【概况】 2001年，汕头口岸工作在市委、市政府的领导和上级口岸主管部门的指导下，克服外经贸发展形势严峻等困难，以机构调整为契机，加强队伍建设，积极做好管理和协调工作，继续开展共建文明口岸活动，努力营造良好的口岸环境，确保了汕头口岸的安全畅通。据统计，2001年，汕头航空口岸出入境飞机2007架次，出入境旅客166398人次；水运口岸出入境船舶3095艘次，进出口货物2592065吨，其中集装箱110021标箱；港澳货运车辆检查场出入境车辆61895辆次，进出口货物555195吨。

【地理位置】 汕头市位于广东省东部韩江三角洲南端，东邻潮州市饶平县，西接揭阳的普宁市，南临南海，是全国五大经济特区之一，也是全国著名侨乡。全市总面积2064平方公里，其中市区面积310公里；人口468万人，其中市区人口120万人。现辖市区的龙湖、金园、升平、达濠、河浦等5个区和南澳县，代管潮阳、澄海两个县级市。汕头市自然条件优越，韩江、榕江、练江三江在境内汇入南海，北回归线横贯全境，全市属亚热带海洋气候；海岸线曲折绵长又多岛屿，有岸线长289公里，周围分布着大小岛屿近40个，沿岸有汕头湾、达濠企望湾、潮阳海门、澄海莱芜、南澳后江等众多天然良港。

【历史沿革】 汕头市早在1861年便辟为通商口岸，历来是粤东、赣南、闽西南一带的交通枢纽和商品集散地，素有“岭东之门户，华南之要冲”的称誉。改革开放以来，汕头口岸建设日新月异。目前全市已有一类口岸4个，分别为汕头港、汕头空港、潮阳港、南澳港；二类口岸6个，基本形成了海、陆、空俱全，客、货运兼备的多层次口岸格局。通过口岸已与世界40多个国家（地区）210多个港口发展运输、经济、文化交流和友好往来。

【队伍建设】 两手齐抓，增强责任感。2001年，口岸工作面临复杂的形势。一方面市口岸办机构改革，口岸管理职能并入市外经贸局，加挂口岸局牌子，人员作了较大的调整；另一方面，全市外经贸发展形势十分严峻，口岸管理和协调的工作难度增大。在这种情况下，口岸局坚持两手抓，一手抓教育，端正广大干部对机构改革的认识，坚持讲大局、讲团结、讲奉献，切实加强思想和作风建设，提高做好口岸工作的责任感；一手抓业务，加强调研、坚守岗位、履行职责，较好地完成口岸各项工作任务，确保口岸机构改革过程中工作的平稳过渡。

【管理协调】 一是进一步实施、完善口岸查验联合办公制度。口岸局多次和汕头国际集装箱码头公司及各查验单位进行协商，协调解决在汕头国际集装箱码头设立货物报检报验联合办公室和汕头港船舶联合报检办公室问题，达成了共识。码头经营单位在口岸现场为海关、边检、海事局、检验检疫局、银行、报关公司等单位提供办公场所，实行口岸查验单位联合办公制度。在港口现场为进出口货物申报、查验、监管提供“一条龙”服务。同时，继续巩固和完善“岸上报检，联合办公”的船舶查验制度，简化手续，方便船方。

二是坚持做好空港口岸的协调工作。一年来，口岸局协调解决了汕头空港国际候机楼中央空调的改造问题，争取市政府拨款35万元用于改造工程；协调空港各部门，认真配合做好九运会汕头赛区、特区二十周年庆典活动及重大涉外活动来汕嘉宾的迎送接待工作；协调做好春节、清明期间增加航班工作。

三是积极协调解决汕头港澳货运车辆检查场迁址后用水、用电缴费价格问题，经营服务项目收费标准问题以及车检场外围道路交通标志牌设立问题等。

四是加强口岸现场综合管理。口岸局在空港实行每周一、三、五现场值班制度，及时协调处理现场出现的问题。汕头港澳货运车辆检查场迁址后，切实做好规范管理工作，协助经营单位制订落实岗位管理责任制；初步协调解决了该场报关公司服务收费相互压价，搞不正当竞争的问题，创造良好的经营秩序。积极配合有关部门，坚定不移地打击走私、贩私，整顿秩序活动，清理整顿水运二类口岸，把依法行政、规范管理贯穿在口岸工作的全过程，取得了较好的效果。

【口岸建设】 一年来，全市口岸各部门按照“量力而行、确保重点”的原则，多方筹资，投入口岸基础设施建设。潮阳市和南澳县政府，在地方财政困难的情况下，挤出专项资金，投入口岸配套设施建设。潮阳海事处、边检、检验检疫局三个单位的办公楼主体已建成，后续工作正加紧进行。南澳县采取各种措施，较好解决各查验单位临时办公、生活用房的问题。抓紧修复“尤特”台风损坏的码头设施，筹建查验单位办公用房，力争明年南澳港能通过国家验收。澄海市为解决查验单位的办公用房问题在港澳车检场旁兴建一幢口岸查验办公大楼，主体工程已建成。

【共建活动】 根据省外经贸厅和市委、市政府的统一部署，积极推进共建文明口岸活动，大力倡导公民基本道德规范，加强职业道德、涉外政策和纪律教育，加强业务培训，提高口岸员工的素质。同时，围绕全市经济发展各个时期的中心任务，积极开展“重建信用，重塑形象”、“两大整治”、“整顿机关作风”、“便民、利民、为民”和“创建国家环保、旅游城市”等活动，通过活动，增强口岸整体意识，服务意识，树立起口岸良好的对外形象，促进口岸工作的全面开展。

一类口岸

【汕头航空口岸】 汕头航空口岸位于汕头市东北面的澄海市外砂镇，距离汕头市中心11.4公里，是目前粤东地区较大的航空港。

汕头机场于1986年7月15日对外开放，现为国家4D级标准机场。机场主跑道长2500米，宽45米，厚0.36米；停机坪面积7.2万平方米，可同时停放5架波音757和波音737客机；候机楼面积2.29万平方米（其中国际部分5640平方米），各项地面服务设施配套齐全，有先进的夜航灯系统和航行管制、通讯导航、气象保障等设备；机场达到了可负荷年旅客运量300万人次的能力。目前已开通香港、曼谷、新加坡、吉隆坡、吉晋等5条国际（地区）航线。

民航汕头站是汕头机场的经营单位。一年来，民航汕头站为适应民航事业发展的要求，对航站内部机构设置实施了改革调整，慎重而大胆地进行精简裁员，选准配好各部门“班子”，通过调整，进一步落实部门岗位责任，改变工作方法和作风；结合民航系统各个时期的中心工作，航站积极开展各项教育活动，加强队伍建设，切实提高民航员工的思想素质和业务能力；针对全国民航安全生产出现的严峻形势，航站以抓安全生产、消除安全隐患，保持良好安全态势为重点，严格工作标准，健全工作纪律，规范工作行为。先后制订了《安全委员会会议制度》等七个安全管理文件，并将安全教育与安全竞赛活动结合在一起，使“安全第一”思想深入人心。一年来，民航汕头站实现安全生产无事故，口岸进出畅通有序。

2001年，汕头航空港口岸共完成出入境航班2057班次，出入境旅客143998人次。

近5年汕头空港出入境客货运统计表

年份	出入境飞机（架次）	同比	出入境人数	同比	出入境运量（吨）	同比
1997	2370	−18016%	231209	−24.23%	3781.6	−18.86%
1998	2002	−15053%	169797	−26.56%	2948	−22.04%
1999	1972	−1.5%	167996	−1.06%	3405.3	−13.75%
2000	2172	10.14%	164965	−1.8%	3163.3	−7.1%
2001	2057	−5.29%	143998	−12.71%	3352.9	6%

【汕头港口岸】 汕头港地处广东省东部。港界线：以新津河口东侧北纬23° 21' 和梅溪蛋家园 北纬23° 27'40″ 为北港界；以东经116° 50' 为东港界；以北纬23° 12' 为南港界；以北纬23° 23' 为西港界。东距高雄 214 海里，西南距香港 187 海里，扼韩江、榕江、练江出海口，素有“岭东之门户，华南之要冲”的称誉。航道全长 17.25 公里，外航道基准面水深为 −9.5 米。内航道水深 −5 至 −8 米，锚地和浮筒泊位16个。主要泊位水深分别是：马山

港区泊位 -10.8 米、珠池港区泊位 -10.5 米、 广澳港区泊位 -13 米，可规划建设 2—10 万吨级泊位 24 个。

该港是客、货运输的综合对外开放口岸，1861 年辟为通商口岸。至今已与 52 个国家和地区的 248 个港口有货运往来。现已开通汕头至香港、南韩的国际集装箱定期班轮和至上海、厦门等地的国内集装箱定期班轮。担负着粤东、闽西南、赣南地区对外贸易进出口货物的运输任务，是交通部确定的全国沿海主要枢纽港之一。

改革开放前，汕头港仅有港务局所属的老港区口岸码头，只能停靠 5000 吨级船舶。目前，汕头港已有口岸码头 16 个（其中二类口岸码头 3 个），最大靠泊能力 5 万吨，年港口通过能力 2234 万吨。进出口货运量最高为 1997 年，达 720 万吨。2001 年，汕头港各有关单位认真贯彻省委、省政府汕头现场办公会议精神，实施“重建信用、重塑形象”汕头生命工程。以加快汕头枢纽港建设为目标，加快港口基础设施建设步伐，全年共投入港口基础设施建设 1.1 亿元。广澳港区一期工程、汕头港航道及拦门沙整治二期工程项目已通过交通部工程可行性审查。面对当前港口货源不足，竞争激烈等情况，调整经营策略。经市政府批准，制订出台了降低地方港口建设附加费和优惠货物装卸费 30% 等措施，降低了货主和船方的费用，增强汕头港的吸引力。2001 年，货运总量 1195.36 万吨，其中外贸 253.28 万吨；进出口集装箱 98744 个标箱；出入境船舶 3095 艘次；到港万吨级以上船舶超过 200 艘次。

汕头港检查检验工作由驻汕头检查检验单位负责，口岸管理和协调工作由汕头市口岸局负责。目前，汕头海关、边检、检验检疫局、海事局等检查检验单位及报关公司、外轮代理、银行等口岸服务单位均在港口现场办公。为货主和船方提供“一条龙”服务。

1993 年，国家交通部和广东省政府联合下发“关于印发《〈汕头港总体布局规划〉审查意见》的通知”将汕头港划分为六个港区，即：老港区、珠池港区、马山港区、苏埃港区、堤内港区和广澳港区。其中一类口岸码头共 13 个，分布在如下 4 个港区，分别是：

(一)老港区

1.汕头港务集团有限公司第一作业区码头。位于汕头市商平路与南海路交界处。现有 5000 吨级泊位 5 个，3000 吨级泊位 1 个，仓库面积 3.4 万平方米，堆场面积 4.2 万平方米。配有 9 台门机，最大吊荷 40 吨。年港口通过能力 210 万吨。2001 年，进出口货运量 93.7 万吨、集装箱 3.4 万个标箱。

2.汕头港务集团有限公司第二作业区码头（原煤码头），位于 石虎头山旁。现有 5000 吨级、3000 吨和 500 吨级泊位各 1 个，库场面积 3.5 万多平方米。配有 3 台门机，最大吊荷 16 吨。年港口通过能力 120 万吨。2001 年，进出口货运量 0.2 万吨。

3.粤长燃气实业公司码头，位于 石虎头山旁，属民营企业。现有 5000 吨级泊位 1 个，气库 2400 立方米，油库 4000 立方米，采用管道装卸，总投资 1 亿元。年港口通过能力 12 万吨。其中石油气 5 万吨、油 7 万吨。1995 年 9 月，投入口岸运作。

4.东海港务有限公司码头，位于 石塔头山旁，属民营企业。现已建成 5000 吨级泊位 3 个，1 千吨级泊位 1 个，仓库面积 1 万平方米，堆场面积 4.6 万平方米。港区内配有 45 吨门吊 2 台，45 吨桥吊 1 台，10 吨门吊 4 台等装卸机械设备。总投资 3.2 亿元。年港口通过能力为件杂货 150 万吨 ，集装箱 5 万个标箱。1996 年 7 月，投入口岸运作。2001 年，进出口货运量 5.76 万吨、集装箱 4501 个标箱。

5.汕头港客运码头，位于汕头市海滨路西段。该码头由汕头港务集团有限公司客运服务公司经营，担负着汕头至香港水运客运任务。现有 5000 吨级码头泊位 1 个，客运大楼面积 9000 平方米，其中旅检场面积 2980 平方米。年通过能力 40 万人次，该码头于 1986 年 1 月投入口岸运作，因客源下降，企业严重亏损。从 2000 年 3 月起，暂停汕头至香港水运航线。

（二）珠池港区

1.龙华码头（原特区码头），位于汕头市海滨路中段，由汕头特区龙华企业有限公司经营，是中外合资企业。该码头总投资 5200 万元。现有 3000 吨级泊位 1 个，仓库 2000 平方米，堆场 1 万平方米。配套有 36 吨固定吊机及 42 吨集装箱正面吊机等装卸机械设备。年港口通过能力为散杂货 25 万吨、集装箱 4 万个标箱。于 1986 年 1 月投入口岸运作。由于股权转让等原因，全年没有外贸货物在该码头装卸。

2.大洋海通码头，位于汕头市海滨路中段，是汕头大洋集团属下的大洋船舶总公司与香港丰渡有限公司合作投资，由汕特海通货柜有限公司经营。总投资 3250 万元。现有3000吨、 1000吨和 500吨级泊位各1个，集装箱堆场面积8000多平方米，杂货堆场面积5000平方米，仓库 3000平方米。配备35吨岸吊、50吨汽车吊和35吨集装箱龙门吊等装卸机械设备。年港口通过能力为35万吨散杂货，集装箱4万个标箱。于1995年4月投入口岸运作。2001年，进出口货运量4.04万吨、集装箱5765个标箱。

3.港务集团有限公司第三作业区码头，位于汕头市中山东路南侧。总投资14亿元。现有集装箱和杂货码头泊位7个，其中：一期工程于1996年11月建成1号泊位2万吨级和2号泊位1.5万吨级并投入口岸运作。年港口通过能力120万吨。二期工程于1999年底建成3号泊位1万吨级和4号泊位1.5万吨级，年港口通过能力80万吨。计划于2002年底建成5、6、7号2个2万吨级和1个1.5万吨级泊位，年港口通过能力160万吨。7个泊位全部投入运作后，年港口通过能力达360万吨。现有堆场18.7万平方米，仓库1.9万平方米。配有10台门机，最大吊荷40吨。港区内疏港铁路连接广梅汕铁路，可提供铁路运输至全国各地。2001年，进出口货运量37万吨。

4.汕头国际集装箱码头，位于汕头市中山东路南侧珠池深水港区8、9号泊位。是香港和记黄埔集团属下国际货柜码头汕头有限公司与汕头港务集团有限公司合资兴建。由汕头国际集装箱码头有限公司经营 ，总投资9000万美元。现有2个2.5万吨级泊位，年港口通过能力集装箱50万个标箱。堆场面积20万平方米，日堆存放量可达集装箱2万个标箱。同时，可提供危险品箱和300个标准冷藏箱的堆存服务。设有保税仓库和装拆箱货物交接库二座，面积8000平方米，可供24个车位同时作业。配置3台先进的集装箱桥吊，起重能力41吨，每小时可处理集装箱25个标箱。堆场配置6台41吨轮胎龙门吊和50吨汽车吊、8吨空箱堆高机、低门架3吨叉车、牵引车拖卡等装卸机械设备。于1997年7月投入口岸运作。目前开通汕头至香港、日本、南韩、厦门等往返航线的货运业务。码头内疏港铁路连接广梅汕铁路，可提供铁路运输至全国各地。2001年，进出口集装箱4.4万个标箱。

（三）马山港区

1.港务集团有限公司第四作业区（即煤码头），位于汕头港南岸，投资2.8亿元。现有3.5万吨、1000吨和500吨级泊位各1个，堆场面积4.2万平方米。配有3台门机，最大吊荷16吨。年港口通过能力410万吨。于1996年11月投入口岸运作。2001年，港口吞吐量177.2万吨，其中进出口货运量0.05万吨。

2.汕头水泥码头，位于达濠区澳头沙澳湾，由香港长江基建集团属下中国水泥（汕头）有限公司与汕头市建材集团公司合作的中外合资企业。该码头总投资2.5亿元。建有1万吨级和1000吨级泊位各1个。仓库堆场面积6000平方米。年产水泥60万吨和搅拌混凝土40万立方米。2000年10月，投入口岸运作。2001年，进出口货运量14.5万吨。

（四）广澳港区

广澳港区已建成的码头泊位是起步工程，该港区尚未纳入汕头港开放水域，但已列入国家“十五”口岸发展规划。汕头港务集团有限公司广澳深水港码头和加德士海洋燃气能源有限公司码头要停靠外轮，需半年一次申报国家交通部审批。目前正在向国务院申报对外国籍船舶开放的有关手续。

1.汕头港务集团有限公司广澳深水港区码头，位于达濠区南端的广澳半岛。由港务集团公司属下企业经营，总投资2亿元。现有2万吨级和1000吨级泊位各1个。仓库面积7.2万平方米，堆场面积5000平方米。配有35吨起重机、40吨门吊机、16吨门吊机各一台等装卸机械设备。年港口通过能力57万吨。1996年6月，投入口岸运作。2001年，进出口货运量1.6万吨，集装箱1000个标箱。

2.加德士海洋燃气能源有限公司码头，位于达濠区南端的广澳半岛，由美国加德士（中国）有限公司和汕头海洋（集团）石油化工有限公司合作的中外合资企业。现已建成5万吨、1.5万吨、7000吨级泊位各1个。有10万立方米的地下储洞2座，配有装卸管道、卸船机、登船梯及消防等设备。总投资1.45亿美元，合作期限50年。年可接卸液化石油气100万吨，2000年2月，投入口岸运作。2001年，接卸液化气45.76万吨。

【南澳港口岸】 南澳港地处广东省东部、闽粤交界，南海与台湾海峡交界海域上。港界线：以北纬23° 30' 为北港界；以东经117° 10' 为东港界；以北纬23° 22' 为南港界；以东经116° 55' 及凤屿北侧点北纬23° 28'、东经116° 55' 与五屿东北侧点北纬23° 30'、东经117° 00' 为西港界。距台湾高雄市160海里、距香港180海里、距厦门97海里；距西太平洋国际主航线7海里。历史上，南澳向来是东南沿海一带通商的必经泊点和中转站，是对台和海上贸易的重要通道，早在明朝时就已享有“海上互市之地”之称。1874年，英国万国公司在处于国际航线的南澳南澎岛上建立灯塔，尔后，南澳便成了日、韩及国内沿海城市通往东南亚等地的海上要冲，享有“海上金三角”之称。该港岸线曲折，海岸线长达77公里，具备建造深水码头、发展海运业的优良条件。该港分为四个作业区，即前江湾作业区、田安作业区、石狮头作业区、烟墩湾作业区。南澳港已建成的码头有：前江码头5000吨级和1000吨级泊位各1个；鹿仔坑码头5000吨级、3000吨级泊位各1个；田安码头5000吨级泊位1个。

1981年10月，省政府口岸办粤府口函[1981]41号批准南澳县在隆澳（前江）开设装卸点。1985年，省政府以粤府[1985]75号指定南澳县隆澳港为对台直接贸易点，1988年，又以粤府[1988]141号指定南澳县隆澳港为对台贸易口岸。1993年12月，经国务院国函[1993]182号批准，同意南澳港对外国籍船舶开放，并设立海关、边检、检验检疫、海事处等口岸检查检验机构，负责南澳一类口岸查验监管工作。1997年11月，南澳海关办公、生活大楼落成并开关运作；其他检查检验部门也进驻南澳开展业务。口岸管理和协调工作由南澳县口岸局负责。目前，该港尚未通过国家验收，仍按二类口岸运作。

【潮阳港口岸】 潮阳港地处潮阳市海门澳内湾。港界线：以东经116° 40' 为东港界；以北纬23° 08' 为南港界；以龟头海大堤为北港界。该港自然条件优越，属波浪庶敝带内等角螺璇线海岸。港池、航道水深12米，是天然的深水良港。距香港161海里，离台湾恒春港210海里，陆上至潮阳市区14公里，由疏港公路连接深汕高速公路3公里，至广梅汕铁路汕头站15公里，交通、疏运条件优越。主航道水深－7.2——12米。现已投入口岸基础设施建设资金4亿元。由潮阳市政府与香港TT（集团）有限公司合作经营。港区占地面积53万平方米，建成通用码头一座，有5000吨级和500吨级泊位各一个，可停靠5000吨至7000吨级货轮。年港口通过能力45万吨杂散货和集装箱8万个标箱。拥有仓库、堆场10万平方米。码头配套40吨和35吨轨道式岸边起重机各1台，流动轮胎式起重机2台，40吨进口集装箱正面吊运机2台等装卸机械设备。已建成港口现场调度作业楼和综合办公楼以及机械维修车间等生产、办公、生活设施，共计1.4万平方米。港区内油气码头由潮阳市弗兰克保税油库有限公司投资经营。投资1.7亿元。建成5000吨级油料码头泊位1个，储油量2.4万立方米油库1座。

港口集疏运于一体，货源腹地覆盖潮阳市、普宁市、惠来县、汕头经济特区南区等地。

1983年1月省政府口岸办粤府口函（83）3号批准开设海门港为鲜活商品起运点，1984年5月，省政府口岸办粤府口函[1984]30号批准，该鲜活商品起运点改为装卸点。1996年8月，国务院国函[1996]70号批准，同意潮阳港对外国籍船舶开放，海门港更名潮阳港。并设立海关、边检、检验检疫、海事处等口岸检查检验机构，负责潮阳港口岸查验监管工作。 口岸管理和协调工作由潮阳市口岸局负责。目前该港尚未通过国家验收，仍按二类口岸运作。

二类口岸

【汕头市永泰装卸点】 汕头市永泰进出口货物装卸点位于汕头市西南部，地处韩江和榕江汇合出海口，坐标为东经116° 39′ 24″、北纬23° 21′ 12″。1987年，经广东省人民政府口岸办公室批准设立，1998年，经重新审定并由省政府下发粤府[1998]69号文作为二类口岸运作。

永泰装卸点现有港区面积1.7万平方米，港池1.2万平方米，水深—3.5米，堆场1.5万平方米，仓库2000平方米。千吨级集装箱泊位1个，500吨泊位3个，年设计吞吐能力25吨散货及集装箱3万个标箱。各种港口设备基本配套，现有各种装卸机械50台（套），并设立集装箱运输车队。

2001年，装卸点坚持严格管理，规范作业，以优质服务参与市场竞争，以高效、方便、快捷取信于货主，赢得货源，取得了较好的经济效益和社会效益，2001年，完成进出口货物6.14万吨。

【汕头市西堤码头装卸点】 汕头市西堤进出口货物装卸点位于市区西南汕头港湾北岸，坐标为东径116° 39′ 48″、北纬23° 23′ 57″。

西堤装卸点包括西堤码头泊位和四码头泊位。西堤码头泊位占地面积2.5万平方米，岸线长260米。有综合码头1座，前沿水深5.5米，泊位3个，可靠泊3000吨级货轮。年最大货物吞吐量100万吨，集装箱6万标箱。

西堤装卸点四码头泊位，位于汕头市西南部韩江与榕江汇合处，毗邻永泰装卸点。1999年7月，省政府口岸办粤府口字[1999]52号确认为西堤装卸点的内设码头。现有千吨级泊位1个，堆场3500平方米，仓库1000平方米，年港口通过能力40万吨。

西堤装卸点坚持“以诚信为本，以质量和效率求发展”的经营管理理念。2001年，在区域外贸进出口货源明显减少的情况下，从经营上寻求新的突破，继续从质量和效率方面下功夫。并依据市场走势，采取“一费制”的收费方式，调整货物及箱体免费堆存期，降低堆存费基价。减免货物过磅等费用，减轻船方和货主负担，使外贸货物吞吐量止跌回稳。与此同时，继续扩大服务领域，合作开发内贸集装箱业务，合力打造新的发展空间。2001年，西堤泊位完成进出口货物83077吨；四码头泊位完成进出口货3900吨。

【潮阳市海门港装卸点】 潮阳市海门港装卸点由潮阳市政府和香港（TT）集团合作经营，是中外合资企业。总投资4亿多元。1984年5月，经省政府口岸办粤府口函[1984]30号批准开设。1998年，经重新审定，并由省政府粤府[1998]69号，确认该装卸点为继续运作的二类口岸。进出口货运量最高为1997年，达50.7万吨。2001年，进出口货运量32.67万吨，集装箱5137个标箱。

【潮阳市关埠港装卸点】 潮阳市关埠港装卸点地处榕江中下游南岸关埠镇内，水路东至汕头港30海里，距香港220海里，位于东经116° 28'、北纬23° 26'。该装卸点江面宽300—700米，河道水深-6至-10米。由潮阳市关埠货运码头有限公司经营，是中外合资企业。已建成3000吨级杂货码头一座，仓库600平方米，堆场10500平方米，食用油罐6个储油量共6000立方米。口岸查验和港口管理、业务用房2600平方米。并配套40吨集装箱正面吊机、60吨胎吊、集装箱吊架等装卸机械设备。货源腹地覆盖潮阳市西北部和普宁、揭西、揭东等地。年港口通过能力32万吨。进出口货运量最高为2000年，达61968吨。2001年，进出口货运量2.48万吨，集装箱5164标箱。

1997年12月，省口岸办粤府口函[1997]160号批准开设。1998年4月，投入口岸运作。1998年经重新审定，并由省政府粤府[1998]69号，确认该装卸点为继续运作的二类口岸。

海关、边检、检验检疫、海事处等查验机构派员到码头现场实行监管，船舶出入境查验工作在装卸点现场实施，口岸管理和协调工作由潮阳市口岸局负责。

【澄海市莱芜港装卸点】 澄海莱芜装卸点地处澄海市东南12公里处，韩江下游莲阳河出海口南侧。港界线：以北纬23° 28'为北港界；以东经116° 53'为东港界；以北纬23° 23'为南港界；以韩江下游莲阳桥和外砂桥为西港界。北距潮州港18海里，东距南澳港10海里、西南距汕头港17海里、至台湾高雄181海里、香港179海里。陆上有莱美公路连接国道324线。莱芜岛原为岛屿，1965年围海造田，筑起连接大陆的海堤，成为半岛，面积1.4平方公里。莱芜港向来是渔船、商船停泊的地方。占地面积2万平方米，有通用码头一座，岸线长170米，水深-4.6米，筑有150

米防浪堤。现有500吨级和300吨级泊位各2个，堆场面积1.2万平方米，仓库面积740平方米，办公楼460平方米。配套有40吨正面吊机2台，140吨履带吊车和130吨轮胎吊各1台。澄海莱芜港装卸点由澄海莱芜星海港务有限公司经营，是中外合资企业，总投资1.2亿元。年港口通过能力40万吨。进出口货运量最高为1996年，达35.3万吨。由于股权转让等原因，2001年，进出口货运量只有0.66万吨，集装箱976个标箱。

1981年5月，经省政府口岸办批准澄海县莱芜码头为鲜活商品起运点。1983年2月，经省政府口岸办粤府口函[1983]6号批准，同意该鲜活商品起运点转为装卸点。1990年4月，经省政府批复同意莱芜港辟为对台贸易口岸。1996年8月，经省政府口岸办同意，莱芜装卸点作为办理往来港澳船舶出入境查验手续口岸。1998年，经重新审定，并由省政府粤府[1998]69号，确认该装卸点为继续运作的二类口岸。

海关、边检、检验检疫、海事处等查验机构派员到码头现场实行监管，船舶出入境查验工作在装卸点现场实施。口岸管理和协调工作由澄海市口岸局负责。

【南澳隆澳（前江）装卸点】 南澳隆澳（前江）装卸点位于南澳县城后宅镇东南方，距香港180海里，离台湾高雄160海里。隆澳装卸点前江码头由南澳县港务局经营。现有5000吨级和1000吨级泊位各1个，堆场面积6000平方米，仓库面积1000平方米。配有趸船1艘（船上装备60吨起吊机），集装箱正面吊及16吨吊机等装卸机械设备。年港口通过能力10万吨。进出口货运量最高为1998年，达18.4万吨。2001年，港口吞吐量8.65万吨。其中进出口货运量9205吨。

1981年10月，经省政府口岸办粤府口函[1981]41号批准开设。1998年，经重新审定，并由省政府粤府[1998]69号，确认该装卸点为继续运作的二类口岸。

装卸点的口岸查验工作由驻南澳各查验单位负责。口岸管理和协调工作由南澳县口岸局负责。

汕头口岸外贸进出口概况

【基本情况】 据海关统计，2001年，汕头口岸外贸进出口总额273108万美元，其中出口134148万美元，进口138960万美元。

按出口的贸易构成划分，一般贸易出口68934万美元，占出口总额的51.4%，加工贸易出口65199万美元，占出口总额的48.6%；按出口的企业性质划分，国有企业出口44210万美元，三资企业出口66965万美元，集体企业出口5898万美元，私营企业出口17075万美元。

汕头口岸已与148个国家（地区）有贸易往来，其中，出口的主要的国家（地区）有：香港、美国、日本、新加坡、英国、印度尼西亚、台湾、澳大利亚、马来西亚、尼日利亚；主要出口商品有：机电产品，服装及衣着附件，纺织纱线、织物及制品，玩具，汽车零件，塑料制品，鞋类，电视、收音机及无线设备的零附件，旅行用品及箱包，电子计算机。

进口的主要国家（地区）有：韩国、日本、台湾、美国、香港、马来西亚、沙特阿拉伯、德国、泰国、新加坡；主要进口商品有：机电产品，初级形状的塑料，纸及纸板（未切成形的），塑料制品，合成纤维纱线，成品油，电线和电缆，自动数据处理设备及其部件，纺织机械，发电机组及旋转式变流机。

【主要特点】 一是全年出口出现下降，但出口降幅逐月缩小。下半年开始有逐渐好转的趋势，降幅逐渐收窄。美国“9·11”事件后，汕头口岸本来已经处于回升的势头受到抑制。二是进口降幅虽小于出口，但进出口出现贸易逆差。2001年，汕头口岸进口138960万美元，进出口相抵逆差4812万美元，为近5年来首次出现。三是私营企业逆势崛起，成为当年出口的唯一亮点。2001年，汕头口岸私营企业出口17075万美元，同比增长47.2%，出口额占出口总值的12.7%，为汕头市的出口作出了贡献。四是出口的商品结构趋向合理。2001年，服装和纺织品出口33643万美元，占出口总值的比重为25.1%，比上年减少18.6个百分点。机电产品出口32966万美元，占出口总值的比重达24.6%，比去年同期提高9.5个百分点。高新技术产品出口13777万美元，占出口总值的比重为10.3%，比上年提高4.9个百分点。五是远近洋贸易的出口比重有较大幅度的提高。2001年，全市对远近洋出口80899万美元，占出口总值的60.3%，比上年提高12.2个百分点，出口市场结构得到优化。

韶关口岸工作综述

【概述】 韶关地处粤北，东北部接江西省赣州市，北邻湖南省郴州市，西南部和东南部连接广东省清远市、河源市，距广州198公里。韶关是广东省的重工业基地，有色金属矿产和林业资源丰富，京珠高速公路和105、106、107国道南北向贯穿全境，国道323线横穿境内，交通便利。自1981年韶关口岸开设以来，在省、市政府的正确领导下，经口岸战线广大干部职工的共同努力，使口岸从无到有，从小到大，经过近20年的建设，已有了长足的发展。进出口货运量由开设初年的3000多吨发展到近50万吨；口岸基础设施项目投资由40万元起家，发展到拥有6000多万元的固定资产。初步实现铁路、公路、水路货运至香港三路直通，客、货运齐全，检查、检验机构设置日臻完善，口岸装卸点布局日趋合理的内陆二类口岸，为促进韶关市经济发展起到了积极的作用。

【机构沿革】 1981年12月，原韶关市成立市政府口岸办公室，下辖大桥口岸管理组。1982年2月，韶关地区行政公署口岸办公室成立，辖韶关火车站高站台口岸管理组。1983年6月，地、市合并，原地、市对外经济工作委员会与地、市口岸办公室四个机构合并，称韶关市对外经济工作委员会（以下简称市外经委），内设口岸科，对外保留韶关市人民政府口岸办公室（以下简称市口岸办）名称。负责所辖12县和市区口岸。大桥和高站台两个口岸管理组也同时合并，称韶关市人民政府韶关火车站口岸管理组。

1987年7月，市口岸办从市外经委划出单独设立，升格为正处级。下辖韶关火车站口岸管理组（正科级）。1989年3月，韶关火车站口岸管理组更名为韶关市人民政府韶关火车站口岸管理处。1997年4月，韶关市市级党政群机构实施改革，保留市口岸办。2001年6月，韶关市党政机构改革，市口岸办撤消，与韶关市外经贸委合并，称韶关市对外贸易经济合作局，内设口岸办公室（正科级），赋予原市口岸办的各种职能。

【提高口岸通关效率】 配套电子口岸、电子报关系统的设施建设，顺利通过了试运行，保证了与广州海关的联网通关作业，提高了报关、通关验放速度。通关速度在广州海关关区内排名第一。同时，通关现场实行三公开收费标准、办事程序和执行法规。增设了现场领导值班、企业投诉电话，建立了协调制度、特事特办、急事特办制度。

【口岸设施建设】 进一步改善口岸环境。一是抓好口岸现场配套设施的完善，解决了多年未解决的通信电缆老化、容量小、速度慢的问题；二是配备完善了现场查验所需的叉车、查验工具及地磅设施；三是筹资300万元为韶关出入境检验检疫局办公大楼征地5000平方米；四是抓好韶关港港址选址工作，向市政府提交了选址初步可行性调研报告。

2001年，实现进出口货运量45.3万吨，其中进口41.5万吨，出口3.6万吨，比上年增加17.1%，实现进出口货值分别为9124万美元和8389万港元。

二类口岸

【韶关新港装卸点】 位于韶关市南郊8公里的韶关新港水运装卸点，由韶关市原港务局与香港港商合作投资建设，总投入2800多万元。征地45000平方米，建成仓库500平方米，水泥结构堆场7000平方米，泊位码头岸线188米，设500吨以下船泊位5个，配备60吨地磅、40吨和5吨吊机各1台，以及3层建筑1140平方米的办公楼。该装卸点于1998年1月投入使用，由韶关泰汇集装箱码头有限公司经营，现有平底运输船5艘，运力1700吨。该点距香港水路260海里，航程为下行26小时，上行29小时。码头港区水深7米，航道枯水季节0.8米，丰水季节1.2米以上，常年至香港可通行200吨以上、300吨以下船舶。该装卸点设计年吞吐量为50万吨。

河源口岸工作综述

【概况】 河源市是1988年1月经国务院批准设置的地级市，辖东源、龙川、连平、紫金五县和源城区，总面积1.58万平方公里，人口约320万，市区距广州、深圳均不足200公里。

河源口岸位于河源市区北火车站小区内，东临205国道，西靠京九、广梅汕铁路，总面积57000多平方米。1992年10月，经国务院批准为一类陆路口岸开放，并相应设立河源海关、河源卫检局、河源动植物检局、河源商检局等正处级查验机构，从此结束了河源从未有口岸的历史。

【口岸基本建设】 到2001年底共融资6000多万元人民币，基本完善了总投资近9000多万元的河源口岸基础设施建设，建筑总面积为55600多平方米。目前拥有总面积15000平方米的车检场1个，仓库14卡共1300平方米，联检楼、海关、出入境检验局办公大楼4幢共25675平方米，海关招待所1幢1300平方米，口岸、海关、出入境检验局干部职工宿舍6幢共106套12410平方米。

【主要工作】 一是加强了思想政治工作，使口岸广大干部职工在机构改革中，真正做到了队伍不乱、思想不散、工作不断。二是认真做好了清帐清产工作，为领导离任审计和财产移交作了较为充分的准备。三是积极配合做好了口岸机构撤并和中层干部竞争上岗工作，保证了口岸办的平稳撤并。2001年6月，在市级机构改革中，市口岸办公室撤并到市对外贸易经济合作局，市对外贸易经济合作局设置口岸管理科负责原口岸办有关职能。

一类口岸

【河源陆路（铁路、公路）口岸】 地处广东省东北部，南接惠州、汕头，东接梅州，西连韶关，北邻江西省赣州，市区距广州、深圳、香港均约180公里。交通方便，贯通南北的第二条大动脉京九铁路，斜穿广东的广梅汕铁路，均在河源市境内通过并接轨，205、105国道贯通全市，东江航运可达广州黄埔港。

河源口岸是1992年10月经国务院批准开放的一类口岸，担负河源地区对外贸易和旅客进出境业务。设立了河源海关、河源卫检局、河源动植物检局、河源商检局等正处级查验机构。2001年，出入境车辆共6449辆次，与上年相比略有增加，进出口货物共79775吨。

河源口岸直通港澳货运车辆检查场于1994年12月28日开通，车检场面积1.57万平方米，货仓宽敞，装卸设备齐全，供电、供水、交通、通讯联络、食宿等十分方便。随着口岸建设的进一步完善，将使河源口岸发挥出更大的作用。

梅州口岸工作综述

【口岸综述】 梅州航空口岸于1989年3月29日经国务院批准对外开放。1989年11月28日，梅州至香港直航包机航线正式通航。1991年11月8日，梅州直通港澳货运车辆检查场正式启用。

2001年，梅州口岸根据市委、市政府实施“希望在外”战略的要求，切实加强班子和队伍建设，紧紧围绕“把关服务、促进发展、质量效益”的工作目标，从提高口岸工作效率入手，不断改善口岸通关环境，加强口岸的综合管理，使口岸在进一步扩大梅州对外开放、发展经济和对外贸易中发挥积极的促进作用。全年共查验飞机212架次，检查旅客14451人次，查验进出境车辆1999辆次，验放进出口货物15494吨，进出口贸易总值7702万美元；征收两税入库1335.61万元；共受理报验进出口商品7747批，货值14700万美元；检疫进出口动植物及其产品750批，货值1570万美元；检疫出入境旅客8608人次。各项指标均比上年有所提高。

【口岸管理】 2001年，梅州市机构改革中保留了口岸管理机构，并更名为梅州市口岸局，组建了新的领导班子，加强了口岸的综合协调管理。口岸局转变工作作风，深入调查研究，从发展战略出发，为适应梅州城市发展和梅州市对外经贸发展的形势要求，提出了搬迁梅州直通港澳货运车辆检查场的设想，并得到了市、省的批准。及时做好了陆、空口岸现场设施的维护和维修以及环境的美化、绿化，维护了口岸的良好形象。坚持抓好口岸的精神文明建设，进一步落实服务承诺制，开展各项共建活动。表彰了1997—1999年度省、市共建先进集体和个人。认真抓好学习，落实反腐保廉的各项规定，搞好廉政建设，保持了队伍的廉洁。整个队伍的精神面貌有了很大改变，出现了讲学习、讲奉献、勤政廉政、积极向上的良好风尚。

一类口岸

【梅州航空口岸】 梅州航空口岸于1989年3月经国务院批准对外开放。1989年11月28日，梅州至香港直航包机航线正式通航。机场位于广东省梅州市梅江区三角镇境内，距梅州城区中心约5公里，占地面积57536平方米。1985年6月动工兴建，1987年9月建成投入使用。总建筑面积15000平方米，其中：国内候机厅3495平方米、国际候机厅2552平方米。该机场拥有先进的盲降、夜航、通信、气象、导航设备和专用油库，飞行区等级为4C级，跑道长1800米、宽40米、厚27厘米，可起降B737型以下客机。停机坪19360平方米，可同时停放5架B737型飞机。

该口岸目前已开通梅州至广州、深圳、珠海、厦门等国内航线和梅州至香港地区航线，香港航线逢周一、五各有1个航班往返。全年旅客运量4.4万人次。梅州市口岸局对该口岸实施口岸综合管理，梅州边防检查站、梅州海关监管科及梅州出入境检验检疫局机场办公室担负梅州机场空运口岸的查验任务，现场为出入境人员、行李物品、交通工具办理查验手续。

惠州口岸工作综述

【概述】 惠州市位于广东省东南部、珠江三角洲东北端，南临南海大亚湾并毗邻香港与深圳，北接河源市，东连汕尾市，西邻东莞市和增城市。全市总面积1.13万平方公里，人口310万。现辖惠城区、惠阳市和惠东、博罗、龙门3个县，设有大亚湾经济技术开发区和仲恺高新技术产业开发区2个国家级开发区。

惠州地处通衢要冲，素称粤东门户，是衔接粤东和内陆省区并连接港、澳、台及东南亚的交通枢纽。陆路距香港80公里、广州162公里、汕头318公里，有广汕、深汕、深惠等多条高速公路和等级公路直达和经过惠州区域，又是京九铁路除深圳外距离香港最近城市。空运有惠阳机场，已开通国内10多条航线。海岸线长223公里，有大亚湾优良港湾，已建有4个港口。惠州港仅距香港47海里，有连接世界国际海运航线，也是京九铁路南端最便捷的出海通道。惠州区域优势得天独厚，经济地理条件十分优越，交通网络四通八达。

【历史沿革】 惠州口岸历史悠久。1899年（清光绪25年），清政府被迫从香港撤出九龙海关后，便在惠州海域的沱泞列岛之三门岛上设立三门海关，惠州沿海各港口便辟为与港（香港）、澳（澳门）通商口岸。直至民国末期，三门岛上仍设置海关，沿续担负着对来往香港与粤东及大亚湾各口岸民船货物的查验和征税工作。新中国成立后，海关设址虽曾多次变动与撤并，但大亚湾内的澳头和惠东的港口等口岸，仍是出口物资起运点。过去，由于经济条件的制约，加之各级对口岸的地位、作用认识不足，港口建设受到制约，口岸规模很小，直至1980年，港口年吞吐能力仅为16万吨，年进出口货运量约为3万吨。

随着惠州市经济的发展，特别是1979年对外开放，国家给予广东特殊政策，使惠州的经济建设、对外贸易、技术交流和友好往来得到了前所未有的蓬勃发展，口岸建设也进入了新的发展阶段。 从1982年国务院批准澳头口岸对外开放以来的18年中，全市先后投入建设资金28.2亿元进行口岸和港口建设。建成有对外国籍船舶开放、客货运功能俱有的惠州港1个一类口岸，改造和扩建了地方二类口岸，其中有惠东的港口（大澳塘码头）、碧甲及博罗的红海港3个进出口货物装卸点和惠东亚婆角出口货物起运点。同时，还建有陆路的惠州市区、惠东平山、惠阳淡水、博罗红海4个港澳货运车辆检查场。口岸查验机构设置有惠州海事局、惠州边防检查站、惠州海关、惠州港海关、惠东海关、惠州出入境检验检疫局、惠州港出入境检验检疫局。作为市政府口岸管理部门的市口岸办，在2001年机构改革后更名为市口岸局，下设3个科室：办公室、规划建设科、管理协调科。并设2个派出机构：口岸局古塘坳办事处、惠州港办事处；下属2个事业单位：惠州港澳货运车辆检查场、市口岸指挥中心。惠州市辖区范围内的惠阳市、惠东县、博罗县、大亚湾经济技术开发区均设有口岸管理机构。

2001年，口岸进出口货运量1091万吨，与上年持平；进出口货物总值88.3亿美元，比上年增长5.7%；出入境交通工具343923辆(艘)次，增长3.6%；出入境服务员工398964人次，增长1.9%；海关征收关税和进口环节税36.05亿元，外贸出口货值48.87亿美元。

【口岸综合管理】 在2001年的口岸工作中，各驻惠查验单位，坚持“依法行政、为国把关、服务惠州经济”的宗旨，切实改进工作作风，积极出谋献策，全力支持外贸出口。惠州海关为方便企业办理进出口业务，对惠州大型高新技术企业实行优惠便捷通关，给优惠企业发放“便捷通关企业”入场卡。惠州出入境检验检疫局积极推进“三电”工程建设（电子签证、电子报检和电子转单），提高了报检效率和通关速度，切实减轻了企业负担。惠州出入境检验验疫局两次及时检疫出进口冻品中的O157:H7大肠杆菌，成功堵截了疫病疫情的侵入。为适应中海壳牌石化项目正常运作和下游配套产品正常生产的需要，我们加快惠州港一类口岸扩大开放水域范围的步伐。市政府已通过省政府批准向国务院海关总署申报，要求扩大惠州港口岸的作业区，统一实行对外开放。

【口岸建设】 惠州港口岸是惠州外向型经济“大进大出”的“龙头”口岸。根据这个实际情况，在大亚湾口岸单位的共同努力下，惠州港港区查验台已经正式启用，港务公司办公大楼的扩建工程已全部完成，大大改善了查验单位的办公条件，为充分发挥惠州港一类口岸的功能起到了积极的推动作用。

【共建文明口岸活动】 在市共建文明口岸领导小组的指导下，及时跟进政府机构改革，迅速把各级共建领导小组调整好，并建立各级领导责任制。着重围绕团结协调、加快通关速度、增强服务意识、提高服务质量、树立良好的口岸形象来开展：一是把全面开展规范口岸窗口活动作为共建活动的重头戏来做，使口岸窗口营造出优质服务、依法把关、办事高效、廉政勤政、环境优美的通关环境；二是组织查验单位开展送政策上门活动，让企业尽快熟悉政策，使企业能充分运用新政策规定，安排调整业务和生产；通过一系列的共建活动，进一步增强了口岸单位的凝聚力和战斗力，保证了口岸的有序运作。

一类口岸

【惠州港口岸】 惠州港是对外开放的一类水运口岸，于1993年4月经国务院批准对外国籍船舶开放。口岸位于南海大亚湾西北隅，即大亚湾内哑铃湾整个水域，惠阳市东南部。哑铃湾三面群山环抱，有三个进出口，海岸线迂回曲折。惠州港所在中心位置就在哑铃湾内，水域面积约为30平方公里，荃湾港区万吨级油气码头和通用码头、东马港区15万吨级原油码头，就是建在该湾水域内之猪　　洲、马鞭洲等岛礁上。惠州港毗邻香港、澳门和深圳，前依中国南海，有连接世界国际航线，处在亚太经济圈中心位置，是广东省较大的对外贸易口岸。距香港中环码头47海里，距广州125海里，距厦门300海里，距韩国釜山港800海里，距日本神户港1400海里，距新加坡1580海里。

惠州港潮汐属不规则半日混合潮型。最高潮位2.76米，平均潮位1.33米，最低潮位0.23米；最大潮差2.02米，平均潮差1.28米；设计高水位2.48米，设计低水位0.40米；校准高水位3.92米，校准低水位－0.22米（注：该潮位值均以当地理论深度基准面起算，该基面位于黄海基面下０．８９米）。港湾内潮流动力作用较弱，最大流速为每秒0.32米，平均流速每秒0.1米。 惠州港湾内以涌浪为主，风浪为铺，平均波高0.2米。大亚湾年平均气温22℃，常年风向东南向，年平均风速每秒3.8米，年平均降水量为1720毫米～1900毫米，常年无冰冻。哑铃湾内海底细腻，成份均匀，属沙泥质。由于没有江河注入，湾内淤积极微。惠州港进港航道分荃湾港区和东马港区两条航道。

惠州港口岸建设至2000年底，累计投入建设资金总额达24.6亿元，建有东区(东马港区）、中区(荃湾港区）西区(澳头港区)3个沿海港区。拥有5个码头、10个泊位，其中15万吨级泊位1个、3.5万吨级泊位3个、1万吨级至1千吨级泊位4个、客运专用泊位2个。其中东区在马鞭洲建成具现代化水平的广石化15万吨级原油码头及其附属配套设施。中区通用码头建有3.5万吨级、1万吨级泊位各1个，油气码头码头建有3.5万吨级泊位2个、5000吨级泊位1个；西区分为客运和货运两部分，客运开通了往返澳头至香港航线，目前因客源不足，暂时停航。货运码头建有1000吨级和300吨级泊位各1个。惠州港口岸各项设施配套，年货运量吞吐能力达1000万吨以上，年旅客通过能力25万人次。口岸检查检验机构设置功能齐全，各项服务完善。据交通部四航设计院勘测和国家级专家评审鉴定，整个海湾自然条件优越，是中国东南沿海不可多得的天然深水良港。将惠州港水域开放范围扩大到惠东港口、平海碧甲装卸点和稔山亚婆角起运点等三个水运口岸，已列入国家口岸开放“十五”规划。

2001年，惠州港进出口货运量703.5687万吨，出入境服务员工34499人次，出入境船舶3663艘次。

二类口岸

【惠东港口进出口货物装卸点】 惠东港口装卸点，是二类水运口岸，位于惠东县港口镇，大亚湾与红海湾交界处的大星山西北侧。距香港52海里、汕头港149海里、广州港152海里。往返香港、澳门主要航道经三门、盐田、珠江口。陆路距惠东县城64公里、惠州火车站110公里。 1973年，设立出口货物起运点。1981年1月2日，升格为进出口货物装卸点。该点建有台风山和大澳塘作业码头两处，均属杂货码头，其中台风山码头因效益差，于2000年1月暂时关闭。年吞吐能力50万吨（其中：台风山码头20万吨、大澳塘码头30万吨），是惠东县进出口货物的主要港口之一。

2001年，港口进出口货物装卸点进出口货运量6.7048万吨，出入境服务员工7038人次，出入境船舶797艘次。

【惠东平海碧甲进出口货物装卸点】 惠东平海碧甲进出口货物装卸点，是二类水运口岸，位于惠东县平海镇碧甲沙厂。距香港48海里、广州港121海里、汕头港160海里。往返香港、澳门主要航道经三门、盐田、珠江口。陆路距惠东县城60公里。1975年8月21日，经广东省革委会批准设立出口货物起运点。1995年10月18日，经广东省人民政府口岸办公室批准由起运点升格为进出口货物装卸点。1996年3月18日，省口岸办批准惠东平海碧甲进出口货物装卸点于3月28日正式启用。该点建有1座规模较大的3000吨级综合货运码头，年吞吐能力60万吨，是惠东县进出口货物的主要港口之一。

2001年，碧甲进出口货物装卸点进出口货运量18.2661万吨，出入境服务员工13577人次，出入境船舶1539艘次。

【惠东稔山亚婆角出口货物起运点】 惠东稔山亚婆角出口货物起运点，是二类水运口岸，位于惠东县稔山镇船沃村亚婆角，与惠阳市霞涌相望。距香港46海里。往返香港、澳门主要航道经三门、盐田、珠江口。陆路距惠东县城28公里、惠州机场40公里、惠州火车站60公里。1981年5月20日，经广东省人民政府口岸办公室批准设立，因缺乏建设资金，码头简陋，没有装卸配套设施，疏港公路不标准，出口货物装运困难，加之货运量少，已于1986年12月14日经省口岸办通知关闭。1988年8月11日，省政府口岸办批准恢复、启用亚婆角起运点。1996年3月21日，惠东县曾上报设立亚婆角进出口货物装卸点，未批准。该点建有1座3000吨级货运码头，年吞吐能力为60万吨，是惠东县出口货的主要港口之一。

2001年，亚婆角出口货物起运点进出口货运量11.8431万吨，出入境服务员工1036人次，出入境船舶136艘次。

【博罗红海港进出口货物装卸点】 博罗红海港进出口货物装卸点，是二类水运口岸，位于博罗县石湾镇江滨路、东江北干流与沙河汇合口处，与东莞石龙仅一河之隔。距香港92海里、红海火车站1.8公里、广汕公路13公里、博罗县城50公里。往返香港、澳门所经主航道是珠江口。1985年11月5日，经广东省人民政府口岸办公室批准开设，1986年9月16日启用。该点建有1座600吨级货运（集装箱）码头，年吞吐能力为50万吨，是博罗县进出口货物的主要港口口岸。

2001年，红海港进出口货物装卸点进出口货运量27.8731万吨，出入境服务员工6078人次，出入境船舶1052艘次。

汕尾口岸工作综述

【口岸概述】 2001年，汕尾口岸的管理工作，在市委、市政府及上级口岸主管部门的正确领导下，全面加强对口岸的协调管理和设施完善建设。6月，在全市机构改革中，原市口岸办与市外经贸委合并成立汕尾市对外贸易经济合作局。机构改革后，口岸管理工作紧紧围绕发展外向型经济这一中心任务，与驻汕口岸查验机构密切配合，建立口岸工作联络协调工作机制，共同为外贸进出口监管查验而服务。认真抓好口岸的安全管理工作，确保口岸的安全畅通，为促进外向型经济的发展创造了良好的"大通关"环境。据统计，2001年，经汕尾口岸进出口的货物15.58万吨，交通工具2.1万艘（辆）次。

一类口岸

【汕尾港口岸】 地处广东东南沿海，地理坐标为东经115° 21′ 24″、北纬22° 45′ 24″。水路距香港81海里、澳门112海里，广州179海里。处于对外开放的黄金海岸地带，历来就是粤东沿海的主要外贸口岸。据史载，早在1894年，清政府就把汕尾辟为对外通商口岸，1903年（光绪28年）曾开办轮船公司，有"海江号"、"海口号"轮船通航香港的客货业务。民国期间，孙中山先生在《建国方略》中曾把汕尾港列为全国重点开放港口。上世纪二、三十年代汕尾港曾有过"舟楫云毛，商旅雨集"的繁荣写照。解放后（1962年），汕尾港是我国政府首批公布对外轮开放的一类口岸。

1979年，投资建设了重力式码头一座，长215米，1000吨级泊位3个，港区设计年通过能力为30吨。

1988年3月，汕尾以得天独厚的港口优势，经国务院批准建立地级市。为达到以港立市，港城共荣，市委、市政府高度重视港口建设，千方百计筹措建设资金扩建汕尾港。于1991年7月动工扩建了两个5000吨级泊位码头，于1993年10月主体工程竣工并试产。1995年4月，航道疏竣工程顺利通过验收营运集装箱业务，总投资5400万元。扩建后的汕尾港增加了5000吨级泊位2个（集装箱专用码头1个）。港区总面积13万平方米，年吞吐能力80万吨，集装箱2万标箱。1985年，汕尾港还辟有汕尾至香港的客运航线。

汕尾口岸在解放后就陆续设置了海关、边防检查、海事、检验检疫局等查验机构，以及港务、外代、外运，仓储等经营服务单位。建市后，汕尾口岸各查验部门按照监管有效，方便进出，服务优良的要求，坚持贯彻"促进为主"的方针，为促进汕尾市外向型经济的发展和对外交往作出了积极的贡献。

二类口岸

【乌坎港】 乌坎港装卸点位于陆丰市东海镇乌坎管区，处于粤东黄金海岸碣石湾顶（东经115.7°、北纬22.9°），地处深圳与汕头两个特区之间。水路东至汕头98海里，西至香港105海里；陆路距陆丰市区4公里，60米路面东海大道自港区直贯市区与广汕公路交接。交通十分方便快捷。乌坎港是于1992年6月23日经广东省口岸办公室（粤府口函[1992]72号）批准开设的二类口岸，1997年3月3日正式启用。该装卸点建成重力空心方块500吨级码头泊位两个，岸线长124米，港池宽400米，深−3.9米，新开出海航道750米，宽200米，水深−3.6米，乘潮码头和航道水深分别达到−4.9米和4.6米。货物监管场地2.8平方米，码头40吨位装卸吊机一部，设计年吞吐能力为25万吨。乌坎港的开通，对当地的经济建设起着推动作用。

乌坎港的查验机构设置主要有汕头海关陆丰办事处、其他查验机构由汕尾口岸各查验单位派驻。

东莞口岸工作综述

【概况】 1981年5月4日，东莞县人民政府设置了口岸办公室，是代表政府规划、建设、管理和协调处理口岸问题的职能机构。在2001年机构改革中，东莞市人民政府口岸办公室更名为东莞市口岸局。设太平、沙田、凤岗、常平、长安、篁村6个正科级口岸分局。下辖东莞市港澳货运车辆检查场管理服务中心（正科）和东莞市口岸建设发展有限公司。东莞口岸20年来累计投资约6亿元人民币，建成和开通了11个口岸。其中虎门港口岸和东莞铁路口岸为一类口岸。虎门港口岸位于东莞市西南部的虎门镇，地处珠江口东侧，是广州——深圳——香港和广州——珠海——澳门两条经济走廊的交汇点，又是广深珠高速公路的立交点。水陆交通四通八达，南距深圳70公里，水路距离香港47海里，澳门48海里；北至广州90公里，距东莞市区25公里；西邻广州市番禺区44公里，公路干线连接107国道，水上国际航线可达世界各大港口。1984年7月，经国务院正式批准为对外开放一类口岸，太平至香港的客运航线，每天往返香港、太平的豪华客轮，航程不到2小时。东莞铁路口岸，位于东莞市东部的常平镇内，地处京九、广梅汕、广深准高速铁路三线交汇点，是东莞市对外开放的重要通道之一。1994年8月，国务院批准开设东莞常平铁路客运口岸。1994年10月，正式对外开放。1997年12月，国务院批准常平铁路客运口岸更名为东莞铁路口岸。1998年12月，开通了进出口货运业务。东莞铁路口岸已成为广九线上，也是广东省首个客货运功能兼备的铁路口岸。

东莞市现有港澳货运车辆检查场4个（凤岗、长安、篁村、虎门〈临时〉车检场），二类水运口岸5个（太平、沙田、莞城、麻涌、中堂进出口货物装卸点）。其中凤岗车检场是全国最大、最繁忙的二线车检场。东莞口岸设立的检查检验单位有：东莞海关，下设凤岗、常平2个副处级办事处；太平海关，下设长安、沙田2个副处级办事处；新沙海关。东莞出入境检验检疫局，下设太平、长安、凤岗、沙田、常平5个副处级办事处。东莞边防检查站，下设常平、沙田2个副团级边防检查站。东莞海事局，下设沙田、太平2个副处级办事处和莞城、长安、中堂、麻涌、石龙5个正科级办事处；广州沙角海事处。

【口岸建设】 1997年6月27日，国务院批复同意将东莞沙田货运港和太平客运港合并，定名为虎门港（含广东省沙角电厂和东莞虎门电厂的专用码头），并对外国籍船舶开放，开展客货运输业务。李鹏总理为虎门港题写了港名。虎门港口岸的开放范围包括：沙田作业区、麻涌作业区、沙角作业区和长安作业区4个作业区。其中拟首期组织验收和对外开放的码头包括：沙田作业区的国际货柜码头、荣轩货柜码头、海腾货柜码头、飞虎石化码头、华润水泥厂码头以及沙角作业区的沙角发电厂专用煤码头等。

东莞原有3个车检场：凤岗车检场、篁村车检场、虎门〈临时〉车检场。这3个车检场场地破旧、狭小，总设计日通过能力仅1150车次左右，不适应东莞港澳货运车辆大幅度增加的形势要求，造成这三个车检场超负荷运作，塞车严重。1996年。开始新建长安车检场和搬迁凤岗车检场。投资1.1亿元的长安车检场于1996年10月动土建设，1999年5月28日通过验收，并于同年6月1日开通启用。该车检场停车面积5.3万平方米，停车位400个，设计验放能力2000车次／日。2000年扩建了1.2万平方米停车场地，使停车场地达到7.8万平方米。

投资1.2亿元的凤岗车检场（新场）于1996年12月动土建设，1999年10月22日通过验收，10月26日开通使用。该车检场停车面积6.7万平方米，停车位450个，设计验放能力3000车次／日。凤岗车检场的车流量约占全市的1/2左右，最大日车流量达到4000车次。长期以来，由于车流量过大和查验单位报关报检工作程序的繁复等原因，凤岗车检场一直受塞车问题的困扰。2001年7月2日，黄埔海关在凤岗车检场进行了陆路快速通关作业改革，建立起企业提前递单申报，海关提前接单审核，通道式快速通关的新模式，实现了通关“提速”。为配合此次改革，口岸局领导带领业务骨干深入凤岗车检场，召开多次协调会，并对凤岗车检场内部布局进行了全面调整，在硬件设施上作了很大改造。此外，由凤岗镇雁田管理区提供了待报关车辆候检场的停车场地共有9万多平方米。在口岸各单位的共同努力下，基本解决了凤岗车检场待报关车辆堵塞东深公路的情况。

篁村车检场于1988年8月1日开通启用，占地面积7580平方米，其中停车场面积约7000平方米，设计通过能力400车次／日。

虎门〈临时〉车检场于1988年8月10日设立，占地面积4900平方米，其中停车场面积4000平方米，设计日通过能力为150辆次。

太平客运口岸旅检现场1996年重新装修，总建筑面积为1545平方米，设有进境通道6条，出境通道4条。航班每日“三进三出”共1788座席。

东莞铁路（客运）口岸现场从1997年5月19日开始承担新开行的京九、沪九直通旅客列车的查验和监管任务。2001年6月28日，开行东莞至九龙假日直通列车，该“假日直通列车”在周五、六、日和香港公共假期开行，每趟车8节车箱共586个座位。2001年，东莞铁路客运口岸现场进行了改造，扩大了旅客候检、候车面积。客运直通列车每日“4进4出”共1620座席，节假日增开假日直通旅客列车后“5进5出”共2792座席。

【口岸局队伍建设】 市口岸局以加强党风政风建设、提高行政工作效能作为工作的重点，在加快口岸设施建设的同时，狠抓口岸管理人员的素质的提高。建立健全了中心组的学习制度。在职工中广泛开展了“三个代表”教育、法制教育和职业道德教育。同时，鼓励干部、职工加强业务知识的学习和文化知识的学习，采用举办培训班形式来提高口岸干部职工的综合素质，对口岸工作地位、发展、综合管理、职责、检查检验、协调、体制改革、WTO的基本知识、基本规划、应对策略和英语、电子计算机知识进行培训学习，使口岸干部、职工的整体素质得到提升。

【共建文明口岸】 东莞口岸精神文明建设有着光荣的历史，1994—1996年被评为全国、全省文明口岸，1997—1999年被评为全省文明口岸。2001年，市口岸局围绕提高口岸工作效率和服务质量，狠抓文明口岸共建工作。一是大力推行政务公开，在口岸各现场设立宣传栏，及时公布查验单位新的规定和办事程序，增加口岸执法的透明度；二是以座谈会等多种形式广泛听取各方面的意见，并反馈到口岸有关部门，广泛开展职业道德教育和“便民、利民、为民”活动；三是继续开展创建文明窗口，微笑服务，创建青年文明号活动。组织市人民代表、政协委员、文明委成员和各战线领导到东莞出入境检验检疫局检查、观摩和指导，以此推动口岸精神文明建设开展；四是发挥市口岸局各分局的作用，开展形式多样的共建活动。常平分局督促口岸各单位将改进机关作风、提高办事效率的措施转化为文明服务的承诺。边检、海关、出入境检验检疫机构设置了咨询值班台，认真解决旅客反映的各种问题。太平分局认真抓好口岸各单位的共建对子，组织查验单位开协调会，确保口岸各单位在工作中团结协作、互相支持，共同创造文明、高效的国门形象。凤岗分局联合海关、检验检疫部门召开香港8大运输公司司机代表座谈会，虚心听取意见，进一步理顺车检场的通道、完善车检场有关设施，加强高峰期交通疏导工作，使车检场的通关速度得到了进一步提高。

1996—2001年东莞口岸出入境综合情况一览表

项目 年份	出入境旅客（人次）	同比	进出口货物（万吨）	同比	出入境货运车（辆次）	同比	出入境船舶（艘次）	同比
1996	404096	9.3%	983.7	33.9%	1136648	30.4%	12544	34.8%
1997	474746	17.5%	1209.7	23.0%	1318776	16.0%	18019	43.6%
1998	500910	5.5%	1386.6	14.6%	1382559	4.8%	18686	0.2%
1999	584465	16.7%	1727.8	24.6%	1609459	16.4%	15108	−19.1%
2000	591080	1.1%	2002.3	15.9%	1910679	18.7%	14888	−1.5%
2001	663278	12.2%	1995.7	−0.3%	1925266	0.8%	15652	5.1%

一类口岸

【虎门港口岸】 虎门港口岸位于东莞市西南部的虎门镇，地处珠江口东侧，是“广州——深圳——香港”和“广州——珠海——澳门”这两条经济走廊的交汇点，又是广深珠高速公路的交点。南距深圳70公里、香港47海里、澳门48海里；北至广州90公里，距东莞市区25公里；西邻广州市番禺区44公里。水陆交通四通八达，公路干线连接107国道，水上航线可达国内和世界各大港口。太平港港阔水深，三面环山，是一个天然良港。

虎门港历史悠久，远在明朝嘉靖年间，就有对外贸易交往。鸦片战争后，已与香港、澳门之间有客、货往来。太平客运口岸1984年7月2日经国务院正式批准为对外开放（一类）口岸，恢复了太平——香港的客运航线。目前，航行这条航线的有2艘高速双体豪华客轮（“东太安”号，有278个客位，“太建”号，有318个客位）。客轮宽敞、明亮、舒适，现代化设施齐备，每天都往返香港、太平各3个航次，单程航行仅需1小时50分钟。

虎门港口岸在1996年起对客运现场进行了改造，改造工程到1999年正式验收竣工。工程对现场首层进行了全部装修翻新，扩大、改造和调整了出入境通道。改造后的出入境通道达10条（其中入境6条、出境4条），并更换了全新的检查检验仪器设备及安装了较完备的各种标志牌、电子显示屏、告示牌和闭路电视监控系统。经过装修改造，客运现场面貌一新，大大提高了通关速度。

虎门港还辟有货运口岸，是东莞市对港澳进出口货物装卸点之一。其中虎门（临时）车检场于1988年8月10日设立，占地面积4900平方米，停车场面积4000平方米，设计日通过能力为150辆次。

为适应对外经济发展的需要，东莞市政府将现太平客运口岸和已作为二类口岸使用的沙田进出口货物装卸点合并，定名为虎门港口岸，并对外国籍船舶开放，使口岸的设施和功能更为配套、完善、加快发展海洋运输。虎门港口岸是1997年经国务院（国函[1997]59号）批准对外开放的一类口岸。首期工程基本完成，正在申请组织验收并对外开放。

虎门港口岸2001年进出口货运量338.29万吨，进出境运输船舶6850艘次，出入境旅客17.02万人次。

虎门港口岸出入境综合情况一览表

年度	出入境旅客（人次）	进出口货运量（吨）	进出境运输船舶（艘次）
1998	221479	4728105	12586
1999	194032	5652116	9730
2000	157253	4390551	6559
2001	170203	3382879	6850

【东莞铁路口岸】 东莞铁路口岸位于东莞市常平镇东莞火车站。其所在地常平镇地处东莞市东部，是我国南方新兴的铁路交通枢纽，是京九铁路、广梅汕铁路、广深铁路的交汇处，设有东莞火车站、东莞火车东站和东莞铁路口岸。

东莞铁路口岸是1994年8月6日经国务院国函[1994]78号文件批准开设的一类客运口岸，原称东莞常平铁路客运口岸。1997年1月，广东省人民政府口岸办公室批准开设东莞常平铁路进出口货物装卸点，使东莞常平铁路口岸具备了货运功能；1997年12月23日，国家口岸办公室批准将其更名为东莞铁路口岸。

口岸开通初期，东莞铁路（客运）口岸每日经停广州至香港九龙的直通列车出入境各一趟，安排进出各1节车厢80座席在口岸上落。1995年10月8日，增停肇庆至九龙的直通旅客列车。1997年5月19日，国家批准北京至九龙、上海至九龙直通旅客列车在东莞铁路口岸进行查验。2000年8月，增停广九线开行的“KTT”列车。2001年6月28日，开始承担东莞至九龙假日直通旅客列车的查验和监管任务，假日直通列车在每周五、六、日和香港公众假期开行，每趟车8节车厢，共586个席位。至此，东莞铁路口岸直通旅客列车在平时已达“4进4出”共1620个座席，节假日达“5进5出”共2790个座席。

2001年，东莞铁路（客运）口岸验放出入境旅客49.3万人次；出入境列车918列。截至2001年底，东莞铁路（客运）口岸累计验放出入境旅客达207.93万人次，出入境旅客的年平均增长率达到36%。

东莞铁路口岸出入境综合情况一览表

年 份	出入境旅客（人次）	出入境列车（列）
1994	10351	
1995	77803	
1996	145402	
1997	248924	
1998	279431	730
1999	390433	730
2000	433807	732
2001	493075	918

东莞铁路（客运）口岸旅检现场设在东莞火车站新综合大楼3楼对开的铁路跨线桥上，面积3450平方米，设有出入境通道各10条，出入境旅客候车室各240平方米。在现场分别安排了口岸管理、边检、海关、出入境检验检疫等4个单位的工作用房，配置了先进的检查检验、监控和旅客查询设备，并安装了中央空调，使现场环境宽敞、明亮、舒适。为广大出入境旅客提供了宽松的通关环境。

东莞铁路口岸兼有货运功能。1998年12月，开通了进出口货运业务，成为广九线上，也是广东省首个客货功能兼备的铁路口岸。东莞铁路（货运）口岸（常平铁路进出口货物装卸点）设在东莞火车站北站货场，以该货场的货运4线（集装箱装卸点）为主，设计年到发货能力为175万吨。开通初期每日对开两趟集装箱货运列车。

中山口岸工作综述

【口岸沿革】 中山市（县）前身是香山县，地处珠江口西岸，对外通商已有四五百年历史。早在明末清初，就有风帆载运丝绸、香料、陶瓷等产品，远销美洲、日本、南洋一带。清康熙年间，香山县在濠镜澳（即今澳门，当时属香山县）的妈阁，开设第一个口岸。中华人民共和国成立之初至1981年，中山县口岸由8个增至10个（不包括划给珠海的4个）。1981年8月15日，成立中山县口岸办公室后，中山的口岸工作就统归中山县（市）口岸办公室主管。2001年，根据中山市政府机构改革方案，口岸办公室并入对外贸易经济合作局。

【口岸概况】 至2001年底，中山市设立口岸4个，其中一类口岸1个，二类口岸3个。

【改善口岸通关环境】 从2001年8月18日起，中山港客运口岸由原来每天14个单航次调整为16个单航次。11月1日起，中山货运口岸报关截单时间由16：30后延到17：30时，进一步改善了口岸通关环境。

【口岸建设】 9月26日，坦洲港澳货运车辆检查场通过口岸验收并启用，启用初期的功能限于对出口货物的查验。10月8日，海关中山港办事处综合楼改建工程竣工并投入使用，该综合楼原建筑面积2625平方米，改建工程投资900万元，改建装修后面积约4000平方米，改善了办公和报关环境。

【口岸体制改革】 根据市政府体制改革方案，原市口岸办公室并入市对外贸易经济合作局，设立口岸管理科和派出机构中山港口岸办公室及小榄口岸办公室。

中山口岸2001年运行情况

项目 名称	单位	2001年	2000年	同比
进出口货物总值	亿美元	64.95	56.48	15%
进出口货物	万吨	363.2	356.8	1.4%
集装箱运输量	万标箱	57.7	53.8	7%
出入境旅客	万人次	84.9	81.7	3.9%
交通工具员工	万人次	23.67	20.3	16.6%

一类口岸

【中山港口岸】 中山港位于北纬22°13′－22°47′、东经113°9′－113°35′。距香港54海里，澳门51海里。从中山港向东5海里进入伶仃洋，与国际航线相通，内河接珠江水网。公路以广珠公路、京珠高速公路为骨干线。中山港河宽平均400米，水深7−10米，最深处15米，潮汐差1.9米。中山港现可通航3000吨级海轮，5000吨级江海轮。设有客运码头和货运码头。

客运码头：1984年5月7日，中山市经国务院批准兴建客运口岸，1985年2月9日正式通航香港。口岸经营单位为中港客运联营有限公司（中外合资），拥有5艘豪华高速双体客轮，总客位1784个，总马力30207匹。每天往来中山—香港16个单航次，单程航行时间1小时30分。1985年至2001年，客运量1148万人次，2001年客运量84.9万人次。

主要货运码头有：

港航集团码头：港航集团码头由中山市港航集团有限公司经营。以集装箱、散杂货运输为主。现已开通外贸航线有：中山港—香港、中山港—澳门两条航线。码头设有国际货运代理、船务代理以及报关、陆路拖运等服务机构。岸线总长为430米，泊位总长1000米，其中，5000吨级泊位1个，3000吨级泊位2个，1400吨级泊位4个，1000吨级泊位2个，500吨级泊位4个。设计年吞吐能力为180万吨；集装箱吞吐能力为30万标箱。2001年，码头货物吞吐量188.3万吨；进出口集装箱24.57万标箱。

中山外运码头：中山港外运码头是由中国外运广东中山公司（下称公司）经营的公共码头。公司具备国际货运代理、国际船舶代理和海上国际集装箱运输港口装卸企业资格，本着"安全、迅速、准确、节省、方便、满意"的物流服务宗旨，为国内外客户承办进出口货物海陆运输、货运代理、船务代理、中转、装卸、仓储（特设出口监管仓）、专业报关、国际航空货运、快件速递、第三方物流服务以及其他相关业务。港区占地12万平方米，岸线总长为430米，泊位总长210米，可同时停泊1000吨级货轮3艘或3000吨级货轮2艘。堆场面积为50000平方米，仓库储存面积为11000平方米，配套完善了码头装卸设备设施。设计年吞吐能力为60万吨。2001年，中山港外运码头吞吐进出口集装箱量22.93万标箱，货物总吨位138.49万吨。

驻中山口岸的检查检验单位有中山海事局、中山边防检查站、中山海关、中山出入境检验检疫局。

二类口岸

【小榄装卸点】 位于中山市西北部的小榄镇，陆路距中山市城区20公里，水路距香港75海里，距澳门72海里。小榄港码头岸线238米， 1992年筹建。1994年，工程竣工投入试运行。码头常年水深5.5米，建有1000吨货轮泊位5个，设计年货物吞吐能力150万吨。至2001年底止，港口货运量由1994年的4.1万吨发展到 67 万吨,集装箱运输量由1994年的0.5万标箱发展7.8万标箱。

【神湾装卸点】 位于中山市南部的神湾镇。陆路距中山市城区18公里，距磨刀门出海口10海里；水路距香港53海里，距澳门13海里。神湾港码头岸线规划315米，首期工程码头长130米，建有1500吨级泊位2个。年吞吐能力60万吨；集装箱吞吐能力为7.5万标箱。预计2003年3月投入使用。

【石歧装卸点】 设有中山华侨纸厂码头、鸿运管桩厂码头、石油化工钢管厂码头，主要承担工厂自身的大宗单一货物的出口装运工作。

江门口岸工作综述

【政区地理】 广东省江门市是地级市，辖蓬江、江海两区和新会、台山、开平、恩平、鹤山五个县级市（简称江门五邑）。江门市位于广东省中南部、珠江三角洲西岸，毗邻港澳，南临南海，北连佛山，东连中山、珠海，西接阳江。全市总面积9541平方公里，约占珠江三角洲面积的1/4；海（岛）岸线长631公里，约占全省海（岛）岸线的1/5。江门市扼粤西地区和广西经沿海捷径通往港澳的交通门户，境界有珠江水系干流之一的西江下游经磨刀门出海，境内有广海湾、镇海湾和潭江经崖门水道出海，水道风浪小，水深和潮位条件优良，航道畅顺，形成可在多处设置海港和内河港口水运口岸的优越条件。

【历史沿革】 江门五邑对外贸易和居民出境谋生经商的历史由来已久，历史上已是著名侨乡和小有名气的对外商埠。早在1685年清康熙年间设立粤海关时，就在江门设立了正税口。1818年嘉庆年间，设立江门常关。1902年光绪年间，江门被辟为对外通商口岸，并正式在江门北街分设海关。民国时期，国民政府江门关接管江门口岸，至1932年末，江门关管辖范围扩大到江门、广海口、石歧、阳江、崖门、水东、三峡海7个分卡，及电白、博贺、都斛、闸坡、北津口5个分所。1930年，广州商品检验局在江门设立检验分处。1938年10月，侵华日军逼近江门，江门关及属下卡、所关闭，翌年初江门商检分处亦停办。1942年，伪粤海关在江门关原址设江门分关，只负责征收货物转口税。1945年9月，江门光复后，国民政府恢复对江门口岸的管理。

中华人民共和国成立后，人民政府接管江门口岸，长期被外国人把持的海关回到人民政权手中。随后由于江门口岸的经济地理位置发生根本性的变化，江门港被列为内河港，不再对外籍轮船开放。1950—1951年初，江门口岸的边防检查、商品检验和港务监督机构先后建立起来，但没有设立专门的口岸管理机构，口岸工作由市政府召开有关机构联席会议进行处理。此后20多年中，随着国家政治形势和政策的变化，口岸的旅客进出境和货物进出口在有升有降中缓慢发展。1977年1月，中共江门市委成立边防口岸领导小组，下设办公室，负责协调口岸各单位之间的管理工作。1979年，口岸逐步建立和完善各项管理制度，业务得到迅速发展。1981年7月，市委边防口岸领导小组办公室改为市政府口岸办公室，负责口岸规划、布局、建设和管理，协调口岸各单位之间的关系。1980年后，五邑各县逐渐被批准开设口岸，改变了江门五邑区域单一口岸的局面。五邑各县开设的首个口岸依次分别是：新会口岸河口进出口货物装卸点（1980年），开平口岸水口进出口货物装卸点（1980年），恩平口岸横板进出口货物装卸点（1981年），台山口岸广海港（1985年），鹤山口岸鹤山港进出口货物装卸点（1986年）。1983年6月，江门市口岸办并入市外经委，其管辖范围随江门升为地级市而扩大到整个地区的口岸。1986年6月，复设口岸办公室。从1981年起，五邑各县先后设立口岸办。至2000年，江门五邑地区口岸设施日臻完善，先后建成和开放了5个以客运为主的一类口岸，10个二类货运口岸及装卸点，口岸的通关能力不断扩大。年吞吐货物能力达450万吨，年通过旅客能力达60万人次。各项监管工作从“以防为主”转变为“促进为主”，保证口岸安全畅通，促进了江门五邑地区对外经济贸易和旅游事业的发展。

【口岸现状】 如今的江门五邑，已被誉为中国大陆的“第一侨乡”。本地区现有人口390万，而祖籍江门五邑的海外和台港澳亲乡近370万，几乎成1：1的比例，每年回乡探亲和从事经济活动的进出境人次很多。与此同时，对外开放20多年来，随着江门五邑对外经济文化交往的不断扩大和旅游事业的不断发展，口岸在江门五邑的地位更加重要。至2001年，江门五邑的口岸均为沿海或内河水运口岸。全市有5个一类口岸，其中台山广海港和新会港（包括天马货运港区）是对外籍船舶开放的客货运口岸，江门客运港、开平三埠客运港、鹤山客运港是仅限国轮进出的3个客运口岸，共开通5条快船往返江门五邑至香港的客运航线，每天共20个航班。二类口岸10个，即江门的外海、高沙，新会的河口、牛牯岭、荷塘，台山的公益，开平的三埠、水口，恩平的横板，鹤山的鹤山港等10个进出口货物装卸点。还有6个具有二类口岸功能的公路口岸点，江门、新会、台山、开平、恩平、鹤山货柜车检查场。

【口岸客货运量】 2001年，通过江门市口岸进出境的旅客55.99万人次，与上年相比减少5.7%。其中入境旅客28.65万人次，减少4.6%；出境旅客27.34万人次，减少6.8%。全年，通过江门市口岸进出口货物414.19万吨，增长7.2%。其中进口236.65万吨，增长9.6%；出口177.54万吨，增长4.2%；在货物总量中，国际集装箱32.53万标箱，箱载货物总量189.58万吨。全年，通过江门市口岸进出口货值47.04亿美元，减少8.3%。其中进口20.04亿美元，减少5.5%；出口27.02亿美元，减少10.2%。口岸各客货运经营单位面对当地陆路往返港澳和深圳、珠海低价直运快车的激烈竞争，积极提供方便优质的营运服务，为稳定和发展当地口岸客货运业务量，作出了很大的努力。

【机构改革】 2001年，江门市及五邑各市政府机构改革全面铺开。在这次机构改革中，江门市和恩平市口岸办公室分别与本市外经贸部门合并，由新组合的对外贸易经济合作局负责口岸管理职能。新会、台山、开平、鹤山四市的口岸办公室则挂靠本市政府办公室，继续行使口岸管理职能。

【口岸建设与开放】 2001年，是实施“十五”国民经济发展计划的第一年，江门市按照制订的“十五”口岸开放规划，重点是加快新会口岸天马货运港区和台山口岸广海港鱼塘作业区两大项目的建设。是年，总投资1.3亿多元的新会一类口岸天马货运港区的基本设施及配套项目全面建成，并根据《国务院关于同意广东新会港口岸开办货运业务并扩大开放的批复》（国函[2001]106号）精神，于12月中旬通过国家的检查验收。由国家交通部给广东省政府的《关于广东新会港口岸正式扩大开放的函》（交函海[2001]355号）宣布，广东新会港口岸2001年12月18日起正式对外国籍船舶扩大开放。同年，台山一类口岸广海港拟扩大开放的鱼塘货运港区经过努力加快建设，已累计投入建设资金4000多万元。其他各口岸港区，也根据发展规划和业务发展的需要，增加查验办公和运输装卸等设备设施更新改造的投入。

【口岸管理与协调】 2001年，全市各级口岸管理部门在各口岸港区坚持完善口岸联席会议、工作例会、现场值班等协调管理制度，督促口岸各单位落实各项责任制，保证口岸管理有序，并及时处理好口岸紧急事务。在口岸协调管理中，坚持把确保安全畅通作为重中之重，督促落实各项安全管理责任制，加强安全教育、培训和检查监督，搞好口岸安全管理和治安综合治理，全面确保口岸的安全运作。是年，江门五邑各口岸没有发生任何大的安全事故和治安事件，较好地确保了春运和五一、国庆旅游黄金周等节假日旅客进出境高峰期的口岸安全畅通，完成了海南博鳌国际经济论坛、上海APEC首脑会议、第九届全国运动会及2001年中国（江门）侨乡旅游节等重大活动期间的口岸安全配合工作，以及确保了全年口岸外贸的安全运作。

【查验监管与通关改革】 驻江门五邑口岸各查验部门，各司其职、各尽其责，在反走私、反偷渡、防止疫症病害、船舶进出监控等方面认真把关服务，并加强了对恐怖活动分子、“法轮功”滋事分子以及其他口岸犯罪分子的进出境监控。与此同时，进一步深化口岸通关业务改革。海关部门在物流监控、监管模式、风险管理、行邮监管等方面，都分别制订进一步加强管理、提高效率、深化改革的措施.针对关区内当年外贸出口下滑的情况，江门海关制定并实施了《支持外经贸发展促进投资环境改善9项措施》和《支持外贸出口提高通关效率8项措施》，支持当地外经贸发展；积极做好电子口岸系统的推广工作，年内为关区1266家进出口企业办理了入网手续，制发“中国电子口岸”IC卡3500张；年内还实施“两水两路”跨区快速通关系统，提高通关效率。边检部门深化部队正规化管理和警务规范化建设，并进行了边防检查业务信息系统联网的业务革新。检验检疫部门全面启用CIQ2000网络系统和电子转单，推进业务规范化、管理程序化。海事部门在规范监督管理的同时，采取了多项简化办事程序、24小时全天候办理查验手续等方便船务的措施。经过各口岸查验单位的共同配合，进一步优化了江门五邑地区口岸的通关环境。

【共建文明口岸】 2001年，江门五邑各口岸继续深入开展共建文明口岸活动，营造良好的口岸环境，促进当地的经济发展和对外交往。一是加强政治思想教育，不断处理好把关与服务的关系；二是加强廉政和文明建设，提高依法行政水平和拒腐防变能力，增强服务观念；三是加强协调、沟通、协作、配合，积极促进口岸各单位之间工作关系融洽、团结协作的良好风气持之以恒；四是进一步开展文明礼貌和热情服务活动。本年度，口岸各单位在共建文明口岸活动中，又涌现出不少荣获全国本系统、省级和市级不同称号的先进集体和个人。（温绍敏）

2001年江门市口岸运行情况

项目及单位 \ 口岸及年份		全市合计			江　门		新　会		台　山		开　平		鹤　山		恩　平	
		2001年	2000年	同比%	2001年	对比%	2001年	同比%	2001年	同比%	2001年	同比%	2001年	同比%	2001年	同比%
进出境旅客	万人次	55.99	59.37	-5.7	26.65	3.1	9.25	-15.6	3.9	-21.7	7.87	-11.6	8.33	-4.1		
其中：入境	万人次	28.65	30.05	-4.6	13.61	4.6	4.81	-16	1.93	-20.7	3.98	-12.5	4.32	0		
出境	万人次	27.34	29.32	-6.8	13.04	1.6	4.44	-15.1	1.97	-22.7	3.89	-10.6	4.01	-8.1		
进出口货物量	万吨	414.9	386.32	7.2	133.55	6.7	162.58	25	32.99	-19.2	41.67	-9.3	39.94	-2.6	3.46	4.9
其中：进口	万吨	236.65	215.93	9.6	72.42	12.3	89.62	31	16.04	-27.6	31.51	-12.3	24.81	10.6	2.25	9.8
出口	万吨	177.54	170.39	4.2	61.13	1.2	72.96	18.5	16.95	-9.2	10.16	1.5	15.13	-18.5	1.21	-3
国际集装箱	万标箱	32.53	29.57	10	17.7	0.8	5.2	18.6	1.9	0.6	3.43	13.2	4.19	59.5	1.05	-4.8
进出口外贸货值	亿美元	47.04	51.27	-8.3	16.47	-5.4	13.19	-7.4	4.15	-5.2	7.6	-13.2	5.09	-14.5	0.54	1.1
其中：进口	亿美元	20.04	21.2	-5.5	6.45	-3.5	5.84	-10.8	1.68	-10.4	3.54	-6.9	2.23	8	0.28	28.5
出口	亿美元	27.02	30.07	-10.2	10.02	-6.5	7.35	-4.5	2.47	-1.4	4.06	-18.1	2.86	-26.5	0.26	-18
进出口境船舶	万艘	2.98	2.91	2.4	1.28		0.89		0.17		0.29		0.34		0.014	
进出境车辆	车次	51716	53103	-2.6	15814	12.5	13253	0.7	2458	121.4	10044	-13.8	8777	-26.7	1370	19.3

一类口岸

【江门港客运口岸】 江门港客运口岸是江门五邑地区历史最悠久的客运口岸。原位于江门北街，现位于西江河段江门外海大桥下游1.5公里处，江门市江海区金瓯路1号。1997年6月13日，建成投入使用。口岸范围占地面积8万平方米，建有码头长度133米，泊位3个；查验综合大楼建筑面积4万平方米，内有大堂、出入境检查厅、候船室、免税商场、银行业务点、票务窗口、办公用房、酒店酒等设施；港口广场及绿化面积6.5万平方米，地下停车库建筑面积8551平方米。口岸驻有边检、海关、检验检疫、海事等查验单位，以及口岸管理、公安、港澳客运、物业管理、银行业务等单位。港澳客运经营单位现有高速豪华客轮3艘，客位905个，每天有8个航班往返于江门至香港，单程只需2小时30分钟左右；拥有10多辆豪华大巴、中巴和轿车组成的车队，每天接送江门五邑各市和中山、顺德、阳江等地的旅客。2001年，口岸进出境旅客26.65万人次，比上年增长3.1%。其中，入境旅客13.61万人次，比上年增长4.6万人次；出境旅客13.04万人次，增长1.6%。先后由江门市口岸办公室和江门市对外贸易经济合作局对该口岸实施口岸管理，江门边防检查站、江门海关、江门出入境检验检疫局、江门海事局担负口岸的查验工作，为过往人员、船舶现场办理进出境手续。　　　　　　　　（温绍敏）

【新会港口岸】 新会港口岸包括新会口岸客运港口和天马货运港区。新会港客运口岸位于广东省新会市西南方，潭江下游和银洲湖水道交汇处，距离香港99海里，距离澳门48海里。该口岸于1992年经国务院批准（国函[1992]111号）开通香港航线，1993年12月18日正式通航香港。总投资5422万元，口岸港区占地面积65832平方米，长98米，宽15米的混凝土结构码头设有两个泊位，可同时靠泊两艘高速客轮。口岸两艘豪华双体高速客轮“冈州”号和“圭峰”号，共有636个客位，每天往返四个航次（2001年9月1日起改为每天往返2个航次），每航次需2小时45分。

新会港口岸天马港区（一类口岸）地处新会市新市区，位于西江和潭江下游的银洲湖东岸，其航道经崖门口出南海。天马港区交通十分方便，陆路紧靠金门公路、广东西部沿海高速公路和拟建的广珠铁路，东连珠海西区，北通佛开高速公路，水路距香港98海里，距澳门47海里。

新会港口岸扩大开放准备工作于2001年12月11日通过了国家验收，并从2001年12月18日起正式对外国籍船舶开放。国务院批准新会港口岸扩大开放的水域范围，从潭江的中游含银洲湖至崖门口，总面积约65平方公里，其开放水域全部在新会市地域内。

新会港口岸所处的中心水域银洲湖，是潭江和西江部分径流的主要出海水道，面临南海，湖面宽阔，天然水深8—13米，是我国不可多得的内河优良建港水域。沿潭江而上可达台山、开平、恩平，溯西江而上（经劳龙虎水道或虎跳门水道）可到达肇庆、广西梧州、贵港。其出海航道是珠江八大出海口门中除虎门外最为优越的崖门航道。崖门外航道首期浚深工程于1995年完成，3000吨级海轮可全潮，5000吨级海轮可乘潮进入新会港口岸。二期浚深工程完工后，5000吨级海轮可全潮，10000吨级海轮可乘潮进出新会港口岸。新会港口岸天马港区码头于1992年经广东省计委批准立项兴建，列入国家“八五” 建设规划。首期码头主体工程于1996年底竣工验收交付使用。港区一期工程占地面积12.8万平方米，总投资达1.3亿元人民币（含口岸所有配套设施）。码头建有5000吨级泊位两个，500吨级泊位一个；码头岸线长323米，港池水深8.8米，设计年货物吞吐能力86万吨，其中集装箱为10万标箱。港区建有仓库两座，共4800平方米；集装箱堆场4万平方米，件杂货堆场1万平方米，港口生产机械配套齐备，有门座起重机4台，最大起重能力45吨，叉车8台，集装箱牵引车、运输车50辆，港作船1艘。

港区水、电、通信设施配套齐全，保证口岸现场生产、生活需要，并安装了先进的电子网络系统。港区内道路畅通，进港路为六车道一级水泥公路。口岸建有综合办公大楼1座，总建筑面积3986平方米，1—3层为查验单位现场办公用房，4层以上为综合用房。港区内还建有食堂，附属办公房等，为工作人员及驻港单位提供工作和生活方便。

海关、边检、海事、检验检疫等口岸查验单位在港区有常设机构或办事处，负责进出境人员、船舶、货物的监管和查验工作。（谭荣钊 余耀祥 阮福荣）

【广海港口岸】广海港位于全国著名侨乡台山市南端广海湾华侨投资开发试验区，面临南海，水陆交通十份方便。广海港口岸是广东省县级行政区对外国籍船舶开放最早的(一类)口岸。该港1985年10月经国家批准建立广海港口岸，对外籍船舶开放。广海港水运口岸位于东经112°49′、北纬21°57′。第一期工程，建成了客运码头和500吨级小型集装箱货运码头，总长度170米，泊位3个。其中，港澳客运、内地旅游、货运泊位各一个，码头水深5.5米，港池长170米，宽100米，水深4.2米。旅客联检楼建设面积4397平方米，港口广场占地面积8万平方米。广海港1988年8月香港航线通航。广海港距澳门52海里，香港96海里，因南海与各水系相联，该港可与华南沿海和北方沿海各港相通，南下则可达东南亚各国。1996年11月，广海港客运口岸迁往公益港。2000年6月，开平三埠港的"三埠"、"联兴"号两客轮挂靠广海港(公益)口岸航行香港。年内，客运出入境旅客量39016人次。（伍文英）

【三埠港客运口岸】 三埠港客运口岸位于珠江三角洲西南开平市三埠潭江中下游左岸，距香港146海里，澳门80海里，于1984年4月建成通航，全年通航香港、澳门。码头长度107米，泊位3个，港池水深涨潮6米，退潮3米，旅检大楼面积4049平方米。现有豪华高速客轮2艘“联兴”轮（318个客位）和“三埠”轮（368个客位），两客轮每天对开三埠至香港共2个航班（挂台山公益港）。每航次约4小时，香港开08：30时，三埠开13：30时。三埠港客运口岸连续2次被评为国家“先进口岸”，连续4次被评为广东省“文明口岸”。开平市人民政府口岸办公室对该口岸实施口岸综合管理，三埠海关、三埠边防检查站、开平出入境检验检疫局、江门三埠海事处担负口岸的查验工作。

（邬晓芳）

【鹤山港口岸】 鹤山港客运口岸是国家一类口岸，于1989年1月28日开通鹤山至香港的水路客运航线。该口岸位于北纬22°48′12″、东经113°00′48″，在西江下游325国道九江大桥侧的沙坪河口与西江河的汇合口处。面临西江，海岸线长260米，河面宽约1200米，水深4米以上。现有码头泊位1个长48米，建有旅检大楼1座3000平方米，内设6条旅客进出通道，拥有豪华高速客轮"新鹤山"号1艘，客位300个，每航次需2小时30分钟。2000年5月18日起，"新鹤山"号和"高明"号客轮实施互相挂港航行香港，每天均有两班客轮进出。2001年，经鹤山港客运口岸出入境旅客83247人次，比上年同期下降4.3%。其中入境43166人次，出境40081人次，出入境客轮1270艘次。

（梁东成）

二类口岸

【江门高沙港货运口岸】 高沙口岸于1977年建成投入使用并对外开放，属内河水运口岸。位于西江下游北街段，地处江门市白石管理区高沙围，距香港95海里，澳门53海里，水陆交通方便。港区占地面积23.3万平方米，港池宽30米，水深3—4米；码头长度623米，泊位12个，可靠泊1000吨级货轮；仓库面积10000平方米，堆场面积近5万平方米。口岸拥有50吨岸吊2台，5吨岸吊9台，流动吊机3台，集装箱正面吊4台，叉车11台，集装箱拖车7台，件杂货拖车10台等一批装卸运输机械设备。口岸每天有港澳定期航班，设计年吞吐能力为集装箱15万个标箱，件杂货80万吨。2001年，进出口货物812823吨，标箱96737个。 口岸现场设有海关、边检、海事、检验检疫等口岸查验部门，负责进出境服务员工、交通工具、货物等的查验监管工作。（严胜开）

【江门外海码头货运口岸】 外海口岸位于西江下游北街段，地处江门市外海镇沙津横朗岗沙、距香港108海里，澳门58海里。1987年2月，经省政府批准开设。外海口岸以集装箱运输为主。港区面积5.8万平方米，码头长度90米，泊位2个，水深4.8米，可靠泊1000吨货船。仓库面积2.5万平方米，堆场1.5万平方米。配有40吨岸吊2台、8吨岸吊1台、集装箱吸车4台、2—7吨叉车10台、集装箱拖车10台等装卸运输设备，每天有定期航班来往港澳。设计年吞吐能力为15万个标箱。2001年，进出口货物522641吨，集装箱80280个标箱。口岸现场设有海关、边检、海事、检验检疫等查验部门，负责口岸进出境服务员工，交通工具、货物的查验监管工作。 （严胜开）

【新会河口装卸点】 新会河口装卸点于1980年经省政府批准设立，1981年 7月启用。1983年，因业务发展分设西河口和今古洲两个作业区。经省政府和省外经贸厅批准，从1998年起多次对新会市二类口岸进行调整。现在新会河口装卸点实际包括的作业区和起运码头有今古洲作业区、睦洲糖纸厂有限公司起运码头、新会中集集装箱有限公司起运码头、崖门沙石坭起运码头和崖西沙石坭起运码头。今古洲作业区地处新会市城区的潭江东岸，距香港95海里、澳门55海里，占地面积12万平方米。建有码头长度231米，500吨级泊位6个。仓库面积4万多平方米，堆场1万多平方米。配备40吨吊机2台，5吨吊机6台。设计年吞吐能力45万吨。今古洲作业区每天有港澳定期航班。海关、边检、海事、检验检疫等口岸检查检验单位设有办事处，负责进出境人员、船舶、货物的监管和查验工作。

睦洲糖纸厂有限公司起运码头位于新会市睦洲镇的睦洲河边，距香港78海里，澳门38海里。码头长200米，800吨级泊位3个，前沿－2.6至－4米。仓库5000平方米，堆场23000平方米。配备有1－5吨吊机4台。设计年吞吐能力15万吨。主要出口货物为该公司生产的瓦楞纸、牛皮纸及其它纸制品。码头的查验工作由驻新会的查验单位负责。新会中集集装箱有限公司起运码头地处新会市大敖镇的西江鲫鱼沙水道左岸，距香港70海里，澳门30海里。主要功能是出口该公司生产的集装箱和经特批进口该公司生产集装箱所需的原材料。该码头长150米，有泊位2个，前沿水深－4至－8米，可靠泊3000吨级货轮。仓库面积8254平方米，堆场77650平方米。配备8吨吊机2台，10吨和25吨吊机各1台，集装箱堆高机4台，集装箱拖车14台。设计年吞吐能力集装箱15万标箱与25万吨散货。码头的查验工作由驻新会的查验单位负责。

崖门沙石坭起运码头位于新会市崖门镇银洲湖崖门口，距香港86海里，澳门46海里。码头长度160米，有泊位2个，前沿水深－4至－7.5米，可靠泊500－3000吨级货轮，堆场2万平方米。配备20米皮带运输机2台。设计年吞吐能力10万吨。主要出口货物有石英砂、钾长石、黑坭和白坭等。码头的查验工作由驻新会的查验单位负责。

崖西沙石坭起运码头位于新会市崖门镇银洲湖黄冲口，距香港90海里，澳门50海里。码头长35米，有泊位1个，前沿水深－3至－4.5米，可靠泊300－500吨级货轮。堆场1000平方米。配备20米皮带运输机1台。设计年吞吐能力5万吨。主要出口货物有石英砂、钾长石、黑坭和白坭等。码头的查验工作由驻新会的查验单位负责。

（谭荣钊 余耀祥 阮福荣）

【新会荷塘装卸点】 荷塘装卸点地处新会市荷塘镇内的西江下游东岸，距香港95海里，澳门55海里。于1996年7月经省政府批准，由出口货物起运点改为进出口货物装卸点。

荷塘装卸点建有码头总长度322米，1000吨级泊位5个，500吨级泊位8个，前沿水深－3至－4.5米。配备集装箱堆机6台，5吨吊机1台，10吨龙门架式吊机1台，10吨塔吊1台，22吨吊机2台（可吊卸重柜），平板车7台，20吨叉车1台。目前由于有关设施未配套完善，仍按出口货物起运点进行管理。查验工作由驻新会的查验单位负责。码头设计年吞吐能力10万吨。 （谭荣钊 余耀祥 阮福荣）

【新会牛牯岭装卸点】 新会牛牯岭装卸点（牛牯岭易燃品专用码头）地处新会市古井镇银洲湖东岸，距香港90海里，澳门50海里。于1990年经省政府批准设立，只限用于石油气、柴油等易燃品的进出口。牛牯岭装卸点建有码头长度120米，面积1200平方米，2500吨级泊位1个。码头到气库、油库设有输气、油管道，气库面积33508平方米，储气量3000立方米，油库面积29000平方米，总储油量11000立方米。码头设计年吞吐能力15万吨。牛牯岭装卸点的查验工作由驻新会、江门两市的查验单位负责。（谭荣钊 余耀祥 阮福荣）

【台山公益装卸点】 公益装卸点1993年12月建成，位于台山市北部的潭江南岸，公益大桥东侧。水陆交通十份方便，水路距香港144海里、澳门94海里，陆路距广州116公里。港口初步建设规模为1000吨级、500吨级泊位各一个，300吨级泊位3个。设计吞计能力为标准集装箱1万个，件杂货25万吨。港区面积为4.8万平方米，其中堆场面积2.8万平方米。港区设有海关楼、综合楼、生活楼、货柜车检查场、仓库、配电房及其他生产辅助建筑设施。主体码头长110米，码头内安装变幅式5吨起重机和双桅杆式50吨起重机各1台，并配备PPM吸车1台，叉车3台，12吨和20吨流动吊机1台，进口实力牌拖车6台，国产解放牌拖车4台，拖卡26台等装卸运输机械。装卸点设有货物检验、报关等现场服务项目。年内，完成进出口货物329916吨。进出口集装箱23300个标箱，货运量40.7万吨。（伍文英）

【开平三埠港装卸点】 三埠港装卸点位于珠江三角洲西南开平市三埠潭江中下游左岸，距香港146海里，澳门80海里，于1984年4月建成通航，全年通航香港、澳门。码头长度300米，现有泊位5个，最大可靠泊1000吨级货轮，年吞吐量为40万吨。港池水深涨潮6米，退潮3米。仓库3座，面积2900平方米，堆场26000平方米。配套设施齐全，有50吨、40吨、5吨吊机各1台，40吨吸车1台，叉车3台，拖头7台，汽车半挂车15台，还有货轮5艘。码头内设有海关监管区，各检查检验部门在码头内均设有办事处，现场办理货物通关手续，并设有报关行提供报关服务。港口经营部门在码头内设有办事机构，方便货物进出口。年内完成货运总量356888吨，其中进口309563吨，出口47325吨；完成出入境船舶1592艘次；集装箱完成41327个标箱，货物重量327782吨。（邬晓芳）

【开平水口装卸点】 水口装卸点位于开平市水口镇龙塘湾的潭江北岸，于1980年建成通航，全年通航香港、澳门。码头长度150米，泊位5个，年吞吐量为20万吨。港池水深涨潮6.5米，退潮4米。现有仓库4座，面积1680平方米，堆场面积1653平方米。配套设施齐全，有吊机3台，叉车5台，中拖2台，拖头2台，汽车半挂车3台。现有货轮5艘。码头内设有海关监管区，各检查检验部门在监管区内均设有办事处，现场办理货物通关手续，并设有报关行提供报关服务。港口经营部门在码头内设有办事机构，方便货物进出口。年内完成货物总量9748吨，其中进口1589吨，出口8432吨，出入境船舶568艘次。（邬晓芳）

【恩平横板货运口岸】 恩平港水运口岸位于恩平境内的东南端，地处珠江三角洲西南面，谭江上游，东经112.5度、北纬23度。1981年，正式对外开放。口岸现有1个作业区，即横板装卸点作业区。横板装卸点现建有油码头泊位、集装箱和散货码头泊位共3个，可靠泊1000吨级的油轮和3000吨的货轮，港口年设计吞吐能力为50万吨，集装箱标箱达2万个以上。作业区现配有40吨座吊机1台、20吨人字吊机1台、16吨固定吊机2台、4吨装载机1台、3吨叉车1台等。有8万多平方米货物堆场，2400平方米仓库。装载700吨的来往港澳船舶2艘，拖头、货车等陆路运输车辆10多辆。港区设有海关监管区。作业区设有货物检查场等现场办公项目。2001年，完成进出口货物20451吨。其中：进口16219吨，出口4232吨。（梁天相）

【鹤山港货运口岸】 鹤山港进出口货物装卸点属二类口岸，于1986年12月28日开通鹤山至香港的水路货运航线。该口岸位于北纬22°48′12″、东经113°00′48″，在西江下游325国道九江大桥侧的沙坪河口与西江河的汇合口处。面临西江，海岸线长450米，河面宽约1200米，水深5米以上。现有3000吨级码头1个，长160米，宽35米，泊位3个。堆场4万多平方米，仓库5000多平方米。有集装箱货船6艘和散货船2艘。配备360度旋转行走式轨道吊机和集装箱正面吊车等各类运输机械57台。年货物吞吐量为100万吨。每天都有定期航班进出。2001年，经鹤山港货物装卸点进出口货物303654吨，比上年增长40.6%，其中进口226526吨，出口77128吨。进出口集装箱41929标箱，进出境货船1885艘次。（梁东成）

佛山口岸工作综述

【概况】 佛山口岸是我国较早的对外通商口岸，历史上曾是我国重要的商品集散中心，新中国成立后成为广东省重要的商品生产基地和外贸出口基地。改革开放以来，佛山口岸建设与经济建设一样，得到了迅猛发展。1978年，全市仅有1个进出口货物装卸点，进出口货运量25.7万吨。现在全市口岸达13个，其中经国务院批准对外开放的一类口岸3个，即佛山铁路口岸、南海港、高明港；经省政府批准开设的二类口岸10个。还有9个来往港澳货柜车检查场。全市客货口岸兼有，水路、公路、铁路口岸俱全，遍布各市区，布局合理，设施完善，查验机构配套，适应佛山市对外经济贸易发展的需要。2001年，全市出入境旅客98万人次，进出口货运量893万吨。

【综述】 2001年，全市口岸认真贯彻党的十五届五中全会和佛山市委八届五次会议的精神，进一步解放思想，锐意进取，深化口岸管理体制改革，完善口岸基础设施建设，提高口岸综合管理水平，为佛山市率先基本实现现代化作出新的贡献。全市进出口货运量643万吨，比上年增长11%。其中进口455万吨，出口188万吨，分别增长11%和11%。经佛山铁路口岸、南海港、高明港出入境旅客435704人次，增长13%，其中入境191559人次，出境244145人次。

【把关服务】 驻佛山口岸查验单位坚持以经济建设为中心，既把关又服务，既维护国家的权益，又促进地方经济的发展。边防检查部门检查出入境交通运输工具33579艘（列）次；查处违反出入境管理规定的人员170人次。海关征收税款44.31亿元，其中关税16.34亿元，进口环节税27。97亿元；查获走私、违规案件126宗，案值7888万元；审核进出口报关单36.3万份。出入境检验检疫部门检验进出口商品186524批次，货值40.96亿美元，查出不合格的进出口商品228批次；签发普惠制产地证30042份，签证金额5.81亿美元；签发一般产地证12538份，签证金额1.46亿美元；检疫出入境交通工具48251辆（艘、列）次；检疫出入境人员505781人次，预防接种7062人次，发现各种传染病246例；检验进口食品28700吨，发现不符合标准的食品29吨；检疫动植物及其产品19090批次，货值19.58亿元。海事局检查出入境船舶18251艘次，监装危险品45万吨。

【口岸建设】 全市口岸管理部门在抓紧在建口岸建设的同时，着重在管好、用好现有口岸下功夫，抓好现有口岸的完善配套工作，扩大现有口岸的功能，进一步提高口岸通过能力，提高口岸的社会效益和经济效益。一方面抓好高明装卸点验收和开通工作。高明装卸点明珠货运码头搬迁工程经过一年多紧张、艰苦的建设，建成岸线长100米、可同时靠泊两艘1000吨级货轮的码头。建有60000平方米的堆场，1300平方米的仓库。完成了交通、水电、装卸、排污等配套工程，基本具备了货运口岸的条件。市口岸管理部门多次深入现场具体指导，高明市政府、口岸管理部门及驻高明口岸查验单位积极配合，共同努力，解决了交通工具、通讯设备、办公设施等一系列问题，做好了新码头验收开通前的各项准备工作。新码头于10月16日通过了省外经贸厅组织的验收。11月5日，正式投入使用。另一方面，抓好现有口岸的改造。为了适应我国加入世界贸易组织后物流、客流日益增多的要求，全市口岸经营单位积极筹备资金，通过扩建、改造、配套，提高了口岸吞吐能力。澜石口岸进行码头改造以及报关报验中心的装修；佛山新港对综合办公大楼进行加固补强工程；佛山车检场改善了海关、出入境检验检疫局现场办公条件；九江口岸扩建堆场，增加堆场面积22000平方米；北村口岸修建了进港公路；平洲口岸进行港区场地整治；官窑车检场计划投资800万元的搬迁工程正在动工兴建；三水港扩建堆场25000 平方米，建造仓库5座，购置吸车1台；佛山铁路口岸、南海港、高明港建成政务公开信息网络系统。据统计，2001年，佛山口岸基础设施建设投入资金达1.08亿元。

【口岸管理】 一是做好协调工作。在口岸工作困难增多的情况下，由各级口岸管理部门牵头，加强组织协调，解决口岸中的问题。市口岸管理部门走访多家出口大户和三资企业，听取了他们对口岸管理、查验、经营单位以及口岸通关环境的意见和建议，在分析、整理调查情况的基础上，与海关、出入境检验检疫局探讨解决问题的措施，改进了口岸工作。南海口岸针对三山港曾出现废旧五金集装箱严重压港的情况，一方面与南海海关、出入境检验检疫局共同协商解决办法，利用 CT检验线的先进监测设备和延长查验时间，加快通关速度；另一方面，通过召开企业座谈会，宣传政策，对敏感的进口货物进行排查，企业自行退港处理。经过内外结合，使压港问题得到较好解决。三水口岸坚持“支持、谅解、沟通、默契”的工作原则，协调工作力度大，口岸管理、查验、经营单位真正形成一个口岸大家庭，相互支持，密切配合，形成合力，较好地发挥了口岸的整体优势。二是加强口岸现场管理。各级口岸管理部门一直把口岸工作重点放在口岸现场。在这次政府机构改革中，原市口岸办并入市外经贸局，设置了市直口岸科，在口岸现场安排了人员，做好管理、协调工作，保持了工作的连续性。各基层口岸的管理干部都能够加强口岸各单位之间的联系沟通，及时解决口岸运作中出现的问题，保证口岸正常运作。三是抓好安全生产。全市口岸贯彻“安全第一，以防为主”的方针，健全了安全工作责任制，落实有关安全管理制度，做好防火、防爆、防洪、防风工作。各级口岸管理部门不定期进行督促检查，保证安全工作落到实处。一年以来，全市口岸没有出现安全事故，保证了口岸安全畅通。

【共建活动】 全市口岸坚持两手抓的工作方针，继续开展共建文明口岸活动。共建文明口岸活动与口岸工作相结合，提高了口岸整体意识。一是加强领导，发挥基层口岸共建领导小组的作用。各基层加强了口岸各单位的联系与沟通，及时协调处理口岸运行中存在问题，推动了口岸各项工作的开展。二是与口岸工作相结合，促进业务工作的开展。佛山铁路口岸、南海港、高明港在春运期间开展“安全、礼貌、文明月”活动，确保了春运工作顺利完成。北村口岸在每季度召开的共建领导小组会议上，分析货源、任务完成情况，办事效率以及通关程序、安全畅通等出现的矛盾与问题，共同研究，取得共识，做好工作。三是积极参加当地“创优”活动，推动共建文明口岸活动深入开展。在市文明委的指导下，各口岸以规范服务为目标，以创优质服务为重点，抓好口岸环境和治安秩序的整治，取得了较好的成绩。佛山铁路口岸、佛山出入境检验检疫局被佛山市委、市政府授予“佛山市文明窗口”称号，南海港被评为“南海市创建中国旅游城市先进单位”，三水报关公司被评为“三水市青年文明号”，高明港客运口岸、高明装卸点继续保持“高明市文明窗口”荣誉称号。

【南海港口岸】 南海港客运口岸位于广州、番禺、顺德交汇处的平洲区北侧的东平水道，东经113度12分30秒、北纬23度02分36秒，东平水道和广珠公路在港区门前经过，水陆交通极为方便。水域、陆域宽广，码头水深达7米。该口岸于1992年12月8日正式对外开放，港口年通过能力100万人次，是佛山市重要的对外开放窗口。

南海港为客运口岸，有泊位3个，可同时靠泊3艘飞翼船。在联检大楼安装了查验单位警务公开、政务公开的电子屏幕，为过境旅客提供方便快捷的通关环境。每天，港口对开2个单班来往于南海－香港两地之间。

南海对外贸易经济合作局南海港口岸办事处对该口岸实施口岸管理，内设海关、边检、检验检疫及海事处，担负口岸的查验工作，现场为过境旅客办理出入境手续。

佛山市基层口岸进出口货运量统计分析表

单位：万吨

单位		货运量 本期实绩	货运量 去年同期	货运量 同比±%	出口 本期	出口 去年同期	出口 同比±%	进口 本期	进口 去年同期	进口 同比±%	水运 本期	水运 去年同期	水运 同比±%	陆运 本期	陆运 去年同期	陆运 同比±%	集装箱数量 本期	集装箱数量 去年同期	集装箱数量 对比±%	集装箱装载重量
合计		881.13	799.25	10	318.8	272.90	17	562.33	526.35	7							444424	398150	11	443.22
1. 南海市		353.76	339.77	4	86.62	80.85	7	267.14	258.92	3	302.45	288.57	5	51.31	51.20		252245	242960	4	237.16
其中	九江装卸点	72.91	81.54	−12	8.85	8.98	−1	64.06	72.56	−13	67.83	76.65	−13	5.08	4.89	4	29676	28698	3	26.09
	北村装卸点	28.98	31.72	−9	13.85	11.33	22	15.12	20.40	−35	14.63	21.85	−49	14.35	9.87	45	26214	15747	66	15.50
	平洲装卸点	58.66	41.16	43	8.42	9.00	−6	50.24	32.16	56	52.46	33.79	55	6.20	7.37	−19	30206	34689	−15	34.26
	桂江车检场	25.69	29.07	−13	20.98	22.96	−9	4.71	6.11	−30				25.69	29.07	−13	35308	37871	−7	23.50
	三山港装卸点	167.52	156.28	7	34.51	28.59	21	133.01	127.69	4	167.52	156.28	7				130841	125955	4	137.82
2. 三水市		66.32	28.72	131	13.47	11.17	21	52.85	17.55	201	60.01	22.22	170	6.30	6.50	−3	63659	26368	141	61.25
其中	三　水　港	38.61	3.82		4.85	2.02	140	33.76	1.80		38.61	3.82					35300	3654		36.84
	西南装卸点	21.40	18.39	16	3.82	4.43	−16	17.58	13.94	26	21.40	18.39	16				17297	11237	54	19.71
	三水车检场	6.31	6.50	−3	4.80	4.71	2	1.51	1.79	−19				6.31	6.50	−3	11062	11477	−4	4.69
3. 高明装卸点		65.32	59.84	9	20.31	18.41	10	45.01	41.44	9	60.04	54.24	11	5.28	5.60	−6	31998	35730	−12	35.20
4. 市直口岸		157.35	150.92	4	67.51	58.47	15	89.84	92.45	−3	133.55	124.92	7	23.80	25.99	−9	96522	93092	4	109.61
其中	澜石装卸点	65.79	59.65	10	21.90	18.07	21	43.89	41.58	6	65.79	59.65	10				40533	35159	15	42.77
	溶口装卸点	7.80	8.63	−11	6.59	7.79	−18	1.21	0.84	44	3.50	3.51		4.30	5.12	−19	4698	2812	67	4.87
	石湾装卸点	3.24	3.91	−21	3.24	3.91	−21				3.24	3.91	−21							
	新港装卸点	61.02	57.85	5	20.29	12.69	60	40.73	45.16	−11	61.02	57.85	5				39256	42408	−8	52.59
	佛山车检场	19.50	20.87	−7	15.49	16.01	−3	4.01	4.86	−21				19.50	20.87	−7	12035	12713	−6	9.36
5. 顺德市		238.38	220.0	8	130.89	104.00	26	107.49	115.99	−8										

填表人：何艾艾　　　　填写日期：2002年1月11日

佛山市出入境人数统计分析表

单位：人次

项目 / 口岸名称	入出境人数									入出境旅客人数								
	本期实绩	去年同期	同比±%	入境			出境			本期实绩	去年同期	同比±%	入境			出境		
				本期	同期	同比%	本期	同期	同比%				本期	同期	同比%	本期	同期	同比%
全市合计	474358	414876	14	210917	187349	13	263441	227527	15	1004326	886506	13	457538	401086	14	546788	485430	13
佛山铁路口岸	73940	86651	−17	37412	45009	−20	36528	41642	−14	73940	86651	−17	37412	45009	−20	36528	41642	−14
平洲客运港	312740	244733	28	129202	100472	29	183538	144261	27	285884	225988	27	115748	91191	27	170136	134807	26
高明客运港	87678	83492	5	44303	41868	6	43375	41624	4	75880	73738	3	38399	36999	4	37481	36739	2
顺德客运港										568622	500129	14	265979	227887	17	302643	272242	11

填表人：何艾文　　　　填写日期：2002 年 1 月 11 日

【高明港客运口岸】位于广东省中部，东经112° 53′ 4″、北纬22° 53′ 45″，地处珠江三角洲西翼，界临西江下游，东与南海、三水隔江相望，南邻鹤山，西接新兴，北界高要，毗邻港澳，距香港98海里。该口岸于1993年12月18日正式对外开放。

高明港客运口岸占地面积72000平方米，建筑面积34660平方米，现有客运监管码头1个，停靠泊位2个，年吞吐量为25万人次。该口岸拥有豪华高速双体客轮1艘，航行到香港只需两小时五十分钟，客仓内有338个客位。

口岸经营公司在港口设有专线豪华冷气中巴，联运省内各地旅客。附设关前免税商场和关后商场，方便旅客购买糖烟酒等日用商品及高明土特产品。并开办文件、货样、货板快运业务。

高明市对外贸易经济合作局口岸办公室对该口岸实施管理，高明海关、高明边防检查站、高明出入境检验检疫局、高明海事处担负口岸的查验工作，在现场为过往人员、货物、交通工具办理出入手续。

【佛山铁路客运口岸】 位于佛山市区。佛山市地处广东省南部，珠江三角洲的腹地，毗邻港澳，紧靠广州。交通十分方便，航运水道与珠江水系、港澳近洋纵横贯通；高速公路与广深（圳）线、广海（南）线、广珠（海）线、广肇（庆）线连成网络；铁路运输已通达广州、深圳、湛江、南宁，正向梅州、汕头继续延伸；佛山机场与全国13个城市架起了空中桥梁，真正形成水陆空立体联运大交通格局。

佛山陆运口岸作为佛山火车新客运站的一个组成部分，于1992年1月28日奠基，1993年1月8日建成开通并开行佛山——香港直通客车。国务院总理李鹏亲临为开通仪式剪彩。佛山陆运口岸从此成为继广州流花车站之后第二个直通香港的铁路客运口岸。与口岸区配套的市政建设也渐趋完善：设施一流的佛港直通车站与国内火车站连环紧扣，组成了一个完整的客运体系；碧草红花的站前公园与宽广整洁的喷泉广场交相辉映，织成了一幅美丽的锦绣画图；具有时代气息的车站大楼与邮电大楼、国际贸易中心、城北商业中心、免税商场、大酒楼、小店铺彼此守望，形成一个多功能的繁华街市。口岸周边已发展成一个新市区。

口岸开通当年，直通火车就以其高速、安全、平稳、舒适和风雨无阻赢得了旅客，当年客运量在全国口岸排第4位，仅次于深圳、拱北、流花。 目前，直通火车每天开行两班次往返佛山、香港，行程3个小时。列车改换后行走准高速，行程减至2个多小时。1995年3月28日直通车延伸至肇庆市，10月8日增停东莞市常平站。2001年，出入境人员73940人次，比上年减少17%。

二类口岸

【九江口岸】 九江进出口货物装卸点位于西江河九江河段，东经112° 54′ 56″、北纬22° 21′ 23″，河面宽广，码头水深达8米，是较为理想的建港地点。该口岸于1979年10月14日开通，码头年通过能力为60万吨，是南海市最早开设的口岸。

九江口岸为货运口岸，口岸现有泊位4个，岸线253米。仓库面积19080平方米，堆场面积27000平方米。配备吊机6台，其中60吨一台，码头各类装卸机械齐全。九江镇是南海市主要的桑塘区之一，九江口岸因此而成为南海出口鲜活塘鱼的唯一口岸。除此之外，九江口岸还出口瓜果、蔬菜、成衣、玩具、鞋类、以及“三资”和“三来一补”企业的产品等，正常贸易的货物亦占相当的比例。目前，九江口岸已经形成了鲜活塘鱼、瓜果、蔬菜、来料加工产品和正贸商品进出口基地。

南海市对外贸易经济合作局九江口岸办事处对该口岸实施口岸管理，海关、边检、检验检疫、海事处担负口岸的查验工作，现场为过境人员、货物、交通工具办理出入境手续。

【平洲口岸】平洲进出口货物装卸点位于广州、番禺、顺德交汇处的平洲区，东平水道出口处，东经113°12′38″、北纬

23°02′，河面宽阔，码头水深达6米。该口岸于1989年2月28日开通，港口的通过能力为60万吨，是南海市最早开放的口岸之一。

平洲口岸为货运口岸，码头现有泊位4个。堆场28000平方米，仓库面积5200平方米，码头各类装卸机械齐全。平洲口岸是一个集散货、集装箱、企业产品以及进出口花木于一体的综合性码头。

平洲口岸实施规范化管理。码头内设口岸办事处，海关、边检、检验检疫、海事处担负口岸的查验工作，现场为过往人员、货物、交通工具办理出入境手续。

【北村口岸】 北村进出口货物装卸点位于南海市黄岐区北村珠江支流里水水道，东经113°10′36″、北纬23°01′54″，河面宽阔，码头水深达7米。该口岸于1986年2月29日开通，口岸年通过能力40万吨，是南海市最早开通的口岸之一。

北村口岸为货运口岸，码头现有泊位2个。仓库面积5658平方米，堆场面积3600平方米。码头拥有各类装卸设备。经过多年的经营运作，目前北村口岸已经形成了一个集鲜货、蔬菜、瓜果、土特产正常贸易和出口企业产品于一体的综合性码头。

南海市对外贸易经济合作局北村口岸办事处对该口岸实施口岸管理，内设口岸办事处，海关、边检、检验检疫及海事处担负口岸的查验工作，现场为过往人员、货物、交通工具办理出入境手续。

【南海三山港口岸】 三山港进出口货物装卸点位于广州、番禺、顺德交汇处的平洲区东端东平水道源头，东经113°14′08″、北纬23°02′50″，港口四面环水，码头水深达8米，水域比较宽广，可利用岸线长，是整个佛山市最理想的港口基地，被行内人士称之为"一块不可多得的风水宝地"。该口岸于1994年3月29日开通，港口年通过能力300万吨。2000年全国港口集装箱吞吐量20强中排行第12位，是佛山市第一大口岸。

三山港口岸为货运口岸，码头现有3000吨泊位5个，散货泊位2个。堆场14万平方米，仓库面积6500平方米。各类吊机32台（其中45吨以上3台）、叉车、吸车等码头机械设施齐全。由于三山港是南海市交通局与香港李嘉诚先生合作的企业，因此成为了香港葵涌码头与中国内地进出口货物的转口基地。

三山港实施现代的管理模式。港口内设口岸办事处，海关、边检、检验检疫、海事处"一站式"担负口岸的查验工作，现场为过往人员、货物、交通工具等办理出入境手续。

【三水港装卸点】 三水港进出口货物装卸点位于西江下游，地理位置优越，有良好的水域和陆域自然条件。广三、广肇高速公路在港区边沿通过，距三水150万吨铁路货场12公里。水路距香港116海里，距澳门98海里。该河段河宽700−1000米，港池水深6.5米以上。三水港首期工程年吞吐量50万吨，码头岸线长160米，能停靠一艘3000吨级江海轮，或可同时停靠两艘1000吨级江海轮，港口占地面积约350亩。该口岸于2000年6月正式开通，近年成为了三水市进出口贸易发展的新基地。

三水港现有堆场近5万平方米，散集货仓库2000多平方米，联检综合办公大楼约6000平方米，设备和设施配套完善，功能齐全。三水港进港大道全长4.9公里，路面总宽26米。多家有实力的船务公司在此设立办事处，开设粤港定期集装箱、散货班轮航线。还设有报关公司，可办理代理报关手续。业务区全部采用现代化办公系统，以确保货物通关顺畅。

三水市经济贸易局口岸管理办公室在口岸现场设办事处，实施口岸管理，三水海关、佛山边防检查站三水办事处、佛山出入境检验检疫局三水办事处、佛山海事局三水海事处担负口岸的查验工作，现场为过往人员、货物、交通工具办理出入境手续。

此外，为充分发挥三水港的功能和优势，已规划建设港口生态工业园。大力发展高新技术企业、大型仓储和物流配送业务，把三水港生态工业园建设成为布局合理、运转高效、环境优美、服务优质、通关方便的外向型现代化工业园。

【三水西南装卸点】 三水市西南进出口货物装卸点位于三水市西南镇西郊，毗邻三水市对外经济开发区。西南口岸码头有泊位2个，集装箱堆场面积20000平方米，年设计吞吐能力100万吨。西南口岸设备、设施配套完善，运作畅通，并有实力雄厚的船务公司，每日有散货及集装箱定期班轮来往香港。还设有报关公司，可以办理代理报关手续。目前西南口岸已建成为纺织、轻工、食品、建材、家电、饮料、玩具、农副产品等出口基地，成为三水市进出口贸易发展的门户。

三水市经济贸易局口岸管理办公室在口岸现场设有办事处，实施口岸管理，三水海关、佛山边防检查站三水办事处、佛山出入境检验检疫局三水办事处及佛山海事局三水海事处担负口岸的查验工作，现场为过往人员、货物、交通工具办理出入境手续。

【高明装卸点】 高明进出口货物装卸点于1991年由高明市口岸集装箱运输公司与香港珠江船务（集团）有限公司合资兴建，于1992年正式对外开放。码头长70米，1000吨泊位一个，年吞吐量为18500标箱，总投资为900万元人民币。随着高明市的经济发展，该装卸点越来越不适应高明的经济发展。1997年，经省人民政府批准同意迁往高明大桥下游800米处。

新的装卸点于2000年动工兴建，工程建设实行"统一规划，分步实施，分期建设"的方针。码头规划建设用地面积260亩，总投资1.5亿元人民币。首期建设占地面积150亩，投入6800万元人民币。设计年港口货物吞吐量60万吨，集装箱10万标箱，前沿码头泊位100米，能停靠一艘3000吨级江海货轮或同时停靠二艘1000吨级货轮。首期工程于2001年2月全面竣工，并在11月正式投入使用。驻口岸经营港澳航运输的船务公司3家。港口运输船舶5艘，运力1500吨。集装箱堆场6000平方米。配有50吨、10吨吊机各1台，30米跨100米长龙门吊一台，卡尔马产42吨吸车一台等设施。

港口设有报关公司，为船务公司、货主代办报检、报验手续并办理货运业务。

口岸办公室对口岸实施口岸的协调管理工作，高明海关、高明边防检查站、高明出入境检验检疫局、高明海事处担负口岸的查验工作，在现场为过往的货物、交通工具办理出入境手续。

阳江口岸工作综述

【历史沿革】 阳江市位于广东省西南沿海，珠江三角洲西缘，毗邻港澳，地处广州与湛江之间，扼粤西要冲。全市面积7813平方公里，人口260万，海岸线长476公里。早在宋代，阳江已有商船往返于江浙经商，在明代阳江已是广东七个造船中心之一。

建国后，阳江作为非设关地区有货物从江城石觉头港出口到香港、澳门。1963年，江城石觉头港经广东省人民委员会批准，设立起运点，1978年升格为装卸点。1981年10月，阳江县人民政府成立口岸办公室，负责阳江口岸的综合管理工作，并逐步建立和健全了一系列口岸管理制度。90年代，阳江市委、市政府抓住机遇，高度重视"港口经济"，口岸建设进入快速发展时期，先后开放了阳江港一类口岸，东平港、溪头港、沙扒港等二类口岸和阳江进出境货运车辆检查场。目前，一、二类口岸年吞吐能力达250万吨。待阳江港一类口岸2座3.5万吨通用泊位码头和

1座万吨级集装箱泊位码头建成后，阳江口岸的年吞吐能力可达500万吨以上。一个安全、便捷、高效、文明的口岸大环境已经形成。

【口岸现状】 阳江市现有口岸7个。其中，经国务院批准对外国籍船舶开放的一类口岸1个：阳江港；经广东省人民政府批准的二类口岸5个：江城港装卸点、东平港装卸点、溪头港装卸点、沙扒港起运点和正在建设中的闸坡港起运点；经广东省人民政府批准的进出境货运车辆检查场1个。6个海运口岸分别分布在市区、阳东、阳西县等沿海城镇，濒临南海，水陆交通便利。阳江进出境货运车辆检查场距香港385公里，距澳门297公里，与325国道、广东沿海高速公路、广湛高速公路相通，货物进出非常方便。

【口岸货运量】 2001年，阳江口岸进出口货物29.2万吨，与上年相比增长21%。其中进口18.1万吨，增长21%；出口11万吨，增长22%。船舶进出境815艘次，增长34%。其中进境403艘次，增长33%；出境412艘次，增长35%。进出境货运车辆3874辆次，减少8%。其中进境91辆次，减少29%；出境3783辆次，减少7%。进出境服务人员8699人次，增长20%。其中进境4328人次，增长17%；出境4371人次，增长22%。在货物总量中，通过国际集装箱16144标箱。

【口岸整顿】 阳西县溪头港装卸点和沙扒港起运点于1999年被列为广东省第二批整顿二类口岸。阳西县委、县政府对此十分重视，年内投入4000多万元改建325国道至溪头港的进港公路，并投资1500多万元完善码头设施建设，计划2002年完成全部工程。经过改造，溪头港的通关环境明显好转。

【口岸管理与改革】 坚持口岸例会制度，建立领导值班和口岸现场值班制度，加强信息沟通。各单位能够依法行政相互理解和支持，及时协调解决口岸运行中的各种矛盾，口岸管理向制度化、规范化发展。阳江海关先后实行了运行“两水两路”快速通关系统和推行了“电子执法系统”等多项通关改革工作，并制订了支持地方出口的八项措施。口岸现场实行全天候24小时的预约通关服务制度。阳江出入境检验检疫局加大“三电”工程（电子报检、电子签证和电子转单）的推广力度，全年共有11家企业开通了电子报检和电子签证，另有40多家企业在申报中。

【口岸建设与改造】 年内，阳江港一类口岸油气码头进行了二期工程扩建，把原万吨级泊位扩建成2万吨级泊位，年吞吐能力由原来的30万吨提升到60万吨。同时，新建了2个目前国内最大的3500立方米的液化气球罐，将原有的57000立方米的库容扩建成现在的63900立方米（其中液化石油气11100立方米，油品52800立方米），成为目前粤西地区最主要的现代化大型油气集输中转基地，并于11月8日正式投产，油气码头的发展前景广阔。

【调查研究】 市委、市政府切实把口岸工作摆上重要议事日程，把口岸经济作为阳江经济的一个新的增长点。市委、市政府领导，先后多次深入口岸系统各查验单位调研、检查指导工作。在充分肯定阳江口岸服务对外贸易，促进地方经济建设的同时，提出要针对当前外贸滑坡的局面，高度重视口岸通关环境建设，促进外经贸工作的发展。负责口岸工作的领导多次带着如何提高通关效率，方便快捷服务企业等问题，深入口岸系统各检查检验单位以及外贸企业和口岸经营服务单位进行调研，协调有关问题，听取各查验单位和外贸出口企业对口岸工作的意见和建议，有力地促进了口岸工作的发展。

【机构改革】 6月11日，根据市委、市政府阳发《阳江市市级党政机构改革方案》和《阳江市人员编制精简方案》（[2001]

12号文）的精神，不再保留阳江市人民政府口岸办公室，其职能并入对外贸易经济合作局，内设口岸管理科和阳江港口岸办公室，负责全市口岸工作的管理与协调。阳春市、阳东县、阳西县尚未进行机构改革，仍保留口岸办公室。

【精神文明建设】 坚持以“三个代表”重要思想为指导，紧紧围绕服务经济建设这个中心，把口岸精神文明建设与口岸业务紧密结合起来。各单位积极开展政治教育、涉外纪律教育、职业道德教育和“便民、利民、为民”等活动。在工作中坚持公平、公开、公正原则，推行首问责任制，员工持证上岗、挂牌服务。建立了监督和激励机制，在窗口现场公开办事依据、办事程序，公开收费标准，公开服务承诺，推广文明用语，设置举报信箱、投诉电话。通过开展各项活动，口岸各单位讲团结、顾大局、互相协作、密切配合，员工精神面貌焕然一新，做到依法行政，热情服务。阳江检验检疫局被阳江市授予“文明单位”称号。

2001年阳江口岸运行情况

	项目	单位	2001年	同比％
	进出口货物总量	万吨	29.2	21
	进口量	万吨	18.1	21
	出口量	万吨	11.1	22
海港口岸	货物总量	万吨	26.9	46
	进口量	万吨	18	23
	出口量	万吨	8.9	135
	出入境船舶	艘次	815	34
	入境	艘次	403	33
	出境	艘次	412	35
	出入境服务人员	人次	8699	20
	入境	人次	4328	17
	出境	人次	4371	22
陆路口岸	货物总量	万吨	2.3	−60
	进口量	万吨	0.07	−81
	出口量	万吨	2.23	−58
	出入境车辆	辆次	3874	−8
	入境	辆次	91	−29
	出境	辆次	3783	−7

一类口岸

【阳江港口岸】 阳江港口岸是1993年经国家批准设立的一类口岸。1996年7月28日，正式对外开放。口岸位于阳江市西南面的海陵山湾中部东岸，濒临南海，地理位置为北纬21°42’、东经111°48’−111°49’。水路东距香港166海里，距澳门121海里，西距湛江134海里，距海口173海里，北距广州218海里。陆路距广州256公里、湛江230公里。进港一级公路与325国道、广东沿海高速公路、广湛高速公路相连接，三茂铁路阳阳路段直达港口。

阳江港一类口岸为货运口岸，航道顺直，港池宽阔，航道与港池水深均达10米以上，常年不淤不冻。港口现有通用码头和油气码头。通用码头岸线长308米，现有万吨级泊位2个，配套通用仓库8336平方米，保税仓库4700平方米，堆场15万平方米，办公生活设施1.3万平方米。门吊、车吊、拖铲车等各种装卸运输机械40多台（套）。年吞吐能力为100万吨。油气码头岸线长223米，现有2万吨级泊位1个，千吨级附码头泊位1个。配套3500立方米液化气球罐2座，1000立方米液化气球罐4座，100立方米液化气卧罐1座，6600立方米拱顶柴油罐2座，6600立方米内浮顶汽油罐3座，6600立方米拱顶保温加热重油罐3座和各种配套装卸设备。可直接靠泊、装卸液化石油气冷冻船、压力船和各种油轮。年吞吐能力为60万吨。是粤西地区最主要的现代大型油气集输中转基地。

阳江港年内完成货运量90.4万吨，其中外贸完成26.9万吨，集装箱9207标箱，共5.6万吨，出入境船舶1179艘次，其中外国籍115艘次。

二类口岸

【江城港装卸点】 江城港装卸点二类口岸位于阳江市江城区西南部，地处漠阳江下游，地理位置北纬21°49'、东111°57'。解放前是阳江与阳春、恩平、电白、台山、海南岛、香港、澳门的水陆货运集散港。1963年，经广东省人民委员会批准为起运点。1978年，经广东省人民政府批准成为装卸点。码头岸线长156米，现有100吨级泊位2个，500吨级泊位2个，码头前沿水深3—5米，年吞吐能力为40万吨。配有仓库1450平方米，堆场1500平方米。吊机3台，其中10吨级吊机1台，3吨级吊机2台。

查验单位派员现场检验、办理货物进出口手续。年内完成进出口货运量1.34万吨。

【东平港装卸点】 东平港装卸点二类口岸位于全国著名十大渔港之一的阳东县东平镇，地处珠江三角洲西缘，地理位置东经112°12'、北纬21°44'。水、陆交通便利，距香港130海里，澳门86海里，广东沿海高速公路跨境经过，与325国道、广湛高速公路连成网络。

口岸管理区域4.64万平方米。其中仓库、堆场面积2.05万平方米；检查检验单位综合办公楼面积为500平方米。建有4座储量为4500立方米食用油罐， 2座储量为2000立方米化工原料罐，配有10吨、5吨装卸吊机各1台。码头岸线长160米，内设500吨级泊位2个，100吨级泊位1个。港内最低潮水深3.5米，最高潮水深6.3米。设计年吞吐量30万吨。

【溪头港装卸点】 溪头港装卸点二类口岸位于阳西县南部溪头镇内，地理位置东经111°48'、北纬21°37'50″。口岸距离香港163海里，澳门119海里，1996年3月建成并正式对外开放。

口岸码头规划用地6000平方米，码头岸线长60米，设有500吨级泊位2个，年吞吐能力为1.2万吨。配有仓库422平方米，硬底化堆场2000平方米，简易堆场2000平方米，25吨长江牌汽吊一辆。码头内还配套兴建水产品储存库一座，面积2760平方米，日制冰60吨，冰库容量1000吨。

年内，完成出口货物2000吨。

湛江口岸工作综述

2001年，口岸各单位在市委、市政府的领导和上级主管部门的指导下，认真贯彻落实党的十五届六中全会精神，以 “三个代表”为行动指南，以政府机构改革为动力，坚持改革开放、坚持两个文明建设一起抓，加强了口岸的综合管理和建设，努力完成口岸的各项工作任务，取得了较好的成绩。

【口岸机构改革】 根据省、市有关机构改革的文件规定，11月25日机构改革工作顺利完成。新任命的局、科级干部已就位。原口岸办保留的国家口岸科、地方口岸科、霞海办事处肩负原口岸办的职能。

【整治口岸软环境】 坚决贯彻省委、省政府现场（湛江）办公会议精神，落实市委、市政府关于把环境工程作为二次创业基础保障工程来实施的重大决策。1999年3月，市委、市政府制定在全市实施《993软环境整治计划》，规定市口岸办必须完成“打击走私、贩私、护私，制定口岸低门槛措施”；建立口岸联席会议制度；口岸单位“一条龙”办公制度；整治口岸运输秩序和整治乱查、乱扣等6大项目。两年多来，口岸办以及口岸各单位领导按照《整治计划》的要求，加强领导，突出重点，真抓实干，如期完成了口岸软环境整治任务，取得了阶段性胜利。一是强化了依法行政观念，克服了口岸存在的权大于法、以权代法、以权压法和不给好处不办事，给了好处乱办事的坏风气；二是改善了服务态度，提高了服务质量；三是勤政廉政，树立了新形象。在整治软环境工作中，市口岸办、湛江海关等单位被评为先进单位，受到市委、市政府的表彰。在2001年2月19日召开的全市依法治市会议中，市口岸办在会上介绍了《实施“993软环境整治计划”，建设文明高效报关查验服务中心》经验，与会200多名代表参观了湛江口岸报关查验服务中心，受到好评。

【整顿航行国际船舶港口供应秩序】 近年来，湛江口岸外轮供应工作出现了多家插手、价格混乱、质量低劣、外汇流失等问题。2001年3月，根据市委、市政府的指示，成立了专门整顿领导小组，狠抓整顿工作的落实。宣传发动，把国家的港口外轮供应工作的政策法规向市民和船东宣传；突出检查、重点打击，成立了以海关、边检、公安、工商、口岸有关单位人员组成的整顿行动小分队，对调顺、霞海、湛江港一、三、四区进行巡查打击；巩固提高、建立管理法规。通过几个月的整顿，打击了非法供应商，取缔了不合法供应商的执照，理顺了港口外轮供应关系，使湛江口岸对外供应逐步走上法制化，正规化轨道。

【二类口岸的协调管理】 一是抓好二类口岸的整顿管理工作。根据国务院和省政府的要求，在原来清理整顿的基础上，对7个二类口岸进行分类整顿和管理工作。对省政府公布正常使用的霞山、徐闻县海安、吴川市吴川港装卸点和湛江市硇洲岛装卸点等4个二类口岸，进一步落实加强口岸的设施建设、改善口岸的环境、建立健全口岸管理制度等整改措施。对被省黄牌警告和暂停正常使用的雷洲流沙港、廉江市营仔港、遂溪县北潭港装卸点等3个二类口岸，深入调查研究，督促所在县（市）制订整改措施，提出具体使用意见，争取尽快上报批准正常使用。

二是积极组织协调、理顺各个装卸点与越南来往民间贸问题，做好协调管理工作。徐闻县海安港装卸点从广西转口越南煤碳，管理混乱，通过深入调查研究，召开座谈会，制定解决办法，基本解决了多家插手、管理混乱问题。

三是做好对台贸易点的管理和联检工作。硇洲岛装卸点作为对台贸易点，由于各方面原因，管理较混乱，甚至有时货主对进出口货物不报检，查验部门很难开展工作。针对这些问题，召开有关查验单位和货主单位会议，建立健全联检制度，规范联检工作，促进了各贸易点经济的发展。

【口岸综合管理】 坚持口岸协调例会制度。一年来，市口岸办、机场、霞海、南油各口岸始终坚持召开口岸查验单位协调例会、湛江港生产运输旬度协调例会、集装箱运输联合办公协调会，以及口岸治安综合治理例会等。通过这些例会交流了口岸工作情况，加强了口岸单位之间沟通、解决存在的问题，密切了口岸单位的关系，使湛江口岸协调有效动作。加强协调，做好“狮子星”号邮轮的联检接待工作。“狮子星”号邮轮是香港丽星邮轮公司旗下、亚洲10大豪华邮轮之一，为配合湛江创中国优秀旅游城市，狮子星”号邮轮决定2001年10月1日至2002年3月30日每周一航行香港—湛江—越南航次。为了做好该邮轮的联检接待工作，多次召开口岸有关单位领导会议，特别是加强对边检的协调，使该邮轮的1500多名游客验证过关速度，由最初的1.5小时缩短到现在的50分钟，比厦门、三亚等口岸的速度快三分之一，受到香港丽星邮轮公司的称赞。

【提高口岸工作效率】 组织口岸查验单位认真学习国务院办公厅下发的《国务院关于进一步提高口岸工作效率的通知》，结合各单位的职能，制订了具体措施。改革传统的监管模式，使用高新技术，努力提高口岸通关速度。海事局利用高新技术的VTS系列（湛江港船舶交通管理中心）对船舶进行航行服务，向船舶提供高精度的定位和港内船舶动态，在船舶出险情时及时通报，以防止事故发生。年内该局VTS中心共协助123艘次通过龙腾航道（险道），无一发生事故，创造了良好的经济效益。湛江海关全面部署推广通关作业改革。完成了“H883/EDI5.0”版本修改和切换工作，新的通关作业流程调整基本到位，广东陆路转关运输系统开始运作，“口岸电子执法系统”顺利推广，风险管理技术开始引入到监管工作中。通过这一系列改革，查验和审核放行速度加快。据统计，通关作业改革前，进口货物的放行时间平均每票为10.7天，出口货物为2.86天。通关改革后，进口货物的放行时间平均每票为5.8天。出口货物为0.6天，分别提高了46%和79%，受到企业的普遍赞扬。

【口岸规划建设】 一是抓好湛江港10万吨级深水航道第二期工程建设，该工程预计2002年初可完工；二是改造15万吨级矿砂码头主体工程竣工，已进入设备安装阶段，2002年初可投入使用；三是抓好来往港澳货柜车检查场和口岸联检楼的改造修整工程。年内筹集资金在霞海初步建成货柜车检查场，缩短了货柜车查验通关时间，使进出检查场货柜车日益增多。霞海、南油口岸联检楼分别建于1987年和1988年，设施简陋不适应工作需要，口岸查验部门也多次要求修整。年内，两个联检楼均已动工，预计2002年初完工。

【口岸完成任务基本情况】 据统计，2001年全市口岸完成货物吞吐量2700万吨，比上年增长1.9%。外贸进出口运量1401.94万吨（进口1012.5万吨、出口389.44万吨），增长10.74%。其中湛江港口岸完成货物吞吐量1850万吨，增长28.29%。外贸进出口运量1347万吨（进口993.4万吨、出口353.6万吨）增长15.1%。霞海口岸完成货物吞吐量124.15万吨（含湛江港五区，下同），增长1%。其中外贸进出口运量46.43万吨（进口15.41万吨、出口31.02万吨），减少42.8%。南油口岸外贸进出口运量1.51万吨（进口0.51万吨、出口1万吨），与上年基本持平。地方口岸外贸进出口运量13.2万吨（进口9.2万吨、出口4万吨），与上年相比略有增长。全市完成集装箱74134标箱（进口37114标箱、出口37020标箱），与上年基本持平。其中湛江港集装箱进出口量70712标箱（进口35147标箱、出口35295标箱），增长3.5%。霞海港集装箱3422标箱（进口1697标箱、出口1725标箱），减少42.2%。

年内，从全市口岸出入境旅客23021人次（入境12128人次，出境10893人次），其中湛江港出入境17946人次，空港出入境旅客5075人次。与上年相比分别减少50.3%和109.5%；出入境交通工具2560艘架次，其中入境1365艘架次，出境1195艘架次（中国籍船舶1387艘次、外国籍船舶1033艘次、中国籍飞机140架次），增加4.92%。

湛江海关在全关区（含湛江、茂名口岸）征税40.7亿元，再创历史新高，比上年同期增长13.35%。其中征收关税

4.52亿元，进口环节税36.18亿元，分别增长3.4%和3.3%。减免税2.54亿元，减少20.8%。查获走私案件93宗，案值2.47亿元，分别减少10.8%和增加54.4%。违规案件18宗，案值0.32亿元，减少69.5%和76.8%。

一类口岸

【湛江港口岸】 位于北纬21° 11’11”、东经110° 24’11”，水域270平方公里，在雷州半岛东北部的广州湾内，濒临南海，北连大陆，背靠大西南，居粤桂琼三省区的中心，腹地辽阔，是中国华南、西南、中南地区的重要运输枢纽和口岸开放门户。

湛江港水运口岸以优越的地理位置、一流的大港口、先进的口岸设施、宜人的自然气候、美丽的城市环境和宽广的经济腹地而著称中外。水域深水岸线长达97公里，具备建设二、三十万吨级航道和码头的优越条件。港湾有四岛环绕，形成天然屏障，水域宽阔，水深浪静，15万吨级船舶可直接靠泊作业。

湛江港水运口岸航道长41.1海里，锚地面积11.97平方公里，锚地泊位20多个。拥有仓库面积189253平方米，堆场面积631292平方米，一次港存物资达150万吨；有油罐容积16.3万立方米，一次贮油量12.2万吨，油运管线长33946米，输油管道114公里。各类装卸机械644台，其中起重吊机144台，港作船舶23艘，功能齐全，装卸工艺先进。目前有五个装卸作业区，生产泊位32个，其中万吨级以上泊位24个，超大型30万吨油码头1个，可承担集装箱、散杂货、散货、重大件、危险品、石油、液体化工品的装卸、储存、转运业务以及旅客和汽车滚卸运输。同时备有货物代理、船舶代理、船舶运输、保税仓储、出口监管仓储等业务，已发展成为多功能、综合性的现代化港口。全港年吞吐量超过5000万吨，目前实际年货物吞吐量2200万吨，与世界100多个国家和地区通航，是我国10大枢纽港之一。

霞海港位于湛江市霞山与赤坎两区之间，湛江港水域之内，由湛江港第五作业区、霞海港、外贸码头组成。目前码头泊位5个，其中集装箱码头1个，可靠泊万吨级以上船舶，湛江港第五作业区一期工程的一个万吨级和一个5000吨级泊位即将建成投产。口岸库场面积154000平方米，各种类型装卸机械齐全。港内设有海事、海关、边检、检验检疫等检查检验机构，为人员、货物、交通工具进出境办理手续。该口岸主要为湛江市经济技术开发区“三资”企业生产服务，进出口货物主要是来料加工的原材料、杂散件、设备、木材、水泥、农资、钢材、集装箱和返销出口加工成品等。

【湛江航空口岸】 位于湛江市霞山西北部，距离霞山区5公里，赤坎区10公里，是中国大陆南端的一个重要航空港。

湛江机场于1987年11月11日经国家批准对外开放，开辟了湛江至香港直航包机航线。目前，湛江——香港航班停航，国内航线多达40条以上，可直达上海、北京、广州等全国各大城市。机场设施齐全，可供波音767以下客机起降。此外，为适应对外开放和南海西部石油开发的需要，还拥有一支多功能综合型的通用航空队伍和一批先进的直升机，小型固定翼运输机，为中国石油公开开发南海石油和湛江至香港、澳门的特殊飞行服务。机场内服务设施齐全，可为旅客提供方便服务。

湛江机场内设有边检、海关、检验检疫等口岸查验机构，负责对进出境人员，货物和交通工具的查验与管理。旅客出入境十分方便。

茂名口岸工作综述

【口岸概况】 茂名市是我国著名的“南方油城”，位于广东省的西南部，东连阳江，西接湛江，北邻广西，南濒南海。全市辖茂南区、茂港区、高州市、化州市、信宜市及电白县，总面积11400平方公里，人口600多万。交通便利，高水一级公路连接各市、县，三茂铁路、325国道通往广州、湛江，与全国各地相连，正在建设的广湛高速公路横穿市区，是粤西地区重要的交通枢纽和物资集散地。

茂名口岸包括水东港区、博贺港区和北山岭港区。1980年，省政府批准博贺港成为二类口岸。1988年，国务院批准水东港口岸成为对外开放的一类口岸，先对国轮开放。1993年，国务院批准水东港口岸正式对外国籍船舶开放。1995年，茂石化公司在北山岭建成全国首创的25万吨级原油接卸系统。茂名口岸的发展壮大，有力地促进了对外经济贸易的发展，2001年，全市外贸进出口总额 10.3亿美元，实际利用外资7500万美元。

茂名市人民政府口岸办公室负责全市口岸的管理和协调工作。

【口岸建设】 茂名水东港在建设中发展。码头泊位由原来的6座扩建至现在的10座。其中25万吨级单点系泊是我国首创的海上原油接卸系统，年设计通过能力1000万吨。集装箱年吞吐量由1993年的几百标箱发展到2001年的5024标箱；港口年吞吐能力由1993年的约100万吨发展到2001年的1759万吨。多年来，茂名市委、市政府采取了一系列的措施促进茂名口岸的建设和发展。在软环境上，各查验单位分别向社会公开服务承诺、公开收费项目和收费标准，促使各查验单位狠抓行业工作作风建设，着重培养干部职工的服务意识，使干部职工牢固树立“急群众所急，想群众所想”的服务观念，转变了工作作风，改善了服务态度，提高了工作效率。2001年，“电子口岸执法系统”的推广实施，大大加快了通关速度，受到企业的普遍好评。在硬环境上，30万吨级综合码头仍在继续建设中，30万吨级单点系泊装置正在加紧筹建，预计近3年内可建成投产。这些项目的建设，扩大了水东港口岸的规模，进一步加快了港口的建设和发展的步伐。

【茂名海关】 2001年，水东港进出口货运量954.41万吨，海关征收关税和进口环节税24.57亿元。年内，茂名海关加快科技一体化进程，推广应用了风险布控管理系统、跨关区快速通关作业系统、电子地磅、中国电子口岸等一系列科技新项目，科技业务一体化进程的不断提高，推动了茂名海关业务建设和各项行政管理走上“规范、科学、制约、效能”的良性发展轨道。

【茂名检验检疫局】 2001年，检验检疫出入境货物1437批，货值142968万美元，检疫出入境船舶1269艘次，检验检疫出入境集装箱11114标箱，检疫出入境人员25100人次。

加快“三电”（电子报检、产地证电子签证、电子转单）工程建设、投入资金20万多元，购置了仪器设备（电脑、扫描仪等）40台（件）用于“三电”工程的硬件配套建设。从2001年7月份起，局本部、水东港办事处、信宜办事处先后开通了“三电”工程，全面使用CTQ2000业务系统进行电子报检、产地证电子签证、电子转单、规范了报检、计收费、出证等工作流程，提高了工作效率，加快了通关速度。

加大认证认可工作力度。专门成立ISO9000质量体系认证咨询工作小组，全力开展ISO9000质量体系认证咨询工作，先后与茂名永业集团、茂名菜蓝子基地发展有限公司、高州皮质手套集团等10家企业签订了ISO9000质量认证咨询协议。

【茂名海事局】 2001年，办理船舶进港签证手续4516艘次，监装监卸船舶776艘次，安全引领中外籍船舶608艘次，其中单浮超大型船舶74艘次。

【茂名边防检查站】 2001年，检查中外籍入境船舶607艘次，出境船舶608艘次，检查中外籍员工入境10666人次，出境10759人次。

一类口岸

【水东港口岸】 水东港在清道光年间已成为粤西地区的重要商埠，在清咸丰和民国年间，曾两度对外通商贸易。1958年，省航运厅投资在水东湾建成50吨级泊位6个。80年代开始了大规模的港口开发建设。1984年，开辟炮台港对港澳进出口货物起运点，后经批准成为装卸点。各检查检验单位陆续筹建。1988年10月，经国务院批准成为对外开放的一类口岸，并更名为茂名水东港。1993年6月18日，水东港经国务院批准正式对外国籍船舶开放。1999年，经交通部批准茂名水东港更名为茂名港。水东港水陆交通便利，发展至今已成为茂名市货物集散地和主要通商口岸。

茂名水东港口岸位于广东省的西部，东经111。、北纬21。29，，是南海伸入内陆的一个面积约32万平方公里的泻湖湾。水路距广州246海里，湛江68海里，香港178海里，海口港134海里，北海港254海里；陆路与325国道、207国道、高水一级公路、三茂铁路相接，通往全国各地，距茂名市区38公里，距电白县水东镇12公里。水东港是我国南方重要的油品中转、集散基地和石油化工产品进出口基地，也是海产品及农副产品的进出口基地。港口年吞吐能力为1759万吨。2001年，进出口货运量954.41万吨，集装箱运输量为5024标箱，出入境船舶1269艘次。

二类口岸

【电白县博贺港口岸】 电白县博贺港早在南朝就开辟了海上航路，与广州和海外来往通商。公元714年，唐朝在广州设置“市舶司”（即海关）管辖对外贸易。1518年，广州“市舶司”迁至电白县博贺港。当时，博贺港一度成为我国南方的主要对外贸易口岸。民国初期，孙中山先生把发展博贺港的规划写进了建国方略。共和国成立后，博贺口岸有了较大的发展。1980年，经省政府批准博贺港为对港澳货物起运点。1993年，经省政府批准博贺口岸升格，由起运点改为装卸点。从此，博贺港口岸成为集商贸、渔业一体的综合性港口和省指定的对台贸易点。

博贺港位于电白县博贺镇，濒临南海，呈狭长形，南北纵长2.5公里，东西宽约0.72公里，面积18平方公里，是天然避风良港之一。港区可容1500艘中型船舶停泊，如经整治疏通可容2800艘大中型船停泊、避风、加油加水补给。码头水深9米以上，年吞吐量30万吨。该港区距港澳180海里，距325国道14公里，水陆交通便利。

博贺港口岸码头岸线长800米，建有500吨级泊位一个，渡口5个。为了适应和搞好博贺口岸管理，电白县政府在博贺港设立了口岸管理办事处和口岸联检办公室，在博贺港设立的查验机构有海关办事处、检验检疫办事处、海事局办事处等。此外，电白县还在港区设立了台湾同胞接待站和对台贸易服务公司。

为了做好电白县博贺港口岸的整治建设工作，1999年9月，县政府成立了电白县博贺口岸整治工作领导小组，加大口岸建设力度。负责口岸联检大楼、口岸闸口、堆场、仓库的布局、规划等工作，检查督促口岸基础设施的各项工作进度。并由电白盐场依法组建一个具有法人资格的经济实体，对博贺口岸进行整治建设和口岸港务运输仓储的经营和管理，负责利用原有70米码头和2.8万平方米土地，建设好口岸的配套基础设施，为口岸营运提供服务。目前，几项基础设施建设进展顺利。其中码头地下排水、排污工程已完成，1500米供水供油管道已铺设好，口岸联检大楼将完工，闸口、堆场仓库也在建设中，14公里的进港公路通过反复的勘察测量定位，将动工清除路障。以上几项口岸配套设施及进港公路将于2002年底前完成，经有关部门联合检查验收后投入使用。

肇庆口岸工作综述

【口岸沿革】 1897年，地处西江上游的广西梧州辟为对外通商口岸，根据《中英通商专约》，肇庆、德庆被定为英国轮船停靠站。1940年始，梧州海关在肇庆和禄步设立分卡，雷州海关在高要县新桥设立分卡，征收土货运销转口税、战时消费税。

新中国成立后，广东省人民政府于1963年批准开设肇庆进出口货物装卸点。1982年6月18日，国务院批准肇庆客运港为国家对外开放一类口岸。1984年5月28日，肇庆至香港直达客轮“西江”轮正式通航。1995年3月28日，开通肇庆至九龙客运直通车铁路口岸。80年代，广东省政府先后批准开设二类口岸6个：高要南岸、德庆康州、封开江口、四会马房和肇庆、四会港澳货运车辆检查场，形成水陆并举、布局合理的口岸开放格局。

【口岸分布及类型】 肇庆市位于广东省中西部，珠江三角洲与大西南地区交汇处，是西江流域重要的对外开放城市，肇庆市辖端州、鼎湖两区和高要、四会、广宁、怀集、德庆、封开6县（市）。目前，肇庆市已对外开放的口岸共有9个，其中：一类口岸2个，二类口岸5个。口岸的分布和类型特点是水路为主，陆路为次；二类（货运）居多，一类（客运）次之。具体情况如下：肇庆市区一类口岸2个，即肇庆至香港直达客轮口岸和肇庆至九龙客运直通车铁路口岸；二类口岸有肇庆港装卸点和肇庆港澳货运车辆检查场。其余二类口岸为：高要市南岸装卸点、德庆县康州装卸点、封开县江口装卸点以及两场合一的四会市马房装卸点和四会港澳货运车辆检查场。

【口岸运行情况】 2001年，按照体制改革的要求，肇庆市人民政府口岸办公室不再保留，其功能并入肇庆市对外贸易经济合作局。为提高通关速度和口岸工作效率，建立了由市外经贸局牵头，各查验部门负责同志组成的口岸工作联络协调机制。肇庆海关在肇庆港装卸点（三榕）设立通关科；检验检疫局继续推行“六个一”和“三电”工程；肇庆边检开展“两个满意”（党组织满意、人民满意）创优活动。四会马房港装卸点经过整顿，在8月15日恢复使用。

2001年，通过口岸出入境旅客11.16万人次，比上年减少9.5%；进出口货物41万吨，与上一年持平。出入境旅客减少，主要是受高速公路运输的影响，市场竞争日趋激烈。

一类口岸

【肇庆港客运口岸】 肇港客运口岸位于肇庆市端州区工农南路2号，距香港143海里。岸线长105米，泊位2个，设计年通过能力20万人次。1982年6月18日，经国务院批准开放。1984年5月28日建成使用。口岸由肇港客运合营有限公司经营，每天一次往来肇庆至香港的“肇庆”号最大载客量为352人，航速32节，单程航行时间约4小时。2001年，出入境旅客10万人次，比上年减少9.8%，其中入境旅客5.2万人次，出境旅客4.8万人次，分别减少10%和9%。

【肇庆铁路客运口岸】 肇庆铁路客运口岸由广州铁路集团公司负责经营。位于肇庆市端州区西江北路肇庆火车站东侧，距香港301公里，途经佛山、广州、东莞口岸，单程行车时间4小时左右。总投资6000万元，设计年通过能力60万人次。1994年8月6日，经国务院批准开放，1995年3月28日建成使用。2001年，出入境旅客11617人次。其中入境旅客6539人次，出境旅客5078人次，同上年相比，分别减少6.8%、10%和2%。

二类口岸

【肇庆港装卸点】 肇庆港装卸点包括三榕作业区和20号码头作业区。1963年批准开设，原址在7号、8号码头，后因场地限制迁移至三榕港和20号码头。目前，肇庆港装卸点主要以三榕作业区为主。

三榕作业区，位于肇庆市区西郊。1990年2月12日，经省政府批准开设。于1991年6月28日建成使用。港口到香港145海里，港口规模大，配套齐全，是肇庆市最大的集装箱货运港口。码头岸线长130米，港池水深4米，1000吨级泊位2个，设计年吞吐能力35万吨。

20号码头作业区，岸线长330米，水深3.5米，仓库面积1300平方米，堆场面积7700平方米，主要用于出口鲜活产品和零散杂货。

【高要南岸装卸点】 南岸装卸点位于高要市南湾路48号，与肇庆港装卸点三榕作业区隔江相望，距香港144海里。1985年5月17日，经省政府批准开设。1990年8月20日建成启用。业务办公面积6000平方米，码头岸线长54米，港池水深6米，500吨泊位1个，设计年吞吐能力20万吨。口岸配套设施齐全，是高要市重要的对外开放口岸。

【康州港装卸点】 康州装卸点位于西江上游德庆县城西江北岸著名的三元塔旁。1987年3月21日，经省政府批准开设，于1989年12月28日建成投入使用。口岸距香港213海里，码头岸线长63米，港池深度6米，经首期扩建改造，设计年吞吐能力由原来8万吨扩大到30万吨。

【封开江口港装卸点】 江口装卸点位于西江上游封开县城南的西江东岸。1988年6月23日，经省政府批准开设，于1989年7月28日建成启用。口岸溯江而上，到广西梧州12海里，顺流而下至香港226海里。港区办公面积1800平方米，码头岸线长120米，港池深度6米，500吨级泊位2个，仓库、堆场面积3100平方米，设计年吞吐能力10万吨。港口配套设施完备，功能齐全，是西江上游重要的开放口岸之一。

【四会马房装卸点】 马房装卸点位于北江下游——绥江与北江的汇合处。1988年4月22日，经省政府批准开设，于1997年3月28日建成使用。口岸距香港123海里，港区占地面积100亩。码头岸线长80米，港池水深4米，设300吨、500吨级码头各一个，设计年吞吐能力25万吨，港口设施齐备，功能齐全。

1998年11月11日，根据国务院、省政府关于清理整顿二类口岸的要求，马房装卸点针对在口岸管理方面和企业经营运作中存在问题进行停业整顿。于2001年8月15日整顿结束，恢复运行。

清远口岸工作综述

【口岸沿革】 清远市口岸始建于1981年，同年12月12日经省人民政府口岸办公室批准，开设了清远县下廓码头装卸点。1982年3月2日和1982年9月10日分别进行了清城至澳门、清城（河口中转）至香港的货运试航，并获成功。后因北江水位等因素限制，该装卸点停用。1993年4月，经批准迁至清远港。1991年，经省人民政府口岸办公室批准为二类口岸。

1988年建市后，同年7月15日由市编委发文同意成立清远市人民政府口岸办公室，属正处级。1996年底，市编委审定通过了“三定”方案。1997年底，完成了公务员过渡工作，全面实施公务员制度。2001年6月，经市编委发文，撤消市人民政府口岸办公室和对外经济贸易委员会，成立清远市对外贸易经济合作局，内设口岸管理科，完成了机构改革工作。

市口岸办成立后，口岸工作进入快速发展阶段。在较短时间里，恢复了清远至香港航线，筹建起海关、商检、卫检、动植检等查验单位。

1990年1月3日，国务院批准设立清远海关。1991年6月28日，清远海关正式成立，投入运转。

1990年1月3日，国务院批准清远设立商检机构，同年3月8日正式挂牌对外开展业务。

同年4月13日清远动植检疫局成立。同年5月14日清远卫生检疫局成立，并行使其职责。

【基础建设】 基础设施从无到有，从小到大，功能单一到日趋完善。

建市初期仅有一个设在旧城下廓码头的进出口货物装卸点和一座位于小市清广大道旁的旧口岸办公楼。车检场是一个小型的停车场改建的简陋车检场，一次只能停放五六台货柜车，而且是露天的。为了改善这种状况，市委、市政府批准在新市区北江三路规划建设口岸小区，新建车检场占地4000多平方米，可同时供11台货柜车查验。建有口岸综合服务楼和海关大楼。有400多平方米的海关货物监管仓库，各种设施齐全，适应全天候查验。之后，在新城区西6号区北江河边建成了年吞吐量1000万吨的水运码头，有20多艘船的船队，并建有相应的仓储及接驳运输等配套设施，每天有船往返香港。

1996年底，又建成了商检、卫检、动植检办公楼，并建成了海关、商检等查验部门的宿舍楼。

2000年10月，在上级主管部门和市政府的重视支持下，投资1300万在清远港旁建成一个占地11000平方米的现代化出入境车检场，配套设施完全适应现代化大通关需要，并将于近期投入使用。

英德市于1983年在火车站开设港澳进出口货物装卸点。1986年7月，设立英德港口外贸装卸点。1998年5月，英德口岸、海关综合办公大楼主体工程和6000平方米车检场竣工，全面投入使用，海关、商检、动植卫检也先后派驻人员到英德口岸，并建立了办事处，方便了当地企业。

【口岸协调管理】 清远口岸管理部门针对部分企业反映清远口岸效率较低，通关时间长，运输费用较高及部分“三资”企业和外资进出口企业转向异地口岸报关的问题，组织相关科室对上述问题深入“三资企业”和外贸进出口企业及附近口岸进行了专题调查，采取实地调查和问卷调查等方式就通关效率、查验单位服务质量、口岸经营单位和船运部门的收费问题进行了专门调研，并向市政府做了专题报告，提出改进措施，经过查验单位的研究配合，改进了服务质量，提高了办事效率。航运港务部门两次下调运价，报关公司亦降低了相关服务性收费，减轻了企业负担。由于口岸管理部门的协调，各单位的密切配合，为口岸创造了一个良好的通关环境，促进了外向型经济的健康发展。

【口岸运行情况】 2001年，进出口货运量为117600吨。其中进口62800吨，与上年基本持平；出口为54800吨，增加0.65%。出入境交通工具为9270车艘次，增加1.54%。

【外贸进出口概况】 2001年，全市外贸进出口总值29555.7万美元，比上年下降8.3%。

全年外贸进出口有喜有忧。外贸出口受美国经济衰退、“9.11”事件及国际市场需求疲软的影响，出口总值为22222.3万美元，比上年下降13.8%。外贸进口受中国加入世贸和我国经济持续发展的影响，有较大的增长。全年进口总值为7333.4万美元，比上年增加37.2%，加工贸易进口比上年增长48.2%，外商投资企业也比上年增加86.8%。

潮州口岸工作综述

【口岸运作简况】 2001年，潮州（含饶平）口岸查验部门共验放进出境交通工具32116辆（艘）次（其中船舶930艘次），货物68.3万吨，货值65286万美元；征收税额1.94亿元，其中关税1.16亿元；查获走私违规案件112宗，案值1194.2万元；办理减免税业务84份，减免税额10146万元。检验检疫进出口商品40183批次，货值64696.2万美元；签发普惠制产地证12232份，签证金额18626.5万美元，签发一般产地证2367份，签证金额3064万美元；办理ISO9000认证累计32家，输美陶瓷认证94家；完成外商投资财产鉴定2批，检疫进出境员工13908人次，预防接种2994人次，发现带病虫害货物44批，并作相应处理。港口海事处实施船舶检查854艘次，船舶进出港签证1761艘次，航道清障168次，查处违章案件7宗。边检部门检查进出境船舶878艘次，检查进出境员工13595人次。

【口岸管理】 2001年，口岸管理部门在积极参与机构改革的同时，认真贯彻国务院、省委省政府有关“清理整顿二类口岸”、“加强口岸综合管理”的指示，加强口岸的管理工作。

一是按省政府的要求，市县口岸管理部门深入开展调查研究，对部分基础设施不完善、内外贸货物混杂、管理不善，效益不好的码头进行整顿。经与海关、边防部门交流意见，认为粮食专用码头经营复杂，内外贸货物混合一起，监管难度大，暂不提供监管服务；柘林起运点通过治理整顿，完善管理制度，健全岗位责任制，增加一些必要查验设施后，同意继续运作。

二是各部门齐抓共管，严防货运渠道走私。海关加强对货运渠道、辖区码头及重点设施的监控，加强货物实际查验和监控力度。2001年8月，潮州港大明、新亿码头涉嫌走私，暂停其继续运作，不提供监管服务；2001年，饶平关区共查获4辆改装走私红油车，查获走私案件1宗；海事部门加强对航行港澳地区小型货运船舶管理，重点清理“三无”船舶，严禁“三无”船舶进出口岸，对不适合继续从事港澳航线营运的船舶采取措施，停止其继续营运。2001年，共停（迁）办航行港澳小型货运船舶13艘。

三是加强对市区车检场的管理。调整充实车检场管理处领导班子和中层干部，规范工作程序，建立健全各项管理制度；加强待检车辆临时停放点的管理、安全保卫工作，组织员工日夜轮值班，并取得开发区公安分局、市区交警大队支持、配合，确保该停放点车辆既不妨碍交通，又能安全进出。

四是做好潮州港新建码头对外试业的审核工作。潮州华丰集团公司新建5万吨级专用油气码头申请临时接靠外轮后，多次派员与市港务局、驻饶平口岸查验单位及其上级部门联系，认真做好有关资料的审核工作，争取码头尽快投入运作。

五是及时处理好港口发生的事件。2001年10月，潮州港口岸发生经营单位撤员、断资致使监管点供水、供电、通讯中断，无法开展监管工作。市、县口岸管理部门派员深入第一线了解情况，及时提出处理意见和建议，使港口监管点能继续运作。

六是抓好港口安全生产，确保口岸安全畅通。市、县口岸管理部门会同有关单位加强对港区油气码头的安全检查，监督整改措施的落实，消除隐患。2001年，共接受运载危险品船舶申报112艘次，其中油轮59艘次，液化气船及散装船舶53艘次。由于措施得力，实现全年无事故。

七是会同有关部门整顿航道，共巡航168次，查处违章案件7宗，并对航道、锚地和养殖区域做了界定，设立标志。

八是深入开展调研工作，对潮州港口岸的运作情况和如何通过独立对外开放的验收，多次作调查研究和论证，并提出意见与建议，上报市人大、市政府领导作决策参考。

【口岸协调】 一是理顺市区口岸区域供电关系，得到了供电部门的支持，口岸区域供电由以往的设立总表分级负担改为直接抄表到户，既降低了公耗又避免发生区域各用电单位相互责怨、猜疑，使这一久拖未决的难题得到有效解决。

二是根据国务院办公厅关于进一步提高口岸工作效率的通知、粤办明电[2001]271号精神和市府领导的有关指示，深入各查验单位调查、了解情况，就如何提高口岸工作效率拟出了四点意见，并由市政府转发各有关单位依照执行。

三是条块配合，取得饶平县政府的支持，为饶平口岸各查验单位解决办公设施产权、使用权归属问题。

【提高口岸工作效率】 2001年，口岸各部门在坚持各项服务承诺、便民利民措施的基础上，深化查验方式改革，增加科技投入，利用科技提高查验监管技术水平和验放速度。

一是推广“电子口岸”系统，实行电子报关，数据共享。海关在口岸管理部门、市技术监督局、工商局、国税局、外汇管理局等单位支持配合下，开通“电子口岸”系统。2001年，全市已有426家企业办理了电子口岸手续。

二是扶持重点企业，为守法经营企业开通“F”通道， 对列入“F” 通道的企业在通关环节上给予很大便利。全市共有78家企业列入“F”通道管理。

三是实施快速通关系统，实行商品预归类监管，提高查验效率和审批效率。根据全市进出口企业的信誉度分为A、B、C、D类管理，目前全市列入A类管理企业10家。对信誉好的“A”类企业在通关环节上给予更大的便利。检验部门实行一次申报，一次查验，一次放行的通关模式，方便了货主，缩短检验时间和出证时间。继续推行进出口商品质量预归类管理，提高抽检速度。实现CIQ2000网络升级，方便异地换证。边检部门坚持24小时服务制度，做到随报随检。港口口岸推行各查验单位集中办公制度，及时办理报关、报检、报验及查验手续，并制订、公布申报程序，便于船方、代理人共同配合。严格执行《国际航行船舶进出中华人民共和国口岸检查办法》，对停靠潮州港外轮，一般不登轮联检，而采用提前申报、岸上办理手续，必要时才登轮检查的管理办法。对出入境小型船舶的查验继续按《广东省航行港澳地区小型货运船舶出入口岸检查管理规定》执行，规范了查验程序和办法，简化了手续，方便进出。

【口岸规划与建设】 根据省外经贸厅粤外经贸口[2001]17号文件精神，结合潮州实际，对未来口岸发展作了较全面规划，并就2002年车检场的迁（扩）建和潮州港口岸配套设施建设的规模、资金来源等作了相应规划，并上报市政府。

（陈家伟、林国添）

一类口岸

【潮州港口岸】 潮州港口岸位于广东省最东端饶平县境内的拓林湾。由内港池面积68平方公里和陆域面积1367平方公里组成，海岸线长达165公里，是华南天然深水良港之一。潮州港口岸现有码头4座，其中5000吨级2座（杂货、油气各1座），3000吨级1座（杂货），1000吨级1座（伴杂），过驳锚地2个（杂货）各1.6万吨。在建和即将投入使用的10000吨级杂货码头和50000吨级油气码头各1座。

潮州港原名三百门港。1986年被国家交通部列为汕头港口岸的组成部分，可以进出外轮。根据国口字[1989]17号《关于汕头三百门进出外轮和设立海关等检查检验机构有关事宜的复函》，同意在饶平县设立海、边检、动植检、卫检、商检及港监等查验机构。1992年，潮州市升格扩大区域后，三百门港随行政区域变动而划给潮州市管辖，成为潮州市唯一的海港口岸。1994年11月，国务院国函[1994]117号文《关于同意开放广东省潮州市港口岸的批复》，批准三百门港更名为潮州港，列为独立对外开放口岸。现潮州港口岸的基础设施和查验配套设施基本齐备，由各查验机构为进出口货物提供查验和监管服务。

揭阳口岸工作综述

【口岸历史沿革】 揭阳口岸于1987年10月15日经国务院批准设立榕城海关、商检、动植检等口岸联检机构。1991年12月撤县建市，同时组建揭阳市人民政府口岸办公室（副处级单位），设置口岸规划科、管理科和人秘科等三个科室。1996年7月，市口岸办升格为正处级单位，内设科室不变。2001年机构改革时，市口岸办被撤销，其职能并入市对外贸易经济合作局，成为局内设的一个职能科室——口岸管理科。目前，该科在局的统一领导及上级有关部门的指导下，行使着全市口岸协调、管理的相关职能。

【口岸分布及类型】 揭阳各进出口码头（口岸点）主要分布于榕江南、北河及惠来沿海，均为二类口岸。分别设置港口口岸和陆运口岸。

港口口岸：揭阳市共有进出口货物装卸点4个。按海关总署口岸规划办公室2001年12月31日公布的《清理整顿后对外开放二类口岸分地区一览表》，除惠来靖海装卸点被明确为限期整顿装卸点外，现有进出口货物装卸点3个，即：榕城南河、揭东曲溪和揭阳地都成品油液化气进出口专用3个装卸点。进出口作业码头7座，泊位14个。码头前沿水深7—8米，主航道水深12—14米，航道宽度350—500米，最小弯曲半径400米。可停靠最大货轮5000吨，最大油船5000吨，最大汽船3000吨，港口进出口吞吐能力约250万吨。

陆运口岸：共有直通港澳货运车辆检查场3个，分别是：揭阳车检场、普宁车检场和惠来车检场。上述3个车检场均是市、县外经贸部门属下的事业单位。

【检查检验机构】 驻揭阳的检查检验机构主要设置在市区、普宁和惠来3处。

揭阳市区设置有榕城海关，揭阳出入境检验检疫局和揭阳海事局。

普宁市（县级）设置有汕头海关驻普宁办事处，揭阳出入境检验检疫局驻普宁办事处。

惠来县设置有汕头海关驻惠来办事处，揭阳出入境检验检疫局驻惠来办事处。

【口岸整顿和建设】 在认真执行上级有关政策法规的同时，一手抓口岸的清理整顿，一手抓口岸的发展建设，不断完善口岸的各项配套设施。一是对条件受制约，近年来基本没有进出口业务、且管理跟不上，“名存实亡”的口岸点坚决予以清理；二是对个别目前监管条件较差，管理较落后，但港区位置较好，有发展前途的口岸点，在督促其加强管理，完善各项配套设施的同时，积极向上级有关部门申请保留，待机发展；三是对个别位置较好，作用较大的新码头，积极向上级有关部门申报，协助企业尽快办妥审批手续。如泰丰侨金属制品有限公司泰囤自用码头，由于各级重视，上下配合，该码头顺利地被省批准为曲溪装卸点一个自用的进出口码头，从而解决了企业在生产经营中碰到的实际问题，促进了地方经济的发展。

惠来车检场在当地政府和上级有关部门的重视、支持下，于2001年建成投入使用。榕城南河进出口货物装卸点原港务码头，由于受南河榕华大桥桥高限制，进出口船只不能正常进出，影响了企业的发展。对此，市港务局积极筹集资金，投资3915.97万元，在榕江南河黄金地带的仙桥镇东南方下六村榕江南河中游右岸仙桥河出口处新建港务码头。新建码头占地40亩，建成3000吨级码头1座，并配套港区道路及其他配套设施。年内，对查验单位的办公设施，也都先后投入资金予以改造，改善了办公条件。

【口岸运行情况】 2001年，驻揭阳各查验部门、口岸系统各单位通力合作，各司其职，在各自的工作岗位上做出了较好的成绩。

榕城海关全年共监管进出口货物12215吨，货值13584万美元；验放进出口车辆4148辆次，船舶156艘次；办理加工贸易合同备案222份，料值4760.72万美元；审批征免税物资57宗，价值207.26万美元；征收税款2138万元；查获走私案件4宗，案值371万元。

揭阳检验检疫局2001年共检验检疫出入境货物12407批次，货值23450万美元。签发普惠制产地证书2278份，签证金额3054万美元，约可在进口国减免关税300万美元；签发一般产地证书1076份，货值1523万美元。进行出入境人员监测体验及预防接种1478人次。为揭阳外经贸事业的发展做出了一定贡献。2001年，通过了广东检验检疫局组织的“文明单位”复查，被揭阳市委、市政府评为“先进集体”，局党支部被中共揭阳市直工委授予“先进基层党组织”称号，局检务科被广东检验检疫局授予“文明报检大厅”荣誉称号。

揭阳海事局全年共检查进港船舶7567艘次，纠正违章船舶521艘次。办理船舶进出港签证3236艘，总吨528万，载重吨499万，其中危险品船舶663艘次，装卸危险品116万吨；检验船舶463艘次，总吨17199，载重吨20682；换发船员服务薄82本，内河船员适任证书76本，举办船员培训班二期共59人次。

【外贸实绩】 2001年，揭阳市的外贸工作虽遇到了很大的困难，但经过努力，外经贸大幅下降的局面得到了遏止。据统计，2001年度全市外贸出口总额2.97亿美元，比上年下降50.3%。其中一般贸易、加工贸易、来料加工出口以及批准外商直接投资项目、合同外资金额，实际利用外资等各项指标都有不同程度的下降。主要有以下几个特点：

一是原出口大户实绩大幅下降，一批新的企业异军崛起。2001年，有出口实绩的企业数逐月增加，一季度有出口实绩的外经贸企业只有70家，10月底增加到100家，到12月增加到248家。全年出口在1000万美元以上的有5家，500万美元以上的有11家，300万美元以上的有23家。一批近年新批的进出口企业和“三资”企业出口经营活跃，逐渐取代原来的出口大户，成为揭阳外贸出口的新生力量。

二是国有、集体企业出口大幅下降，“三资”及私营企业出口明显增加。2001年，全市国有外贸企业出口5219万美元，比上年下降85.4%。全年“三资”企业出口1.81亿美元，增长9.7%。2000年全市仅有1家私营企业，出口只有48.3万美元。2001年，全市已有11家私营企业，出口1409万美元。全年出口额前20位的企业中，“三资”企业占了13家。

三是“三资”企业以一般贸易方式出口大幅度增加。全年全市“三资”企业经营一般贸易出口有65家，比前年增加6家。一般贸易出口额6326万美元，比前年同期增长50%。占全市同期一般贸易出口额的40%。

四是出口国家和地区减少，近远洋贸易比重提高。全年揭阳市出口的国家和地区为113个，比前年同期减少了20个（减少17%）。近远洋贸易出口为1.63亿美元，占出口总额54.8%。

五是出口产品仍以纺织服装、鞋类、玩具等轻纺产品为主，机电产品出口比重有所提高。纺织服务、鞋类、玩具、钢材、日用钟表等出口合计2.02亿美元，占总额68%。机电产品出口6560万美元，占总额22.1%。

云浮口岸工作综述

【简述】 云浮是在1981年经上级批准开设口岸的。1994年，调整肇庆行政区划时新设立的地级云浮市，下辖云城区、郁南县、新兴县、云安县，代管罗定市。目前，辖区内设有2个出入境货运车辆检查场和2个口岸码头货物装卸点二类口岸。口岸查验单位设有1个处级海事局、2个处级海关、1个副处级检验检疫办事处。2001年机构改革，市口岸办公室职能并入市对外贸易经济合作局，设口岸科。

【口岸建设】 一是改造扩建六都口岸外贸作业区码头。二是迁建云浮（腰古）出入境货运车辆检查场和罗定（素龙）出入境货运车辆检查场。三是抓云浮港（四围塘）口岸码头建设。四是抓申报设立处级云浮出入境检验检疫局和查验单位配套设施建设。五是抓好口岸信息建设，向着信息网络化、管理规范化发展，促进口岸通关率的提高。

【年度运行】 2001年，全市口岸运作正常、安全畅通，进出口货物通过量和进出交通工具分别为40万吨和8208车船次，比上年分别增长9.3%和32.5%。

2001年全市口岸进出口货物（车船）统计表

单位：万吨（次）

数量＼月份	1月	2月	3月	4月	5月	6月	7月	8月	9月	10月	11月	12月	合计
重量	3.1	5.6	3.4	3.3	3.3	2.7	2.5	3.0	3.2	3.3	3.2	3.4	40.0
车船	601	526	714	661	675	650	678	759	767	701	764	712	8208

二类口岸

【六都口岸码头货物装卸点】 位于西江中游南岸，东经23°12’、北纬112°，在云浮市的北部，距云浮市区20公里。水路距香港177海里，上溯广西梧州58海里。全年可通航1000吨船泊。六都港在民国时期形成自然码头，1955年正式辟为港口。现是珠江水系10大港口之一，年吞吐能力350万吨。1981年，经上级批准设立对外开放的二类口岸装卸点。几年来，通过更新、改造，堆场由2400平方米扩大到12000平方米，并增加了作业机械设备。口岸的功能和设施逐步完善，达到“海关监管示范区”的要求。2001年，外贸货物进出吞吐量月均完成2.8万吨（其中集装箱420个标箱）。

【南江口口岸码头货物装卸点】 位于郁南县南江口镇，现正在进行整顿、扩建。

顺德口岸工作综述

【口岸概况】 顺德地处珠江三角洲的中部，距广州40公里，佛山40公里，香港62海里，澳门90公里。105、325国道贯通全市，珠江水系的西江、北江流经市内，地理位置优越，水陆交通方便。

改革开放以来，顺德市委、市政府十分重视口岸建设。自1986年以来共投入5亿多元的资金，优先发展口岸的基础设施的建设。到目前为止，顺德有一类口岸1个，二类口岸7个，岸线总长2000米，港区总面积80万平方米，港澳货运车辆检查场5个。设计年吞吐货运量550万吨、集装箱200万标箱；出入境旅客200万人次。

【口岸机构沿革】 1981年6月，成立顺德县口岸办公室。1984年3月，与外经贸委合并，一套人马两块牌子。1987年，成立顺德县口岸办公室。1992年10月，口岸办公室与外经委、财贸办公室合并，成立顺德市贸易发展局，设立口岸科。2000年9月顺德市贸易发展局与顺德市工业发展局合并，成立顺德市经济贸易局，口岸科为局内设10个科室之一，负责顺德市口岸的综合管理。

【提高口岸通关效率】 2001年，容奇港经营单位积极配合查验单位通关制度改革的要求，在查验台、闸口安装了闭路电视监控设备；为适应经济发展形势的需要，对码头进行扩建，增加岸线120米；为了提高工作效率，经营单位自行开发电脑管理系统，实行资源共享；充分利用港口资源，开拓内贸、内河货运市场业务；与国内外多家船公司合作，开辟了香港，东南亚，欧美等世界各地航线业务，促进容奇港货运业务的发展。各查验单位团结协作，把关服务，工作时间延长为早8：00时至晚上12：00时。

【口岸建设】 口岸经营单位继续完善码头配套设施和基础设施建设，加大对高科技设施的投入。在港口区内安装了视频监控装置、电子显示荧屏、电子地磅、电子闸口等先进的通关配套设施。顺德海关在港口区安装了“H986”清华同方集装箱检测系统，使口岸设施高科技含量大为提高。

为配合海关通关制度改革，对北滘货柜车检查场进行了迁建，将车检场迁建入北滘港货运口岸内，对口岸资源重新整合，使码头、车场资源共享，水陆运输优势互补，货物通关更快捷。新建车检场占地1.8万平方米，建筑面积5000平方米，检查台52个，共投入资金200万元。由于经济的发展，北滘港的设施已不能满足货物通关的需求，2001年投入1300万资金，新建报关、报检、报验大楼，将海关、检验检疫局、报关公司集中办公，使客户办理通关手续更便捷。2001年，北滘港继续保持稳步增长的态势，全年进出口货物65万吨，进出口集装箱达7.3万标箱。

勒流港经过一年多的改造和扩建，于2001年3月开始试运行。

【口岸运行情况】 2001年，顺德客运量增长较大，扭转连续几年客运量不断下滑的趋势。全年出入境人数568622人次，比上年增长13.7%；货运量保持稳步增长的态势，全年进出口货物250万吨，增长14%。

顺德客、货口岸运行情况表

项目	单位	业务量	同比
出入境旅客	人次	568622	13．7%
出境旅客	人次	302643	11%
入境旅客		265979	16%
进出口货物	万吨	250	14%
出口货物	万吨	158	34%
进口货物		94	-8.75%
进出口集装箱	标箱	289457	4%
出口集装箱	标箱	207720	5%
进口集装箱		81737	-1%

一类口岸

【容奇港客运口岸】 容奇港，位于顺德市大良区德胜河板沙尾，东经111.3度、北纬22.3度。这里河面宽阔水深，河面宽450米，主航道水深9米，枯水期水深8米，码头前沿水深5米，是个自然条件优良的港口。水路距香港62海里，陆路距顺德市新城区广场2公里，距广州和佛山各40公里，距番禺南沙30公里，东莞50公里，珠海90公里，水陆交通十分便利。

容奇港于1986年经国务院批准建设。1987年12月，通过国家验收正式对外开放。1998年1月，为配合顺德新城区的建设和提高顺德市的知名度，经省政府批准，市政府投资1.8亿元人民币，将容奇港搬迁。港口岸线长260米，港区占地72800平方米，建筑面积29300平方米。港区附设银行，西餐厅，商场公用电话亭等。容奇港现有3艘设备先进豪华舒适的快速客轮，分别是“顺德号”、“顺风号” 、“顺景号”。每天有8个航班往返顺德——香港，航程只需1小时50分，舒适、方便、快捷。

2001年，顺德市市委、市政府的领导十分重视顺德口岸的生产、建设工作，特别是对容奇港工作均作了指示。各查验单位团结协作、密切配合、把关服务。经营单位及时调整经营策略，狠抓安全生产，不断提高服务水平和管理水平，实现了从根本上扭转连续几年客运量不断下滑的趋势，受到了广大旅客的好评，得到了上级的肯定，并被评为“顺德市十佳文明服务单位”、“佛山市文明表扬口岸”。

容奇港出入境旅客统计人数表

合计（人次）	入境	出境	同比
568622	265979	302643	13.7%

二类口岸

【容奇港】 容奇港建于1987年。地处顺德市的南部，德胜河北岸，水路距香港63海里，深圳48海里，105国道从港口边经过，地理条件优越，水陆交通枢纽畅通。容奇港岸线长638米，占地112800平方米。泊位10个，最大停泊能力2000吨级船，拥有进出口及内外贸仓库6座，建筑面积10000平方米。港口一线吊机11台，正面吊机6台，叉车20台，吸车6台，拖头46台。设计年吞吐能力达300万吨，集装箱80万标箱。港口内设有视频监控装置、电子显示荧屏、电子地磅、电子闸口等先进的通关配套设施，使查验单位监管更有效，显著提高了通关效率。

港口内各查验单位均设立办事机构，另有多家船务公司在港口开设办事处，为企业提供优质的服务。

港口内设有港澳货运车辆检查场，车位 30个。可办理货物陆路进出口香港、澳门的通关手续和中转各口岸的转关手续。使码头、车场资源共享，水陆运输优势互补，货物通关更快捷。

2001年，容奇港各查验单位团结协作，把关服务，坚持每天查验时间从早8：00时至晚12：00时。经营单位积极配合查验单位通关制度改革的要求，在查验台、闸口安装了闭路电视监控设备；为适应经济发展形势的需要，对码头进行扩建，增加岸线120米；为了提高工作效率，经营单位自行开发电脑管理系统，实行资源共享；充分利用港口资源，开拓内贸、内河货运市场业务；与国内外多家船公司合作，开辟了香港，东南亚，欧美等世界各地航线业务，促进容奇港货运业务的发展。

容奇港进出口货运量统计表

货运量（吨）	进口	出口	集装箱（标箱）	进口	出口
1133232	535051	598181	109418	31958	77460

【北窖港】 北窖港地处顺德市北部的北窖镇。位于北江顺德水道北岸，水路距香港72海里，陆路北距广州20公里，南距珠海100公里，西距佛山15公里，东距番禺南沙30公里。105国道从港口旁边经过，由三乐公路连接105和325国道，水陆交通十分便利。港口岸线长380米，港区面积13万平方米，其中集装箱堆场8万平方米，散货堆场1.5万平方米，仓库总面积8000万平方米。目前拥有40吨以上岸边吊机3台，10吨岸边吊机3台，45吨集装箱正面吊机2台，2–25吨各类起重叉车10多台，大型拖车队以及相应的港口设施。设计年吞吐能力150万吨、30万只标准集装箱。

港口内设有视频监控装置、电子显示荧屏、电子地磅、电子闸口等先进的通关配套设施，使查验单位监管更有效，大大地提高了通关效率。

各查验单位均在港口内设立办事机构，国内外有多家船务公司在港口开设办事处，为企业提供优质的服务。

港区内设有港澳货运车辆查验场，车位54个，可办理货物陆路进出口港、澳的通关手续和中转各口岸的转关手续，使码头、车场资源共享，水陆运输优势互补，货物通关更快捷。

北窖港2001年进出口货运量统计表

货运量（吨）	进口	出口	集装箱（标箱）	进口	出口
653463	289341	364122	70286	31505	35181

海南省

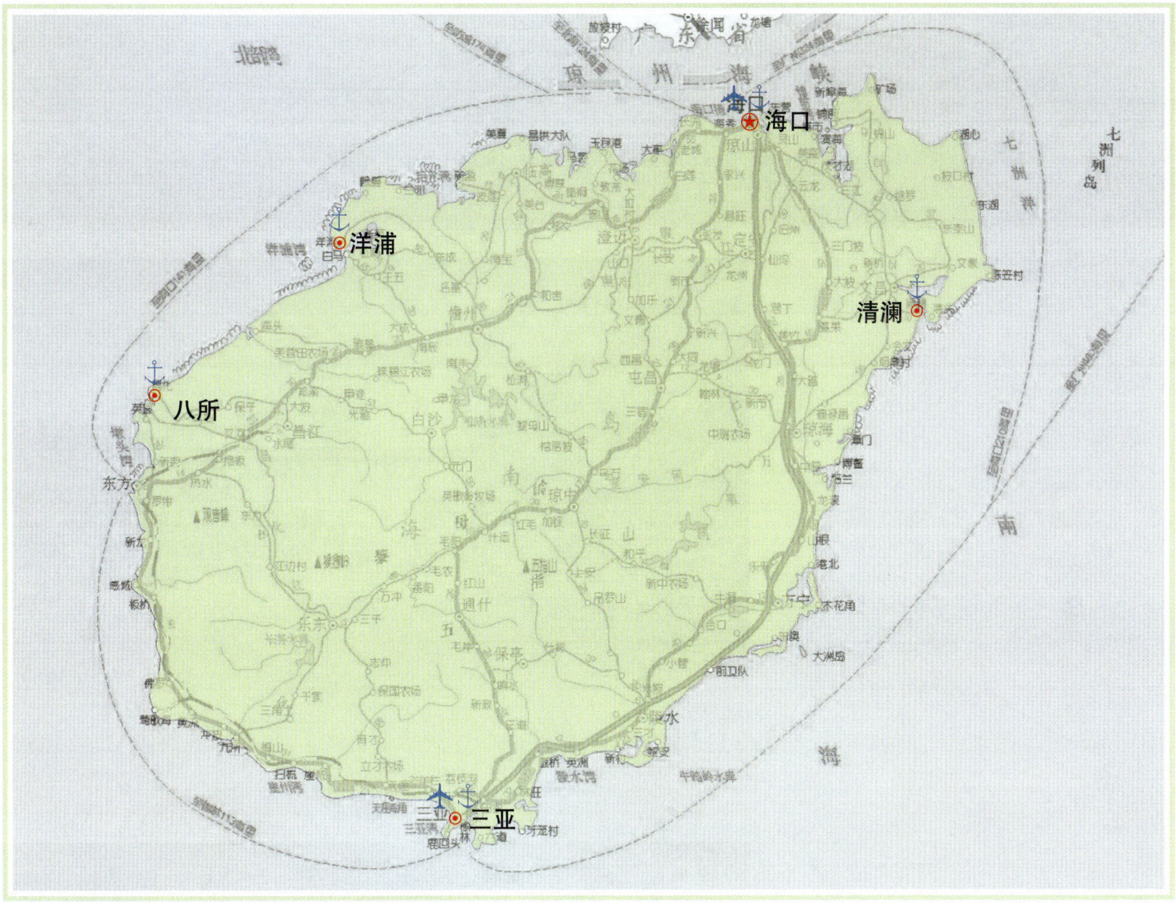

图　　例

⊛	省级行政中心		铁路口岸		公路口岸
⊙	口岸城市		航空口岸	⚓	海(河)运口岸

海口美兰机场

海南洋浦港

海南海事局

海南口岸工作综述

【口岸建设】 海南省是我国最年轻的省份，行政区域包括海南岛和西沙群岛、南沙群岛、中沙群岛的岛礁及其海域。其中海南岛为我国第二大岛，总面积3.4万平方公里，环岛海岸线长1528公里，有大小港湾68个，周围－5米至－10米的等深地区达2330.6平方公里，相当于陆地面积的6.8%，有充分的空间可供建设港口和开辟航道。海南对外开放的历史悠久，早在南宋时期海南岛上就有渡海埠头，元朝时期海口港成为海南的客商往来和货物集散地，清朝咸丰八年(1858年)，海口港被辟为"对外通商口岸"。从解放后到海南建省前，经国务院批准陆续开放了海口港(1957年)、八所港（1958年）、三亚港（1984年）及海口大英山机场（1985年）。广东省人民政府批准海口新港（1982年）、陵水新村港（1984年）琼海潭门港（1987年）为二类口岸。海南建省后，为了加快海南经济特区对外开放和开发建设的步伐，省委、省政府把口岸建设作为"打基础"战略的重要环节来抓，加快口岸建设速度。扩建改造了海口港、八所港、海口大英山机场（现叫海口美兰机场，海口大英山机场，1985年2月经国务院批准为限我国飞机进出。1999年5月退航，海口大英山机场关闭）及海口新港，并新建和开放了洋浦港口岸（1990年5月）、清澜港口岸（1990年5月）、三亚航空口岸（1994年11月）等3个一类海空口岸。截至年底，海南省共有7个一类口岸（其中2个航空口岸、5个海港口岸）和4个二类口岸。航空口岸旅客总吞吐量为650万人次，货运吞吐量为30万吨／年，共开辟国际航线14条；海港口岸码头泊位总吞吐能力1064万吨／年，国内航线与国内各港口相连，国际航线通往几十个国家和地区。口岸分布在海南省东西南北四周，布局比较合理，客货运俱全。口岸查验、服务机构完备，口岸进出环境大大改善。

【口岸管理】 海南建省以来，为了加强口岸综合管理，提高口岸工作效率，积极推进口岸改革，规范口岸综合管理，取得较好成绩。1988年至1991年先后制定了《海南省进出口货物装卸点管理规定》、《海口机场航空口岸管理暂行规定》、《关于加强疏港工作的若干规定》、《国家海港口岸管理暂行办法》等规章。1994年省政府发出《关于进一步改进口岸管理工作的通知》，率先对口岸查验工作进行改革。1997年4月，海南省人大常委会颁布了《海南经济特区口岸管理条例》，这是全省第一个口岸管理的地方性法规，《条例》的颁布和实施标志着口岸综合管理工作在法制化、规范化建设上又迈上一个新的台阶。近几年来，国家口岸改革力度较大，各项改革措施在海南都得到了较好的落实，如"三检合一"已经完成，边检职业化试点已经实行，海关推行"电子口岸"的试点工作也正在有序地展开，在旅客检查、船舶检查、飞机检查、货物查验放行等方面的改革措施，也得到较好地贯彻落实。

1988年海南建省时，海南省政府设立口岸管理委员会（正厅级）负责口岸综合管理工作。1993年，海南省口岸管理委员会更名为海南省人民政府口岸管理办公室（正厅级）。2000年，更名为海南省口岸管理办公室（副厅级），并入海南省对外贸易经济合作厅为其内设机构。

【口岸经济综合管理】 全年空港口岸出入境飞机3272架次，比上年同期3788架次减少13.6%，旅客316873人次，比上年34.7万人次减少8.7%；从海港出入境船舶1970艘次，比上年1911艘次增长3.1%，旅客353849人次，比上年10.9万人次增长224.6%。出入境货物96.6万吨，比上年88.3万吨增长9.4%。口岸建设。一是认真做好海口港口岸扩大对外开放水域的准备工作。按照谁投资谁收益的原则，多渠道筹措口岸查验基础设施的建设资金，约1300多万元，保证了口岸查验基础设施建设的顺利进行。向国务院、国家有关部门报批的各项准备工作也基本就绪。海口港口岸扩大对外开放水域后，与其相邻的马村港和海口新港将对外籍船舶开放，实现"一港多区"对外开放的格局。二是认真抓好海口美兰机场对外籍飞机开放的准备工作，多渠道筹措资金1400万元，用于该机场口岸查验基础设施的建设，项目立项已批准，拟在2002年底完工。 积极贯彻《国务院办公厅关于进一步提高口岸工作效率的通知》精神。9月，国务院办公厅《关于进一步提高口岸工作效率的通知》下达后，省政府领导在《通知》上做了批示，省口岸办结合口岸的实际，向省政府上报了《关于贯彻落实国务院办公厅关于进一步提高口岸工作效率的通知》的意见，并把《通知》精神传达到有一类口岸的市县和开发区，及海口地区的口岸有关单位。全省口岸认真学习，研究改进工作的措施，增强了进一步提高口岸工作效率的使命感和责任感。 完成“海岛行动”的口岸工作任务。在“海岛行动”——即美EP—3侦察机在陵水机场的拆运和在三亚凤凰机场美湾流G—IV救护机的查验工作中，维护了国家主权和尊严。口岸查验单位查验运输机进出10架次，人员131人次，大小包装货物100多件，办理落地签证13人次，较好地完成了任务，受到省政府和外交部的好评。 服务重大外事活动。随着海南对外开放和经济的发展，来琼举办国际性会议或来琼访问的各国政要不断增加。1月的“全球化论坛”、2月的“博鳌亚洲论坛”、6月的“东盟高官磋商会”以及11月的“亚太合作论坛暨地方政府国际联盟亚太区执委会”等重要国际性会议，有来自尼泊尔、日本、澳大利亚、韩国、印度、法国、英国、美国、菲律宾、越南、斐济等国的政府高官，加上来琼访问视察的各国贵宾要客共2000多人次。口岸单位按照省委、省政府的要求，文明服务，认真做好礼遇查验工作，保证了这些重要外事活动的顺利进行，对外树立了海南经济特区的文明形象。 做好外籍旅游船舶的查验和服务工作。一是抓好超豪华邮轮“狮子星”号航行香港——马村港、香港——三亚港的口岸查验工作，简化通关手续，加快放行速度，两航线航行82次，游客入境78683人次。二是积极扶持海口——越南旅游航线。协调有关部门做好服务工作，确保了该航线正常、有序、安全地运营。一年来该航线航行86航次，出境游客11732人次。(翁秀琼　王家湘　周宗旭　吴义耀　王　伟　吴艺芬)

2001年全省口岸进出货物量表

项目/口岸	进口		出口		进出口合计	
	货物(万吨)	同比增减	货物(万吨)	同比增减	货物(万吨	同比增减
海口港	29.9	26.69%	22	10.55%	51.9	19.30%
八所港	4.1	78.26%	26.3	1.54%	30.5	8.10%
三亚港	0	0	2.5	0	2.5	0
洋浦港	4.9	32.43%	4.5	40%	9.4	−15.30%
清澜港	2.8	6.67%	0	0	2.8	−7%
海口美兰机场	0	0	0	0	0	0
三亚凤凰机场	0	0	0	0	0	0
合计	41.7	27.91%	55.3	−0.90%	97.1	9.50%

2001年全省口岸出入境旅客表

项目/口岸	入境		出境		合计	
	人次	同比增减	人次	同比增减	人次	同比增减
海口港	13939	1233%	14097	1254%	28036	1243%
八所港	0		0		0	
三亚港	15	−54.60%	15	−54.60%	30	−54.60%
清澜港	0	0	0	0	0	0
洋浦港	0	0	0	0	0	0
海口美兰机场	93910	−12.90%	88373	−7.40%	182283	−10.30%
三亚凤凰机场	78854	−0.50%	86445	−5.60%	165299	−3.25%
合计	186718	−8.60%	188930	9.90%	375648	−0.15%

全省口岸历年进出口业务情况表

时间	1996	1997	1998	1999	2000	2001
货运(万吨)	264.7	190.3	139.5	69.4	88.3	96.8
通关人数（人次）	424346	463059	407519	470497	780544	794384
交通工具（架艘）	3,563	4,615	4,258	4,598	6,238	5,918

海南口岸查验单位工作综述

海口海关

【综述】 年内，受理进出口货物报关单1.78万张，比上年增长11.8%，其中进口报关单11004张，增长17.6%，出口报关单6760张，增长3.5%。监管进出口货物418.4万吨，增长11.4%，其中进口134.2万吨，增长52.5%，出口284.2万吨，减少1.18%。进出口货物总值13.1亿美元，增长65.1%，其中进口8.5亿美元，增长143.8%，出口4.6亿美元，增长3.5%。监管进出境运输工具6931艘（架）次，减少0.9%，其中国际航行船舶2379艘次，增长4.5%，来往港澳小型船舶880艘次，增长15.3%，进出境飞机3627架次，减少7.6%。监管出入境人员83.97万人次，增长3.7%，其中出入境旅客55.9万人次，减少1.5%，出入境运输工具服务人员28万人次，增长16%。监管进出口邮递物品8.36万件，增长1.1%，其中包裹10184件，增长226%，印刷品4.7万件，减少14.2%，快递物品1.95万件，增长5.5%，查获反动、黄色书刊及音像制品3728件，减少15.3%。

【征收关税】 年内，征收税款9.78亿元，完成年度税收任务（5亿元）的195.6 %。比上年减少21.56%，其中关税3.83亿元，减少25.40%，进口环节税（增值税、消费税）5.95亿元，减少19.33%。按海南特区进出口税收优惠政策办理减免税2.3亿元，减少18.38%，其中减免关税1.28亿元，减少6.91%，减免进口环节税1.02亿元，减少29.32%。

年内全面加强税收征管，坚持依法治税，综合治税，堵塞漏洞，做到应收尽收。根据新的通关管理模式的要求，充分发挥关税、通关等部门的职能作用，建立健全了审价、减免税审批、税收征管等工作制度，认真做好归类、审价、加工贸易核销、稽查等工作，并运用信息化管理手段如价格资料管理、税收分析监控等系统，不断提高税收征管效能。提前4个月完成全年的税收任务。通过核销征补税款1937万元。

【海关监管】 年内，海关监管以通关改革为重点，成功完成了H883/EDI5.1系统的移植开发和切换工作，制定了19个与通关作业改革相配套的规章制度和业务操作规程，完成了审单作业系统、物流监控系统和新的职能管理系统的建设，初步形成了规范、统一、严密、高效的通关管理模式。为提高通关效率，还针对报关单流转速度一度缓慢的状况，组织专门小组开展了报关单流转情况解剖、分析、评估工作，对可能影响报关单流转速度的各种因素进行了解和调查，推出了8项提高通关速度的措施，比如改变逐单细审细核的做法、建立预录入环节的“预审”制度、每周开展通关动态分析等。审单工作通过运用风险分析，提高专业审单的针对性和有效性；实行审单时效责任制，要求做到“上午的单上午清，下午的单不过夜”，大大加快了审单速度，审单时间由原来的平均1.03天缩短为0.58天。充分利用现有的技术设备（如电子地磅）提高查验质量，减少开箱率，降低查验率（由原来的46%降为现在的20%），加速了货物的流转，进出口货物的通关时间缩短了将近一半。

【口岸进出口】 年内，海南口岸进出口大幅度增长，这是自1995年以来海南口岸进出口逐年下降后出现的回升。全年进出口货物总值13.1亿美元，增长65.1%，其中进口8.5亿美元，增长143.8%，出口4.6亿美元，增长3.5%。主要特点：一是一般贸易进出口增长，加工贸易进出口全面下降。一般贸易进出口7.27亿美 元，增长26.2%。加工贸易进出口1.41亿美元，下降 14.0%。二是外商投资企业进口的设备物品、边境小额贸易、租赁贸易进口大幅增长，保税仓库进境货物明显减少。外商投资企业进口设备物品5008万美元，增长1.18倍；边境小额贸易进口2533万美元，增长1倍，主要商品为混合植物油、椰子及其产品、木薯淀粉、无烟煤；租赁贸易进口3.47亿美元，进口商品全部是飞机，而上年该贸易方式项下无进口记录；保税仓库进境货物1033万美元，下降35.6%。三是与各主要出口市场的贸易均有增长。出口香港2.50亿美元，增长0.4%；出口日本6984万美元，增长27.2%；出口美国4281万美元，增长3.9%；出口韩国2876万美元，增长40%。

【查缉走私】 年内，海关侦查部门和调查部门根据“依法分工、联合办案”的要求，切实履行打私职责，始终保持打击走私犯罪的高压态势。全年共查获走私违规案件129宗，案值8709万元，罚没收入3101万元，查获反动、淫秽物品3728件。 海关侦查部门以查缉走私大要案作为突破口，重拳出击，有力震撼了走私分子。全年共受案42宗，立案 16宗，案值9939万元，涉案税款5905万元。抓获犯罪嫌疑人89人，刑拘78人，执行逮捕62人，移送起诉43人。案件的刑拘转捕率为82 %，批捕率为98.5%。成功破获了7宗案值500万元以上的特大涉税走私案件．海关调查部门充分发挥海上缉私以及稽查工作的优势，严厉查处海上、进出口贸易渠道的走私违规活动，涉案的货物和物品主要为香烟、柴油、汽车、摩托车配件、货币、淫秽物品等，其中套牌走私小轿车62辆，案值约1396万元。

【先进人物】 李向明同志生于1964年，中共党员，1986年中国刑警学院毕业，接着考入中国人民大学法学院，1989年获物证技术学硕士研究生学位。1999年海口海关走私犯罪侦查分局成立时，李向明同志作为海南公安战线的优秀人员调入海口海关侦查分局，先后任侦查处副处长、处长。在两年多的打击走私犯罪斗争中，他成功地组织指挥和参与侦破了18起走私案件，其中重、特大走私犯罪案件11起，总案值达3.43亿多元。先后两次被海口海关侦查分局记个人三等功；被评为海口海关优秀共产党员和先进工作者；被授予“第三届海南省十大杰出青年卫士”和“全国优秀人民警察”荣誉称号，被评为全国海关优秀共产党员和海南省优秀共产党员，并荣获“海南‘五四’青年奖章”。

海南省公安边防总队

全年共检查出入境人员380115人次，其中旅客251356人次、服务员工128759人次，与上年相比分别减少5%、8%和增加2%；检查出入境交通运输工具2718架（艘）次，其中飞机1854架次、船舶864艘次，分别减少6.8%、13%和增加7%；查获偷引渡案件7起13人次，处理违规50人次。

【提高人员素质】 大力开展培训。总队各级边检部门按照公安部的《边防检查培训制度》的要求，层层制定了全年的《培训工作计划》，针对不同阶层、不同对象、不同时段开展形式多样的培训。一是总队举办了一期法律暨边检业务培训班，邀请海南大学和廊坊武警学院教授就行政法系列和出入境“两法”及“边检条例”对一线检查员和业务参谋进行培训。二是各边检站采取利用自身师资和外聘请教师相结合的办法，自行组织培训。年内，各站举办业务培训班10期，培训内容涉及业务、英语和计算机知识等多方面，检查员的培训率达到了100%。 加强交流学习。总队组织各站参加了加拿大驻广州领事馆人员关于护照鉴别的讲学；凤凰站组织科领导和业务参谋到广州、青岛、上海等大口岸参观学习；三亚站派员参观了香港、澳门等地出境入境管理模式。

【提高检查工作质量】 围绕敏感时期、敏感事件、重点事件开展工作。在中美撞机事件后，美国飞机“湾流四号”装运、医务、维修人员出入境以及“博鳌亚洲论坛”年会召开，外国政要赴会等时期，总队成立了专门工作组，制定了周密方案，采取了有效措施，并加强现场指导，为撞机事件妥善解决和博鳌亚洲论坛会议顺利召开作出了贡献。“9 · 11”事件发生后，总队认真贯彻上级的批示精神，要求各边检站适时调整对出入境人员检查的重点，加强对查控工作的组织和领导，受到了公安部有关领导的好评。“21国免签入境海南旅游15天”政策出台后，总队积极协商省公安厅、外事办、旅游局等有关单位，制定了一系列实施细则，确保此项政策落到实处，得到了省委省政府的充分肯定。 着重解决难点问题。东方八所、洋浦地区的对越南边贸活动，三亚、清澜地区的鱼苗出口是海南创汇的重要的经济项目，但从事此类活动运输的船舶小、船员少、航期不定，给管理工作带来了不便。这也是近几年始终没有形成一套完善管理模式的老大难问题。为此，总队研究、制定了《对越边贸船舶管理暂行规定》，《关于对外籍渔苗船进入二类口岸管理的通知》，规范了管理。

【做好服务工作】 正确处理“把关与服务”的关系。为方便货主、船主，各海港站采取了24小时检查验证制度、一次性办妥手续或第二次检查开具回执制度、每验放一名旅客不超过45秒、现场处理一个问题不超过半小时等制度。狠抓行为仪表和工作姿态。要求检查员做到“三神”、“四心”，即对出入境人员眼神尊重、脸神和蔼、精神振奋；解答问题耐心、查验证件细心、服务热心、让旅客出入境放心，有效地避免与旅客争吵现象的发生。全年各站没有发生被出入境人员投诉的现象。各单位积极开展警务和廉政措施公开活动，在港区、办公场所悬挂或张贴各种公约，邀请二、三名社会监督员，将执法工作置于社会的监督下。

【加大基层建设投入】 共为基层下拨40多万元专项经费和电脑20部、打印机8台、过塑机6台、投影仪1台、紫光灯20部，缓解了检查装备不足的状况。三亚边检站共投入近百万元进行规范化建设，业务上建立了业务阅览室、查控室、电脑室、档案室、办证室。凤凰边检站拓宽了检查现场，改造了检查台。八所边检站全部更新了办公桌椅。洋浦边检站建立起办证室和码头执勤岗亭。各边检站检查手段落后，检查设备科技含量低的问题正逐步得以解决。

海口出入境边防检查总站

海口出入境边防检查总站负责海口港口岸、海口航空口岸的出入境检查工作。全年共检查出入境人员413062人次，比上年增加13.9%；检查出入境交通运输工具3232艘（架）次，其中，飞机1675架次，减少8.7%，船舶1557艘次，增加21.2%；查获偷渡分子66人次，查处违反出入境管理法律法规人员194人次。年内，未发生职务性违法违纪案件和执勤事故，无引发行政复议。

【完成“博鳌亚洲论坛”大会边检工作】 会议期间，总站和直属队领导靠前指挥，圆满完成了25个亚洲国家和澳大利亚等国领导、前政要和其他400多名代表的出入境检查任务。

【完成“中美撞机事件”边检工作】【提高口岸控制能力】 进一步加大反偷引渡工作力度，及时有力地打击和查处了一批违反出入境管理法规的案件。全年共查获偷渡案件16起66人，组织、协助他人偷渡人员4人。

【简化查验手续】 业务部门经多方考察和研究论证，自主设计了大型邮轮旅客电子名单预检系统软件，在海口站投入使用后，工作效率成倍提高。直属业务队研究制定并启用《非控库管理实施办法》，避免了非控旅客与在控对象因同名同姓受阻的问题。在联检现场实行“首问责任制”，进一步强化了民警文明用语、热情服务的自觉性。海口站办证窗口实行24小时服务的同时，将标准提高到“一次办妥”原则，极大地方便了船方和外代等生产作业单位办证和开展工作。

【改善服务态度】 先后主动参与了修订《海南省对来琼外国旅游团实行15天免办签证管理办法》；协助有关部门，批准开通了海口至越南海上旅游航线、海口至香港旅游航线。海口站、直属业务队还在联检现场提供了多种便利通关举措。批准56艘次国际运输船舶就近靠岸装卸货物，为779艘次前往港澳和边贸小型船只提供上门服务，为296名重要宾客提供了特殊礼遇服务，使300多名病残旅客得到了特殊照顾。

【加大规范化建设】 进一步修改、完善了《海口机场口岸规范化执勤工作流程》，海口站制定了《旅游船旅客检查工作流程》、《出入境集装箱管理办法》等系列勤务工作制度。大力推行边检行政处罚程序规范化建设，纠正执法过程中的随意性。制订了《行政处罚程序实施细则》，明确规范了有关案件的审理、处罚、建档等程序。进一步推进监督制约工作规范化，在继续聘请社会监督员、公开警务、接受社会公开监督的同时，制订《防范出入境边防检查职务性违法违纪措施》，成立现场三级勤务督察小组，使内部监督机制进一步完善规范，形成了对职务性违法犯罪活动的高压态势。

【加强边检队伍建设】 继续把队伍建设摆在突出位置，以领导班子建设为重点，狠抓作风转变，努力提高民警整体素质和队伍规范化管理水平，坚持以提高民警素质带动出入境边检工作水平逐步提高，总站整体素质显示了实力，赢得了社会尊重。6月14日，总站代表队经过与省直81个厅局级单位角逐，取得海南省纪念建党80周年“宝岛杯”党在我心中读书竞赛第1名。6月30日，总站组织150人的合唱队，获得海南省“颂歌献给党”歌咏比赛1等奖。

【提高综合保障能力】 集中经费400多万元改善执勤技术装备，完成了DDN边防检查信息管理系统的升级更新工作，建立了海口港现场监控系统，安装了总站、海口站“人事信息管理系统”网络，为执勤一线现场增配了一批新型电脑，港口、机场口岸业务检查队均配置了一批高性能便携式计算机、数码相机、台式对讲机，直属调研队还专门配备了扫描仪、数码相机、数码录音笔等先进设备。检查、监护、鉴伪、现场控制、情报调研等项业务工作的方式方法和操作手段的智能化水平进一步提高，在完成系列重大执勤工作中，高科技装备发挥了重要作用。

海南出入境检验检疫局

【概述】 全年共完成出入境货物检验检疫12949批，货物金额达56923万美元，分别比上年度增加13%和11%。其中完成出境货物检验检疫4876批，货值17430万美元，批次和货值分别增加32%和29%；完成入境货物检验检疫8076批，货值39493万美元，批次和货值分别增加5%和4%。

【进出口商品检验】 年内进出口商品检验12864批，商品货值55482万美元，批次和货值分别增加54%和35%。经检验把住不合格或不符合合同规定要求的进出口商品84批，货值2284万美元，分别占全年进出口商品检验的1%和4%，批次合格率下降0.9个百分点，货值合格率上升0.3个百分点。 进口商品检验8007批，货值38050万美元，批次和货值增加86%和85%。经检验把住不合格或不符合合同规定要求的进口商品有79批，货值为2183万美元，不合格批次下降1.2个百分点，货值下降3.83个百分点。对不合格的进口商品，均及时出具检验证书，并督促有关部门向外商索赔。据不完全统计，年内外商已赔回283万美元。 出口商品检验4857批，货值17432万美元，批次增加49%，货值减少5%。经检验把住不合格商品5批，货值81万美元。对不合格的出境商品责成有关部门重新加工、整理，经复验合格后才放行出口。

【进出口商品鉴定业务】 全年共完成衡器计重41批/10.36万吨，容量计重57批/10.34万吨，水尺计重35批/39.6万吨。出口木片检验10批/12.84万吨，进口原木检验157批/8.11万立方米，包装性能检验437批/186.14万件。完成进出口集装箱鉴定31932个标准箱，其中进口集装箱鉴定15656个标准箱，出口集装箱鉴定16276个标准箱。完成涉外财产鉴定1475批/4011.17万美元，经鉴定发现高价低报的有18批/36.5万美元，平均升值率为27.2%，为海关合理征税提供依据。

【产地签证】 全年共签发产地证3609份，签订金额11029万美元。其中一般产地证签证795份，签证金额3495万美元；普惠制签证2814份，签证金额7534万美元，为海南出口商品获得进口国减免关税753.4万美元。

【流通领域进口商品抽查】 与省、市工商行政部门对流通领域的进口商品进行3次抽查活动，严厉打击假冒伪劣行为，维护消费者的合法权利。一是开展冷冻肉品库的监督检查，共查出来自疫区的不合格产品668箱/3946千克。二是开展进口汽车配件监督检查，发现没有加施CCIB安全认证标志的进口汽车玻璃76块，占抽查的96%；没有加施CCIB标志的进口汽车轮胎993条，占抽查的100%。三是开展进口服装检查。

【评审认证】 年内海南评审中心完成5家企业ISO9000质量管理体系认证审核、1家企业ISO14000质量管理体系认证审核、13家企业的监督审核和7家企业的复查换证工作，2名ISO9000内审员教师、1名ISO14000内审员教师、1名产品认证业务代表获得注册。海南亚太酿酒公司通过中国进出口质量认证中心和通标标准技术服务有限公司的联合评审，获得CQC和SGS共同颁发的ISC14001环境管理体系证书，成为我国首家获得国内国际同时认证的啤酒厂。至年底，海南省共有38家企业分别获得ISO9000、ISO14000系列质量体系评审认证证书。

年内，有10家食品加工厂（库）分别获得卫生检疫注册证书和登记证书，4家进出境集装箱场站通过考核登记，获得认证证书。至年底，海南省共有32家企业获得出口食品卫生注册证书和卫生登记证书。

【出入境动植物检疫】 全年检疫的出入境动植物及其产品共2512批次，货值11106万美元，批次和货值分别减少38%和57%。 检疫出入境动物及其产品1186批次，货值6561万美元。其中检疫出境动物及产品1115批，货值达6365万美元；入境动物产品71批，货值208万美元。在检疫中发现有2批入境动物呈沙氏菌阳性。 检疫出入境植物及其产品1326批次，货值4545万美元。其中检疫入境植物及产品579批，货值1840万美元；出境植物及产品747批，货值2705万美元。在检疫中共截获有害生物445批/56种，其中截获一类危险性害虫3批/1种、二类危险性害虫36批/6种、三类危险性害虫24批/2种。截获有害生物种类和批次在全国检验检疫系统分别居第3位和第4位，被国家质检总局列为年度植检工作成绩突出的单位，在全国出入境检验检疫系统工作会议上作经验交流。年内海南口岸出入境植物及产品检疫有3个特点：一是批量少，但有害生物检出率高。全年检疫进境植物464批，检出有害生物就有126批，检出率高达27%；二是对入境船舶的检疫取得历史性突破，首次在进境船舶生活仓内检出二类危险性害虫—大家蚂蚁，连续3次在外籍货船的自用食品内检出一类危险性害虫—菜虫象；三是首次在进境货物包装中检出号称“松材超级癌病”的二类危险性病虫害—松材线虫。

【实蝇监测】 年内在海南省设立1933个实蝇监测点，共数量仅次广东和深圳，居全国第3位。在上年的基础上，继续对1933个监测点实施监测，共诱捕实蝇样本19种/63000多只，有些实蝇种类是海南至今没有发现的。通过监测，初步掌握海南实蝇的种类和主要分布区域，为海南农业部门防治病虫害提供依据。

【出入境卫生检疫】 全年检疫进出境飞机3646架次，减少5%；检疫进出境船舶2350艘，增加18%；检疫进出境集装箱31932个标准箱，增加269%；实施出入境人员监测体检3728人，减少21%，共检出各种传染病316例，其中艾滋病（HIV）病毒感染者2例、梅毒17例、肺结核4例、传染性肝炎24例、乙肝表面抗原（HbsAg）阳性269例。

【执法监督】 在执法监督中共查处违规违法案件150多起，其中对16起具有严重违法行为且产生不良影响或可能引起严重后果的案件作出处理，对15起有违法行为但后果不严重的案件给予警告或行政处罚处分，对其他具有轻微违法行为的案件给予批评教育。(陈明梓)

海南海事局

【概述】 年内，海南海事局紧紧围绕水上交通安全中心工作，深入开展"水上运输安全管理年"活动，维护了海南辖区的水上交通安全，取得了良好的社会效果。全局共办理船舶进出港签证64839艘次，办理国际航线船舶进出口岸查验2619艘次，开展船舶安全检查823艘次；针对琼州海峡客滚船安检143艘次，纠正、整改缺陷1124项，滞留船舶19艘次；进行PSC检查27艘次，滞留3艘次；检查越南边贸船舶245艘次，滞留4艘次。审批监装监卸危险品船舶1532艘次，货物154万吨；审批船舶明火作业994艘次，对违章船舶进行行政处罚323宗；审批外轮通过琼州海峡申请1902宗；发布航行通（警）告106份，审批水工作业23项。组织各类船员培训206期，计6879人次，签发培训合格证书5360本；举行区域统考6期472人次；签发船员适任证书541本，海员证409本，船员服务簿314本；签发船舶证书744本。 年内共组织海上搜救36次，协调各类船舶参加救助65艘次，飞机5架次，救助人命1766人，救助遇险船舶63艘。

【海事法规】 积极协助有关部门拟订了《琼州海峡客滚船监督管理规范》、《海南省琼州海峡通航水域管理规定》等地方性法规，并在《海南海事局具体行政行为实施程序》（试行）的基础上，又增补了25个具体行政行为实施程序。

【安全保障系统】 成功地改造DSC/VHF系统，使DSC/VHF通信覆盖范围显著扩大；改造了金牌港后水湾锚地VHF通信设备，完成搜救中心搜救专用短波SSB通信设备的安装和开通，大大改善了辖区船岸之间的通信效果。一年来，全局通信部门共完成无线电话5409次计12416分钟；有线电话78070次计270710分钟；接收遇险报警9次。通信差错率为零，没有发生任何通信责任事故，各项通信质量均达标准。 完成了西帽洲灯桩、后海灯桩、观音角灯桩和铜鼓咀灯塔、大洲岛灯塔等5座灯塔（桩）的灯器改造和琼州海峡中水道助航标志的调整布设工作，并借助白沙门、玉包角雷达塔塔体，增设了2座二级灯塔，大大提高了海南沿海航标的助航效能。辖区航标各项指标均超部颁标准。 认真开展巡航工作，在辖区海域共巡航52艘次，港区巡航1800艘次，累计巡航时间7720小时，巡航航程21640海里，出动人员9642人次，其中监督人员3718人次，其他人员5923人次。 交管系统对外试运行良好。自7月28日琼州海峡船舶交通管理系统对外试运行以来，跟踪监视船舶动态8268艘，提供信息服务168次，助航服务36艘次，纠正船舶违章16次。交管中心认真做好设备的使用保养工作，使系统可用率达99%，设备完好等级为一级。同时，大胆改造洋设备，把单一功能的大屏幕改造成具有综合性的多媒体演示功能，为局搜救工作提供多方面服务。

【光荣榜】 2001年2月，海南海事局被评为“1996—2000年度全国交通系统交通战备工作先进单位”。2001年5月，海南海事局海口话台被交通部、共青团中央授予1999—2000年度“全国青年文明号”光荣称号。2001年12月，在中国海员工会全国委员会、交通部交通安全委员会组织的争创“安全航线”竞赛活动中，海南海事局被授予“优秀组织奖”。

【先进人物】 何子春同志，现任海口海事局副局长，在海事执法岗位上工作的17年里，从基层监督站的监督员到副站长、站长、副局长，先后连续两年获得“全国直属海事系统先进个人”和“海南海事局执法标兵”等荣誉称号。

海南口岸概况

一类口岸

【海口港口岸】 1957年，国务院批准海口港对外籍船舶开放。海口港位于海南岛北部，北纬20°01′24″，东经110°16′27″，面临琼州海峡，背倚秀英区。北与广东省的雷州半岛隔海相望，扼北部湾和南海的交通要道。海口港在南宋时是个渡海埠头，元朝时是客商来往和货物集散的中心，清朝签订“天津条约”后被辟为“对外通商口岸”。1934年建立了一座100吨级桥码头，1939年建秀英港。从此与广州、湛江、香港、新加坡等港口进行客货不定期通航。解放初期恢复修建。现有生产用泊位15个，拥有生产库场15.5万平方米；各类船舶20艘；专用港口机械170台，港口泊位年通过能力为224万吨，集团资产总额11亿元。开辟了海口——海安、湛江、蛇口、广州、北海五条轮渡滚装航线。1982年11月18日与香港正式通航客轮，现在已同20多个国家和地区有通商往来，国际货运航线30多条，国际客运航线有海口至香港、越南。年内全港货物吞吐量888.1万吨，旅客进出港人数为205.4万人次，集装箱完成7.59万个标箱。

海口港口岸历年进出口业务情况

年份	货运量(万吨)	同比增减	船舶(艘次)	同比增减	旅客(人次)	同比增减
1996	533.8	15%	1491	−15.6%	389903	−26.1%
1997	485.9	−9.0%	1262	−15.3	377603	−3.1%
1998	470.3	−3.2%	1150	−8.9%	317300	−16%
1999	553.1	17.6%	960	−16.5%	339881	7.1%
2000	43.5	1.9%	1273	32.6%	380809	12%
2001	51.9	19.3%	1530	20.2%	413062	8.5%

【洋浦港口岸】 1990年，国务院国函〔1990〕30号文批准洋浦港对外开放。1991年12月11日，洋浦港正式对外宣布对外籍船舶开放。洋浦港位于海南省西北部洋浦经济开发区境内，地处八所港和海口港之间，地理坐标北纬19°44′，东经109°12′，西接洋浦鼻，北靠洋浦村，东邻白马井角，靠近琼州海峡西口。洋浦港于1986年开始建设，第一期工程建成投产，建有2个万吨级泊位码头和1个3000吨级工作码头，设计年通过能力100万吨。年内，洋浦港货物吞吐量60.2万吨，其中外贸货物9.3万吨，分别比上年增长31%和减少15%。洋浦港同时也是

国家指定对越边境贸易口岸。 洋浦口岸进出口货物，在经历了1997—2000年连续4年的滑坡后，本年度有了较大的增长，达到60.2万吨，比上年的45.8万吨增长31%，比1991年的16.5万吨增长264.8%。

洋浦口岸历年货物吞吐量（万吨）

年份	吞吐量	年份	吞吐量
1991	16.5	1997	49.4
1992	25.5	1998	43.8
1993	50.9	1999	42.4
1994	52.2	2000	45.8
1995	53.4	2001	60.2
1996	54.1		

【八所港口岸】 八所港位于南海北部湾东侧、海南岛西海岸中部，地处海南省东方市境内，地理位置为北纬19° 06′ 00″ 、东经108° 36′ 48″ 。东北距洋浦港72海里、海口港143海里、北海港152海里，西北距防城港202海里，东南距三亚港135海里，西隔北部湾距越南海防港140海里，是海南岛最早能靠泊万吨级轮船的深水港口。1958年9月9日经国务院批准为对外开放口岸，当时是我国唯一以输出铁矿石为主的专业性海港。港口交通十分便利，疏港公路连通岛里西环、中路、东环公路干线以及西线高速公路干线，铁路南至三亚，东至石碌，水路可与国内外港口通航，是海南西部地区水陆交通的枢纽 港口有6个万吨级泊位和2个千吨级泊位。八所港现开辟有国内航线36条，与24个港口10多个省市通航；开辟国外航线18条，与世界上17个国家和地区通航贸易。八所港同时也是国家指定对越边境贸易口岸。

八所海港口岸历年业务情况表

时间	1999	2000	2001
货物(万吨)	21	37	30
货值（万元)	11942	23099	45086
船舶(艘次)	270	351	467

【清澜港口岸】 清澜港位于海南岛东北部的文昌市境内，东经110° 49'，北纬19° 34'，是一个自然条件良好的港口。 新中国成立后，先后兴建了500吨级商业码头和2000吨级渔业码头。近年来，清澜港又新建了一个5000吨级泊位和两个500吨级泊位的商业码头，使港口由原来吞吐量20万吨提高到50万吨。经广东省人民政府批准，1981年11月，建立进出口货物装卸点。1990年，国务院国函 1990 30号文批准清澜港对外开放。1995年10月，正

式对外宣布清澜港对外籍船舶开放。清澜港有8条航线和各地港口沟通，北可达香港、广州、湛江、上海，南有定期客货轮航线到达永兴岛，是建设西、南、中沙群岛和开发南海石油资源的重要后方基地。主要出口货物有：金属矿石、农副产品、建材、非金属矿石。进口货物有：粮食、水泥、化肥、农药、日用百货等，每年出口龙虾、鲍鱼、石斑鱼、兰园参等海产品2800多担，为国家创汇近700万港元。

清澜港口岸进出口货物情况

年份	进出口量(吨)	货值(万美元)
1997	20185	486
1998	29503	755
1999	49910	1788
2000	29459	944
2001	19670	753

【三亚港口岸】 三亚港位于东经109° 29′ 58″，北纬18° 14′ 26″。经国务院国函字[1983]217号文批复，三亚港自1983年10月9日起开辟为对外开放口岸。三亚港形成于唐宋时期，远称临川港。于清朝末期改为三亚港。现码头总长5714米，其中：5000吨级泊位2个、3000吨位级泊位2个、1500吨级泊位1个、500吨级泊位2个。1984年7月2日三亚港口岸与香港客轮通航（首航）。此后开辟了三亚——香港、越南、荷兰、美国、日本、韩国、法国等12条国际航线。近三年来（1999——2001年），进出境船舶421艘次，进出口货物66802吨，天然气出口6818300吨，创汇64214万美元。三亚关区共为国家征收关税1099.53万元，增值税406.46万元。1992年经交通部批准开通三亚港口岸海上旅游航线主要有香港——三亚——越南。该航线由丽星邮轮香港有限公司使用亚洲最大、设备最先进的“狮子星”号豪华轮与三亚定期通航，据统计，2000年4月——2001年，随船前来三亚观光旅游的客人22万人次，“狮子星号”轮从三亚进出境共176航次。

三亚港口岸历年业务情况表

时间	1996	1997	1998	1999	2000	2001
货运量（吨）	125043	55345	66700	23549	21066	22700
客运量（人次）	1099	5057	8422	449	142010	86057
鱼苗出口(万尾)	81	274	487	216	440.3	736
天然气出口总值（万美元）	0	2760.6	11904	21378	20951	21885

【海口航空口岸】 海口美兰机场的前身叫海口大英山机场，1985年2月12日，经国务院口岸领导小组批准为对外开放口岸。1998年海口美兰机场开始建设，1999年5月通航，原海口大英山机场随之关闭。海口美兰机场位于海口市东南方的琼山市灵山境内，距海口市25公里。机场参考坐标为东经110° 26′ 27″，北纬19° 56′ 05″。是我国主要干线机场之一，是一座“园林式”机场，机场绿化率达85%。机场占地面积583公顷，飞行区等级按国际民航组

织制定的4E级标准修建，可满足波音747—400等大型飞机的起降要求，机场建设一期工程设计年客货吞吐量分别为600万人次和15万吨。候机楼面积62000平方米，跑道长3600米，配备世界先进水平的二类助航灯光系统，通讯导航设备二类仪表着陆系统，次降方面设一类仪表着陆系统，设置的多普勒气象自动观测系统，高低功能率距仪、多普勒全向信标等导航遥控系统达到了当今世界先进水平。高度为70.34米的航管指挥塔台是目前亚洲最高的机场指挥塔之一。 美兰机场于1999年5月25日正式通航，共开通航线80多条，其中地区航线2条、国际航线3条，与63个城市通航，其中国内城市56个，地区城市2个，国际城市3个。全年客运量为508万人次，飞机起降53786架次，货邮吞吐量为73612吨；其中出入境旅客182283人次，出入境飞机1673架次。

海口美兰机场历年出入境业务情况

	旅客（人次）	飞机（架次）
2001	182283	1673
2000	203203	2005
1999	222229	2028
1998	200112	1905
1997	211263	2041
1996	207715	1791

【三亚航空口岸】 国务院国函字[1994] 115号文批准，三亚凤凰国际机场自1994年11月起开辟为对外籍飞机开放空港口岸。 三亚凤凰国际机场位于东经109° 25′ 35″，北纬18° 17′ 59″ 的三亚市羊栏镇凤凰村。机场于1990年5月开建，1994年6月建成使用。机场面积约5平方公里，飞行区按4E级机场标准建设，跑道长3400米，宽60米，可满足起降波音747等大型客机，停机坪面积90000平方米，可同时停放9架飞机。机场的通讯、导航、气象、供油等27个系统的主要设备均具有国际先进水平。候机楼按国际航空港标准设计，第一期工程建筑面积18230平方米。现已开辟6条国际航线，先后与香港、澳门、泰国、马来西亚、日本、韩国等国家和地区包机通航。经统计，1999—2001年，三亚空港口岸进出境航班5062个，通关的外籍旅客449120人次。目前，比较稳定的国际航线是三亚—香港（每周5航次），三亚—汉城（每周3航次）。 机场已开通国内航线31条，据统计：1999年—2001年总飞行34672航次，运送旅客1693129人次，货运22515.8吨。

三亚航空口岸历年出入境航班客流量表

时间	1995	1996	1997	1998	1999	2000	2001
航班（架次）	18	243	710	645	1077	2081	1904
客流（人次）	1865	19182	65797	62351	110251	172690	166179

二类口岸

【海口新港口岸】 早在南宋时，白沙门渔村已是热闹的出海口，元朝时海口浦建成，海口便成为岛内外物资交流的主要集散地。1953年在海口市椰子园东侧（现长堤路西侧）建设90米长驳船码头，成立海口作业站（属海口港务局管辖），1960年港航分开后归海南航运局管理，改称海口港务所，1973年在现滨海医院后面灯塔附近扩建海口新港，1975年12月成立海口新港港务管理局，1976年部分建成投产，1980年全部投产，1982年10月经广东省人民政府批准设立进出口货物（港澳）装卸点（二类口岸），现正等待验收列入海口港水域扩大开放的口岸之一（一类口岸）。海口新港位于海口市区，现有码头岸线长755米，16个泊位，港口通过能力：货运100万吨，客运500万人次，车渡35万辆次，集装箱10万标箱。

海口新港建港以来业务状况表

时间	吞吐量（吨）	装卸量（吨）	外贸（吨）	集装箱（标箱）	汽车进出口（辆）	旅客进出口（人次）
2000	5002897	980580	100865	16079	347607	3855503
1999	4307183	871883	77977	8596	314575	2913547
1998	3853657	570456	61069	4525	303145	3017102
1997	3977782	675366	58085	5124	306943	3117377
1996	4100321	692150	59743	3804	307557	3272491
1986	565933	411826	69660	188	51769	2470207
1976	453177	102870	33770			

【马村港口岸】 马村港拥有省最大的3.5万吨级泊位。1988年7月26日，经国务院口岸领导小组国口办字 1988 20号文批准为临时进出外籍轮的二类口岸。现正等待验收列入海口港水域扩大开放的口岸之一（一类口岸）。马村港位于琼州海峡南岸的澄迈县马村镇马村港湾内，地理位置东经110° 01'18″，北纬19° 57'30″。一期3.5万吨级深泊位工程于1991年11月动工，1994年12月投产。3.5万吨级以上船舶可乘潮进出。经过近几年的发展，马村港已成为海南一个综合性深水港口群。有中石化海南石油分公司码头、海南马村港港务公司码头、海口火电股份有限公司专用煤码头、海南新兴港务有限公司码头、海南国盛石油有限公司码头、海南石化油气实业公司码头等。

【陵水新村港口岸（装卸点）】 新村港位于海南岛东南部陵水县境内，是海南主要渔商港之一。1952年开港并成立港务所，经广东省口岸办批准1984年8月设立进出口装卸点。新村港内有三个码头，一是旧码头，宽40米，长25米，有三个泊位，可靠300吨船只。二是水产突堤式码头，突出25米，前沿长5米，宽5米，能容纳三艘100吨级以下的机帆船停靠。三是T式码头，长500米，前沿可靠300吨级以下船只。新村港港口设计吞吐能力20万吨，有仓库2座，有效面积270平方米，堆场二座，有效面积3100平方米。

【琼海潭门港口岸（装卸点）】 潭门港位于海南岛东部海岸，琼海市境内，离“博鳌亚洲论坛”地址只有20多公里。经广东省口岸办批准于1987年2月设立进出口货物装卸点。潭门港是一个自然的河口港湾，为合水溪和三才溪汇合流入海港，航道长820米，宽20米，水深 -2米。港池长80米，宽100米，水深 -2米，港池面积8000平方米。码头前沿长50米，涨潮时水深3米，300吨船只可自由进出。有渔业收购场地320平方米，仓库750平方米，堆场1000多平方米。

海南进出口特点

【口岸出口增长平稳，进口增长势头强劲】 全年出口44778万美元，比上年增长7.18%；进口80018万美元，增长125.72%，其中租赁进口飞机34651万美元，扣除此项，进口增长27.97%。

【初级产品出口比重过高】 达到66%，技术含量高、附加值高的产品出口比重低。资源性产品出口21885万美元，比重为48%；农副产品出口7956万元，比重为18%。工业制成品中尿素出口2972万美元，增长53%；机电产品出口2141万美元，比重仅为5%。

【一般贸易进出口稳步增长，加工贸易进出口持续下滑】 一般贸易进出口66927万美元，增长21%；加工贸易进出口13798万美元，减少15%。对越边境贸易只进不出，进口2533万美元，增长100%。

【出口市场单一，开拓新兴市场乏力】 出口亚洲37310万美元，占出口额的83%，主要集中在香港、日本、韩国、东盟各国。

海南口岸大事记

1月

海口海关走私犯罪侦查分局立案侦办了洋浦伟图公司特大走私汽车案，该公司走私汽车870辆，偷逃税款3628万元。 该案破获后，海关总署侦查局颁令给该局“1.9特大汽车走私案”专案组记集体二等功，对侦办此案中表现突出的3名同志记个人二等功。

2月28日

海南某实业有限公司1999年从国外违法携带100克古巴雪茄烟种子入境，2000年4月未经检疫就擅自在海南的白沙、琼山、万宁、乐东等市县种植，年底收获干烟叶1600公斤。根据该公司严重违反《中华人民共和国进出境动植物检疫法》的有关规定的事实，海南出入境检验检疫局对收获的1600公斤的古巴雪茄烟叶公开销毁，并对未种植的种子暂作封存监管，待补办特许审批手续、选定隔离场所后方可进行隔离种植，有效地防止了一类危险性病害——烟草霜霉的传入和传播。

4月5日

4月1日我国一架飞机在南海上空执行任务时被美国飞机撞毁，我空军飞行员王伟落海，根据交通部（海事局）指示，海南海事局派出“海标182”船出海搜寻我落海飞行员。

5月15日

海口海关调查局正式挂牌成立。

5月

交通部、共青团中央决定，表彰1999—2000年度全国交通系统青年岗位能手和全国青年文明号。海南海事局海口话台被授予“全国青年文明号”称号，这也是全国海事系统唯一获此殊荣的单位。

6月1日

海口海关与外贸、税务、工商、外汇、技监等单位密切协作，成立了“中国电子口岸海南省制卡分中心”，对全省418家进出口企业进行了电子口岸入网资格审查并制发IC卡1133张，并于8月1日启用出口收汇子系统。

6月

口岸查验单位完成美EP——3侦察机在陵水机场的拆运和在三亚凤凰机场美湾流G——IV救护机的查验工作任务，受到省政府和外交部的好评。

7月25日

海南省边防总队三亚支队在三亚截获一批走私野生动物，共有8500只（条），其中巨蜥566条、蟒蛇259条、穿山甲5只，是海南截获最大的一起走私野生动物案。海南检验检疫局积极配合有关部门，及时对被该批野生动物污染的场地、交通工具及包装材料进行防疫消毒，同时，对死亡的野生动物进行深埋，并建议将这批野生动物移交三亚甘什岭野生动物保护站领养，还对领养问题提出具体有效的措施和要求，既妥善处理案发后野生动物的保护问题，又防止动物的病菌扩散。

12月5日

海口海关走私犯罪侦查分局举行海南省公安厅走私犯罪侦查局挂牌仪式，省政府、省政法委及省公安厅、海口海关领导参加了揭牌仪式。

广西壮族自治区

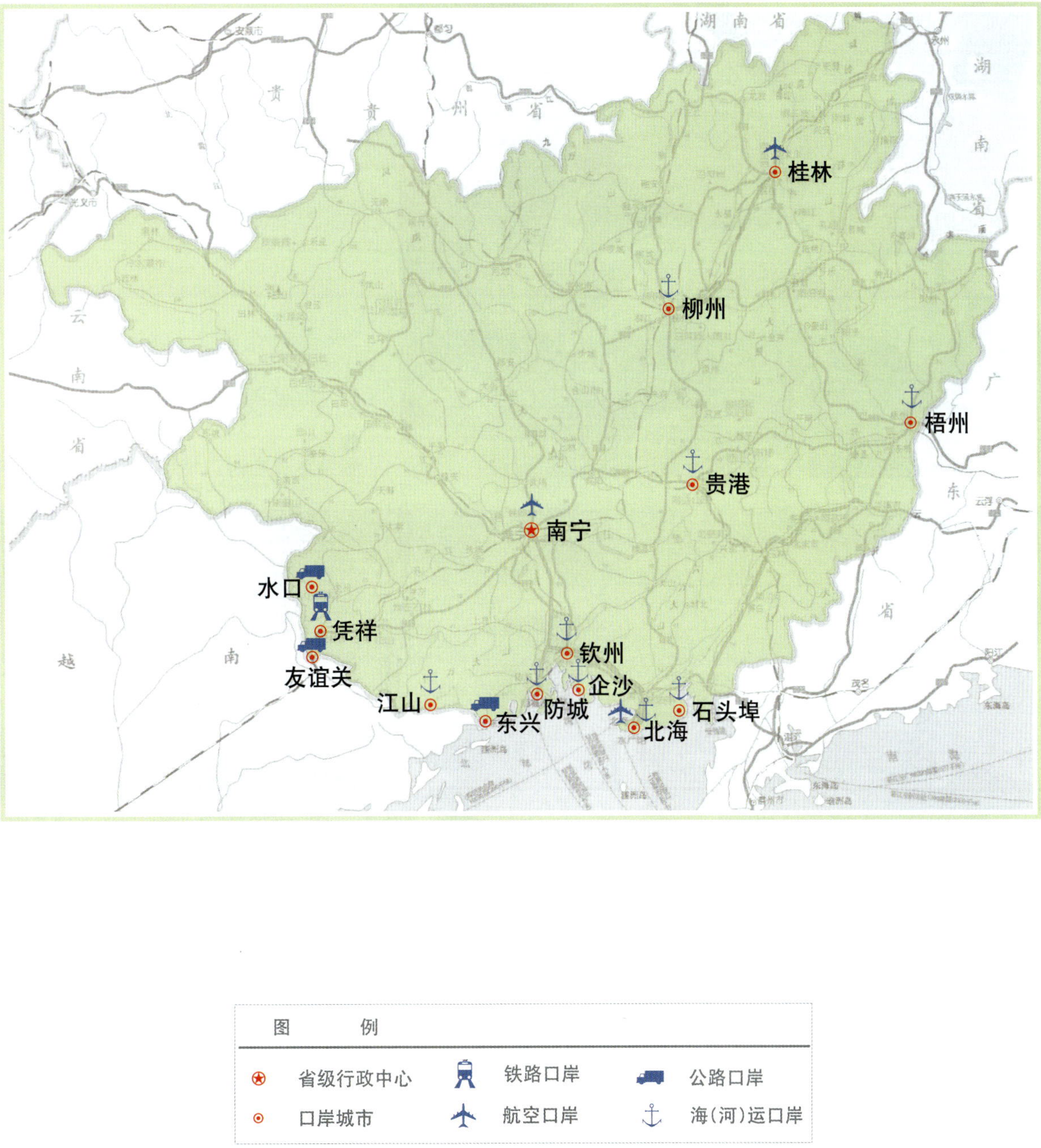
湖南省
贵州省
云南省
广东省
越南
桂林
柳州
梧州
贵港
南宁
水口
凭祥
友谊关
江山
东兴
防城
钦州
企沙
北海
石头埠
图例
省级行政中心
口岸城市
铁路口岸
航空口岸
公路口岸
海(河)运口岸

海关关员在对边境小额贸易进行监管

广西口岸工作综述

【概况】 广西壮族自治区全境南北宽约610公里，东西长约750公里，陆地边境线1020公里，大陆海岸线1595公里，东与广东、海南、港澳为邻，南临北部湾，西南与越南交界，西北连云南、贵州，东北同湖南相接，地理位置十分优越。广西沿海港湾众多，水深、避风、浪小、岸线顺直、纳潮量大，港池不淤或少淤，对建设大港十分有利。广西口岸历史悠久，据史料记载，早在公元前89年，北海港就已正式对外通航，是海上丝绸之路起点之一，是华南地区最早的通商口岸之一。梧州口岸是百年老港，早在1897年就对外轮开放。边境友谊关关楼早在汉朝就已建成。

新中国成立后，广西陆续开放了北海港、南宁空港和边境4个一类、7个二类口岸。由于历史原因，到70年代末，广西开放的口岸只有北海港。改革开放以后，随着对外开放的不断扩大，经济建设的加快，对外贸易、对外技术交流与合作和友好往来的加速发展，特别是广西具有大西南最便捷的出海通道的地理优势，又有优良的建港条件，广西加快了口岸建设步伐，开放和恢复开放了16个国家一类口岸和3个地方二类口岸，形成了在全国最具特色的多层次、多功能的水陆空立体交叉的口岸开放新格局。

【口岸数】 广西壮族自治区有国务院批准开放的一类口岸16个，其中空运口岸3个：南宁吴圩机场、桂林两江国际机场、北海福成机场；沿海水运口岸6个：北海港、防城港、钦州港（含果子山港）、企沙港、江山港、石头埠港；内河水运口岸3个：梧州港、柳州港、贵港；边境陆运口岸4个：友谊关公路、东兴公路、水口公路、凭祥铁路。此外还有自治区人民政府批准、海关总署同意保留的南宁港二类口岸，中越两国政府1991年11月7日签订的《处理边境事务临时协定》中规定开设的峒中、爱店、平而、科甲、硕龙、岳圩、龙邦、平孟等8个边境二类口岸，其中龙邦、平孟口岸已正式恢复开放。

【口岸客货运量】 全年，通过广西口岸出入境的人员3400812人次，同比减少13.73%；其中入境1966042人次，减少14.63%，出境1722466人次，减少12.84%。全年，通过广西口岸进出货物1232.9万吨，增长7.14%，其中进口672.42万吨，增长32.69%，出口560.48万吨，减少12.96%。在货物总量中，通过国际集装箱51137标箱，箱载货物总量43.45万吨。

【口岸开放】 年内，柳州口岸鹧鸪江监管码头通过检查验收，5月16日正式开放使用。靖西龙邦口岸升格为一类口岸，在上年已由自治区政府上报国务院的情况下，与部队协商，解决了有关问题。根据海关总署的统一部署，对边境二类口岸进行了调查研究，经广西壮族自治区人民政府商海关总署同意，公布了清理整顿结果：平孟口岸、龙邦口岸保留；爱店口岸、峒中口岸整顿；硕龙口岸、岳圩口岸在建；科甲、平而口岸缓建。桂林口岸解决了旅游团组落地签证问题。

【增加新航线、航班】 年内，新开通了南京航空公司的南京—桂林—澳门航线；新开通了桂林—菲律宾航线；澳门航空公司桂林—澳门航班由每周3个航班增至每天1个航班；恢复了南宁—曼谷航线；与越南签订了协议，下年度正式开通桂林至越南下龙湾国际旅游专列。

【口岸管理与协调】 继续推广完善友谊关口岸南山验货场口岸检查检验集中办公“一条龙”服务经验。坚持完善口岸例会、口岸联席会议制度，建立、完善口岸现场值班制度。处理好口岸紧急事务，如防城港年初货物持续积压190万吨左右，经协调缓解了压港现象；协调解决了从友谊关口岸出口到越南的摩托车受阻的问题；圆满完成春节、“五一”、“十一”旅游黄金周的口岸接待任务，期间东兴口岸出入境人员达3万人次以上，通过建立旅游预报制度，临时增设了3条出境通道，2条入境通道，延长1小时通关等措施，缓解了出入境人流压力。根据东兴口岸的实际情况，经自治区口岸办公室商有关部门重新划定了口岸管理区，进一步加强了口岸管理，维护了正常的出入境秩序。

【推广“口岸电子执法系统”】 由自治区政府牵头抓该系统的推广实施，自治区口岸办公室积极参与，并组织相关部门到广州、上海等试点单位考察学习，帮助解决推广工作中的具体困难和问题，确保该系统顺利推行。质量技术监督、工商、国税、外贸、外汇管理、电信、海关等7个职能部门集中办公，提高办事效率，从5月到年底为企业办理“中国电子口岸”IC卡2843张。

【口岸建设与改造】 年内自治区本级预算内基本建设资金投资280万元改造东兴陆运口岸，扩建后的查验大厅面积比原来增加3倍，查验通道由7条增至18条，最大通过能力由1万人次／日增至2万人次／日；投资120万元建设防城峒中口岸的查验综合楼。凭祥口岸办公室自筹资金改造友谊关口岸旅客通道，由原来设计只有单一通道改建为出入境各6条通道。自治区口岸办公室与那坡、靖西、龙州等县政府协商，各县同意无偿提供4—5亩土地使用权给检验检疫部门建设生活办公设施，并办理了土地划拨手续。江山、企沙、峒中、爱店等口岸所在地政府也为建检验检疫综合楼无偿提供土地使用权。国家检验检疫局出资在防城港兴建了煤炭化验室，为港口解决了西南煤炭出口的检验问题，拨款700万元兴建江山、企沙、峒中、爱店、水口、龙邦、平孟等7个口岸检验检疫综合楼。

【口岸精神文明建设】 尽量地改善口岸工作条件，美化绿化环境，做好“窗口”形象工程建设，做到文明服务、文明用语、办事高效、业务优质；规范落实“文明服务承诺制”；实行挂牌上岗、收费亮证、互相监督；强化党风廉政建设，落实党风廉政建设责任制；组织口岸联谊活动，增强口岸凝聚力。钦州口岸开展口岸查验部门、服务部门相互间的优质文明服务竞赛活动，从组织领导、作风建设、服务质量和工作效率、人员素质、服务环境等方面进行考评，选出行业优质文明服务先进单位，以政府名义进行奖励，达到了鼓励先进，鞭策落后的良好效果。

【口岸统计与宣传】 自治区口岸办公室对口岸统计报表制度进行了改动，建立了口岸月度统计台账和年度统计台账，并逐步整理历年的历史资料，为口岸系统各部门计算机联网打基础。年内，自治区口岸办公室出版了《广西口岸简讯》14期，发行了1960份。

【调查研究】 年内，围绕落实国务院办公厅“进一步提高口岸工作效率”的文件精神，重点选择北海口岸进行调研，分析影响北海口岸出口量的因素，找出问题，推动解决；组织海关、边防、检验检疫等部门赴百色地区就龙邦、平孟口岸升一类口岸以及在百色市设立内河水运二类口岸问题进行调研；根据自治区政府领导的有关批示，组织海关、检验检疫等单位先后到广东东莞、珠海拱北、广州白云机场、上海虹桥机场、北京首都机场等口岸进行调研学习，寻求提高现场通关速度和服务质量的措施。

【机构改革】 上年省级机构改革中，保留了自治区口岸办公室，仍作为自治区经贸委内设处室。年内，在市县机构改革中，都保留了口岸办公室，南宁市、桂林市、梧州市、北海市、钦州市、防城港市、东兴市（县级）、防城区（县级）口岸办公室挂靠经贸委、局；柳州市、靖西县、那坡县口岸办公室挂靠政府办公室；凭祥市（县级）、宁明县、龙州县、大新县口岸办公室为独立的事业单位。(任河山)

2001 年全区口岸进出口货物量表

	进口		出口		进出口合计	
	货物（万吨）	同比增减（%）	货物（万吨）	同比增减（%）	货物（万吨）	同比增减（%）
海运口岸	601.48	38.28	483.28	−10.4	1084.76	11.33
河运口岸	13.47	15.42	30.58	−36.76	44.05	−26.62
公路口岸	56.55	−4.18	31.32	−17.51	87.87	−9.4
空运口岸	0.53	−13.11	0.09	−70.96	0.62	−32.6
铁路口岸	0.39	−22	15.21	−15.17	15.6	−15.35
合计	672.42	32.69	560.48	−12.96	1232.9	7.14

2001 年全区口岸国际集装箱及货物量表

	入境				出境				出入境合计			
	标箱		货物重量（吨）		标箱		货物重量（吨）		标箱		货物重量（吨）	
	个	同比增减（%）	重量	同比增减（%）	个	同比增减（%）	重量	同比增减（%）	个	同比增减（%）	重量	同比增减（%）
海运口岸	15292	25.57	59809	29.84	15732	22.87	226130	107.74	31024	24.19	285939	84.59
河运口岸	9682	27.13	54142	32.33	10431	34.04	94141	63.78	20113	30.62	148564	50.99
合计	24974	26.17	113951	31.02	26163	27.09	320271	175.31	51137	26.64	434503	113.72

2001 年全区口岸出入境旅客表

	入境		出境		合计	
	人次	同比增减（%）	人次	同比增减（%）	人次	同比增减（%）
海运口岸	32128	22.21	32093	19.89	64221	21.04
河运口岸	0	0	0	0	0	0
公路口岸	1431862	−16.59	1460372	−14.54	2892234	−15.57
空运口岸	209506	−4.3	226119	−4.66	435625	−4.49
铁路口岸	4850	22.07	3882	12.68	8732	17.71
合计	1678346	−14.63	1722466	−12.84	3400812	−13.73

广西口岸查验单位工作综述

南宁海关

【概况】 年内，南宁海关贯彻落实“依法行政，为国把关，服务经济，促进发展”的海关工作方针，深化通关作业改革，加强正面监管和税收征管，保持反走私高压态势，狠抓队伍建设，全面完成监管、征税、查私、统计等各项任务。全年，南宁海关共监管进出口货物1263万吨，货值20.14亿美元，进出境运输工具14万辆（艘、架）次，出入境人员286万人次；审批加工贸易备案合同464份，金额1.76亿美元；税收入库11.33亿元；查获走私违规案件1799起，案值1.8亿元；上缴罚没收入5502万元；立案侦查112件，案值2.1亿元，抓获走私犯罪嫌疑人348人；稽查企业47家。

【通关管理】 1月，正式切换运行新的通关模式，加强集中审单作业，建立快速联系配合机制和通关电子问答系统，每月定期发布关区各关的通关效率状况，有针对性解决影响通关效率的各种问题，确保新的通关作业模式正常运行。认真贯彻服务宗旨，制定和落实支持广西实施西部开发政策的7方面20项措施和支持广西扩大出口的18项措施。加强口岸软硬件设施建设，推广实施关区内和跨关区快速通关作业系统，主要业务现场均实行“全天候，无假日”值班工作制度和节假日预约申报查验、出口货物限时通关等制度。主动走访进出口企业，及时解决企业在通关过程中遇到的困难和问题。落实对外承诺制度，深入开展创建“文明窗口”活动，主动为政府和企业提供海关统计信息和政策咨询服务。通关作业改革后，关区通关效率明显提高，关区全年共审核报关单47116份，进、出口单数分别比上年增长（下同）47%和12%，进口平均通关时间从上年的4.51天下降到2.76天，出口平均通关时间从上年的4.34天下降到2.36天，通关效率分别提高63%和119%；办理节假日通关7812票，占进出口报关单总数的18.2%；向自治区政府及外经贸部门报送海关信息300多篇（条），接待进出口企业咨询2364人次。

【海关监管】 物流监控　修订完善监管业务规章制度，开发监管场所计算机管理系统，加大信息监控和实体监控力度，提高监管科技装备的使用效能，推进防城港口岸H986工程建设，逐步在各口岸建立起物流监控体系，认真清理整顿监管区域、场所和进出境运输工具，结合关区实际积极完善监管场所的封闭设施建设。　边贸监管　继续加大规范边贸管理的力度，正确执行国家边贸政策优惠，充实监管力量，修订作业规范，对业务量较大的3个边民互市点实施驻点监管，深入开展调研，改进监管工作，提高服务质量，建立鲜活商品的全天候快速通关机制，及时解决边贸货物的快速通关问题；主动加强与地方的联系沟通，加强协作，规范管理取得了明显成效，海关税收和地方财政收入大幅增加。关区全年监管边贸进出口总值1.67亿美元，增长11.2%；边贸征税17503万元，增长88%。　行邮监管　积极开展文明窗口创建活动，参加扫黄打非专项行动，成立处置突发事件现场领导小组，严密防范生化恐怖活动，维护社会稳定。全年共监管行李、邮递物品71万件，查扣各类违禁物品2万多件。　加工贸易监管　严格落实加工贸易审批备案管理，加大宏观监控力度和综合分析，加强现场核查，提高监管质量，堵塞监管漏洞；加强与外经贸主管部门的协调配合，联合开展专题调研，深入企业解决实际困难和问题，促进广西加工贸易发展。全年共审批备案合同464份，备案金额1.76亿美元，核销到期合同534份。

【打击走私】 认真贯彻国务院整顿和规范市场经济秩序工作部署，始终保持高压态势，有效遏制走私势头。全年共查获走私案件1672起，案值1.22亿元，查获违规案件127起，案值5800万元。查获的主要走私物品有香烟7278箱、成品油7187吨、白酒1054箱、白糖752吨、橡胶395吨。　打私专项斗争　继续围绕重点地区重点商品，相继开展了“春、秋季灭蚁”、打击走私香烟、成品油等缉私专项斗争，有效遏制了走私势头，在北部湾海域、北仑河地区初步形成常规缉私工作机制。调查、侦查、稽查等部门积极开展打击贸易渠道走私专项行动，相继查获了“3.18”走私甲鱼案等一批大要案。侦查部门全年共受理货运渠道走私案件15起，案值9495万元，调查部门通过稽查查获4起涉嫌走私大案，案值 12800万元。 走私犯罪侦查工作 关区侦查机关坚持从严治警，狠抓业务建设，发挥刑事执法优势，组织参与各项缉私专项行动，打击货运渠道和假借边民互市走私活动，积极参加严打整治专项行动，开展打团伙和“追逃”行动，严厉查处带有黑恶势力性质的走私犯罪团伙。关区侦查机关共受理走私案件236起，案值19377万元，涉嫌偷逃税款7253万元；立案112起，案值20797万元，涉嫌偷逃税款7253万元；抓获犯罪嫌疑人348名，刑事拘留289人，逮捕139人，取保候审167人，监视居住12人；侦查终结136起，法院已对33起124人作出判决；打掉42个走私团伙和43个走私窝点，抓获逃犯11人。 北部湾缉私演练 11月22日，经过历时半年多的扎实训练，南宁海关在海口、湛江海关等有关单位的协助下在广西北海组织开展了建国以来规模最大的海关缉私演练，共有600多名海关缉私人员和27艘缉私艇参加，海关总署盛光祖副署长等领导莅临检阅观摩。缉私演练分为海、陆两大科目，主要项目有海陆分列式、擒敌技术、缉毒犬搜毒、硬气功演练、摩托艇追缉走私"大飞"等。缉私演练取得了圆满成功，获得社会各界的广泛好评。 反走私综合治理 抓住工作热点难点，进一步加强综合治理。各级海关普遍加强与地方党政和有关部门的联系配合，落实反走私责任制。加大对市场和运输工具的清理整顿力度，取缔非法供油船68艘、“三无”船舶600余艘、非法加油站10家，拆解非法铁壳船9艘。加强反走私宣传教育，发放反走私宣传手册3000多本，通过新闻媒体广泛宣传打私工作，收到良好效果。

【税收征管】 以改革创新、转变职能和确保应收尽收为主要目标，以加入WTO和进一步深化通关改革为契机，加速建立新的海关税收征管体制，重点抓好明确职责、创新工作方法、提高基础数据、健全协调制度等工作，加强征管，强化综合治税。全年关区税收净入库累计113321万元，完成总署下达税收任务的108%。其中审价补税896万元，稽查补税331万元，加工贸易核销补税1790万元。

南宁海关 2001 年进出口货运量情况

货运量：吨

顺号	关别	进出总量	同比％	进口总量	同比％	出口总量	同比％
1	防城海关	9644886	20.67	5525649	48.54	4119237	−3.59
2	北海海关	1153670	6.27	451517	8.60	702153	4.82
3	凭祥海关	570705	88.70	226797	116.08	343908	74.15
4	钦州海关	311349	25.28	122645	43.47	188704	15.74
5	东兴海关	239152	106.27	197786	108.15	41366	97.75
6	梧州海关	203313	4.24	68.92	7.94	135221	2.47
7	贵港海关	132796	−25.59	59998	112.62	72798	−51.55
8	靖西办事处	121856	−35.58	1.2014	−41.87	19842	45.16
9	水口海关	114130	−1.39	79236	−20.97	34894	125.49
10	柳州海关	81314	−51.66	10240	−44.29	71074	−52.56
11	南宁海关	51565	4.4	77171	−33.72	44394	15.18
12	桂林海关	5652	−35.60	5047	−9.58	605	−81.06
13	桂林机办	514	———	225	———	316	———
	合计	12630929	18.60	6856417	42.16	5774512	−0.90

南宁海关进出口商品总值关别排序表

序号	海关	进出口总值（万美元）	比重（%）	同比（%）	进口总值（万美元）	同比（%）	出口总值（万美元）	同比（%）
1	防城海关	79959	39.7	2.4	46959	8.4	33001	−5.0
2	凭祥海关	51879	25.8	41.5	5576	154	46303	34.4
3	北海海关	17842	8.9	−14.5	8132	−24.6	9710	−3.6
4	梧州海关	15274	7.6	−26.7	4388	−42.9	10886	−17.3
5	东兴海关	8596	4.3	22.1	2854	−15.8	5742	57.3
6	南宁海关	6156	3.1	−34.2	4654	−27.9	1502	−48.2
7	桂林海关	5761	2.8	−65.1	4173	−64.4	1588	−67.0
8	柳州海关	4099	2.0	−39.9	1990	−36.7	2109	−42.7
9	桂林机场	3923	1.9	——	3123	——	800	——
10	钦州海关	3709	1.8	−0.2	1833	−19.7	1876	31.0
11	贵港海关	1736	0.9	−29.1	1092	−12.3	644	−46.5
12	水口海关	1576	0.8	104.9	166	−10.3	1409	141.3
13	靖西海关	924	0.5	19.4	192	−37.5	732	56.4
	合计	201435	100	−1.2	85132	−8.2	116303	4.6

南宁海关 2001 年出入境人员情况表

序号	口岸	出入境人数
1	东兴口岸	1563788
2	桂林口岸	389093
3	凭祥口岸	233881
4	水口口岸	85728
5	北海口岸	67349
6	南宁口岸	54120
7	靖西口岸	30414
合计	2424373	

南宁海关 2001 年税收情况表

关 别	全年税收累计（万元）			同比增减(%)	完成年度计划(%)
	关税	进口环节税	合计		
防城	16805	40319	57124	8.38	111.35
桂林	5934	8535	14469	−19.92	82.68
凭祥	6090	4360	10450	196.62	326.56
北海	3717	5464	9181	−32.83	54.01
南宁	1943	3277	5220	−22.71	80.31
东兴	1786	2366	4152	−9.57	98.86
柳州	1388	2518	3906	−27.48	75.12
梧州	1275	2541	3816	−60.11	40.17
钦州	988	2021	3009	−23.82	77.15
贵港	311	1421	1732	20.78	123.71
水口	37	102	139	43.30	154.44
靖西	16	107	123	−43.06	58.57
总计	40290	73031	113321	−5.53	107.92

2001年广西外贸出口前10名商品总值表

单位：万美元

序号	商品名称	出口值	同比±%
1	未锻轧锡	8059	−29.3
2	摩托车及装有辅助发动机的脚踏车；边车	4978	−29.8
3	松香和树脂酸及衍生物；松香精及油；再熔胶	4820	−5.1
4	未锻轧锌	4345	56.3
5	氧化锌及过氧化锌	4072	−30.7
6	铁合金	4035	−10.6
7	瓷餐具、厨房器具及其他家用或盥洗用瓷器	3987	−4.8
8	篮筐、柳条编结品及其他制品；丝瓜络制品	3974	−3.5
9	烟花、爆竹、信号弹、降雨火箭等烟火制品	3789	0.0
10	未锻轧铅	3265	53.1

2001年广西外贸进口前10名商品总值表

单位：万美元

序号	商品名称	进口值	同比±%
1	锰矿砂及其精矿	3089	45.3
2	铁矿砂及其精矿，包括焙烧黄铁矿	3004	72.2
3	锌矿砂及其精矿	2486	1727.9
4	大豆，不论是否破碎	2387	——
5	有线电话电报设备的零附件	1957	−56.7
6	天然橡胶及天然树胶，初级形状或板、片、带	1721	−13.8
7	其他鲜果	1712	12128.6
8	石油气及其他烃类气	1670	−49.5
9	牛皮革及马皮革	1618	−17.0
10	鲜西瓜、鲜龙眼	1415	58.5

广西边防局

广西边防局紧紧围绕边检执勤工作，坚持严格执法、热情服务，认真落实各项勤务规范化建设措施，强化口岸的出入境管理，充分发挥边检部门的职能作用，有效地维护了国家主权安全和口岸正常的出入境秩序，为促进地方经济建设作出了积极的贡献。

全年，空港检查出入境旅客434094人次，比上年减少3%；检查出入境机组员工41632人次，增长0.2%；检查出入境飞机4463架次，减少2%。

海港检查出入境船舶2170艘次，比上年增长8%；检查出入境海员56170人次，增长13%；检查北海至越南下龙湾海上旅游航线出入境旅客63296人次，增长16%。

内河港检查航行港澳小型船舶2196艘次，比上年减少4%；检查出入境海员19404人次，减少15%。

陆地公路口岸检查出入境旅客98723人次，比上年增长38%；检查出入境客运及邮递汽车446辆次，减少37%；检查出入境汽车员工460人次，减少62%；检查出入境中越边民及边境游人员2613442人次，减少11%。

凭祥铁路口岸检查出入境旅客8929人次，比上年减少33%；检查出入境火车1076列次，增长3%。

边贸口岸检查中越出入境边贸车辆94509辆次，比上年增长36%；检查中越出入境边贸船4836艘次，增长79%。

年内，把继续深入开展"为人民服务，树边检新风"活动作为树立边检良好形象的一项重要工作来抓。从改善执勤现场环境、完善执勤设施、规范勤务组织、提高执法水平等软硬件方面入手，不断增强边检管理服务意识，提高工作质量和效率，切实解决出入境旅客关心的热点难点问题，为出入境旅客创造良好的通关环境。北海边检站在对旅游团队的检查中，积极探索改进工作方法，自行研制开发了一套数据转换程序，将旅行社提供的团队名单数据直接转换入边检信息系统，大大提高了工作效率，实现了对旅游团队的预检。在春节、"五·一"、"十·一"等旅游黄金周期间，东兴、友谊关站针对中越边境游旅客流量急剧增加的情况，及时调整勤务组织，增设验证通道，加强一线执勤警力，确保旅游人员安全快捷出入境。黄金周期间，东兴、友谊关边检站共检查出入境边境游旅客149486人次。友谊关边检站在年底陆路货运高峰期，急中越客商所急，连续数天延长闭关时间，认真做好出入境货车的检查和候检车辆的疏导，确保了1350多辆货车的及时顺利通关，得到了中越客商及地方政府的高度评价。在不断提高服务质量的同时，严格履行口岸边防管理职能，加大边检执法力度，严密口岸的查堵措施，全年共查处偷渡案件39起80人，查处各类违反出入境管理法规的434人次，有效地维护了口岸的出入境秩序。

在工作中充分发挥边检工作的涉外职能作用，认真做好口岸的涉外工作。各中越边境陆地口岸坚持落实与越方边防机关的定期会晤制度，与越方就口岸出入境管理、执法协作、遣送（返）等业务性问题进行定期通报和交流，加强了相互间的协作，妥善处理了各项边境涉外事务，切实维护了边境地区的安全稳定。年内陆地边检站共与越方边防机关进行会晤27次。

广西出入境检验检疫局

广西检验检疫系统紧紧围绕国家质检总局提出的“五抓五促”工作部署，依法行政，严格把关，加强内部管理，提高工作效率和服务质量，各项工作均取得了明显的成效。全年共检验检疫出入境货物59452批次，总值20.67亿美元，其中不合格出入境货物1209批次，总值1800万美元。签发各类检验检疫证书15924份；签发通关单46520份，签证金额16.82亿美元；签发换证凭单29757份，金额8.22亿美元；签发普惠制产地证书10352份，金额4.5亿美元；签发一般产地证书5966份，金额2.3亿美元。检验检疫出入境集装箱29475个标准箱。检疫出入境交通工具14.43万辆（艘、架）次；检疫出入境人员118.13万人次；预防接种2.57万人次；监测体检4.23万人次，发现传染病2322例，其中艾滋病毒感染者14例，性病123例，其它传染病2185例。在进境植物及其产品中共截获一、二类危险性病虫害4种13批次。

针对境外连续发生口蹄疫、猪瘟等动物烈性传染病和霍乱、鼠疫、艾滋病等传染病的实际，采取措施坚决把好检验检疫关。一是建立健全各类疫病疫情的控制预案，重点加强边境地区的鼠疫、霍乱、艾滋病等传染病的监测，防止传染病及其媒介的传播。二是加强对国际传染病和动植物疫病疫情信息的收集整理和进行风险分析、评估，建立协调、对话、磋商和通报机制，加强源头管理，发挥预警作用，及时、有效地防止了疫病疫情的传播。三是进一步加大对口岸、边贸入境货物查验力度，加强对出入境人员及其携带物的检疫查验和对入境的运输交通工具的防疫消毒处理。

加强对进口废物、出口食品、出口烟花爆竹、出口打火机、供港澳活动物和从美国、日本等输入我国的货物木质包装等的重点查验，防止假冒伪劣商品流出国门和阻止不合格商品流入国内。按照中央和有关部门关于整顿和规范市场经济秩序活动的部署，会同有关职能部门开展对家用电器、化妆品、轻工、服装、食品等进口商品的监督抽查。加强对出口企业商品生产、仓储、装箱的监督管理，打击制售假冒伪劣、调包换货和掺假作弊行为，先后从3家企业冷库中查获有走私嫌疑的冻中猪2300多头60多吨。

改革对出口企业检验检疫的监管模式，率先对出口机电、化工金属、植物编织产品和出口商品包装生产企业等涉及安全、卫生的出口产品和生产企业实行了分类管理。进一步加强对出口企业认证认可和注册管理工作，全年共考核申请办理出口商品质量和出口包装质量许可证企业24家，办理食品卫生注册、登记共57家。帮助6家水产品生产企业获得欧盟、美国和韩国的注册，6家陶瓷厂获得输美认证，促使3家出口机电产品生产企业获得国家机电办的资助并积极开展产品质量国际安全认证，扩大出口创汇。进一步加大ISO9000质量管理体系推广评审工作，共完成新认证审核企业35家，使全区通过ISO9000认证的企业达到108家。

加强检验检疫第一线尤其是中越边境的企沙、江山、峒中、爱店、浦寨、平孟、龙邦等7个口岸办事处的基础设施建设。全年共立项或续建12个基建项目，并规范基建管理，使每个基建项目在“双达标”的基础上，建成既能体现执法把关部门特点又具有地方特色的标志性建筑。至年底，12个基建项目相继动工。

为提高出入境货物的整体通关效率，采取措施加大软环境建设力度。推行政务公开和检务公开制度，通过开展“文明窗口”、“青年文明号”活动，公开和简化办事程序，实行急事急办、特事特办和24小时值班等制度，明确收费项目和收费标准，增加工作透明度。加快CIQ2000报检系统和“三电工程”推广应用，缩短检验检疫签证时限，方便外贸货物进出。至年底，CIQ2000系统使用普及率已达95%，有8个分支机构基本实现了电子报检、电子签证和电子转单业务，并为80多家企业安装了相关软件。认真贯彻国家质检总局科技会议精神，突出抓好“着重4个结合，实现1个目标，达到2项标准，组成3个系列，实行4种层次”的“科技兴检”方案的实施，取得了明显成效，全年共有4个实验室通过了CCIBLAC的认可，有12个实验室通过了西南大区注册现场考核，有7个国际旅行卫生保健中心的艾滋病初筛实验室通过了国家质检总局考核。（谭亚军）

2001 年广西出入境检验检疫主要业务统计表

制表单位：广西出入境检验检疫局　　金额单位：万美元

	进出口商品检验				进出境动植物及产品检疫						出入境卫生检疫							
	批次	金额	检出不合格		动物及动物产品		植物及植物产品				监测体检及预防接种（人次）				出入境人员	交通工具			
			批次	金额	批次	金额	批次	金额	检出疫情		监测体检	艾滋病监测	发现病例数	预防接种	人次	火车	汽车	轮船	飞机
									批次	金额						节	辆	艘	架
出境	38812	127040	91	110	531	790	14457	17030	18	40	27336	26097		24760	767873	4949	567	4340	2262
入境	14149	62350	479	710	463	3780	8995	13420	6	500	2513	2483		909	413470	4949	709	4418	2333
合计	52961	189390	570	820	994	4560	23452	30450	24	540	29849	28580	2322	25669	1181343	9898	1276	8758	4595

广西海事局

中华人民共和国广西海事局于2000年1月28日挂牌成立，2001年4月30日交通部与地方联合工作组双方签署了人财物划转交接协议，广西海事管理步入了“统一政令、统一布局、统一执法”的新时期。 年内，广西海事局按照“理顺内外关系、规范管理行为、加大工作力度、夯实发展基础”的工作总要求，以水上交通安全监督管理为中心，继续把广西辖区“水上运输安全管理年”活动向纵深推进，对“四客一危”船舶、重大节假日等特殊时段、对外开放港口通航密集区域及事故多发航段，持续开展安全专项整顿活动，使水上交通事故起数、死亡人数、直接经济损失均比内控指标分别减少了27.14%、82.35%、47.96%，维护了辖区内水上安全形势的基本稳定。重点水域的通航管理进一步加强和规范，通航环境、航行秩序明显改善。根据辖区特点，制定了通航密集区、复杂航段和重点港口的现场监督检查和通航秩序维护的措施，出台了《钦州港万吨级单向航道交通管制暂行规定》和《桂林漓江水上交通安全管理规定》；落实险滩、险段航行管制规定，使这些航段的事故次数大幅度下降；制订并发布了港口航道锚地管理规定，规范了管理；依据交通部《水上水下施工作业通航安全管理规定》对钦州港3万吨级码头进港航道工程等多项水工工程施工作业进行审批和通航秩序维护，并对违章施工行为处以严厉的处罚；协同地方政府及有关部门整治了邕江航段砂船乱采滥挖、漓江桂林市区航段竹筏非法载客航行等问题，保证了这些航段的安全畅通。 船舶监督检查力度进一步加大。根据全国船舶监督管理工作会议精神，认真贯彻交通部海事局对重点跟踪船舶监督检查的规定，将屡次违章、不服从主管机关管理或逃避管理的15艘船舶列入“黑名单”实施重点跟踪检查，遏制了船舶违章的势头。在围绕降低中国籍船舶在国外滞留的目标工作中，将开航前检查工作纳入目标管理，制定了《降低中国籍船舶滞留率目标责任制》、《开航前检查工作程序》、《开航前请示报告制度》、《开航前联系与服务承诺制度》等八项规章制度，进一步完善了船舶安全检查工作，一年来船舶开航前检查率达100%，从反馈情况看，经检查的船舶在国外无一受港口国滞留。为了履行《1978年海员培训、发证和值班标准国际公约》（该公约定于2002年2月1日开始执行），本着为企业服务的宗旨，为方便船员参加培训、节省费用支出，采取派工作人员到船员数量集中的港口开展履约过渡期培训、考试和发证工作的办法，共完成船员履约培训4905人次，并及时签发了各种相应的证书证件14008份，帮助船员在2002年2月1日前按时取得了国际公约要求的证书，适应了加入WTO后外贸运输的需要。在内河船员培训教育工作中，专门印刷了3200本《西南山区河流船舶船员培训手册》和各种宣传资料，免费分发至各航区使用。先后培训船员24489人，重点船舶的大部分船员均得到一次集中培训。同时还加强了船员过渡期知识更新培训等，共培训船员4467人。推进船公司实施《国内安全管理规则》的工作迈出了坚实的一步。结合辖区的实际情况，制定了工作计划，成立了SMS审核办公室，选送人员参加SMS审核员培训。广西海事局已拥有取得A和B级SMS国家审核员资格的审核员21名，实现了原来只有1人的突破，组织召开了辖区全面推进实施《国内安全管理规则》工作会议，为推进企业实施《国内安全管理规则》工作的全面铺开奠定了基础。 水上搜救体系进一步健全和完善，搜救能力明显增强。年内共收到水上交通险情求救警报信息44次，组织协调各有关部门出动搜救船舶95艘次，搜救时间长达447小时，有效救助遇险船舶25艘，获救人员75人。在7月份辖区遭遇了特大洪涝灾害时，广西海事局及其下属各海事局、派出机构全力以赴，积极配合当地政府开展抗洪抢险斗争，组织调集了大量船舶投入抗洪抢险和水上搜救工作，出动了抢险救助人员1700余次，疏散解救被洪水围困的群众600余人，排除重大险情和事故隐患213次，确保了10余座交通主干桥梁、5座航运枢纽船闸的安全，得到了当地政府领导和群众的高度赞扬。 系统的文明执法、文明服务程度明显提高。在文明行业创建工作中突出抓好一个文明示范窗口和一个先进基层单位的建设以及交通部海事局印发的《执法人员守则》的宣传贯彻工作。在工作推进过程中制定了《广西海事系统推行统一政务公开实施方案》，印发了政务公开指南，对文明示范窗口，组织有关分支局进行全面的检查，督促、指导“示范窗口”单位从“巩固、完善、提高”上下功夫，加强文明示范窗口的导向作用，力求以点带面，整体推进全局的创建活动上台阶、上水平。贵港海事局被交通部和人事部评定为全国交通系统先进集体，成为水监体制改革以来，全国海事系统三个先进集体的一员。

船舶进出口岸统计表

	序号	进港船舶				出港船舶			
		艘数（艘）	功率	总 吨	总载重吨（吨）	艘数（艘）	功率	总 吨	总载重吨（吨）
总 计	1	5590	956822	9990819	10516811	5570	959600	9973223	10476496
中 国	2	5246	897941	7804011	6863585	5224	899991	7787362	6845273
外 籍	3	344	58881	2186808	3653226	346	59609	2185861	3631223

广西口岸概况

一类口岸

广西一类口岸共16个，以海（河）运口岸为主。海（河）运口岸共9个：其中允许外轮进出的是防城港、北海、钦州（含果子山港）、江山、企沙、石头埠港口岸，梧州、柳州、贵港为限国轮进出口岸；航空口岸允许外籍飞机进出的是南宁、桂林航空口岸，北海航空口岸限我国飞机进出；沿边陆路口岸有允许第三国人员进出的凭祥铁路口岸、友谊关公路口岸、东兴公路口岸以及双边进出的水口公路口岸。一类口岸中，北海港口岸是华南地区最早的通商口岸之一；防城港口岸是广西第一大口岸，是全国19个枢纽港之一，是连接大西南和东南亚的水运枢纽；梧州口岸具有广西“水上门户”之称，是广西以及云贵川通往港澳地区最便捷的通道；桂林航空口岸年吞吐量200万人次，是广西出入境人员最繁忙的航空口岸。

【南宁航空口岸】 南宁航空口岸位于南宁市南面32公里的邕宁县吴圩乡，为国际备降机场。机场于1958年兴建，1962年投入使用，开辟了南宁至越南河内国际航线。机场平面占地3900亩，停机坪6.09万平方米，候机楼2.59万平方米，设计年旅客吞吐量为250万人次。机场跑道长2700米，宽45米，可供除B747外的多种喷气客机起降，并拥有先进的盲降设备、夜航灯光设施以及先进的气象预报等周祥服务。1979年因中越两国关系紧张，南宁航空口岸关闭。1991年5月21日，开通南宁——香港的客运包机；1992年6月28日，恢复南宁——越南河内航线。机场现已开通28条国内航线和南宁——越南河内、南宁——泰国曼谷、南宁——香港等3条国际及地区航线。2001年南宁机场旅客吞吐量为92.2万人次。2001年底，国际厅经改造后，出入境通道扩增为八进八出，出入境流程更为合理，旅客分流也更快捷。 年内，口岸出入境旅客5.9万人次，其中，因私出入境人数有较大辐度增长，外国籍过境旅客2万人次，占总出入境人数的34%，出入境航班648架次，其中出境航班325架次，入境航班323架次。

【桂林航空口岸】 桂林航空口岸于1981年5月3日正式对外开放，1996年10月1日由奇峰岭机场搬迁至桂林两江国际机场。桂林两江国际机场位于桂林市西南方向28公里的临桂县两江镇附近，占地面积4.06平方公里，飞行区等级4D，机场跑道长3200米、宽45米，道面厚度按B747—200飞机全重设计；站坪12万平方米，停机坪3万平方米，候机楼面积5万平方米，国际厅1.5万平方米，机场设登机廊桥，可同时上下12架飞机。机场设计年旅客吞吐量500万人次，其中口岸出入境旅客年吞吐量100万人次。机场现已开通国内35条航线和桂林——香港、桂林——澳门、桂林——菲律宾（拉瓦格）、桂林——日本福冈、桂林——韩国汉城、桂林——泰国曼谷等6条国际及地区航线。年内，出入境旅客总数达41万人次，其中以台湾旅客居多，出入境总数达18.9万人次，占总出入境人数的46%；出入境航班3775架次，口岸进出口货物6218吨。

【北海航空口岸】 北海福成机场航空口岸于1993年4月对外开放，限我国飞机进出境。机场位于北海市银海区境内，南距北海至铁山港一级公路3公里，占地面积5600亩，1986年底建成，1987年初投入使用。目前有北海至北京、上海、广州、西安、成都、海口等国内航线20条和北海至香港地区航线1条，每周有航班70多个。有从美国进口的一类盲降设备一套，夜航灯一套，通信导航设备基本齐全。1993年5月起增建新跑道长3200米，宽60米，1996年初投入使用。新候机楼建筑面积2.7万平方米，国际出发厅面积500多平方米，国际到达厅600多平方米。年旅客吞吐量100万人次，高峰流量达1350人次／小时。年内，完成旅客出入境累计0.3万人次，飞机出入境40架次。

【防城港口岸】 防城港口岸于1983年7月正式对外籍船舶开放，是大陆海岸线最西南端的深水良港，是全国19个枢纽港之一。现有泊位27个，其中万吨级以上深水泊位12个，包括5万吨级散货专用泊位1个，2.5万吨级集装箱专用泊位1个，库场面积100万平方米，铁路、钦防高速公路直达码头库场。防城港已建成粮食、石油中转和化肥、水泥、矿石、化工等外贸出口基地，开通了直达新加坡、日本、香港、深圳等国内外中转集装箱班轮航线，港口年通过能力1089万吨，口岸年进出口货运量由1983年7月对外开放第一年的1.44万吨至2001年的1003万吨，吞吐量年均增长12%，是广西第一大口岸。年内，完成进出口货运量924.4万吨，出入境船舶1106艘次，以外国籍船舶为主；完成集装箱20123个标准箱，货重20.4万吨。

【北海港口岸】 北海港口岸位于北部湾东北部，是中国对外开放最早的“通商口岸”之一。自1950年6月以来，一直对国际航行的中、外籍船舶开放。口岸的范围是：北界线：北纬21°31′00″向东延伸至东经109°08′55″；南界线：北纬21°23′15″；东界线：109°05′00″向北延伸至岸线止；西界线：东经108°59′36″。北海港口岸外航道长15374米，水深7.8米，平均宽100米，第一作业区内航道长1200米，水深3米，平均宽60米；第二作业区航道长1300米，水深7.8米，平均宽130米。港内潮汐为正规日潮，最大潮差5.36米，平均潮差2.49米。码头岸线长810米，现有泊位9个，其中2个万吨级泊位，1个2万吨级泊位，1个3.5万吨级泊位。建有仓库9605平方米，堆场75531平方米，有门吊、车吊、拖车、铲车等各种机械运输工具共60多台（套）。北海口岸目前与世界98个国家和地区的218个港口有海运业务往来。口岸第三作业区铁山港已列入国家口岸开放“十五”规划。年内完成货运总量251.88万吨，其中进出口完成95.59万吨；出入境船舶639艘次，其中，外国籍165艘次；集装箱出入境完成1.08万个标准，货物重量8.10万吨。客运码头出入境人员累计6.4万人次，其中入境人员3.213万人次，出境人员3.21万人次，出入境船舶296艘次。

【钦州港口岸】 钦州港口岸是1994年批准设立的国家一类口岸，1997年6月18日正式对外开放。口岸濒临北部湾，处于南宁、北海、防城三地之间的轴心点。钦州港三面环山，不淤不冻，港池阔，平均深度11米，码头岸线长5500米。现有万吨级码头4个，其中3万吨级码头1个，水深11.4米，其余3个万吨级码头水深9.4米；5千吨级码头1个，水深7.2米，中、小码头多个。建成仓库面积11.3万平方米，堆场面积15万平方米，外籍船舶进出港航道长24公里。泊位码头设置有吊机5台，叉车20台，装卸机40台，架设有2×800千伏安供电线路1条，接通200mm供水管网，安装有国内领先水平的GPS航道卫星导航系统。口岸区旁有桂林至北海、钦州至防城高速公路，南宁至钦州二级公路，钦州至（灵山）陆屋一级公路通过。进港公路为一级公路，全长27.5公里；进港铁路已延伸到码头前沿。目前3万吨级航道疏浚工程即将完成，5万吨级航道疏浚工程正在抓紧实施。国家批准开放的果子山港边地贸口岸在钦州港区内。 年内，完成货物吞吐量181.2万吨，其中进出口货物31.14万吨；完成集装箱63个标准箱，732吨，出入境外籍船舶698艘次。

【江山港口岸】 江山港边地贸口岸于1995年2月正式对外开放。口岸位于防城港市防城区南面，西南与越南隔海相望，海路距越南万柱3海里。该口岸只对1000吨级以下的中国籍和越南籍船舶开放。口岸区总面积9平方公里。该港海面宽阔，水深浪小，不淤不冻，避风性好，丰水期深11.3米，枯水期深7米，大潮期可泊万吨货船2艘。现有泊位8个，可停靠1万级吨货船，年吞吐能力达130万吨，码头长325米，堆场2000平方米，临时仓库600平方米，有2500平方米的停车场。口岸设立监管区，实行一条龙服务，有海产品交易综合市场、油库等设施。对外开放后，1997年至2001年保持了平均增长16.02%的增长态势，带动了防城区沿海农村经济的发展。 年内，完成进出口货物10.37万吨，其中进口9.92万吨；进出口货物总值3654.76万元，其中进口3331.26万元，出口323.5万元；进出外籍船舶4748艘次。

【企沙港口岸】 企沙港边地贸口岸于1994年10月正式对外开放。该口岸位于防城港市港口区企沙镇东侧，南与越南隔海相望，东面与钦州港、北海港相距11海里、31海里，西与防城港相距12海里，北面陆路交通便利。该口岸只对1000吨级以下的中国籍和越南籍船舶开放。港内建有渔监码头、卫东码头、德成码头、水产码头、大万码头等5个码头，千吨级泊位8个，500吨级泊位10个，年吞吐能力120万吨。企沙港作为防城港1000吨以下货轮的杂货专用港，是大西南出海通道的重要边地贸口岸。年内，进出口货物累计完成11.7万吨，其中进口货物完成7.55万吨，出口货物完成4.15万吨，出入境船舶累计1654艘次。

【石头埠港口岸】 石头埠港边地贸口岸是1994年月10月经国务院批准于1995年开放的北海市第三个一类口岸。该口岸只对1000吨级以下的中国籍和越南籍船舶开放。石头埠港距北海市区45公里，一级公路从北海市区直通码头。该口岸港湾呈S型，南北走向，纵深40公里，东西平均宽度约4公里，出海口宽约7公里，是半封闭的内海。目前有2个1000吨级泊位，年吞吐量为9.8万吨。码头陆地面积1.8平方公里，堆场面积12万平方米，有4台固定塔吊，4台汽车吊，日装卸能力2000吨，有2座仓库，容积为1200立方米。年内，进出货物累计完成5万吨，全部为进口货物。

【梧州港口岸】 梧州港口岸1982年对外开放，为限国轮进出的内河港口，具有百多年的对外贸易历史。梧州口岸现有2个货物监管码头，仓库堆场近33万平方米，年吞吐能力80万吨。其中李家庄码头年通过能力为30万吨，2.5万只集装箱，库场面积1.2万平方米；河西集装箱码头年通过能力50万吨，2万只集装箱，库场面积3.6万平方米。口岸经营港澳航线船务公司10家，运输船舶150艘，运力5万吨。年内，完成进出口货物20万吨，集装箱1.7万个标箱。

【柳州港口岸】 柳州港口岸位于广西中部偏东北， 1988年正式对外开放，为限国轮进出的内河港口。柳州港口岸现有鹧鸪江港口码头和武宣双狮港口码头，鹧鸪江港口码头1992年2月动工兴建，占地447.2亩，建设规模年吞吐量120万吨，2个1000吨级、2个500吨级泊位，计划分二期施工。一期工程已于2001年5月完工投入使用，建设1个1000吨集装箱泊位，1个500吨级散货泊位，年吞吐量50万吨；二期工程将于2003年开工。1999年10月在武宣县双狮港口码头建设了口岸监管区，形成了丰水期在鹧鸪江港口码头、枯水期在武宣双狮港口码头通关营运方式。年内，完成进出口货物8.04万吨，以出口货物为主。

【贵港口岸】 贵港口岸1992年3月对外开放，为限国轮进出的内河港口。位于广西东南部，南宁至广州西江航道上游，黎湛铁路与西江航道交汇处。河岸平直，常年水深保持在5米以上，可通行1000吨级的船舶。港口吞吐量570

万吨，主要分为2个作业区，市区下游6公里的猫儿山新港已建成3个1000吨级泊位，港区面积21万平方米，拥有现代化的装船机等设备，每小时可装卸煤炭、矿石2000吨；罗泊湾作业区现有集装箱码头1个，50吨装卸桥吊1座，10吨桥吊2座，另有散装货物码头1个，码头可停泊1500吨位货轮，仓库面积1.7万平方米，货场面积6.5万平方米，拥有铲车、钗车、缆车、吊车、钩机、翻斗汽车等设备41台，铁路直通码头，有高等级公路与区内外各主要城市联系，货物运输十分方便。年内，进出口货物完成13.3万吨，进出口货值1887.4万美元。

【凭祥铁路口岸】 凭祥铁路口岸，是中国通往越南最大的陆运口岸，是湘桂铁路的终点，与越南铁路相接。凭祥口岸肩负着中越两国之间国家贸易、地方贸易和旅客进出境业务，1952年开始设置外运机构。1955年8月，中越国际联运正式开办货运、客运，1978年中越两国关系紧张，口岸关闭，联运中断，1996年2月12日恢复开放。凭祥铁路口岸站区内设立40股道标准轨，窄轨铺轨总长13.2公里，站线铺轨21.61公里，占地1.8平方公里；建设生产用房7467平方米，生活用房5820平方米，货物站台3500平方米，旅客站台3840平方米，候车室280平方米，货仓420平方米；准轨客车1397辆，窄轨客车142辆，换装能力111.8万吨，其中机械54万吨，人力57.8万吨。为了方便联运，凭祥口岸路段铺有可通行越南机车的窄轨线，而中国的准轨线直铺至越南首都河内，构成了奇特的“三轨式”铁路，进出口货物不需要口岸换装，整车联运货物可原车过轨。 年内，出入境火车累计9276辆次，旅客累计0.9万人次，其中入境0.5万人次，出境0.4万人次，进出口货物完成15.33万吨。

【友谊关公路口岸】 友谊关公路口岸距离凭祥市区17公里，与越南高禄县同登镇相距5公里，距越南谅山市和首都河内市分别为18公里和170公里。口岸西南面有活跃的边贸互市点弄尧和浦寨，北面是湘桂铁路的终点。口岸现有联检大楼3000多平方米，出入境通道6条，距口岸约11公里处有一面积为3500多平方米的南山验货场。该口岸于1953年开通，1958年建成雄伟的友谊关楼，成为闻名全国的九大名关之一。1979年因中越两国关系紧张而关闭。1992年4月1日，经国务院批准，恢复友谊关口岸对外开放。年内，出入境旅客累计22.8万人次，其中出境旅客11.6万人次，入境旅客11.2万人次。进出口货物累计完成30.5万吨，其中，进口货物完成17.2万吨，出口货物完成13.3万吨，机动车出入境累计5.8万辆次。

【东兴公路口岸】 东兴陆运口岸于1958年对外开放，1979年因中越两国关系紧张而关闭，1994年4月正式恢复对第三国人员开放。位于防城港市东兴市，地处中越边境，与越南芒街仅一河之隔。口岸现有封闭式监管区1万平方米，出入境查验大厅2240平方米，出入境人员查验通道1140平方米，人员通过能力为2万人次／日，车辆通过能力为200辆次／日。口岸查验货场在罗浮货场，占地面积3.3万平方米，查验工作用房800平方米，堆场面积2000平方米，货场仓储400平方米，车辆周转量300辆／日。自1994年恢复对外开放以来，口岸出入境人员每年以10%的速度递增，1997年为210万人次，1998年为230万人次，1999年为260万人次（其中旅游人员43.8万人次）。出入境贸易货物总值及加工工业也迅速发展，成为中越边境热点地区。此外，东兴口岸还下辖江山边地贸口岸的潭吉作业区，该区拥有200吨级泊位16个，500吨级泊位2个，是越南煤炭及其他边贸货物进入中国的主要码头。 年内，出入境人员累计227.4万人次，其中，入境人员112.4万人次，出境人员115万人次，游客出入境46.5万人次；机动车出入境累计1.1万辆次，出入境车辆各占一半；完成货物进出口16.63万吨，其中进口13.18万吨，占79.3%。

【水口公路口岸】 水口公路陆运口岸位于广西龙州县西部与越南交界的边境线上，介于西路23号至24号界碑之间。水口关是广西最早与越南进行民间贸易的关口，与越南驮隆口岸仅一河之隔。水口口岸于1952年2月对外开放，1979年因中越两国关系紧张而关闭，1993年12月1日恢复开通，为中越双方人员进出的口岸，货运年吞吐能力100万吨。年内，完成货物进出口12.9万吨，其中进口8.7万吨，出口4.2万吨；进出口货物总值11030.55万元；出入境人员10.37万人次；，进出境交通运输工具18826辆次。

二类口岸

广西的二类口岸主要设在与越南接壤的边境市县，50年代就陆续开通了7个二类口岸，因中越关系紧张，1979年全部关闭。1991年中越两国政府签订了《处理边境事务临时协定》，规定在我国边境开设峒中、爱店、平而、科甲、硕龙、岳圩、龙邦、平孟等8个边境二类口岸，由于边界尚未划定、交通滞后等原因，目前只有龙邦、平孟口岸正式开放。

【平孟公路口岸】 平孟公路口岸于1952年10月对外开放。口岸位于那坡县平孟镇人民政府所在地，中越边界第114号界碑处，距那坡县城78公里，距越南河内200公里。口岸有公路通往国内外，交通十分便利。该口岸1979年因中越关系紧张而中断使用，直至1996年8月才恢复对外开通，成为我国西南地区通往东南亚的一个重要通道。口岸自建成恢复开放以来，一直是国内外经济贸易活动窗口，对越边境贸易的辐射面由原来的一省三县发展到现在的六省两市十三县，经营方式也由以物易物小额贸易发展成为转口贸易，年内口岸过货量5.52万吨，出入境人员2.84万人次，口岸成交额为2018万元。

【龙邦公路口岸】 龙邦公路口岸是边境陆路口岸，位于广西靖西县龙邦镇护龙村南部中越边界西路94号界碑北侧30米处（座标：31355），距靖西县城42公里，距百色市221公里，距越南茶岭县城5公里，距越南首都河内320公里，有国道直通，交通便利。该口岸于1954年正式开放，1978年底因中越关系紧张而关闭，1996年8月20日恢复开放。年内，完成边贸额1.8亿元，出入境人员3.8万人次，出入境机动车累计2.25万辆次，进出口货物11万吨，其中进口9.6万吨，出口1.4万吨。

【南宁港口岸】 南宁港口岸位于广西首府南宁市内，地处珠江流域西江水系中上游，东经108°22′，北纬22°48′，1987年正式对外开放。口岸现有二个作业区，即北大作业区、上尧作业区。其中北大作业区已建成立式件、杂货码头泊位3个，靠泊能力为300吨级货轮，年吞吐量为35万吨。1990年建成集装箱码头泊位，可停靠一艘1000吨级货轮或两艘500吨级货轮，年吞吐量为1.5万标箱。作业区配有35吨岸壁吊1台，5吨岸壁吊4台和流动机械。仓库面积5000平方米，堆场2万平方米，港内设有海关监管区。上尧作业区是铁路、水路、公路联运综合码头，肩负云、贵、川出口货物在南宁的集散以及南宁市铁路、公路、水路货物的装卸联运。作业区有4个泊位，靠泊能力为300吨级货轮，年吞吐量为40万吨。年内，完成进出口货物5.11万吨，其中进口0.71万吨，出口4.4万吨。.

广西口岸边贸概况

广西开展对越边境贸易，除利用边境一、二类口岸及江山、企沙、果子山、石头埠等4个沿海港口口岸进行外，还开通了25个边民互市贸易点。广西边境贸易于1989年逐渐恢复，1991年11月中越两国恢复正常化关系后，在国家优惠政策的扶持下发展迅速，边贸成交额稳步上升。1989年边贸成交额仅4.5亿元（人民币，下同），2000年已达到37亿多元，1989至2000年广西边贸成交总额300亿元，其中凭祥、东兴两市边贸成交额占全广西的60%，凭祥市的浦寨、东兴市的东兴互市点成为广西对越边贸最大的两个边民互市贸易点。边贸出口的主要商品有小型农机具、建筑材料、农用物资、食品、纺织品、小五金、日用百货等；进口的主要商品有农副产品、海产品、食用植物油、黑色金属矿产品、煤等。据海关统计，年内，广西边境小额贸易进出口额为16708万美元，同比增长11.2%。其中：出口5751万美元，同比下降31.1%；进口10957万美元，增长64.4%。各边境市、县（区）边贸进出口额依次为：凭祥市15022.5万美元，东兴市12911.5万美元，防城港市防城区6511万美元，靖西县2139万美元，龙州县1995万美元，宁明县1934.7万美元，防城港市1803万美元，防城港市港口区1463.4万美元，那坡县243.3万美元。边贸出口商品所占的比重依次为：纺织品类占29.66%，日用杂品类占27.59%，食品饮料类占15.25%，五金交电占10.15%，建筑材料占9.15%，农用物资占4.91%，机电产品占3.3%。进口商品所占比重依次为：农副土特林产品占75.6%，矿产品占3.71%，其他类占20.69%。年内，广西边贸运行总的特点为：边境小额贸易出口额同比下降较大，而进口额同比大幅度增长；边民互市贸易出口额与上年基本持平，进口额则有较大下降；进出口贸易继续保持顺差，但差额减少；边境贸易维持传统的进出口商品结构。广西各级党委、政府和有关部门一贯重视边贸的发展。在加强边贸软环境建设方面，1999年自治区人民政府专门下发清理规范边贸收费的通知，对边贸收费的项目和标准进行了规定，取消了2项不合法收费、调整了3项不合理收费，降低或规范了部分收费标准以及规范各部门的收费行为，并明确可收可不收的费用不收和在标准内从低收费的原则。通过清理整顿收费秩序，打击乱收费，使边贸经营环境得到明显的净化。在改善边贸经营的硬环境方面，经过10年的投资建设，边境口岸和边民互市贸易点的道路交通、通信、市场、验货场以及口岸联检设施等基础设施条件已有了较大的改善。

广西口岸大事记

1月1日广西边防总队下属的东兴、凭祥办证点正式启用《中华人民共和国出入境通行证管理系统》。

1月14日全国政协副主席罗豪才在广西区政协副主席袁正中的陪同下，视察了友谊关口岸，看望并慰问了驻友谊关口岸武警边防部队官兵和在口岸工作的边检、海关和检验检疫等联检部门的干部职工。

1月15日南宁海关全面实施新的通关作业管理模式。

1月18日自治区经贸委、口岸办召开迎春座谈会，自治区人民政府副主席张文学出席了会议。参加会议的有：南宁海关、广西边防局、广西检验检疫局、广西海事局、自治区外事办、外经贸厅、交通厅、财政厅等单位领导。

1月30日经公安部边防局批准，北海边防检查站监护中队、友谊关边防检查站监护二中队被评为“全国公安边防部队基层建设标兵单位”。

2月6日至8日国家交通部和自治区人民政府在防城港市召开《防城港总体规划》审查会，参加会议的有国家交通部、国家计委、中国国际工程咨询公司、三航院、自治区交通厅、计委等单位的领导、专家60多人。

2月23日自治区人民政府副主席袁凤兰岚率广西旅游大篷车世纪巡视考察团一行三百人，到防城港市东兴口岸考察。

3月21日桂林市召开“桂林口岸实施外国游客落地签证情况通报会”，

4月1日起，凡与我国有外交关系或官方贸易往来国家的旅游团体或个人，只要持有普通护照或其他国际旅游证件，可在航班抵达两江国际机场后，直接在桂林口岸公安签证处办理入境签证。

3月27日－4月3日海关总署党组成员黄汝凤、督察办主任孙亚一等一行3人先后到南宁、水口、凭祥、东兴、防城、北海和桂林海关对南宁海关的关务公开和督察工作开展情况进行调研。期间，总署党组成员黄汝凤还会见了自治区政府张文学副主席。

4月2日国家民委党组书记、副主任牟本理与全国“兴边富民行动”现场会代表在自治区人民政府副主席周明甫的陪同下考察友谊关口岸，了解口岸工作情况。

4月8-15日以全国政协副主席周铁农为组长的全国政协社会和法制委员会广西考察组一行15人在南宁海关就当前打击走私工作情况进行考察。

4月22日广西壮族自治区人民政府成立了广西“口岸电子执法系统”推广工作协调指导小组和协调小组办公室。

5月10日至5月25日广西“口岸电子执法系统”制发卡工作集中在南宁海关进行。

4月30日交通部与地方联合工作组双方签署了人财务划转交接协议，

5月1日广西海事局各分支机构正式对外办公。

5月11日 柳州口岸鹧鸪江码头通过了自治区口岸办公室、南宁海关、广西边防局、广西出入境检验检疫局、广西海事局等部门组织的验收，并正式投入使用。

6月2日中央金融工委研究室主任刘德福博士到友谊关口岸、浦寨国际商业城考察。

6月3-8日海关总署牟新生署长在总署办公厅黄胜强主任等陪同下到南宁海关检查指导工作，并先后视察了东兴、防城、北海海关及侦查支局业务工作现场；在南宁海关关长邹志武陪同下考察了百色地区口岸工作。期间分别会见了自治区政府李兆焯主席、袁凤兰副主席。

6月5日以国家安全生产管理局王泽学副局长为组长的国家安全生产督查组一行10人到东兴检查东兴口岸安全生产工作。

6月17日自治区党委副书记刘奇葆和自治区党委宣传部副部长赵凯视察了友谊关口岸。

7月3日至4日加拿大移民处主任柯博思先生和澳大利亚驻广州总领事馆官员黎先生在南宁与南宁边防检查站的领导就双方如何共同打击跨国犯罪与非法出入境问题进行了交流、探讨和合作。

7月18日至28日广西边防局首次在全区边防检查站开展边防检查岗位资格考核，全区共有249人参加考核。

8月8日桂林两江国际机场开通了桂林市至菲律宾拉瓦格市包机航线。

8月10日外交部党委书记、副部长李肇星一行，在自治区副主席张文学的陪同下，到东兴口岸进行了视察。

8月13日贵港口岸首次开通贵港至香港每周一班的集装箱定期航班。

8月20日至21日自治区政府副主席张文学率领自治区计委、经贸委、外经贸厅、外资办、外商投诉中心、国土资源厅、国税局、南宁海关等部门的领导到贵港市召开现场办公会。

9月8日作为旧中国关税主权外丧的物证以及北海市近代西式建筑群之一的北海海关大楼旧址被国务院确定为全国重点文物保护单位。北海海关大楼旧址建于1883年，1994年被定为自治区文物保护单位。

10月9日应越南胡志明市青年团的邀请，团中央书记处第一书记周强和书记处书记黄丹华率中国青年代表团一行85人，经凭祥口岸赴越南访问。

10月17-18日以外经贸部研究院副院长刘宝荣为组长，亚非研究部李光辉副主任、宋志勇为成员的外经贸部研究院广西边贸调研组在凭祥就“入世”后我国边贸政策的调整方向开展调研。

10月17日至21日全国对越国际联运业务研讨会在凭祥召开。这次会议是经中国对外贸易运输总公司批准，由中国外运和广西国际货运代理协会联合举办的。参加此次研讨会的有国家铁道部、中国外运总公司、区外经贸厅、越南外运总公司、柳州铁路局、凭祥市政府及凭祥市口岸各部门。

10月23日上午中越边境贸易（国家级）考察团一行14人到东兴口岸进行考察。中方考察组由外经贸部亚洲司司长王炳辛同志带领，6名成员分别来自外经贸部、中国驻越大使馆、国家税务总局、国家计委以及海关总署委托参加考察的昆明、南宁海关。越南考察组由越南贸易部亚太司司长武怀水带领。

11月3日下午以越南公安部副部长斐国辉少将为团长的越南公安代表团一行8人，结束对我武警部队的访问后，从东兴口岸回国。

11月6日防城港5万吨级进港航道工程可行性报告通过专家评估。

11月11日上午参加“2001年构建南贵昆经济区工作研讨会”的代表在国务院西部办综合组副司长田唯的率领

下，一行18人到防城港考察。

11月22日由南宁海关组织，湛江、海口海关协助举办的北部湾缉私汇报演练在北海深水港码头举行，这是建国以来海关历史上规模最大的一次缉私技能演练。海关总署盛光祖副署长、自治区政府陈武副秘书长、地方党政部门负责人及南宁海关和各关区、各部门主要负责人等600多人亲临现场观摩。

12月4日以广西壮族自治区人大常委会主任赵富林为团长的自治区人大代表团从东兴口岸出境，前往越南访问。

12月21日北海至香港飞机航线恢复通航。

12月27日中越两国分别在东兴、芒街口岸举行中越陆地边界首块界碑揭幕仪式，两国外交部及边境省区领导出席仪式，公安部边防局郭顺副参谋长参加了仪式。 2001年 广西海事系统创建文明行业活动取得显著成绩，贵港海事局被国家人事部、交通部评选为全国交通系统先进集体，南宁海事局受到交通部海事局的通报表扬。

四川省

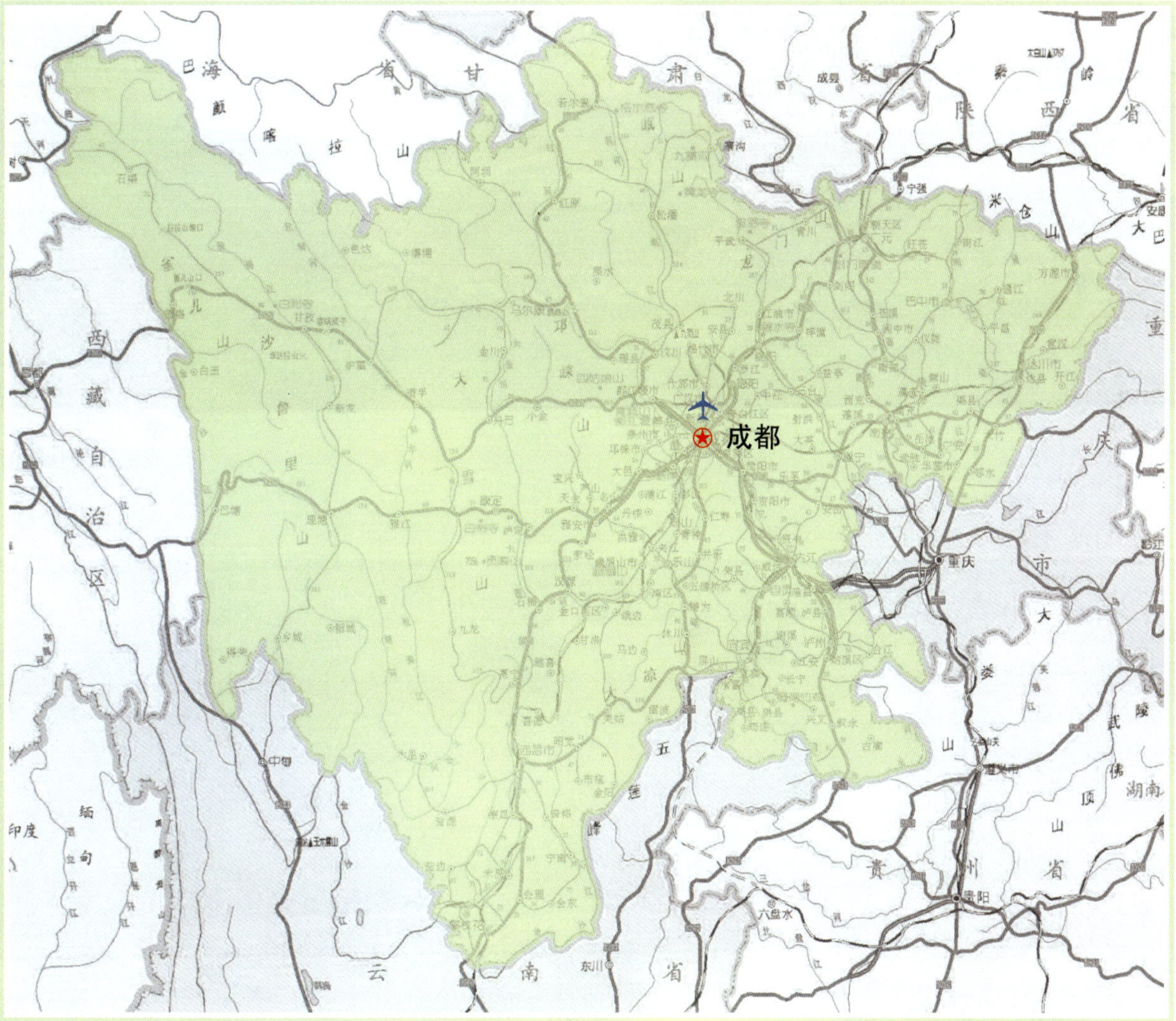

图　　例

省级行政中心　铁路口岸　公路口岸

口岸城市　航空口岸　海(河)运口岸

成都双流国际机场

四川航空口岸（成都双流国际机场）鸟瞰

四川口岸工作综述

经国务院或四川省人民政府批准，在四川省行政区内共设立7个口岸；经国家邮政总局和海关总署批准，在成都设立了“成都国际邮件互换局兼交换站”。在海关总署下发的全国“十五”口岸开放规划中，四川省西昌市青山机场将设立航空口岸。使地处内陆的四川省具备陆、水、空、邮并举的口岸开放格局，为四川开辟了走向世界的通道。

【口岸开放与客货运量】 成都航空口岸于1981年经国务院批准为开放口岸。1993年，经国务院批准对外国籍飞机开放。目前已开通成都至新加坡、成都至曼谷、成都至香港、成都至澳门、成都经澳门至台北、成都至汉城、成都至东京的定期航班；通过包机方式开通成都至俄罗斯、印度、尼泊尔、马来西亚等国际航线。2001年，通过成都航空口岸，共验放出入境飞机2989架次，比上年同期增长27%；验放出入境的中外旅客302218人次，增长8.8%；运输进出口商品6930吨，增长0.4%。

四川人民政府于1994年批准设立成都火车东站铁路口岸，1997年批准设立成都青白江铁路口岸，1998年批准设立绵阳铁路口岸。以上3个口岸均可为进出口物资办理口岸报关、报检、查验和多式联运业务。现已开通成都至上海、天津、广州、连云港、青岛等地的国际集装箱“五定”直达货运班列；也可为货主提供到达任何目的地的专列、整车及零担运输服务。攀枝花铁路口岸经四川省人民政府1994年批准设立，口岸联检大楼正在建设之中，口岸的海关、检验检疫局已挂牌成立。全年，通过成都火车东站铁路口岸、成都青白江铁路口岸、绵阳铁路口岸共运输外贸物资31.20万吨，同比增长145%（其中：成都火车东站铁路口岸18.47万吨，增长32%；成都青白江铁路口岸9.19万吨，增长111%；绵阳铁路口岸3.58万吨，下降12.6%）；共运输国际集装箱23729个标箱，增长80%（其中：成都火车东站铁路口岸12444个标箱，增长312%；成都青白江铁路口岸9052个标箱，增长37%；绵阳铁路口岸2233个标箱，下降36.8%）。经四川省人民政府1997年批准设立的泸州水运口岸已于4月投入试营运，计划于2002年正式开港投入营运。经四川省人民政府1997年批准设立的成都公路口岸正在建设中。经国家邮政总局和海关总署批准的成都国际邮件互换局，目前已同日本、美国、韩国、新加坡及香港的20多个城市建立了国际邮件、邮品特快直通关系。还同荷兰的TNT公司合作，开办了“中速快件”业务，实现了四川同南亚、欧洲、非洲的国际邮件、邮品的相互传递。全年，成都国际邮件互换局、成都海关驻邮办事处，总计交换、监管进出境国际邮件总包11.34万袋、283万件，分别增长0.3%、3%。

【口岸签证】 四川省公安厅口岸签证办公室（成都双流国际机场国际联检厅内），经国务院、公安部批准，根据国家政策可为境外人员在口岸现场办理签证。全年，在成都航空口岸，为入境外籍人员、旅游团（组）7801人办理了口岸签证。

【口岸服务与保障】 年内，四川省口岸各部门，积极为四川省组织的各种大型涉外活动和对外友好往来，提供了保障和优质服务。全年共为出入境的国内外重要团组135批、2639人次提供了口岸礼遇和乘机方便。四川省及成都市举行 “中国西部博洽会”、“中国2001年四川国际电视节”、“2001四川（成都）—台湾电子信息合作与发展论坛”等大型涉外会议时，成都空运口岸为参会人员和物资进出境，提供了口岸礼遇、业务保障。为通过成都航空口岸进出境的外国政府代表团、外商团（组）提供了良好的通关服务和口岸礼遇。为四川省井研县冻猪肉出口新加坡提供了运输、检验、通关支持。

【新增航线】 在各口岸部门的大力支持下，中国西南航空公司于4月16日、韩国韩亚航空公司于4月18日先后顺利开通了“成都—汉城”的定期航班，为四川开辟了直飞东亚的第一条航线。

【口岸建设】 根据省委、省政府领导的指示，省政府口岸办公室会同民航西南管理局、成都双流国际机场，研究制定了利用机场旧候机楼改造为“国际线”的方案。该项目已获得省级有关部门的批准及资金补贴，计划2002年4月完成改造并投入使用。

【积极参与省“改善对外开放环境年”活动】 四川省政府部署开展“改善对外开放环境年”活动，口岸系统各部门积极响应。一是制定贯彻措施，建立制度；二是坚持深入基层，及时为涉外企业单位解决问题；三是认真参与支持30个重点出口企业和10个重点出口县的有关工作；四是改进工作作风，实行“五天上班，七天服务”的制度；五是改善各口岸基础设施条件，创造更好的口岸环境；六是按国务院要求，顺利实施口岸电子执法系统的推广工作；七是成都海关配合成都市政府，完成了成都出口加工区的建设，并于6月22日通过国家验收；八是四川出入境检验检疫局切实发挥职能作用，使井研县的有关企业实现了冻猪肉出口新加坡（全国第二家，西南第一家）；九是成都海关在海关总署和有关口岸海关的支持下，成功实现了“两水两路”通关试点和跨关区快速通关工作，大大提高了口岸运作效率，使通过铁路运输的出口物资的平均回执时间缩短到15天（最快为10天），比过去正常的回执时间加快了15—20天，缩短了企业出口商品后的退税、结汇时间，增加了出口效益。

【口岸专项工作】 继续向国家争取有利于四川对外开放的口岸政策。为争取国家批准在凉山州西昌青山机场开设航空口岸，四川省政府分管副省长率领有关部门两次赴京汇报并向来川考察工作的海关总署和国家口岸主管部门汇报，开设西昌航空口岸已列入“十五”口岸开放规划。争取在泸州设立海关机构，已获海关总署的同意。

2001年四川省口岸运行情况

名称	项目	单位	2001年	2000年	同比增长	备注
航空口岸	进出境飞机	架次	2989	2354	27%	
	进出境人员		302218	277774	8.8%	
	进出境货物	吨	6930	6902	0.4%	
	落地签证人员	人次	7801	45	172.35%	2000年10月下旬才开始执行此政策
铁路口岸	进出境货物	吨	312000	127347	145%	
	国际集装箱	标箱	23729	13183	80%	
水运口岸	出口货物	吨	300			2000年试营运
	国际集装箱	标箱	12			
	国际邮件	件	283（万）	275（万）	3%	

四川口岸查验单位工作综述

成都海关

2001年，成都海关认真贯彻党中央、国务院关于海关工作的重要指示，树立“依法行政、为国把关、服务经济、促进发展”的业务指导思想，加强队伍建设，深化各项改革，较好地完成了各项任务，推动了四川省对外经济贸易健康发展。

全年，监管进出口货物138538吨，与上年同期相比（下同）增长2.05%，其中，进口货物92750吨，出口货物45788吨，分别增长0.41%和5.54%。进出口货物总值148236万美元，增长19.72%，其中，进口货物总值113624万美元，出口货物总值34612万美元，分别增长35.88%和减少13.91%。验放出入境旅客行李物品332317人次，增长4.79%。征收关税53732万元，进口环节税102792万元，分别增长21.90%和32.61%。查获各类走私违规案件79起，案值4715万元，各种罚没收入643.5万元。监管进出口车皮606个，减少77.68%。监管进出口集装箱10506标箱，增长1.63%。监管进出境飞机2989架次，增长27%。验放邮递物品1194366件，增长7.03%，其中进口928991件，增长17.04%；出口265375件，减少17.63%。

年内，全面推行通关作业改革和机构改革。按新的通关模式运转，重新调整机构和职能，进一步理顺工作关系，增强监管总体效能，提高依法执政水平。

积极参与西部大开发，为四川经济跨越式发展服务。一是制定了支持西部大开发的“六好”工作措施；二是及时推出支持外贸扩大出口的7条措施；三是认真推行几项改革举措，优化通关环境，提高通关效率。积极推行运用“口岸电子执法系统”，年内共为733家企业办理1750张IC卡，使企业能通过网上方便办理收付汇手续。实施“两水两路”通关和跨关区快速通关改革，通关效率明显提高，一般通关时间比以往缩短3—5天。签发退税报关单时间也缩短了一半，企业反映较好。

打击走私违法活动，做到打防结合，突出重点。综合运用行政执法和刑事执法手段，保持打私高压态势。全年共查获走私案件案值284.7万元，缉私罚没收入181.5万元，查获违规案件案值4430.3万元，其它罚没收入462万元。

2001 年成都海关工作统计表

		年份	数额	单位	增长率
实际征收关税总额		2000	441356999	人民币（亿）	
		2001	538312800	人民币（亿）	21.97%
进出口货物总值		2000	1238214713	美元（亿）	
		2001	1482361524	美元（亿）	19.72%
其中进口总值		2000	836182973	美元（亿）	
		2001	1136242341	美元（亿）	35.88%
其中出口总值		2000	402031740	美元（亿）	
		2001	346119183	美元（亿）	-13.91%
监管进出口飞机		2000	2354	架次	
		2001	2989	架次	27%
进出口货物总量		2000	135756	吨	
		2001	138538	吨	2.05%
其中进口货物		2000	92371	吨	
		2001	92750	吨	0.41%
其中出口货物		2000	43385	吨	
		2001	45788	吨	5.54%
侦查机关立案案件		2001	2	起	
查获走私	案件	2001	79	起	
	案值	2001	4715	人民币（万）	

四川省边防局

2001年，四川省边防局在公安部和四川省公安厅的领导下，紧紧围绕边检执勤工作，坚持严格执法、热情服务，进一步规范勤务管理，深化勤务改革，加大科技应用，增强依法执勤能力，坚决维护国家安全、社会稳定和正常的出入境环境，为四川改革开放和经济发展作出了积极贡献。

全年，共查验出入境航班2989架次，与上年同期相比增长27%。人员337047人次，增长8.8%，其中旅客302218人次，员工34829人次。查获偷渡案件14起、39人，接收办理境外遣返案件6批、6名，依法查处违犯出入境边防法律、法规405人次，间接为国家挽回经济损失3000万元。

一年来，四川省边防局紧紧围绕西部大开发，积极开展“树新风”活动，开展文明执勤，优质、高效服务，充分发挥口岸优势，努力为西部大开发树立良好的口岸形象。

2001 年四川省边防检查站工作统计表

项目 名称	单位	2001 年	2000 年	增长率
查验出入境飞机	架次	2989	2354	27%
查验出入境人员	人次	302218	277774	8.8%
查获偷渡案件	起	14（39人）		

四川出入境检验检疫局

四川出入境检验检疫局，分别在四川省绵阳、乐山、攀枝花、南充、泸州、内江、达州、广元市设立检验检疫分支机构。

在国家质检总局的领导下，坚持“忠于职守、勇于负责、严格把关、保国安民”的十六字方针，围绕国家质检总局确定的工作方针和工作任务，立足四川检验检疫实际，实施“三二一”工程，在事业单位推行新的管理模式，全面推动检验检疫各项工作，为四川经济实现新的跨越做出了积极的贡献。

全年共检验进出口商品12844批，货值89493万美元。其中进口商品1841批，货值35030万美元；出口商品11003批，货值54463万美元；发现不合格进口商品220批，货值972万美元，不合格出口商品129批，货值200万美元；对41438名出入境人员进行了疾病监测体检和预防接种，查出各种传染病患者280人；检疫进出境动植物及产品2637批，货值7876万美元；检疫运输工具2653架／节，集装箱2749标箱，美日进境木质包装215批、9217个，薰蒸处理监督出境木质包装571批、14112个；签发普惠制产地证书5381份，一般产地证书1009份，签证金额分别为18370万美元和4928万美元。

推行政务公开。在报检大厅设置触摸屏，将检验检疫有关工作程序、工作职责、机构设置、法律法规、收费标准等予以公开。将党组会议有关决议和内容定期向全体干部、职工通报；将干部任前公示、后备干部公示、干部民主推荐情况等内容向职工公布；实施政府采购，制定《四川出入境检验检疫局政府采购实施办法》，根据采购目的不同，组成相应的政府采购小组进行采购。

抓好党风廉政建设和反腐败工作。一是严格执行领导干部廉洁自律各项规定；二是继续坚持党风廉政建设责任制，层层签订责任书，明确责任主体，做到“一岗双责”，严格责任追究，把党风廉政建设责任制作为一项政治纪律严格执行；三是加大违法违纪案件的查办力度；四是制定了《违反出入境检验检疫执法和廉政纪律行政处分暂行办法》，进一步完善对一线检验检疫人员的监督制约机制。

加大教育培训力度，不断提高业务水平。制定了《2001年—2005年四川出入境检验检疫局系统干部教育培训计划》、《四川出入境检验检疫局职工教育培训管理暂行规定》，逐步实现教育培训管理科学化、制度化和规范化。举办了庆“五.一”检验检疫知识竞赛活动。加强了WTO的学习培训，于5月份举办了WTO知识讲座，陈博文局长为全体职工作了题为《WTO与中国检验检疫》的专题知识讲座。

2001年四川出入境检验检疫局工作统计表

<table>
<tr><th></th><th>总数</th><th colspan="2">货值（万美元）</th><th>不合格</th><th>货值（万美元）</th></tr>
<tr><td>出口商品检验</td><td>1103批</td><td colspan="2">54463</td><td>129批</td><td>200</td></tr>
<tr><td>进口商品检验</td><td>1841批</td><td colspan="2">35030</td><td>220批</td><td>972</td></tr>
<tr><td>签发普惠制产地证书</td><td>5381份</td><td rowspan="2">签证金额</td><td>18370</td><td></td><td></td></tr>
<tr><td>签发一般产地证书</td><td>1009份</td><td>4928</td><td></td><td></td></tr>
<tr><td>检验进出境动植物及产品</td><td>2637批</td><td colspan="2">7876</td><td></td><td></td></tr>
<tr><td>进境木质包装检疫</td><td>215批</td><td colspan="2">9217（个）</td><td></td><td></td></tr>
<tr><td>出境木质包装检疫</td><td>571批</td><td colspan="2">14112（个）</td><td></td><td></td></tr>
<tr><td rowspan="2">进出境运输工具卫生检疫</td><td>运输工具</td><td colspan="2">2653架／节</td><td rowspan="2"></td><td rowspan="2"></td></tr>
<tr><td>集装箱</td><td colspan="2">2749（标箱）</td></tr>
<tr><td>对出入境人员疾病监测</td><td>41438人</td><td>发现疾病</td><td>280人</td><td></td><td></td></tr>
</table>

四川口岸概况

一类口岸

【成都航空口岸】 在成都市南郊双流国际机场内，距市区 13 公里。成都双流国际机场是中国西部地区的航空枢纽港，1981 年经国务院批准设立航空口岸。1993 年，经国务院批准对外国籍飞机开放并更名为国际机场。机场等级为 4E 级。国际旅检、国际货运的基础设施条件良好，国际旅客出入境厅面积为 1 万平方米，海关、边防、检验检疫、口岸签证、航空公司、银行等均在现场有办事机构。国际货运大楼对客户实行“一站式、一条龙”服务。目前每周有成都至新加坡、泰国曼谷、韩国汉城、日本东京、日本大阪、日本福冈、香港、澳门及成都经澳门至台北的定期航班。

二类口岸

【泸州口岸】 位于四川省的泸州市，在长江、沱江交汇处的泸州市龙溪口镇区域内。泸州港是四川省通江达海的第一港，全港共有各类码头 28 个，泊位 122 个。

泸州水运口岸设在泸州港国际集装箱码头，终年可通行千吨级船只。该口岸占地 400 多亩，目前建有千吨级框架直立式泊位一个，货场 6 万平方米，海关监管仓库 1000 多平方米；码头装卸设备主要有 40 吨 −25M 门式起重机和 40 吨 −30M 龙门吊各 1 台，50 吨汽车起重机、平板拖车、装载机多台。

四川口岸大事记

2001 年 12 月 19 日，是四川省开展口岸工作 10 周年纪念日。省政府口岸办公室在成都金牛宾馆召开“四川省口岸工作 10 周年座谈会”。出席会议的有：四川省副省长李达昌、省政府秘书长李洪仁、成都市副市长何绍华等省市领导口岸各部门、有关市（州）口岸办领导以及省各涉外部门的领导。会议由省政府口岸办公室主任李毅同志主持。在成都市邮资票品局、成都国际邮件互换局的大力支持下，特发行了一套“四川省口岸工作 10 周年”纪念邮册。

重庆市

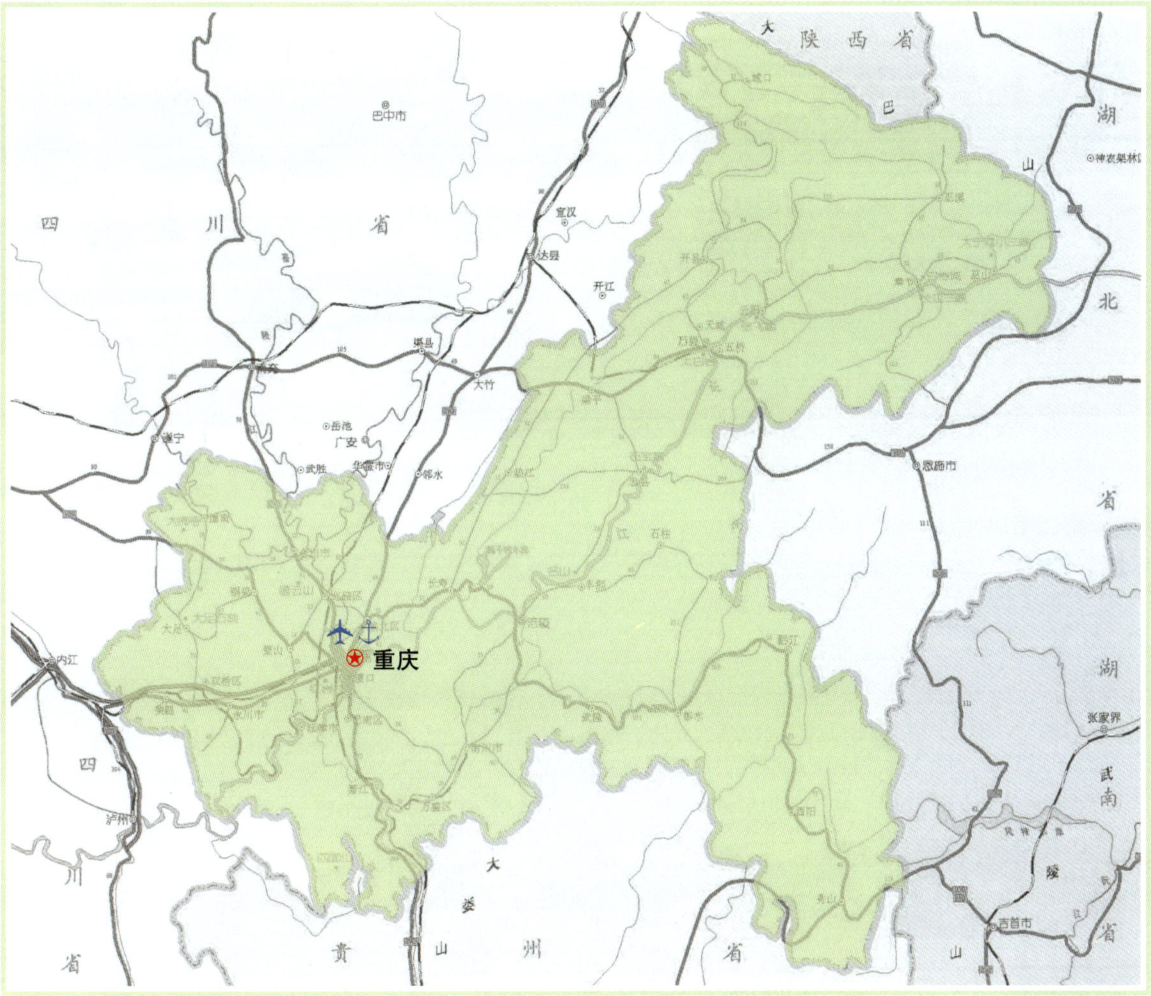

图　例

省级行政中心	口岸城市
铁路口岸	航空口岸
公路口岸	海(河)运口岸

重庆港国际集装箱码头

重庆江北国际机场候机楼

重庆口岸工作综述

2001年，重庆口岸紧紧抓住西部大开发的历史机遇，积极应对入世，团结协作，开拓进取，乘势而上，在营造良好的口岸环境、提高口岸通关效率方面取得了显著成效。

【强化口岸管理，建立协作机制，大力推进“大通关”工作】 口岸管理部门切实履行协调管理职能，及时协调解决口岸管理工作中存在的问题，充分调动口岸单位的工作热情，积极服务于全市对外经济贸易。为实现综合管理，相继建立了水运口岸季度“关、港、贸、检”联席会议制度，航空口岸季度工作会议制度和万州区的“关、港、贸、企”协作联席会议制度。解决查验单位与经营单位的矛盾和问题，理顺口岸管理秩序，推动全市“大通关”工作进程。

【建立口岸信息工作制度】 加强信息沟通坚持以信息报道的形式展现口岸建设的成果，反映口岸工作者的精神风貌，为领导决策提供参考。重庆口岸以《重庆口岸工作》月报、快报、简报、工作研究、《重庆口岸专题会议纪要》等多种形式，传递信息，沟通思想，交流工作，达到了预期的目标。2001年，全市口岸系统评选出4个信息工作先进单位和4名先进个人。

【深入实际，扎实调研，不断学习，开拓进取】 各口岸单位深入实际，调查研究，分析口岸形势，探求工作对策，为市领导科学决策提供充分依据。年初，口岸单位走访了韩亚航空公司重庆办事处，了解到这家在重庆经营不到1年的国外航空公司亏损严重，推测其极有可能在开通成都航线后停飞重庆航线，及时写出了调查报告送市领导。通过工作，成功地挽留韩亚航空公司继续在重庆营运。上半年，口岸单位通过多方调查，向兄弟省市口岸单位了解，写出了《关于重庆航空口岸国际和地区航线发展现状、问题及对策》的报告，对重庆晚报记者关于重庆国际航线条条“喊冷”的报道，进行了公正客观的分析。万州口岸单位两次到外地考察学习。年底，由市政府口岸办带队，铁路、水运口岸相关单位参加的工作组到广州、南京等地考察调研，学习先进经验，进一步完善重庆口岸软硬件环境。

【发展航空运输，扩大对外交往，促进外经外贸】 为适应加强对外交往的需要，市委、市政府高度重视发展国际和地区航线。在促使西南航空公司开通更多国际航线的同时，吸引了韩亚、澳门、港龙等境外、国外航空公司前来重庆开辟市场。年内，在市政府的直接关怀下，西航重庆公司争取到开通日本东京航线的航权，并获准增加日本名古屋航班。通过口岸各单位的勤奋工作，重庆航空口岸的软硬环境逐步得到改善，对国外航空公司的吸引力日渐增强。

【建设公路口岸，完善航空设施，构建立体口岸交通网络】 经过多年努力，成功建设了航空、铁路、水运口岸。随着全市出口大通道建设步伐的加快，建设公路口岸已成为可能。制定的重庆市口岸建设“十五”规划，明确提出建设公路二类口岸，构建航空、铁路、水运、公路俱全的立体交通运输网络。年内，开展了公路口岸建设前期准备工作，成立了公路口岸建设领导小组，征用了公路口岸建设土地，其他相关手续正在办理中。预计该口岸将于2003年底建成投入使用。航空口岸由于机场通过人员快速增加与机场设施不足的矛盾日渐突出，年内，机场开始了二期扩建工程，现扩建规划已完成，设计能力为年出入境旅客3000万人次，货物、邮件吞吐量为100万吨。近期将扩建以第二候机楼为主体的航站区，新建6万平方米航站楼、10万平方米站坪、3万平方米停车场、6000平方米货运库房及进出场公路、供电、供水、供气、排污和消防配套设施。该工程已于2001年12月开工，计划2004年10月投入使用。

2001年重庆口岸运行情况

名称 \ 项目		单位	2001年	2000年	同比增长
进出口外贸货值		亿美元	15.3635	11.2783	18.5%
水运口岸	货物	万吨	2.70226	2.31068	16.9%
	国际集装箱	标箱	21048	14193	48.3%
航空口岸	进出口货物	吨	2013	1650	22%
	出入境飞机	架次	1857	2069	-10.2%
	出入境人员	万人次	15.959	13.2258	20.7%
铁路口岸	货物	万吨	6.5941	6.3763	3.4%
	国际集装箱	标箱	2024	3198	-36.7%
	车皮	辆	1687	1425	16.2%

重庆口岸查验单位工作综述

重庆海关

2001年，重庆海关认真贯彻落实全国海关关长会议精神，坚持“依法行政，为国把关，服务经济，促进发展”的海关工作方针，以争创“内陆一流海关”为目标，以加强队伍建设、完善通关作业改革、规范进出口秩序、提高通关效率、支持扩大外贸出口、全面完成税收和打私任务为重点，切实履行把关服务职能，各项工作取得了明显成效。

【概况】 2001年，共监管进出口货物34万吨，比上年（下同）增长14.1%，货值13.4亿美元；验放出入境旅客行李物品15.9万人次，增长20.7%；监管印刷品及音像制品42万件，增长20%；征收税款12.7亿元；减免关税6.84亿元，增长4.41%；加工贸易合同备案180份，减少18.9%；核销加工贸易合同238份，减少28.5%；查扣反动、淫秽印刷品、音像制品近2万份；受理走私案件12起，立案5起，案值965万元，对24名走私犯罪嫌疑人采取了强制措施，破获“9·10”特大毒品走私案和全国首例网上交易文物走私案，有效地遏制了重庆地区的走私犯罪活动。

【几项主要工作】 1.按规定准时启动新的通关作业模式和“电子口岸”外汇核销单联网核查系统。按照海关总署的统一部署，年内相继启动了“长江快速通关系统”和“跨关区快速转关系统”。新系统启用后，重庆关区进出口货物的通关速度和通关效率明显提高。据统计，重庆关区出口货物平均通关时间由上年度的3至4天，减少到本年度的1.5天。“跨关区转关系统”运行前，重庆地区的出口货物一般要40—60天才能收到出境地海关的电子数据回执，特殊情况要2—3个月。跨关区转关系统启用后，出口货物一般可在15—20天内收到电子回执，最快能在2天内（空运）收到。重庆海关作为重庆地区“口岸电子执法系统”牵头单位，在市政府的领导下，与市外经贸委、质监局、工商局、外管局、国税局和电信局等部门联合办公，成功地完成了重庆地区500余家进出口企业申办“电子口岸”ＩＣ卡的资格审查、人员培训等方面的准备工作。8月1日正式启动“电子口岸”外汇核销单联网核查系统，提高了重庆地区进出口数据资源的共享性，有效地预防和遏制了利用进出口渠道进行骗汇、骗退税的违法活动。年内共为企业制发ＩＣ卡1000多张。

2. 积极采取有力措施支持外贸出口。为贯彻落实全国出口工作会议精神，积极应对重庆外贸出口的严峻形势，提出了支持扩大外贸出口的九条措施，开通了重庆至广西凭祥的远程公路转关运输。年内，重庆市出口11亿美元，与上年同期相比，增长10.8%，尤其摩托车出口166万辆，同比增长52.4%，重庆海关为此作出了不懈的努力。同时，在保证严密监管的情况下，为企业解决实际困难，效果明显。如为避免迂回运输，派人验放了渝合高速公路建设进口沥青1.6万吨，为企业节省运费几十万元。定期派人到涪陵港验放集装箱货物，每箱为企业节省费用2000元，全年节省运费240万元。

3. 充分发挥协作机制的积极作用。重视建立与市外经贸委、港口和检验检疫部门的协调配合机制，努力优化进出口环境，及时解决口岸建设中存在的问题。7月，与市外经贸委共同签署《重庆海关、重庆市外经贸委关于建立联络协调机制的合作备忘录》，对关、贸双方整顿和规范重庆市的市场经济秩序、打击出口骗税、支持扩大出口、共同为企业提供优质高效服务和推动重庆外向型经济发展等方面发挥了积极的作用。

4. 努力探索大宗散货转关进出口的新途径。利用长江黄金水道进行散装货物的进出口转关运输，其运费比铁路和汽车运输低30%左右，可以较大地降低企业运输成本，增强企业的竞争能力。为使重庆散装进出口货物能顺利转关，主动与南京海关深入探讨，制定了重庆关区散装进出口货物的转关运输监管联系配合办法。年内，经长江转关运输进出口的报关单量比上年增长了41%，出口货运量比上年增长了36%，为企业带来了巨大的经济效益。大宗散货经长江转关运输实行后，重庆港的物流集散功能得到加强，年内，通过长江水道到重庆后再次转关至四川、贵州等地企业的进口货物已超过万吨。

5. 干部人事制度改革取得明显进展。年内对37名处科级领导干部和49名一般干部进行了岗位交流，交流人数分别占同级人员的57.8%和41.2%，这是重庆海关建关历史上最大规模的一次干部交流调整。按照“公开、公平、竞争、择优”的原则，实行了科级领导干部竞争上岗，严格执行干部选拔任用程序和标准。同时，在全关广泛开展了庆祝建党80周年系列活动和丰富多彩的职工群众性文体比赛活动，增强了关员的集体荣誉感，活跃了关员的业余生活。年内，涌现出“全国海关先进基层党支部”、“全国海关监管先进集体”、“全国海关财务工作先进集体”、“全国海关优秀党员及市级机关优秀党员”、“全国海关监管先进个人和“全国海关财务工作先进个人”等一批先进集体和先进个人。

重庆市公安边防局

重庆市公安边防局认真贯彻落实全国政法工作会议精神和全国公安边防工作会议精神，坚持以“执勤”为中心，以“打现行、挖团伙、抓蛇头、严查处”为重点，以“抓规范、精技能、全面培养高素质人才”为工作目标，积极预防职务犯罪，大力提高检查员的综合技能，全面加强边检业务建设。以严格执法，热情服务，良好形象，圆满地完成了重庆市“一会一节”、“AAPP会议”等重大活动期间的执勤任务。为维护重庆社会政治稳定，促进重庆地方经济建设作出了积极贡献。

全年，共检查出入境旅客139173人次（出境70691人次，入境68482人次），比上年增长20.72%；检查出入境机组员工17120人次，比上年增长26.25%；检查出入境飞机1588架次，比上年增长19.49%。

为适应中国加入WTO后的新形势和国家西部大开发战略的要求，满足重庆对外开放的需要，重庆市公安边防局在进一步提高出入境边防检查质量和效率及加大服务力度上狠下功夫。通过全方位的业务培训和岗位练兵，实行检查员业务等级考评等措施，区分层次，突出重点，全面提高检查队伍验证技能和执法水平，提高发现和打击口岸违法犯罪活动的能力。全年共查获偷渡案件14起，处理涉案偷渡人员19人，“蛇头”4人，查处其他违反出入境管理法律、法规和手续不符的36起46人。

全局以“快速、优质、高效、便捷、安全”为工作原则，严密组织，精心准备，严格落实各项工作措施，在公安部和重庆市公安局的指导下，顺利完成了在重庆召开的“AAPP”和重庆第六届投资贸易洽谈会暨三峡国际旅游节（简称“一会一节”）等重大国际性活动期间的安全保卫工作任务。3月以来，大力开展“我为一会一节添光彩”活动，狠抓检查人员执勤着装、警容、警姿和执勤用语的规范化以及验证程序和执法程序的规范化。结合“三项教育”，开展边防检查“微笑”服务及“五心”活动，积极营造宽松、便捷的出入境环境。“一会一节”期间，先后为重庆市政府邀请的20多位海外贵宾提供了礼遇服务，为20多个海外经贸代表团提供了快速通关的便利。全年先后为老、弱、病、残、幼旅客提供了200多次优先服务。通过重庆空港口岸这个窗口，展示了重庆边防干警的良好形象。

重庆出入境检验检疫局

2001年，重庆检验检疫系统各口岸机构坚持依法行政、依法施检，切实履行了国门卫士职责。全年检验检疫出入境货物18948批，货值59676.2万美元。检验检疫出入境交通工具1453架（台）次，集装箱19272标箱，国际邮件8014件，人员15.5万人次。消毒杀虫出入境航空器809架次。截留入境旅客携带禁止进境物33批。在入境集装箱和货物木质包装中，截获药材甲活虫、吉丁幼虫、双齿谷盗、滑刃线虫、光胸断眼天牛、一般仓储害虫等病虫害40起。对进境货物中带有树皮、虫孔、混有针叶木的木质包装实施监督销毁处理7批次。集装箱灭蚊处理7批次。在入境航空器上检出病媒生物、植物害虫6只，动植物残留物3批。卫生处理登革热染疫航空器1架。从国际邮件中检出牛肉罐头、鲜鲑鱼等禁止进境物6批。

重庆检验检疫局一贯坚持口岸工作管理不放松、建设不停步的原则，在改革和建设工作取得了显著的成绩。一是积极适应重庆口岸发展需要，不断完善机构布点建设。经过几年的努力，重庆检验检疫局已先后在重庆港口、机场、铁路口岸设立了检验检疫机构，对近郊的万州和涪陵地区还分别设立了出入境检验检疫局。这些举措给各口岸提供了方便、快捷的服务，满足了重庆口岸对外开放的需要。二是加强对口岸机构的指导、管理，强化基层建设。“抓基层、强管理”是近年来重庆检验检疫局管理工作的中心之一。局领导多次赴万州局、涪陵局调研，指导工作，加大对各口岸机构人力、物力、财力投入力度，规范各机构的行政、财务、业务管理。三是加大投入力度不断提高口岸机构的工作水平。近年来，先后完成了涪陵局新进人员培训和计算机网络系统工程建设及ＣＩＱ2000电子签证、电子转单、电子报检“三电”工程的调试运行。解决了万州局、涪陵局移民工程资金缺口问题，提前完成了检验检疫系统承担的三峡库区移民迁建任务。为建成机场办事处微生物实验室，万州局配备了118套总值100多万元的仪器设备。为提高工作效率，上桥办事处及邮局办事处增添了办公设备。各口岸机构的检验检疫实力和整体服务水平得到很大提高。四是加强精神文明建设和廉政建设，树立检验检疫良好形象。大力推行政务公开、检务公开、廉政纪律公开等工作，积极开展“一帮一”结对子服务、使用文明服务用语、创建文明岗位、服务承诺、“二十四小时服务”、“1＋1”助学等活动，促进了干部作风和行业作风进一步改进。万州局自1993年评为地级文明单位后．连续九年保持这一殊荣，连续八年评为爱国卫生先进单位，连续六年评为县级综合治理先进单位，还被评为全国检验检疫系统思想政治工作先进单位、帮乡扶贫先进单位。各口岸机构想用户所想、急用户所急，急事急办、难事帮办，拒吃请、拒礼金，受到服务对象的欢迎和好评。

重庆口岸概况

一类口岸

【重庆航空口岸】 重庆江北国际机场位于主城区东北郊，距市中心解放碑21公里。该机场占地4500亩，为4E级民用机场，设计年旅客吞吐量为100万人次。机场跑道2800 × 60 × 0.36米，停机坪面积14万平方米，国内候机楼面积1.25万平方米，国际联检楼面积6400平方米。可供波音747（国内专、包机）以下各型飞机起降。

该机场货运库房为10220平方米。具有保障B 747以下各类机型的货、邮散、集装卸能力。能提供国际、国内货邮物品的始发、到达、中转处理的场地和保障设施。

该机场已开通国内航线52条，国际和地区航线6条（重庆—香港；重庆—名古屋；重庆—曼谷；重庆—东京；重庆—汉城；重庆—澳门）。23家航空公司在此投入营运。该口岸于2000年开始提供外国游客落地签证业务。近几年，出入境人员以每年50%的增幅快速增长。2001年，机场出入境人员达15.5万人次。

【重庆港口岸】 重庆港口岸位于九龙坡港，地处长江上游北岸，距市中心朝天门港区12.5公里，限国轮进出。该港区占地0.6平方公里，拥有长江内河港最大的货运中转仓库及3个大型露天货场，总堆存面积为16万平方米，设计年通过能力400万吨，常年可通航1500吨级驳船，是长江上游最大的水陆联运换装港和枢纽港。

九龙坡港已成为长江沿线运能大、设备先进、管理规范的智能化港口。配套17条铁路专用线总长约6公里，一次性起吊能力分别为400吨、180吨的浮吊、岸吊等各类装卸机械设备300余台（艘），机械化作业程度达90%。

九龙坡港集装箱货运码头于年底投入使用，其堆场面积38622平方米，设计年通过能力5万标箱，前沿能力10万标箱，件杂货年设计通过能力30万吨。九龙坡港是重庆市货物进出口的重点港，运送进出口货物占全市总量的80%左右。2001年，该口岸货物进出口262293吨，集装箱21054标箱，占重庆地区进出口外贸集装箱的85%以上。码头货场拥有40吨双浮吊1台，50吨轮胎吊1台，40英尺集装箱拖头5台，40英尺半挂车5台；集装箱装卸桥3台，集装箱绞车2台；件杂货绞车2台，40英尺拖板和20英尺拖板各8台，集卡拖头6台；2.5吨、5吨、8吨叉车共8台。生产及辅助生产建筑面积1.3万平方米，生活设施建筑面积1.3万平方米。

二类口岸

【万州口岸】 万州口岸现设在万州港务局牌楼作业区，占地4000平方米，2003年上半年将移至新建成的红溪沟港区。三峡工程建成后，红溪沟港区将拥有两大优势，达万铁路直抵港区，拥有长江上游最大的可停泊万吨级船队的常年深水港码头，新港区将建成集海、江、铁联运于一体的综合性港区。新港区占地13万平方米，其中堆场面积4万平方米，新港区建有3千吨级集装箱泊位2个，设计年通过能力为350万吨，集装箱通过能力为5万标箱。2001年，该港区外运集装箱1200标箱。

万州港水运口岸1994年经批准设为二类水运口岸。1999年5月通过了重庆市人民政府组织的口岸验收，并同意于1999年10月正式对外开放。

重庆口岸专稿

重庆河港口岸集装箱运输再创新高

2001年，重庆港年集装箱吞吐量再上台阶，首次突破3.5万标箱，创造了自1993年开展集装箱运输以来的新的历史纪录。

全年集装箱吞吐量完成35030标准箱，比上年增长33.4%，其中重箱完成23854标准箱，比上年增长38.6%，重箱比重占68%。全港货物吞吐量完成700.49万吨，比上年下降10.26%，其中：港埠公司吞吐量完成546.42万吨，比上年增长9.1%。全港外贸吞吐量完成35.64万吨，比上年增长31.3%。其中外贸进口完成12.53万吨，外贸出口完成23.12万吨，分别比上年增长25.8%和34.6%。

由于全球经济增长速度放缓，重庆港传统货物吞吐量增长出现滞长，但港埠公司吞吐量、外贸进出口吞吐量和集装箱吞吐量等指标均创造了较好水平。尤其是集装箱吞吐量创历史最高纪录，显示出了强劲的增长势头。

自1993年10月，重庆港首次开展集装箱班轮运输以来，集装箱运输一直呈现出高速增长的态势，运量不断增长。集装箱班轮发船班期密度也不断缩短。迄今为止，集装箱班期已从当初的月班、半月班、旬班、周班，发展到现在的日班或日多班。承担集装箱运输的轮船公司也由当初的民生轮船公司一家，发展到现在的民生轮船公司、长轮集装箱公司、太平洋轮船公司、重庆轮船公司和中海公司等5家公司。拥有集装箱船舶载箱量约5000标准箱。全年重庆港集装箱吞吐量在长江各港口中排第6位。

为了从根本上解决重庆港受未设集装箱专业化码头，致使集装箱吞吐量长期在1万标准箱的低水平上徘徊的状况，重庆港投资2亿元新建九龙坡港二期集装箱专用码头工程。该项目于1998年3月正式开工。2000年12月，通过竣工验收。该工程新增1000吨级码头泊位2个，其中集装箱码头泊位1个，年设计综合通过能力5万标准箱；件杂码头泊位1个，年设计综合通过能力30万吨。项目建成投产的2000年，重庆港集装箱吞吐量比上年增加84.4%。2001年完成的集装箱吞吐量已达设计能力的70%。

重庆港近五年集装箱吞吐量递增情况表

年　份	集装箱(标箱)	增长率%	占长江港口%	在长江港口中排名
1997年	8566	71	1.97	7
1998年	9509	11	2.22	7
1999年	14247	49.8	2.6	7
2000年	26266	84.4	3.8	6
2001年	35030	33.4	4.4	6

年内，重庆港集装箱吞吐量在继续增长的同时，也十分注重质量和货运组织工作，以优质服务吸引集装箱货源。通过加强运输生产组织，提高生产效率来扩大集装箱的集疏运能力。全年进出港区的集装箱总量为56330标准箱，其中水路占62.2%，公路占37.5%，铁路占0.3%。出港集装箱完成28249标准箱，其中水路占62.6%，公路占37.3%，铁路占0.1%。由此可见，水运和公路是集装箱集疏运的主要方式。全年集装箱完成内支线吞吐量29493标准箱，占集装箱吞吐量的84.2%，完成内贸箱吞吐量5537标准箱，占集装箱吞吐量的15.8%。外贸集装箱占了绝大比例，但内贸箱的发展也不容忽视。

综上分析，2001年重庆港的集装箱吞吐量继续保持了较强的增长势头，与长江港口的集装箱增长幅度保持一致。集装箱、商品汽车滚装、特大件运输和货运仓储，作为重庆港的四大优势品牌和核心生产力，其中集装箱运输的发展尤其突出。促进重庆港集装箱迅猛增长的主要原因是：

【全国和重庆市经济的增长，带动了重庆港集装箱吞吐量的发展】 2001年，我国GDP完成95933亿元，比上年增长7.3%，高于世界经济GDP增长率的4.9个百分点。外贸进出口总额完成5098亿美元，比上年增长7.5%。重庆市2001年GDP完成1750亿元，比上年增加161亿元，增长9%，高于全国增幅1.7个百分点，增长速度列全国第18位，比上年提高5位。第一产业实现增加值293亿元，比上年增长2.2%；第二产业实现增加值727亿元，增长11.8%；第三产业实现增加值730亿元，增长9%，第三产业总量首次超过第二产业。外贸进出口总额完成18.34亿美元，比上年增长2.7%。其中出口完成11.03亿美元，同比增长10.8%。

我国以及重庆市经济的继续稳步增长，对外贸易的进一步扩大，带动和促进了重庆港集装箱运输的发展。

【长江具有巨大的集装箱发展潜力】 集装箱运输方式在世界海运业的兴起虽已有一定的时期，但长江真正开展国际集装箱运输业务却起步较晚。长江开展集装箱运输业务始于上世纪80年代中期，且发展缓慢，到90年代中后期才进入高速发展阶段。长江集装箱运输发展也不平衡，中下游地区的发展水平高于中上游地区。但是，集装箱运输方式作为一种快捷、方便、低成本和门到门的运输形式，已逐渐成为长江水运新的运输经济增长点，长江各主要港口集装箱吞吐量增长率都处于领先地位，其发展速度超过了预期目标。由于长江上游地区集装箱运输量的基数较低，所以，近年来的发展速度大大高于中下游地区。

【重庆港九龙坡集装箱码头的建设，加速了集装箱运输的发展】 重庆市及西部地区拥有巨大的集装箱运输需求。以前，由于重庆港不具备大量装卸、中转国际集装箱运输的业务能力，重庆市及西部地区每年大量的外贸进出口物资，都是在具备条件的沿海港口进行装、拆箱，内地到沿海则以散件的形式主要通过铁路进行运输。这种方式不仅成本高，而且货物质量得不到保证，严重束缚了重庆市及西部地区外贸进出口的发展。据调查，2000年重庆市约有150—200万吨的外贸适箱物资是以这种方式进行运输的。

重庆港九龙坡集装箱码头工程于2000年建成投产以后，填补了西南地区无专用集装箱码头的空白，开通了重庆市水上国际集装箱运输的快速通道，极大地提高了重庆港的运输生产力水平。该项目的建成，拉动了重庆市及西部地区集装箱运输的需求，也使重庆市水上国际集装箱运输的发展进入了一个崭新的阶段。

贵州省

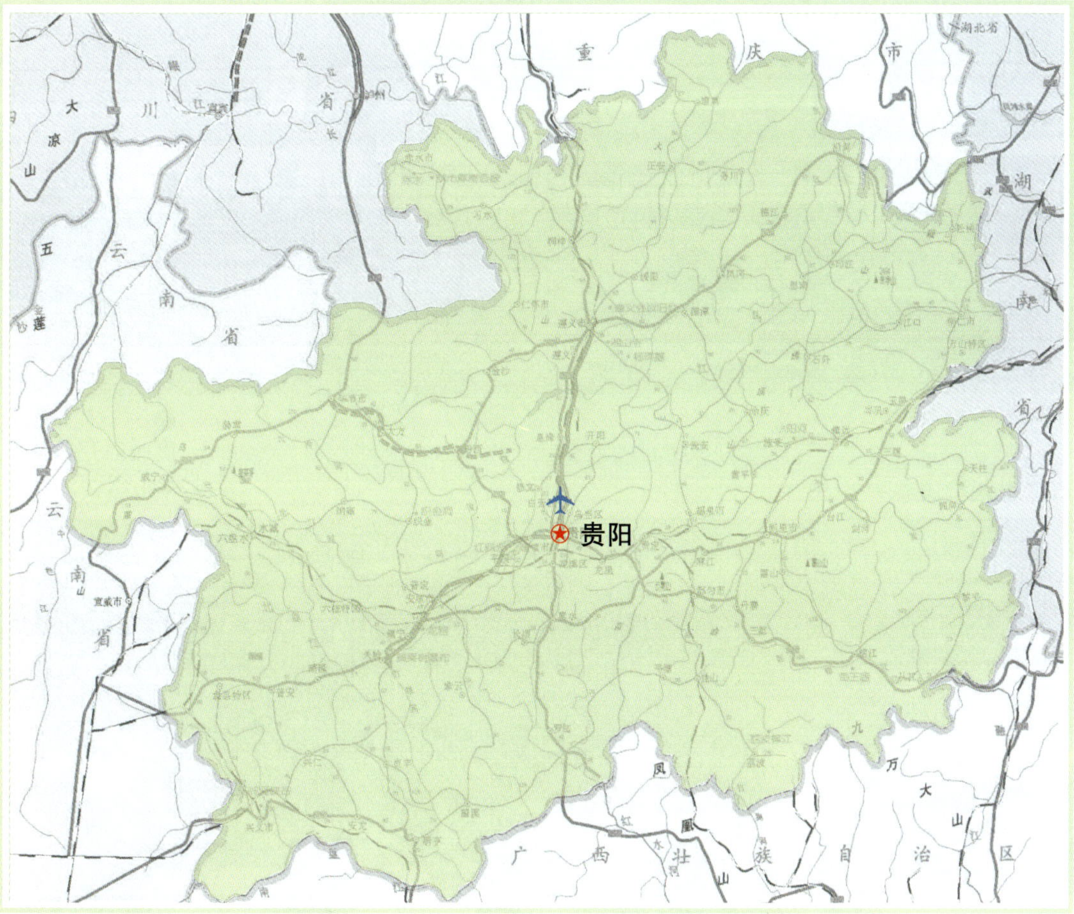

图　例

省级行政中心	口岸城市
铁路口岸	航空口岸
公路口岸	海(河)运口岸

∧
贵州航空口岸

∨
贵州航空口岸出入境通道

贵州口岸工作综述

【口岸历史沿革】 贵州地处祖国大西南腹地，东与湖南接壤，北与四川、重庆相连，西接云南，东临广西，是一个不沿海、不沿边、不沿江的内陆省份，历史上未对外开放过。

党的十一届三中全会以来，在党和国家改革开放政策的推动下，贵州对外经济贸易和旅游业得到了长足发展。1992年，贵州省省会城市贵阳市经国务院批准为内陆开放城市后，原来封闭的经济环境已不适应对外开放的需要，迫切需要开放口岸成为贵州经济发展的客观要求。

1988年，贵州省政府根据改革和对外开放工作的需要确定，成立贵州省口岸办公室。1992年3月，省政府向国务院申报开放贵阳航空口岸，开辟贵阳直飞香港旅游包机。1992年9月11日，经国务院批准，正式对外开放了贵阳航空口岸。1995年9月1日,经贵州省政府批准，对外开放了贵阳货运口岸。

【口岸分布及类型】 贵州现有两个口岸：一是贵阳航空口岸，二是贵阳货运口岸。贵阳航空口岸1992年9月11日开通时设在贵阳市南郊距市区37公里的磊庄机场，1997年5月28日转场到距市区10公里的贵阳龙洞堡机场，属国家一类航空口岸，限我国籍飞机进出。现已开辟了贵阳至香港定期航班和贵阳至曼谷、贵阳至澳门不定期旅游包机临时航线。贵阳货运口岸设在贵阳市东郊龙家寨贵阳市对外经济贸易储运公司铁路专用线，与西南最大的铁路编组站贵阳南站相距2公里，属地方二类铁路口岸。

【口岸年度客货运量】 2001年，通过贵阳航空口岸出入境飞机429架次，同比增长35.3%，其中出境216架次，增长36.5%，入境213架次，增长34.2%。出入境人员38579人次，增长25%，其中出境20159人次，增长28.6%，入境18420人次，增长21.2%。进出境货物251吨，其中进境130吨，出境121吨。通过贵阳货运口岸进出境货物42166吨，其中进口12935吨，出口29231吨。

贵州省各口岸客货运量表

分类	口岸	贵阳航空港	贵阳货运
出入境飞机（架次）	总数	429	
	同比增减	+35.3%	
	出境	216	
	同比增减	+36.5%	
	入境	213	
	同比增减	+34.2%	
出入境人员（架次）	总数	38579	
	同比增减	+25%	
	出境	20159	
	同比增减	+28.6%	
	入境	18420	
	同比增减	+21.2%	
进出境货物（吨）	总数	251	42166
	进境	130	12935
	出境	121	29231

【口岸管理基本情况】 口岸管理主要是以《贵阳航空口岸管理暂行办法》为依据，以提高口岸工作效率为目标，使贵阳航空口岸在进一步扩大对外开放、发展对外贸易和旅游业等方面起到了积极作用。在检查检验方面，各查验单位严格执法，协调一致，做到既简化手续、方便进出，又严格把关、优质服务，建立起一个高效、有序、快捷、文明的查验体制。在制度建设方面，坚持口岸协调管理例会制度，完善口岸现场值班制度，使口岸管理工作规范化、制度化，及时较好地解决了口岸管理上的问题，口岸整体功能得到充分发挥。

【口岸精神文明建设】 贵州省人民政府高度重视口岸的文明建设，专门成立了以副省长为组长的共建文明领导小组。口岸各有关单位牢固树立国门意识，团结协作，以自身的精神文明建设为基础、共建文明口岸为目标开展多种形式的自建、共建活动，树立了良好的国门形象。2001年，在民航贵州省局和口岸各查检单位的共同努力下，贵阳机场被民航成都西南管理局评为“民航西南地区文明机场”。

贵州口岸查验单位工作综述

贵阳海关

2001年，贵阳海关以“深化改革、带好队伍、守好国门、狠抓落实”为工作重点，围绕全省实施西部大开发战略总体部署，坚持“依法行政、为国把关、服务经济、促进发展”的工作方针，充分履行把关服务职能，为贵州扩大对外开放和外向型经济发展提供优质服务，取得一定成绩。

2001年，贵阳海关共监管进出口转关运输货物5.6万吨，总值1.52亿美元。征收关税和进口环节税4678万元人民币。审批减免税4.86亿元人民币。注册备案经营企业88家。监管进出境旅客携带行李物品3.78万人（次），监管行李物品7.3万件。查处走私违规案件21起，案值5986万元。

【大力推进海关业务制度改革】 为确保海关执法的公平与效率，贵阳海关努力推进业务制度改革，取得较好效果。

一是顺利完成贵州省“中国电子口岸”推广实施工作。从2001年4月开始，根据海关，总署统一安排，贵阳海关作为贵州省“中国电子口岸”推广实施领导小组成员单位之一和牵头单位，认真做好推广工作。通过举办专题讲座，向外发布公告与通知，组织专稿在《贵州日报》、《贵阳日报》等报刊上进行集中宣传，召开新闻发布会等方式，向企业和全社会宣传“中国电子口岸”有关知识和办理企业IC卡的注意事项。为“中国电子口岸”贵州制卡中心提供有关办公场所、设备及技术保障。及时修改、调整有关程序和参数，安排业务人员接受新版外汇核销单的电子备案申报。开展企业入网资格联合审查和制、发卡工作，共制、发卡486张。6月1日起“中国电子口岸”正式运行。

二是简化业务环节，提高通关效率。

针对过去大量报关单在结关环节积压，影响企业退单、付汇、外汇核销的问题，及时调整了工作流程，运用风险管理机制，从根本上解决了结关环节的压单现象，使海关在工作时限内退单签发率达到100%。运用风险布控系统，规范商品归类、审价工作，对报关企业和报关行为进行了整顿清理。在保证有效监管的前提下，根据实际情况将审核人员从过去的5人减少至2人，审核时间也由2小时缩短至1小时。加强与口岸海关联系，保持函电沟通，保证企业进口付汇联、出口退税联签发工作的顺利进行。以上措施使通关过程由3-7天缩短到3天以内，受到了企业的好评。

【加快通关速度，支持外贸发展】 2001年，贵阳海关立足西部大开发，树立“把关不是堵关”的观念，简化作业流程，提供通关便利。为支持外贸发展，出台了《加快企业通关速度若干举措》、《转关运输货物监管实施细则》，实行首问负责制、预约通关。采取信用管理方式，扶持守信企业。加快出口退税联签发速度，企业1天内可拿到退税报关单。为企业排忧解难，支持关区内瓮福磷矿、贵州轮胎厂等重点企业出口，对国家“西电东送”等重点建设项目特事特办。

【打击走私违法，维护市场秩序】 2001年，贵阳海关查处了总署交办的“贵州龙腾铁合金公司进料加工硅锰合金涉嫌申报不实案件”和“6．22”走私油菜籽专案。同时加强了与公、检、法等部门的配合，综合治理，严防猛打，保持了打击走私高压态势。与此同时，根据国务院部署，运用科技手段，加强与外汇、银行等部门协作，开展打击骗汇、骗退税、制售假冒伪劣商品活动，二次核对出口退税证明联210份，有效堵塞了犯罪渠道；坚决打击反动、淫秽、盗版、散发性宣传品等走私违法犯罪活动，全年查处上述物品460件。

贵州边防总队

2001年，贵州边防总队根据《2001年全国公安出入境管理和边防检查工作要点》和《2001年贵州公安边防工作要点》要求，按照公安部边防管理局“两手抓、两手硬、双促进”、“真抓、早抓、主动抓”的工作思路，认真贯彻全国公安出入境管理工作会议精神，坚持严格执法、热情服务，强化口岸的出入境管理，维护了国家主权安全和口岸正常的出入境秩序，为促进地方经济建设作出了积极的贡献。

2001年，贵州边防总队共检查出入境飞机429架次，其中入境213架次，出境216架次。检查出入境人员38579人次（旅客34550人，机组员工4029人）。其中国内因私11736人，占旅客总流量的34.05%。国内因公371人，占旅客总流量的1.07%。台胞11281人，占旅客总流量的32.65%。港澳同胞7436人，占旅客总流量的21.52%。华侨1140人，占旅客总流量的3.30%。外国籍2559人，占旅客总流量的7.41%。查处偷渡案件1起1人，查处违法18起18人。

由于贵州旅游业的迅速发展，到贵州观光旅游的人数增加很快。为了适应这一需要，除贵阳至曼谷的航班正常飞行外，每周又加开一班贵阳至香港正式航班，加之贵阳至澳门航线通航，旅客员工的出入境人数大大增加。与上年同期相比，服务员工增加44.29%，旅客增加24.17%。在出入境旅客中，中国籍旅客31869人，同比增加了9．08%；外国籍旅客2498人，同比增加了100．03%。港澳同胞7395人次，同比增加了47.75%，台胞11279人次，同比增加了14．85%。在旅客激增的情况下，边检站及时组织力量，保证了航空口岸的安全、畅通。

2001年，贵州边防总队把继续深入开展"为人民服务，树边检新风"活动作为树立边检良好形象的一项重要工作来抓。从改善执勤现场环境、完善执勤设施组织等方面入手，不断增强和提高工作质量和效率，为出入境旅客创造一个良好的通关环境。同时，注意到贵阳口岸偷渡动态变为沿海地区居民到该省骗领护照并参团旅游、伺机偷渡的特点，在边防检查中强调"严把国门、内紧外松"的思想。2001年，共查处偷渡案件1起1人。查处违法违规事件18起18人，其中未持签证或签注4人、非法居留7人、未持有效出入境证明1人、发证机关差错1人、其他情况2人。有效地维护了口岸正常出入境秩序。

贵州出入境检验检疫局

2001年，贵州出入境检验检疫局严格执行国家质检总局的部署和要求，圆满地完成了各项工作任务，为贵州扩大开放和对外经济贸易的发展做出了积极贡献。

【依法施检，严格把关，认真完成检验检疫任务】 2001年，共检验鉴定进出口商品5566批，货值4.235亿美元。其中，检验鉴定进口商品820批，货值1.560亿美元。检验鉴定出口商品4746批，货值2.670亿美元。鉴定出口包装1658批、586．4万件。签发原产地证1804份，金额8360万美元。

2001年，检疫动植物及其产品843批次，货值2981.7万美元。检疫出入境木质包装356批，5553件。从入境木质包装中多次截获害虫，如象甲幼虫，吉丁幼虫、小蠹科甲虫等。其中，2月份，首次在入境木质包装中截获天牛。4月份，查获国家禁止进境的植物检疫二类危险性害虫桔小实蝇。

2001年，完成出入境人员监测体检、霍乱和黄热病预防接种7066人次，其中检出乙肝表面抗原阳性24例，浸润性肺结核2例，艾滋病毒可疑携带者2例，梅毒感染者2例，非传染性疾病75例。检疫查验出入境航班420架次，检疫查验出入境人员35758人次。

质量体系认证方面，评审颁证企业24家，业务范围已覆盖贵州、四川、广西三省，并仍在积极拓展认证领域。加大了原产地标记注册认证评审工作的宣传力度，让企业了解原产地标记保护的重要性。举办了一期原产地标记注册认证评审人员学习班，对专业技术人员进行了培训。

进一步加强了对报检单位和报检人员的监督管理和报检单位的注册登记工作。举办报检员培训班，已有449名报检人员接受了贵州局的培训，并经考试合格，取得了报检员资格。

两款进口三菱帕杰罗汽车存在严重安全隐患事件发生后，贵州局及时召开会议研究解决方案，并积极与贵阳三菱汽车特约维修站取得联系，提出了相应的处理措施，并通过新闻媒体将处理措施对外公布，并专门开通了咨询热线电话接受消费者咨询。

"9.11"恐怖事件以后，为了防止炭疽病从境外进入我国，贵州局及时成立了以局长为组长的炭疽防治工作领导小组，制定了《贵州口岸炭疽病应急处理措施》等实施方案，并主动与邮政、民航、边检和海关等相关部门联系，协同开展工作，较好地处理了一例"白色粉沫"' 事件。同时，紧急筹建炭疽菌检测实验室，力争尽早开展炭疽杆菌的检测工作。

针对登革热在东南亚地区流行的情况，贵州局积极行动，将国家质检总局等三部门联合下发的关于登革热疫情及防范措施的公告通报给航空公司、联检单位、旅行社等单位。制订了贵州航空口岸的消杀除虫规程，对进境飞机进行灭蚊处理，将疫情拒于国门之外。

【严格管理，展现检验检疫新风貌】 2001年，贵州局成立了机关效能建设领导小组，制定了《贵州检验检疫局推行政务公开的实施办法》、《贵州出入境检验检疫局车辆管理办法实施细则》、《贵州出入境检验检疫局无线通讯工具管理暂行办法》等多项规章制度，并将“三检合一”以来，制订和修订的各项规章制度汇编成册，印发各部门，使机关管理工作进一步科学化、规范化。

根据我国加入WTO的新情况，贵州局狠抓科技工作，为各实验室添置更新仪器设备，重点加强涉及安全、卫生、环保、健康和反欺诈方面的建设项目。经过努力，该局农畜实验室已顺利通过注册考核，化矿金属实验室和包装实验室根据1SO / IEC17025—1999导则建立质量体系并通过注册考核。

继续加强和完善检验检疫和办公自动化系统、综合业务管理系统、信息服务系统的建设。完成了CIQ2000综合业务管理系统的两次升级，并经多次实验调试，成功地实现了遵义办事处与局机关服务器的拔号连接，提高了办公自动化程度，为“三电工程”的推广实施奠定了基础。2001年9月，贵州局正式对符合条件的出境货物实施电子转单。

【加强精神文明建设，树立检验检疫新形象】 作为贵州省行风建设的重点部门之一，贵州局在加强精神文明建设和加强思想政治工作的同时，进一步加强了行风建设工作，积极推行政务公开。建立了监督机制，制定了一系列有效办法和措施，

在2001年度省直机关目标管理考核中，继续名列前茅，在保持“贵州省文明单位”、“贵州省综合治理红旗单位”的基础上，又获贵阳市政府1999一2001年度“红旗文明单位”。

2001年贵州出入境检验检疫主要业务统计表

	数量	金额	备注
出口商品检验	4746批	货值26700万美元	
进口商品检验	820批	货值15600万美元	
出口包装鉴定	1658批 586.4万件		
签发原产地证	1804份	签证金额8360万美元	
出入境动植物及其产品检疫	843批	货值2981.7万美元	
进出境运输工具卫生检疫	420架次		
出入境人员旅检	35758人次		
出入境人员监测体检、霍乱和黄热病预防接种	7066人次		发现病例105例

贵州口岸概况

一类口岸

【贵阳航空口岸】 贵阳航空口岸1992年9月11日开通时设在贵阳市南郊磊庄机场，距市区37公里，1997年5月28日转场到贵阳龙洞堡机场，距市区10公里，属国家一类航空口岸，限我国籍飞机进出。机场占地5600亩，跑道长3200米，宽60米，按国际先进水平4D级标准建设，具有I类仪表着陆系统、国际先进的导航系统和雷达管制设施，可满足B737、B757、A320等中小型客机全载起降，还可以满足B747、A340等大型客机减载起降，目前还承担了成都、重庆、昆明机场国际飞行的备降任务。机场侯机楼建筑面积3.2万平方米，设计年旅客进出量500万人次，可满足高峰小时2000人次进出港需要。

贵阳航空口岸国际厅总面积8307平方米，出入境实现双通道运行，对旅客、机组、行李、货物等能做到迅速处理和放行。该口岸已开通贵阳至香港、澳门地区航线和贵阳至曼谷临时国际旅游包机航线。

贵州省人民政府口岸办公室负责对该口岸实施管理，贵州省公安边防总队、贵阳海关驻机场办事处、贵州出入境检验检疫局机场办事处担负检查、检验工作，现场为过往人员、行李物品、交通工具办理出入境手续。

贵州口岸大事记

1月20日

贵阳市常务副市长赵宗哲一行到贵阳海关看望干部职工，并对海关一年来支持贵阳外向型经济发展所作的努力表示感谢。

2月16日

贵州省公安边防总队被公安部出入境管理局、边防管理局评为全国边防检查系统“为人民服务，树公安新风”活动先进单位。

2月27日

贵阳海关团委被共青团贵州省委授予“全省五四红旗团委”光荣称号。

3月2日

海关总署决定任命王松同志为贵阳海关关长、党组书记。

3月3日至9日

海关总署党组成员、副署长赵光华、人教司司长白伟一行到贵阳海关检查指导工作。

3月20日

贵州省公安边防总队边检科被公安部评为“人民满意公安基层单位”；王宇宏被省公安厅评为2000年度“全省优秀人民警察”。

4月4日

贵州省分管海关工作的郭树清副省长到贵阳海关看望全体职工，在充分肯定取得成绩的同时，强调要加强打击走私、打击骗退税、骗汇工作，维护正常的进出口贸易秩序。

4月9日

贵州出入境检验检疫局荣获贵州省直机关2001年度目标考核特等奖，贵阳海关获一等奖。

4月9日

贵州省公安边防总队、勤务中队分别被团省委评为“青年文明号”。

5月10日

由贵州省政府牵头、贵阳海关主办的“中国电子口岸贵州地区推广实施新闻发布会”隆重举行。

6月11日

贵阳海关现场业务处被共青团贵州省委授予“青年文明号”光荣称号。

6月

贵州出入境检验检疫局农蓄食品实验室经国家注册实验室西南大区考核领导小组推荐，国家质检总局审核，确认为国家质检总局出入境检验检疫注册实验室。

6月21日

贵州省经贸委召集省政府口岸办、省出入境检验检疫局、贵阳海关、省公安边防总队、民航贵州省管理局等有关部门召开会议，研究贵阳机场升格为国际机场有关事宜。

8月9日

贵阳海关干警王芳同志荣获“贵州省十佳青年卫士”称号。

8月14日

国家质检总局党组书记、副局长李传卿视察贵州局。

9月

贵州出入境检验检疫局开通电子转关业务，对符合条件的出境货物实施电子转单，接受入境货物的电子转单。

9月

贵州省公安边防总队干事陈浩通过层层选拔，被派遣前往东帝汶参加维和任务，成为贵州历史上维和民警第一人。

11月22日

贵州出入境检验检疫局化矿金属实验室顺利通过国家质检总局西南大区实验室注册考核，成为贵州局第一个以ISO/IEC17025-1999标准建立质量体系，并通过大区考核的实验室。

12月20日

贵阳机场开通了贵阳至澳门旅游包机航线。

云南省

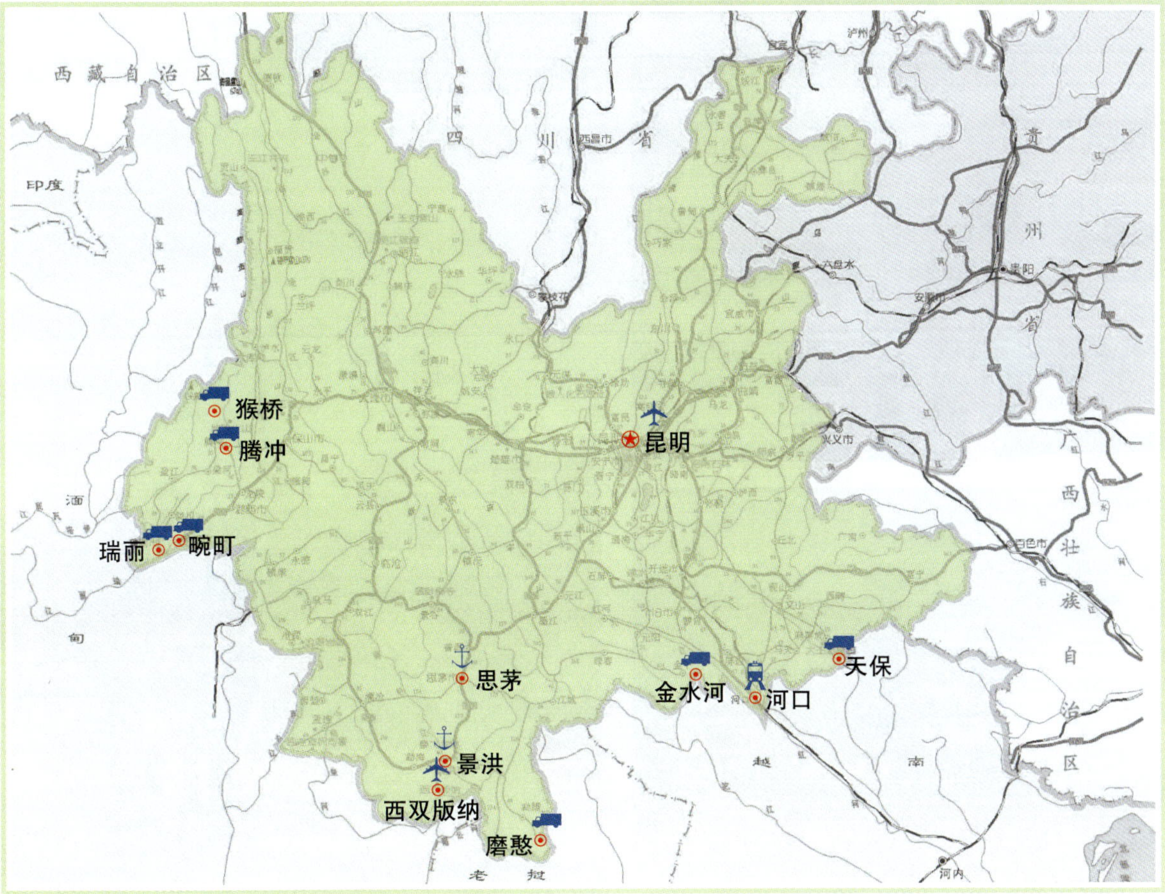

图例

省级行政中心　铁路口岸　公路口岸

口岸城市　航空口岸　海(河)运口岸

瑞丽口岸

景洪港口岸

河口口岸

畹町口岸

云南口岸工作综述

【概况】 云南省地处中国西南边陲。东西跨864.9公里，南北纵距990公里，总面积39.4万平方公里。东面与贵州省、广西壮族自治区为邻；东北面以金沙江为界与四川省隔江相望；西北面紧靠西藏自治区；西南面与缅甸接壤；南面和老挝、越南毗邻。边界线全长4060公里，其中中缅边界1997公里，中老边界710公里，中越边界1353公里。有8个边境地州市共26个边境县市，与3个邻国的6个省（邦）32个县（市、镇）接壤，其中11个县（市）与邻国城镇隔江（界）相望。全省25种少数民族中，有15种民族与境外居民同属于一个民族，跨境而居。

云南口岸历史悠久，早在2000多年前，云南就是中国从陆上通向南亚、中东和东南亚的门户，史称之为“南方丝绸之路”。第二次世界大战期间，云南的口岸在抗日战争中发挥了重要作用，著名的史迪威公路成为抗日战争通往大后方的运输线和中国取得国际援助的重要通道。十一届三中全会以来，随着我国对外开放的不断扩大，云南口岸建设进入了新的发展阶段。通往周边国家的公路、铁路、航空、航道已基本形成东、中、西3条较为集中的对外通道，有11个一类口岸，9个二类口岸，90个边民互市通道和103个边贸互市点，在全省范围内形成了陆、水、空齐全，全方位开放的口岸格局。

【口岸数】 云南经国务院批准开放的一类口岸11个，其中铁路口岸1个：河口；公路口岸6个：瑞丽、畹町、腾冲猴桥、磨憨、天保、金水河；水运口岸2个：景洪港、思茅港；航空口岸2个：昆明国际机场、西双版纳国际机场。经云南省人民政府批准开放的二类口岸9个，均为公路口岸，分别是打洛、孟定、南伞、片马、孟连、章凤、盈江、沧源、田蓬。

【口岸客货运量】 2001年通过云南口岸出入境人员1083.2万人次，比上年增长3.64%。其中入境525.1万人次，增长1.78%，出境558.1万人次，增长5.35%。全年通过云南口岸进出货物352.3万吨，增长5.7%。其中进口204.8万吨，增长7.2%，出口147.5万吨，增长4.1%。

【口岸开放】 国务院于2001年10月批准瑞丽口岸扩大对第三国人员开放。省有关部门配合国家验收组对思茅港、景洪港口岸进行验收。交通部于2001年4月1日和6月21日正式宣布思茅、景洪两港对外国籍船舶开放。两港的对外开放，为中、老、缅、泰共建澜沧江——湄公河水运通道创造了条件。2001年6月26日，在景洪港举行了4国交通部部长参加的4国商船联运通航仪式。

【口岸建设】 2001年1月8日，中越河口公路大桥建成通车。总投资1337.46万元、总建筑面积5485平方米的河口联检大楼投入使用，进一步完善了河口口岸查验现场基础设施建设，提高了口岸通关速度。总投资1676万元、总建筑面积4336平方米的瑞丽口岸联检查验中心主体工程完成，年底投入使用。总投资550万元、总建筑面积755平方米的腾冲猴桥口岸联检楼已建成，经国家验收后对外开放。河口山腰站铁路口岸联检现场设施建设和章凤口岸联检楼均在年底投入使用。

【口岸管理与协调】 根据云南省政府《关于加快姐告、河口、磨憨三个边境贸易区建设专题会议纪要》的要求，在继续搞好瑞丽口岸“境内关外”特殊管理试点基础上，抓了河口、磨憨边境贸易区的口岸规划管理。在河口口岸进行了机读条形码边民通关系统试点。在瑞丽、河口、磨憨等主要口岸实行24小时报关、通关制度和其它口岸实行8

小时以外预约报关、通关制度。全省三分之一口岸实行了一次报验，一次取样，一次除害，一次检疫，一次收费，一次验证放行。通过口岸改革和试点，进一步提高口岸工作效率，加快了口岸通关速度，确保口岸高效、安全、畅通、便捷，方便了客户，方便了企业，促进了外贸出口和经济社会的发展。（李云霞）

2001年云南省进出口货物流量表

名　称	进　口		出　口		合　计	
	货物（吨）	同比（%）	货物（吨）	同比（%）	货物（吨）	同比（%）
水运口岸	148526	322	66777	56．83	215303	176.85
公路（铁路）口岸	1879855	62.73	1385150	38．2	3265005	51.34
航空口岸	20203	205．6	22403	563．6	42606	887.85
合　计	2048584	71．98	1474330	40．66	35229.4	57.31

2001年云南省口岸出入境人员流量表

名　称	入　境		出　境		合　计	
	人次	同比（%）	人次	同比（%）	人次	同比（%）
水运口岸	3779	−74	4519	−61.04	8298	−68.47
公路（铁路）口岸	4955438	2.37	5278770	6.25	10234208	4.28
航空口岸	292581	−3.76	297345	−4.77	589926	−4.27
合　计	5251798	1.79	5580634	5.46	10832432	3.64

云南口岸查验单位工作综述

昆明海关

2001年，昆明海关坚持“依法行政，为国把关，服务经济，促进发展”的方针，以“加强队伍建设，深化通关制度改革”为工作重心，采取有效措施，加强货运监管、物流监控，强化税收工作，严厉打击各种走私违法犯罪活动，圆满地完成了各项任务。全年共监管进出口货物2496261吨。其中进口货物1339237吨，出口货物1157024吨。进出口货物总值112708万美元。征收入库税款51624.6万元。查获各类经济性走私违法案件489起，案值3529.78万元。查获毒品案件30起，抓获犯人138名。共监管进出境旅客1401747人次，边民7085079人次。监管进出境飞机4220架次。监管进出境邮递物品249184件。

【建立创新机制，确保监管到位，建立有特色的物流监控体系】 在全关区推广应用“跨关区”快速通关作业系统，抓好关区转关运输监管制度的改革。针对澜沧江——湄公河国际航道的通航，制定了《中华人民共和国昆明海关关于对澜沧江——湄公河国际航行航船及其所载货物、物品监管操作规程（试行)》，并及时组织力量实施有效监管，使之纳入了规范化管理。对各类海关注册企业进行了年审，进行了企业管理数据库的维护，对企业实行了分类管理。积极开展中国口岸电子执法系统的推广工作，认真做好通知预约和入网企业数据的审核工作。各部门通力配合，共办理了711家企业的上网手续，制作了711份法人卡和1251张操作员卡。认真清理整顿报关市场，对昆明关区辖区内的所有注册报关企业、364名报关员及14家专业报关企业和7家代理报关企业进行了清理整顿，对涉嫌骗购外汇的三家企业，依法降级处理，实施C类企业管理。加大对逃避海关监管的违法行为和利用货运渠道进行瞒报、骗税、偷漏税行为等的查辑力度，规范企业进出口行为。整顿海关监管场所，对不符合海关监管条件或者多次发生走私和违法行为的码头、堆场、仓库、转关运输监管点，坚决关闭或停业整顿。进一步对进出境邮递物品、音像制品、印刷品的监管，重点加强对黄、赌、毒和反动、淫秽物品，尤其是“法轮功”出版物的查辑力度，有力地抵制了国际反动势力的渗透活动。

【顺利推进通关作业改革】 根据海关总署《通关作业改革指导方案》规定的各项原则，在深入调研的基础上，制定了《昆明海关通关作业审单操作规范》。成立了以关长、主管科技的副关长和有关处室领导为成员的科技领导小组，进行了H883/EDI5.0修订版的推广，维护及运行。积极推进全关区的通关作业改革和口岸电子执法系统建设。在瑞丽、河口、磨憨等主要口岸实行24小时报关通关制度和其它口岸实行8小时以外预约报关，通关制度。保证每一份进出口报关单都能在当天处理完毕。全年，共审核进出口报关单42146份。

【保持高压态势严厉打击走私犯罪】 严厉打击以毒品、汽车、香烟、白糖、假币为主要品种的走私犯罪活动。调查部门与侦察部门充分运用各自优势，进一步增强协同作战意识，各业务部门积极支持配合，在打击走私违法犯罪活动中形成合力，取得了好的效果。针对重点地区、重点渠道毒品走私的特点，适时地开展阶段性的专项斗争，侦破了“2.24”、“6.13”、"12.10"等一批数量巨大、跨国跨省的特大毒品走私案件，有效地打击了辖区内毒品犯罪分子的嚣张气焰。此外，还把打击走私的重点，主要放在防止货运渠道的走私、防止边境管理失控和集中力量查处大案要案上，尤其是配合国家、地方政府开展了一系列专项行动，查获了一批假币、野生动植物制品等大案要案。

【坚持“从严治关”方针，切实加强队伍廉政建设，努力提高队伍的整体素质】 在开展关务公开、警务公开工作中，将海关总署颁布的海关廉政各项规定，通过新闻媒体、电子显示屏、各业务窗口等方式向社会公开，主动接受社会各界的监督。制定147项工作制度、业务操作规范、工作岗位职责和工作纪律。进行了业务执法监督、税收征管，财务收支，基建修缮，任期责任制等18项审计。通过开展各项教育，海关队伍建设和廉政建设得到了切实地加强，整个队伍的素质有了明显的提高。

2001年昆明海关工作统计表

项目		单位	2001年	同比%
进出口总值	进口	万美元	51547	48.3
	出口	万美元	61161	12.8
	合计	万美元	11270	26.7
进出口总量	进口	吨	1339237	41.3
	出口	吨	1157024	17.3
	合计	吨	2496261	19.1

续表

		项目		单位	2001年	同比%
		进口		份	15590	40.6
报关单		出口		份	26556	2.2
		合计		份	42146	13.7
出入境人		员边民		人次	7085079	0.1
		旅客		人次	1401747	−29.3
保税		备案合同数		份	114	2.7
		核销合同数		份	111	2.8
		关税入库		元	158492752	
税收		环节税入库		元	357753722	
		两税合计		元	516246474	
		审批减免税证明		份	1257	
		审批减免税货值		亿美元	2.93	
审批减免税		审批减免关税		亿元	3.03	
		审批减免进口环节增殖税		亿元	3.52	
		审批减免税两税合计		亿元	6.55	42.8
走私犯罪	侦查（立案）	其中经济性	案件数	起	9	−52.6
			案值	万元	349.78	−83.2
		走私毒品案件	案件数	起	30	
			毒品数（不含罂粟壳）	克	274241.3	119
		抓获走私犯罪嫌疑人		人	133	
	调查	其中：经济性	案件数	起	480	
			案值	万元	3180	

云南省公安边防总队

2001年，云南省公安边防总队边防检查工作在上级业务部门和省委、省政府的领导下，按照《2001年全国公安出入境管理和边防检查工作要点》，狠抓边防执勤规范化建设和查控工作，有力的打击贩枪贩毒和偷渡活动，为维护国家安全，政治稳定和口岸正常出入境秩序，促进边疆经济和社会发展做出了积极贡献。

年内，陆路口岸检查出入境旅客21335人次，比上年增长25.4%。检查出入境边民6567322人次(其中缅甸籍4863305人次，老挝籍216828人次，越南籍1487189人次)，减少6.9%。检查出入境交通运输工具566126车辆，减少33.6%。检查交通工具员工78761人次，下降11%。

航空口岸检查出入境旅客530968人次，增长3.7%；检查出入境机组人员51138 人次，增长0.3 %；检查出入境飞机4763架次，增长0.2%。

水运口岸检查出入境旅客2072人次，下降30%；检查出入境船只890艘次，下降69.8%；检查出入境船舶员工7934人次，增长0.28%。

2001年云南省公安边防总队的11个边防检查站使用计算机系统开展查控，全年杜绝了漏查、漏控事故的发生。在抓规范化执勤中，总队在河口边防检查站进行了规范化建设试点；在河口口岸进行了边民证件机读条形码试点；举办业务培训班31期，1000余名干线参加培训。通过规范化建设，边防检查实现了统一执勤，统一岗位职责，统一执勤组织，统一查验程序，统一执法力度，统一查控工作，统一培训上岗。在反偷渡工作中，针对口岸偷渡活动的发展、变化、规律和特点，加强证件查验和情报调研，加强反偷渡信息交流。共查获偷渡案件56起122人，抓获组织运送12 人；查获非法越境269起384人 ；查获各种违法违规1406起22083人；接收遣返36起2145人；向境外遣返3起29人；查获海洛因70685克、鸦片31998克，其它毒品15792克；缴获军用枪56支，子弹676发。有力打击了各种犯罪分子的违法犯罪活动，保证了口岸安全畅通，维护了边疆的稳定。

2001年边防检查站出入境人员交通工具表

名 称	出入境人员		出入境交通工具	
	人 次	同比(%)	交通工具(辆架艘)	同比(%)
水运口岸	2072	-30	890	-69.8
公路(铁路)口岸	21335	25.4	566126	-33.6
航空口岸	530968	3.7	4763	0.2
合 计	554375		571779	

云南出入境检验检疫局

2001年,云南检验检疫局认真贯彻落实全国检验检疫工作会议和全国质检系统局长会议精神以及总局的工作部署,努力构筑云南边陲安全卫生检验检疫屏障,依法施检,加大监管力度,积极开展整顿和规范市场经济秩序工作,服务云南经贸,有效地维护了云南省经济安全和人民身体健康,促进了全省对外开放和外经贸的发展。

全年共检验检疫出入境货物76845批次,货值16.15亿美元。出入境人员219.38万人次。交通工具24.00万辆(架、艘、节)次。其中检出不合格进出口商品826批,货值3258万美元,协助有关单位对外索赔770.86万美元,维护了有关企业合法利益和国家利益。共检出植物有害生物2519批次,危险性疫情247批次,有害生物检出率为11.22%,疫情检出率为1.1%。全年共对3.22万人次进行了传染病监测,检出各类传染病705例,检出艾滋病及病毒携带者98例;共对11.85万人进行了预防接种,对6.5万人进行国际旅行预防服药。全省检验检疫系统对口岸地区1981名从业人员进行了体检及培训;对20.77万辆(节、艘、架)次交通工具及4.26万批货物实施了卫生处理;在口岸地区对842家单位进行了83次卫生监管,施行大规模灭鼠3次,灭鼠7611只。各口岸共检验进口食品5391批,货值3.8亿元。为出口企业及时签发普惠制证书3587份,产地证书2498份,签证金额分别为1.39亿美元和1.92亿美元,获得有关国家给予的普惠制待遇。完成外商投资财产鉴定45批,维护了投资各方的合法权益。

按照质检工作"忠于职守,勇于负责,严格把关,保国安民"的精神,制订了贯彻落实10条措施意见,提出了"建设云南边陲安全卫生检验检疫屏障"的长远工作目标。面对周边国家口蹄疫连续爆发且严峻形势,勐腊检验检疫局距离境外疫区最近只有4公里,及时采取了有效措施,历时10个月艰辛努力防止了疫情的传入。积极配合地方政府,先后9次妥善处理了瑞丽、腾冲等口岸相继发生的由非正式通道传入的疫情。针对东南亚地区发生霍乱、登革热等疫情,在重点时期,对来自重点地区的重要旅客及重点行李、物品和邮寄物,进行重点查询、监控,加强了各口岸出入境人员的传染病监测及携带、邮寄物品的检查监管。首次在昆明口岸入境人员中检出登革热患者1例和输入性霍乱病例。组织各分支局开展了国境口岸媒介生物本底调查,建立媒介生物标本室,认真抓好预防传染病的基础工作。

积极参与和开展云南省整顿和规范市场经济秩序工作,与省工商局、消委会组成"打假、维权、检测"协调指导小组和办公室,开展动物产品、棉花、汽车、非法批发销售国外旧服装等专项打假活动。全年检查483家进口商品经销商,发现涉嫌逃检、漏检的有366家,占总抽检数的75.78%,货值约1.2亿元,均依法进行了处理。查缴、销毁国外旧服装1172包、23万余件。

全局将检验检疫工作重点转向涉及健康、安全、卫生、环保方面,逐步实现从批批检验检疫为主向加强前期监督和后续管理转移。以出口菌类、进口酒类为重点,加强了68家菌类生产加工企业的前期监管,以及进口酒类经营公司的后期监管和进口食品加贴CIQ标志的管理。通过对713批出口鲜松茸中严格检验把关,查出铁钉、铅丝等异物2181颗、6.77公斤,查出泥松茸398朵,维护了国家信誉和促进外贸出口。建成局本部CIQ2000系统备份服务器,完成了局本部CIQ2000服务器性能和网络带宽升级;实现了使用CIQ2000系统进行业务管理以及信息共享。通过向外贸企业宣传推行“电子报检、电子签证、电子转单三电工程”，缩短了报检、签证时间，降低了企业成本，方便了外贸。全年受理外贸企业电子报检168 批，电子签证21票，电子转单业务748批。

加大投入，强化实验室建设，改进检测手段，增强检测能力。在原有2个HIV初筛实验室的基础上，又在各分支局建立了8个HIV初筛实验室，并通过了质检总局组织的专家组验收。率先在全国检验检疫系统按P3级标准要求，建立P3级生物安全实验室，通过卫生部有关方面专家组验收，投入使用。向国家认监委提出以整个技术中心进行申报认证的方案，完成技术中心《质量手册》和《程序文件》的编制。

开展科学研究标准制定工作，有2项研究项目通过验收并评定“优秀”。完成了2项行业标准的审定报送、15项标准草案的专家函审任务，落实了总局下达的12项标准的制（修）订计划。制定并实施了《云南检验检疫局证书差错管理办法》，解决了CIQ2000系统的业务档案归档问题，保证了整个执法过程的完整性和有据可查。认真执行《出入境检验检疫行政执法过错责任追究办法》，制定实施“业务划分、工作衔接的暂行规定”，有效地遏制了逃、漏检事件发生。加大全省外经贸企业推行ISO9000标准的工作力度。云南评审中心全年完成认证企业37家，与57家企业签订了认证合同，促进了云南外贸企业上档次。以优质高效的服务措施，确保了第三届昆明国际艺术节、中国国际旅游交易会等重大国际活动的成功举办。

2001 年云南出入境检验检疫主要业务统计表

制表单位：云南出入境检验检疫局　　　　金额单位：万美元

	进出口商品检验				进出境动植物及产品检疫						出入境卫生检疫								
	批次	金额	检出不合格		动物及动物产品		植物及植物产品				监测体检及预防接种（人次）				出入境人员（万人次）	交通工具			
			批次	金额	批次	金额	批次	金额	检出疫情		监测体检	艾滋病监测	发现病例数	预防接种		火车节	汽车辆	轮船艘	飞机架
出境	33148	91935	208	497	380	564	7425	18323	588	1495	28462	23381	568	143474	94		75274	1292	2388
入境	24130	56223	618	2761	1441	1179	12099	14370	1931	2856	9292	2871	98	1461	125	13720	81629	1187	2390
合计	57278	14815	826	3258	1821	1743	19524	32693	2519	4351	37754	25952	666	144935	219	13720	56903	2479	4778

云南口岸概况

一类口岸

【昆明航空口岸】 昆明航空口岸是我国对外开放较早的5大航空口岸之一。机场位于云南昆明市郊东南侧的巫家坝，距昆明市中心6.5公里。机场于1997年再度扩建,扩建后的机场跑道长3400米、宽45米。1999年投入使用。有昆明至北京、上海、广州、西安、兰州、福州、海口等150条国内航线；有昆明——曼谷、吉隆坡、新加坡、河内、仰光、曼德勒（包机）、万象、新德里、汉城、东京、大阪、香港、澳门13条国际及地区航线。2001年，完成旅客出入境57.5万人次，飞机出入境4609架次。

【西双版纳航空口岸】 西双版纳航空口岸位于景洪市南郊，距景洪市8公里。该口岸于1995年12月3日经国务院批准为对外国籍飞机开放的航空口岸。机场跑道长2200米，宽45米，联检楼总面积为3931平方米。1997年1月1日正式对外开放，1999年2月2日正式通航。机场开通了景洪至昆明、北京、上海、成都、天津、郑州、广西等11条国内航线和西双版纳——泰国曼谷、西双版纳——泰国清迈两条国际航线。2001年，完成旅客出入境1.5万余人次，飞机出入境156架次。

【瑞丽公路口岸】 1992年 6月9日国务院批准瑞丽为对外开放城市。2001年10月，经国务院批准对第三国人员开放。瑞丽口岸位于云南省西部，德宏傣族景颇族自治州的西南，与缅甸木姐市仅一河之隔。口岸联检中心大楼4336平方米。1.92平方公里的瑞丽姐告边境贸易区实行“境内关外”的特殊监管模式，区内建有17万平方米边贸货场。瑞丽口岸在边境贸易、边贸加工、旅游业、对外经济技术合作和文化交流等方面的迅速发展，使该口岸成为边境贸易发展的新热点、国内外关注的热区。

2001年，口岸出入境人员436.05万人次，其中入境216.16万人次；进出货运量47.5万吨。

【河口陆路（铁路、公路）口岸】 河口口岸位于云南省红河哈尼族、彝族自治州最南端的河口县，地处南溪河、红河交汇处河口县城，与越南老街市隔河相望。河口口岸于1956年对外开放。1993年5月，正式恢复并对第三国人员开放。河口口岸具有十分明显的水陆交通和区位优势，是滇越大通道主要口岸。

联检大楼面积5485平方米，有出入境通道6条，口岸实行报关、报验“一条龙”办公服务。口岸有面积为1700平方米的查验货场，有2个较为活跃的边贸互市点。

2001年，出入境人员135.81万人次。其中，入境人员67.08万人次，出境人员68.72人次，游客占5%。机动车出入境1.78万辆(列) 次，出入境各占一半。完成货物进出口66.98万吨，其中进口17.27万吨。

【金水河公路口岸】 金水河公路口岸位于金平县金水河镇，地处金水河、藤条河交汇处。与越南仅一河之隔。金水河口岸于1954年12月17日开放。1993年11月正式恢复对外开放。金水河口岸联检楼总建筑面积960平方米。2001年，口岸出入 境人员18.5万人次，进出口货物1399吨，出入境交通工具3493辆次。

【天保公路口岸】 天保公路口岸位于云南省文山州麻栗坡县南端，东经104度48分、北纬22度56分，与越南河江省渭川县接壤。1954年3月，天保口岸对外开放。1993年2月6日，正式恢复对外开放。1993年6月20日正式恢复开通。

天保口岸联检楼正在建设中。口岸现有一个约10000平方米的货场。2001年，出入境旅客为15万人次，货物吞吐量为3万吨，机动车辆出入境1.3万辆次。

【磨憨公路口岸】 磨憨公路口岸位于勐腊县南端，东经101°41′、北纬21°13′，是中老两国唯一的一类公路口岸。1993年12月，口岸正式对外开放，并对第三国人员开放。2000年6月，云南省政府确定磨憨口岸为边境贸易区。因昆明——曼谷公路出口点尚未确定，该口岸联检楼正在规划设计中。

2001年，口岸出入境人员为19.48万人次，机动车辆出入境3.74万辆次，进出口货物10.92万吨。

【畹町公路口岸】 畹町公路口岸位于云南省西部，德宏傣族景颇族自治州南部。西北与瑞丽隔江相望，与缅甸的九谷一河之隔。1992年6月9日，国务院批准畹町为对外开放城市。1993年，根据中缅两国达成的协议，重新修建了畹町—九谷新桥。口岸建有1个占地面积为38亩的海鲜货场和1个边贸货场。新的联检大楼正在立项申报中。

2001年，口岸出入境人员55.67万人次。其中入境28.86万人次，出境 27.8万人次。货物为2.8万吨，车辆为13.49万辆次。

【猴桥公路口岸】 腾冲猴桥公路口岸地处中缅边境腾冲县猴桥镇槟榔江畔，与缅方甘拜地口岸相对应。1991年，被省政府批准为二类口岸，2000年4月被国务院批准为一类口岸。2001年6月，口岸联检楼建设工程全部竣工，经国家验收后对外开放。腾冲猴桥口岸设置了人员监管区、出入境查验大厅和人员查验通道，通关能力为800人次／日和400辆车次／日。2001年，出入境人员为23万人次，车辆为10万车次，货物为20.23万吨，货值为3.8 亿元人民币。

腾冲猴桥口岸占有区域和地域优势，南亚国家的商人从该口岸入境进行边贸往来，是缅甸木材、玉石出口的主要通道。

【景洪港口岸】 景洪港口岸是澜沧江—湄公河国际航道上重要的水运口岸，位于西双版纳州政府所在地景洪市区澜沧江北岸，东经101°04′、北纬21°52′。1993年7月24日，景洪港被国务院批准为一类口岸，包括景洪港区、橄榄坝、关累3个码头。2001年6月，正式对外国籍船舶开放。景洪港区占地面积146.67亩，建设6个泊位，其中两个客运泊位、四个货运泊位，按年货运量40余万吨，客运量150万人次规模设计。关累码头是景洪港重要的货运码头，距离景洪港码头水路81公里、陆路157公里。该码头设计规模年货物吞吐量20万吨，客运吞吐量10万人次。景洪港联检楼建筑面积3248平方米，联检楼内设有出入境旅检通道4条。2001年，出入境人员7312人次。进出口货物17.2万吨，出入境船只6918艘次。

【思茅港口岸】 思茅港口岸位于澜沧江—湄公河中段思茅市与澜沧县交界处，是澜沧江—湄公河国际航运中国境内的主要货运口岸。2001年4月，口岸正式对外籍船舶开放。思茅港第一作业区航道长1500米，水深2米，平均宽70米；第二作业区航道长1500米，水深2米，平均宽80米。口岸现有泊位4个，其中枯水泊位2个，洪水泊位2个，码头岸线长3000米。有仓库1811平方米，堆场11111平方米。有吊车、拖车、铲车等各种机械运输工具共4台。思茅港口岸目前与老挝、缅甸、泰国3个国家和云南省西双版纳州14个港口有水运业务往来。

2001年，出入境旅客0.1万人次。其中入境0.04万人次，出境0.06万人次。货运量4.4万吨，出入境船舶551艘次。

二类口岸

【田蓬口岸】 田蓬口岸位于富宁县的东南部，与越南上蓬口岸对接，国境线长60公里。对内距富宁县城80公里、文山州府235公里、省府昆明680公里。对外距越南同文县24公里、苗旺县35公里、河江省会110公里、河内451公里。口岸有公路通往国内外，交通便利。1996年9月27日，经省政府批准为二类口岸对外开放。

2001年，口岸过货量达0.6万吨，口岸成交额9044.1万元。旅客出入境达4.3万人次。

【打洛口岸】 打洛口岸位于勐海县西部，打洛镇境内，与缅甸掸邦东部第四特区小勐拉口岸对接。距缅甸景栋80公里，距泰国米赛239公里，距泰国清迈550公里，是中路大通道的重要口岸之一。1991年8月10日，云南省政府批准打洛为二类口岸。打洛口岸是个旅游热点，出入境旅游人员逐年递增。2001年，出入境旅客153.65万人次，机动车辆出入境13.74万辆次，进出口货物8.25万吨。

【孟连口岸】 孟连口岸于1991年8月经云南省政府批准为二类口岸。口岸位于孟连县人民政府所在地，与邻国缅甸掸邦第二特区邦康口岸对接，国境线长133.399公里。有经省政府批准的6条陆路通道通往缅甸，其中有出境公路两条，即勐啊和芒信。县城经芒信通道至缅甸大其力360公里，到泰国清莱府415公里，或由景栋西行至仰光1347公里。县城经勐啊通道至缅甸曼德勒586公里。孟连口岸具有通往泰国及东南亚各国的独特优势。

近几年来，以县城为中心的口岸基础设施得到了很大改善，联检机构健全，口岸功能得到发挥，取得了明显的经济效益和社会效益。经营方式以小额贸易为主。2001年，过货量为7.4万吨，旅客出入境25万人次，车辆出入境4.2万辆次。

【孟定口岸】 孟定口岸位于耿马傣族佤族自治县孟定镇人民政府所在地，与缅甸掸邦第一特区清水河口岸对接，边境线长47.35公里。距耿马县城83公里，地处北纬23°33′、东经99°04′。孟定口岸是我国西南地区通往缅甸和东南亚的重要陆路通道。1991年8月10日，被省政府批准为二类口岸。孟定口岸边境贸易辐射面广，公路通往国内外，交通十分便利。从清水河到缅甸重镇户板、滚弄分别为15公里和24公里，到缅北重要商品集散地腊戍161公里，到缅甸首都仰光1136.9公里；从盘姑公路到昆明750公里。

孟定口岸自建成投入使用以来，一直是国内外经济贸易活动的窗口，经营方式也由以物易物小额贸易发展为边境贸易、转口贸易、大贸。近几年，年平均贸易达5万吨、客流量10万余人次。2001年，口岸过货量达7.1万吨，口岸成交额3.5亿元。旅客出入境达25.9万人次，车辆出入境5.94万辆次。

【南伞口岸】 南伞口岸位于镇康县南伞镇，地处北纬23°46′、东经98°49′。口岸与缅甸掸邦第一特区果敢口岸对接，国境线长47公里。距缅甸果敢县12公里，距缅甸腊戍197公里，距佤城484公里，距仰光1177公里。南伞口岸于1991年8月10日被省政府批准为二类口岸。1996年，列为边境经济开发实验区。批准为二类口岸以来，逐步加快了口岸建设。2001年口岸过货量达7万吨，旅客出入境44.81万人次，车辆出入境24.88万辆次。

【沧源口岸】 沧源口岸位于临沧地区西南部，于1996年9月27日经省政府批准为二类口岸，含芒卡和永和贸易区。与缅甸掸邦第二特区南登口岸对接，国境线长达147.083公里。芒卡贸易区位于沧源县南腊乡人民政府所在地，中缅边界146号界碑处，距县城110公里，距缅甸佤邦南登特区4.07公里。永和贸易区距县城14公里，距缅甸佤邦绍帕区3公里。两个贸易区都有公路通往国内外，交通十分便利，是西南地区通往东南亚的一个重要通道。

口岸有进出口货场1个，边贸互市点6个，经营方式由过去的以物易物的小额贸易发展为转口贸易。2001年，口岸货物流量8.2万吨，边境贸易进出口总额为1亿元。旅客出入境18万人次，车辆出入境2.1万辆次。

【盈江口岸】 盈江口岸于1991年经省政府批准为二类口岸。口岸位于盈江县人民政府所在地平原镇，与缅甸克钦邦第二特区拉咱口岸对接，国境线长214.6公里，距缅北八莫150公里，距密支那180公里，距仰光1200公里，距印度雷多540公里。口岸有公路通往国内外，交通十分便利，成为西南地区通往缅甸的一个重要通道。

口岸自对外开放以来，成为国内外经济贸易活动通道。形成了以边境贸易、一般贸易、对外经济技术合作和转口贸易等多种贸易相结合、多渠道并举的大经贸新格局。2001年，口岸旅客出入境3.85万人次。货物量99.92万吨，成交额为25090万元。

【章凤口岸】 章凤口岸于1991年经省政府批准为二类口岸。口岸位于陇川县人民政府所在地章凤镇，国境线长50.899公里，与缅甸北部雷基口岸对接，距八莫93公里。口岸有公路通往国内外，交通方便。60年代至70年代章八公路中断使用，1992年修复对外开通，成为了滇西南地区通向缅甸及东南亚诸国的一个重要通道。

口岸自对外开放以来，成为了商贾云集、国内外经济贸易活动的边境口岸。经营方式有边民互市、边境小额贸易、一般贸易、对外经济技术合作和转口贸易。2001年，口岸过货量达7万吨，成交额为14287.32万元。旅客出入境13.6万人次。

【片马口岸】 片马口岸于1991经省政府批准为二类口岸。口岸位于泸水县片观镇人民政府所在地，中缅边界北段10号至25号界碑之间，与缅甸大田坝口岸对接，边界长64公里，距泸水县城96公里，距缅甸北部城市密支那224公里。口岸有三条公路通向国外，交通十分便利。该口岸是中缅边界北段10号至47号办碑638公里长的边界线唯一的一座口岸，成为我国滇藏两省、区通往南亚的一个重要通道。

片马口岸是我国古西南丝绸之路的重要组成部分，边境贸易源远流长。2001年，口岸过货量达35万吨，口岸成交额15750万元。旅客出入境32.15万人次。

云南口岸边贸概况

2001年，全省边境小额贸易进出口总额3.46亿美元，比上年下降2.9%。其中，出口2.3亿美元，下降17.2%；进口1.16亿美元，增长48.1%。对越、老、缅、泰、柬、新、马七国进出口额为6.2亿美元，增长10.48%。其中对越、老、缅、三国进出口额为5.3亿美元，增长9.44%。主要出口商品有：食用植物及产品、纺织品、黑色金属、化工原料、各类机械、家电产品等；主要进口商品有：木材、龙眼干、玉石、水产品、豆类、铬矿砂、锌矿砂、锰矿砂、天然橡胶、藤条等。

2001年，云南边贸运行的主要特点是：

【对缅、老贸易下降，对越贸易增长较快】 由于受各种因素的影响，对缅贸易困难较大。2001年，对缅贸易为34873万美元，下降3.9%；对老贸易为1833万美元，下降4.8%；对越贸易实现历史性飞跃，进出口为16099万美元，当年净增6000余万元，增长60.5%，成为该省对周边贸易的增长点。

【对越、老、缅三国进口增幅高于出口，贸易顺差有所减少】 全年进口增长43%，净增进口额3665万美元，其中边

2001年云南省对缅、老、越进出口统计表

制表单位：云南省外经贸厅周边处　　　　金额单位：万（美元）

项目	进出口				出口				进口			
	总额	上年同期	同比±%	占总额%	总额	上年同	同比±%	占总额%	总额	上年同期	同比±%	占总额%
全省合计	198906	181278	9.7	100	124412	117511	5.9	100	74494	63767	16.8	100
三国合计	52805	48250	9.44	26.54	40791	39901	2.23	32.8	12014	8349	43.9	16.12
越南	16099	10030	60.5		14232	9264	53.6		1367	766	143.7	
老挝	1833	1926	−4.8		1408	1336	5.4		425	590	−28	
缅甸	34873	36294	−3.92		25151	29301	−14.2		9722	6993	39	
一般贸易	18212	12626	44.2	9.14	17782	12098	47	14.3	430	528	−18.6	0.52
越南	7813	4056	92.6		7752	3944	96.6		61	112	−45.5	
老挝	1043	962	8.41		1037	962	7.8		6			
缅甸	9356	7609	22.95		8993	7193	25.02		363	416	12.8	
边境贸易	34593	35629	−2.9	17.4	23009	27808	−17.26	18.5	11584	7821	48.1	15.6
越南	8286	5974	38.7		6480	5320	21.8		1806	654	176.1	
老挝	790	964	−18.05		371	374	−0.8		419	590	−29	
缅甸	25517	28690	−11.06		16158	22113	−26.93		9359	6577	42.3	

境贸易进口增长48.1%，致使贸易顺差比上年减少8000余万美元。出、进比例由上年的5：1下降为3：1。

【对越、老、缅三国一般贸易大幅增长，边境贸易略有下降】 边境贸易比上年净减1036万美元，下降2.9%。在边境贸易的净减中对缅减少3173万美元，对老减少174万美元，对越增加2312万美元。

云南口岸专稿

木康“缉毒先锋公安”先进事迹

云南省公安边防总队德宏州支队木康公安边防检查站（正营建制），组建于1987年，驻守在320国道昆明至畹町段的双坡垭口，毗邻世界三大毒源地之一东南亚“金三角”，主要担负对出入边境地区人员、车辆及其化货物实施边防检查任务。23年来，该站官兵认真贯彻邓小平新时期军队思想，按照江泽民总书记“五句话”要求，依据条令例和《军队基层建设纲要》，全面建设，扎实打基础，不断提高边防管理控制能力，特别是在严厉打击毒品犯罪斗争中，经受住了生死、苦乐、金钱、美色的严峻考验，为维护边境稳定，服务改革开放和经济建设做出了突出贡献。先后2次荣立集体一等功，2 次荣立二等到功，5 次荣立集体三等功。1995年被公安部评为“缉枪缉毒先进单位”；1996年被中宣部、解放军总部评为“军民共建社会主义精神文明先进单位”；1994年至1997年连续4年被共青团评为“青年文明号”；1998年分别被公安部和云南省委、省政府授予“缉毒模范检查站”荣誉称号。全站官兵先后有15人荣立一等功，95人荣立二等功，245人荣立三等功。

缉毒战线的一面旗帜

木康公安边防检查站所在的德宏自治州与缅甸有着508.3公里的边境线。既是对外开放的通道，也是境内外各种犯罪分子千方百计企图打通的关口。23年来， 全站官兵忠于职守，严格执法，缉私、缉枪、缉毒并举，尤其对日益猖獗的过境贩毒活动，不断调整斗争策略，斗智斗勇，重拳出击，查得出、堵得住，成为缉毒战线上的一面旗帜。

任务繁重，一人一车不放松。随着改革开放的不断深入，边境贸易、货运、旅游的发展，每天路经木康的车辆3000多辆， 人员上万人，查车验证任务日益加重。起先由于缺乏查验设备，只能靠人工查验，每个官兵每天仅弯腰就达3000多次。上下货物3吨多，人均执勤都在12小时以上。即使任务再重，工作强度再大，官兵始终坚持“边关多查一克毒，内地少受一份害”，随到随查，不漏一人一车。一次，一辆拉牛骨头的大卡车经站接受检查时，车上的牛骨因烈日暴晒，恶臭熏人，官兵照例将牛骨头 抬下车逐块翻了一遍，检查现场，官兵身上都爬满了白蛆。1996年12月的一天深夜，8辆从缅甸入境的拉牛皮的卡车进站，全站官兵一起上阵，开包检查，从中查获海洛因4万多克。完成任务后，女战士马家颖全身过敏，手臂发炎，住院治疗20多天。

情况复杂，一丝一毫不马虎。贩毒分子为了逃避打击，挖空心思伪装毒品，手段越来越隐蔽，藏毒方式无奇不有。水果、化妆品、家用电器以及鞋底、轮胎、木材等都成了贩毒分子藏毒的工具，有的甚至利用鸡鸭活体以及人体藏毒，有的竟然冒充军人、警察等骗关、闯关，但任何蛛丝马迹都逃不过官兵的眼睛，副站长梁晓阳带班执勤，从一车辆货车装运的槟榔壳中查获海洛因11万余克。女检查员和战士从一辆油罐车内查获海洛因122千克。战士们从旅客走路姿态中发现破绽，破获宁夏同心县36名男女利用身体贩毒3000克案。还从焊新如新，焊旧如旧的车底盘、油箱中查出精制毒品，使毒贩闻风丧胆。

气候多变，一时一刻不缺岗。木康四面环山，雨多雾大，长达半年的雨季，半数以上的官兵都不同程度地患上了关节炎等疾病，在没有修建检查大厅前，官兵们长年累月露天作业，一天坚持24小时执勤，还派出流动哨对周围20公里地段实施管控，不给贩毒分子任何可乘之机。他们的事迹经媒体宣传后，境外一名毒枭怎么也不相信：“老虎也会能打盹的时候！”于是在零时时分驾车携海洛因18200克过关时，不仅人赃俱获，还挖出在德宏、保山、昆明等地的同伙，极大地震慑了境内外贩毒团伙。

23年来，木康站破获各类案件1126起，抓获犯罪嫌疑人1648名，查获精制海洛因3325公斤，冰毒2800克，鸦片400多公斤，制毒配剂304吨，收缴毒资100余万元，军用枪支72支，子弹1095发。查获并放生穿山甲、眼睛蛇、金丝猴等国家保护的野生动物15000多只。据统计，该站查获上100公斤海洛因的大案11起，最多的一次查获446公斤，平均每天查获海洛因519克，公安部、云南省委、省政府和联合国禁毒委员给予高度赞誉。

面临考验的前哨阵地

贩毒分子为了获取暴利，或铤而走险，或不惜血本、拉拢腐蚀。面对种种考验，木康站官兵始终保持一尘不染，本色不褪。云南省政府专报国务院称他们是“英雄边关”。

生死关头，英勇无畏。身处缉毒一线的木康站官兵时刻经受着生与死的考验。1995年元旦早晨，刚下哨的新战士张老五只身体追捕贩毒分子，搏斗中，被贩毒分子用石头砸昏，直到战友赶到时，张老五还死死抱着这个贩毒分子未松手，全身上下留下了32处伤口。战士刘惠明在查验时，发现了毒犯绑在腰间的手榴弹，死死抱住，将其制服，保证了车上40多名乘客的安全。女战士朱志萍在检查一男旅客的行李时，摸到包内有枪，案犯猛扑过来，朱志萍尽管手被咬伤，仍死死将包按住，在战友的协助下，将其生擒，从其提包中搜出两支“五四”式手枪和17发子弹。木康站官兵不仅自己时刻经历着血与火的洗礼，就连他们的亲人的安全也随时受到威胁。23年来，木康站历任领导及家属、亲人几乎都接到过犯罪分子的恐吓信和电话，有的贩毒分子还扬言花几十万元买官兵的人头。有位曾在木康站工作多年的副站长，因多次查获贩毒案，贩毒分子对其恨之入骨，还绑架他只有12岁的儿子，强行注射毒品，副站长含泪将儿子送进了戒毒所。但再大的牺牲也动摇不了他们缉毒决心。

金钱女色，一尘不染。贩毒分子为了达到其罪恶目的，总是不惜重金企图买关。“点点头，钱不愁，挥挥手，一幢楼”，但官兵们懂得把关验证是党和人民赋予自己的使命。一次，战士陈启祥在执勤中查获一名携带1000多克海洛因的嫌疑人，嫌疑人见只有小陈一人，便悄悄将装有10万元人民币的手提袋递给他，央求放行，被陈启祥严辞拒绝。当时，小陈的老母亲正躺在医院里，为医药费发愁，但“卖关”的事，给座金山也不要。1997年7月13日，女战士王春花在执勤中查获一名携带350克海洛因的女贩毒分子黄某，黄某拿出一万元钱塞给小王：“求求你放了我吧，我有三个娃娃！”王春花严正地说：“我放了你，更多的孩子和家庭就可能被你推进深渊！”据统计，自建站以来，官兵们先后拒贿300余次，价值人民币100余万元。犯罪分子见金钱买不通，便想方设法用女色来诱惑，仍然一次次被顶了回去。1997年7月，木康站干部张斌打入贩毒集团内部，历时20多天，面对金钱女色的诱惑，始终保持气节。根据他提供的线索，公安机关捣毁了一个以香港贩毒分子为主体的跨境犯罪团伙。

亲情友情，不徇私幙。为了过“关”，常有老乡、老同学或通过亲人、朋友给官兵打招呼，要求提供“方便”，官兵们总是依法执勤，“铁石心肠”。一次，战士黄德斌的一位老乡携毒被查获，老乡认出了小黄，求放他一马，却被一口拒绝。战士李孝波的表姐带了20多件走私香烟，被他查获后，其姨父多次来说情，但他说“法不容情”，从此姨父家再也不认他这门亲戚。2000年10月初，站长张跃斌的父亲从木康通过，当班检查员仍然对其进行检查。

服务社会的窗口

木康站按江泽民总书记的要求，把“严格执法”与“热情服务”有机统一起来，把哨卡作为实践全心全意为人民服务宗旨的窗口，服从服务于改革开放事业和边疆经济建设，用实际行动赢得了地方各级党委政府和各族人民的理解和支持。

把好一关，温暖一线。木康站官兵心里时刻装着人民，在把好关口，保证畅通的同时，积极为过往旅客提供方便。他们在检查现场设立了旅客休息室、便民服务台，为旅客送水送茶、送医送药。为方便驾驶员，官兵们还在执勤现场增设了车辆充气、加水、补胎设备，把一片真情献给天南海北的过路人。近年来，他们还将查验程序、禁带物品等编成小册子发放给过往旅客，设立举报信箱，公布投诉电话，修订文明执勤守则，加强文明执勤。

驻守一地，稳定一方。他们先后与驻地村落、小学、敬老院、公路总段结成共建对子，开展共建活动，修筑公路、架设水管。赠送电视机，帮助村公所建立了“青年之家”，资助10名失学少数民族少儿上学，还与芒市公路总段共建“绿色环保教育基地”，植新兵入伍扎根树、老兵退伍留念树、入党入团决心树、立功受奖纪念树，为绿化320国道植树5000多株。近年来，为促进当地经济发展，他们不断调整执勤方式，每当德宏州西瓜、白糖上市旺季，站里就主动派兵深入工厂、村寨进行巡逻，并与昆明客运总站、芒市糖厂等6家厂（站）和村寨的领导签定了协助缉毒责任书，车辆到站后快验快放，使一段时间在查验现场排“长龙”的车流很快消失。根据当地吸食贩卖毒品较为严峻的形势，1998年还与大湾村开展警民共建无毒社区，两年间，使这个曾一度为过境贩毒分子安插耳目、中转歇脚的村寨群众和过往司机共为木康站提供各类案件线索100多条，查破案件14件。

解危帮困，一脉真情。当驻地发生山体滑坡、火灾涝灾，人民群众遇有危险时，群众第一个想到是木康站，最先赶到的往往也是木康站的官兵们。1997年10月，一辆满载汽油的油罐车翻下山崖，随时可能爆炸，驾驶员被卡在驾驶室里，生命危在旦夕。木康站官兵得知情况后立即赶往现场，冒着生命危险将驾驶员救出。一天晚上，一名司机跑到木康站报案，说他的车在芒市附近被抢。站里马上派出两名战士前往保护现场，跟踪围追，不到两个小时，抓获三名嫌疑人，追回被抢货物。据不完全统计，木康站建站以来，全站官兵共抢险救灾150余次，抢救的物资价值100多万元，云南省委宣传部、德宏州委领导多次明察暗访，群众满意率都非常之高。

基层建设的标兵

木康站建站以来，注重打基础，抓落实，按纲建队，稳步发展，先后10多次受到单位奖励，连续9年被评为达标先进单位，逐步成长为全国公安边防部队基层建设的一个标兵单位。

坚持政治建警，打牢思想基础。面对毒品犯罪日趋武装化、智能化、大宗化的态势，站党支部紧紧围绕培养“四有”军人这个目标和执勤任务，通过请老红军、老边防、老公安讲述鸦片战争给我国带来的深重灾难和国际国内毒品泛滥严峻形势，加强思想政治工作，并把经常性思想政治工作贯穿于执勤和一日生活始终，帮助官兵树立正确的世界观、人生观和价值观，使官兵深刻认识卫国戍边、把关缉毒的重大意义，认清缉毒工作的长期性、艰巨性，强化使命，牢记职责，激发爱国主义热情。党支部“一班人”带头讲政治、讲奉献、过好金钱、名利、女色、权利关。原站长张斌，一心扑在缉毒工作和部队建设上，妻子抱怨说：“我爱你这个人，但时刻为你这份工作担惊受怕！”副站长梁晓阳谈了几个对象，都觉得他人好，但因职业太危险而分手，可他无怨无悔。原指导员高绍贵的父亲常年生病，卧床不起，病危时想见儿子最后一面也未能如愿。在支部“一班人”的模范带领下，全站官兵讲奉献、争先进，先后有47名战士提拔为干部，27名干部提拔到各级领导岗位。

坚持科技强警，不断提高查缉能力。为了提高通关速度和查缉准确率，木康站先后装备了电视监控系统、X光检测机、CT-30毒品综合测试仪、伽玛离子光谱分析仪、金属探测器等，提高了查缉毒品的科技含量。建起了有12台电脑的学习室，坚持科学练兵，狠抓上岗培训，坚持合格一个， 上岗一人，认真组织开展业务交流，研讨特殊案例，探索总结经验。多数官兵听口音可知对方是哪里人，看肤色、穿着可辨对方职业，观神态、表情可察对方是否可疑。1997年。检查员黄彬为省厅组织双向查缉员进行现场授课，从过往的一名驾驶员极其微妙的表情中发现破绽，查获海洛因265公斤，令观摩的缉毒队员们钦佩不已。木康站不少战士还未退伍，就被各地预先安排在缉毒队。1998年从木康站退伍的战士覃文昌回到家乡广西，进入当地公安缉毒队不出半个月就查获一起广西特大贩毒案，缴获海洛因90公斤。

木康站的官兵认真学习实践江总书记“三个代表”重要思想，对祖国，对人民一腔赤诚，用青春、用热血、用智慧和勇气，在滇南的崇山峻岭中，练就了一座边关铁卡， 是一个英雄的群体， 是一座不朽的丰碑。

巾帼的追求——全国出入境边防检查“优秀检查员” 杨惠

爱岗敬业 昆明边防检查站担负着昆明国际机场的出入境检查任务，是云南省对外开放的重要窗口。在这里，只要一提起杨惠，官兵们都知道，她对待工作总有一股子拼劲。而今34岁的她，本来已是泰国语专业的高材生，但她并不满足于此，而是以惊人的毅力，克服工作、家庭带来的重重困难，数年如一日，刻苦自修英语，并达到国家六级水平。因为她知道，外语是边防检查人员手中的重要武器，只有熟练地掌握了手中的武器，才能在本职岗位上建功。为了实现自己的追求，她抓紧一分一秒，刻苦钻研检查业务，不断总结识别假证件、假签证的方法和经验，并利用业余时间，翻译整理了数十万字的外文资料和边检业务文献，对不同国家、不同版本的护照、证件，各国的国情、民俗和宗教信仰滥熟于心，倒背如流。在努力提高自身素质的同时，杨惠还担起了义务教员的角色，经常把检查员组织起来开展业务研讨、对检查中如何问话、如何察颜观色等技巧反复讲解、示范，完全把自己融进了集体。1999年4月，杨惠患急性胆结石，住院进行手术治疗。此时，昆明世界园艺博览会开幕在即，正是执勤任务最繁重、兵力最紧张的关键时刻。杨惠心急火燎，在病床上休息不到4天，就强烈要求出院，被医院极力阻止。7天后，她偷偷离开病床，回到了自己的执勤岗位。正是凭着这种舍身忘死的敬业精神，几年来，经她带出的数十名检查员，很多已成为岗位执勤能手和业务骨干。

不辱使命 在机场口岸，每天同形形色色的人打交道，要求检查员不仅要具备过硬的业务素质，而且还要具备较强的拒腐防变的能力。通过长期深厚的积累和不断实践摸索，杨惠练就了五秒内查验一本护照的硬功夫，三年中，检查出入境旅客数万人次，没有发生一起执勤事故和旅客投诉事件，被誉为“验万本护照无差错”的业务标兵。不仅如此，她还有一双令不法分子畏惧胆寒的“火眼金睛”，让许多做着“发财梦”的偷渡分子栽到在她的手上。2000年1月，3名浙江青田人冒充泰国籍华人，欲偷渡曼谷。验证时，杨惠从他们蹩脚的泰语和微妙的神态变化中发现了疑点，通过讯问，三人对偷渡事实供认不讳，并由此带出了一个隐藏的预谋偷渡团伙。几天后，其余9名同伙在机场全部落网。同年5月10日，12名持伪假护照的福建、浙江籍妇女，企图迂回偷渡美国，被杨惠当场查获。在讯问室，偷渡嫌疑人趁四周无人，悄悄塞给杨惠6万元人民币，求她网开一面，遭到杨惠严词拒绝。

据统计，1999年以来，杨惠共查获持伪假美国、加拿大、委内瑞拉、韩国、日本护照、港澳同胞往来大陆通行证、冒名顶替持用他人证件130余起，抓获组织、运送偷渡人员的“蛇头”12名。拒收贿赂30多次，折合人民币17余万元。

情洒五洲 在外国人面前树中国人形象，在港澳台同胞面前树大陆亲人形象，在中国人面前树云南人形象，在人民群众面前树公安边防部队形象，这也是杨惠不懈追求的目标。执勤中，无论旅客提出什么问题，她总是笑脸相迎，耐心解答，直到对方满意为止。遇到老弱病残的旅客，她总是热情地上前搀扶。旅客有什么困难和要求，只要能做到的，她总是想尽一切办法帮助解决。一次，杨惠下班时在候检大厅拾到一个装有贵重物品的行包，足足等了一个小时，也无人认领。她又拿着失物在候检的旅客中挨个询问，还是没能找到失主。最后，通过微机查询，得知失主是位新加坡旅客，已经办理了入境手续，她立即拿起电话，与昆明各大酒店联系，终于在金龙饭店找到了失主。

多年来，她以对公安边防事业的无比热爱，以一名共和国卫士的凛然正气和赤胆忠心，在平凡的检查岗位做出了不平凡的业绩，多次被评为“优秀共产党员”、“边防执勤先进个人”，1997年12月，公安部出入境管理局授予她全国出入境边防检查“优秀检查员”荣誉称号，2000年12月，云南边防总队党委为她荣记三等功。

青春赞歌——记“昆明市十大杰出青年”
昆明边防检查站执勤业务一科正营职科长　尹亚菊

透迤八千里云南边防线上，一群身着橄榄绿的巾帼女将格外瞩目，她们那飒爽英姿和不畏艰难，恪尽职守，忠诚地履行着军人的神圣职责和全心全意为人民服务的誓言，书写着一代边防军人伟大的赤子情怀，在祖国的万里疆域镶嵌成“国门前一道亮丽风景线”。昆明边防检查站执勤业务一科正营职科长尹亚菊就是这个巾帼英雄群体中的一员。

15年的军旅生涯，她用忠诚在戍边卫国的工作岗位上书写人生事业的辉煌篇章。近年来，她共检查出入境旅客12万余人次；查获偷渡外逃嫌疑人140余人次，在控对象90余人；拒贿30余次20余万元；她先后4次被云南公安边防总队党委评选为“优秀党员”；被公安部出入境管理局授予“优秀检查员”、2次荣立三等功，1 2次受到各级嘉奖。多次出色完成云南省委、省政府和昆明市委、市政府举办的昆交会、'99世博会、昆明国际旅游节等大型国际性会议、活动的出入境边防检查任务。2002年2月，因她政治合格，业务技能过硬，被公安部特招入世界维和警察。4月，被昆明市授予“昆明十大杰出青年”荣誉称号。

爱岗敬业的标兵 1991年以优秀成绩毕业于武警学院出入境管理专业的尹菊，带着一代边防军人戍边卫国的夙望和崇高理想，走进了火热的军营，来到了誉为“云南边防第一哨”的昆明边防检查站。过硬的业务技能，谦虚谨慎的工作作风，很快使她成为边防检查工作的行家里手。工作中，她注重理论知识的转换，结合实际，认真分析昆明机场口岸的特点，分类汇总册边检信息，为昆明边防检查站撰写了大量的边防检查业务资料。任科领导后，她经常组织全科人员举行业务研讨会，促进相互间交流与学习，抓好边防检查队伍的业务建设，搞好“传、帮、带”，并多次担任总队边检业务培训班的教员。

'99世界园艺博览会在昆明举办，为全面提高边防检查执勤队伍业务素质，充分展示国门窗口风彩，云南边防总队举办三期180人的边检业务培训班，尹亚菊选派担任业务教员。由于机场口岸执勤任务繁重，她既要参加口岸现场执勤，又要承担教员重任，她二话不说，接受任务后就全身心地投入授课准备工作中。她认真查阅大量相文件资料，准备了十几万字的授课笔记，从基本概念到政策法规运用，护照证件到各国风土人情，无不详尽生动。授课中结合执勤实际，把自己的经验如数家珍地传授给学员，并利用案例分析广泛拓展学员思维，做到寓教于乐，使学员们在较短时间内掌握了出入境边防检查业务知识和基本技能，保障了'99世博会出入境边防检查任务的园满完成。尹亚菊外语基础较好，利用工作之余投入公安部“ＥＤＩＳＯＮ”护照签证、资料系统的翻译工作，针对1900多种护照资料的翻译，她精心翻译，经常熬夜，带病坚持工作，站领导让她注意休息。她笑笑说：“只要这一系统能在口岸派上用场，我苦一点，累一点算什么。”尹亚菊正是凭着兢兢业业的敬业精神和无私奉献的高尚情操，在平凡的工作岗位上做出了不平凡的工作业绩。

作为母亲，她是不合格的；作为妻子，她是不称职的；而作为军人，她是优秀的。面对家庭和事业，她毅然选择了后者，家人心痛责骂她是一个工作狂。2000年5月，适逢昆明国际旅游节开幕和五一旅游黄金周，出入昆明国际机场旅客急剧增多，为确保工作万元一失，她连续１５天吃住在机场。三岁的孩子两次生病，爱人又出差，她含着泪狠心地把生病的孩子送回母亲身边，一心扑在工作上。’９９世博会期间，昆明边防检查站实施２４小时备勤制度。科长尹亚菊身先士卒，以身作则，坚守岗位，起好模范表率作用。两个星期的连续作战，她没有回过一次家。一天中午，离下一航班还有一个多小时，尹亚菊在休息室休息，朦胧中，听到了小孩的咿呀声，一睁眼，女儿正在外婆怀抱中看着她。她高兴得跳起来，急忙过去抱女儿，可女儿不认她，尹亚菊鼻子一酸，眼泪差点掉了下。外婆连忙解释：“孩子整天哭着找妈妈，你几天不回家，我只好抱着她来看看你”。尹亚菊刚和孩子见了一面，旅客陆续进入候检大厅，她只好依依不舍地把孩子交给外婆，转身又投入繁忙的工作中。她凭着对工作满腔热忱，不计个人得失，爱岗敬业，无私奉献，展现了一名国门卫士的风采。

识别真假护照的能手 2001年1月3日，昆明国际机场出境检查大厅里旅客熙熙攘攘，检查员们正在验证台里紧张有序地工作。台外，尹亚菊一边巡视大厅整体的检查情况，一边解答着检查员在验证中发现的问题。面对拥挤的人群，凭经验，尹科长知道现在正是不法分子们“鱼目混珠”的“好时机”。她暗暗提醒每一位检查面员提高警惕。此时，一名中年男子眉头紧锁，不停止地往旁边检查通道张望，这一举动引起了尹科长的注意。随之他观望的方向，两名染着黄发的“洋人”，强作镇静接受检查，通过检查发现，两人所持的委内瑞拉护照的签证页上，有多次出入台湾桃源国际机场记录，而验讫章系同一章号，且章印模糊不清。这一疑点，立即引起了她的注意。在反复询问时，两名青年神态紧张，对台湾桃源国际机场一点都不了解。为了不“打草惊蛇”，尹科长暗示暂让这两名“委内瑞拉公民”过关。可疑的中年男子看到俩人“顺利”过关，持着美国护照走向验证台。守候多时的尹亚菊将他“请”进了隔离室。在事实前，“蛇头”与两名偷渡分子无言地低下了头。

同年3月7日，昆明国际机场出境边防检查大厅里，飞往泰国、新加坡、香港的300名旅客集聚在检查大厅，紧张有序地接受边防检查官兵的出境检查。16时30分，辈名叫WANG JACK的旅客所持的多米尼加护照，其护照上所盖的多米尼加出入境验讫章有伪造嫌疑，当即引起尹亚菊的注意，依法对他进行询问和检查时，这名旅客立即大声喧哗，说："我是定居在多米尼加的华侨，这次回国主要是考察投资，帮助祖国发展经济，你们边防检查官员用这种态度刁难一位爱国人士，令我很失望，我要向你们的上级单位投诉......"。为了不影响出入境边防检查工作正常运行，尹亚菊将这位"爱国华侨"请进了值班室。立即对他的护照进行鉴定，通过计算机真伪护照鉴别系统，发现签证页上的出入境验讫章是伪造，而且出入境时间漏洞百出。面对铁的事实，昆明边防检查站依法对他进行审查和人身检查。在他的行李中，发现此人携带１０人的相片、资料和协助陈光明等１０人购买多米尼加护照、身份证偷渡新加坡、多米尼加的合同书和协议书。偷渡嫌疑人见事已露馅，立即掏出５００美金，企图买关，逃僻法律惩处。面对高额贿赂，尹亚菊严肃的告诫他说："国家的法律，军人的神圣职责，不容你沾污"。在犯罪事实面前，露出了自己真实的身份。王元根，该犯系福建省福清市人，１９９５年他借出境旅游非法滞留新加坡，在新加坡花了１２万人民币在"蛇头"那里购买到伪造护照，于2001年2月从北京潜回国内招募偷渡出境的人员，并将偷渡人员照片及资料带到新加坡制作伪假护照，协助他人偷渡新加坡和南美国家，没想到偷渡未成，却栽倒在国门下。上年以来，尹亚菊共查获持伪假美国、加拿大、委内瑞拉、韩国、日本护照，港澳同胞来往大陆通行证，冒名顶替持用他人证件等５９人，查获组织运送偷渡人员"蛇头"４人。因该科打击偷渡工作成绩突出，荣立集体三等功一次。

拒腐防变的榜样　"做为镇守一方的国门卫士，要有高度的政治责任感和事业心，要耐得住艰苦，顶得住歪理，抗得住诱惑，管得住小节，让党和人民放心。有些不法分子为达到犯罪目的，有的用高额金钱贿赂边防检查员；有的送名牌服装、金银手饰、小电器、洋酒外烟，想方设法地拉拢腐蚀干战。面对日趋复杂的环境。作为基层领导，一名优秀共产党员，她是这样做，也是这样教育官兵的。

2000年7月11日，尹亚菊在检查昆明至曼谷TG613航班时，查获17名持伪假护照偷渡出境的福建、浙江籍妇女。尹亚菊在现场询问审查时，17名偷渡嫌疑人联合拿出3万元人民币行贿买关，被她当即严词拒绝。深藏在昆明市的"蛇头"林某又通过偷渡嫌疑人送来10万元人民币，再次遭到拒绝。损失100多万元的"蛇头"林某见软的不行，凶相必露，把黑手伸向尹亚菊年迈父母和年幼的女儿，扬言要血债血还。在公安机关的配合下，将潜逃的"蛇头"林某一举抓获，偷渡分子受到了法律的严惩。

2000年秋季的一个下午，前往曼谷的航班即将起飞。有一对美国夫妇因护照丢失，未办妥有效证件。按照我国法律规定，两人被阻止出境。这对夫妇自认为是美国公民应受特殊待遇，傲慢地纠缠着尹科长让他们出境。尹科长耐心地向其解释我国法律法规。他俩见硬的不行，就来软的，悄悄地把尹亚菊拉到隐蔽处，拿出1000元美钞送给她，尹科长严肃地说："我们国家的法律不容交易，更不允许侵犯。"两个老外不可思议地说："没想到，金钱在这里失灵。中国军人不一样"。无奈地离开机场。尹科长的智慧与正气，维护了中华人民共和国的尊严，体现共和国军人的素质，为全站官兵树立了拒腐防变的榜样。

官兵的好大姐，旅客心中的好公朴　在外国人面前，树立中国人的形象；在港、澳、台同面前，树立大陆亲人的形象；在中国人面前，树立云南人民的形象；在人民群众面前，树立公安边防部队的形象。尹亚菊身为一名科长，既是官兵心目中的好"领导"，又是官兵心目中的好"大姐"，也是出入境旅客心目中的好"公仆"。工作之余，无论干部战士，都喜欢称科长"尹姐"；都喜欢与她共享快乐与悲伤，她总能在别人出现困难时多操一份心，多尽一份力，真诚地伸出援助之手。2000年春节前夕，科内检查员小王收到家中急电，说父亲病重。当时车票与机票非常紧张，小王急得直哭。尹科长得知情况后，一边安慰小王，一边积极与多家售票点联系，直到买到火车票，将小王送上车，尹科长才松了一口气。有一次，柬埔寨国王西哈努克的专机因紧急调用，需在深夜即刻返程。正在口岸值班的尹科长带领备勤人员，15分钟内快速准确地办完了手续，受到了外宾高度赞扬！

1999年4月27日17时30分，昆明飞往吉隆坡的两个航班旅客，因天气原因和货物超载，航班实施减载，已办理出境边防检查手续在候机室准备登机的旅客顿时燥动不安，喧闹起来。有的拼命地朝登机口挤，有的大声喧哗，说要找航空公司讨个说法；有的找机组人员讨价还价。这时，正在组织官兵学习的尹亚菊，接到求援通知后组织官兵立即赶到候检厅。一边耐心说服旅客，一边疏通登机通道，维持登机秩序。不管旅客怎么指责、埋怨声声，他们总是面带微笑，井井有条地组织旅客登机。两个航班正常起飞。然而，滞留在候机大厅内的46名旅客愤愤不平，久久不肯离开候机大厅。已忙碌了整整一天出境科的官兵们，个个精疲力竭，饥肠辘辘，但在尹科长的带领下，全体官兵不顾劳累，认真做好旅客的说服教育工作。边为旅客搬运行李，边耐心细致地讲解航空安全知识和飞机超载的危险性，介绍昆明世博会期间，介绍昆明城市文化生活发展，在大家的共同努力下，旅客情绪渐趋稳定，她立即带领16名检查员找来行李车，帮助他们装运行李，帮旅客联系好接送车辆和宾馆。20时04分，46名旅客被出境科官兵的热情服务所感动，纷纷拿出护照，在验讫章上加盖注销章后，满意地离开了机场。

在15年的平凡工作岗位，尹亚菊用赤诚之心在边防战线上筑起一道绿色长城；用无私的奉献精神，谱写着一曲的青春赞歌！

云南口岸大事记

1 月1 日

云南省委书记令狐安同志慰问河口边防检查站和河口边防大队全体官兵，充分肯定了云南边防工作，勉励官兵安心服役，守好边疆。

1月8日

中越河口口岸公路大桥正式开通，河口口岸联检大楼同时启用。

1月21日

云南省副省长邵琪伟代表省委、省政府到省联检部门和昆明机场“一关两检”进行春节慰问。

3月1日

以海关总署口岸规划办公室副主任罗文金为组长的国家验收组对思茅港口岸进行验收。

3月11日

云南省孟连县发生强烈地震，孟连海关办公、生活等建筑物造成不同程度破坏。

3月27日

国家交通部发文宣布思茅港于2001年4月1日正式对外国籍船舶开放。

4月12日

云南瑞丽口岸联检查验中心开工建设。

4月20日

由云南省政府办公厅牵头，省口岸办、省交通厅、云南武警公安边防总队、昆明海关、云南省检验检疫局、省外经贸厅领导组成验收组，对景洪港口岸进行了初验。

4月20日

为按时完成云南省口岸电子执法系统的推广工作，根据省政府邵副省长的批示，由昆明海关牵头，成立了由昆明海关为组长的云南省《口岸电子执法系统》推广工作领导小组，会同有关单位召开了推广工作协调会。

4月29日

云南省副省长邵琪玮到景洪港、孟连口岸考察。

5月9日

省质量技术监督局、省工商局、省国家税务局等单位派员到昆明海关对云南省“口岸电子执法系统”设备进行调试，联合办公正式启动。

5月10日

河口口岸验货货场正式投入使用，河口海关进驻货场办公。

5月10日

云南省委书记令狐安同志看望了河口联检现场的全体官兵，勉励官兵安心边防、勤奋工作、再作新贡献。

5月18日

昆明机场海关女关员被国家城镇妇女、“巾帼建功”活动领导小组评为全国“巾帼文明示范岗”。

5月22日

昆明海关监管处和机场海关被评为2000年昆明市外商投资企业服务工作先进单位。

5月22日

根据省委、省政府在瑞丽姐告召开现场办公会的精神，姐告、磨憨、河口被确定为云南省“一特三区”的建设目标。河口、磨憨边境贸区挂牌仪式分别在河口、磨憨口岸举行。

6月19日

金水河海关党支部被海关总署评为“全国海关先进基层党组织”，勐腊海关韦强、昆明海关查私分局郑波评为“全国海关优秀共产党员”。

6月5日

云南省政府召开澜沧江——湄公河四国通航有关管理问题办公会。

6月12日

海关总署会同公安部、交通部、国家质检局、总参作战部等有关部门组成的验收组对景洪港口岸进行验收。

6月18日

云南省公安厅厅长江普生到磨憨口岸调研，看望了磨憨口岸官兵。

6月26日

中国、老挝、缅甸、泰国四国在云南西双版纳州景洪市举行澜沧江——湄公河商船通航典礼。

6月21日

国家交通部发文宣布景洪港于2001年6月21日正式对外国籍船舶开放。

7月23日至10月30日

云南省检验检疫局与省技监局精心组织，联合省整顿办、工商、公安等有关部门，在昆明市成功地开展了一次声势浩大的打击非法批发销售国外旧衣服联合行动，共查获、销毁国外旧服装1172包、23万余件。省人大常委吴光范主任亲临销毁现场并给予了充分肯定，省市电视台等各大新闻媒体进行了现场采访报道。此举对打击批发销毁国外旧服装及制、售假的不法分子起到了震慑作用，社会反响好。

8月1日

云南省“口岸电子执法系统”正式运行，外管局、出口企业、海关对该系统进行了出口结汇核销单网上申领，口岸备案 ，联网核销。

8月10日

国务院、中央军委授予木康公安边防检查站“辑毒先锋站”荣誉称号。

8月20日

云南省副省长邵琪伟率省工作组到天保口岸调研，为加快天保口岸建设和发展作了重要指示。

9月4日

云南省检验检疫局和昆明海关召开了动物疫情把关业务协调会，针对入春以来云南省周边国家频繁爆发动物疫情，对本省的畜牧业生产安全和人民身体健康构成严重威胁的问题，达成共识，明确了“关检”双方职责，建立工作联系制度，保持信息互通，互相支持。此举是云南省“关检贸”协作 机制建立之后，召开的第一次“关检”协作会议。

9月7日

瑞丽边防站根据“8.16”假币线索，成功抓获贩假币犯罪嫌疑人2名，缴获假人民币11.56万元。

9月29日

云南共青团省委命名天保海关业务科为2001年度"青年文明号"称号。天保口岸综合验货场正式挂牌办公。

10月10日

云南省口岸办何光烈主任一行到腾冲猴桥口岸考察，就如何进一步加快猴桥口岸建设，迎接国家验收提出了意见和建议。

10月11日

云南河口海关旧址，被河口县人民政府正式列为纪念辛亥革命暨河口起义纪念馆，并成为河口爱国主义教育基地。

10月12日

云南省省长徐荣凯看望了怒江边防支队风雪丫口排官兵，充分肯定了边防官兵艰苦 创业精神，希望边防官兵为边疆安宁和经济建设作出贡献。

10月17日

云南省人大副主任戴光禄视察思茅港和孟连口岸。

10月17日

泰国曼谷航空公司开通曼谷——清迈——景洪航线。

10月 30日

我国驻缅甸曼德勒总领馆领事田向东、成文德，副领事周南等一行4人到孟定口岸调研，耿马县县长刀文彩，孟定镇、外事办、外经贸局、口岸办、海关等部门领导到清水河口岸迎接田领事一行，并与他们在孟定举行了座谈，三位领事对目前发展边贸、边境管理、口岸管理存在的问题提出了意见和建议。

11月 11日

武警云南公安边防总队与老挝北部四省警察指挥部代表团在昆明市举行了第六次省级边防业务会谈。双方回顾了1999年第五次省级边防业务会谈以来双方对口业务部门交流与合作的情况，一致认为：双方边防部门共同遵守了《条约》及其《补充议定书》和五次省级边防业务《会谈纪要》的规定，为维护国家主权、领土完整，建立和平友好边界，促进双边友好往来和经济发展进行了富有成效的合作。双方就出入境管理、联合打击跨国犯罪等共同关心的、需要进一步加强合作的问题进行了友好磋商，达成了共识。

11月 11日

公安部禁毒局、国家环保总局到孟定侦查支局考察易制毒化学物品管理工作。

11月 21日至26日

国家质检总局李长江局长一行到云南昆明出席中老边境卫生协议签字仪式。期间，省委杨崇汇副书记宴请李局长一行。在程迪龙局长陪同下，前往西双版纳局边境口岸进行调研。

11月29日

由西双版纳州口岸管理委员会主办、州各边检查站、海关、检查检疫局、港监局、港务局、磨憨管委会、外事口岸办、外经贸企业等部门，二十支篮球队200余人参赛的西双版纳州首届“口岸杯” 篮球运动会在景洪市举行。

12月1日

陇川章凤口岸联检综合办公大楼开工建设。

12月1日

根据国务院办公厅关于进一步提高口岸工作效率的通知，为加快云南口岸工作效率，报经省政府批准，云南省于2001年12月1日在瑞丽、河口、磨憨等口岸实行24小时报关、通关制度和其它口岸8小时以外预约报关、通关制度。

12月3日

河口边防检查站执勤人员在对河内至昆明5121次国际客运列车实施检查时，查获3名偷渡嫌疑人。

12月18日

省委副书记杨崇汇同志在西双版纳州视察工作期间，看望了磨憨边防检查站口岸执勤官兵，充分肯定了官兵们为维护国家主权和安全，维护边境社会治安稳定做出的贡献。

12月23日

由中、老、缅、泰四国共同举办的“澜沧江——湄公河青年之船”活动在景洪港口岸举行首航仪式。

12月24日

中央军委迟浩田副主席在莲云宾馆亲切接见了驻昆部队师以上领导干部，武警云南边防总队部门以上领导参加接见。

12月26日

为适应我国入世后对口岸工作提出的新要求，进一步提高口岸工作效率，云南省政府决定在河口口岸率先建立双方边民出入境电子刷卡通关系统，并拨专项经费100万元，首先在河口口岸进行试点。

12月29日

云南省政府办公厅下发贯彻落实《国务院办公厅关于进一步提高口岸工作效率的通知》，成立了以云南省邵琪伟副省长为组长，口岸有关部门参加的口岸协调小组，进一步加大了组织协调力度。

陕西省

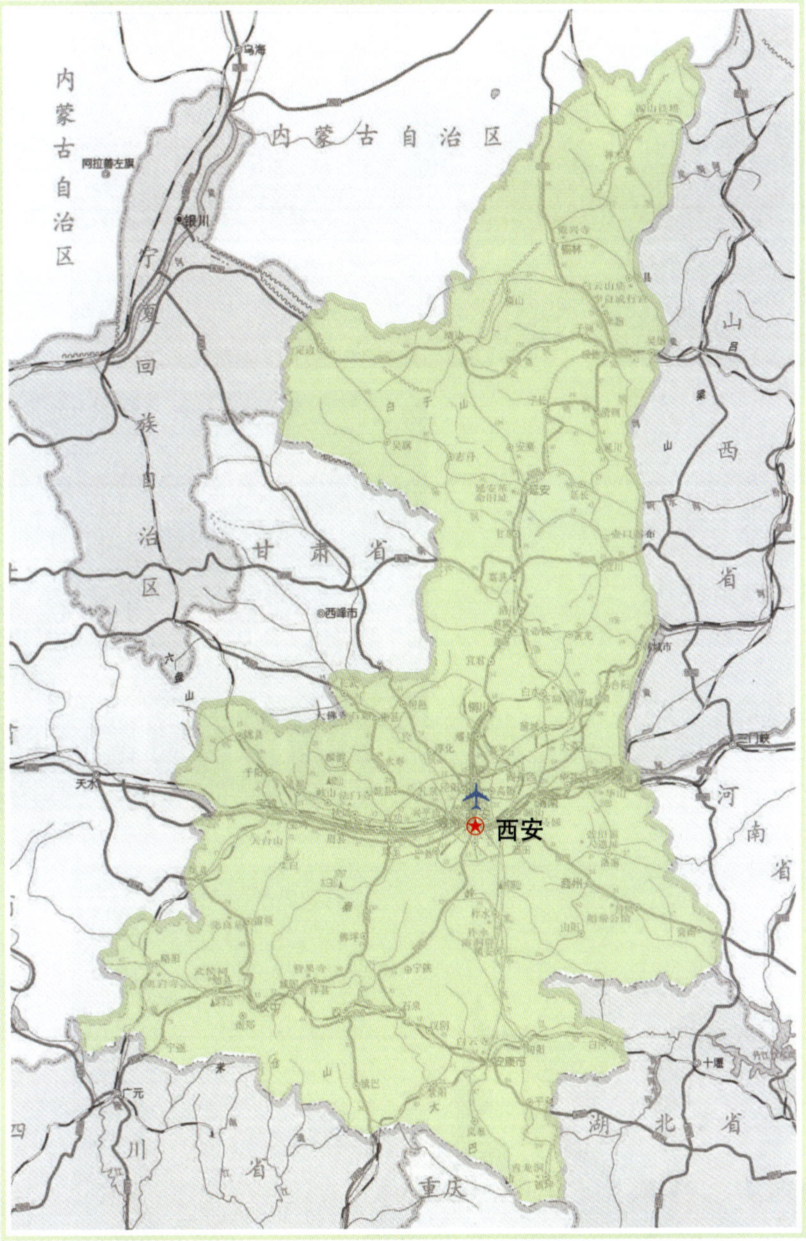

图例

省级行政中心　铁路口岸　公路口岸

口岸城市　航空口岸　海(河)运口岸

∧
西安海关关员查验进出口集装箱

>
西安咸阳机场海关旅检科荣获共青团中央“青年文明号”称号

∨
西安海关关员监管进出境航班

陕西口岸工作综述

陕西省人民政府口岸办公室于1982年成立，设在省经贸委、副厅级编制。目前，陕西省开放国家一类口岸1个，即西安航空口岸。对外通航日本的东京、名古屋、新泻、广岛、大阪、福冈，韩国的汉城、釜山，泰国的清迈、曼谷以及香港、澳门等10余条国际（地区）航线，每周百余架次，初步形成了连接境内外的航空运输网络，成为陕西省对外开放和国际交流的重要门户和通道。航空口岸设有海关、出入境检验检疫、边防检查、口岸签证处等。其中西安海关正厅级编制，陕西出入境检验检疫局正厅级编制，陕西省公安边防总队副厅级编制。口岸签证处及时办理来陕落地签证，完善国际机场服务功能。同时，还开放了两个铁海联运口岸，即西安铁路货运口岸和宝鸡铁路货运口岸。

2001年，口岸办认真加强对口岸工作的协调管理。每月定期召开全体口岸单位参加的工作例会，检查上个月的工作，部署下个月的工作，及时解决工作中出现的问题，积极协调各单位的工作。同时加强经常性的协调和指导工作，坚持24小时现场值班、特事特办、急事急办，保证了口岸的安全、文明、高效、畅通。

在抓紧抓好口岸业务工作的同时，又抓了精神文明建设，在西安航空口岸开展“创建精神文明口岸、为西部大开发服好务”活动，进一步提高工作人员整体素质、规范执法行为准则，改进口岸工作作风，提高通关能力，创建文明、高效的通关口岸环境，树立良好的口岸形象。为进一步使创建文明口岸活动深入扎实，专门成立了口岸办牵头，各单位参加的领导小组，小组下设办公室，坚持每月一检查、半年一小结，常抓不懈，讲求实效，取得了一定的成绩。在开展此项活动中，陕西出入境检验检疫局驻机场办旅检科于2001年4月被团中央命名为“全国青年文明号”，西安机场海关党支部7月被评为全国海关系统先进基层党组织。

为促进经济发展，陕西省召开了东西部经贸洽谈会。在此期间，口岸办组织各口岸单位积极配合洽谈会的召开，并就与会人员进出口岸的检查验放召开专门会议，具体落实到人。口岸办还派专人到现场指挥协调，保证了在洽谈会期间参加会议的代表和参展物品顺畅进出口岸。

在香港西部访问团来陕之际，省口岸办受省政府委托，全权办理香港访问团的进出境接待事宜。省口岸办多次召开专门会议，研究和安排访问团办理进出口岸手续事宜和接待工作，逐部门、逐事、逐条落实。由于具体工作落实到人，使工作有人抓，出现漏洞有人补，180人的代表团不到半个小时就顺利完成了通关的查验工作，赢得港界代表的一致好评。

为扩大陕西省在港的影响，省政府组织的赴港参展团在进出口岸时，得到了口岸各单位的大力支持，为参展团在人员、参展品的进出口岸给予顺利通关，保证了赴港参展团的工作顺利进行。

2001年，口岸办还接待了有些国家的领导人，如吉尔吉斯坦共和国总统等6批，提供了相应礼遇验放。

党中央实施西部大开发的战略，对陕西省的口岸工作提出了更高的要求，也是难得的机遇。为此，经省政府审定，陕西省“十五”期间的口岸发展规划是：以扩建西安航空口岸为龙头，扩大开放陆海联运口岸1个，即通过与青岛、天津、上海、连云港等港口合作，将原西安大兴路铁路二类货运口岸扩大开放为包括大兴路口岸、西铁东站和西铁西站3个监管点的西安铁路货运口岸；新开陆海联运铁路口岸2个，即在陕南新开汉中铁路货运口岸，在陕北新开榆林铁路货运口岸。还要积极创造条件，利用高等级公路网络、设立西安公路货运口岸，从而形成以西安为中心，辐射全省的“十”字型口岸布局，把陕西口岸建成完整的口岸体系。届时，扩建后的西安咸阳国际机场检查厅将由现有的4800平方米增扩至1.42万平方米，并进一步完善口岸设施，增开新的国际航线，使口岸的通过能力达到每年60万人次。与此同时，加强现有的和新开的陆路口岸建设，在全省各货运口岸实行陆海联运，陕西省的进出口货物将就地办理直接出入境手续。这一发展计划实施后，陕西投资环境将进一步改善，社会和经济将取得更大发展。

（杜 印）

2001年陕西一类口岸运行情况

名称 \ 项目		单位	2001	2000	同比%
进出口外贸货值		亿美元	9.34	8.49	10.1
航空口岸	出入境飞机	架次	4552	4080	11.6
	出入境人员	万人次	31.69	28.58	10.9

陕西口岸查验单位工作综述

西安海关

2001年，西安海关全面贯彻落实“依法行政，为国把关，服务经济，促进发展”的海关工作新方针，以“团结、务实、改革、提高”为目标，狠抓队伍建设、业务建设和基础建设，圆满完成了海关总署赋予的各项工作任务，取得了显著的成绩。

【超额完成税收任务】 继2000年税收首次突破7亿元后，西安海关2001年的税收工作又取得可喜成绩，不仅提前3个月完成全年税收任务，而且还首次突破9亿元大关。全年征缴税款9.54亿元，比上年增长20.6%，创历史最好水平。其中关税3.26亿元，进口环节税6.28亿元，分别增长25.7%和18.1%。

【突出重点，加强正面监管，严厉打击违法走私活动】 结合通关作业改革和机构改革，进一步充实了业务一线的监管力量，加强了对进出口货物的实际监管，查验率达到并超过总署规定的标准。2001年共查获此类案件7起，案值4936万元，涉嫌偷逃税款1594万元。在积极查处走私违规案件的同时，加大案件审结力度，共审结走私违规案件75起，案值12175万元，分别比上年增长87.5%和2.1倍。进一步健全了缉私机构，在机场海关成立了调查科，同时赋予宝鸡海关有关业务科室缉私职能。充分发挥省打私办的职能作用，年初召开了全省打私办主任联席会议，对全年的打私工作进行了具体部署，提出了明确要求。全年共查处走私违规案件128起，案值4.7亿元。其中涉嫌走私罪案件10起，案值4382万元，涉嫌偷逃税款1277万元，采取强制措施13人，移送起诉2人，被法院判刑1人。加大了对旅检渠道违禁物品的查控力度，有针对性地对重点航班、重点对象、重点物品进行监控，共查获违禁印刷品、音像制品756件，文物316件。有力地遏制了走私违法活动，保护了正常合法进出。

【坚持开拓创新、加强业务改革、大力支持地方经济建设】 认真做好“电子口岸”在陕西省的推广应用工作。经过努力，“电子口岸”已于8月1日在陕西省顺利启用。进一步简化手续，提高通关效率，西安海关作为全国第二批试点海关，于8月19日正式启用了跨关区快速通关模式。不仅使进出口货物可以提前报关，而且还实现了一次申报、一次查验、一次放行，减少了中间环节，从根本上解决了内陆地区进出口货物转关渠道不畅的问题，大大提高了货物的通关速度。积极落实国家的税收优惠政策。在大力支持外贸出口的同时，积极支持全省的重点工程、重点项目建设，引导企业用足用好国家的税收优惠政策。全年共审批减免税12.09亿元，其中国内投资项目减免税6.04亿元，国外投资项目减免税1.38亿元，科教用品减免税1.78亿元，其它项目减免税2.89亿元，有力地支持了地方经济发展。此外，为了支持办好“西部论坛”、杨凌“农高会”和“东西部贸洽会”、“陕港贸洽会”及中国国际民间艺术节，西安海关专门制定便利通关措施，极大地方便了中外来宾、客商和展览品的进出境。

【坚持从严治关，队伍建设和精神文明建设迈上新台阶】 先后开展了“三讲”教育“回头看”和“三个代表”集中教育活动，使大家牢固树立正确的世界观、人生观和价值观，做“三个代表”的忠实实践者。2001年，西安海关被陕西省委、省政府授予“文明机关”荣誉称号，机关党委被省直机关工委评为“先进基层党组织”，机场海关党支部被评为“全国海关先进基层党组织”，西安海关还分别被省委、省政府评为“全省信息工作先进集体”。

西安海关2001年业务统计资料

类　别	单位	2001年	2000年	同期对比%
报关单数量	万张	2.40	2.20	9.0
监管进出口货物	万吨	14.65	13.30	10.1
进出口贸易总额	亿美元	9.34	8.49	10.1
监管进出境航班及包机	架次	4552	4080	11.6
查验进出境旅客行李物品	万人次	31.69	28.58	10.9
登记备案加工贸易合同	份	308	284	8.5
备案进口料件金额	亿元	13.19	8.98	47.0
本关区企业登记备案	家	309	249	24.1
异地企业登记备案	家	121	163	−25.8
征收税款	亿元	9.54	7.92	20.6
其中：征收关税	亿元	3.26	2.60	25.7
征收增值、消费税	亿元	6.28	5.32	18.1
审批减免税金额	亿元	12.09	12.57	−3.8
其中：1.国内投资项目减免税	亿元	6.04	8.15	−25.9
72.科教用品减免税	亿元	1.78	1.14	56.8
3.国外投资项目减免税	亿元	1.38	0.88	55.9
4.其它减免税	亿元	2.89	2.40	20.6
审结走私违规案件	起	75	40	87.5
案值	万元	12175	3953	2.1倍
罚没收入	万元	149	34	3.4倍

陕西省边防总队

2001年陕西省边防局认真贯彻落实全国政法工作会议和全国公安厅局长会议精神，以执勤为中心加强机关和部队正规化建设，继续深入开展“为人民服务，树公安新风”活动，积极探索新形势下边检工作新特点、新规律，认真结合实际研究反偷渡对策，有效地打击了口岸非法出入境活动。为维护国家主权、安全和陕西社会政治稳定、促进经济发展作出了积极贡献。

一年来，共检查出入境人员236869人次，其中旅客213923人次，员工22946人次，比上年增加15.9%；检查出入境航班2075架次，增加20.1%；共接布控3742人次，办理不准入境人员711人次，护照证件遗失398人次，按规定和接上级通知核查10449次；接收遣返并审查1起1人。查处各类违法违规74起105人次，查获在控人员5起5人次，查获偷渡案件14起131人次（包括协助偷渡人员）。

【落实规范、完善制度，促进勤务工作正规化】 随着“为人民服务、树公安新风”活动的深入开展及认真贯彻落实部局下发的“两规范一措施”，相继建立并结合实际完善了《业务请示报告规定》、《行政处罚程序规定》、《查控工作责任制度》、《勤务奖惩规定及实施细则》、《关于罚没款管理规定》、《紧急处理执行现场突发事件预案》、《优秀检查员评定标准及评比细则》等一系列规范化措施。本着用制度管理的原则，狠抓了落实。使得业务正规化建设有了长足的进步。

【规范了勤务工作】 按照《规范》要求，坚持列队上下勤，随机排班、勤前动员、勤后小结等制度，对出现差错的检查员依据奖惩规定予以处罚。在公祭黄帝陵、东西部贸洽会、中国西部经济论坛期间、以及香港西部访问团来陕之际，为中外宾客提供了快捷、便利的服务，树立了口岸新形象。

【规范了验讫章的使用和管理】 坚持一人一章原则，对调离一线工作岗位的检查员及时销毁章模，执勤现场验讫章的管理实行三人三锁。备用验讫章、印油、检测液实行双人双锁并置于保密室内。确保验讫章在使用和管理上万无一失。

【规范了现场工作秩序】 检查现场建立了迎送登记制度，迎来送往时必须经现场值班领导批准。为了杜绝随意扩大礼遇范围，除按规定给予礼遇的人员外，其他人员必须经过人证对照检查方可通行，从而保持了良好的现场工作秩序。一年来对国家和省部级以及一些中外贵宾提供礼遇检查共16起220人次，有力地支持了陕西的对外开放工作。

陕西出入境检验检疫局

2001年,陕西出入境检验检疫局进一步深化改革，依法行政严格把关，为陕西经济建设和对外交流作出了显著的成绩。全年共检验检疫出入境货物10523批，货值6.4亿美元，比上年分别增长16%和1%。其中出境9474批，货值3.9亿美元；入境1049批，货值2.5亿美元。检疫动物及动物产品512批，货值642万美元；检疫植物及植物产品2119批，货值1882万美元。监测体检6121人次，预防接种7395人次；检疫查验出入境旅客24.3万人次；检疫出入境飞机3345架次。全年共签发普惠制产地证10895份，签证金额2.62亿美元；签发一般原产地证2530份，签证金额8294万美元。

【执法把关严守国门】 为顺应入世新形势和陕西口岸特点，工作上突出了对涉及安全、卫生、环保和反欺诈等方面的检验检疫监管。对进口的10万株匈牙利樱桃苗、10万株盖杨树苗、1万株澳大利亚草莓苗和30公斤德国榉树种子，严格实施了检疫监管。强化疫情疫病监测和突发疫情应急处理工作， 7月3日，在对入境的1架日本客机实施检疫查验时，从客机货舱中发现并捕获了1只黄胸鼠。加强了对出入境人员的监测体检工作，先后检出2例艾滋病感染者和14例梅毒感染者。3月5日，陕西检验检疫局国际旅行卫生保健中心在对入境人员实施传染病监测体检中，查出在陕西某合资公司任部门经理的一名外籍男性公民HIV初筛结果为阳性，这是陕西检验检疫局首次从入境外籍人员中查出艾滋病感染者。9月12日，陕西检验检疫局国际旅行卫生保健中心在实施传染病监测体检中，查出西安某高校一外籍男博士留学生为HIV感染者，并依法监督其离境。

加大执法力度，查处了7起违法事件。在对陕西秦岭铜厂从蒙古进口的2000吨铜精矿实施检验中，成功地为企业挽回了40万元的损失。加强入境植物疫情监管调查，发现并销毁了已栽种的加拿大美洲榆树苗，

【热情为企业服务，促进扩大出口】 2001年，集中主要精力开展检验检疫业务。采取措施，支持陕西创汇农业发展。为扩大陕西水果及浓缩果汁出口，加强了对全省十多家果汁加工企业的监管。协助加拿大、澳大利亚两国政府有关部门对陕西苹果出口进行危害性分析，为陕西苹果出口提供技术保障。检验检疫出口苹果7217吨、出口梨4170吨，70%以上销往欧洲市场；检验出口浓缩苹果汁2134批、8.49万吨，货值4768万美元。加强了对供港活牛检疫管理，检疫供港活牛7314头，合格率始终保持100%。

根据陕西外贸发展需要和出入境业务分布特点，陕西检验检疫局及时调整了西安陆运办的工作重点，先后在西安火车西站、东站设立了驻站办公室，为出口货物集装箱运输提供快捷服务。继续发挥评审工作在促进陕西产品出口中的作用。全年共与陕西地区82家企业签订认证合同，审核认证企业81家，OHSAS18000认证审核工作实现了零的突破。

【做好大宗出口商品检验】 为促进纺织品出口，出口坯布自检率始终保持在30%以上。在机电产品检验方面，将检验工作由成品检验向生产过程延伸，特别是对出口大型变压器、钢桥等产品提供技术服务，有效地保证了出口机电产品的质量。

陕西口岸概况

一类口岸

【西安航空口岸】 西安咸阳国际机场位于陕西省西安市西北面，经机场专用高速公路至西安市中心47公里。地理座标为东经108045’、北纬34026′。场区占地500公顷，地势平坦，净空良好。

西安咸阳国际机场一期工程建成一条长3000米、宽600米的混凝土跑道，安装有先进的仪表着陆系统、全向信标机和先进的助航灯光系统，可以保证波音747等大型飞机安全起降。机场现有2.1万平方米的候机楼及4800多平方米的国际候机厅。2001年，口岸出入境人员达31万多人次。目前，西安咸阳国际机场的二期扩建工程已经进入具体实施阶段，2002年底投入使用，将建设完成建筑面积4。2万平方米的新候机楼，其中面积1.42万平方米为国际候机检查厅，可满足2010年前机场业务发展的需要，使口岸的通过能力达到每年60万人次。

西安咸阳国际机场是国内干线的重要航空枢纽港，国际定期航班机场，也是西安乃至西北地区的主要空中门户。开辟有通往日本的东京、名古屋、新泻、广岛、大阪、福冈，韩国的汉城、釜山，泰国的清迈、曼谷及香港、澳门的国际（地区）航线及国内60多个城市的80多条航线。2001年，经国家有关部门批准，西安航空口岸可以办理旅客口岸签证手续，完善了航空口岸的功能，是西安走向世界的空中桥梁。

甘肃省

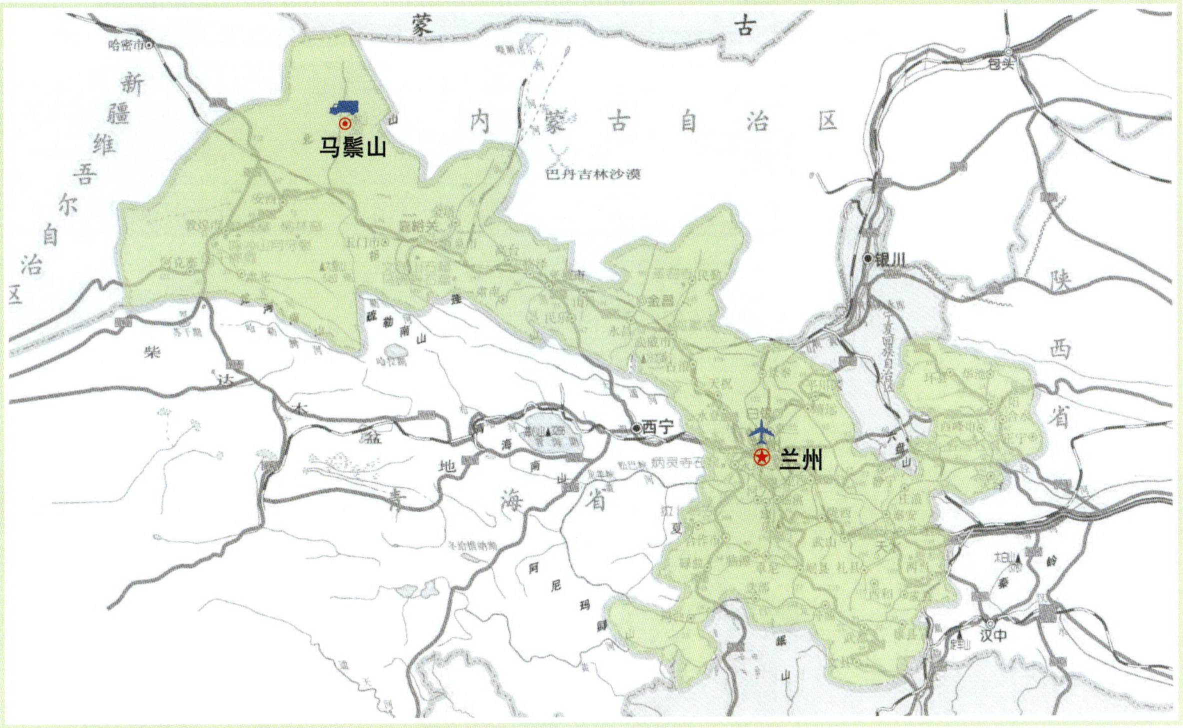

图 例

省级行政中心　铁路口岸　公路口岸

口岸城市　航空口岸　海(河)运口岸

∧
口岸工作人员与市民一起观看普法宣传栏

>
海关关员深入大型企业调查研究

甘肃口岸工作综述

甘肃省位于中国西北内陆地区，地处黄河上游。东接陕西，东北与宁夏自治区毗邻，北靠内蒙古自治区，并与蒙古国接壤，西连新疆、青海、南邻四川。甘肃省土地辽阔，资源丰富，能源充足，基础工业比较发达。“丝绸之路”横贯全省，东西蜿蜒1600多公里，沿途有著名的敦煌莫高窟。第二条欧亚大陆桥从省内腹地穿过，交通便利。邮电、通讯事业发展迅速。且有铜等有色金属的产量，在国民经济中占有重要地位，是中国重要的能源，原材料工业基地之一。

2001年，甘肃省国民经济保持了较快的增长发展势头，全年完成国内生产总值1073亿元，比上年增长9.4%。进出口总额一举达到77887万美元，比上年56953万美元增长36.76%，比全国增长幅度高29.26个百分点。实现贸易顺差为17374万美元。其中：外贸出口额为47630万美元，比上年增长14.78%，外贸出口增长幅度比全国平均水平高8.76个百分点。完成全年外贸出口4.5亿美元目标的105.84%。

目前，甘肃省已同世界上80多个国家和地区建立了贸易合作关系，初步形成了多层次、多渠道、全方位的对外格局。

甘肃省经国务院批准正式对外开放的口岸有兰州航空口岸和马鬃山边境陆路口岸。兰州中川机场航空口岸是甘肃省直接同国际间联系的空中通道。经国务院批准，于1992年11月24日正式对外开放。兰州中川机场于1972年10月建成。2001年8月扩建工程能工竣工。新航站楼规模为：旅客运量260万人次／年。建筑面积75075平方米，其中国际旅客厅2500平方米。马鬃山口岸则是甘肃省与蒙古国进行边境贸易往来的陆运通道。于1992年10月19日经国务院批准为边境贸易口岸，正式对外开放。口岸的开通，打破了深居中国西北内陆的甘肃省长期以来与边境邻国隔绝的封闭状态。马鬃山口岸建有口岸设施1711平方米，其中联检设施1096平方米，有货场2000平方米。从1992年秋至1993年8月，季节性开放4次，过货1500吨。后由蒙古国单方原因暂时关闭。现正式做复通工作。

随着改革开放的不断扩大，甘肃省会兰州正在逐步建成西北地区最大的交通、通讯和商贸中心。

甘肃省口岸办负责全省口岸的建设、规划和口岸的综合管理。兰州海关、甘肃出入境检验检疫局、兰州边防检查站负责口岸的查验工作，现场过往人员、进出货物、交通工具办理出入境手续。

甘肃口岸查验单位工作综述

兰州海关

兰州海关是国家设在兰州的进出口监督管理机关，成立于1989年9月28日。兰州关区管辖甘肃省全境，负责关区的监管、征税、打私和编制进出口贸易统计等职能。

兰州海关全年两税入库5496万元。坚持综合治理，打私力度不断加大，充分发挥刑事执法威力，狠抓案件查处，立案3起，案件1427.9万元，涉及税款288万元，破案4起（积案2起），抓获并提请逮捕犯罪嫌疑人5人，在扣涉案车辆5辆，在扣查私暂扣款765万元。调查查获涉嫌走私案件2起，案值63万元，违规案件4起，案值310万元，结处案件10起，在扣查私暂扣款915万元，罚没收入36万元。维护了进出境良好秩序。改进作风、提高服务经济的质量，加快通关速度，提高贸易效率。落实税收优惠税收，审批减免税40932万元，实际减免税29837万元，有力地支持地方经济发展。

甘肃省对外贸易（边贸）统计资料

单位：万美元

项目 / 年份	进出口	出口	进口
1997	51169	37778	13392
1998	45574	35261	10313
1999	40623	31699	8924
2000	56953	41495	15458
2001	77887	47630	30256

兰州海关监管货运总值统计表

单位：万美元

项目 / 年份	进出口	出口	进口
1997	15600	7315	8285
1998	14057	6978	7079
1999	21761	7100	14661
2000	11015	2402	8613
2001	19992	4413	15579

兰州边防检查站

甘肃省边防总队兰州边防检查站负责兰州中川机场空运口岸的边检任务。2001年兰州边防检查站共检查出入境飞机4架次，主要是兰州—马来西亚旅客包机。出入境时间为2001年10月1日、2001年10月7日。出入境旅客员工合计：1087人。其中，入境旅客518人，入境员工23人；出境旅客523人，出境员工23人。

甘肃出入境检验检疫局

2001年，甘肃省出入境检验检疫局紧紧围绕甘肃产业结构的调整和外贸发展的要求，进一步深化改革，依法行政，严格把关，为甘肃经济建设做出了贡献。。

【以“三个代表”为指导，忠于职守，促进了进出口商品质量的提高，保护了工农业生产安全和人民身体健康】 据统计，2001年共检验进出口商品3642批，比上年同期下降2.2%；检验货值4.62亿美元，比上年同期增长21.64%，其中进口商品606批，货值2.19亿美元，出口商品3036批，货值2.42亿美元。堵住不合格出口商品103批，货值144万美元。查出不合格进口商品17批，货值193万美元。经严格审核，签发普惠制产地证书1610份，一般原产地证书499份，签证金额分别为9404万美元和4780万美元。检疫进出境动物及动物产品23批次，货值105万美元。检疫进出境植物及植物产品1470批，货值3290万美元。对出入境的各类人员开展疾病监测体检2364人，检出各类患病人数39人，占疾病监测体检人数的1.6%，预防接种签证6954人次。检疫出入境火车33节，入境集装箱检疫62标箱，出入境飞机检疫消毒4架；检疫查验出入境旅客1040人次。确保了出入境人员健康和国家经济安全的各项工作任务。

【强化认证认可职能，促进进出口商品质量的提高】 加强认证认可工作是提高检验检疫工作效率和执法把关有效性的重要手段，是从源头上提高进出口商品质量，把好国门的重要措施。为此，主要从以下几个方面着手，力促进出口商品质量的稳步提高。

追源治本，确保出口商品质量。坚持把出口货物的检验检疫工作由外贸仓储运输环节向生产领域延伸，搞好出口货物的产前、产中、产后全程服务，努力把不合格因素消灭在生产过程中，从源头上保证出口商品质量。

结合ISO9000认证工作的开展，从增强企业自身的“造血”功能入手，指导帮助企业建立和完善质量保证体系，形成保证产品质量的自律机制。

加强对检验检疫服务对象的管理。对出口食品、动植物产品及重点商品出口企业继续实行卫生检疫注册登记和出口质量许可证制度。

进一步完善出口化矿类企业的分类管理。对产品质量长期稳定的甘肃华兴铝业有限公司、兰州河桥碳化硅有限公司、白银铝厂、张掖电力山丹铁合金有限公司等企业实行了一类分类管理，并逐步推行和实行免验制度。对发生质量问题的，严格实行批批检验，严防不合格产品出厂、出境。

以进出口商品为重点，积极做好进口商品的后续监管和出口商品的源头打假治劣工作。与省质量技术监督局联合对全省冷库肉类进口食品进行大检查，查出了来自巴西疫区的4.2吨鸡爪，并当场销毁。对蒙古国非法入境的470余张羊皮进行了销毁处理，加大行政执法力度，把假冒伪劣出口商品堵在工厂和仓库之中。依法严惩制售假冒伪劣进出口商品的行为，收到了较好的效果。

【严把国门，构筑甘肃安全卫生检验检疫屏障】 积极建立和完善信息灵通、反应迅速、处置果断的疫情疫病监测防疫体系，加快了出入境人员的传染病监测及旅客携带物的检查和监管。继续采取“重点时期，重点地区，重点旅客，重点行李，重点查询”的措施，严防霍乱、鼠疫、登革热、炭疽等传染病的传入。先后对武威、张掖、酒泉三地区的33个乡镇、47个行政村的21个制种单位的外繁种田进行了病田调查，共发现病害66种，害虫8种，全面掌握了病虫害的发生、危害程序和分布，为种子出口检疫签证提供了可靠的依据。

【优化服务，创新检验检疫监管模式】 围绕促进外贸扩大出口，进一步增强服务意识，优化甘肃外贸工作外部环境。认真落实为甘肃外贸发展服务的新10条措施，加快“三电”工程建设步伐，利用先进手段提高办事效率，加快通关速度，在严格履行检验检疫执法把关职责的前提下，最大限度地保证当地政府决策措施的有效贯彻实施。继续加强外商投资财产价值鉴定工作，维护投资各方的合法权益，促进利用外贸健康有序地开展，共完成财产评估64批，提赔金额103万美元。

【强化管理，夯实基础，增创检验检疫新优势】 规范工作程序，提高检验工作质量。从建章立制入手，进一步健全规章制度，使各项工作有章可循，做到了“目标、责任、标准、要求”四明确，并认真抓好规章制度的落实，严格规范检验检疫工作程序，加强流程管理和批次管理，逐项落实检验检疫人员、检验检疫标准、检验检疫手段和检验检疫基础工作。切实做到检验有依据、操作有规程、质量有分析、商品有档案、取样有代表性、检验、监管、查验有记录、流程有考核。还认真搞好疫情检出率的统计和情况收集，重要案例详细记录，及时反映，并注意加强检验检疫原始资料和样品的保存工作，加强证书差错管理，在努力提高证书内在质量的同时，不断提高证书的外观质量，保证检验、检疫工作经得起国际仲裁的检验。

强化实验室建设。做好金属化矿实验室和农畜食品实验室的注册准备工作，并按17025标准修改质量手册。11月23日，西北大区实验室注册考核小组已对检验检疫局金属化矿实验室和农畜食品实验室进行了考核。

抓基层，强基础。在国家质检总局的大力支持下，3个基层局都配备了主要的交通工具，天水局已迁入新址办公；酒泉局基建已基本完成，年内即可交付使用；平凉局的迁址已经签定整体购买合同。并加强了地区实验室建设，天水、酒泉实验室争取在2002年申请注册考核。

扩大对外宣传的工作力度，努力营造有利于检验检疫事业发展的体制环境、政策环境、法治环境、舆论环境和人文环境。该局将2001年定为“宣传年”。在人财物方面加大了支持宣传工作的力度。1—10月份在《甘肃日报》、《检验检疫》、《中国国门时报》、甘肃电视台等报刊杂志上共采用该局稿件160余篇，扩大了检验检疫的知名度。

【密切协调，加强同技监部门的合作，构筑打假联合战线】 与省技术监督局联合举办“庆国庆、迎中秋”联谊活动，并共同主办了全国公开发行的《质量指南》杂志，共同参与了“新世纪、新质量、新生活”和“国际标准日”宣传活动。遇重大事项共同向省政府汇报工作，增进了相互间的了解、理解与支持。还以执法打假协作为龙头，通过专项打假中的密切配合，带动和促进了认证咨询、科技与标准化及实验室工作等方面的合作，共同为甘肃经济发展发挥了应有的作用。

甘肃口岸概况

一类口岸

【兰州航空口岸】 兰州中川机场位于兰州市西北部的永登县境内，海拔1948米；距兰州市中心67公里，有高速公路相通。兰州航空口岸于1992年11月24日经国务院批准，正式开通了兰州至香港的旅游直航包机航线，是甘肃省直接对外开放的空中门户。

兰州中川机场于1972年10月建成使用。机场规划为4C级民用机场，飞行区等级指标4D级，3400米×45米的跑道和3400米×18米的滑行道各1条，适用于图——154以下机型。机场停机坪1.5万平方米，候机楼面积5990平方米，其中国际厅390平方米。机场旅客进出量设计规模为50万人次／年。现机场建有满足空中运输飞行指挥高度管制系统需要的航管楼2200多平方米，有国际标准的一类仪表着陆系统和全向信标台导航系统，设有雷达、通讯、气象等比较完善的航行管制设施和微波通讯系统，并建有医疗急救站、宾馆和餐饮等生活服务设施。改革开放以来，机场设施不断得到补充和完善，客运量有了明显增加。

历经数次扩建，兰州中川机场第一阶段工程1998年7月竣工，可起降A340和B767等大中型客机，跑道和平行滑行道各长3600米，以及4条垂直联络道和通信导航、助航灯光等工程。第二阶段工程2001年8月20日竣工，新航站楼建设规模为：旅客运量260万人次／年；高峰第小时1300人次；面积27495平方米；站坪11个机位；停机坪5个。共完成建筑面积75075平方米以及相关供水、供暖、制冷、污水处理和通信导航、气象、航管、有线通讯等工程。

兰州中川机场候机厅分为国际、国内两部分。国际联检厅面积为2500平方米，设有兰州海关、兰州边防检查站、甘肃出入境检验检疫局等查验机构的办公室和查验台，并配备了相应的仪器和设备，为出入境旅客办理各种查验手续。2001年11月24日，该工程正式通过国家竣工验收。

【马鬃山公路口岸】 马鬃山公路口岸位于甘肃省酒泉地区的肃北蒙古族自治县马鬃山镇。西邻新疆，南接玉门市、安西县，东靠内蒙古自治区的额济纳旗，北与蒙古国的戈壁阿尔泰省相连，有65公里的边境线。全区总面积4.2万平方公里，有人口1178人，其中与蒙古国有亲缘关系的有184人。

马鬃山地区是甘肃通往蒙古的唯一通道。该地区历史上曾经是“丝绸之路”北往的重要通道和驿站，连结着中原与北部游牧民族，中蒙两国边民在60年前一直保持着贸易往来。改革开放之后，甘肃省制定了“东联西进”的开发战略。经过多方努力，于1992年10月19日经国务院批准，马鬃山口岸作为边境贸易口岸正式对外开放。该口岸距马鬃山区政府（公婆泉）128公里；距酒泉市480公里；距国道312线282公里；距蒙古戈、巴两省省会均为390公里。地域之间都有公路相通，交通便利。

甘肃省为加快西部少数民族地区的经济发展，按照总体规划、分步实施的口岸建设原则，积极投入马鬃山口岸的设施建设。到1992年 9月，马鬃山口岸的近期规划已按计划基本完成。目前已建成的口岸设施建筑面积有1711平方主，其中联检设施1096平方米。另有会晤室200平方米，货场2000平方米。并建有一眼机井，安装了24匹马力柴油发电机，水、电供应正常。同时在马鬃山镇还建有外贸仓库615平方米、交易市场2000平方米。并整修公路45公里，其中新建15公里。这些基础设施已基本满足中蒙双方边境贸易往来的需要。

马鬃山口岸经中蒙双方协商确定为季节性开放口岸，于每年的春、秋、冬季开放。从1992年秋到1993年夏初，马鬃山口岸共开放4次，累计过货量1500吨，其中进口货物760吨，出口货物740吨；过货总值累计达到443.5万元人民币，其中进口货值254万元，出口货值189.5万元。口岸的开放，带动了中蒙双方边境地区民族经济的繁荣和发展。出口产品主要有面粉、食糖、啤酒、轻纺产品、机电产品、和一些化工产品。进口产品主要有畜产品、木材、钢材等。通过口岸出入境人员820人次，其中蒙方792人次，中方28人次，出入境车辆162辆次，其中蒙方155辆次，中方7辆次。通过口岸的边民互市贸易额达到93万元人民币，进口产品经过加工流通可产生效益100万元人民币。还吸引了省内酒泉、兰州、张掖、临夏等地州市地企业和青海、宁夏、内蒙古等省区来马鬃山口岸从事边境贸易活动的客商。边境贸易额逐步上升，同时双方经济技术合作有了新的开端，在已达成合作意向的领域内，畜产品来料加工合同已得到执行，电站建设由蒙方电力部门向甘肃省国际公司汇来3万美元电站设计前期费。水利资源开发利用，水泥厂建设等项目达成意向性协议，呈现出良好的发展势头。在经济技术合作和边贸不断发展同时，双方在政治、文化等领域的交往也有了新的发展，两国三省间高层互访不断，对加强中蒙双方经济贸易和政治文化交流发挥了重要作用。马鬃山边境地区成为联接国际、国内两个市场的桥梁。

1993年8月，马鬃山口岸因故暂时关闭，目前正在做该口岸的复通工作。

马鬃山边境口岸机构设置：酒泉地区口岸办公室、中华人民共和国马鬃山边防检查站、兰州海关马鬃山办事处、酒泉地区出入境检验检疫局。

甘肃省马鬃山口岸1992——1993年营运情况

项目	单位	合计			1992年			1993年		
		总计	进口	出口	小计	进口	出口	小计	进口	出口
过货量	吨	1500	760	740	660	320	340	840	440	400
进出口额	万元	443.54	254.29	189.25	211.85	110.95	100.9	231.69	143.34	88.35
出入境旅客	人次	820	792	28	390	382	8	430	410	20
出入境交通工具	辆次	162	155	7	64	62	2	98	93	5

说明：1. 820人次中包括蒙方省级官员团9批82人，中方去蒙古国考察团4批28人。

2. 1993年8月，马鬃山口岸关闭至今。

甘肃口岸专稿

方便甘肃外贸 支持西部大开发

——甘肃国检局与东部国检局签订检验检疫工作协议

地处内陆的甘肃省，远离口岸，进出口的货物与港口运距均在2千公里以上，外贸工作诸多不便。为了给甘肃外贸创造良好的外部环境，促进铁（路）海联运工作的顺利开展，建立通畅、快捷的产地和口岸检验检疫机制，促进甘肃外贸发展，支持西部开发，甘肃检验检疫局积极与甘肃外贸出运量较大的几个口岸检验检疫局联系，局领导带队实地考察了有关口岸查验工作情况，结合实际，提出东西部国检局检验检疫局工作协议内容。东部有关国检局积极支持该项工作，并提出许多好的见解和建议，二OOO年至二OO一年四月，先后与山东、天津、江苏连云港检验检疫局签订检验检疫工作协议。协议主要内容：

一、两局建立定期（每半年一次）或不定期的检验检疫工作联系制度，互相通报铁海联运信息，交流工作经验，及时解决铁海联运中存在的问题，共同营造出入境检验检疫依法行政、把关服务的良好环境。具体协调办事机构暂定两局法制与综合业务处。

二、两局在口岸各自设立铁海联运报检窗口，以方便联运业务，做到随到随检、快检快放。

三、在甘肃报关的出口货物，由甘肃检验检疫局实施检验检疫、监装、加施封识后，直接签发《出境货物通关单》和检验检疫证书。货物抵达港口后直接装船出口。

四、在港口报关出口的甘肃货物，由甘肃检验检疫局实施产地检验检疫(国家局另有规定的除外)。货物运抵港口后按国家局的有关规定办理通关手续。

五、经港口进口至甘肃的集装箱、原材料、机电仪、成套设备等货物（鲜活、散装货物及按规定必须在口岸检验检疫的除外），由港口所在地检验检疫局办理通关手续即出具《入境货物通关单》，并将其流向联寄送甘肃检验检疫局，由甘肃检验检疫局实施检验检疫。

甘肃检验检疫局接到《入境货物通关单》流向联后，立即督促货主报检并依法收取有关费用。若发现货物未到达甘肃境内，应及时向港口所在地检验检疫局反馈信息，以便港口所在地检验检疫局对报检单位的违法行为及货物走向进行追查。

六、为了加快出境货物的通关速度，港口所在地检验检疫局实行“换证凭单”电传业务，即产地检验检疫局检务处将“换证凭单”电传港口所在地检验检疫局检务处，港口所在地检验检疫局出具《出境货物通关单》放行。甘肃的外贸单位也可通过甘肃检验检疫局试行此法，以便加快通关速度。

甘肃出入境检验检疫局支持西部大开发的十条措施

一、提高机关工作效率，狠抓检验检疫质量，为外贸提供优质服务

大力推行“六个一”检验检疫模式和先报检后报关的通关模式。与各外经贸企业加强联系，积极创造条件，推行电子报检和电子签证，以提高效率、减少环节、方便进出、加强管理为核心，为外经贸企业提供优质服务，真正做到方便、快捷、畅通，逐步建立“依法把关、监管有效、方便进出、管理科学”的与国际惯例接轨的检验检疫管理新体制，从而营造良好的对外开放环境。

二、大力支持重点工程、重点项目的引进工作

对重大基础设施建设项目、环境保护项目、本地优势资源和特色产品加工项目、高科技项目和科技教育发展项目等需要而从国外引进设备和材料，实行优先报检，优先检验检疫，为省内重点工程保驾护航。并根据建设单位需要和引进设备的特点，进一步完善和加强驻厂检验制度，采取灵活有效措施，实行随到随检，及时协助项目建设单位处理质量问题，保证建设速度。

三、加强动植物检疫，防止有害生物传入传出

严把检疫关，确保从国外引进安全的优良种畜、种子、苗木，加强推荐发达国家农业生产、栽培、防疫、灭害技术，实现品种改良、品种更新和新品种的开发推广，促进甘肃优质高效农业的发展和以退耕还林（牧）为主要内容的环境建设工作。重点扶持搞好河西地区对境外繁育种子为龙头的创汇农业，确保外繁种子不受病虫害侵害，加强检验检疫工作，积极帮助种子企业减少对外贸易的中间环节，拓宽国际市场。下大力气帮助乡镇企业大力开发高附加值的特色产品，发展畜牧业和林果业以及农产品的多层加工，提高农产品市场竞争力。

四、配合旅游业发展，做好出入境人员卫生检疫与传染病防治工作

加强与外办和旅游部门的联系，及时掌握国际疫情和出入境旅游动态，做好相应防范工作。积极参与甘肃旅游环境和旅游景点的建设，对涉外宾馆服务人员开展国际旅行卫生知识培训和防病知识培训。加强国际旅行卫生保健服务的设施建设和业务建设，在旅游热点城市开设旅行卫生保健服务业务。为国际旅行者、出国劳务、留学人员及出国朝觐者提供健康咨询、传染病防治、预防接种和紧急医疗服务，确保出入境人员的人身安全和身体健康，促进甘肃省在旅游、劳务输出等服务贸易领域的对外开放。

五、发挥技术、信息优势，为西部大开发提供及时有效服务

按照省委、省政府的要求，围绕如何全面实施西部大开发战略，继续积极配合地方政府和各有关职能主管部门开展政策调研与规划制定，及时提供进出口商品质量和国外疫情信息，提出有关建议，帮助政府决策。加强对WTO规则的学习与掌握，充分发挥检验检疫机构人才、技术、信息的优势，提出课题，组织科研攻关，帮助省内企业化解贸易风险，扩大出口创汇，为保证甘肃外贸事业的发展做出贡献。

全面推进检验检疫信息化建设，尽快建立以检验检疫综合管理为主环，以与海关间的电子通关环和外贸企业间的电子报验为辅环的三环相连的网络运行机制，积极推行CIQ2000综合业务计算机管理系统，与海关等政府部门实现信息资源共享和数据交换；与外贸企业互联互通，实现网上检验检疫相关业务处理。

六、进一步加大认证工作力度

充分发挥检验检疫技术优势，根据WTO有关规则的要求，为企业提供ISO9000，ISO14000，HACCP等体系认证和UL、CE、EMC等产品认证及咨询服务，提高产品质量，优化商品结构。有计划重点抓好名牌商品企业，出口数量大的国有企业、三资企业和民营企业的质量认证工作，并积极扩大认证范围，在有条件的企业开展OHSAS18000职业安全卫生管理体系认证评审工作。帮助企业不断提高产品的质量档次和水平，大力扶持名牌产品，以名牌效应提高甘肃商品的附加值和国际竞争力。

七、继续做好对普惠制利用的宣传指导工作，提高出口产品的市场竞争力

针对欧盟普惠制“毕业机制”的特点，引导企业调整产品机构，避开毕业产品，利用好给惠国成份条款，帮助

企业解决在利用普惠制过程中遇到的困难。加强原产地调查工作，鼓励企业尽可能使用国产原料或给惠国原料，以提高普惠制利用率。

八、积极支持以国有大中型企业为主体的机电、轻纺、能源、化矿等产品的出口

根据出口商品生产企业的生产条件、管理水平和产品质量状况，对企业实行分类管理，对一、二类出口企业可简化检验检疫、审查手续，包括对符合条件的企业免去质量体系审查，减少抽查批次等，方便出口。加大对高新技术产业、非公有制生产企业、自营出口企业的扶持力度，帮助企业加快产品升级，提高科技含量，以扩大机电产品、高附加值产品和陇货精品出口为重点，努力调整出口机构。

九、积极开展外商投资财产鉴定评估工作，优化投资环境，促进利用外资健康有效发展

为保证外商投资企业健康顺利发展，维护双方的合法权益，坚持公正、准确的原则，积极帮助企业开展外商投资财产进口合同的咨询服务和外商投资财产的鉴定评估工作。

十、实行政务（服务）公开制度，保证检验检疫各项工作在社会的有效监督下进行

设立并公布投诉举报电话，向社会公布甘肃检验检疫局政务公开内容，在报验厅设立公告牌和检验检疫业务流程图。坚决纠正行业不正之风，杜绝人情证和吃、拿、卡、要、报现象的发生，优化检验检疫工作环境。

2000年6月5日

甘肃口岸大事记

1月10日

兰州海关档案综合管理通过总署特级评审验收。在此之前，该关档案综合管理已于2000年12月28日通过甘肃省一级标准验收。

1月12日

兰州海关召开新《海关法》宣传暨业务改革通报会。朱仪仁关长、高建华副关长在会上分别向企业和社会通报了《海关法》修改情况、海关业务改革、建立现代海关制度、国家有关税收政策调整情况以及兰州海关支持西部大开发的具体措施。全省百余家国有大中型企业、外贸公司、“三资”企业和驻兰新闻媒体参加了会议。

5月15日

甘肃省电子口岸执法系统领导小组召开“中国电子口岸”推广政策发布会，全省128个国有大中型企业、外贸、工贸公司和“三资”企业的法人及主要工作人员近300人参加了会议。省政府办公厅副主任谢庆昌代表省政府到会讲话，省经贸厅、外汇管理局、税务局、技术监督局及数据通信局的领导参加了会议。

6月8日至12日

兰州海关朱仪仁关长带领综合业务处、通关和技术处负责人前往金昌、张掖、嘉峪关及武威四地市，与地委、行署及国有大中型企业主要领导座谈，并对设立海关监管点事宜进行调研。

8月1日

“口岸电子执法系统”在兰州关区正式投入运行。

12月31日

兰州海关印发《兰州海关岗位职责及操作规程汇编》。该《汇编》的完成历时半年，共收集包括141个岗位职责、113个岗位操作规程及规范、12个综合管理制度，共计40余万字。

新疆维吾尔自治区

阿黑土别克
吉木乃
红山嘴
巴克图
塔克什肯
阿拉山口
乌拉斯台
老爷庙
霍尔果斯
都拉塔
乌鲁木齐
木扎尔特
吐尔尕特
伊尔克什坦
喀什
红其拉甫
哈萨克斯坦
吉尔吉斯斯坦
蒙古
甘肃省
青海省
西藏自治区
图例
省级行政中心
铁路口岸
公路口岸
口岸城市
航空口岸
海(河)运口岸

吐尔尕特海关关员在检查过往旅客携带的行李物品

新疆口岸工作综述

新疆位于祖国的西北边陲、欧亚大陆腹地，与蒙古、俄罗斯、哈萨克斯坦、吉尔吉斯斯坦、塔吉克斯坦、阿富汗、巴基斯坦、印度8个国家接壤，边界线长达5600多公里。也是古“丝绸之路”的重要通道，自古以来与中亚、西亚、南亚及欧洲等地有着密切而频繁的经济、文化交往，有着许多传统的商道和口岸。

新疆的边境口岸历史上只是供各国商旅往来及进行民间易货贸易的通道，且多在崇山峻岭、荒漠戈壁之中，基本上处于自然开放状态。清乾隆二十九年（1764年）清政府开始在伊犁等地设立卡伦。咸丰元年（1851年），与俄正式通商，新疆设立中俄通商局，并在边境各卡均设有守卡员役，专司出入人货稽查。至此，才真正形成边境口岸和贸易交货点。

历史上，由于新疆主要是同苏联进行贸易，所以在中苏边境上设有口岸和一些贸易交货点。而对印度、巴基斯坦和阿富汗，虽然也有供商旅往来的通道，但是在1944 年设立新疆海关喀什分关及下属边境县支关之前，虽经百余年演变，并未形成正式的通商口岸。

新中国成立后，新疆才陆续开设了霍尔果斯、吐尔尕特等口岸。党的十一届三中全会后，进一步开放众多口岸，使新疆成为我国向西开放的前沿，成为我国西部进出口贸易的重要通道。特别是中央提出的实施西部大开发战略为新疆大开发提供了难得的历史机遇。该区提出将新疆建成中国西部国际商贸中心，这既为新疆口岸事业带来了发展的机遇，也给口岸工作提出了新的任务和要求。

【口岸开放情况】 1982年，国家批准开放了中巴边境红其拉甫口岸；1983年又恢复开放了当时的中苏边境霍尔果斯、吐尔尕特口岸。随着沿边开放战略的实施，新疆已成为中国西部对外开放的前沿，截止2000年3月，经国务院和自治区政府批准对外开放的一类口岸16个，二类口岸11个。

国家批准的对外开放（一类）16个口岸中有空港口岸2个，陆地边境口岸14个。空港口岸有乌鲁木齐空港口岸、喀什空港口岸。陆路口岸中，新疆与蒙古的边境口岸4个，即老爷庙口岸（哈密地区）、乌拉斯台口岸（昌吉回族自治州）、塔克什肯口岸（阿勒泰地区）和红山嘴口岸（阿勒泰地区）；新疆与哈萨克斯坦的边境口岸7个，即阿黑土别克口岸（阿勒泰地区）、吉木乃口岸（阿勒泰地区）、巴克图口岸（塔城地区）、阿拉山口口岸（博尔塔拉蒙古自治州）、霍尔果斯口岸（伊犁哈萨克自治州）、都拉塔口岸（伊犁哈萨克自治州）、木扎尔特口岸（伊犁哈萨克自治州）；新疆与吉尔吉斯斯坦的边境口岸2个，即吐尔尕特口岸（克孜勒苏柯尔克孜自治州）、伊尔克什坦口岸（克孜勒苏柯尔克孜自治州）；新疆与巴基斯坦的边境口岸1个，即红其拉甫口岸（喀什地区）。

自治区批准的11个地方（二类）口岸为：乌鲁木齐市碾子沟客运站、边疆宾馆、乌鲁木齐经济技术开发区、商贸城、华凌市场、奎屯火车站，伊宁口岸、伊犁巴音岱口岸、塔城汽车客运站、昌吉市亚中商城综合批发市场、喀什市中西亚国际贸易市场。

目前对外开放的（一类）16个口岸中，已经开通使用的有12个，即乌鲁木齐空港口岸、老爷庙、乌拉斯台、塔克什肯、红山嘴、阿拉山口、霍尔果斯、巴克图、吉木乃、吐尔尕特、红其拉甫、伊尔克什坦陆路口岸；临时过货的有都拉塔口岸（边民互市）。其中霍尔果斯、阿拉山口、巴克图、红其拉甫、伊尔克什坦口岸和乌鲁木齐航空口岸对第三国开放。

上述各类口岸的开放，加速了新疆对外经济的发展，促进了国际合作与交流，使该区形成了陆地和航空并举、铁路和公路并举、国贸和地贸并举、货运和客运并举，全方位、多层次对外开放的新格局。

【口岸客货运量情况】 新疆口岸工作是1982年随着红其拉甫口岸对外开放开始起步的。口岸客货运量近年来迅速增长，1985—2000年通过新疆口岸累计进出口货物运量达到2562万吨；出入境人员608万人次，出入境交通工具有132万辆（列、架）次。2001年全区口岸共检查出入境人员494031人次，进出口货物586万吨，出入境交通工具95982辆（列、架）次。实现边境贸易额13.8亿美元，占全区对外贸易额的58%。（详见下表）

新疆各口岸2001年客货运量一览表

分类 口岸	出入境人员（人次）			出入境交通工具（辆／列）			进出口货物（万吨）			贸易额（亿美元）
	总数	旅客	员工	总数	火车	汽车	总数	进口	出口	
阿拉山口	73298	39234	34064	13302	4324	8978	508	440	68	7.13
霍尔果斯	149578	105406	*13676 30496	30314		30314	27.7	3.79	23.91	3.05
# 木扎尔特										
# 阿黑土别克										
# 都拉塔										
巴克图	32602	16726	△3021 12855	12855		12855	22	16.7	5.3	1.15
吐尔尕特	23151	12437	10714	9478		9478	11	9	2	0.7364
伊尔克什坦	5644			5522		5522	6	3	3	0.8301
乌拉斯台	10171	6644	3527	3460		3460	0.2659	0.1575	0.1084	0.043657
红其拉甫	19142	14752	4390	4390		4390	1.8	0.6555	1.15	0.060885
# 喀什机场										
老爷庙	3000	999	2001	2010		2010	0.8184	0.1505	0.6679	0.034325
红山嘴	3861	2716	△83 1062	1042		1042	2.36	2.29	0.07	0.160645
塔克什肯	37365	4244	△22538 10583	10584		10584	2.3	0.0644	2.22356	0.06805131
乌鲁木齐国际机场	132358	110072	22286	1983	（架次）		1.3523		1.3523	0.372378
吉木乃	3861	2716	△83 1062	1042		1042	2.36	2.29	0.07	0.160645
合　计	494031	315946	76982	95982	4324	89675	585.9566	478.0979	107.85216	13.79708631

注："#" 尚未正式开通　"*" 边民互市　"△" 旅游购物

【全区口岸建设、投资情况】 新疆口岸大多地处边远，没有城镇依托，一切设施需白手起家，从零建起。为使口岸在国家和自治区经济建设中发挥作用，自治区党委和人民政府对口岸建设非常重视，把口岸建设作为自治区重点建设项目之一。据不完全统计，从1983年到1999年，国家、自治区及有关部门用于口岸建设投资80963万元。其中国家投资12970万元，自治区投资27039万元，邮电部门投资4015万元，交通部门投资35189万元，其它部门投资1750万元。完成口岸查验、管理部门房屋建设面积11万多平方米，仓储设施70万多平方米，完成公路1400多公里。

根据经济发展的需要和新疆财政困难以及对方口岸的情况，自治区提出了"突出重点、量力而行、兼顾对方、保证过货"的口岸建设原则，在有选择的情况下，先保证重点口岸的建设，同时，在建设过程中，积极创造有利条件，坚持边建设、边过货、边受益，取得了较好效果。经过17年的建设。新疆大部分口岸联检设施基本齐全，口岸公路、电力通讯、水暖保障等设施基本配套。阿拉山口、霍尔果斯、巴克图等口岸已成为集检查检验、交通运输、对外交往、商品交换、观光旅游、生活娱乐为一体的多功能、大服务的口岸新城。

【口岸管理情况】 1985年，自治区人民政府成立了以主管领导为组长，由外办、计委、财政以及检查检验等部门领导为成员的自治区口岸领导小组，领导全区口岸工作。口岸所在地区行署和自治州人民政府也均在口岸设立了口岸管理委员会，作为地州人民政府的派出机构，负责管理、协调和仲裁口岸工作。各检查检验部门也在各口岸设立了相应的查验机构。这些机构的设立为顺利完成口岸各项任务提供了可靠的组织保证。近年来，自治区把口岸管理作为“重中之重”，按国务院领导提出的“加大改革力度，促进口岸管理向国际惯例靠拢”的要求，结合新疆实际，积极简化查验手续，深化出入境管理改革，制定了一些管理条例和办法，如联合办公，实行“一条龙”服务等，提高了口岸通关速度，使口岸管理工作逐步走上法制化的轨道，为对外经济的发展做出了贡献。

新疆口岸查验单位工作综述

乌鲁木齐海关

【概况】 乌鲁木齐海关内设13个处室，3个派驻机构(现场业务处、驻机场办事处、驻库尔勒办事处)，9个隶属海关分别是阿拉山口海关、喀什海关、霍尔果斯海关、吐尔尕特海关、红其拉甫海关、伊宁海关、塔城海关、阿勒泰海关、伊尔克什坦海关。担负着对新疆16个国家一类开放口岸和12个二类开放口岸进出境活动进行监管的任务。

2001年，乌鲁木齐海关每票货物的进口放行周期由以往的5.2天提高到3.7天，出口通关放行周期由2.8天缩短为1.9天，平均通关效率在全国海关系统排名上升了21个位次，跃居于全国中上等水平。

【电子口岸】 2001年4月，新疆成立了“口岸电子执法系统”推广应用工作领导小组，乌鲁木齐海关牵头召开了“中国电子口岸”大型推广介绍会，现场演示和介绍了这一系统的主要功能，配备了专门设备、人员、场地，联合外经贸、工商、税务、国检、技术监督、外管、电信等部门，集中办理企业入网资格审查等手续，全年共制作和发放企业法人卡和操作员卡1100多张。

【海关监管】 2001年，乌鲁木齐海关共监管进出口货物569.6万吨，比上年增长11%。其中进口货物502.5万吨，增长15.8%；出口货物67.1万吨，下降15.4%。监管运输工具270807辆（架）次，增长7.1%。监管出入境人员451429人次，下降11.6%。其中阿拉山口口岸进出口货物513.83万吨，增长15.91%，占全区进出口货运量的90.21%；塔城口岸进出口货物18.03万吨，增长199.33%，占3.16%；霍尔果斯口岸进出口货物13.5万吨，下降9.12%，占2.37%；吐尔尕特口岸进出口货物12.25万吨，下降4.84%，占2.15%；乌鲁木齐口岸进出口货物5.39万吨，下降67.33%，占0.95%；吉木乃口岸进出口货物3.04万吨，下降76.1%，占0.53%；塔克什肯口岸进出口货物1.48万吨，增长73.86%，占0.26%；伊宁口岸进出口货物1.46万吨，下降57.19%，占0.26%；红其拉甫口岸进出口货物0.44万吨，下降55.88%，占0.08%；喀什口岸进出口货物0.14万吨，下降72.69%，占0.02%。乌鲁木齐地区二类口岸旅游购物出口货运量107287吨，增长82%，货值8134万美元，同比下降85%。

【关税征管】 2001年，乌鲁木齐海关共征收税款13.32亿元，比上年下降7.91%，其中关税3.12亿元，下降12.14%，进口环节税10.2亿元，下降6.53%，超额完成全年税收任务的11%。清缴欠税12.6万元，审价补税17617宗，补税金额2916万元，稽查补税11万元。阿拉山口海关征收关税及进口环节代征税10.06亿元，同比下降4.1%，其中征收关税2.24亿元，征收进口环节代征税7.82亿元。

【打击走私】 2001年，乌鲁木齐海关在重点口岸、重点地区、特定季节组织开展了打击走私濒危动物、套牌进口汽车等专项斗争。全年共查获反动印刷品4768件，音像制品304件，可视光盘384件，毒品2981克。全年共查获违规案件64起，比上年下降48。8%，案值7402万元，下降76.28%；查获走私案件23起，增长27.78%，案值2500万元，增长99.36%；上缴罚没收入1222万元，下降53.82%。抓获走私犯罪嫌疑人64人，逮捕18人，拘留29人，移送调查部门行政处罚4人，向公安机关移送1人。

【H986工程】 2001年1月，乌鲁木齐海关H986移动式集装箱检查系统在霍尔果斯口岸投入正式运行。这套系统是全国海关第一批安装的TCCAN组合移动式集装箱检查设备。H986系统工程的运用改变了以往人工查验货物的落后手段，保证了查验率，提高了查获率，加快了通关速度。

【加工贸易监管】 2001年，乌鲁木齐海关加强了对加工贸易的监管工作。全年共核销到期手册1200份（合同460份），核销补税1200万元；收取税款保证金900余万元；整理加工贸易档案1240份。加工贸易进出口总值14662万美元，比上年增长46.5%，其中出口12179万美元，比上年增长89.3%，进口2483万美元，同比下降30.4%。商品种类达20多种，其中出口额超百万美元的商品有番茄酱、变压器、矿物材料的加工机车、塑料包装袋等。新疆加工贸易在外贸出口中所占比重由上年的5.3%上升至18.2%。

乌鲁木齐海关2001年主要业务统计表

序号	项目		单位	2001年	2000年	增减%
1	进出口总值		亿美元	17.71	22.63	−21.8
2	其中	出口	亿美元	6.68	12.04	−44.5
3		进口	亿美元	11.02	10.59	4.1
4	进出口货运总量		万吨	569	513	11
5	其中	出口	万吨	67	79.3	−15.4
6		进口	万吨	502	433.7	15.8
7	监管运输工具总数		辆（架）次	270807	252800	7.1
8	出入境人员		人次	451429	510480	−11.6
9	违规案数		起	64	125	−48.8
10	违规案值		万元	7402	31200	−76.28
11	查获走私案件数		起	23	18	27.78
12	走私案件案值		万元	2500	1254	99.36
13	罚没收入		万元	1222	2646	−53.82
14	税收	关税	亿元	3.12	3.55	−12.11
15		进口环节税	亿元	10.20	10.90	−6.42
16		合计	亿元	13.32	14.46	−7.88
17	审批减免税	减免关税	万元	46507	56159	−17.19
18		减免进口环节税	万元	116860	121799	−4.06
19		合计	万元	163367	177958	−8.20
20	实际减免税	减免关税	万元	41109	40899	0.5
21		减免进口环节税	万元	99372	65113	52.61
22		合计	万元	140481	106012	32.51

新疆边防局边防检查站

2001年，新疆边防站按照2001年工作部署，以维护边境地区社会政治稳定、服务改革开放和西部大开发战略为目标，认真履行边防保卫和服务职能，加强业务规范化建设，严格落实各项制度，狠抓队伍素质和依法行政，严厉打击各种违法犯罪活动，有力地维护了口岸正常的出入境秩序，圆满地完成了各项边防检查和保卫任务。

2001年，新疆口岸边防检查站共检查中外籍人员473585人次，涉及78个国家和地区，比上年减少10.2%。其中：外籍人员323934人次，中籍人员149651人次，比上年同期减少14%和1%；出入境人员中旅客339074人次，交通运输服务员工134511人次，比上年同期减少10.6%和9.1%。检查出入境交通工具92944辆（列、架）次，其中飞机3411架次，汽车85209 辆次，火车4324列次，比上年同期增加33%、减少6.8%和增加15.2%。

新疆各口岸检查出入境人员数居前五位的是：乌鲁木齐机场132761人次，霍尔果斯129931人次，阿拉山口73300人次，塔克什肯38955人次，巴克图27993人次；

全区各口岸检查出入境汽车数居前五位的是：霍尔果斯30028辆次，巴克图12852辆次，塔克什肯11107辆次，阿拉山口8979辆次，吐尔尕特7362辆次。

2001年新疆边防检查站不断增强服务意识，提高通关效率，采取各种措施，努力营造“依法、安全、文明、高效”的通关环境。朝觐期间，乌鲁木齐边检站针对出入境人员时间集中、人数较多的特点，调整警力、开足通道，积极为出入境人员排忧解解，从而使朝觐旅客得以安全、快捷、顺利通关。乌鲁木齐洽谈会期间，为使各国参会人员能够及时入境，霍尔果斯、阿拉山口、红其拉甫边检站在加强一线警力、提高验放速度的同时，针对一些未办理入境签证，按规定无法入境参会的人员，口岸边检站采取政策变通，为其办理“临时入境许可”，准其入境后补办手续。在不断提高服务质量的同时，认真履行边防保卫职能，从维护社会政治稳定的大局出发，严格打击各种口岸违法犯罪活动。全年共查处偷渡案件44起108人，查获其它违法违规人员1399人。

充分发挥边检工作的涉外职能作用，积极通过会谈会晤，维护我国公民在对方口岸的合法权益，为出入境人员提供出入境便利。针对对方国家验放速度慢、工作时间随意情况，积极与对方口岸边检部门联系，协商放行时间和验放速度问题。2001年新疆陆地边检站共与对方边检（移民）机关进行会谈30次，会晤233次。

2001年全区口岸出入境旅客表

	入境（人次）	出境（人次）	合计
乌鲁木齐	66551	66210	132761
霍尔果斯	60870	69061	129931
阿拉山口	38588	34712	73300
巴克图	13885	14108	27993
吉木乃	1795	1983	3778
红其拉甫	10072	9930	20002
吐尔尕特	10281	10334	20615
伊尔克什坦	2591	2643	5234
塔克什肯	19224	19731	38955
乌拉斯台	6127	6042	12169
老爷庙	2339	2252	4591
红山嘴	2136	2120	4256

新疆出入境检验检疫局

2001年，新疆出入境检验检疫局认真落实国家质检总局和自治区政府的工作部署，抓住西部大开发机遇，深化改革，依法行政，严把国门，严防有害物质传播，服务外经贸企业，促进经济发展，为新疆对外开放和外贸发展尽职尽责。全年共检验检疫各类出入境货物86351批，货值17.67亿美元。其中检验检疫出境货物15521批，货值5.75亿美元，检出不合格出境货物127批，货值297万美元；检验检疫入境货物70830批，货值11.92亿美元，检出不合格入境货物2080批，货值1928万美元。

检疫出入境动物及其产品2295批，货值4697万美元。其中检疫出境动物及其产品70批，货值709万美元；检疫入境动物及其产品2225批，货值3988万美元。查处违反规定非法进境和逃离监管的肉品、鱼类、绒毛、皮张共228批，3609吨，1330张，货值10186.7万元人民币。为严防疫病疫情的传入，对非法进境的偶蹄类动物产品进行了退运和销毁处理。

检疫出入境植物及其产品7247批，货值1.71亿美元。其中检疫出境植物及其产品5035批，货值1.49亿美元；入境植物及其产品2212批，货值2208万美元。从入境植物产品中检出一、二、三类危险性有害生物3种17批次。

检疫查验出入境人员324031人次，进行传染病监测体检26380人次，艾滋病监测24297人次。发现各类传染病例774人次，其中艾滋病感染阳性20例，其他传染病754例。预防接种19183人次，其中接种霍乱菌苗16262人次，黄热病苗292人次，其他2629人次。

检疫出入境飞机1984架次，火车165482节，汽车49720辆。检疫集装箱7883标箱。

进出口食品卫生监督检验1985批，12.31万吨，货值2619.76万美元。检出一次性不合格食品35批，货值99万美元。

监督检疫出境货物木质包装284批次，27437件，涉及货值2685.1万美元。进境货物木质包装438批，6340件，涉及货值1.34亿美元。从进境木质包装上截获疫情36批次。

鉴定出口商品包装1096批，583.31万件。其中一般包装性能鉴定866批，513.58万件；危险货物性能鉴定39批，50.77万件。危险货物包装使用鉴定191批，18.96万件。

签发普惠制产地证1750份，签证商品金额17210.5万美元；签发一般产地证870份，签证商品金额3655.89万美元。

新疆检验检疫局针对新疆边境贸易口岸点多面广、敏感商品多、疫情疫病复杂情况，严守国门，把检验检疫监管的重点转向安全、卫生、健康、环保方面。加强对食品、动植物及其产品、机电化矿品、废旧物料等重点商品的检验检疫工作。打击假冒伪劣行为，防止不合格商品和国外病虫害传入。

【把出口食品、农产品、化矿产品、机电产品等的监管工作延伸到了源头控制，加大检验和监管力度，实行超前的把关服务】 新疆大宗出口商品番茄酱因转基因问题而出口频频受阻，为打破国外的技术壁垒，新疆检验检疫局积极采取应对措施，制定了《出口非转基因番茄制品的管理规程》，对全疆番茄种子和制品进行转基因成份的检测与普查。对含有转基因成份的种子实行定点种植、采收和加工，以便向无转基因要求的国家出口。对非转基因番茄，确定出口企业种植基地，从种子采购、种植、原料采摘、运送、生产加工及制成品等全过程实施管理和监控，向国外出具非转基因分析证书，扩大番茄酱出口。2000～2001年间，共出口番茄制品40多万吨，确保了新疆出口番茄酱的质量和信誉。2000/2001年度出口棉花执行GB1103—1999新的细绒棉标准。新疆检验检疫局按新标准规范检验程序，统一制备棉花各等级小样，加强对出口棉花加工厂的监督管理，实行分类管理。本年度共检验出口棉花6306批，14.11万吨。无水柠檬酸是新增的出口商品，在检验中发现结块情况比较严重，检验人员多次深入企业调查研究，制定监控办法，指导企业进行设备和工艺改造，使产品合格率达到100%。为打开香梨、哈密瓜等农产品的国外市场，新疆检验检疫局在瓜果产地设置了18个检疫监测点，发放了74000个诱芯，加强产地瓜实蝇疫情监测和防治工作。全年检验检疫出口香梨40个货柜，到达加拿大的20个货柜，顺利通过了该国的植物检疫。哈密瓜对日本出口10批124吨，均未发现瓜实蝇等问题。对出口机电产品，根据企业和产品不同状况，采取不同的检验和监管方式，由批批抽检转变为对生产过程的监督考核，完成了13家企业的分类条件审核，实施分类管理，促进了机电产品扩大出口。

【加强进口商品的监督管理。原油和废旧金属是新疆边境贸易两项大宗进口商品】 在原有检验管理的基础上，2001年又加强了进口废旧金属中的放射性物质和易燃易爆物的监督管理和检验检疫工作。在阿拉山口、吉木乃、伊尔克什坦等重点进口废旧金属的口岸安装了火车、汽车整车通道式检测仪，开拓了废旧金属境外口岸换装检测，落实了国家质检总局要求进口废旧金属在口岸落地检验的规定，建立了废旧金属信息计算机处理系统，实现了远程监控和跟踪监督。共检验进口废旧金属33793批，178.31万吨，退运放射性超标等不合格的废旧金属1068批，26518吨。为解决进口原油短重问题，经过多方面的努力，开展了进口原油在国外装运站的重量鉴定和国内卸货站的监督管理工作，有效地降低了短重率，维护了国家利益。共检验进口原油1336批，64.5万吨，重量短少4425.79吨，比上年下降了0.81%。

【加强出入境动植物及其制品的检疫监管，有效防止有害生物传入传出】 根据新疆周边国家频频发生重大疫情的情况，加强了疫情监测和防治工作。在口岸上采取严密措施，对入境的车辆和货物加大检疫力度，与有关部门共同查堵和打击不法行为。对违反规定的行为依法进行严格处理，对非法进境商品的偶蹄类动物产品228批，3609吨进行了退运处理。对违法进口疫区国家不合格的肉品107吨，进行了销毁处理。从入境植物产品中截获植物危险性有害生物苹果蠹蛾、西瓜果斑病菌、桃实蝇等17批次。

【强化传染病监测管理工作】 新疆检验检疫局针对国际间发生的传染病疫情，在新疆各口岸加强对出入境人员、货物、交通工具的检疫监测、卫生监督、卫生除害处理工作，防止国外传染病及传播媒介的传入和扩散。加大疫情交流和疫情通报力度，定期编发《国际疫情通报》下发至各口岸分支机构，并提出具体防疫措施。加强对艾滋病的防治和宣传，建立健全新疆出入境6个艾滋病初筛实验室，对艾滋病监测24297人次，从出入境人员中检出20例HIV阳性。对一年一度的朝觐人员进行随（飞）机检疫，在机上对朝觐回国人员实行健康咨询、传染病监测、预防服药和医疗保健等检疫工作。自10月美国报告第一例炭疽病以来，为了严防炭疽传入我国，按照国家质检总局的要求，成立了新疆检验检疫局炭疽防治领导小组，在口岸开展炭疽预防知识讲座及宣传教育活动，增强防疫意识。与自治区邮政局共同制定了《关于严防炭疽传入，加强进境邮寄物和快件检验检疫的实施方案》。对全疆范围内的进境邮件和旅客携带物严格实施了现场查验、采样、室内检疫、卫生处理及后续监管措施。对在喀什、乌鲁木齐等地先后发现的5起白色粉末的可疑进境邮件，经炭疽检测均为阴性，未发现炭疽。针对地域特殊性、口岸媒介生物本底特点，在霍尔果斯、都拉塔、老爷庙、伊尔克什坦、吐尔尕特、红其拉甫和阿拉山口等7个口岸进行了啮齿动物及体内外寄生物的调查研究工作。捕获760多只啮齿动物，隶属7种16属22种，收集了大量蚤类及部分蜱、螨类，为边境地区卫生检疫工作提供科学的依据。

【加大对流通领域进口商品的检查和监管力度】 按照国家质检总局和自治区的部署，结合打假活动，全疆各检验检疫机构与质量技术监督局、工商等有关部门密切配合，先后进行了进口食品、化妆品、旧服装、医疗器械、旧机电和涉及安全、卫生、环保、健康商品的检查，共同整顿经济秩序，规范市场行为。在对大中商场、批发市场的检查中，共查处非法进口或假冒伪劣商品计8大类，250个品种，货值60多万元，依法进行了封存或销毁处理。对乌鲁木齐市18家涉外宾馆的进口食品，卫生情况的抽查中，查出180种食品无卫生证书，126种无检验检疫标志，64

种无中文标签，40余种进口商品过期或无生产日期和保质期，均予以查扣或做出相关处理。在对全疆各面粉、方便面、淀粉、挂面等出口生产企业开展的专项检查中，发现部分企业在面粉中使用增白剂（过氧化苯甲酰）超过国家标准规定限量近一倍，同时还在伊犁地区一家从事"营养菜精"加工厂的仓库内查出28公斤"吊白块"（甲醛次硫酸氢钠），按照有关规定对这些违规企业进行了严肃处理。

【进一步加强监管认证工作】 全年考核申请办理出口食品卫生注册登记15家，发证10家；办理出口商品质量和出口包装质量许可证企业13家，发证12家。帮助3家肠衣企业获得欧盟注册。

办理传染病监测体检证26380人次，办理国际旅行预防接种证19183人次。

办理动物检疫审批许可证316份，接受国家质检总局动物检疫许可证342份。对17家进出境动物及其产品生产加工、隔离单位进行了考核和注册登记。对蒙口岸进口动物产品定点加工的14家企业进行了整顿，清理后注册登记了5家皮毛定点加工企业。

办理进境种苗检疫审批6批，特许审批的初审4批，办理种苗同意调入函3份，禁止无输出国植物检疫证书的进境植物种子2批。

新疆检验检疫局积极推广应用ISO9000、14000国际标准，帮助、指导企业与国际先进管理模式接轨，获得国际通行的质量体系认证。先后举办ISO9000内审员培训班5期，ISO14000标准培训班1期，HACCP培训班3期，提高出口企业管理水平和产品质量。全年有24家企业通过ISO9000质量体系审核认证，1家企业通过ISO14001环境管理体系审核认证，12家食品企业通过HACCP食品安全控制体系认证。

【加强实验室建设，不断提高检测能力】 新疆检验检疫局加大实验室建设力度，向涉及健康、安全、卫生、环保和重点商品、重大疫情倾斜，向重点口岸倾斜，投资100多万元对实验室的设备、技术条件和环境进行了改善。同时，建立了千级无菌室、转基因检验室、标本室、6个艾滋病初筛实验室，增强了实验室的检测能力。各实验室按照ISO/IEC17025标准，建立了质量管理体系，经西北大区实验室考核小组考核，有1个实验室通过了CCIBLAC认可，有6个实验室通过了系统实验室注册，使实验室的管理和检测水平迈上一个新的台阶。年内完成了3个科研项目和3个标准的制修订工作。

此外还坚持不懈地抓好廉政建设、法制建设和精神文明建设。2001年6月，新疆出入境检验检疫局被中宣部、司法部授予"全国'三五'普法先进集体"。

2001年新疆出入境检验检疫主要业务统计表

单位：万美元

	货物检验检疫																		监测体检及预防接种（人次）				交通工具检疫			集装箱检疫
	总计				商品检验				动物动物产品检疫		植物及植物产品检疫				食品											
	批次	金额	检验检疫不合格		批次	金额	检出不合格		批次	金额	批次	金额	检出疫情		批次	金额	检出问题									
			批次	金额			批次	金额					批次	金额			批次	金额	监测体检及预防接种（人次）	艾滋病监测	发现病例数	预防接种	火车（节）	汽车（辆）	飞机（架）	合计
合计	86351	176710	2207	2225	74880	156050	2118	2193	2295	4697	7247	17081	44	16	1988	12621	35	99	26380	24290	1940	19183	165482	49720	1984	7883
出境	15521	57506	127	297	15464	57359	126	297	70	709	5035	14873			1885	12315	35	99	25844	23791	1875	19168	82195	23958	986	4467
入境	70830	119203	2080	1928	59416	98691	1992	1896	2225	3988	2212	2208	44	16	103	306			536	499	65	15	83287	25762	998	3716

新疆口岸运输管理办公室

2001年，新疆口岸运管办在自治区交通厅的领导下，经全区各级交通主管部门、运政机构和涉外运输企业的共同努力，涉外道路运输事业在调整和改革中寻求新的发展方向。

【2001年涉外运输完成情况】 2001年，全区完成出入境旅（游）客运量8.82万人次，周转量1438.28万人公里；完成进出口货运量72.17万吨，周转量13578.25万吨公里；登记查验出入境客货运输车辆6.81万车次（分国别运输量见附表）。与上年相比为：减少21.25%、3.42%、增加7.86%、减少9.96%、0.15% 。发放中哈、中吉、中蒙国际汽车运输行车许可证（以下简称行车许可证） 4233份，其中A种199份、B种57份、C种3977份（中哈间A种163份、B种10份、C种1765份，中吉间A种35份、B种0份、C种1079份，中蒙间A种1份、B种47份、C种1133份。

【对外交流与合作情况】 中哈间2001年6月，中哈交通口岸分委会在乌鲁木齐召开。中哈双方决定行车许可证的使用范围变更为A、B种只用于旅（游）客运输，C种用于货物运输、行包另担运输。货运车辆直达腹地目的地问题，双方同意持C种行车许可证的运输车辆凭有效货物运输合同可按双方签署开放的直达运输线路，到达对方腹地。运输车辆超限问题，双方经协商后确定，货运车辆总重不超过40吨，车厢宽度不超过2.5米，高度从地面起至箱顶不超过4米（承运国际标准集装箱不超过4.2米）。对车辆长度哈方希望中方能够允许不超过20米的哈方处理进入中方境内。对此，交通部办公厅已下发厅公路字（2001）502号文件予以承诺。

2001年10月，中哈双方再次会谈。双方确定了2002年印制并交换行车许可证A种300份、B种1000份、C种20000份，首次交换A、B种全部、C种17000份，并增加2001年度C种行车许可证500份。鉴于哈方将在2002年度整修道路，哈方提出中哈交通口岸分委会确定的双方持C种行车许可证的车辆直达双方腹地的协议暂不能落实，行车许可证的使用范围继续按照2001年度的规定执行。

中吉间2001年5—6月，中吉交通运政管理部门根据2000年12月中吉乌鲁木齐会谈精神，组成联合工作组对中吉双方已开通的客货运输线路、运输企业、运输站点、公路情况进行了考察，历时11天。工作组对双方运输中存在的实际问题进行了调研，在运输安全、线路开通、客运结算等方面达成共识。双方初步同意开通中吉间喀什、阿图什经伊尔克什坦口岸至奥什的货运线路。由于吉方境内部分路段的公路状况较差，旅客联运线路暂不开通。双方同意，就上述货运线路先进行试运行。2001年10月，双方代表团在比什凯克举行会谈，双方印制并交换了2002年度的行车许可证A种100份、B种1500份、C种7500份，共计9100份。双方同意在2002年4月11日正式开通中吉间喀什、阿图什经伊尔克什坦口岸至奥什的直达货运线路，并相互确认了双方承担喀什、阿图什经吐尔尕特口岸至比什凯克国际旅客联运线路的承运企业。

中蒙间2001年，中蒙双方分别在蒙古国首都乌兰巴托和中国新疆乌鲁木齐举行了两次会谈。双方就中蒙间直达出入境汽车运输中存在的问题交换了意见，并交换了2002年度的行车许可证A种20份、B种1000份、C种7000份，共计8020份。

中塔间2001年，中塔间签署了《汽车运输协定实施细则》和《关于建立国际汽车运输行车许可证制度的协议》。双方商定，将开通中塔间喀什－阔勒买山口－杜尚别的出入境客货运输线路。

中哈俄白2001年9月，中国交通部代表团出访白俄罗斯首都明斯克，参加中国、哈萨克斯坦、俄罗斯、白俄罗斯四国交通部就建立四国运输走廊举行的会谈。运输走廊以中国新疆乌鲁木齐为起点，经哈萨克斯坦、俄罗斯至白俄罗斯首都明斯克为终点，全程5500余公里，是欧亚公路运输走廊的重要组成部分。为尽快开展中哈俄白之间的汽车过境运输，中俄双方莫斯科会谈中中方建议，应单独签署《中哈俄白四国过境汽车运输协定》，得到俄方的同意。

【年审工作】 截止年审末，全区35家出入境运输企业中有30家参加年审，年审率为86%。全区批准出入境运输车辆1427辆，年审车辆1386辆，年审率97.1%。经年审达到一级车辆技术标准911辆，比上年同期减少40辆；年审达标率64%，较上年同期减少8个百分点。未达标车辆转入国内普通货物运输。未参加年审企业依照“道条”规定予以处罚，停止办理出入境运行手续。2001出入境车辆技术等级达标率较上年减少的主要原因是，出入境汽车运输不景气，企业效益下降，车辆更新趋缓，致使车辆平均新度系数降低，达标率下降。

2001年全区口岸出入境交通工具表

	入境		出境		合计	
	次	同比（%）	次	增减（%）	次	增减（%）
公路口岸	44822	−11	44784	−8.53	89606	−9.8
空运口岸	992	−22	991	−20.3	1983	−21.2
铁路口岸	2152	17.5	2173	18.42	4324	18
合计	47965	−10.4	47948	−7.9	95913	−9.2

新疆口岸概况

一类口岸

【阿拉山口陆运（铁路、公路）口岸】 为中哈边境常年开放口岸，位于新疆维吾尔自治区西北部，博尔塔拉蒙古自治州博乐市境内的东北角。对面为哈萨克斯坦共和国阿拉木图州，对方口岸名称为德鲁日巴。地处东经83°36′、北纬45°12′。距博乐市73公里，距乌鲁木齐市460公里；距中哈两国边防会晤点即接轨点4.4公里，德鲁日巴站12.3公里、阿拉木图580公里。1990年6月27日，经国务院批准对外开放，为铁路、公路双重口岸。1992年8月，中哈两国政府同意该口岸向第三国开放，具有国际联运地位。

1990年9月12日，中国兰新铁路西段（北疆铁路）与前苏联土西铁路在阿拉山口临时接轨点处接轨。这标志着一座新的亚欧大陆桥的全线贯通。亚欧大陆桥的贯通，为亚太地区与欧洲国家经济、贸易、科技和文化开辟了一条便捷安全的国际通道。阿拉山口口岸成为亚欧第二座大陆桥上的重要铁路口岸。1991年7月，阿拉山口开始办理临时过货营运。1992年12月1日起正式开通国际联运。1992年6月21日，开通阿拉木图————乌鲁木齐旅客列车（哈方担任）。1993年4月3日，开通乌鲁木齐————阿拉木图旅客列车（中方担任）。同时，乌鲁木齐————阿拉山口国内列车每日每日对开一列。目前，阿拉山口铁路口岸已建有各种设施156座，包括火车站站房4800平方米、有3个封闭式换装库在内的5个换装区、宽轨12股道（1—4道为到发线，其余为编组线）、准轨17股（1—3道为客货列车到发线、4—6道为货物列车到发线，其余为编组线），有货场、列车机务段、电力、通讯、供排水以及办公生活设施等，形成了铁路系统区域内的网络体系，基本具备了国际联运和客货吞吐能力。

1992年7月，中哈公路在阿拉山口连通，阿拉山口公路口岸于同年底临时开通。1993年9月，公路口岸联检大厅、货检场地等设施建成，同年10月经验收，公路口岸正式对外开放。

阿拉山口口岸是第二座亚欧大陆桥进出中国的门户。亚欧大陆桥东起连云港，西至荷兰鹿特丹港，横贯亚欧的中国、前苏联、波兰、德国、荷兰，沿途辐射到东欧、西欧、西亚、中东等30多个国家和地区。在中国境内从东到西穿越6个省区，沿线辐射影响带达全国11个省区。据测算，走经阿拉山口的大陆桥比通过第一座大陆桥运距缩短2000公里，节省运费30%，比海运节省60%左右的时间和20%的运费。口岸自开放以来，已有包括中外合资单位在内的上百家企业和个人来口岸合作开发，涉及16个省、市、自治区。阿拉山口口岸管理区为155平方公里，口岸城市规划区为15平方公里。口岸的供排水、供电、道路、通讯可覆盖全口岸区，固定资产投资已达6亿多元。一座荒漠中的新兴口岸商贸城市已初具规模，为充分发挥口岸整体功能创造了良好的环境。这个亚欧大陆桥上的重要口岸，对中国、对国际的经济大循环将日益发挥重大的作用。

2001内，口岸共检查出入境人员73298人次，其中，旅客39234人次，员工34064人次。出入境交通工具累计13302辆（列）次，其中火车4324列次、汽车8978辆次。完成货物进出口508万吨，其中进口440万吨，出口68万吨。口岸实现贸易额7.13亿美元。

【霍尔果斯公路口岸】 位于伊犁哈萨克自治州霍城县境内，同哈萨克斯坦共和国阿拉木图州毗邻。地处东经80° 29′ 、北纬44° 14′ ，属中纬地带。距伊犁哈萨克自治州首府伊宁市90公里，距新疆维吾尔自治区首府乌鲁木齐670公里。联检厅距中哈边境线210米，距对方哈萨克斯坦霍尔果斯口岸1.5公里，距哈萨克斯坦雅尔肯特市（原名潘菲洛夫市）35公里，距哈萨克斯坦共和国首府阿拉木图市378公里。

霍尔果斯口岸是目前中国西部最大的公路交通口岸。口岸历史悠久，几经波折，于1983年11月16日恢复开放。1992年8月，中哈两国政府同意该口岸向第三国开放，具有国际联运地位。1992年11月开始对第三国人员、交通工具和货物开放，为常年开放口岸。口岸规划区为12平方公里，现在建成区已由0 .76平方公里发展到4.58平方公里。设有口岸管理委员会，负责对口岸协调管理和建设，并代表政府行使部分政府职能。口岸检查检验机构健全。口岸区已建成联检厅、办公楼等各类建筑29.8万平方米，仓库、货场12.2万平方米，建有中哈边民互贸市场100多万平方米。平均年货运量50万吨，旅客30万人次。1989年3月1日开通了中国伊宁－清水河－哈萨克斯坦潘菲洛夫的国际旅客班车。1993年3月1日又开通了乌鲁木齐－霍尔果斯－阿拉木图国际客货直达运输班车。霍尔果斯口岸位于第二座欧亚大陆桥的中端，同独立后的中亚5国开展贸易具有得天独厚的地缘、地理和民族、语言、风俗等优势，存在着较强的贸易互补性。经霍尔果斯口岸转口同欧洲开展贸易也具有路途短、费用低、周转时间快等优势。

现在霍尔果斯口岸已经具备年出入境旅客300万人次、进出口货物200万吨的通过能力。随着中国对外开放的进一步深入和西部大开发战略的实施，霍尔果斯口岸作为欧亚大陆桥的一个重要的“桥头堡”，将成为我国西北五省区联合“走西口”和中国对中亚、欧洲贸易的重要“窗口”之一。

年内，口岸共检查出入境人员149578人次，其中，旅客105406人次，边民互市13676人次，员工30496人次。出入境交通工具累计30314辆次。完成货物进出口27.7万吨，其中进口3.79万吨，出口23.91万吨。口岸实现贸易额3.05亿美元。

【木札尔特公路口岸】 位于新疆维吾尔自治区伊犁哈萨克自治州昭苏县西南109公里处，地处天山北麓，特克斯河上游，地理坐标为东经80° 45′ 、北纬44° 35′ ，海拔1806米。距新疆生产建设兵团农四师74团机关西北9公里，距伊宁市296公里。对面为哈萨克斯坦共和国阿拉木图州纳林果勒区，对方口岸名称为纳林果勒口岸，两口岸相距4公里，距阿拉木图市320公里。

木札尔特口岸在1953年曾作为中苏两国临时过货点，一度是边民易货贸易的进出口货物集散地。由于历史原因，关闭30多年。1992年8月，中哈两国政府签订协议，同意开放该口岸，允许中哈两国人员、交通工具和货物结合实际行。1994年3月，经国务院批准对外开放。预测近期过货量5万吨，年客流量3万人次。

目前，木札尔特陆运（公里）口岸尚未开通。

【阿黑土别克公路口岸】 位于新疆维吾尔自治区阿勒泰地区哈巴河县西部，对面为哈萨克斯坦共和国东哈萨克斯坦州。地处北纬48° 21′、东经85° 44′。阿黑土别克口岸距哈巴河县城117公里，距阿勒泰市284公里，距乌鲁木齐市829公里。口岸区驻有新疆生产建设兵团农十师185团一营，还有边防站、人民银行、邮电营业所、车队等单位。1992年8月，中哈两国政府签订协议，同意开放阿黑土别克口岸，允许中哈两国人员、交通工具和货物通行。1994年3月经国务院批准对外开放。

阿黑土别克口岸与东哈萨克斯坦州玛尔哈库里县及阿连谢夫卡口岸隔河相望，在产业、产品结构方面，双方经济具有互补性。边境两侧主体民族均为哈萨克族，在历史、文化、生活习俗方面相近。阿黑土别克陆运（公路）口岸的总体规划已完成，目前尚未开通。

【都拉塔公路口岸】 经国务院于1994年3月批准对外开放。经国家海关总署和自治区人民政府批准于1999年9月26日开展边民互市贸易。市场位于伊犁哈萨克自治州察布查尔县境内，距察县约50公里，距伊宁市约63公里，距哈萨克斯坦阿拉木图市约250公里，距哈方科尔扎特口岸仅3.8公里，比其它口岸到阿拉木图少100多公里的路程。市场占地面积118672平方米（约178亩），仓库、停车场、“一关两检”查验配套设施、封闭式管理的市场已基本建成，进出口业务已正常开展。2000年9月至12月，市场成交货物8690余吨，贸易额1240万元，每次进入市场的客商达576余人。

【巴克图公路口岸】 位于新疆伊犁哈萨克自治州塔城地区境内，地处东经82° 48′、北纬46° 41′，海拔460—480米。巴克图口岸对面为哈萨克斯坦共和国东哈州。从巴克图口岸入境至塔城市17公里，至乌鲁木齐市621公里；出境至哈方巴克特口岸800米，至马坎赤市60公里，至乌尔加尔机场110公里，至阿亚库斯车站250公里，至东哈州首府800公里。

巴克图口岸已有200年通商历史，是中国西部通往中亚及欧洲的交通要道，上世纪60年代中断贸易和人员往来。1990年月10月，经批准，巴克图口岸恢复开放成为临时过货口岸，允许边境双方经贸、旅游人员和交通工具过往。1992年8月，中哈两国政府达成协议，同意该口岸向第三国开放，具有国际联运地位。1994年3月，经国务院批准对外开放。1995年5月通过国家正式检查验收。7月1日正式对中哈两国及第三国公民、交通工具和货物开放。巴克图为双边常年开放口岸，年货运能力20万吨，客运量10万人次。

巴克图口岸目前已建成：联检厅3040平方米，车检通道5条，检查检验单位办公业务生活用房8355平方米，具有100万吨仓储能力的4个货场。交通、通讯、供水、供电、供暖等基础设施完善。

巴克图口岸具有得天独后的地缘优势。口岸依托城市，有一条二级公路直通口岸，常年通车。近几年来，口岸边贸和旅游事业迅猛发展。1994年进出口货物10.4万吨，进出口总金额2.2亿元。自1992年8月开始旅游购物以来，独联体国家到塔城旅游购物的人数逐年增加。1994年，接待旅游购物人员1.6万人次，购物总值达3.2亿元人民币，收兑外汇1500万美元。1993年和1994年，分别开通了塔城市至哈萨克斯坦阿亚古兹市和乌卡市的国际客运班车。口岸的开放，边贸的发展，带动了当地轻工业、商业、农副产品加工业、第三产业、个体私营经济迅猛发展。据统计，有19家危困企业扭亏为盈，个体户从1993年的14137家发展到1994年的23023家，从业人员32018人，注册资金22768万元。1994年，塔城地区仅边贸一项就为国家上缴税收2135.8万元。

2001年，口岸共检查出入境人员32602人次，其中，旅客16726人次，旅游购物3021人次，员工12855人次。出入境交通工具累计12855辆次。完成货物进出口22万吨，其中进口16.7万吨，出口5.3万吨。口岸实现贸易额1.15亿美元。

【吐尔尕特公路口岸】 位于新疆克孜勒苏柯尔孜自治州乌恰县境内，是中国与吉尔吉斯斯坦共和国通商的口岸，也是通往中亚、南亚、西亚、欧洲各国的重要门户。

吐尔尕特口岸地处图噜噶尔特山口，地理坐标为东经75°23′、北纬49°30′，海拔高度3795米。地势西北高，东南低，山脉连绵不断，口岸设在山谷的一片平地中。距阿图什170公里，距喀什165公里，距乌鲁木齐1630公里。与吐尔尕特口岸对应的为吉尔吉斯斯坦共和国的图噜噶尔特口岸。该口岸位于吉方的纳伦州境内，距吉尔吉斯斯坦共和国首都比什凯克400多公里，距中国吐尔尕特口岸12公里，海拔3700米，气候和自然条件较差，但终年可以通车。

吐尔尕特历史悠久，口岸通商始于1881年。新中国成立后，根据中苏两国签订的贸易协定和换货合同，于1950年初正式办理进出口过货。1958年5月，开展了中苏两国间的边境贸易。1969年通商贸易停止。1983年12月13日，再次恢复通商贸易后，进出口货物逐年增长。

吐尔尕特口岸的公路状况良好，交通便利，可运行大型货物运输车辆，一年四季均可通行。1992年3月开展了中吉双向旅游购物活动。口岸年货运量为10–20万吨，客运量为10万人次。

由于吐尔尕口岸气候严寒，恶劣多变，缺氧少水，给人们正常生活带来很多困难，且口岸占地面积小，无发展余地，不利于双方边境贸易的发展。经批准，口岸的机构于1995年11月正式下迁到托帕，口岸的前沿以及口岸到托帕的通道全线由边防检查部门加强监护和管理。托帕地处东经73°33′—75° 36′、北纬39°45′—39°46′，海拔高度2000米。北面为阿克塔格山，南面为托帕塔格山，谷地地形平坦，交通便利。东距阿图什62公里，距喀什57公里，北达吐尔尕特口岸120公里，南去红其拉甫口岸444公里。1993年在新址先改建了由托帕至吐尔尕特的112公里砂砾三级道路，目前已建成口岸联检大厅、办公楼及附属设施等项目。

随着吐尔尕特口岸的开放、伊尔克什坦口岸的临时开通，口岸办自身建设也得到了不断发展，1995年11月1日，吐尔尕特口岸下迁至新址运行，口岸改革进一步深入，地边贸易突飞猛进，进出口额与日俱增，口岸出现繁荣景象。

自1983年12月23日吐尔尕特口岸恢复过货，至1995年进出口运量近12万吨，进出口贸易额达11亿3千万元，全年征收关税首次突破1亿元，创历史最高纪录。

【伊尔克什坦公路口岸】 位于新疆克孜勒苏自治州境内，地处东经73°58′、北纬39°42′，距乌恰县150公里，距克孜勒苏自治州首府阿图什市250公里。是祖国最西端的一条重要国际通道。

伊尔克什坦口岸是“古丝绸之路”上的一个重要通道和驿站，历史上曾有过一段商旅不断的繁荣时期。解放前和解放后的五十年代，这里是中苏（俄）两国边民贸易的通道。五十年代初期，两国邮件在这一口岸互换，后改吐尔尕特口岸换件，该口岸曾因故被迫关闭过一段时期。

随着我国改革开放的不断深入发展，中吉两国人民企盼伊尔克什坦口岸重新开放，中亚乌兹别克、塔吉克等国也强烈要求开放该口岸。鉴于此，1996年江泽民主席出访中亚五国期间，与吉尔吉斯共和国总统达成开放该口岸的协议。伊尔克什坦口岸于1997年7月21日临时开通，1998年元月26日，国务院正式批准开放该口岸，对吉尔吉斯共和国及第三国人员、货物开放。经过两年的试运行和口岸基础设施建设，口岸设施齐全，查验设备日趋完善，已完全具备通关条件。

伊尔克什坦国境公路经X54省道与314国道相联，从该口岸至吉国奥什州仅210公里，比从吐尔尕特口岸出境到奥什近800公里，交通十分方便。

2001年，口岸共检查出入境人员5644人次。出入境交通工具累计5522辆次。完成货物进出口6万吨，其中进口3万吨，出口3万吨。口岸实现贸易额8301万美元。

【乌拉斯台公路口岸】 于1991年6月24日，中蒙两国政府在北京签署《中华人民共和国政府和蒙古人民共和国政府关于中蒙边境口岸及其管理制度的协定》，批准开放中蒙边境昌吉州乌拉斯台口岸–北塔格口岸（蒙），为国家一类双边季节性开放口岸。乌拉斯台口岸开放时间为每年3、6、8、11的1–15日。1992年6月1日正式对蒙开放。1995年3月，随着中蒙两国边境贸易的发展和口岸开放的需要，中蒙两国政府商定：乌拉斯台–北塔格口岸开放时间调整为3、6、9、12月1—20日，新的开关时间表自1995年6月1日起生效。

截止2000年10月，乌拉斯台口岸共开关34次，累计开关614天，其中1993年8月因蒙古国科布多省发现鼠疫而闭关一次。共计完成进出口贸易额5795.11万元，进出口量29913吨，出入境人员30669人次，出入境交通车辆8684辆。

乌拉斯台（蒙语意为有白杨树的地方）口岸地处奇台县北塔山地区，位于中蒙边界73号界标正西方向4.3公里处，东经90°44′、北纬45°22′。口岸距边防会谈会晤站通道界线4.8公里、乌拉斯台会谈会晤站4公里，蒙古国北塔格口岸6.5公里。距奇台县城248公里，距乌鲁木齐450公里，距昌吉市485公里。

乌拉斯台口岸所在地索尔巴斯套（哈语意为碱泉沟）是一条南北走向的山沟。沟长约1.5公里，宽约200—400米不等，沟底平坦，水草丰茂，有山泉两眼，海拔1760—1780米，适于口岸建设。夏季最高气温33℃，冬季最低温度零下38℃，无霜期年平均120天。冬春季气候恶劣，常有大雪封山阻塞交通现象。

乌拉斯台口岸规划区面积为2.7公顷，公办公区、仓储区、商务服务区、发展区四大区域。口岸生产、管理、查验、办公、生活及服务配套设施较全。于1991年6月24日，国家批准为一类双边季节性开放口岸。开放时间为3、6、9、12月1——20日。

2001年，口岸共检查出入境人员10171人次，其中，旅客6644人次，员工3527人次。出入境交通工具累计3460辆次。完成货物进出口2659吨，其中进口1575吨，出口1084吨。口岸实现贸易额436.57万美元。

【红其拉甫公路口岸】 位于新疆喀什地区西南部，帕米尔高原塔什库尔干塔吉克自治县境内，同巴基斯坦北部地区毗邻。口岸海拔4500米，地处东经75°33′、北纬37°02′。从红其拉甫入境，至塔什库尔干县城130公里，至喀什市420公里，至乌鲁木齐1890公里；从红其拉甫出境，至巴基斯坦苏斯特125公里，至巴基斯坦北部地区首府吉尔吉特270公里，至巴基斯坦首都伊斯兰堡约870公里。与红其拉甫口岸对应的是巴基斯坦北部地区的苏斯特口岸。由于红其拉甫口岸海拔较高，严重缺氧，气候恶劣，口岸检查检验机构于1993年下迁至塔什干县城办公。

红其拉甫口岸早在1000多年前就是著名的“丝绸之路”上的一个重要关隘。据传，公元前119年张骞出使西域时曾经过这里，唐代高僧玄奘西天取经也由此返回中国。历史上，这里一直是中国与西南亚以及欧洲经济、文化交流的重要通道。1968—1978年，历时11年，中国为援助巴基斯坦先后投资2.7亿元人民币，投入劳动力2.2万人，修筑了一条从红其拉甫山口至巴基斯坦塔科特全长600多公里的中巴友谊公路，为新疆通往巴基斯坦的唯一的红其拉甫口岸的开放创造了先决条件。从此这条古老的“丝绸之路”又重新焕发了青春的光彩。

1981年9月，中国和巴基斯坦政府达成原则协议，同意开放红其拉甫口岸。1982年8月27日，红其拉甫口岸对中巴两国公民正式开放。1986年5月1日，又正式向第三国人员开放。由于气候原因，红其拉甫为季节性口岸，根据中巴两国协议，红其拉甫口岸每年5月1日—10月31日对旅客开放，旅游团组只能此时过境，零散旅客过境可延伸至11月30日。12月1日至次年的4月30日除中巴两国邮政、贸易和特许人员外，对其他旅客关闭。口岸为客、货两用口岸，目前以旅游为主。口岸开放期间，双方口岸间对开旅游班车。口岸的年过货能力为5万吨，客运量为5万人次。

红其拉甫陆运（公路）口岸的客货运输形式发展前景可观，但因口岸海拔太高，影响了口岸的进一步扩大开放。1990年经国务院、中央军委和自治区人民政府批准，将红其拉甫口岸查验设施下迁到海拔3200米的塔什库尔干县城附近（比原海拔低1300米）开始新建。1993年口岸机构正式下迁。口岸已建成联检大厅1582平方米、海关楼2325平方米、边检楼2540平方米、办公用房和口岸水、电、暖等附属工程及道路、停车场也已完成和配套。口岸基础设施建设总投资2000余万元，总建筑面积约为10000平方米，基本满足口岸管理、查验和生活需要。

红其拉甫口岸开放以来，已接待了来自世界100多个国家和地区的50万名旅客。进出口货物和人员逐年增加。贸易方式也由过去单一易货贸易发展到信用证、外币现钞、出口货物收汇等结算方式。红其拉甫口岸的开放有力地促进了整个喀什地区旅游、外贸、商业、运输等相关行业的发展，为新疆，特别是为喀什地区、塔什库尔干县的经济发展做出了巨大贡献。

2001年，口岸共检查出入境人员19142人次，其中，旅客14752人次，员工4390人次。出入境交通工具累计4390辆次。完成货物进出口1.8万吨，其中进口6555吨，出口1.15万吨。口岸实现贸易额608.85万美元。

【喀什航空口岸】 位于新疆维吾尔自治区喀什地区喀什市北面，距市中心10公里。1993年4月经国务院批准对外开放。

喀什机场1953年建成，经过3次扩建，目前跑道全长2800米，宽50米，可安全起降图－154及其以下机型飞机。候机楼4856平方米，既具有检查、售票等功能，又满足旅客候机、就餐、住宿、购物、迎送的需要。机场飞行保障设备安全，有东西导航台。东面设有降台、夜航灯光设备，备有通用特种车辆，可供飞机昼夜起降。目前，已开通国内航线。

喀什是新疆南部重镇，是中国对中亚、西亚及南亚开放的前沿。喀什机场空运口岸的开放对新疆南部地区的经济发展会起到巨大推动作用。

喀什机场空运港口岸正在筹建口岸机构和设施，尚未正式开通。

【老爷庙公路口岸】 位于新疆维吾尔自治区哈密地区巴里坤哈萨克自治县境内，与蒙古国戈壁阿尔泰省相邻，对面为布尔嘎斯台口岸。从老爷庙入境至巴里坤县城172公里，至哈密市308公里，至乌鲁木齐773公里。老爷庙出境至蒙古布尔嘎斯台57公里，至布格特县城280公里，至戈壁阿尔泰省会阿尔泰市484公里。

老爷庙口岸历史上就是古代商人的驿站，是中蒙之间的通商要道。1991年6月24日，中蒙两国政府达成协议，开放老爷庙－布尔嘎斯台口岸，1992年3月正式开通。为双边季节性开放口岸。允许中蒙双方人员、货物和交通运输工具通行。居住在两国边境地区范围以内的两国公民，可以凭边境通行证出入境。口岸开放时间为3、6、8、11月的10–30日。口岸建设采取边建设、边过货的原则，工程分三期进行，现在已基本满足目前过货的需要，年货运能力3万吨，旅客1万人次。

老爷庙口岸开放以来，双方合作的领域由过去单一的易货贸易发展到多项经济技术合作，从中国与蒙国戈壁阿尔泰省的合作，发展到与扎布汉、乌布苏、科布多等省合作，口岸客货运量逐年增加。随着中蒙双方边境贸易的发展及经济技术的合作与交流，将把新疆哈密地区的经济也逐步推向新天地。

2001年，口岸共检查出入境人员3000人次，其中，旅客999人次，员工2001人次。出入境交通工具累计2010辆次。完成货物进出口8184吨，其中进口1505吨，出口6679吨。口岸实现贸易额343.25万美元。

【红山嘴公路口岸】 位于新疆维吾尔自治区东北部，阿尔泰山中段的崇山峻岭中，伊犁哈萨克自治洲阿勒泰地区福海县境内，地处东经88°55′、北纬48°51′，距福海县城240公里，距阿勒泰市192公里，距乌鲁木齐市896公里，至中蒙边界线2公里。东与蒙古国巴彦乌列盖省萨格赛县接壤，距巴彦乌列盖省省会乌列盖市180公里，距萨格赛县城160公里，从红山嘴出境至蒙古国大洋口岸12公里。

红山嘴口岸历史上就是中蒙贸易通道。1991年6月24日中蒙两国政府签订协议，开放红山嘴口岸。1992年经国务院批准对外开放，于1992年7月正式开通，因气候原因，每年只能在6–10月通行。年货运能力为1万吨，旅客为1万人次。

红山嘴口岸为双边季节性开放口岸，允许中蒙两国人员、货物和交通工具通行，居住在两国边境地区范围以内的两国公民，可以凭边境通行证出入境。口岸开放时间为每年8月和9月的1–20日，7月的1–10日和14–23日。自1993年以来，国家和地方投资建设了口岸联检厅、口岸综合办公等设施，为口岸发展创造了条件。

2001年，口岸共检查出入境人员4256人次，其中，旅客3280人次，员工976人次。出入境交通工具累计976辆次。完成货物进出口2.0223万吨，其中进口2万吨，出口223吨。口岸实现贸易额11.7497万美元。

【吉木乃公路口岸】 位于新疆维吾尔自治区阿勒泰地区吉木乃县境内，对面为哈萨克斯坦共和国东哈萨克斯坦州。吉木乃口岸地处阿尔泰山南麓，东经85°43′、北纬47°33′，平均海拔770米左右。口岸所在地属大陆性北温带干旱气候。从吉木乃口岸入境至吉木乃县城24公里，至阿勒泰市198公里，至乌鲁木齐市650公里；从吉木乃口岸出境至哈方对应口岸迈哈布奇盖0.5公里，距斋桑县60公里，至东哈萨克斯坦州首府约500公里。

吉木乃口岸历史上就是新疆的通商口岸，1962年以后中断贸易和人员往来，口岸关闭。1991年中哈两国政府签订协议，批准吉木乃口岸开通临时过货。1992年8月，中哈两国政府签署协定，同意开放吉木乃口岸，为双边常年开放口岸，允许中哈两国人员、货物和交通工具通行。1994年3月经国务院批准对外开放，1997年11月，正式通过国家验收批准为国家一类口岸。年货运能力10万吨，客运量5万人次。

吉木乃口岸为新建口岸，已设立吉木乃口岸管理处和组建检验检疫机构。目前，口岸建设按总体规划，已建成联检厅1053平方米，锅炉房、发电机房478平方米，车库、宿舍404平方米，食堂、餐厅344平方米，综合办公楼2375平方米。口岸基础设施已全部建成。

2001年，口岸共检查出入境人员3861人次，其中，旅客2716人次，旅游购物83人次，员工1062人次。出入境交通工具累计1042辆次。完成货物进出口2.36万吨，其中进口2.29万吨，出口700吨。口岸实现贸易额1606.45万美元。

【塔克什肯公路口岸】 位于新疆维吾尔自治区东北部，布尔根河北岸，伊犁哈萨克自治州阿勒泰地区青河县境内，地处东经90°48′、北纬46°11′。对面为蒙古国科布多省。从塔克什肯入境距青河县城90公里，距阿勒泰市380公里，距自治区首府乌鲁木齐市510公里。口岸距中蒙边界线15.5公里。东部与蒙古国科布多省的布尔干县接壤，距对方布尔干口岸25公里，距布尔干县城65公里，距科布多省会约265公里。

塔克什肯口岸历史上就是中蒙贸易通道。新中国成立后中蒙贸易有所发展。60年代初，塔克什肯与布尔干贸易中断。1989年7月20日，塔克什肯口岸经国家批准对外开放。现在年货运能力5万吨，旅客3万人次。

塔克什肯口岸为双边季节性开放口岸，允许中蒙两国人员、货物和交通运输工具通行。居住在两国边境地区范围以内的两国公民，可以凭边境通行证出入境。口岸开放时间为每年4月至12月的15–30日。目前两国都有把塔克什肯－布尔干口岸改为常年性通行口岸的意见。

阿勒泰地区塔克什肯口岸管理委员会于1989年5月20日成立，在口岸设有边防检查站，海关及其他查验单位人员在口岸开关期间由阿勒泰有关部门派出。口岸正式对外开放以来，已建成联合办公、联检厅等设施，还修建了地磅房、锅炉房、发电机房、车房等配套设施，购置了重要的装卸设备，修筑了45公里的口岸公路。口岸现有生活服务设施除满足各查验、外贸部门需用外，每日尚可接待旅客500余人。货场仓储能力达1500吨，日过货能力为400余吨。口岸公路四季畅通，主要运输工具为汽车。现已开通青河县至布尔干的国际旅客联运班车。

2001年，口岸共检查出入境人员37365人次，其中，旅客4244人次，旅游购物22538人次，员工10583人次。出入境交通工具累计10584辆次。完成货物进出口2.3万吨，其中进口644吨，出口2.2356万吨。口岸实现贸易额680.5131万美元。

【乌鲁木齐航空口岸】 位于新疆维吾尔自治区首府乌鲁木齐市郊西北地窝堡，距市区16公里。

乌鲁木齐机场原为中苏民用航空机场。1970年7月经国务院批准进行扩建。1973年建成和对外开放，是中国五大门户机场之一。

对外开放后，一直是中国通往欧洲、西欧国际航线的备降场。目前，已开辟的国际航线有：北京－乌鲁木齐－沙迦－伊斯坦布尔、乌鲁木齐－阿拉木图、乌鲁木齐－塔什干、天津－乌鲁木齐－新西伯利亚－莫斯科、乌鲁木齐－伊斯兰堡，开通了乌鲁木齐－重庆－香港旅游包机。以及飞往全国各大中城市的航线。新疆已形成了以乌鲁木齐为中心，连接全疆主要地州市和国内外的航空运输网。流量日益增加。

1994年，经国家立项批准，总投资达19.53亿元的乌鲁木齐国际机场改扩建工程正式破土动工。新建跑道3600×4米，西站坪56715平方米，可停放8架大中型飞机；东站坪51675平方米，可停放9架大中型飞机。面积5653平方米，塔筒高47米的航管楼也已建成。新建47800米的候机楼已于2001年10月投入使用。

机场还建有航行指挥楼，其中包括调度指挥、领航、通讯、气象等部门，并建有各种安全保障设施。设有大型国际通讯收发站，还有先进的指挥和导航设备、新型着陆雷达、仪表着陆系统、全向信标、航程电视记录等。

为了加强对乌鲁木齐空港的管理，设立了机场口岸管理委员会。还设有边防检查、海关、检验检疫等国家机构，负责对出入境人员、交通工具、行李物品进行监督检查。

2001年，口岸共检查出入境人员132358人次，其中，旅客110072人次，员工22286人次。出入境飞机累计1983架次。完成货物出口1.3523万吨。口岸实现贸易额3723.78万美元。

新疆边境贸易概况

近年来，随着我国对外开放的不断深入和进程的不断加快，在国家所给予边贸优惠政策的大力扶持下，新疆边贸事业有了长足的进步和发展。不仅扩大了自治区对外贸易的规模，提高了自治区对外贸易的水平，同时对繁荣地方经济，增加财政收入，带动相关产业发展，加快贫困地区脱贫致富的步伐。对促进社会稳定、民族团结都起到了积极的作用。

新疆地处欧亚大陆腹地，是第二座欧亚大陆桥（中国段）的西部桥头堡，地缘、人文优势明显，发展边境贸易有着得天独厚的条件。边境贸易是新疆对外开放和对外贸易的一大优势和突出特色。

在自治区党委、政府的正确管理下，在国家所给予长期、稳定边贸优惠政策的扶持下，自治区边境贸易由单一的易货贸易形式发展成为多层次、多渠道、多形式的边境贸易格局，并保持着较强劲的增长势头，快速发展。九十年代，边境贸易由起步进入发展阶段。2001年，外贸进出口额达到13.64亿美元，占新疆全区外贸进出口额的76%，与10年前1991年的1.3亿美元相比，增长了10倍。

2001年全区边境贸易统计表

	进口		出口		合计	
	万美元	同比（%）	万美元	同比（%）	万美元	同比（%）
公路口岸	18833.8	−30	42476.9	−38.4	61310.7	−36
空运口岸	0	0	3723.8	50.5	3723.8	50.5
铁路口岸	58715	−3.3	12601.2	14.6	71316.6	−0.97
合计	77549.2	−11.7	58801.9	−28.5	136351.1	−20

新疆口岸大事记

1月10日

由清华大学核研院开发，北京华力兴公司设计制造、安装调试及施工的H986集装箱检查工程经全面检查验收合格，正式交付霍尔果斯海关使用。乌鲁木齐海关关长孙骏昌、伊犁州党委副书记托合塔尔、海关总署物供中心、财务装备司、国家科技部高新技术产业司以及清华大学等单位的领导和专家出席了交接仪式。

1月27日

自治区党委常委、新疆生产建设兵团政委陈德敏一行去阿拉山口口岸视察工作。

2月6日

自治区党委常委、组织部部长周原去阿拉山口口岸视察工作。

2月13日

新疆自治区党委副书记艾斯海提专来海关看望关区关长会议代表。

2月14日

自治区政协副主席李东辉在克州党委副书记沈荣显的陪同下到吐尔尕特口岸视察工作，看望了各口岸查验部门干部职工及口岸委全体干部职工。

2月14日

塔城海关被授予地区工会工作先进单位称号。

2月16日

自治区政府副主席阿不都卡德尔、纳斯尔丁在博州党政领导的陪同下到阿拉山口口岸视察外贸工作，并进行春节慰问。

2月18日

乌鲁木齐海关“口岸电子执法系统”出口收汇核销联网核查子系统正式启用。

2月21日

红其拉甫海关米里干同志被中华全国总工会授予全国十佳女职工荣誉称号。

2月27日

阿拉山口海关与德鲁日巴海关就加强双边海关合作、调查情报联系机制等问题进行会谈。

3月1日

红其拉甫海关米力干同志在北京参加了中华全国总工会纪念三·八国际劳动妇女节暨全国十佳女职工表彰大会。受到中央政治局常委、中华全国总工会尉建行主席的接见，并合影留念。这是她自1999年以来第3次获得国家级的荣誉表彰。

3月26日

自治区党委书记王乐泉视察阿拉山口口岸。

3月27日

哈萨克斯坦国德鲁日巴海关考察团一行来阿拉山口海关进行考察访问。

4月23日

自治区政府副主席、自治区“口岸电子执法系统”推广工作领导小组组长张舟同志主持召开“口岸电子执法系统”推广工作领导小组会议。自治区办公厅、工商局、国税局等单位参加，乌鲁木齐海关技术处现场演示了“口岸电子执法系统”的主要功能和操作过程。

5月3日

自治区党委书记王乐泉等领导到吐尔尕特口岸、伊尔克什坦口岸视察工作。

5月9日

阿联酋迪拜海关考察组一行4人对霍尔果斯海关H986监控中心参观考察。

5月31日

经自治区青年文明号组委会全面考核，吐尔尕特海关、侦查分局侦查处、喀什海关报关厅、伊宁海关报关厅、霍尔果斯海关行邮科、阿拉山口海关货管科等6个集体获自治区级“青年文明号”称号。同时，乌鲁木齐海关报关厅和乌鲁木齐海关总机室等8个集体被重新认定为2000–2001年度自治区级“青年文明号”。

6月30日

伊尔克什坦口岸通过由海关总署、公安部、国家检验检疫总局和自治区人民政府等单位组成的国家口岸验收小组的验收，具备了正式对外开放的条件。

7月3日

国家交通部胡希捷副部长一行视察阿拉山口口岸。

7月4日

海关总署办公厅罗文金副主任和自治区口岸办一行4人人视察都拉塔、霍尔果斯口岸，参观了海关工作大厅。

任经武扬为组长，中央党校教务部副主任罗宗毅为副组长的中央党校培训部《依法行政理论与实践》赴疆调研课题组一行6人，在自治区、伊犁州政府有关领导的陪同下，到霍尔果斯海关检查指导工作。

7月19日

吐尔尕特海关举行自治区级“文明单位”、“青年文明号”揭牌仪式。

7月19日

自治区副主席买买提明·扎克尔视察阿拉山口公路口岸。

7月19日

国家烟草专卖局局长倪益瑾在伊犁州党委书记的陪同下，到霍尔果斯口岸视察工作，并参观口岸联检部门工作现场。

7月27日

海关总署赵光华副署长、总署党组成员端木君等总署领导视察乌鲁木齐海关。

7月24日——25日

国家禁毒办副主任陈存仪到红其拉甫、吐尔尕特口岸考察禁毒工作。

7月28日

海关总署赵光华副署长在孙骏昌关长的陪同下到喀什、吐尔尕特海关检查指导工作，喀什、克州地区和喀什海关党组领导分别向赵副署长汇报当地情况。

7月30日

辽宁省省长薄熙来率政府代表团在自治区副主席达列力汗、伊犁州党政领导、口岸联检单位领导的陪同下视察霍尔果斯口岸，并参观联检部门工作现场。

7月30日

霍尔果斯海关查验二科荣获自治区级“青年文明号”并举行揭牌仪式。

8月7日

全国人大副委员长周光召一行在自治区人大副主任胡克汉等领导陪同下，视察霍尔果斯口岸，参观海关H986集装箱检查中心。

8月19日

蒙古布尔嘎斯台海关关长一行4人到老爷庙口岸与中方海关进行会晤。双方相互通报工作程序，就加强协调配合进行协商。

9月3日

新疆维吾尔自治区政府主席阿不来提·阿不都热西提等新疆自治区政府领导亲切会见了海关总署牟新生署长。

9月4日

海关总署牟新生署长在自治区人民政府副主席张舟、自治区人民政府副主席刘怡、乌鲁木齐海关张砚甲关长等领导陪同下到喀什、吐尔尕特、伊宁、霍尔果斯等隶属海关检查指导工作。

9月18日

团中央书记处书记赵勇一行到霍尔果斯口岸视察工作，参观了海关H986集装箱检查中心，听取了霍尔果斯海关团工作汇报和"青年文明号"创建活动。

9月26日

哈萨克斯坦霍尔果斯海关关长阿列汗等一行8人应霍尔果斯海关邀请双方进行了非正式友好会晤。

11月21日

自治区政府主席阿不来提·阿不都热西提在自治区口岸办领导和自治区有关厅局领导的陪同下到阿拉山口口岸视察工作。

11月21日——25日

蒙古国科布多省海关关长特·达瓦加甫一行4人，到乌鲁木齐海关参观访问。23日，库甫副关长代表乌鲁木齐海关与客人在教育培训基地进行了会谈。

西藏自治区

图　例

- 省级行政中心
- 口岸城市
- 铁路口岸
- 航空口岸
- 公路口岸
- 海(河)运口岸

西藏阿里地区普兰口岸

西藏樟木口岸友谊桥

西藏日喀则吉隆口岸热索桥

西藏口岸工作综述

【概况】 西藏自治区位于祖国的西南边疆，总面积120平方公里，平均海拔4000米以上，是世界上最高的高原，素有“世界屋脊”之称。西藏的东北与云南、四川、青海、新疆毗邻，西南与缅甸、印度、锡金、不丹、尼泊尔接壤，与邻国边境界线4000公里。共有对外通道312多条，其中季节性通道268多条，常年性通道44条，边境市场共有28个。西藏口岸历史悠久，早在一千多年以前，西藏已与毗邻的印度、尼泊尔、不丹等国家有传统的边境贸易和人员往来。

西藏和平解放后，西藏与南亚周边国家的贸易往来更趋多样化和国际化。我国政府本着“和平共处五项原则”同印度政府签定《中印协定》和尼泊尔政府签定《中尼协定》。确定以普兰口岸为主的6个山口、10个市场对印开放。普兰口岸的唐嘎市场被国务院批准为“国际市场”。市场的规模增大，商品交易品种和交易不断增多，形成了著名的“帐篷口岸”。但由于历史原因，西藏口岸不仅对印通商口岸关闭，中尼边境互市贸易也全部停止。

党的十一届三中全会以后，随着我国开放政策的不断深入，国际经贸往来的日益增多，中尼边境互市贸易得到恢复和发展，中印关系也得到了改善。目前，西藏的口岸基本上已形成了航空和陆地口岸并举的开放格局。口岸的开放对全区经济的发展、社会的稳定、边民生活的提高、反分裂、反渗透斗争等方面都起到了积极作用。但是，由于受历史、地理环境、交通条件等种种客观因素的制约，西藏口岸开放和口岸建设尚不能满足整个地区对外开放和经济建设的需要。在国家已经批准的5个口岸中，除拉萨航空口岸、樟木陆路口岸已建成相关的设施外，其余3个口岸联检楼和附属设施均没有建设。

【口岸数】 西藏自治区有国务院批准开放的一类口岸4个，其中航空口岸1个，拉萨贡嘎机场；边境陆路口岸3个，樟木口岸、普兰口岸、吉隆口岸。二类口岸1个，日屋口岸。

【口岸客货运量】 据拉萨海关统计，全年通过西藏口岸出入境的人员203573人次，比上年减少27%；进出境货物37780吨，减少24%，其中进口8937吨，减少44%，出口28843吨，减少14%；进出境飞机234架次，增长40%；进出境汽车11557辆次，增长52%。

【增加新航线】 年内，新开通了西南航空公司飞行的拉萨—香港往返包机航线。

【口岸管理、协调与调查研究】 根据自治区人民政府批示，对尼泊尔提出要开设的边贸点和过境点，进行了地名的核实和有关资料的收集。这一工作的完成，摸清了西藏自治区小额贸易和过境点的基本情况，并为规范小额贸易点和过境点，加强管理提供了依据。对樟木口岸过境积压货物问题，召集有关部门进行研究，提出了解决方案。经自治区人民政府批准，在口岸检查检验单位的积极努力下，樟木口岸的大量积压货物，在较短的时间内得到了解决。围绕《国务院办公厅关于进一步提高口岸工作效率通知》和自治区人民政府的批示精神，成立了由自治区人民政府副主席多吉为组长的“西藏自治区口岸协调领导小组”。由区经贸委领导带队到普兰、吉隆、樟木口岸进行调研。区口岸办先后到山南地区错那和浪卡子县的边贸市场进行了摸底调研，对樟木口岸收费中存在的问题也作了专门调研。通过调研掌握了第一手材料，对有针对性地解决和协调口岸管理中存在的问题提供了依据。

【口岸建设】 根据西藏自治区人民政府的安排，向国家发展计划委员会和财政部汇报了《西藏自治区“十五”口岸开放规划》。根据国家计划发展委员会和财政部的要求，完成了“西藏自治区“十五”口岸建设项目实施方案的草拟工作。吉隆、普兰口岸的基础设施建设被列为年内建设项目。建设投资为2244万元，其中吉隆口岸1165万元，普兰口岸1079万元。建设项目包括联检楼、住宅楼、车库、配电房，室外总体及其他配套工程。2001年底，口岸的选址、基础建设可行性研究报告、环境评估报告都已通过评审。

【推广“口岸电子执法系统”】 由拉萨海关牵头，成立了西藏地区“口岸电子执法系统”推广工作协调领导小组，出台了《西藏自治区口岸电子执法推广工作实施方案》。召开了西藏地区进出口企业负责人会议，宣传“电子执法”，解答相关咨询，并在新闻媒体进行了报道。使“电子执法口岸”西藏制卡分中心顺利进入运作。与区外经贸厅、国税局、工商局、外管局、质监局、电信、海关等部门联合办公，完成了对进出口企业入网资格集中审查和制卡工作，共受理入网企业45家，制发卡98张。边防检查系统由V2.0升级到V3.01，解决了证件阅读机12台，用于EDISON系统的机器1套，在聂拉木边检站安装了口岸通道监控系统。出入境检验检疫成功地建成了以网络技术和电子管理为基础的“CIQ2000”工程。“电子执法口岸”建设取得了初步成果。

【机构改革】 2000年西藏自治区机构改革，保留了西藏自治区口岸办公室，仍作为西藏自治区经贸委内设处室，编制4人。在各地（市）县，日喀则地区设有口岸办公室，作为地区经贸委内设科室。阿里地区设有口岸办公室，作为地区经贸委内设科室，与综合科一套人马两块牌子，其它地（市）有关口岸工作由地区经贸委代办。各口岸只有樟木口岸设有一个口岸管理委员会（县级）。

2001年全区口岸进出口货物量表

	进　口	出　口	进出口合计			
	货物（吨）	同比％	货物（吨）	同比％	货物（吨）	同比％
公路口岸	9043	−10	28720	61	37506	10
空运口岸	14	19	33			
合　计	9057	28739	37539			

说明：拉萨机场空运口岸于2000年9月开办货物进出口业务。

2001年全区边贸贸易额情况表

货　值（万美元）					
合计	同比％	进口	同比％	出口	同比％
8113	−25.48	7613	−25.52	500	24.81

西藏口岸查验单位工作综述

拉萨海关

2001 年，拉萨海关本着“监管严密、通关高效”的原则，稳步开展各项业务工作，取得了一定的成绩。

【推广“口岸电子执法系统”，建立新的通关作业模式】 成立了西藏地区“口岸电子执法系统”推广工作协调领导小组，出台了《西藏自治区口岸电子执法系统推广工作实施方案》，并召开了西藏地区进出口企业负责人会议，宣传“电子执法”解答相关咨询，并在新闻媒体进行了报道。使“电子执法口岸”西藏制卡分中心顺利进入运作。与区外经贸厅、国税局、工商局、外管局、质监局、电信等部门联合办公，完成了对进出口企业入网资格集中审查和制卡工作，共受理入网企业 45 家，制发卡 98 张，“电子执法口岸”建设取得了初步成果。另外，顺利完成了H 883/ E D I 5.0版切换工作；关区内实行了总关集中审单制度；各业务部门的职能管理与现场操作逐步分离，新的通关作业模式在拉萨海关得以正常运行。

【强化物流监控，加快通关速度】 一是进一步加强基础设施建设，改造了总关及隶属关的计算机网络线路。租用DDN专线，改善总关与隶属海关之间的网络通道。在邮政部门和聂拉木海关现场安装了物品检查设备。对拉萨空港口岸和樟木口岸免税商店及专用仓库的监管工作已经启动。二是抽调一部分人力充实到物流监控岗位，加大了查验工作的力度，保证了物流监控的有效进行。三是将先进的技术设备、监管措施和充足的人力转化为高质、高效的物流监控。在保证监管到位的前提下，提高通关效率，提供优质服务。四是加强了对行邮物品的监管工作台。针对 2001 年敏感日期多、敏感事件多的情况，各隶属关和现场部门密切注视口岸动态，大力加强了对进出境人员、行邮物品的监管，加大对反宣品的查缉力度，共查获各类反动宣传品 5132 件。

【强化税收征管，确保税款应收尽收】 2001 年，西藏外贸企业经营状况不理想，进出口贸易大幅度下滑，进口量降幅达 44%，使拉萨海关的税源更加匮乏。为了强化税收征管，拉萨海关严格执行税收政策，加强综合治理，力争做到商品归类准确、税率应用正确、完税价格精确，确保了税款应收尽收。全关共征收税款 1179 万元，其中关 04 万元，进口环节税 475 万元，超额完成年初总署下达的 1000 万元税收任务。年内共审批减免税进口物资 129 票，总值 302 万美元；减免关税及进口环节税 1016 万元。《西藏自治区自用物资进口关税返还管理办法》出台后，拉萨海关组织人员尽快制定出了具体操作规程，为下一步关税返还政策的实施做好必要的准备。

【继续保持反走私高压态势，严厉打击走私违法活动】 根据本地区走私活动的特点，2001 年拉萨海关仍将打私重点放在非贸易渠道上。以情报工作为先导，贯彻“联合缉私，统一处理，综合治理”的缉私方针和“打防结合，以防为主”的调查工作方针，与有关部门密切配合，加大了对非贸易渠道和边境地区走私活动的打击力度。同时密切注视贸易渠道，开展了专项稽检和常规稽检。经过努力，共检获走私案件 13 起，案值 1469 万元；查获其它案件 9 起，案值 286 万元；查获走私黄金 146 公斤、藏羚羊绒 52 公斤、文物 51 件、无证汽车 9 辆、假“555”香烟 3678 条；查处违规案件 10 起，案值 123 万元；共上缴罚没收入 1002 万元。

2001 年，政务信息化工程已经启动，拉萨海关实现了与总署、区党委的计算机联网。2001 年，第 14 次中尼边境海关会晤在尼泊尔成功举行。拉萨海关为第 8 届中尼经贸洽谈会提供了优质、快捷的通关服务，受到了会议组织者和双方企业的好评。

2001 年拉萨海关主要业务统计表

制表单位：西藏拉萨海关

货管						行邮				查私		违规	
货运量（吨）			进出境运输工具		贸易总值（美元）	出入境人员（人次）	邮递物品（件）	印刷品种（件）	非贸音像制品（件）	查获走案件（宗）	私货总值（万元）	案数（宗）	罚没款（元）
进口	出口	合计	飞机（架）	汽车（辆）									
8937	28843	37780	234	11557	94811246	203573	9203	4154	366	13	1469	10	1061931

走私犯罪侦察						罚没款			税收			进出口报关单总数
立案			结案									
案数（宗）	案值万元	抓获犯罪嫌疑人	案数（宗）	案值万元	犯罪嫌疑人	海关罚没收入（元）	缉私罚没收入（元）	缉私补税收入（元）	关税收入（元）	环节税收入（元）	减免税总额（元）	
2	978	3	2		3	10015827	8894121	59775	7039668	4751158	10160000	2038

西藏边防总队

2001年，西藏边防检查机关在以“三个代表”重要思想为指导，以部、局《2001年全国公安出入境管理和边防检查工作要点》为依据，以规范化建设为契机，以维护国家和西藏的政治稳定和保障社会安定为重点，圆满完成了以“出入境边防检查”为中心的各项工作，为保卫国家主权和安全，维护社会稳定，保障西藏改革开放和经济建设的顺利进行做出了突出贡献。全年共检查陆地、航空口岸出入境旅客50213人次（入境22933人次，出境27280人次），其中中国籍8777人次（入境4013人次，出境4764人次），外国籍41436人次（入境18920人次，出境22516人次）；出入境服务员工31333人次（入境15626人次，出境15707人次），其中中国籍14631人次（入境7275人次，出境7356人次），外国籍16702人次（入境8351人次，出境8351人次）；出入境中、尼、印边民141313人次；出入境机动车辆23180辆次（入境11590辆次，出境11590辆次）；出入境飞机212架次（入境104架次，出境108架次）；出入境驮运牲畜46065头（只），行李物品70856件。

口岸查控工作是边防检查工作的重要组成部分。近年来，随着改革开放的不断深入，前往西藏旅游、探亲、探险、经商、朝圣、科学考察的中外旅客逐年增加。西藏边防检查部门为了确保西藏社会和出入境口岸的稳定，狠抓了查控工作的落实。2001年，各边检站更换了用于检查用的计算机，边防检查信息系统由V2.0升级到V3.01；部、局领导还为西藏边防检查站解决了证件阅读机12台，用于EDISON系统的机器一套，聂拉木边检站安装了口岸通道监控系统。新的边防检查信息系统、统计系统、EDISON系统、证件阅读机和口岸通道监控系统的启用，有效地提高了验证速度，对口岸通道进行有力的监控，为边检业务工作的顺利开展提供了良好的保障。2001年，边检处和各站接布控2999人次，撤控190人，做到了准确无误、及时，没有发生漏控现象。其中聂拉木边防检查站查获不准入境人员1人，处理在控怀疑对象823人；拉萨边检站查获在控对象1人；圆满地完成了“两会”、“六.四”、“三.一〇”、西藏自治区“和平解放50周年”庆祝活动等重点、敏感时期的查控任务。通过严密检查，2001年聂拉木边检站查获“法轮功”书籍一本，“宗教”宣传录象带13盘、达赖喇嘛像一张，宣传介绍西藏骚乱事件、鼓吹西藏独立、宣传介绍达赖集团在印度设立学校的反动书籍一本。

近年来，西藏偷渡活动越来越突出，已发展成为尖锐、复杂的社会、政治问题。有的非法出入境人员成为达赖集团从事分裂活动的宣传员，有的成为骨干分子，危害极大。根据中央的统一部署，边防检查机关按照有关精神，在普兰边检站增设执勤点3个，派出警力50人；吉隆边检站设卡、堵截12次、100多天，出动警力50人次。聂拉木边检站和拉萨边检站也加强对检查通道的控制，并对处突预案进行了演练，对偷渡分子起到震摄作用。全年共查获偷渡人员199人。

加强对外宣传，增强与尼移民机关的联系与合作。2001年，聂拉木边检站与尼移民局会谈会晤16次，开展友好活动80余次；普兰边检站与尼移民局会谈会晤3次，开展友好活动5次。通过这些活动，增进了相互的了解，更好的保证了各项工作的顺利开展。

2001 年西藏边防总队边检处主要业务统计表

	陆地航空口岸检查（人次）	出入境服务员工（人次）	出入境中尼印边民（人次）	出入境机动车辆（辆次）	出入境飞机（架次）	出入境驮运牲畜（头只）	行李物品（件）
出境	27280	15707	11590	108			
入境	22933	15626	11590	104			
合计	50213	31333	141313	23180	212	46065	70856

西藏出入境检验检疫局

2001 年，西藏出入境检验检疫局系统认真贯彻“忠于职守、勇于负责、严格把关、保国安民”的质检工作十六字方针，紧紧围绕国家质检总局提出的“五抓五促”的工作部署，依法行政，严格把关，各项工作均取得了明显的成效。全年共检验检疫进出境 2691 批，总值 6050 万美元，其中不合格出入境货物 1 批，总值 2 万美元。签发各类检验检疫证书 2855 份；签发通关证明 2735 份；签证金额 6417 万美元；签发换证凭单 66 份，金额 75 万美元；签发普惠制产地证书 8 份，金额 23.46 万美元。检疫出入境交通工具 15823 万辆（架、辆）次；检疫出入境人员 1869 万人次；预防接种 665 万人次；监测体检 1012 人次，发现传染病 2 例；检疫进境动物、植物及其产品 1057 批次，金额 1049 万美元；检疫家畜 5529（头、只、匹）。

为了切实履行好检验检疫系统依法把关的职能，西藏检验检疫局结合西藏特殊的社情、区情以及口岸特点，加大了疫病疫情的检验检疫和防范处理力度。首先，建立健全了疫病、疫情通报制度，加强了对樟木陆路口岸、拉萨航空口岸霍乱、口蹄疫、艾滋病等传染病的监测；第二，进一步加大了对入境货物的查验力度，加强对出入境人员及其携带物的检疫查验和入境运输工具的防疫消毒；第三，加强了对边境口岸地区有害生物的检测力度，一定程度上在边境口岸形成了对有害生物的监控体系，较为有效地防止了传染病及其他医学生物媒介的传播。

我国加入 WT0 正式成为世贸组织成员后，检验检疫系统的工作重点将放在涉及安全、健康、卫生、环保和反欺诈等关系国计民生的出入境检验检疫把关方面。全局结合西藏经济的特点，在深入调查的基础上，稳步实现了工作重点的转移，同时也做出了相应的准备。2001 年，为了全面提高检测水平，制定了“西藏出入境检验检疫局 2001—2003 年实验室发展目标”，对全局实验室布局和发展方向进行了重新定位，并投资 50 万元，对实验室环境进行了装修和改造。在当年财力紧张的情况下，又投资了近百万元，购置了部分高、精、尖的设备，从硬件方面和检测技术上保证了检验检疫工作的正常开展。

为了支持西藏经济的发展，帮助西藏实现跨越式发展的战略目标，在中央召开第四次西藏工作座谈会之后，及时出台了《西藏出入境检验检疫局为西藏外贸企业服务措施的意见》，就服务质量要求、技术保障和外贸企业关心的问题等方面制定了具体的内容，争取多方面的支持。在日常工作中，为了帮助西藏出口企业建立质量体系，增强西藏外贸企业在国际市场的竞争能力，派员到 20 多个企业进行了走访和咨询，广泛宣传 ISO9000 质量体系认证的优越性，获得了企业的好评。

在西藏拉萨进行的中国西藏——尼泊尔贸易洽谈会期间也派员去现场进行咨询，帮助内外商了解有关的检验检疫法规，解答有关问题。

按照《国务院关于整顿和规范市场经济秩序的决定》和国家质检总局的统一部署，与有关部门密切配合，开展了打击假冒伪劣、整顿和规范市场经济秩序的专项斗争。对列入全区整顿和规范市场经济秩序的重点对象和对涉及安全、卫生、环保要求的商品情况进行排查，对违反检验检疫法规行为进行了严厉查处。对拉萨市的肉食品冷库进行了全面检查，对进口服装市场进行了清查。在国际消费者权益日活动期间，进行了为期 8 天的执法监督检查，印发宣传材料13种、13400份，参与了近百万人民币货值的假冒伪劣商品的现场销毁工作，有效地维护了消费者的合法权益。

2001年，成功地建成了以网络技术和电子管理为基础的“CIQ2000”工程，实现了全局（包括各分支局）检验检疫业务在报检、检验检疫、计收费、出证和统计方面的计算机管理，极大地方便了外贸企业，加快了通关速度。在口岸工作中，全局认真贯彻国家质检总局对检验检疫工作的要求，实施新的检验检疫管理模式，简化环节、方便进出，提高了工作质量和效率。

根据全国检验检疫系统纪检监察工作会议精神，以及自治区纠风办的统一部署，在全局范围内开展了创建“群众满意单位”活动。通过全局干部职工的不懈努力，经自治区人民政府批准分别授予西藏检验检疫局、贡嘎机场办事处、樟木检验检疫局、普兰检验检疫局为2001年度民主评议行风“群众满意单位”的称号。

2001年西藏出入境检验检疫主要业务统计表

进出口商品检验				出入境动植物及产品检疫			出入境卫生检疫				
批次	金额	检出不合格		动植物及其产品		家禽头只匹	检测体检及预防接种（人次）			出入境人员（人次）	交通交通工具（架辆）
		批次	金额	批次	金额		检测体检	发现传染病	预防接种		
2691	6050	1	2	1057	1049	5529	1012	2	665	1869	15823

西藏口岸概况

一类口岸

西藏自治区一类口岸共4个。其中：航空口岸1个——拉萨航空口岸，是允许外籍飞机进出的航空口岸，年吞吐量60万人次。陆路口岸3个，樟木口岸、普兰口岸、吉隆口岸。樟木口岸是目前使用率最高、最正常、联检机构最健全的口岸。普兰口岸、吉隆口岸，除有边检人员外，海关和出入境检验检疫局是有季节性的在口岸开展业务。

【拉萨航空口岸】 拉萨航空口岸位于拉萨市西南95公里，山南地区贡嘎县7公里处。机场于1965年兴建，1966年1月投入使用。机场平面占地5500亩，停机坪2.075万平方米，候机楼0.96万平方米。机场跑道长4000米，宽45米。可共B747等客机起降。并拥有类盲降、通讯导航设备全向信标等设备。机场现已开通9条国内航线。该口岸根据1993年6月29日（国函[1993]94号）《国务院关于同意开放拉萨航空口岸的批复》正式开放，实际是1999年6月29日正式开展业务。同年，拉萨空港联检楼及附属设施（各联检部门驻机场宿舍、车库、食堂）竣工正式投入使用。现已开通拉萨—尼泊尔加德满都、拉萨—香港国际航线及地区包机航线。2001年，拉萨空港口岸旅客运量为55.1万人次，起降架次3342架次，高峰日流量3370人次。

年内，空港口岸出入境人员19777人次，其中：入境10749人次，出境9028人次。出入境外籍旅客16215人次，其中：入境8982人次，出境7233人次。货物总量33吨，其中：进口货物14吨，出口货物19吨。出入境飞机209架次，其中：出境飞机108架次，入境飞机104架次。

【樟木公路口岸（聂拉木）】 樟木口岸是边境陆路口岸，位于西藏自治区西南部，日喀则地区聂拉木县境内的樟木镇。樟木镇距地区所在地日喀则市477公里，距西藏自治区首府拉萨市827公里。东南西面与尼泊尔相连，边境线约110公里。距樟木镇8.7公里的友谊桥是中尼公路的交合处和分界线。1962年，经国务院批准正式对外开放。该口岸是目前西藏最大的对外通商及对第三国人员开放的口岸。也是西藏口岸使用率最高、最正常、联检机构最健全和检验设施最完备的口岸。

年内，完成边贸额9585万美元，其中：进口433万美元，出口9152万美元。进出境货物37506吨，其中：进口8923吨，出口28583吨。出入境人次325812人次，其中：出境166257人次，入境159555人次，。出入境外籍旅客183955人次，其中：出境94938人次，入境89017人次。

【普兰公路口岸】 普兰口岸是边境陆路口岸。位于西藏自治区西南边陲、阿里地区东南面的普兰县。西南面与印度毗邻，南面与尼泊尔以喜马拉雅山为界，是全国12个与三国县交界县之一。边境线长4000公里。普兰口岸于1954年正式开放，1962年中印边境形势恶化并发生武装冲突被迫关闭。1992年7月15日，经两国政府批准，中国的普兰与印度的贡吉相互开放。但普兰口岸一直没有系统的规划和建设，市场的整体规模小，“帐篷市场”依然未得到根本改观。基础设施及整体投资环境差，联检单位无统一的联检作业区，基本上也没有对外业务。因此，根据《西藏自治区“十五”期间口岸基础设施建设计划》及西藏自治区人民政府[2001]46号专题会议精神，于2001年10月22日在普兰专门召开了“关于普兰口岸联检楼、国内国际市场搬迁及选址”问题的会议。决定将过去旧的联检楼及市场搬迁到离普兰县城较近、人流量大、通电、通水、交通方便的主要公路旁。2001年底，普兰口岸联检楼及市场的选址、土地征用、基础设施建设的可行性研究报告、环境评估报告、项目初步设计报告都已通过评审。

年内，完成边贸额512万元。出入境人员31243人次，其中：入境15790人次，出境15453人次。出入境外籍旅客1341人次，其中：入境762人次，出境579人次。

【吉隆公路口岸】 吉隆口岸是边境陆路口岸，位于西藏自治区西部日喀则地区西南面的吉隆县吉隆镇。距离吉隆县75公里，南面接壤于尼泊尔，边境线长162公里。从地区所在地日喀则市到该口岸有南北两条路，南沿318国道至60道班门哈墩到口岸564公里，北沿219国道至萨嘎到口岸658公里。距吉隆镇22.778公里的热索桥是中尼公路的交合处和分界线。目前，只限于两国边民往来，进行小规模、零星的边境小额互市贸易。根据"西藏自治区“十五”期间口岸基础设施建设计划"，决定新建吉隆口线。1961年12月15日，国务院114次会议决定在吉隆设立海关。诎抖酝饷骋子　0年代初期开始萎缩，海关等联检部门也于80年代中期撤出，现基本上没有对外业务。2001年，决定新建吉隆口岸，并将位置确定在离吉隆镇约2公里处的模拉山。到2001年底，吉隆口岸的选址、基础建设可行性研究报告、环境评估报告、项目初步设计报告都已通过评审。

年内，完成边贸额310万元。出入境人员2299人次，其中：入境1152人次，出境1147人次。

二类口岸

【日屋口岸】 日屋口岸是边境陆路口岸，位于日喀则地区定结县的西南面，距离定结县7.6公里，距地区所在地日喀则市303公里。南西与尼泊尔接壤，距中尼边境39公里，边境线长165公里。历史上，日屋口岸是中尼两国传统的边民互市贸易市场。60年代曾一度关闭。1986年经国务院批准正式对尼开放。但由于该口岸的地理、交通、通信、路况等条件限制，至今仍然保持着边民靠人背马驮传统的物物交换形式。该口岸现未设联检机构。

西藏口岸边贸概况

地处祖国西南边陲的西藏自治区是我国西南边疆重要门户，分别与印度、尼泊尔、不丹、缅甸等国接壤，边境线长达3800公里，全区共有21个边境县和104个边境乡，边境市场28个。独特的地缘优势和丰富的自然资源为西藏开展边境贸易提供了有利条件。

西藏的边贸有着悠久的历史，据史料记载，公元七世纪吐蕃王朝时期，当时吐蕃王朝便两次派人到印度带回粮食、菜籽及日用品。但是，西藏和平解放前，西藏的边境贸易仅限于边境几个口岸，贸易额小，商品结构单一。民主革命时期，西藏的边境贸易仍靠人背畜驮。改革开放后，在中央一系列优惠政策的指导下，西藏边境贸易得到了迅速的发展。如今，西藏边贸出口商品品种从过去单一出口羊毛，发展成为出口羊绒、家电、中药材等上千个品种。“九五”期间，西藏边贸进出口总额为23515万美元，比“八五”期间增长了3.01倍。其中，出口贸易额为21047万美元，同比增长3.52倍。

2001年，西藏边贸进出口额8113万美元，比上年下降25.48% 。其中边贸出口7613万美元，下降25.52%；进口500万美元，下降24.81%。边民互市贸易发展态势稳定，据不完全统计，边民互市贸易约为2亿元人民币，促进了边境地区农牧民群众收入的增加。

2001年，实施“走出去，请进来”战略，取得了突出成绩。组织专门力量及经贸代表对地（市）口岸边贸和尼泊尔、南亚市场进行了调研和考察。成功举办了2001年中国西藏—尼泊尔经贸洽谈会，达成进出口协议1000万美元。成功接待了香港工商界的访藏活动。与香港裕华国货公司达成2002年在香港举办“金光灿烂西藏节”活动的备忘录。通过上述活动，共达成协议5000万美元。为扩大西藏特色产品和农畜土特产品出口创造了条件。全年共批准利用外资项目9个，协议利用外资296.18万美元。接受国际多双边援助项目10个，受援金额1335.44万美元。

中央第四次西藏工作座谈会赋予西藏边贸一系列优惠政策，西藏自治区有关部门制定了《西藏外贸发展促进资金管理办法》。在外贸发展促进资金使用上，在考虑西藏特色产业特点基础上，重点选择那些和农牧民群众增效增收关系密切的边贸市场建设和出口商品基地建设项目。如在阿里普兰、日喀则帕里镇、山南达隆3个边贸市场，投资外贸发展资金1680万元人民币，为边境地区农牧业增效和农牧民增收拓宽了渠道。

边境口岸市场建设在不断加强，交通条件日益改善。目前，西藏的阿里普兰和吉隆口岸联检设施等基础设施建设、公路建设、边贸市场建设都已立项，过去的“帐篷检验现场”和“帐篷市场”将很快得到根本改观。

西藏口岸大事记

1月12日

拉萨海关张祖林副关长一行3人下到日喀则、聂拉木海关慰问干部职工。

2月9日

西藏自治区党委常委、政法委书记李光文、自治区公安厅党委委员班典视察了普兰边防检查站，对该站官兵进行了亲切的慰问。

3月

聂拉木边检站友谊桥中队荣立集体三等功。

4月11日

以张卫民副关长为团长，土登为副团长，成员李建文、吴长春、郭萨（翻译）、唐湛翔、多尤多吉的代表团，乘车离开拉萨

从樟木口岸赴尼泊尔参加在尼泊尔举行的中尼边境海关第十四次会晤。

4月15日

西南航空公司开通昆明迪庆—拉萨航线，下午6点在喜马拉雅饭店举行首航招待会。

4月

拉萨海关次仁顿珠同志获全国海关科技工作先进个人奖。

5月

普兰边检站组织了以打击非法入境为主要目的的“神山行动”，粉碎了达赖集团“藏青会”组织的徒步闯关入境图谋。

5月28日

拉萨海关举办口岸电子执法系统、法制培训班。

6月5日

公安部边防管理局边境管理处副师级张鹤鸣大校、出入境管理局边检处副处长曲云海一行工作组，对总队在西藏大庆期间的边防保卫工作进行指导，对聂拉木、拉萨边防检查站的安全保卫工作进行了检查。

6月7日

拉萨海关召开处以上干部会议，海关总署徐道文副司长代表总署党组，宣布拉萨海关党组换届事宜。宣布周绪达同志任拉萨海关关长，荣华同志援藏时间已到回武汉海关。新一届拉萨海关党组由周绪达、张祖林、张卫民和杰、拉巴顿珠组成。总署人教司还对拉萨海关的有关干部进行了考察。

6月14日

聂拉木边检站查获34箱走私鼻烟，价值人民币4万余元。

6月21日

拉萨机场边检站机关党支部、聂拉木边检站友谊桥中队党支部被总队评为先进党支部。

7月

武警总队将聂拉木、拉萨机场、吉隆、普兰四个边检站边防检查信息系统由V2.0升级到3.01，为口岸检查提供了良好的技术保障。

7月21日

拉萨—香港定期包机航班开通，每周四拉萨—香港，周六香港—拉萨。

7月29日

周绪达关长赴日喀则海关、聂拉木海关考察了解情况，开展调查研究。同行的有侦查分局刘江局长及办公室主任旺加。

8月1日

出口收汇电子系统正式运行。

8月3日

公安部边防管理局调查处正师级处长李贤坤到聂拉木边防检查站检查指导工作，对如何做好情报调研工作和执法办案工作提出了要求。

8月20日

公安部边防管理局副军级齐焕祥调研员、政治部主任陈统恩及援藏干部一行，在余世恩政委的陪同下抵达拉萨，欧洛布穷总队长前往迎接，西藏自治区党委常委、政法委书记李光文、自治区常务副主席洛桑顿珠看望了工作组一行。

拉萨机场边检站在西藏和平解放50周年期间，积极服从民航区局的总体部署，同民航公安局干警协同作战。共出动兵力1800人次，确保了大庆期间机场及专机正常航班的绝对安全。

9月13日

公安部边防管理局机要工作组到达拉萨，分别对聂拉木、吉隆、普兰、拉萨边防检查站的机要工作进行了检查。

“9 · 11”事件发生后，按照上级制定的出入境管理原则，严格口岸出入境管理及控制，确保了口岸的安全与稳定。

9月22日

公安部边防管理局技术装备处正师级处长朱俊云前来武警总队各边检站检查通信技术工作。

10月

聂拉木边检站修建了“边关服务站”，方便了过往旅客。

12月

聂拉木边检站查获2万余元的走私香水等。

聂拉木边检站友谊桥中队年底被总队评为基层建设标兵单位。

普兰边检站在抗火救灾中表现突出，被普兰县委、县政府评为先进集体。

第四篇

口岸工作论文选编

中国口岸综合管理概述

一、口岸概述

所谓口岸，是指经政府批准而设置的国家对外开放门户，具有基础设施和查验、监督机构，为人员、货物和交通工具合法出入国境、关境提供服务，通常设在港口、车站、机场、通道等处。

按对外开放的程序来分，有一类口岸和二类口岸。一类口岸由央政府审批，二类口岸由省级政府审批。一类口岸包括：对外国籍船舶、飞机、车辆等交通工具开放的水陆空客货运口岸；只允许中国籍船舶、飞机、车辆等交通工具出入境的水陆空客货运口岸；允许外国籍船舶进出中国领海的海面交货点；邻国间进行国贸、地贸、民间贸易过货及有关人员持双方协定的有效证件出入的边境口岸。二类口岸包括：依靠其他口岸派员前往办理入出境检查检验手续的国轮外贸运输装卸点、起运点、交货点；同毗邻国家地方政府之间达成协议进行小额边贸和人员往来的口岸；只限边境居民通行的入出境口岸。

按运输方式来分，有水运口岸、公路口岸、铁路口岸和航空口岸。

按地理位置来分，有沿海口岸、边境口岸、内陆口岸。

二、口岸的地位和作用

口岸的发展是随着经济的发展而发展的，是与一定时期生产力发展水平相一致的。国际间的交换和交流需要口岸；口岸的发展反过来又能促进经济的发展。口岸是国家重要的基础设施，是对外开放的门户。对外开放离不开口岸开放，发展外向型经济、国际贸易、国际交往和国际旅游事业都必须通过口岸来实现。因此，口岸工作搞好了，对改善投资环境，促进国民经济的发展，提高中国的国际地位都具有十分重要的意义。

三、口岸的综合管理

口岸综合管理，是指在口岸查验管理和相关行业管理的基础上，为维护国家整体利益和长远利益，为发挥口岸综合效能，为保证口岸安全畅通、文明高效所进行的口岸整体管理活动。

口岸查验管理和相关行业管理有：边防检查、海关、卫生检疫、动植物检疫、进出口商品检验、港务监督和船舶检验等；还有外贸管理、运输管理和港口、车站、机场管理及服务供应管理等。上述管理单位，多为涉外单位，有的口岸有30～40个之多，单位之间互不隶属，又不统一，各有各的规章制度，相互之间业务交叉，管理范围和查验项目重复，经常出现一些矛盾，如各自为政，势必妨碍口岸整体效能，甚至对外造成不良影响。实践证明，从中央到地方建立各级口岸委办，加强口岸综合管理是完全必要的，是提高口岸效能的好形式，是具有中国特色的口岸管理模式。

四、口岸综合管理机构及主要职责

50年代到70年代初，中国口岸管理主要是由查验部门分头负责。1973年初，国务院发布了国发［1973］19号文件，肯定了口岸工作的成绩，指出了存在的问题和改进意见，明确加强口岸工作的统一领导和组织建设，提出了“集中领导，积极协作，统一对外”的要求。随着对外贸易迅猛发展，口岸管理工作不能适应形势要求，1978年，当时的外贸部长李强同志提出了成立国务院口岸领导小组的建议，经调查研究，国家经委为国务院代拟了《国务院关于加强港口口岸组织领导的通知》，国务院于1978年11月25日以国发［1978］245号文件印发全国，这是关于建立和加强口岸综合管理机构的第一个文件，确定了港口口岸综合管理的方针和基本管理范围。

随着形势发展的需要，1984年1月21日国务院又以国发［1984］16号文件《国务院关于进一步加强口岸工作领导的通知》，改国务院港口口岸工作领导小组及办公室为国务院口岸领导小组及办公室。管理的范围由过去的港口口岸扩大到水陆空口岸。当时的国家经委副主任郭洪涛、国务院副总理李鹏、国家计委副主任叶青先后担任过口岸领导小组组长。郝一军、梁况白、石希玉、唐筱光先后兼任或担任过国务院口岸领导小组办公室主任。

在此期间，凡有对外开放口岸的省、自治区、直辖市和口岸所在城市，也都先后成立了相应的口岸综合管理机构。到1995年底，全国已有一类口岸229个，二类口岸350个，口岸委办200多个，口岸综合管理干部3000余人。

口岸综合管理机构的建立，主要是因为在口岸的多个部门和单位，都围绕口岸的货物、人员、交通工具的进出而进行各自的经营、管理等业务工作，经营单位之间，经营单位与管理部门之间，管理部门之间，以及口岸各有关单位和地方其他单位之间，客观上都存在着纵横交错的联系和矛盾，它需要有一个机构从综合管理角度来组织、管理和协调口岸的运转活动，使口岸充分发挥其整体性功能。口岸综合管理处在内部、外部，条条与块块，多部门、多环节、纵横交错的结合部，各种矛盾比较集中，难度很大，如不及时协调，就会对外造成很大影响。口岸综合管理的出发点是维护国家整体的和长远的权益，又要保证口岸安全畅通、文明高效。尽管到目前为止全国口岸管理机构设置多种多样，在工作中由于体制方面原因缺乏权威性，但总的看，改革开放以来，各级口岸委办经过长期的努力和探索，在综合管理方面，从上至下建立了一系列管理办法和各种规章制度，在理顺口岸单位之间关系、增强整体意识、发挥综合效能、保证口岸安全畅通方面发挥了重要作用。李鹏总理就曾多次对口岸综合管理机构的作用给予很高评价，指出“实践证明，建立口岸机构有利于协调各方面工作，提高效率”，“建立各级口岸机构是提高进出口运输综合能力的一种好形式。”李岚清副总理认为：“口岸委办机构，是适应我国国情而设立的，也是中国的特色，从现阶段情况看，应该加强。”

目前，中国口岸综合管理基本上是分层次管理，即国家、省（自治区、直辖市）、口岸所在市三级管理。对于直辖市和部分省会城市实际上是两级管理，即国家和地方两个层次。

国家口岸办是负责全国口岸综合管理的机构。口岸综合管理机构的主要职责在1984年国发［1984］16号文件中做过具体规定，随着国家机关机构改革，根据国发［1993］27号文件和国办发［1994］26号文件规定，对国家口岸综合管理机构的名称、设置和职责范围作了调整，撤销了国务院口岸领导小组，其办事机构并入国家经贸委，用国家口岸办公室的名义，其主要职责概括起来有11个方面：

1．研究制定口岸工作的方针、政策、任务和措施。

2．研究改进口岸管理体制，会同有关部门推进口岸查验制度和管理体制的改革。

3．负责编制全国水、陆、空一类口岸开放规划和审理一类口岸开放。

4．会同有关部门审查口岸查验配套设施的投资补助计划。

5．督促检查、陆、空口岸的联检、商品检验、检疫以及供应、服务等工作。

6．协调和解决口岸工作中的矛盾和问题。

7．组织和推动各地口岸搞好两个文明建设，开展共建社会主义精神文明口岸的活动。

8．负责口岸管理干部培训的组织工作。

9．指导地方口岸管理机构的工作。

10．主管中国口岸协会和中国口岸杂志。

11．承办国务院、国家经贸委交办的其他事项。

地方口岸综合管理机构的主要职责，在1987年国办发［1987］21号文件中也作了具体规定，共有12条：

1．地方口岸管理委员会、口岸办公室是口岸所在地的省（区）、市人民政府直接领导的口岸管理机构，负责管理和协调处理本地区的水、陆、空口岸工作。

2．负责贯彻执行党中央、国务院有关口岸工作的方针、政策和规定，并根据本地区口岸的具体情况制定实施细则。

3．主持平衡所管辖口岸的外贸运输计划，检查和贯彻执行中央平衡下达的运输计划，并加强预报、预测工作。

4．组织口岸的集疏运工作。组织有关方面签订经济协议。组织路、港、贸的协作配合，加强车、船、货的衔接，加速车船周转和货物集散，保证口岸畅通。

5．督促检查口岸检查检验单位，按各自的职责和规定，对出入境人员、交通工具、货物和行李物品进行监督管理及检查、检验、检疫等工作。

6. 负责协调处理口岸各单位（包括外贸运输、船货代理、装卸理货、仓储转运、检查检验、公证鉴定、对外索赔、供应服务、接待宣传等有关单位）之间的矛盾，具有仲裁职能。协调处理口岸各单位矛盾时，应遵循以下几项原则：

（1） 凡属国务院几个部门下达的规定，应共同贯彻执行。对于未征得原联合下达部门同意，单方改变规定的，地方口岸管理机构有权不予执行。

（2） 因国务院各主管部门之间的规章制度不一致而造成的争议，地方口岸管理机构应及时提出处理意见，报国家口岸办公室解决。

（3） 地方口岸管理机构对于在工作中发生的涉外问题，必须严格执行请示报告制度。属于口岸各单位不能自行决定的一般的涉外问题，应请示省（自治区、直辖市）有关单位研究处理。属于重大的涉外问题，应连同省（自治区、直辖市）有关单位的意见一起报请国务院主管部门研究处理。对时间非常紧急的重大涉外问题，可以直接请示国务院主管部门并报告省（自治区、直辖市）有关单位。

（4） 口岸各单位在工作中有认识不一致的问题，应遵循国家有关规定，首先协商解决对外问题。如不能协商一致，由地方口岸管理机构或由地方口岸管理机构请示当地人民政府作出决定。

（5） 属于协作配合方面的矛盾和纠纷，当地口岸管理机构应及时组织协调，遇有紧急情况有权作出仲裁。口岸各有关单位对于地方口岸管理机构按上述原则作出的决定，必须执行。

7. 负责组织口岸各单位对职工进行涉外政策、纪律和加强治安的宣传教育，并会同有关部门对口岸重大涉外问题和严重违反纪律的情况进行检查，提出处理意见。

8. 检查督促本地区的口岸规划、建设和技术改造配套工作的组织实施，并促使其同步进行。

9. 按国家关于口岸开放的各项政策和规定，负责一、二类口岸开放或关闭的审查、报批工作，并负责组织落实有关具体事宜。

10. 开展调查研究，总结交流经验，向上级有关部门反映岸工作出现的重大矛盾和问题，并提出解决意见。

11. 承办上级领导部门交办的其他事项。

12. 本规定适用于一类口岸所在省、市的口岸管理委员会或办公室。二类口岸管理机构的职责范围，可根据当地口岸的具体情况由省（自治区、直辖市）人民政府作出规定。

五、 口岸综合管理的任务、特点及方法

口岸综合管理不同于查验管理，又不同于行业管理、也不同于企业管理，有其自身的内容、特点和方法。

（一） 口岸综合管理的主要内容

主要是编制口岸开放规划、年度开放计划；审理一类口岸的对外开放；拟订口岸查验配套设施建设补助计划；组织平衡外贸运输计划并组织实施；监督检查口岸各有关单位执法情况；协调和解决口岸管理工作中的矛盾；督促口岸供应、代理、服务等单位按有关规章和涉外要求做好工作；会同有关部门调查研究并提出口岸查验制度和管理体制改革的意见，经批准后组织实施；建立健全口岸综合管理的各项规章制度，进而制定口岸综合管理法规；组织口岸综合管理干部培训和口岸相关单位业务人员的专业培训；组织交流口岸管理经验；组织开展共建文明活动等。

（二） 口岸综合管理的特点

1. 涉外性

口岸是国家对外开放的门户，通过口岸，中国走向世界，世界了解中国。口岸综合管理的涉外性表现在：首先，边境口岸的管理涉及双边乃至多边外交关系；其次，水运和航空口岸涉及国家的领海、领空主权，涉及到国家间的航运和航空协定；第三，对货物、旅客和交通工具的检查验放，涉及国际惯例和双边对等条款等。因此，可以说国门涉外，国门事无小事。经过口岸出入的人员有普通旅客，也有国家元首；有一般贸易货物，也有特殊货物。树立良好的国门形象和保持良好的对外信誉，是口岸综合管理的重要任务。

2. 时限性

口岸也可以说是关口。要努力做到客便其行，货畅其流，安全畅通，高效文明。口岸综合管理的时限性表现在：

(1) 外贸合同有时限，索赔条款有时限，进口货物早一天到用户手中，就会早一天产生效益，出口货物早一点报关装运，就可以早一点结汇。

(2) 旅客进出，或旅游、或经商、或开会，都有时间要求。时间就是金钱，效率就是生命。

(3) 口岸安全畅通，就能吸引更多的客货，就会有很好的社会效益和经济效益。口岸查验繁琐，经常堵塞，其社会效益和经济效益都不会好。

(4) 如遇突发事件，更需迅速疏解，避免事态扩大造成连锁反应，造成更大损失。

3．整体性

口岸综合管理面对几十个隶属于国务院不同部门或地方政府不同厅、局的相关单位，这些单位在口岸都按照各自上级的要求负责某一方面或某一环节的工作，既相互独立，又相互依存，任何一家都不可能完成全过程和全部的口岸工作。口岸综合管理包括多部门、多环节、多层次，如果从现代管理科学的角度来讲，口岸综合管理是一个系统工程。在口岸综合管理中，有中央与地方纵横交叉的问题，有法律管辖范围交叉问题，查验、检疫也有重复和交叉问题，因此，也可以说是纵横结合的矩阵式管理。口岸管理的整体性好比一个交响乐队，每种乐器、每种演奏，都不可缺少，但要演奏出协调、优美、动听的乐曲，就需要相互协调配合，就需要有一个共同的曲谱，就需要有一个统一的指挥。如果各吹各的调，即使都很卖力，如不协调，也不会产生好的效果。

(三) 口岸综合管理的原则和方法

口岸综合管理的目的，是为了既保障国家的整体和长远权益，又保证口岸的安全畅通，文明高效。围绕这一总体目标，口岸综合管理要坚持以下三个原则：口岸整体原则；统一对外原则；权责对应原则。口岸综合管理常用的方法有如下四种：

1．行政协调法

它是指行政组织依照各项政策、法律、规章制度等行使权力，直接约束管理对象，保证各个方面围绕共同目标协调行动，保证全局根本利益的管理。这种方法具有强制性。由于口岸管理活动涉及到多种对象和多方面的内容，关系到国家的根本利益，如果在口岸管理活动中，各个部门、各个地区、各个单位各行其是，就可能给国家造成重大损失。为保证国家整体利益，国家和地方口岸委办或地方政府有时必须使用行政手段来协调各方面的行动，保证其整体目标的实现。由于行政协调方法是以权威和服从为前提的一种管理方法，必须做到情况明、职责清、决心大。具体要把握好：一是必须从各自口岸的实际出发；遵循客观规律，合理确定行政协调的范围；二是强化管理机构和健全办事程序；三是提高管理人员素质，建立责任制，完善行政法规，运用现代化管理手段。

2．经济调节法

它是指依据客观规律的要求，运用经济杠杆（如关税、价格、汇率、规费、奖金、罚款等）和经济方式（如经济合同、财务管理体制、进出口代理制、经济责任制）来执行管理职能，用调节经济利益来间接控制管理对象、实现管理的方法，其特点是用不带强制性的手段和办法来组织、指挥和控制口岸管理活动。在社会主义市场经济体制逐步建立，口岸各单位隶属关系不一、各有自己本身利益的情况下，在口岸综合管理中更多地使用经济手段，是搞好综合管理应考虑的主要办法。

3．法律调整法

它是指依靠国家政权帮助，通过立法和司法的形式来控制口岸管理对象行动的一种方法。解决口岸管理的权威和有效性，从根本上讲应通过立法的途径来实现。在当前的口岸综合管理中，一是综合管理干部要进一步熟悉和掌握各相关的专业性法规，监督执法；二是制定综合性的行政规章和综合法规以协调和衔接各专业性法规的执行。

4．思想教育法

它是指用思想政治工作和说服教育来影响管理对象的行动。在口岸综合管理中，人既是管理的主体，又是管理的客体，口岸综合管理的成效归根到底取决于人的能动作用的发挥。目前，思想教育方法在口岸综合管理中的运用，经常是与开展共建社会主义精神文明口岸的活动联系在一起。通过这一活动，调动了广大口岸干部职工的积极性和创造性，增进了口岸各单位之间的相互了解、团结协作，增强了口岸职工的整体观念和凝聚力，提高了口岸工作效率，促进了口岸安全畅通、文明高效。在目前口岸管理体制下，口岸开展共建文明活动不失为加强口岸综合管理这里值得一提的是，以上提的几种方法，每种方法都是从某个侧面来影响管理对象，因而都有其一定的局限性，为此，要综合运用经济、行政、法律和思想教育等各种管理方法，究竟以何种手段为主，要视客观需要而定，情况不同、时间不同，采用的管理方法也可有所不同，也可交替使用。

六、口岸管理体制改革

改革开放以来，口岸综合管理随着口岸的增加和任务量迅速扩大而有了较快发展。截止1995年底，中国对外开放的一类口岸已达229个，其中水运口岸124个，陆运口岸55个，空运口岸50个。另外还有对外开放的二类口岸350多个。基本上形成了水陆空立体交叉的口岸开放新格局。然而，由于口岸综合管理机构建立的时间不长，其地位和作用在现有口岸管理体制中，有些关系还没完全理顺，因而一定程度上影响和制约和其作用的发挥。为此，研究和解决口岸综合管理中存在的问题，是摆在我们口岸工作者面前的一个重要课题。

（一）口岸查验制度和口岸管理体制亟待改革

毋庸置疑，改革开放以来，中国口岸开放在硬件和软件方面都有了较大的进步，口岸查验也有很多改进，但仍存在着不少问题。一方面是环节多、手续繁、效率低、重复查验、重复收费；另一方面由于体制不尽合理，方法不够科学，再加上部分人员素质不高，也造成了不少漏洞。这些都直接影响了我们在国际市场上的竞争能力，影响了口岸设施的利用和效益的发挥。为此，现行的口岸管理体制已经不适应经济发展和进一步扩大开放的需要，具体说，一是中国扩大开放、深化改革和社会主义市场经济发展的需要；二是中国社会经济、对外贸易和国际交往发展到一定阶段的需要；三是加快缩短中国口岸管理和查验方法与发达国家和地区之间差距，提高竞争能力的需要，已经到了非改革不可的地步。要通过改革，理顺口岸各方面的关系，使口岸管理体制更加科学，使口岸查验方法更简便、更有效；把中国口岸建设成为国际第一流的口岸，进一步完善投资环境，促进国民经济特别是外向型经济的发展。

近两年来，鉴于各方面对口岸查验存在问题反映强烈，根据国务院领导同志的指示，进行了口岸管理体制改革试点。1993年，经国务院领导同意，国家口岸办发布了《关于简化盐田港口岸查验手续的试行方案》；1994年，国务院办公厅转发了国家经贸委《关于改进深圳陆运口岸管理工作的意见》；1995年，国务院办公厅转发了国家体改委、国家经贸委《关于深圳口岸管理体制改革试点方案》。截止到1995年底，口岸管理体制改革试点已经取得了较大进展，有了良好开端。改革中注意到了要加强口岸综合管理机构和充分发挥其作用的问题。但是，试点进程也表明，由于口岸管理体制改革涉及面广，难度大，关系复杂，触及到权力和利益格局的调整，困难很多，比如，法律依据问题，利益驱动问题，管理体制不顺问题等，还有很长的路要走，需要我们下定决心，一抓到底，抓出成效。

（二）口岸综合管理机构问题

口岸委办机构，是适应中国国情而设立的，也是中国特色，从现阶段情况看，应该加强。各省、市人民政府正在重视和加强对口岸综合管理机构的领导，在机构设置和管理手段方面给予支持。当前，各地口岸委办机构名称不一、设置不一，使口岸综合管理显得力度不够，缺乏权威。口岸委办是行政管理机构，如果能统一，无疑对规范口岸综合管理是具有重大意义的。对目前机构上存在的问题，只有通过改革才能理顺关系，也只有通过改革才能使中国口岸管理达到国际一流水平。

（三）责权对应问题

口岸委办机构职责是很重要的，但管理手段却很少。不少地方反映："责大权小"或称之为"一无权，二无钱，协调全靠嘴巴甜。"解决这个问题，要在机构改革中主动如实地向各级政府去反映，以得到理解和支持。同时，要善于管理，敢于管理，要敢于监督检查，敢于协调仲裁，树立综合管理机构的权威。目前，在口岸查验配套建设上，我们提倡统一规划、统一建设、统一管理。各地口岸委办代表地方政府，有很多工作要做，在口岸收费上，要做到统收统支，收支两条线，防止有关单位利益驱动，任意扩大查验范围。为了完成国家赋予的责任，应该做到责权对应。

（四）法规问题

目前边防、海关、卫检、动植检、商检、港监等查验部门，都各自有了法规，但作为整体的口岸管理法规却没有，这使综合管理的协调、仲裁增加不少难度。目前，正在组织起草《中华人民共和国口岸管理条例》。

（五）队伍问题

改革开放以来口岸综合管理干部队伍从无到有、由小到大有了很大发展，这些管理人员绝大部分来自党政机关，加上人员经常变换，业务知识和政策水平还有待提高，要加强业务培训。口岸综合管理机构属行政部门，与一些企业事业单位比，工资、福利较低，要提倡奉献精神，要廉洁自律，以身作则，要逐步建立一支政治和业务素质都很高的口岸综合管理队伍。

1996年是“九五”规划的头一年，党的十四届五中全会把“坚定不移地实行对外开放”作为今后国民经济和社会发展的重要方针，并提出“扩大开放程度，提高对外开放水平”，这些，都为口岸工作特别是口岸综合管理提出了新的更高的要求。“九五”期间，全国口岸工作的基本思路是：以邓小平同志建设有中国特色社会主义理论和党的基本路线为指导，牢牢把握“抓住机遇，深化改革；扩大开放，促进发展，保持稳定”的基本方针，认真贯彻“扩大对外开放程度，提高对外开放水平”的要求；适应“两个根本性转变”，管好用好现有口岸，合理布局新开口岸；重视和加强中西部地区的口岸工作；进一步深化口岸管理体制改革；做到监管有效，进出方便，服务优良，安全畅通，文明高效；加强口岸综合管理，充分发挥口岸的整体功能，努力提高口岸效益，为建成一批国际一流口岸而努力。

（作者：叶剑，发表于《中国口岸通览》一书）

对口岸综合管理的思考

口岸是经政府批准而设置的国家对外开放的门户，具有基础设施和查验、监督机构，为人员、货物和交通工具合法出入国（关）境提供服务，通常设在港口、车站、机场和通道等处。

在研究口岸综合管理时，有必要对口岸的历史沿革及其作用简要回顾。我国口岸，早在春秋战国时期就有史籍记载，主要是用于军事的水港口岸，距今已有2000多年的历史。唐朝时期，口岸得到很大发展，并有了口岸方面的法令，《唐六黄》、《唐律·卫禁》、《唐律·疏义》、《唐令》都对口岸的认证、验放作了明文规定，在广州设立了专门的口岸机构——市舶司。到了宋朝，设有市舶司的口岸已扩展到泉州、明州（今宁波）、海盐、杭州、温州、密州（今胶县）等地。到了元朝，市舶司改称市舶提举司，口岸管理规定有22条，非常详细明确。到了明朝，郑和七下西洋，远航亚非30多个国家。至清朝，取消了市舶提举司，在中俄边广设“卡伦”，防范沙皇的军事侵扰和不平等贸易。清朝后期，朝政腐败，丧权辱国，使口岸的主权被洋人把持。

新中国建立后，口岸管理的主权回到了人民手中。1978年，党的十一届三中全会决定，实行改革开放政策。1992年，邓小平同志南巡讲话以来，我国的社会主义现代化建设再次进入了新的历史阶段，国民经济迅速发展，对外贸易大幅度增长，综合国力明显增强，口岸工作也有了大发展。经过17年的改革开放，我国对外开放的一类口岸已从1978年的51个，发展到1995年底的229个，其中水运口岸124个（沿海69个，内河55个），陆运口岸55个，（铁路15个，公路40个），航空口岸50个，比1978年的51个翻了两番还多；另外，还有二类口岸350多个；已初步形成了从沿海到沿江，从沿边到内地的多层次、多功能，水陆空立体交叉的口岸开放新格局。口岸的开放基本适应了1978年到1995年间，我国进出口贸易总额由206.4亿美元，增加到2808.5亿美元，增长了13.6倍；外贸进出口货运量由7033万吨，增加到3.68亿吨，增长了5.2倍；入出境人员由565.8万人次，增加到10882万人次，增长了19倍；入出境交通工具由32.5万艘（架、列、辆）次，增加到1095.6亿艘（架、列、辆）次，增长了33.7倍。

由此可见，口岸的兴衰与国家的兴衰紧密相连，国家兴，口岸兴。对口岸的管理是一个国家主权的象征，口岸的发展离不开对外开放，离不开经济的发展，它是随着国家对外开放的程度和经济建设的发展而发展的。是与一定时期生产力发展水平相一致的。口岸工作做好了，对对外开放和经济建设可以起到保障和促进作用，反之会制约发展。

一、口岸综合管理的形成及其主要内容

（一） 口岸综合管理的形成、发展

口岸综合管理是口岸工作发展到一定阶段的产物，是客观形势的必然要求。李岚清副总理指出：“口岸委办机构，是适应我国国情而设立的，也是中国的特色，从现阶段看，应该加强。”

口岸综合管理是指在口岸相关各专业或行业管理基础之上，为维护国家的整体利益和长远利益，为发挥口岸综合效能，为保证口岸安全、畅通、文明、高效所进行的口岸整体管理活动。

在口岸的相关专业或行业管理有外贸管理、运输管理、查验管理、海关管理和供应保障管理等。上述行业和专业管理。均为涉外单位，有的口岸达30至40个之多，单位之间互不隶属，又不统一，各有各的规章制度，互相之间又有业务交叉，管理范围和查验项目重复，经常出现一些矛盾。口岸综合管理机构正是为适应进一步对外开放的需要，解决分头管理、各自为政等问题而设立的。1973年初，周恩来总理亲自修改并签发了国发［1973］19号文件，对口岸存在的问题提出了改进意见，并提出了“集中领导，积极协作，统一对外”的口岸工作方针。由于当时正在进行“文化大革命”的历史背景，19号文件的要求没有真正贯彻落实。1978年11月，国务院发布了《国务院关于加强港口组织领导的通知》（国发［1978］245号），这是新中国建立之后，关于成立口岸综合管理机构的重要文件，它确定了港口口岸综合管理的方针、管理范围和综合管理形式。随着形势发展的需要，1984年1月21日国务院又发

布了《国务院关于进一步加强口岸工作领导的通知》（国发［1984］16号），改国务院港口口岸领导小组及办公室为国务院口岸领导小组及办公室，管理的范围由过去的港口口岸扩大到水陆空口岸。在此期间，凡有对外开放口岸的省、自治区、直辖市和口岸所在城市，也都先后成立了相应的口岸综合管理机构，或称口岸管理委员会或称口岸办公室，据不完全统计，到1995年底，全国已有口岸委办200多个，口岸综合管理干部3000多人。

实践证明，从中央到地方建立各级口岸委办，加强口岸综合管理是完全必要的，是提高口岸综合效能的好形式，在保证口岸安全畅通方面发挥了重要作用。李鹏总理就口岸综合管理机构的作用指出："实践证明，建立口岸机构有利于协调各方面工作，提高效率"，"建立各级口岸机构是提高进出口运输综合能力的一种好形式"。

（二）口岸综合管理的主要内容

根据国发［1984］16号文件、国办发［1987］21号文件和国发［1993］44号文件以及其他相关文件和国务院领导同志的有关批示、讲话，口岸委办的主要职能有：口岸开放规划、年度开放计划和口岸扩编、升级；口岸查验配套设施建设规划和管理；外贸运输计划的平衡和组织实施；监督检查口岸各有关单位执法情况；协调和解决口岸管理工作中的矛盾；督促口岸供应、代理、服务等单位按有关规章和涉外要求做好工作；会同有关部门调查研究并提出口岸查验制度和管理体制改革的意见，经批准后组织实施；建立健全口岸综合管理的各项规章制度，进而制定口岸综合管理法规；组织口岸管理干部培训和口岸相关单位业务人员的专业培训；组织交流口岸管理经验；组织开展共建文明口岸活动。当前，口岸综合管理工作的重点是：深化改革，管好用好已开口岸，在充分发挥口岸的整体功能和效益上下功夫。

二、口岸综合管理的特点及其工作方法

（一）口岸综合管理的特点

口岸综合管理处在内部与外部、条条与块块、多部门、多环节纵横交错的结合部，各种矛盾比较集中，难度较大，涉及面广，如不及时协调解决，就会对内对外造成很大影响。因此，口岸综合管理不同于行业管理，也不同于企业管理，有其特殊性，主要特点是：

1．涉外性

口岸是国家对外开放的门户，通过口岸，中国走向世界，世界了解中国。口岸综合管理的涉外性表现在：

（1）边境口岸的管理涉及双边乃至多边外交关系。

（2）水运和航空口岸涉及国家的领海、领空主权，涉及到国家间的航运和航空协定。

（3）对货物、旅客和交通工具的检查验放，涉及到国际惯例和双边对等条款等。因此，树立良好的国门形象，保持良好的对外信誉，是口岸综合管理的重要任务。

2．政策性

口岸是国家的形象，对外代表国家，对内代表政府。口岸各单位虽然其隶属关系不同，但都是国家的职能部门。经过口岸出入的人员有普通旅客，也有国家元首；有从事合法活动的旅客，也有进行非法活动的人员；有一般贸易货物，也有特殊物资。因此，国门无小事。大到一项措施、政策，一个法规的制定、出台，小到一次检查、一项收费，无不体现着国家的政策。

3．时限性

口岸是关境（口），保证口岸的安全畅通、文明高效，做到客便其行，货畅其流，是口岸的基本要求。口岸综合管理的时限表现在：

（1）外贸合同有时限，索赔条款有时限，进口货物早一天到用户手中，就会早一天产生效益，出口货物早点验放，就可以早点结汇。

（2）旅客进出，旅游、经商、公务都有时间要求。时间就是金钱，效率就是生命。

（3）口岸安全畅通，就能吸引更多的客货，就会有很好的社会效益和经济效益。口岸查验手续繁琐，经常堵塞，其社会效益和经济效益都会受到影响。

（4）如遇突发事件，更需迅速疏解，避免事态扩大引起连锁反应，造成更大损失。

4．整体性

口岸是几十个隶属国务院各不相同的部门或地方政府不同厅、局的相关单位组成的有机综合体，这些单位在口岸都按照各自上级的要求负责某一方面或某一环节的工作，既相互独立，又相互依存，任何一家都不可能完成全过程和全部的口岸工作。因此，在口岸工作中树立口岸一盘棋思想，在涉及国家整体利益问题上，局部利益必须服从全局利益，这是做好口岸工作的基本保证。口岸综合管理包括多部门、多环节、多层次的综合，如果从现代管理科学的角度来讲，口岸综合管理是一个系统工程。在口岸综合管理中，有中央与地方纵横交叉的问题，有法律管辖范围交叉问题，查验、检疫也有重复和交叉问题，因此，也可以说是纵横结合的矩阵式管理。口岸管理的整体性好比一个交响乐队，每种乐器每种演奏都不可少，但要演奏出协调、优雅动听的乐曲，就需要有一个统一的乐谱和指挥；如果各吹各的调，即使都很卖力，如不协调，也不会产生好的效果。

（二）口岸综合管理的主要工作方法

口岸综合管理的目的是，既要保障国家的权益，又要保证口岸安全畅通，文明高效。围绕这一目标，口岸综合管理要坚持以下3个原则：口岸整体原则，统一对外原则，责权对应原则。在管理上可采取如下几种方法：

1．行政协调方法

是指行政组织依照各项政策、法律、规章制度等行使权力，直接约束管理对象，使各个方面围绕共同目标协调行动，以保证全局根本利益实现的管理方法。这种方法具有强制性。由于口岸管理活动涉及的对象多、内容广，关系到国家的根本利益，如果在口岸管理活动中，各部门、各地区、各单位各行其是，就可能给国家造成重大损失。为贯彻统一的计划、政策和联合对外的原则，国家和地方口岸委办或地方政府有时必须使用行政手段来协调各方面的行动，以保证国家整体利益的实现。

由于行政协调方法是以权威和服从为前提的一种管理方法，必须做到情况明、职责清、决心大。具体要把握好：一是必须从各自口岸的实际出发，遵循客观规律，合理确定行政协调的范围；二是强化管理机构和办事程序；三是提高管理人员素质，建立责任制，完善行政法规。

2．经济调节方法

是指依据客观规律的要求，运用经济杠杆（如关税、汇率、规费、奖金、罚款等）和经济方式（如经济合同、财务管理体制、进出口代理制、经济责任制）来执行管理职能，用调节经济利益来间接控制管理对象，实现管理的方法。其特点是用不带强制性的手段和办法来组织、指挥和控制口岸管理的活动。在当前走向社会主义市场经济，口岸各单位隶属关系不一，各有自己本身利益的情况下，在口岸综合管理中更多地使用经济手段，是搞好综合管理应当考虑的主要办法。

3．法律调节方法

是指依靠国家政权帮助，通过立法和司法的形式来规范口岸管理对象行动的一种方法。在当前的口岸综合管理中，根据现实情况，一是综合管理干部要进一步熟悉和掌握各相关的专业性法规，监督执法；二是制定综合性的行政规章和综合法规以协调和衔接各专业性法规的执行。

4．思想教育方法

是指用思想政治工作和说服教育来影响管理对象行为的方法。在口岸综合管理中，人既是管理的主体，又是管理的客体。口岸综合管理的成效归根到底取决于人的能动作用的发挥。

目前，思想教育方法在口岸综合管理中的运用，经常是与开展共建社会主义精神文明口岸活动结合起来，通过这一活动，调动了广大口岸干部职工的积极性和创造性，增进了口岸各单位之间的相互了解、团结协作，增强了口岸职工的整体观念和凝聚力，提高了口岸工作效率，促进了口岸安全畅通、文明高效。在当前口岸管理体制下，口岸开展共建文明活动不失为加强口岸综合管理的一种好方法。

这里值得一提的是，以上提出的几种方法，每种方法都是从某个侧面来影响管理对象，因而都有其一定局限性。为此，要综合运用经济、政策、法律和思想教育等各种管理方法，究竟以何种手段为主，要视客观需要而定。情况不同，时间不同，采用的管理方法也可有所不同，几种方法也可交替使用。

三、口岸综合管理中的问题和对策

口岸综合管理是改革开放不断深入发展的客观需要，是个新生事物，没有现成的经验和做法可资借鉴，加之口岸管理体制不顺，口岸综合管理相对薄弱，口岸各单位形不成合力，发生的矛盾和问题不能及时有效地解决。主要表现在：

一是口岸管理体制不尽合理，查验方法不够科学，存在着环节多、手续繁、效率低，重复查验、重复收费等问题；加上个别人员素质不高，造成不少问题，直接影响了我国在国际市场上的竞争力，影响了口岸设施的充分利用和效益的有效发挥。

二是口岸综合管理机构设置不一、责大权小，致使口岸综合管理“管理无权威，协调没手段”，力度不够，办法不多。

三是口岸法制建设不健全、不完善、不配套。口岸查验部门各有各的法规，惟独没有口岸综合管理法规，给口岸综合管理的协调、仲裁工作增加了不少的难度。

四是口岸综合管理涉及面广、政策性强，要求口岸综合管理干部队伍具有较高的政治、业务素质，而目前的人员状况与所承担的工作任务也不相适应。口岸综合管理机构还比较普遍地存在着人少事多、工作条件艰苦等问题。

研究和解决目前口岸综合管理中存在的这些问题，是摆在我们口岸工作者面前的一个重要课题。我想主要应从以下几方面去解决：

一要提高思想认识，端正工作作风，找准工作的着眼点。口岸工作不仅是口岸开放的规划、审理，更主要的、日常的、长期的是综合管理工作。要避免只重开放而轻管理的倾向。抓好口岸的综合管理，是口岸委办的重要职责。

二要加快口岸管理体制改革的步伐。加强口岸综合管理是口岸管理体制改革的一个重要方面，已经引起国务院和有关主管部门的重视。1993年经国务院领导同意，国家口岸办发布了《关于简化盐田港口岸查验手续的试行方案》。1994年国务院办公厅转发了国家经贸委《关于改进深圳运口岸管理工作的意见》。1995年国务院办公厅转发了国家体改委、国家经贸委《关于深圳口岸管理体制改革试点方案》，通过这一系列改革举措，口岸管理体制改革试点工作已经取得了较大的进展，有了良好开端。改革中注意到加强口岸综合管理机构和充分发挥其作用的问题。1996年的全国口岸工作会议突出了口岸管理体制改革，强调了口岸综合管理，对如何加强口岸综合管理问题提出了具体要求。李岚清副总理在讲话中强调指出：“口岸改革是我国经济体制改革的一个组成部分”，“口岸工作要适应具有全局意义的这两个根本性转变，就要通过改革”，“只有通过改革才能理顺口岸各方面的关系，只有通过改革才能使我国口岸管理达到国际一流水平”。

同时，我们也应当看到，由于改革涉及到利益格局的重新调整，关系到方方面面，必然要触及一些部门的权和利，改革的难度很大。法律问题、体制问题和利益驱动问题是改革试点所面临的主要困难。在具体工作中，表现为很难统一认识，形不成合力。从历史上看，改革也从来不是一帆风顺的，不可能一蹴而就。我们坚信，在国务院的领导下，经有关部门共同努力，口岸管理改革任务一定能完成，预期目标一定能实现。

三要继续加强口岸委办的自身建设，提高干部的政治、业务素质，以适应新形势对口岸工作的要求。口岸综合管理的权威性要靠政府的支持，要有较高层次的口岸综合管理机构，要把分散的管理手段相对集中，也要靠口岸委办的同志们真抓实干。有用方能有为，有为方能有位。只要我们能办事，能解决问题，能分忧解难，就会得到政府的理解和支持。在具体工作中，对于矛盾和问题既要敢于协调，又要善于协调。监督检查要到位，协调仲裁要找准矛盾所在和解决方案。要当好政府的参谋和助手，要全面提高口岸综合管理干部的素质，建成一支政治坚定、思想过硬、作风扎实、业务精通的干部队伍。

四要进一步提高口岸管理的科学性和现代化程度，采用先进的科学技术手段，进行必要的硬件建设。通过调查研究，进行理论建设，提高工作效率和工作质量，加强软件建设。

五要加快建立口岸综合管理法规，这是提高口岸综合管理权威的重要措施。这几年虽然作了许多努力，有了一定进展，今后还需加大工作力度，加快进度，改变口岸综合管理无法可依的状况。

以上是我在工作中的一些思考。口岸综合管理是一项系统工程，又是新鲜事物，尚有许分情况和问题需要进一步探讨和研究。

（作者：新昊）

“入世”——厦门口岸通关环境面临的挑战与对策

概述：“入世”——厦门口岸再次创业的机遇

加入世界贸易组织，我国将被全面推向世界经济的大舞台，各行各业在参与经济全球化、贸易自由化的竞争中，对口岸通关提出了更高更严的要求。一是随着税率逐步降低，非关税壁垒的削减和取消，进出口贸易大增，海关监管任务越来越繁重；二是“入世”后进出口经营权的放开、外贸经营方式、经营主体及对外开放格局更加多样复杂，对通关制度改革更为迫切，要求提高通关效率呼声更强烈；三是“入世”后贸易自由化加剧了市场的竞争，国内、国际两个市场逐渐接轨，按照国际通行做法改革口岸管理体制和增加政策法规透明度的要求也越来越高，一些传统管理体制和管理模式面临巨大的挑战。

“入世”对厦门特区进出口贸易的机遇与挑战。

厦门经济特区作为我国最早实行对外开放地区之一，经过改革开放20多年来的发展，已形成闽南三角地区为重点的全方位开放格局，对外经贸跃升到一个新水平。据海关统计，1999年厦门市外贸进出口总额为79.7亿美元，占全省外贸进出口总额的45.0%；2000年厦门市外贸进出口总额首次突破100亿美元大关，达到100.5亿美元，比上年(下同)增长26.1%，累计实现贸易顺差17.1亿美元。从宏观层面看，“入世”后我国将可获得多边的关税减让、长期稳定的、无条件的最惠国待遇以及获得WTO成员方对发展中成员方提供的普惠制等特殊待遇，将进一步推动厦门特区的外贸出口，为厦门特区的对外贸易提供更加广阔的市场空间。

目前，厦门市的外贸出口商品以机电产品、纺织品、鞋类、花岗岩石制品及塑料饰品等为主。从出口商品结构看，劳动密集型及资源型产品占较大比重，由于这些产业大都属于发达国家(地区)的夕阳产业，故具有明显的比较优势。“入世”后这些企业的出口将受益匪浅，其中如轻工、服装、纺织品、鞋类等产业将大有可为。然而在进口方面，中国将承担WTO成员方义务，大幅降低关税、拆除非关税壁垒，外国商品将更自由地、廉价地进入国内市场，必将对竞争力不足的弱势产业产生较大冲击，其中部分企业有可能面临被淘汰的命运。主要有以下几类行业：(1)成本高于国外同类产品，非价格因素劣于国外同类产品的行业，如汽车业；(2)重复建设的行业和面临严重困境的企业，如机械工业；(3)质次价高的产品将被淘汰，如冷轧硅钢片、不锈钢等一些特殊钢产品，目前主要依靠从国外进口；(4)服务成本高，人员素质参差不齐、服务质量水平较低的服务业将面临激烈竞争，如船代、货代、报关代理企业等。

从企业性质看，“入世”将有力地激发各行各业的竞争意识，有利于推动国企的改革。目前国企举步维艰，原因错综复杂，但重要的一点是缺乏竞争压力。市场放开后，将有更多的外国跨国公司进军中国市场，市场竞争加剧，迫使国企注重研究开发和对品牌的培育，加大技术投入，提高员工素质和企业管理水平。竞争的压力会促使国企加快经济结构、产品结构的调整及行业重组进程。同时，由于原材料的进口价格下降，有利于降低某些企业的生产成本，从而提高国企的竞争力。随着进出口经营权的逐步放开，打破了国有外贸公司在外贸进出口经营上的传统垄断地位，使私营企业的外向型发展成为可能，目前该类企业处于起步阶段，进出口贸易额的可比基数较低。因此，“入世”后私营企业的外贸进出口将呈现高速增长势头。

“入世”有利于厦门特区进一步发挥对台贸易的区位优势，扩大对台出口，实现贸易平衡。以往台湾千方百计设置“三通”障碍，待中国大陆“入世”后，台湾作为独立关税区也能“入世”，届时双方均为WTO成员，根据WTO的非歧视性原则及最惠国待遇等有关规定，台湾市场在对其他国家和地区开放的同时，也必须以同等的条件对中国大陆开放，从而有利于打开对台出口僵局，进一步缩小两岸贸易逆差。据海关统计，2000年厦门市对台进出口总额达11.9亿美元，仅次于美国和日本。“入世”后将使厦门开展对台贸易的区位优势进一步凸显，两岸经贸往来与合作必将出现一个崭新的局面。

"入世"有利于引进外资，改善投资环境。

厦门的基础设施较为完善，海陆空运输方便，自然环境优美，对外商投资具有较强的吸引力。截止目前，来厦投资的外商近3000家，世界排名前500强的跨国公司已有24家在厦门市投资设厂。2000年厦门市外商投资企业进出口总值达66.1亿美元，同比增长30.3%，约占厦门市外贸进出口总值的2／3，成为厦门市的外向型经济中一支举足轻重的生力军。

"入世"后，厦门特区的开放领域将逐步扩大，除了对外商开放生产、基础设施等投资领域外，还将开放金融、通讯等诸多领域，为外资进入提供更多机会和更广阔的空间。而扩大外资服务业市场准入，将有利于厦门特区重点引进信息服务、中介服务等现代服务业，促进特区综合服务功能的完善。

"入世"后，厦门口岸的进出口货运量无疑将出现较大幅度的增长。截至2000年12月初，厦门港集装箱运输突破"百万"标箱，成为我国大陆继上海、深圳、青岛、天津、广州之后又一个实现年吞吐量百万标箱的沿海港口。依目前的发展势头，现有的厦门港口规模及设施将难以满足日益增长的进出口业务的需要，这就促使政府必须要下大力气抓好港口、道路、交通、通讯、水电、环保等城市基础设施的建设和改造工作，进一步完善口岸功能；并在集约化管理、信息化管理等管理方式、方法上做文章，以提高政府机构的办事效率，改善厦门特区的投资软环境。

WTO要求成员国政策透明、法律完整、操作规范，将推动厦门特区的投资环境建设向制度化、法制化、国际化方向发展。同时，也将促使各行业的管理机制向国际标准靠拢，从而推动行业管理的规范化与专业化，增强行业协会、商会等民间组织参与市场竞争的实力，提高行业自律与自我保护意识，避免无序出口、重复引进等现象的出现。

"入世"对政府的宏观管理能力将是一个严峻的考验。

"入世"后，对政府部门来说，关键是要改革现行的管理制度和转变政府职能。只有这样，才能最大限度地调动大多数人参与经济结构的调整，激发优胜劣汰的市场竞争意识。以政府的财政补贴为例：在我国政府的财政统计中，财政补贴主要有价格补贴和企业亏损补贴两大类，此外，政府还提供若干形式比较隐蔽的补贴，这本身就是计划经济的遗留成份，易造成政企不分——一些企业承担了政府应当承担的社会责任，而政府有时却又超过自身职责范围干预企业经营。中美就中国"入世"进行谈判的焦点之一是要求中国5年内取消对国有企业的补贴，因此"入世"后各级政府都应转变思路，放开手脚、大胆让国有企业及时转变机制，积极参与竞争，实现优胜劣汰，而不是补贴那些无法在市场竞争中生存下去的劣势企业，这样才能实现良性循环。

可以预见，"入世"后我国将大幅度减少对经济的直接干预，政府将更多地利用税收、信贷等经济杠杆对国民经济的发展实行宏观调控，对经济活动的干预和管理将通过各种行业协会、商会等民间组织来实施，逐步实现进出口贸易放开经营，建立符合国际贸易规则和社会主义市场经济体制的对外贸易制度，取消现行的外贸经营许可制度，推进对外贸易自由化。

一、"入世"对厦门口岸"三检"管理体制的影响与对策

如何按照国际经济通行规则，通过深化改革，建立与开放型经济相适应的合理、有效的体制和机制，是我们应对"入世"挑战，必须做好的紧迫工作。

首先，要立足现实，增强整体观念，确保口岸工作健康有序地开展。随着口岸管理体制改革，口岸检验部门得到了简化、优化，但目前口岸的多部门、多行业、多层次、多功能、多环节的综合性并没改变。因此，口岸综合管理改革的目标主要还是以协调为主。必须看到我国现有口岸布局基本上是计划经济指导下形成的，为适应对外开放的需要，遵循"精简、统一、效能"的原则，宜重新界定口岸综合管理的职能，对现有口岸布局提出调整意见。在管理上，应从制度上保证口岸行政监督的力度和效果，健全口岸政务公开机制，建立口岸行政效能的评价机制，可由国家委托口岸所在地政府组织以口岸服务对象为主的有关单位，对口岸行政效能进行评估，弥补地方政府对派驻地方的"条条"机构"看得着管不着"的不足。健全社会舆论监督机制，充分发挥新闻媒体反映民意和监督口岸行政管理的积极作用。

其次，改革"三检"部门的口岸查验体制。目前厦门口岸已实现了"三检合一"的体制转换，面对"入世"，应

按照WTO的技术标准认证原则，保证政府干预行政行为的商品仅限涉及安全、卫生、环保、健康和防欺诈等方面。届时，“三检”部门目前实施的《检验检疫目录》的进口货物将会调整，涉及安全、卫生、环保、健康、防欺诈的商品将会增加。为适应这一形势，“三检”部门应将工作重点转向对涉及健康、卫生、安全、环保以及与国计民生关系密切的重要检验检疫对象的监管。认真做好国家实行许可制度的民用商品的入境验证、进出口商品质量许可和对进口食用性动植物产品的卫生注册工作。同时，还要密切注意国外动植物疫情发生、发展情况，加强对国外动植物检疫新规定的收集和研究。做好厦门港口岸传染病的监测、卫生监督和疫情通报。积极推行分类检验检疫管理，简化口岸通道检疫申报手续和作业程序，加快通关速度。重点加强对来自疫区的人员、交通工具和应检物品的卫生检疫和监督，严防传染病传入我国。建立健全风险分析和分类监管制度，

加强进出口食品、动植物及其产品的检验检疫，防止有害生物传入传出。

第三，提高技术执法和服务手段。随着我国“入世”步伐的加快，民族经济受国际市场冲击的可能性加大，需要建立一套完整的技术执法体系，全面利用技术手段，维护国家利益。但是，我国这方面的工作还处于初始阶段。我们必须在短时间内迎头赶上，才能在“入世”之后有效地维护国内产业的利益，并在国外对我国商品实行非关税贸易壁垒政策时，提出针锋相对的措施。我国技术执法体系应该是系统、主动和动态的。也就是说，凡是涉及安全、卫生、健康、环保等几个方面的国外商品都应是我们技术执法的对象，每一类产品都应有一套完备的市场准入规则，以确保国内产业得到有效保护。建立技术执法体系的同时，研究、破解外国的技术壁垒也必不可少。只有掌握对方的检测标准、技术法规以及安全卫生许可制度，反过来指导国内企业，才能适应国际市场的要求。目前，全国检验检疫系统已着手开展此项工作，开始和即将承担建立进口商品市场准入规则(包括食品、纺织品、化妆品等)。

第四，加快认证认可工作。在20世纪90年代初，厦门就率先在全国推行有关产品质量的ISO9000系列和有关环境保护的ISO14000系列认证，已取得显著成效，为厦门出口商品获得国际市场准入证铺平了道路。国际范围内认证许可或国际多边认可是WTO和APEC极力提倡的，因为它既有利于各国内部的经济发展，保护本国的经济利益，也有利于打破国际贸易中的技术壁垒，达到可持续发展。因此，国内外很多企业和政府部门都要求使用和承认得到认可实验室的测试结果。产品认证不仅有政府强制性的，还出现很多自愿认证，这是大势所趋。不适应这种趋势，我们的进出口企业就会受到很大影响。

为此，厦门出入境检验检疫工作应根据国际管理体系认证发展需求，积极拓展国际上新兴的职业安全卫生管理体系规范认证(OHSAS)，环境保护管理体系认证(IS014000)和电讯、通讯业管理体系认证等。同时，要在口岸加快研究、开发和利用快速检测方法，建立一至两个在周边地区具有广泛影响的大宗商品检测实验室，争取获得国际互认，为跨越技术壁垒提供重要的科研基地和坚实的技术支撑。

二、“入世”对厦门港口管理建设的影响与对策

面对“入世”的机遇，实现“现代化国际性港口风景城市”的战略目标，港口也面临着较为棘手的困难和制约因素，主要有：

港口的开发建设资金不足。随着投资体制逐步改革，单靠政府直接投资的现象有所转变，但港口建设的筹资渠道偏狭的问题并未得到有效解决。而筹资渠道主要是靠银行贷款，又使港口企业背负沉重的债务负担，举步维艰，严重影响了港口的开发建设和经济效益；

港口集散功能欠发达。厦门港口腹地属崇山峻岭地貌，陆上交通建设难度较大，地区之间、省际之间的交通网络技术等级低，通车里程少；港口集散功能欠发达，不能适应港口国际性和航运国际化的发展要求；

港口资源利用不充分，现代化水平有待提高。港口资源开发利用粗放，铺新摊子多，对现有泊位进行技术改造的少，航道被侵占严重，深水岸线利用率低，对已有港口资源在整治、维护和管理等方面还做得不够，深度开发不足。装卸设备少，技术等级不高，营运效率与国际水平差距较大，口岸管理水平也较低。港口补给、维修、海上交通管理及其他配套服务体系还不能完全适应港口现代化国际性的要求。

部分政策优势弱化。沿海各地区经济发展迅速，各种地区性的优惠政策日趋更新，呈现普区政策特区化、自由港某些政策普遍化的趋向，厦门港要保持原有优势面临严峻的挑战。面对现实，厦门口岸应积极研究探讨“入世”因

应对策，兴利除弊，并争取先试先行。

(一)深化港口投资体制改革，多渠道筹集港口建设资金。

一是要积极利用和争取国家政策性贷款和国际金融组织的低息贷款；二是可以通过发行港口建设债券、股票等方式直接融资；三是确立“以港养港、以港建港”的政策思路，盘活资产存量，滚动使用资金开发新的项目；四是通过加大招商引资力度，鼓励投资建设和改造码头、仓储等投资方式。

(二)抓住机遇，在增加港口通过能力的同时，积极拓展港口功能，扩大港口辐射范围，加大港口建设力度。

港口事业是我国“入世”后直接面对的行业，积极影响面大。集装箱班轮航线的开辟，以港口为依托的现代物流业的引入，将确保港口集装箱吞吐量持续、稳定增长，从而降低我省外贸进出口商品的成本，增强出口商品的国际竞争能力。因此，应当把港口事业列为优先发展的产业，从规划、政策、资金诸方面加以扶持、引导和保证。

(三)规范港口配套服务。

针对目前依然存在的垄断经营和无序竞争严重的现象(如：向船舶提供淡水、燃油、物资供应以及船员交通、船舶生活垃圾清运等港口配套服务市场)，建议通过设立有形市场和统一管理渠道来规范。按照市场准入原则，在总量宏观调控、需求平衡的基础上，允许具备经营资格任何所有制成份的经营者进入有形市场开展业务，实行统一形象、公平竞争、依法管理的新格局。

(四)实行自由港的某些政策，进一步优化口岸软环境，降低通关成本，做到便捷、高效，以便提高港口竞争力。

目前，厦门检验检疫部门、海事部门的管理区域与厦门海关辖区不一致，给船舶、货物的进出港口造成极大不便，直接影响到通关速度。另外，对同一管理区域内同一票货物重复检验，审批环节过于繁琐，必须尽快研究此类问题并大胆改革，否则将很难适应“入世”的要求。

(五)进一步开发利用港区、保税区功能合一的港区保税功能优势。

保税区的保税功能不能仅限于区内加工贸易，而应当对以下两类货物实行保税政策，使保税区具备“境内关外”的运作特点：一是经由厦门港中转的货物；二是海峡两岸试点直航的货物。这样，港口中转业务才符合国际通行做法，港区才能成为先行试点的自由港区。海峡两岸一旦纳入WTO，“三通”必然水到渠成，厦门口岸要在“三通”中起“桥头堡”的作用，关键要抓住两岸航运的特点，即以集装箱为主，陆地——岛屿联接的运输体系。因此应抓紧进行厦门港对台航运的全面规划，分步实施。当前可以提早建设适应陆岛运输特点的滚装码头，使将来穿梭于两岸的货运车辆能够通过滚装船实现“门到门”的服务。

三、“入世”后厦门船代、货代市场面临的挑战与对策

“入世”后我国的船代市场将全面开放。由于船代一直是我国航运业开放程度比较小的行业，因此其全面开放将引起不小的震动。目前厦门口岸的船代业务主要由国有厦门外轮代理公司和厦门外运公司统一经营，各自独立对外签发提单/运单，其中外代公司占有80%的市场份额。两家公司同时还经营进出口货代业务，另有三家是船公司自行代理。正是由于这种带有行业垄断性质使船代市场长期停滞不前，缺乏活力。

厦门货代市场也同样存在这种情况，不同的是近几年逐步放开市场后，缺乏一种有效调控和营造公平竞争的环境，竞争无序，甚至混乱。目前厦门市正规的货代共有30多家，称一级货代，从这30多家一级货代衍生出来的小货代，称二级货代，据了解目前约有200多家，可以说是星罗棋布。二级货代挂靠一级货代，利用其印章自行代理货运业务。这些货代为争取客户，多揽货物，以较为“优惠”的代理费为企业办理代理业务，企业为了能使出口货物尽快报关出口，愿意让其代理，待货物通关后再高报各种费用，如通关费、报检费等。有些企业出口业务量不大，平均每月只有一两票出口货物，宁可付钱给货代代理，也不愿自己养报关员。同时货代与船代的关系错综复杂，关系好的，业务量大的，则收取的船运费低。

对外贸易运输代理是当前国际贸易运输业中发展最为迅速的产业之一，世界上海运业较为发达的国家，其货物运输代理业十分发达。仅弹丸之地的新加坡就有货代上千家，代理业务广泛涉及货物报关、分拨、集运等国际贸易运输各方面。国内的大口岸如上海、大连、青岛、广州等早在九十年代初便开始规范和推广货代这一国际贸易通行做法，大大地促进了当地对外贸易和口岸繁荣。货代业务占据我国对外贸易运输主角的地位指日可待。与国际国内飞速发展的货运代理业相比，厦门口岸的货代市场已不适应国际贸易运输业日益发展的趋势。面对相对落后的管理与货运需求逐年增长的矛盾，按国际惯例加强船东协会的管理作用势在必行。据了解全世界排名前20位的大班轮公司都已进入了中国市场，“入世”后，船代公司、货代公司必将大幅度增加。代理公司的增加，一方面可以创造一些公平竞争的机会，促使代理行业改进服务意识、提高服务质量和工作水平，对于代理市场的逐步有序化产生积极的作用，同时给船东公司、企业带来更多可选择的机会；另一方面也可能导致代理市场出现比较混乱的局面，很难保证不会由于市场的短期混乱给各方的利益带来无法预见的损失。为此，船东协会在依靠政府贯彻法律法规方面，应积极发挥出对行业约束管理作用，如处理国际商务运输争端、提供国际海运服务信息、平抑运价、规范同业竞争、提供咨询与培训、协助质量安全认证及管理外商机构在国内市场竞争等等。按照WTO《服务贸易总协定》逐步承诺市场准入精神，采取国内限制、货运优先运输计划、双边互惠货运安排、补贴、税收优惠等措施，在过渡期内对船代、货代市场予以保护，尽快扶持该行业的发展，或许外国的代理公司就无需重复建立自己或合资的代理公司。

四、“入世”后厦门报关中介市场面临的挑战与对策

目前，厦门口岸从事专业、代理报关的中介机构已达50多家，80%集中在代理海运进出口货物的报关报检业务上。东渡检联报关中心聚集了全市34家报关行，已形成一定量的规模，但报关行存在的报关质量不高、服务态度欠佳、业务素质不强的现象没有好转。尽管海关对此进行过多次整顿，但成效不大，究其原因有：

(一)内部管理制度不健全。

2000年，厦门海关对全市34家代理报关企业曾进行清理，从清理的结果看，多数存在内部管理不健全；或建立了规章制度不落实，成为应付检查的空文；或帐册设置不合理，单证管理混乱、员工管理失控；有的连报关经营场所都没有。

(二)经营成份复杂。

成份组成上有国营、民营、合作、中外合资等具有法人资格的经济实体，而其从事代理报关业务的自然人却不存在隶属关系。取得报关权的法人出让其经营权，层层承包、挂靠现象十分突出，承包人自行组合人员搭个班子便投入经营代理报关报检业务，其中不乏有未取得报关员证人员。由于其出发点是以赢利为目的，经营理念以收取代理费用的被代理者为重，必然导致其中介职能的偏离。

(三)人员流动性大，队伍极不稳定。

受高薪、抽成等好处的诱惑，各报关行之间的人员流动频繁。人员流动往往也带走原来的客户，拥有相对固定客源多的报关员自然成了各报关行争先挖请的对象，竞争无序、混乱。其人员变更多半不向海关备案。

(四)报关员业务素质良莠不齐。

因缺乏责任心导致的差错或业务不熟造成退单的比例居高不下。据东办审单二科统计，1998年全年平均退单率为3．2%，1999年为2．8%，2000年前10个月为1．5%。

(五)管理不到位、自律意识不强。

由于以上原因，限制了报关行发挥应有的专业所长、甄别委托人委托报关是否合法的作用。现场海关经常发现报关员在代理报关遇有单证问题时，往往推托，让货主自行去办理；或只递单申报由货主自己取单；或者不随时递单申报，往往收集一定量的单证，在临近中午和下午下班前匆忙投单申报，将延误报关的责任转嫁于海关。甚至个别报关员假借海关名义向货主索要钱财，损害海关形象。

诚然，厦门口岸报关中介服务现状存在的种种不尽人意是其自身发育不良，未被社会重视，缺乏市场竞争机制的结果。《海关法》以及海关总署制定的各项对报关管理的行政规章，对代理报关制度都有明确的规定，但对报关代理行为主体的法律、经济责任规定却很笼统，一旦发生违法违规情事，海关在处理上缺乏依据。如对报关企业和报关员之间的法律、经济责任界定问题，由于没有具体或从原则上规定报关企业和报关员之间法律、经济责任，出现问题时，海关对当事人处罚，却难于对报关企业应负的法律责任予以处罚。又如对报关代理人与被代理人之间的法律、经济责任界定问题，在报关体系中，报关行、企业、海关三者处于互为三角的法律关系。在实际工作中，当报关过程中出现走私、违规情事时，海关对由货物的处理引出对当事人的处理往往难于认定。

厦门目前的社会中介机构如报关行、船代、货代等相对落后，这种落后更多地表现在素质、功能、作用等跟不上时代发展，无法在“入世”后放开市场与发达国家的同行竞争。发达国家的行业协会、团体组织拥有雄厚的资金并建立有一套先进的管理机制、管理手段，具有监督、干预市场能力的权威性组织，这点恰恰是我们无法企及的。因而必须从体制和行业规范上入手，探索适合发展壮大的出路。

(一)成立自成体系的报关协会。

随着“入世”后市场的逐步放开，政府管理职能对行业管理逐步让位于行业组织管理，在参与贸易自由化的过程中能够自律并约束、干预市场，因而成立报关协会立意要新，起点要高，参照国际同行业的做法和国际惯例建立适合自身生存发展的体制。海关总署已着手筹设报关协会(总会)，统一节制各设关地口岸的报关协会，形成全国性的行业中介组织。上海、青岛等地已率先设立报关协会，由海关牵头组织，但行政上不相隶属。厦门设立报关协会条件已具备，应积极推动、争取早日设立，开展行业协调工作。

成立后的报关协会，首先面临的工作是，根据新《海关法》第10、11条规定，从法制上规范对报关行业的管理，以立法形式制定与新《海关法》衔接的行政管理制度。报关企业为社会提供专门化的报关纳税服务，应当比收发货人更熟悉办理报关纳税手续和海关管理制度的规定，理应用其掌握的知识和技能对收发货人提供的单证进行审查、核对，及时发现不真实情况，防止发生违反《海关法》的情事，而不是简单地把收发货人提供的有关单证转交海关了事。这是对海关与货主负责的基本原则，更是报关中介机构生存的条件。新《海关法》规定，报关企业受理委托报关可采用以委托人名义或以自己名义报关，是新《海关法》向国际通行做法靠拢的一大进步。

(二)严格落实海关注册登记管理制度。

报关企业必须经海关注册登记，报关人员必须取得报关从业资格，是海关法对报关人员资格及其报关业务基本守则的规定。世界各国法律普遍规定报关企业必须符合法律规定的条件，经海关审查、接受他人委托取得海关许可，才能从事报关服务。专业、高效、精简的报关体制是今后发展的方向，扶持专业报关企业发展，使其形成一定的规模，适应减少代理报关企业是必由之路，有必要对厦门口岸目前专业、代理报关企业以及所属报关员的资格重新审核、认证、评估，结合其经营动态着手整顿。

(三)提升报关队伍素质，鼓励参与国际报关业务的竞争。

对报关员进行资格审查，通过统一组织的考试确认其是否具备报关从业能力，是各国海关通行做法。美国海关对报关员资格条件规定，须经正规院校或专业培训机构进行规范培训、考试，取得资格证书，还要通过更为严格的年审考核，择优汰劣，形成了权威性的报关经纪人制度。具备一定的学识水平和实际业务能力是从事该行业的起码条件，海关应创造更多的培训、深造条件和机会，以利报关专业人才的脱颖而出，进而提高报关队伍的整体素质。

(四)敦促自律、强化自身管理机制。

报关员不是自由职业者，由于只有获得对外贸易经营权的企业和报关企业才能向海关办理报关纳税手续，因此，报关员只能受雇一家企业，并代表其受雇企业办理报关纳税手续。禁止非法接受他人委托从事报关业务，以不正当方法为本企业招揽业务，超出其业务范围从事报关活动等等。对此，海关将依法予以制止和处罚，但根本的解决办法还在于报关企业自身的管理，建立起行之有效的自律措施。

五、厦门口岸知识产权保护应对“入世”策略

在WTO中，知识产权问题占有极其重要的地位。知识产权与国际贸易已经结为一体，并与货物贸易、服务贸易一起构成WTO的三大支柱。随着我国“入世”的日益临近，研究《与贸易有关的知识产权协议》(以下简称《TRIPS》)，对厦门口岸保护国际贸易中的知识产权，打击侵权行为，加大知识产权管理和保护力度，规范市场秩序，营造良好的市场环境和投资环境，提高厦门产品的国际竞争力，促进厦门地方经济的发展和对外开放具有重要意义。

(一)全面执行《TRIPS协议》对厦门口岸知识产权执法的影响。

“入世”对厦门口岸的知识产权保护工作将是一个巨大的挑战。虽然厦门口岸在知识产权保护方面，取得了一定成绩，但厦门口岸在知识产权管理和保护方面与《TRIPS协议》之要求有一定差距，全面执行《TRIPS协议》必将对厦门口岸的知识产权保护工作产生重大的影响。

1.加大厦门口岸知识产权执法之难度和压力。根据《TRIPS协议》第一条第二款的规定：受《TRIPS协议》保护的知识产权包含以下内容：版权和相邻权、商标权、地理标志权、工业品外观设计权、专利权、集成电路的布图(拓朴图)设计权，未披露信息的保护权。同《TRIPS协议》的执法范围相比较，厦门口岸知识产权执法的范围较窄，随着我国“入世”，全面执行《TRIPS协议》，知识产权保护范围的进一步扩大，专利权等成为保护的重点，知识产权保护的专业性、技术性更强，新情况新问题更多，涉及面更广，对厦门口岸知识产权保护而言是一项艰巨复杂的全新任务，因而知识产权执法的压力和风险进一步扩大，对执法人员的整体素质也提出更高的要求。

2.“免费午餐的丧失”，加大了厦门特区高新技术产业、信息产业、化工等产业技术引进的成本。《TRIPS协议》对发展中国家而言是一项不公平的协议。从协议本身看，协议无视发达国家拥有90%的知识产权的事实，只从发达国家在知识产权保护中的利益角度考虑，而没有考虑关系到发展中国家切身利益的技术转让和援助，由于我国在“入世”后，必须要在知识产权保护的承诺下约束自己的行为，对保护知识产权提出更高更严格的要求。就厦门地区的企业而言，在半导体、计算机、电讯产品、软件、科学仪器方面，由于知识产权保护及技术生产等方面的限制，受制于世界市场的可能性很大。在高科技产业方面，知识产权可能成为高科技企业发展的致命伤。“入世”之后，厦门企业原先大量存在的仿制现象将不允许存在。仿制专利产品需向开发方购买专利，这对厦门地区的高科技产业尤其是计算机产业估计将有严重的影响。

3.对厦门口岸的知识产权观念，知识产权体制产生强烈的冲击。厦门的许多企业和个人，目前对知识产权的保护意识还比较薄弱，因此产生两个方面问题，一是很多侵权人根本没有意识到自己的行为侵犯了法律，二是有些权利人不知道采用何种手段来保护自己的知识产权，他们没有充分认识到知识产权保护工作的重要性，必然削弱其产品的国际竞争力。

(二)全面执行《TRIPS协议》与厦门口岸知识产权保护领域的改革对策。

第一，建立一个良好的知识产权保护机制。厦门市要在国家制订完善的知识产权立法下，根据国家知识产权法律法规和《TRPS协议》的要求，清理同《TRIPS协议》相抵触的地方性法规和规章，及时地废、立、改，从而为厦门市的知识产权保护工作奠定坚实的基础。厦门市的各知识产权行政执法机关和刑事司法机关，在厦门市委、市府的领导下，由厦门市知识产权办公室统筹协调，强化职能，充实力量，提高效率，加大对知识产权保护法律的监督检查工作力度。厦门海关则应进一步健全和完善海关知识产权执法机构，加大执法投入，配备必要的基础设施和科技装备，培养高素质执法人才，提高知识产权的海关保护水平。无论是地方政府还是海关均要建立日常监督和重点检查相结合、重点打击和综合治理相结合、加强市场监管和引导企业自律相结合的机制，建立一个完善的执法环境，保护权利人的合法权益，促进厦门知识产权保护工作的开展。

第二，加大知识产权业务的培训力度。要在进行全民培训和教育的同时，严格按照《国务院关于进一步加强知识产权保护工作的决定》和《有效保护及实施知识产权的行动计划》，力争在一、二年内，使厦门市的50%的公务员接受知识产权法的培训，增强其知识产权意识。在培训中，要重点加强对厦门市知识产权管理和知识产权执法的公务员进行培训，在目前经费不是十分充裕的情况下，要把这些公务员(包括司法、检察、法院、工商、专利局、海关、公安等部门人员)的培训放在重中之重，只有这些执法人员的素质提高了，才能整体上提高厦门的知识产权保护水平。

第三、树立知识产权新观念，形成有利于知识产权发展的社会环境。(1)利用新闻媒体等各种渠道，广泛宣传，加强全市上下对知识产权的认识，增强知识产权保护和发展知识经济的观念。(2)着力于研究保护知识产权，发展知识经济的规划，在调研的基础上深入论证，并将有关内容纳入全市的规划中去，确立全市保护知识产权，发展知识经济的战略。(3)将保护知识产权、发展知识经济和“科教兴市”结合起来。各有关单位、部门要转变观念，自觉地进行技术开发和创新，勇于迎接知识经济的挑战。

第四，进一步加大知识产权保护力度，严厉打击地方保护主义，实行综合治理。针对厦门地区侵权案件的特点，加大知识产权保护力度，重点整治一些危害大，影响恶劣的假冒产品充斥的生产地和集散地(如某些专门制售仿制国际知名品牌的服装、鞋帽企业)。要严厉查处国际知名品牌所有人和外商投资企业举报投诉的案件。集中力量查处一批大要案，严厉打击违法犯罪分子。制定和完善打击侵权工作领导责任制和打假举报奖励办法。

第五，加速科技进步，加快技术创新。要加大对知识产权投入，把知识产权工作纳入技术创新体系之中，理顺知识产权管理制度与有关科技、经济管理制度之间的关系，解决科技与经济脱节和企业技术创新能力弱的根本问题；抓住新技术革命契机，把结构调整和鼓励创新作为一项战略措施，加强创新体系建设，增强创新能力，推进高新技术产业化；贯彻“以市场换技术”的政策，加快技术引进的步伐，在引进技术的同时，加强对技术的消化吸收及对技术的出口扶持，加快发展厦门市的优势技术，推出一大批具有自主知识产权和高附加值的产品，把它们推向国际市场，从根本上解决厦门市的知识产权保护问题，促进厦门口岸通关环境的优化。

六、厦门口岸全面实施《WTO海关估价协议》对策

(一)《估价协议》的实质及其执行后带来的影响。

我国“入世”后，将被要求无保留地全面实施《WTO海关估价协议》(以下简称《估价协议》)。《估价协议》的核心，是以成交价格(即按规定调整后的为货物实付或应付的价格)作为海关估价的基础和依据。《估价协议》的实施，旨在建立一套公平、统一和中性的估价制度，去除现行海关估价中的武断性和虚构性，以促进国际贸易发展。而实施《估价协议》的基础，则是贸易商的守法自律。

2001年1月1日起施行的新《海关法》第55条明确规定：“进出口货物的完税价格，由海关以该货物的成交价格为基础确定审查”，这为我国全面实施《估价协议》在法律上铺平了道路。《估价协议》的实施，将对厦门口岸对外贸易的发展起到很大的促进作用。但也会使海关估价面临很大的挑战，其中最主要的就是价格瞒骗问题以及进出口商之间特殊经济关系的判定，特别是港、澳、台地区以及东南亚国家之间贸易，往往存在这一类问题。我国目前尚处于社会主义市场经济体制的过渡时期，法制还不够完善，市场的行为还不规范，纳税人的守法意识还比较薄弱。价格瞒骗本身具有较强的隐蔽性和复杂性，特别是国家加大打击走私力度后，伪瞒报价格逐渐成为不法分子偷逃税款的主要途径。而《估价协议》则规定海关估价的举证责任主要由海关承担。限于现有的人力物力资源以及执法环境，海关将面临很大的压力，甚至可能会在一段时期内波及关税征收而产生负面影响。根据来华进行APEC培训的美国海关专家介绍，美国海关实施估价协议之初，其关税收入下降了一半。为了保证《估价协议》的顺利实施，确立估价执法和守法的新观念，即海关执法和贸易商守法并举是非常必要的。一方面海关依法行政、依法估价；另一方面贸易商要加强守法自律意识，从而达到维护正常的贸易秩序、促进国际贸易发展和国家经济增长的最终目的。

(二)“入世”后，估价法规更趋严密将导致执法更具透明度。

全面实施《估价协议》后，海关将采取一系列切合《估价协议》精神并与我国实际相适应的具体规章制度，以保证海关对进出口货物估价遵循“成交价格”准则和统一、公平、中性的原则，保证对外贸易健康、有序地发展。

1．估价相关法规将与《估价协议》规定衔接，更为严密和统一。

我国现行的估价法规对成交价格原则的规定不够严谨，各种估价方法所适用的次序及具体规定也不够完善，例如，规定了相同和类似货物成交价格可作为估价依据，但没有考虑到商业水平和数量的不同。费用调整方面的规定也较为简单，存在一些法律上的空白。“入世”以后，随着跨国公司、特别是高科技公司来厦投资的增加，进口科技含量高的货物的增多，诸如特许权费、许可费和其他经常涉及到的影响价格的因素将对海关估价产生突出的影响，如果不对其进行明确的规定，将容易因立足点的不同引起不同的解释，从而导致海关与贸易商之间的争议，影响货物的通关和关税的征收。全面执行《估价协议》，以及配套法规的制定实施将使估价立法的统一性和严密性大大提高，保证完税价格认定上的统一、公平，减少由此引起的估价争议。与此同时，贸易商也应加强对估价各种规定的了解，在价格申报中达到海关的要求，以免因误申报而延误通关。

2．海关执法上将加强透明度和公开性。

长期以来，估价程序和估价方法都是内部的。贸易商对海关估价的规定和确定过程缺乏详细了解。在实施《估价协议》后，海关将根据《估价协议》第10条、第16条的要求，并结合我国的实施情况，采取有效办法，履行有关透明度要求的义务。目前，厦门海关已开始通过书面材料、多媒体等手段对外宣传、实施关务公开制度，此举不仅可增进贸易商对海关估价有关法规、工作制度和规程的了解，而且可提高贸易商在通关过程中的守法自觉性和主动性。为了保证估价的透明度，海关还将按《估价协议》的规定，在海关不接受申报价格时给贸易商与海关之间设立一个磋商的过程。通过这个渠道，海关与贸易商之间可将各自拥有、掌握的价格情报和信息相互沟通，以寻求估价的合理依据，提高估价的准确性，避免武断估价。在决定估价之后，海关还将根据贸易商的请求，以书面的形式(诸如《估价决定书》)告知海关估价的依据、方法以及法律上的救济途径，以保障贸易商的合法权益；并可通过价格复议，对成交情况进行进一步的审核，纠正海关估价可能产生的偏差，使国家的整体利益和贸易商的个体利益能够达到一种动态的平衡。当然，这一切是建立在企业如实申报的基础上的。

(三)估价操作模式上将推行价格申报单制度，建立便捷的现场通关和严密的价格监控及后续监管体系，并采用风险管理机制实现资源配置的最大效益。

近几年来，作为厦门关区主要税源的一般贸易货物进口值在总进口值中所占的比重越来越大，1998年占18.84%，1999年上升到38.84%，2000年1—9月份更达到44.62%。可以预见，将来厦门口岸贸易量将会有大幅度的增长，给海关估价工作带来更大的压力和挑战。据此，厦门海关将通过实施科学的估价作业程序和管理模式，保证通关效率和估价质量。

1．推行估价申报单制度。

在现行的通关过程中，海关一般是在贸易商向海关申报和提供信息的基础上才做出相应决定的。然而从估价角度看，贸易的实际情况可能是非常复杂的。特别是随着经济和科技的发展，国际贸易的经营方式、内容日益复杂，经营对象、成交条件和价格结构等也日益繁杂，导致完税价格计算和调整上也相应比较复杂，而现行报关单价格填报过于笼统。为此，厦门海关将依照总署的部署，推行《价格申报单制度》(注：价格申报单是贸易商或其代理报关人在向海关申报有关货物成交价格时，依照提示规定填制对外支付全部费用的书面申报单证)来引导企业正确申报，从而为现场估价提供所需的详尽资料，便于海关进行完税价格的认定和通关速度的加快。

2．估价工作的侧重点是价格监控和价格后续管理。

全面实行《估价协议》后，现行的偏重现场估价方式将会改变。建立快捷的现场估价制度后，在通关现场，将按成交价格原则对进口货物的申报价格进行审核，主要对申报价格的构成要素、交易条件等进行审核，对大部分货物将接受其申报价格，以便利货物通关。对申报价格有疑问的，可通过价格核查、稽查确定其完税价格，并采取信息收集和分析手段，及时掌握口岸价格动态和价格异动。应当看到，一些国外的母公司与在厦门设立的子公司或合资公司的进口贸易中很容易采用转移定价等隐蔽方式规避税款，这就增加了估价难度；单依靠现场，根据贸易商申报所提供的资料往往不能够做出准确的认定。有些单证随意性大，可信度低，单凭合同、发票往往难以确定申报价格的真实性。这些都需要通过加强价格监控和后续核查来最终确定完税价格。

3．引入估价风险管理机制。

风险管理机制是世界海关组织所倡导的一种先进管理手段。海关估价风险机制就是根据企业的信誉和经营状况、货物的品种和税负等分类条件，合理配置海关估价资源，实现估价管理效益的最大化。它兼顾了通关速度和打击价格瞒骗行为。海关通过对企业的分类管理，资信度高的企业现场通关速度将加快；资信度差的企业，则常被海关核查或稽查。从而使企业认识到，海关作为行政执法部门对进出口守法性的要求远大于对通关便利性的要求，只有遵守有关法规、如实申报才能加快货物的通关，因此而自觉加强自身的守法自律意识。根据货物实行风险管理，对海关估价来说，就是针对不同时期进口货物的特点，在人力资源有限的情况下，把工作重点放在主要的、审价矛盾突出的商品上。在依据HS分类的22大类商品中，厦门口岸进口值排名前5位商品近两年来都占总进口值近83%(主要为矿产品、化工原材料、钢铁及机械器具等)，海关将加强对这些货物的价格调研，掌握价格变化情况。风险管理措施的实施，将提高海关估价效率，减少时间和资源的浪费，并减轻现场审价的压力，减少货物在口岸的滞留时间，降低进口运营的成本。

4.在估价过程中做好反价格瞒骗工作。

根据《估价协议》的规定，海关承担估价的主要举证责任，这给反价格瞒骗带来更大的压力。依据事实进行海关估价是《估价协议》的基础。海关拥有对申报的质疑权、核实权。贸易商有义务如实申报价格，并及时提供真实反映贸易情况的相关单证。由于长期以来对打击伪瞒报价格缺乏相关的法规，伪瞒报价格行为往往得不到应有的惩戒。据悉，我国将加快出台反价格瞒骗法规，明确处罚措施，海关也将充分运用《估价协议》所赋予的反价格瞒骗权利， 有效打击价格瞒骗行为。

(四)《估价协议》的全面实施对海关加强公共关系的要求。

《估价协议》的顺利实施，还有赖于各行政执法部门联手，加强整体执法力度。价格瞒骗经常与代、虚开增值税发票以及逃汇、套汇活动相联系，加强各单位的协同配合，改变以往各自为战的状态，对于有效地打击低瞒报价格偷逃税行为显得尤为重要。现在进行的“金关工程”，将实现海关、税务、外汇管理等部门的数据共享，可有效堵塞漏洞。低瞒报价格偷逃税行为即使在海关管理环节侥幸蒙混过关，其后续的外汇、工商、税务等部门的管理也可以发现并查到企业低瞒报价格偷逃税的线索，从而有效扼制这种行为，共同保护合法经营，维护市场秩序。

七、厦门口岸全面执行《原产地规则协议》的对策

(一)《原产地规则协议》(以下简称《协议》)的全面执行将给厦门口岸的对外贸易注入新的活力，带来新的机遇。

1. 有利于出口产品更加稳固地享受最惠国待遇，进一步扩大厦门口岸的贸易规模。制定原产地规则的主要目的之一就是确定进口商品应享受何种关税待遇。一旦我国“入世”，在与WTO135个成员国和地区进行贸易交往时，凡标示有“MADE IN CHINA”原产地标记的我国出口产品都将享受到成员方给予的最惠国待遇，比目前以各种双边协议为基础所享受的待遇更为稳定，不易遭受单方面中止的危险。这种稳固的最惠国待遇将促使“中国制造”的产品更多地进入国际市场，有利于提高出口产品竞争力。同时，作为“入世”的代价，我国对外开放市场的结果也将促进厦门口岸进口贸易的大幅度增加。因此，“入世”后厦门口岸的进出口贸易规模将呈扩张趋势。

2. 普惠制的充分实施，将大大增强厦门市出口商品的国际竞争力。普惠制是发达国家给予发展中国家的出口制成品和半制成品一种普遍的、非歧视的、非互惠的关税优惠制度。根据这一制度，发达国家对原产于发展中国家的产品，在征收进口关税时，应在最惠国税率的基础上进行减让，而发展中国家对原产于发达国家的产品仍按最惠国税率征税。由于我国是以发展中国家的身份“入世”，因此，“入世”后厦门市出口到达国家的制成品和半制成品(只要符合对方关于“原产地为中国”的认定标准的)都将享受到比最惠国税率还要低的优惠税率。这不仅有利于增强厦门市出口产品的竞争力，扩大外贸出口，增加外汇收益，也有利于推动出口企业不断提高产品的附加值和国产化程度。

3. 有利于提高进出口商对国际贸易商品的原产地认定结果的确定性，防止在同一产品的原产地认定上出现不同成员作出不同判定的现象，从而减少实施的随意性及由此引起的贸易争端，加快通关速度。根据《国际协调非优惠原产地规则》的有关规定，一种商品的原产地被确定后，将同等适用于所有的非优惠性贸易政策措施。这样，进出口商只需使用单一的一套原产地规则，就可以清楚地了解或预知各种商品原产地的认定结果，从而使国际贸易活动的确定性大大增加。尽管该规则生效后，海关和贸易商在实施中会面临大量工作，但从长远看，它将对便利国际贸易产生积极影响。

(二)全面执行《协议》将对海关人员在原产地判定方面的行政执法水平提出更高的要求和挑战。

1.《协议》关于原产地的认定标准具有公平、统一、透明和可预见性的特点，海关对有关产品的原产地所作的评定意见都应立即接受司法的、仲裁的听证审查或程序审查，该审查可以修改或推翻原海关作出的评定意见。据此，《协议》执行后的一段时间内海关必然要面临较大的工作压力和社会压力，这就促使海关不得不对原产地规则的专业技术和人员培训等方面的工作有所侧重，从长远看，有利于提高海关人员的专业素质和执法水平。

2. 随着我国对外贸易的发展，数量限制、反倾销、反补贴、保障措施等贸易措施的出台，对于准确判定进口货物的原产地开始提出更高要求，而现行进口原产地规则因缺乏分产品的具体标准已难满足这一形势的要求。过渡期后必须实施的《国际协调非优惠原产地规则》是一个国际统一原产地规则，它对《商品名称及编码协调制度》(简称HS)中5000多项商品的原产地标准逐一作出具体规定，比现行的原产地规则复杂得多。目前，海关系统对原产地规则问题有较深入了解的人为数不多，且在HS商品归类方面的专门人才也相对缺乏，这将直接影响到海关对《协议》的正确执行。

(三)针对《协议》执行后可能出现的困难与挑战，应做好以下几方面的工作：

1．各级领导部门要充分认识全面执行该协议的重要性与必要性，认真组织对WTO知识的学习与研究，要抓紧培养海关系统原产地规则业务骨干，在全关区广泛组织国际协调原产地规则的培训，有针对性地培养一批既熟悉原产地规则业务，又熟悉国际贸易和WTO相关规则的专门人才，从而使原产地工作尽快适应“入世”后的新要求、新形势。

2．要加大对《协议》及相关知识的宣传工作力度，不仅海关系统、政府的贸易管理部门能够熟练掌握《协议》要求的相关知识和技能，作为市场主体的外贸企业对《协议》规定的诸项内容条款更要认真了解和掌握，才能保护自己的合法利益。

3.各有关部门必须认清原产地标记所体现的巨大利益，不仅要加强对进口货物的原产地审核，同时也应注意加强对出口货物原产地证的管理，防止发达国家的外商冒用“MADE IN CHINA”这一标记或谎报原产地，从而享受到只有发展中国家的出口商品才能享受的特殊优惠待遇。

4．由于在过渡期间，各成员仍有权制定和实施各自的原产地规则，因此，在现阶段可根据《协议》规定的过渡期间的有关法律，如透明度、非歧视性、肯定性原产地标准等，先对一些与《协议》有明显冲突或过分含糊的条款略作调整和修改，到过渡期后，再将现行的进、出口原产地规则直接与《国际协调非优惠原产地规则》接轨。

八、“入世”对海关通关管理的影响与对策

经过两年多的试点工作，海关系统决定于2001年3月在全国海关范围内全面启动通关作业改革，这一重大举措的出台标志着中国海关现代海关制度建设迈出了关键性的一步。

从厦门口岸通关环境和通关管理的实际情况看，有效解决口岸通关“瓶颈”问题，必须建立一个强有力的物流监控系统。目前厦门口岸的物流监控管理尚未建成体系，基础薄弱。同时，海关内部也存在着认识上的偏差等同于对进出口货物的检验。事实上海关物流监控包括进口货物入境后到办结海关放行手续；出口货物从向海关申报起至货物实际出境的全程监管。在具体执行过程中过多的单打独斗，包揽一切，忽视了对与进出境货物相关的港务局、承运人、船代货代、仓储报关等单位的协调管理，上述单位是海关监管的延伸与依托。另一种极端是与“促进为主”的时代环境相辅相成的观念，即过于相信和依托港务部门替海关“把关”，忽视其代行政府职能弱化企业市场经济成份浓厚的实质，对其因利益驱动与不法分子串通一气蒙骗的风险重视不够。尽管海关和港务局、外代等签有MOU合作备忘录，也部分实现了计算机联网，但实际执行中的协作并未遂人所愿。港口方面不按联网的海关放行信息实际交付进口货物，船代部门擅自更改舱单、提单的情事时有发生。二是人员不足。由于进出口业务成倍增长而现场验货人力不足问题突出，影响了查验质量和货物流转。三是现场人员缺乏专业知识培训，业务水平参差不齐。一方面因机构改革岗位轮换需要，人员变动较大，新关员多；另一方面现场海关由于受到地域和业务层面限制，人员的知识结构不合理，业务技能和素质有限，执法随意性大。

与此同时，培训工作按对口进行，而与监管工作密切相关的商品知识、税则归类等等恰恰是监管人员所欠缺的，因不对口得不到知识更新的培训。四是检查设备及手段、方法跟不上。刚刚在东办启用的电子地磅和H986查验系统尚处于试运行阶段，大量的查验工作基本沿用开箱查验手法，还不时受制于码头装卸工具、搬运及场地限制，影响查验效率。

“入世”后进出口物流量的增加，意味着海关监管任务的加重，如何构筑与国际惯例接轨的先进物流管理理念，最大限度地降低贸易成本，实现“方便与严密、制约与效能”相结合的海关监控体系，是当前海关通关改革的核心之一。为此，应尽快建立物流监控体系：

首先，要由政府协调，进行必要的干预。海关与港口、代理、承运等诸多层次单位之间建立职责明确，配合紧密的共管机制，保证海关能够对进出境的货物流、电子数据流、报关单据流进行动态的全过程的有效监控。这方面的工作有：

1．需要有与物流监控相配套的法律法规。使之与共管单位的职责法制化，协调配合制度化，进而取代MOU形式的松散合作机制，加强法律的约束力和操作的规范化；

2. 实现职能与执行一体化。将物流监控的决策职能部门与执行部门统一，成立一个集舱单、运输工具、监管场所管理卡口、码头、库区巡视、验货于一体的现场物流监控中心，形成对进出口货物的通关和集疏港过程的全程监控；

3. 硬件保障。需要协调港口有关单位规划卡口、道路、交通问题，实行封闭式的卡口管理制度，对进出港区车辆进行分流和限制。用发展的眼光规划用地，建造符合国际上多式联运要求的集装箱堆存、仓储、拆拼箱、转运等功能，促成水、陆、空联手的区域性多式联运中心，使港口集疏运体系向多元化、立体化方向发展，尽早实现与国际流通领域接轨。

其次，应充分利用船管工作既监管船舶又接触货物的优势，从货运源头上把住关。

1. 要抓住船舶申报环节，前移货运监管时空。

为适应与国际惯例接轨取消登轮联检制度，审核船方交验单证是海关正面监管的切入口，此前有大量的前期调研工作要做。如对货物承运情况，运输工具行驶路线以及中途停泊、收发货人是否重点监控对象的动态情况等信息，予以采集、分析、建立档案。根据申报内容和风险分析情况，决定是否对运输工具进行实地、实物检查。可通过港监的“船舶监控中心”确切掌握船舶进出境动态；通过与港务部门的计算机联网，及时掌握船舶和装卸货物动态，强化预警功能，进一步拓宽海关监管面和监管时效。

2. 建立船舶档案计算机管理子系统，实施不间断、全过程监控。

电子化申报已被国际上广泛应用于各个领域，必须充分利用计算机应用的科技手段以拓宽EDI申报领域，目前东办已制定并实施“管理进境国际航行船舶载货清单及其电子数据的操作细则”，正在向着这方面的工作努力。

3、加强大宗散货监管，缓解查验现场压力。

根据WTO国民待遇和公平贸易等原则，由政府指定专营的8大项大宗散货将放开市场。价值巨大的大宗货物，因监管时效长，估测难度大，往往被现场查验人员视为重负，偏重于查验集装箱货物疏于查验大宗散货的监管思维，将在市场放开后使海关监管工作失之偏颇。因此，可借鉴香港海关经验，由船管外勤人员组成“海上验货组”，登轮监视开航、查验外形、包装、取样送检，完成物流监控的前期工作。

4. 强化船舶实体监管，制止船员走私违规。

“入世”后，船舶进出将更加频繁，各种诱发风险的因素会随时间、环境而发生突发性的、不确定性变化，因而必须针对不同时期出现的新情况新问题，灵活采取监管对策和手段。可结合船舶预申报的动态，确定重点监控对象、在入境环节以堵塞“黄源”毒品为主，在出境环节重点查缉文物、武器走私。可采取一般巡视和突击检查相结合的监管手段等等。此外要加强与船公司、港务等部门的联系，把海关监管与船舶自管结合起来。

第三，加大科技设备投入，加快海关科技业务一体化进程。目前，在建或待建的设施主要有：

电子地磅。当集装箱卡车出港经装备有电子地磅系统车道时，识别仪读取箱号并自动从海关H883舱单数据库中找到该箱放行标志，识别是否经海关放行，也能够提供箱重量以供扣除皮重，同时能读取“车辆自动识别卡”上存有的运输车辆的重量、型号、驾驶员、所属公司等基本数据。集装箱卡车从上称台到下称台，所需过程不到15秒，行进中的车辆不需停车就可完成车辆信息的自动处理。该系统自动化程度高，不需要人工干预，不但能加快货物通关效率，而且提高了发现走私货物的概率，严密了海关监管。

移动式集装箱透视仪。由清华同方设计的组合移动式集装箱透视仪(简称H986系统检查仪)是以辐射成像技术为核心的，集电子、计算机、信息处理等技术于一体的大型技术设备，无须开箱可视集装箱内装载货物，适用于货运集装箱的快速检查，发现藏匿于箱内各个角落的物品。该系统的启用将有效缓解海关人员的工作强度，加大检验力度，从而带来巨大的社会效益和经济效益，进一步加快了海关科技业务一体化的进度。

海关与厦门港务局EDI中心主机系统联机已初步完成，成功交换了进口货物放行信息。目前正着手开发进出境船舶的电子档案，设置与港务局、外代联网的船舶动态电子显示屏，确保对进出境船舶实施全过程动态监控。

着手研究建立进出口舱单电子数据公共信息化平台。将以往船代公司直接或通过厦门外代向海关传输舱单电子数据，改为船代公司与港务局EDI中心联网，舱单电子数据传输到港务局EDI中心，转发海关，保证舱单电子数据的及时、准确。

设立码头、场、站闭路电视监控中心。设计原则要求达到可靠性、先进性、实用性、可扩展性、操作方便的特点， 实现以较少的人力配置达到对货物流向的全方位监控的目的。

第四，人力资源配置方面：

未来的竞争在于人才，“以人为本”是根本的出发点。应充分发挥海关人员文化程度高，人才构成丰富的优势，优化组合，如将化工、机电、电脑等专业人才充实到审单、查验一线岗位上，培植专家岗位，对口查验，提高查验质量。保证业务现场从事实际查验人员占总人数50%以上，强化物流环节的监管、实现与审单中心、物流监控中心相互依托的通关管理格局。

通关作业改革指导方案的全面实施，将构筑起现代海关制度的基本框架，把现代海关制度建设推向一个崭新的阶段。在整个口岸通关的大环境下，新的通关管理模式与即将投入运行的口岸电子执法系统的紧密结合，将极大地提高海关执法和管理的水平，确保国家各项进出境管理法律、法规和政策得到更加公正、有效的执行，也将进一步提高风险防范能力，增强海关工作的公开性、透明度，有利于建立海关与工作对象之间的新型工作关系，接受社会监督，进一步提高通关效率，降低企业通关成本，更好地维护广大进出境守法企业的合法利益，促进经济和贸易的健康发展。

九、“入世”——厦门口岸未雨绸缪的对策

(一)解放思想、更新观念。

“入世”是我国改革开放和现代化建设进程中的一件大事，对中国经济在新世纪的发展具有深远影响。各级政府及有关部门，各类企业特别是国有企业，要充分认识“入世”的必然性和紧迫性，要以市场经济观念取代传统计划经济观念，遵守市场规则，讲究商业信誉，坚持克服寻求行政保护、追求垄断特权的观念。

(二)抓好产业结构调整。

实施经济国际化战略的首要任务是加快产业结构的调整，这种调整不能仅从本地区、本部门出发，也不能一味采取“跟进”的方式，而是要立足国内、国外两个市场，从厦门的实际出发，大力发展旅游、金融、保险、咨询服务等第三产业；发展高新技术产业、加快传统产业的技术改造进程，推进高新技术的产业化；加快企业战略性改组，形成合理的经济规模，尽快提高工业企业的国际竞争力，从而建立适应社会主义市场经济要求的现代企业制度和经营机制。

(三)实施“大经贸”战略。

一是把握机遇，开拓国际市场，继续实施市场多元化战略——恢复和增加对亚洲出口，开拓非洲、拉美及东欧等新兴市场，抓住欧美纺织品、农副产品市场准入增加的机遇抢占欧美市场，鼓励有实力的企业到境外投资办企业，积极开展网上贸易；二是坚持“以质取胜”战略和“科技兴贸”战略，加速开拓高档产品出口市场，优化调整出口商品结构；三是全面推行进出口代理制，实现外贸公司与生产企业、商业企业之间的优势互补。

(四)要继续抓好招商引资工作。

办好一年一度的中国投资贸易洽谈会、厦门市对台出口商品交易会，争取更多的有实力的跨国公司来厦投资，使厦门的特区经济日益与世界经济接轨。

(五)加快改善投资环境。

要大力加强交通通讯、供电供水、给水排水、环境保护等城市设施建设；实行“一条龙”联合办公制度；充分利用厦门市具有的立法权，建立健全保护外商投资者权益的地方性法规，加大对外商投诉案件的处理力度，为外商投资企业和外资机构的进入，以及国内企业的发展创造良好的投资环境。

(六)深化体制改革，加大宏观管理力度。

政府有关部门要适应“入世”以后的新形势，积极转变政府职能，改变管理方式，推行政企分开，减少直接的行政干预，改进工作作风，增强政府服务意识，简化机关办事手续，全面提高办事效率和管理水平，要主动地为企业提供咨询、培训，加强对企业的业务指导和信息服务，提高经济贸易政策的透明度，加强地方和行业协会的法律法规建设。

(七)抓好 WTO 有关协议及基础知识的培训工作。

招揽、培养精通 WTO 方面知识的专门人才，掌握国际规则，充分做好与国际惯例接轨的各方面准备工作。在竞争的过程中，也要注重向国外学习，取长补短，“师夷长技以制夷”。

（作者：厦门海关课题组）

优化口岸通关环境的根本出路在于信息技术的运用

多年来，福建省委、省政府一直十分重视外商投资环境建设，连续几年都以省委、省政府联合召开会议的形式，一年确定一个主题，一年开一次全省改善外商投资环境大会。口岸环境是投资环境的重要组成部分，因而很自然地被纳入省委、省政府领导的视野。根据省委、省政府的部署，口岸主管部门的领导把口岸环境建设的重点放在优化通关环境方面，也是一年一个台阶，做了不少卓有成效的工作。比如，1997年在漳州会议上，原省口岸办提出改善我省口岸环境的十条意见，国家驻闽口岸查验主管单位也相应提出若干改善通关环境的措施，引起强烈反响。为了巩固这一成果，省口岸办又反复征求各单位意见，进行认真修改，综合成《省口岸办及口岸查验部门改进服务工作优化通关环境的具体措施》，省政府以闽政[1999]文72号予以转发。文件的贯彻执行产生了积极的效果。省政府机构改革后，新组建的省口岸与海防办又继续抓好这项工作，根据新的形势和变化了的情况，再次对各种改革措施进行修订，形成新的措施和办法，省政府又以闽政[2000]文219号予以转发。另一方面，“创文明行业、建满意窗口”活动也在口岸系统如火如茶地展开，推出一批高质量的口岸文明示范窗口，开展规范服务、文明服务；优质服务。可以说，无论是机构改革前的省口岸办还是机构改革后新组建的省口岸与海防办，都一如既往地倾注心血，着力采取措施，改善口岸通关环境，也收到一定的效果。但是，船东、货主、外商对口岸环境和整个投资环境的评价却不容乐观，有人甚至尖锐地指出：福建口岸通关环境在恶化！为什么会形成如此大的反差?口岸通关环境综合调研也显示，确实存在许多亟待解决的具体问题。比如，进出口货物报关报验仍然是环节多、速度慢、效率低；船舶出入境检查时各单位人员分散登轮，时间拖得太长；出口集装箱退载率居高不下，以及港口一些收费项目不规范，透明度不够等等。在此，笔者不禁想起了前些日子我省开展的“创建福厦文明路”活动，投入不少人力物力却收不到预期效果，根本的原因在哪里?原因在于基础设施太落后。福厦高速公路的建成通车，为“创建福厦文明路”打下坚实的物质基础，规范管理加上畅通的高速公路，自然就形成“福厦文明路”。口岸通关环境建设又何尝不是如此！为此，笔者结合自身工作体验，面对加入世贸组织的形势，面对新世纪的开始，面对信息时代的到来，面对口岸繁重的任务和严峻的形势，经过反复思考，提出这样的命题，即：优化口岸通关环境的根本出路在于信息技术的运用，与口岸同行商榷。

首先，环境建设包括硬环境和软环境，二者是相辅相成的，在社会发展过程中交替担负主要角色。人们在强调精神文明建设的重要时往往有句口头禅：硬件不足软件补。的确这是一个被人们普遍接受的道理，也是一种现象，也产生过积极效果，但是，如果停留在这个水平上就是保护落后，自甘落后。归根到底，从哲学观点看，物质是第一性的，从现实效果看，有时往往硬件起基础性甚至是决定性作用。可以回想一下，如果社会发展到今天，口岸硬环境设施建设还是二十世纪八十年代水平，口岸工作人员微笑服务、扶老携幼、拾金不昧等软件建设又有多大意义呢?因此，口岸工作者观念的更新，决策者指导思想不但跟上时代潮流，而且站在时代前列引导口岸环境建设，显得尤为重要。

其次，硬环境和软环境又是一对心灵感应的孪生姐妹，难分彼此，互相渗透，交叉融合。硬环境建设包括码头、车站、机场(含现代化的候船、候车、候机楼)、检查检验检疫仪器设备、报关报验窗口建设和现代化办公设施等。就这些硬环境而言，有的是绝对“硬”，有的是“硬”中带“软”，有的必须软硬兼施。其中最核心的是人的素质和人才的开发利用，最根本是现代科技的运用，最理想的是软硬兼备。

第三，口岸软硬环境建设有机结合的最集中表现就是信息技术的运用，这是口岸管理的方向，也是口岸建设的根本出路。自从电脑技术问世以来，经历了由低级向高级发展，由简单到复杂的过渡。起先电脑运用于口岸只是打单的功能，后来是本系统信息联网，接着就是同系统内不同口岸电子转单。触摸式电子显示屏的运用，使口岸执法的透明度大大增强。海关通关作业改革，计算机软件的开发和运用使海关的报关电脑化，不但加快了通关速度，也减少了人为的主观因素干扰边检护照证件鉴别系统、台内报警监控系统的投入，对入出境旅客签证的检查和有关资料的查核使每个旅客验证速度缩短到45秒以内，既准确又快捷；卫生检疫实行电讯检疫；港务监督实行电讯报验；边防检查实行电子报检等等，这些无疑大大加快了口岸检查检验检疫的速度，加快了车船客货在口岸的流通。但是，尽管把信息技术用于口岸各单位，加快了各自的工作效率，对于货主、船方来说仍然要进多家门办一件事，为了解决这一矛盾，厦门口岸率先建设东渡联检报关中心，把口岸查验窗口部分及中介服务机构集中到一起办公，起到积极作用，收到明显效果。随着信息技术的提高，人们发现根本的解决办法还是电脑联网，把海关与其他查验单位电脑联网起来，把进出口企业和代理机构的电脑与查验单位联起来， 最后再与港口联起来，建立起完整的口岸信息平台，从而达到最终实现无纸报关和无纸贸易的电子化操作的目的。国外先进口岸的电子技术的运用称为电子门工程，彻底从手工操作的口岸变为电子口岸。可以想象，要达到这种先进水平，资金的投入自不必说，人才的要求也相应高，这是典型的“软硬兼备”，除此之外没有别的出路。

第四，口岸最基本的功能是对进出口货物和入出境旅客做到“货畅其流”“客乐其行”。但是，口岸在这种物流和人流中显得相对静态，几乎是整个链条中的一圈链节，即使口岸畅通了，货、客流动不起来，口岸功能也只好被动失灵。因此，加入世贸组织以后，随着经济全球化进程的加快，研究和运用国际货运物流技术已成为口岸经济发展的一个突出课题。国外物流业之所以发达，最根本的还是信息技术的运用，最主要的还是口岸信息化速度为物流发展创造了前提条件。现代物流配送是一个新兴的产业，是对传统国际货运的彻底改造，是信息流、资金流、物流的有机结合和科学调度。可以想象，口岸电子化、物流电子化、国际商务电子化将彻底改变目前这种口岸通关环境的被动格局，口岸通关环境才可能说是真正意义上的优化。

第五，解决口岸目前存在的问题同样有赖于信息技术的运用。国家推行“金关工程”中又特别强调建立起电子执法系统，把海关、银行、税务的电脑联网起来，就能有效地联手打击骗退税行为；把海关、港口现场、代理、船方的电脑联网起来就能有效克服集装箱退载率过高的问题把边检、海关、检验检疫、代理、船方的电脑联网起来就能解决分散上船检查和“代理抢联检”的问题；把口岸主管部门、查验单位、生产部门电脑联网起来，就能解决主管机关不能及时了解口岸现场动态和查验法规出台、修改动态的问题，还可以解决口岸单位及时了解主管机关发布的政令和指示，起到有效实施宏观调控作用等等。另一方面，象海关电子地磅的使用，集装箱整体检查系统的启用；象港监的航海电子指挥系统的建立；象检验检疫CIQ2000工程的启动等等，都是信息技术在口岸的运用，既减轻了口岸工作人员的工作劳动强度，又提高了效率，提高了准确度，规范了通关操作。而且各单位间结合业务开发的电子软件不但为口岸服务也加强了内部队伍的管理。因此，优化口岸通关环境既要抓眼前，又要抓根本，而根本的出路就在于信息技术在口岸的运用。

（作者：林金贵）

第五篇

全国口岸运行主要数据统计表

一、2001年各口岸进出口商品总值排序表

单位：千美元

序号	口岸	进出口总值		出口		进口	
		金额	比重%	金额	比重%	金额	比重%
0	总值	509,651,089	100.0	266,098,209	100.0	243,552,881	100.0
1	广东口岸	188,168,157	36.9	100,897,134	37.9	87,271,023	35.8
2	上海口岸	120,467,158	23.6	67,992,707	25.5	52,474,451	21.5
3	山东口岸	4,782,655	6.8	19,277,130	7.2	15,505,525	6.3
4	天津口岸	32,301,014	6.3	17,781,376	6.6	14,519,639	5.9
5	江苏口岸	25,911,021	5.0	10,093,868	3.7	15,817,153	6.4
6	辽宁口岸	23,646,687	4.6	12,659,387	4.8	10,987,300	4.5
7	福建口岸	22,850,632	4.5	13,719,736	5.2	9,130,895	3.7
8	浙江口岸	20,919,961	4.1	9,812,442	3.7	11,107,519	4.6
9	北京口岸	16,000,878	3.1	4,940,428	1.8	11,060,450	4.5
10	河北口岸	3,449,063	0.6	1,869,358	0.7	1,579,705	0.6
11	内蒙古口岸	2,607,926	0.5	289,808	0.1	2,318,118	1.0
12	广西口岸	2,012,894	0.3	1,161,670	0.4	851,224	0.3
13	湖北口岸	1,968,968	0.3	625,132	0.2	1,343,837	0.5
14	新疆口岸	1,857,273	0.3	435,676	0.1	1,421,596	0.5
15	四川口岸	1,482,362	0.2	346,119	0.1	1,136,242	0.4
16	吉林口岸	1,431,425	0.2	265,563	0.1	1,165,863	0.4
17	黑龙江口岸	1,377,645	0.2	728,934	0.2	648,711	0.2
18	重庆口岸	1,309,149	0.2	510,325	0.1	798,824	0.3
19	海南口岸	1,306,627	0.2	461,792	0.1	844,835	0.3
20	云南口岸	1,127,049	0.2	611,598	0.2	515,450	0.2
21	湖南口岸	1,012,143	0.1	375,689	0.1	636,454	0.2
22	陕西口岸	931,885	0.1	206,240	0.0	725,645	0.2
23	安徽口岸	748,025	0.1	272,833	0.1	475,192	0.1
24	河南口岸	543,515	0.1	150,941	0.0	392,574	0.1
25	山西口岸	469,780	0.0	292,827	0.1	176,953	0.0
26	江西口岸	318,225	0.0	111,444	0.0	206,781	0.0
27	甘肃口岸	189,077	0.0	40,151	0.0	148,926	0.0
28	贵州口岸	147,774	0.0	42,630	0.0	105,144	0.0
29	西藏口岸	101,969	0.0	97,008	0.0	4,961	0.0

二、出入境人员排序表

序号	口岸	出入境人员（人）	比重（%）	比去年同期±（%）
0	合计	213,543,048	100.00	7.47
1	广东口岸	171,790,615	80.45	7.73
2	云南口岸	9,138,626	4.28	-9.91
3	上海口岸	8,016,850	3.75	22.88
4	北京口岸	7,339,480	3.44	7.56
5	广西口岸	2,860,394	1.34	4.40
6	黑龙江口岸	2,182,750	1.02	6.35
7	内蒙古口岸	1,990,026	0.93	10.79
8	福建口岸	1,970,221	0.92	8.29
9	辽宁口岸	1,649,965	0.77	27.56
10	山东口岸	1,305,952	0.61	6.70
11	海南口岸	839,651	0.39	6.71
12	吉林口岸	688,729	0.32	37.68
13	浙江口岸	660,265	0.31	18.15
14	天津口岸	602,341	0.28	4.40
15	江苏口岸	565,717	0.26	23.84
16	新疆口岸	445,609	0.21	-10.59
17	四川口岸	338,463	0.16	10.86
18	陕西口岸	316,937	0.15	8.36
19	西藏口岸	203,573	0.10	-26.68
20	重庆口岸	159,590	0.07	20.67
21	湖北口岸	118,437	0.06	19.08
22	河北口岸	95,225	0.04	6.30
23	湖南口岸	81,634	0.04	-10.32
24	安徽口岸	43,460	0.02	21.68
25	河南口岸	42,565	0.02	4.79
26	贵州口岸	36,868	0.02	54.21
27	山西口岸	32,459	0.02	31.60
28	江西口岸	25,602	0.01	-3.71
29	甘肃口岸	1,044	0.00	----

三、监管印刷品、邮递物品、快递物品进出口排序表

序号	口　岸	印刷品		邮递物品		快递物品	
		数量（件）	同比（%）	数量（件）	同比（%）	数量（件）	同比（%）
0	合　计	86,011,698	19.91	7,410,468	6.74	34,161,698	20.64
1	北京口岸	34,356,494	3.83	2,515,336	0.25	4,136,456	0.49
2	广东口岸	27,304,706	60.79	882,932	−1.42	15,022,266	21.52
3	辽宁口岸	5,723,294	41.01	938,934	4.97	1,333,388	53.54
4	天津口岸	5,485,848	12.14	150,156	46.04	465,934	15.21
5	上海口岸	4,368,105	4.62	546,146	−10.04	9,167,837	18.84
6	江苏口岸	1,330,955	7.90	179,759	47.49	239,967	145.32
7	浙江口岸	1,225,845	20.41	274,120	2.60	670,832	28.13
8	山东口岸	1,074,491	9.89	252,143	6.85	1,184,350	90.80
9	四川口岸	1,063,763	3.79	210,062	25.81	127,835	59.82
10	福建口岸	667,484	−36.84	368,741	−14.87	1,051,095	17.65
11	广西口岸	630,010	12.01	44,610	38.38	32,026	29.09
12	湖北口岸	496,424	15.03	38,895	−16.78	83,277	45.25
13	黑龙江口岸	465,504	23.55	110,400	11.95	119,211	19.94
14	吉林口岸	456,312	8.63	138,899	24.13	234,425	39.58
15	重庆口岸	416,789	19.19	19,313	0.35	31,507	27.69
16	湖南口岸	312,538	−27.60	41,107	28.54	103,567	−7.94
17	云南口岸	197,110	5.53	61,461	132.77	26,667	6.37
18	河南口岸	156,072	−5.97	30,292	36.94	59,197	8.44
19	内蒙古口岸	130,400	449.49	9,664	−19.44	19,932	−3.41
20	新疆口岸	48,104	−53.42	566,151	108.18	13,241	12.84
21	海南口岸	47,031	−13.68	17,158	9.73	19,453	−5.09
22	河北口岸	39,680	−60.21	6,144	5.24	18,594	15.86
23	江西口岸	10,232	16.78	4,865	−51.48	———	———
24	西藏口岸	4,507	−20.65	4,173	−4.11	457	36.01
25	山西口岸	———	———	———	———	16	−38.46
26	安徽口岸	———	———	———	———	———	———
27	贵州口岸	———	———	7	———	168	———
28	陕西口岸	———	———	———	———	———	−100.00
29	甘肃口岸	———	———	———	———	———	———

四、进出口商品总值表

上栏单位：百万元人民币　　　　下栏单位：百万美元

年份	进出口总值	出口总值	进口总值	差　额 （+出超、-入超）	比上年增减±% 出　口	进　口
1981年	73,534	36,761	36,773	-12		
1982年	77,138	41,383	35,754	5,629	12.6	-2.8
1983年	86,015	43,833	42,182	1,651	5.9	18.0
1984年	120,103	58,056	62,047	-3,991	32.5	47.1
1985年	206,671	80,886	125,785	-44,899	39.3	102.7
1986年	258,037	108,211	149,826	-41,615	33.8	19.1
1987年	308,416	146,995	161,421	-14,426	35.8	7.7
1988年	382,178	176,672	205,507	-28,835	20.2	27.3
1989年	415,592	195,606	219,986	-24,380	10.7	7.0
1990年	556,012	298,584	257,428	41,156	52.6	17.0
1991年	722,575	382,710	339,865	42,845	28.2	32.0
1992年	911,962	467,629	444,333	23,296	22.2	30.7
1993年	1,127,102	528,481	598,621	-70,141	13.0	34.7
1994年	2,038,190	1,042,184	996,006	46,179	97.2	66.4
1995年	2,349,994	1,245,181	1,104,813	140,367	19.5	10.9
1996年	2,413,386	1,257,643	1,155,743	101,899	1.0	4.6
1997年	2,696,724	1,516,068	1,180,656	335,411	20.5	2.2
1998年	2,684,969	1,522,354	1,162,614	359,740	0.4	-1.5
1999年	2,989,622	1,615,977	1,373,646	242,331	6.1	18.2
2000年	3,927,325	2,063,444	1,863,881	199,563	27.7	35.7
2001年	4,218,362	2,202,444	2,015,918	186,526	6.7	8.2
1981年	44,022	22,007	22,014	-7		
1982年	41,606	22,321	19,285	3,036	1.4	-12.4
1983年	43,616	22,226	21,390	837	-0.4	10.9
1984年	53,549	26,139	27,410	-1,271	17.6	28.1
1985年	69,602	27,350	42,253	-14,903	4.6	54.2
1986年	73,847	30,942	42,904	-11,962	13.1	1.5
1987年	82,653	39,437	43,216	-3,779	27.5	0.7
1988年	102,784	47,516	55,268	-7,752	20.5	30.6
1989年	111,678	52,538	59,140	-6,602	10.6	8.1
1990年	115,437	62,091	53,345	8,746	18.2	-9.8
1991年	135,633	71,843	63,791	8,052	15.7	19.6
1992年	165,525	84,940	80,585	4,355	18.2	26.3
1993年	195,703	91,744	103,959	-12,215	8.0	29.0
1994年	236,620	121,006	115,614	5,393	31.9	11.2
1995年	280,863	148,780	132,084	16,696	23.0	14.2
1996年	289,880	151,048	138,833	12,215	1.5	5.1
1997年	325,162	182,792	142,370	40,421	21.0	2.5
1998年	323,949	183,712	140,237	43,475	0.5	-1.5
1999年	360,630	194,931	165,699	29,232	6.1	18.2
2000年	474,296	249,203	225,094	24,109	27.8	35.8
2001年	509,651	266,098	243,553	22,545	6.8	8.2

五、2001 年进出口商品国别（地区）总值表

单位：千美元

进口原产国（地） 出口最终目的国（地）	2001 年			2000 年		
	出口	进口	出入超	出口	进口	出入超
总　值	266,098,209	243,552,881	22,545,328	249,202,551	225,093,731	24,108,820
亚　洲	140,917,976	147,136,598	-6,218,623	132,308,226	141,341,884	-9,033,658
阿富汗	17,265	162	17,104	19,891	5,396	14,495
巴林	52,087	77,677	-25,590	49,008	72,106	-23,098
孟加拉国	955,155	16,699	938,455	899,592	18,845	880,747
不丹	1,604	15	1,589	1,954	–	1,954
文莱	17,156	148,238	-131,082	13,018	61,348	-48,329
缅甸	497,349	134,188	363,161	496,443	124,820	371,623
柬埔寨	205,654	34,804	170,849	164,064	59,491	104,574
塞浦路斯	116,276	1,334	114,943	151,861	565	151,296
朝鲜	573,099	166,739	406,360	450,804	37,214	413,590
香港	46,541,242	9,422,498	37,118,744	44,518,285	9,429,012	35,089,273
印度	1,895,833	1,699,093	196,739	1,560,736	1,353,477	207,259
印度尼西亚	2,835,706	3,887,887	-1,052,181	3,061,824	4,401,954	-1,340,131
伊朗	888,580	2,423,971	-1,535,391	713,441	1,773,059	-1,059,618
伊拉克	394,941	73,022	321,919	327,259	647,645	-320,386
以色列	832,612	483,240	349,372	718,841	335,350	83,491
日本	44,940,524	42,787,308	2,153,216	41,654,314	41,509,675	144,639
约旦	226,153	48,307	177,846	201,803	51,304	150,499
科威特	192,256	450,197	-257,940	316,670	298,848	17,822
老挝	54,410	7,458	46,952	34,419	6,421	27,998
黎巴嫩	235,687	2,591	233,095	168,939	414	168,526
澳门	742,357	119,120	623,237	709,860	94,990	614,870
马来西亚	3,221,098	6,203,976	-2,982,878	2,564,874	5,479,997	-2,915,123
马尔代夫	2,099	103	1,996	1,338	20	1,318
蒙古	122,845	239,497	-116,653	110,539	212,074	-101,535
尼泊尔	148,543	4,632	143,911	197,072	7,140	189,932
阿曼	66,736	1,609,582	-1,542,846	59,540	3,261,774	-3,202,233
巴基斯坦	814,968	581,874	233,095	670,317	492,180	178,137
巴勒斯坦	4,891	51	4,840	6,153	77	6,076
菲律宾	1,619,112	1,945,208	-326,096	1,464,409	1,677,317	-212,908
卡塔尔	31,556	377,048	-345,492	31,226	440,956	-409,730
沙特阿拉伯	1,354,115	2,715,895	-1,361,781	1,144,743	1,953,521	-808,778
新加坡	5,790,711	5,128,281	662,430	5,761,041	5,059,631	701,410
韩国	12,518,778	23,376,945	-10,858,168	11,292,364	23,207,406	-11,915,042
斯里兰卡	386,446	10,141	376,306	445,452	12,845	432,607
叙利亚	223,157	14	223,142	173,980	89	173,892
泰国	2,337,109	4,713,848	-2,376,739	2,243,253	4,380,787	-2,137,534
土耳其	674,007	230,938	443,069	1,077,895	126,746	951,149
阿拉伯联合酋长国	2,377,322	447,610	1,929,713	2,078,437	416,067	1,662,370
也门共和国	209,692	451,364	-241,672	176,305	735,515	-559,210
越南	1,797,775	1,010,786	786,990	1,537,259	929,147	608,112
中华人民共和国	–	8,765,500	-8,765,500	–	7,173,104	-7,173,104
台湾省	4,999,603	27,338,758	-22,339,156	5,038,996	25,493,561	-20,454,565
亚洲其他国家（地区）	1,468	–	1,468	7	–	7

续表

进口原产国（地） 出口最终目的国（地）	2001 年			2000 年		
	出口	进口	出入超	出口	进口	出入超
非　洲	6,005,929	4,793,044	1,212,885	5,042,012	5,555,065	−513,053
阿尔及利亚	222,226	69,988	152,238	172,917	25,938	146,979
安哥拉	45,722	721,828	−676,106	33,736	1,842,693	−1,808,957
贝宁	520,457	60	520,397	370,412	1,125	369,287
博茨瓦那	14,232	–	14,232	11,474	10	11,464
布隆迪	1,155	2	1,153	3,627	1,119	2,508
喀麦隆	29,311	183,699	−154,388	22,633	138,028	−115,395
加那利群岛	33,982	–	33,982	24,476	25	24,451
佛得角	2,213	–	2,213	5,178	–	5,178
中非	567	1,390	−822	343	301	42
塞卜泰(休达)	554	–	554	2,099	–	2,099
乍得	283	11	272	622	14	608
科摩罗	457	42	415	290	5	285
刚果	38,164	181,404	−143,240	18,340	323,715	−305,375
吉布提	47,319	322	46,997	54,108	22	54,085
埃及	873,208	80,318	792,890	805,301	102,066	703,235
赤道几内亚	3,355	508,581	−505,226	3,549	319,478	−315,929
埃塞俄比亚	78,798	1,770	77,028	55,704	2,872	52,832
加蓬	5,889	259,354	−253,465	4,427	337,274	−332,847
冈比亚	72,507	–	72,507	61,625	–	61,625
加纳	145,885	36,601	109,284	105,932	14,994	90,938
几内亚	44,060	43	44,018	34,024	21	34,003
几内亚(比绍)	8,299	–	8,299	4,621	182	4,440
科特迪瓦共和国	257,651	7,775	249,876	222,757	7,249	215,508
肯尼亚	138,807	5,878	132,929	133,083	3,850	129,233
利比里亚	112,723	28,787	83,936	126,001	35,286	90,714
利比亚	40,981	54,201	−13,220	52,309	25,061	27,247
马达加斯加	72,864	8,840	64,024	71,234	6,452	64,782
马拉维	4,493	403	4,091	6,913	–	6,913
马里	22,928	1,019	21,909	34,845	406	34,440
毛里塔尼亚	29,869	4,369	25,500	24,677	4,945	19,732
毛里求斯	87,184	8,952	78,233	83,799	29,297	54,503
摩洛哥	299,880	84,349	215,531	277,822	58,235	219,587
莫桑比克	22,041	11,194	10,847	24,706	8,778	15,928
纳米比亚	21,217	11,263	9,954	8,284	3,591	4,693
尼日尔	6,483	–	6,483	7,020	–	7,020
尼日利亚	917,183	227,157	690,026	548,779	307,296	241,483
留尼汪	7,702	–	7,702	5,786	14	5,772
卢旺达	2,891	6,370	−3,479	3,424	2,626	798
圣多美和普林西比	1,258	–	1,258	118	–	118
塞内加尔	52,556	376	52,181	51,277	1,529	49,748
塞舌尔	1,115	51	1,064	1,571	154	1,417
塞拉利昂	11,993	3	11,990	8,657	16	8,640
索马里	1,115	515	601	997	64	933
南非	1,048,574	1,173,201	−124,627	1,013,646	1,037,290	−23,644
西撒哈拉	893	–	893	40	–	40
苏丹	219,948	938,127	−718,179	158,380	731,728	−573,349
坦桑尼亚	90,147	3,286	86,860	85,763	4,770	80,993
多哥	108,752	225	108,527	80,370	62	80,308
突尼斯	106,155	3,204	102,951	96,722	2,193	94,528
乌干达	16,240	1,236	15,004	14,404	837	13,567
布基纳法索	4,060	–	4,060	2,958	–	2,958
民主刚果	13,127	7,885	5,242	18,432	975	17,457

续表

进口原产国（地） 出口最终目的国（地）	2001年			2000年		
	出口	进口	出入超	出口	进口	出入超
赞比亚	38,836	35,924	2,912	32,862	69,390	−36,528
津巴布韦	3,265	114,892	−81,627	31,916	102,737	−70,821
莱索托	16,765	1,129	15,636	10,424	51	10,372
梅利利亚	987	–	987	1,167	–	1,167
斯威士兰	2,992	7,014	−4,021	2,945	37	2,908
厄立特里亚	2,835	9	2,825	1,279	–	1,279
非洲其他国家（地区）	777	–	777	1,209	263	946
欧　洲	49,227,905	48,390,136	837,769	45,481,556	40,784,085	4,697,471
比利时	2,529,807	1,720,944	808,863	2,300,739	1,386,145	914,595
丹麦	898,368	625,700	272,668	782,019	552,173	229,846
英国	6,780,523	3,526,939	3,253,584	6,310,102	3,592,473	2,717,629
德国	9,751,100	13,772,190	−4,021,090	9,277,790	10,408,731	−1,130,941
法国	3,686,499	4,104,763	−418,264	3,705,164	3,949,780	−244,616
爱尔兰	530,235	612,508	−82,273	336,276	377,304	−41,028
意大利	3,991,555	3,784,278	207,277	3,802,022	3,078,428	723,594
卢森堡	38,942	57,999	−19,058	53,602	45,670	7,932
荷兰	7,278,427	1,456,696	5,821,731	6,687,219	1,236,229	5,450,990
希腊	693,839	58,500	635,340	578,702	48,071	530,630
葡萄牙	260,568	71,460	189,108	260,824	46,949	213,874
西班牙	2,260,766	714,407	1,546,359	2,124,211	622,970	1,501,241
奥地利	353,629	662,052	−308,423	308,832	472,351	−163,519
芬兰	910,209	2,376,264	−1,466,056	836,785	2,353,054	−1,516,269
瑞典	931,508	2,167,406	−1,235,898	828,079	2,674,678	−1,846,599
阿尔巴尼亚	16,113	1	16,112	14,320	2	14,318
安道尔	173	–	173	377	3	374
保加利亚	89,018	28,463	60,555	80,826	13,470	67,356
直布罗陀	888	–	888	14,478	–	14,478
匈牙利	1,030,578	130,361	900,218	897,109	99,549	797,559
冰岛	32,273	18,585	13,688	17,611	14,141	3,470
列支敦士登	1,120	420	700	224	1,067	−843
马耳他	80,278	71,491	8,787	76,170	18,497	57,673
摩纳哥	2,207	1,473	734	1,472	1,409	63
挪威	410,992	570,676	−159,684	486,614	610,672	−124,058
波兰	1,016,094	226,389	789,706	860,409	99,608	760,800
罗马尼亚	250,414	103,760	146,653	192,387	105,440	86,947
圣马力诺	383	18	365	300	–	300
瑞士	651,849	1,730,010	−1,078,160	747,780	1,461,372	−713,592
爱沙尼亚	262,867	10,848	252,019	61,785	5,101	56,685
拉脱维亚	47,055	5,049	42,006	26,303	2,777	23,526
立陶宛	58,895	4,435	54,460	29,011	9,694	19,317
格鲁吉亚	3,712	3,292	420	1,542	2,350	−809
亚美尼亚	2,270	1,174	1,096	1,143	4,102	−2,959
阿塞拜疆	10,767	4,276	6,491	2,188	3,980	−1,792
白俄罗斯	8,753	34,505	−25,752	41,117	72,507	−31,390
哈萨克	327,719	960,651	−632,932	598,749	958,209	−359,460
吉尔吉斯	76,639	42,221	34,418	110,174	67,437	42,736
摩尔多瓦	2,150	12,637	−10,487	201	7,916	−7,715
俄罗斯联邦	2,710,472	7,958,795	−5,248,323	2,233,350	5,769,892	−3,536,542
塔吉克	5,301	5,452	−151	6,793	10,377	−3,584
土库曼	31,488	1,224	30,264	12,102	4,057	8,045
乌克兰	247,158	610,437	−363,279	136,431	454,593	−318,163
乌兹别克	50,684	7,617	43,067	39,432	12,033	27,399
南斯拉夫	87,412	9,985	77,427	60,957	7,541	53,416

续表

进口原产国（地） 出口最终目的国（地）	2001年			2000年		
	出口	进口	出入超	出口	进口	出入超
斯洛文尼亚	77,113	12,701	64,412	55,618	14,300	41,318
克罗地亚	142,120	5,124	136,997	79,961	5,068	74,894
捷克	523,818	92,246	431,572	354,073	82,950	271,123
斯洛伐克	61,357	12,893	48,464	40,364	15,630	24,734
前南斯拉夫马其顿	10,256	150	10,106	6,257	839	5,417
波斯尼亚－黑塞哥维那	1,543	674	869	1,565	2,495	−930
梵蒂冈城国	—	—	—	—	—	—
欧洲其他国家（地区）	—	—	—	—	—	—
拉丁美洲	8,235,806	6,702,299	1,533,508	7,185,215	5,410,275	1,774,940
安提瓜和巴布达	1,195	0	1,195	891	26	864
阿根廷	573,696	1,281,027	−707,331	610,303	929,990	−319,687
阿鲁巴岛	3,622	34	3,588	6,863	—	6,863
巴哈马	34,767	22	34,745	7,685	0	7,685
巴巴多斯	5,414	58	5,356	3,043	13	3,030
伯利兹	6,275	—	6,275	3,373	207	3,166
玻利维亚	7,737	9,515	−1,778	4,678	12,160	−7,483
博内尔	—	—	—	—	—	—
巴西	1,350,925	2,347,233	−996,308	1,223,545	1,621,441	−397,895
开曼群岛	503	—	503	708	—	708
智利	814,782	1,303,461	−488,679	783,525	1,338,507	−554,981
哥伦比亚	205,273	26,933	178,341	155,968	32,158	123,810
多米尼加	87,596	901	86,695	57,701	2,460	55,241
哥斯达黎加	63,098	26,508	36,590	65,184	10,312	54,871
古巴	331,444	114,049	217,394	232,799	81,142	151,657
库腊索岛	46,542	—	46,542	33,281	0	33,281
多米尼加共和国	38,208	224	37,984	75,406	890	74,516
厄瓜多尔	134,051	28,097	105,955	74,873	80,131	−5,258
法属圭亚那	602	—	602	349	44	305
格林纳达	253	—	253	282	—	282
瓜德罗普岛	1,705	—	1,705	1,333	—	1,333
危地马拉	162,915	211	162,704	138,618	4,606	134,012
圭亚那	12,408	2,371	10,037	10,065	3,948	6,116
海地	14,450	27	14,423	15,695	8	15,687
洪都拉斯	64,841	113	64,729	62,169	107	62,062
牙买加	85,136	33,929	51,207	49,453	29,557	19,897
马提尼克岛	774	—	774	507	1	506
墨西哥	1,790,217	761,276	1,028,941	1,335,245	488,281	846,964
蒙特塞拉特	37	—	37	—	0	0
尼加拉瓜	34,545	87	34,458	43,091	350	42,741
巴拿马	1,239,625	1,951	1,237,674	1,290,155	1,020	1,289,135
巴拉圭	72,097	2,832	69,265	85,959	3,224	82,736
秘鲁	176,520	498,019	−321,500	144,332	560,259	−415,927
波多黎各	75,570	17,431	58,139	57,209	11,422	45,787
萨巴	14	0	14	—	—	—
圣卢西亚	3,021	—	3,021	2,389	2	2,387
圣马丁岛	1,595	—	1,595	1,279	—	1,279
圣文森特和格林纳丁斯	13,075	—	13,075	6,312	—	6,312
萨尔瓦多	99,589	433	99,156	62,641	485	62,156
苏里南	12,643	4,082	8,561	10,642	805	9,837
特立尼达和多巴哥	34,943	67	34,876	26,738	443	26,295
特克斯和凯科斯群岛	3	0	3	79	104	−25
乌拉圭	188,950	95,526	93,424	243,020	101,336	141,684
委内瑞拉	443,349	145,774	297,575	256,497	94,786	161,711

续表

进口原产国（地） 出口最终目的国（地）	2001年			2000年		
	出口	进口	出入超	出口	进口	出入超
英属维尔京群岛	545	—	545	665	33	632
圣其茨——尼维斯	106	14	92	103	—	103
拉丁美洲其他国家（地区）	1,151	94	1,057	563	17	547
北美洲	57,637,238	30,238,292	27,398,946	55,273,512	26,119,589	29,153,923
加拿大	3,345,577	4,027,799	−682,222	3,157,837	3,751,083	−593,246
美国	54,279,510	26,199,944	28,079,566	52,099,219	22,363,148	29,736,071
格陵兰	429	10,461	−10,032	336	5,357	−5,021
百慕大群岛	11,090	4	11,086	15,746	—	15,746
北美洲其他国家（地区）	631	84	547	373	—	373
大洋洲	4,073,355	6,292,364	−2,219,009	3,910,218	5,877,350	−1,967,132
澳大利亚	3,569,446	5,425,925	−1,856,480	3,428,877	5,024,007	−1,595,130
库克群岛	267	113	155	246	1	245
斐济	26,084	247	25,836	15,138	293	14,846
盖比群岛	9	—	9	38	53	−15
马克萨斯群岛	3	—	3	27	—	27
瑙鲁	395	—	395	26	—	26
新喀里多尼亚	3,052	614	2,438	2,987	58	2,929
瓦努阿图	1,151	320	830	1,094	420	674
新西兰	434,861	736,742	−301,881	416,032	638,273	−222,241
诺福克岛	38	—	38	335	—	335
巴布亚新几内亚	19,127	122,383	−103,256	24,862	200,728	−175,866
社会群岛	3,127	57	3,070	3,416	99	3,317
所罗门群岛	1,023	5,940	−4,917	1,047	13,324	−12,277
汤加	1,170	12	1,158	1,636	—	1,636
土阿莫土群岛	36	—	36	—	—	—
土布艾群岛	1	—	1	—	—	—
萨摩亚	2,317	—	2,317	1,963	78	1,886
基里巴斯	497	—	497	1,233	0	1,233
图瓦卢	—	—	—	—	—	—
密克罗尼西亚联邦	1,862	10	1,852	1,634	13	1,621
马绍尔群岛共和国	1,823	—	1,823	1,872	5	1,867
帕劳共和国	1,628	—	1,628	1,960	—	1,960
大洋洲其他国家（地区）	5,439	—	5,439	5,796	—	5,796
国别（地区）不详	—	148	−148	1,812	5,484	−3,671
东南亚国家联盟	18,376,082	23,214,674	−4,838,593	17,340,604	22,180,913	−4,840,308
欧洲联盟	40,895,975	35,712,106	5,183,869	38,192,366	30,845,006	7,347,361
亚太经济合作组织	193,759,326	181,763,577	11,995,748	182,772,916	168,937,117	13,835,799

注释：

东南亚国家联盟包括：文莱、缅甸、柬埔寨、印度尼西亚、老挝、马来西亚、菲律宾、新加坡、泰国、越南。

欧洲联盟包括：比利时、丹麦、英国、德国、法国、爱尔兰、意大利、卢森堡、荷兰、希腊、葡萄牙、西班牙、奥地利、芬兰、瑞典。

亚太经济合作组织包括：文莱、香港、印度尼西亚、日本、马来西亚、菲律宾、新加坡、韩国、泰国、越南、中华人民共和国、台湾省、俄罗斯、智利、墨西哥、秘鲁、加拿大、美国、澳大利亚、新西兰、巴布亚新几内亚。

六、2001年进出口商品构成表

单位：千美元

商　品	出　口		进　口	
	金　额	比重%	金　额	比重%
总　值	266,098,209	100.0	243,552,881	100.0
一、初级产品	26,338,324	9.8	45,743,268	18.7
0类 食品及活动物	12,777,201	4.8	4,975,703	2.0
00章 活动物	344,492	0.1	4,830	0.0
01章 肉及肉制品	1,480,464	0.5	624,207	0.2
02章 乳品及蛋品	79,428	0.0	218,690	0.0
03章 鱼、甲壳及软体类动物及其制品	3,996,461	1.5	1,319,019	0.5
04章 谷物及其制品	1,236,747	0.4	654,919	0.2
05章 蔬菜及水果	3,708,282	1.3	681,231	0.2
06章 糖、糖制品及蜂蜜	319,480	0.1	377,155	0.1
07章 咖啡、茶、可可、调味料及其制品	592,392	0.2	103,457	0.0
08章 饲料（不包括未碾磨谷物）	337,461	0.1	639,354	0.2
09章 杂项食品	681,993	0.2	322,841	0.1
1类 饮料及烟类	873,411	0.3	411,761	0.1
11章 饮料	487,221	0.1	144,207	0.0
12章 烟草及其制品	386,191	0.1	267,554	0.1
2类 非食用原料（燃料除外）	4,172,009	1.5	22,127,363	9.0
21章 生皮及生毛皮	11,058	0.0	853,739	0.3
22章 油籽及含油果实	460,540	0.1	3,216,073	1.3
23章 生橡胶（包括合成橡胶及再生橡胶）	67,085	0.0	1,392,702	0.5
24章 软木及木材	460,919	0.1	2,704,443	1.1
25章 纸浆及废纸	8,336	0.0	2,734,549	1.1
26章 纺织纤维及其废料	750,758	0.2	2,702,805	1.1
27章 天然肥料及矿物(煤、石油及宝石除外)	1,181,298	0.4	782,360	0.3
28章 金属矿砂及金属废料	126,418	0.0	7,370,412	3.0
29章 其他动、植物原料	1,105,596	0.4	370,278	0.1
3类 矿物燃料、润滑油及有关原料	8,404,720	3.1	17,465,738	7.1
32章 煤、焦炭及煤砖	3,595,737	1.3	90,030	0.0
33章 石油、石油产品及有关原料	3,929,739	1.4	15,896,875	6.5
34章 天然气及人造气	223,695	0.0	1,384,043	0.5
35章 电流	655,549	0.2	94,790	0.0
4类 动植物油、脂及蜡	110,983	0.0	762,705	0.3
41章 动物油、脂	5,207	0.0	98,451	0.0
42章 植物油、脂	96,892	0.0	591,251	0.2
43章 已加工的动植物油、脂及动植物蜡	8,884	0.0	73,003	0.0
二、工业制品	239,759,884	90.1	197,809,612	81.2
5类 化学成品及有关产品	13,352,132	5.0	32,104,446	13.1
51章 有机化学品	3,466,733	1.3	8,867,481	3.6
52章 无机化学品	2,853,580	1.0	1,019,095	0.4
53章 染料、鞣料及着色料	1,218,402	0.4	1,834,868	0.7
54章 医药品	1,978,496	0.7	1,217,528	0.5
55章 精油、香料及盥洗、光洁制品	533,288	0.2	433,182	0.1
56章 制成肥料	377,651	0.1	1,552,327	0.6
57章 初级形状的塑料	624,872	0.2	12,249,739	5.0
58章 非初级形状的塑料	533,933	0.2	1,922,333	0.7
59章 其他化学原料及产品	1,765,178	0.6	3,007,893	1.2
6类 按原料分类的制成品	43,813,405	16.4	41,937,585	17.2
61章 皮革、皮革制品及已鞣毛皮	1,312,964	0.4	2,521,325	1.0
62章 橡胶制品	1,475,355	0.5	670,218	0.2

续表

商　品	出　口		进　口	
	金　额	比重%	金　额	比重%
63章 软木及木制品（家具除外）	1,851,931	0.6	779,127	0.3
64章 纸及纸板；纸浆、纸及纸板制品	1,432,282	0.5	3,458,000	1.4
65章 纺纱、织物、制成品及有关产品	16,825,234	6.3	12,573,178	5.1
66章 非金属矿物制品	4,847,228	1.8	2,505,604	1.0
67章 钢铁	3,152,190	1.1	10,749,114	4.4
68章 有色金属	3,336,640	1.2	6,206,261	2.5
69章 金属制品	9,579,580	3.6	2,474,758	1.0
7类 机械及运输设备	94,900,767	35.6	107,015,071	43.9
71章 动力机械及设备	3,061,178	1.1	5,213,703	2.1
72章 特种工业专用机械	2,373,367	0.8	12,629,765	5.1
73章 金工机械	661,547	0.2	3,567,454	1.4
74章 通用工业机械设备及零件	7,214,890	2.7	9,743,897	4.0
75章 办公用机械及自动数据处理设备	23,572,448	8.8	12,659,767	5.1
76章 电信及声音的录制及重放装置设备	23,758,740	8.9	13,293,239	5.4
77章 电力机械、器具及其电气零件	25,232,416	9.4	39,931,755	16.3
78章 陆路车辆（包括气垫式）	6,623,627	2.4	4,499,507	1.8
79章 其他运输设备	2,402,553	0.9	5,475,984	2.2
8类 杂项制品	87,109,848	32.7	15,076,419	6.1
81章 活动房屋；卫生、水道、供热及照明装置	2,383,936	0.8	144,795	0.0
82章 家具及其零件；褥垫及类似填充制品	5,061,908	1.9	237,199	0.0
83章 旅行用品、手提包及类似品	3,919,918	1.4	37,893	0.0
84章 服装及衣着附件	36,650,213	13.7	1,274,494	0.5
85章 鞋靴	10,095,770	3.7	329,570	0.1
87章 专业、科学及控制用仪器和装置	2,500,192	0.9	6,001,706	2.4
88章 摄影器材、光学物品及钟表	4,293,979	1.6	3,335,797	1.3
89章 杂项制品	22,203,932	8.3	3,714,964	1.5
9类 未分类的商品	583,732	0.2	1,676,091	0.6

七、2001 年进出口商品类章总值表

单位：千美元

类　章		出　口		进　口	
		金　额	比重%	金　额	比重%
总　值		266,098,209	100.0	243,552,881	100.0
第一类	活动物；动物产品	4,619,269	1.7	2,355,491	0.9
01 章	活动物	344,492	0.1	34,830	0.0
02 章	肉及食用杂碎	840,822	0.3	598,013	0.2
03 章	鱼、甲壳动物、软体动物及其他水生无脊椎动物	2,590,632	0.9	1,330,929	0.5
04 章	乳品；蛋品；天然蜂蜜；其他食用动物产品	192,086	0.0	218,892	0.0
05 章	其他动物产品	651,237	0.2	172,827	0.0
第二类	植物产品	4,919,823	1.8	4,748,727	1.9
06 章	活树及其他活植物；鳞茎、根及类似品；插花及装饰用簇叶	34,908	0.0	22,145	0.0
07 章	食用蔬菜、根及块茎	1,745,864	0.6	209,711	0.0
08 章	食用水果及坚果；甜瓜或柑桔属水果的果皮	434,862	0.1	367,035	0.1
09 章	咖啡、茶、马黛茶及调味香料	542,118	0.2	21,325	0.0
10 章	谷物	1,034,334	0.3	607,388	0.2
11 章	制粉工业产品；麦芽；淀粉；菊粉；面筋	107,070	0.0	80,703	0.0
12 章	含油子仁及果实；杂项子仁及果实；工业用或药用植物；稻草、秸秆及饲料	910,948	0.3	3,343,988	1.3
13 章	虫胶；树胶、树脂及其他植物液、汁	66,867	0.0	31,611	0.0
14 章	编结用植物材料；其他植物产品	42,850	0.0	64,822	0.0
第三类	动、植物油、脂及其分解产品；精制的食用油脂；动、植物蜡	118,453	0.0	775,750	0.3
15 章	动、植物油、脂及其分解产品；精制的食用油脂；动、植物蜡	118,453	0.0	775,750	0.3
第四类	食品；饮料、酒及醋；烟草、烟草及烟草代用品的制品	5,791,095	2.1	1,883,496	0.7
16 章	肉、鱼、甲壳动物、软体动物及其他水生无脊椎动物的制品	2,046,400	0.7	14,408	0.0
17 章	糖及糖食	155,578	0.0	376,215	0.1
18 章	可可及可可制品	27,493	0.0	80,250	0.0
19 章	谷物、粮食粉、淀粉或乳的制品；糕饼点心	412,725	0.1	93,217	0.0
20 章	蔬菜、水果、坚果或植物其他部分的制品	1,496,738	0.5	85,187	0.0
21 章	杂项食品	399,388	0.1	181,590	0.0
22 章	饮料、酒及醋	572,219	0.2	146,205	0.0
23 章	食品工业的残渣及废料；配制的动物饲料	294,362	0.1	638,871	0.2
24 章	烟草、烟草及烟草代用品的制品	386,191	0.1	267,554	0.1
第五类	矿产品	9,842,128	3.6	22,474,268	9.2
25 章	盐；硫磺；泥土及石料；石膏料、石灰及水泥	1,345,489	0.5	782,018	0.3
26 章	矿砂、矿渣及矿灰	91,870	0.0	4,175,734	1.7
27 章	矿物燃料、矿物油及其蒸馏产品；沥青物质；矿物蜡	8,404,769	3.1	17,516,515	7.1
第六类	化学工业及其相关工业的产品	12,793,760	4.8	19,071,083	7.8
28 章	无机化学品；贵金属、稀土金属、放射性元素及其同位素的有机及无机化合物	2,862,459	1.0	1,643,984	0.6
29 章	有机化学品	4,598,784	1.7	8,975,877	3.6
30 章	药品	737,286	0.2	986,162	0.4
31 章	肥料	389,469	0.1	1,556,357	0.6
32 章	鞣料浸膏及染料浸膏；鞣酸及其衍生物；染料、颜料及其他着色料；油漆及清漆；油灰及其他类似胶粘剂；墨水、油墨	1,209,908	0.4	1,786,682	0.7
33 章	精油及香膏；芳香料制品及化妆盥洗品	409,182	0.1	175,896	0.0
34 章	肥皂、有机表面活性剂、洗涤剂、润滑剂、人造蜡、调制蜡、光洁剂、蜡烛及类似品、塑型用膏、"牙科用蜡"及牙科用熟石膏制剂	401,397	0.1	451,862	0.1

续表

类 章	出 口		进 口	
	金 额	比重%	金 额	比重%
35 章 蛋白类物质；改性淀粉；胶；酶	168,324	0.0	443,249	0.1
36 章 炸药；烟火制品；火柴；引火合金；易燃材料制品	284,915	0.1	1,973	0.0
37 章 照相及电影用品	419,311	0.1	459,578	0.1
38 章 杂项化学产品	1,312,727	0.4	2,589,463	1.0
第七类 塑料及其制品；橡胶及其制品	8,320,560	3.1	17,329,589	7.1
39 章 塑料及其制品	6,696,694	2.5	15,258,513	6.2
40 章 橡胶及其制品	1,623,865	0.6	2,071,076	0.8
第八类 生皮、皮革、毛皮及其制品；鞍具及挽具；旅行用品、手提包及类似品；动物肠线（蚕胶丝除外）制品	8,388,826	3.1	3,438,397	1.4
41 章 生皮（毛皮除外）及皮革	903,347	0.3	3,168,500	1.3
42 章 皮革制品；鞍具及挽具；旅行用品、手提包及类似容器；动物肠线（蚕胶丝除外）制品	6,988,198	2.6	83,490	0.0
43 章 毛皮、人造毛皮及其制品	497,281	0.1	186,406	0.0
第九类 木及木制品；木炭；软木及软木制品；稻草、秸秆、针茅或其他编结材料制品；篮筐及柳条编结品	2,902,227	1.0	3,491,444	1.4
44 章 木及木制品；木炭	2,304,912	0.8	3,467,759	1.4
45 章 软木及软木制品	7,938	0.0	15,811	0.0
46 章 稻草、秸秆、针茅或其他编结材料制品；篮筐及柳条编结品	589,377	0.2	7,873	0.0
第十类 木浆及其他纤维状纤维素浆；纸及纸板的废碎品；纸、纸板及其制品	1,980,896	0.7	6,757,898	2.7
47 章 木浆及其他纤维状纤维素浆；纸及纸板的废碎品	8,336	0.0	2,734,549	1.1
48 章 纸及纸板；纸浆、纸或纸板制品	1,483,069	0.5	3,649,500	1.4
49 章 书籍、报纸、印刷图画及其他印刷品；手稿、打字稿及设计图纸	489,490	0.1	373,849	0.1
第十一类 纺织原料及纺织制品	49,829,024	18.7	16,258,620	6.6
50 章 蚕丝	826,587	0.3	111,438	0.0
51 章 羊毛、动物细毛或粗毛；马毛纱线及其机织物	1,082,455	0.4	1,896,988	0.7
52 章 棉花	3,658,081	1.3	2,941,330	1.2
53 章 其他植物纺织纤维；纸纱线及其机织物	453,997	0.1	268,463	0.1
54 章 化学纤维长丝	1,623,799	0.6	3,330,170	1.3
55 章 化学纤维短纤	2,659,240	0.9	2,931,721	1.2
56 章 絮胎、毡呢及无纺织物；特种纱线；线、绳、索、缆及其制品	329,906	0.1	400,846	0.1
57 章 地毯及纺织材料的其他铺地制品	490,722	0.1	33,091	0.0
58 章 特种机织物；簇绒织物；花边；装饰毯；装饰带；刺绣品	786,646	0.2	610,092	0.2
59 章 浸渍、涂布、包覆或层压的纺织物；工业用纺织制品	448,383	0.1	1,150,722	0.4
60 章 针织物及钩编织物	1,361,008	0.5	1,336,450	0.5
61 章 针织或钩编的服装及衣着附件	13,455,949	5.0	475,352	0.1
62 章 非针织或非钩编的服装及衣着附件	18,952,050	7.1	738,725	0.3
63 章 其他纺织制成品；成套物品；旧衣着及旧纺织品；碎织物	3,700,202	1.3	33,230	0.0
第十二类 鞋、帽、伞、杖、鞭及其零件；已加工的羽毛及其制品人造花；人发制品	12,256,169	4.6	429,790	0.1
64 章 鞋靴、护腿和类似品及其零件	10,095,770	3.7	329,570	0.1
65 章 帽类及其零件	622,459	0.2	6,820	0.0
66 章 雨伞、阳伞、手杖、鞭子、马鞭及其零件	621,823	0.2	16,864	0.0
67 章 已加工羽毛、羽绒及其制品；人造花；人发制品	916,117	0.3	76,535	0.0
第十三类 石料、石膏、水泥、石棉、云母及类似材料的制品；陶瓷产品；玻璃及其制品	4,201,912	1.5	1,877,753	0.7
68 章 石料、石膏、水泥、石棉、云母及类似材料的制品	1,104,321	0.4	250,341	0.1
69 章 陶瓷产品	1,775,376	0.6	159,876	0.0
70 章 玻璃及其制品	1,322,216	0.4	1,467,536	0.6

续表

类　章	出　口		进　口	
	金　额	比重%	金　额	比重%
第十四类　天然或养殖珍珠、宝石或半宝石、贵金属、包贵金属及其制品；仿首饰；硬币	2,402,729	0.9	988,025	0.4
71 章　天然或养殖珍珠、宝石或半宝石、贵金属、包贵金属及其制品；仿首饰；硬币	2,402,729	0.9	988,025	0.4
第十五类　贱金属及其制品	16,095,181	6.0	21,912,571	8.9
72 章　钢铁	2,237,555	0.8	10,953,900	4.4
73 章　钢铁制品	6,012,422	2.2	2,083,647	0.8
74 章　铜及其制品	621,200	0.2	4,886,829	2.0
75 章　镍及其制品	53,357	0.0	366,550	0.1
76 章　铝及其制品	1,468,896	0.5	2,232,692	0.9
78 章　铅及其制品	248,631	0.0	22,131	0.0
79 章　锌及其制品	613,132	0.2	238,390	0.0
80 章　锡及其制品	301,092	0.1	97,269	0.0
81 章　其他贱金属、金属陶瓷及其制品	712,900	0.2	187,355	0.0
82 章　贱金属工具、器具、利口器、餐匙、餐叉及其零件	2,216,404	0.8	445,896	0.1
83 章　贱金属杂项制品	1,609,592	0.6	397,911	0.1
第十六类　机器、机械器具、电气设备及其零件；录音机及放声机、电视图像、声音的录制和重放设备及其零件、附件	84,878,495	31.8	96,415,647	39.5
84 章　核反应堆、锅炉、机械器具及零件	33,579,011	12.6	40,534,480	16.6
85 章　电机、电气设备及其零件；录音机及放声机、电视图像、声音的录制和重放设备及其零件、附件	51,299,483	19.2	55,881,167	22.9
第十七类　车辆、航空器、船舶及有关运输设备	9,379,824	3.5	10,017,732	4.1
86 章　铁道及电车道机车、车辆及其零件；铁道及电车道轨道固定装置及其零件、附件；各种机械（包括电动机械）交通信号设备	2,275,903	0.8	242,057	0.0
87 章　车辆及其零件、附件，但铁道及电车道车辆除外	4,777,141	1.7	4,531,523	1.8
88 章　航空器、航天器及其零件	399,089	0.1	4,544,994	1.8
89 章　船舶及浮动结构体	1,927,691	0.7	699,158	0.2
第十八类　光学、照相、电影、计量、检验、医疗或外科用仪器及设备、精密仪器及设备；钟表；乐器；上述物品的零件、附件	8,464,518	3.1	10,654,246	4.3
90 章　光学、照相、电影、计量、检验、医疗或外科用仪器及设备、精密仪器及设备；上述物品的零件、附件	6,445,848	2.4	9,775,006	4.0
91 章　钟表及其零件	1,606,856	0.6	788,854	0.3
92 章　乐器及其零件、附件	411,813	0.1	90,386	0.0
第十九类　武器、弹药及其零件、附件	17,045	0.0	6,294	0.0
93 章　武器、弹药及其零件、附件	17,045	0.0	6,294	0.0
第二十类　杂项制品	18,301,634	6.8	984,265	0.4
94 章　家具；寝具、褥垫、弹簧床垫、软坐垫及类似的填充制品；未列名灯具及照明装置；发光标志、发光名牌及类似品；活动房屋	7,559,205	2.8	321,932	0.1
95 章　玩具、游戏品、运动用品及其零件、附件	9,081,946	3.4	270,271	0.1
96 章　杂项制品	1,660,483	0.6	392,062	0.1
第二十一类　艺术品、收藏品及古物	20,725	0.0	6,121	0.0
97 章　艺术品、收藏品及古物	20,725	0.0	6,121	0.0
第二十二类　特殊交易品及未分类商品	573,918	0.2	1,675,675	0.6
98 章　特殊交易品及未分类商品	573,918	0.2	1,675,675	0.6

八、2001年进出口商品贸易方式总值表

单位：千美元

贸易方式	进出口总值		出口		进口	
	金额	比重%	金额	比重%	金额	比重%
总值	509,651,089	100.0	266,098,209	100.0	243,552,881	100.0
一般贸易	225,336,601	44.2	111,880,671	42.0	113,455,930	46.5
国家间、国际组织无偿援助和赠送的物资	342,150	0.0	204,672	0.0	137,478	0.0
华侨、港澳台同胞、外籍华人捐赠物资	12,594	0.0	–	0.0	12,594	0.0
补偿贸易	18,501	0.0	18,224	0.0	277	0.0
来料加工装配贸易	71,090,075	13.9	42,228,793	15.8	28,861,282	11.8
进料加工贸易	170,317,302	33.4	105,205,081	39.5	65,112,221	26.7
寄售代销贸易	8,320	0.0	1,324	0.0	6,995	0.0
边境小额贸易	4,124,572	0.8	840,568	0.3	3,284,004	1.3
加工贸易进口设备	1,616,049	0.3	–	0.0	1,616,049	0.6
对外承包工程出口货物	480,862	0.0	480,862	0.1	–	0.0
租赁贸易	1,834,095	0.3	9,207	0.0	1,824,888	0.7
外商投资企业作为投资进口的设备、物品	14,506,361	2.8	–	0.0	14,506,361	5.9
出料加工贸易	42,603	0.0	23,726	0.0	18,876	0.0
易货贸易	69,459	0.0	56,097	0.0	13,362	0.0
免税外汇商品	51,847	0.0	–	0.0	51,847	0.0
保税仓库进出境货物	7,982,310	1.5	2,758,394	1.0	5,223,916	2.1
保税区仓储转口货物	10,001,787	1.9	1,663,482	0.6	8,338,305	3.4
出口加工区进口设备	149,068	0.0	0	0.0	149,068	0.0
其他	1,666,534	0.3	727,106	0.2	939,428	0.3

九、2001年出口商品贸易方式企业性质总值表

单位：千美元

企业性质 贸易方式	合计	国有企业	中外合作	中外合资	外商独资	集体企业	私营企业	其他
	金额／±%	金额／±%	金额／±%	金额／±%	金额／±%	金额／±%	金额／±%	金额／±%
总值	266,098,209	113,200,062	10,176,672	54,076,729	68,964,696	14,218,594	5,311,000	150,457
	(6.7)	(−2.7)	(2.4)	(7.4)	(16.5)	(34.5)	(122.7)	(−59.1)
一般贸易	111,880,671	73,571,744	2,149,395	14,021,628	7,905,326	9,618,014	4,609,971	4,592
	(6.3)	(−3.3)	(30.8)	(18.4)	(24.3)	(35.0)	(117.2)	(139.1)
国家间、国际组织无偿援助和赠送的物资	204,672	186,387	−	−	−	501	215	17,569
	(118.1)	(178.3)	−	−	−	(−6.2)	−	(−33.2)
补偿贸易	18,224	118,244	−	−	−	−	−	−
	(−53.1)	(−53.1)	−	−	−	−	−	−
来料加工装配贸易	42,228,793	25,957,913	1,681,266	4,899,562	7,762,962	1,826,855	100,235	−
	(2.6)	(−2.1)	(9.4)	(−2.3)	(18.0)	(26.7)	(202.0)	−
进料加工贸易	105,205,081	9,937,242	6,265,641	33,897,118	52,078,801	2,600,879	425,401	−
	(8.9)	(−4.6)	(−6.9)	(6.5)	(14.3)	(39.9)	(184.9)	−
寄售代销贸易	1,324	519	19	150	626	11	−	−
	(−45.0)	(−28.9)	−	(144.1)	(−59.7)	(−78.3)	(−100.0)	−
边境小额贸易	840,568	636,743	−	−	−	105,756	98,069	−
	(−36.8)	(−44.5)	−	−	−	(−14.8)	(65.5)	(−100.0)
对外承包工程出口货物	480,862	479,082	−	551	−	1,144	−	86
	(43.7)	(43.2)	−	−	−	(30,346.7)	−	(−70.3)
租赁贸易	9,207	8,041	−	−	−	−	1,166	−
	(−87.1)	(−88.7)	−	(−100.0)	−	(−100.0)	(1,546.9)	−
出料加工贸易	23,726	14,306	3,056	4,237	407	1,720	−	−
	(29.4)	(16.6)	(312.2)	(14.5)	(48.2)	(27.8)	−	−
易货贸易	56,097	55,894	−	−	−	138	64	−
	(−33.1)	(−33.0)	−	−	−	(−36.2)	(−53.4)	−
保税仓库进出境货物	2,758,394	1,549,003	15,169	970,464	133,897	3,129	11,668	75,065
	(3.2)	(38.6)	(32.0)	(−27.9)	(3.2)	(−54.5)	(3,854.6)	(25.4)
保税区仓储转口货物	1,663,482	249,509	6,672	277,338	1,082,160	19,217	28,585	−
	(44.0)	(−2.4)	(1,448.7)	(2.0)	(80.9)	(107.1)	(44.2)	−
出口加工区进口设备	0	−	−	−	0	−	−	−
	−	−	−	−	−	−	−	−
其他	727,106	535,456	55,454	5,681	516	41,229	35,625	53,145
	(28.4)	(91.9)	(67,482.1)	(1.1)	(−13.4)	(7,553.1)	(98,658.6)	(−81.0)

十、2001年进口商品贸易方式企业性质总值表

单位：千美元

企业性质 贸易方式	合　计	国有企业	中外合作	中外合资	外商独资	集体企业	私营企业	其　他
	金额／±％	金额／±％	金额／±％	金额／±％	金额／±％	金额／±％	金额／±％	金额／±％
总　　值	243,552,881 (8.2)	103,508,337 (4.6)	7,737,290 (−9.1)	56,356,887 (3.7)	61,748,784 (13.4)	7,999,588 (29.4)	3,403,313 (149.6)	2,798,681 (105.4)
一般贸易	113,455,930 (13.3)	74,256,380 (7.8)	1,327,655 (0.4)	22,873,949 (12.2)	6,121,105 (28.9)	5,018,334 (35.1)	2,206,149 (206.5)	1,652,358 (342.8)
国家间、国际组织无偿援助和赠送的物资	137,478 (−6.7)	86,621 (11.0)	− −	410 (−13.4)	− −	994 (1,554.5)	− (−100.0)	49,452 (−27.5)
华侨、港澳台同胞、外籍华人捐赠物资	12,594 (−2.8)	2,796 (−15.9)	− −	− −	− −	62 (5,854.6)	11 (1,103.2)	9,725 (0.8)
补偿贸易	277 (34.2)	277 (34.2)	− −	− −	− −	− −	− −	− −
来料加工装配贸易	28,861,282 (3.1)	16,867,296 (−2.9)	1,280,501 (1.3)	3,590,004 (0.5)	5,889,414 (22.3)	1,158,408 (25.4)	75,659 (166.1)	− −
进料加工贸易	65,112,221 (0.8)	4,324,112 (−9.0)	4,218,981 (−10.5)	19,341,472 (−6.3)	35,972,245 (7.2)	1,084,208 (26.3)	171,172 (126.5)	30 −
寄售代销贸易	6,995 (−16.1)	6,995 (−16.1)	− −	− −	− −	− −	− −	− −
边境小额贸易	3,284,004 (1.5)	2,416,472 (−5.6)	− −	− −	− −	338,980 (−10.2)	528,552 (80.8)	− (−100.0)
加工贸易进口设备	1,616,049 (−2.3)	1,250,074 (−12.1)	24,087 (−8.0)	69,059 (−4.2)	206,732 (137.6)	63,411 (36.5)	2,687 (2,474.3)	− −
租赁贸易	1,824,888 (61.1)	1,474,358 (30.3)	895 −	349,433 (24,284.4)	154 −	− −	47 −	− −
外商投资企业作为投资进口的设备、物品	14,506,361 (10.7)	− −	865,719 (−25.1)	6,040,728 (5.1)	7,599,914 (22.8)	− −	− −	− −
出料加工贸易	18,876 (−6.3)	10,278 (−10.7)	1,185 (−52.4)	4,177 (−0.8)	566 (645.4)	2,670 (43.3)	− −	− −
易货贸易	13,362 (−9.0)	13,339 (−9.0)	− −	− −	− −	23 −	− (−100.0)	− (−100.0)
免税外汇商品	51,847 (−53.6)	50,108 (−53.6)	− −	− −	− −	172 (−80.1)	− −	1,568 (−45.3)
保税仓库进出境货物	5,223,916 (−0.8)	1,749,042 (0.6)	8,601 (−54.9)	2,838,321 (−4.2)	115,989 (−0.2)	173,566 (49.4)	22,889 (619.8)	315,508 (1.5)
保税区仓储转口货物	8,338,305 (18.7)	885,260 (14.2)	6,017 (−2.5)	1,218,179 (31.1)	5,679,192 (15.2)	154,229 (9.7)	395,429 (62.6)	− −
出口加工区进口设备	149,068 −	− −	368 −	2,038 −	145,407 −	1,255 −	− −	− −
其他	939,428 (27.7)	114,928 (14.0)	3,282 (1.7)	29,118 (21.0)	18,067 (92.0)	3,275 (67.0)	719 (141.7)	770,040 (29.2)

十一、2001 年进出口商品经营单位所在地总值表

单位：千美元

经营单位所在地	进出口总值		出　口		进　口	
	金　额	比重%	金　额	比重%	金　额	比重%
总值	509,651,089	100.0	266,098,209	100.0	243,552,881	100.0
北京市	51,498,086	10.1	11,772,362	4.4	39,725,724	16.3
北京新技术产业开发实验区	254,709	0.0	11,225	0.0	143,484	0.0
北京经济技术开发区	1,279,893	0.2	128,398	0.0	1,151,495	0.4
天津市	8,167,141	3.5	9,487,188	3.5	8,679,953	3.5
天津新技术产业园区	493,779	0.0	194,643	0.0	299,136	0.1
天津经济技术开发区	8,407,173	1.6	4,006,824	1.5	4,400,349	1.8
天津港保税区	1,056,069	0.2	130,361	0.0	925,708	0.3
河北省	5,731,813	1.1	3,954,735	1.4	1,777,078	0.7
石家庄市	1,996,657	0.3	1,587,740	0.5	408,916	0.1
石家庄高新技术产业开发区	41,670	0.0	5,685	0.0	35,985	0.0
秦皇岛市	1,304,331	0.2	912,009	0.3	392,321	0.1
秦皇岛经济技术开发区	303,042	0.0	93,294	0.0	209,748	0.0
山西省	1,939,003	0.3	1,466,264	0.5	472,740	0.1
太原市	1,391,542	0.2	1,051,076	0.3	340,466	0.1
内蒙古自治区	2,034,620	0.3	626,975	0.2	1,407,645	0.5
呼和浩特	240,922	0.0	164,281	0.0	76,641	0.0
二连浩特	256,984	0.0	32,746	0.0	224,239	0.0
满洲里市	956,763	0.1	12,988	0.0	943,775	0.3
辽宁省	19,791,988	3.8	10,999,686	4.1	8,792,302	3.6
沈阳市	2,770,113	0.5	1,229,789	0.4	1,540,324	0.6
沈阳南湖科技开发区	667,829	0.1	339,367	0.1	328,462	0.1
大连市	13,089,922	2.5	7,409,057	2.7	5,680,865	2.3
大连经济技术开发区	5,592,462	1.0	3,025,552	1.1	2,566,911	1.0
大连市高新技术产业园区	131,580	0.0	79,309	0.0	52,270	0.0
大连大窑湾保税区	635,826	0.1	188,259	0.0	447,567	0.1
丹东市	1,223,017	0.2	789,370	0.2	433,647	0.1
吉林省	3,206,710	0.6	1,461,545	0.5	1,745,165	0.7
长春市	2,365,129	0.4	977,498	0.3	1,387,630	0.5
长春新技术开发区	48,421	0.0	14,688	0.0	33,733	0.0
珲春市	125,913	0.0	76,521	0.0	49,392	0.0
黑龙江省	3,383,921	0.6	1,611,664	0.6	1,772,258	0.7
哈尔滨市	1,230,523	0.2	605,142	0.2	625,381	0.2
哈尔滨高技术开发区	51,396	0.0	16,238	0.0	35,158	0.0
黑河市	127,621	0.0	87,416	0.0	40,205	0.0
绥芬河市	1,259,109	0.2	498,950	0.1	760,159	0.3
上海市	60,883,320	11.9	27,621,327	10.3	33,261,993	13.6
上海漕河泾新兴技术开发区	1,693,473	0.3	875,833	0.3	817,640	0.3
上海经济技术开发区	78,840	0.0	35,145	0.0	43,695	0.0
上海浦东新区	30,266,010	5.9	11,510,870	4.3	18,755,140	7.7
上海外高桥保税区	8,867,366	1.7	2,668,379	1.0	6,198,986	2.5
江苏省	51,347,749	10.0	28,869,876	10.8	22,477,874	9.2
南京市	9,585,972	1.8	5,748,904	2.1	3,837,069	1.5
南京高新技术外向型开发区	878,790	0.1	274,386	0.1	604,404	0.2
苏州市	23,661,159	4.6	12,305,747	4.6	11,355,412	4.6
苏州工业园	3,916,066	0.7	1,678,346	0.6	2,237,719	0.9
南通市	3,100,692	0.6	1,979,026	0.7	1,121,666	0.4
南通经济技术开发区	3,100,692	0.6	1,979,026	0.7	1,121,666	0.4

续表

经营单位所在地	进出口总值		出口		进口	
	金额	比重%	金额	比重%	金额	比重%
连云港市	680,800	0.1	487,641	0.1	193,159	0.0
连云港经济技术开发区	163,034	0.0	75,966	0.0	87,068	0.0
浙江省	32,796,671	6.4	22,974,284	8.6	9,822,387	4.0
杭州市	11,298,210	2.2	7,283,821	2.7	4,014,389	1.6
杭州高新技术产业开发区	447,371	0.0	37,992	0.0	409,379	0.1
宁波市	8,890,766	1.7	6,243,764	2.3	2,647,001	1.0
宁波经济技术开发区	1,551,047	0.3	928,707	0.3	622,340	0.2
温州市	2,435,907	0.4	1,812,871	0.6	623,035	0.2
温州经济技术开发区	140,309	0.0	98,789	0.0	41,519	0.0
安徽省	3,615,149	0.7	2,281,910	0.8	1,333,239	0.5
合肥市	2,053,871	0.4	1,410,246	0.5	643,625	0.2
合肥高新技术产业开发区	94,939	0.0	49,084	0.0	45,855	0.0
芜湖市	198,059	0.0	97,476	0.0	100,583	0.0
福建省	22,622,400	4.4	13,921,241	5.2	8,701,159	3.5
福州市	7,190,654	1.4	4,417,000	1.6	2,773,653	1.1
福州经济技术开发区	892,603	0.1	255,751	0.0	636,852	0.2
福州市科技园区	12,816	0.0	12,677	0.0	140	0.0
厦门市	11,070,291	2.1	6,501,678	2.4	4,568,613	1.8
厦门特区	8,305,529	1.6	5,067,051	1.9	3,238,478	1.3
厦门火炬高技术产业开发区	845,070	0.1	497,229	0.1	347,840	0.1
江西省	1,530,958	0.3	1,039,083	0.3	491,875	0.2
南昌市	971,423	0.1	795,700	0.2	175,723	0.0
九江市	88,467	0.0	32,052	0.0	56,414	0.0
山东省	28,949,786	5.6	18,116,940	6.8	10,832,846	4.4
济南市	1,500,900	0.2	593,436	0.2	907,463	0.3
济南市高技术产业开发区	6,359	0.0	4,517	0.0	1,842	0.0
青岛市	12,460,804	2.4	7,723,566	2.9	4,737,239	1.9
青岛经济技术开发区	464,315	0.0	240,734	0.0	223,581	0.0
烟台市	2,960,477	0.5	1,813,554	0.6	1,146,922	0.4
烟台经济技术开发区	644,465	0.1	301,328	0.1	343,137	0.1
威海市	1,683,830	0.3	1,108,463	0.4	575,367	0.2
威海火炬高技术产业开发区	254,844	0.0	150,549	0.0	104,295	0.0
河南省	2,780,472	0.5	1,703,611	0.6	1,076,862	0.4
郑州市	987,762	0.1	651,302	0.2	336,461	0.1
郑州高新技术产业开发区	23,488	0.0	14,296	0.0	9,191	0.0
湖北省	3,577,198	0.7	1,796,787	0.6	1,780,411	0.7
武汉市	2,156,192	0.4	946,394	0.3	1,209,798	0.4
武汉东湖新技术开发区	336,284	0.0	61,014	0.0	275,269	0.1
湖南省	2,757,917	0.5	1,752,940	0.6	1,004,977	0.4
长沙市	1,651,266	0.3	1,047,904	0.3	603,361	0.2
长沙高新技术产业开发区	35,412	0.0	15,887	0.0	19,525	0.0
岳阳市	50,134	0.0	16,279	0.0	33,855	0.0
广东省	176,486,753	34.6	95,420,851	35.8	81,065,901	33.2
广州市	23,034,335	4.5	11,622,688	4.3	11,411,647	4.6
广州经济技术开发区	2,155,790	0.4	901,583	0.3	1,254,208	0.5
广州天河高新技术产业开发区	135,201	0.0	37,788	0.0	97,413	0.0
广州保税区	599,014	0.1	167,523	0.0	431,491	0.1
深圳市	68,597,509	13.4	37,476,397	14.0	31,121,112	12.7
深圳特区	35,802,051	7.0	17,812,776	6.6	17,989,275	7.3
深圳科技工业园	1,214,863	0.2	548,290	0.2	666,573	0.2
深圳保税区	6,367,170	1.2	3,596,039	1.3	2,771,131	1.1
珠海市	9,801,769	1.9	3,787,794	1.4	6,013,975	2.4
珠海特区	8,553,862	1.6	3,196,447	1.2	5,357,416	2.2

续表

经营单位所在地	进出口总值		出口		进口	
	金　额	比重%	金额	比重%	金额	比重%
汕头市	2,731,181	0.5	1,341,472	0.5	1,389,709	0.5
汕头特区	2,285,002	0.4	1,054,661	0.3	1,230,341	0.5
湛江市	1,089,803	0.2	402,221	0.1	687,582	0.2
湛江经济技术开发区	132,604	0.0	44,246	0.0	88,358	0.0
中山市	7,147,629	1.4	4,357,408	1.6	2,790,220	1.1
中山火炬高技术产业开发区	23,477	0.0	4,868	0.0	18,609	0.0
广西壮族自治区	1,797,003	0.3	1,235,338	0.4	561,665	0.2
南宁市	556,571	0.1	445,434	0.1	111,138	0.0
桂林市	210,085	0.0	113,982	0.0	96,103	0.0
桂林新技术产业开发区	19,659	0.0	3,831	0.0	15,828	0.0
北海市	165,587	0.0	71,999	0.0	93,588	0.0
凭祥市	97,363	0.0	31,108	0.0	66,256	0.0
东兴县	34,453	0.0	8,235	0.0	26,219	0.0
海南省（全省为特区）	1,746,922	0.3	797,846	0.3	949,076	0.3
海口市	1,602,974	0.3	718,168	0.2	884,806	0.3
海南国际科技工业园	—	0.0	—	0.0	—	0.0
海南洋浦经济技术开发区	7,859	0.0	961	0.0	6,899	0.0
四川省	3,098,779	0.6	1,582,338	0.5	1,516,441	0.6
成都市	1,873,968	0.3	888,156	0.3	985,812	0.4
成都高新技术产业开发区	229,327	0.0	31,380	0.0	197,946	0.0
重庆市	1,833,911	0.3	1,102,551	0.4	731,360	0.3
重庆高新技术产业开发区	14,672	0.0	4,217	0.0	10,455	0.0
贵州省	646,421	0.1	421,741	0.1	224,680	0.0
贵阳市	491,038	0.0	331,239	0.1	159,799	0.0
云南省	1,988,324	0.3	1,244,004	0.4	744,319	0.3
昆明市	1,340,239	0.2	780,211	0.2	560,028	0.2
畹町市	14,943	0.0	9,339	0.0	5,604	0.0
瑞丽县	68,262	0.0	60,911	0.0	7,351	0.0
河口县	85,896	0.0	71,576	0.0	14,321	0.0
西藏自治区	92,908	0.0	82,367	0.0	10,541	0.0
拉萨市	89,615	0.0	79,796	0.0	9,819	0.0
陕西省	2,060,657	0.4	1,107,782	0.4	952,874	0.3
西安市	1,695,895	0.3	877,354	0.3	818,541	0.3
西安新技术产业开发区	133,903	0.0	55,764	0.0	78,139	0.0
甘肃省	778,247	0.1	475,684	0.1	302,563	0.1
兰州市	567,247	0.1	373,431	0.1	193,816	0.0
兰州新技术产业开发区	7,695	0.0	4,033	0.0	3,662	0.0
青海省	204,896	0.0	149,127	0.0	55,770	0.0
西宁市	178,543	0.0	132,015	0.0	46,528	0.0
宁夏回族自治区	532,726	0.1	351,796	0.1	180,931	0.0
银川市	165,965	0.0	139,001	0.0	26,964	0.0
新疆维吾尔族自治区	1,768,641	0.3	668,368	0.2	1,100,273	0.4
乌鲁木齐市	493,295	0.0	265,225	0.1	228,069	0.0
乌鲁木齐经济技术开发区	33,296	0.0	23,768	0.0	9,529	0.0
博乐市	439,553	0.0	55,447	0.0	384,107	0.1
伊宁市	171,372	0.0	115,765	0.0	55,606	0.0

十二、2001年进出口商品境内目的地／货源地总值表

单位：千美元

境内目的地／货源地	进出口总值		出口		进口	
	金　额	比重%	金额	比重%	金额	比重%
总值	509,651,089	100.0	266,098,209	100.0	243,552,881	100.0
北京市	27,608,775	5.4	7,909,241	2.9	19,699,534	8.0
北京新技术产业开发实验区	247,172	0.0	102,754	0.0	144,418	0.0
北京经济技术开发区	1,413,661	0.2	156,531	0.0	1,257,130	0.5
天津市	18,263,977	3.5	8,863,277	3.3	9,400,699	3.8
天津新技术产业园区	333,616	0.0	115,377	0.0	218,240	0.0
天津经济技术开发区	7,984,313	1.5	3,747,594	1.4	4,236,720	1.7
天津港保税区	1,096,610	0.2	147,116	0.0	949,494	0.3
河北省	5,809,909	1.1	3,469,653	1.3	2,340,256	0.9
石家庄市	2,096,404	0.4	1,471,936	0.5	624,468	0.2
石家庄高新技术产业开发区	39,225	0.0	5,789	0.0	33,436	0.0
秦皇岛市	851,179	0.1	319,422	0.1	531,757	0.2
秦皇岛经济技术开发区	194,933	0.0	77,521	0.0	117,413	0.0
山西省	3,268,493	0.6	2,586,852	0.9	681,641	0.2
太原市	1,286,423	0.2	974,824	0.3	311,599	0.1
内蒙古自治区	2,185,162	0.4	896,850	0.3	1,288,312	0.5
呼和浩特	293,157	0.0	179,777	0.0	113,380	0.0
二连浩特	196,420	0.0	32,596	0.0	163,824	0.0
满洲里市	713,242	0.1	1,763	0.0	711,479	0.2
辽宁省	21,019,549	4.1	10,735,995	4.0	10,283,554	4.2
沈阳市	3,352,064	0.6	1,265,519	0.4	2,086,545	0.8
沈阳南湖科技开发区	190,564	0.0	55,471	0.0	135,093	0.0
大连市	12,544,007	2.4	6,393,494	2.4	6,150,513	2.5
大连经济技术开发区	4,910,659	0.9	2,397,248	0.9	2,513,411	1.0
大连市高新技术产业园区	93,099	0.0	46,816	0.0	46,282	0.0
大连大窑湾保税区	675,596	0.1	187,817	0.0	487,779	0.2
丹东市	1,218,221	0.2	736,893	0.2	481,328	0.1
吉林省	3,502,446	0.6	1,529,785	0.5	1,972,661	0.8
长春市	1,941,551	0.3	535,860	0.2	1,405,692	0.5
长春新技术开发区	25,684	0.0	1,783	0.0	23,901	0.0
珲春市	82,142	0.0	62,194	0.0	19,948	0.0
黑龙江省	4,099,986	0.8	2,173,797	0.8	1,926,190	0.7
哈尔滨市	1,691,476	0.3	887,457	0.3	804,019	0.3
哈尔滨高技术开发区	38,128	0.0	9,625	0.0	28,503	0.0
黑河市	45,414	0.0	8,704	0.0	36,709	0.0
绥芬河市	685,942	0.1	65,221	0.0	620,721	0.2
上海市	60,694,764	11.9	26,860,410	10.0	33,834,354	13.8
上海漕河泾新兴技术开发区	1,791,226	0.3	914,239	0.3	876,987	0.3
上海经济技术开发区	86,417	0.0	29,830	0.0	56,587	0.0
上海浦东新区	29,011,014	5.6	10,677,072	4.0	18,333,942	7.5
上海外高桥保税区	9,217,694	1.8	2,671,225	1.0	6,546,469	2.6
江苏省	54,475,728	10.6	29,384,248	11.0	25,091,480	10.3
南京市	8,682,347	1.7	4,804,466	1.8	3,877,881	1.5
南京高新技术外向型开发区	735,156	0.1	154,537	0.0	580,619	0.2
苏州市	24,625,024	4.8	12,435,760	4.6	12,189,264	5.0
苏州工业园	3,854,555	0.7	1,684,052	0.6	2,170,504	0.8
南通市	3,726,292	0.7	2,205,831	0.8	1,520,461	0.6
南通经济技术开发区	616,766	0.1	286,152	0.1	330,614	0.1
连云港市	664,376	0.1	321,177	0.1	343,199	0.1

续表

境内目的地／货源地	进出口总值		出口		进口	
	金　额	比重%	金额	比重%	金额	比重%
连云港经济技术开发区	154,410	0.0	73,543	0.0	80,867	0.0
浙江省	36,912,862	7.2	24,259,691	9.1	12,653,172	5.1
杭州市	10,842,031	2.1	7,014,071	2.6	3,827,960	1.5
杭州高新技术产业开发区	436,035	0.0	35,620	0.0	400,415	0.1
宁波市	11,480,898	2.2	6,622,581	2.4	4,858,317	1.9
宁波经济技术开发区	1,482,912	0.2	873,610	0.3	609,302	0.2
温州市	2,812,562	0.5	2,071,431	0.7	741,131	0.3
温州经济技术开发区	107,870	0.0	93,498	0.0	14,372	0.0
安徽省	3,640,531	0.7	2,169,475	0.8	1,471,057	0.6
合肥市	1,659,543	0.3	1,088,507	0.4	571,036	0.2
合肥高新技术产业开发区	83,167	0.0	42,406	0.0	40,762	0.0
芜湖市	344,666	0.0	159,565	0.0	185,101	0.0
福建省	24,379,133	4.7	14,785,391	5.5	9,593,742	3.9
福州市	7,138,500	1.4	4,256,820	1.6	2,881,679	1.1
福州经济技术开发区	466,247	0.0	95,978	0.0	370,269	0.1
福州市科技园区	7,488	0.0	7,296	0.0	192	0.0
厦门市	9,444,923	1.8	4,865,285	1.8	4,579,637	1.8
厦门特区	6,528,568	1.2	3,355,103	1.2	3,173,465	1.3
厦门火炬高技术产业开发区	254,697	0.0	138,584	0.0	116,113	0.0
江西省	1,803,712	0.3	1,092,456	0.4	711,257	0.2
南昌市	909,507	0.1	698,893	0.2	210,614	0.0
九江市	247,021	0.0	63,458	0.0	183,564	0.0
山东省	32,325,625	6.3	18,474,043	6.9	13,851,582	5.6
济南市	1,727,469	0.3	583,744	0.2	1,143,724	0.4
济南市高技术产业开发区	6,142	0.0	4,506	0.0	1,636	0.0
青岛市	12,476,905	2.4	6,963,610	2.6	5,513,295	2.2
青岛经济技术开发区	481,384	0.0	236,458	0.0	244,926	0.1
烟台市	3,898,228	0.7	2,009,849	0.7	1,888,379	0.7
烟台经济技术开发区	636,372	0.1	295,992	0.1	340,380	0.1
威海市	1,708,342	0.3	1,121,321	0.4	587,021	0.2
威海火炬高技术产业开发区	250,585	0.0	147,059	0.0	103,526	0.0
河南省	3,421,250	0.6	1,838,269	0.6	1,582,980	0.6
郑州市	921,088	0.1	563,929	0.2	357,159	0.1
郑州高新技术产业开发区	23,763	0.0	14,361	0.0	9,403	0.0
湖北省	4,164,403	0.8	1,796,420	0.6	2,367,983	0.9
武汉市	2,279,534	0.4	802,288	0.3	1,477,246	0.6
武汉东湖新技术开发区	333,202	0.0	60,849	0.0	272,353	0.1
湖南省	2,923,387	0.5	1,741,690	0.6	1,181,697	0.4
长沙市	1,376,798	0.2	818,438	0.3	558,360	0.2
长沙高新技术产业开发区	32,938	0.0	13,723	0.0	19,215	0.0
岳阳市	116,888	0.0	38,477	0.0	78,411	0.0
广东省	180,002,290	35.3	95,820,121	36.0	84,182,169	34.5
广州市	22,252,394	4.3	10,060,170	3.7	12,192,224	5.0
广州经济技术开发区	1,880,460	0.3	702,329	0.2	1,178,132	0.4
广州天河高新技术产业开发区	117,316	0.0	31,785	0.0	85,531	0.0
广州保税区	606,745	0.1	167,713	0.0	439,033	0.1
深圳市	67,513,232	13.2	36,613,639	13.7	30,899,593	12.6
深圳特区	26,325,471	5.1	14,213,403	5.3	12,112,068	4.9
深圳科技工业园	114,107	0.0	1,619	0.0	112,488	0.0
深圳保税区	6,365,694	1.2	3,594,556	1.3	2,771,138	1.1
珠海市	7,319,639	1.4	3,447,179	1.2	3,872,460	1.5
珠海特区	5,939,821	1.1	2,858,430	1.0	3,081,390	1.2
汕头市	2,854,255	0.5	1,324,867	0.4	1,529,388	0.6
汕头特区	2,083,100	0.4	828,697	0.3	1,254,403	0.5

续表

境内目的地／货源地	进出口总值		出口		进口	
	金　额	比重%	金额	比重%	金额	比重%
湛江市	1,296,277	0.2	394,515	0.1	901,763	0.3
湛江经济技术开发区	116,409	0.0	66,013	0.0	50,395	0.0
中山市	7,654,964	1.5	4,760,279	1.7	2,894,686	1.1
中山火炬高技术产业开发区	112	0.0	61	0.0	51	0.0
广西壮族自治区	2,082,019	0.4	1,350,996	0.5	731,024	0.3
南宁市	435,997	0.0	266,745	0.1	169,252	0.0
桂林市	284,491	0.0	161,521	0.0	122,970	0.0
桂林新技术产业开发区	14,674	0.0	1,984	0.0	12,690	0.0
北海市	209,565	0.0	100,989	0.0	108,576	0.0
凭祥市	53,584	0.0	462	0.0	53,121	0.0
东兴县	12,197	0.0	477	0.0	11,720	0.0
海南省（全省为特区）	1,630,905	0.3	637,165	0.2	993,740	0.4
海口市	1,186,848	0.2	291,422	0.1	895,427	0.3
海南国际科技工业园	1,173	0.0	15	0.0	1,158	0.0
海南洋浦经济技术开发区	21,310	0.0	2,361	0.0	18,948	0.0
四川省	3,360,041	0.6	1,684,245	0.6	1,675,796	0.6
成都市	1,979,828	0.3	923,434	0.3	1,056,395	0.4
成都高新技术产业开发区	210,465	0.0	27,863	0.0	182,602	0.0
重庆市	2,137,160	0.4	1,171,642	0.4	965,518	0.3
重庆高新技术产业开发区	18,477	0.0	7,374	0.0	11,102	0.0
贵州省	866,566	0.1	512,783	0.1	353,783	0.1
贵阳市	581,186	0.1	321,268	0.1	259,918	0.1
云南省	2,150,277	0.4	1,147,149	0.4	1,003,128	0.4
昆明市	1,579,783	0.3	763,800	0.2	815,983	0.3
畹町市	1,159	0.0	748	0.0	411	0.0
瑞丽县	12,388	0.0	4,747	0.0	7,641	0.0
河口县	11,298	0.0	6,861	0.0	4,437	0.0
西藏自治区	105,942	0.0	81,781	0.0	24,161	0.0
拉萨市	98,665	0.0	79,360	0.0	19,305	0.0
陕西省	2,645,604	0.5	1,416,230	0.5	1,229,374	0.5
西安市	1,824,700	0.3	845,178	0.3	979,522	0.4
西安新技术产业开发区	99,076	0.0	42,274	0.0	56,803	0.0
甘肃省	914,388	0.1	477,162	0.1	437,227	0.1
兰州市	551,031	0.1	354,478	0.1	196,554	0.0
兰州新技术产业开发区	2,094	0.0	1,803	0.0	292	0.0
青海省	254,210	0.0	168,644	0.0	85,567	0.0
西宁市	198,446	0.0	140,061	0.0	58,385	0.0
宁夏回族自治区	634,462	0.1	394,767	0.1	239,695	0.0
银川市	231,280	0.0	164,544	0.0	66,736	0.0
新疆维吾尔族自治区	2,367,531	0.4	667,983	0.2	1,699,548	0.6
乌鲁木齐市	1,021,132	0.2	312,049	0.1	709,083	0.2
乌鲁木齐经济技术开发区	31,845	0.0	23,174	0.0	8,671	0.0
博乐市	394,571	0.0	26,541	0.0	368,030	0.1
伊宁市	154,136	0.0	105,987	0.0	48,149	0.0

十三、2001年进出口商品运输方式总值表

单位：千美元

运输方式	进出口总值		出口		进口	
	金额	比重%	金额	比重%	金额	比重%
总值	509,651,089	100.0	266,098,209	100.0	243,552,881	100.0
江、海运输	319,822,486	62.7	174,534,032	65.5	145,288,454	59.6
铁路运输	6,784,193	1.3	2,255,001	0.8	4,529,192	1.8
汽车运输	113,753,784	22.3	64,686,177	24.3	49,067,607	20.1
空运	66,636,409	13.0	22,560,868	8.4	44,075,541	18.0
邮运	492,412	0.0	252,832	0.0	239,580	0.0
其他	2,161,805	0.4	1,809,299	0.6	352,506	0.1

十四、2001年进出口商品前40位国别（地区）总值表

单位：千美元

终目的国(地区)	出口额	名次	原产地（地区）	进口额	名次
总　值	266,098,209		总　值	243,552,881	
美国	54,279,510	1	日本	42,787,308	1
香港	46,541,242	2	台湾省	27,338,758	2
日本	44,940,524	3	美国	26,199,944	3
韩国	12,518,778	4	韩国	23,376,945	4
德国	9,751,100	5	德国	13,772,190	5
荷兰	7,278,427	6	香港	9,422,498	6
英国	6,780,523	7	中华人民共和国	8,765,500	7
新加坡	5,790,711	8	俄罗斯联邦	7,958,795	8
台湾省	4,999,603	9	马来西亚	6,203,976	9
意大利	3,991,555	10	澳大利亚	5,425,925	10
法国	3,686,499	11	新加坡	5,128,281	11
澳大利亚	3,569,446	12	泰国	4,713,848	12
加拿大	3,345,577	13	法国	4,104,763	13
马来西亚	3,221,098	14	加拿大	4,027,799	14
印度尼西亚	2,835,706	15	印度尼西亚	3,887,887	15
俄罗斯联邦	2,710,472	16	意大利	3,784,278	16
比利时	2,529,807	17	英国	3,526,939	17
阿拉伯联合酋长国	2,377,322	18	沙特阿拉伯	2,715,895	18
泰国	2,337,109	19	伊朗	2,423,971	19
西班牙	2,260,766	20	芬兰	2,376,264	20
印度	1,895,833	21	巴西	2,347,233	21
越南	1,797,775	22	瑞典	2,167,406	22
墨西哥	1,790,217	23	菲律宾	1,945,208	23
菲律宾	1,619,112	24	瑞士	1,730,010	24
沙特阿拉伯	1,354,115	25	比利时	1,720,944	25
巴西	1,350,925	26	印度	1,699,093	26
巴拿马	1,239,625	27	阿曼	1,609,582	27
南非	1,048,574	28	荷兰	1,456,696	28
匈牙利	1,030,578	29	智利	1,303,461	29
波兰	1,016,094	30	阿根廷	1,281,027	30
孟加拉国	955,155	31	南非	1,173,201	31
瑞典	931,508	32	越南	1,010,786	32
尼日利亚	917,183	33	哈萨克	960,651	33
芬兰	910,209	34	苏丹	938,127	34
丹麦	898,368	35	墨西哥	761,276	35
伊朗	888,580	36	新西兰	736,742	36
埃及	873,208	37	安哥拉	721,828	37
以色列	832,612	38	西班牙	714,407	38
巴基斯坦	814,968	39	奥地利	662,052	39
智利	814,782	40	丹麦	625,700	40

十五、2001年出口商品排序表（前100位）

单位：千美元

商品编号	商　品　名　称	数量单位	数　量	金　额
总　　值			—	266,098,209
84733090	8471所列其他机器的零件、附件	千克	665,750,410	6,737,515
85252022	手持（包括车载）无线电话机	台	39,627,201	4,121,020
84716010	显示器	台	32,171,974	3,522,752
64039900	其他橡、塑或再生皮革外底，皮革鞋面的鞋靴	双	586,804,266	2,643,157
64029900	未列名橡胶或塑料制外底及鞋面的鞋靴	双	1,214,463,380	2,246,449
95039000	其他玩具	个／千克	11,044,523,015	2,218,721
			1,128,909,869	
42021290	塑料或纺织材料作面的提箱、小手袋等	个	1,901,913,793	2,087,736
42031000	皮革或再生皮革制的衣服	件／千克	58,122,051	2,002,398
			85,554,729	
27011290	其他烟煤	千克	71,061,957,249	1,990,302
85219010	激光视盘放像机	台	34,743,431	1,974,569
61103000	化纤制针织或钩编套头衫、开襟衫、马甲等	件／千克	725,639,761	1,694,386
			265,853,288	
85273100	其他收录（放）音组合机	台	62,904,612	1,621,406
61091000	棉制针织或钩编的T恤衫、汗衫、背心	件／千克	1,304,936,528	1,598,365
			227,514,885	
84717010	硬盘驱动器	台	22,785,394	1,514,072
39269090	未列名塑料制品	千克	1,110,022,895	1,513,669
62034290	棉制其他男裤	条／千克	443,546,540	1,424,675
			230,624,131	
95034100	填充的玩具动物	个／千克	2,280,003,419	1,414,232
			346,033,744	
27090000	石油原油及从沥青矿物提取的原油	千克	7,550,605,380	1,383,328
61102000	棉制针织或钩编的套头衫、开襟衫、马甲等	件／千克	539,068,555	1,267,398
			184,237,117	
84717030	光盘驱动器	台	71,023,313	1,258,121
27100011	车用汽油及航空汽油	千克	5,724,560,824	1,255,166
62046200	棉制女裤	条／千克	461,898,377	1,234,028
			206,427,313	
64031900	橡、塑或革外底，皮革制鞋面的其他运动鞋	双	205,520,155	1,224,041
85299020	手持式无线电话机零件	千克	5,268,413	1,171,087
84716033	喷墨打印机	台	22,633,276	1,144,856
85229030	视频信号录制或重放设备的零件、附件	千克	25,949,570	1,118,524
84715040	微型机的数字式处理部件	台	3,559,578	1,116,426
85340090	四层及以下的印刷电路	块／千克	3,236,949,115	1,114,286
			47,915,101	
71131910	黄金制首饰及其零件	克	119,202,091	1,046,016
85171100	无绳电话机	台	58,275,194	1,043,130
85299090	8525至8528所列其他装置或设备用其他零件	千克	21,563,516	1,026,619
85281293	彩色电视机，屏幕尺寸＞52cm	台	5,469,241	1,016,085
86090020	40英尺集装箱	个	353,064	1,012,661
39264000	塑料制小雕塑品及其他装饰品	千克	665,964,360	1,005,841
85423000	其他单片集成电路	个／千克	2,464,880,437	998,570
			3,237,345	
27040010	焦炭及半焦炭	千克	13,845,989,834	926,643
84716032	激光打印机	台	7,326,716	899,472
64041900	其他橡胶或塑料外底，纺织材料鞋面的鞋靴	双	638,391,084	876,350
84733010	大、中、小型计算机及其部件的零件、附件	千克	16,121,145	866,488
85011099	其他电动机，P≤37.5W	台	899,253,869	864,531

续表

商品编号	商品名称	数量单位	数量	金额
90091290	其他通过中间体转印的静电感光复印设备	台	1,331,254	861,506
95051000	圣诞节用品	千克	402,219,253	852,458
64021900	橡胶或塑料制外底及鞋面的其他运动鞋靴	双	255,011,187	843,213
90065300	其他使用胶片宽度为35毫米的照相机机	架	73,775,929	820,923
85043190	未列名额定容量≤1KVA的变压器	个	2,409,321,185	811,719
85199910	激光唱机	台	47,364,949	808,200
85044090	未列名静止式变流器	个	589,483,441	791,545
62052000	棉制男衬衫	件/千克	235,112,984	783,159
			77,403,267	
60029200	棉制未列名针织物或钩编织物	千克/米	224,568,099	770,682
			705,818,724	
03042000	冻鱼片	千克	358,571,824	740,953
73239300	不锈钢制餐桌、厨房或其他家用器具及其零件	千克	209,637,720	724,055
62034390	合成纤维制其他男裤	条/千克	205,334,362	704,639
			73,582,927	
84716070	键盘、鼠标器	台	280,134,705	702,895
95041000	与电视接收机配套使用的电子游戏机	台/千克	25,974,686	690,744
			45,178,289	
84713000	重量≤10公斤的便携数字式自动数据处理设备	台	742,217	688,120
87112000	往复式内燃机摩托车等，50ml＜排量≤250ml	辆	2,440,657	683,365
94054090	未列名电灯及照明装置	千克	244,458,086	678,424
27160000	电力	千瓦时	10,191,500,602	655,549
62019390	未列名化纤男式带风帽防寒短上衣、防风衣等	件/千克	103,153,615	652,917
			80,774,222	
68022300	花岗岩碑石或建筑用石及其制品	千克	2,521,535,829	644,100
85445190	其他有接头电导体，80V＜耐压≤1000V	千克	261,832,892	632,634
94036099	未列名木家具	件	44,851,773	631,344
85229090	8519至8521所列设备的未列名零件、附件	千克	24,846,937	629,806
86090010	20英尺集装箱	个	373,044	627,078
10059000	玉米，种用除外	千克	5,996,623,916	624,836
16041910	制作或保藏的（河）鳗鱼，整条或切块的	千克	73,322,255	614,864
89019041	载重量不超过15万吨的机动散货船	艘	42	607,391
69111010	瓷餐具	千克	1,012,680,973	606,986
85424000	混合集成电路	个/千克	573,239,510	604,448
			1,478,911	
62053000	化纤制男衬衫	件/千克	239,268,264	603,615
			73,696,484	
73269090	未列名钢铁制品	千克	541,018,809	596,018
85165000	微波炉	个	12,526,287	591,704
61109090	其他纺材针织或钩编套头衫、开襟衫、马甲等	件/千克	205,104,299	587,512
			77,005,286	
91021100	电动仅有机械指示器的手表	只	457,588,619	582,414
94049040	化纤棉填充的其他寝具及类似用品	千克	115,285,948	569,747
40112000	客车或货运机动车辆用新的充气橡胶轮胎	条	15,900,596	564,683
61099090	未列名纺材制针织或钩编T恤衫、汗衫、背心	件/千克	435,235,047	557,155
			97,995,544	
90099090	复印设备的其他零件、附件	千克	67,307,990	556,107
73089000	其他钢铁结构体；钢结构体用部件及加工钢材	千克	633,860,110	551,049
94032000	其他金属家具	千克	530,652,897	544,950
85061000	二氧化锰原电池（组）	个	13,132,765,818	541,306
85393190	其他热阴极荧光灯	只	515,751,964	536,857
42022200	塑料片或纺织材料作面的手提包	个	428,326,594	535,696
42032910	皮革或再生皮革制的劳保手套	双/千克	611,172,882	530,450
			98,222,248	
94017900	其他金属框架坐具	个	82,273,354	527,620

续表

商品编号	商 品 名 称	数量单位	数 量	金 额
39232100	供运输或包装货物用的乙烯聚合物制袋及包	千克	503,689,292	526,543
71023900	其他非工业用钻石	克	302,563	515,268
84821000	滚珠轴承	套	1,427,532,991	508,095
64041100	橡或塑外底，纺织材料鞋面运动鞋靴等	双	89,914,976	507,042
86090090	其他集装箱（包括运输液体的集装箱）	个	176,475	506,758
94053000	圣诞树用的成套灯具	套／千克	483,727,743	503,378
			220,882,150	
85091000	真空吸尘器	台	41,763,496	501,751
79011100	含锌量在99.99%及以上的未锻轧非合金锌	千克	521,008,083	499,551
54075200	聚酯变形长丝≥85%染色布	米／千克	585,469,408	497,039
			131,492,131	
44219090	未列名木制品	千克	342,519,744	496,657
61109010	丝及绢丝针织或钩编套头衫、开襟衫、马甲等	件／千克	55,034,353	495,956
			13,402,975	
39249000	塑料制其他家庭用具及盥洗用具	千克	313,431,796	487,659
02071419	其他冻鸡块	千克	320,016,665	484,456
85182900	其他扬声器	个	1,090,592,627	481,253
85081000	手提式各式电钻	台	35,125,227	479,120

十六、2001年进口商品排序表（前100位）

单位：千美元

商品编号	商 品 名 称	数量单位	数 量	金 额
	总 值		—	243,552,881
27090000	石油原油及从沥青矿物提取的原油	千克	60,255,350,982	11,661,257
85423000	其他单片集成电路	个／千克	17,736,284,628	7,401,874
			18,558,054	
84733090	8471所列其他机器的零件、附件	千克	87,710,975	3,827,487
12010091	黄大豆	千克	13,573,968,180	2,735,238
85424000	混合集成电路	个／千克	1,907,064,362	2,583,289
			3,962,447	
84798990	未列名具有独立功能的机器及机械器具	台	153,933	2,474,660
26011100	未烧结的铁矿砂及其精矿	千克	84,035,509,456	2,158,762
85421910	其他线宽≤0.18微米数字式单片集成电路	个／千克	2,250,728,303	2,038,802
			1,738,765	
85421920	其他0.18＜线宽≤0.35微米数字单片集成电路	个／千克	567,094,819	1,811,356
			727,650	
98010010	单项记录价值≤￥2,000非税、证进口商品	千克	2,350	1,663,258
85404000	彩色数据／图形显示管，荧光点间距＜0.4mm	只	26,336,053	1,578,332
84733010	大、中、小型计算机及其部件的零件、附件	千克	14,617,860	1,569,423
39011000	初级形状的聚乙烯，比重小于0.94	千克	2,385,389,909	1,560,064
85299020	手持式无线电话机零件	千克	4,519,097	1,522,775
27100033	5－7号燃料油	千克	10,335,166,480	1,471,297
39033000	初级形状丙烯腈－丁二烯－苯乙烯共聚物	千克	1,426,118,439	1,456,038
87089990	8701至8705所列其他车辆用未列名零、附件	千克	156,176,954	1,410,268
29173610	对苯二甲酸	千克	3,116,648,760	1,390,558
39021000	初级形状的聚丙烯	千克	2,086,529,914	1,361,370
74031100	未锻轧的精炼铜阴极及阴极型材	千克	818,578,927	1,351,507
74040000	铜废碎料	千克	3,334,566,548	1,242,338
85179010	数字式程控电话或电报交换机的零件	千克	5,546,945	1,224,131
85340090	四层及以下的印刷电路	块／千克	5,078,806,499	1,219,609
			39,143,534	
84733029	其他打印机零件、附件	千克	42,254,557	1,209,939
27100039	其他柴油及其他燃料油	千克	7,825,913,087	1,203,687
88023000	飞机等航空器，2000kg＜空载重量≤15000kg	架	110	1,203,371
88024010	45000≥空载重量＞15000公斤的飞机等航空器	架	39	1,199,070
85299090	8525至8528所列其他装置或设备用其他零件	千克	14,136,902	1,189,982
88024020	空载重量＞45000公斤的飞机等航空器	架	15	1,142,653
39012000	初级形状的聚乙烯，比重在0.94及以上	千克	1,722,029,608	1,094,184
39041000	初级形状的聚氯乙烯，未掺其他物质	千克	1,916,467,696	1,092,599
39031900	其他初级形状的聚苯乙烯	千克	1,368,155,177	1,067,012
85421310	线宽≤0.18微米金属氧化物半导体集成电路	个／千克	1,475,371,591	1,058,919
			719,007	
90138090	未列名液晶装置和未列名光学仪器及器具	个	1,188,486,752	1,014,102
72044900	未列名钢铁废碎料	千克	8,876,133,219	922,221
26030000	铜矿砂及其精矿	千克	2,255,241,542	897,995
88033000	飞机及直升机的其他零件	千克	3,047,211	840,535
85229030	视频信号录制或重放设备的零件、附件	千克	15,336,710	834,747
85411000	二极管，但光敏二极管或发光二极管除外	个／千克	37,548,594,015	832,632
			12,880,750	
84717010	硬盘驱动器	台	9,570,753	828,823
29025000	苯乙烯	千克	1,607,882,789	816,431
85389000	8535、8536或8537所列装置的其他零件	千克	48,882,798	813,456
47032900	半漂白或漂白非针叶木烧碱木浆或硫酸盐木浆	千克	1,977,644,762	778,217

续表

商品编号	商 品 名 称	数量单位	数 量	金 额
47032100	半漂白或漂白的针叶木烧碱木浆或硫酸盐木浆	千克	1,771,792,639	771,011
72071100	矩形截面半制普通钢铁,宽<两倍厚,C<0.25%	千克	4,072,836,754	752,262
90011000	光纤、光纤束及光缆,但8544的货品除外	千克	1,836,664	731,924
29053100	1,2-乙二醇	千克	1,597,078,093	728,613
54074200	尼龙等聚酰胺长丝≥85%的染色布	米/千克	923,865,504	726,441
			147,276,136	
85340010	四层以上的印刷电路	块/千克	257,796,626	714,195
			4,087,614	
85252022	手持(包括车载)无线电话机	台	7,502,868	712,175
85369000	其他连接用电气装置,线路V≤1000V	千克	29,862,794	707,038
41042900	其他经鞣制或复鞣的牛皮革及马皮革	千克	104,868,472	703,247
90318090	其他未列名测量或检验仪器、器具及机器	台	701,911	700,075
51011100	未梳含脂剪羊毛	千克	210,375,567	686,120
38249090	未列名化学工业及相关工业化学产品及副产品	千克	375,370,740	685,243
85179090	8517所列其他设备的零件	千克	5,337,926	663,434
54076100	含聚酯非变形长丝≥85%的机织物	米/千克	424,771,956	643,790
			68,765,171	
85412100	耗散功率小于1瓦的晶体管	个/千克	18,075,402,099	634,891
			7,322,235	
85229090	8519至8521所列设备的未列名零件、附件	千克	21,886,573	629,064
28182000	氧化铝,但人造刚玉除外	千克	3,346,040,552	624,889
31042090	其他氯化钾	千克	5,124,595,195	598,451
27111390	其他液化丁烷	千克	2,141,885,447	584,893
72091800	仅冷轧,厚<0.5mm普通钢铁卷材	千克	1,541,174,254	582,246
72103000	电镀锌的铁或非合金钢平板轧材	千克	1,209,589,090	578,492
72191300	热轧不锈钢卷材,3mm≤厚<4.75mm	千克	507,393,512	575,737
84714920	系统形式的小型机	台	6,592	559,601
41012100	鲜的或湿盐渍的,超过14公斤的整张牛皮	千克/张	289,319,761	545,992
			10,940,184	
44032000	其他方法处理的针叶木原木	立方米	9,141,933	541,779
72091700	仅冷轧,0.5≤厚≤1mm普通钢铁卷材	千克	1,624,098,971	538,368
39074000	初级形状的聚碳酸酯	千克	265,904,081	533,922
85401100	彩色阴极射线电视显像管	只	6,171,094	530,145
31053000	磷酸氢二铵	千克	3,117,090,363	529,434
30049090	未列名混合或非混合产品构成的药品	千克	8,289,792	527,759
85414000	光敏半导体器件;发光二极管	个/千克	8,332,660,604	525,194
			2,215,144	
39269090	未列名塑料制品	千克	137,083,211	522,959
52052200	棉≥85%,232≤细度<714分特精梳单纱	千克	253,147,173	519,258
87032314	汽油小轿车,1500ml<排量≤2500ml	辆	33,073	514,099
85175035	路由器	台	87,838	498,088
71023100	未加工或简单锯开、劈开或粗磨的非工业钻石	克	657,124	493,389
85416000	已装配的压电晶体	个/千克	6,565,962,605	489,891
			2,655,202	
44039990	未列名非针叶木原木	立方米	4,220,362	489,320
44079990	未列名经纵锯、或切的非叶木木材,厚>6mm	立方米	2,195,411	483,631
23012010	饲料用鱼粉	千克	901,836,076	481,481
84771010	注塑机	台	12,647	480,632
84717030	光盘驱动器	台	13,690,291	477,585
48101200	涂无机物的书写、印刷纸,平米重>150g	千克	696,428,266	476,723
27100023	航空煤油	千克	1,834,365,178	476,351
85175032	以太网络交换机	台	339,847	468,849
85415000	其他半导体器件	个/千克	6,611,050,464	462,359
			1,983,186	
85421320	0.18<线宽≤0.35半导体集成电路	个/千克	349,338,529	455,260

续表

商品编号	商 品 名 称	数量单位	数 量	金 额
			470,366	
85011099	其他电动机，P≤37.5W	台	493,426,031	448,114
90099090	复印设备的其他零件、附件	千克	28,382,471	444,696
84798962	自动贴片机	台	3,165	443,248
85175090	未列名有线载波通讯及有线数字通讯设备	台	77,120	440,506
85312000	装有液晶装置或发光二极管的显示板	个	204,341,314	438,891
85175029	其他光通讯设备	台	28,817	437,637
72193400	冷轧不锈钢板材，0.5mm≤厚≤1mm	千克	306,822,213	435,459
84807100	塑料或橡胶用注模或压模	套／千克	309,881	432,882
			28,554,847	
85045000	其他电感器	个	10,457,244,797	430,563
27111990	其他未列名液化石油气及其他烃类气	千克	1,427,193,859	427,089

十七、2001年进出口商品经营单位排序表（前100位）

单位：千美元

经 营 单 位	出口额	名次	经 营 单 位	进口额	名次
总　　值	266,098,209		总　　值	243,552,881	
东莞市对外加工装配服务公司	6,182,068	1	中国国际石油化工联合有限责任公司	6,629,090	1
深圳市宝安外经发展有限公司	6,128,190	2	东莞市对外加工装配服务公司	5,141,865	2
深圳龙岗区对外经济发展有限公司	3,701,024	3	深圳市宝安外经发展有限公司	3,847,666	3
鸿富锦精密工业(深圳)有限公司	2,031,784	4	深圳龙岗区对外经济发展有限公司	2,241,107	4
摩托罗拉(中国)电子有限公司	1,612,960	5	摩托罗拉(中国)电子有限公司	2,061,668	5
长城国际信息产品(深圳)福保公司	1,028,818	6	珠海振戎公司	2,052,576	6
北京诺基亚移动通信有限公司	1,016,175	7	中化国际石油公司	1,428,896	7
东莞诺基亚移动电话有限公司	832,554	8	中国航空器材进出口总公司	1,307,463	8
乐金电子(惠州)有限公司	789,024	9	五矿钢铁有限责任公司	1,259,059	9
中国国际石油化工联合有限责任公司	788,042	10	鸿富锦精密工业(深圳)有限公司	1,222,920	10
顺德市顺达电脑厂有限公司	755,135	11	中国联合石油有限责任公司	1,181,525	11
冠捷电子(福建)有限公司	752,534	12	联想进出口有限公司	1,094,751	12
希捷国际科技(深圳)有限公司	721,750	13	北京诺基亚移动通信有限公司	955,127	13
爱普生技术(深圳)有限公司	677,427	14	上海西门子移动通信有限公司	837,477	14
苏州爱普生有限公司	667,050	15	宝钢集团国际经济贸易总公司	795,920	15
希捷国际科技(无锡)有限公司	661,103	16	大连西太平洋石油化工有限公司	789,969	16
中国煤炭工业秦皇岛进出口有限公司	657,524	17	一汽－大众汽车有限公司	778,541	17
中海石油(中国)有限公司	643,406	18	中国航空技术进出口总公司	746,237	18
佳能珠海有限公司	642,412	19	上海大众汽车有限公司	729,144	19
广东核电合营有限公司	637,263	20	希捷国际科技(无锡)有限公司	710,683	20
大连中联油国际贸易有限公司	580,718	21	希捷国际科技(深圳)有限公司	671,435	21
广东省东莞机械进出口公司	567,592	22	顺德市顺达电脑厂有限公司	666,849	22
飞利浦电子元件(上海)有限公司	548,619	23	中国人民银行深圳市中心支行	652,925	23
神华煤炭运销公司	516,523	24	苏州爱普生有限公司	647,570	24
东方国际集团上海市丝绸进出口有限公司	508,948	25	中国原子能工业公司	622,359	25
上海西门子移动通信有限公司	499,975	26	华为技术有限公司	610,456	26
鑫茂科技(深圳)有限公司	481,416	27	中国粮油食品进出口(集团)有限公司	604,399	27
大连西太平洋石油化工有限公司	462,936	28	冠捷电子(福建)有限公司	597,036	28
深圳海量存储设备有限公司	452,173	29	爱普生技术(深圳)有限公司	585,898	29
宝钢集团国际经济贸易总公司	440,199	30	杭州摩托罗拉移动通信设备有限公司	567,394	30
深圳开发科技股份有限公司	438,720	31	东方国际集团上海市对外贸易有限公司	556,392	31
山西煤炭进出口集团公司	423,346	32	中芯国际集成电路制造（上海）有限公司	546,363	32
东莞三星电机有限公司	415,031	33	北京金长科国际电子有限公司	540,945	33
名硕电脑(苏州)有限公司	411,880	34	南京爱立信熊猫通信有限公司	527,213	34
浙江省丝绸进出口公司	409,469	35	青岛朗讯科技通讯设备有限公司	509,466	35
英特尔科技（中国）有限公司	398,748	36	中国农业生产资料集团公司	503,725	36
吉林粮食集团进出口有限公司	391,370	37	金朋(上海)有限公司	495,315	37
中国煤炭工业进出口集团日照有限公司	388,315	38	综合信兴仓运(深圳)有限公司	493,131	38
江南造船(集团)有限责任公司	385,271	39	广东北电通信设备有限公司	486,479	39
海尔集团电器产业有限公司	373,824	40	乐金电子(惠州)有限公司	473,479	40
广东省东莞市对外贸易发展集团公司	372,561	41	旭电(苏州)科技有限公司	459,796	41
金朋(上海)有限公司	364,540	42	深圳海量存储设备有限公司	455,933	42
上海索广电子有限公司	364,532	43	飞利浦电子元件(上海)有限公司	446,613	43
明基电通信息技术有限公司	361,956	44	联通进出口有限公司	432,954	44
惠阳市对外加工装配服务公司	361,588	45	英特尔科技（中国）有限公司	422,868	45
中国航空技术进出口总公司	351,120	46	北京诺基亚航星通讯系统有限公司	419,540	46
厦门建发股份有限公司	343,090	47	东莞诺基亚移动电话有限公司	405,627	47
江苏苏豪国际集团股份有限公司	339,478	48	上海贝尔有限公司	398,429	48
山东省机械进出口集团公司	337,895	49	名硕电脑(苏州)有限公司	397,032	49
深圳三洋华强激光电子有限公司	320,732	50	广东省东莞机械进出口公司	393,951	50

续表

经 营 单 位	出口额	名次	经 营 单 位	进口额	名次
总　　值	266,098,209		总　　值	243,552,881	
天津三星电机有限公司	315,376	51	海南航空股份有限公司	392,153	51
友利电电子(深圳)有限公司	314,282	52	中国石化国际事业有限公司	389,136	52
才众电脑(深圳)有限公司	313,709	53	中国烟草进出口(集团)公司	388,793	53
仁宝电脑工业(中国)有限公司	310,751	54	超微半导体(苏州)有限公司	387,867	54
杭州摩托罗拉移动通信设备有限公司	309,914	55	深圳开发科技股份有限公司	386,518	55
南京纺织品进出口股份有限公司	309,340	56	海福发展(深圳)有限公司	384,528	56
理光(深圳)工业发展有限公司	308,934	57	UT 斯达康 (杭州) 通讯有限公司	371,435	57
惠州三星电子有限公司	298,635	58	中国技术进出口总公司	365,361	58
江苏舜天股份有限公司	290,816	59	中化国际化肥贸易公司	361,647	59
浙江省纺织品进出口集团公司	285,253	60	中国石化仪征化纤股份有限公司	359,762	60
苏州飞利浦消费电子有限公司	284,994	61	东方航空进出口公司	358,185	61
苏州罗技电子有限公司	279,980	62	中化广东进出口公司	352,946	62
大连东芝电视有限公司	278,486	63	中国化工供销(集团)总公司	352,815	63
深圳市盐田港出口货物监管仓有限公司	278,052	64	广东省东莞市对外贸易发展集团公司	349,342	64
深圳国际商业机器技术产品有限公司	273,394	65	上海索广电子有限公司	343,486	65
三洋电机(蛇口)有限公司	270,506	66	东海粮油工业(张家港)有限公司	332,473	66
中国外运集团深圳公司	270,401	67	江苏省对外贸易股份有限公司	331,979	67
佛山普立华照相机有限公司	270,306	68	明基电通信息技术有限公司	324,687	68
江苏开元国际集团轻工业品进出口有限公司	267,811	69	湛江东兴石油企业有限公司	322,532	69
中化辽宁进出口公司	267,351	70	中华映管(福州)有限公司	319,952	70
浙江东方集团股份有限公司	264,897	71	中国电子进出口总公司	319,307	71
厦门灿坤实业股份有限公司	264,533	72	上海通用汽车有限公司	313,085	72
嘉兴市进出口公司	264,186	73	中国三九进出口公司	306,369	73
唯冠科技(深圳)有限公司	259,048	74	大连东芝电视有限公司	302,371	74
夏普办公设备(常熟)有限公司	257,787	75	鑫茂科技(深圳)有限公司	300,388	75
广东省东莞丝绸进出口公司	254,882	76	惠阳市对外加工装配服务公司	297,447	76
沪东造船厂	254,286	77	深圳市怡亚通商贸有限公司	297,189	77
宁波市慈溪进出口股份有限公司	252,071	78	中谷粮油集团公司	296,349	78
东莞福安纺织印染有限公司	249,560	79	厦门伯灵顿仓储有限公司	294,354	79
中国石油技术开发公司	247,441	80	北京国际交换系统有限公司	289,433	80
天津三星电子有限公司	246,606	81	中国有色金属工业贸易集团公司	284,589	81
盐田国际集装箱码头有限公司	246,211	82	广州本田汽车有限公司	282,789	82
宏基电脑(中山)有限公司	240,173	83	中化国际化肥贸易公司	276,066	83
北京爱立信移动通信有限公司	239,930	84	佳能珠海有限公司	272,854	84
广东省丝绸进出口(集团)公司	239,699	85	广东省华广轻工实业有限公司	272,576	85
诺基亚(苏州)电信有限公司	236,031	86	东莞科泰电子有限公司	261,563	86
广东粤港供水有限公司	235,770	87	五矿贸易有限责任公司	259,608	87
中国北方工业公司	235,194	88	金东纸业(江苏)有限公司	259,096	88
浙江远大进出口有限公司	234,812	89	中国航空器材西南公司	257,982	89
浙江省粮油食品进出口股份有限公司	232,185	90	中国植物油公司	256,160	90
天津三星电子显示器有限公司	231,975	91	深圳国际商业机器技术产品有限公司	254,546	91
上海新锐实业有限公司	230,444	92	国家电力公司	254,530	92
中山市三乡对外加工装配服务公司	230,076	93	中化浦东贸易有限公司	253,586	93
上海朗讯科技通信设备有限公司	226,055	94	深圳三洋华强激光电子有限公司	250,951	94
厦门太古飞机工程有限公司	222,590	95	才众电脑(深圳)有限公司	250,892	95
浙江省畜产进出口公司	219,621	96	东莞三星电机有限公司	250,058	96
阿科中国有限公司	218,846	97	中纺棉花进出口公司	249,330	97
戴尔计算机(中国)有限公司	218,200	98	四海电子(昆山)有限公司	245,654	98
中国煤炭工业进出口集团青岛有限公司	217,204	99	上海航空进出口有限公司	243,883	99
广东省中山食品水产进出口集团有限公司	216,793	100	中化国际招标有限责任公司	240,906	100

十八、全国海关进出口货运量统计表

指　标	单位	进出口		进　口		出　口		全年比去年同期±％		
		12月	全年累计	12月	全年累计	12月	全年累计	进出口	进口	出口
合计（货运量）	吨	71,348,481	718,614,417	34,814,424	399,231,529	36,534,057	319,382,888	8.3	10.1	6.2
海运	吨	64,905,881	643,512,770	31,297,775	359,104,103	33,608,106	284,408,667	10.5	11.3	9.5
其中：转关运输	吨	1,808,176	19,186,817	981,564	10,613,271	826,612	8,573,546	26.4	39.5	13.2
集装箱数量	箱次	1,900,805	20,951,159	959,238	10,464,105	941,567	10,487,054	12.9	14.2	11.7
重箱数量	箱次	1,412,904	15,329,432	551,434	5,965,787	861,470	9,363,645	13.9	14.2	13.7
集装箱载货量	吨	13,123,186	139,788,522	6,352,281	68,864,475	6,770,905	70,924,047	14.7	24.9	6.2
转关监管货物	吨							—	—	—
接收转关申报单	份	32,992	497,826	9,441	118,555	23,551	379,271	9.7	35.7	3.5
核销转关申报单	份	32,717	523,603	9,193	145,769	23,524	377,834	-9.2	-8.2	-9.6
铁路运输	吨	2,038,300	21,523,535	1,686,712	17,836,653	351,588	3,686,882	22.3	26.7	4.9
其中：转关运输	吨	123,710	1,106,255	20,566	194,615	103,144	911,640	-3.2	-16.7	0.2
集装箱数量	箱次	4,952	55,929	2,200	25,139	2,752	30,790	16.8	39.5	3.1
重箱数量	箱次	4,376	48,682	1,941	22,935	2,435	25,747	14.8	71.0	-11.2
集装箱载货量	吨	46,419	565,513	20,668	263,177	25,751	302,336	5.0	72.5	-21.7
转关监管货物	吨							—	—	—
接收转关申报单	份	2,269	37,240	555	12,546	1,714	24,694	-19.0	-36.2	-6.1
核销转关申报单	份	2,887	33,339	1,021	12,352	1,866	20,987	-20.9	-42.2	1.1
公路运输	吨	3,882,154	46,741,096	1,751,476	20,886,913	2,130,678	25,854,183	-18.2	-15.1	-20.6
其中：转关运输	吨	1,543,041	21,257,666	673,551	8,733,319	869,490	12,524,348	-26.7	-31.1	-23.3
集装箱数量	箱次	391,393	5,006,985	172,947	2,128,080	218,446	2,878,905	-27.0	-24.0	-29.0
重箱数量	箱次	255,950	3,248,364	74,857	821,110	181,093	2,427,254	-33.8	-41.1	-31.0
集装箱载货量	吨	1,639,994	20,423,525	713,842	8,165,571	926,152	12,257,954	-28.1	-37.8	-19.8
转关监管货物	吨							—	—	—
接收转关申报单	份	256,878	3,007,659	73,128	903,325	183,750	2,104,334	0.6	-3.3	2.4
核销转关申报单	份	253,888	2,961,253	71,660	898,157	182,228	2,063,096	2.7	-4.8	6.3
空运	吨	153,926.235	1,760,792	37,501	442,063	116,425	1,318,729	-6.4	-3.4	-7.3
其中：转关运输	吨	12,727.035	183,156	6,002	78,193	6,725	104,963	1.2	6.8	-2.6
集装箱数量	箱次	4	5		1	4	4	-96.6	-97.0	-96.6
重箱数量	箱次	4	5		1	4	4	-96.6	-97.0	-96.6
集装箱载货量	吨	237	242	179	180	58	62	-87.3	-34.5	-96.2
转关监管货物	吨							—	—	—
接收转关申报单	份	41,128.5	481,795	21,482	273,284	19,647	208,511	42.3	39.6	46.0
核销转关申报单	份	34,965	407,031	20,655	242,788	14,310	164,243	39.4	30.0	55.9
邮运	吨	462	4,899	274	3,014	188	1,886	-38.0	-36.4	-40.5
其中：转关运输	吨	190	1,837	109	1,142	81	696	-44.5	-29.6	-58.7
集装箱数量	箱次							-100.0	-100.0	—
重箱数量	箱次							-100.0	-100.0	—
集装箱载货量	吨							-100.0	-100.0	—
转关监管货物	吨							—	—	—
接收转关申报单	份	972	9,880	241	2,916	731	6,964	66.3	158.3	44.8
核销转关申报单	份	629	6,558		171	629	6,387	29.4	-41.6	33.7
其他	吨	367,758	5,071,325	40,686	958,784	327,072	4,112,541	14.4	31.4	11.0
其中：转关运输	吨	11,209	295,976	10,230	235,262	979	60,714	364.3	322.2	657.2
集装箱数量	箱次					16	16	-100.0	-100.0	-100.0
重箱数量	箱次					16	16	-96.5	-87.5	-100.0
集装箱载货量	吨				101	67	34	-98.8	-94.8	-99.5
转关监管货物	吨							—	—	—
接收转关申报单	份	144	13,907	58	446	86	13,461	204.4	36.8	217.3
核销转关申报单	份	244	13,335	44	175	200	13,160	224.5	-44.3	246.7

十九、全国海关出入境人员统计表

单位：人次

指　标		合　计	出　境		入　境		比去年同期±%		
			本国籍	外国籍	本国籍	外国籍	合　计	出　境	入　境
合计	（12月）	19,225,387	8,507,609	993,700	8,732,094	991,984	10.92	9.17	12.68
	（全年累计）	213,543,048	95,301,323	12,162,510	94,233,847	11,845,368	7.47	7.60	7.33
免检旅客	（12月）	3,539	634	805	943	1,157	19.76	1.12	37.08
	（全年累计）	53,911	10,758	11,416	12,844	18,893	28.92	3.22	56.06
中国籍居民旅客	（12月）	1,854,661	888,018		966,643		28.25	15.65	42.51
	（全年累计）	20,709,741	10,455,413		10,254,328		16.17	15.76	16.59
华侨	（12月）	56,982	21,441	4,318	27,352	3,871	−0.75	−9.81	8.21
	（全年累计）	763,120	295,192	57,715	358,661	51,552	1.07	−8.13	10.60
港澳旅客	（12月）	12,702,144	6,245,596	1,269	6,454,431	848	13.74	12.80	14.66
	（全年累计）	137,778,837	68,955,817	14,335	68,795,248	13,437	6.53	6.47	6.59
台胞旅客	（12月）	539,149	268,165	1,045	269,330	609	17.63	16.47	18.80
	（全年累计）	6,662,496	3,340,927	7,842	3,305,298	8,429	14.04	15.64	12.47
外国籍旅客	（12月）	1,323,909		666,781		657,128	4.32	3.97	4.68
	（全年累计）	16,105,849		8,185,176		7,920,673	11.87	12.19	11.54
定居旅客	（12月）	15,108	5,705	3,763	1,909	3,731	8.25	−15.09	100.93
	（全年累计）	118,756	67,360	19,616	12,355	19,425	1.67	−4.14	21.85
运输工具服务人员	（12月）	1,881,733	815,658	143,241	775,035	147,799	4.97	4.70	5.24
	（全年累计）	21,918,425	9,556,226	1,630,980	9,045,557	1,685,662	7.62	8.52	6.69
过境旅客	（12月）	7,919	1,019	2,345	1,683	2,872	79.37	71.02	86.07
	（全年累计）	95,034	11,951	34,657	13,090	35,336	−78.93	−79.94	−77.87
边境居民	（12月）	840,243	261,373	170,133	234,768	173,969	−25.00	−23.77	−26.26
	（全年累计）	9,336,879	2,607,679	2,200,773	2,436,466	2,091,961	−2.49	−0.48	−4.53

（本篇数据统计均由海关总署综合统计司提供）

第六篇

中国口岸协会第二次全国会员代表大会文件选编

海关总署李克农副署长在中国口岸协会第二次全国会员代表大会上的讲话

（2001年12月6日）

各位代表、同志们：

很高兴参加中国口岸协会第二次全国会员代表大会。首先，我代表海关总署党组向大会表示热烈的祝贺！

这次中国口岸协会会员代表大会召开，正值我国加入世界贸易组织和中央经济工作会议刚刚闭幕之际。这次会议既是中国口岸协会成立以来的第二次全国会员代表大会，又是改变主管部门以后的第一次全国会员代表大会，也是中国口岸协会按章程进行换届选举的会议。对于中国口岸协会在新的形势下，以新的面貌、新的工作思路，与时俱进、开拓创新、不断进取具有十分重要的意义。

刚才宣读了全国人大副委员长田纪云同志为中国口岸协会的题词和国务委员吴仪同志给大会的贺信，他们的题词和贺信不仅充分肯定了中国口岸协会的地位和作用，还对今后的工作提出了新的更高的要求。希望协会的同志们认真学习领会并贯彻落实。

受海关总署党组的委托，下面，我就中国口岸协会重新恢复活动后的工作讲几点意见和希望：

一、认清形势，抓住机遇，努力开创口岸协会工作的新局面

新世纪开始的五到十年间，将是我国经济和社会发展的重要时期，经济结构将进行战略性调整，社会主义市场经济体制将进一步完善，对外开放将进一步扩大，政府管理经济的职能和方式将有深刻的变革，我国的政治、经济、文化、社会生活等各个方面都将发生巨大变化，新情况、新问题、新矛盾也会不断出现。特别是我国成为世贸组织成员后，将在经济全球化大潮下更大范围、更深程度地参与国际合作和竞争，这必然要求我们学会并按照国际通行规则来改革我们的法律制度、经济体制和管理方式，使我们面临着前所未有的机遇和挑战。口岸是国家通往世界的大门，口岸工作同样面临按国际规则改革我们一系列法规和工作方法，实施规范管理，提高工作效率等问题。事实上，近年来口岸效率已成为中央领导、各地人民政府以及有关企业普遍关注的焦点。新的形势既给口岸工作带来了新的挑战，也给口岸协会带来了难得的发展机遇。政府机构改革和进一步转变职能之后，过去由政府主管部门直接承担的一部分工作，例如行业利益维护、行业自律的管理，行业发展政策的调研，与政府机构间的联络沟通等等，将转由行业协会这样的中介机构来承担。因此，在今后的口岸工作中，中国口岸协会可以并且应该更好地发挥桥梁和纽带作用。正如吴仪国务委员贺信中指出的，口岸协会“服务政府、服务企事业单位，前景广阔，大有可为”。

协会作为一种社团和中介组织，在市场经济发达的西方国家发展非常普及，并承担着政府与企业、企业与企业之间沟通和联系以及行业自律、行业管理等重要角色。以目前的德、日、韩三国为例，德国政府的经济部与工业联合会及各行业协会联系并通过其联系协调众多企业；韩国政府的产业资源部与工业联合会及各行业协会联系并通过其联系协调各个企业；在日本，经济团体联合会有“在野的经济内阁”之说，代表企业与行业协会，影响政府的政策与议会的立法，甚至以民间力量参与政府行政改革。我国实行改革开放政策后，各种协会中介组织有了较大发展，截至2000年底，仅工业类型的全国性工业行业协会就有200多家，还有以大型国有企业为主体的工业企业组织520多家。这些协会和中介组织的出现和发展，为推动国民经济快速、持续、健康发展发挥了积极作用。正是考虑到协会的积极作用，1998年政府机构改革，中国口岸协会改由海关总署主管后，总署党组经过研究，在当时国家清理整顿协会等中介组织的情况下，仍然决定保留中国口岸协会，并联系民政部重新登记和筹备恢复活动事宜，多次开会听取汇报、研究方案，同时要求海关总署相关部门积极支持恢复活动的各项工作。可见海关总署党组对中国口岸协会的工作是很重视的，对协会在未来口岸工作中的积极作用是寄予厚望的。希望同志们不负所望，抓住机遇，积极开展工作，努力开创口岸协会工作新局面。

二、牢记宗旨，摆正位置，积极发挥桥梁和纽带作用

恢复活动后的中国口岸协会，是海关总署主管、经民政部批准成立并监督指导的非营利全国性社会团体，具有社团法人资格。按照有关规定和章程，中国口岸协会的宗旨和任务主要是围绕口岸中心工作，发挥桥梁和纽带作用，为政府部门服务，为企事业单位服务，为口岸管理、提高通关效率和促进国际贸易以及国际交往服务。正确地认识和把握口岸协会的性质、宗旨和任务，是我们协会做好所有工作的前提。我们必须明确地认识到，中国口岸协会不是行政机关，不具有政府职能。协会应该准确地摆正自身的位置。遵循既定的办会宗旨，恪守业务范围，主动接受主管部门和社团管理机关的监督指导，当好政府部门的参谋，做到尽职而不越位，帮忙而不添乱。口岸协会要认真贯彻江泽民同志“三个代表”重要思想，改进工作作风，服从和服务于口岸工作大局。要通过我们的工作，在政府与人民群众之间、政府各部门之间、政府部门与会员单位之间、会员单位与会员单位之间、不同行业之间和管理与被管理之间，建立密切联系的桥梁和纽带，积极主动为广大会员出谋献策、排忧解难，尽责尽力地为政府当好参谋、做好助手，充分发挥口岸协会作用。

口岸是供人员、货物、交通运输工具直接出入国境关境的通道。围绕着“国门”和“通道”，检查检验、交通运输、对外经贸、供应服务、代理仓储和物流等单位按照各自行业的法规进行作业，因此口岸就形成了一个跨部门、跨行业、跨地区联合运作、条块结合的运作体系。这就决定了口岸综合管理不同于其它单一系统的行业管理，具有自身的特殊性。口岸协会必须根据自己的特点开展工作，有效地发挥其应有的作用。所以，应该强调的是，中国口岸协会虽然是由海关总署主管，但不是海关协会，它必须在整个口岸全局的层面上开展工作，围绕口岸综合管理这个中心，服务于政府，服务于口岸管理部门，服务于口岸企事业单位，服务于广大口岸工作者。海关总署是中国口岸协会的主管部门，但不是口岸综合管理的主管部门。这既是口岸协会工作的难点所在，也是协会工作大有可为、大有作为的重要原因所在。1998年国务院机构改革，撤销国家口岸办，将部分职能划归海关总署，可以说，此后国家并没有真正意义上的口岸综合主管部门。但口岸由多个部门、单位组成，确有不少问题需要沟通、协调，海关总署是无法承担起这个协调作用的。今年4月，岚清副总理要求海关总署牵头解决大通关效率问题，我们只能解决其中20−30%，其余要靠其他部门和单位。因此7个部门搞了一个联络协调机制，国务院又下文要求各地政府牵头建立类似机制。由此可见，口岸协会不同于单一系统的协会，不仅工作范围大、难度大，而且意义和作用也大，它能起到其主管部门不能起到的作用，确实大有可为。因此，协会的工作思路、工作作风以及工作方法，都要与自身的特点相适应、相配套，充分调动和发挥方方面面的积极性。只有这样，中国口岸协会才能健康发展。

在这里，我想提请大家着重研究两个问题：

（一）关于协会的业务范围，《章程》里一共讲了六个方面，比较实，也比较宽。但是，这六个方面的工作要真正全面开展起来是很不容易的，需要争取主管部门和相关单位的支持和配合，有的还需要一个逐步发展的过程。因此，需要请大家进一步研究如何把业务范围内的工作细化为一个个具体的、可操作的工作任务，使口岸协会的所有工作都能真正落到实处。

（二）口岸管理工作条块交叉，涉及的部门和单位很多，我们口岸协会的会员也来自各个方面。因此如何把各方面的会员紧密联系起来，团结协作发挥作用就是一个很重要的问题。这方面，上届协会、老会长为我们留下了丰富的经验，要认真吸取。但今天情况发生了很大的变化（政府职能、企业管理、口岸发展、还有口岸管理体制等），需要我们从今天的实际出发，认真研究解决这个问题。这个问题事关中国口岸协会的吸引力、凝聚力和工作成效，希望大家要积极探索，创造新的经验。

三、增强使命感，求真务实，强化服务，充分发挥协会工作优势

我国国民经济和社会发展第十个五年计划纲要明确指出，要“进一步转变政府职能，发挥商会、行业协会等中介组织的作用”。最近闭幕的中央经济工作会议上，朱镕基总理在讲话中又专门强调了这个问题。时代赋予协会等中介组织如此之重要的使命，是因为其有着独特的优势和作用。其优势我认为主要体现在：一是可以集中人才资源，对一些宏观的、深层次的、政策性的课题进行调研，为政府部门提供决策的参考依据；二是协会的代表分布面广，信息量大，可以掌握和反映各层面比较真实的情况、意见和要求；三是协会所处位置相对超脱，视野比较开阔，能够比较现实客观地认识问题、发现问题，提出意见和建议；四是有较大的凝聚力和相对的自主性，可以围绕政府部门和行业的重点工作，组织非政府职能所能为的有益的社会活动。因此，协会的工作舞台非常宽阔，活动的空间也很大。我认为，口岸协会目前至少在三个方面可以有所作为：

第一，当前及今后一段时期，口岸协会要紧紧围绕提高口岸工作效率，优化口岸通关环境这个中心任务，积极配合口岸管理部门开展工作。要发挥好社团组织的组织结构优势和人才资源优势，根据口岸现实的需要，深入做一些调查研究和理论探讨，将新情况、新问题、新理念、新思路分析归纳，为口岸领导机关决策和口岸单位工作提供参考。

今年以来，特别是"9.11"事件之后，我国外贸出口形势十分严峻。入世后，口岸工作还将面临一系列新情况、新问题，而我国口岸管理工作条块交叉，部门繁多，如何提高口岸工作效率，适应新形势的要求，这是一个亟待研究解决的重大课题。上海APEC会议期间，吴仪同志讲明年抓两件事：现代物流、电子口岸，这两件事都与口岸效率直接相关。最近，国务院办公厅发出关于进一步提高口岸工作效率的通知。按照通知精神，国务院有关部门和各地政府正在研究制定具体措施。口岸协会应当站在全局的高度，充分发挥协会跨部门、跨行业、跨地区的优势，针对目前口岸综合管理体制尚不健全，运作机制未尽人意，口岸功能没有充分发挥等突出问题，深入研究影响口岸工作效率的深层次问题及其成因，提出建设性的意见，为国家有关部门提供科学的决策依据。

又如，近年来为严厉打击走私、骗汇套汇、骗取出口退税等违法犯罪活动，促进对外贸易健康发展，经国务院批准，海关总署会同有关部门开发建设了"口岸电子执法系统"。这个系统利用现代信息技术，借用国家电信公网。将进出口信息流、资金流、货物流的电子底帐数据集中存放到一个公共的数据中心，使国家行政部门可以进行跨部门、跨行业联网数据核查，企业可以上网办理报关、出口退税、结售汇核销等手续。遵照朱　基总理关于"口岸电子执法系统"推广工作要积极、抓紧的指示精神，国务院办公厅发出通知，要求积极开展宣传和知识普及工作，要求各地区、各相关部门充分利用广播、电视、报刊和举办推介会等各种形式，有针对性地进行广泛宣传。口岸协会在这方面同样可以有所作为。

第二，做好信息工作，向社会提供口岸信息服务。这应该作为协会恢复活动后的一项重点工作。要尽快建立起协会的信息载体，通过载体为政府部门、为口岸单位提供快速、准确、有效的信息。要加强与兄弟协会之间、各省市口岸协会之间的信息往来，互通情况，相互借鉴。此外，协会还要多与新闻媒体沟通，广泛宣传口岸，增强民众的口岸意识。目前协会正在研究如何创办一份反映口岸工作和相关动态的全国性信息刊物，作为协会会刊的问题。这个设想很好，作为一个全国性的社团组织，中国口岸协会应该有自己的宣传舆论阵地。目前可以先从创办内部刊物开始起步，逐步积累经验，锻炼队伍，创造条件。

第三，协会要积极组织适合口岸特点、会员单位和理事们欢迎的各类活动。比如组织一些专题考察，交流和借鉴国内外口岸工作经验；会同相关单位组织开展口岸业务培训，提高口岸工作人员素质；开展健康活泼的文体活动，促进口岸精神文明建设等等。要通过开展各种有益活动，来团结会员，增进友谊，获取信息，推动工作，增强协会的吸引力、影响力和凝聚力。

希望协会的同志在这次大会以后，本着求真务实、与时俱进的思路，认真研究制定明年的工作实施方案，要立足于目标明确、任务具体、切实可行、注重实效，既不要好高骛远，也不能裹足不前，争取办成一到几件让上级主管部门满意、广大口岸工作者欢迎的好事、实事。

四、加强领导，建章立制，提高素质，努力抓好口岸协会的自身建设

加强党的领导，坚持正确的政治方向，是办好中国口岸协会的重要保证。基于这个考虑，海关总署党组经过慎重研究，决定推荐总署党组成员叶剑同志担任中国口岸协会的会长。叶剑同志曾经担任过国家口岸办主任，对口岸工作有较深的研究和丰富的经验，国家相关部门和地方口岸工作部门的同志对他都很熟悉，由他担任会长，有利于中国口岸协会开展工作，希望能得到大家的支持。今后随着协会工作的正常开展，海关总署党组将进一步加强对协会的思想建设、组织建设、作风建设和制度建设的领导，希望各有关部门和会员单位也加强对协会工作的支持。在协会的工作班子里，党的组织机构要充分发挥党的战斗堡垒作用，发挥党员干部的先锋模范带头作用。

口岸协会作为全国性的社团组织，它的会员来自全国口岸管理、口岸查验、外经外贸、交通运输、生产服务等很多部门和单位，大家围绕着把口岸工作做好这个目标走到一起来了。协会要贯彻民主协商、民主办会的原则，调动各方面积极因素，诚恳地征询会员的想法和建议，虚心向有经验的专家学者和老同志请教，广泛地吸收来自各方面的经验。同时，协会要建立起精干的工作班子，建立健全规范有序的工作制度，配备高素质的工作人员充实协会的办事机构。要加强财务管理，发扬艰苦奋斗、勤俭建国的优良传统，勤俭节约地组织开展协会的一切业务活动，反对奢侈浪费。协会工作人员要增强事业心和责任感，牢固树立服务宗旨和有为才有位的思想观念，增强全心全意为口岸工作服务、为协会会员服务的责任感，充分发挥主观能动性和创造性。总之，协会在恢复活动之初，要立足于高起点、严要求，坚持以人为本，注重基础建设，努力造就一个朝气蓬勃、团结和谐、求真务实、勇于开拓的工作群体。

各位代表，新世纪将是更加开放的世纪，也是中华民族实现伟大复兴、进一步走向繁荣富强的世纪。未来的口岸工作任务光荣而又艰巨。希望口岸协会的同志们以重新恢复活动为契机，开拓创新，扎实工作，努力把中国口岸协会的工作提高到一个新的水平，为口岸事业发展做出更大的贡献。

叶剑会长在中国口岸协会第二届理事会一次会议上的讲话

（2001年12月7日）

各位理事，各位朋友：

中国口岸协会第二次会员代表大会和第二届理事会一次会议在大家的共同努力下，顺利地完成了预定的各项议程。同志们反映，会议开得隆重、热烈、团结、务实。感谢组织推荐和理事们对我的信任，推选我担任中国口岸协会会长。在这里我向大家表示：本人水平有限、能力有限，为了不辜负组织的推荐和同志们的信任，我将尽心尽力、尽职尽责，努力为大家做好服务工作。请允许我代表中国口岸协会向莅临这次会议的口岸工作老领导钱永昌部长、石希玉会长表示衷心感谢！向在第一届理事会期间担任顾问、名誉副会长、副会长、常务理事、理事和为协会工作作出了贡献的同志们表示衷心感谢！

口岸工作是一项重要工作。改革开放以来，全国从事口岸工作的同志们不断探索有中国特色的口岸建设和口岸管理新路子，付出了大量的心血和汗水，促进了口岸事业蓬勃发展。在座的口岸协会理事，许多是口岸综合管理、口岸查验管理、外经贸、交通运输以及对外交往、国际旅游、涉外服务等单位的领导，其中也有在口岸领域知名度很高的资深领导、专家和行家，可以说这里聚集了口岸工作的大量人才，是我国口岸工作队伍中的一支重要力量。面对中国加入世贸的新形势，我们要迎接口岸工作新的挑战。我相信，如果我们应对适当，将会迎来中国口岸工作新的机遇，为我国口岸事业的发展作新的贡献！在昨天的大会上，李克农副署长代表协会的主管部门作了重要讲话，对口岸协会的工作提出了明确要求，同时也对协会寄予了殷切的希望。同志们要认真学习领会，认真贯彻执行。钱永昌部长作为口岸工作的老领导，在会上介绍了过去口岸工作的有关情况，对协会工作提出了很多好的意见，我们将认真研究，用以指导协会今后的活动。

海关是依法行政，协会要按章办事。今天上午大家已经通过了协会章程，章程对协会的宗旨、业务范围、组织机构都作了明确的规定，协会今后的工作，将按照章程的规定，逐步地、规范地开展活动。下面我从三个方面讲几点意见。

一、关于工作思路

我们有必要重温党和国家领导同志先后给口岸协会的题词和贺信。当时担任国务院总理的李鹏同志曾经给协会作过题词："办好口岸协会，发展口岸事业。"李岚清副总理也为协会作过题词："办好中国口岸协会，为促进我国口岸事业健康发展作贡献。"全国人大副委员长田纪云同志最近的题词是："发挥桥梁纽带作用，促进口岸事业发展。"国务委员吴仪同志在给大会的贺信中写到："口岸是国家通往世界的大门，对外开放和经济发展离不开口岸，随着我国加入世贸组织，需要更加方便快捷和安全畅通的口岸。为此，国务院专门发文要求进一步提高口岸工作效率。我国口岸管理工作条块交叉，涉及的部门和单位很多。政府部门机构改革转变职能之后，在口岸工作中，口岸协会可以并且应该更好地发挥桥梁和纽带作用，服务政府，服务企事业单位，前景广阔，大有可为。希望你们进一步努力开展工作，多办实事，为中国口岸事业作出更大的贡献。"党和国家领导同志的题词和贺信既是对协会的鼓励和支持，又是对协会工作的要求和鞭策。我们要认真领会这些题词、贺信中的深刻内涵，用以指导我们的工作。协会现阶段的工作思路可以归纳为：以"三个代表"重要思想为指导，以章程中的"三个服务"为工作方向，以提高口岸工作效率为重点，发挥桥梁和纽带作用，恪守参谋和助手职责，团结协作，群策群力，求真务实，与时俱进，为我国口岸事业的发展作贡献。明确了工作思路之后，在工作上我再强调几点：

（一）要始终坚持正确的办会方向。克农同志在讲话中分析了当前口岸工作的形势：我国即将成为世贸组织的正式成员，要和世界贸易、国际经济的规则相一致、相接轨，在便利贸易方面，在提高通关效率方面，有很多工作要做。由于政府机构改革，从国务院这个角度来说，克农同志指出，没有口岸综合管理部门，海关总署只负责口岸开放的规划和审理。在这种形势下，大家可能会对中国口岸协会的工作寄予很高的期望，包括各地的口岸委办局，包括各查验部门，也包括各地区口岸协会。但是，我们必须清醒地认识到：中国口岸协会是民间社团组织，不是政府机关，不具备行政职能。协会所能起的作用是桥梁、纽带和参谋、助手作用，我们要时时把握自己的准确定位，努力围绕我国口岸工作在“三个服务”上发挥积极作用。协会也不是企业经营单位，不能违反规定搞营利性的经营活动。只有坚持了正确的办会方向，协会才能够在自身的职责范围内，作出应有的贡献。

（二）要主动接受主管部门领导。在讨论中大家提到了怎么理解主管部门，这里面有两层含义：一是协会的主管部门，章程已经明确了是海关总署，协会要主动接受海关总署的领导。二是口岸工作的主管部门，它是分散的。在口岸查验工作方面，海关管物，海关总署是主管部门；边检管人，公安部是主管部门；在检验检疫方面，国家质检总局是主管部门；在水运口岸的交通运输安全方面，交通部是主管部门；口岸的国际贸易，外经贸部是主管部门；边境口岸的公路车站，交通部是行业主管部门；边境口岸的铁路车站，铁道部是行业主管部门；航空口岸的机场，民航总局是行业主管部门；还有口岸工作中涉及国家安全、外交事务的，也都有安全部、外交部等不同的主管部门。这些口岸工作相关的主管部门，都可以委托中国口岸协会做协会力所能及的工作。协会可以接受这些部门的委托，就某些专题开展调查研究、政策研讨，提出真实的情况分析报告和政策性建议，供这些部门决策时参考。

（三）要摆正位置，不断强化服务意识。协会不具备政府行政职能，因此行政性协调工作，不是中国口岸协会的职责。口岸工作在很多方面对外代表国家，对内代表政府，必须有一定的行政管理职能，以行政的名义加以综合管理和协调服务才能奏效。所以，我们在积极开展工作的同时，要注意摆正位置，要把握好方向和分寸，要切记“到位”而不“越位”，帮忙而不添乱。口岸协会也不同于加工行业和服务行业的协会。这些协会可以在政府机构转变职能以后，按照国务院先后出台的政策，发挥它的行业自律、行业管理、行业服务多方面的职能。中国口岸协会的特点，是“跨部门、跨行业、跨地区”，所以协会要有所作为，就必须强化服务意识。我们协会的办事机构，我们协会的理事，凡是以协会的名义向行政部门所做的报告和建议，不是要别人执行，而是提供行政部门参考。行政部门吸取采纳的，以行政部门的意见下达贯彻。

（四）要团结会员，服务会员，调动各方面积极性。目前协会办事机构编制20人，就是全配满了，仅仅靠20人的力量也是完成不好协会工作任务的。所以我们要充分发挥每一位理事、每一个单位会员和个人会员的积极性，这还不够，还要和相关协会、相关单位搞好合作、搞好配合。协会工作要把各方面力量组织起来，发挥整体优势，实现工作目标。

（五）要求真务实，注重工作实效。我们的工作做得实不实，不是由我们自己说的，而是要通过实践来检验的，要让我们的会员单位、我们的服务对象觉得中国口岸协会办的事情好，对政府部门有用，对相关的企事业单位有用，解决了他们想解决的问题，提供了他们所需要的服务。只有这样，协会才能得到大家的认同和欢迎，才会充满活力和生命力。希望各位理事开动脑筋，集思广益，发挥大家的聪明才智，通过不断探索和实践，使中国口岸协会在新形势下充分发挥作用。

二、关于工作作风

我们的协会会员和协会工作人员，很多都是来自政府机关，多年来比较习惯行政机关的工作方式。现在转到协会的岗位上，或兼做协会的工作，这就有一个转变观念、转变作风的问题。协会不同于政府的口岸委办局，也不同于口岸查验单位，协会是民间社会团体，遵循的是民主协商、民主办会的原则，提倡协商、协作、协调，强调在综合性和共同性的问题上当好参谋和助手。有些工作属于某个行业、某个部门内部的，应由行业和部门来解决，协会不要过多地参与。我们要针对综合性、共同性的，一个行业、一个部门、一个地区解决不了的，有广泛需求的问题积极开展工作，进行调查研究，当好参谋和助手。前面我们说到中国口岸协会的特殊性，它不同于单一系统的行业协会，而是围绕口岸工作自愿结合起来的跨部门、跨行业、跨地区的全国性协会，这里面就有部门，行业、地区之间的团结协作问题。我们要通过真诚相待，协商办事，相互配合，互相支持的方式处理好上下左右、方方面面的关系。协会的工作有赖于不断增强服务意识。服务政府，服务企事业单位，服务口岸事业，服务广大会员，这是我们协会工作的出发点，也是我们协会工作的归宿。今后一系列工作，比如信息交流、政策咨询、理论探讨、业务考察、专题知识培训、资料编纂等，都始终围绕着“服务”二字。因此我们在办事过程中，要进一步密切联系广大会员单位和会员个人，及时了解会员的想法，及时了解口岸的形势，及时了解口岸工作的需求，诚心诚意地为会员、为需求单位排忧解难，切实有效地为主管部门作好服务。在服务中要讲究办事效率，如果我们接受主管部门委托，组织了一项调研工作，就要抓紧抓好，要以最短的时间提出我们的真知灼见。我们的情况分析要真实，提出的政策建议要连贯，要有可操作性，要从国家的整体利益和长远利益出发，要让主管部门对我们的工作成果感到满意。协会还要发扬求真务实的作风，在工作上要做到说实话、办实事、求实效，要内求团结向上，外求合作发展，把口岸协会建成一个既有统一意志、又能充分发挥创造力的，朝气蓬勃、团结开拓的社会团体。

三、关于工作方法

不同的工作方法，对工作的成败得失有着至关重要的影响。有时候我们好心好意想办好事，但是工作方法不合适，往往会事与愿违。因此，我们要结合协会工作的自身特点，寻求行之有效的工作方法，不断改进我们的工作方法。有以下几点需要强调：

（一）要善于学习，广泛吸收各方面的知识和经验。我们的名誉会长、高级顾问、顾问就是我们工作中的老师，他们中有的是口岸领域里的老前辈、老领导、专家、行家，有的是口岸相关部门具有丰富工作经验的现任领导，在政策水平、学术水平和管理水平上都有很深的造诣，我们要主动地向他们虚心请教，借助他们的威望、智慧和经验推动协会工作。中国口岸协会要虚心地向全国其他兄弟协会学习。在全国众多的协会中，中国口岸协会还是个会龄较短、规模较小的协会，我们的会龄只有7年，会员队伍的规模也很小，有些成功的协会积累了丰富的经验，我们要向他们虚心学习和寻求合作。中国口岸协会同时还要虚心地向地区口岸协会学习。各地口岸协会已经摸索和创造了比较适合口岸特点的办会经验，这些经验都值得我们学习和借鉴。中国口岸协会与作为其单位会员的地区口岸协会，有指导、被指导关系，也有密切合作关系，一个是面向全国的，一个是面向地区的，可以就某个地区、某项专题共同合作，提供业务范围内的服务。总之，我们要走出去，请进来，多学习，多协商，团结有关单位形成合力开展工作，不断提高我们的办会水平。

（二）要服务会员、发展会员，发动广大会员共同完成协会任务。协会工作是一种群众性工作，要把它做得有声有色、有实效、有影响，光靠协会专职的同志是远远不够的，关键还在于发动和调动广大会员积极参与。协会和会员之间是双向服务的关系，协会要努力做好为会员服务的工作，会员也要为协会的发展服务。协会办事机构的同志要善于开动脑筋，做好组织工作，广大会员也应该踊跃参与，群策群力。协会要发扬团队精神，点子要大家出，工作要大家干。比如说，协会要搞业务培训，就得发动会员做工作，组织有关方面的人力、物力、智力支持；又比如，协会要办刊物，就必须发动和组织会员建立信息网络，发展通讯员队伍，鼓励广大会员积极投稿。所以，我们要发动会员，依靠会员，充分发挥单位会员、个人会员的积极性和创造性，推动协会工作的开展。

（三）加强信息交流，开展多种活动。协会要努力和新闻媒体、口岸有关部门、企事业单位、各地口岸协会以及兄弟协会建立信息交换联系。要加大对外宣传力度，建好协会宣传舆论阵地，下大力气组织培养通讯员队伍，开拓信息资源，努力把协会通讯办成信息量大、时效性高、可读性强的信息载体，把信息交流作为与广大会员保持密切联系的常规途径。协会要开展多种形式的活动，这是联络感情，掌握情况，及时获取信息的重要方式。大家在讨论中都说，生命在于运动，协会的活力在于组织活动，我们可以根据具体情况适时组织具有口岸特点的、会员单位和理事们喜闻乐见的活动，以活动加深了解，以活动增进友谊，以活动增强凝聚力。

（四）要从实际出发，制定科学的工作计划。协会工作刚刚重新起步，千头万绪，有很多建议，有很多需求。我们要面对现实，抓主要矛盾，集中精力解决当务之急。我主张既要有明确的工作目标，又要有脚踏实地的务实精神。一方面要积极进取，另一方面要注重实效。在工作安排上要注重开拓性、前瞻性和可操作性，开始不要把目标定得过高，要找准切入点，尽力而为和量力而行，扎扎实实地去做力所能及、又有良好社会效益的事。

（五）要加快协会的队伍建设和工作制度建设。一方面是要制定切实可行的措施，积极稳妥地做好单位会员、个人会员的发展工作；另一方面要根据连续性、代表性、便于开展工作的原则，配备高素质的人员充实协会的办事机构，从年龄上，要做到老、中、青三结合；从来源上，要做到机关调入、退休返聘、社会招聘三结合；从人才结构上，要做到合理搭配，优势互补，这样才能增强协会的战斗力。要通过制度建设来规范协会的内部工作，建立健全相关的会议制度、工作制度和财务制度；要尽快完成内部机构设置，做到分工明确，任务明确，责任明确，工作上要有时间要求、数量要求、质量要求，努力做到内聚人心，外树形象。

同志们，今年是新世纪的第一年，是我们国家好事连台的一年。我国国民经济和社会发展第十个五年计划发展纲要中明确指出，要"进一步转变政府职能，发挥商会、行业协会等中介组织的作用"。最近闭幕的中央经济工作会议上，朱总理在讲话中又专门强调要充分发挥商会、行业协会等中介组织的作用。时代的发展赋予协会以新的使命，对协会的工作提出了新的要求。我们有理由相信，在海关总署党组的正确领导下，在全体会员的共同努力下，在全国口岸同仁和社会各界朋友的关心和扶持下，中国口岸协会一定会健康成长，为促进口岸事业的发展做出应有的贡献！

在中国口岸协会
第二次全国会员代表大会上的工作报告

孙民富

（2001年12月6日）

各位领导、各位代表：

受石希玉会长和中国口岸协会第二次全国会员代表大会筹备组的委托，我向大会作工作报告，请予审议。

一、协会成立以来的主要工作

1994年5月，中国口岸协会在烟台召开第一次全国会员代表大会，宣告协会正式成立。从中国口岸协会成立至今的7年多时间里，我国改革开放向纵深发展，对外经济贸易连续增长，国际交往日益频繁，作为国家对外开放门户的口岸和口岸工作都发生了很大的变化。口岸开放经历了快速发展之后，根据国家有关规定加强了规划、计划，使口岸开放继续向健康方向发展。截止到2000年底，全国一类口岸已达243个，其中：水运口岸53个，铁路口岸18个，空运口岸52个，公路口岸44个；二类口岸150多个。已经形成了从沿海到沿江，从沿边到内地的多层次、多功能、水陆空立体交叉的口岸开放格局。“九五”末期与“八五”相比，我国外贸进出口货运量由3.68亿吨增加到6.8亿吨，年平均递增13.07%；出入境人员年平均递增12.8%；出入境交通工具年平均递增4%；征收关税和进口环节增值税年平均递增26.3%。口岸管理体制实施了重大改革。国务院通过机构改革，将原隶属于不同部门的商检、卫检、动植检合并为统一的质检机构；交通部直属的海事局也把原来分设的港监、船检等机构统一了起来。主要口岸的边检试行了职业化改革，为便利国际贸易、简化通关程序打下了基础。近几年，加大了打击走私、打击骗退税、打击骗汇等犯罪活动的力度，有效地遏制了大规模走私、骗税、骗汇的势头。随着计算机技术和网络技术在口岸工作中的运用，提高了工作效率和科学管理水平。口岸协会正是在上述形势下，根据协会组织的特点，进行了大量探索性工作。

口岸协会1994—1998年，在原国家口岸办公室的领导和全体单位会员的支持参与下，做了许多有益的工作：编发了口岸《信息简报》，加强了各口岸会员单位之间的联系，通过及时反映国内外重要信息，对促进口岸工作起到了积极作用；举办了口岸业务培训班，使新参加口岸工作的人员扩大了知识面，拓宽了视野，提高了做好口岸协调工作的能力和水平，得到了广泛的肯定；开展了国内外业务与文化交流活动，如1996年参与举办了“96’中国国际海关口岸装备与技术博览会”和“国际口岸管理研讨会”既促进了口岸系统国际间的交流与学习，又扩大了协会对内对外影响；与安徽省口岸办联合主办了《中国口岸》杂志，使之成为宣传口岸政策法规、交流口岸管理工作经验、传递口岸进出口贸易信息、宣扬口岸英模事迹、增强国民口岸意识的较有影响的公开出版物，并编撰、出版了《口岸管理论文集》；开展有益活动，促进口岸共建精神文明，1995年组织了首届全国口岸卡拉OK大赛，吸引了众多单位和人员参加，增强了口岸的凝聚力。口岸协会在对挂靠的经济实体和协会工作人员的管理方面也有过一些教训。

地方口岸协会是独立的社团法人，同时也是中国口岸协会的单位会员，在中国口岸协会暂停工作的时间里，他们仍坚持围绕口岸中心任务开展了大量的有效的工作，取得了积极的成果。上海、河北口岸协会围绕口岸改革和发展，积极主动为口岸事业和政府部门服务；福建、上海等口岸协会创办信息刊物，为会员单位定期提供有导向性、针对性和实效性的信息服务；山东、广西、浙江等口岸协会还组织会员单位到境内外口岸学习考察，借鉴他人的口岸管理经验；福建口岸协会从1997年至今，连续4年举办口岸单位春节联谊活动，还通过组织晚会、歌咏、诗歌、书法、摄影、棋牌比赛、球赛，促进口岸各单位的团结和友谊，推动了口岸精神文明建设；各地口岸协会自办或联合举办了旨在提高口岸管理工作者综合素质的业务培训及更新知识的讲座。口岸协会开展活动的实践有力地证明：在建立社会主义市场经济和扩大对外开放的条件下，社团组织的中介功能和桥梁、纽带作用的发挥，不仅有可能性，而且有其必要性和必然性。

石希玉同志曾任国务院口岸领导小组副组长兼办公室主任，是我们口岸协会第一届会长，是全国口岸领域德高望重的老领导。我们为他对口岸工作的关心、支持和重视表示崇高的敬意和诚挚的感谢。

二、恢复活动筹备组所做的主要工作

由于国务院机构改革和对社会团体进行清理整顿，协会自1998年4月暂停了活动。1998年至1999年，在海关总署的领导下，对中国口岸协会进行了清理整顿，办理了协会与原属下或挂靠的经营实体的脱钩手续，清理了经营实体的债务债权，清退了协会聘用的工作人员，清理、接收了协会的公章与实物等。2000年1月经民政部审核批准，中国口岸协会办理了重新登记注册手续。2001年3月，海关总署党组研究决定，成立协会恢复活动筹备组。8月20日，海关总署办公厅发出了《关于中国口岸协会筹备召开第二次全国会员代表大会的情况通报》，向口岸相关部门和全国各口岸单位通报中国口岸协会恢复活动。9月11日，海关总署党组听取了恢复活动的工作汇报，原则同意《中国口岸协会恢复活动方案》，责成海关总署相关部门按照有关规定积极支持恢复协会活动的各项工作，并要求协会恢复活动后，充分发挥桥梁和纽带作用，为提高口岸管理水平和通关效率服务。筹备组按照海关总署党组批准的《方案》，把筹备召开协会第二次全国会员代表大会作为首要任务。为此，筹备组一是召开了三次座谈会，摸情况，听取意见。派员参加了9月初在贵阳召开的全国口岸委、办主任联席会议，在会上通报了协会动态并征求了各口岸委办对如何开展好协会工作的意见。9月25日、10月11日，召开了第一届理事会在京常务理事座谈会、部分地方口岸协会和口岸办代表座谈会，通报筹备工作方案和修改《中国口岸协会章程》的情况，就协会的职能、工作对象以及代表大会的规模、日程和第二届理事会的人员构成等问题，广泛征求意见。二是组织会员登记，9月11日发出办理会员登记的信函后，各有关部门和全国各地符合会员条件的单位和个人踊跃参与登记，迄今为止，已办理登记手续的共有单位会员58个；个人会员418名。三是根据协会第一届理事会组成情况，提出了第二届理事、常务理事、协会领导候选人的名额分配方案和名誉会长、高级顾问、顾问的名额分配方案，正式发函，通过组织对组织的正规渠道商请各有关单位推荐。经过推荐、协商，现已提出理事会、协会领导候选人名单和名誉会长、高级顾问、顾问名单提交大会讨论、选举。四是根据变化了的形势并按照民政部制订的《社会团体章程示范文本》修改协会《章程》，起草工作报告、修改《章程》的说明和其他文件。与此同时，筹备组还对协会的人员编制、常设机构及职能、财务管理等方面的问题研究了初步方案。经过几个月的共同努力，目前各项筹备工作已经基本就绪。在筹备过程中，得到原国家口岸办公室、口岸协会、海关总署口岸规划办公室、各地方口岸协会同志们，特别是北京口岸协会同志们的热情支持和大力协助，在此特向他们表示衷心的感谢！

三、关于发挥口岸协会职能作用的意见

根据国务院《社会团体登记管理条例》及《中国口岸协会章程》(修改稿)的规定，中国口岸协会是隶属于中华人民共和国海关总署主管，具有独立法人资格的全国性一级专业社团组织。与7年前相比，口岸协会的基本职能没有大的改变，但主管单位及业务范围发生了变化，特别是面临着不断发展的新形势和不断出现的新情况，如我国加入世贸之后，会要求口岸进一步提高通关效率，进一步符合国际惯例，国务院办公厅今年10月专门为提高口岸工作效率，促进外贸出口发出电报，提出了明确的要求等。在国务院和各省、市机构改革之后，精简了行政机构和行政人员，口岸综合管理和协调服务工作的工作机构、人员编制也发生了很大变化，在这种情况下，口岸协会作为拥有诸多单位会员和广大口岸工作者参与的社团组织，可以而且必须充分发挥职能作用，以适应形势和任务的需要。为了尽快加强协会内部建设，积极将各项活动开展起来，并在活动中逐步发挥口岸协会职能作用，提出以下意见：

(一）关于协会的宗旨与业务范围

中国口岸协会的宗旨是：在国家宪法及其他法律、法规允许范围内，根据党的路线、方针、政策，组织和团结全国口岸工作单位和口岸工作者，围绕口岸科学管理和规范管理开展调查研究，信息交流和咨询服务，参与口岸开放、建设和管理的信息收集整理和理论研究，为政府部门和相关企事业单位服务，为提高口岸通关效率服务，为促进国际贸易和发展国际交往服务。

中国口岸协会的业务范围，经民政部核准为：信息交流、业务培训、国际合作、咨询服务等4项16个字。据此展开有以下具体内容：研究和探索口岸管理的发展战略以及口岸工作中出现的新情况、新问题，为国家制定政策提供建议；接受国家口岸主管部门委托，研究口岸在国民经济发展中的地位、作用，研究口岸发展的规划、布局、管理模式以及相关问题，协助国家口岸主管部门开展工作交流；搜集、整理、交流国内外含港、澳、台地区口岸管理信息，编辑出版刊物，开展咨询服务；运用多种形式组织开展国内和国际友好交流和考察活动，开展国际合作；会同有关部门对管理人员进行业务培训；承担口岸主管部门和有关部门交派的其他工作。

根据上述宗旨和业务范围，中国口岸协会的主要职能概括成一句话，就是要在诸多口岸单位和广大口岸工作者中间，在国家主管部门与广大进出口企业及相关企业之间，充分发挥“桥梁、纽带”作用。政府机构改革、机关职能转变后，口岸协会作为社团组织，应该发挥更大的作用，但这种作用的发挥，应该努力“到位”而不“越位”，这就需要对口岸协会的职能作用准确定位。“桥梁、纽带”作用，就是协会职能形象化的定位，也是协会在今后活动中需要认真研究、并在实践中探索的重要课题。

（二）关于协会的组织建设

根据中国口岸协会的宗旨任务，当前，必须把协会的组织建设作为重要的大事来抓。

1、关于协会内设机构建设。根据章程规定，协会实行会员制(单位会员、个人会员)，其最高领导机构是会员代表大会。会员代表大会闭会期间，由理事会作为执行机构。理事会由会员代表大会选举产生，会长、副会长、秘书长、常务理事由理事会选举产生。理事会闭会期间，常务理事会行使理事会除选举和罢免协会领导之外的所有职权。常务理事会闭会期间，由会长办公会代行其职权，并定期向常务理事会作出报告。协会设有办事机构，在会长、常务副会长领导下开展工作，由秘书长负责处理日常工作。经民政部批准，我会办事机构人员编制为20人，先设办公室、信息联络部、调研咨询部共三个部(处)室。办公室主要负责文秘、财务、行政事务管理和对外联络；信息咨询部负责组织会议、信息收集、编纂资料、编印刊物和咨询服务；调研培训部负责调查研究和业务交流、培训。协会将本着适应事业发展、队伍精干高效的原则，逐步选调合适人员，充实办事机构。

2、关于与地方口岸协会的关系。目前全国有12个省级地方口岸协会，是本协会的单位会员。有的省正在积极筹备成立口岸协会，其他省、自治区、直辖市和重要口岸城市是否成立口岸协会，由各地从实际出发，自主决定。凡口岸多，业务量大的地区，口岸各单位及相关企事业单位自愿成立的，本会支持成立协会。根据各地成立协会的经验和我们了解，协会的申报程序是：由各省、自治区、直辖市及主要口岸城市口岸委、办牵头，成立地方口岸协会筹备小组．向当地民政厅(局)社团登记处办理注册登记手续。在办理登记时，必须附送章程、筹备情况的报告、组成人员登记表、办公场地、产权证明、开办经费资金证明，填写社团申请登记表，成为独立法人组织办理登记，开展活动。在申请地方社团事业编制时，持登记证和书面报告，向当地编制审批机关或编委授予的民政部门申请解决。各级地方口岸协会登记成立以后，如自愿作为单位会员加入中国口岸协会，应向中国口岸协会理事会报备，并经理事会同意。按照《中国口岸协会章程》第三十条的规定，本会与自愿作为单位会员加入中国口岸协会的地区性协会建立业务指导关系，地方口岸协会独立开展活动，并接受本会委托，执行本会交办的各项事宜。

（三）关于会员队伍建设

根据《中国口岸协会章程》规定，本会单位会员和个人会员的发展范围是：口岸综合管理单位及工作者（口岸委、口岸办、口岸局）；口岸查验管理单位及工作者(边检、海关、港监、质检、船检等)；口岸相关管理单位及工作者(机场、车站、港口、航运、航空、铁路、公路运输部门等)；外贸和与外贸相关的企事业单位及工作者(外贸专业公司、工贸公司或其驻口岸办事处、外经贸部特派员办事处，口岸所在地的企业、船代、货代、理货、燃供、外供、银行、保险、邮电、口岸服务公司、装卸公司、海员俱乐部、友谊商店、免税店等)。个人会员的发展范围还包括：热心于口岸工作、理论研究的科技人员或专家学者；积极支持协会工作的口岸离、退休干部。

口岸协会的工作，离不开口岸委办、边检、海关、质检、海事等部门的支持与参与。但1998年10月25日国务院颁布的《社会团体登记管理条例》第二条指出："国家机关以外的组织可以作为单位会员加入社会团体"，明文规定了国家机关，包括口岸委办、边检、海关、质检等行政单位不宜作为社会团体的单位会员。我们对解决这一问题的意见，一是口岸各行政单位如果有本行业的学会或协会组织，可以学会、协会组织的名义加入口岸协会，作为单位会员；二是各单位的领导和部门领导以个人名义加入协会成为个人会员。

按照《中国口岸协会章程》的规定，会员入会的程序是：符合条件的单位和个人提交入会申请书，填写会员登记表，个人会员还需附具本会会员的介绍材料或所在单位的推荐材料，由推荐单位签署意见后报中国口岸协会。协会常务理事会讨论通过后，由本会或本会授权的机构颁发会员证。单位会员和个人会员的推荐原则上不限制数额，希望各地口岸协会、口岸委办和广大会员，按照《章程》规定的条件和范围，认真做好发展会员工作，把口岸相关单位及广大口岸工作者吸收到协会组织里来，共同努力把口岸工作做好。

（四）关于协会的业务建设

1.努力办好《中国口岸协会通讯》，使之成为反映口岸及相关动态的全国性信息刊物。《通讯》的内容要反映国家及有关管理部门的法律、法规、规章及有关政策；反映各地口岸及各查验部门和相关单位的工作动态；反映口岸工作中的"热点"、"焦点"问题及广大外贸企业和相关企业的呼声；反映各单位、各部门深化改革、提高通关效率的举措和成果；还要搜集、反映国外和港、澳、台地区口岸管理信息。《通讯》要及时、准确，力求全面、权威。《通讯》办的成功与否，要把广大口岸单位和口岸工作者及外贸企业欢不欢迎、爱不爱看、对他们有没有用作为标准。在办好《通讯》的基础上，视情况经报批后，逐步转为公开出版物。协会要在各地、各部门建立通讯员队伍，希望各地口岸协会、口岸单位和口岸工作者积极支持，踊跃投稿，共同办好这份自己的刊物。目前，先在海关总署网站内建立中国口岸协会网页，以后视情况逐步向独立的网站过渡，以扩大口岸协会的影响。

2.围绕口岸工作重点，开展调查研究。在国务院要求进一步提高通关效率、中国入世的新形势下，要了解新情况，研究新问题，分析影响口岸通关效率的主要原因，提出进一步提高通关效率的方法，通过研讨论证后，供有关部门参考。协会要依靠各地方口岸委办、协会、广大口岸工作者，并借助专家、学者和新闻媒介的力量，每段时间选准一、两个课题，下功夫调研，争取有所作为。

3.组织多种形式的培训和内外考察。中国口岸协会可以发挥面向全国，面向口岸各单位，面向协会会员的优势，聘请各方面专家、学者，打破地区、部门界限，组织全国或地区的各类培训和讲座。当前可以开展WTO系列知识讲座、《海关法》讲座、口岸综合管理业务知识和口岸相关业务知识讲座以及企业通关手续实务讲座等，形式可以多种多样，有面向口岸各成员单位的，也有面向外贸进出口企业的；协会可以单独举办，也可以与行政管理部门、地方口岸协会和其他单位联合举办。协会可以从实际出发，组织会员在境内外对口岸管理情况进行考察。考察的内容主要是口岸管理体制、管理模式、管理手段和管理制度，每一次考察要有明确的目的，考察之后要写出有借鉴意义的考察报告。

4.开展咨询工作，努力为企事业单位服务，为促进国际贸易和发展国际交往服务，为提高口岸通关效率服务。遵照国务院1998年10月25日发布的《社会团体登记管理条例》中有关"社会团体不得从事盈利性经营活动"的规定，中国口岸协会不成立盈利性经济实体，不从事盈利性经营活动。但协会可以成立非盈利性的机构，从事有偿的咨询服务，这既是"三个服务"的需要，也是弥补资金不足的一条途径。开展咨询服务，地方口岸协会和其他行业协会已经有一些好的做法和经验可以借鉴，如为企事业单位提供培训，开办讲座；面向社会提供政策咨询服务、口岸实务和数据咨询服务；面向外商提供商务投资咨询服务；编撰书刊资料和音像资料等。今后可以把思路拓得更开阔一些，方法和形式更灵活一些，在实践中不断摸索，闯出一条开展咨询服务的新路子。

同志们，按照中国口岸协会恢复活动方案，我们这次代表大会之后，在经过短暂的准备，从明年的1月1日开始，协会就要正式开展工作了。我们要认真学习、努力实践江泽民总书记"三个代表"的重要思想，高举邓小平理论伟大旗帜，克服由于协会工作中断几年而面临着的诸多困难和问题，团结一致，群策群力，创造条件，开拓进取，在新的世纪开创新的事业。

谢谢大家！

修改《中国口岸协会章程》的报告

郭燕民

（2001年12月6日）

各位领导、各位来宾、各位代表：

我受中国口岸协会的委托，就《中国口岸协会章程》（以下简称《章程》）修改情况作说明。请各位代表对修改后的《章程》审议。

一、修改《章程》的背景和主要依据

原《中国口岸协会章程》是1994年5月8日由中国口岸协会第一次全国会员代表大会通过的，至今已历时七年多时间。在这七年中，出现了许多新的情况和新的问题。1997年4月，国务院办公厅发出国办发[1997]11号文件——《国务院办公厅转发民政部关于清理整顿社会团体意见的通知》；1998年国务院机构改革，撤销了国家口岸办公室，将其口岸规划、审理职能交给海关总署承担。协会自1998年4月至今暂停了活动。1998年至1999年，在海关总署的领导下，对中国口岸协会进行了清理整顿。1999年底，海关总署决定恢复中国口岸协会活动，并报请民政部批准，于2000年1月办理了登记注册手续。2001年3月，成立了协会恢复活动筹备组，正式开展修改章程、筹备会议等项工作。

在《国务院办公厅转发民政部关于清理整顿社会团体意见的通知》中，明确规定：社会团体在清理整顿中，必须修改章程。民政部为规范社会团体制定章程，根据1998年10月国务院颁布的《社会团体登记管理条例》和国家有关政策，制定了《社会团体章程示范文本》（以下简称《章程范本》）。这次修改章程的主要依据，就是七年来变化了的新形势，协会新的职能定位，以及民政部的《章程范本》。章程修改中严格按照民政部规定的条款，并且注重含义明确，便于操作。这次提供给会议的修改后章程共8章49条，完全符合民政部的规定。

二、关于中国口岸协会的业务范围

原《章程》中关于口岸协会的主要任务，概括了九条。这次修改中，按照《章程范本》的规定，将“任务”改为“业务范围”，把原来的九条压缩、精简为六条。二者相比，改动最大的是：取消了原《章程》中有关“开办经济实体，为协会开展工作和发展提供必要的经济来源”的条款。取消这一条的主要依据，是国务院颁布的《社会团体登记管理条例》，该《条例》第一章第四条规定：“社会团体不得从事营利性经营活动”。第六章第三十三条也规定了对从事营利性的经营活动的罚则。海关总署党组根据国务院的上述规定，明确指示，本届协会不开办经济实体，充分利用有限的人力，集中精力把协会应该做、可以做的事情办好。对于原《章程》中的委托服务和咨询服务，新章程中予以保留。协会可以开展委托服务和咨询服务，并收取一定的费用，但这种收费是成本性的，不能是营利性的。

三、关于会员

原《章程》“会员”一章有六条，这次修改补充为八条。主要改动是：原《章程》将会员分为个人会员和团体会员，根据《章程范本》的规定，新的《章程》将会员分为个人会员和单位会员。原《章程》中将个人会员和团体会员的条件分为两条表述，新的《章程》将会员条件综合为一条。为了严肃入会程序，对会员入会进行规范管理，强化会员享有的权利和应履行的义务，新的《章程》增加了一些条款：一是增加了“会员入会程序”一条，规定会员入会需提出申请，个人会员入会需附介绍、推荐材料，常务理事会讨论通过后由授权机构发证。二是新的《章程》将会员的权利和义务分为两条表述，并将原《章程》第七章附则中的第二十二条移至本章，调整为“单位会员的代表，在协会担任理事及理事以上职务的人员，如离开原会员单位，其职务自动免除。会员单位可另行推荐人员顶替，报理事会认可”，主要是为了适应担任协会理事以上职务的行政部门领导交流、轮换较为频繁的情况，保证理事会的理事、常务理事相对稳定，保证理事会日常工作顺利开展。三是增加了会员活动方式的一条，规定“个人会员、单位会员由本会召集活动，或由本会委托各地协会就近参加当地活动”，主要是考虑到恢复活动后，协会经常组织全国范围的活动有一定的难度，活跃协会的活动，增强协会的凝聚力，必须发挥协会和各地协会的两个积极性，才能奏效。

四、关于协会的组织机构

原《章程》组织机构的条文共七条，这次修改，按照《章程范本》的规定，充实为十八条。本章的主要改动，一是延长了理事会的任期。原《章程》规定全国会员代表大会每三年举行一次；理事会（包括会长、副会长、秘书长和常务理事）任期三年，这次统一修改为任期五年。修改的主要目的是加强协会理事会和领导成员的稳定性，从而保持协会工作的稳定性和连续性。二是为了保证理事会的正常工作，在新的《章程》里增加了“如情况特殊，可采取通讯形式召开”的条款。三是为了健全、规范会议制度，按照《章程范本》的规定，增加了第十六条“全国会员代表大会须有三分之二以上的会员代表出席方能召开，其决议须经到会会员半数以上表决通过方能生效”；第十九条“理事会须有三分之二以上理事出席方能召开，决议经到会理事三分之二以上表决通过后生效”；第二十二条“常务理事会须有三分之二以上常务理事出席方能召开，其决议须经到会常务理事三分之二以上表决通过方能生效”等条款。四是参照《章程范本》，对会长、副会长、秘书长的任职、超龄任职和延长任期作出了规定：增加了第二十四条，规定了会长、副会长、秘书长必须具备的条件；第二十五条“如超过最高任职年龄的，须经理事会表决通过”，报海关总署审查并经民政部批准同意后方可任职；第二十六条“因特殊情况需延长任期的，须经全国会员代表大会三分之二以上会员代表表决通过”，报海关总署审查并经民政部批准同意后方可任职。五是为了减少不必要的会议，提高办事效率，参照《章程范本》，增加了第二十三条“常务理事会闭会期间，……由会长办公会代行其职权，并定期向常务理事会作出报告”的条款；第三十条会长行使职权；第三十一条秘书长行使职权的条款。六是根据协会暂停活动前的实际情况，取消了原《章程》中关于“协会可根据工作需要，设立若干专业委员会”的条款。七是将原《章程》中关于协会与地方口岸协会业务指导关系的条款从“会员”一章移至本章，与“地方口岸协会”一条合并为第三十二条。

五、其他几个问题的说明

（一）协会的英文译名，原《章程》译为：CHINA ASSOCIATION OF INTERNATIONAL PORTS（缩写为CAIP），这次修改为：CHINA ASSOCIATION OF PORT-OF-ENTRY（简称CAOP），主要目的是为了区别于中国港口协会的英文译名，避免重复。

（二）新《章程》第五章是协会的资产管理、使用原则。原《章程》中只有“经费来源”一条。这次修改，按照《章程范本》的规定，充实为九条。在第三十三条经费来源一条中，增加了政府资助和利息两项，此外，在开展有偿服务的表述中，强调了这种服务要限制“在核准的业务范围内”。第三十四条至第四十条，是对会费、经费使用和管理、财会人员和财务制度的规定。第四十一条，是参照《章程范本》对协会专职工作人员的工资、福利待遇做出的规定。

（三）对章程的修改，原《章程》只在第七章附则中有一条：“协会章程的修改权和解释权属于本会理事会”。这次修改，参照《章程范本》，单独作为一章，即第六章章程的修改程序。第四十二条和第四十三条作出了两项规定：一是修改章程“须经常务理事会表决通过后报全国会员代表大会审议”；二是修改后的章程，“须在全国会员代表大会通过15日内，经业务主管单位审查同意，并报民政部核准后生效”。

（四）协会终止活动及后续事宜，原《章程》只在第七章附则中有一条，即第二十三条“协会终止活动，须经会员代表大会三分之二以上的代表通过，方为有效”，这次修改，按照《章程范本》，充实内容后单列一章，即第七章终止程序及终止后的财产处理。这一章内容共有五条，分别对终止动议的提出和通过、终止前的清算和清理、终止的实现和终止后剩余财产的处理作出了规定。

《章程》的修改只是初步的，而且由于时间的关系，没有广泛地征求各方面、尤其是老口岸工作者的意见，难免有不当之处。请各位代表集思广益，抓紧时间审议、提出修改意见，在大家的共同努力下，把《章程》修改好。

谢谢大家！

中国口岸协会章程

第一章 总 则

第一条 本会名称为:中国口岸协会。英文译名为:CHINA ASSOCIATION OF PORT-OF-ENTRY(简称CAOP)。

第二条 本会是全国口岸工作单位和个人共同自愿结成的非营利的全国性社会团体,是在中华人民共和国民政部登记并接受其监督管理的社团法人。

第三条 本会的宗旨是在国家宪法及其他法律、法规允许范围内,根据党的路线、方针、政策,组织和团结全国口岸工作单位和口岸工作者,围绕口岸科学管理和规范管理开展调查研究,信息交流和咨询服务,参与口岸开放、建设和管理的信息收集整理和理论研究,为政府部门和相关企事业单位服务,为提高口岸通关效率服务,为促进国际贸易和发展国际交往服务。

第四条 本会受海关总署和民政部的业务指导和监督管理。

第五条 中国口岸协会地址设在北京市。

第二章 业务范围

第六条 本会的业务范围

(一)研究和探索口岸管理的发展战略以及口岸工作中出现的新情况、新问题,为国家制定政策提供建议;

(二)接受国家口岸主管部门委托,研究口岸在国民经济发展中的地位、作用,研究口岸发展的规划、布局、管理模式以及相关问题,协助国家口岸主管部门开展工作交流;

(三)搜集、整理、交流国内外含港、澳、台地区口岸管理信息,编辑出版刊物,开展咨询服务;

(四)运用多种形式组织开展国内和国际友好交流和考察活动,开展国际合作;

(五)会同有关部门对管理人员进行业务培训;

(六)承担口岸主管部门和有关部门交派的其他工作。

第三章 会员

第七条 本会实行个人会员制和单位会员制。

第八条 凡拥护本会章程,自愿加入并具备下列条件之一者,均可为本会会员:

(一)口岸综合管理、口岸查验管理、口岸相关管理单位的工作者;

(二)外贸和与出入境相关的企事业单位及工作者;

(三)热心口岸工作或有影响的专家、学者;

(四)在口岸相关工作岗位上退休的老同志.

第九条 会员入会程序:

(一)提交入会申请书,个人会员还需附具本会会员的介绍材料或所在单位的推荐材料;

(二)经常务理事会讨论通过;

(三)由本会授权的机构颁发会员证。

第十条 会员享有下列权利

(一)本会的选举权、被选举权和表决权；

(二)获得本会服务的优先权；

(三)对本会工作的批评建议权和监督权；

(四)入会自愿，退会自由；

(五)单位会员的代表，在协会担任理事及理事以上职务的人员，如离开原会员单位，其职务自动免除。会员单位可另行推荐人员接替，报理事会认可。

第十一条 会员履行下列义务

(一)执行本会的决议；

(二)维护本会的合法权益；

(三)完成本会交办的工作；

(四)按规定交纳会费；

(五)向本会反映情况，提供有关资料。

第十二条 个人会员、单位会员由本会召集活动，或由本会委托地方口岸协会就近参加当地活动。

第十三条 会员退会应书面通知本会，并交回会员证。会员1年不交纳会费或1年无故不参加本会活动的，视为自动退会。

第十四条 会员如有严重违反本章程的行为，经常务理事会研究通过，予以除名。

第四章　组织机构

第十五条 本会的最高权力机构是全国会员代表大会，全国会员代表大会的职权是：

(一)制定和修改章程；

(二)选举和罢免理事；

(三)审议理事会的工作报告和财务报告；

(四)决定终止事宜；

(五)决定其他重大事宜。

第十六条 全国会员代表大会须有三分之二以上的会员代表出席方能召开，其决议须经到会代表半数以上表决通过方能生效。全国会员代表大会每届五年，因特殊情况需提前或延期换届的，须由常务理事会表决通过，报海关总署审查并经民政部批准同意。延期换届最长不超过一年。

第十七条 理事会是全国会员代表大会的执行机构，对全国会员代表大会负责。

第十八条 理事会的职权：

(一)执行全国会员代表大会的决议；

(二)选举和罢免会长、副会长、秘书长；

(三)筹备召开全国会员代表大会；

(四)向全国会员代表大会报告工作和财务状况；

(五)决定会员的吸收或除名；

(六)决定设立办事机构、分支机构、代表机构和实体；

(七)决定副秘书长、各机构主要负责人的聘任；

(八)领导本会各机构开展工作；

(九)制定内部管理制度；

(十)进行表彰和奖励；

(十一)组织下届会员代表大会；

(十二)决定其他重大事项。

第十九条 理事会须有三分之二以上理事出席方能召开，决议经到会理事三分之二以上表决通过后生效。

第二十条 理事会每年召开一次，如情况特殊，也可采用通讯形式召开。

第二十一条 本会设立常务理事会，常务理事会由理事会选举产生。在理事会闭会期间，常务理事会行使理事会一、三、五至十二项的职权。常务理事会每半年召开一次会议，必要时可随时召开，情况特殊的也可采用通讯形式召开。

第二十二条 常务理事会须有三分之二以上常务理事出席方能召开，其决议须经到会常务理事三分之二以上表决通过方能生效。

第二十三条 常务理事会闭会期间，由会长或常务副会长主持日常工作；由会长办公会代行其职权，并定期向常务理事会作出报告。会长办公会由正副会长、秘书长参加，必要时可邀请有关常务理事、副秘书长和部门负责人列席。会长办公会议每半年召开一次，必要时可随时召开。

第二十四条 本会的会长、副会长、秘书长必须具备下列条件：

(一)坚持党的路线、方针、政策，政治素质好；

(二)在本会业务领域内有较大影响；

(三)会长、副会长、秘书长最高任职年龄不超过70周岁；

(四)身体健康，能坚持正常工作；

(五)未受过剥夺政治权利的刑事处罚；

(六)具有完全民事行为能力。

第二十五条 本会会长、副会长、秘书长如超过最高任职年龄的，须经理事会表决通过，报海关总署审查并经民政部批准同意后，方可任职。

第二十六条 本会会长、副会长、秘书长可连选连任，原则上不超过两届，因特殊情况需延长任期的，须经全国会员代表大会三分之二以上会员代表表决通过，报海关总署审查并经民政部批准同意后方可任职。

第二十七条 会长为本会法定代表人。如因特殊情况需由副会长或秘书长担任法定代表人，应报海关总署审查并经民政部批准同意后，方可担任。本会法定代表人不兼任其他团体的法定代表人。

第二十八条 本会会长行使下列职权：

(一)召集和主持理事会；

(二)检查全国会员代表大会、理事会、常务理事会决议的落实情况；

(三)代表本会签署有关重要文件。

第二十九条 本会秘书长行使下列职权：

(一)主持办事机构开展日常工作，组织实施年度工作计划；

(二)协调各分支机构、代表机构开展工作；

(三)提名副秘书长及办事机构、分支机构、代表机构主要负责人，提交常务理事会决定；

(四)决定办事机构、代表机构专职工作人员的聘用；

(五)处理其他日常事务。

第三十条 本会与省、自治区、直辖市或重要口岸城市的地区性口岸协会可建立业务指导关系，地区性口岸协会接受本会委托，执行本会交办的各项事宜。

第五章　资产管理、使用原则

第三十一条 本会经费来源

(一)会费；

(二)捐赠；

(三)政府资助；

(四)在核准的业务范围内开展活动或服务的收入;

(五)利息;

(六)其他合法收入。

第三十二条 本会按照国家有关规定收取会员会费。

第三十三条 本会经费用于本章程规定的业务范围和事业的发展，不在会员中分配。

第三十四条 本会建立严格的财务管理制度，保证会计资料合法、真实、准确、完整。

第三十五条 本会配备具有专业资格的会计人员。会计人员不兼任出纳。会计人员必须进行会计核算，实行会计监督。会计人员调动工作或暂时离职，必须与接管人员办清交接手续。

第三十六条 本会的资产管理按规定执行国家规定的财
务管理制度，接受全国会员代表大会和财政部门的监督。来源于国家拨款或社会捐赠、资助的，按规定接受审计机关的监督。

第三十七条 本会换届或更换法定代表人，需提前接受民政部和海关总署组织的财务审计。

第三十八条 本会的资产，任何单位和个人不得侵占、私分和挪用。

第三十九条 本会专职工作人员的工资和保险、福利待遇，参照国家对事业单位的有关规定执行。

第六章 章程的修改程序

第四十条 对本会章程的修改，须经常务理事会表决通过后报全国会员代表大会审议。

第四十一条 本会修改的章程，须在全国会员代表大会通过15日内，经业务主管单位审查同意，并报民政部核准后生效。

第七章 终止程序及终止后的财产处理

第四十二条 本会完成宗旨或自行解散或由于分立、合并等原因需要注销的， 由理事会提出终止动议。

第四十三条 本会终止动议须经全国会员代表大会表决通过，并报海关总署审查同意。

第四十四条 本会终止前，须在海关总署指导下成立清算组织，清理债权债务，处理善后事宜。清算期间，不开展清算以外的活动。

第四十五条 本会经民政部办理注销登记手续后即为终止。

第四十六条 本会终止后的剩余财产，在海关总署和民政部的监督下，按照国家有关规定，用于发展口岸相关事业。

第八章 附 则

第四十七条 本章程经2001年12月7日全国会员代表大会表决通过。

第四十八条 本章程的解释权属本会理事会。

第四十九条 本章程业经民政部2002年2月7日核准。

中国口岸协会第二次全国会员代表大会暨第二届理事会一次会议纪要

（2001年12月6日）

中国口岸协会（以下简称“协会”）第二次全国会员代表大会于2001年12月6日至7日在福建省厦门市召开。中共中央政治局委员、全国人大副委员长田纪云同志和中共中央政治局候补委员、国务委员吴仪同志分别为大会题词和发来贺信。国家有关部门、口岸查验单位，部分省、市政府有关部门和有关社团组织向大会发来贺电、贺信。海关总署副署长李克农、海关总署党组成员叶剑、原国家口岸工作的老领导钱永昌、石希玉、以及来自全国31个省、市、自治区的口岸工作者代表、国家有关部门和口岸相关单位的代表共计148人出席了大会。叶剑、孙民富、郭燕民分别主持会议。

钱永昌同志代表口岸工作的老领导发表了热情洋溢的讲话。厦门市副市长陈聪辉、厦门海关关长毛新堂、福建省口岸与海防办公室主任李玉明同志在会上讲话，对会议在厦门召开表示热烈欢迎。

大会听取并审议通过了孙民富同志受石希玉同志委托所作的《在中国口岸协会第二次全国会员代表大会上的工作报告》。代表们认为，报告对上一届协会工作的评价是客观中肯的；协会在机构改革和国家对社团组织清理整顿期间暂停活动也是非常必要的；海关总署审时度势，及时决定恢复口岸协会工作是适应形势发展的正确决策；报告中提出的今后工作意见切实可行，体现了求真务实、与时俱进的精神品质。代表们对协会今后工作寄予希望，对协会恢复活动筹备组的工作给予肯定。

大会听取了郭燕民同志代表协会恢复活动筹备组所作的《修改〈中国口岸协会章程〉的报告》，审议并通过了新的《中国口岸协会章程》。新的《中国口岸协会章程》明确：恢复活动后的协会，是海关总署主管、经民政部批准成立并监督指导的非营利全国性社会团体，具有社团法人资格。代表们认为，《章程》中关于宗旨和业务范围的表述顺应了我国口岸工作形势发展要求，反映出时代特征，明确了协会今后工作的方向。

会议指出，党和国家领导人先后给协会的题词和贺信，既是对协会的鼓励和支持，又是对协会工作的要求和鞭策，全体代表要认真领会这些题词、贺信中的深刻内涵，用以指导我们的工作实践。

会议指出，海关总署副署长李克农代表协会主管部门作的重要讲话，深刻阐明了协会的性质、任务，对协会工作提出了明确要求，在今后协会工作中具有指导意义。会议要求认真贯彻落实李克农副署长的讲话精神，推动中国口岸协会健康稳定发展。

大会民主选举产生了219名协会理事，组成协会第二届理事会。

7日下午，新组成的第二届理事会召开第一次会议。会议民主选举产生了常务理事70名，组成协会第二届常务理事会；选举确定了以叶剑为会长，龚正豪、孙民富、唐筱光、罗文金、兰影、王升和、彭翠红、刘实、胡汉湘、吴依孚、吴承磷、周德洪、黄新华为副会长，郭燕民为秘书长的领导机构。会议决定：特聘石希玉为名誉会长；特聘李克农、赵永吉、赵维臣、洪善祥、钱永昌、葛志荣、鲍培德、戴杰为协会高级顾问；特聘于申等21位同志为协会顾问。

会议对今后的工作任务做了部署，确立了现阶段的工作思路，即：以“三个代表”重要思想为指导，以章程中的“三个服务”为工作方向，以提高口岸工作效率为重点，发挥桥梁和纽带作用，恪守参谋和助手职责，团结协作，群策群力，求真务实，与时俱进，为我国口岸事业的发展作贡献。会议要求认真贯彻落实叶剑会长关于现阶段协会的工作思路，工作作风，工作方法的讲话要求，促进中国口岸协会扎实有效工作；会议决定认真组织实施《关于发展会员和做好为会员服务工作的意见》和《关于收取会费的暂行办法》。

与会代表一致认为，第二届全国会员代表大会暨第二届理事会一次会议开得隆重、热烈、团结、务实，取得了圆满成功，为今后协会工作奠定了良好的基础。

大会对福建省口岸有关单位和厦门市政府、厦门海关对会议的支持和热情服务表示感谢。

中国口岸协会第二届理事会理事名单

（2001年12月7日中国口岸协会第二次全国会员代表大会通过）

（以姓氏笔划为序）

丁迪深	丁盈川	丁海蒙	于　凯	于秀敏	于国明	于德辉	马　勇
孔繁宇	方美广	毛文霞	王　健	王　楷	王升和	王永华	王存库
王宜斌	王泉杰	王晓鹰	王啸冬	王梦吉	王锐颖	王新平	王瑾维
邓启华	兰　影	冯和平	卢晓鸣	叶　剑	叶万定	叶伟龙	白广文
白树升	任旭珍	伍云胜	刘　丹	刘　水	刘　江	刘　实	刘万行
刘明举	刘燕明	孙　宏	孙方奎	孙发贵	孙民富	孙家康	孙培理
庄玉成	曲广洲	朱　宏	朱剑峰	次　诚	汤卫文	祁国庆	邢德彰
闫玉强	闫金城	严志冲	何万青	何光烈	何其伟	吴小淙	吴开熔
吴克旺	吴启华	吴依孚	吴承磷	吴荣华	宋　林	宋军军	宋庆华
库　甫	张　力	张　宏	张广志	张天平	张世宏	张立群	张仲有
张光生	张向阳	张庆涛	张苏源	张进良	张敬华	张德明	张翼鹏
李　成	李　毅	李卫民	李云霞	李凤展	李文玲	李世臣	李以伦
李创权	李向荣	李英鹏	李流明	李魁文	杨子英	杨念友	杨恩全
杨振庆	杨德华	汪　滔	沈丽丽	沈宏仁	沈陇声	苏合力提.翟尼丁	
苏顺虎	邱　沛	邱元平	邵益先	邹礼隆	闵　捷	陆一生	陈传凯
陈灵康	陈建华	陈林泉	陈盛春	陈跃西	周　平	周卫前	周正国
周通韶	周德洪	庞金贵	林　勇	林武文	欧阳玉靖	罗文金	罗向群
罗声国	罗金星	苗俊礼	范红喜	金万建	侯　伟	哈恩元	姚建农
姜　夏	柳德生	段支山	段建状	洪荻生	胡　山	胡　泽	胡汉湘
胡志强	胥　民	赵　伟	赵秀英	钟文新	钟齐昌	钟佐江	钦明炜
唐建平	唐钟凌	唐筱光	夏　青	夏　耘	徐　光	徐　斌	秦　虹
索沪生	郭小媛	郭庆宏	郭燕民	钱英培	顾振兴	高志远	高俊岭
崇冬立	崔卫光	崔忠付	常开建	曹　军	曹德胜	章　兰	章式洪
黄国泰	黄泽有	黄颂平	黄新华	黄德夫	龚正豪	博鲁德	塔　杰
彭晓辉	彭福庆	彭翠红	智广路	曾庆新	曾署凡	程　辉	程永文
程德杰	董仪峰	谢　伟	韩　森	韩鸿祥	鲁久顺	裘　希	赖百源
路宗太	蔡水官	蔡聚芳	德　顺	潘　城	潘　锋	潘伟平	颜阳生
薛四军	薛桂凤	魏　薇	魏耕夫				

中国口岸协会常务理事名单

（2001年12月7日中国口岸协会第二届理事会第一次会议通过）

（以姓氏笔划为序）

丁迪深	于德辉	马　勇	王升和	王　健	王瑾维	孔繁宇	叶　剑
叶万定	兰　影	邢德彰	伍云胜	刘　实	孙方奎	孙民富	孙家康
李　毅	李向荣	李英鹏	李流明	苏合力提.翟尼丁		吴开熔	吴克旺
吴依孚	吴承磷	何光烈	邱元平	沈陇声	库　甫	严志冲	张　宏
张立群	张光生	张进良	邵益先	陈盛春	苗俊礼	欧阳玉靖	范红喜
罗文金	金万建	周德洪	庞金贵	赵　伟	赵秀英	胡汉湘	段支山
段建状	顾振兴	徐　斌	高俊岭	唐筱光	郭庆宏	郭燕民	黄新华
龚正豪	崔忠付	崇冬立	彭晓晖	彭福庆	彭翠红	智广路	鲁久顺
曾署凡	袭　希	蔡水官	德　顺	潘　城	魏　薇	魏耕夫	

中国口岸协会会长、副会长、秘书长名单

（2001年12月7日中国口岸协会第二届理事会第一次会议通过）

会　长

叶　剑

副会长

龚正豪	孙民富	唐筱光	罗文金	兰　影
王升和	彭翠红	刘　实	胡汉湘	吴依孚
吴承磷	周德洪	黄新华		

秘书长

郭燕民

中国口岸协会第二次届理事会

特聘名誉会长、高级顾问、顾问名单

（2001 年 12 月 7 日中国口岸协会第二届理事会第一次会议通过）

（以姓氏笔划为序）

名誉会长

石希玉

高级顾问

李克农　赵永吉　赵维臣　洪善祥　钱永昌　葛志荣　鲍培德　戴　杰

顾　　问

于　申　于国华　王小丁　王子训　甘荣坤　朱高章　孙亚一

李柏林　李绍德　吴幼毅　沈肇圻　陈泽星　张弘力　胡安璋

郑跃声　郑叔平　高泷涌　萧小堂　康文海　陶素云　康秀玲

第七篇

附　录

清理整顿前地方二类口岸

北京市

【北京丰台货运口岸】 北京丰台货运口岸是经北京市人民政府批准，于1994年5月正式对外开放的二类内陆口岸。位于北京西南丰台区五里店，南傍京广铁路，北邻京石高速公路，口岸内建有4.5公里铁路专用线与全国七大零担中转货场之一的丰台火车站联通。

北京丰台货运口岸总占地面积36.6公顷，硬件基础设施比较完备，拥有包括海关监管库在内的平库29座、楼库2座，集装箱堆场2万平米，铁路站台2座总面积1万多平米，站台罩棚8400平米，站台货位60个。运输吊装设备齐全，先进的安全监控、调湿调温、消防设备，并设有专业消防队。

北京市政府口岸办公室、北京海关、北京出入境检验检疫局及中国银行、北京外运报关行等国家行政机关和服务企业均已进驻丰台口岸，具备了比较完善的口岸运营、查验、服务功能。丰台货运口岸的经营主体为中国外运集团北京陆运公司，是从事陆运、仓储业务的专业化外贸储运企业，拥有一支素质优良的业务员工队伍和先进的管理手段，以安全、高效、简便、准确的优质服务为宗旨，同国内外众多客户有着良好关系和业务往来，连续多年被国家外经贸部评为部优企业，在北京外贸运输业中占有重要地位。北京铁路部门也对丰台口岸给予了极大支持和强有力保障。

北京丰台货运口岸北运货物可经满洲里、二连浩特、丹东等口岸出境；南运货物可从广州、深圳口岸到达香港，也可以陆海、公路铁路联运方式走亚欧大陆桥。进口货物可通过丰台口岸分拨至我国东、西、北、中原等大部分地区。2001年，丰台口岸运输量7.09万吨，其中进出口运量4.88万吨，征收关税及进口环节税4895万元。

北京市政府对丰台货运口岸的建设与管理极为重视，投资近2000万元建设丰台口岸业务综合楼（2003年初即可进驻），将进一步改善国家检查检验机关的办公条件，并形成海关、检验检疫“一条龙”的作业方式。口岸商贸展示区也已开工建设，从而更加完善丰台口岸的基础设施，并为内陆口岸增添新的功能。

【北京朝阳口岸】 于1994年10月经北京市政府批准开放。北京朝阳口岸位于北京东四环南路甲1号，南临大秦铁路，北靠南四环公路，东依京津唐高速公路，西傍北京高新科技园开发区，拥有得天独厚的地理和区位优势。口岸一期规划占地1100亩，现已完成征地700亩。经过“九五”期间的建设，北京朝阳口岸已基本具备了国际物流中心的功能，根据《北京市“十五”计划纲要》和《北京“十五”时期口岸发展规划》，北京朝阳口岸将发展成为国家一类内陆口岸，年集装箱吞吐量将达15—20万标箱。

以北京朝阳口岸为依托，一个物流、会展、商贸、综合发展和绿色主题园区为一体的北京东南物流港正在建设中。

北京朝阳口岸的经营主体—北京陆港国际物流有限公司成立于1999年5月，是在北京市人民政府统一领导和直接主持下，由北京市国有资产经营管理公司、中国北京市国际经济合作公司、北京市综合投资公司、首都创业集团总公司、中远国际货运有限公司、北京市朝阳区十八里店乡农工商总公司等单位入股组建的有限责任公司。随着市场的变化和改革的深入，2001年10月，在北京市政府的直接领导参与下，北京陆港国际物流有限公司进行了第二次重组，由北京京泰投资管理中心、中国北京国际经济合作公司、北京市综合投资公司、北京首都创业集团、中远国际货运有限公司、北京国朝国有资产运营有限公司、朝阳区十八里店乡农工商经营服务中心分别以现金和净资产的方式入资。

北京陆港国际物流有限公司注册资本2亿元，总投资3.8亿元。现已投资建成海关监管仓库10536平方米，保税仓库3060平方米，冷藏仓库900平方米，集装箱堆场32000平方米，监管装卸平台3200平方米。由北京市政府投资建设的海关H986集装箱检测和北京市检验检疫局投资建设的薰蒸系统已投入使用，进一步完善了口岸功能。

北京朝阳口岸规划为进口区、出口区、保税区、展销贸易区、集装箱堆场、服务区、管理区、动力区等八大区域，口岸内已进驻海关、检验检疫、邮局、银行等部门，北京市人民政府口岸办公室陆港处负责协调管理朝阳口岸的日常工作。北京陆港国际物流有限公司的经营范围涉及劳务、包装、技术、货物配载、信息咨询等服务，承担海、陆、空进出口货物、国际展品及过境货物的国际运输代理和国际集装箱、普通货物运输等业务，并提供报关报检、仓储、配送等一条龙服务。公司还设有报关行，拥有大型海关监管集装箱运输车队，是功能齐备的、国际大型的、专业物流企业。

北京陆港国际物流有限公司以经营和管理为核心，坚持多赢的理念，以诚信的服务开拓市场，以高效的管理面对挑战，其正在利用自身的区位优势和资源优势，为全面启动朝阳口岸功能、促进首都经济发展而努力。

1995年，北京朝阳口岸与天津新港开始实行“口岸直通”的监管模式，率先在全国取消了转关联系函和监管车队联系函，极大地方便了北京地区货物的进出口。2001年9月，又实行了海关快速通关模式改革，大大简化了各种手续。

2001年，朝阳口岸监管进出境货物37946标箱，监管进出境货物34.15万吨，征收关税及进口环节税22.09亿元。

江苏省

【昆山陆路口岸】 昆山经济技术开发区陆路二类口岸，是1998年9月1日由江苏省人民政府批准对外开放的二类口岸。昆山市东临上海，西连苏州，地理位置优越，水陆交通便捷，昆山经济技术开发区下属十五个配套小区，整体形成了电子信息产业、精密机械、精细化工、高档轻纺、轻工、食品等产业，昆山经济技术开发区陆路二类口岸的开放，缩短了企业与码头的距离，方便了企业的货物进出口，节约了时间，简化了手续，有力地促进昆山市外向型经济的更好发展。

昆山陆路口岸占地面积126亩，建有5层4150平方米的综合办公大楼，海关临管仓库6500平方米，辅助用房1000平方米，集装箱堆场、拆箱场地65000平方米，区内绿化5000平方米。配有40吨正面吊车1台，2台铲车、地磅、查检室、后勤等生产、生活设施。已建成初具规模、设施完备、功能俱全的较现代化货物进出口通道，具备了货物中转和转关、货物监管和储存，集装箱堆存和装卸等功能，将在昆山对外开放中起到越来越重要的作用。

昆山市口岸管理委对该口岸行使口岸管理职能，昆山海关、昆山检验检疫局负责口岸的查验工作。

浙江省

【大洋口岸】 大洋国轮外贸起运点位于洋山镇，开放于1996年12月，有3000吨级泊位一个。1999年10月国家海关总署组织的二类口岸专项清理整顿中合并，与嵊山、泗礁口岸合并统称嵊泗二类口岸，主营出口水产品、花岗石材等。

【嵊山口岸】 位于嵊山镇，箱子岙，北纬30° 43′ 30″ 东径122° 48′ 20″ 开放于1989年12月，现有500吨级泊位二个，是浙江省鲜活海产品的主要生产和出口基地。1999年10月口岸整顿后与泗礁、大洋2个口岸合并，称嵊泗二类口岸。

【粗沙头水运口岸】 粗沙头港位于浙江省温岭市石塘镇境内，主要是为温岭水产品出口服务。于1988年省政府批准温岭石塘粗沙头鲜活水产品海上交货点（东径121° 37′，北纬28° 16′）。1999年口岸整顿后与礁山港口岸合并为石塘二类口岸。

山东省

【济南洛口公路口岸】 济南洛口公路二类货运口岸于1997年5月1日经山东省人民政府批准正式对外开放。口岸位于济南市区，占地面积132亩， 年设计集装箱通关能力6万标箱。建有集装箱堆场10800平方米，硬化地面13400平方米，检测桥两座，监管仓库3024平方米，集装箱专用30.5吨龙门吊一台，叉车3台，海关监管车辆67部，现场查验综合楼2000平方米，是集运输、仓储、吊装、拆拼箱、消毒、报关、查验、检疫等通关功能齐全的公路口岸。

济南洛口公路口岸开放后，以济青高速公路为依托，通过海陆联运，实现了济南通过青岛与国际口岸直通。进出境货物可在济南内陆口岸一次办完查验通关手续。2001年，验放出入境国际集装箱7314标箱。主要进出口货种为机械、电子零部件、纺织品、冷冻水产品、农副产品、钢材、棉麻等。

【济宁公路、铁路口岸】 济宁公路口岸位于济宁市市中区车站南路。占地面积33亩， 其中集装箱堆场1万平方米，海关监管仓库600平方米，运输装卸设备齐全，电话及EDI传输网络系统完备。设计年通过能力为进出口国际集装箱5000 标箱。1995年6月24日，山东省人民政府批准济宁公路口岸，自1995年7月1日起正式对外开放。

济宁铁路口岸位于铁路济宁西站，现有4万余平方米集装箱堆场，1200平方米海关监管仓库，36吨门式轨道起重机1台，办公设施齐全，已与海关实现DDN数据网络联网。设计年通过能力为进出口国际集装箱30000标箱。山东省人民政府批准济宁铁路口岸自1997年12月28日起正式对外开放。

正在建设中的济宁口岸（曲阜）国际集装箱场站，位于曲阜城东开发区京福高速公路曲阜出口处，是济宁连结青岛港、日照港公路运输的必经之地。场站规划占地面积124亩，首期开工建设80亩，项目一期工程建设投资3000万元。主要建设项目有：办公大楼10000平方米，高平台海关监管仓库1800平方米，场站及货代办公用房800平方米，水泥硬化集装箱堆场18540平方米，冷藏箱专用堆场，海关监管GPS集装箱运输车及配套起重、拆箱等机械设备。场站设计集装箱年通过能力为30000 标箱。场站建成后，将作为青岛——济宁口岸海关监管直通运行进出口业务的主要载体，海关、检验检疫、外代、货代及口岸管理等部门全部进驻场站现场办公。场站与青岛海关实现宽带数据联网，并按装海关监管车辆电子数据扫描、GPS卫星定位监测、电子闸门、电子磅称及闭路电视监控等现代化口岸场站设备。济宁及鲁西南内陆地区的进出口货物均可实现在场站就地通关，场站将充分发挥海关监管、口岸直通的优势，适时开展进出口货物的配送、仓储、拆装、运输等一体化优质高效的物流服务。

2001年，济宁口岸完成国际集装箱5093标箱，其中进口2507标箱，出口2686标箱，货物总值15127万美元。主要进出口货物有：推土机、挖掘机零部件、纺织原料、木浆及废纸、铁矿砂、塑料橡胶及制品等。主要出口货物有：大蒜等农副产品、纺织原料及制品、水泥、洗精煤等矿产品、贱金属及其制品、食品、抗菌素、焦炭、拖拉机、推土机等机械设备及零件等。

【菏泽公路、铁路口岸】 菏泽陆路口岸是经山东省政府1996年12月27日正式批准对外开放的内陆口岸。该口岸地处“京九”、“新石”两条铁路的十字交汇点，有105、106、220、327四条国道纵横交错，联接晋、冀、鲁、豫、苏、皖等6个省，公路四通八达。货物年吞吐能力175万吨，设计年通过能力为进出口国际集装箱3万标箱，设有铁路专用线1200米，吊装、运输设备70台(套)，监管仓库4400平方米，硬化地面2万平方米，铁路直通海港码头。

菏泽陆运口岸检查检验单位配备齐全。2001年，完成外贸进出口货物15万吨，集装箱运量完成3000标箱，主要出口产品是：桐木制品、桐木工艺品、食品、草柳编工艺品、橡胶制品、化工产品、皮革皮毛制品、五金制品、毛发制品、纺织品、中药材等。进口产品有：橡胶、农药、化肥、机电设备、钢材、棉花、羊毛等。

【临沂公路口岸】 临沂公路口岸经山东省人民政府批准于1998年正式对外开放，1999年下半年正式投入业务运营。口岸位于临沂市河东区境内，东经118° 14'40"、北纬35° 3'46"，是通往沿海各大港口的必经之路，地理位置十分重要。临沂公路口岸是货运口岸，以从事集装箱进出口业务为主，年通过集装箱能力可达3万标箱，运输货物60万吨。口岸场站拥有1万平方米的集装箱专用堆场，和1500平方米的货物监管仓库。吊装设备、运输车辆、作业插车等工具配套齐全，性能良好。临沂至青岛港、石臼港、连云港三大港口具有运转距离近、周转速度快、费用低、业务覆盖面大的特点，有利于广大货主快速办理进出口货物的各种手续，是鲁南、苏北地区重要的内陆陆运口岸。2001年，完成国际集装箱4680标箱。

临沂陆运口岸主要进口货种有：机电设备、化工原料、木材等。主要出口货物：脱水蔬菜等农副产品、草柳编等工艺美术品、机械电子产品、针织服装等纺织产品、石材加工产品等。

【潍坊公路口岸】 潍坊公路口岸暨潍坊国际集装箱中转站。地处潍坊市寒亭区郭家官庄镇，距济青高速公路潍坊段入口约500米，紧邻206、309国道，距青岛港180公里，潍坊港50公里。1998年8月，作为公路二类口岸对外开放。2000年8月，被青岛海关批准开展潍坊——青岛进出口货物直通式监管运输业务。该中转站是国家经贸委批准立项的“双加”技改项目，是山东省百项重点工程和潍坊市规划的定点集疏运中心。总投资4500万元，占地200亩，拥有集装箱堆场1.68万平方米，联检大厅807平方米，海关监管仓库2160平方米，40吨轨道式门吊一部，各类装卸搬运机械和集装箱专用运输车36部，年设计集装箱吞吐能力为年5万标箱。中转站拥有国际货运代理权和报关资质，进出口货物可直接在该站内实现查验、通关。主要开展代理报关、报验、预录、货运代理、仓储、集装箱堆存、拆装箱、公路运输、理货等业务。目前已同800多家客户和厂家建立了稳定的业务关系，潍坊地区70%以上的进出口货物通过中转站实现了直通运输。

2001年实现集装箱中转1万标箱，集装箱代理8000标箱，仓储70万吨。2002年，预计完成集装箱吞吐量2万标箱，集装箱代理1万标箱，仓储80万吨。

【聊城铁路口岸】 聊城铁路口岸于1997年4月25日经山东省人民政府批准建设。1999年11月，正式对外开放。口岸现场位于聊城市西郊京九铁路火车站西侧，南临309国道。以集装箱货场为运作场地，占地面积263亩，内设两条铁路专用线，全长1790米，拥有40吨龙门吊一台，集装箱堆场硬化1万平方米，筑高低货台货位1万平方米，建设双层隔温海关监管仓库1000平方米，联检办公楼300平方米。年吞吐能力200多万吨，集装箱2万多个标箱。目前采取转关式监管方式，是周边地市规模最大的内陆集装箱场站。

口岸主要进口货物有：大豆、硫磺、卷纸复印机、肉骨粉、造纸机械等，主要出口货物有：鲜、冻鸡块、化纤布、化肥、冻牛肉、皮革等。

广东省

【从化港澳货运车辆检查场】 从化市口岸港澳货运车辆检查场位于从化市街口镇，为二类陆路口岸。该口岸于1997年搬迁兴建，1998年建成投入使用。口岸占地面积近90亩，建设使用面积4.18万平方米，建有楼房15幢，建筑面积3万平方米。车检场设计车流量为250车次／日，占地面积1.23万平方米。小车停放场面积0.55万平方米，市政道路面积1.4万平方米，绿化面积0.8万平方米。从化市人民政府口岸办公室对该口岸实施口岸管理。从化海关、从化出入境检验检疫局担负进出口货物的检查检验工作。口岸内设有口岸报关公司。

【花都口岸车检场】 1988年，广州市人民政府口岸办公室批准原花县设立口岸港澳货柜车检查场，省口岸办公室同意该车场纳入二类口岸管理。车检场于1989年动工兴建，1990年12月竣工投入使用。口岸货柜车检查场占地面积8847.11平方米，可同时停泊30辆货柜车；监管仓和仓库为640平方米；报关楼（2层）483平方米；食堂600平方米；值班室320平方米。车检场内驻有海关、检验检疫局的办事处，广州市花都口岸综合发展有限公司负责车场的管理及为查验单位做好后勤保障服务，花都口岸报关行为进出口企业提供全方位的“一条龙”报关服务。

广州市花都区人民政府办公室口岸科对该口岸实施口岸管理，花都海关、花都出入境检验检疫局、广州洲头嘴边防检查站花都办事处、广州五和海事处花都办事处负担对进出口货物、交通工具进行查验工作。

【沙湾车检场】 沙湾车检场于1996年5月18日建成投入使用。该车检场位于广州市番禺区沙湾镇，占地面积80亩。场内建有一栋高4层、建筑面积4000平方米的办公、报检、报验大楼，一栋高7层、建筑面积2000平方米的综合服务大楼。有待检车位250个，受检泊位6个，仓库面积有600平方米，主要用于货物保税存放。该车检场日均通过量为350辆车次，为广州市货运量较大陆路口岸之一。2001年，通过车辆为115312车次。

【莲塘起运点】 莲塘起运点是设在深港边界线上的特殊对港出口石料起运点，位于距深圳市区约5公里的罗芳村，与香港新界仅一线之隔，由深圳市建筑材料工业（集团）公司投资和经营。1980年12月，经广东省人民政府批准设立。经与香港有关部门协商同意，在边界上建成一条横跨深圳河分界线的石料出口输送带，每年输港石料450万吨，总值8000多万港元。石料出口的输送的监管由海关负责。

【汕头铁路进出口货物装卸点】 汕头铁路北站进出口货物装卸点于1997年10月31日正式启用投产。该点位于汕头市区泰山路中段汕头广梅汕铁路集装箱货运有限公司货场内，转运条件十分优越。铁路装卸点占地面积113220平方米。有铁路装卸轨道二股计1500米，平台1900平方米，可供25个车皮同时装卸作业。建有进出口货物监管堆场4600平方米，监管仓库2000平方米。配套有36吨龙门吊、40吨集装箱正面吊、空箱处理机各种装卸设备。装卸点年到发能力为100万吨。几年来，铁路装卸点货运量一直较少。但作为粤东地区唯一的铁路口岸，随着我国加入世贸组织和汕头经济的恢复，铁路国际运输将有着广阔的前景。2001年，铁路装卸点在苦心经营的同时，积极为未来发展做工作。一是积极申报并取得铁道部的支持，确认本装卸点为铁路系统的口岸单位，并进入铁道部国际运输计算机管理网络；二是与铁道部中铁国际货运代理公司建立业务关系，成为该公司在汕头的代理点；三是利用各种机会，宣传汕头铁路口岸和铁路国际运输的优势，积极吸引货源；四是进一步理顺内部机制，降低成本，减少运费、让利货主，提高铁路国际运输的竞争能力。2001年，共装卸进出口货物1200吨。

【汕头港澳货运车辆检查场】 汕头港澳货运车辆检查场搬迁新址后通过省口岸主管部门组织的验收，并于2000年12月28日正式启用。汕头港澳货运车辆检查场位于市区泰山路76号，地处汕头港深水码头，汕头铁路货运北站，汕头机场和深汕、汕汾高速公路的交通枢纽地带，道路交通条件十分优越。车检场占地面积30000平方米，东大门入口处设置二台电子地磅，西面查货台长84米，可同时停靠20辆货运车接受检查，停车场可容纳180辆40尺货车停放。监管仓库1250平方米。车检场设计日检车能力1250辆次。2001年，车检场继续完善基础设施和配套建设，继海关联成办事处5200平方米办公楼落成后，又千方百计筹措资金，在车检场南面租用2000平方米办公楼进行装修。其中1000平方米用于改善车检场经营单位办公条件，1000平方米配置办公设施后提供给汕头检验检疫局龙湖办事处，保证了口岸查检监管部门能及时进驻开展工作。为确保口岸工作平稳过渡，塑造新的对外形象，车检场全面加强管理力度，开展纪律、职业道德教育和业务培训，建立健全各项规章制度和服务公约，落实岗位责任制，公布办事程序，公示收费标准，接受社会监督，使各项业务工作顺利开展，实现了安全畅通无事故。此外，车检场积极开展争创“文明窗口”、共建“文明口岸”活动，建立工作情况月报制度，密切各单位关系，促进相互配合，提高了工作效率和服务质量。2001年，共完成出入境车辆查验38164车次，进出口货物263493吨。

【汕头市广澳港澳货运车辆检查场】 汕头市广澳港澳货运车辆检查场于1996年9月25日投入使用。该场位于汕头市达濠区珠浦广澳海关右侧，距深汕高速公路达濠立交出入口西侧100米，由磊广大道连接国道324线并直通广澳深水港区，地理位置优越，陆、海运输便利。车检场占地面积10000平方米，建设总投资950万元，有仓库288平方米，停车场6792平方米，办公用房92平方米，查车台共10车位计360平方米，车检场设计日检车能力在100辆次以上。近年来，由于当地经济不景，进出口货源严重不足，车检场一直处于低负荷运行状态。为充分利用车检场现有设施，2001年，车检场经营单位不断总结经验，进一步加强内部管理，改善服务措施，努力提高车检场经营质量和效益。当年完成出入境车辆查验2062车次，进出口货物28489吨。

【潮阳市港澳货运车辆检查场】 潮阳市港澳货运车辆检查场于1995年投入使用，该场位于潮阳市区西岩山前324国道南侧，距深汕高速公路6公里。车检场占地面积9779平方米，其中办公、查验工作用房面积1674平方米，仓库面积850平方米，停车场面积8151平方米，拥有18个车位查车台、计360平方米。车场工作区内配有60吨电子地磅1台，吊车1部、铲车1台。设计日查车能力200辆次以上。2001年，在外贸进出口形势严峻情况下，车检场抓住整顿市场经济秩序机遇，把潮阳市开展“三整顿、重塑新现象”活动同企业管理规范工作紧密结合起来，进一步完善各项管理制度和服务措施，加强与外部联系，及时掌握市场信息，拓宽经营渠道，坚持走正道、求发展、逐步搞活做强企业。年内，车检场先后设立了“中国电子口岸”对外服务部，开设了代售单证及相关业务书籍，代客户填写、打印、传真单证、合同等服务项目，赢得了广泛的好评。当年车场共完成车辆查验6686车次，进出口货物157272吨。

【澄海市港澳货运车辆检查场】 澄海车检场于1995年9月26日正式投入使用，位于澄海市境内国道324线与莱芜公路交界北侧。车场总面积11880平方米，共投资1500万元，主楼建筑面积2020平方米，其中监管仓库270平方米，查验办公用房120平方米，经营单位用房540平方米，生活用房200平方米，停车场9595平方米，查车台位13个，设计日查车能力200辆车次。澄海车检场实行政府投资建设，私人承包经营。口岸局主管并实施口岸综合管理的独特经营管理形式。

2001年，澄海口岸局坚持以服务货主和企业、发展地方经济为目标，引导企业树立守法经营，优质取胜的经营理念，进一步车检场规范管理，提高服务质量，营造了良好的陆运通关环境。当年，车检场共完成进出口车辆查验14983车次，进出口货物135941吨。

【乐昌南头装卸点】 1985年3月，经省口岸办批准，开设乐昌县南头进出口货物铁路装卸点。1990年7月，经韶关市政府批准，乐昌县口岸办在河南镇设立临时港澳货柜车辆检查场。1998年4月，乐昌口岸综合大楼、车检场在乐昌市开发区新建，总投入280多万元，于2000年2月建成。

【韶关铁路口岸装卸点】 1999年下半年，韶关市口岸办决定市大桥装卸点南迁，投入350万元，改在市南郊三公里的韶关食品总公司冷库铁路专用站台设立，改称韶关铁路口岸装卸点。该装卸点占地3500平方米，设有全封闭仓库500平方米，水泥结构露天堆场1800平方米，停车场300平方米，专用线站台150米，可同时停靠8个火车皮。年吞吐能力为50万吨。该装卸点于2000年4月正式投入使用。

【韶关港澳货运车辆检查场】 韶关港澳货运车辆检查场位于韶关市南郊6公里，原由韶关市粤北工业开发区于1993年底投资兴建，因资金不足而1994年底停建。根据韶关市委、市政府的指示，韶关市口岸办于1996年初收购了该建设项目，注资850万元建成该检查场，同年11月投入使用。该场占地10000平方米，建有三层报关报验大楼2500

多平方米，水泥硬化停车场5000平方米，全封闭监管仓500平方米和16个靠车位的查验平台，还配有60T地磅和叉车等装卸机械。该场的年吞吐能力为50万吨。

【京九、沪九列车韶关过境旅客上落站】 经铁道部对外协作司[1997]外字第2581号文批准，北京、上海直通香港九龙的京九、沪九客运列车，在韶关火车站开设上落站，于1998年2月10日正式开通。从此韶关至香港的旅客，可通过京九97次、沪九99次客运列车，途径常平站查验而出入境。

【汕尾车检场】 汕尾车检场于1997年7月4日经广东省人民政府口岸办公室（粤府口函[1997]72号）批准开设。1999年9月28日经省口岸办组织有关单位验收后正式启用。位于深汕高速公路段出入口处，主要承担汕尾市区进出口货物陆路出入境的申报和查验监管工作。车检场总占地面积约2.6万平方米，建设海关办公综合楼1幢3层共1500平方米，综合查验楼1幢1000平方米，查验台500平方米，仓库500平方米，生活用房750平方米（员工宿舍500平方米，生活设施250平方米），停车场8000平方米，综合项目总投资1277万元。汕尾车检场的建成开通，对改善汕尾市的投资环境，促进和服务对外开放，更好地推动外向型经济的发展起到了积极的作用。2001年，经汕尾车检场进出口的货物为24785吨，车辆4660辆次。

【海城车检场】 海城车检场于1984年5月经国务院（国办函[84]96号）批准设立，1986年正式开通，位于海丰县城西部。车检场设计日通过能力300辆次，总面积12802.9平方米，其中查车台2座16个位707.9平方米，办公场所1728.87平方米，停车场8002.8平方米，仓库545.28平方米，是广东最早投入使用的车检场之一。主要担负海丰县及邻近地区的“三资”企业进出口货物的申报和查验监管工作。车检场现有汕头海关驻海城办事处、汕尾检验检疫局海城办事处等口岸查验机构。口岸各部门按照“监管有效、方便进出、服务优良”的要求，为货主厂家提供快捷简便，高效优质的查验服务。2001年，经海城车检场查验的货物有97786吨，车辆14361辆次，居全市3个车检场之首。

【陆城车检场】 陆城车检场于1998年3月16日经广东省人民政府口岸办公室（粤府口函[1998]28号）批准同意开设。1998年7月21日正式启用。位于广汕公路陆城穿城路段的南侧，有海关综合大楼总建面积6600平方米，停车场6000平方米，查验台及仓库3000平方米。陆城车检场主要担负陆丰市境内及邻近地区 “三资”企业陆路进出口货物的申报和查验监管工作。设有海关、检验检疫局等口岸查验单位，查验方便快捷。车检场与乌坎港相互配合，水陆联运，充分发挥各自优势，大大改善了陆丰市投资环境，为当地发展外向型经济起到促进作用。2001年，查验进出口货物17630吨，车辆为1841辆次。

【阳江进出境货运车辆检查场】 阳江进出境货运车辆检查场于1996年3月正式对外开放。车检场位于阳东县东城镇325国道旁，与广湛高速公路和广东沿海高速公路相连接，东距香港385公里、距澳门297公里、距深圳380公里，北距广州256公里，西距湛江230公里。车检场占地面积为3610平方米，停车场面积2555平方米，办公生活设施2275平方米。海关、出入境检验检疫局在现场设立办公场所。年内完成进出口货物2.3万吨，其中进口0.07万吨，出口2.23万吨，进出境车辆3874辆次。

【肇庆港澳货运车辆检查场】 肇庆港澳货运车辆检查场位于肇庆市北郊321国道过境公路。于1988年2月28日建成投入使用。1997年12月28日，由市区和平路迁移现址。车检场占地40亩，工程总投资2500万，办公楼楼高三层面积2908平方米，查车台12个，仓库1625平方米，停车场12086平方米，设计日通过能力200车次。肇庆港澳货运车辆检查场，功能配备齐全，目前日均通过车辆50车次。

【四会港澳货运车辆检查场】 位于四会市马房装卸点内。1990年3月28日，经省政府批准开设，于1994年3月28日建成投入使用。设计日通过能力100辆次。四会港澳货运车辆检查场原址在四会市城东区，2001年8月23日，经省对外经贸厅批准搬迁至马房装卸点，实行水陆合一。

【潮州港澳货柜车辆检查场】 潮州港澳货柜车辆检查场位潮州市区潮枫路中段，1991年3月建成启用，总投资1000多万元。建筑面积5850平方米，其中仓库845平方米，设有20个查车台。2001年，日平均进出货柜车辆85辆次，全年监管进出口货物63.4万吨，货值56775万美元。

【饶平货柜车辆检查场】 饶平货柜车辆检查场建成于1995年10月，总投资450万元。面积5010平方米，其中车检场3400平方米，仓库1200平方米，办公楼410平方米。1994年11月6日，根据粤府口[1995]91号文件批准，正式投入使用。自投入使用以来，通过加强管理，提高服务质量，日均进出货柜车12辆次，取得一定社会效益。

【云浮（腰古）出入境货运车辆检查场】 前身是云浮港澳货运车辆检查场。1992年，经省人民政府口岸办批准设立，位于市区建设南路60号。1997年，经省人民政府口岸办批准迁往云浮市云城区腰古镇，位于云浮市东部，距市区30公里。是本市云城区、新兴县、云安县、郁南县及罗定市陆路出入境的主要之路。车辆检查场占地面积15亩，设有8个查验台，停车场地4000平方米。2001年，经该车检场进出口货物5.2万吨，5860车次。

【罗定（素龙）出入境货运车辆检查场】 1992年，经省政府口岸办批准设立，位于罗定市泷洲南路3号的罗定港澳货运车辆检查场，即将迁到罗定市迎宾大道侧（素龙镇）新建的罗定（素龙）出入境货运车辆检查场开展业务。车辆检查场占地面积8500平方米，设查验台3个，停车场地3000平方米，监管仓200平方米，货仓1200平方米。2001年，经该车检场进出口货物0.8万吨，1166车次。

【勒流港】 勒流港位于顺德市北江顺德水道南岸，地处顺德市的中西部勒流镇内，临近105国道和325国道的连接线龙洲路。距香港约75海里，距深圳约55海里。勒流港前身是一个简易的起运点，码头岸线只有60米和一些简易的装卸设备。随着外向型经济迅猛发展，原有的港口设施已不能适应经济发展的需求。1999年，勒流镇政府投入巨资对港口进行规划改造扩建，配置各类设备，完善公路交通设施。改造扩建后的港区，占地面积30万平方米，岸线长280 米，1000吨泊位5个，综合办公大楼面积10000平方米，并拥有一批大型码头专用起重和装卸设备。港口的设计吞吐能力为：散货80万吨，集装箱40万标箱。港口内各查验单位均设立办事机构，分别设有清华同方集装箱检测系统、视频监控装置、电子显示荧屏、电子地磅、电子闸口等先进的通关配套设施，使查验单位监管更有效，大大地提高了通关效率。国内外有多家船务公司在港口开设办事处，为企业提供优质的服务。港口内设有港澳货运车辆检查场，车位23个，可办理货物陆路进出口香港、澳门的通关手续和中转各口岸的转关手续，使码头、车场资源共享，水陆运输优势互补，货物通关更快捷。勒流港经过一年多的改造和扩建，于2001年3月开始试运行。各查验单位每天工作时间是早8：00时至晚10：00时。

勒流港2001年货运量统计表

货运量（吨）	进口	出口	集装箱（标箱）	进口	出口
518903	235902	283001	98669	1341	85259

四川省

【成都火车东站铁路口岸】 位于成都市北郊成华区八里庄，经四川省人民政府1994年批准设立。该口岸现有联检大厅450平方米，堆场13000平方米，查验平台120平方米，监管仓库600平方米。集装箱正面吊车40吨1 台，50吨1 台；汽车吊车50吨1台。每周开行成都至上海、天津、青岛、连云港“五定班列”。

【成都青白江铁路口岸】 位于成都市青白江区大湾镇铁道部桥梁厂内。应铁道部要求，经四川省人民政府1997年批准设立。该口岸距成都市区30公里，有通往市区及省内各水、陆、空口岸的高速公路。口岸堆埸面积74000平方米，查验平台60平方米，监管仓库3500平方米，集装箱45吨正面吊车1台，集装箱堆高机1台，集装箱2.5吨叉车4台。与成都火车东站口岸配合，每周开行成都至上海、天津、青岛、连云港“五定班列”。

【绵阳铁路口岸】 位于四川省川西北地区的绵阳市，在绵阳火车站西货场，经四川省人民政府1999年批准设立。该口岸距离成都市120公里，其业务除覆盖绵阳市外，还可辐射川西北地区的德阳、广元、遂宁、南充等地级市。该口岸进出境货物仓储监管区设在西货场货5线（有效长264米）、12库（面积610平方米）；进出境集装箱监管区设在货3线（有效长271米，面积9000平方米）。配有36吨、26吨门吊。现每周可开行至上海、北京、青岛的班列或专列。

【攀枝花铁路口岸】 位于四川省西南边缘，在攀枝花市的渡口火车站。东面、北面同四川省凉山彝族自治州接壤，西面、南面与云南省丽江纳西族自治州和楚雄彝族自治州为邻。北距成都749公里，南距昆明351公里。该口岸经四川省人民政府1994年批准设立。口岸综合业务楼正在建设（面积400 平米），海关监管仓库500平方米，专用货场4000平方米，40吨龙门吊车1台，年货物吞吐能力30万吨（扩建后年吞吐能力可达76万吨）。可发送进、出境国际集装箱。

【成都公路口岸】 位于成都市东郊成华区，在成都市建材路1号，经四川省人民政府1997年批准设立。该口岸名称为“成都公路国际物流中心”，拟于2002年5月试营业。其面积146亩，集装箱堆场49000平方米，货物监管仓库8880平方米，集装箱专用重型叉车1台，1吨－8吨叉车7台，经成都海关批准现有海关监管车20辆。该口岸综合办公楼（建筑面积3400平方米）正在修建，计划于2003年4月竣工、投产。

重庆市

【重庆铁路口岸】 重庆铁路东站位于沙坪坝区上桥张家湾，距市中心18公里，1996年对外开放。铁路东站建于1988年1月，货场占地300余亩，是川东地区最大的铁路运送货场（即国家部级重点货场），也是全国重要的集装箱网点和大型综合货场。该站库房（含雨棚）32000平方米，有货物装运线8条、专用线4条，其中外贸运输专用线1条。有大型门吊5台，汽车吊3台，各类叉车32台，年到发量300万吨，可以办理零担、整车、集装箱和长、大、重货物的到发。车站现有海关监管场地4700平方米，其中，集装箱3500平方米，整车库房1200平方米。

新疆维吾尔自治区

【边疆二类口岸】 地处新疆乌鲁木齐市延安路32号，业主单位是边疆宾馆。于1997年经自治区人民政府批准设立。边疆市场主要以经营服装、家用电器、食品等轻工产品为主。该口岸现有对外贸易摊位800多间，设立三个监管库区，占地4万平方米，建监管库房200多间，并在监管区安装了闭路电视监控系统，可对库区进行24小时监控。口岸为旅游购物开设了市场部、劳务仓储部、保安部，形成了购物、食宿、仓储、报关报验、装运为一体的服务机制，已成为乌鲁木齐较大的旅游购物市场。

【昌吉亚中商贸城综合批发市场口岸】 于2000年经自治区人民政府批准设立。口岸设在亚中商贸城综合批发市场内。市场位于昌吉市区内毗邻312国道，东距乌鲁木齐38公里，是乌鲁木齐通往北疆的咽喉。市场占地429亩，建筑面积20万平方米，规划有10000个营业摊位。口岸建有查验单位联合办公大楼、监管仓库，总建筑面积21000平方米。

【华凌市场口岸】 于1998年11月26日正式开放。位于乌鲁木齐市中腹地带，南接西虹路、西连河滩高速公路的华凌市场内。该口岸占地6389平方米，库房面积2000平方米，库区内设施齐全。目前，经口岸向独联体、阿富汗、巴基斯坦等国和地区出口货物近5000多吨，货值达1.2亿美元。口岸依托的华凌市场占地350亩，规划总面积60万平方米，是一座融商贸、仓储、博展、娱乐、广告服务、信息功能于一体的大型综合市场，是西北最大的建筑装饰材料市场，国内经营和生产建筑、装饰材料著名厂家在市场设有经营点，品种达1万余种。市场内设有工商、税务、邮政、通讯、银行等服务部门，为中外客商的旅游购物提供方便。

【喀什市中亚国际贸易市场口岸】 于2000年经自治区人民政府批准设立。目前，口岸尚未建设、开放。

【奎屯市火车站口岸】 位于天山北麓，准噶尔盆地西南边缘，总面积540平方公里。总人口约9.58万人，主要民族为汉、哈、回等。是自治区唯一不辖乡镇的新型城市。本市是北疆陆路交通中心，北疆铁路横贯市境，奎屯站是我国境内通往中亚和欧洲的第一个编组站。交通运输、客货流通极为便利。

【塔城客运站口岸】 是1996年5月由上海海成物资联营等几家公司共同投资兴建的。1996年10月3日，自治区人民政府正式批准边贸商城为边民互市贸易点。1997年7月，塔城海关批准边贸商城为海关监管仓库。同月，于1994年开放的二类口岸原塔城客运站，迁到边贸商城，同时，口岸委及有关查验单位也进驻边贸商城。目前，商城作为塔城经济合作区贸易走廊的第一期工程占地面积72亩，拥有海关监管仓库46间，2650平方米，倒装、散装、对装场地17000平方米，仓库1500平方米，地下保温库房2800平方米，摊位44间1000平方米，停车场9000平方米，商城主体楼8880平方米。还拥有客房60间，并有多项服务场所。

【乌鲁木齐经济技术开发区口岸】 于1997年自治区人民政府批准设立，1998年8月30日正式开放。口岸位于经济技术开发区内，距亚欧大陆桥西北国际列车编组站（乌鲁木齐西站）3公里，紧邻乌鲁木齐国际机场。目前，该口岸共有海关监管仓库50余间，停车场1万多平方米，监管区安装了监视系统，实行全方位监控。查验单位在口岸实行定人定岗联合办公，并设立了乌鲁木齐涉外运输中心调度站。为方便中外客商旅游购物，建有4个大型国际贸易旅游购物市场，营业面积5万平方米。口岸开放以来，累计过货6282吨，货值1533万美元。

【乌鲁木齐客运站口岸】 位于乌市黑龙江路新疆旅客运输公司院内，东邻“长征”小商品批发市场，南连火车站和商贸城。1994年5月，自治区政府批准成立碾子沟二类口岸。目前，碾子沟二类口岸建有海关监管仓库2894平方米，共有40间库房，停车场面积达13160平方米，是国际汽车旅客、行包、零担货物联运的集散地。设有涉外售票窗口、国际行包托运处和查验专场地等办公场所。1999年至今该二类口岸出口货物约70364吨，进口货物约40吨，发出中哈双方客车往返班次732班，承运旅客约7300人次，货车班次2960班。

【乌鲁木齐商贸城口岸】 依托新疆商贸城，于1998年经自治区人民政府批准开放。口岸区有监管库区2000多平方米。新疆商贸城是一座较大的综合批发市场，大部分商品为低价的日常用品，已形成一定规模，经营品种受到国内外客商欢迎。

【伊犁巴音岱口岸】 于1993年经自治区人民政府批准伊犁州客运中心为国家二类口岸，同年5月，伊宁海关进驻二类口岸开展工作，随后各单位陆续设立办公机构。1994年4月，自治区口岸办文批准，该口岸开展出口货物的仓储和运输业务。为加大二类口岸的管理协调力度，创造宽松的通关环境，经自治区口岸办批准，1998年成立了口岸管理委员会。口岸现有封闭式停车场13100平方米，涉外仓储库房5座，库房总面积达2271平方米，并配备检测器一台。12年来，共完成出口货物191万吨，货值4.8亿美元，运送旅客31万人次，运输周转量33234万公里。巴音岱口岸的发展，极大地促进和带动了伊犁州涉外运输事业的发展。

【伊宁口岸】 是自治区人民政府批准的二类口岸，位于伊宁市西郊边境经济合作区内，距市中心三公里，环境优美，交通便利。伊宁口岸于1993年正式对外开放，主要开展的贸易形式是旅游购物。据统计，伊宁口岸自开放以来，累计出境车辆达12030次，出口货物逾21.3万吨，货值22.38亿人民币。经过几年的发展，伊宁口岸逐步走向正规化、规范化、制度化的轨道，口岸贸易有了较大发展，基础设施完善。现有涉外运输货场三个，外籍车辆监护场一个，总占地面积48000多平方米，监管封闭库房面积13000平方米，还有涉外运输车辆100辆，进行直达哈萨克斯坦的阿拉木图市、奇姆肯特市、琼扎县三地的客货运输。

中国对外开放一类口岸分地区一览表

(截止 2001 年 12 月 31 日)

序号	省别	数量	海(河)运口岸		航空口岸		铁路口岸	公路口岸	
			允许外轮进出	限国轮进出	允许外籍飞机进出	限我国飞机进出		国际	双边
1	北京	1			北京				
2	上海	2	上海		上海				
3	天津	3	天津、渤中		天津				
4	重庆	2		(重庆)	重庆				
5	河北	3	秦皇岛、唐　山		石家庄				
6	山西	1				太原			
7	内蒙古	9	(黑山头、室　韦)		呼和浩特、海拉尔		二连、满洲里		阿日哈沙　特、珠恩嘎达布其、甘　其毛　道
8	辽宁	8	大连、营口丹东、锦州	葫芦岛	沈阳、大连		丹东		
9	吉林	11	(大安)		长春		集安、图们、珲春	珲春、圈河	临　江、开山屯、三　合、南　坪
10	黑龙江	24	(哈尔滨、富锦、佳木斯、桦川、绥滨、同江、黑河、漠河、呼玛、逊克、抚远、虎林、孙吴、萝北、嘉荫、饶河)		哈尔滨、佳木斯、齐齐哈尔、牡丹江		绥芬河、哈尔滨		东　宁、密　山
11	江苏	12	连云港(张家港、南通、南京、镇江、江阴、扬州、泰州、常熟、太仓、常州)		南京				
12	浙江	13	温州、宁波、舟山、海门、绿华岛、黄星岛、大陈岛、洞头、乍浦、(红光)			杭州、宁波、温州			
13	安徽	6	(芜　湖、铜陵、安　庆)	(马鞍山)		合肥、黄山			
14	福建	11	福州、厦门、泉州、漳州、城澳、松下、肖厝、秀屿		厦门、福州	武夷山			

续表

序号	省别	数量	海(河)运口岸		航空口岸		铁路口岸	公路口岸	
			允许外轮进出	限国轮进出	允许外籍飞机进出	限我国飞机进出		国际	双边
15	江西	2	(九江)			南昌			
16	山东	14	青岛、烟台、威海、龙口、石臼、石岛、岚山、东营、蓬莱、莱州、龙眼		青岛、济南、烟台				
17	河南	3			郑州	洛阳	郑州		
18	湖北	3	(武汉、黄石)		武汉				
19	湖南	3	(城陵矶)		长沙	张家界			
20	广东	53	广州、湛江、汕头、汕尾、九州、广海、蛇口、莲花山、赤湾、惠州、妈湾、东角头、盐田、水东、阳江、大亚湾、南澳、珠海、潮州、万山、南沙、潮阳、(虎门)	湾仔、梅沙、西冲、(三埠、江门、肇庆、南海、斗门、鹤山、中山、容奇、新会、高明、新塘)	广州、深圳	汕头、湛江、梅州	深圳、广州、佛山、肇庆、东莞	文锦渡、拱北、沙头角、皇岗、河源、横琴	
21	广西	16	防城、北海、钦州、江山、企沙、石头埠	(梧州、柳州、贵港)	南宁、桂林	北海	凭祥	友谊关、东兴	水口
22	海南	7	海口、三亚、八所、洋浦、清澜		三亚	海口			
23	四川	1			成都				
24	贵州	1				贵阳			
25	云南	11	思茅、景洪)		昆明、西双版纳		河口	瑞丽	磨憨、天佑、金水河、畹町、猴桥
26	西藏	4			拉萨				樟木、普兰、吉隆
27	陕西	1			西安				
28	甘肃	2				兰州			马鬃山
29	新疆	16			乌鲁木齐、喀什		阿拉山口	红其拉甫、霍尔果斯、巴克图、伊尔克什坦	吐尔尕特、老爷庙、红山嘴、塔克什肯、吉木乃、都拉塔、乌拉斯台、木扎尔特、阿黑土别克
	合计	243	111(其中内河40)	20(其中内河16)	35	17	17	15	28

中国对外开放一类口岸分年度一览表

(截止 2001 年 12 月 31 日)

年份	数量	累计	海运口岸	河运口岸	空运口岸	铁路口岸	公路口岸
1978以前	51	51	上海、天津、大连、青岛、烟台、温州、福州、厦门、广州、湛江、汕头、汕尾、海口、八所、北海、秦皇岛、连云港	黑河	北京、上海、广州、沈阳、昆明、南宁、哈尔滨、乌鲁木齐	丹东、图们、集安、深圳、凭祥、河口、满洲里、绥芬河、二连	临江、南坪、三合、拱北、水口、东兴、畹町、瑞丽、樟木、普兰、吉隆、开山屯、红其拉甫、霍尔果斯、吐尔尕特、友谊关
1979	3	54	宁波		杭州	广州	
1980	13	67	舟山、营口、绿华岛、大陈岛、黄星岛、洞头交货点	重庆、武汉、黄石、芜湖、九江、南京、城陵矶			
1981	7	74	泉州、蛇口、九州		桂林、西安、成都、南京		
1982	10	84	漳州、秀屿	南通、梧州、江门、肇庆、张家港	天津、福州		文锦渡
1983	8	92	三亚、防城、海门、西冲、虎门	三埠	海口、厦门		
1984	7	99	赤湾、威海、龙口、湾仔、梅沙	中山			沙头角
1985	8	107	丹东、惠州、石臼、广海、莲花山、大亚湾	南海	大连		
1986	6	113		同江、安庆、镇江、容奇	汕头		日屋
1987	5	118	东头角	斗门	湛江、武汉重庆		
1988	10	128	石岛、水东、渤中原油	柳州、鹤山	青岛、郑州		珲春、皇岗、塔克什肯
1989	11	139	锦州、岚山	富锦、漠河、哈尔滨、逊克、室韦、佳木斯、黑山头	梅州		东宁
1990	11	150	妈湾、盐田、洋浦、清澜	大安、马鞍山	济南、南昌、长沙、合肥	阿拉山口	
1991	1	151			呼和浩特		
1992	28	179	南沙、唐山	贵港、江阴、扬州、高港、抚远、新会、高明	长春、深圳、贵阳、宁波、兰州、洛阳、烟台、黄山、佳木斯	佛山	磨憨、河源、阿日哈沙特、老爷庙、红山嘴、马鬃山、乌拉斯台、甘其毛道、珠恩嘎达布其

续表

年份	数量	累计	海运口岸	河运口岸	空运口岸	铁路口岸	公路口岸
1993	22	201	阳江、南澳、城澳	铜陵、虎林、萝北、嘉阴、饶河、孙吴、呼玛、思茅、景洪	北海、太原喀什、拉萨、武夷山、海拉尔、齐齐哈尔		金平、天保、密山
1994	18	219	珠海、钦州、松下、潮州、江山、企沙、石头埠	桦川	温州、三亚	肇庆、三水、东莞	巴克图、吉木乃、都拉塔、阿黑土别克、木扎尔特
1995	10	229	万山、东营、肖厝	绥滨、红光、常熟、太仓、新塘	石家庄、西双版纳		
1996	6	235	蓬莱、莱州、潮阳、乍浦		牡丹江	哈尔滨	
1997	2	237			张家界	郑州	
1998	3	240				珲春	伊尔克斯坦、圈河
1999	3	243	葫芦岛、龙眼			横琴	
2000	1	244					猴桥
2001	1	245		常州			
合计	245		76	55	52	19	43

注：日屋实为二类口岸，三水已关闭。目前一类开放口岸总数为243个。

中華人民共和國
中國口岸年鑒編輯委員會

繁榮工商
基業永固

香港大昌貿易行有限公司
敬題

上海海关高等专科学校

学校办公楼

海关总署领导视察校园

WTO 专题研讨班开学典礼

上海海关高等专科学校的前身是1908年建于北京的税务学堂。上海海关学校由对外贸易部正式创办于1953年9月，1996年4月，经国家教委批准，更名为上海海关高等专科学校。1997年8月学校由原址汾阳路正式迁入浦东新区。2000年10月海关总署党组决定，海关管理干部学院由广州迁址上海，形成了两块牌子，一套班子的管理机制。

学校在教学和科研方面，形成了以法学、经济学、管理学为基础、多学科渗透互补的海关管理学科专业体系。现设有海关管理、税务、审计、国际经济法和国际物流与报关等5个专业，在校学生规模近1500人。学校承担全国海关高中级关员、缉私警察及专项业务的培训任务，并承担境外海关人员短期海关制度和业务的培训任务。学校注重对学生、学员进行海关职业精神、职业道德、职业意识、职业纪律的培养，实施准军事化管理。

学校现设有教学实体和科研部门等18个。学校现占地近200亩，建有教学楼、图书馆、综合楼、办公楼和学生宿舍楼等建筑，建筑面积约5万平方米，绿化面积占地50%以上，并配有先进ATM的校园局域网和多媒体的教室、阅览室等先进设施。

学校教学区

把大榭岛建成世界一流港口的经济贸易区！

边检开检仪式（2002年10月28日）

检验检疫开检仪式（2002年10月28日）

宁波大榭25万吨级原油中转码头

宁波大榭开发区位于长江三角洲南翼，宁波市区东40公里，面积约36平方公里(包括大榭岛30.84平方公里和周边13个小岛约5平方公里)，海岸线长26.4公里，其中深水岸线约10.7公里，规划建设5000-300000吨级泊位30多个，总吞吐能力0.8-1亿吨。1993年3月5日，国务院批复同意由中国国际信托投资公司(现中信集团公司)成片开发大榭岛，并享受国家级经济技术开发区优惠政策。

经过九年开发，大榭开发区已经形成为基础设施完善、投资环境优良的开发区，一大批国内外企业纷纷进区投资发展，特别是港口项目，建成投产了全国最大的原油中转之一宁波大榭25万吨级原油中转码头、东南亚最大的液化石油气储运项目宁波华东BP液化石油气基地站和2万吨多用途码头等，初步显示出了大型港口的风范。

2002年10月17日，国务院批复同意宁波港口岸大榭港区对外开放。目前，查验单位已进区正式开展口岸各项查验工作。

大榭开发区欢迎各界朋友共同参与大榭的开发，取得发展。

宁波大榭开发区管委会 中信大榭开发公司
ADD: 中国浙江省宁波大榭
TEL: (0574)86768448 86768969
FAX: (0574)86768433
E-mai1: citicdx@public.nbptt.zj.cn
WEB SITE: http/www.citic-daxie.com
POSTCODE: 315812

稳步发展的日照港

日照港位于我国18000公里海岸线中部，山东半岛南翼，东临黄海，与日本、朝鲜、韩国隔海相望。

日照港现有19个生产泊位，核定年通过能力2567万吨。港口以煤炭运输为主，兼有集装箱以及矿石、成品油、木材、化肥、粮食等70多个货种装卸运输业务。目前已与100多个国家和地区的港口通航。港口总资产28亿元，净资产17亿元。

日照港自1986年开港以来，一直把尽最大努力服务腹地、奉献社会为目标，以先进的设备、科学的管理、优质的服务，赢得了国内外客户的广泛赞誉，取得了良好的经济效益和社会效益，实现了港口生产的稳步增长，为日照市、鲁南及沿黄各省区的经济发展做出了积极的贡献。2001年完成货物吞吐量2933万吨，开港至今累计完成货物吞吐量2.34亿吨，年均增长17.5%，累计实现利税近7.3亿元，年均增长26.7%。精神文明建设也取得了很好的成绩，培育并形成了"团结、奋进、求实、竞争"的日照港精神，连续12年保持了"省级文明单位"称号，先后获得"全国卫生港"、"全国部门造林绿化400佳"、"全国思想政治工作优秀企业"、"全国交通系统先进集体"、"全国五一劳动奖状"等荣誉称号。

日照港1986年被国务院正式批准为一类开放口岸，1995年被国家三部委确定为新亚欧大陆桥东方桥头堡。为了适应对外开放形势和桥头堡建设需要，根据港口"综合性发展、多功能建设、全方位服务、集团化经营"的战略思想，日照港正加快建设步伐，计划到"十五"末期，生产泊位达到26个，吞吐能力超过4000万吨；到2010年，生产泊位达到34个，吞吐能力达到1亿吨。届时，日照港将成为以大宗散货和集装箱运输为主、临港工业以及现代物流业较为发达、现代化程度较高、功能齐全、管理科学、环境优美、开放型的沿海主枢纽港。

邮　　编：276826
地　　址：山东省日照市黄海一路　日照港务局
网　　址：http://www.rzport.com
电子信箱：webmaster@mail.rzport.com
电　　话：局办公室 0633-8382470
　　　　　生产业务处 0633-8382583
摄　　影：牟乃发

日照港两个10万吨级煤炭专用泊位

ron

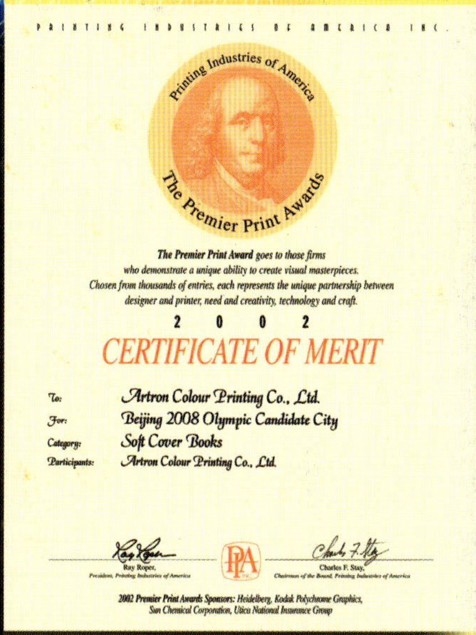

PRINTING INDUSTRIES OF AMERICA INC.

Printing Industries of America
The Premier Print Awards

The Premier Print Award goes to those firms who demonstrate a unique ability to create visual masterpieces. Chosen from thousands of entries, each represents the unique partnership between designer and printer, need and creativity, technology and craft.

2 0 0 2

CERTIFICATE OF MERIT

To: Artron Colour Printing Co., Ltd.
For: Beijing 2008 Olympic Candidate City
Category: Soft Cover Books
Participants: Artron Colour Printing Co., Ltd.

Ray Roper, President, Printing Industries of America
Charles F. Stay, Chairman of the Board, Printing Industries of America

2002 Premier Print Awards Sponsors: Heidelberg, Kodak Polychrome Graphics, Sun Chemical Corporation, Utica National Insurance Group

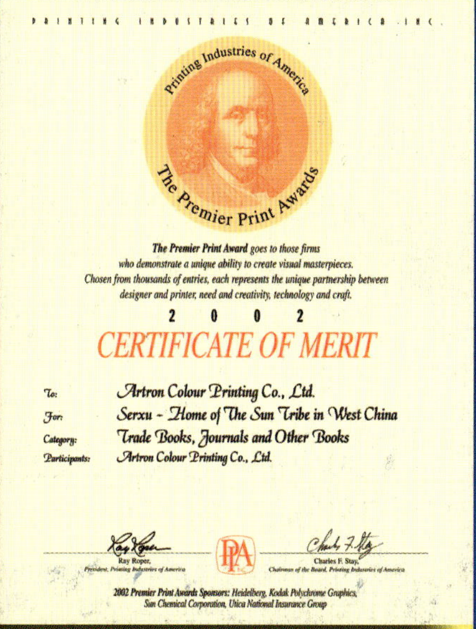

PRINTING INDUSTRIES OF AMERICA INC.

Printing Industries of America
The Premier Print Awards

The Premier Print Award goes to those firms who demonstrate a unique ability to create visual masterpieces. Chosen from thousands of entries, each represents the unique partnership between designer and printer, need and creativity, technology and craft.

2 0 0 2

CERTIFICATE OF MERIT

To: Artron Colour Printing Co., Ltd.
For: Serxu – Home of The Sun Tribe in West China
Category: Trade Books, Journals and Other Books
Participants: Artron Colour Printing Co., Ltd.

Ray Roper, President, Printing Industries of America
Charles F. Stay, Chairman of the Board, Printing Industries of America

2002 Premier Print Awards Sponsors: Heidelberg, Kodak Polychrome Graphics, Sun Chemical Corporation, Utica National Insurance Group

象艺术家那样从事创造性的艺术品印制